आर. गुप्ता® कृत

पॉपुलर मास्टर गाइड

HTET

हरियाणा शिक्षक पात्रता परीक्षा

LEVEL–II

Trained Graduate Teacher (TGT)

(कक्षा 6-8)

सामाजिक अध्ययन

(Social Studies)

RPH संपादक मंडल

द्वारा संपादित

2026
EDITION

रमेश पब्लिशिंग हाउस, नई दिल्ली

प्रकाशक

ओ॰पी॰ गुप्ता, **रमेश पब्लिशिंग हाउस**

प्रशासनिक कार्यालय

12-H, न्यू दरियागंज रोड, ऑफिसर्स मेस के सामने,
नई दिल्ली-110002 ✆ 23275224, 23245124

E-mail: info@rameshpublishinghouse.com
For Online Shopping: www.rameshpublishinghouse.com

विक्रय केन्द्र

- बालाजी मार्किट, नई सड़क, दिल्ली-110006 ✆ 23282525 📱 9354373464
- 4457, नई सड़क, दिल्ली-110006

Book Code: R-1937

ISBN: 978-93-86845-65-8

मूल्य: ₹ 520

मुद्रक: दीपक ऑफसैट, दिल्ली

अनुक्रमणिका

पिछले प्रश्न-पत्र, 2024 (Exam held on 31/07/2025) 1-20
पिछले प्रश्न-पत्र, 2023 (Exam held on 03/12/2023) 1-24
पिछले प्रश्न-पत्र, 2022 (Exam held on 04/12/2022) 1-12
पिछले प्रश्न-पत्र, 2021 (Exam held on 19/12/2021) 1-12
पिछले प्रश्न-पत्र, 2020 (Exam held on 03/01/2021) 1-12
पिछले प्रश्न-पत्र, 2019 1-12
पिछले प्रश्न-पत्र, 2018 13-23
पिछले प्रश्न-पत्र, 2017 24-35
पिछले प्रश्न-पत्र, 2015 36-44
पिछले प्रश्न-पत्र, 2014 45-54
पिछले प्रश्न-पत्र, 2011 55-64

- **बाल विकास एवं शिक्षाशास्त्र (Child Development and Pedagogy) 1-88**
- **Subject Specific (सामाजिक अध्ययन) 1-104**

भाषा (LANGUAGES)

- **English 1-36**
- **हिन्दी 1-32**

सामान्य अध्ययन (GENERAL STUDIES)

- **संख्यात्मक अभियोग्यता (Quantitative Aptitude) 1-36**
- **तर्कशक्ति (Reasoning Ability) 1-32**
- **हरियाणा सामान्य ज्ञान एवं सचेतता 1-20**

Scheme of Exam

Level-2: Trained Graduate Teacher (TGT) Social Studies

There shall be only one paper. All questions will be Multiple Choice Questions (MCQs) each carrying one mark with four alternatives out of which one answer will be correct.

S.No.	Subjects	No. of Questions	Marks
1.	Child Development and Pedagogy	30	30
2.	**Languages** (Hindi 15 MCQs and English 15 MCQs)	30	30
3.	**General Studies** (Quantitative Aptitude 10 MCQs, Reasoning Ability 10 MCQs and Haryana G.K. and Awareness 10 MCQs)	30	30
4.	Subject Specific (Social Studies)	60	60
	Total	**150**	**150**

NATURE AND STANDARD OF QUESTIONS

- The test items on Child Development and Pedagogy will focus on educational psychology of teaching and learning, relevant to the age group of 11-16 years. They will focus on understanding the characteristics, needs and psychology of diverse learners, interaction with learners and the attributes and qualities of a good facilitator of learning.
- The test items for Languages (Hindi & English) will focus on the proficiencies related to the medium of instruction relevant to the age group of 11-16 years.
- The test items for Quantitative Aptitude, Reasoning Ability and Haryana G.K. and Awareness will focus on the elements of Mental and Reasoning ability and General Knowledge regarding Haryana State.
- The test items in subject specific will focus on the concepts, problem solving abilities and pedagogical understanding of the subjects. The test items shall be evenly distributed over different divisions of the syllabus of that subject as prescribed for classes VI-X by the Board of School Education Haryana.

NEGATIVE MARKING

- There shall be no negative marking.

LANGUAGE OF QUESTION PAPERS

- All questions except those concerning language subjects, will be bilingual *i.e.* Hindi and English.

पिछले प्रश्न-पत्र

हरियाणा शिक्षक पात्रता परीक्षा (HTET)

TGT सामाजिक अध्ययन (Level-2), 2024

(Exam held on 31-07-2025)

भाग-I : बाल विकास व शिक्षाशास्त्र

1. किशोर बालक एवं बालिकाओं के संदर्भ में सबसे उपयुक्त समूह है :
1. आदर्शवादी, श्रेष्ठ समायोजन, आत्मसम्मान
2. अमूर्त चिन्तन, तार्किकता, निर्णय शक्ति
3. निरीक्षण, विद्रोह की भावना, दोहराने की प्रवृत्ति
4. दर्शन, सुसमायोजन, समाज-सेवा की भावना

2. किसने अधिगम के प्रयास एवं त्रुटि सिद्धांत के संदर्भ में 'बिल्ली' पर प्रयोग किया?
1. पावलोव ने
2. स्किनर ने
3. थॉर्नडाइक ने
4. गिलफोर्ड ने

3. आनुवंशिकता बड़ी भूमिका निभाती है :
1. सामाजिक विकास में
2. आध्यात्मिक विकास में
3. शारीरिक विकास में
4. सांस्कृतिक विकास में

4. निम्न में से कौन-सी व्यक्तित्व मापन की प्रक्षेपी विधि **नहीं** है?
1. साहचर्य तकनीकी
2. रचना तकनीकी
3. जीवन इतिहास
4. पूर्ति तकनीकी

5. अन्तर्दृष्टि अधिगम पद्धति के प्रतिपादक कौन थे?
1. थॉर्नडाइक
2. कोहलर
3. डेविस
4. स्किनर

6. ''सीखना, आवश्यकता की पूर्ति की प्रक्रिया के द्वारा होता है''। कथन से सम्बन्धित अधिगम सिद्धांत है :
1. अन्तर्दृष्टि सिद्धांत
2. क्रियाप्रसूत अधिगम सिद्धांत
3. सम्बद्ध प्रतिक्रिया सिद्धांत
4. प्रबलन सिद्धांत

7. 'विकास के किसी भी पड़ाव पर कोई भी वस्तु सिखाई जा सकती है।'' अभिव्यक्ति है :
1. आसुबेल की
2. ब्रूनर की
3. पियाजे की
4. गेने की

8. सर्जनशीलता के पोषण एवं संवर्धन हेतु मस्तिष्क उद्वेलन विधि का प्रतिपादन किसने किया?
1. मायर्स ने
2. टॉरेन्स ने
3. ऑसबर्न ने
4. गॉर्डन ने

9. सीखने के वक्र में पठार इंगित करता है :
1. कामकाजी परिस्थितियाँ अनुकूल हैं
2. कोई थकान नहीं है
3. कार्य सरल है
4. रुचि की हानि (कमी)

10. एक पारम्परिक कहावत के अनुसार, 'जब लोमड़ी सभी प्रयास करने के बाद भी अंगूरों तक नहीं पहुँच सकी, तो उसने कहा, 'अंगूर खट्टे हैं।' यह उदाहरण है :
1. प्रत्याहार का
2. यौक्तिकीकरण का
3. प्रक्षेपण का
4. प्रतिगमन का

11. सम्बद्ध प्रतिक्रिया सिद्धांत देन है :
1. पावलोव
2. स्किनर
3. थॉर्नडाइक
4. कोहलर

12. दृष्टिबाधित विद्यार्थियों की शिक्षा के लिए ___ आवश्यक **नहीं** है
1. छोटे अक्षरों में छपी पुस्तकें
2. श्रव्य कैसेट
3. कागज पर ब्रेल पाठ्यसामग्री
4. गणित पढ़ाने के लिए अबेकस

13. सुधार विद्यालयों का सम्प्रत्यय है :
1. मानसिक मन्द बालकों के लिए
2. प्रतिभाशाली बालकों के लिए
3. विशेष अपराधी बालकों के लिए
4. सामान्य बालकों के लिए

1. 2	**2.** 3	**3.** 3	**4.** 3	**5.** 2	**6.** 4	**7.** 2
8. 3	**9.** 4	**10.** 2	**11.** 1	**12.** 1	**13.** 3	

14. स्पीयरमैन का बुद्धि सम्बन्धी सिद्धांत है :

1. एक-तत्व सिद्धांत 2. द्वि-तत्व सिद्धांत
3. त्रि-आयामी सिद्धांत 4. बहुतत्व सिद्धांत

15. टॉलमैन के सिद्धांत का संबंध है :

1. ऊर्जा शक्ति से 2. कैथेक्सेज से
3. टोपोलॉजी से 4. विकास की अवस्थाओं से

16. मैस्लो के आवश्यकता पदानुक्रम सिद्धांत के अनुसार, निचले स्तर की प्रथम आधारभूत आवश्यकता मानी गयी है :

1. संबद्धता 2. दैहिक आवश्यकता
3. आत्म-सिद्धि 4. सुरक्षा

17. एग्राफिया कहते हैं :

1. इसमें रोगी में पढ़ने की क्षमता समाप्त हो जाती है।
2. इसमें रोगी में अपने विचारों को लिखकर अभिव्यक्त करने की क्षमता नहीं होती है।
3. इसमें रोगी में साधारण जोड़-घटाव करने की क्षमता नहीं होती है।
4. इसमें रोगी में वस्तुओं का नाम लेने में अक्षमता पाई जाती है।

18. कोहलर ने सिद्ध किया कि अधिगम :

1. उद्दीपन एवं प्रतिक्रियाओं का संबंध है।
2. परिस्थिति के विभिन्न भागों का प्रत्यक्षीकरण है।
3. एक स्वायत्त यादृच्छिक गतिविधि है।
4. सम्पूर्ण परिस्थिति का प्रत्यक्षीकरण है।

19. 'सांवेगिक बुद्धि' का सम्प्रत्यय सर्वप्रथम दिया गया :

1. डैन गोलमैन द्वारा 2. जॉन मेयर तथा पीटर सेलोवे द्वारा
3. टॉलमैन द्वारा 4. टर्मन द्वारा

20. ________ के अलावा निम्नलिखित कोह्लबर्ग के नैतिक विकास के सिद्धांत की अवस्थाएँ हैं।

1. रूढ़िगत 2. प्राक्रूढ़िगत
3. संवेदी गामक 4. पश्चात् रूढ़िगत

21. "बालक का विकास सिर से आरम्भ होकर पैर की दिशा में होता है।" प्रस्तुत कथन विकास के किस सिद्धांत से सम्बन्धित है?

1. विकास दिशा का सिद्धांत 2. विकास क्रम का सिद्धांत
3. निरन्तर विकास का सिद्धांत 4. परस्पर सम्बन्ध का सिद्धांत

22. अधिगम (सीखना) के संबंध में कौन-सा उपयुक्त कथन **नहीं** है?

1. सीखना एक सार्वभौमिक प्रक्रिया है।
2. सीखना व्यवहार में परिवर्तन नहीं है।
3. सीखना समायोजन में सहायक है।
4. सीखना एक स्थिति से दूसरी स्थिति में स्थानांतरित किया जा सकता है।

23. अध्यापक को कक्षा में समावेशी वातावरण का सृजन करने के लिए :

1. विशिष्ट बालकों को शैक्षिक क्रियाकलापों से दूर रखना चाहिए।
2. विशिष्ट बालकों के अधिकार एवं सम्मान को सुरक्षित रखना चाहिए।
3. विशिष्ट बालकों को सामान्य बालकों से हीन समझना चाहिए।
4. सामान्य छात्रों के मध्य विशिष्ट बालकों को नीचा दिखाना चाहिए।

24. पियाजे के अनुसार, मूर्त संक्रियात्मक अवस्था है :

1. 0 से 2 वर्ष तक 2. 7 से 11 वर्ष तक
3. 11 से 12 वर्ष तक 4. 12 वर्ष से आगे तक

25. सतत एवं व्यापक मूल्यांकन में 'व्यापक' से तात्पर्य है :

1. सभी विषयों के मूल्यांकन से
2. केवल शैक्षिक क्षेत्र के मूल्यांकन से
3. गृहकार्य के मूल्यांकन से
4. शैक्षिक व सहशैक्षिक क्षेत्र के विकास के मूल्यांकन से

26. "आप छात्र को कक्षा में बैठा सकते हो किन्तु ज्ञान ग्रहण के लिए बाध्य नहीं कर सकते।" इस कथन की पुष्टि सीखने के किस नियम से होती है?

1. तत्परता के नियम से 2. अभ्यास के नियम से
3. अनभ्यास के नियम से 4. प्रभाव के नियम से

27. निम्नलिखित में से क्रिया को आरम्भ करने, जारी रखने और नियमित करने की प्रक्रिया कौन-सी है?

1. अभिरुचि 2. अभिधारणा
3. अभिवृत्ति 4. अभिप्रेरणा

28. निम्नलिखित में से किसमें, मूल प्रवृत्ति संबद्ध संवेग से मेल **नहीं** खाती?

1. हास्य - आमोद
2. आत्महीनता - श्रेष्ठता की भावना
3. सामूहिकता - एकाकीपन
4. निवृत्ति - घृणा

29. निम्न में से कौन मॉडलिंग सम्प्रत्यय से सम्बन्धित है?

1. सिगमण्ड फ्रायड 2. थॉर्नडाइक
3. अल्बर्ट बण्डुरा 4. गिलफोर्ड

30. एक छः साल की बालिका की मानसिक आयु 7.5 वर्ष (7 वर्ष 6 माह) है। उसकी बुद्धि लब्धि होगी :

1. 125 2. 90
3. 75 4. 140

14. 2	**15.** 3	**16.** 2	**17.** 2	**18.** 4	**19.** 2	**20.** 3	**21.** 1	**22.** 2
23. 2	**24.** 2	**25.** 4	**26.** 1	**27.** 4	**28.** 2	**29.** 3	**30.** 1	

भाग-II : भाषा - हिन्दी

31. तत्सम-तद्भव शब्दों के संदर्भ में अनुपयुक्त विकल्प चुनिए :
1. गर्त - गड्ढा 2. जृम्भिका - जवाँई
3. चर्मचटक - चमगादड़ 4. परिकूट - परकोटा

32. निम्न में से 'शिक्षण-सूत्र' **नहीं** है :
1. पूर्ण से अंश की ओर 2. प्रेरणा से तर्क की ओर
3. स्थूल से सूक्ष्म की ओर 4. उपर्युक्त सभी

33. निम्न में से **असंगत** को चुनिए :
1. अं, अः – अयोगवाह ध्वनियाँ
2. ड़, ढ़ – उत्क्षिप्त ध्वनियाँ
3. श, ष, स – स्पर्श संघर्षी
4. ऐ, औ – अर्ध संवृत

34. निम्न में से प्रक्षेपित शिक्षण सहायक सामग्री **नहीं** है :
1. दूरदर्शन 2. फिल्म स्ट्रीप
3. ओवरहेड प्रोजेक्टर 4. फिल्म

35. समस्तपद एवं समास विग्रह की दृष्टि से **असंगत** विकल्प चुनिए:
1. लोकप्रिय - अधिकरण तत्पुरुष
2. पवन से चलने वाली चक्की - पनचक्की
3. नवयुवक - नव है जो युवक
4. परीक्षाभवन - परीक्षा के लिए भवन

36. किस विकल्प में विलोम-युग्म सही **नहीं** है?
1. वैमनस्य - सौमनस्य 2. अभिमानी - निरभिमानी
3. अभ्यर्थी - प्रत्यर्थी 4. स्वार्थी - निस्स्वार्थ

37. प्रत्यय की दृष्टि से **असंगत** विकल्प चुनिए :
1. ई - द्रौपदी, जानकी, वाल्मीकि
2. य - माहात्म्य, वैधव्य, पौलस्त्य
3. तर - महत्तर, वृहत्तर, दृढतर
4. एय - भागिनेय, पाथेय, वैनतेय

38. 'पर्यायवाची' की दृष्टि से **असुमेलित** को चुनिए :
1. तरंग - ऊर्मि, वीचि, कल्लोल
2. तरणि - नौका, द्रोणी, करवाल
3. तोता - रक्ततुंड, कीर, सुग्गा
4. योनि - अपत्यपथ, जन्मवर्त्म, रतिकुहर

39. **असंगत** विकल्प चुनिए :
1. समुद्र में लगने वाली आग - दावानल
2. लोक-प्रचलित बात, जिसके वक्ता का पता न हो - किंवदन्ती
3. पशुओं द्वारा जुगाली करने की प्रक्रिया - पागुर
4. जिसके पति ने दूसरा विवाह कर लिया हो - अध्यूढा

40. किस शब्द में 'कु' उपसर्ग का प्रयोग **नहीं** हुआ है
1. कुज 2. कुमार 3. कुचो 4. कुमति

41. समश्रुत भिन्नार्थक शब्द 'मनुजात - मनुजाद' का क्रमशः **सही** अर्थ चुनिए:
1. मनुष्य को खाने वाला, मनुष्य से पैदा हुआ
2. मनु उत्पन्न हुआ, अफ्रीकी निवासी
3. मनु उत्पन्न, मनुष्य को खाने वाला
4. मनुज का पुत्र, मनुज से संबंध रखने वाला

42. यण् संधि दृष्टि से **संगत** विकल्प चुनिए :
1. जात्यमान = जाती + अभिमान
2. पर्युषण = परि + ऊषण
3. वध्विच्छा = वधु + इच्छा
4. महेन्द्रजालिक = महा + ऐन्द्रजालिक

निर्देश (प्र.सं. 43 से 45 तक): *अधोलिखित गद्यांश को पढ़कर उत्तर दीजिए :*

हमें इस बात को समझना होगा कि युद्ध की अनुपस्थिति ही शांति की परिभाषा नहीं है। बुद्ध ने जिस शांतिपूर्ण समाज की परिकल्पना की थी, उसमें समानता का वह संदेश भी शामिल था, जो हमें इस बात का अहसास कराता है कि मनुष्य को मनुष्य से पृथक् दिखाने का हर प्रयास मनुष्यता का शत्रु है। ऐसे प्रत्येक प्रयास को विफल बनाना मनुष्योचित है, एक शर्त भी है मनुष्य के रूप में जीने की। हमारी चिंता यह होनी चाहिए कि हमें स्वयं को मनुष्य कैसे बनाएँ एवं कैसे मनुष्य बनाए रखें। मनुष्य बनने का अर्थ है - अपने भीतर दूसरे की पीड़ा को समझने का अहसास जगाना, अपने भीतर करुणा का वह भाव जगाना, जो हमें दूसरे से जोड़ता है। छोटे-छोटे पुल बनाने होंगे हमें दूसरे से जुड़ने के लिए–करुणा का पुल, मैत्री का पुल, समानता का पुल, विषमता मिटाने वाला पुल ______ । ऐसा समझकर ही हम मानवोचित आचरण का मंत्र अपना सकते हैं, प्रबुद्ध बन सकते हैं।

43. लेखक के अनुसार शांति की परिभाषा **नहीं** है :
1. युद्ध की अनुपस्थिति।
2. शांतिपूर्ण समाज की परिकल्पना।
3. जिसमें समानता का संदेश सम्मिलित हो।
4. स्वयं को मनुष्य बनाना।

44. लेखक के अनुसार मनुष्य बनने का क्या अर्थ है?
1. बुद्धोपदिष्ट राह का अनुगामी।
2. मनुष्य को मनुष्य से पृथक दिखाना।
3. दूसरे की पीड़ा को समझने का भाव जगाना।
4. प्रबुद्ध मानवोचित आचरण।

45. गद्यांश में प्रयुक्त पदों की व्याकरणिक विवेचना के संदर्भ में **असंगत** कथन चुनिए।
1. अनुपस्थिति - दो उपसर्ग 2. मनुष्यता - जातिवाचक संज्ञा
3. प्रत्येक - अव्ययीभाव समास 4. विषमता - व्यंजन संधि

31. 2	**32.** 2	**33.** 4	**34.** 1	**35.** 2	**36.** 3	**37.** 1	**38.** 2
39. 1	**40.** 2	**41.** 3	**42.** 2	**43.** 1	**44.** 3	**45.** 4	

भाग-II : LANGUAGE - ENGLISH

46. Fill in the blank with the **correct** option:
Stress, intonation and rhythm can be taught through _______.
1. skimming
2. scanning
3. drills of various types
4. transcription

47. Which one of the following is **not** a teaching aid in developing listening skills?
1. Use of phonetic dictionary
2. Gramophones
3. Television
4. Film & film strips

48. Fill in the blank with the **correct** option:
Multimedia materials for teaching _______ are.
1. LSRW lesson
2. grammar, syntax and lexicon
3. text, image, audio, video and animation
4. phonetic, phonemic lessons

49. Complete the sentence with the **correct** option:
Multilinguistic resource ________.
1. will increase the level of learner participation
2. will decrease the level of learner participation
3. is poor compared to any standardized text-book
4. deprives the teacher's role as a facilitator

Directions (Qs. No. 50 to 59): *Read the following passage and answer the questions that follow:*

I worked for a brief while in a college in Delhi, and among my more uncomfortable memories is a language exercise, I gave a group of eight undergraduates: I asked them to imagine that they had already graduated and wanted them to write an application for a suitable job. Seven of the eight students wrote applications for the jobs of clerks. Even in one of the good universities, and in a college that had a reputation for it academic standard, the system has snuffed out all youthful ambition.

Even the highest youthful ambition in the prestigious colleges is to pass the competitive examination for appointments in the administrative services, and there are colleges that are more proud of the bureaucrats among their alumni than of any scholars, scientists or leaders of opinion. And these latter, understandably, are a small number. Students derive the meanness of their ambitions from the meanness of the goals that the colleges propose to themselves. And of the most ambitious, as well as of the least, among the students, it could be said that they think more of what society will do to or for them, than of what they would be able to do for and to society. This is an excellent apprenticeship for joining the ranks of hirelings or of the unemployed.

50. How long did the author work in a Delhi College?
1. long time
2. short time
3. three years
4. seven years

51. What exercise did the author give the students?
1. a comprehension passage
2. precis writing
3. expansion of a poem
4. a language exercise

52. Seven out of the eight students wanted to become ________.
1. scholars
2. bureaucrats
3. clerks
4. scientists

53. What according to the author is the highest ambition of students in good colleges?
1. to qualify for administrative services
2. to become leaders of opinion
3. to teach
4. to practice medicine

54. In the sentence "And these latter understandably are a small number", what does "these latter" refer to?
1. clerks, doctors & engineers
2. bureaucrats, scholars and clerks
3. scholars, scientists and leaders of opinion
4. only administrators

55. Fill in the blank with the **correct** option:
The thinking of the most ambitious and the least ambitious is _______.
1. uncommon
2. alike
3. dissimilar
4. for the society

56. Identify the statement which is **true**:
1. The college where the author worked in Delhi had a reputation for its academic standards.
2. The students, who were asked to do the language exercise were graduates.
3. All colleges produce scientists, scholars and leaders of opinion.
4. The language exercise is stored in the author's less comfortable memories.

46. 3	**47.** 1	**48.** 3	**49.** 1	**50.** 2	**51.** 4
52. 3	**53.** 1	**54.** 3	**55.** 2	**56.** 1	

57. Fill in the blank with the **correct** option:
Another word for "snuffed out" is ________.
1. smelled
2. instilled
3. encouraged
4. killed

58. Choose the opposite of "former" from the passage:
1. least 2. latter
3. already 4. most

59. Fill in the blank with the **correct** option:
"Alumni" in the passage means ________.
1. unsuccessful students 2. successful students
3. bureaucrats 4. old students

60. Which one of the following is the first step in teaching formal grammar?
1. comparison & generalization
2. collection and presentation of examples
3. application of rules
4. motivation and testing of previous knowledge

भाग-III : सामान्य अध्ययन
मात्रात्मक योग्यता, तार्किक अभिक्षमता तथा सामान्य ज्ञान एवं अभिज्ञान

61. $\dfrac{\left(1\frac{3}{4}\right)^4 - \left(2\frac{1}{3}\right)^4}{\left(1\frac{3}{4}\right)^2 - \left(2\frac{1}{3}\right)^2}$ का वर्गमूल बराबर है :
1. $2\frac{11}{12}$ 2. $2\frac{1}{12}$
3. $3\frac{11}{12}$ 4. $3\frac{1}{12}$

62. X एक कार्य को 6 दिन में पूर्ण कर सकता है और Y इसी कार्य को 8 दिन में पूर्ण कर सकता है। Z की सहायता से तीनों मिलकर इस कार्य को 3 दिन में पूर्ण कर देते हैं। यदि तीनों को कुल 2000 रुपये कार्य समाप्ति पर प्राप्त हुए, तो Z का भाग है :
1. 200 रुपये 2. 250 रुपये
3. 400 रुपये 4. 500 रुपये

63. असंगत को ज्ञात कीजिये :
1. आयत 2. वर्ग
3. घन 4. त्रिभुज

64. एक वस्तु को 153 रुपये में बेचने पर एक व्यक्ति को 10% की हानि होती है। 20% लाभ प्राप्त करने के लिये उसे कितनी राशि में बेचना चाहिए?
1. 204 रुपये 2. 214 रुपये
3. 220 रुपये 4. 170 रुपये

65. A, B, C, D और E एक वृत्ताकार मेज के चारों ओर केन्द्र की ओर मुँह करके बैठे हुये हैं। E और B के बीच केवल A है। D, B के एकदम बायीं ओर है। C के एकदम बायीं ओर कौन है?
1. E 2. D
3. B 4. A

66. शेखर उत्तर दिशा की ओर 10 मीटर चलता है। फिर वह दक्षिण दिशा की ओर 6 मीटर चलता है। फिर वह पूर्व दिशा की ओर 3 मीटर चलता है। वह अपने प्रारम्भिक बिन्दु से अब कितना दूर है?
1. 7 मीटर 2. 6 मीटर
3. 5 मीटर 4. 4 मीटर

67. निम्न संख्या श्रेणी का अगला पद होगा :
5, 6, 9, 15, 25, ?
1. 35 2. 37
3. 40 4. 41

68. यदि शब्द CYBERNETICS के सभी वर्णों को वर्णमाला के क्रम में पुनः व्यवस्थित किया जाता है, तो पुनः व्यवस्थित करने के बाद कौन-सा वर्ण मध्य में होगा?
1. E 2. I
3. N 4. R

69. P, Q की बहन है। R, Q की माता है। S, R का पिता है। T, S की माता है। P, S से किस प्रकार सम्बन्धित है?
1. पुत्री 2. बहन
3. दादी 4. पोती

70. यदि ZIP = 300 और ZAN = 400 हो, तो ZOO = ?
1. 250 2. 350
3. 200 4. 500

71. निम्न वर्ण श्रेणी में लुप्त पद ज्ञात कीजिये :
AYD, BVF, DRH, ?, KGL
1. FMJ 2. GMJ
3. GNJ 4. FNK

57. 4	**58.** 2	**59.** 4	**60.** 4	**61.** 1	**62.** 2	**63.** 3	**64.** 1
65. 1	**66.** 3	**67.** 3	**68.** 2	**69.** 4	**70.** 1	**71.** 2	

72. सचिन कमल से छोटा है परन्तु राम से लम्बा है। मोहन सबसे लम्बा है। अरुण, कमल से थोड़ा छोटा और सचिन से थोड़ा लम्बा है। इन पाँच व्यक्तियों में दूसरा सबसे लम्बा कौन है?

1. सचिन 2. अरुण
3. राम 4. कमल

73. $113\frac{1}{7}$ घन मीटर आयतन वाले गोले का व्यास है :

1. 3 मीटर 2. 6 मीटर
3. 7 मीटर 4. 14 मीटर

74. यदि समवृत्ताकार बेलन का व्यास 28 सेमी है और इसकी ऊँचाई 20 सेमी है, तो कुल पृष्ठीय क्षेत्रफल बराबर है :

1. 1760 सेमी^{2} 2. 1232 सेमी^{2}
3. 1496 सेमी^{2} 4. 2992 सेमी^{2}

75. एक समचतुर्भज का परिमाप 52 सेमी है। यदि इसके एक विकर्ण की लम्बाई 24 सेमी है, तो समचतुर्भुज का क्षेत्रफल बराबर है :

1. 240 सेमी^{2} 2. 120 सेमी^{2}
3. 180 सेमी^{2} 4. 90 सेमी^{2}

76. एक लंबवृत्तीय शंकु की त्रिज्या और ऊँचाई में 5 : 12 का अनुपात है। यदि इसका आयतन 314 मीटर^3 है, तो इसके आधार का व्यास बराबर है ($\pi = 3.14$):

1. 10 मीटर 2. 5 मीटर
3. 20 मीटर 4. 15 मीटर

77. $\sec(90° - A) - \cot A \cos(90° - A) \tan(90° - A)$ का मान है :

1. tan A 2. cot A
3. cos A 4. sin A

78. यदि एक मीनार की ऊँचाई $2\sqrt{3}$ मीटर है और इसकी छाया की लम्बाई 2 मीटर है, तो सूर्य का उन्नयण कोण बराबर है :

1. 30° 2. 45°
3. 60° 4. 75°

79. 20% चक्रवृद्धि ब्याज पर एक धनराशि न्यूनतम कितने पूर्ण वर्षों में दुगुना से अधिक हो जायेगी?

1. 2 2. 3 3. 4 4. 5

80. 11 से 50 तक ऐसी कितनी संख्याएँ हैं जो 7 से पूर्णतया विभाजित होती हैं परन्तु 3 से नहीं?

1. 3 2. 4 3. 5 4. 7

81. निम्नलिखित में से किसने 2023 का अर्जुन पुरस्कार प्राप्त किया है?

1. दीक्षा डागर 2. विनेश फोगाट
3. बबीता कुमारी 4. रीतिका हूडा

82. निम्नलिखित में से कौन-सा वन्य जीव अभयारण्य पंचकुला में अवस्थित है?

1. छिलछिला अभयारण्य 2. बीर शिकारगाह अभयारण्य
3. नाहर अभयारण्य 4. कपरवास अभयारण्य

83. निम्नलिखित में से कौन-सा जिला शिवालिक विकास एजेन्सी के अन्तर्गत **नहीं** आता?

1. अम्बाला 2. पंचकुला
3. यमुना नगर 4. कुरुक्षेत्र

84. स्थिर मूल्यों पर 2023-2024 में हरियाणा की प्रति व्यक्ति आय है:

1. 3,25,759 2. 1,85,490
3. 1,63,285 4. 1,04,550

85. पंजाब एवं हरियाणा उच्च न्यायालय के मुख्य न्यायाधीश हैं :

1. न्यायमूर्ति शील नागू 2. न्यायमूर्ति रविशंकर झा
3. न्यायमूर्ति ऋतु बाहरी 4. न्यायमूर्ति कृष्ण मुरारी

86. हरियाणा लोक सेवा आयोग के गठन को चिह्नित कीजिए :

1. अध्यक्ष एवं चार सदस्य 2. अध्यक्ष एवं तीन सदस्य
3. अध्यक्ष एवं पाँच सदस्य 4. अध्यक्ष एवं छः सदस्य

87. भादानकों के बारे में निम्नलिखित कथनों को पढ़िए :

(*a*) 12वीं सदी के दौरान वे गुरुग्राम एवं रेवाड़ी के क्षेत्रों पर शासन कर रहे थे।

(*b*) उन्होने चौहान शासक पृथ्वीराज-III को पराजित किया।

सही कूट का चयन कीजिए :

1. केवल कथन (*a*) सत्य है।
2. केवल कथन (*b*) सत्य है।
3. न तो कथन (*a*) न ही कथन (*b*) सत्य है।
4. दोनों कथन सत्य हैं।

88. महाभारत के अनुसार निम्नलिखित में से किसने रोहतक पर एक सैन्य अभियान का नेतृत्व किया?

1. भीष्म 2. अर्जुन
3. भीम 4. नकुल

89. हरियाणा का कौन-सा जिला हरियाणा के सात जिलों से अपनी सीमा साझा करता है?

1. अम्बाला 2. पंचकुला
3. कुरुक्षेत्र 4. जींद

90. लाडवा का सिख सरदार जो प्रथम आंग्ल-मराठा युद्ध के दौरान अंग्रेजों के विरुद्ध लड़ा :

1. गुरुदीत सिंह 2. लाल सिंह
3. भोज सिंह 4. मनोहर सिंह

72. 4	**73.** 2	**74.** 4	**75.** 2	**76.** 1	**77.** 4	**78.** 3	**79.** 3	**80.** 2	**81.** 1
82. 2	**83.** 4	**84.** 2	**85.** 1	**86.** 3	**87.** 1	**88.** 4	**89.** 4	**90.** 1	

भाग-IV : विषय ज्ञान–सामाजिक अध्ययन

91. सल्तनत काल के दौरान बरीद-ए-मुमालिक था :
1. सेना का प्रधान
2. गुप्तचर विभाग का मुख्य अधिकारी
3. राजस्व मंत्री
4. घुड़सवार सैनिकों का प्रधान

92. निम्नलिखित में से कौन-सा एक मौर्य प्रशासन का अधिकारी **नहीं** था?
1. अन्तपाल 2. प्रशास्ता
3. द्रोणमुख 4. नायक

93. यदि माँग फलन pq = c हो, जहाँ c स्थिर है, तो इस माँग फलन के संदर्भ में निम्न में से कौन-सा कथन **सही** है?
(*i*) इस माँग वक्र की आकृति आयताकार अतिपरवलय की भांति होगी।
(*ii*) इस माँग वक्र के सभी बिंदुओं पर e = –1 होगा।
(*iii*) इस माँग वक्र के सभी बिंदुओं पर कुल व्यय स्थिर रहेगा।
(*iv*) इस माँग वक्र के सभी बिंदुओं पर p व q का गुणा स्थिर रहेगा।

निम्नांकित कूटों का उपयोग करते हुए **सही** उत्तर चुनिए :

कूट :
1. केवल (*i*) सही है
2. केवल (*i*) व (*ii*) सही हैं
3. केवल (*i*), (*ii*) व (*iii*) सही हैं
4. (*i*), (*ii*), (*iii*) व (*iv*) सभी सही हैं

94. निम्नलिखित में से कौन-सा युग्म सुमेलित **नहीं** है?

	शासक		**उपाधि**
1.	राजाधिराज-I	–	विजयराजेन्द्र
2.	राजेन्द्र चोल-I	–	शुङ्कम् तविर्त
3.	महेन्द्रवर्मन-I	–	मत्तविलास
4.	नरसिंहवर्मन-I	–	वातापिकोण्ड

95. भारत सरकार के द्वारा सूचना के अधिकार के अधिनियम को किस वर्ष में लागू किया गया था?
1. अक्टूबर, 1986
2. अगस्त, 1999
3. जनवरी, 2014
4. अक्टूबर, 2005

96. संघात्मक शासन व्यवस्था में :
1. एकल प्रशासन होता है
2. शक्तियों का वितरण होता है
3. केंद्रीकृत निर्णय-प्रक्रिया होती है
4. कम खर्च होता है

97. 2023 के ग्लोबल हंगर इंडेक्स में 125 देशों में भारत का स्थान था :
1. 26 2. 37
3. 111 4. 125

98. निम्नलिखित पड़ोसी देशों में से 2022 में मानव विकास के लिहाज से किस देश की स्थिति भारत से बेहतर थी?
1. बांग्लादेश 2. श्रीलंका
3. नेपाल 4. पाकिस्तान

99. 'अनेकांतवाद' का संबंध है :
1. बौद्ध धर्म से 2. चार्वाक दर्शन से
3. जैन धर्म से 4. आजीवक संप्रदाय से

100. निम्नलिखित में से किस विद्वान ने यह तर्क दिया कि "ईश्वर ने आदम को पहला मनुष्य ही नहीं बनाया, वह धरती का पहला राजा भी था और वर्तमान राजा उसी के उत्तराधिकारी है"?
1. जॉन लॉक 2. फ्रैड्रिक एंगेल्स
3. आर.एम. मैकाइवर 4. राबर्ट फिल्मर

101. भारत में खाद्य सुरक्षा अधिनियम कब लागू हुआ था?
1. 2009 2. 2015
3. 2014 4. 2013

102. पृथ्वी की भौगोलिक आकृति कहलाती है :
1. वृत्ताकार 2. गोलाकार
3. जिओड 4. नोमोन

103. निम्नलिखित में से कौन-सा/कौन-से सुमेलित **नहीं** है/हैं?
(*a*) विषुव – केवल 21 मार्च
(*b*) ग्रीष्म अयनांत – 21 जून
(*c*) शीत अयनांत – 22 दिसम्बर

कूट :
1. (*a*), (*b*) और (*c*) 3. (*b*) और (*c*)
2. (*a*) और (*c*) 4. केवल (*a*)

91. 2	**92.** 3	**93.** 4	**94.** 2	**95.** 4	**96.** 2	**97.** 3
98. 2	**99.** 3	**100.** 4	**101.** 4	**102.** 3	**103.** 4	

104. सूची-I को सूची-II के साथ सुमेलित कीजिए तथा सूचियों के नीचे दिए गए कूटों का प्रयोग करते हुए **सही** उत्तर चुनिए :

सूची-I	**सूची-II**
(*a*) समता का अधिकार	(*i*) अनुच्छेद 19-22
(*b*) स्वतंत्रता का अधिकार	(*ii*) अनुच्छेद 32
(*c*) संस्कृति और शिक्षा संबंधी अधिकार	(*iii*) अनुच्छेद 14-18
(*d*) सांविधानिक उपचारों का अधिकार	(*iv*) अनुच्छेद 29-30

कूट :

	(*a*)	(*b*)	(*c*)	(*d*)
1.	(*iii*)	(*i*)	(*iv*)	(*ii*)
2.	(*i*)	(*iii*)	(*iv*)	(*ii*)
3.	(*iv*)	(*iii*)	(*ii*)	(*i*)
4.	(*ii*)	(*iv*)	(*iii*)	(*i*)

105. निम्नलिखित में से कौन-सा युग्म सुमेलित **नहीं** है?

पुरावस्तु	**प्राप्ति स्थल**
1. ताम्र दर्पण	– धौलावीरा
2. पुरोहित राजा की मूर्ति	– मोहनजोदड़ो
3. मिट्टी के हल का प्रतिरूप	– बनावली
4. प्यासे कौए की कहानी को प्रदर्शित करने वाला पात्र	– कालीबंगा

106. निम्नलिखित में से कौन-सा एक आन्तरिक ज्वालामुखीय भू-आकृति **नहीं** है?

1. बैथोलिथ
2. काल्डेरा
3. डाइक
4. सिल

107. निम्नलिखित में से कौन-सा विद्वान राजनीति-सिद्धांत के पुनरुत्थान से संबंधित **नहीं** है?

1. माइकल ओकशॉट
2. जॉन रॉल्स
3. यूगेन हैबरमास
4. अल्फ्रेड कोबां

108. 'मध्य रात्रि के सूर्य की धरती' पायी जाती है :

1. कर्क रेखा के सहारे
2. मकर रेखा के सहारे
3. विषुवत रेखा के सहारे
4. आर्कटिक वृत्त से उत्तर में

109. निम्नलिखित में से कौन-सी विशेषता/विशेषताएँ मथुरा कला के संबंध में **सत्य** है/हैं?

(*a*) मूर्तियों का निर्माण लाल बलुआ पत्थरों से हुआ है।

(*b*) इस शैली में बुद्ध, बोधिसत्वों, जैन तीर्थकरों एवं हिन्दू देवी-देवताओं का अंकन हुआ है।

(*c*) कंकाली टीला मथुरा से भारी संख्या में जैन मूर्तियाँ प्राप्त हुई हैं।

कूट :

1. केवल (*b*)
2. केवल (*c*)
3. (*a*) एवं (*c*)
4. (*a*), (*b*) एवं (*c*)

110. अल्फ्रेड वेगनर के महाद्वीपीय विस्थापन सिद्धान्त के अनुसार निम्नलिखित में से कौन-सा/कौन-से **सही** सुमेलित है/हैं?

(*a*) सुपर महाद्वीप – पेंजिया

(*b*) महा समुद्र – पेंथालासा

(*c*) दक्षिणी महाद्वीप भूखण्ड – लॉरेशिया

नीचे दिये गए कूट का उपयोग कर **सही** उत्तर का चयन कीजिए:

1. (*a*), (*b*) और (*c*)
2. (*a*) और (*c*)
3. केवल (*c*)
4. (*a*) और (*b*)

111. निम्नांकित कथनों पर विचार कीजिए :

I. जे. एस. मिल ने अपनी पुस्तक "ऑन लिबर्टी" में व्यक्तिगत स्वतंत्रता पर चर्चा की है।

II. वह स्वयं से संबंधित कार्य (आत्मपरक कार्य) और अन्य से संबंधित कार्य (अन्यपरक कार्य) के मध्य अंतर करता है।

ऊपर दिए गए कथनों में से कौन-सा/से **सही** है/हैं?

1. केवल (I)
2. केवल (II)
3. (I) और (II) दोनों
4. न तो (I) और न ही (II)

112. निम्नलिखित में से कौन-सी शब्दावली नॉजिक के न्याय सिद्धांत से संबंधित है?

1. मूल स्थिति
2. अज्ञान के पर्दे
3. भेदमूलक सिद्धांत
4. न्याय का अधिकारिता सिद्धांत

113. भारत में खाद्यान्न की वसूली आवंटन तथा भंडारण का कार्य करने वाली नोडल एजेन्सी है :

1. राज्य व्यापार निगम
2. भारत का खाद्य निगम
3. संघीय कृषि मंत्रालय
4. संबंधित राज्य सरकारें

114. मध्यमण्डल की ऊपरी सीमा पर तापमान पाया जाता है :

1. +80° से.
2. –180° से.
3. –100° से.
4. +100° से.

104. 1	**105.** 4	**106.** 2	**107.** 4	**108.** 4	**109.** 4
110. 4	**111.** 3	**112.** 4	**113.** 2	**114.** 3	

115. पृथ्वी की आन्तरिक संरचना में कौन-सी परत तरल अवस्था में है?

1. मेण्टल
2. बाह्य क्रोड
3. आन्तरिक क्रोड
4. क्रस्ट

116. यदि ऋणात्मक ढाल वाले सरल रेखीय माँग वक्र पर दाँये से बाँये ऊपर की ओर विचरण किया जाए, तो माँग की कीमत लोच का मान :

1. स्थिर रहता है
2. बढ़ता है
3. घटता है
4. पहले बढ़ता है फिर घटता है

117. भारतीय संविधान के किस अनुच्छेद में धन विधेयकों के संबंध में विशेष प्रक्रिया का उल्लेख है?

1. अनुच्छेद 108
2. अनुच्छेद 109
3. अनुच्छेद 111
4. अनुच्छेद 112

118. कन्नौज पर अधिकार हेतु लड़े गए त्रिपक्षीय संघर्ष के संबंध में कौन-सा कथन **असत्य** है?

1. कन्नौज नगर का राजनीतिक-आर्थिक महत्त्व इस संघर्ष का कारण था।
2. पाल, गुर्जर प्रतिहार तथा राष्ट्रकूटों के मध्य यह संघर्ष हुआ था।
3. सर्वप्रथम वत्सराज एवं धर्मपाल ने इस संघर्ष को प्रारंभ किया।
4. इस संघर्ष में अन्ततोगत्वा पाल शासकों को सफलता प्राप्त हुई।

119. भारत के राज्यक्षेत्र में किसी न्यायालय द्वारा पारित किसी निर्णय या मामले की अपील के लिए विशेष इजाजत कौन प्रदान कर सकता है?

1. संसद
2. राष्ट्रपति
3. केन्द्रीय विधि मंत्री
4. उच्चतम न्यायालय

120. विश्व व्यापार संगठन के महानिदेशक कौन हैं?

1. न्गोजी ऑकोन्जो-इवीला
2. रॉबर्ट अजेवेडो
3. पास्कल लैमी
4. सुपाचाई पुनिच पकडी

121. 'सूर्यास्त कानून' किस भू-राजस्व व्यवस्था से जुड़ा था?

1. महालवाड़ी व्यवस्था से
2. रैय्यतवाड़ी व्यवस्था से
3. स्थायी बंदोबस्त व्यवस्था से
4. आईन-ए-दहसाला व्यवस्था से

122. यूरोपीय संघ का गठन किस संधि द्वारा हुआ?

1. डनकर्क संधि
2. मराकेश संधि
3. मास्ट्रिच संधि
4. ब्रेटन वुड्स संधि

123. 1969 में एशिया के लिए सामूहिक सुरक्षा व्यवस्था का सुझाव किसने दिया था?

1. निकिता ख़ुश्चेव
2. लिओनिड ब्रेझनेव
3. मिखाइल गोर्बाचेव
4. रिचर्ड निक्सन

124. 'सारगैसो सागर' अवस्थित है :

1. उत्तरी अटलाण्टिक महासागर में
2. दक्षिणी अटलाण्टिक महासागर में
3. दक्षिणी प्रशान्त महासागर में
4. आर्कटिक महासागर में

125. भारत की कृषि के बारे में निम्न कथनों को पढ़िये एवं नीचे दिये गये कूटों का उपयोग करते हुए **सही** उत्तर चुनिए।

आर्थिक सर्वेक्षण 2023-24 के अनुसारः

(i) कृषि क्षेत्र करीब 42.3 प्रतिशत जनसंख्या को आजीविका प्रदान करता है।

(ii) कृषि क्षेत्र का देश के चालू कीमतों पर सकल घरेलू उत्पाद में हिस्सा 18.2 प्रतिशत है।

(iii) गत 5 वर्षों में स्थिर कीमतों पर कृषि क्षेत्र की औसत वार्षिक वृद्धि की दर 4.18 प्रतिशत रही।

(iv) भारतीय कृषि की उत्पादकता विश्व में सर्वाधिक है।

कूटः

1. केवल *(i)* सही है
2. केवल *(i)* और *(ii)* सही हैं
3. केवल *(i)*, *(ii)* और *(iii)* सही हैं
4. *(i)*, *(ii)*, *(iii)* व *(iv)* सभी सही हैं

126. माना आपके प्राचार्य जानबूझकर आपको दंडित करते हैं। आप उन्हें प्रसन्न रखने के लिए सर्वोत्तम उपाय करते हैं। परन्तु वे आपके साथ दुश्मन की तरह व्यवहार करते हैं। इस स्थिति में आप क्या करेंगे?

1. आप उन्हें हमेशा गाली देंगे
2. आप कुछ नहीं करेंगे
3. आप हमेशा उनमें त्रुटियाँ निकालेंगे
4. आप उनकी गलत इच्छा के आगे झुकेंगे नहीं

127. निम्नलिखित में से कौन-सा युग्म सही सुमेलित **नहीं** है?

	लेखक		**पुस्तक**
1.	जेफ्री चॉसर	–	कैन्टरबरी टेल्स
2.	लिओन बतिस्ता अल्बटी	–	ऑन दि डिगनिटी ऑफ मैन
3.	लॉरेन्जो वल्ला	–	ऑन प्लेजर
4.	बाल्थासार कास्टिल्योनी	–	दि बुक ऑफ कोर्टियर

115. 2	**116.** 2	**117.** 2	**118.** 4	**119.** 4	**120.** 1	**121.** 3
122. 3	**123.** 2	**124.** 1	**125.** 3	**126.** 4	**127.** 2	

128. 1872 का अंतर्जातीय एवं विधवा पुनर्विवाह संबंधी अधिनियम जाना जाता है :

1. विधवा पुनर्विवाह अधिनियम
2. अंतर्जातीय विवाह अधिनियम
3. ब्रह्म विवाह अधिनियम
4. विशेष विवाह अधिनियम

129. किसी वर्ष में देश के अंदर तीन क्षेत्रों में उत्पादन का योग कहलाता है :

1. GNP 2. NNP
3. GDP 4. GNI

130. आसियान क्षेत्रीय मंच (ARF) की स्थापना कब की गई?

1. 1992 2. 1993
3. 1994 4. 1995

131. निम्नलिखित घटनाओं को कालक्रम के अनुसार व्यवस्थित कीजिए:

(*a*) पूना समझौता
(*b*) अहमदाबाद मिल सत्याग्रह
(*c*) रॉलेट सत्याग्रह
(*d*) गाँधी-इरविन समझौता

कूट :

1. (*a*), (*b*), (*c*), (*d*) 2. (*b*), (*d*), (*a*), (*c*)
3. (*c*), (*d*), (*a*), (*b*) 4. (*b*), (*c*), (*d*), (*a*)

132. राज्य निर्वाचन आयुक्त की नियुक्ति कौन करता है?

1. भारत के मुख्य निर्वाचन आयुक्त
2. भारत के राष्ट्रपति
3. संबंधित राज्य के राज्यपाल
4. संबंधित राज्य की विधानसभा

133. क्षेत्रों का वर्गीकरण सार्वजनिक व निजी क्षेत्रों में करने का आधार है :

1. रोजगार की स्थिति
2. आर्थिक क्रिया की प्रकृति
3. उपक्रम का स्वामित्व
4. उपक्रम में कार्यरत कामगारों की संख्या

134. 'मजदूरी का लोह सिद्धांत' अवधारणा किसकी दी हुई है?

1. एडम स्मिथ 2. फर्डिनांड लासाले
3. डेविड रिकार्डो 4. कार्ल मार्क्स

135. निम्नलिखित में से कौन-सा भारत का गोण्डवाना काल का कोयला क्षेत्र **नहीं** है?

1. कोरबा 2. झरिया
3. रामगढ़ 4. निचाहोम

136. निम्नलिखित में से कौन-सा विषय भारत के संविधान की संघ सूची में शामिल **नहीं** है?

1. परमाणु ऊर्जा 2. बैंकिंग
3. कृषि 4. वायुमार्ग

137. निम्नांकित कथनों पर विचार कीजिये एवं **सही** विकल्प का चुनाव कीजिए :

I. 1949 में चीनी क्रांति के बाद भारत साम्यवादी सरकार को सबसे पहले मान्यता देने वाले देशों में शामिल था।
II. अटल बिहारी वाजपेयी नेहरु के बाद चीन की यात्रा करने वाले पहले भारतीय प्रधानमंत्री बने।

1. केवल (I) सही है।
2. केवल (II) सही है।
3. (I) और (II) दोनों सही है।
4. (I) और (II) दोनों सही नहीं है।

138. माण्डवी, जुआरी तथा राचोल भारत के किस राज्य में प्रवाहित होने वाली नदियाँ है?

1. केरल 2. छत्तीसगढ़
3. गोवा 4. महाराष्ट्र

139. निम्नलिखित में से कौन-सा कथन 'विजयनगर की आयगार व्यवस्था' के संबंध में सही **नहीं** है?

1. इस व्यवस्था में ग्राम एक स्वतंत्र इकाई थी।
2. प्रत्येक ग्राम के शासन हेतु 10 अधिकारियों को नियुक्त किया जाता था।
3. इन अधिकारियों को 'आयगार' कहा जाता था।
4. आयगार अपने पदों को बेच एवं गिरवी रख सकते थे।

140. निम्नलिखित युग्मों को सुमेलित कीजिए :

संगठन	**स्थापना वर्ष**
(*a*) बॉम्बे प्रेसिडेंसी एसोसिएशन	(*i*) 1875
(*b*) द इण्डिन एसोसिएशन	(*ii*) 1870
(*c*) पूना सार्वजनिक सभा	(*iii*) 1876
(*d*) द इण्डिन लीग	(*iv*) 1885

कूट :

	(*a*)	(*b*)	(*c*)	(*d*)
1.	(*i*)	(*ii*)	(*iv*)	(*iii*)
2.	(*iv*)	(*iii*)	(*ii*)	(*i*)
3.	(*i*)	(*iii*)	(*iv*)	(*ii*)
4.	(*iv*)	(*i*)	(*ii*)	(*iii*)

128. 3 **129.** 3 **130.** 3 **131.** 4 **132.** 3 **133.** 3 **134.** 2
135. 4 **136.** 3 **137.** 1 **138.** 3 **139.** 2 **140.** 2

141. अकबर के शासन की निम्नलिखित घटनाओं को कालक्रमानुसार व्यवस्थित कीजिए :

(*a*) इबादतखाने की स्थापना

(*b*) दहसाला प्रणाली का प्रारंभ

(*c*) मनसबदारी व्यवस्था का प्रारंभ

कूट :

1. (*a*), (*b*), (*c*) 2. (*c*), (*a*), (*b*)
3. (*c*), (*b*), (*a*) 4. (*b*), (*c*), (*a*)

142. दूध के उत्पादन में भारत का विश्व में कौन-सा स्थान है?

1. पहला 2. दूसरा
3. तीसरा 4. चौथा

143. 'किरिलताई' था :

1. मंगोल सैन्य टुकड़ी
2. एक प्रकार का कर
3. दस हजार सैनिकों की टुकड़ी
4. मंगोल सरदारों की परिषद्

144. 'पार्कलैण्ड' या 'ब्रुशवेल्ड' शब्द किस जलवायु से सम्बन्धित हैं?

1. विषुवत रेखीय 2. मानसूनी
3. सवाना 4. भूमध्यसागरीय

145. ऊष्ण कटिबन्धीय शुष्क सदाबहार वन पाये जाते हैं :

1. कोंकण तट पर 2. कोरोमण्डल तट पर
3. मालाबार तट पर 4. उत्कल मैदानों में

146. निम्नलिखित में से संयुक्त राष्ट्र के किस महासचिव को मरणोपरांत नोबेल शांति पुरस्कार से सम्मानित किया गया था?

1. डेग हैमरशोल्ड 2. यू थॉट
3. कुर्ट वाल्डहीम 4. बान की-मून

147. निम्नलिखित में से कौन-सी पर्वत शृंखला लघु हिमालय/मध्य हिमालय से सम्बन्धित **नहीं** है?

1. धौलाधर 2. पीर पंजाल
3. महाभारत 4. जांस्कर

148. महात्मा गाँधी राष्ट्रीय ग्रामीण रोजगार गारण्टी अधिनियम कब लागू किया गया?

1. 2004 2. 2005
3. 2014 4. 2019

149. निम्नलिखित में से कौन-सा भारतीय राज्य बांग्लादेश के साथ अन्तर्राष्ट्रीय सीमा साझा **नहीं** करता है?

1. असम 2. मणिपुर
3. मिजोरम 4. मेघालय

150. निम्नलिखित में से कौन-सा दक्षिण भारत का प्रमुख चाय उत्पादक राज्य **नहीं** है?

1. तमिलनाडु 2. कर्नाटक
3. केरल 4. गोवा

व्याख्यात्मक उत्तर

1. किशोरावस्था में बालक और बालिकाएँ तेजी से संज्ञानात्मक विकास करते हैं। वे ठोस अनुभवों से परे जाकर अमूर्त विचारों और सिद्धांतों पर सोचने लगते हैं। उनकी तार्किक शक्ति विकसित होती है, जिससे वे तर्क-वितर्क और विश्लेषण कर सकते हैं। साथ ही, वे अपने जीवन और समाज से जुड़े निर्णय लेने की क्षमता विकसित करते हैं, जिससे यह समूह सबसे उपयुक्त माना जाता है।

2. अधिगम के प्रयास एवं त्रुटि (Trial and Error) सिद्धांत का प्रतिपादन एडवर्ड एल. थॉर्नडाइक ने किया था। उन्होंने "Puzzle Box" नामक यंत्र में बिल्लियों पर प्रयोग किए, जहाँ बिल्ली बार-बार प्रयास करती और गलती करती, जब तक कि सही उपाय न मिल जाए। इस प्रक्रिया से यह सिद्ध हुआ कि सीखना अनुभव पर आधारित है और सही प्रतिक्रिया बार-बार के प्रयासों से स्थायी हो जाती है।

3. आनुवंशिकता शारीरिक विकास में सबसे बड़ी भूमिका निभाती है। ऊँचाई, रंग, शारीरिक बनावट, अंगों की संरचना और शारीरिक क्षमता का निर्धारण माता-पिता से प्राप्त जीन द्वारा होता है। यद्यपि पर्यावरणीय कारक भी प्रभाव डालते हैं, किन्तु मूल आधार आनुवंशिकता ही प्रदान करती है।

4. व्यक्तित्व मापन में प्रक्षेपी विधियाँ (Projective Techniques) जैसे साहचर्य तकनीकी (Association Technique), रचना तकनीकी (Construction Technique), और पूर्ति तकनीकी (Completion Technique) शामिल होती हैं, जिनसे व्यक्ति की अचेतन प्रवृत्तियाँ प्रकट होती हैं। जबकि जीवन इतिहास (Life History) पद्धति आत्मकथात्मक या वर्णनात्मक होती है और इसे प्रक्षेपी विधि नहीं माना जाता।

5. अन्तर्दृष्टि अधिगम पद्धति का प्रतिपादन गेस्टाल्ट मनोवैज्ञानिक वोल्फगैंग कोहलर ने किया था। उन्होंने चिपैंजियों पर प्रयोग किए, जिनमें बंदर अचानक समस्या का हल खोज लेते थे, जैसे डंडे जोड़कर केले तक पहुँचना। इस प्रकार सीखना अचानक समझ (Insight) के द्वारा संभव होता है, न कि केवल प्रयास और त्रुटि द्वारा।

6. सीखना, आवश्यकता की पूर्ति की प्रक्रिया के द्वारा होता है, यह कथन प्रबलन सिद्धांत से सम्बद्ध है। इस सिद्धांत में जब किसी आवश्यकता की पूर्ति होती है तो वह सकारात्मक प्रबलन के रूप में कार्य करता है, और वही व्यवहार आगे चलकर सुदृढ़ होकर सीखा जाता है। उदाहरण के लिए, भूखे जीव को भोजन मिलने पर वह वही व्यवहार दोहराना सीखता है जिसने भोजन तक पहुँचाया। अन्य सिद्धांत जैसे अन्तर्दृष्टि, क्रियाप्रसूत अधिगम और सम्बद्ध प्रतिक्रिया सीधे तौर पर आवश्यकता की पूर्ति से सम्बद्ध नहीं हैं।

141. 2 **142.** 1 **143.** 4 **144.** 3 **145.** 2 **146.** 1 **147.** 4 **148.** 2 **149.** 2 **150.** 4

7. यह अभिव्यक्ति जेरोम ब्रूनर की है। ब्रूनर के अनुसार किसी भी आयु या विकास स्तर पर उचित रूपांतरण और प्रस्तुति द्वारा किसी भी विषयवस्तु को सिखाया जा सकता है। उन्होंने 'स्पाइरल करिकुलम' की संकल्पना दी, जिसमें शिक्षण सामग्री को सरल से जटिल रूप में क्रमशः प्रस्तुत किया जाता है ताकि विद्यार्थी धीरे-धीरे गहराई से समझ सकें।

8. मस्तिष्क उद्वेलन (Brainstorming) विधि का प्रतिपादन अलेक्स ऑसबोर्न ने किया था। इसका उद्देश्य सृजनात्मकता को प्रोत्साहित करना है, जिसमें प्रतिभागी स्वतंत्र रूप से नए विचार प्रस्तुत करते हैं और आलोचना से बचते हैं। इससे मौलिकता, लचीलापन और विचारों की विविधता विकसित होती है, जो सर्जनशीलता को पोषण और संवर्धन प्रदान करती है।

9. सीखने के वक्र (Learning Curve) में पठार (Plateau) का अर्थ है कि प्रगति अस्थायी रूप से रुक जाती है और अधिगम की गति धीमी हो जाती है। यह स्थिति सामान्यतः थकान, ऊब, ध्यान की कमी या रुचि घटने के कारण उत्पन्न होती है। जब प्रेरणा या नई रणनीति अपनाई जाती है, तब पुनः प्रगति शुरू हो सकती है।

10. लोमड़ी और अंगूर की कहानी यौक्तिकीकरण (Rationalization) का उदाहरण है। जब व्यक्ति अपनी असफलता को स्वीकार नहीं कर पाता, तो वह किसी न किसी बहाने या तर्क द्वारा उसे उचित ठहराता है। लोमड़ी ने अंगूर तक न पहुँच पाने की असफलता को यह कहकर छुपाया कि "अंगूर खट्टे हैं"। यह मनोवैज्ञानिक रक्षा-तंत्र असफलता से उत्पन्न मानसिक तनाव को कम करने में मदद करता है।

11. पावलोव सम्बद्ध प्रतिक्रिया सिद्धांत (Classical Conditioning Theory) के प्रतिपादक थे। उन्होंने कुत्तों पर प्रयोग कर यह सिद्ध किया कि एक तटस्थ उद्दीपन (जैसे घंटी की आवाज) को प्राकृतिक उद्दीपन (भोजन) के साथ बार-बार प्रस्तुत करने से वह भी समान प्रतिक्रिया (लार आना) उत्पन्न कर सकता है। इससे यह स्पष्ट हुआ कि सीखना उद्दीपनों के बीच सम्बन्ध जोड़ने की प्रक्रिया है।

12. छोटे अक्षरों में छपी पुस्तकें दृष्टिबाधित विद्यार्थियों की शिक्षा के लिए उपयोगी नहीं होतीं। इनके लिए श्रव्य सामग्री, ब्रेल में पाठ्यसामग्री और गणित सिखाने के लिए अबेकस आवश्यक सहायक साधन माने जाते हैं। छोटे अक्षर दृष्टिबाधितों की आवश्यकता पूरी नहीं कर पाते और वे उनकी शिक्षा में बाधक होते हैं।

13. विशेष अपराधी बालकों के लिए सुधार विद्यालय (Reformatory Schools) बनाए जाते हैं। इनका उद्देश्य ऐसे बच्चों के व्यवहार को दण्ड नहीं बल्कि शिक्षा, परामर्श और प्रशिक्षण के माध्यम से सुधारना होता है, ताकि वे समाज के अच्छे नागरिक बन सकें। मानसिक मंद या प्रतिभाशाली बालकों के लिए अलग संस्थान होते हैं।

14. द्वि-तत्व सिद्धांत स्पीयरमैन का प्रतिपादित बुद्धि का सिद्धांत है। इसमें उन्होंने कहा कि बुद्धि दो तत्वों से बनी है - *(i)* सामान्य कारक (*g*) जो सभी प्रकार की मानसिक क्रियाओं में कार्य करता है, और (ii) विशिष्ट कारक (*s*) जो किसी विशेष कार्य या विषय से संबंधित होता है। इस प्रकार हर व्यक्ति में सामान्य बुद्धि और विशिष्ट क्षमताएँ दोनों होती हैं।

15. टोपोलॉजी से टॉलमैन के सिद्धांत का सम्बन्ध है। टॉलमैन ने संज्ञानात्मक मानचित्र (Cognitive Map) और संकेत-गेस्टाल्ट (Sign Gestalt) का विचार प्रस्तुत किया। उन्होंने माना कि जीव केवल प्रत्यक्ष प्रतिक्रिया से नहीं बल्कि अपने वातावरण का मानसिक नक्शा बनाकर सीखता है। इस प्रकार उनका सिद्धांत टोपोलॉजिकल यानी स्थानिक संबंधों की समझ पर आधारित है।

16. दैहिक आवश्यकता मैस्लो के आवश्यकता पदानुक्रम सिद्धांत में सबसे निचले स्तर पर रखी गई है। इसमें भोजन, पानी, वायु, नींद और आवास जैसी बुनियादी जैविक आवश्यकताएँ शामिल हैं। जब तक ये पूरी नहीं होतीं, व्यक्ति उच्चतर स्तर की आवश्यकताओं जैसे सुरक्षा, प्रेम, आत्म-सम्मान और आत्म-सिद्धि की ओर नहीं बढ़ सकता।

17. इसमें रोगी में अपने विचारों को लिखकर अभिव्यक्त करने की क्षमता नहीं होती है इसे एग्राफिया (Agraphia) कहा जाता है। यह तंत्रिका संबंधी विकार है जिसमें व्यक्ति बोल सकता है और कभी-कभी पढ़ भी सकता है, लेकिन लिखकर विचार व्यक्त करने की क्षमता खो देता है। यह सामान्यतः मस्तिष्क के भाषा-नियंत्रण क्षेत्र में क्षति के कारण होता है।

18. 'अधिगम सम्पूर्ण परिस्थिति का प्रत्यक्षीकरण है' यह कोहलर द्वारा प्रतिपादित अन्तर्दृष्टि अधिगम का आधार है। उन्होंने चिंपैंजियों पर प्रयोगों से सिद्ध किया कि अधिगम केवल उद्दीपन-प्रतिक्रिया का जोड़ नहीं है, बल्कि जीव सम्पूर्ण स्थिति का अवलोकन कर अचानक समाधान खोज लेता है। इसे "आहा अनुभव" भी कहा जाता है।

19. जॉन मेयर तथा पीटर सेलोवे द्वारा 'सांवेगिक बुद्धि' (Emotional Intelligence) का सम्प्रत्यय सर्वप्रथम प्रस्तुत किया गया। उन्होंने इसे अपनी भावनाओं को पहचानने, नियंत्रित करने और दूसरों की भावनाओं को समझने की क्षमता बताया। बाद में डैनियल गोलमैन ने इसे लोकप्रिय बनाया और इसके पाँच आयामों का विवरण दिया।

20. संवेदी गामक को छोड़कर शेष अवस्थाएँ कोह्लबर्ग के नैतिक विकास सिद्धांत की हैं। उन्होंने तीन स्तर और छह अवस्थाएँ बताईं-प्राक्रूढ़िगत (Pre-conventional), रूढ़िगत (Conventional) और पश्चात् रूढ़िगत (Post-conventional))। 'संवेदी गामक' (Sensory-motor) पियाजे के संज्ञानात्मक विकास सिद्धांत की अवस्था है, न कि कोह्लबर्ग की।

21. विकास दिशा का सिद्धांत के अनुसार बालक का विकास सिर से पैर की ओर (Cephalocaudal direction) होता है। पहले मस्तिष्क और गर्दन का विकास होता है, फिर हाथ और धड़ तथा अंत में पैरों का। यह सिद्धांत शारीरिक और स्नायविक विकास की दिशा को स्पष्ट करता है।

22. सीखना व्यवहार में परिवर्तन नहीं है : यह कथन उपयुक्त नहीं है। वास्तव में सीखना अनुभव के परिणामस्वरूप व्यवहार में अपेक्षाकृत स्थायी परिवर्तन है। यदि व्यवहार में कोई परिवर्तन नहीं होता तो उसे सीखना नहीं माना जा सकता। अन्य कथन सीखने की सार्वभौमिकता, समायोजन और स्थानांतरण क्षमता से जुड़े हैं जो सही हैं।

23. विशिष्ट बालकों के अधिकार एवं सम्मान को सुरक्षित रखना समावेशी वातावरण का मूल तत्व है। कक्षा में शिक्षक को सुनिश्चित करना चाहिए कि विशेष आवश्यकता वाले बालक भी समान अधिकार, सम्मान और अवसर प्राप्त करें। उन्हें सामान्य बालकों से दूर रखने या हीन समझने से समावेशन का उद्देश्य पूरा नहीं होता।

24. 7 से 11 वर्ष तक की आयु पियाजे की मूर्त संक्रियात्मक अवस्था (Concrete Operational Stage) है। इस अवस्था में बालक तार्किक सोचने लगता है, संरक्षण की संकल्पना (Concept of Conservation) समझता है और ठोस वस्तुओं से संबंधित समस्याओं का हल निकाल सकता है। लेकिन वह अभी अमूर्त चिंतन में सक्षम नहीं होता।

25. शैक्षिक व सहशैक्षिक क्षेत्र के विकास के मूल्यांकन से 'व्यापक' का तात्पर्य है। सतत एवं व्यापक मूल्यांकन (CCE) में केवल अकादमिक उपलब्धि ही नहीं, बल्कि सहशैक्षिक गतिविधियों, व्यक्तित्व, सामाजिक कौशल और भावनात्मक विकास का भी आकलन किया जाता है। इस प्रकार यह शिक्षा के समग्र विकास को मापता है।

26. तत्परता के नियम से यह कथन सम्बद्ध है। थॉर्नडाइक के अनुसार अधिगम तब प्रभावी होता है जब विद्यार्थी मानसिक और शारीरिक रूप से सीखने के लिए तैयार हो। केवल छात्र को कक्षा में बैठा देना पर्याप्त नहीं है; जब तक उसकी आंतरिक तत्परता (Readiness) नहीं होगी, वह ज्ञान ग्रहण नहीं कर पाएगा।

27. अभिप्रेरणा वह प्रक्रिया है जो किसी व्यक्ति को किसी क्रिया को प्रारम्भ करने, उसे बनाए रखने और नियन्त्रित करने में मदद करती है। यह भीतर से आने वाली प्रेरक शक्ति है, जो लक्ष्य प्राप्ति की दिशा में व्यवहार को सक्रिय और संगठित करती है।

28. आत्महीनता - श्रेष्ठता की भावना मूल प्रवृत्ति और संबद्ध संवेग का मेल इसमें सही नहीं है। मूल प्रवृत्तियाँ जन्मजात व्यवहारिक झुकाव हैं और उनसे जुड़े संवेग विशिष्ट होते हैं।

- **हास्य - आमोद :** हास्य की मूल प्रवृत्ति का संबंध आनंद और हंसी के संवेग से है।
- **सामूहिकता - एकाकीपन :** सामूहिकता की प्रवृत्ति समूह का हिस्सा बनने से संबंधित है, और एकाकीपन का संवेग तब प्रकट होता है जब यह प्रवृत्ति पूरी नहीं होती।
- **निवृत्ति - घृणा :** निवृत्ति प्रवृत्ति किसी अप्रिय वस्तु या स्थिति से बचने की है, जो घृणा के संवेग से मेल खाती है।
- **आत्महीनता - श्रेष्ठता की भावना :** आत्महीनता और श्रेष्ठता की भावना विपरीत संवेग हैं। आत्महीनता दीनता की प्रवृत्ति से संबंधित है, जबकि श्रेष्ठता की भावना हीनता से उबरने की प्रतिक्रिया हो सकती है। ये दोनों सीधे तौर पर एक ही मूल प्रवृत्ति से संबद्ध नहीं होते।

इसलिए, सही उत्तर है कि आत्महीनता और श्रेष्ठता की भावना का मेल उपयुक्त नहीं है।

29. अल्बर्ट बण्डुरा मॉडेलिंग सम्प्रत्यय (Modeling Concept) से सम्बद्ध हैं। उन्होंने प्रत्यक्षीकरण अधिगम (Observational Learning) का सिद्धांत प्रस्तुत किया, जिसके अनुसार बच्चे दूसरों के व्यवहार को देखकर और उसकी नकल करके सीखते हैं। इसे सामाजिक अधिगम सिद्धांत (Social Learning Theory) भी कहा जाता है।

30. बुद्धिलब्धि (IQ) निकालने का सूत्र है :

$$IQ = \frac{\text{मानसिक आयु}}{\text{कालानुक्रमिक आयु}} \times 100$$

यहाँ,मानसिक आयु = 7.5 वर्ष,
कालानुक्रमिक आयु = 6 वर्ष

$$IQ = \frac{7.5}{6} \times 100 = 125$$

अतः बालिका की बुद्धिलब्धि 125 होगी।

31. जृम्भिका - जवाँई अनुपयुक्त है। जृम्भिका (तत्सम) का तद्भव रूप जँभाई या जम्हाई है, जबकि जवाँई का तत्सम रूप जामातृ है। अतः यह युग्म गलत है। गर्त-गड्ढा, चर्मचटक-चमगादड़ और परिकूट-परकोटा सही मेल हैं।

32. प्रेरणा से तर्क की ओर शिक्षण-सूत्र नहीं है। शिक्षण-सूत्र जैसे "पूर्ण से अंश की ओर" और "स्थूल से सूक्ष्म की ओर" स्थापित हैं, लेकिन 'प्रेरणा से तर्क की ओर' कोई मान्य सूत्र नहीं है।

33. ऐ, औ - अर्ध संवृत असंगत है। स्वर वर्गीकरण में ऐ और औ अर्ध विवृत स्वर हैं, अर्ध संवृत नहीं। अन्य विकल्प जैसे अं, अः (अयोगवाह), ड़, ढ़ (उत्क्षिप्त), और श, ष, स (संघर्षी) संगत हैं।

34. दूरदर्शन प्रक्षेपित शिक्षण सहायक सामग्री नहीं है।

प्रक्षेपित शिक्षण सहायक सामग्री वे होती हैं जिन्हें किसी स्क्रीन पर प्रकाश स्रोत या प्रोजेक्टर की सहायता से प्रदर्शित किया जाता है। दूरदर्शन एक इलेक्ट्रॉनिक उपकरण है जो सीधे प्रसारण (Broadcast) के आधार पर चित्र और ध्वनि प्रस्तुत करता है। यह प्रक्षेपण उपकरण नहीं है, बल्कि स्वयं में दृश्य-श्रव्य सामग्री का प्रसारण माध्यम है।

- **फिल्म स्ट्रीप :** इसमें स्थिर छवियाँ होती हैं जिन्हें प्रोजेक्टर द्वारा स्क्रीन पर प्रक्षेपित किया जाता है।
- **ओवरहेड प्रोजेक्टर :** यह पारदर्शी शीट पर लिखी या छपी सामग्री को स्क्रीन पर प्रक्षेपित करता है।
- **फिल्म :** यह चलचित्र है जिसे प्रोजेक्टर की सहायता से परदे पर दिखाया जाता है।

अतः स्पष्ट है कि दिए गए विकल्पों में केवल **दूरदर्शन** अप्रक्षेपित सामग्री है।

35. पवन से चलने वाली चक्की - पनचक्की असंगत है। वास्तव में 'पनचक्की' का समास विग्रह "पानी से चलने वाली चक्की" है, न कि "पवन से चलने वाली चक्की"। अन्य विकल्प सही हैं—लोकप्रिय (लोक में प्रिय, अधिकरण तत्पुरुष), नवयुवक (नव है जो युवक, कर्मधारय), परीक्षाभवन (परीक्षा के लिए भवन, सम्प्रदान तत्पुरुष)।

36. अभ्यर्थी - प्रत्यर्थी सही विलोम-युग्म नहीं है।

'अभ्यर्थी' का अर्थ है याचक या उम्मीदवार, जो किसी पद या अवसर के लिए निवेदन करता है। 'प्रत्यर्थी' का अर्थ है—प्रतिद्वंदी या विरोधी, जो उसी अवसर पर प्रतिस्पर्धा में खड़ा होता है। दोनों शब्द एक ही संदर्भ में प्रयुक्त होते हैं, पर अर्थ की दृष्टि से एक-दूसरे के विपरीत नहीं हैं, इसलिए इन्हें विलोम नहीं कहा जा सकता।

- **वैमनस्य - सौमनस्य :** वैरभाव और सद्भाव के लिए यह सही विलोम है।
- **अभिमानी - निरभिमानी :** अभिमान से युक्त और अभिमान रहित - यह भी विलोम है।
- **स्वार्थी - निस्स्वार्थ :** स्वार्थ में लिप्त और स्वार्थ से रहित - यह भी उपयुक्त विलोम है।

अतः दिए गए विकल्पों में अनुपयुक्त विलोम-युग्म **अभ्यर्थी - प्रत्यर्थी** है।

37. ई - द्रौपदी, जानकी, वाल्मीकि असंगत है। 'ई' प्रत्यय से स्त्रीलिंग सूचक शब्द बनते हैं, जैसे द्रौपदी, जानकी। लेकिन 'वाल्मीकि' इसमें नहीं आता, क्योंकि यह ई प्रत्यय से नहीं बना है। बाकी विकल्प - 'य', 'तर' और 'एय' - सही उदाहरणों के साथ संगत हैं।

38. तरणि - नौका, द्रोणी, करवाल असुमेलित है। 'तरणि' का अर्थ सूर्य होता है, इसका पर्यायवाची आदित्य, भानु, भास्कर आदि हैं। नौका, द्रोणी और करवाल 'नाव' के पर्याय हैं, अतः यह युग्म असंगत है।

39. **समुद्र में लगने वाली आग - दावानल** असंगत है। दावानल का अर्थ है वन में लगने वाली अग्नि, न कि समुद्र में। समुद्र में लगने वाली आग को 'बड़वानल' कहा जाता है। शेष विकल्प सही हैं - लोक-प्रचलित बात जिसके वक्ता का पता न हो = किंवदन्ती, पशुओं की जुगाली = पागुर, और जिसके पति ने दूसरा विवाह कर लिया हो = अध्यूढा।

40. **कुमार** में 'कु' उपसर्ग का प्रयोग नहीं हुआ है। कुमार शब्द संस्कृत धातु से बना है और इसमें 'कु' उपसर्ग नहीं है। जबकि कुज, कुचो और कुमति में 'कु' उपसर्ग के प्रयोग से ही शब्द निर्मित हुए हैं।

41. मनुजात का अर्थ है मनु से उत्पन्न, अर्थात् मनुष्य या मानव। मनुजाद का अर्थ है मनुष्य को खाने वाला। इसमें 'आद' प्रत्यय का अर्थ है खाने वाला। इसलिए यह युग्म सही है।

42. **पर्युषण = परि + ऊषण** : यह यण संधि दृष्टि से संगत विकल्प है। यहाँ 'परि + ऊषण' में 'इ + ऊ = यू' होता है, जो यण संधि का नियम है। इस प्रकार 'परि + ऊषण → पर्युषण' बनता है।

- जाती + अभिमान → जात्यभिमान (यह यण संधि है, लेकिन विकल्प में 'जात्यामान' लिखा है, जो गलत रूप है)।
- वधु + इच्छा → वध्विच्छा (यह यण संधि है, पर विकल्प में आधार शब्द 'वधु' को सही रूप में नहीं दिया गया है)।
- महा + ऐन्द्रजालिक → महेन्द्रजालिक (यह वृद्धि संधि है, यण संधि नहीं)।

अतः सही उत्तर है **पर्युषण = परि + ऊषण।**

43. लेखक के अनुसार शांति की परिभाषा केवल युद्ध की अनुपस्थिति नहीं है। गद्यांश में स्पष्ट कहा गया है कि बुद्ध की परिकल्पना के अनुसार शांति का अर्थ समानता के संदेश से युक्त शांतिपूर्ण समाज हैं। इसलिए युद्ध का न होना मात्र शांति नहीं माना जा सकता।

44. मनुष्य बनने का अर्थ है अपने भीतर करुणा और संवेदनशीलता को विकसित करना, जिससे हम दूसरों की पीड़ा को समझ सकें और उनसे जुड़ सकें।

45. **विषमता - व्यंजन संधि** : यह असंगत है। 'विषमता' शब्द 'विषम' + 'ता' से बना है, जो प्रत्यय की प्रक्रिया है, संधि नहीं। शेष विकल्प - 'अनुपस्थिति' (दो उपसर्ग), 'मनुष्यता' (जातिवाचक आधार से बना भाववाचक), और 'प्रत्येक' (अव्ययीभाव समास) - सही हैं।

46. The most suitable way to teach stress, intonation, and rhythm is through different types of drills. Drills give students repeated opportunities to practice pronunciation, intonation, and rhythm, which helps them achieve naturalness in speaking.

47. A phonetic dictionary does not help in developing listening skills. It helps in understanding pronunciation and knowing the correct phonetic transcription of words, but it does not directly develop listening ability. On the other hand, gramophones, television, and films/film strips engage both listening and viewing, thereby developing listening skills.

48. The use of multimedia materials in teaching involves various media such as text, pictures, sound, video, and animation. This integrated approach makes teaching more effective, attractive, and participatory.

49. The use of multilingual resources increases student participation. When various linguistic resources are used, learners feel connected to their mother tongue and other languages, which enhances their active participation and strengthens the learning process.

50. The author worked for a short time (a brief while) in a college in Delhi. Therefore, the correct answer is *short time*.

51. The author assigned the task of writing an application for a job after graduation as a *language exercise* for students.

52. Seven out of eight students wrote job applications for the position of *clerks*.

53. According to the author, the highest ambition of students in good colleges is to pass the competitive examination for appointment to the *Administrative Services*.

54. In the sentence "And these latter, understandably, are a small number," the phrase "these latter" refers to *scholars, scientists, and leaders of opinion*, whose number is very small.

55. According to the author, the thinking of the most ambitious and the least ambitious students is *alike*.

56. **The college where the author worked in Delhi had a reputation for its academic standards:** This statement is true. The passage clearly mentions that the college was well-known for its academic standards.

57. "Snuffed out" means to end or to *kill*. Therefore, the correct meaning is *killed*.

58. The antonym of "former" is "latter," and this is the word used in the passage.

59. "Alumni" means *former students* or old students of an educational institution.

60. The first stage in teaching any lesson, including formal grammar, is to prepare students and connect the new topic with their prior knowledge. This stage is called *Motivation* and *Testing of Previous Knowledge*.

- **Motivation:** Creates interest and curiosity among students about the topic.
- **Testing of Previous Knowledge:** Helps the teacher find out what the students already know, so new knowledge can be built on that foundation.

After this, the sequence of the teaching process includes:

- Collection and presentation of examples,
- Comparison and generalization,
- And finally, application of rules.

Hence, the first stage is *Motivation and Testing of Previous Knowledge*.

61. प्रदत्त व्यंजक $= \sqrt{\dfrac{\left(\frac{7}{4}\right)^4 - \left(\frac{7}{3}\right)^4}{\left(\frac{7}{4}\right)^2 - \left(\frac{7}{3}\right)^2}}$

सर्वसमिका $a^4 - b^4 = (a^2 - b^2)\,(a^2 + b^2)$ का उपयोग करने पर, भिन्न घटकर $a^2 + b^2$ हो जाती है। $a = 7/4$, $b = 7/3$ रखने पर:

$$a^2 + b^2 = \left(\frac{7}{4}\right)^2 + \left(\frac{7}{3}\right)^2 = \frac{49}{16} + \frac{49}{9}$$

सरल करने पर, $= \frac{441}{144} + \frac{784}{144} = \frac{1225}{144}$

अब, $\sqrt{\frac{1225}{144}} = \frac{35}{12} = 2\frac{11}{12}$.

62. दरें : X=1/6, Y=1/8 (काम/दिन)।
दोनों मिलकर 3 दिन में काम पूरा करते हैं $\Rightarrow$ दर = 1/3।

$$Z = \frac{1}{3} - \left(\frac{1}{6} + \frac{1}{8}\right) = \frac{1}{24}$$

3 दिन में Z, $3 \times \frac{1}{24} = \frac{1}{8}$ काम पूरा करता है

$\Rightarrow$ Z का हिस्सा = $\frac{1}{8} \times 2000$ = ₹ 250

63. आयत, वर्ग और त्रिभुज समतलीय (2-D) आकृतियाँ हैं, जबकि घन त्रिविमीय (3-D) ठोस आकृति है। इसलिए यह असंगत है।

64. 10% हानि पर विक्रय मूल्य = 153, $\Rightarrow CP = \frac{153}{0.9} = 170.$

20% लाभ पर विक्रय मूल्य (SP) = 1.2 × 170 = ₹ 204।

65. पाँचों व्यक्ति केंद्र की ओर मुँह करके बैठे हैं।
प्रश्न में कहा गया है कि "E और B के बीच केवल A है"
$\Rightarrow$ इसका अर्थ है कि E–A–B लगातार बैठे हैं।
अगली शर्त है "D, B के एकदम बायीं ओर है।" जब सभी केंद्र की ओर बैठे हों, तो किसी भी व्यक्ति का बायाँ भाग घड़ी की दिशा में होता है। इसलिए B के तुरंत बायीं ओर D बैठा होगा।
इस प्रकार सही क्रम बनेगाः B–D–C–A।
इस क्रम से स्पष्ट है कि C के एकदम बायीं ओर E बैठा है।
अतः उत्तर E है।

66. शेखर पहले 10 मीटर उत्तर की ओर चला। फिर 6 मीटर दक्षिण की ओर चला। इसका मतलब है कि उसकी शुद्ध चाल उत्तर की ओर 10 - 6 = 4 मीटर हुई। इसके बाद वह 3 मीटर पूर्व की ओर गया। अब स्थिति यह है कि वह प्रारंभिक बिंदु से 4 मीटर उत्तर और 3 मीटर पूर्व की ओर है। किसी बिंदु की दूरी निकालने के लिए पायथागोरस प्रमेय का प्रयोग करेंगेः

दूरी $= \sqrt{4^2 + 3^2} = \sqrt{25} = 5\,\text{m}.$

अतः वह अपने प्रारंभिक बिंदु से 5 मीटर दूर है।

67. दी गई श्रेणी है 5, 6, 9, 15, 25, ?
अब हम क्रमागत पदों के बीच का अंतर निकालते हैं:

- 6 - 5 = 1
- 9 - 6 = 3
- 15 - 9 = 6
- 25 - 15 = 10

यह अंतर 1, 3, 6, 10 हैं, जो क्रमशः त्रिभुजी संख्याएँ हैं। अगली त्रिभुजी संख्या 15 होती है। इसलिए अगले पद को निकालने के लिए 25 में 15 जोड़ते हैं : 25 + 15 = 40
इस प्रकार श्रेणी का अगला पद 40 होगा।

68. शब्द "CYBERNETICS" में कुल 11 अक्षर हैं। जब इन्हें वर्णानुक्रम में रखा जाए तो क्रम होगा :
B, C, C, E, E, I, N, R, S, T, Y
11 अक्षरों में मध्य का अक्षर (6ठा) **I** है।

69. R, Q की माँ है। चूँकि P, Q की बहन है, इसलिए R, P की माँ भी है। S, R का पिता है, अर्थात, S, P का दादा है। इस प्रकार, P, S से उसकी पोती के रूप में संबंधित है।

70. कोडिंग पैटर्नः अक्षरों के **विपरीत स्थान-मूल्य** (Reverse place value) का योग × 10। यानी A = 26, B = 25, …., Z = 1।

- ZIP: Z = 1, I = 18, P = 11
  → योग 30 → 30 × 10 = 300.
- ZAN: Z = 1, A = 26, N = 13
  → योग 40 → 40 × 10 = 400.
- ZOO: Z = 1, O = 12, O = 12
  → योग 25 → 25 × 10 = 250.

अब ZOO: Z = 1, O = 12, O = 12
$\Rightarrow$ योग = 25 $\Rightarrow$ 25 × 10 = **250.**

71. शृंखला AYD, BVF, DRH, ?, KGL है। प्रत्येक अक्षर अपने स्वतंत्र क्रम का अनुसरण करता है।

- **पहला अक्षर (A, B, D, ?, K):**
  स्थान → A(1), B(2), D(4), ? , K(11)
  अंतर : +1, +2, +3, +4
  अतः D(4) के बाद, हमें G(7) प्राप्त होता है।
- **दूसरा अक्षर (Y, V, R, ?, G):**
  स्थान → Y(25), V(22), R(18), ?, G(7)।
  अंतर : −3, −4, −5, −6।
  R(18) के बाद, हमें M(13) प्राप्त होता है।
- **तीसरा अक्षर (D, F, H, ?, L):**
  स्थान → D(4), F(6), H(8), ?, L(12)
  अंतर : लगातार +2 H(8) के बाद, हमें J(10) प्राप्त होता है।
  इस प्रकार, लुप्त पद GMJ है।

72. हम पाँचों व्यक्तियों को ऊँचाई के अनुसार क्रमशः व्यवस्थित करते हैं।

- दिया गया है : सचिन, कमल से छोटा है लेकिन राम से लंबा है
  अब तक का क्रमः $\Rightarrow$ राम < सचिन < कमल।
- मोहन सबसे लंबा है $\Rightarrow$ मोहन > कमल।
- अरुण, कमल से छोटा है लेकिन सचिन से लंबा है
  $\Rightarrow$ राम < सचिन < अरुण < कमल < मोहन।

इस क्रम से, मोहन सबसे लंबा है और कमल **दूसरा सबसे लंबा** है।

73. एक गोले के आयतन का सूत्र : $V = \frac{4}{3}\pi r^3$

यह दिया गया है कि आयतन 3 मीटर त्रिज्या वाले एक गोले के अनुरूप है। अतः, व्यास = $2r$ = 6 मीटर।
इस प्रकार, सही व्यास 6 मीटर है।

74. दिया गया है : व्यास = 28 सेमी.
$\Rightarrow$ त्रिज्या = 14 सेमी.; ऊँचाई = 20 सेमी.
बेलन का कुल पृष्ठीय क्षेत्रफल :

$$TSA = 2\pi r(h + r)$$

प्रतिस्थापित मान :

$$TSA = 2 \times \pi \times 14 \times (20 + 14)$$
$$= 2 \times \pi \times 14 \times 34$$
$$= 952\pi = 952 \times \frac{22}{7}$$
$$= 2992 \text{ सेमी.}^2$$

अतः कुल पृष्ठीय क्षेत्रफल = 2992 वर्ग सेमी.।

75. समचतुर्भुज का परिमाप = 52 सेमी.

$\Rightarrow$ भुजा = 52 ÷ 4 = 13.

एक विकर्ण = 24 सेमी. $\Rightarrow$ इसका आधा = 12 सेमी.

समकोण त्रिभुज में पाइथागोरस का प्रयोग करने पर,

$$\left(\frac{d_2}{2}\right)^2 + 12^2 = 13^2$$

$$\left(\frac{d_2}{2}\right)^2 + 144 = 169 \Rightarrow \left(\frac{d_2}{2}\right)^2 = 25$$

$$\Rightarrow \frac{d_2}{2} = 5 \Rightarrow d_2 = 10$$

$$\text{समचतुर्भुज का क्षेत्रफल} = \frac{d_1 \times d_2}{2} = \frac{24 \times 10}{2} = 120 \text{ सेमी.}^2.$$

अतः अभीष्ट क्षेत्रफल **120 वर्ग सेमी।**

76. माना कि शंकु की त्रिज्या r और ऊँचाई h है।

दिया गया अनुपात, $r : h = 5 : 12$

$\Rightarrow$ $r = 5x, h = 12x.$

शंकु का आयतन : $V = \frac{1}{3}\pi r^2 h$

V = 314, π = 3.14: रखने पर:

$$314 = 1/3 \times 3.14 \times (5x)^2 \times 12x$$
$$314 = 1/3 \times 3.14 \times 25x^2 \times 12x$$
$$314 = 314x^3 \Rightarrow x^3 = 1 \Rightarrow x = 1$$

अतः, $r = 5x = 5$ मी., व्यास $= 2r = 10$ मी.।

77. व्यंजक :

$$E = \sec(90° - A) - \cot A \cdot \cos(90° - A) \cdot \tan(90° - A)$$

सर्वसमिकाओं का प्रयोग करें :

$\sec(90° - A) = \operatorname{cosec} A,$

$\cos(90° - A) = \sin A, \tan(90° - A) = \cot A.$

अतः,
$$E = \operatorname{cosec} A - \cot A \cdot \sin A \cdot \cot A$$
$$= \operatorname{cosec} A - \cot^2 A \sin A$$

अब, $\operatorname{cosec} A = \frac{1}{\sin A} \Rightarrow \cot^2 A = \frac{\cos^2 A}{\sin^2 A}$

$$E = \frac{1}{\sin A} - \frac{\cos^2 A}{\sin^2 A}.\sin A$$

$$= \frac{1}{\sin A} - \frac{\cos^2 A}{\sin A}$$

$$= \frac{1 - \cos^2 A}{\sin A} = \frac{\sin^2 A}{\sin A} = \sin A.$$

78. मीनार की ऊँचाई = $2\sqrt{3}$ m, छाया = 2 m.

$$\tan\theta = \frac{\text{ऊँचाई}}{\text{छाया}} = \frac{2\sqrt{3}}{2} = \sqrt{3}$$

अतः θ = 60°.

79. चक्रवृद्धि ब्याज सूत्र : $A = P\left(1 + \frac{r}{100}\right)^n$

यहाँ, $r = 20\%$.

दोगुना करने पर : $(1.2)^n > 2$

मान जाँच करने पर :

$$(1.2)^2 = 1.44$$
$$(1.2)^3 = 1.728$$
$$(1.2)^4 = 2.0736 > 2$$

अतः न्यूनतम मान $n = 4$.

80. 11 से 50 के बीच 7 से विभाज्य संख्याएँ :

14, 21, 28, 35, 42, 49.

इनमें 3 से विभाज्य संख्याएँ : 21, 42.

शेष संख्याएँ : 14, 28, 35, 49.

कुल संख्याएँ = 4.

81. वर्ष 2023 के अर्जुन पुरस्कार विजेताओं में दीक्षा डागर (गॉल्फ) का नाम शामिल है। दिए गए अन्य विकल्प - विनेश फोगाट और बबीता कुमारी - पहले अलग वर्षों में सम्मानित हो चुकी हैं, तथा रीतिका हूडा का नाम 2023 की सूची में नहीं है। इसलिए सही विकल्प दीक्षा डागर है।

82. पंचकुला जिले में स्थित वन्यजीव अभयारण्य **बीर शिकारगाह** है। अन्य विकल्प हरियाणा के अलग जिलों से जुड़े हैं (छिलछिला-कुरुक्षेत्र/कैथल क्षेत्र से सम्बद्ध, नाहर - रेवाड़ी, परवास/खापरवास - झज्जर), इसलिए पंचकुला के संदर्भ में सही विकल्प **बीर शिकारगाह अभयारण्य** है।

83. शिवालिक विकास एजेंसी का कार्यक्षेत्र हरियाणा के शिवालिक पाद-प्रदेश वाले जिलों - **पंचकुला, अम्बाला, यमुनानगर** - में आता है। **कुरुक्षेत्र** मैदानी क्षेत्र में है और शिवालिक विकास एजेंसी के अन्तर्गत नहीं आता। अतः असंगत/न आने वाला जिला **कुरुक्षेत्र** है।

84. यह आंकड़ा स्थिर मूल्यों (Constant Prices) पर 2023-24 के लिए हरियाणा की प्रति व्यक्ति आय का अनुमानित/प्रकाशित मान है। स्थिर मूल्यों पर आय का स्तर मुद्रास्फीति-समायोजित होता है, इसलिए यह चालू मूल्यों (Current Prices) की तुलना में कम दिखाई देता है। विकल्पों में दिया 3,25,759 सामान्यतः चालू मूल्यों के करीब होता है, जबकि स्थिर मूल्यों के अनुरूप सटीक मेल 1,85,490 से होता है।

85. पंजाब एवं हरियाणा उच्च न्यायालय के मुख्य न्यायाधीश के रूप में न्यायमूर्ति शील नागू का नाम सही है। अन्य दिए विकल्पों में न्यायमूर्ति रविशंकर झा पूर्व में इस पद पर रह चुके हैं, न्यायमूर्ति ऋतु बाहरी ने कार्यवाहक/अन्य न्यायालयों में भूमिका निभाई है, और न्यायमूर्ति कृष्ण मुरारी सर्वोच्च न्यायालय से संबद्ध रहे हैं - अतः वर्तमान सन्दर्भ में सही उत्तर न्यायमूर्ति शील नागू है।

86. हरियाणा लोक सेवा आयोग का सामान्य गठन अध्यक्ष के साथ सदस्यों की एक निर्धारित संख्या पर आधारित होता है। उपलब्ध विकल्पों में प्रचलित संरचना के सबसे समीप **अध्यक्ष एवं पाँच सदस्य** का विकल्प आता है, जिससे आयोग कुल छह सदस्यों (1 + 5) का निकाय बनता है - जो राज्यों के लोक सेवा आयोगों की सामान्य संरचना से भी सामंजस्य रखता है।

87. (*a*) **सत्य** — भादनाक/भादानक 12वीं सदी में गुरुग्राम-रेवाड़ी क्षेत्र में प्रभावशाली रहे — उनका केंद्र इसी अंचल में माना जाता है।

(*b*) **असत्य** — उन्होंने चौहान शासक पृथ्वीराज तृतीय (Prithviraj-III) को पराजित नहीं किया; उलटे, ऐतिहासिक सन्दर्भों में चौहानों द्वारा इस क्षेत्र की शक्तियों को वश में करने/परास्त करने का उल्लेख मिलता है।

अतः सही कूटः **केवल (a) सत्य**।

88. महाभारत में दिग्विजय यज्ञ के समय पांडवों ने चारों दिशाओं में सैन्य अभियान भेजे थे। नकुल ने पश्चिम दिशा में अभियान का नेतृत्व किया था। इसी अभियान के दौरान उन्होंने हरियाणा के रोहतक (प्राचीन रोहितक) और उससे जुड़े क्षेत्रों को अपने अधीन किया। इस कारण रोहतक पर सैन्य अभियान का नेतृत्व नकुल ने किया था।

89. हरियाणा का जींद जिला सबसे अधिक, सात अन्य जिलों से अपनी सीमा साझा करता है। ये जिले हैं — कैथल, करनाल, पानीपत, सोनीपत, रोहतक, हिसार और फतेहाबाद। भौगोलिक स्थिति के कारण जींद हरियाणा का केंद्रीय जिला माना जाता है और यह राज्य का एकमात्र जिला है जिसकी सीमाएँ इतनी अधिक जिलों से मिलती हैं।

90. लाडवा के सिख सरदार **गुरुदीत सिंह** प्रथम आंग्ल-मराठा युद्ध (1775-1782) के समय अंग्रेजों के विरुद्ध लड़े थे। उन्होंने मराठों का पक्ष लिया और अंग्रेजों के खिलाफ संघर्ष किया। लाडवा का यह योगदान हरियाणा के स्वतंत्रता इतिहास का एक महत्वपूर्ण प्रसंग है, जहाँ स्थानीय सिख सरदारों ने मराठों का समर्थन कर अंग्रेजों का विरोध किया।

91. सल्तनत काल में "बरीद-ए-मुमालिक" दीवान-ए-बरीद का प्रमुख था। इसका मुख्य कार्य राज्यभर से गुप्त सूचनाएँ इकट्ठा कर सीधे सुल्तान तक पहुँचाना था। यह शासक की आँख और कान के समान कार्य करता था।

92. मौर्य प्रशासन में *अन्तपाल* (सीमांत दुर्गों का रक्षक), *प्रशास्ता* (कारागार या शाही आदेशों का अधिकारी), और नायक (पैदल सेना या नगर की रक्षा का प्रमुख) आते थे। द्रोणमुख कोई अधिकारी नहीं बल्कि एक प्रशासनिक इकाई थी (400 गाँवों का समूह), इसलिए यह सही उत्तर है।

93. माँग फलन pq=cpq=c के आधार पर:

- यह आयताकार अतिपरवलय को दर्शाता है।
- प्रत्येक बिंदु पर लोच e = –1 होती है।
- कुल व्यय (p×q) स्थिर रहता है।
- मूल्य और मात्रा का गुणनफल सदैव स्थिर रहता है।

इसलिए चारों कथन सही हैं।

94. यह युग्म असुमेलित है। शुङ्कम् तविर्त (कर समाप्त करने वाला) उपाधि कुलोत्तुंग चोल-I से जुड़ी है, न कि राजेन्द्र चोल-I से। राजेन्द्र चोल-I को *गगैकोण्ड* और अन्य उपाधियाँ मिली थीं। शेष तीन युग्म (राजाधिराज-I, महेन्द्रवर्मन-I, नरसिंहवर्मन-I) सही हैं।

95. *सूचना का अधिकार अधिनियम* (RTI) को 15 जून 2005 को राष्ट्रपति की स्वीकृति मिली और यह 12 अक्टूबर 2005 से पूर्ण रूप से लागू हुआ। इससे नागरिकों को शासन की पारदर्शिता और उत्तरदायित्व हेतु सूचना प्राप्त करने का कानूनी अधिकार मिला।

96. संघात्मक शासन व्यवस्था का सबसे बड़ा लक्षण केंद्र और राज्यों के बीच शक्तियों का संवैधानिक बँटवारा है। इसमें न तो पूर्ण केंद्रीकरण होता है और न ही केवल एकल प्रशासन। दोनों स्तरों की सरकारें अपने-अपने अधिकार क्षेत्र में स्वतंत्र रूप से कार्य करती हैं। इस प्रकार शक्ति का संतुलन बना रहता है।

97. 2023 के ग्लोबल हंगर इंडेक्स में भारत 125 देशों में 111वें स्थान पर था। यह रैंकिंग दिखाती है कि भूख और कुपोषण की समस्या भारत में अभी भी गंभीर है। इसमें बाल कुपोषण, बाल मृत्यु दर और भोजन की उपलब्धता जैसे संकेतक शामिल किए जाते हैं। इस कारण भारत की स्थिति कई पड़ोसी देशों से भी खराब रही।

98. 2022 के मानव विकास सूचकांक (HDI) में श्रीलंका की स्थिति भारत से बेहतर रही। श्रीलंका का HDI मान उच्च था, जबकि भारत का मान उससे नीचे रहा। यह शिक्षा, स्वास्थ्य और आय जैसे मानकों में अंतर को दर्शाता है। इसी कारण दक्षिण एशिया में श्रीलंका मानव विकास के मामले में अग्रणी है।

99. अनेकांतवाद जैन धर्म का दार्शनिक सिद्धांत है। इसके अनुसार सत्य को केवल एक दृष्टिकोण से नहीं जाना जा सकता। वस्तुओं के अनेक पहलू होते हैं और हर दृष्टिकोण आंशिक सत्य को प्रकट करता है। यही कारण है कि जैन धर्म सहिष्णुता और बहुवाद पर बल देता है।

100. राबर्ट फिल्मर ने यह तर्क दिया कि आदम केवल पहला मनुष्य ही नहीं, बल्कि पहला राजा भी था। उसके अनुसार वर्तमान राजा आदम के उत्तराधिकारी हैं। यह *Patriarchal Theory* या *Divine Right of Kings* के अंतर्गत आता है। इसमें शाही सत्ता को ईश्वर प्रदत्त और अविचल माना गया।

101. भारत में *राष्ट्रीय खाद्य सुरक्षा अधिनियम* (National Food Security Act – NFSA) वर्ष 2013 में लागू हुआ। इसे 10 सितंबर 2013 को अधिनियमित किया गया और 2013 से चरणबद्ध रूप में राज्यों में लागू किया गया। इसके तहत गरीब और कमजोर वर्गों को सस्ती दरों पर खाद्यान्न उपलब्ध कराना सुनिश्चित किया गया।

102. पृथ्वी की वास्तविक भौगोलिक आकृति को *जिओइड* कहा जाता है। यह एक सैद्धांतिक आकृति है जो पृथ्वी के गुरुत्वाकर्षण क्षेत्र और समुद्र सतह की औसत स्थिति को दर्शाती है। पृथ्वी न तो पूरी तरह गोल है और न ही पूरी तरह चपटी, बल्कि इसकी सतह असमान है, इसलिए इसे जिओइड कहा जाता है।

103. विकल्पों की जांच :

(*a*) विषुव केवल 21 मार्च को नहीं होता, बल्कि 21 मार्च और 23 सितंबर दोनों को होता है, इसलिए यह गलत है।

(*b*) ग्रीष्म अयनांत (Summer Solstice) 21 जून को ही होता है – सही।

(*c*) शीत अयनांत (Winter Solstice) 22 दिसंबर को होता है – सही।

इसलिए केवल (*a*) असुमेलित है।

104. सूचियों का मिलान :

(*a*) समता का अधिकार → अनुच्छेद 14–18 → (*iii*)

(*b*) स्वतंत्रता का अधिकार → अनुच्छेद 19–22 → (*i*)

(*c*) संस्कृति और शिक्षा संबंधी अधिकार → अनुच्छेद 29–30 → (*iv*)

(*d*) संवैधानिक उपचारों का अधिकार → अनुच्छेद 32 → (*ii*)

अतः सही क्रम है : (*a*)–(*iii*), (*b*)–(*i*), (*c*)–(*iv*), (*d*)–(*ii*)।

105. **प्यासे कौए की कहानी को प्रदर्शित करने वाला पात्र – कालीबंगा :** यह युग्म असुमेलित है। प्यासे कौए की कहानी को प्रदर्शित करने वाला पात्र वास्तव में लोथल से प्राप्त हुआ था, न कि कालीबंगा से। उस पात्र पर एक चित्र मिला जिसमें पक्षी चोंच में मछली लिए और लोमड़ी दर्शाई गई है, जिसे पंचतंत्र की कहानियों से जोड़ा जाता है। कालीबंगा की विशेषता जुते हुए खेत (ploughed field) और अग्निवेदिकाएँ (fire altars) हैं।

- **ताम्र दर्पण – धौलावीरा :** असुमेलित। ताम्र/कांस्य दर्पण मोहनजोदड़ो जैसे स्थलों से प्राप्त हुए हैं। धौलावीरा जल प्रबंधन प्रणाली और बड़े शिलालेख के लिए प्रसिद्ध है।
- **पुरोहित राजा की मूर्ति - मोहनजोदड़ो :** सुमेलित। यह प्रसिद्ध दाढ़ी वाले पुरुष की मूर्ति मोहनजोदड़ो से मिली थी।
- **मिट्टी के हल का प्रतिरूप - बनावली :** सुमेलित। बनावली से मिट्टी का हल का खिलौना मिला है, जो कृषि का स्पष्ट प्रमाण है।
- **प्यासे कौए की कहानी का पात्र - लोथल :** सही स्थल।

इस प्रकार असुमेलित युग्म विकल्प (4) है।

106. काल्डेरा एक बाह्य ज्वालामुखीय भू-आकृति है, जो ज्वालामुखी के विस्फोट के बाद उसकी चोटी धंसने से बनती है। जबकि बैथोलिथ, डाइक और सिल सभी अंतःस्रावी (आन्तरिक) आग्नेय संरचनाएँ हैं। इसलिए काल्डेरा आन्तरिक ज्वालामुखीय भू-आकृति नहीं है।

107. राजनीति-सिद्धांत का पुनरुत्थान 20वीं सदी के उत्तरार्ध में हुआ जिसमें जॉन रॉल्स, माइकल ओकशॉट और जुर्गन हैबरमास जैसे विद्वानों का योगदान रहा। अल्फ्रेड कोबां का संबंध इस पुनरुत्थान आंदोलन से नहीं है।

108. 'मध्य रात्रि के सूर्य की धरती' (Land of the Midnight Sun) वह क्षेत्र है जहाँ ग्रीष्म ऋतु में सूर्य कई सप्ताह तक अस्त नहीं होता। यह घटना आर्कटिक वृत्त से उत्तर के क्षेत्रों (नॉर्वे, स्वीडन, फिनलैंड आदि) और अंटार्कटिक वृत्त से दक्षिण में देखी जाती है।

109. मथुरा कला लाल बलुआ पत्थर के उपयोग के लिए प्रसिद्ध है। इसमें बुद्ध, बोधिसत्व, जैन तीर्थंकरों तथा हिन्दू देवी-देवताओं की मूर्तियों का अंकन हुआ। मथुरा के कंकाली टीले से भारी संख्या में जैन मूर्तियाँ भी प्राप्त हुई हैं। अतः तीनों कथन सही हैं।

110. अल्फ्रेड वेगनर के महाद्वीपीय विस्थापन सिद्धांत के अनुसार – (a) सुपर महाद्वीप का नाम पेंजिया था और (b) चारों ओर फैला महा समुद्र पेंथालासा था। (c) में गलती है, क्योंकि दक्षिणी महाद्वीपीय भूखण्ड *गोंडवाना* कहलाता था, जबकि *लॉरेशिया* उत्तरी भाग था। इसलिए केवल (a) और (b) सही हैं।

111. जे. एस. मिल ने *On Liberty* में व्यक्तिगत स्वतंत्रता का सैद्धांतिक प्रतिपादन किया। वे "हानि सिद्धांत" के आधार पर राज्य/समाज के हस्तक्षेप को सीमित करने की वकालत करते हैं। इसी संदर्भ में वे आत्मपरक (self-regarding) और अन्यपरक (other-regarding) कृत्यों का भेद करते हैं। आत्मपरक कृत्यों में व्यक्ति को अधिकतम स्वतंत्रता मिलनी चाहिए, जबकि अन्यपरक कृत्यों में हानि-निवारण हेतु हस्तक्षेप उचित है।

112. "मूल स्थिति", "अज्ञान का पर्दा" और "भेदमूलक सिद्धांत" रॉल्स के न्याय-चिन्तन की शब्दावली है। रॉबर्ट नॉजिक का न्याय-सिद्धांत *Intitlement Theory* (अधिकारिता सिद्धांत) के नाम से जाना जाता है। इसके अनुसार न्यायसंगत स्वामित्व/वितरण इतिहास-आधारित वैध अधिग्रहण व स्वैच्छिक हस्तांतरण से तय होता है। अतः नॉजिक से संबंधित शब्दावली यहाँ "न्याय का अधिकारिता सिद्धांत" है।

113. देश में खाद्यान्न की सरकारी खरीद (procurement), आवंटन (allocation) और भंडारण (storage) की नोडल एजेंसी *एफ.सी.आई.* (Food Corporation of India) है। यह न्यूनतम समर्थन मूल्य पर खरीद कर सार्वजनिक वितरण प्रणाली के लिए अनाज उपलब्ध कराती है। राज्यों/अन्य निकायों के साथ समन्वय भी इसका प्रमुख कार्य है। इस प्रकार खाद्य सुरक्षा शृंखला में FCI केंद्रीय भूमिका निभाती है।

114. मध्यमण्डल (Mesosphere) की ऊपरी सीमा को *Mesopause* कहते हैं, जहाँ तापमान वायुमण्डल में सबसे कम स्तरों में पहुँच जाता है। प्रायः यह –85°C से –100°C तक दर्ज होता है। इसी कारण ध्रुवीय मेघ (noctilucent clouds) जैसी घटनाएँ इसी परत के आसपास दिखती हैं। अतः –100°C का विकल्प उपयुक्त है।

115. पृथ्वी की आंतरिक संरचना में क्रस्ट (ठोस), मेण्टल (मुख्यतः ठोस/अर्ध-ठोस) और क्रोड (कोर) शामिल हैं। वैज्ञानिक अध्ययनों (भूकंपीय तरंगों के व्यवहार) से बाह्य क्रोड के तरल होने की पुष्टि होती है। इसी तरल लोहे-निकेल की गति से भू-चुंबकीय क्षेत्र उत्पन्न होता है। आन्तरिक क्रोड ठोस अवस्था में माना जाता है।

116. ऋणात्मक ढाल वाले सरल रेखीय माँग वक्र पर जब हम दाएँ (नीचे वाले सिरे) से बाएँ ऊपर की ओर बढ़ते हैं, तो माँग की कीमत लोच (Price Elasticity of Demand) का मान लगातार बढ़ता है।

- माँग वक्र के सबसे दाएँ निचले सिरे पर लोच शून्य (0) होती है।
- ऊपर की ओर (बाएँ) बढ़ने पर हर (lower segment) घटता जाता है और अंश (upper segment) बढ़ता जाता है।
- मध्य बिंदु पर लोच का मान 1 (इकाई लोच) होता है।
- सबसे ऊपर बाएँ सिरे पर लोच अनंत (∞) हो जाती है।

इस प्रकार दाएँ से बाएँ ऊपर की ओर जाते हुए लोच का मान 0 से बढ़कर ∞ तक पहुँचता है।

117. भारतीय संविधान का अनुच्छेद 109 धन विधेयकों की विशेष प्रक्रिया को बताता है। धन विधेयक केवल लोकसभा में प्रस्तुत हो सकता है और राज्यसभा इसे अस्वीकार नहीं कर सकती, केवल सुझाव दे सकती है। इस प्रकार यह अनुच्छेद धन विधेयक की विशिष्टता को दर्शाता है।

118. कन्नौज के त्रिपक्षीय संघर्ष में पाल, राष्ट्रकूट और गुर्जर-प्रतिहार शामिल थे। इसका कारण कन्नौज का सामरिक और आर्थिक महत्व था। यह संघर्ष वत्सराज और धर्मपाल से आरंभ हुआ था। परंतु अंततः पाल शासक विजयी नहीं हुए, बल्कि गुर्जर-प्रतिहार सबसे प्रभावशाली शक्ति बने। इसलिए कथन 4 असत्य है।

119. भारत के न्यायिक ढांचे में विशेष अनुमति याचिका (Special Leave Petition – SLP) का अधिकार केवल *उच्चतम न्यायालय* को है। अनुच्छेद 136 के अंतर्गत सुप्रीम कोर्ट किसी भी न्यायालय या ट्रिब्यूनल के निर्णय के खिलाफ अपील की विशेष अनुमति दे सकता है।

120. वर्तमान में विश्व व्यापार संगठन (WTO) की महानिदेशक *न्गोजी ओकोन्जो-इवेला* हैं। वे 2021 से इस पद पर कार्यरत हैं और इस पद पर नियुक्त होने वाली पहली महिला तथा पहली अफ्रीकी हैं।

121. 'सूर्यास्त कानून' (Sunset Law) स्थायी बंदोबस्त (Permanent Settlement) से जुड़ा था, जिसे लॉर्ड कॉर्नवालिस ने 1793 में लागू किया। इस कानून के अनुसार यदि जमींदार ने निश्चित तिथि तक (सूर्यास्त तक) राजस्व जमा नहीं किया तो उसकी जमींदारी जब्त कर ली जाती थी। यह कठोर नियम जमींदारों पर बड़ा दबाव डालता था।

122. यूरोपीय संघ (European Union) का गठन 1993 में *मास्ट्रिच संधि* (Maastricht Treaty) के माध्यम से हुआ। इसे औपचारिक रूप से *Treaty on European Union* कहा जाता है। इसके अंतर्गत साझा मुद्रा (Euro), साझा विदेश नीति और सुरक्षा नीति की नींव रखी गई।

123. 1969 में सोवियत नेता लिओनिड ब्रेझनेव ने एशिया के लिए सामूहिक सुरक्षा व्यवस्था (Collective Security System in Asia) का सुझाव दिया। इसका उद्देश्य अमेरिकी प्रभाव को संतुलित करना और एशियाई देशों के बीच सुरक्षा सहयोग को बढ़ावा देना था।

124. *सारगैसो सागर* उत्तरी अटलांटिक महासागर में स्थित है। यह किसी स्थलखंड से घिरा हुआ नहीं है, बल्कि महासागरीय धाराओं - गल्फ स्ट्रीम, नॉर्थ अटलांटिक करंट, कैनरी करंट और नॉर्थ इक्वेटोरियल करंट - से घिरा हुआ है। यहाँ तैरते हुए शैवाल *सारगैसम* की अधिकता पाई जाती है।

125. आर्थिक सर्वेक्षण 2023-24 के अनुसार — (i) कृषि लगभग 42.3% जनसंख्या को आजीविका प्रदान करता है, (ii) कृषि का चालू कीमतों पर जीडीपी में हिस्सा 18.2% है, और (iii) पिछले 5 वर्षों में स्थिर कीमतों पर औसत वृद्धि दर 4.18% रही। लेकिन (iv) कथन गलत है क्योंकि भारतीय कृषि की उत्पादकता विश्व में सर्वाधिक नहीं है; कई विकसित देशों की उत्पादकता अधिक है।

126. यदि प्राचार्य जानबूझकर अन्यायपूर्ण दंड देते हैं और शत्रुता का व्यवहार करते हैं, तो सही आचरण यह होगा कि आप उनकी गलत इच्छाओं के सामने न झुकें। इसका अर्थ यह है कि आप आत्मसम्मान बनाए रखते हुए सत्य और न्याय पर दृढ़ रहेंगे। यह विकल्प नैतिक साहस और चरित्र की दृढ़ता को दर्शाता है।

127. यह युग्म असुमेलित है। *On the Dignity of Man* (Oration on the Dignity of Man) की रचना *पिको डेला मिरांडोला* ने की थी, न कि लिओन बतिस्ता अल्बटी ने। शेष युग्म सही हैं - जेफ्री चॉसर *(Canterbury Tales)*, लॉरेन्जो वल्ला *(On Pleasure)*, बाल्थासार कास्टिल्योनी *(The Book of the Courtier)*।

128. 1872 का अधिनियम, जिसमें अंतर्जातीय विवाह और विधवा पुनर्विवाह को वैधता दी गई, ब्रह्म विवाह अधिनियम *(Brahmo Marriage Act)* के नाम से जाना गया। इसे बाद में विशेष विवाह अधिनियम का आधार माना गया।

129. किसी देश में एक वर्ष के दौरान कृषि, उद्योग और सेवाओं – इन तीनों क्षेत्रों में कुल उत्पादन का योग *सकल घरेलू उत्पाद* (Gross Domestic Product – GDP) कहलाता है। इसमें केवल देश की भौगोलिक सीमा के भीतर होने वाला उत्पादन शामिल होता है।

130. आसियान क्षेत्रीय मंच (ASEAN Regional Forum – ARF) की स्थापना 1994 में की गई थी। इसका उद्देश्य एशिया-प्रशांत क्षेत्र में राजनीतिक और सुरक्षा मामलों पर परामर्श और सहयोग को बढ़ावा देना था। इसमें आसियान सदस्य देशों के साथ-साथ कई प्रमुख वैश्विक शक्तियाँ भी शामिल हैं।

131. कालक्रमानुसार :

- अहमदाबाद मिल सत्याग्रह – 1918
- रॉलेट सत्याग्रह – 1919
- गाँधी-इरविन समझौता – 1931
- पूना समझौता – 1932

इस प्रकार सही कालक्रम है : (b) → (c) → (d) → (a)।

132. संविधान के अनुच्छेद 243K के अनुसार, राज्य निर्वाचन आयोग का गठन राज्यपाल करते हैं और राज्य निर्वाचन आयुक्त की नियुक्ति भी राज्यपाल द्वारा की जाती है।

133. क्षेत्रों का वर्गीकरण सार्वजनिक और निजी क्षेत्रों में स्वामित्व के आधार पर किया जाता है। यदि उपक्रम का स्वामित्व सरकार के पास है तो वह सार्वजनिक क्षेत्र कहलाता है और यदि किसी व्यक्ति या समूह के पास है तो वह निजी क्षेत्र कहलाता है।

134. मजदूरी का *लौह सिद्धांत* (Iron Law of Wages) फर्डिनांड लासाले ने दिया। इसके अनुसार मजदूरी का स्तर न्यूनतम निर्वाह स्तर तक ही सीमित रहता है, क्योंकि मजदूरी बढ़ने पर जनसंख्या वृद्धि होती है और अंततः मजदूरी फिर से न्यूनतम स्तर पर आ जाती है।

135. भारत के प्रमुख गोंडवाना कालीन कोयला क्षेत्र झरिया (झारखंड), कोरबा (छत्तीसगढ़) और रामगढ़ (झारखंड) हैं। निचाहोम भारत का गोंडवाना कालीन कोयला क्षेत्र नहीं है।

136. भारत के संविधान में कृषि राज्य सूची (State List) का विषय है, जबकि परमाणु ऊर्जा, बैंकिंग और वायुमार्ग संघ सूची (Union List) में आते हैं। इसलिए कृषि संघ सूची में शामिल नहीं है।

137. 1949 की चीनी क्रांति के बाद भारत उन पहले देशों में था जिसने चीन की साम्यवादी सरकार को मान्यता दी। परंतु चीन की यात्रा नेहरू (1954) के बाद अटल बिहारी वाजपेयी ने प्रधानमंत्री रहते हुए नहीं, बल्कि विदेश मंत्री के रूप में की थी। नेहरू के बाद प्रधानमंत्री के रूप में चीन की यात्रा राजीव गांधी (1988) ने की। इसलिए कथन II गलत है।

138. माण्डवी, जुआरी और राचोल नदियाँ भारत के गोवा राज्य में बहती हैं। इनमें माण्डवी और जुआरी राज्य की प्रमुख नदियाँ हैं, जो अरब सागर में मिलती हैं।

139. विजयनगर साम्राज्य की *आयगार व्यवस्था* में प्रत्येक ग्राम को एक स्वतंत्र ईकाई माना गया था। ग्राम प्रशासन के लिए 12 अधिकारी नियुक्त किए जाते थे जिन्हें 'आयगार' कहा जाता था। इन आयगारों को अपने पद बेचने और यहाँ तक कि गिरवी रखने का अधिकार भी था। इस प्रकार ग्राम प्रशासन विकेंद्रीकृत और आत्मनिर्भर रूप में संचालित होता था।

अतः गलत कथन यह है कि प्रत्येक ग्राम में 10 अधिकारी नियुक्त किए जाते थे, जबकि सही संख्या 12 थी।

140. सूचियों का मिलान :

- **(*a*) बॉम्बे प्रेसिडेंसी एसोसिएशन – (iv) 1885:** स्थापना फिरोजशाह मेहता, के.टी. तेलंग और बदरुद्दीन तैयबजी ने की।
- **(*b*) द इंडियन एसोसिएशन – (iii) 1876:** स्थापना सुरेंद्रनाथ बनर्जी और आनंद मोहन बोस ने की।
- **(*c*) पूना सार्वजनिक सभा – (ii) 1870:** स्थापना महादेव गोविंद रानाडे, एस.एच. चिपलूनकर और गणेश वासुदेव जोशी ने की।
- **(*d*) द इंडियन लीग – (i) 1875:** स्थापना शिशिर कुमार घोष ने की।

अतः सही कूट है: (*a*)–(*iv*), (*b*)–(*iii*), (*c*)–(*ii*), (*d*)–(*i*)।

141. कालक्रमानुसार व्यवस्था :

- मनसबदारी व्यवस्था का प्रारंभ – 1570 के दशक में (लगभग 1573)।
- इबादतखाना की स्थापना – 1575, फतेहपुर सीकरी में।
- दहसाला प्रणाली का प्रारंभ – 1580-81 ई. में अकबर के वित्त मंत्री टोडरमल द्वारा।

अतः सही कालक्रम (c) → (a) → (b) है।

142. भारत दूध उत्पादन में विश्व में पहले स्थान पर है। *ऑपरेशन फ्लड* जैसी योजनाओं और श्वेत क्रांति के कारण भारत आज विश्व का सबसे बड़ा दुग्ध उत्पादक देश है।

143. 'कुरिलताई' (या किरिलताई) मंगोल साम्राज्य में सरदारों की परिषद थी। इसमें खान के चुनाव, युद्ध और आक्रमण जैसे महत्वपूर्ण निर्णय लिए जाते थे।

144. 'पार्कलैण्ड' और 'ब्रुशवेल्ड' शब्द सवाना जलवायु से संबंधित हैं। यह जलवायु घासभूमि की विशेषता लिए होती है, जहाँ घास और बिखरे पेड़ दोनों पाए जाते हैं। अफ्रीका में इसे ब्रुशवेल्ड और पार्कलैण्ड कहा जाता है।

145. ऊष्ण कटिबंधीय शुष्क सदाबहार वन मुख्यतः तमिलनाडु के कोरोमण्डल तट पर पाए जाते हैं। यहाँ वर्षा कम होती है, इसलिए वनस्पति सदाबहार तो रहती है लेकिन शुष्क परिस्थितियों के अनुकूलन के साथ।

146. संयुक्त राष्ट्र के महासचिव *डैग हैमरशोल्ड* (Dag Hammarskjöld) को 1961 में विमान दुर्घटना में निधन के बाद मरणोपरांत नोबेल शांति पुरस्कार दिया गया था। वे इस सम्मान को मरणोपरांत प्राप्त करने वाले पहले और एकमात्र महासचिव हैं।

147. धौलाधर, पीर पंजाल और महाभारत श्रेणियाँ लघु/मध्य हिमालय का हिस्सा हैं। जांस्कर पर्वतश्रेणी का संबंध आंतरिक/बाह्य हिमालय (Greater Himalaya) से है, इसलिए यह मध्य हिमालय से संबंधित नहीं है।

148. *महात्मा गांधी राष्ट्रीय ग्रामीण रोजगार गारंटी अधिनियम* (MGNREGA) वर्ष 2005 में लागू किया गया। इसका उद्देश्य ग्रामीण परिवारों को न्यूनतम 100 दिन का रोजगार सुनिश्चित करना है।

149. बांग्लादेश की सीमा भारत के असम, मेघालय, त्रिपुरा, मिजोरम और पश्चिम बंगाल से लगती है। मणिपुर की सीमा म्यांमार से लगती है, न कि बांग्लादेश से। इसलिए यह सही उत्तर है।

150. दक्षिण भारत के प्रमुख चाय उत्पादक राज्य तमिलनाडु, केरल और कर्नाटक हैं। गोवा चाय उत्पादन के लिए प्रसिद्ध नहीं है, इसलिए यह विकल्प सही है।

पिछले प्रश्न-पत्र

हरियाणा शिक्षक पात्रता परीक्षा (HTET)

TGT सामाजिक अध्ययन (Level-2), 2023

(Exam held on 03-12-2023)

भाग-I : बाल विकास व शिक्षाशास्त्र

1. किस मनोवैज्ञानिक के अनुसार बच्चों के संज्ञानात्मक विकास में सामाजिक एवं सांस्कृतिक कारकों की भूमिका महत्वपूर्ण होती है?

A. वॉयगोत्स्की
B. पियाजे
C. ब्रूनर
D. हल

2. दृष्टिबाधित विद्यार्थियों के लिए कौन-सी शिक्षण सहायक सामग्री उपयोगी **नहीं** होगी?

A. ब्रेल सामग्री
B. बोलती किताबें
C. फिल्म स्ट्रिप्स
D. उभरे हुए मानचित्र

3. वह शिक्षा जो 'करके सीखने' को बढ़ावा देती है और सीखने के लिए विद्यार्थियों की उनके वातावरण के साथ अंतःक्रिया सुनिश्चित करती है, वह कहलाती है :

A. विशिष्ट शिक्षा
B. प्रगतिशील शिक्षा
C. एकीकृत शिक्षा
D. समावेशी शिक्षा

4. समावेशी शिक्षा से तात्पर्य है :

A. सामाजिक रूप से वंचित बच्चों के लिए शिक्षा
B. दिव्यांग बच्चों के लिए शिक्षा
C. सामान्य एवं दिव्यांग बच्चों के लिए शिक्षा
D. सभी बच्चों के लिए शिक्षा

5. सामाजिक अधिगम के सन्दर्भ में कौन-सी शिक्षण-अधिगम रणनीति विद्यार्थियों के लिए सर्वाधिक उपयोगी है?

A. क्षेत्र भ्रमण
B. भाषण
C. प्रयोग
D. मानसिक उद्वेलन

6. निम्नलिखित में से कौन-सा वस्तुनिष्ठ प्रकार का प्रश्न **नहीं** है?

A. मिलान प्रश्न
B. विश्लेषणात्मक प्रश्न
C. बहुवैकल्पिक प्रश्न
D. रिक्त स्थान प्रश्न

7. धीमी गति के अधिगमकर्ता के लिए कौन-सा शैक्षिक हस्तक्षेप उपयुक्त **नहीं** है?

A. त्वरण
B. उपचारात्मक शिक्षण
C. अभ्यास कार्य
D. सहकारी शिक्षण विधि

8. जब एक बच्चे द्वारा सीखा जाने वाला पाठ लंबा और कठिन हो तथा उसमें समझ की जरूरत भी अधिक हो, तो सीखने की कौन-सी विधि उपयुक्त होगी?

A. विराम विधि
B. पूर्ण विधि
C. अविराम विधि
D. प्रासंगिक विधि

9. किशोरावस्था में स्वीकृत सामाजिक व्यवहार पैटर्न के लिए **सही** कूट का चयन कीजिए :

(*a*) नेतृत्व कुशलता
(*b*) परानुभूति
(*c*) अहं-केन्द्रितता
(*d*) रूढ़िवादिता

कूट :

A. (*a*) एवं (*b*)
B. (*b*) एवं (*d*)
C. (*a*), (*b*) एवं (*c*)
D. (*a*), (*c*) एवं (*d*)

10. निम्नलिखित में से कौन-सा युग्म अभिप्रेरणा के सिद्धांतों एवं उनके प्रतिपादकों के संबंध में सही **नहीं** है?

	अभिप्रेरणात्मक सिद्धांत	प्रतिपादक
A.	मूल प्रवृत्ति सिद्धांत	एटकिंसन
B.	आवश्यकता पदानुक्रम सिद्धांत	मास्लो
C.	प्रणोद सिद्धांत	वुडवर्थ
D.	उपलब्धि अभिप्रेरणा सिद्धांत	मैक्लीलैंड

11. निम्नलिखित में से कौन-सा बुद्धि का एक क्रियात्मक परीक्षण **नहीं** है?

A. कोह् का ब्लॉक डिजाइन परीक्षण
B. एलेक्जेंडर का पास-एलाँग परीक्षण
C. सेगुइन फॉर्म बोर्ड परीक्षण
D. स्टेनफोर्ड-बिनेट परीक्षण

12. निम्नलिखित में से कौन-सा विकास का एक सिद्धांत **नहीं** है?

A. विकास आनुवंशिकता एवं पर्यावरण का उत्पाद है।
B. विकासात्मक पैटर्न पूर्वानुमेय होता है।
C. विकास रैखिक पथ का अनुसरण करता है।
D. विकास सामान्य से विशिष्ट की ओर बढ़ता है।

1. A **2.** C **3.** B **4.** D **5.** A **6.** B **7.** A **8.** A **9.** A **10.** A **11.** D **12.** C

13. गैग्ने के अनुसार, एक शिक्षक द्वारा विद्यार्थियों को किस उच्चतम स्तर के अधिगम तक ले जाने का प्रयास करना चाहिए?

A. संप्रत्यय अधिगम B. समस्या समाधान अधिगम
C. नियम अधिगम D. विभेदन अधिगम

14. अधिगम को प्रभावित करने वाले निम्नलिखित कारकों के **सही** कूट का चयन कीजिए :

(*a*) अभिप्रेरणा (*b*) अभिक्षमता
(*c*) अभिरुचि (*d*) अवधान

कूट :

A. (*c*) एवं (*d*) B. (*a*), (*b*) एवं (*d*)
C. (*a*) एवं (*c*) D. (*a*), (*b*), (*c*) एवं (*d*)

15. निम्नलिखित में से कौन-सा किशोरावस्था में सामाजिक विकास की एक सामान्य विशेषता **नहीं** है?

A. माता-पिता के साथ सामंजस्यपूर्ण संबंध
B. नया सामाजिक समूहन
C. पहचान की खोज
D. वीर-पूजा

16. निम्नलिखित में से कौन-सा कारक पर्यावरणीय कारकों के अन्तर्गत बच्चों के विकास को प्रभावित **नहीं** करता?

A. पोषण
B. गर्भावस्था के दौरान माँ का मानसिक तनाव
C. दुर्घटनाएँ
D. अन्तःस्रावी ग्रंथियाँ

17. 'उपयोग का नियम' एवं 'अनुपयोग का नियम' थॉर्नडाइक के अधिगम सिद्धांत के अनुसार किस सीखने के नियम से संबंधित है?

A. तत्परता का नियम B. अभ्यास का नियम
C. प्रभाव का नियम D. बहु प्रतिक्रिया का नियम

18. निम्नलिखित में से कौन-सी विशेषता पियाजे द्वारा प्रतिपादित संज्ञानात्मक विकास सिद्धान्त की मूर्त संक्रियात्मक अवस्था से संबंधित **नहीं** है?

A. उत्क्रमणीयता (पलटाव की क्षमता)
B. क्रमबद्धता
C. जीववाद
D. संरक्षण

19. अधिगम निर्योग्य बच्चों के लिए कौन-सा शिक्षण सूत्र लाभप्रद **नहीं** होगा?

A. सरल से जटिल B. अमूर्त से मूर्त
C. प्रत्यक्ष से अप्रत्यक्ष D. ज्ञात से अज्ञात

20. कोह्लबर्ग के नैतिक विकास सिद्धांत की कौन-सी अवस्थाएँ पारम्परिक नैतिकता के स्तर से संबंधित **नहीं** हैं?

(*a*) व्यक्तिवाद एवं विनिमय
(*b*) अच्छे अन्तर्वैयक्तिक संबंध
(*c*) सामाजिक व्यवस्था बनाए रखना
(*d*) सामाजिक अनुबंध और वैयक्तिक अधिकार

सही कूट का चयन कीजिए :

कूट :

A. (*a*) एवं (*b*) B. (*b*) एवं (*c*)
C. (*a*) एवं (*d*) D. (*c*) एवं (*d*)

21. निम्नलिखित में से कौन-सा नियम आनुवंशिकता से संबंधित **नहीं** है?

A. समानता का नियम B. भिन्नता का नियम
C. प्रतिगमन का नियम D. प्रगति का नियम

22. निम्नलिखित में से कौन-सा कारक शिक्षण अधिगम प्रक्रिया को प्रभावित **नहीं** करता है?

A. शिक्षक का शारीरिक रूप B. शिक्षक का मानसिक स्वास्थ्य
C. शिक्षक का विषयवस्तु ज्ञान D. शिक्षक का संप्रेषण कौशल

23. पियाजे के नैतिक विकास सिद्धांत के अनुसार, किशोरावस्था है :

A. नैतिक यथार्थवाद की अवस्था
B. बाधिक नैतिकता की अवस्था
C. परायत्त नैतिकता की अवस्था
D. स्वायत्त नैतिकता की अवस्था

24. वैयक्तिक भिन्नताओं के सन्दर्भ में कौन-सा कथन सही **नहीं** है?

A. कोई भी दो व्यक्ति बिल्कुल एक-समान नहीं होते।
B. वैयक्तिक भिन्नताएँ विशेषताओं के संबंध में विचलन हैं।
C. वैयक्तिक भिन्नताएँ अपनी समग्रता में व्यक्तियों को अलग करती हैं।
D. वैयक्तिक भिन्नताएँ केवल आनुवंशिकता का ही परिणाम होती हैं।

25. अवधान एवं चिंतन जैसी मानसिक प्रक्रियाओं के द्वारा सीखना कहलाता है :

A. अनुकरणात्मक सीखना B. गामक सीखना
C. संज्ञानात्मक सीखना D. भावात्मक सीखना

26. निम्नलिखित में से कौन-सा प्रभावी अधिगम का एक सिद्धांत **नहीं** है?

A. अभिप्रेरणा B. वैयक्तिक पहुँच
C. निष्क्रिय उपस्थिति D. प्रतिपुष्टि

13. B **14.** D **15.** A **16.** D **17.** B **18.** C **19.** B **20.** C **21.** D **22.** A
23. D **24.** D **25.** C **26.** C

27. सतत् एवं व्यापक मूल्यांकन का सही अर्थ है :
(*a*) लगातार परीक्षाएँ लेना
(*b*) उपयुक्त अंतराल के बाद निरन्तर परीक्षाएँ लेना
(*c*) शैक्षिक तथा सह-शैक्षिक दोनों पक्षों का मूल्यांकन करना
(*d*) केवल शैक्षिक उपलब्धि मापना
सही कूट का चयन कीजिए :
कूट :
A. (*b*) एवं (*d*)
B. (*b*) एवं (*c*)
C. (*a*), (*b*) एवं (*c*)
D. (*b*), (*c*) एवं (*d*)

28. एक अधिगम कठिनाई जो बच्चे के लिए वर्णों और शब्दों में अंतर करने में समस्या उत्पन्न करती है :
A. डिस्प्लास्टिसिया B. डिस्लेक्सिया
C. डिस्ग्राफिया D. डिस्कैलकुलिया

29. स्टर्नबर्ग के त्रितंत्रीय सिद्धांत में बुद्धि के किन तीन पहलुओं पर बल दिया गया है?
(*a*) घटकीय (*b*) अनुभवजन्य
(*c*) संक्रियात्मक (*d*) संदर्भात्मक
सही कूट का चयन कीजिए :
कूट :
A. (*a*), (*b*) एवं (*c*) B. (*b*), (*c*) एवं (*d*)
C. (*a*), (*b*) एवं (*d*) D. (*a*), (*c*) एवं (*d*)

30. पावलोव के अनुबंधन सिद्धांत में स्वाभाविक एवं कृत्रिम उद्दीपकों के मध्य अनुबंधन को कौन-सा कारक धनात्मक रूप से प्रभावित नहीं करता है?
A. उद्दीपकों के प्रस्तुतीकरण का उपयुक्त समय
B. उद्दीपकों की पुनरावृत्ति
C. नियंत्रित वातावरण
D. प्रेरक की कमी

भाग-II : भाषा - हिन्दी

31. निम्न में से कौन-सा संधि शब्द अपने युग्म से सुमेलित **नहीं** है?
A. अजंत - व्यंजन संधि
B. वयोवृद्ध - विसर्ग संधि
C. महौदार्य - वृद्धि स्वर संधि
D. तेजोपुंज - गुण स्वर संधि

32. किस विकल्प के शब्दों में वार्तनिक अशुद्धि **नहीं** है?
A. सुधीजन, शताब्दी B. साधूवाद, सुरसरी
C. शूभेषी, भार्यापति D. चन्द्रमोलि, पुत्रेषणा

33. वाक्यांश के लिए एकल शब्द के संबंध में कौन-सा युग्म **असंगत** है?
A. जिसे वहन करना कठिन हो – दुर्विभाव्य
B. जिसे किसी ने न सूँघा हो – अनाघ्रात
C. कोई काम करने की इच्छा – चिकीर्षा
D. विजय प्राप्ति की तीव्र इच्छा – विजीगिषा

34. निम्न में से कौन-सा शब्द 'धनुष' का पर्यायवाची **नहीं** है?
A. चाप B. कार्मुक
C. शरासन D. कासार

35. 'नीम हकीम खतरे जान' उक्त लोकोक्ति का **सही** अर्थ है :
A. पहले स्वार्थ बाद में परमार्थ करना।
B. अल्पज्ञान खतरनाक होता है।
C. दोषी के साथ निर्दोष को सजा मिलना।
D. अत्यन्त धीरे काम चलना।

36. किस क्रमांक में 'कादंबरी-कादंबिनी' शब्द-युग्म का क्रमशः **सही** अर्थ है?
A. शराब, घटा B. कुशल, सेवक
C. विनीत, बुराई D. कुशल, पवित्र

37. संज्ञा के संबंध में कौन-सा कथन संगत **नहीं** है?
A. व्यक्तिवाचक संज्ञाओं का प्रयोग सदैव (आदरार्थक के अतिरिक्त) एकवचन में होता है।
B. देश, त्योहार, नदी उक्त व्यक्तिवाचक संज्ञा के उदाहरण हैं।
C. 'द्रव्यवाचक' तथा 'समूहवाचक', जातिवाचक संज्ञा के ही भेद माने जाते हैं।
D. 'विद्वत्ता', 'पांडित्य' उक्त यौगिक भाववाचक संज्ञा के उदाहरण हैं।

38. विलोम शब्द के संबंध में कौन-सा युग्म **असंगत** है?
A. घमण्डी - विनीत
B. चिरायु - दीर्घायु
C. तारुण्य - वार्धक्य
D. तेजस्वी - निस्तेज

39. उपसर्ग की दृष्टि से किस विकल्प का शब्द-युग्म **असंगत** है?
A. निर् - निराकरण, निरपराध
B. अनु - अनूदित, अन्वीक्षण
C. परा - परार्थ, पराश्रित
D. सु - सुदूर, सुकृत

27. B **28.** B **29.** C **30.** D **31.** D **32.** A **33.** A, D **34.** D **35.** B **36.** A
37. B **38.** B **39.** C

40. सर्वनाम के संबंध में कौन-सा युग्म संगत **नहीं** है?
A. मैंने आज व्याकरण पढ़ा - पुरुषवाचक सर्वनाम
B. कमरे में कोई हँस रहा है - अनिश्चयवाचक सर्वनाम
C. इसी ने मेरी जिंदगी बचाई थी - प्रश्नवाचक सर्वनाम
D. वह स्वयं को सुधार रहा है - निजवाचक सर्वनाम

41. तत्पुरुष समास का कौन-सा समस्तपद अपने युग्म से सही सुमेलित **नहीं** है?
A. गुरुदक्षिणा - संबंध तत्पुरुष
B. देशाटन - अधिकरण तत्पुरुष
C. रेखांकित - करण तत्पुरुष
D. देशनिर्वासित - अपादान तत्पुरुष

42. विशेषण के संबंध में कौन-सा कथन **असंगत** है?
A. जिस विकारी शब्द से संज्ञा की व्याप्ति मर्यादित होती है, उसे विशेषण कहते हैं।
B. 'भला, दानी, दुष्ट' उक्त शब्द, गुणवाचक विशेषण के उदाहरण हैं।
C. 'कक्षा में साठ छात्र पढ़ते हैं' संख्यावाचक विशेषण का उदाहरण है।
D. संकेतवाचक विशेषण में किसी वस्तु की नाप या तौल का बोध होता है।

43. निम्न में से कौन-सा शब्द 'अपत्यवाचक तद्धित प्रत्यय' से निर्मित **नहीं** है?
A. वैनतेय B. कौरव
C. वासुदेव D. वैधव्य

44. 'ग', 'ल' तथा 'ब' उक्त वर्णों का क्रमशः उच्चारण स्थान है:
A. तालु, कण्ठ, ओष्ठ B. दन्त, कण्ठ, तालु
C. कण्ठ, दन्त, ओष्ठ D. ओष्ठ, कण्ठ, तालु

45. किस विकल्प का वाक्य पूर्वकालिक क्रिया का उदाहरण **नहीं** है?
A. राम खेलकर चला गया।
B. तुम्हें ऐसा करना शोभा नहीं देता है।
C. सीता खाना बनाकर जयपुर जाएगी।
D. अध्यापक उदाहरण देकर छात्रों को पढ़ाते हैं।

PART-II : LANGUAGE – ENGLISH

46. Choose the option that gives the **correct** meaning of the given phrasal verb:

Give in
A. distribute B. deposit
C. donate D. surrender

47. Fill in the blank with the most appropriate modal auxiliary:

Your mother is seriously ill. You ______ leave for home at once. (obligation)
A. needs B. might
C. could D. must

48. Choose the **correct** preposition to fill in the blank:

He told all ______ the incident.
A. between B. among
C. beside D. about

49. Choose the most appropriate preposition to fill in the blank:

I am going home the day ______ tomorrow.
A. in B. on
C. after D. at

50. Choose the most appropriate preposition to fill in the blank:

Mohan gazed ______ the sky in the hope of rain.
A. at B. unto
C. besides D. into

51. Choose the **correct** option that gives the correct passive voice of the given sentence:

Have they done the work?
A. Have the work been done?
B. Has the work been done?
C. Had the work been done?
D. Will the work be done?

52. Choose the **correct** tense form to fill in the blank:

The Headmaster ______ to meet you.
A. want B. wants
C. is wanting D. was wanting

53. Choose the part of sentence which is **incorrect**:

(*a*) Has Sachin / (*b*) not breaked/ (*c*) the record held/ (*d*) by Bradman who made 10,000 runs in his career?
A. (*a*) B. (*b*)
C. (*c*) D. (*d*)

40. C	**41.** A	**42.** D	**43.** D	**44.** C	**45.** B	**46.** D	**47.** D	**48.** D	**49.** C
50. A	**51.** B	**52.** B	**53.** B						

54. Choose the **correct** option to fill in the blank:

_______ had the police reached than the thieves fled.

A. As soon as
B. No sooner
C. Scarcely
D. As well

55. Choose the **correct** tense form to fill in the blank:

She jumped off the train while it _______.

A. moved
B. had moved
C. has moved
D. was moving

56. Change the narration to Reported speech and choose the **right** option:

I said to him, "Do you know when she will go home?"

A. I told him if he knew when she will go home?
B. I said to him that did he knew when she would go home.
C. I asked him if he knew when she would go home.
D. I said to him that did he know when will she go home?

57. Choose the **correct** option for the given one word:

Sinecure

A. one who lives by himself
B. an office with no work but high pay
C. surgery without anesthesia
D. cure by naturopathy

58. Choose the option that gives the **correct** meaning of the given phrasal verb:

Send for

A. start on a journey
B. reach to a decision
C. call someone in
D. improve

59. Choose the option that gives the **correct** meaning of the phrasal verb:

Turn out

A. to evict someone
B. to kill someone
C. to ridicule someone
D. to give legal notice to someone

60. Fill in the blank with the most appropriate meaning of the underlined idiom:

Rakesh had to deal with all his problems by himself, because he didn't want to depend on his fair weather friends.

A. Friends who come from rich family.
B. Friends who are loyal only during a time of success.
C. Friends with whom one lived in one's college time.
D. Friends who no longer live with you.

भाग-III : सामान्य अध्ययन

मात्रात्मक योग्यता, तार्किक अभिक्षमता तथा सामान्य ज्ञान एवं अभिज्ञान

61. एक परिवार में, A, X का पिता है, B, Y की माता है, तथा X व Z की बहन Y हो, तो निम्नलिखित कथनों में से कौन-सा कथन निश्चित रूप से सही **नहीं** है?

A. B, A की पत्नी है
B. B की एक पुत्री है
C. X, A का पुत्र है
D. Y, Z की बहन है

62. यदि A दक्षिण दिशा में 8 किमी. जाकर तब दाहिने तरफ मुड़कर 6 किमी. चलता है तथा पुनः उत्तर-पूर्व दिशा में मुड़कर 10 किमी. चलता है, तो A प्रारंभिक बिन्दु से कितनी दूरी पर है?

A. 0 किमी.
B. 8 किमी.
C. 10 किमी.
D. 12 किमी.

63. यदि 10 व्यक्ति किसी कार्य का (2/5)वाँ भाग करने में 8 दिन लगाते हैं, तो उसी कार्य के शेष कार्य को 12 दिनों में पूर्ण करने के लिए कितने व्यक्तियों की आवश्यकता होगी?

A. 6
B. 8
C. 10
D. 12

64. एक लम्ब प्रिज्म का आधार एक त्रिभुज है, जिसका परिमाप 32 सेमी. है और त्रिभुज की अंतः त्रिज्या 6 सेमी. है। यदि प्रिज्म का आयतन 576 घन सेमी. है, तो इसकी ऊँचाई है :

A. 4 सेमी.
B. 5 सेमी.
C. 6 सेमी.
D. 8 सेमी.

65. यदि एक नियमित बहुभुज में विकर्णों की संख्या 27 हो, तो इसकी भुजाओं की संख्या होगी :

A. 6
B. 9
C. 10
D. 12

54. B **55.** D **56.** C **57.** B **58.** C **59.** A **60.** B **61.** C **62.** A **63.** C **64.** C **65.** B

66. दो मिश्र धातुओं A तथा B में, ताँबा तथा जस्ता का अनुपात क्रमशः 5 : 2 तथा 3 : 4 है, इन मिश्र धातुओं में से A का 7 किग्रा. एवं B का 21 किग्रा. मिलाकर एक नई मिश्र धातु बनाई जाती है, इस नई मिश्र धातु में ताँबे तथा जस्ता का अनुपात क्या है?

A. 1 : 2 B. 2 : 1
C. 2 : 3 D. 1 : 1

67. यदि 7 cosec θ − 3 cot θ = 7 जहाँ θ प्रथम चतुर्थांश में हो, तो 7 cot θ − 3 cosec θ का मान है :

A. 3 B. 5
C. 3/7 D. 5/7

68. यदि एक वृत्त में, एक समबाहु त्रिभुज ABC अंतर्निहित किया जाता है, त्रिभुज के शीर्षों से खींची गई स्पर्श रेखाओं से बनने वाला त्रिभुज होगा :

A. विषमबाहु त्रिभुज B. समद्विबाहु त्रिभुज
C. समबाहु त्रिभुज D. समकोणीय त्रिभुज

69. एक दुकानदार, एक वस्तु 15% लाभ पर बेचता है, अगर उसने उसे ₹ 18 अधिक में बेचा होता, तो लाभ 18% हो जाता। उस वस्तु का क्रय मूल्य (₹ में) है :

A. 600 B. 540
C. 350 D. 380

70. दी गई शृंखला में **गलत** संख्या है :

0, 3, 9, 12, 36, 39, 42, 120, 360

A. 12 B. 39
C. 42 D. 360

71. दो धनात्मक संख्याओं का अन्तर 3 है, यदि उनके वर्गों का योग 369 हो, तो उन संख्याओं का योग है :

A. 25 B. 27
C. 31 D. 33

72. विभाजन के एक योगफल में विभाजक, भागफल का 12 गुना तथा शेषफल का 5 गुना है, तो यदि उसमें शेषफल 36 हो, तो भाज्य है :

A. 2706 B. 2736
C. 2796 D. 2766

73. यदि A 'विभाजन को', B 'योग को', C 'घटाने को' तथा D 'गुणन को' प्रदर्शित करते हैं, तो 20 C 12 B 8 A 2 D 6 बराबर हैं :

A. 16 B. 18
C. 32 D. 36

74. एक व्यक्ति 12 किलोमीटर की दूरी 3 किमी. प्रति घंटा, 18 किलोमीटर की दूरी 9 किमी. प्रति घंटा तथा 24 किलोमीटर की दूरी 4 किमी. प्रति घंटा से तय करता है, तो सम्पूर्ण दूरी तय करने की औसत चाल है :

A. 4 किमी./घं. B. 4.2 किमी./घं.
C. 4.4 किमी./घं. D. 4.5 किमी./घं.

75. दिए गए विकल्पों में से विषम को ज्ञात कीजिए :

A. सारंगी B. वीणा
C. गिटार D. बांसुरी

76. यदि 16 − 4 = 2, 9 − 3 = 2, 81 − 3 = 4 हो, तो 64 − 4 का मान है :

A. 3 B. 2
C. 4 D. 6

77. निम्नलिखित श्रेणी का लुप्त पद है :

DBC, KIJ, QOP, __?__, ZXY

A. VUW B. USV
C. UTV D. VTU

78. यदि किसी कूट भाषा में 'PROJECT' को 'CEOPRT' तथा 'PLANE' को 'ELNP' लिखा जाता है, तो 'ORGANISED' को उसी कूट भाषा में किस प्रकार लिखा जाएगा?

A. ADEGIOSR B. ADEGIROS
C. ADEGOIRS D. ADEGIORS

79. लड़कों की एक पंक्ति में, A बायीं तरफ से 7वें तथा B दायीं तरफ से 12वें स्थान पर है, यदि उनके स्थानों में परस्पर परिवर्तन किया जाता है, तो A का बायीं तरफ से 22वाँ स्थान हो जाता है, तो पंक्ति में कुल लड़कों की संख्या है :

A. 27 B. 31
C. 33 D. 34

80. A, पूर्व दिशा से पश्चिम में 8 किमी. चलता है तथा दाएं मुड़कर 2 किमी. चलता है पुनः दाएं मुड़कर 5 किमी. चलता है, तो वह शुरूआती बिन्दु के सन्दर्भ में अब किस दिशा में स्थित है?

A. दक्षिण-पश्चिम B. उत्तर-पश्चिम
C. उत्तर-पूर्व D. दक्षिण-पूर्व

81. हरियाणा के मुख्य सूचना अधिकारी कौन हैं?

A. श्रीमती ज्योति अरोड़ा B. डॉ. जगबीर सिंह
C. श्री विजय वर्धन D. श्रीमती कमलदीप भण्डारी

82. हरियाणा में गिद्ध संरक्षण केन्द्र कहाँ स्थित है?

A. जींद B. पिंजौर
C. महेन्द्रगढ़ D. अम्बाला

83. यू.पी.एस.सी. के चेयरमैन, जो कालान्तर में हरियाणा के राज्यपाल बने हैं :

A. डॉ. ए.आर. किदवई B. श्री मुजफ्फर हुसैन बर्नी
C. श्री बी.एन. चक्रवर्ती D. श्री महाबीर प्रसाद

66. D	**67.** A	**68.** C	**69.** A	**70.** C	**71.** B	**72.** B	**73.** C	**74.** D	**75.** D
76. A	**77.** D	**78.** D	**79.** C	**80.** B	**81.** C	**82.** B	**83.** A		

84. हरियाणा के किस जिले में, खेलो इंडिया महिला तीरंदाजी रैंकिंग प्रतियोगिता का आयोजन किया गया?

A. सोनीपत B. पानीपत
C. करनाल D. यमुनानगर

85. हरियाणा में कितनी तहसील हैं?

A. 95 B. 49
C. 143 D. 74

86. चावल की फसल को अधिक परम्परागत फसलों से प्रतिस्थापित करने हेतु हरियाणा सरकार द्वारा चलाई जा रही योजना है :

A. मेरी फसल मेरा ब्यौरा B. मेरी विरासत
C. मेरा पानी मेरी विरासत D. हमारा धन

87. हरियाणा में नेशनल इन्स्टिट्यूट ऑफ फैशन टेक्नोलॉजी संस्थान कहाँ स्थित है?

A. पानीपत B. अम्बाला
C. पंचकुला D. कुरुक्षेत्र

88. हरियाणा के निम्नलिखित संतों में से कौन पूरण भगत के नाम से लोकप्रिय थे?

A. बाबा मस्त नाथ
B. बाबा गोरख नाथ
C. बाबा चौरंगी नाथ
D. बाबा पूरण नाथ

89. हरियाणा की मोरनी पहाड़ियों का संबंध है :

A. अरावली श्रृंखला से
B. हिंदूकुश श्रृंखला से
C. हिमालय की बाह्य श्रृंखला से
D. हिमालय की आन्तरिक श्रृंखला से

90. 1857 के विद्रोह के दौरान, निम्नलिखित में से किसने रोहतक में ब्रिटिश ठिकानों पर आक्रमण किया?

A. तफजल हुसैन B. इमाम अली
C. मोहर सिंह D. हरसुख राय

भाग-IV : विषय ज्ञान-सामाजिक अध्ययन

91. राष्ट्रवाद की आलोचना करते हुए किसने कहा था कि "देशभक्ति हमारा अंतिम आध्यात्मिक आश्रय नहीं हो सकता; मेरा आश्रय मानवता है। मैं हीरे की कीमत पर कांच नहीं खरीदूँगा, और जब तक मैं जीवित हूँ, मैं देशभक्ति को मानवता पर हावी नहीं होने दूँगा"?

A. महात्मा गाँधी
B. रवीन्द्रनाथ टैगोर
C. बर्ट्रेंड रसेल
D. अरबिंदो घोष

92. निम्न में से किस प्रतिहार शासक ने 'आदिवाराह' की उपाधि धारण की थी?

A. नागभट्ट II B. मिहिरभोज
C. महिपाल D. महेन्द्रपाल

93. निम्न में से कौन-से युग्म **सही** सुमेलित हैं?

(*a*) मिन्हाज उस सिराज : तबकात-ए-नासिरी
(*b*) जियाउद्दीन बरनी : तारीख-ए-फिरोजशाही
(*c*) अमीर खुसरो : फुतूह-उस-सलातीन
(*d*) बदायूंनी : मुन्तखब-उत-तवारीख

कूट :

A. (*a*), (*b*), (*d*) B. (*a*), (*c*)
C. (*a*), (*b*), (*c*) D. (*a*), (*b*)

94. जब खेतों में करने के लिए कोई काम न हो तब लोग नौकरी की तलाश में नगरीय क्षेत्रों की ओर जाते हैं। इस प्रकार की बेरोजगारी कहलाती है :

A. संरचनात्मक बेरोजगारी B. छिपी बेरोजगारी
C. मौसमी बेरोजगारी D. चक्रीय बेरोजगारी

95. भारत के उत्तरी मैदानों में गर्म व शुष्क स्थानीय पवनें क्या कहलाती हैं?

A. लू B. मानसून
C. व्यापारिक पवनें D. सभी विकल्प गलत हैं

96. निम्नलिखित में से कौन-सी प्रधान याम्योत्तर रेखा है?

A. 23°30′ उत्तरी B. 23°30′ दक्षिणी
C. 82°30′ पूर्वी D. 0° देशांतर

97. इनमें से कौन-सी रचना डॉ. भीमराव अम्बेडकर द्वारा **नहीं** लिखी गई है?

A. जाति का उन्मूलन B. अछूत
C. शूद्र कौन थे? D. हिंदू धर्म में पहेलियाँ

98. किसने स्वतंत्रता को 'कानूनों की चुप्पी' के रूप में वर्णित किया है?

A. थॉमस हॉब्स B. इजाया बर्लिन
C. बर्ट्रेंड रसेल D. जॉन लॉक

84. A	**85.** A	**86.** C	**87.** C	**88.** C	**89.** C	**90.** A	**91.** B	**92.** B	**93.** A
94. C	**95.** A	**96.** D	**97.** B	**98.** A					

99. पूर्ण चंद्रमा रात्रि को क्या नाम दिया गया है?
A. अमावस्या
B. पूर्णिमा
C. (A) एवं (B) दोनों सही हैं
D. (A) एवं (B) दोनों गलत हैं

100. निम्न में से कौन-सा युग्म सही सुमेलित **नहीं** है?

विभाग		**संस्थापक**
A. दीवान-ए-अर्ज	:	इल्तुतमिश
B. दीवान-ए-मुस्तखराज	:	अलाउद्दीन खलजी
C. दीवान-ए-कोही	:	मुहम्मद बिन तुगलक
D. दीवान-ए-खैरात	:	फिरोजशाह तुगलक

101. निम्नलिखित में से कौन प्रतिनिधित्व के सिद्धांत के संदर्भ में **सही** है?
(*a*) कैरेक्टरिस्टिक प्रतिनिधित्व सिद्धांत विश्वास करता है कि केवल वे लोग ही जो किसी विशेष समूह से आते हैं, वास्तव में उसके हितों को स्पष्ट कर सकते हैं।
(*b*) मैंडेट सिद्धांत का विश्वास है कि सरकारी सत्ता का प्रयोग करने वालों के लिए लोकप्रिय मार्गदर्शन होना चाहिए।
A. केवल (*a*) B. कोई नहीं
C. केवल (*b*) D. (*a*), (*b*) दोनों

102. निम्नलिखित में से कौन-से युग्म **सही** सुमेलित हैं?
(*a*) अशोक : निग्रोध
(*b*) मिनेन्डर : नागसेन
(*c*) कनिष्क : महाकस्सप
(*d*) हर्ष : ह्वेनसांग

कूट :
A. (*a*), (*b*), (*c*) B. (*a*), (*b*), (*d*)
C. केवल (*a*), (*b*) D. (*a*), (*b*), (*c*) और (*d*)

103. कौन-सा ग्रह अपने चारों ओर वलय **नहीं** रखता है?
A. बृहस्पति C. शनि
B. अरुण D. पृथ्वी

104. पानी जमता है :
A. 0°C पर B. 5°C पर
C. 15°C पर D. 100°C पर

105. निम्नलिखित में से कौन-सा/से आर.बी.आई. द्वारा जारी किया जाता है/जाते हैं और कानूनी वैध मुद्रा के रूप में कार्य करता है/करते हैं?
(*a*) माँग जमाएँ
(*b*) सभी मूल्यवर्ग के सिक्के
(*c*) एक रुपये के अतिरिक्त सभी मूल्यवर्ग के करेंसी नोट
(*d*) एक रुपये का करेंसी नोट

सही विकल्प चुनें :
A. केवल (*a*) एवं (*c*) सही हैं।
B. केवल (*b*) एवं (*c*) सही हैं।
C. केवल (*c*) सही है।
D. केवल (*d*) सही है।

106. निम्न में से किस राज्य में सिन्धु घाटी सभ्यता का स्थल "जूनी कुरन" अवस्थित है?
A. गुजरात B. महाराष्ट्र
C. उत्तर प्रदेश D. पंजाब

107. सूची-I और सूची-II को सुमेलित कीजिए और सूची के नीचे दिए गए कूट का उपयोग करते हुए **सही** उत्तर का चयन कीजिए :

सूची-I	**सूची-II**
(*a*) तंजौर का बृहदेश्वर मंदिर	(*i*) गुप्त वंश
(*b*) देवगढ़ का दशावतार मंदिर	(*ii*) राष्ट्रकूट वंश
(*c*) एलोरा का कैलाश मंदिर	(*iii*) चोल वंश
(*d*) खजुराहो का कंदरिया महादेव मंदिर	(*iv*) चंदेल वंश

कूट :

	(*a*)	(*b*)	(*c*)	(*d*)
A.	(*ii*)	(*i*)	(*iii*)	(*iv*)
B.	(*ii*)	(*iv*)	(*iii*)	(*i*)
C.	(*iii*)	(*i*)	(*ii*)	(*iv*)
D.	(*iii*)	(*ii*)	(*i*)	(*iv*)

108. भारत में खाद्य सुरक्षा संबंधी कार्यक्रमों को कालक्रमानुसार व्यवस्थित कीजिए :
(*a*) लक्षित सार्वजनिक वितरण प्रणाली (टीपीडीएस)
(*b*) अन्त्योदय अन्न योजना
(*c*) एकीकृत खाद्य सुरक्षा योजना
(*d*) खाद्य सुरक्षा अधिनियम
A. (*a*) (*b*) (*c*) (*d*) B. (*a*) (*b*) (*d*) (*c*)
C. (*d*) (*c*) (*a*) (*b*) D. (*b*) (*a*) (*c*) (*d*)

109. किसने माना कि "संप्रभुता की धारणा को राजनीतिक सिद्धांत से हटा दिया जाना चाहिए?"
A. लिंडसे
B. बारकर
C. एच.जे. लॉस्की
D. क्रैबे

99. B **100.** A **101.** D **102.** B **103.** D **104.** A **105.** C **106.** A **107.** C **108.** B **109.** D

110. लोकतंत्र की आलोचना में किसने कहा कि ''उदार या 'पतला' लोकतंत्र राजनीति के बारे में बढ़ती संशय और सार्वजनिक संस्थानों की पंगुता में योगदान दे रहा है''?

A. बेंजामिन बार्बर B. सी. राइट मिल्स
C. बर्नार्ड क्रिक D. जे.जे. रूसो

111. कौन-सा (लेखक-पुस्तकें) सही संयोजन में **नहीं** हैं?

A. जर्मेन ग्रीर - 'द फीमेल यूनंच'
B. सिमोन डी ब्यूवोइर - 'सेक्सुअल पॉलिटिक्स'
C. बेट्टी फ्रीडन - 'द फेमिनिन मिस्टिक'
D. नाओमी वुल्फ - 'फायर विद फायर'

112. लद्दाख की मुख्य मानव गतिविधि है :

A. पर्यटन B. कृषि
C. खनन D. उद्योग

113. यू.एन.ओ. की सुरक्षा परिषद् के कार्य/शक्तियाँ कौन-कौन से हैं?

(*a*) किसी भी विवाद की जाँच करना जिससे अंतर्राष्ट्रीय घर्षण हो सकता है।
(*b*) नए सदस्यों के प्रवेश की सिफारिश करना।
(*c*) शांति और सुरक्षा के रख-रखाव को खतरे में डालने वाले मुद्दों को संयुक्त राष्ट्र के अन्य अंगों के ध्यान में लाना।

A. केवल (*a*) B. केवल (*a*), (*c*)
C. केवल (*b*), (*c*) D. केवल (*a*), (*b*)

114. भारत में ग्रामीण वित्त के लिए शीर्ष संस्था की पहचान कीजिए :

A. आई.डी.बी.आई.
B. नाबार्ड
C. सिडबी
D. हरियाणा स्टेट कोऑपरेटिव एग्रीकल्चर एण्ड रूरल डेवलपमेंट बैंक लिमिटेड

115. निम्नलिखित में से कौन-सा मानव विकास का सूचक **नहीं** है?

A. पी.क्यू.एल.आई. B. एच.डी.आई.
C. बी.एस.ई. D. प्रति व्यक्ति आय

116. निम्न में से किस शासक को पुराणों में ''सर्वक्षत्रान्तक'' कहा गया है?

A. बिम्बिसार B. अजातशत्रु
C. शिशुनाग D. महापद्मनन्द

117. कॉलम-I और कॉलम-II में से सही जोड़े का चयन कीजिए :

कॉलम-I	कॉलम-II
(*a*) दादाभाई नौरोजी द्वारा राष्ट्रीय आय का मापन	(*i*) 1917-18
(*b*) केन्द्रीय सांख्यिकी संगठन की स्थापना	(*ii*) 1948
(*c*) नवीन आर्थिक नीति	(*iii*) 1951
(*d*) कृषि लागत एवं मूल्य आयोग	(*iv*) 1965

A. (*a*)-(*i*) B. (*b*)-(*ii*)
C. (*c*)-(*iii*) D. (*d*)-(*iv*)

118. वे खगोलीय पिंड कौन-से हैं जिनकी अपनी ऊष्मा व प्रकाश होता है?

A. ग्रह B. तारे
C. उपग्रह D. सभी विकल्प सही हैं

119. निम्नलिखित को सुमेलित कीजिए :

प्रतिफल	साधन
(*a*) लाभ	(*i*) श्रम
(*b*) लगान	(*ii*) भूमि
(*c*) मजदूरी	(*iii*) पूँजी
(*d*) ब्याज	(*iv*) उद्यमशीलता

कूट :

	(*a*)	(*b*)	(*c*)	(*d*)
A.	(*i*)	(*ii*)	(*iii*)	(*iv*)
B.	(*iv*)	(*iii*)	(*ii*)	(*i*)
C.	(*iv*)	(*ii*)	(*i*)	(*iii*)
D.	(*i*)	(*iii*)	(*ii*)	(*iv*)

120. ''एस.डी.जी. इंडिया इण्डेक्स-3.0'' रिपोर्ट में हरियाणा किस श्रेणी में रहा है?

A. अचीवर (100) B. फ्रंट रनर (65-99)
C. परफॉर्मर (50-64) D. एस्पिरेन्ट (0-49)

121. ''सोशल ओरिजिन्स ऑफ डिक्टेटरशिप एंड डेमोक्रेसी'' के लेखक कौन हैं?

A. जेनिफर गाँधी B. बैरिंगटन मूर
C. हन्ना आरेंट D. कार्ल शिमट

122. भारत में (सितम्बर, 2023) कितने राष्ट्रीयकृत बैंक हैं?

A. 8 B. 10
C. 12 D. 14

123. निम्नलिखित को सही कालक्रम में व्यवस्थित कीजिए एवं नीचे दिए गए कूट में से **सही** उत्तर का चयन कीजिए :

(*a*) पोर्टो नोवो युद्ध (*b*) प्लासी युद्ध
(*c*) वाण्डीवाश युद्ध (*d*) बक्सर युद्ध

कूट :

A. (*b*), (*d*), (*a*), (*c*) B. (*b*), (*c*), (*d*), (*a*)
C. (*c*), (*b*), (*a*), (*d*) D. (*c*), (*a*), (*d*), (*b*)

110. A **111.** B **112.** B **113.** D **114.** B **115.** C **116.** D **117.** D **118.** B **119.** C
120. B **121.** B **122.** C **123.** B

124. निम्नलिखित में से कौन-सा युग्म **असंगत** है?
A. कानपुर : नाना साहब
B. लखनऊ : हजरत महल
C. फैजाबाद : मौलवी अहमद उल्लाह
D. बरेली : बेगम जीनत महल

125. निम्न में से किस देश ने 1876 ई. में "अन्तर्राष्ट्रीय अफ्रीकी संघ" की स्थापना की थी?
A. इंग्लैण्ड B. पुर्तगाल
C. बेल्जियम D. तुर्की

126. स्थल, जल और वायु के बीच का संकरा संपर्क क्षेत्र क्या है?
A. स्थलमंडल B. जलमंडल
C. वायुमंडल D. जैवमंडल

127. एक वस्तु के कई उपयोग होने की दशा में उसकी माँग की लोच कैसी होगी?
A. $e > 1$ B. $e < 1$
C. $e = 0$ D. $e = \infty$

128. कौन-सी नदी अरब सागर में गिरती है?
A. तापी B. गंगा
C. कावेरी D. महानदी

129. निम्नलिखित में से कौन 1953 में गठित 'राज्य पुनर्गठन आयोग' का अध्यक्ष/सदस्य **नहीं** था?
A. फजल अली B. के.एम. मुंशी
C. हृदयनाथ कुंजरु D. के.एम. पणिक्कर

130. निम्न में से किनका 1923 में 'स्वराज पार्टी' की स्थापना में योगदान था?
A. मोतीलाल नेहरू और चित्तरंजन दास
B. जवाहरलाल नेहरू और सुभाष चन्द्र बोस
C. भगत सिंह और चन्द्रशेखर आजाद
D. राममनोहर लोहिया और जयप्रकाश नारायण

131. पर्यावरणवाद के संबंध में कौन-सा वाक्य सही **नहीं** है?
(*a*) आर्ने नेस को गहन पारिस्थितिकी का जनक माना जाता है।
(*b*) मुरे बुकचिन गैया परिकल्पना के आविष्कारक हैं।
(*c*) पारिस्थितिकी शब्द लैटिन शब्द 'ओइकोस' से लिया गया है।
A. केवल (*c*) B. केवल (*a*), (*c*)
C. केवल (*b*), (*c*) D. (*a*), (*b*), (*c*) सभी

132. भारत में राज्यों का गठन मुख्य रूप से किसके आधार पर किया गया है?
A. धर्म B. भाषा
C. जाति D. संस्कृति

133. संयुक्त राष्ट्र महासभा के 78वें सत्र के अध्यक्ष कौन हैं?
A. एम. सीसाबा कोरोसी B. सैम कुटेसा
C. एम. डेनिस फ्रांसिस D. पीटर थॉमसन

134. साख सृजन के प्रस्तुत उदाहरण में अज्ञात संख्याओं को ज्ञात करें और **सही** विकल्प चुनें :

चरण	जमाएँ	ऋण (80%)	आरक्षित अनुपात (20%)
I	1000	800	(*i*)
II	800	(*ii*)	160
III	(*iii*)	512	(*iv*)
IV	512	409.6	102.4

	(*i*)	(*ii*)	(*iii*)	(*iv*)
A.	200	640	580	68
B.	200	580	580	68
C.	200	640	640	128
D.	200	580	640	128

135. भारत और अमेरिका के बीच कौन-से समझौते पर हस्ताक्षर हुए हैं?
(*a*) भू-स्थानिक इंटेलिजेंस (बी.ई.सी.ए.) के लिए बुनियादी विनिमय और सहयोग समझौता।
(*b*) सैन्य सूचना समझौते की सामान्य सुरक्षा (जी.एस.ओ.एम.आई.ए.)।
(*c*) लॉजिस्टिक्स एक्सचेंज मेमोरेंडम ऑफ एग्रीमेंट (एल.ई.एम.ओ.ए.)।
A. केवल (*c*) B. केवल (*a*), (*c*)
C. (*a*), (*b*), (*c*) सभी D. केवल (*a*), (*b*)

136. वे मानचित्र जो विशेष सूचना/जानकारी पर केन्द्रित होते हैं, उन्हें क्या कहते हैं?
A. विषयगत मानचित्र B. भौतिक मानचित्र
C. राजनीतिक मानचित्र D. सभी विकल्प सही हैं

137. यू.एन.ओ. की स्थापना के मील का पत्थर घटनाओं का **सही** क्रम कौन-सा है?
(*a*) अंतर-संबद्ध घोषणा
(*b*) याल्टा सम्मेलन
(*c*) डम्बर्टन ओक्स सम्मेलन
A. (*a*), (*b*), (*c*) B. (*b*), (*a*), (*c*)
C. (*a*), (*c*), (*b*) D. (*c*), (*a*), (*b*)

138. 'जागो ग्राहक जागो' ध्येय वाक्य के साथ राष्ट्रीय उपभोक्ता हेल्पलाइन (एन.सी.एच.) नम्बर क्या है?
A. 1800-3000-145 B. 1857
C. 2014 D. 1915

124. D **125.** C **126.** D **127.** A **128.** A **129.** B **130.** A **131.** C **132.** B **133.** C
134. C **135.** C **136.** A **137.** C **138.** D

139. वितरण मानचित्र की निम्न में से कौन-सी एक गुणात्मक विधि **नहीं** है?

A. कोरोक्रोमैटिक विधि B. कोरोशीमैटिक विधि
C. टिंट विधि D. कोरोप्लेथ विधि

140. किसे 'गठबंधनात्मक राष्ट्रपतिवाद' (Coalitional Presidentialism) का उदाहरण माना जाता है?

A. मैक्सिको B. दक्षिण अफ्रीका
C. ब्राजील D. यू.एस.ए.

141. कौन-सी गैस वैश्विक तापमान में वृद्धि का कारण बनती है?

A. CO_2 B. O_2
C. O_3 D. N_2

142. किस देश में 'कोहैबिटेशन' (Cohabitation) शब्द का प्रयोग विभाजित सरकार की व्यवस्था को परिभाषित करने के लिए किया जाता है?

A. फ्रांस B. यू.के.
C. यू.एस.ए. D. इटली

143. पश्चिमी घाट को इस नाम से भी जाना जाता है?

A. सह्याद्री B. हिमाद्री
C. अरावली D. शिवालिक

144. निम्न में से कौन-सा पर्व हम्पी में अत्यन्त महत्वपूर्ण माना जाता था?

A. महानवमी B. होली
C. ओणम D. दिवाली

145. निम्नलिखित में से कौन-सा तटस्थता वक्र (IC) के निर्माण का आधार होता है?

A. उपभोक्ता की आय
B. दो वस्तुओं की निरपेक्ष कीमतें
C. दो वस्तुओं की सापेक्ष कीमतें
D. उपभोक्ता के अधिमान का पैमाना

146. चंगेज खान निम्न में से किस मंगोल वंश से संबंधित था?

A. बोरजीगिद B. खालखा
C. बयाद्स D. हम्नीगान

147. भारत की पहली निजी क्षेत्र की रेलगाड़ी कौन-सी है?

A. वन्दे भारत B. तेजस एक्सप्रेस
C. गरीब रथ D. राजधानी एक्सप्रेस

148. निम्न में से किसने 'अन्तिम निर्णय' नामक चित्र बनाया था?

A. लिओनार्दो दा विंची B. माइकल एंजेलो
C. राफेल D. मेसेशियो

149. कर्क रेखा पर सूर्य की किरणें सीधी गिरती हैं :

A. 21 मार्च को B. 21 जून को
C. 22 दिसम्बर को D. 23 सितम्बर को

150. निम्नांकित कथनों पर विचार कीजिए :

(I) गैट (1947) के स्थान पर डंकल प्रस्ताव के आधार पर विश्व व्यापार संगठन (1995) की स्थापना की गई।

(II) विश्व व्यापार संगठन की स्थापना सदस्य देशों की संसदों द्वारा अनुमोदित एक अंतर्राष्ट्रीय संधि के आधार पर की गई।

सही विकल्प चुनें :

A. केवल (I) सही है।
B. केवल (II) सही है।
C. (I) और (II) दोनों सही हैं।
D. (I) और (II) दोनों गलत हैं।

व्याख्यात्मक उत्तर

1. (A): लेव वायगोत्स्की ने बच्चे के संज्ञानात्मक विकास में सामाजिक और सांस्कृतिक कारकों की महत्वपूर्ण भूमिका पर जोर दिया, जो उनके दृष्टिकोण को पियाजे जैसे अन्य लोगों से अलग करता है, जिन्होंने व्यक्तिगत संज्ञानात्मक चरणों पर अधिक ध्यान केंद्रित किया। वायगोत्स्की का सामाजिक-सांस्कृतिक सिद्धांत प्रस्तावित करता है कि बच्चे सक्रिय रूप से और व्यावहारिक अनुभवों के माध्यम से सीखते हैं, और उनका सीखना उन सांस्कृतिक संदर्भों से गहराई से प्रभावित होता है जिसमें वे बड़े होते हैं।

2. (C): फिल्म स्ट्रिप्स दृष्टिबाधित छात्रों के लिए उपयुक्त नहीं हैं क्योंकि वे दृश्य सामग्री पर बहुत अधिक निर्भर करते हैं जिसे दृष्टिबाधित छात्र नहीं देख सकते हैं। इसके विपरीत, ब्रेल सामग्री, बोलने वाली किताबें और उभरे हुए नक्शे विशेष रूप से दृष्टिबाधित लोगों के लिए सुलभ होने के लिए डिजाइन किए गए हैं, जो स्पर्श या श्रवण संबंधी जानकारी का उपयोग करते हैं।

3. (B): प्रगतिशील शिक्षा एक शैक्षिक आंदोलन है जो वास्तविक दुनिया के अनुभवों, समस्या-समाधान और आलोचनात्मक चिंतन पर जोर देता है। यह दृष्टिकोण 'करके सीखने' को प्रोत्साहित करता है, जहाँ छात्र सीखने को बढ़ावा देने के लिए अपने पर्यावरण के साथ सक्रिय रूप से जुड़ते हैं, जो जॉन डिवी जैसे शैक्षिक सुधारकों द्वारा निर्धारित सिद्धांतों को दर्शाता है।

139. D **140.** C **141.** A **142.** A **143.** A **144.** A **145.** D **146.** A **147.** B **148.** B
149. B **150.** C

4. (D): समावेशी शिक्षा से तात्पर्य उस शैक्षिक मॉडल से है जो सभी बच्चों को उनकी शारीरिक, बौद्धिक, सामाजिक, भावनात्मक, भाषाई या अन्य स्थितियों की परवाह किए बिना मुख्यधारा की शिक्षा प्रणाली में शामिल करने का प्रयास करता है।

इस दृष्टिकोण का उद्देश्य सभी छात्रों के लिए समान अवसर प्रदान करना है, न कि केवल उन लोगों के लिए जो दिव्यांग या सामाजिक रूप से वंचित हैं।

5. (A): एक क्षेत्र भ्रमण (फील्ड ट्रिप) सामाजिक अधिगम के संदर्भ में एक प्रभावी शिक्षण-अधिगम की रणनीति है क्योंकि यह छात्रों को पर्यावरण के साथ सीधे अंतःक्रिया करने और साथियों और मार्गदर्शकों के साथ सामाजिक रूप से जुड़ने की अनुमति देता है। यह व्यावहारिक अनुभव न केवल सीखने को बढ़ाता है बल्कि वास्तविक दुनिया के संदर्भ में संचार और अवलोकन कौशल को बढ़ावा देकर सामाजिक विकास का भी समर्थन करता है। यह विधि सामाजिक अधिगम के सिद्धांत के साथ निकटता से जुड़ी हुई है, जो सामाजिक सेटिंग्स के भीतर अवलोकन और अंतःक्रिया के माध्यम से सीखने पर जोर देती है।

6. (B): विश्लेषणात्मक प्रश्नों के लिए विस्तृत विश्लेषण की आवश्यकता होती है और आमतौर पर इनके उत्तर निबंध या लघु-उत्तर प्रारूप में दिए जाते हैं, जिससे वे वस्तुनिष्ठ नहीं होते हैं। मिलान, बहुविकल्पीय और रिक्त स्थान वाले प्रश्नों जैसे वस्तुनिष्ठ प्रकार के प्रश्नों के लिए छात्रों को विस्तारित तर्क या स्पष्टीकरण की आवश्यकता के बिना एक विशिष्ट उत्तर चुनने या लिखने की आवश्यकता होती है।

7. (A): धीमी गति से सीखने वालों के लिए त्वरण उपयुक्त नहीं है क्योंकि इसमें सामान्य से अधिक तेज गति से शिक्षा के माध्यम से प्रगति करना शामिल है, जो इन छात्रों के लिए भारी पड़ सकता है। उपचारात्मक शिक्षण, अभ्यास कार्य और सहकारी शिक्षण विधियाँ अधिक लाभकारी हैं क्योंकि वे क्रमशः अतिरिक्त सहायता, अभ्यास और सहयोगी सीखने के अवसर प्रदान करती हैं।

8. (A): विराम विधि लंबे और कठिन पाठों को सीखने के लिए उपयुक्त है क्योंकि इसमें सीखने को लंबी अवधि में छोटे सत्रों में तोड़ना शामिल है। यह विधि सामग्री के प्रतिबिंब और आत्मसात करने के लिए समय प्रदान करके बेहतर समझ और अवधारणा की अनुमति देती है, जबकि अविराम विधि में कम समय में जानकारी को रटना शामिल है।

9. (A): किशोरावस्था में स्वीकृत सामाजिक व्यवहार पैटर्न में नेतृत्व कौशल और सहानुभूति शामिल हैं। नेतृत्व कौशल में दूसरों का मार्गदर्शन करना और जिम्मेदारी से निर्णय लेना शामिल है, जबकि सहानुभूति में दूसरों की भावनाओं को समझना और साझा करना शामिल है। अहं-केंद्रितता, खुद पर ध्यान केंद्रित करना और स्टीरियोटाइपिंग, व्यक्तियों पर सामान्यीकृत विश्वासों को लागू करना, आमतौर पर सकारात्मक व्यवहार के रूप में नहीं देखा जाता है।

10. (A): मूल सिद्धांत जॉन एटकिंसन से नहीं, बल्कि विलियम मैक्डूगल से जुड़ा है, जो विकल्प A को गलत बनाता है। एटकिंसन को प्रवृत्ति सिद्धांत पर नहीं, बल्कि अपेक्षा-मूल्य सिद्धांत पर उनके काम के लिए जाना जाता है। मास्लो की आवश्यकता पदानुक्रम सिद्धांत, वुडवर्थ की ड्राइव थ्योरी और मैक्लीलैंड की उपलब्धि अभिप्रेरणा सिद्धांत को उनके संबंधित समर्थकों के साथ सही ढंग से जोड़ा गया है।

11. (D): स्टैनफोर्ड-बिनेट टेस्ट बुद्धिमत्ता का क्रियात्मक परीक्षण नहीं है, बल्कि एक मानकीकृत IQ परीक्षण है जो मौखिक, मात्रात्मक और गैर-मौखिक तर्क के माध्यम से संज्ञानात्मक क्षमताओं को मापता है। कोह् के ब्लॉक डिजाइन टेस्ट, अलेक्जेंडर के पास अलॉन्ग टेस्ट और सैगुइन फॉर्म बोर्ड टेस्ट जैसे बुद्धिमत्ता के क्रियात्मक परीक्षणों में आम तौर पर सामग्रियों में हेरफेर करना शामिल होता है और न्यूनतम मौखिक निर्देश की आवश्यकता होती है, इसके बजाय व्यावहारिक समस्या-समाधान और स्थानिक तर्क को प्रदर्शित करने वाले कार्यों पर ध्यान केंद्रित किया जाता है।

12. (C): विकास आवश्यक रूप से एक रेखीय पथ का अनुसरण नहीं करता है, क्योंकि इसका अर्थ है चरणों या प्रगति का एक निश्चित क्रम जो सभी के लिए समान है। वास्तव में, विकासात्मक पैटर्न व्यक्तियों के बीच बहुत भिन्न हो सकते हैं और कई कारकों से प्रभावित हो सकते हैं, जिससे विकास सख्ती से रैखिक होने के बजाय बहु-दिशात्मक हो जाता है। अन्य सूचीबद्ध सिद्धांत, जैसे कि विकास आनुवंशिकता और पर्यावरण का उत्पाद है, और विकासात्मक पैटर्न का पूर्वानुमान योग्य होना, आम तौर पर विकासात्मक मनोविज्ञान में स्वीकार किए जाते हैं।

13. (B): रॉबर्ट गैग्ने के अनुसार, सीखने का वह उच्चतम स्तर जिस पर एक शिक्षक को छात्रों को ले जाने का प्रयास करना चाहिए, वह है समस्या-समाधान सीखना। इस स्तर में नई स्थितियों में समस्याओं को हल करने के लिए नियमों को लागू करना शामिल है, जो सरल अवधारणा या नियम सीखने से परे समझ और अनुप्रयोग को शामिल करने वाले उच्च-क्रम के संज्ञानात्मक कौशल का प्रतिनिधित्व करता है।

14. (D): सूचीबद्ध सभी कारक—प्रेरणा, योग्यता, रुचि और ध्यान—सीखने को प्रभावित करते हैं। ये तत्व महत्वपूर्ण हैं क्योंकि ये निर्धारित करते हैं कि कोई व्यक्ति शैक्षिक सामग्री के साथ कितनी प्रभावी रूप से जुड़ता है। प्रेरणा प्रयास को प्रेरित करती है, योग्यता समझने की क्षमता को प्रभावित करती है, रुचि जुड़ाव को बढ़ाती है, और प्रभावी सूचना प्रसंस्करण के लिए ध्यान आवश्यक है।

15. (A): माता-पिता के साथ सामंजस्यपूर्ण संबंध किशोरावस्था में सामाजिक विकास की एक सामान्य विशेषता नहीं है। आमतौर पर, किशोरावस्था को अधिक स्वतंत्रता की खोज द्वारा चिह्नित किया जाता है, जो अक्सर माता-पिता के साथ संघर्ष का कारण बन सकता है क्योंकि व्यक्ति एक अलग पहचान स्थापित करना

चाहता है। अन्य विकल्प, जैसे कि नए सामाजिक समूह, पहचान की खोज और नायक-पूजा, आमतौर पर किशोर सामाजिक विकास से जुड़े होते हैं।

16. (D): अंतःस्रावी ग्रंथियाँ एक पर्यावरणीय नहीं बल्कि बाल विकास को प्रभावित करने वाली एक जैविक कारक हैं। ये ग्रंथियाँ हार्मोन के स्राव के माध्यम से शारीरिक और हार्मोनल विकास में महत्वपूर्ण भूमिका निभाती हैं। पर्यावरणीय कारकों में आमतौर पर पोषण, गर्भावस्था के दौरान माँ की मानसिक स्थिति और दुर्घटनाएँ जैसे तत्व शामिल होते हैं, जिनका बच्चे के विकास और वृद्धि पर बाहरी प्रभाव पड़ता है।

17. (B): 'उपयोग का नियम' और 'अनुपयोग का नियम' थॉर्नडाइक के अभ्यास के नियम से संबंधित हैं। इस नियम के अनुसार, उत्तेजनाओं और प्रतिक्रियाओं के बीच संबंध उपयोग के माध्यम से मजबूत होते हैं और अनुपयोग के माध्यम से कमजोर होते हैं, जिसका अर्थ है कि किसी कौशल का अभ्यास करने से उसमें सुधार होता है, जबकि अभ्यास न करने से उसका क्षय होता है।

18. (C): 'जीववाद' पियाजे के संज्ञानात्मक विकास के मूर्त संक्रियात्मक चरण से संबंधित विशेषता नहीं है। जीववाद, यह विश्वास कि निर्जीव वस्तुओं में जीवन और भावनाएँ होती हैं, पहले के प्रीऑपरेशनल चरण की अधिक विशेषता है। हालाँकि, मूर्त संक्रियात्मक चरण, प्रतिवर्तिता, क्रमिकीकरण और संरक्षण जैसी क्षमताओं द्वारा चिह्नित होता है, जहाँ बच्चे तार्किक संचालन को समझना शुरू करते हैं और कम अहं-केंद्रित होते हैं।

19. (B): शिक्षण सूत्र 'अमूर्त से मूर्त ' आमतौर पर सीखने में अक्षम बच्चों के लिए फायदेमंद नहीं है, जो आम तौर पर मूर्त से अमूर्त दृष्टिकोणों से अधिक लाभान्वित होते हैं। सीखने में अक्षम छात्रों को अक्सर सरल से जटिल, प्रत्यक्ष से अप्रत्यक्ष और ज्ञात से अज्ञात तक पढ़ाए जाने पर जानकारी को समझना और बनाए रखना आसान लगता है, क्योंकि ये विधियाँ मूर्त, परिचित अवधारणाओं से शुरू करके समझ की नींव बनाती हैं।

20. (C): कोहलबर्ग के नैतिक विकास सिद्धांत में 'व्यक्तिवाद और विनिमय' और 'सामाजिक अनुबंध और व्यक्तिगत अधिकार' के चरण नैतिकता के पारंपरिक स्तर का हिस्सा नहीं हैं। ये चरण क्रमशः पूर्व-पारंपरिक और उत्तर-पारंपरिक स्तरों से संबंधित हैं। पारंपरिक स्तर में सामाजिक व्यवस्था और अच्छे पारस्परिक संबंधों को बनाए रखना शामिल है, कानूनों का पालन करने और सामाजिक मानदंडों को बनाए रखने के लिए दूसरों की अपेक्षाओं पर ध्यान केंद्रित करना।

21. (D): 'प्रगति का नियम' आमतौर पर आनुवंशिकता से जुड़ा नहीं होता है। समानता का नियम, भिन्नता का नियम और प्रतिगमन का नियम जैसे आनुवंशिक नियम इस बात से निपटते हैं कि आनुवंशिक लक्षण कैसे पारित होते हैं और व्यक्तियों के बीच भिन्न होते हैं। प्रगति का नियम एक आगे की गति या विकास का सुझाव देता है जो अधिक सामान्य है और विशेष रूप से आनुवंशिक विरासत से बंधा नहीं है।

22. (A): शिक्षक की शारीरिक बनावट शिक्षण-अधिगम प्रक्रिया को मौलिक रूप से प्रभावित नहीं करती है। जबकि शिक्षक के मानसिक स्वास्थ्य, विषय ज्ञान और संचार कौशल जैसे कारक सीधे शिक्षण और सीखने के माहौल की प्रभावशीलता को प्रभावित करते हैं, शारीरिक बनावट सीधे शैक्षिक परिणामों से संबंधित नहीं है।

23. (D): जीन पियाजे के नैतिक विकास के सिद्धांत के अनुसार, किशोरावस्था की अवधि को 'स्वायत्त नैतिकता का चरण' कहा जाता है। इस चरण में, व्यक्ति नैतिकता को आपसी सम्मान और सहयोग के आधार पर देखना शुरू करते हैं, जो पहले के चरणों से आगे है जहाँ नियमों को अपरिवर्तनीय और प्राधिकरण द्वारा लागू किया जाता है।

24. (D): यह कथन कि व्यक्तिगत अंतर 'केवल आनुवंशिकता का परिणाम है, गलत है। जबकि आनुवंशिकता एक महत्वपूर्ण भूमिका निभाती है, पर्यावरणीय कारक, अनुभव और व्यक्तिगत रुचियाँ भी व्यक्तिगत अंतरों में काफी हद तक योगदान करते हैं। अन्य कथन व्यक्तिगत अंतरों की जटिलता और विशिष्टता को पहचानते हैं।

25. (C): संज्ञानात्मक सीखने में ध्यान, स्मृति और प्रतिबिंब जैसी मानसिक प्रक्रियाओं का उपयोग शामिल है। इस प्रकार का सीखना समस्या-समाधान क्षमताओं और समझ के अधिग्रहण से संबंधित है, न कि केवल क्रियाओं की यांत्रिक पुनरावृत्ति से, जो इसे अनुकरणीय, मोटर और भावात्मक सीखने से अलग करता है।

26. (C): निष्क्रिय उपस्थिति प्रभावी सीखने का सिद्धांत नहीं है। प्रभावी सीखने के सिद्धांत सक्रिय जुड़ाव, प्रेरणा, व्यक्तिगत दृष्टिकोण और प्रतिक्रिया पर जोर देते हैं, जो सीखने के अनुभव को बढ़ाने और बेहतर शैक्षिक परिणाम सुनिश्चित करने के लिए महत्वपूर्ण हैं।

27. (B): सतत और व्यापक मूल्यांकन का अर्थ है छात्र के प्रदर्शन के शैक्षणिक और सह-शैक्षणिक दोनों पहलुओं का मूल्यांकन करना, न केवल निरंतर परीक्षणों के माध्यम से, बल्कि प्रगति की व्यापक रूप से निगरानी करने के लिए उचित अंतराल पर भी। इसमें केवल अकादमिक उपलब्धियों से परे छात्र की क्षमताओं और विकास की व्यापक समझ शामिल है।

28. (B): डिस्लेक्सिया एक सीखने की कठिनाई है जो सटीक और/या धाराप्रवाह शब्द पहचान, खराब वर्तनी और डिकोडिंग क्षमताओं की समस्याओं से जुड़ी है। यह विशेष रूप से अक्षरों और शब्दों को अलग करने की क्षमता को प्रभावित करता है, जो डिस्ग्राफिया (लेखन विकार) या डिस्कैलकुलिया (गणित की कठिनाइयाँ) जैसी अन्य सीखने की कठिनाइयों से अलग है।

29. (C): स्टर्नबर्ग के बुद्धि के त्रितंत्रीय सिद्धांत के अनुसार, बुद्धि के तीन पहलू घटकीय (विश्लेषणात्मक), अनुभवात्मक (रचनात्मक)

और प्रासंगिक (व्यावहारिक) हैं। इन तत्वों में क्रमशः सूचना का विश्लेषण करने, समस्याओं को हल करने के लिए रचनात्मकता का उपयोग करने और विभिन्न वातावरणों के अनुकूल होने की क्षमता शामिल है।

30. (D): पावलोव के कंडीशनिंग सिद्धांत में, प्रेरणा की कमी प्राकृतिक और कृत्रिम उत्तेजनाओं के बीच कंडीशनिंग को सकारात्मक रूप से प्रभावित नहीं करती है। प्रभावी कंडीशनिंग के लिए आम तौर पर उचित समय, उत्तेजनाओं की पुनरावृत्ति और एक मजबूत संबंध स्थापित करने के लिए नियंत्रित वातावरण की आवश्यकता होती है। वातानुकूलित प्रतिक्रिया के लिए सार्थक संबंध बनाने हेतु प्रेरणा या प्रासंगिक उत्तेजना अक्सर आवश्यक होती है।

31. (D): 'तेजोपुंज' शब्द गुण स्वर संधि का उदाहरण नहीं है। यह शब्द 'तेजस्' और 'पुंज' का समास है, न कि संधि। संधि में दो शब्दों के मिलने से उनके बीच के ध्वनियों में परिवर्तन होता है। यहाँ पर गुण स्वर संधि नहीं हुई है।

32. (A): 'सुधीजन' और 'शताब्दी' शब्दों में वर्तनी सही है। ये दोनों शब्द उचित रूप से लिखे गए हैं और इनमें किसी प्रकार की अशुद्धि नहीं है, जबकि अन्य विकल्पों में वर्तनी संबंधी गलतियाँ पाई गई हैं।

34. (D): 'कासार' शब्द 'धनुष' का पर्यायवाची नहीं है। 'धनुष' के पर्यायवाची शब्द होते हैं 'चाप', 'कार्मुक', और 'शरासन'। 'कासार' का अर्थ एक छोटा तालाब या पोखर होता है। अतः यह 'धनुष' से संबंधित नहीं है।

35. (B): 'नीम हकीम खतरे जान' लोकोक्ति का अर्थ है कि अल्पज्ञान खतरनाक होता है। यह उक्ति उन लोगों के बारे में है जिन्हें थोड़ा ज्ञान होता है और वे उसे अधिक समझते हैं, जिससे कि अक्सर गलतियां हो जाती हैं और यह खतरनाक साबित हो सकता है।

36. (A): 'कादंबरी' का अर्थ है शराब और 'कादंबिनी' का अर्थ है घटा। इस युग्म का क्रमशः सही अर्थ दिया गया है जो संस्कृत साहित्य में प्रयोग होता है। 'कादंबरी' बाणभट्ट की प्रसिद्ध कृति का नाम भी है और इसका संदर्भ शराब से है, जबकि 'कादंबिनी' बादलों की शृंखला या घटा को दर्शाता है।

37. (B): देश, त्योहार, नदी ये व्यक्तिवाचक संज्ञाओं के उदाहरण नहीं हैं, बल्कि ये जातिवाचक संज्ञा के उदाहरण हो सकते हैं। व्यक्तिवाचक संज्ञा विशेष व्यक्ति, स्थान, या वस्तु के नाम होते हैं जैसे कि राम, दिल्ली, गंगा आदि। इसलिए यह कथन संगत नहीं है।

38. (B): 'चिरायु' और 'दीर्घायु' दोनों का अर्थ है दीर्घ जीवन या लंबी आयु होना। इसलिए यह विलोम शब्द का युग्म नहीं है क्योंकि दोनों शब्दों के अर्थ समान हैं। विलोम शब्द का अर्थ होता है विपरीत अर्थ वाले शब्द।

39. (C): ''परा' उपसर्ग का प्रयोग 'परार्थ' और 'पराश्रित' जैसे शब्दों में गलत है जबकि अन्य उपसर्गों के शब्द-युग्म सही हैं।

40. (C): 'इसी ने मेरी जिंदगी बचाई थी' में 'इसी' एक निश्चयवाचक सर्वनाम है, न कि प्रश्नवाचक सर्वनाम। प्रश्नवाचक सर्वनाम वे होते हैं जो प्रश्न पूछने के लिए प्रयुक्त होते हैं जैसे कि कौन, क्या, कहाँ, आदि। इसलिए यह युग्म संगत नहीं है।

41. (A): 'गुरुदक्षिणा' वास्तव में कर्मधारय समास है, जहाँ 'गुरु' और 'दक्षिणा' दोनों शब्द स्वतंत्र अर्थ रखते हैं लेकिन संयुक्त रूप से एक विशेष प्रकार की दक्षिणा का बोध कराते हैं, जो गुरु को दी जाती है। यह संबंध तत्पुरुष समास नहीं है क्योंकि वहाँ उत्तरपद प्रधान होता है और पूर्वपद उसकी विशेषता बताता है।

42. (D): संकेतवाचक विशेषण में वस्तु की नाप, तौल, मात्रा का बोध नहीं होता है। यह परिभाषा वास्तव में परिमाणवाचक विशेषण के लिए उपयुक्त है। संकेतवाचक विशेषण उन शब्दों को कहते हैं जो किसी वस्तु की स्थिति, स्थान, या समय का बोध कराते हैं, जैसे कि 'यह', 'वह', 'यहाँ', 'वहाँ'।

43. (D): 'वैधव्य' अपत्यवाचक तद्धित प्रत्यय से निर्मित नहीं है। यह शब्द 'विधवा' से बना है, जो किसी व्यक्ति की स्थिति या अवस्था का बोध कराता है। अन्य शब्द जैसे 'वैनतेय', 'कौरव', और 'वासुदेव' व्यक्तियों के नामों से जुड़े हुए हैं और उनके पिता या पूर्वजों का संकेत देते हैं।

44. (C): 'ग', 'ल', और 'ब' का उच्चारण स्थान क्रमशः कण्ठ, दन्त, ओष्ठ है। 'ग' वर्ण का उच्चारण कण्ठ से होता है, 'ल' का दन्त से, और 'ब' का ओष्ठ से होता है। ये उच्चारण स्थान इन वर्णों के उत्पादन की स्थिति को सही ढंग से दर्शाते हैं।

45. (B): ''तुम्हें ऐसा करना शोभा नहीं देता है।'' यह वाक्य पूर्वकालिक क्रिया का उदाहरण नहीं है। पूर्वकालिक क्रियाएं वे होती हैं जहां एक क्रिया के पूरा होने के बाद दूसरी क्रिया होती है, जैसे कि अन्य विकल्पों में दिखाया गया है। यह वाक्य एक सामान्य निषेधात्मक वाक्य है जो किसी क्रिया के अनुचित होने का संकेत देता है।

46. (D): "Give in" as a phrasal verb means to yield or surrender under pressure, not to distribute, deposit, or donate. This expression is typically used when someone reluctantly agrees to something after a period of resistance. Thus, the correct answer that conveys this meaning is "surrender."

47. (D): The modal auxiliary "must" is used to express obligation or necessity. In the sentence provided, "Your mother is seriously ill. You must leave for home at once," it indicates that it is necessary or obligatory for the person to go home immediately due to the serious illness of their mother.

48. (D): The correct preposition to use when someone is conveying information about a topic is "about." The sentence "He told all about the incident" means that he provided information concerning the incident to everyone involved or present.

49. (C): The phrase "the day after tomorrow" is used to refer to the day that follows the next day. Therefore, the most appropriate preposition to use in the sentence "I am going home the day after tomorrow" is "after," which properly links the timing of the action to the day being referred to.

50. (A): When discussing the act of looking with focus or attention at something, "at" is the correct preposition. In the sentence "Mohan gazed at the sky in the hope of rain," "at" correctly describes Mohan's action of looking intently towards the sky.

51. (B): The passive voice of the sentence "Have they done the work?" is "Has the work been done?" This transformation from active to passive voice correctly maintains the present perfect tense and agrees in number with the singular noun "work."

52. (B): The correct form of the verb to fit the sentence "The Headmaster wants to meet you" is "wants." This form agrees with the singular subject "The Headmaster" and is in the simple present tense, which is used for stating general facts or habitual actions.

53. (B): The incorrect part of the sentence is "not breaked." The correct past participle of "break" is "broken." Thus, the sentence should read, "Has Sachin not broken the record held by Bradman who made 10,000 runs in his career?"

54. (B): The expression "No sooner had the police reached than the thieves fled" is correct for describing events that occurred almost simultaneously. "No sooner" is followed by "than" to indicate that soon after one event happens, another follows immediately.

55. (D): The correct tense form for the sentence "She jumped off the train while it was moving" is "was moving." This form indicates that the action of the train (moving) was ongoing at the time she jumped off, which is best expressed using the past continuous tense.

56. (C): The original sentence is in direct speech and asks a question. When changing to reported speech, the structure needs to reflect that it's a question being relayed indirectly. The correct transformation would be, "I asked him if he knew when she would go home." This maintains the interrogative nature inside the indirect structure and properly shifts the tense from "will go" to "would go."

57. (B): "Sinecure" refers to a position that requires little to no responsibility, effort, or actual work but still offers financial compensation. This term typically applies to jobs that are given more for patronage or reward than for the purpose of actually performing duties. This option correctly describes a job with high pay and minimal responsibilities.

58. (C): "Send for" means to request someone to come to you, typically by sending a message or calling them. It's often used in contexts where assistance or presence is needed. The correct meaning in this context is "call someone in," which implies requesting someone's arrival at a location for consultation or help.

59. (A): The phrasal verb "turn out" has several meanings depending on the context, but a common one, especially when used with "someone," is to expel or evict them from a place, which fits with the general idea of forcing someone out. Therefore, "to evict someone" is the correct interpretation in this context.

60. (B): "Fair weather friends" are those who are supportive or friendly only when it is easy or beneficial to be so, particularly during good times. When challenges arise, these friends typically disappear or are not dependable. This idiom accurately describes friends who are loyal only during a time of success.

61. (C):

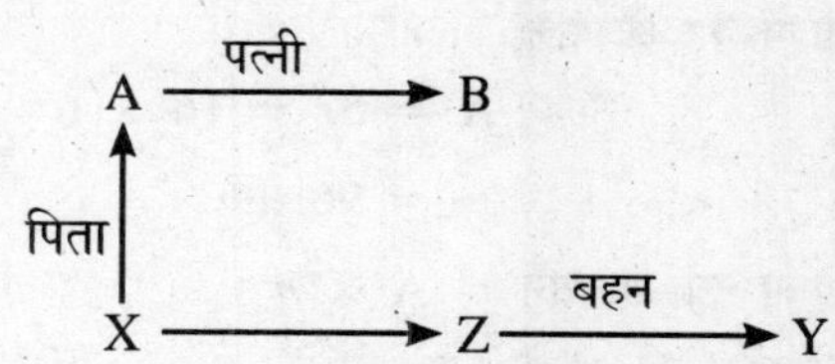

यहाँ विकल्प (C) में, X, A का पुत्र है, निश्चित रूप से सत्य नहीं है क्योंकि X पुत्री/पुत्र है, यह स्पष्ट नहीं है।

62. (A): यहाँ, P = प्रारंभिक बिंदु

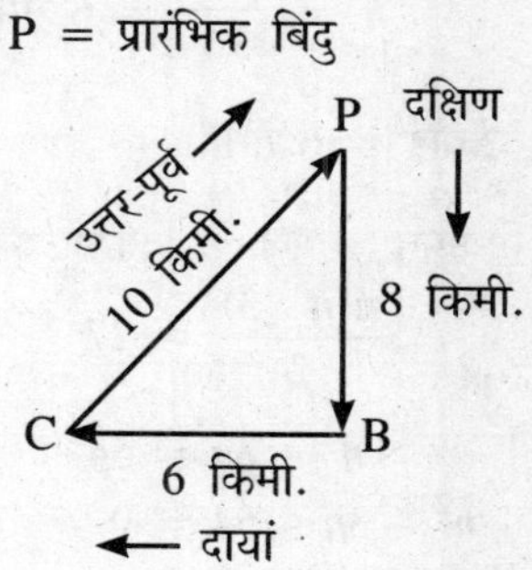

PB = 8 किमी.

BC = 6 किमी.

CP = 10 किमी.

∵ $CP = \sqrt{PB^2 + BC^2} = \sqrt{8^2 + 6^2}$

$= \sqrt{64 + 36} = \sqrt{100} = 10$ किमी.

A, बिन्दु P से चलना प्रारंभ करता है और अंत में बिन्दु P पर ही पहुँच जाता है।

अतः A प्रारंभिक बिन्दु से 0 किमी. दूरी पर है।

63. (C): $\because \quad \frac{m_1 d_1 h_1}{w_1} = \frac{m_2 d_2 h_2}{w_2}$

$\therefore \quad \frac{10 \times 8 \times h}{\frac{2}{5}} = \frac{m_2 \times 12 \times h}{\left(1 - \frac{2}{5}\right)}$

$\Rightarrow \quad \frac{10 \times 8}{\frac{2}{5}} = \frac{m_2 \times 12}{\frac{3}{5}}$

$\Rightarrow \quad \frac{10 \times 8}{2} = \frac{m_2 \times 12}{3}$

$\Rightarrow \quad 40 = 4m_2$

$\Rightarrow \quad m_2 = 10$

इसलिए आवश्यक व्यक्तियों की संख्या = 10.

64. (C): एक लम्ब प्रिज्म के त्रिभुजाकार आधार का परिमाप = 32 सेमी.

अर्द्ध-परिमाप, S = $\frac{32}{2}$ = 16 सेमी.

त्रिभुज की अंतःत्रिज्या, r = 6 सेमी.

∴ प्रिज्म का क्षेत्रफल,

A = Sr = 16 × 6

= 96 सेमी.^{2}

∴ प्रिज्म का आयतन = A × h

(जहाँ, h = प्रिज्म की ऊँचाई)

⇒ 576 सेमी.^{3} = 96 सेमी.^{2} × h

∴ $h = \frac{576}{96}$ = 6 सेमी.

अतः प्रिज्म की ऊँचाई = 6 सेमी.।

65. (B): दिया है, नियमित बहुभुज के विकर्णों की संख्या = 27

$\Rightarrow \quad \frac{n(n-3)}{2} = 27$

$\Rightarrow \quad n^2 - 3n = 54$

$\Rightarrow \quad n^2 - 3n - 54 = 0$

$\Rightarrow \quad n^2 + 6n - 9n - 54 = 0$

$\Rightarrow \quad n(n+6) - 9(n+6) = 0$

$\Rightarrow \quad (n+6)(n-9) = 0$

⇒ $n = -6$ या $n = 9$

[$\because n \neq -6$]

इसलिए भुजाओं की संख्या = n = 9.

66. (D): मिश्रण A = 7 किग्रा.

तांबा : जस्ता = 5 : 2

∴ A में तांबा = $7 \times \frac{5}{5+2}$ = 5 किग्रा.

A में जस्ता = $7 \times \frac{2}{7}$ = 2 किग्रा.

और मिश्रण B = 21 किग्रा.

तांबा : जस्ता = 3 : 4

∴ B में तांबा = $21 \times \frac{3}{3+4} = 21 \times \frac{3}{7}$ = 9 किग्रा.

B में जस्ता = $21 \times \frac{4}{7}$ = 12 किग्रा.

∵ मिश्रण A और मिश्रण B को मिलाकर एक नई मिश्र धातु बनाई जाती है।

∴ नई मिश्रधातु में कुल तांबा = 5 + 9 = 14 किग्रा.

और नई मिश्रधातु में कुल जस्ता = 2 + 12 = 14 किग्रा.

अतः नई मिश्रधातु में तांबा और जस्ता का अनुपात = 14 : 14 = 1 : 1.

67. (A): $7 \text{ cosec } \theta - 3 \cot \theta = 7$

or $\cot \theta = \frac{7}{3}(\text{cosec } \theta - 1)$

$\Rightarrow \quad 7 \text{ cosec } \theta - 7 = 3 \cot \theta$

$\Rightarrow \quad 7(\text{cosec } \theta - 1) = 3 \cot \theta$

दोनों ओर वर्ग करने पर,

$49(\text{cosec } \theta - 1)^2 = 9 \cot^2 \theta$

$\Rightarrow 49(\text{cosec } \theta - 1)^2 - 9(\text{cosec}^2 \theta - 1) = 0$

$\Rightarrow (\text{cosec } \theta - 1)[49(\text{cosec } \theta - 1) - 9(\text{cosec } \theta + 1)] = 0$

$\therefore \quad \text{cosec } \theta = 1$

या, $40 \text{ cosec } \theta - 58 = 0$

$\Rightarrow \quad \text{cosec } \theta = \frac{58}{40} = \frac{29}{20}$

$\therefore \quad \cot \theta = 0 \text{ or } \frac{21}{20}$

$\left[\cot \theta = \frac{7}{3}(\text{cosec } \theta - 1)\right]$

यहाँ, $7 \cot \theta - 3 \text{ cosec } \theta = 0 - 3 \times 1 = -3$

तथा, $7 \cot \theta - 3 \text{ cosec } \theta = 7 \times \frac{21}{20} - 3 \times \frac{29}{20}$

$= \frac{3}{20}(49 - 29) = \frac{3}{20} \times 20 = 3$

अतः $7 \cot \theta - 3 \text{ cosec } \theta = 3$

∴ विकल्प (A) सही है।

68. (C): यदि किसी वृत्त में समबाहु त्रिभुज अंकित है, तो शीर्षों पर स्पर्शरेखाएँ भी समबाहु त्रिभुज बनाएँगी। ऐसा इसलिए होता है क्योंकि अंकित समबाहु त्रिभुज की समरूपता और समान कोण यह सुनिश्चित करते हैं कि प्रत्येक शीर्ष पर स्पर्शरेखाओं के बीच के कोण भी बराबर हों, जिससे इन स्पर्शरेखाओं द्वारा बनाया गया त्रिभुज समबाहु बनता है।

69. (A): माना एक वस्तु का क्रय मूल्य = ₹ x

तब उस वस्तु का विक्रय मूल्य $= \frac{115}{100}x$

प्रश्नानुसार,

$$\frac{115}{100}x + 18 = \frac{118}{100}x$$

$$\Rightarrow \quad \frac{118}{100}x - \frac{115}{100}x = 18$$

$$\Rightarrow \quad \frac{3}{100}x = 18$$

$$\Rightarrow \quad x = 600$$

अतः वस्तु का क्रय मूल्य = x = ₹ 600.

70. (C): 0 3 9 12 36 39 [117] 120 360

+3 ×3 +3 ×3 +3 ×3 +3 ×3

42 के स्थान पर 117 होना चाहिए।

इसलिए दी गई शृंखला में गलत संख्या = 42.

71. (B): माना दो धनात्मक संख्याएँ x और y हैं

तब, $x - y = 3$

और $x^2 + y^2 = 369$

$\because \quad (x - y)^2 = x^2 + y^2 - 2xy$

$\therefore \quad 3^2 = 369 - 2xy$

$\Rightarrow \quad 2xy = 369 - 9$

$\Rightarrow \quad 2xy = 360$

अब, $(x + y)^2 = x^2 + y^2 + 2xy$

$= 369 + 360$

$\Rightarrow \quad (x + y)^2 = 729$

$= (27)^2$

$\therefore \quad x + y = 27$

अतः उन संख्याओं का योग = 27.

72. (B): दिया हुआ शेषफल = 36

$\therefore$ भाजक = 5 × 36

= 180

और भागफल $= \frac{180}{12} = 5$

अब, भाज्य = भाजक × भागफल + शेष

= 180 × 15 + 36

$\Rightarrow$ भाज्य = 2700 + 36 = 2736

अतः भाज्य 2736 है।

73. (C): दिया है कि, A = ÷, B = +, C = –, D = ×

$\therefore$ 20 C 12 B 8 A 2 D 6

$= 20 - 12 + 8 \div 2 \times 6$

$= 20 - 12 + 4 \times 6$

$= 20 - 12 + 24$

$= 44 - 12 = 32.$

74. (D): औसत चाल $= \frac{\text{कुल दूरी}}{\text{कुल समय}} = \frac{12 + 18 + 24}{\frac{12}{3} + \frac{18}{9} + \frac{24}{4}}$

$= \frac{54}{4 + 2 + 6} = \frac{54}{12} = \frac{9}{2}$

= 4.5 किमी./घं.

75. (D): सारंगी, वीणा और गिटार तंतु वाद्य यंत्र हैं, जहाँ ध्वनि तारों के कंपन से उत्पन्न होती है। हालाँकि, बांसुरी एक लकड़ी से बना वाद्य है, जहाँ ध्वनि एक छिद्र में हवा के प्रवाह से उत्पन्न होती है। इसलिए, बांसुरी इनमें से एक बेमेल वाद्य यंत्र है।

76. (A): दिया है कि, 16 – 4 = 2

$\Rightarrow \quad 16 = 4^2$

$9 - 3 = 2$

$\Rightarrow \quad 9 = 3^2$

$81 - 3 = 4$

$\Rightarrow \quad 81 = 3^4$

$\therefore \quad 64 - 4 = 3$

$\Rightarrow \quad 64 = 4^3.$

77. (D): दिया है,

–1 –1 –1 –1 –1

D B C K I J Q O P V T U Z X Y

+1 +1 +1 +1 +1

$\therefore$? = श्रेणी में लुप्त पद = VTU.

78. (D): दिया है,

'P R O [J] E C T' = 'C E O P R T'

16 18 15 10 5 3 20 = 3 5 15 16 18 20

P L [A] N E = E L N P

16 12 1 14 5 = 5 12 14 16

दोनों कूट में, मध्य का अक्षर हटाया जाता है और शेष अक्षर को वर्णमाला के क्रम में व्यवस्थित किया जाता है।

इसी प्रकार,

O R G A N I S E D
15 18 7 1 14 9 19 5 4

= A D E G I O R S
1 4 5 7 9 15 18 19

इसलिए 'ORGANISED' को उसी कूट भाषा में 'ADEGIORS' लिखा जाएगा।

79. (C):

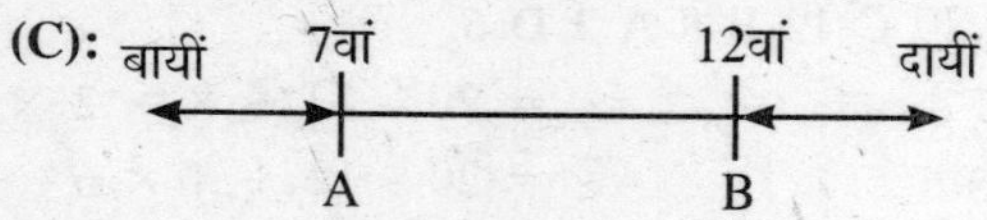

स्थानों में परस्पर परिवर्तन के बाद,

∴ पंक्ति में कुल लड़कों की संख्या = 22 + 11 = 33.

80. (B):

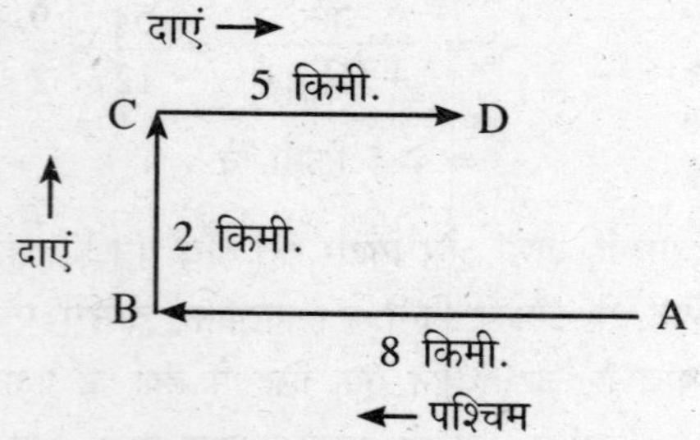

यहाँ, प्रारंभिक बिन्दु = A

AB = 8 किमी.; BC = 2 किमी.

CD = 5 किमी.

इसलिए वह शुरूआती बिन्दु के संदर्भ में अब उत्तर-पश्चिम दिशा में है।

81. (C): श्री विजय वर्धन हरियाणा के वर्तमान मुख्य सूचना अधिकारी हैं, जिन्हें मुख्य सूचना आयुक्त के रूप में भी जाना जाता है। इस भूमिका में राज्य के भीतर सूचना के अधिकार अधिनियम के अनुप्रयोग की देखरेख करना, जनता के लिए सूचना की पारदर्शिता और पहुँच सुनिश्चित करना शामिल है। प्रशासनिक भूमिकाओं में अपनी पृष्ठभूमि और अनुभव के साथ विजय वर्धन को हरियाणा में शासन और सूचना प्रसार प्रक्रियाओं को बढ़ाने के लिए इस पद पर नियुक्त किया गया था।

82. (B): हरियाणा में गिद्ध संरक्षण केंद्र पिंजौर में स्थित है। यह केंद्र गिद्धों के संरक्षण और पुनर्वास में महत्वपूर्ण भूमिका निभाता है, जो गंभीर रूप से लुप्तप्राय प्रजाति है। यहाँ किए गए प्रयास इन पक्षियों को विलुप्त होने से बचाने, पर्यावरण संबंधी चिंताओं को दूर करने और जैव विविधता को बढ़ावा देने की व्यापक पहल का हिस्सा हैं।

83. (A): डॉ. ए.आर. किदवई, जिन्होंने यूपीएससी के अध्यक्ष के रूप में कार्य किया, बाद में हरियाणा के राज्यपाल बने। दोनों भूमिकाओं में उनके कार्यकाल ने लोक प्रशासन और शासन में उनके महत्वपूर्ण योगदान को उजागर किया, जो सिविल सेवा और प्रशासनिक सुधारों के प्रति उनकी प्रतिबद्धता को दर्शाता है।

84. (A): हरियाणा के सोनीपत जिले में खेलो इंडिया महिला तीरंदाजी रैंकिंग प्रतियोगिता का आयोजन किया गया। यह आयोजन खेलो इंडिया पहल का हिस्सा है, जिसका उद्देश्य खेल विकास को बढ़ावा देना और विभिन्न स्तरों पर खेलों में भागीदारी को प्रोत्साहित करना है, विशेष रूप से तीरंदाजी में महिलाओं के बीच।

85. (A): हरियाणा में कुल 95 तहसीलें हैं। यह प्रशासनिक प्रभाग स्थानीय शासन के लिए महत्वपूर्ण है और संसाधनों और विकासात्मक कार्यक्रमों के प्रबंधन को अधिक स्थानीय स्तर पर सुगम बनाता है, जिससे यह सुनिश्चित होता है कि प्रशासनिक सेवाएँ राज्य के निवासियों के लिए सुलभ हों।

86. (C): हरियाणा सरकार किसानों को पानी की अधिक खपत वाली धान की फसलों से अधिक पारंपरिक और कम पानी की खपत वाली फसलों की ओर स्थानांतरण को प्रोत्साहित करने के लिए 'मेरा पानी मेरी विरासत' योजना चला रही है। इस पहल का उद्देश्य टिकाऊ कृषि पद्धतियों, पानी की कमी को दूर करना और क्षेत्रीय जलवायु और मिट्टी के स्वास्थ्य के लिए बेहतर फसलों की खेती को बढ़ावा देना है।

87. (C): हरियाणा में राष्ट्रीय फैशन प्रौद्योगिकी संस्थान (NIFT) पंचकुला में स्थित है। यह संस्थान भारत भर में फैशन प्रौद्योगिकी शिक्षा केंद्रों के नेटवर्क का हिस्सा है जो फैशन उद्योग की उभरती जरूरतों के अनुरूप डिजाइन, तकनीक और प्रबंधन के क्षेत्र में पेशेवर प्रशिक्षण और शिक्षा प्रदान करता है।

88. (C): हरियाणा में पूरन भगत के नाम से जाने जाने वाले ऋषि बाबा चौरंगी नाथ थे। वे स्थानीय लोककथाओं और धार्मिक परंपराओं में पूजनीय हैं, जो इस क्षेत्र की आध्यात्मिक और सांस्कृतिक विरासत का प्रतीक हैं। उनके जीवन और शिक्षाओं का यशगान किया जाता है और स्थानीय समुदायों पर उनका स्थायी प्रभाव है।

89. (C): हरियाणा में मोरनी हिल्स हिमालय की बाहरी श्रृंखला का हिस्सा हैं। यह भौगोलिक विशेषता अपनी प्राकृतिक सुंदरता और जैव विविधता के लिए महत्वपूर्ण है, जो इसे इको-पर्यटन और प्रकृति प्रेमियों के लिए एक लोकप्रिय गंतव्य बनाती है। पहाड़ियाँ एक शांत वातावरण प्रदान करती हैं और विभिन्न प्रकार की वनस्पतियों और जीवों का घर हैं।

90. (A): 1857 के विद्रोह के दौरान, तफजल हुसैन ने हरियाणा के रोहतक में ब्रिटिश प्रतिष्ठानों पर हमलों का नेतृत्व किया। यह भागीदारी ब्रिटिश औपनिवेशिक शासन के खिलाफ व्यापक भारतीय विद्रोह का हिस्सा थी, जिसमें तफजल हुसैन जैसे स्थानीय नेताओं ने प्रतिरोध को संगठित करने और स्वतंत्रता की लड़ाई में महत्वपूर्ण भूमिका निभाई थी।

91. (B): प्रख्यात भारतीय कवि, दार्शनिक और नोबेल पुरस्कार विजेता रवींद्रनाथ टैगोर ने देशभक्ति पर मानवता की श्रेष्ठता पर जोर देते हुए राष्ट्रवाद की आलोचना की। उनके विचार में, यदि राष्ट्रवाद को मानवीय मूल्यों से ऊपर रखा जाए, तो यह हीरे के बदले कांच लेने जैसा है - एक निकृष्ट विकल्प। उनका मानना था कि सच्ची आध्यात्मिक शरण मानवता में है, जो देशभक्ति के संकीर्ण दायरे से परे है।

92. (B): मिहिरभोज, जो कि गुर्जर-प्रतिहार वंश का एक प्रमुख शासक था, ने 'आदिवाराह' की उपाधि धारण की, जिसका अर्थ है 'आदिकालीन सूअर', जो हिंदू भगवान विष्णु का एक अवतार है। यह उपाधि मिहिरभोज की हिंदू देवताओं के प्रति श्रद्धा और दैवीय संरक्षण में अपना शासन स्थापित करने की उनकी इच्छा को दर्शाती है। उनका शासनकाल, जो 9वीं शताब्दी के मध्य से 10वीं शताब्दी की शुरुआत तक चला, महत्वपूर्ण सैन्य और सांस्कृतिक उपलब्धियों का काल रहा, जिसने प्रतिहार साम्राज्य को मजबूत और विस्तारित करने में मदद की।

93. (A):

(*a*) **मिन्हाज-उस-सिराज : तबकात-ए-नासिरी**–मिन्हाज-उस-सिराज 13वीं सदी के इतिहासकार थे, जिन्होंने भारत में मुस्लिम शासकों, खासकर दिल्ली सल्तनत का एक व्यापक इतिहास 'तबकात-ए-नासिरी' लिखा था।

(*b*) **जियाउद्दीन बरनी : तारीख-ए-फिरोजशाही**–दिल्ली सल्तनत के एक अन्य प्रख्यात इतिहासकार जियाउद्दीन बरनी ने 'तारीख-ए-फिरोजशाही' लिखी, जिसमें उस अवधि के इतिहास का दस्तावेजीकरण किया गया, खासकर फिरोज शाह तुगलक के शासनकाल के दौरान।

(*d*) **बदायूंनी : मुंतखब-उत-तवारीख**–अब्दुल कादिर बदायूंनी ने 'मुंतखब-उत-तवारीख' संकलित किया, जो कई मुगल सम्राटों, खासकर अकबर के शासनकाल को कवर करने वाला एक महत्वपूर्ण ऐतिहासिक विवरण है।

अमीर खुसरो ने फुतूह-उस-सलातीन नहीं लिखा था, इसे इसामी ने लिखा था।

94. (C): मौसमी बेरोजगारी तब होती है जब लोग साल के कुछ खास मौसमों में बेरोजगार रहते हैं, आम तौर पर जब उनकी नौकरियाँ किसी खास समय या मौसम पर निर्भर होती हैं, जैसे कि कृषि में। ऑफ-सीजन के दौरान जब कोई कृषि कार्य उपलब्ध नहीं होता है, तो ये श्रमिक अक्सर अगले कृषि मौसम के शुरू होने तक अस्थायी रोजगार की तलाश में शहरी क्षेत्रों में चले जाते हैं।

95. (A): 'लू' एक गर्म और शुष्क हवा है जो गर्मियों के महीनों में, विशेष रूप से मई से जून तक भारत के उत्तरी मैदानों में बहती है। ये हवाएँ रेगिस्तानी क्षेत्रों से निकलती हैं और तापमान को काफी हद तक बढ़ा देती हैं, जो अक्सर 45 डिग्री सेल्सियस (113 डिग्री फारेनहाइट) से भी ज्यादा होता है।

96. (D): प्राइम मेरिडियन (प्रधान याम्योत्तर) एक काल्पनिक देशांतर रेखा है जो उत्तरी ध्रुव से दक्षिणी ध्रुव तक विस्तृत है और ग्रीनविच, लंदन से होकर गुजरती है। इसे 0 डिग्री देशांतर के रूप में परिभाषित किया गया है और यह दुनिया भर में देशांतर को मापने के लिए मानक बिंदु के रूप में कार्य करता है। यह मेरिडियन पृथ्वी को पूर्वी गोलार्ध और पश्चिमी गोलार्ध में विभाजित करता है।

97. (B): 'अछूत' (अनटचेबल) मुल्क राज आनंद द्वारा लिखा गया उपन्यास है, न कि डॉ. भीम राव अंबेडकर द्वारा। यह उपन्यास एक युवा भारतीय सफाईकर्मी बखा के जीवन के एक दिन को चित्रित करता है, और औपनिवेशिक भारत में जातिगत भेदभाव और सामाजिक अन्याय के विषयों को संबोधित करता है। एक प्रमुख भारतीय लेखक और सामाजिक कार्यकर्ता मुल्क राज आनंद ने समाज में अछूतों (दलितों) की दुर्दशा को उजागर करने के लिए कथा का उपयोग किया, जो उनके सामने आने वाली कठोर वास्तविकताओं पर प्रकाश डालता है।

98. (A): 17वीं शताब्दी के अंग्रेजी दार्शनिक थॉमस हॉब्स ने अपने मौलिक कार्य 'लेवियॉथन' में स्वतंत्रता को 'कानूनों की चुप्पी' के रूप में वर्णित किया है। हॉब्स के लिए, स्वतंत्रता केवल बाहरी बाधाओं की अनुपस्थिति नहीं थी, बल्कि ऐसे कानूनों की अनुपस्थिति थी जो किसी व्यक्ति के कार्यों या विकल्पों में बाधा डाल सकते थे। उन्होंने समाज में व्यवस्था बनाए रखने और अराजकता को रोकने के लिए कानूनों को आवश्यक माना, लेकिन उनका मानना था कि सच्ची स्वतंत्रता तब मौजूद थी जब व्यक्ति अपने व्यवहार को निर्धारित करने वाले कानूनों से बाधित नहीं थे।

99. (B): हिंदू संस्कृति में, पूर्णिमा की रात को 'पूर्णिमा' के रूप में जाना जाता है। इसे शुभ माना जाता है और धार्मिक और आध्यात्मिक प्रथाओं में इसका विशेष महत्व है। पूर्णिमा तब होती है जब चंद्रमा सूर्य की किरणों से पूरी तरह से प्रकाशित होता है, रात के आकाश में गोल और उज्ज्वल दिखाई देता है। यह उत्सव, प्रार्थना और अनुष्ठानों का समय है, जिसे अक्सर सभाओं, उपवास और देवताओं को प्रसाद चढ़ाने के द्वारा चिह्नित किया जाता है।

100. (A): दीवान-ए-अर्ज : इल्तुतमिश–दीवान-ए-अर्ज की स्थापना बलबन ने की थी, इल्तुतमिश ने नहीं। यह एक राजस्व विभाग था जो पहले प्रचलित निश्चित राजस्व प्रणाली के विपरीत, भूमि की वास्तविक उपज के आधार पर भूमि राजस्व के आकलन और संग्रह के लिए जिम्मेदार था।

101. (D):

(*a*) विशिष्ट प्रतिनिधित्व यह मानता है कि व्यक्ति किसी विशेष समूह के हितों का प्रभावी ढंग से प्रतिनिधित्व और वकालत तभी कर सकते हैं जब वे स्वयं उस समूह से संबंधित हों। यह सिद्धांत किसी समुदाय या जनसांख्यिकी की चिंताओं और जरूरतों को सटीक रूप से व्यक्त करने में साझा पहचान और अनुभवों के महत्व पर जोर देता है।

(*b*) दूसरी ओर, जनादेश सिद्धांत, सुझाव देता है कि निर्वाचित प्रतिनिधि अपने अधिकार और वैधता को मतदाताओं द्वारा उन्हें दिए गए जनादेश से प्राप्त करते हैं। इस सिद्धांत के अनुसार, प्रतिनिधियों से अपेक्षा की जाती है कि वे उन्हें चुनने वाले मतदाताओं द्वारा व्यक्त की गई प्राथमिकताओं और हितों का पालन करें और उन पर कार्य करें, जिससे यह सुनिश्चित हो सके कि सरकारी कार्य लोकप्रिय इच्छा से निर्देशित हों।

102. (B):

(*a*) **अशोक : निग्रोध**–मौर्य सम्राट अशोक, बौद्ध भिक्षु निग्रोध से मिलने की कहानी से जुड़ा है, जिन्होंने कथित तौर पर अशोक को बौद्ध धर्म में दीक्षित किया था। यह मुलाकात अशोक के व्यक्तिगत परिवर्तन और उसके बाद उसके साम्राज्य में बौद्ध धर्म के प्रचार में महत्वपूर्ण है।

(*b*) **मेनांडर : नागसेन**–मेनांडर, जिसे बौद्ध ग्रंथों में मिलिंद के नाम से भी जाना जाता है, एक ग्रीको-बैक्ट्रियन राजा था जिसने दूसरी शताब्दी ईसा पूर्व के आसपास उत्तर-पश्चिमी भारत में शासन किया था। वह बौद्ध भिक्षु नागसेन के साथ अपने दार्शनिक संवादों के लिए प्रसिद्ध है, जिसे मिलिंद पन्हो (मिलिंद के प्रश्न) नामक ग्रंथ में दर्ज किया गया है।

(*d*) **हर्ष : ह्वेन त्सांग (जुआनजैंग)**–हर्ष, जिसे हर्षवर्धन के नाम से भी जाना जाता है, 7वीं शताब्दी का एक भारतीय सम्राट था जिसने उत्तर भारत पर शासन किया था। वह बौद्ध धर्म और प्रसिद्ध चीनी बौद्ध भिक्षु ह्वेन त्सांग (जुआनजैंग) के संरक्षण के लिए जाना जाता है।

103. (D): पृथ्वी एकमात्र ऐसा ग्रह है जिसके चारों ओर वलय नहीं हैं। जबकि बृहस्पति, शनि और यूरेनस अपनी प्रमुख वलय प्रणालियों के लिए जाने जाते हैं, पृथ्वी के पास कोई दृश्यमान वलय नहीं है। बृहस्पति, शनि और यूरेनस के चारों ओर के वलय धूल, चट्टान के कणों और बर्फ जैसी विभिन्न सामग्रियों से बने हैं, जो इन ग्रहों के चारों ओर अलग-अलग बैंड में परिक्रमा करते हैं।

104. (A): मानक वायुमंडलीय दबाव पर पानी 0°C पर जम जाता है। यह तापमान वह बिंदु है जहाँ तरल पानी ठोस बर्फ में बदल जाता है। जमने के दौरान, पानी के अणु धीमे हो जाते हैं और खुद को क्रिस्टलीय संरचना में व्यवस्थित कर लेते हैं, जिसके परिणामस्वरूप पानी जम जाता है।

105. (C): एक रुपये के नोट को छोड़कर, विभिन्न मूल्यवर्ग के करेंसी नोट RBI द्वारा जारी किए जाते हैं और वैध मुद्रा के रूप में कार्य करते हैं। इसमें 2 से 500 रुपये तक के सभी मूल्यवर्ग के करेंसी नोट शामिल हैं। वैध मुद्रा से तात्पर्य उस मुद्रा से है जिसे किसी देश के अधिकार क्षेत्र में ऋण या अन्य वित्तीय दायित्वों के भुगतान के लिए स्वीकार किया जाता है।

106. (A): 'जूनी-कुरन' गुजरात राज्य में स्थित है। गुजरात में इस स्थल ने सिंधु घाटी सभ्यता से संबंधित महत्वपूर्ण पुरातात्विक खोज प्रदान की है, जो उनकी शहरी योजना, संस्कृति और व्यापार नेटवर्क की हमारी समझ में योगदान करती है। यह स्थल, लगभग 410 मीटर गुणा 350 मीटर के क्षेत्र में फैला हुआ है, जिसे कच्छ के महान रण के दक्षिणी तट पर रणनीतिक रूप से बनाया गया था।

107. (C):

(*a*) **तंजौर का बृहदेश्वर मंदिर :** यह भव्य मंदिर चोल राजवंश से जुड़ा है। 11वीं शताब्दी में राजा राज चोल प्रथम द्वारा निर्मित, यह एक वास्तुशिल्प चमत्कार है जो अपनी भव्यता और द्रविड़ मंदिर वास्तुकला पर अपने महत्वपूर्ण प्रभाव के लिए जाना जाता है।

(*b*) **देवगढ़ का दशावतार मंदिर :** यह मंदिर गुप्त राजवंश से जुड़ा है। अपनी सांस्कृतिक और कलात्मक उपलब्धियों के लिए जाना जाने वाला गुप्त साम्राज्य ने अपने शासन के दौरान विभिन्न मंदिरों और वास्तुशिल्प चमत्कारों का संरक्षण किया।

(*c*) **एलोरा का कैलाश मंदिर :** यह मंदिर राष्ट्रकूट राजवंश से जुड़ा है। राष्ट्रकूट कला और वास्तुकला के विपुल निर्माता और संरक्षक थे, जिन्होंने एलोरा गुफाओं के विकास में महत्वपूर्ण योगदान दिया।

(*d*) **खजुराहो का कंदरिया महादेव मंदिर :** यह मंदिर चंदेल राजवंश से जुड़ा है। मध्य भारत के चंदेल शासक खजुराहो के जटिल मंदिरों के निर्माण के लिए प्रसिद्ध हैं, जो अपनी उत्कृष्ट मूर्तियों और स्थापत्य कला के लिए प्रसिद्ध हैं।

108. (B):

(*a*) **लक्षित सार्वजनिक वितरण प्रणाली (टीपीडीएस) :** जून, 1997 में भारत सरकार ने गरीबों पर ध्यान केंद्रित करते हुए लक्षित सार्वजनिक वितरण प्रणाली (टीपीडीएस) शुरू की। इसका लक्ष्य गरीबी रेखा (बीपीएल) से नीचे रहने वाले लोगों की आबादी को खाद्यान्न उपलब्ध कराना था।

(*b*) **अंत्योदय अन्न योजना :** अंत्योदय अन्न योजना (एएवाई) भारत में 2000 से लागू की गई सार्वजनिक वितरण प्रणाली योजनाओं में से एक है। इस योजना का मुख्य उद्देश्य ग्रामीण और शहरी क्षेत्रों में सबसे गरीब परिवारों को अत्यधिक रियायती खाद्यान्न उपलब्ध कराना था।

(*d*) **खाद्य सुरक्षा अधिनियम :** सितंबर 2013 में पारित (राष्ट्रीय खाद्य सुरक्षा अधिनियम, 2013), इस अधिनियम का उद्देश्य भारत की लगभग दो-तिहाई आबादी को रियायती खाद्यान्न उपलब्ध कराना है।

(*c*) **एकीकृत खाद्य सुरक्षा योजना :** एकीकृत खाद्य सुरक्षा योजना, जिसे प्रधानमंत्री गरीब कल्याण अन्न योजना (PMGKAY) के रूप में भी जाना जाता है, एक ऐसा कार्यक्रम है जो लक्षित सार्वजनिक वितरण प्रणाली के माध्यम से पात्र लाभार्थियों को मुफ्त खाद्यान्न प्रदान करता है। यह योजना 1 जनवरी, 2023 को शुरू की गई थी।

109. (D): क्रैबे का मानना था कि 'संप्रभुता की धारणा को राजनीतिक सिद्धांत से हटा दिया जाना चाहिए'। उनका मानना था कि राज्य में निहित पूर्ण शक्ति की अवधारणा पुरानी हो चुकी है और एक न्यायपूर्ण और शांतिपूर्ण विश्व व्यवस्था के लिए एक बाधा है। 'कानून की संप्रभुता' की उनकी अवधारणा एक कानूनी ढांचे में उनके विश्वास को उजागर करती है जो राष्ट्रीय सीमाओं को पार करती है और अधिकार और न्याय की साझा भावना को बनाए रखती है।

110. (A): "उदार या 'पतले' लोकतंत्र की राजनीति" के बारे में बढ़ती निराशा और सार्वजनिक संस्थानों की पक्षाघात में योगदान देने वाले बयान का श्रेय बेंजामिन बार्बर को दिया जाता है। वह एक अमेरिकी राजनीतिक सिद्धांतकार थे जिन्होंने उदार लोकतंत्र की सीमाओं और नागरिक जुड़ाव और शासन पर इसके प्रभाव के बारे में अपनी चिंताएँ व्यक्त की थीं। उनकी रचनाओं में अक्सर आधुनिक समाजों में लोकतांत्रिक प्रथाओं की चुनौतियों और कमियों का पता लगाया गया है।

111. (B): सिमोन डी ब्यूवोइर - 'सेक्सुअल पॉलिटिक्स' : फ्रांसीसी अस्तित्ववादी दार्शनिक और नारीवादी सिमोन डी ब्यूवोइर ने 'सेक्सुअल पॉलिटिक्स' नहीं लिखी। 'सेक्सुअल पॉलिटिक्स' पुस्तक केट मिलेट द्वारा लिखी गई थी, जो 1970 में प्रकाशित हुई थी। यह पितृसत्ता की आलोचना करती है और लिंग और कामुकता में शक्ति की गतिशीलता का विश्लेषण करती है, जिससे यह एक महत्वपूर्ण नारीवादी कार्य बन जाता है।

112. (B): लद्दाख में मुख्य मानवीय गतिविधि कृषि है, जिस पर लगभग 90% आबादी अपनी आजीविका के लिए निर्भर है। लद्दाख के लोग आत्मनिर्भर किसान हैं जो ऊंचे रेगिस्तान में छोटी बस्तियों में रहते हैं। वे सिंधु नदी पर आधारित विभिन्न प्रकार की फसलें उगाते हैं, जिनमें जौ, गेहूं, मटर, रेपसीड और सेम शामिल हैं। कम ऊंचाई वाले गर्म क्षेत्रों में, वे सेब और खुबानी भी उगाते हैं।

113. (D):

(*a*) **किसी भी विवाद की जांच करना जिससे अंतर्राष्ट्रीय घर्षण पैदा हो सकता है :** संयुक्त राष्ट्र सुरक्षा परिषद का एक प्राथमिक कार्य उन देशों के बीच विवादों की जांच करना और मध्यस्थता करना है जो अंतर्राष्ट्रीय संघर्षों के रूप में बढ़ने की क्षमता रखते हैं। इससे संघर्षों को बढ़ने से रोकने में मदद मिलती है और कूटनीति और मध्यस्थता के माध्यम से शांतिपूर्ण समाधान को बढ़ावा मिलता है।

(*b*) **नए सदस्यों के प्रवेश की सिफारिश करना :** सुरक्षा परिषद संयुक्त राष्ट्र में नए सदस्य राज्यों के प्रवेश की सिफारिश करने में भूमिका निभाती है। यह सिफारिश फिर अंतिम मंजूरी के लिए महासभा को भेजी जाती है। सुरक्षा परिषद संयुक्त राष्ट्र चार्टर के उद्देश्यों और सिद्धांतों के पालन सहित विभिन्न मानदंडों के आधार पर सदस्यता के लिए आवेदनों का मूल्यांकन करती है।

114. (B): नाबार्ड (राष्ट्रीय कृषि और ग्रामीण विकास बैंक) भारत में ग्रामीण वित्तपोषण के लिए शीर्ष संस्था के रूप में कार्य करता है। इसकी स्थापना 1982 में देश भर में सतत और न्यायसंगत कृषि और ग्रामीण विकास को बढ़ावा देने के लिए की गई थी। नाबार्ड ग्रामीण विकास में शामिल बैंकों, सहकारी समितियों और अन्य संस्थानों को ऋण सुविधाएं, पुनर्वित्त सहायता और विकासात्मक सहायता प्रदान करता है।

115. (C): बीएसई का तात्पर्य बॉम्बे स्टॉक एक्सचेंज से है, जो भारत के प्रमुख स्टॉक एक्सचेंजों में से एक है। यह मानव विकास का संकेतक नहीं है। बॉम्बे स्टॉक एक्सचेंज एक वित्तीय बाजार है जहाँ निवेशकों द्वारा स्टॉक, बॉन्ड और डेरिवेटिव जैसी प्रतिभूतियाँ खरीदी और बेची जाती हैं। यह मुख्य रूप से मानव विकास से संबंधित सामाजिक या आर्थिक संकेतकों के बजाय वित्तीय बाजारों के प्रदर्शन और गतिविधियों को दर्शाता है।

116. (D): महापद्मनंद, जिन्हें पुराणों में 'सर्वक्षत्रांतक' के रूप में जाना जाता है, नंद राजवंश के संस्थापक थे और प्राचीन भारत में मगध साम्राज्य पर शासन करते थे। 'सर्वक्षत्रांतक' की उपाधि सभी राजाओं के संहारक के रूप में उनकी प्रतिष्ठा को दर्शाती है, जो उनकी सैन्य शक्ति और उनकी विजय की सीमा को उजागर करती है। उनके शासन में, नंद राजवंश ने अपने प्रभाव का काफी विस्तार किया, जो प्राचीन भारतीय इतिहास में एक उल्लेखनीय अवधि को चिह्नित करता है, जिसकी विशेषता शक्ति का केंद्रीकरण और क्षेत्रीय विस्तार है।

117. (D): CACP - 1965: कृषि लागत और मूल्य आयोग (CACP), 1965 में स्थापित, भारत सरकार की एक विकेन्द्रीकृत एजेंसी है। यह एक विशेषज्ञ निकाय है जो विभिन्न कारकों को ध्यान में रखते हुए फसलों के न्यूनतम समर्थन मूल्य (एमएसपी) की सिफारिश करता है।

118. (B): तारे मुख्य रूप से हाइड्रोजन और हीलियम से बने विशाल खगोलीय पिंड हैं जो परमाणु संलयन की प्रक्रिया से गुजरते हैं, इस प्रक्रिया के माध्यम से अत्यधिक ऊष्मा और प्रकाश पैदा करते हैं। दूसरी ओर, ग्रह अपनी ऊष्मा और प्रकाश उत्पन्न नहीं करते हैं, बल्कि सूर्य जैसे सितारों के प्रकाश को परावर्तित करते हैं। उपग्रह खगोलीय पिंड हैं जो ग्रहों या अन्य बड़े पिंडों की परिक्रमा करते हैं।

119. (C):

(*a*) **लाभ - उद्यमिता :** लाभ उद्यमिता का प्रतिफल है। उद्यमी जोखिम उठाते हैं और वस्तुओं और सेवाओं का निर्माण करने के लिए उत्पादन के अन्य कारकों को व्यवस्थित करते हैं। उनके प्रयासों और जोखिम उठाने के लिए उन्हें जो पुरस्कार मिलता है वह लाभ है।

(*b*) **लगान - भूमि** : लगान भूमि का प्रतिफल है। भूस्वामी दूसरों को खेती, भवन निर्माण या खनन संसाधनों जैसे विभिन्न उद्देश्यों के लिए अपनी भूमि या संपत्ति का उपयोग करने की अनुमति देने के लिए लगान कमाते हैं।

(*c*) **मजदूरी - श्रम** : मजदूरी श्रम का प्रतिफल है। श्रमिकों को वस्तुओं और सेवाओं के उत्पादन में दिए गए उनके समय, प्रयास और कौशल के लिए मुआवजे के रूप में मजदूरी मिलती है।

(*d*) **ब्याज - पूंजी** : ब्याज पूंजी का प्रतिफल है। पूंजी उत्पादन में उपयोग किए जाने वाले वित्तीय संसाधनों या भौतिक संपत्तियों को संदर्भित करती है। ऋणदाता अपने द्वारा उधार दिए गए धन पर प्रतिफल के रूप में ब्याज कमाते हैं, और निवेशक अपनी निवेशित पूंजी पर ब्याज कमाते हैं।

120. (B): 'एसडीजी इंडिया इंडेक्स-3.0' रिपोर्ट में, हरियाणा को 'फ्रंट रनर' के रूप में वर्गीकृत किया गया है, जो 65 और 99 के बीच स्कोर दर्शाता है। यह श्रेणी सतत विकास लक्ष्यों (एसडीजी) को प्राप्त करने में महत्वपूर्ण प्रगति को दर्शाती है, जो स्वास्थ्य, शिक्षा, लैंगिक समानता और आर्थिक विकास जैसे क्षेत्रों में राज्य के प्रभावी प्रयासों को प्रदर्शित करती है। 'फ्रंट रनर' होने का सुझाव है कि हरियाणा एसडीजी लक्ष्यों को पूरा करने की राह पर है, जो भारत के अन्य राज्यों और केंद्र शासित प्रदेशों की तुलना में सराहनीय विकास प्रदर्शन दिखा रहा है।

121. (B): 'सोशल ऑरिजिंस ऑफ डिक्टेटरशिप एंड डेमोक्रेसी' बैरिंगटन मूर द्वारा लिखित एक मौलिक कार्य है, जो 1966 में प्रकाशित हुआ था। इस पुस्तक में, मूर सामाजिक और आर्थिक स्थितियों की पड़ताल करते हैं। वे इंग्लैंड, फ्रांस, संयुक्त राज्य अमेरिका, चीन, जापान और भारत जैसे देशों के ऐतिहासिक प्रक्षेपवक्र की जांच करते हैं, तथा विश्लेषण करते हैं कि किस प्रकार वर्ग संरचनाएं और संघर्ष राजनीतिक परिणामों को आकार देते हैं।

122. (C): सितंबर 2023 तक, भारत में 12 राष्ट्रीयकृत बैंक हैं। राष्ट्रीयकृत बैंक वे हैं जो पहले निजी स्वामित्व में थे, लेकिन देश भर में बेहतर वित्तीय स्थिरता और बैंकिंग सेवाओं की पहुँच सुनिश्चित करने के लिए सरकार द्वारा उनका अधिग्रहण कर लिया गया। ये बैंक आबादी के एक बड़े हिस्से को, विशेष रूप से ग्रामीण और अर्ध-शहरी क्षेत्रों में वित्तीय सेवाएँ प्रदान करके भारतीय अर्थव्यवस्था में महत्वपूर्ण भूमिका निभाते हैं।

123. (B):

(*b*) प्लासी की लड़ाई 23 जून 1757 को उत्तर-पूर्वी भारत में लड़ी गई थी। रॉबर्ट क्लाइव के नेतृत्व में ब्रिटिश ईस्ट इंडिया कंपनी की टुकड़ियाँ बंगाल के अंतिम नवाब सिराजुद्दौला और उनके फ्रांसीसी सहयोगियों की सेनाओं से टकराई थी।

(*c*) वांडीवाश की लड़ाई 1760 में भारत में फ्रांसीसी और अंग्रेजों के बीच हुई थी। यह लड़ाई फ्रांसीसी और ब्रिटिश औपनिवेशिक साम्राज्यों के बीच लड़े गए तीसरे कर्नाटक युद्ध का हिस्सा थी, जो खुद सात साल के वैश्विक युद्ध का हिस्सा था।

(*d*) बक्सर की लड़ाई 22 अक्टूबर 1764 को ब्रिटिश ईस्ट इंडिया कंपनी की कमान के तहत हेक्टर मुनरो के नेतृत्व वाली सेनाओं और बंगाल के नवाब मीर कासिम, अवध के नवाब और मुगल राजा शाह आलम द्वितीय की संयुक्त सेनाओं के बीच लड़ी गई थी।

(*a*) पोर्टो नोवो की लड़ाई 1 जुलाई 1781 को मैसूर के हैदर अली और ब्रिटिश ईस्ट इंडिया कंपनी के बीच लड़ी गई थी। अंग्रेज विजयी हुए और इस लड़ाई ने हैदर अली के विस्तार पर रोक लगा दी।

124. (D): बरेली : बेगम जीनत महल - यह जोड़ी असंगत है। बेगम जीनत महल का संबंध दिल्ली से था, बरेली से नहीं। वह अंतिम मुगल सम्राट बहादुर शाह जफर की पत्नी थीं और उन्होंने दिल्ली में 1857 के विद्रोह के दौरान प्रतिरोध में भूमिका निभाई थी।

125. (C): बेल्जियम के राजा लियोपोल्ड द्वितीय द्वारा 1876 में स्थापित अंतर्राष्ट्रीय अफ्रीकी संघ को शुरू में अफ्रीका के अंदरूनी हिस्सों की खोज और विकास के उद्देश्य से एक परोपकारी और वैज्ञानिक संगठन के रूप में प्रस्तुत किया गया था। हालाँकि, इसके असली उद्देश्य जल्द ही स्पष्ट हो गए क्योंकि यह अफ्रीका में क्षेत्र और संसाधनों को हासिल करने की लियोपोल्ड की व्यक्तिगत महत्वाकांक्षाओं का एक साधन बन गया।

126. (D): जीवमंडल में वे सभी क्षेत्र शामिल हैं जहाँ जीवन मौजूद है। इसमें वायुमंडल, जलमंडल (जल निकाय) और स्थलमंडल (भूमि) के बीच की अंतःक्रियाएँ शामिल हैं। इसमें पृथ्वी की सतह शामिल है जहाँ मनुष्य, पौधे और जानवर सहित जीवित जीव अपने पर्यावरण के साथ अंतःक्रिया करते हैं।

127. (A): यदि किसी उत्पाद के कई उपयोग हैं, तो इसकी माँग की लोच वास्तव में 1 ($e > 1$) से अधिक हो सकती है। यह उच्च लोच इंगित करती है कि कीमत में परिवर्तन की मांग की मात्रा पर आनुपातिक रूप से बड़ा प्रभाव पड़ने की संभावना है। ऐसा इसलिए है क्योंकि उपभोक्ताओं के पास उत्पाद के लिए अधिक विकल्प या प्रतिस्थापन हो सकते हैं, जिससे वे कीमत में बदलाव के प्रति अधिक संवेदनशील हो जाते हैं।

128. (A): मध्य प्रदेश से निकलने वाली तापी नदी अरब सागर में मिलने से पहले महाराष्ट्र और गुजरात से होकर पश्चिम की ओर बहती है। यह प्रायद्वीपीय भारत की पश्चिम की ओर बहने वाली प्रमुख नदियों में से एक है।

129. (B): के.एम. मुंशी 1953 में गठित राज्य पुनर्गठन आयोग के सदस्य नहीं थे। 1953 में गठित राज्य पुनर्गठन आयोग को भाषाई और प्रशासनिक विचारों के आधार पर भारत में राज्यों और क्षेत्रों को पुनर्गठित करने का जटिल काम सौंपा गया था। फजल अली की अध्यक्षता में, हृदयनाथ कुंजरू और के.एम. पणिक्कर सहित सदस्यों के साथ, आयोग ने भाषाई और सांस्कृतिक पहचान को बेहतर ढंग से प्रतिबिंबित करने के लिए राज्यों के पुनर्गठन की सिफारिश करने में महत्वपूर्ण भूमिका निभाई।

130. (A): स्वराज पार्टी की स्थापना 1923 में मोतीलाल नेहरू और चित्तरंजन दास ने भारतीय राष्ट्रीय कांग्रेस के एक गुट के रूप में की थी। उनका उद्देश्य भारत में स्वशासन (स्वराज) प्राप्त करने के लिए अधिक मुखर दृष्टिकोण की वकालत करना था। कांग्रेस के असहयोग आंदोलन से असंतुष्ट, जिसके बारे में उनका मानना था कि वह निष्क्रिय हो गया था, उन्होंने चुनाव लड़ने और राष्ट्रवादी लक्ष्यों को आगे बढ़ाने के लिए विधायी ढांचे के भीतर काम करने की मांग की।

131. (C):

(*b*) मुरे बुकचिन ने गैया परिकल्पना का आविष्कार नहीं किया, इसे जेम्स लवलॉक और लिन मार्गुलिस द्वारा तैयार किया गया था, जिससे कथन (*b*) गलत हो जाता है।

(*c*) शब्द 'पारिस्थितिकी' ग्रीक शब्द 'ओइकोस' से लिया गया है, न कि लैटिन से, जो 'घर' या 'पर्यावरण' को संदर्भित करता है, जिससे कथन (*c*) गलत हो जाता है।

132. (B): भारत में राज्यों के गठन में भाषा एक महत्वपूर्ण कारक रही है, खासकर 1956 में राज्यों के पुनर्गठन के बाद और उसके बाद 1960 और 1970 के दशक में। इस पुनर्गठन का उद्देश्य ऐसे राज्यों का निर्माण करना था जो भाषाई सीमाओं के अनुरूप हों ताकि भारतीय आबादी की भाषाई और सांस्कृतिक विविधता का बेहतर प्रतिनिधित्व और सेवा की जा सके।

133. (C): एम. डेनिस फ्रांसिस वर्तमान में संयुक्त राष्ट्र महासभा के 78वें सत्र के अध्यक्ष के रूप में कार्यरत हैं। उन्हें जून 2023 में इस प्रतिष्ठित पद के लिए चुना गया था। इससे पहले, श्री फ्रांसिस ने संयुक्त राष्ट्र में त्रिनिदाद और टोबैगो के स्थायी प्रतिनिधि की भूमिका निभाई थी, जिससे उन्हें इस भूमिका में कूटनीतिक अनुभव का लाभ मिला।

135. (C):

(*a*) **भू-स्थानिक खुफिया जानकारी के लिए बुनियादी विनिमय और सहयोग समझौता (BECA):** यह समझौता भू-स्थानिक जानकारी के आदान-प्रदान की अनुमति देता है, जो मिसाइल लक्ष्यीकरण सहित लक्ष्यीकरण और नेविगेशन उद्देश्यों के लिए महत्वपूर्ण है। यह सैन्य अभ्यास और संचालन के दौरान भारतीय और अमेरिकी सशस्त्र बलों के बीच बेहतर समन्वय की सुविधा प्रदान करता है।

(*b*) **सैन्य सूचना की सामान्य सुरक्षा समझौता (GSOMIA):** GSOMIA भारत और अमेरिका के बीच वर्गीकृत सैन्य जानकारी साझा करने में सक्षम बनाता है। यह दोनों देशों को संवेदनशील रक्षा प्रौद्योगिकी और खुफिया जानकारी साझा करने की अनुमति देकर आपसी विश्वास और सहयोग को बढ़ाता है।

(*c*) **लॉजिस्टिक्स एक्सचेंज मेमोरेंडम ऑफ एग्रीमेंट (LEMOA):** LEMOA अधिकृत बंदरगाह यात्राओं, संयुक्त अभ्यासों और मानवीय मिशनों के दौरान भारत और अमेरिका के बीच रसद सहायता और आपूर्ति की सुविधा प्रदान करता है। यह दोनों देशों को रक्षा उपकरणों के ईंधन भरने, पुनःपूर्ति और रखरखाव के लिए एक-दूसरे की सुविधाओं का उपयोग करने की अनुमति देता है।

136. (A): विषयगत मानचित्र विशिष्ट जानकारी या विषयों पर ध्यान केंद्रित करते हैं, जैसे जनसंख्या घनत्व, जलवायु क्षेत्र, आर्थिक गतिविधियाँ या राजनीतिक सीमाएँ। वे किसी विशेष विषय से संबंधित स्थानिक पैटर्न और संबंधों को दृश्य रूप से दर्शाने और संप्रेषित करने के लिए डिजाइन किए गए हैं।

137. (C):

(*a*) **अंतर-संबद्ध घोषणा :** यह द्वितीय विश्व युद्ध के दौरान 1941 में मित्र देशों द्वारा जारी एक संयुक्त घोषणा थी, जिसमें सामूहिक सुरक्षा और युद्ध के बाद के सहयोग के सिद्धांतों के प्रति उनकी प्रतिबद्धता की पुष्टि की गई थी।

(*c*) **डंबर्टन ओक्स सम्मेलन :** 1944 में आयोजित इस सम्मेलन ने संगठन की संरचना और कार्यों का प्रस्ताव देकर संयुक्त राष्ट्र की स्थापना की नींव रखी।

(*b*) **याल्टा सम्मेलन :** 1945 में आयोजित याल्टा सम्मेलन ने संयुक्त राष्ट्र की योजनाओं को अंतिम रूप दिया, जिसमें इसकी संरचना और सदस्य राज्यों की भागीदारी शामिल थी, जिसने बाद में संयुक्त राष्ट्र चार्टर का मसौदा तैयार करने और उस पर हस्ताक्षर करने का मार्ग प्रशस्त किया।

138. (D): 'जागो ग्राहक जागो' के आदर्श वाक्य वाली राष्ट्रीय उपभोक्ता हेल्पलाइन (NCH) का नंबर 1915 है। जागो ग्राहक जागो उपभोक्ता मंत्रालय-भारत सरकार द्वारा 2005 में शुरू किया गया एक उपभोक्ता जागरूकता कार्यक्रम है।

139. (D): कोरोप्लेथ विधि वितरण मानचित्रों की गुणात्मक विधि नहीं है। गहरे रंग आम तौर पर उच्च मूल्यों को दर्शाते हैं, जबकि हल्के रंग निम्न मूल्यों को दर्शाते हैं, जिससे यह जनसंख्या घनत्व, आय स्तर या चुनाव परिणामों जैसे मात्रात्मक डेटा को देखने के लिए प्रभावी हो जाता है।

140. (C): ब्राजील को गठबंधनात्मक राष्ट्रपतिवाद का एक उदाहरण माना जाता है। ब्राजील की राजनीतिक प्रणाली में, ब्राजीलियाई

कांग्रेस की खंडित प्रकृति के कारण राष्ट्रपति को अक्सर विधायी समर्थन हासिल करने के लिए कई राजनीतिक दलों के साथ गठबंधन बनाने की आवश्यकता होती है। गठबंधन-निर्माण कानून पारित करने और नीतियों को प्रभावी ढंग से लागू करने के लिए महत्वपूर्ण है, जो गठबंधनात्मक राष्ट्रपतिवाद की विशेषताओं को दर्शाता है।

141. (A): कार्बन डाइऑक्साइड (CO_2) ग्रीनहाउस प्रभाव में महत्वपूर्ण रूप से योगदान करने के लिए जाना जाता है, जिससे वैश्विक तापमान में वृद्धि होती है। यह एक ग्रीनहाउस गैस है जो पृथ्वी के वायुमंडल में गर्मी को अवशोषित करती है, जिससे यह अंतरिक्ष में जाने से बच जाती है। जीवाश्म ईंधन जलाने और वनों की कटाई जैसी मानवीय गतिविधियों के कारण CO_2 और अन्य ग्रीनहाउस गैसों के बढ़े हुए स्तर ग्लोबल वार्मिंग और जलवायु परिवर्तन में प्रमुख योगदानकर्ता हैं।

142. (A): फ्रांस में, 'कोहैबिटेशन' शब्द का अर्थ एक राजनीतिक स्थिति से है, जहाँ गणतंत्र का राष्ट्रपति राष्ट्रीय सभा (संसद) के अधिकांश सदस्यों की तुलना में एक अलग राजनीतिक दल से आता है। इससे विभाजित सरकार की प्रणाली बनती है, जहाँ राष्ट्रपति एक अलग राजनीतिक दल के प्रधानमंत्री और कैबिनेट के साथ मिलकर शासन करता है, जिससे संभावित रूप से शासन में तनाव और चुनौतियाँ पैदा होती हैं।

143. (A): पश्चिमी घाट, जिसे सह्याद्रि के नाम से भी जाना जाता है, यूनेस्को की विश्व धरोहर स्थल और भारत में जैव विविधता का केंद्र है। पश्चिमी तट के साथ 1,600 किलोमीटर से अधिक तक फैले ये पहाड़ विविध वनस्पतियों और जीवों का घर हैं, जिनमें से कई इस क्षेत्र के लिए स्थानिक हैं। घाट भारत की जलवायु में एक महत्वपूर्ण भूमिका निभाते हैं, मानसूनी हवाओं के लिए एक अवरोध के रूप में कार्य करते हैं और पूरे उपमहाद्वीप में मौसम के पैटर्न को प्रभावित करते हैं।

144. (A): महानवमी, जिसे नवरात्रि के रूप में भी जाना जाता है, कर्नाटक के हम्पी में एक बहुत ही महत्वपूर्ण त्योहार माना जाता था। यह बुराई पर अच्छाई की जीत का जश्न मनाता है और पारंपरिक अनुष्ठानों, संगीत, नृत्य और धार्मिक समारोहों के साथ मनाया जाता था। हम्पी के ऐतिहासिक संदर्भ में, जो कभी विजयनगर साम्राज्य की राजधानी थी, महानवमी को बहुत धूमधाम और भव्यता के साथ मनाया जाता था, जो इस क्षेत्र में त्योहार के सांस्कृतिक और धार्मिक महत्व को दर्शाता है।

145. (D): तटस्थता वक्र (IC) के निर्माण का आधार उपभोक्ता की वरीयता पैमाना है। तटस्थता वक्र दो वस्तुओं के संयोजन को दर्शाते हैं जो उपभोक्ता को संतुष्टि या उपयोगिता का समान स्तर प्रदान करते हैं। ये वक्र उपभोक्ता की प्राथमिकताओं से प्राप्त होते हैं और विभिन्न वस्तुओं के बीच उनके उपयोगिता-अधिकतम व्यवहार के आधार पर किए जाने वाले व्यापार-नापसंद को दर्शाते हैं।

146. (A): चंगेज खान, जिसका जन्म का नाम तेमुजिन था, बोरजीगिद कबीले से संबंधित था, जो एक प्रमुख मंगोल वंश था। सामान्य शुरुआत से उठकर, उसने सैन्य कौशल, रणनीतिक गठबंधनों और राजनीतिक कौशल के संयोजन के माध्यम से मंगोल जनजातियों को एकजुट किया। चंगेज खान के नेतृत्व और सैन्य अभियानों ने अलग-अलग मंगोल जनजातियों को एक दुर्जेय साम्राज्य में बदल दिया जो चीन से पूर्वी यूरोप तक फैला था, जिसे ऐतिहासिक रूप से मंगोल साम्राज्य के रूप में जाना जाता है।

147. (B): तेजस एक्सप्रेस को भारत की पहली निजी क्षेत्र की ट्रेन माना जाता है। इसे भारतीय रेलवे नेटवर्क पर कुछ ट्रेनें चलाने के लिए निजी ऑपरेटरों को अनुमति देने की भारत सरकार की पहल के हिस्से के रूप में पेश किया गया था। तेजस एक्सप्रेस लखनऊ और नई दिल्ली के बीच चलती है और अपनी आधुनिक सुविधाओं और सेवाओं के लिए जानी जाती है।

148. (B): माइकल एंजेलो ने वेटिकन सिटी में सिस्टिन चौपल की वेदी की दीवार पर 'द लास्ट जजमेंट' (अंतिम निर्णय) नामक प्रसिद्ध भित्ति चित्र बनाया था। 1536 और 1541 के बीच पूरा हुआ यह स्मारकीय कार्य ईसा मसीह के दूसरे आगमन और आत्माओं के अंतिम निर्णय को दर्शाता है। यह स्वर्ग, नरक और शोधन के नाटकीय चित्रण के लिए प्रसिद्ध है, जो माइकल एंजेलो की मानव शरीर रचना और भावनात्मक अभिव्यक्ति की महारत को प्रदर्शित करता है।

149. (B): प्रत्येक वर्ष 21 जून को सूर्य की सीधी किरणें कर्क रेखा पर पड़ती हैं, जो उत्तरी गोलार्ध में ग्रीष्म संक्रांति को चिह्नित करती है। इस दिन उत्तरी अक्षांशों में वर्ष का सबसे लंबा दिन होता है।

150. (C):

I. डब्ल्यूटीओ और डंकल प्रस्ताव : यह कथन सही है। विश्व व्यापार संगठन (डब्ल्यूटीओ) की स्थापना 1995 में हुई थी, जो टैरिफ और व्यापार पर सामान्य समझौते (जीएटीटी) का उत्तराधिकारी था, जो 1947 से लागू था। उस समय जीएटीटी के महानिदेशक 'आर्थर डंकल' के नाम पर डंकल प्रस्ताव, व्यापार वार्ता के उरुग्वे दौर से उभरा और डब्ल्यूटीओ के निर्माण के लिए आधार के रूप में कार्य किया।

II. डब्ल्यूटीओ और अंतर्राष्ट्रीय संधि : यह कथन भी सही है। डब्ल्यूटीओ की स्थापना मराकेश समझौते के माध्यम से हुई थी, जो 1994 में 123 देशों द्वारा हस्ताक्षरित एक अंतर्राष्ट्रीय संधि थी। इस संधि को डब्ल्यूटीओ के प्रभावी होने के लिए सदस्य देशों की राष्ट्रीय संसदों द्वारा अनुसमर्थन की आवश्यकता थी।

पिछले प्रश्न-पत्र (हल सहित)

हरियाणा शिक्षक पात्रता परीक्षा (HTET)

TGT सामाजिक अध्ययन (Level-2), परीक्षा 2022

(Exam held on 04 December, 2022)

भाग-I

बाल विकास व शिक्षाशास्त्र

निर्देश : *निम्नलिखित प्रश्नों के उत्तर देने के लिए* **सबसे उचित** *विकल्प चुनिए।*

1. प्रासंगिक अन्तर्बोध परीक्षण विद्यार्थियों के ________ मापन हेतु उपयोग में लाए जाते हैं।
A. बुद्धि B. अभिक्षमता
C. अभिवृत्ति D. व्यक्तित्व

2. निम्नलिखित में से कौन-सा कथन बच्चों के विकास के बारे में **सही** है?
A. विकास मात्र आनुवंशिकता का एक उत्पाद है।
B. विकास एक यादृच्छिक प्रारूप का अनुसरण करता है।
C. विकास एक संचयी प्रक्रिया है।
D. विकास के विभिन्न आयाम अन्तर्संबंधित नहीं हैं।

3. 'त्वरण' किस प्रकार के विशिष्ट बच्चों की शिक्षा के लिए एक महत्वपूर्ण योजना है?
A. प्रतिभाशाली
B. धीमे अधिगमकर्ता
C. अधिगम असमर्थ
D. मंद बुद्धि

4. निम्नलिखित में से कौन-सा कारक शिक्षण-अधिगम प्रक्रिया को प्रभावित **नहीं** करता है?
A. शिक्षक का शिक्षण कौशल
B. शिक्षक का मानसिक स्वास्थ्य
C. शिक्षक का विषय ज्ञान
D. शिक्षक का शारीरिक रूप

5. निम्नलिखित में से कौन-सी सृजनात्मकता की विशेषता **नहीं** है?
A. मौलिकता B. लोचशीलता
C. अनम्यता D. धाराप्रवाहिता

6. निम्नलिखित में से कौन-सी व्यक्तित्व आकलन की व्यक्तिनिष्ठ विधि **नहीं** है?
A. साक्षात्कार B. अवलोकन
C. आत्मकथा D. शब्द साहचर्य

7. बुद्धि के त्रितंत्रीय सिद्धांत का प्रतिपादन किसने किया?
A. गार्डनर B. गिलफोर्ड
C. स्टर्नबर्ग D. वर्नन

8. ब्रॉनफेनब्रेनर के जैव-पारिस्थितिकी मॉडल सिद्धांत में 'परिवार एवं विद्यालय' किस पर्यावरणीय तंत्र के उदाहरण हैं?
A. मैक्रोसिस्टम B. माइक्रोसिस्टम
C. एक्जोसिस्टम D. क्रोमोसिस्टम

9. निम्नलिखित में से कौन-सा युग्म सही **नहीं** है?

	सिद्धांत प्रतिपादक		सिद्धांत
A.	पियाजे	–	संज्ञानात्मक विकास सिद्धांत
B.	बंडुरा	–	सामाजिक अधिगम सिद्धांत
C.	एरिक्सन	–	मनोसामाजिक विकास सिद्धांत
D.	वायगोत्स्की	–	नैतिक विकास सिद्धांत

10. वह मनोरचना क्या कहलाती है, जिसके द्वारा बालक अपने स्वयं के अहम् को किसी अन्य व्यक्ति के अनुरूप परिवर्तित करने का प्रयास करता है?
A. तादात्मीकरण B. युक्तिकरण
C. मार्गान्तीकरण D. प्रक्षेपण

11. विकास के सामाजिक-सांस्कृतिक सिद्धांत को किसने विकसित किया?
A. वायगोत्स्की B. एरिक्सन
C. कोह्लबर्ग D. ब्रॉनफेनब्रेनर

12. निम्नलिखित में से कौन-सा एक बाह्य अभिप्रेरक **नहीं** है?
A. ट्रॉफी के लिए खेल प्रतिस्पर्धा करना
B. वेतन के लिए नौकरी करना
C. आत्मसंतुष्टि हेतु समाजसेवा करना
D. एक खरीदने पर एक मुफ्त पाना

13. "मानसिक स्वास्थ्य संपूर्ण व्यक्तित्व का पूर्ण और सामंजस्यपूर्ण कार्य है।" मानसिक स्वास्थ्य की यह परिभाषा किसके द्वारा दी गई है?
A. मेनिंगर B. हैडफील्ड
C. ड्रेवर D. वॉल्टिन

14. 'विकास जो अनुदैर्ध्य अक्ष (सिर से पैर) की दिशा में आगे बढ़ता है', कहलाता है :

A. सिफैलिक-कॉडल B. प्रॉक्सिमोडिस्टल
C. सर्पिल D. वृत्तीय

15. कार्यात्मक प्रतिबद्धता में अधिगमकर्ता की प्रत्येक सही अनुक्रिया को पुनर्बलित करना किस प्रकार की पुनर्बलन अनुसूची है?

A. निश्चित अंतराल B. परिवर्तनशील अंतराल
C. निश्चित अनुपात D. सतत

16. अभिप्रेरणा के 'आवश्यकता अनुक्रम सिद्धांत' का प्रतिपादन किसने किया?

A. हल B. मैस्लो
C. एटकिन्सन D. थॉमसन

17. मीनल बुद्धि में औसत, सृजनात्मकता में निम्न एवं समायोजन में उच्च स्तरीय है। यह उदाहरण है :

A. अन्तर्वैयक्तिक भिन्नताओं का
B. अन्तःवैयक्तिक भिन्नताओं का
C. अवलोकनीय भिन्नताओं का
D. अपेक्षित भिन्नताओं का

18. निम्नलिखित में से कौन-सा तत्व स्किनर के कार्यात्मक प्रतिबद्धता सिद्धांत से संबंधित **नहीं** है?

A. बहिर्गमन B. विभेदन
C. स्वतः आपूर्ति D. पुनर्बलन

19. निम्नलिखित में से कौन-सी एक समायोजित व्यक्ति की विशेषता **नहीं** है?

A. अपनी क्षमताओं एवं सीमाओं के बारे में जागरूकता
B. स्वयं एवं दूसरों का सम्मान करना
C. संतुलित आकांक्षाएँ
D. व्यवहार में अनम्यता

20. पियाजे के संज्ञानात्मक विकास सिद्धांत के अनुसार किस विकासात्मक अवस्था में 'पलटाव की क्षमता' विकसित होती है?

A. संवेदी-पेशीय B. पूर्व-संक्रियात्मक
C. मूर्त-संक्रियात्मक D. औपचारिक-संक्रियात्मक

21. निम्नलिखित मनोवैज्ञानिकों में से कौन गेस्टाल्टवाद से संबंधित **नहीं** है?

A. कोहलर B. कोफ्का
C. क्रेशमर D. वर्दीमर

22. निम्नलिखित में से कौन-सा कथन समायोजन के संदर्भ में सही **नहीं** है?

A. यह असंतुलन उत्पन्न करता है।
B. यह परिस्थिति की माँगों के अनुरूप जीवन के तरीके को बदलने के लिए प्रेरित करता है।
C. यह वातावरण की स्थितियों में वांछनीय परिवर्तन लाने की क्षमता देता है।
D. समायोजन के अभाव में व्यक्ति तनाव और चिंता से घिरा रहता है।

23. ब्रूनर ने बालकों के संज्ञानात्मक विकास हेतु किस प्रकार के पाठ्यक्रम के अनुगमन का सुझाव दिया?

A. समावेशी पाठ्यक्रम
B. विशिष्ट पाठ्यक्रम
C. सर्पिल पाठ्यक्रम
D. एकीकृत पाठ्यक्रम

24. कैटल का संस्कृति मुक्त बुद्धि परीक्षण, एक प्रकार है :

A. वैयक्तिक शाब्दिक परीक्षण का
B. सामूहिक शाब्दिक परीक्षण का
C. अशाब्दिक परीक्षण का
D. शाब्दिक एवं अशाब्दिक परीक्षण का

25. एक प्रकार का बुद्धि परीक्षण जहाँ प्रश्न कठिनाई स्तर की दृष्टि से समान होते हैं, किन्तु समय तत्व को अधिक महत्व दिया जाता है?

A. गति परीक्षण B. शक्ति परीक्षण
C. शाब्दिक परीक्षण D. निष्पादन परीक्षण

26. वृद्धि बच्चों में किस प्रकार के परिवर्तन लाती है?

A. संरचनात्मक
B. प्रकार्यात्मक
C. संरचनात्मक एवं प्रकार्यात्मक दोनों
D. इनमें से कोई नहीं

27. निम्नलिखित में से कौन-सा घटक गिलफोर्ड के बुद्धि संरचना मॉडल का अंश **नहीं** है?

A. संक्रिया B. संज्ञान
C. विषयवस्तु D. उत्पाद

28. निम्नलिखित में से कौन-सा कथन अभिवृद्धि के संदर्भ में सही **नहीं** है?

A. अभिवृत्ति में अभिप्रेरणात्मक-प्रभावोत्पादक विशेषता पाई जाती है।
B. अभिवृत्ति पूर्णतः सकारात्मकता से पूर्णतः नकारात्मक हो सकती है।
C. अभिवृत्ति में व्यक्ति-वस्तु संबंध पाया जाता है।
D. अभिवृत्ति जन्मजात एवं अर्जित दोनों होती हैं।

29. निम्नलिखित में से कौन-सा मिलान सही **नहीं** है?

	एरिक्सन के मनो-सामाजिक विकास की अवस्थाएँ	**अवस्थाओं का क्रम**
A.	पहल बनाम अपराध बोध	– तीसरी अवस्था
B.	पहचान बनाम भूमिका संभ्रांति	– पाँचवीं अवस्था
C.	स्वायत्तता बनाम लज्जा एवं शंका	– पहली अवस्था
D.	अध्यवसाय बनाम हीनता	– चौथी अवस्था

30. निम्नलिखित में से कौन-सी व्यक्तित्व आकलन की प्रक्षेपी विधि **नहीं** है?

A. शब्द-साहचर्य B. वाक्यपूर्ति
C. वर्णन गति D. समाजमिति

भाग-II

भाषा : हिन्दी

निर्देशः *निम्नलिखित प्रश्नों के उत्तर देने के लिए* ***सबसे उचित*** *विकल्प चुनिए।*

31. उच्चारण की दृष्टि से 'ग' व्यंजन की ध्वनिगत विशेषताएँ हैं :
A. कंठ्य, अघोष, महाप्राण B. कंठ्य, सघोष, महाप्राण
C. कंठ्य, सघोष, अल्पप्राण D. कंठ्य, अघोष, अल्पप्राण

32. वचन की दृष्टि से कौन-सा युग्म **सही** है?
A. दर्शन — दर्शनों
B. प्राण — प्राणों
C. नारी — नारियों
D. हस्ताक्षर — हस्ताक्षरों

33. 'गिरीश' शब्द में कौन-सी संधि है?
A. दीर्घ स्वर संधि B. गुण स्वर संधि
C. यण् स्वर संधि D. व्यंजन संधि

34. 'जाह्नवी' शब्द का पर्याय है :
A. मंदाकिनी B. कुमुदनी
C. पथगामिनी D. नलनी

35. 'सरसिज' शब्द में कौन-सा समास है?
A. कर्मधारय समास B. द्वन्द्व समास
C. अव्ययीभाव समास D. अलुक् तत्पुरुष समास

36. विलोम की दृष्टि से असंगत विकल्प चुनिए :
A. ग्रस्त — मुक्त
B. व्यष्टि — समष्टि
C. आविर्भाव — तिरोभूत
D. अर्वाचीन — प्राचीन

37. किस विकल्प में परिमाणवाचक विशेषण का प्रयोग हुआ है?
A. प्रणव पाँच किलो दूध पी गया।
B. प्रणव पाँच केले खा गया।
C. प्रणव पाँचवीं कक्षा में पढ़ता है।
D. प्रणव के साथ कुछ बच्चे खेल रहे हैं।

38. 'जिज्ञासा' का सटीक समानार्थी है :
A. उत्कंठा B. ज्ञानेप्सा
C. वांछा D. इच्छा

39. "यह आपका माहात्म्य है।" वाक्य में प्रयुक्त 'माहात्म्य' शब्द में कौन-सी संज्ञा है?
A. जातिवाचक B. भाववाचक
C. समूहवाचक D. व्यक्तिवाचक

40. "सामने जो बड़ा-सा घर दिखाई दे रहा है, वह मेरा है।" वाक्य में किस सर्वनाम का प्रयोग हुआ है?
A. पुरुषवाचक B. निजवाचक
C. निश्चयवाचक D. अनिश्चयवाचक

41. किस विकल्प में भाववाचक तद्धित प्रत्यय का प्रयोग हुआ है?
A. बुलावा B. चचेरा
C. सौजन्य D. लखेरा

42. किस शब्द में 'अन्' उपसर्ग का प्रयोग **नहीं** हुआ है?
A. अनुत्तर B. अनुपम
C. अनुद्धार D. अनुगमन

43. क्रिया की दृष्टि से असंगत विकल्प चुनिए :
A. रमेश पत्र लिखवाता है—प्रेरणार्थक क्रिया
B. बालक छत पर खड़ा है—अकर्मक क्रिया
C. अध्यापक बालक को हिंदी पढ़ा रहा है—द्विकर्मक क्रिया
D. प्रणीता जोर-जोर से हँस रही है—सकर्मक क्रिया

44. विसर्ग ध्वनि का प्रयोग किन शब्दों में होता है?
A. तत्सम शब्दों में B. देशज शब्दों में
C. तद्भव शब्दों में D. उपर्युक्त सभी शब्दों में

45. 'साध्वाचरण' शब्द का सही संधि-विच्छेद है :
A. साध्व + आचरण B. साध + आचरण
C. साधू + आचरण D. साधु + आचरण

Language : English

Directions: *Answer the following questions by selecting the* ***most appropriate*** *option.*

46. Choose the option that brings out the meaning of the underline idiom:

A lion's share of India's annual budget is for defence.
A. major share
B. minor amount
C. small
D. very little

47. Select the appropriate one word substitution for the following:
Former students of a school or college
A. Emblem B. Alumni
C. Expert D. Incharge

48. Select the *correct* preposition for the blank:
I shall do it ________ pleasure.
A. in B. with
C. about D. over

49. Change the Narration:

"I'm taking the children to the zoo tomorrow." She said.

A. She told that she would be taking the children to the zoo the day after
B. She said that she will take the children to the zóo the next day
C. She told that she will be taking the children to the zoo
D. She will take the children to the zoo, she said

50. Select the ***correct*** meaning of the underlined phrasal verb:

Who can say what will turn up next?

A. remember B. divide
C. end D. happen

51. Select the appropriate preposition for the blank:

He has not yet recovered _______ his illness.

A. over B. in
C. at D. from

52. Select the ***correct*** antonym of:

Gloomy

A. Praise B. Coarse
C. Cheerful D. Dismal

53. Choose the ***correct*** synonym of:

Genius

A. Happy B. Cheerful
C. Talented D. Comfort

54. Change the narration in Reported Speech. Choose the ***right*** option:

'Who has been using my typewriter?' Said Mother.

A. Mother asked who has been using her typewriter
B. Mother said who was using her typewriter
C. Mother asked who had been using her typewriter
D. Mother asked her typewriter was being used by who

55. Choose the appropriate conjunction for the blank:

I shall not go _______ I am invited.

A. and B. unless
C. but D. there

56. Choose the part of sentence that has error:

she does not (A)/ resemble to (B)/ either of (C)/ her parents (D).

A. A B. B
C. C D. D

57. Change the voice and select the ***correct*** option:

Somebody has put out the light.

A. The light has put out by somebody
B. The light has been put out by somebody
C. Somebody has been out to put light
D. The light is being put out by somebody

58. Select the ***correct*** tense form from the options given:

Peter (try) to come in quietly but his mother (hear) him

A. tried, heard
B. trying, hears
C. was trying, was hearing
D. is trying, hears

59. Select the ***correct*** tense form from the options given:

When I first (come) to this house, it (be) a very quiet area.

A. comes, is B. came, was
C. coming, is D. come, are

60. Change the voice from Active to Passive and select the ***correct*** options:

Bees make honey

A. Honey is make by bees
B. Bees are making honey
C. Honey are made by bees
D. Honey is made by bees

भाग-III

सामान्य अध्ययन : मात्रात्मक योग्यता, तार्किक अभिक्षमता तथा सामान्य ज्ञान एवं अभिज्ञान

निर्देशः *निम्नलिखित प्रश्नों के उत्तर देने के लिए* **सबसे उचित** *विकल्प चुनिए।*

61. $\sqrt{8+2\sqrt{8+2\sqrt{8+....}}}$ का मान ज्ञात कीजिए :

A. 8
B. 10
C. 11
D. 4

62. यदि वर्ग की प्रत्येक भुजा में 50% की वृद्धि हो जाए, तो इसके क्षेत्रफल की प्रतिशत वृद्धि ज्ञात कीजिए :

A. 50% B. 100%
C. 125% D. 150%

63. यदि – का अर्थ ×, + का अर्थ ÷, ÷ का अर्थ +, × का अर्थ – है, तो 15 – 5 ÷ 5 × 20 + 10 का मान क्या होगा?

A. 70 B. 78
C. 75 D. 73

64. किसी वस्तु को ₹ 72,000 में बेचने पर किसी व्यक्ति को 20% का लाभ होता है, तो उस वस्तु का क्रय मूल्य क्या था?

A. ₹ 60,000 B. ₹ 50,000
C. ₹ 40,000 D. ₹ 65,000

65. निम्न शृंखला में कौन-सा पद **गलत** है?
8, 13, 21, 32, 47, 63, 83

A. 13 B. 32
C. 47 D. 63

66. एक ठोस घन सभी पृष्ठों पर लाल रंग से रंगा गया है। अब इसे 64 छोटे घनों में काटा जाता है, ऐसे कितने छोटे घन होंगे जिनका कोई पृष्ठ रंगा हुआ नहीं हो?

A. 24 B. 16
C. 8 D. 4

67. निम्न अंक शृंखला का अगला पद क्या होगा?
2, 7, 24, 77, 238, ...

A. 721 B. 722
C. 723 D. 733

68. अनिल ने प्रशान्त का परिचय कराते हुए कहा, ''वह मेरे पिता के पिता की पोती का पति है।'' प्रशान्त अनिल से किस प्रकार सम्बन्धित है?

A. भाई B. जीजा
C. भतीजा D. पुत्र

69. अक्षरों के चार समूह नीचे दिए जा रहे हैं उनमें से तीन किसी नियम से एक जैसे हैं। एक इनसे अलग है, उस विसंगत को छाँटिए :

A. STUA B. RQPA
C. MLKA D. HGFA

70. जिस प्रकार पृथ्वी का सम्बन्ध अक्ष से है उसी प्रकार पहिये का सम्बन्ध होगा :

A. टायर से B. कार से
C. सड़क से D. धुरी से

71. निम्न वर्ग शृंखला का अगला पद ज्ञात कीजिए :
LXF, MTJ, NPN, OLR, ...

A. PHV B. PIU
C. PJW D. PKX

72. यदि A, B से 40 मीटर दक्षिण-पश्चिम में हो, C, B से 40 मीटर दक्षिण-पूर्व में हो, तो C, A से किस दिशा में होगा?

A. पूर्व B. पश्चिम
C. उत्तर-पूर्व D. दक्षिण

73. 150 विद्यार्थियों द्वारा प्राप्त औसत अंक 35 थे। यदि इनमें से उत्तीर्ण विद्यार्थियों का औसत प्राप्तांक 39 हो तथा अनुत्तीर्ण विद्यार्थियों का औसत प्राप्तांक 15 हो, तो परीक्षा में उत्तीर्ण होने वाले विद्यार्थियों की संख्या ज्ञात कीजिए।

A. 120 B. 125
C. 135 D. 140

74. यदि $a^x = b$, $b^y = c$ और $c^z = a$, तो xyz का मान क्या होगा?

A. abc B. 1
C. $\frac{1}{abc}$ D. ab

75. वह छोटी से छोटी पूर्ण वर्ग संख्या ज्ञात कीजिए जो 4, 5, 6, 15 तथा 18 से पूर्णतः विभाजित हो :

A. 800 B. 225
C. 900 D. 361

76. $\left(\sqrt{5}\right)^{-5/2} \times \left(\sqrt{5}\right)^{-3/2}$ का मान क्या होगा?

A. $\frac{1}{25}$ B. $\frac{1}{125}$
C. $\frac{1}{325}$ D. $\frac{1}{625}$

77. कोई धन चक्रवृद्धि ब्याज की दर से 15 वर्ष में दोगुना हो जाता है, तो कितने वर्षों में यह उसी ब्याज की दर से 8 गुना हो जाएगा?

A. 30 वर्ष B. 40 वर्ष
C. 60 वर्ष D. 45 वर्ष

78. यदि 25 आदमी किसी फसल को 60 दिनों में काट सकते हैं, तो 10 आदमी उसी फसल को कितने दिनों में काट सकेंगे?

A. 125 दिन B. 92 दिन
C. 100 दिन D. 150 दिन

79. यदि $x + \frac{1}{x} = 5$ हो, तो $x^3 + \frac{1}{x^3}$ का मान क्या होगा?

A. 125 B. 110
C. 115 D. 105

80. किसी निश्चित कूट में '786' का अर्थ 'Study very hard', '958' का अर्थ 'Hard work pays', '645' का अर्थ 'Study and work', तो 'very' का कोड क्या होगा?

A. 8 B. 6
C. 7 D. 5

81. हरियाणा के पंचायती राज संस्थाओं में महिलाओं के लिए आरक्षित की गई सीटों का प्रतिशत है :

A. 25% B. 33%
C. 66% D. 50%

82. वह जिला, जहाँ पहली बार हरियाणा में ई-चालान लागू किया गया है :

A. गुरुग्राम B. पंचकुला
C. हिसार D. रोहतक

83. 'ग्लोबल सिटी प्रोजेक्ट' विकसित किया जा रहा है :

A. एच.एस.आई.आई.डी.सी., हरियाणा सरकार द्वारा
B. जी.एम.डी.ए., हरियाणा सरकार द्वारा
C. एच.यू.डी.ए., हरियाणा सरकार द्वारा
D. शहरी विकास मंत्रालय, भारत सरकार द्वारा

84. वह जिला, जहाँ डोलोमाइट पाया जाता है :
A. महेन्द्रगढ़ B. गुरुग्राम
C. फरीदाबाद D. पानीपत

85. वह अवार्ड, जोकि प्रशिक्षण में उत्कृष्टता हेतु हरियाणा राज्य द्वारा खेल प्रशिक्षक को दिया जाता है :
A. द्रोणाचार्य अवार्ड B. गुरु वशिष्ठ अवार्ड
C. महाराणा प्रताप अवार्ड D. अर्जुन अवार्ड

86. क्षेत्रफल की दृष्टि से हरियाणा का भारत में स्थान है :
A. 11वाँ B. 21वाँ
C. 15वाँ D. 18वाँ

87. वह स्थान, जिसका चीनी यात्री युआन च्वांग ने भ्रमण और उल्लेख किया है :
A. अग्रोहा B. सुग
C. कुरुक्षेत्र D. पानीपत

88. हरियाणा में राज्य प्रशासन के विधितः प्रमुख हैं :
A. राज्य के मुख्यमंत्री
B. सम्भागीय आयुक्त
C. राज्य के महाधिवक्ता
D. राज्य के राज्यपाल

89. हरियाणा सरकार की किस योजना के तहत हरियाणा के समस्त परिवारों का सामाजिक-आर्थिक डेटा तैयार किया जा रहा है?
A. अंत्योदय परिवार उत्थान योजना
B. परिवार पहचान पत्र योजना
C. मुख्यमंत्री परिवार समृद्धि योजना
D. जन आधार योजना

90. क्षेत्रफल की दृष्टि से लघुतम वन्य जीव अभयारण्य है :
A. भिण्डावास B. नाहर
C. सरस्वती D. छिलछिला

भाग-IV

Subject Knowledge—सामाजिक अध्ययन

निर्देशः *निम्नलिखित प्रश्नों के उत्तर देने के लिए* ***सबसे उचित*** *विकल्प चुनिए।*

91. सर थॉमस मुनरो किस भू-राजस्व प्रणाली से संबद्ध थे?
A. रैयतवाड़ी प्रणाली B. महालवाड़ी
C. स्थायी बन्दोबस्त D. जमींदारी

92. एटलस पर्वत का विस्तार अफ्रीका महाद्वीप के किस देश में **नहीं** है?
A. मोरक्को B. अल्जीरिया
C. ट्यूनीशिया D. मोजाम्बिक

93. निम्नलिखित में से किसने हरियाणा में 'न्याय युद्ध' नामक आन्दोलन का नेतृत्व किया?
A. बंसी लाल
B. छोटू राम
C. देवी लाल
D. भगवत दयाल शर्मा

94. लोक प्रहरी बनाम भारत संघ (2018) वाद संबंधित है :
A. इच्छा मृत्यु से
B. निर्वाचन सुधारों से
C. कार्यस्थल पर यौन उत्पीड़न से
D. मृत्युदंड से

95. भारत की संसद में मनोनीत सदस्यों की कुल संख्या हो सकती है :
A. 10 B. 12
C. 14 D. 16

96. निम्नलिखित में से किस बाजार में फर्म 'कीमत प्राप्तकर्ता' होती है?
A. एकाधिकार
B. एकाधिकारी प्रतियोगिता
C. पूर्ण प्रतियोगिता
D. अल्पाधिकार

97. निम्नांकित में किसका सुमेलन **नहीं** है?
A. ब्राजील धारा – दक्षिण अटलांटिक महासागर
B. हम्बोल्ट धारा – उत्तरी प्रशान्त महासागर
C. गल्फ स्ट्रीम – उत्तरी अटलांटिक महासागर
D. एगुलहास धारा – हिन्द महासागर

98. अधिकतम सामाजिक लाभ का सिद्धान्त प्रतिपादित किया :
A. ई. लिण्डाल ने B. ए. वेगनर ने
C. आर.ए. मसग्रेव ने D. एच. डाल्टन ने

99. 1971 के लोकसभा चुनावों में कांग्रेस दल का चुनाव चिह्न था :
A. दो बैलों की जोड़ी
B. खेती करता किसान
C. गाय-बछड़ा
D. जलता दीपक

100. 1928 में भारत के लिए संविधान की रूपरेखा तैयार करने वाली नेहरू समिति में कितने सदस्य थे?
A. 9 B. 5
C. 7 D. 11

101. पेरिस के वास्तुकार कौन थे?
A. बैरॉन हॉसमान
B. एबेनेजर हावर्ड
C. जोसेफ मेथ्यूज
D. चार्ल्स वुड

102. जब कुल उपयोगिता घटती है, तो सीमान्त उपयोगिता होती है :
A. शून्य
B. धनात्मक
C. ऋणात्मक
D. इनमें से कोई नहीं

103. सूची-I का सूची-II से मेल कीजिए और सूची के नीचे दिए गए कूट का उपयोग करके सही उत्तर चुनिए :

सूची-I (भारतीय राष्ट्रीय कांग्रेस के अध्यक्षों के नाम)	सूची-II (भारतीय राष्ट्रीय कांग्रेस के सत्र)
(*a*) अंबिका चरण मजूमदार	(*i*) 1924
(*b*) दादाभाई नौरोजी	(*ii*) 1916
(*c*) महात्मा गाँधी	(*iii*) 1925
(*d*) श्रीमती सरोजिनी नायडू	(*iv*) 1906

कूट :

	(*a*)	(*b*)	(*c*)	(*d*)
A.	(*i*)	(*ii*)	(*iii*)	(*iv*)
B.	(*iii*)	(*iv*)	(*i*)	(*ii*)
C.	(*ii*)	(*iv*)	(*i*)	(*iii*)
D.	(*ii*)	(*iv*)	(*iii*)	(*i*)

104. निम्नलिखित में से कौन-सा एक स्थलरुद्ध देश है?
A. बोलीविया
B. पेरू
C. इक्वाडोर
D. उरुग्वे

105. ब्रेटन वुड्स सम्मेलन में किस अंतर्राष्ट्रीय संगठन की स्थापना की गई थी?
A. UNICEF
B. WHO
C. IMF
D. NATO

106. एक समोत्पाद वक्र के सभी संयोग दर्शाते हैं :
A. साधनों का समान स्तर
B. उत्पादन का समान स्तर
C. संतुष्टि का समान स्तर
D. आय का समान स्तर

107. "अखिल भारतीय अस्पृश्यता निवारण संघ 1932" की स्थापना किसने की?
A. डॉ. भीमराव अम्बेडकर
B. महात्मा गांधी
C. ज्योतिबा फुले
D. डॉ. राजेंद्र प्रसाद

108. सूची-I को सूची-II से सुमेलित कीजिए तथा नीचे दिए गए कूट से सही उत्तर चुनिए :

सूची-I (समुद्री यात्रा)	सूची-II (देश)
(*a*) वास्को-डी-गामा	(*i*) स्पेन
(*b*) क्रिस्टोफर कोलम्बस	(*ii*) पुर्तगाल
(*c*) कैप्टन कुक	(*iii*) हॉलैण्ड
(*d*) तस्मान	(*iv*) ग्रेट ब्रिटेन

कूट :

	(*a*)	(*b*)	(*c*)	(*d*)
A.	(*iii*)	(*ii*)	(*i*)	(*iv*)
B.	(*ii*)	(*i*)	(*iv*)	(*iii*)
C.	(*i*)	(*iv*)	(*iii*)	(*ii*)
D.	(*iv*)	(*iii*)	(*ii*)	(*i*)

109. व्यय योग्य आय है :
A. व्यक्तिगत आय – बचत
B. व्यक्तिगत आय – व्यक्तिगत कर
C. GNP – बचत
D. उपभोग – बचत

110. "धन-निष्कासन का सिद्धान्त" किसने प्रतिपादित किया?
A. जवाहरलाल नेहरू
B. लाला लाजपत राय
C. बाल गंगाधर तिलक
D. दादाभाई नौरोजी

111. $\frac{\Delta C}{\Delta Y}$ व्यक्त करता है :
A. MPC
B. APC
C. MPS
D. APS

112. सूची-I का सूची-II से मेल कीजिए और सूची के नीचे दिए गए कूट का उपयोग करके सही उत्तर चुनिए :

सूची-I (आन्दोलन का नाम)	सूची-II (आन्दोलन के नेता)
(*a*) सत्यशोधक	(*i*) ज्योतिराव फुले
(*b*) आत्मसम्मान आंदोलन	(*ii*) ई.वी. रामासामी नायकर
(*c*) राजमुंदरी सोशल रिफॉर्म एसोसिएशन	(*iii*) वीरेशलिंगम पंतुलु
(*d*) नामधारी	(*iv*) राम सिंह

कूट :

	(*a*)	(*b*)	(*c*)	(*d*)
A.	(*i*)	(*ii*)	(*iii*)	(*iv*)
B.	(*ii*)	(*iv*)	(*i*)	(*iii*)
C.	(*i*)	(*iv*)	(*iii*)	(*ii*)
D.	(*ii*)	(*iv*)	(*iii*)	(*i*)

113. निम्न में से कौन-सा समष्टि अर्थशास्त्र से संबंधित **नहीं** है?
A. सामान्य कीमत स्तर
B. राष्ट्रीय आय
C. उत्पादन एवं रोजगार के स्तर का सिद्धांत
D. उपभोक्ता का संतुलन

114. संविधान सभा के लिए चुनाव आयोजित गए किए थे :
A. जुलाई, 1946 में B. नवम्बर, 1946 में
C. जनवरी, 1950 में D. जून, 1949 में

115. निम्नलिखित में से कौन-सा सुमेलित **नहीं** है?
A. कांप मिट्टी – उत्तर प्रदेश
B. काली मिट्टी – महाराष्ट्र
C. लाल और पीली मिट्टी – तमिलनाडु
D. लैटेराइट मिट्टी – पंजाब

116. संविधान सभा की 'राज्य समिति' के अध्यक्ष कौन थे?
A. सच्चिदानन्द सिन्हा B. डॉ. राजेन्द्र प्रसाद
C. डॉ. बी.आर. अम्बेडकर D. जवाहरलाल नेहरू

117. सवाना तुल्य जलवायु को अन्य किस नाम से जाना जाता है?
A. दक्षिणी अफ्रीका तुल्य
B. ब्राजील तुल्य
C. सूडान तुल्य
D. पश्चिमी ऑस्ट्रेलिया तुल्य

118. निम्नलिखित में से किस शब्द/शब्दावली का प्रयोग भारतीय संविधान में नहीं किया गया है?
(*i*) संघ
(*ii*) अविश्वास प्रस्ताव
(*iii*) मानहानि
(*iv*) अपराध उद्दीपन

नीचे दिए गए कूटों की सहायता से सही विकल्प का चयन कीजिए :
A. केवल (*i*) और (*iv*) B. केवल (*ii*) और (*iv*)
C. केवल (*i*) और (*ii*) D. केवल (*ii*) और (*iii*)

119. साधन की माँग है :
A. व्युत्पन्न माँग
B. प्रत्यक्ष माँग
C. संयुक्त माँग
D. सभी विकल्प गलत हैं

120. निम्नलिखित में से कौन उच्च बादलों में शामिल नहीं किया जाता है?
A. पक्षाभ B. पक्षाभ-स्तरी
C. स्तरी-कपासी D. पक्षाभ-कपासी

121. निम्न पर्वत शिखरों का ऊँचाई के घटते क्रम में सही अनुक्रम है :
(*a*) कंचनजंगा
(*b*) गॉडविन ऑस्टेन (K-2)
(*c*) नंगा पर्वत
(*d*) नन्दा देवी
A. (*b*), (*c*), (*a*), (*d*)
B. (*b*), (*a*), (*c*), (*d*)
C. (*a*), (*b*), (*c*), (*d*)
D. (*a*), (*c*), (*d*), (*b*)

122. समग्र पूर्ति निर्भर है :
A. पूँजी
B. तकनीक का स्तर
C. श्रम उत्पादकता
D. सभी विकल्प सही हैं

123. राष्ट्रीय मानव अधिकार आयोग से संबंधित कथनों में से कौन-सा/कौन-से कथन **असत्य** है/हैं?
(*i*) आयोग में 1 अध्यक्ष एवं 6 सदस्य होते हैं।
(*ii*) इस आयोग का गठन 12 अक्टूबर, 1993 को हुआ।
(*iii*) इस आयोग का गठन अक्टूबर, 1991 के पेरिस सिद्धान्तों के अनुरूप हुआ है।

कूट :
A. केवल (*i*)
B. केवल (*ii*)
C. (*i*) और (*iii*)
D. सभी (*i*), (*ii*) और (*iii*)

124. संसद के दोनों सदनों को संदेश भेजने के राष्ट्रपति के अधिकारों का उल्लेख है :
A. अनुच्छेद 84 में B. अनुच्छेद 87 में
C. अनुच्छेद 88(1) में D. अनुच्छेद 86(1) में

125. भारतीय संविधान का कौन-सा अनुच्छेद 'द मेक्जिम नेमो डिबेट बिस वेक्जरी' सिद्धान्त से संबंधित है?
A. अनुच्छेद 20(1) B. अनुच्छेद 20(2)
C. अनुच्छेद 20(3) D. अनुच्छेद 21

126. कोपेन द्वारा जलवायु वर्गीकरण में मध्य गंगा की घाटी की जलवायु दर्शाई गई है :
A. Aw द्वारा B. Amw द्वारा
C. Cwg द्वारा D. Bshw द्वारा

127. निम्नांकित कोयला क्षेत्रों में से कौन-से क्षेत्र दामोदर घाटी में अवस्थित हैं?

नीचे दिए गए कूट से **सही** उत्तर चुनिए :
(*a*) झरिया (*b*) रानीगंज
(*c*) सिंगरौली (*d*) सोहागपुर

कूट :
A. (*b*), (*c*), (*d*) B. (*b*), (*c*)
C. (*a*), (*b*) D. (*a*), (*b*), (*c*)

128. भारत में विद्यमान निम्नलिखित भू-वैज्ञानिक संरचनाओं का **सही** कालानुक्रम है :

A. कुडप्पा–धारवाड़–गोण्डवाना–विन्ध्यन
B. धारवाड़–कुडप्पा–गोण्डवाना–विन्ध्यन
C. विन्ध्यवन–गोण्डवाना–कुडप्पा–धारवाड़
D. धारवाड़–कुडप्पा–विन्ध्यन–गोण्डवाना

129. हर्यंक वंश का अंतिम शासक था :

A. नागदासक B. मुंडक
C. अनिरुद्ध D. उदायिन

130. निम्न में से कौन-सा सुमेलित **नहीं** है?

	(नदी)		**(सहायक नदियाँ)**
A.	गंगा	–	घाघरा, टोंस, केन
B.	चम्बल	–	बनास, कालीसिंध, क्षिप्रा
C.	दामोदर	–	रिहन्द, तुंगभद्रा, मांजरा
D.	ब्रह्मपुत्र	–	दिबांग, लोहित, दिहांग

131. तालिकोटा का युद्ध (1565) विजयनगर साम्राज्य एवं किसके मध्य लड़ा गया था?

A. गोलकोण्डा B. बीजापुर
C. अहमदनगर D. उपर्युक्त सभी

132. दूसरी बौद्ध परिषद् (संगीति) कहाँ और कब आयोजित की गई थी?

A. पाटलिपुत्र में, 250 ई.पू.
B. श्रीलंका में, पहली शताब्दी ई.पू.
C. वैशाली में, 383 ई.पू.
D. मांडले में, 1871 ईस्वी

133. संत मीराबाई का गुरु किसे माना जाता है?

A. एकनाथ B. रविदास
C. नामदेव D. रामदास

134. निम्न में से कौन-सी बाह्य एजेंसी दिल्ली-मुम्बई औद्योगिक कॉरिडोर परियोजना के लिए वित्तीय मदद प्रदान कर रही है?

A. विश्व बैंक B. एशियन विकास बैंक
C. जर्मन सरकार D. जापान सरकार

135. भारत में ज्वार शक्ति उत्पादन में अग्रणी तटीय क्षेत्र हैं :

A. केरल तट B. खम्भात की खाड़ी
C. मन्नार की खाड़ी D. उत्तरी सरकार तट

136. दक्षिण भारत की महिला सन्त कारइक्काल अम्मई किसकी भक्त थीं?

A. विष्णु B. शिव
C. ब्रह्मा D. कृष्ण

137. निर्वाचन आयोग के सदस्यों की नियुक्ति की जाती है :

A. राष्ट्रपति द्वारा B. प्रधानमंत्री द्वारा
C. संसद द्वारा D. मुख्य न्यायाधीश द्वारा

138. स्वतंत्र भारत के प्रथम वित्त मंत्री थे :

A. आर.के.एस. चेट्टी B. सी.डी. देशमुख
C. मोरारजी देसाई D. एच.एन. बहुगुणा

139. नीति आयोग के प्रथम उपाध्यक्ष थे :

A. राजीव कुमार B. अमिताभ कांत
C. अरविंद पनगढ़िया D. रघुराम राजन

140. जर्मनी में मापक इकाई 'ऐले' का उपयोग किसे मापने के लिए किया जाता था?

A. वस्त्र B. भूमि
C. भार D. घनत्व

141. मेक इन इंडिया प्रोग्राम का संबंध है :

A. 30 उद्योग/क्षेत्र B. 25 उद्योग/क्षेत्र
C. 20 उद्योग/क्षेत्र D. 15 उद्योग/क्षेत्र

142. लोकसभा के सदस्यों की कुल संख्या के कितने प्रतिशत तक संघीय मंत्रिपरिषद् की सदस्य संख्या हो सकती है?

A. 10 प्रतिशत B. 15 प्रतिशत
C. 20 प्रतिशत D. 25 प्रतिशत

143. गुप्त काल का शासक जो निपुण वीणा वादक था :

A. चन्द्रगुप्त B. स्कन्दगुप्त
C. समुद्रगुप्त D. विष्णुगुप्त

144. सूची-I को सूची-II से सुमेलित कीजिए तथा नीचे दिए गए कूट से **सही** उत्तर चुनिए :

सूची-I	**सूची-II**
(*a*) पूर्व का बोस्टन	(*i*) बंगलौर
(*b*) सूती वस्त्रों की राजधानी	(*ii*) अहमदाबाद
(*c*) दक्षिण भारत का मैनचेस्टर	(*iii*) कोयम्बटूर
(*d*) इलेक्ट्रॉनिक सिटी	(*iv*) मुम्बई

कूट :

	(*a*)	(*b*)	(*c*)	(*d*)
A.	(*ii*)	(*iv*)	(*iii*)	(*i*)
B.	(*iii*)	(*ii*)	(*iv*)	(*i*)
C.	(*i*)	(*iii*)	(*ii*)	(*iv*)
D.	(*i*)	(*ii*)	(*iii*)	(*iv*)

145. भारत छोड़ो आन्दोलन के दौरान निम्नलिखित में से किन स्थानों पर राष्ट्रीय सरकार स्थापित की गई थी?

(*i*) तामलुक (*ii*) सतारा
(*iii*) फैजपुर (*iv*) बलिया

कूट :

A. (*i*), (*ii*) एवं (*iv*)
B. (*i*), (*ii*), (*iii*) एवं (*iv*)
C. (*ii*) एवं (*iv*)
D. (*ii*), (*iii*) एवं (*iv*)

146. हरियाणा से विनिर्धारित निर्वाचित सांसदों की संख्या है :

A. 10 B. 12
C. 20 D. 15

147. नीचे दिए गए विकल्पों में से **सही** उत्तर चुनिए :

A. टिहरी बाँध – टोंस नदी
B. भाखड़ा बाँध – भागीरथी नदी
C. लखवाड़ बाँध – व्यास नदी
D. श्रीशैलम बाँध – कृष्णा नदी

148. कांशीराम के नेतृत्व में बहुजन समाज पार्टी का गठन कब किया गया?

A. 1986 B. 1987
C. 1989 D. 1984

149. विश्व व्यापार संगठन की स्थापना हुई :

A. 1 जनवरी, 1994 B. 1 जनवरी, 1995
C. 1 जनवरी, 1996 D. 1 जनवरी, 1997

150. माल्थस के अनुसार जनसंख्या बढ़ती है :

A. गुणोत्तर दर से
B. अंकगणितीय दर से
C. हरात्मक दर से
D. इनमें से कोई नहीं

उत्तरमाला

1. (D)	**2. (C)**	**3. (A)**
4. (D)	**5. (C)**	**6. (D)**
7. (C)	**8. (B)**	**9. (D)**
10. (A)	**11. (A)**	**12. (C)**
13. (B)	**14. (A)**	**15. (D)**
16. (B)	**17. (B)**	**18. (*)**
19. (D)	**20. (C)**	**21. (C)**
22. (A)	**23. (C)**	**24. (C)**
25. (A)	**26. (A)**	**27. (B)**
28. (D)	**29. (C)**	**30. (D)**
31. (C)	**32. (C)**	**33. (A)**
34. (A)	**35. (D)**	**36. (C)**
37. (A)	**38. (B)**	**39. (B)**
40. (C)	**41. (C)**	**42. (D)**
43. (D)	**44. (A)**	**45. (D)**
46. (A)	**47. (B)**	**48. (B)**
49. (*)	**50. (D)**	**51. (D)**
52. (C)	**53. (C)**	**54. (C)**
55. (B)	**56. (B)**	**57. (B)**
58. (A)	**59. (B)**	**60. (D)**

61. (D): माना $x = \sqrt{8+2\sqrt{8+2\sqrt{8}}}$ ......

$$x^2 = 8 + 2x$$

⇒ $x^2 - 2x - 8 = 0$

⇒ $(x - 4)(x + 2) = 0$

⇒ $x = 4$

या $x = -2$

∴ $x = 4$

($\because x > 0$)

62. (C): माना वर्ग की प्रत्येक भुजा = x

वर्ग का क्षेत्रफल = x^2

भुजा में वृद्धि = $x + \frac{50x}{100}$

$= x + \frac{x}{2} = \frac{3x}{2}$

क्षेत्रफल = $\left(\frac{3x}{2}\right)^2$

$= \frac{9x^2}{4}$

क्षेत्रफल में वृद्धि = $\frac{9x^2}{4} - x^2$

$= \frac{5x^2}{4}$

क्षेत्रफल में प्रतिशत वृद्धि = $\frac{5x^2}{4 \times x^2} \times 100$

= 125%.

63. (B): $15 \times 5 + 5 - 20 \div 10$

$= 75 + 5 - 2$

$= 80 - 2$

$= 78.$

64. (A): 100 + 20 = ₹ 120

जब विक्रय मूल्य ₹ 120, तब क्रय मूल्य = ₹ 100

जब विक्रय मूल्य ₹ 72000, तब क्रय मूल्य

$= \frac{100}{120} \times 72000$

= ₹ 60000

अतः वस्तु का क्रय मूल्य = ₹ 60000.

65. (C): 8 13 21 32 [46] 63 83

+5 +8 +11 +14 +17 +20

+3 +3 +3 +3 +3

47 के स्थान पर 46 आएगा।

अतः गलत संख्या = 47.

66. (C)

67. (C): 2 7 24 77 238 [723]

×3+1 ×3+3 ×3+5 ×3+7 ×3+9

अतः अगला पद = 723.

68. (B)

69. (A): 'STUA' में प्रथम तीन अक्षर आरोही क्रम में हैं, जबकि 'RQPA', 'MLKA' तथा 'HGFA' में क्रमशः प्रथम तीन अक्षर अवरोही क्रम में हैं।

अतः विसंगत पद 'STUA' है।

70. (D): जिस प्रकार पृथ्वी का सम्बन्ध अक्ष से है, उसी प्रकार पहिये का सम्बन्ध धुरी से होगा।

71. (A): L X F M T J N P N O L R [P H V]

+1 +1 +1 +1

−4 −4 −4 −4

+4 +4 +4 +4

अतः अगला पद PHV होगा।

72. (A):

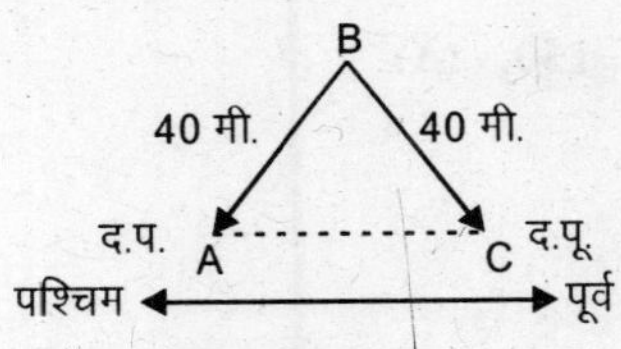

C, A से पूर्व दिशा में है।

73. (B): 150 विद्यार्थियों द्वारा प्राप्त कुल अंक

$$= 150 \times 35$$
$$= 5250$$

माना उत्तीर्ण विद्यार्थियों की संख्या = y

∴ अनुत्तीर्ण विद्यार्थियों की संख्या = $150 - y$

प्रश्नानुसार,

उत्तीर्ण विद्यार्थियों की कुल संख्या = $39y$

अनुत्तीर्ण विद्यार्थियों की कुल संख्या = $(150 - y) \times 15$

$$39y + (150 - y) \times 15 = 5250$$
$$\Rightarrow 39y + 2250 - 15y = 5250$$
$$\Rightarrow 24y = 3000$$
$$\Rightarrow y = 125$$

अतः उत्तीर्ण विद्यार्थियों की संख्या = 125.

74. (B): ∵ $a^x = b$

$b^y = c$

और $c^z = a$

$$\therefore \quad a^x \times b^y \times c^z = b \times c \times a$$
$$\Rightarrow \quad (abc)^{xyz} = (abc)^1$$
$$\Rightarrow \quad xyz = 1$$

अतः xyz का मान = 1.

75. (C): 4, 5, 6, 15 और 18 का ल.स. = 180

800, 180 से विभाजित नहीं है

225, 180 से विभाजित नहीं है।

900, 180 से विभाजित है।

अतः 900 वह छोटी से छोटी पूर्ण वर्ग संख्या है, जो 4, 5, 6, 15 तथा 18 से पूर्णतः विभाजित है।

76. (A): $\left(\sqrt{5}\right)^{\frac{-5}{2}} \times \left(\sqrt{5}\right)^{\frac{-3}{2}}$ का मान

$$= \left(\sqrt{5}\right)^{\frac{-8}{2}}$$
$$= \left(\sqrt{5}\right)^{-4}$$
$$= (5)^{\frac{1}{2}\times -4}$$
$$= (5)^{-2}$$
$$= \frac{1}{5^2} = \frac{1}{25}.$$

77. (D):

$$A = P\left(1+\frac{r}{100}\right)^t$$

$$\Rightarrow \quad 2P = P\left(1+\frac{r}{100}\right)^{15}$$

$$\frac{2P}{P} = \left(1+\frac{r}{100}\right)^{15}$$

$$\Rightarrow \quad \left(1+\frac{r}{100}\right)^{15} = 2 \qquad ...(i)$$

अब,

$$A = P\left(1+\frac{r}{100}\right)^t$$

$$8P = P\left(1+\frac{r}{100}\right)^t$$

$$\frac{8P}{P} = \left(1+\frac{r}{100}\right)^t$$

$$8 = \left(1+\frac{r}{100}\right)^t$$

$$\Rightarrow \quad \left(1+\frac{r}{100}\right)^t = 8 = 2^3$$

$$= \left[\left(1+\frac{r}{100}\right)^{15}\right]^3$$

$$\Rightarrow \quad \left(1+\frac{r}{100}\right)^t = \left(1+\frac{r}{100}\right)^{45}$$

अतः $t = 45$ वर्ष।

78. (D): $\because$ 25 व्यक्ति किसी फसल को 60 दिनों में काटते हैं

$\therefore$ 1 आदमी फसल को 60 × 25 दिनों में काटता है

$\therefore$ 10 आदमी उसी फसल को

$$\frac{60 \times 25}{10} = 150 \text{ दिनों में काट सकेंगे।}$$

अतः 10 आदमी उसी फसल को 150 दिनों में काट सकेंगे।

79. (B): $\because \quad x + \frac{1}{x} = 5$

$$\therefore \quad x^3 + \frac{1}{x^3} = \left(x+\frac{1}{x}\right)^3 - 3x.\frac{1}{x}\left(x+\frac{1}{x}\right)$$

$$= (5)^3 - 3 \times (5)$$

$$= 125 - 15 = 110$$

अतः $x^3 + \frac{1}{x^3}$ का मान = 110.

80. (C) **81. (D)** **82. (A)**
83. (A) **84. (A)** **85. (B)**

86. (B) **87. (B)** **88. (D)**
89. (B) **90. (D)** **91. (A)**
92. (D) **93. (C)** **94. (B)**
95. (B) **96. (C)** **97. (B)**
98. (D) **99. (C)** **100. (D)**
101. (A) **102. (C)** **103. (C)**
104. (A) **105. (C)** **106. (B)**
107. (B) **108. (B)** **109. (B)**
110. (D) **111. (A)** **112. (A)**
113. (D) **114. (A)** **115. (D)**
116. (D) **117. (C)** **118. (*)**
119. (A) **120. (C)** **121. (B)**
122. (D) **123. (A)** **124. (D)**
125. (B) **126. (C)** **127. (C)**
128. (D) **129. (A)** **130. (C)**
131. (D) **132. (C)** **133. (B)**
134. (D) **135. (B)** **136. (B)**
137. (A) **138. (A)** **139. (C)**
140. (A) **141. (B)** **142. (B)**
143. (C) **144. (A)** **145. (A)**
146. (D) **147. (D)** **148. (D)**
149. (B) **150. (A)**

पिछले प्रश्न-पत्र (हल सहित)

हरियाणा शिक्षक पात्रता परीक्षा (HTET)

TGT सामाजिक अध्ययन (Level-2), परीक्षा 2021

(Exam held on 19 December, 2021)

भाग-I

बाल विकास व शिक्षाशास्त्र

निर्देश : *निम्नलिखित प्रश्नों के उत्तर देने के लिए* **सबसे उचित** *विकल्प चुनिए।*

1. निम्नलिखित में से कौन-सा एक कथन निर्देशन की विशेषताओं एवं प्रकृति के संदर्भ में गलत कथन है?

A. निर्देशन किसी व्यक्ति को खुद को समायोजित करने में सहायता करना है।

B. निर्देशन आत्म दिशा में व्यक्ति के विकास को बढ़ावा देना है।

C. निर्देशन केवल अन्य के प्रयासों के माध्यम से व्यक्ति स्वयं की मदद करना है।

D. निर्देशन किसी व्यक्ति को अपना स्थान स्वयं प्राप्त करने में सहायता करना है।

2. 'एक प्रकार का चिंतन जिसमें अनुभव के साथ संवेदना की व्याख्या की जाती है', क्या कहलाती है?

A. परावर्तक चिंतन B. अवधारणात्मक चिंतन

C. सृजनात्मक चिंतन D. आलोचनात्मक चिंतन

3. निम्नलिखित में से कौन-सा एक कथन भावनाओं की विशेषताओं के सन्दर्भ में गलत कथन है?

A. संवेग भावनाओं के आधार होते हैं।

B. भावनाएँ जन्मजात होती हैं।

C. समय के साथ भावनाएँ पुरानी पड़ जाती हैं और वे अपनी स्थिति भी बदल देती हैं।

D. ज्यादातर जानवरों में भावनाएँ नहीं होतीं क्योंकि उनके पास कोई बौद्धिक समझ नहीं होती है।

4. व्यवहार का अध्ययन करने के लिए सबसे पुरानी विधि कौन-सी है?

A. प्रयोगात्मक विधि B. नैदानिक विधि

C. मनोभौतिकी विधि D. आत्मनिरीक्षण विधि

5. निम्नलिखित में से कौन-सी एक अपराधी बालक की विशेषता ***नहीं*** है?

A. विद्यालय सम्पत्ति को नष्ट करना

B. धमकी देना एवं उपहास करना

C. सताना

D. शरीर रचना में एस्थेनिक

6. निम्नलिखित में से कौन-सा एक बण्डुरा द्वारा प्रदत्त अधिगम सिद्धान्त के अन्तर्गत अवलोकनात्मक अधिगम हेतु सही तार्किक क्रम है?

A. अवधानात्मक → धारणात्मक → अभिप्रेरणात्मक → उत्पादन

B. अवधानात्मक → अभिप्रेरणात्मक → धारणात्मक → उत्पादन

C. अभिप्रेरणात्मक → अवधानात्मक → धारणात्मक → उत्पादन

D. अवधानात्मक → धारणात्मक → उत्पादन → अभिप्रेरणात्मक

7. यह किसने कहा कि "व्यक्तित्व जन्मजात और अर्जित प्रवृत्तियों का योग है"?

A. मॉर्टिन प्रिन्स B. ऑलपोर्ट

C. वेलेनटीन D. कैटेल

8. निम्नलिखित में से कौन-सा विकास के संदर्भ में **असत्य** कथन है?

A. विकास में परिवर्तन निहित होता है।

B. विकासात्मक पैटर्न अपूर्वानुमेय होते हैं।

C. आरम्भिक विकास, पश्चवर्ती विकास की तुलना में ज्यादा संकटपूर्ण होते हैं।

D. विकास परिपक्वता एवं अधिगम का उत्पाद होता है।

9. लड़कियाँ शारीरिक रूप से लड़कों से श्रेष्ठ होती हैं :

A. शैशवावस्था में B. उत्तर बाल्यावस्था में

C. पूर्व बाल्यावस्था में D. किशोरावस्था में

10. निम्नलिखित में से कौन-सी एक विषय-वस्तु समग्रवादी मनोवैज्ञानिकों के अध्ययन क्षेत्र की है?

A. संज्ञानात्मक प्रक्रियाएँ

B. चेतना

C. सम्पूर्ण रूप से मानसिक और व्यावहारिक प्रक्रियाएँ

D. अस्तित्व के तरीके और समस्याएँ

11. लड़कियों के पितृ प्रेमभाव को फ्रायड ने किससे सम्बोधित किया है?

A. ओडीपस भावना ग्रन्थि B. इलेक्ट्रा भावना ग्रन्थि

C. स्वप्रेम भावना D. निर्भरता की भावना

12. कभी-कभी प्रतिभाशाली माता-पिता के बच्चे अपने माता-पिता की तुलना में कम बुद्धि के साथ जन्म लेते हैं अथवा इसका ठीक उल्टा होता है, यह वंशानुक्रम का कौन-सा नियम कहलाता है?

A. प्रत्यागमन का नियम

B. चयनित गुणों का सिद्धान्त

C. मातृ व पितृ पक्षों का नियम

D. संयोग का नियम

13. निम्नलिखित में से कौन-सी अंतर्मुखी सोच प्रकार व्यक्तित्व की विशेषता है?

A. यथार्थवादी और व्यावहारिक

B. अपनी बौद्धिक खोज में लीन

C. तथ्यों के साथ सिद्धान्त का समर्थन

D. अपने विचारों को आग्रह और दृढ़ता से प्रचारित करना

14. निम्नलिखित में से कौन-सी एक जेम्स लान्जे ''संवेग सिद्धान्त'' द्वारा प्रदत्त ***सही*** शृंखला है?

A. परिस्थिति → शारीरिक अशांति → मानसिक स्थिति

B. परिस्थिति → मानसिक स्थिति → शारीरिक अभिव्यक्ति

C. परिस्थिति → शारीरिक अभिव्यक्ति → मानसिक स्थिति

D. परिस्थिति → मानसिक स्थिति → शारीरिक अशांति

15. निम्नलिखित में से कौन-सी एक अन्तर्दृष्टि की विशेषता ***नहीं*** है?

A. आकस्मिकता   B. नवीन परिस्थिति में अनुक्रिया

C. आदत बल   D. अनुक्रिया का सहजता से होना

16. निम्नलिखित में से कौन-सी एक सृजनात्मकता की अवस्था गोर्डन ने अपनी साइनेटिक्स तकनीक में प्रतिपादित ***नहीं*** की है?

A. संलग्नता अन्तर्भाविता   B. समान वस्तु की खोज

C. स्थगन   D. संकल्पना निर्माण

17. निम्नलिखित में से कौन-सी एक विशेषता प्रतिभाशाली बच्चों की दृष्टि से उपयुक्त ***नहीं*** है?

A. तेजी से और आसानी से सीखते हैं।

B. कठिन मानसिक कार्यों को प्रदर्शित करते हैं।

C. बहुत प्रकार की जानकारियाँ रखते हैं जिनके बारे में ज्यादातर बच्चे जागरूक नहीं होते हैं।

D. जो कुछ उन्होंने सुना या पढ़ा है उसे बरकरार रखने के लिए उन्हें बहुत अभ्यास की आवश्यकता होती है।

18. वय:संधि अवस्था की आयु विस्तार क्या होता है?

A. 10 से 12 वर्ष   B. 6 से 12 वर्ष

C. 11 से 16 वर्ष   D. 8 से 10 वर्ष

19. निम्नलिखित में से कौन-सा एक बुद्धि के निष्पादन परीक्षण का प्रकार ***नहीं*** है?

A. आर्मी अल्फा परीक्षण

B. कोह का ब्लॉक डिजाइन परीक्षण

C. घन निर्माण/रचना परीक्षण

D. पास एलॉन्ग परीक्षण

20. जीन पियाजे के अनुसार बच्चा किस आयु वर्ग में अमूर्त तर्क विकसित करता है?

A. 6 से 8 वर्ष   B. 8 से 10 वर्ष

C. 7 से 9 वर्ष   D. 11 से 14 वर्ष

21. यह किसने कहा था कि ''एक व्यक्ति उसी अनुपात में बुद्धिमान होता है जितना वह अमूर्त रूप से चिन्तन की क्षमता रखता है''?

A. टर्मन   B. डियरबॉर्न

C. बकिंघम   D. कालविन

22. बच्चों के भीतर छुपे सांवेगिक घुटन एवं शक्तियों को बाहर निकालने की प्रक्रिया को क्या कहते हैं?

A. सांवेगिक स्थिरता   B. सांवेगिक संवेदनशीलता

C. सांवेगिक विरेचन   D. सांवेगिक सामर्थ्य

23. निम्नलिखित में से कौन-सी एक गतिविधि ''जिज्ञासा'' मूल प्रवृत्ति को संतुष्ट करने के लिए उपयुक्त ***नहीं*** है?

A. कक्षा अथवा विद्यालय में गौरवपूर्ण स्थिति प्रदान करना

B. विद्यार्थियों के प्रश्नों के उत्तर देना

C. समस्या समाधान

D. कक्षा में विचार-विमर्श

24. रोर्शा स्याही धब्बा परीक्षण में कितने कार्ड निर्धारित हैं?

A. 12   B. 10

C. 30   D. 31

25. शैक्षिक मनोविज्ञान के पिता के रूप में किसे जाना जाता है?

A. ई.एल. थॉर्नडाइक   B. पेस्तालॉजी

C. हर्बर्ट   D. फ्रॉबेल

26. सोशियोमेट्रिक तकनीक का आविष्कार किसने किया था?

A. जे.ई. एण्डरसन   B. जे.एल. मोरेनो

C. ई.बी. हरलॉक   D. जी.एस. मार्मोर

27. एरिक्सन के अनुसार व्यक्ति के मनोसामाजिक विकास की चौथी अवस्था कौन-सी है?

A. प्रगाढ़ता बनाम अलगाव

B. पहचान बनाम भूमिका संभ्रांति

C. परिश्रम प्रियता बनाम हीनता

D. उत्पादनशीलता बनाम स्थिरता

28. 'रॉस' के अनुसार विकास की कौन-सी अवस्था को 'मिथ्या परिपक्वता' अवस्था कहा जाता है?

A. शैशवावस्था   B. बाल्यावस्था

C. किशोरावस्था   D. प्रौढ़ावस्था

29. जब कोई व्यक्ति अपने विचारों तथा क्रियाओं को किसी ऐसे दूसरे व्यक्ति के अनुरूप बनाना शुरू कर देता है जिसका वह अनुकरण करना चाहता है, तो इस प्रकार की क्रिया कौन-से प्रकार की रक्षा युक्ति कहलाती है?

A. तादात्मीकरण   B. प्रक्षेपण

C. औचित्य स्थापना   D. विस्थापन

30. निम्नलिखित में से कौन-सा बाल्यावस्था का सामान्य भाषण विकार ***नहीं*** है?

A. ऊर्जा की कमी   B. तुतलाना

C. अस्पष्ट उच्चारण   D. हकलाना

भाग-II

भाषा : हिन्दी

निर्देशः *निम्नलिखित प्रश्नों के उत्तर देने के लिए* ***सबसे उचित*** *विकल्प चुनिए।*

31. किस भाववाचक संज्ञा का निर्माण व्यक्तिवाचक संज्ञा से हुआ है?
A. बचपन
B. कैशोर्य
C. ऐश्वर्य
D. मातृत्व

32. किस विकल्प में 'संकेतार्थक' वाक्य है?
A. प्रियतम मेरा मित्र है।
B. यदि तुम आओ तो मैं चलूँ।
C. हो सकता है कल मौसम ठीक हो जाए।
D. राजेश अपना कमरा साफ करो।

33. प्रत्यय की दृष्टि से किस शब्द की रचना ***अनुचित*** है?
A. मुरेला – एला
B. कँटीला – ईला
C. विलीन – ईन
D. ससुराल – आल

34. समास-विग्रह की दृष्टि से कौन-सा विकल्प ***उचित*** है?
A. हथकरघा – हाथों से चलने वाला करघा
B. भुजग – भूमि में जन्म लेने वाला
C. देशभक्ति – देश के द्वारा भक्ति
D. पशुबलि – पशु के लिए बलि

35. निम्न में से कौन-सा शब्द 'अनु' उपसर्ग से निर्मित ***नहीं*** है?
A. आनुपातिक
B. अनुदात्त
C. अनूदित
D. अनुरंजक

36. निम्न में से किस विकल्प का कथन ***गलत*** है?
A. 'ऋ' का उच्चारण स्थान 'मूर्धा' है।
B. विसर्ग ध्वनि की गणना नासिक्य वर्णों में की जाती है।
C. 'य' और 'व' को अर्ध स्वर भी कहा जाता है।
D. 'ड़' और 'ढ़' उत्क्षिप्त वर्ण कहलाते हैं।

37. किस विकल्प के सभी शब्द विदेशज हैं?
A. लाजवाब, मशीन, पवन
B. कारीगर, अतिशयोक्ति, कहानी
C. मुमकिन, अमूमन, पक्षवार
D. किस्सा, स्कूल, हमला

38. पर्यायवाची शब्दों के संदर्भ में ***असंगत*** विकल्प चुनिए :
A. जीभ – वाचा, रसना, वाणी
B. अहंकार – दंभ, दर्प, मद
C. किरण – रश्मि, मयूख, प्रभा
D. कौआ – प्रियक, मधुदूत, अतिसौरभ

39. किस वाक्य में परिमाणवाचक विशेषण का प्रयोग हुआ है?
A. मैं नीली कमीज नहीं पहनता।
B. इस बार बारिश में बहुत ओले गिरे।
C. खेल का मैदान लम्बा है।
D. दिनेश अच्छा गायक है।

40. 'विपत्ति के समय थोड़ी सहायता भी बड़ी होती है' उक्त भाव की व्यंजक लोकोक्ति चुनिए :
A. डूबते को तिनके का सहारा
B. चुपड़ी और दो-दो
C. चार दिन की चाँदनी फिर अँधेरी रात
D. आम के आम गुठलियों के दाम

41. किस वाक्य में सर्वनाम संबंधी ***अशुद्धि*** है?
A. तुम्हारी पुस्तक यह नहीं वह है।
B. मैं अपना कार्य कर रहा हूँ।
C. जिसने भी खाया है, सराहा है।
D. मेरे को कुछ भी याद नहीं आ रहा।

42. विलोम शब्द की दृष्टि से ***अनुचित*** युग्म पहचानिए :
A. बद – नेक
B. दुश्चरित्र – निश्चरित्र
C. विस्तृत – संक्षिप्त
D. मधुर – कटु

43. क्रिया के संबंध में कौन-सा युग्म ***अनुचित*** है?
A. भिखारी सड़क पर चिल्ला रहे थे। –अकर्मक क्रिया
B. राधा श्याम को पत्र लिखती है। –द्विकर्मक क्रिया
C. बगीचे में मोर नाच रहा है। –सकर्मक क्रिया
D. वह विद्यालय से आकर खाना खाएगा। –पूर्वकालिक क्रिया

44. किस विकल्प में संधि-विच्छेद ***अनुचित*** है?
A. बहिरेकता = बहिः + एकता
B. आशीर्वचन = आशीः + वचन
C. रतिरंश = रतिः + रंश
D. तपश्चर्या = तपः + चर्या

45. निम्न में से किस मुहावरे का अर्थ संगत ***नहीं*** है?
A. नहले पर दहला मारना – करारा जवाब देना
B. बत्तीसी बंद होना – चुप हो जाना
C. सिर का पसीना पाँव तक आना – कठिन परिश्रम करना
D. थाली का बैंगन होना – सर्व सुलभ होना

Language : English

Directions: *Answer the following questions by selecting the* ***most appropriate*** *option.*

46. Choose the ***correct*** option to fill in the blank:
This pen is both good ________ cheap.
A. as well as B. as well
C. but only D. and

47. Select the ***appropriate*** preposition to fill in the blank:
His hut is _______ hotel Taj.
A. above B. out
C. besides D. beside

48. Choose the ***correct*** meaning of the underlined words:
The law and order situation will only become worse in the state due to the riots, if the government does not do something right now to nip it in the bud.
A. To plan in detail to stop a threat
B. To destroy the problem in the initial stage only
C. To arrest the culprits
D. To stop something harmful in the initial stage

49. Select the ***correct*** option (Phrasal Verb) for the underlined word:
She rejected his request to take her home.
A. turned up B. turned down
C. turned out D. turned off

50. Select the ***appropriate*** modal to fill in the blank:
Trespassers _______ be punished. (legal notice)
A. shall B. may
C. should D. ought to

51. Choose the ***appropriate*** preposition to fill in the blank:
What is the time _______ your watch?
A. in B. from
C. by D. on

52. Select the ***correct*** option (Phrasal Verb) for the blank left in the sentence:
Cholera has ______ in this village.
A. broken out B. broken down
C. broken up D. broken off

53. Choose the part of the sentence which is ***incorrect***:
The party president made (*a*)/ Rakesh (*b*)/ a M.P. candidate (*c*)/ for the coming election. (*d*)
A. (*a*) B. (*b*)
C. (*c*) D. (*d*)

54. Choose the part of the sentence which is ***incorrect***:
He did not (*a*)/ keep his words (*b*)/ to pick him up (*c*)/ from WTP. (*d*)
A. (*b*) B. (*c*)
C. (*d*) D. (*a*)

55. Choose the ***correct*** tense form to fill in the following:
I had consulted my lawyer before I ____ the complaint.
A. did lodged B. had lodged
C. lodge D. lodged

56. Choose the ***appropriate*** modal to fill in the blank:
He ______ listen to the stories of his Grand Ma before he slept. (Past habit)
A. could B. shall
C. would D. might

57. Choose the ***correct*** meaning of the underlined words:
The hostess broke the ice by introducing the strangers to each other.
A. To make people relax with each other
B. To make people perplexed with each other
C. To serve welcome drink to the guests
D. To start a game of puzzle

58. Choose the ***correct*** tense form to fill in the blank:
Municipality has decided to ____ the overhead wires.
A. did away with B. do away with
C. had done away with D. had done away wtih

59. Choose the ***correct*** option for the following:
One who wastes a lot of money is:
A. frugal B. recluse
C. prodigal D. reticent

60. Select the ***appropriate*** modal for the expression given:
Harish has annoyed his boss today.
He ______ be fired soon. (probability)
A. may B. can
C. ought to D. would

भाग-III

सामान्य अध्ययन : मात्रात्मक योग्यता, तार्किक अभिक्षमता तथा सामान्य ज्ञान एवं अभिज्ञान

निर्देशः *निम्नलिखित प्रश्नों के उत्तर देने के लिए* ***सबसे उचित*** *विकल्प चुनिए।*

61. एक तार की लम्बाई 66 मीटर है, तो इस तार से बनाए जा सकने वाले 1.32 सेमी. परिधि के वृत्तों की संख्या है :
A. 1000 B. 50
C. 500 D. 5000

62. 140 मीटर लम्बी रेलगाड़ी की चाल 60 किमी./घं. है, इसे 260 मीटर लम्बे प्लेटफॉर्म को पार करने में कितना समय लगेगा?
A. 18 सेकेण्ड B. 24 सेकेण्ड
C. 30 सेकेण्ड D. 32 सेकेण्ड

63. एक कपड़ा विक्रेता 33 मीटर कपड़ा बेचकर, 11 मीटर कपड़े के बिक्री मूल्य के बराबर लाभ प्राप्त कर लेता है, तो उसका लाभ प्रतिशत है :

A. 11% B. 22%
C. 50% D. 40%

64. यदि 4 पुरुष या 6 महिलाएँ एक कार्य को 7 घंटे प्रतिदिन कार्य करके 12 दिनों में कर सकते हैं, तो उसी कार्य से दोगुना बड़ा कार्य 10 पुरुष तथा 3 महिलाएँ 8 घंटे प्रतिदिन कार्य करके कितने दिनों में पूरा कर सकेंगे?

A. 6 B. 7
C. 8 D. 9

65. यदि $x = \frac{1}{1+\sqrt{2}}$ हो, तो $x^2 + 2x + 3$ का मान है :

A. 0 B. 1
C. 4 D. 2

66. निम्न अक्षर श्रेणी का अगला पद होगा :

CAE, HFJ, MKO, RPT, ______

A. UTY B. WUY
C. VUZ D. WUZ

67. पाँच व्यक्तियों A, B, C, D तथा E में, A, B से छोटा लेकिन E से लम्बा है, C सबसे लम्बा है, D, B से छोटा है लेकिन A से लम्बा है, तो इनमें से कौन सबसे छोटा है?

A. B B. A
C. D D. E

68. एक समचतुर्भुज का परिमाप 100 सेमी. है और उसका एक विकर्ण 40 सेमी. है, तो उसका क्षेत्रफल है :

A. 300 सेमी.^{2} B. 600 सेमी.^{2}
C. 780 सेमी.^{2} D. 900 सेमी.^{2}

69. दो मिश्रधातु ताँबे तथा टिन से बने हैं। पहली मिश्रधातु में ताँबा तथा टिन का अनुपात 1 : 3 है तथा दूसरे में अनुपात 2 : 5 है। इन दोनों मिश्रधातुओं को किस अनुपात में मिलाया जाए, ताकि नई मिश्रधातु में ताँबे तथा टिन का अनुपात 3 : 8 हो जाए?

A. 3 : 5 B. 4 : 9
C. 4 : 7 D. 3 : 8

70. A ने कहा, "वह लड़का मेरी माताजी के पति का पौत्र है, मेरा कोई भाई अथवा बहन नहीं है।" लड़का, A से किस प्रकार संबंधित है?

A. चाचा B. पुत्र
C. भतीजा D. चचेरा भाई

71. निम्न श्रेणी में ***गलत*** संख्या ज्ञात कीजिए :

135, 226, 353, 552, 739

A. 353 B. 226
C. 552 D. 739

72. ₹ 5000 पर 12% वार्षिक ब्याज की दर से 2 वर्ष के साधारण ब्याज एवं चक्रवृद्धि ब्याज में अन्तर होगा :

A. ₹ 72 B. ₹ 84
C. ₹ 96 D. ₹ 36

73. दो संख्याओं का योग 520 है, यदि उनमें से बड़ी संख्या को 4% कम कर दिया जाए और छोटी को 12% बढ़ा दिया जाए, तो प्राप्त संख्याएँ बराबर होंगी, तो उनमें से छोटी संख्या है :

A. 210 B. 240
C. 270 D. 300

74. निम्नलिखित श्रेणी में ***गलत*** पद ज्ञात कीजिए।

G4T, J9R, M20P, P41N, S90L

A. J9R B. M20P
C. P41N D. S90L

75. एक घनाभ की लम्बाई, चौड़ाई एवं गहराई का योग 19 सेमी. है, तथा इसके मुख्य विकर्ण का माप $5\sqrt{5}$ सेमी. है, तो इसका पृष्ठीय क्षेत्रफल है :

A. 361 सेमी.^{2} B. 286 सेमी.^{2}
C. 236 सेमी.^{2} D. 340 सेमी.^{2}

76. यदि एक व्यक्ति 8 किमी. दक्षिण में जाकर दायीं तरफ मुड़कर 8 किमी. जाता है, पुनः बायीं ओर मुड़कर 10 किमी. चलता है, तो वह शुरूआती बिन्दु से किस दिशा में है?

A. पूर्व-दक्षिण B. उत्तर-पूर्व
C. उत्तर-दक्षिण D. दक्षिण-पश्चिम

77. लड़कों की एक पंक्ति में, A बायीं तरफ से 15वें तथा B दायीं तरफ से चौथे स्थान पर है, एवं A तथा B के मध्य तीन लड़के हैं, C, A के एकदम बायीं ओर है, तो C की स्थिति दायीं ओर से क्या है?

A. 9वीं B. 10वीं
C. 12वीं D. 13वीं

78. एक व्यक्ति पूर्व की ओर 2 किमी. चलता है फिर वह दक्षिण दिशा में मुड़कर 1 किमी. चलता है, फिर वह पूर्व दिशा में मुड़कर 2 किमी. चलता है, उसके बाद वह उत्तर दिशा में मुड़कर 4 किमी. चलता है। अब वह प्रारम्भिक बिन्दु से कितनी दूर खड़ा है?

A. 5 किमी. B. 6 किमी.
C. 3 किमी. D. 4 किमी.

79. यदि W = 23, STRONG = 93, तो WEAK बराबर है :

A. 40 B. 41
C. 43 D. 44

80. यदि $5a + \frac{1}{3a} = 5$, तो $9a^2 + \frac{1}{25a^2}$ का मान है :

A. $\frac{51}{5}$ B. $\frac{29}{5}$
C. $\frac{52}{5}$ D. $\frac{39}{5}$

81. महिला खिलाड़ी को विवाह के अवसर पर 'मुख्यमंत्री विवाह शगुन योजना' के तहत दी जाने वाली राशि है :

A. ₹ 11,000 B. ₹ 21,000
C. ₹ 31,000 D. ₹ 51,000

82. 1857 की क्रान्ति के नायक अब्दुर्रहमान खाँ संबद्ध थे :

A. बहादुरगढ़ से B. फर्रुखनगर से
C. झज्जर से D. यमुनानगर से

83. फरवरी, 2021 में आयोजित '36वीं राष्ट्रीय जूनियर एथलेटिक्स चैम्पियनशिप' में हरियाणा राज्य ने कितने स्वर्ण पदक जीते?

A. 13 B. 18
C. 21 D. 24

84. निम्नलिखित में से कौन हरियाणा के सर्वाधिक अवधि के लिए राज्यपाल रहे हैं?

A. बी.एन. चक्रवर्ती B. ए.आर. किदवई
C. जगन्नाथ पहाड़िया D. कप्तान सिंह सोलंकी

85. हरियाणा साहित्य अकादमी के बारे में अधोलिखित कथनों को पढ़िए :

(*i*) मुख्यमंत्री अकादमी के अध्यक्ष के रूप में कार्य करते हैं।
(*ii*) 'हरिगंधा' अकादमी की पत्रिका है।

सही कूट चुनिए :

A. केवल कथन (*i*) सही है
B. केवल कथन (*ii*) सही है
C. न ही (*i*) और न ही (*ii*) सही है
D. दोनों कथन सही हैं

86. 'पंचवटी' नामक तीर्थस्थल हरियाणा में कहाँ स्थित है?

A. पलवल में B. अंबाला में
C. हथीन में D. बल्लभगढ़ में

87. 'चिंकारा प्रजनन केन्द्र' किस जिले में स्थित है?

A. कैथल B. पंचकुला
C. हिसार D. भिवानी

88. हरियाणा की मंत्री परिषद् में न्यूनतम सदस्य हो सकते हैं :

A. 10 B. 12
C. 14 D. 06

89. निम्नलिखित में से कौन-सा/कौन-से युग्म **सही** है/हैं?

(*i*) राज्य पशु – काला हिरण
(*ii*) सरस्वती वन्य जीव अभयारण्य – कैथल
(*iii*) नाहर वन्य जीव अभयारण्य – झज्जर

सही कूट का चयन चुनिए :

A. केवल (*i*)
B. (*i*) और (*iii*)
C. (*i*) और (*ii*)
D. केवल (*iii*)

90. निम्नलिखित को सुमेलित कीजिए :

नाम	**स्थान**
(*a*) बीरबल का रंग महल	(*i*) नारनौल
(*b*) आध्यात्मिक संग्रहालय	(*ii*) गुरुग्राम
(*c*) चोर गुम्बद	(*iii*) यमुनानगर
(*d*) सोहना का किला	(*iv*) पानीपत

कूट :

	(*a*)	(*b*)	(*c*)	(*d*)
A.	(*ii*)	(*iii*)	(*iv*)	(*i*)
B.	(*iii*)	(*iv*)	(*i*)	(*ii*)
C.	(*iv*)	(*ii*)	(*iii*)	(*i*)
D.	(*iii*)	(*ii*)	(*i*)	(*iv*)

भाग-IV

सामाजिक अध्ययन

निर्देशः *निम्नलिखित प्रश्नों के उत्तर देने के लिए* **सबसे उचित** *विकल्प चुनिए।*

91. अलाउद्दीन खिलजी की सैन्य व्यवस्था के संबंध में निम्नलिखित कथनों में से **सत्य** है/हैं:

(*i*) अलाउद्दीन खिलजी ने एक विशाल स्थाई सेना खड़ी की।
(*ii*) अलाउद्दीन खिलजी ने सैनिकों के लिए 'सीरी' नामक शहर बसाया।
(*iii*) अलाउद्दीन खिलजी ने सैनिकों को इक्ता के स्थान पर नकद वेतन दिया।

कूटः

A. केवल (*i*) B. केवल (*iii*)
C. (*i*) और (*ii*) D. (*i*), (*ii*) और (*iii*)

92. "दिव्यांगजन को समान अधिकार प्राप्त हैं और समाज में उनकी पूरी भागीदारी संभव बनाना सरकार का दायित्व है।"

कौन-से अधिनियम में उपरोक्त प्रावधान है?

A. दिव्यांगजन अधिकार अधिनियम, 2015
B. दिव्यांगजन अधिकार अधिनियम, 2005
C. दिव्यांगजन अधिकार अधिनियम, 2016
D. दिव्यांगजन अधिकार अधिनियम, 2017

93. निम्नलिखित में से कौन-सा 'राष्ट्रीय खाद्य सुरक्षा मिशन 2007' का अंग **नहीं** है?

A. गेहूँ मिशन B. चावल मिशन
C. दलहन मिशन D. तिलहन मिशन

94. 'मेक इन इण्डिया' का संबंध निम्नलिखित में से किस क्षेत्र से है?
A. विनिर्माण क्षेत्र B. कृषि क्षेत्र
C. सेवा क्षेत्र D. शिक्षा क्षेत्र

95. लक्षित सार्वजनिक वितरण प्रणाली (TPDS) का प्रारंभ कब हुआ?
A. जून, 1997 B. जुलाई, 1998
C. अगस्त, 1999 D. अप्रैल, 2000

96. निम्नलिखित सूफी संतों में से कौन-से सूफी नक्शबंदी सिलसिले से **नहीं** जुड़े थे?
A. शाह वली उल्लाह B. ख्वाजा बकी बिल्लाह
C. ख्वाजा मीर दर्द D. शेख शर्फुद्दीन यह्या

97. निम्नलिखित देशों में से किस देश ने जर्मनी को आर्थिक संकट से उबारने हेतु 'डॉव्स योजना' बनाई?
A. ब्रिटेन B. फ्रांस
C. संयुक्त राज्य अमेरिका D. रूस

98. भू-राजस्व की 'महालवाड़ी व्यवस्था' के प्रतिपादक थे:
A. कैप्टन एलेक्जेंडर रीड B. टॉमस मुनरो
C. होल्ट मैकेंजी D. लॉर्ड कॉर्नवालिस

99. निम्नलिखित में से कौन-सा सुमेलित **नहीं** है?

	घास के मैदान	**प्रदेश**
A.	प्रेयरी	उत्तरी अमेरिका
B.	वेल्ड	दक्षिणी अफ्रीका
C.	डाउन्स	दक्षिणी अमेरिका
D.	स्टेपी	यूरेशिया

100. गुरु गोबिन्द सिंह ने खालसा पंथ की स्थापना की:
A. 1598 में B. 1636 में
C. 1699 में D. 1704 में

101. निम्नलिखित में कौन-सा उड़ीसा की लौह अयस्क उत्पादक क्षेत्र **नहीं** है?
A. कुद्रेमुख B. गुरुमहिसानी
C. बादाम पहाड़ D. किरिबुरु

102. 'चिनूक' हवा बहती है:
A. स्विट्जरलैण्ड में B. सहारा मरुस्थल में
C. इटली में D. यू.एस.ए. में

103. असम में अप्रैल तथा मई में तूफानों से होने वाली वर्षा कहलाती है:
A. मैंगो शावर B. लू
C. चैरी ब्लॉसम D. बारदोली छीड़ा

104. भारत व पाकिस्तान के मध्य परमाणु प्रतिष्ठानों की साझा करने सम्बन्धी सन्धि पर हस्ताक्षर कब हुए?
A. 31 दिसम्बर, 1988 B. 27 जनवरी, 1991
C. 31 दिसम्बर, 2020 D. 1 जनवरी, 2021

105. रूस में 'खूनी रविवार की घटना' किस वर्ष हुई?
A. 1903 में B. 1905 में
C. 1917 में D. 1927 में

106. भारत की 2001-2011 के दौरान जनसंख्या दशकीय वृद्धि दर थी:
A. +21.54 B. +20.54
C. +17.64 D. +18.64

107. निम्नलिखित में से कौन-सा भारतीय बहुराष्ट्रीय निगम **नहीं** है?
A. आई.टी.सी. B. जोमैटो
C. माइक्रोमैक्स D. नेस्ले

108. भारतीय लोकतंत्र के सम्मुख कौन-सी प्रत्यक्ष चुनौती **नहीं** है?
A. नैतिक मूल्यों का पतन B. साम्प्रदायवाद का खतरा
C. जाति व्यवस्था D. सभी विकल्प सही हैं

109. 'दी पॉवर एलीट' पुस्तक किसने लिखी?
A. राइट मिल्स B. मोस्का
C. मिचेल्स D. पैरेटो

110. क्षोभमण्डल में सामान्य ताप पतन दर है:
A. 6°C प्रति 1000 मीटर B. 8°C प्रति 1000 मीटर
C. 6.5°C प्रति 1000 मीटर D. 5.5°C प्रति 1000 मीटर

111. सूची-I का सूची-II से मिलान कीजिए और नीचे दिये गये कूट में से **सही** उत्तर का चयन कीजिए:

सूची-I	**सूची-II**
(*a*) राजनीति विज्ञान कला है	(*i*) गेटेल
(*b*) राजनीति विज्ञान कला, दर्शन और विज्ञान का समन्वय है	(*ii*) ब्लंशली
(*c*) राजनीति विज्ञान राज्य का विज्ञान है	(*iii*) ईस्टन
(*d*) राजनीति मूल्यों का आधिकारिक आवंटन है	(*iv*) केटलिन

कूट:

	(*a*)	(*b*)	(*c*)	(*d*)
A.	(*i*)	(*ii*)	(*iii*)	(*iv*)
B.	(*ii*)	(*iv*)	(*i*)	(*iii*)
C.	(*iii*)	(*ii*)	(*i*)	(*iv*)
D.	(*ii*)	(*iii*)	(*iv*)	(*i*)

112. भारत में नवीन आर्थिक सुधारों (एल.पी.जी.-1991) के लागू होने के समय आर.बी.आई. गवर्नर कौन थे?
A. मनमोहन सिंह B. सी. रंगराजन
C. एस. वैंकटरमन D. अमिताभ घोष

113. हिमाचल हिमालय _______ के नाम से भी जाना जाता है।
A. हिमाद्री B. लघु हिमालय
C. बाह्य हिमालय D. ट्रान्स हिमालय

114. लोकसभा अध्यक्ष अपना त्यागपत्र संबोधित करता है:
A. भारत के राष्ट्रपति को B. भारत के मुख्य न्यायाधीश को
C. लोकसभा के उपाध्यक्ष को D. भारत के उपराष्ट्रपति को

115. अल-बिरूनी की 'किताब-उल-हिंद' निम्नलिखित में से किस भाषा में लिखी गयी है?

A. फारसी B. अरबी

C. तुर्की D. उर्दू

116. निम्नलिखित उपभोक्ता संरक्षण से संबंधित मानकीकरण चिन्हों (मार्क) में से कौन-सा एक सही सुमेलित **नहीं** है?

A. एगमार्ग – खाद्य उत्पाद

B. इको मार्क – घरेलू उपभोक्ता उत्पाद

C. हाल मार्क – मूल्यवान धातुएँ

D. वूल मार्क – सूती एवम् रेशमी वस्त्र

117. अधोलिखित कथनों में से **सत्य** कथन है/हैं:

(*i*) ब्रिटिश काल में डायट्रिच ब्रैंडिस देश के पहले वन महानिरीक्षक बने।

(*ii*) इम्पीरियल फॉरेस्ट रिसर्च इंस्टीट्यूट की स्थापना 1905 में देहरादून में हुई।

(*iii*) 1878 ई. के वन अधिनियम में जंगलों को दो वर्गों में बाँटा गया था।

कूटः

A. केवल (*i*) B. केवल (*iii*)

C. (*i*), (*ii*) और (*iii*) D. (*i*) और (*ii*)

118. अर्थशास्त्र की दुर्लभता केन्द्रित परिभाषा किसने दी?

A. मार्शल B. रॉबिन्स

C. सैम्यूल्सन D. रॉबिन्सन

119. निम्न में से कौन-सा प्रकार मैक्स वेबर के वैधता विचार का **नहीं** है?

A. कानूनी वैधता B. शक्ति वैधता

C. परम्परागत वैधता D. करिश्माई वैधता

120. वैश्वीकरण के बारे में कौन-सा कथन **सही** है?

A. वैश्वीकरण सिर्फ आर्थिक परिघटना है

B. वैश्वीकरण की शुरुआत 1991 में हुई

C. वैश्वीकरण और पश्चिमीकरण समान है

D. वैश्वीकरण एक बहुआयामी परिघटना है

121. निम्नलिखित में से कौन-सा पार्थिव ग्रह **नहीं** है?

A. शुक्र B. मंगल

C. बृहस्पति D. बुध

122. निम्नलिखित में से कौन-सा भूकम्पों की उत्पत्ति का कारण **नहीं** है?

A. ज्वालामुखी क्रिया B. समुद्री धारायें

C. भ्रंश क्रिया D. द्रवस्थैतिक दबाव

123. लोकसभा के तीसरे स्पीकर (लोकसभा अध्यक्ष) कौन थे?

A. सरदार हुकुम सिंह B. श्री जी.एस. ढिल्लो

C. श्री एन. संजीवा रेड्डी D. श्री बालीराम भगत

124. क्षेत्रफल के अनुसार निम्नलिखित महासागरों का **सही** घटता क्रम है:

A. प्रशान्त > हिन्द > अटलाण्टिक > आर्कटिक

B. प्रशान्त > अटलाण्टिक > हिन्द > आर्कटिक

C. प्रशान्त > अटलाण्टिक > आर्कटिक > हिन्द

D. अटलाण्टिक > प्रशान्त > हिन्द > आर्कटिक

125. भारतीय संविधान के कौन-से अनुच्छेद में पंचायतों की संरचना वर्णित है?

A. अनुच्छेद 243 B. अनुच्छेद 243-क

C. अनुच्छेद 243-ख D. अनुच्छेद 243-ग

126. आर्थिक विकास की अवधारणा के मापन में सुधार का क्रम क्या है?

(*a*) आय

(*b*) प्रति व्यक्ति आय

(*c*) जीवन का भौतिक गुणवत्ता सूचकांक

(*d*) एच.डी.आई.

सही क्रम कौन-सा है?

A. (*a*), (*b*), (*c*), (*d*) B. (*a*), (*c*), (*b*), (*d*)

C. (*a*), (*d*), (*b*), (*c*) D. (*b*), (*c*), (*d*), (*a*)

127. सूची-I का सूची-II से मिलान कीजिए और नीचे दिये गये कूट में से **सही** उत्तर का चयन कीजिए:

सूची-I (समिति)	**सूची-II (वर्ष)**
(*a*) अशोक मेहता समिति	(*i*) 1986
(*b*) एल.एम. सिंघवी समिति	(*ii*) 1978
(*c*) जॉन मथाई समिति	(*iii*) 1953-54
(*d*) संथानम समिति	(*iv*) 1963

कूटः

	(*a*)	(*b*)	(*c*)	(*d*)
A.	(*i*)	(*ii*)	(*iii*)	(*iv*)
B.	(*i*)	(*iii*)	(*ii*)	(*iv*)
C.	(*ii*)	(*i*)	(*iii*)	(*iv*)
D.	(*i*)	(*ii*)	(*iv*)	(*iii*)

128. पंचायतों की वित्तीय स्थिति के पुनर्विलोकन के लिए वित्त आयोग का गठन कौन करता है?

A. संसद B. विधानमण्डल

C. राष्ट्रपति D. राज्यपाल

129. निम्नलिखित में से कौन-सा सबसे हिंसक और विस्फोटक ज्वालामुखी का प्रकार है?

A. हवायन B. स्ट्रोम्बोलियन

C. वल्केनियन D. पीलियन

130. निम्नलिखित में से कौन-सा भारतीय रिजर्व बैंक का कार्य **नहीं** है?

A. साख का सृजन B. साख का नियंत्रण

C. मौद्रिक नीति D. करेंसी नोटों का निर्गमन

131. राज्यपाल की उपलब्धियों, भत्तों और विशेषाधिकारों का निर्धारण कौन करता है?

A. राष्ट्रपति B. नियंत्रक-महालेखा परीक्षक

C. मतदाता D. संसद

132. निम्नलिखित शासकों में कौन-सा 'निशुम्भसूदिनी' देवी मंदिर का निर्माता है?

A. विजयालय चोल B. राजराज-I

C. राजेन्द्र-II D. पुलकेशिन-II

133. चोल काल में 'वेट्टी' था:

A. व्यापारियों का समूह B. एक बंदरगाह

C. एक प्रकार का कर D. एक शाही संस्कार

134. एच.डी.आई. के संबंध में निम्नलिखित में से कौन-सी टिप्पणी **असंगत** है?

A. एच.डी.आई. से अभिप्राय 'हंगर डेवलपमेंट इंडेक्स' है, जिसे रैंक के रूप में प्रस्तुत किया जाता है।

B. यह क्रयशक्ति समता पद्धति का उपयोग करता है।

C. जन्म के समय जीवन प्रत्याशा, जन्म के समय किसी व्यक्ति के जीवन की अपेक्षित औसत लम्बाई को दर्शाती है।

D. एच.डी.आई. में आय, स्वास्थ्य और शिक्षा को शामिल किया जाता है।

135. 'मियाण्डर' किस कारक के अपरदन से निर्मित होते हैं?

A. नदी B. हवा

C. समुद्री लहरें D. भूमिगत जल

136. निम्नलिखित में से कौन-सा सुमेलित **नहीं** है?

A. महादंडनायक – मुख्य न्याय अधिकारी

B. नगर-श्रेष्ठि – मुख्य बैंकर/व्यापारी

C. उपरिक – मुख्य शिल्पकार

D. सार्थवाह – व्यापारियों के काफिले का नेता

137. किस अर्थशास्त्री ने भारत में सर्वप्रथम गरीबी का अध्ययन किया और 1956-1968 के मध्य ग्रामीण निर्धनों के प्रतिशत में कमी होने का संकेत दिया?

A. बी.एम. दाण्डेकर B. बी.एस. मिन्हास

C. डी.टी. लक्कड़वाला D. एम.एस. आहलूवालिया

138. अलाउद्दीन खिलजी की विजयों का ***सही*** कालक्रम है:

(*i*) चित्तौड़गढ़ की विजय

(*ii*) गुजरात की विजय

(*iii*) रणथम्भोर की विजय

(*iv*) देवगिरि का द्वितीय अभियान

कूट:

A. (*ii*), (*iii*), (*i*), (*iv*)

B. (*iii*), (*i*), (*ii*), (*iv*)

C. (*ii*), (*i*), (*iii*), (*iv*)

D. (*i*), (*iv*), (*iii*), (*ii*)

139. निम्नलिखित में से कौन-सा पर्वत यूरोप में अवस्थित ***नहीं*** है?

A. एटलस B. आल्पस

C. ब्लैक फॉरेस्ट D. एपेनाइन

140. सूची-I तथा सूची-II का मिलान करें तथा नीचे दिये गये कूट का उपयोग करते हुए **सही** उत्तर का चयन कीजिए:

सूची-I (पुरास्थल)	**सूची-I (उत्खननकर्त्ता)**
(*a*) सुल्कागेन डोर	(*i*) जॉर्ज एफ. डेल्स
(*b*) भगवानपुरा	(*ii*) एस.आर. राव
(*c*) बालाकोट	(*iii*) आरेल स्टाइन
(*d*) लोथल	(*iv*) जे.पी. जोशी

कूट :

	(*a*)	(*b*)	(*c*)	(*d*)
A.	(*ii*)	(*iii*)	(*i*)	(*iv*)
B.	(*iii*)	(*iv*)	(*i*)	(*ii*)
C.	(*iii*)	(*i*)	(*ii*)	(*iv*)
D.	(*iii*)	(*i*)	(*iv*)	(*ii*)

141. भारत के सकल घरेलू उत्पाद में विभिन्न क्षेत्रकों के योगदान का क्रम क्या है?

A. तृतीयक > द्वितीयक > प्राथमिक

B. तृतीयक > प्राथमिक > द्वितीयक

C. प्राथमिक > द्वितीयक > तृतीयक

D. प्राथमिक > तृतीयक > द्वितीयक

142. 'सतत विकास' शब्द से क्या अभिप्राय है?

A. तेजी से विकास

B. कृषि का विकास

C. उद्योगों का विकास

D. पर्यावरण संरक्षण के साथ आर्थिक विकास

143. भारतीय संविधान के कौन-से भाग में संघ एवं राज्य के प्रशासनिक सम्बन्ध वर्णित हैं?

A. भाग-19, अध्याय-2 में B. भाग-11, अध्याय-3 में

C. भाग-11, अध्याय-1 में D. सभी विकल्प गलत हैं

144. निम्नलिखित पुरास्थलों में से किस स्थल से गर्तावास के साक्ष्य प्राप्त हुए हैं?

A. दमदमा B. बुर्जहोम

C. चोपानी मांडो D. शोर्तुगाई

145. अशोक के निम्नलिखित अभिलेखों में से किसमें उसका नाम 'अशोक' उल्लेखित किया गया है?

A. अहरौरा शिलालेख B. नेत्तुर शिलालेख

C. भाब्रु शिलालेख D. रूपनाथ शिलालेख

146. भारत का उपराष्ट्रपति निर्वाचित किया जाता है:

A. सभी विधानमण्डलों के सदस्यों द्वारा

B. संसद के सदस्यों द्वारा

C. केवल राज्य सभा के सदस्यों द्वारा

D. सभी विकल्प सही हैं

147. जनगणना-2011 के अनुसार भारत में महिला साक्षरता में सर्वाधिक पिछड़ा राज्य कौन-सा है?

A. हरियाणा B. बिहार
C. राजस्थान D. झारखण्ड

148. निम्नलिखित में से कौन-सा सुमेलित नहीं है?

A. कर्क रेखा – 23½° उत्तर
B. मकर रेखा – 23½° दक्षिण
C. प्रधान मध्याह्न रेखा – 90° पूर्वी देशान्तर
D. अन्तर्राष्ट्रीय तिथि रेखा – 180° पूर्व तथा 180° पश्चिम देशान्तर

149. 'हाफेड' के बारे में **असत्य** कथन कौन-सा है?

A. 'हाफेड' से अभिप्राय, हरियाणा कृषि फार्म शिक्षण विभाग है।
B. हाफेड हरियाणा राज्य का सबसे बड़ा शीर्ष सहकारी संघ है।
C. हाफेड 1 नवम्बर, 1966 को अस्तित्त्व में आया।
D. हाफेड द्वारा हरियाणा के सभी जिलों में 'हाफेड बाजार' खोलने की योजना है।

150. कौन-से संविधान संशोधन द्वारा भारतीय संविधान की प्रस्तावना में नये शब्द जोड़े गये?

A. 42वें B. 44वें
C. 52वें D. 86वें

उत्तरमाला

1. (C)	**2.** (B)	**3.** (B)	**4.** (D)
5. (D)	**6.** (D)	**7.** (C)	**8.** (B)
9. (D)	**10.** (C)	**11.** (B)	**12.** (A)
13. (B)	**14.** (A)	**15.** (C)	**16.** (B)
17. (D)	**18.** (C)	**19.** (A)	**20.** (D)
21. (A)	**22.** (C)	**23.** (A)	**24.** (B)
25. (A)	**26.** (B)	**27.** (C)	**28.** (B)
29. (A)	**30.** (A)	**31.** (C)	**32.** (B)
33. (C)	**34.** (A)	**35.** (B)	**36.** (B)
37. (D)	**38.** (D)	**39.** (B)	**40.** (A)
41. (D)	**42.** (B)	**43.** (C)	**44.** (C)
45. (D)	**46.** (D)	**47.** (D)	**48.** (D)
49. (B)	**50.** (A)	**51.** (C)	**52.** (A)
53. (C)	**54.** (A)	**55.** (D)	**56.** (C)
57. (A)	**58.** (B)	**59.** (C)	**60.** (B)

61. (D): दिया है, तार की लंबाई = 66 मी.
= 66 × 100 सेमी. = 6600 सेमी.
∴ परिधि = 6600 सेमी.
और छोटे वृत्त की परिधि = 1.32 सेमी.

$\therefore$ अभीष्ट वृत्तों की संख्या $= \frac{6600}{1.32} = 5000.$

62. (B): रेलगाड़ी द्वारा तय की गई दूरी = 140 + 260 = 400 मी.
और रेलगाड़ी की चाल = 60 किमी./घं.

$= 60 \times \frac{5}{18}$ मी./से. $= 10 \times \frac{5}{3} = \frac{50}{3}$ मी./से.

∴ ट्रेन द्वारा प्लेटफार्म को पार करने में लगा समय

$= \frac{400}{\frac{50}{3}} = \frac{400 \times 3}{50} = 24$ सेकेंड

63. (C): माना 1 मीटर कपड़े का मूल्य = ₹ 1
तब, 33 मीटर कपड़े का विक्रय मूल्य = ₹ 33
∴ लाभ = 11 मीटर कपड़े का मूल्य = ₹ 11
∴ 33 मीटर कपड़े का क्रय मूल्य = 33 – 11 = ₹ 22

अतः लाभ प्रतिशत $= \frac{\text{लाभ} \times 100}{\text{क्रय मूल्य}} = \frac{11 \times 100}{22} = 50\%.$

64. (B): यहाँ $M_1 = 6$ महिलाएँ, $d_1 = 12$ दिन, $h_1 = 7$ घंटे, $w_1 = 1$ और $M_2 = 3 + 10 \times \frac{6}{4} = 3 + 15 = 18$ महिलाएँ
$d_2 = ?$
$h_2 = 8$ घंटे, $w_2 = 2$

[4 पुरुष = 6 महिलाएँ ⇒ 1 पुरुष $= \frac{6}{4}$ महिलाएँ]

$$\because \quad \frac{M_1 d_1 h_1}{w_1} = \frac{M_2 d_2 h_2}{w_2}$$

$$\Rightarrow \quad \frac{6 \times 12 \times 7}{1} = \frac{18 \times d_2 \times 8}{2}$$

$$\Rightarrow \quad d_2 = \frac{6 \times 12 \times 7}{9 \times 8} = 7 \text{ दिन।}$$

65. (C): दिया है, $x = \frac{1}{1+\sqrt{2}}$

$$= \frac{1}{1+\sqrt{2}} \times \frac{\sqrt{2}-1}{\sqrt{2}-1} = \frac{\sqrt{2}-1}{2-1} = \left(\sqrt{2}-1\right)$$

$$\therefore \quad x^2 = \left(\sqrt{2}-1\right)^2 = 2+1-2\sqrt{2} = 3-2\sqrt{2}$$

$$x^2 + 2x + 3 = 3-2\sqrt{2}+2\left(\sqrt{2}-1\right)+3$$
$$= 3-2\sqrt{2}+2\sqrt{2}-2+3$$
$$= 6 - 2 = 4.$$

66. (B):

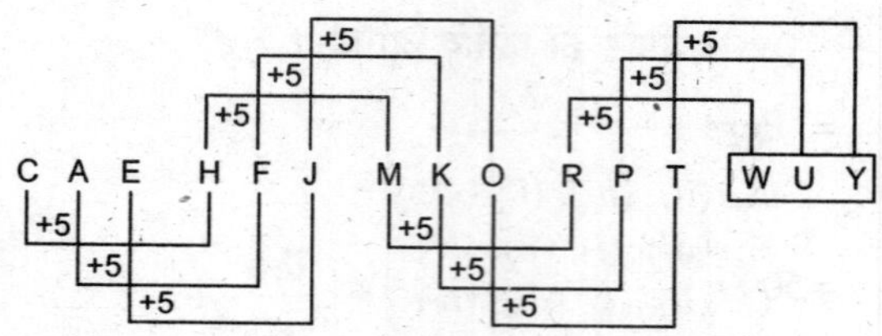

अतः पहला पद = WUY.

67. (D): 5 व्यक्तियों में, C > B > D > A > E
अतः E इनमें सबसे छोटा है।

68. (B): दिया है, समचतुर्भुज का परिमाप = 100 सेमी.

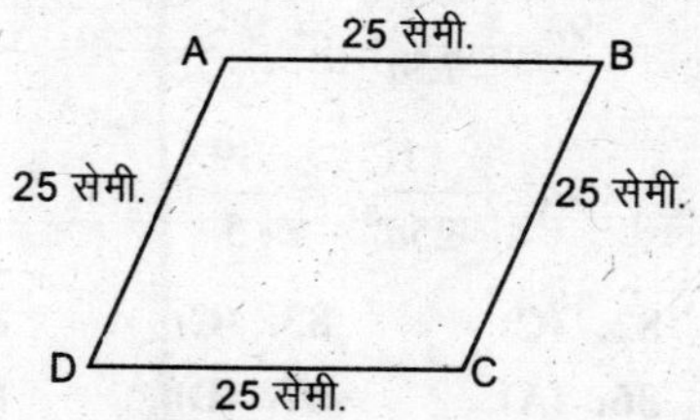

एक विकर्ण (d_1) = 40 सेमी.

$$\left(\frac{d_1}{2}\right)^2 + \left(\frac{d_2}{2}\right)^2 = (25)^2$$

$$\Rightarrow (20)^2 + \left(\frac{d_2}{2}\right)^2 = 625 \Rightarrow \left(\frac{d_2}{2}\right)^2 = 625 - 400$$

$$\Rightarrow \left(\frac{d_2}{2}\right)^2 = 225 \Rightarrow \left(\frac{d_2}{2}\right)^2 = (15)^2$$

$$\Rightarrow \frac{d_2}{2} = 15 \Rightarrow d^2 = 30 \text{ सेमी.}$$

$$\therefore \text{ समचतुर्भुज का क्षेत्रफल} = \frac{1}{2}(d_1 \times d_2) = \frac{1}{2}(40 \times 30)$$

$$= \frac{1}{2} \times 1200 = 600 \text{ सेमी.}^2.$$

69. (C)

70. (B):

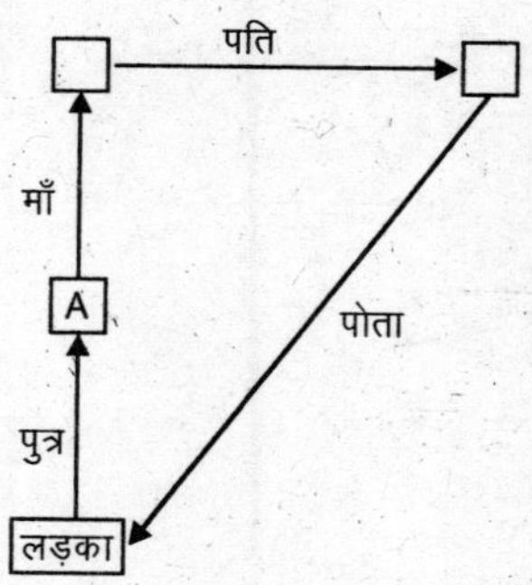

यहाँ, लड़का A का पुत्र है।

71. (C)

72. (A): दिया है, P = ₹ 5000, $r = 12\%$ p.a., $t = 2$ वर्ष

$$\therefore \quad \text{चक्रवृद्धि ब्याज} = P\left(1 + \frac{r}{100}\right)^n - P$$

$$= P\left[\left(1 + \frac{r}{100}\right)^n - 1\right] = 5000\left[\left(1 + \frac{12}{100}\right)^2 - 1\right]$$

$$= 5000\left[\left(\frac{28}{25}\right)^2 - 1\right] = 5000\left[\frac{784}{625} - 1\right] = 5000\left[\frac{159}{625}\right]$$

= 8 × 159 = ₹ 1272

$$\text{और साधारण ब्याज} = \frac{Prt}{100} = \frac{5000 \times 12 \times 2}{100}$$

= 50 × 24 = ₹ 1200
अतः अभीष्ट अंतर = C.I. – S.I.
= ₹ 1272 – ₹ 1200 = ₹ 72.

73. (B): माना दो संख्याएँ x और $(520 - x)$ हैं
छोटी संख्या = x, बड़ी संख्या = $(520 - x)$

$$\text{तब, } (520 - x) \times \frac{100 - 4}{100} = x \times \frac{100 + 12}{100}$$

$$\Rightarrow \quad 96(520 - x) = 112x$$

$$\Rightarrow \quad 96 \times 520 - 96x = 112x$$

$$\Rightarrow \quad 208x = 96 \times 520$$

$$\Rightarrow \quad x = \frac{96 \times 520}{208}$$

$$\Rightarrow \quad x = \frac{40 \times 96}{16} = 40 \times 6 = 240$$

अतः छोटी संख्या x = 240.

74. (C):

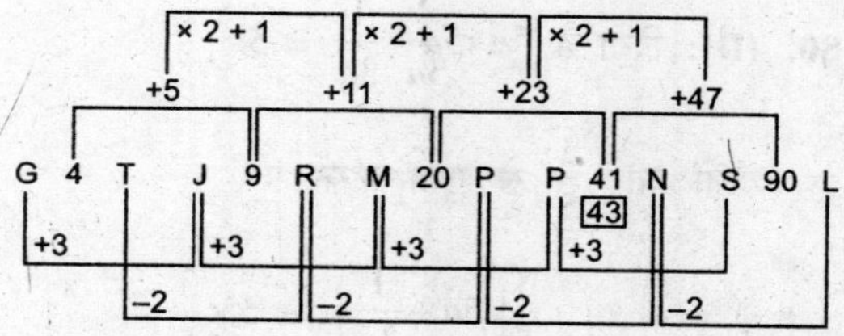

पद P4IN में मध्य की संख्या
41 की जगह 43 होना चाहिए
अतः गलत पद P4IN है।

75. (C): दिया है, $l + b + h = 19$ सेमी.

$$\Rightarrow \quad (l + b + h)^2 = (19)^2$$

$$\Rightarrow l^2 + b^2 + h^2 + 2(lb + bh + lh) = 361 \text{ सेमी}^2 \quad ...(i)$$

और दिया है मुख्य विकर्ण = $5\sqrt{5}$ सेमी.

$$\Rightarrow \quad \sqrt{l^2 + b^2 + h^2} = 5\sqrt{5} \text{ सेमी.}$$

$$\Rightarrow \quad l^2 + b^2 + h^2 = 125 \text{ सेमी.}^2 \quad ...(ii)$$

(*i*) और (*ii*) से,

$$125 + 2(lb + bh + lh) = 361$$

$$\Rightarrow \quad 2(lb + bh + lh) = 361 - 125$$

$$\Rightarrow \quad 2(lb + bh + lh) = 236 \text{ सेमी.}^2$$

अतः पृष्ठीय क्षेत्रफल = 236 सेमी.².

76. (D): यहाँ शुरूआती बिन्दु = A

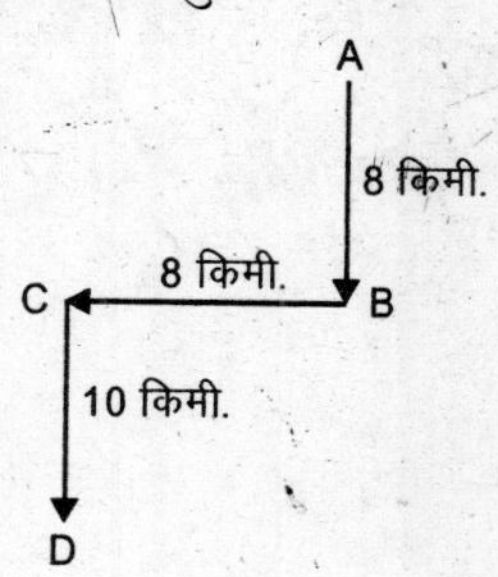

AB = 8 किमी., BC = 8 किमी. और CD = 10 किमी.

अतः वह (D), शुरूआती बिन्दु (A) से दक्षिण-पश्चिम दिशा में है।

77. (A): दिया है, लड़कों की एक पंक्ति में

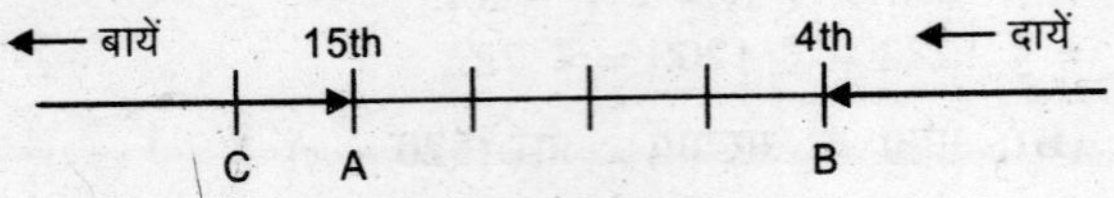

A = बायें से 15वाँ

B = दायें से 4था

C = A के बायें का पहला

तथा A और B के बीच में 3 लड़के हैं।

अतः C की स्थिति दायीं ओर से = 4 + 3 + 2 = 9वीं।

78. (A)

79. (A): दिया है, W = 23

STRONG = 93

$\Rightarrow$ 19 + 20 + 18 + 15 + 14 + 7 = 93

इसी प्रकार, WEAK = 23 + 5 + 1 + 11

$\Rightarrow$ WEAK = 40.

80. (D): दिया है, $5a+\dfrac{1}{3a} = 5$

दोनों ओर $\dfrac{3}{5}$ से गुणा करने पर,

$$\therefore \quad \frac{3}{5}\left(5a+\frac{1}{3a}\right) = 5\times\frac{3}{5}$$

$$\Rightarrow \quad 3a+\frac{1}{5a} = 3$$

दोनों ओर वर्ग करने पर,

$$9a^2+\frac{1}{25a^2}+2.3a.\frac{1}{5a} = 9$$

$$\Rightarrow \quad 9a^2+\frac{1}{25a^2} = 9-\frac{6}{5}$$

$$\Rightarrow \quad 9a^2+\frac{1}{25a^2} = \frac{39}{5}.$$

81. (C)	**82. (C)**	**83. (C)**	**84. (A)**
85. (D)	**86. (A)**	**87. (D)**	**88. (B)**
89. (C)	**90. (B)**	**91. (D)**	**92. (C)**
93. (D)	**94. (A)**	**95. (A)**	**96. (D)**
97. (C)	**98. (C)**	**99. (C)**	**100. (C)**
101. (A)	**102. (D)**	**103. (D)**	**104. (A)**
105. (B)	**106. (C)**	**107. (D)**	**108. (C)**
109. (A)	**110. (C)**	**111. (B)**	**112. (C)**
113. (B)	**114. (C)**	**115. (B)**	**116. (D)**
117. (A)	**118. (B)**	**119. (B)**	**120. (D)**
121. (C)	**122. (B)**	**123. (A)**	**124. (B)**
125. (D)	**126. (A)**	**127. (C)**	**128. (D)**
129. (D)	**130. (A)**	**131. (D)**	**132. (A)**
133. (C)	**134. (A)**	**135. (A)**	**136. (C)**
137. (B)	**138. (A)**	**139. (A)**	**140. (B)**
141. (A)	**142. (D)**	**143. (D)**	**144. (B)**
145. (B)	**146. (B)**	**147. (B)**	**148. (C)**
149. (A)	**150. (A)**		

पिछले प्रश्न-पत्र (हल सहित)

हरियाणा शिक्षक पात्रता परीक्षा (HTET)

TGT सामाजिक अध्ययन (Level-2), परीक्षा 2020

(Exam held on 3 January, 2021)

भाग-I

बाल विकास व शिक्षाशास्त्र

निर्देश : *निम्नलिखित प्रश्नों के उत्तर देने के लिए* ***सबसे उचित*** *विकल्प चुनिए।*

1. निम्नलिखित में से कौन-सा थॉर्नडाइक द्वारा प्रतिपादित सीखने का प्रमुख नियम ***नहीं*** है?
A. अभ्यास का नियम
B. प्रभाव का नियम
C. तत्परता का नियम
D. सामान्यीकरण का नियम

2. 'संवेगात्मक बुद्धि' शब्द को सर्वप्रथम किसने प्रस्तुत किया?
A. फ्रेडरिक एवं किर्क
B. हेनरी एवं पीटर
C. जॉन एवं क्रॉनबैक
D. मेयर एवं सलोवे

3. निम्नलिखित में से कौन-सा उपागम अधिगम अयोग्य बालकों के व्यवहार का विश्लेषण कर उनकी अधिगम न्यूनता के मूल कारणों के जानने के प्रयास पर आधारित है?
A. मनोविश्लेषणात्मक उपागम
B. व्यवहारवादी उपागम
C. वैयक्तिक अनुदेशनात्मक उपागम
D. बहुइन्द्रीय उपागम

4. 'लुप्त अधिगम' संप्रत्यय को सर्वप्रथम किसने परिचित कराया?
A. कुर्त लेविन
B. ई.एल. थॉर्नडाइक
C. एडवर्ड चेस टॉलमैन
D. पावलोव

5. 'प्रकार्यवाद' के प्रमुख प्रवर्तक कौन थे?
A. विलियम जेम्स
B. जे.बी. वाट्सन
C. क्लार्क हल
D. एडवर्ड टॉलमैन

6. निम्नलिखित में से कौन-सा जन्मजात अभिप्रेरक का उदाहरण है?
A. पुरस्कार
B. भूख
C. दण्ड
D. प्रोत्साहन

7. बालक के शरीर में होने वाले लैंगिक परिवर्तन, विकास की कौन-सी अवस्था में दिखाई देना प्रारंभ हो जाते हैं?
A. पूर्व बाल्यावस्था
B. पश्च किशोरावस्था
C. वयस्कावस्था
D. वयःसंधि काल

8. क्लासिकल अनुबंधन का अन्य नाम क्या है?
A. 'एस' प्रकार का अनुबन्धन
B. 'आर' प्रकार का अनुबन्धन
C. 'एस-आर' प्रकार का अनुबन्धन
D. 'यू' प्रकार का अनुबन्धन

9. ''परिश्रमप्रियता बनाम हीनता'' अवस्था के लिए एरिक्सन ने कौन-सा आयु समूह बताया है?
A. 6 से 11 वर्ष
B. 12 से 20 वर्ष
C. 3 से 6 वर्ष
D. 18 माह से 3 वर्ष

10. निम्नलिखित में से कौन-सा 'विकास' का सही सिद्धांत ***नहीं*** है?
A. सांतत्य का सिद्धांत
B. वैयक्तिक भिन्नता का सिद्धांत
C. पैटर्न की एकरूपता का सिद्धांत
D. विशिष्ट से सामान्य प्रतिक्रियाओं की कार्यवाही का सिद्धांत

11. निम्नलिखित में से कौन-सा 'मनोविज्ञान का संप्रदाय' (विचार) 'ब्लैक बॉक्स थ्योरी' के नाम से जाना जाता है?
A. व्यवहारवाद
B. संरचनावाद
C. प्रकार्यवाद
D. गेस्टाल्टवाद

12. निम्नलिखित में से कौन-सा अच्छे मानसिक स्वास्थ्य का लक्षण **नहीं** है?
A. समायोजन योग्यता
B. संवेगात्मक परिपक्वता
C. आत्मविश्वास
D. असहनशीलता

13. कैटल संस्कृति मुक्त बुद्धि परीक्षण की मापनी I किसके लिए बनायी गयी थी?
A. 8 से 12 वर्ष के मानसिक दोष वाले व्यक्तियों के लिए
B. 4 से 8 वर्ष के मानसिक दोष वाले व्यक्तियों के लिए
C. 12 से 15 वर्ष के मानसिक दोष वाले व्यक्तियों के लिए
D. 2 से 4 वर्ष के मानसिक दोष वाले व्यक्तियों के लिए

14. निम्नलिखित में से कौन-सा 'रचनात्मकता की प्रक्रिया' के लिए ***सही*** तार्किक क्रम है?
A. अंतर्दृष्टि → तैयारी → परिपाक → सत्यापन
B. तैयारी → अंतर्दृष्टि → परिपाक → सत्यापन
C. तैयारी → परिपाक → अंतर्दृष्टि → सत्यापन
D. तैयारी → अंतर्दृष्टि → सत्यापन → परिपाक

15. निम्नलिखित में से कौन-सा पद क्रिया-प्रसूत अनुबंध से संबंधित ***नहीं*** है?

A. अन्तर्दृष्टि B. पुनर्बलन
C. स्वतः पुनर्लाभ D. विलोपन

16. वे बच्चे जो विभिन्न प्रकार की अधिगम समस्याओं से ग्रसित रहते हैं, उनके लिए 'अधिगम अक्षम' शब्द का प्रयोग सर्वप्रथम किसने किया?

A. हेवार्ड B. सैमुअल किर्क
C. वैन रिपर D. बर्क

17. निम्नलिखित में से कौन-सा मनोवैज्ञानिक "आत्मा के विज्ञान के रूप में मनोविज्ञान" विचारधारा का समर्थक ***नहीं*** है?

A. प्लेटो B. अरस्तू
C. डेकार्टे D. वुण्ट

18. मनोविज्ञान की कौन-सी शाखा में टेलीपैथी, पुनर्जन्म जैसे क्षेत्रों का अध्ययन किया जाता है?

A. दैहिक मनोविज्ञान B. नैदानिक मनोविज्ञान
C. अतींद्रिय मनोविज्ञान D. विकासात्मक मनोविज्ञान

19. जीन पियाजे के अनुसार बालक कौन-सी अवस्था में परिकल्पनाओं को समझने की तथा तार्किक वाक्यों के आधार पर विचार करने की योग्यता प्राप्त कर लेता है?

A. 0 से 2 वर्ष B. 2 से 6 वर्ष
C. 6 से 11 वर्ष D. 11 से 15 वर्ष

20. निम्नलिखित में से कौन-सा मनोविज्ञान मानव के चिन्तन, स्मृति, भाषा, प्रत्यक्षीकरण इत्यादि का अध्ययन करता है?

A. मानवतावादी मनोविज्ञान B. संज्ञानात्मक मनोविज्ञान
C. असामान्य मनोविज्ञान D. नैदानिक मनोविज्ञान

21. निम्नलिखित में से कौन-सा व्यक्तित्व का प्रकार क्रेचमर द्वारा ***नहीं*** दिया गया है?

A. सुडौलकाय B. कलात्मक
C. लंबकाय D. गोलाकाय

22. जीन पियाजे के अनुसार नैतिक विकास अवस्था "परायत्तता अन्योन्यता" का आयु समूह क्या है?

A. 0 से 5 वर्ष B. 13 से 18 वर्ष
C. 5 से 8 वर्ष D. 11 से 13 वर्ष

23. निम्नलिखित में से कौन-सा अधिगम अक्षम बालकों का लक्षण ***नहीं*** है?

A. प्रत्यक्षीकरण प्रभाविता B. सांवेगिक अस्थिरता
C. अव्यवस्थित अवधान D. आवेगिता

24. गंभीर मानसिक मंदता वाले बालकों की बुद्धि लब्धि क्या होती है?

A. 50 से 60 B. 36 से 51
C. 20 से 35 D. 20 से नीचे

25. विकास की कौन-सी अवस्था में समान लिंगियों के साथ रुचि/मित्रता विकसित होती है?

A. 12 से 14 वर्ष B. 15 से 18 वर्ष
C. 10 से 12 वर्ष D. 19 से 21 वर्ष

26. निम्नलिखित में से कौन-सा यथार्थवादी चिन्तन का प्रकार ***नहीं*** है?

A. अभिसारी चिन्तन B. सृजनात्मक चिन्तन
C. आलोचनात्मक चिन्तन D. स्वलीन चिन्तन

27. निम्नलिखित में से कौन-सा मनोवैज्ञानिक 'मानवतावादी मनोविज्ञान' का समर्थक ***नहीं*** है?

A. फ्रायड B. मैस्लो
C. रोजर्स D. आर्थर कौम्बूस

28. 'संरचनावाद' के प्रवर्तक कौन थे?

A. विलियम जेम्स B. विलियम वेस्ट
C. विल्हेम वुण्ट D. विल्हेम हण्ट

29. निम्नलिखित में से कौन-सा तत्व 'अभिप्रेरणा चक्र' से संबंधित ***नहीं*** है?

A. आवश्यकता B. अन्तर्नोद
C. संवेग D. प्रोत्साहन

30. 'भय का संवेग' किस मूल प्रवृत्ति से जुड़ा हुआ है?

A. प्रतिकर्षण (Repulsion) B. युयुत्सा (Pugnacity)
C. शरणागत (Appeal) D. पलायन (Escape)

भाग-II

भाषा : हिन्दी

निर्देशः *निम्नलिखित प्रश्नों के उत्तर देने के लिए* ***सबसे उचित*** *विकल्प चुनिए।*

31. किस वाक्य में संबंधसूचक अव्यय का प्रयोग हुआ है?

A. राधा ऊपर नाचती है।
B. अनिता राधा से मधुर गाती है।
C. राम बहुत तेज चल रहा था।
D. मोहन आजकल ज्यादा बोलता है।

32. 'अक' प्रत्यय युक्त पद ***नहीं*** है :

A. विधायक B. प्रेरक
C. निंदक D. लड़ाक

33. किस विकल्प में नित्य पुल्लिंग संज्ञा है?

A. खरगोश B. गिलहरी
C. बटेर D. कोयल

34. समास विग्रह की दृष्टि से ***अनुचित*** विकल्प चुनिए :
A. मातृभक्ति = माता के लिए भक्ति
B. वाग्वीर = वाक् (वाणी) में वीर
C. इन्द्रियजय = इन्द्रियों के लिए जय
D. जीवदया = जीवों पर दया

35. ***गलत*** समास विग्रह चुनिए :
A. दूर के लिए दर्शन = दूरदर्शन
B. दूर से आगत = दूरागत
C. पाठ के लिए शाला = पाठशाला
D. सभा के लिए मण्डप = सभामण्डप

36. नामधातु क्रिया ***नहीं*** है :
A. लतियाना B. सजाना
C. झुठलाना D. गलियाना

37. वर्णोच्चारण की दृष्टि से ***बेमेल*** चुनिए :
A. ओ, औ - कंठोष्ठ B. व, फ - दन्तोष्ठ
C. द, ध - तालु D. ठ, ड - मूर्धा

38. किस विकल्प में 'अनु' उपसर्ग का प्रयोग ***नहीं*** हुआ है?
A. अनुस्वार B. अनुषंग
C. अनुदार D. अनुशास्ति

39. वार्तनिक दृष्टि से ***अशुद्ध*** शब्द चुनिए :
A. तिरपन B. अजमाइश
C. अन्त्याक्षरी D. छिपकली

40. अनिश्चयवाचक सर्वनाम वाला वाक्य चुनिए :
A. मैं कुछ पुस्तकें लाया हूँ, इन्हें तुम रख लो।
B. दाल में कुछ काला है।
C. केवल वही तुम्हारी प्रशंसा कर सकता है।
D. वह चाहता है कि तुम सदैव आगे बढ़ो।

41. 'सु' उपसर्ग-रहित पद चुनिए :
A. सुषुप्ति B. स्वस्थ
C. स्वल्प D. सौष्ठव

42. किस शब्द में व्यंजन सन्धि का प्रयोग हुआ है?
A. वागीश्वर B. धातूष्मा
C. अधमर्ण D. पूर्णोपमा

43. संधि विच्छेद की दृष्टि से ***असंगत*** चुनिए :
A. फणि + इन्द्र = फणीन्द्र B. सुधी + इन्द्र = सुधीन्द्र
C. अभि + इष्ट = अभीष्ट D. रजनी + ईश = रजनीश

44. "टहलना स्वास्थ्य के लिए लाभकारी है।" वाक्य में प्रयुक्त क्रिया है :
A. प्रेरणार्थक क्रिया B. संयुक्त क्रिया
C. रंजक क्रिया D. क्रियार्थक संज्ञा

45. प्रत्यय की दृष्टि से ***असंगत*** विकल्प चुनिए :
A. हथ + औड़ी = हथौड़ी B. अणु + इक = आणविक
C. साँप + ओला = सँपोला D. भाँग + एड़ी = भँगेड़ी

Language : English

Directions: *Answer the following questions by selecting the **most appropriate** option.*

46. Choose the part of the sentence which is ***incorrect***:
(*a*) His/(*b*) new film/(*c*) is really worth/(*d*) to be seen.
A. (*a*) B. (*b*)
C. (*c*) D. (*d*)

47. Select the ***appropriate*** modal for the expression given:
When .... we expect you? (possibility)
A. may B. will
C. have to D. dare

48. Select the ***correct*** option (phrasal verb) for the underlined word:
Most of the patients respect Dr. John for his kindness.
A. pay back B. zest for
C. make over D. look up to

49. Choose the ***correct*** meaning of the underlined words:
The baby monkeys ran every which way.
A. up
B. straight
C. in different directions
D. down

50. Choose the ***correct*** tense form:
Nanny died last week. She .... from cancer for some time. (suffer)
A. suffering B. is suffering
C. had been suffering D. suffers

51. Select the ***appropriate*** modal for the expression given:
If you do that again you .... be punished. (threat)
A. may B. shall
C. can D. ought

52. Choose the ***correct*** option for the following:
An instrument for detecting earthquakes is:
A. A Fathometer B. Lithoscope
C. A Seismograph D. Cardiograph

53. Choose the ***correct*** meaning of the underlined words:
It's a pity you don't like football. But each to their own.
A. everyone has different opinions
B. everyone has similar opinions
C. each and all are same
D. each one likes football

54. Choose the ***correct*** option to fill the blank :

Immediately after the operation he could see nothing .... vague shadows.

A. as long as B. however
C. but D. notwithstanding

55. Select the ***correct*** option (phrasal verb) for the underlined word:

I don't know how we are going to cope with the cold during winters.

A. make up for
B. put up with
C. put down
D. set up

56. Select ***appropriate*** preposition to fill in the blank:

They walked .... the footpath until they came to a bridge.

A. into B. since
C. along D. in

57. Choose the ***correct*** tense form :

My car .... for the third time since I got it. (break down)

A. break down B. has broken down
C. was broke down D. has broken

58. Choose the part of the sentence which is ***incorrect*** :

(*a*) James/(*b*) is busy/(*c*) to prepare/(*d*) tonight's dinner.

A. (*a*) B. (*b*)
C. (*c*) D. (*d*)

59. Choose the ***correct*** option to fill the blank :

The room was empty .... for a chair in the corner.

A. except B. and
C. between D. behind

60. Select ***appropriate*** preposition to fill in the blank :

The programme was broadcasted ...... the world.

A. in B. off
C. onto D. across

भाग-III

सामान्य अध्ययन : मात्रात्मक योग्यता, तार्किक अभिक्षमता तथा सामान्य ज्ञान एवं अभिज्ञान

निर्देशः *निम्नलिखित प्रश्नों के उत्तर देने के लिए* ***सबसे उचित*** *विकल्प चुनिए।*

61. पाँच व्यक्तियों P, Q, R, S और T में, T, R और S से छोटा है। Q, T जितना लम्बा नहीं है, लेकिन एक व्यक्ति से लम्बा है। R एक व्यक्ति से छोटा है। इनमें से कौन सबसे लम्बा है?

A. R B. Q
C. S D. P

62. तीन संख्याएँ 2 : 3 : 4 के अनुपात में हैं। उनके घनों का योग 33957 हो, तो संख्याएँ हैं :

A. 14, 21, 28 B. 12, 18, 24
C. 8, 12, 16 D. 4, 6, 8

63. A, X का पिता है; B, Y की माता है। X और Z की बहन Y है। निम्न में से कौन-सा कथन आवश्यक रूप से सत्य ***नहीं*** है?

A. B, Z की माता है B. X, Z की बहन है
C. B, A की पत्नी है D. Y, A का पुत्र है

64. एक व्यक्ति पूर्व की ओर 1 किमी. चलता है, फिर वह दक्षिण दिशा में मुड़कर 5 किमी. चलता है। फिर वह पूर्व दिशा में मुड़कर 2 किमी. चलता है, उसके बाद वह उत्तर दिशा में मुड़कर 9 किमी. चलता है। अब वह प्रारम्भिक बिन्दु से कितनी दूर खड़ा है?

A. 4 किमी. B. 5 किमी.
C. 7 किमी. D. 9 किमी.

65. निम्न वर्ण श्रेणी में अगला पद ज्ञात कीजिए :

DHL, PTX, BFJ, ...

A. CGK B. KOS
C. NRV D. OVZ

66. 12 पुरुष एक कार्य को पूर्ण करने में 18 दिन लेते हैं जबकि 12 स्त्रियाँ उसी कार्य के $\frac{3}{4}$ भाग को 18 दिन में पूर्ण करती हैं। उसी कार्य को 10 पुरुष तथा 8 स्त्रियाँ साथ-साथ कार्य करते हुए कितने दिनों में पूर्ण करेंगे?

A. 6 B. $7\frac{1}{2}$
C. $13\frac{1}{2}$ D. 14

67. एक गोले की त्रिज्या के दुगुनी होने पर उसके आयतन में कितने प्रतिशत वृद्धि होगी?

A. 200% B. 450%
C. 550% D. 700%

68. एक व्यापारी एक वस्तु को ₹ 24 में बेचता है तथा वस्तु के मूल्य के बराबर प्रतिशत लाभ कमाता है, तो वस्तु का लागत मूल्य है :

A. ₹ 15 B. ₹ 17
C. ₹ 18 D. ₹ 20

69. 15 व्यक्तियों के एक समूह में, 7 हिन्दी पढ़ते हैं, 8 अंग्रेजी पढ़ते हैं और 3 कोई भी भाषा नहीं पढ़ते हैं। कितने व्यक्ति हिन्दी और अंग्रेजी दोनों पढ़ते हैं?

A. 0 B. 3
C. 4 D. 5

70. यदि p तथा q परिमेय संख्याएँ हैं तथा $\frac{3+\sqrt{5}}{3-\sqrt{5}} = p + q\sqrt{5}$, तो p तथा q के मान हैं :

A. $p = \frac{2}{7}; q = \frac{3}{2}$ B. $p = \frac{7}{2}; q = \frac{2}{7}$

C. $p = \frac{7}{2}; q = \frac{3}{2}$ D. $p = \frac{7}{2}; q = \frac{7}{2}$

71. यदि एक निश्चित राशि का 3% प्रतिवर्ष ब्याज दर से दो वर्षों का चक्रवृद्धि ब्याज ₹ 101.50 हो, तो उसी राशि का समान समय के लिए साधारण ब्याज कितना होगा?

A. ₹ 50 B. ₹ 100
C. ₹ 125 D. ₹ 147

72. निम्न वर्ण श्रेणी में ***लुप्त*** पद ज्ञात कीजिए :

A, CD, GHI, ?, UVWXY

A. LMNO B. MNO
C. MNOP D. NOPQ

73. एक चतुर्भुज का एक कोण 108° तथा शेष तीनों कोण बराबर हैं। तीन बराबर कोणों में प्रत्येक का मान ज्ञात कीजिए :

A. 63° B. 74°
C. 84° D. 96°

74. अमित, प्रकाश के पश्चिम में है और सुमित के उत्तर में है। तरुण, सुमित के पूर्व की ओर है। तरुण, अमित के संदर्भ से किस दिशा में है?

A. उत्तर-पश्चिम B. दक्षिण
C. दक्षिण-पूर्व D. उत्तर

75. यदि DRIVER = 12, PEDESTRIAN = 20, ACCIDENT = 16, तो CAR = ?

A. 3 B. 6
C. 8 D. 16

76. निम्न श्रेणी में ***गलत*** संख्या ज्ञात कीजिए :

69, 55, 26, 13, 5

A. 5 B. 13
C. 26 D. 55

77. यदि $2^x = 4^y = 8^z$ तथा $\frac{1}{2x} + \frac{1}{4y} + \frac{1}{4z} = 4$, तो x का मान है :

A. $\frac{7}{16}$ B. $\frac{7}{17}$

C. $\frac{7}{19}$ D. $\frac{7}{23}$

78. 80 किमी. यात्रा में एक रेलगाड़ी प्रथम 60 किमी., 40 किमी. प्रति घंटा तथा शेष दूरी 20 किमी. प्रति घंटा की गति से चलती है। सम्पूर्ण यात्रा की औसत चाल है :

A. 24 किमी. प्रति घंटा B. 30 किमी. प्रति घंटा
C. 32 किमी. प्रति घंटा D. 36 किमी. प्रति घंटा

79. 30 मी. लम्बे तरणताल के एक सिरे पर पानी की गहराई 0.80 मी. तथा दूसरे सिरे पर 2.4 मी. है। तरणताल की लम्बाई के अनुदिश ऊर्ध्वाधर काट परिच्छेद का क्षेत्रफल है :

A. 48 मी^{2} B. 72 मी^{2}
C. 156 मी^{2} D. 192 मी^{2}

80. एक पंक्ति में अनिल बायें छोर से 16वें स्थान पर खड़ा है। विकास दायें छोर से 18वें स्थान पर है। गोपाल अनिल से दायीं ओर 11वें स्थान पर है, और विकास से दायीं छोर की ओर तीसरे स्थान पर है। इस पंक्ति में कितने व्यक्ति खड़े हुए हैं?

A. 41 B. 42
C. 48 D. 49

81. निम्नलिखित में से हाफेड (HAFED) के बारे में कौन-सा ***सही*** है?

(*i*) यह कृषि उत्पादों का संग्रह करता है।
(*ii*) यह कृषि उत्पादों का विपणन करता है।
(*iii*) यह कृषि आदानों की पूर्ति करता है।

सही कूट का चयन कीजिए :

A. (*i*) और (*ii*) B. केवल (*i*)
C. (*i*) और (*iii*) D. (*i*), (*ii*) और (*iii*)

82. हरियाणा में कहाँ 'नगर-वन' विकसित किया जा रहा है?

A. मुरथल B. सोहना
C. यमुनानगर D. हाँसी

83. 'एयर शटल सेवा' की शुरुआत हरियाणा के किस शहर में की गई है?

A. हिसार B. करनाल
C. रोहतक D. अम्बाला

84. 'हरियाणा साहित्य अकादमी' के अध्यक्ष हैं :

A. डॉ. कुमुद बंसल B. श्री मनोहर लाल
C. डॉ. अशोक बत्रा D. श्री राणा ओबराय

85. मिन्टी अग्रवाल के बारे में निम्नांकित कथनों पर विचार कीजिए :

(*a*) हरियाणा की मूल निवासी मिन्टी अग्रवाल भारतीय वायु सेना में स्क्वाड्रन लीडर हैं।
(*b*) वह युद्ध सेवा मेडल प्राप्त करने वाली पहली महिला हैं।

सही उत्तर चुनें :

A. कथन (*a*) सही है B. कथन (*b*) सही है
C. (*a*) और (*b*) दोनों गलत हैं D. (*a*) और (*b*) दोनों सही हैं

86. प्राचीन भवानी अंबा माता मन्दिर अवस्थित है :

A. जींद में B. अम्बाला में
C. सोनीपत में D. कुरुक्षेत्र में

87. जनवरी 2020 में, अधोलिखित में से कौन-सी नगरपालिका को नगर परिषद के स्तर पर क्रमोन्नत किया गया?

A. रनिया B. झज्जर
C. बेरी D. सिरसी

88. 1857 के विद्रोह के समय झज्जर का नवाब कौन था?
A. अब्दुर्रहमान खाँ
B. नवाब शमसुद्दीन
C. सदरुद्दीन
D. बिसारत अली

89. अशोक के टोपरा अभिलेख का मूल प्राप्ति स्थान अवस्थित है :
A. अम्बाला जिले में
B. यमुनानगर जिले में
C. कुरुक्षेत्र जिले में
D. कैथल जिले में

90. महेन्द्रगढ़ जिले से बहने वाली नदियों को पहचानिये :
(*i*) अंबुमति
(*ii*) दोहन
(*iii*) कसावटी
(*iv*) इन्दौरी

सही कूट का चयन कीजिए :
A. (*i*) और (*iii*)
B. (*ii*) और (*iii*)
C. (*i*), (*iii*) और (*iv*)
D. (*i*), (*ii*), (*iii*) और (*iv*)

भाग-IV

सामाजिक अध्ययन

निर्देशः *निम्नलिखित प्रश्नों के उत्तर देने के लिए* **सबसे उचित** *विकल्प चुनिए।*

91. प्रोफेसर मोहम्मद युनुस इनमें से किस एक बैंक के संस्थापक हैं?
A. कॉमर्शियल बैंक (पाकिस्तान)
B. को-ऑपरेटिव बैंक (इण्डिया)
C. ग्रामीण बैंक (बांग्लादेश)
D. स्टेट बैंक ऑफ इण्डिया

92. निम्नलिखित में से कौन-सा सुमेलित ***नहीं*** है?

वन	वृक्ष
A. मानसूनी	साल
B. मैंग्रोव	सुन्दरी
C. उष्ण कटिबन्धीय सदाबहार	रोजवुड
D. अल्पाइन	टीक (सागवान)

93. सूची और अन्तर्वस्तुओं के निम्नलिखित युग्मों में से कौन-सा/से युग्म ***सही*** सुमेलित है/हैं?
(*a*) राज्य सूची : सार्वजनिक स्वास्थ्य, पुलिस और शिक्षा
(*b*) संघ सूची : नागरिकता और परमाणु ऊर्जा
(*c*) समवर्ती सूची : विवाह और नागरिक प्रक्रिया

नीचे दिये गये कूट का प्रयोग कर ***सही*** उत्तर चुनिए :
A. केवल (*a*)
B. (*a*), (*b*) और (*c*)
C. केवल (*b*) और (*c*)
D. केवल (*c*)

94. यदि वास्तविक बेरोजगारी दर, बेरोजगारी की प्राकृतिक दर से नीचे है, तो :
A. मुद्रास्फीति की दर में वृद्धि होगी
B. मजदूरी गिर जायेगी
C. बेरोजगारी की प्राकृतिक दर गिर जायेगी
D. वस्तुओं और सेवाओं की माँग में कमी आयेगी

95. हिमालय के निम्नलिखित दर्रों का पश्चिम से पूर्व की ओर ***सही*** क्रम है :
(*a*) बनिहाल
(*b*) बारालाचा
(*c*) बोमडिला
(*d*) जेलेप ला

A. (*a*), (*b*), (*c*) (*d*)
B. (*d*), (*a*), (*b*) (*c*)
C. (*b*), (*a*), (*c*) (*d*)
D. (*a*), (*b*), (*d*) (*c*)

96. किस आर्थिक प्रणाली में "उपभोक्ता की सार्वभौमिकता" पायी जाती है?
A. समाजवाद
B. मिश्रित अर्थव्यवस्था
C. पूँजीवाद
D. साम्यवाद

97. निम्न में से कौन-सा एक नगर 'पूर्व का शीराज' के नाम से जाना जाता था?
A. जौनपुर
B. आगरा
C. लाहौर
D. लखनौती

98. निम्नलिखित में से कौन-सी अध्यारोपित नदी ***नहीं*** है?
A. दामोदर
B. सोन
C. सतलुज
D. सुवर्णरिखा

99. भारत के संविधान का कौन-सा अनुच्छेद संसद के संयुक्त अधिवेशन से संबंधित है?
A. 72
B. 102
C. 108
D. 111

100. निम्नलिखित में से कौन-सा सुमेलित ***नहीं*** है?

लोह अयस्क खानें	राज्य/प्रदेश
A. डल्ली और राजहरा	झारखण्ड
B. बाबाबूदन पहाड़ियाँ	कर्नाटक
C. करीमनगर	तेलंगाना
D. नोआमुण्डी और गुआ	झारखण्ड

101. "मानव विकास रिपोर्ट" को कौन प्रकाशित करता है?
A. बी.एम.आई.
B. एच.डी.आई.
C. यू.एन.डी.पी.
D. विश्व बैंक

102. जनगणना-2011 के अनुसार किस राज्य/केन्द्र शासित प्रदेश में कुल जनसंख्या में मुस्लिम धर्म के लोगों का प्रतिशत सर्वाधिक है?
A. असम
B. जम्मू और कश्मीर
C. लक्षद्वीप
D. केरल

103. लोकतंत्र ऐसी शासन पद्धति है जिसमें अन्तिम सत्ता इनके हाथों में होती है :

A. भीड़ B. जनता

C. राजनेता D. लोक सेवा

104. भारतीय बहुराष्ट्रीय कम्पनी समूह का चयन कीजिए :

(*a*) इन्फोसिस (*b*) सन फार्मा

(*c*) टाटा मोटर्स (*d*) फोर्ड

A. (*a*), (*b*), (*d*) B. (*b*), (*c*), (*d*)

C. (*a*), (*c*), (*d*) D. (*a*), (*b*), (*c*)

105. शीत ऋतु में पश्चिमी हिमालय अधिकतर वर्षा प्राप्त करता है :

A. दक्षिण-पश्चिमी मानसून से

B. दक्षिणी-पूर्वी मानसून से

C. पश्चिमी विक्षोभों से

D. संवहनीय वर्षा से

106. तारकुंडे समिति (1975) का संबंध था :

A. समावेशी विकास से B. आर्थिक सुधारों से

C. कृषि सुधारों से D. निर्वाचन सुधारों से

107. फ्रांस की क्रांति की निम्नलिखित घटनाओं को कालक्रमानुसार व्यवस्थित करें एवं ***सही*** विकल्प चुनें :

(*a*) बास्तील का पतन

(*b*) राष्ट्रीय असेम्बली का गठन

(*c*) फ्रांसीसी गणराज्य का गठन

(*d*) मानव के अधिकारों की घोषणा

A. (*b*), (*d*), (*a*), (*c*) B. (*a*), (*b*), (*c*), (*d*)

C. (*b*), (*a*), (*d*), (*c*) D. (*a*), (*b*), (*d*), (*c*)

108. कांग्रेस के किस अधिवेशन में 'पूर्ण स्वराज' की माँग को औपचारिक रूप से मान लिया गया?

A. कलकत्ता, 1929 B. लाहौर, 1929

C. लाहौर, 1930 D. कराची, 1930

109. एक अर्थव्यवस्था की निम्नलिखित में से कौन-सी केन्द्रीय समस्या ***नहीं*** है?

A. क्या उत्पादन किया जाए?

B. कैसे उत्पादन किया जाए?

C. किसके लिए उत्पादन किया जाए?

D. कहाँ उत्पादन किया जाए?

110. भारत में मौद्रिक नीति बनायी जाती है :

A. केन्द्र सरकार द्वारा

B. भारत के औद्योगिक वित्तीय निगम द्वारा

C. भारतीय रिजर्व बैंक द्वारा

D. भारतीय औद्योगिक विकास बैंक द्वारा

111. ''शक्तियों का पृथक्करण'' सिद्धांत किसने प्रस्तुत किया?

A. अरस्तू B. मॉन्टेस्क्यू

C. कार्ल फेडरिक D. जे.एस. मिल

112. निम्नांकित में से कौन-से संघीय शासन प्रणाली के लक्षण हैं?

(*i*) शक्तियों का विभाजन

(*ii*) संविधान की सर्वोच्चता

(*iii*) लचीला संविधान

(*iv*) स्वतंत्र न्यायपालिका

सही विकल्प है :

A. (*i*) एवं (*ii*) B. (*i*), (*ii*) एवं (*iii*)

C. (*i*), (*ii*) एवं (*iv*) D. (*i*), (*ii*), (*iii*) एवं (*iv*)

113. क्षेत्रीय ग्रामीण बैंक प्रायोजित है :

A. राष्ट्रीयकृत वाणिज्यिक बैंक द्वारा

B. भारतीय रिजर्व बैंक द्वारा

C. राज्य सरकार द्वारा

D. भारत सरकार द्वारा

114. मुद्रास्फीति की अवधि के दौरान, कर की दर होनी चाहिए :

A. बढ़ती हुई B. घटती हुई

C. स्थिर D. उतार-चढ़ाव युक्त

115. नाबार्ड का अर्थ है :

A. नेशनल बिजनेस फॉर अकाउन्टिंग एंड निव्यूइंग

B. नेशनल बैंक फॉर एग्रीकल्चर एंड रूरल डेवलपमेंट

C. नेशनल बैंक फॉर ऐरोनॉटिक्स एंड रडार डेवलपमेंट

D. नेशनल ब्यूरो फॉर एयर एंड रोड ट्रांसपोर्ट

116. निम्नलिखित में से चक्रीय बेरोजगारी का प्रमुख कारण कौन-सा है?

A. वस्तुओं एवं सेवाओं की माँग में एक सामान्य कमी

B. कामगारों (मजदूरों) का देश के उन हिस्सों, जहाँ काम उपलब्ध है, जाने की अनिच्छा

C. कुशलता के अभाव के कारण व्यवसाय बदल पाने की नाकाबिलियत

D. मजदूरों में रोजगार के अवसरों की जानकारी का अभाव

117. कौन-से/किस अनुभाग में ''सवैतनिक अवकाश'' का प्रावधान है?

A. असंगठित क्षेत्र B. संगठित क्षेत्र

C. प्राथमिक क्षेत्र D. इनमें से कोई नहीं

118. विश्व व्यापार संगठन (WTO) मूल रूप से बढ़ावा देता है :

A. वित्तीय सहायता को B. वैश्विक शान्ति को

C. एकतरफा व्यापार को D. बहुपक्षीय व्यापार को

119. प्रथम **हिन्दी** समाचार-पत्र उदन्त मार्तण्ड के संपादक थे :

A. महावीर प्रसाद द्विवेदी B. भारतेन्दु हरिश्चंद्र

C. जुगल किशोर शुक्ल D. राजा शिवप्रसाद

120. भारत में नया उपभोक्ता संरक्षण अधिनियम कब लागू हुआ?

A. 1976 B. 2020

C. 1996 D. 2006

121. निम्न में से कौन-सा लेनिन के 'अप्रैल थीसिस' का भाग ***नहीं*** था?

A. युद्ध का अंत

B. सभी के लिए मताधिकार

C. किसानों को भूमि स्थानान्तरित की जाए
D. बैंकों का राष्ट्रीयकरण

122. उपोष्ण उच्च वायुदाब से उपध्रुवीय निम्न वायुदाब की ओर दक्षिण-पश्चिम से उत्तर-पूर्व दिशा में बहने वाली पवनें कहलाती हैं :
A. उत्तरी-पूर्वी व्यापारिक पवनें
B. पछुवा पवनें (उत्तरी गोलार्द्ध)
C. दक्षिणी-पूर्वी व्यापारिक पवनें
D. पछुवा पवनें (दक्षिणी गोलार्द्ध)

123. सूची-I तथा सूची-II का मिलान करें तथा नीचे दिये गये कूट का उपयोग करते हुए ***सही*** उत्तर का चयन कीजिए :

घास के मैदान	**प्रदेश/देश**
(*a*) पुस्ताज	(*i*) अमेजन बेसिन
(*b*) कम्पोज	(*ii*) हंगरी
(*c*) लानोज	(*iii*) ब्राजील का पठार
(*d*) सेल्वाज	(*iv*) ओरिनोको बेसिन

कूट :

	(*a*)	(*b*)	(*c*)	(*d*)
A.	(*i*)	(*ii*)	(*iii*)	(*iv*)
B.	(*ii*)	(*i*)	(*iv*)	(*iii*)
C.	(*ii*)	(*i*)	(*iii*)	(*iv*)
D.	(*ii*)	(*iii*)	(*iv*)	(*i*)

124. जर्मनी में नाजी तानाशाही की स्थापना किस वर्ष हुई?
A. 1930 B. 1931
C. 1932 D. 1933

125. द्वि-दलीय पद्धति पायी जाती है :
A. फ्रांस में
B. भारत में
C. चीन में
D. यू.एस.ए. (संयुक्त राज्य अमेरिका) में

126. भारतीय संविधान के अन्तर्गत, इनमें से कौन-सा "मौलिक अधिकारों" में सम्मिलित ***नहीं*** है?
A. स्वतंत्रता का अधिकार
B. काम का अधिकार
C. रोजगार के मामलों में अवसर की समानता
D. किसी की संस्कृति की रक्षा करने का अधिकार

127. 'विसरित दिवा प्रकश' है :
A. सौर्य विकिरण जो कि शून्य में चला जाता है
B. सौर्य प्रकाश जिसे पृथ्वी भोर तथा गोधूलि के समय प्राप्त करती है
C. पार्थिव विकिरण
D. ओजोन परत द्वारा प्राप्त सौर्य विकिरण

128. निम्नलिखित में से कौन-सी कायांतरित चट्टान ***नहीं*** है?
A. संगमरमर B. क्वार्टजाइट
C. ग्रेफाइट D. गैब्रो

129. ग्रीनविच मध्यमान समय स्थानीय समय है :
A. 180° पूर्वी मध्याह्न का
B. 180° पश्चिमी मध्याह्न का
C. 180° पूर्वी तथा 180° पश्चिमी दोनों मध्याह्नों का
D. प्रधान मध्याह्न का

130. उन्नीसवीं शताब्दी में यूरोप के उदारवादी मुख्यतः किस वर्ग के थे?
A. शासक B. पादरी
C. कुलीन D. बुर्जुआ

131. निम्नलिखित में से कौन-सा भूकम्प को मापने का पैमाना ***नहीं*** है?
A. रिक्टर B. मरकेली
C. रोसी-फोरेल D. मोह

132. संयुक्त राष्ट्र अमेरिका द्वितीय विश्व युद्ध में कब शामिल हुआ?
A. 1939 B. 1940
C. 1941 D. 1942

133. "फ्रीडम फ्रॉम फियर" पुस्तक किसके द्वारा लिखी गई है?
A. लॉर्ड ब्राइस B. नेल्सन मंडेला
C. आंग सान सू की D. जे.एस. मिल

134. 'सारगैसो सागर' अवस्थित है :
A. उत्तरी प्रशान्त महासागर में
B. दक्षिणी अटलांटिक महासागर में
C. उत्तरी अटलांटिक महासागर में
D. दक्षिणी प्रशान्त महासागर में

135. सूची-I को सूची-II से सुमेलित करें एवं ***सही*** विकल्प चुनें :

सूची-I (आविष्कार)	**सूची-II (आविष्कारक)**
(*i*) पॉवरलूम	(*a*) सैमुअल एफ.बी. मोर्स
(*ii*) टेलीग्राफ	(*b*) जेथ्रो टल
(*iii*) वाटर फ्रेम	(*c*) एडमंड कार्टराइट
(*iv*) सीड ड्रिल	(*d*) रिचर्ड आर्कराइट

कूट :

	(*i*)	(*ii*)	(*iii*)	(*iv*)
A.	(*c*)	(*a*)	(*d*)	(*b*)
B.	(*d*)	(*a*)	(*b*)	(*c*)
C.	(*a*)	(*c*)	(*d*)	(*b*)
D.	(*b*)	(*a*)	(*d*)	(*c*)

136. बम्बई को बम्बई प्रेसीडेंसी की राजधानी कब घोषित किया गया?
A. 1801 B. 1810
C. 1819 D. 1829

137. भारत के निम्नलिखित शहरों में से कौन-सा कर्क रेखा के निकटतम अवस्थित है?
A. जोधपुर B. राँची
C. रायपुर D. कोलकाता

138. 'जर्मेनिया-गार्डिंग द राइन' (राइन नदी पर पहरा देती जर्मेनिया) चित्र किसने बनाया?

A. राफेल B. माइकल एंजेलो
C. लॉरेन्ज क्लैसेन D. लियोनार्दो दा विंची

139. निम्नांकित में से कौन-सा सही सुमेलित ***नहीं*** है?

भारतीय संविधान के भाग		**प्रावधान**
A. II	–	नागरिकता
B. XIX	–	संविधान का संशोधन
C. V	–	संघीय कार्यपालिका
D. XV	–	निर्वाचन

140. सूची और अन्तर्वस्तुओं के निम्नलिखित युग्मों में से कौन-सा/से युग्म ***सही*** सुमेलित है/हैं :

(*a*) रजनी कोठारी : कास्ट इन इंडियन पॉलिटिक्स
(*b*) जय प्रकाश नारायण : कास्ट इन इंडिया : देयर मेकेनिज्म जेनेसिस एंड डेवलपमेंट
(*c*) एम.एन. श्रीनिवास : कास्ट इन मॉडर्न इंडिया एंड अदर एसेज

नीचे दिये गये कूट का प्रयोग कर ***सही*** उत्तर चुनिये :

A. केवल (*a*) B. (*a*), (*b*) और (*c*)
C. केवल (*a*) और (*c*) D. केवल (*b*)

141. सम्राट के दैवीय एवं पूर्ण अधिकार के सिद्धांत का खंडन किया था :

A. रूसो ने B. मॉन्टेस्क्यू ने
C. जॉन लॉक ने D. वॉल्टेयर ने

142. सूची-I का सूची-II से मेल कीजिए और नीचे दिये गये कूट में से ***सही*** उत्तर का चयन कीजिए :

सूची-I	**सूची-II**
(*i*) राष्ट्रीय लोक दल	(*a*) संयुक्त प्रगतिशील गठबंधन
(*ii*) भारतीय जनता पार्टी	(*b*) लेफ्ट फ्रंट
(*iii*) कांग्रेस पार्टी	(*c*) राष्ट्रीय जनतांत्रिक गठबंधन
(*iv*) कम्युनिस्ट पार्टी ऑफ इंडिया (मार्क्सवादी)	(*d*) राज्य दल

कूट :

	(*i*)	(*ii*)	(*iii*)	(*iv*)
A.	(*c*)	(*a*)	(*d*)	(*b*)
B.	(*d*)	(*b*)	(*a*)	(*c*)
C.	(*b*)	(*c*)	(*a*)	(*d*)
D.	(*d*)	(*c*)	(*a*)	(*b*)

143. खर्च योग्य वैयक्तिक आय बराबर होती है :

A. वैयक्तिक आय (–) वैयक्तिक प्रत्यक्ष कर
B. शुद्ध राष्ट्रीय उत्पाद (–) वैयक्तिक आय
C. शुद्ध राष्ट्रीय उत्पाद (–) वैयक्तिक आय (+) हस्तान्तरण भुगतान
D. शुद्ध राष्ट्रीय उत्पाद (–) वैयक्तिक आय (+) मूल्य ह्रास

144. निर्वाचक गण हैं :

A. मतदाताओं की संस्था या समूह
B. लोगों द्वारा चुने गये प्रतिनिधि
C. संसद के नामजद सदस्य
D. चुनाव में जो उम्मीदवार चुनाव लड़ते हैं

145. 19वीं सदी में यूरोप में राष्ट्रवाद में बाधक समझी जाने वाली शक्तियाँ थीं :

(*a*) हैब्सबर्ग राजशाही
(*b*) बौद्धिक वर्ग
(*c*) ऑटोमन राजशाही
(*d*) श्रमिक वर्ग

सही कूट चुनिए :

A. (*a*) और (*c*) B. (*a*) और (*b*)
C. (*b*) और (*c*) D. (*a*), (*b*) और (*c*)

146. दो दलीय पद्धति बेहतर है क्योंकि :

A. वह कैबिनेट को निरंकुश अधिकार देती है।
B. वह विरोधी दल को शासन की गैर-जिम्मेदार आलोचना करने का मौका देती है।
C. वह शासन में सहजता से बदलाव लाने को सम्भव बनाती है।
D. वह मिली-जुली सरकार बनाने में अग्रता प्रदान करती है।

147. "लैंगिक विभाजन" से हमारा अभिप्राय होता है :

A. समाज द्वारा स्त्री और पुरुष को दी गई असमान भूमिकाएँ
B. बालक और बालिकाओं की संख्या का अनुपात
C. स्त्री और पुरुष के बीच जैविक अंतर
D. लोकतांत्रिक व्यवस्थाओं में महिलाओं को मतदान का अधिकार न मिलना

148. निम्नलिखित घटनाओं का सही कालक्रम चुनिए :

(*a*) चम्पारण सत्याग्रह
(*b*) लखनऊ समझौता
(*c*) खेड़ा सत्याग्रह
(*d*) जलियाँवाला बाग त्रासदी

सही कूट चुनिए :

A. (*c*), (*a*), (*d*), (*b*) B. (*b*), (*a*), (*c*), (*d*)
C. (*b*), (*c*), (*a*), (*d*) D. (*c*), (*d*), (*a*), (*b*)

149. निम्नलिखित प्रारंभिक समाजवादियों में से किसने 'न्यू हारमनी' नामक सहकारी समुदाय की स्थापना की थी?

A. एडम स्मिथ B. रॉबर्ट ओवेन
C. लुई ब्लैंक D. जॉन स्टुअर्ट मिल

150. निम्नलिखित में से कौन-सा सुमेलित ***नहीं*** है?

ज्वालामुखी पर्वत	**देश/स्थान**
A. माउण्ट अगूँग	जापान
B. माउण्ट मेयॉन	फिलीपीन्स
C. माउण्ट मेरापी	इंडोनेशिया
D. माउण्ट कोटोपैक्सी	इक्वाडोर

उत्तरमाला

1	2	3	4	5	6	7	8	9	10
D	D	C	C	A	B	D	A	A	D
11	12	13	14	15	16	17	18	19	20
A	D	*	C	A	B	D	C	D	B
21	22	23	24	25	26	27	28	29	30
B	C	A	C	C	D	A	C	C	D
31	32	33	34	35	36	37	38	39	40
B	D	A	C	A	B	C	C	B	B
41	42	43	44	45	46	47	48	49	50
B	A	A	D	A	D	A	D	C	C
51	52	53	54	55	56	57	58	59	60
B	C	A	C	B	C	B	C	A	D
61	62	63	64	65	66	67	68	69	70
C	A	D	B	C	C	D	D	B	C
71	72	73	74	75	76	77	78	79	80
B	C	C	C	B	A	A	C	A	A
81	82	83	84	85	86	87	88	89	90
D	A	A	B	D	B	B	A	B	B
91	92	93	94	95	96	97	98	99	100
C	D	C	A	D	C	A	C	C	A
101	102	103	104	105	106	107	108	109	110
C	C	B	D	C	D	C	B	D	C
111	112	113	114	115	116	117	118	119	120
B	C	A	A	B	A	B	D	C	B
121	122	123	124	125	126	127	128	129	130
B	B	D	D	D	B	B	D	D	D
131	132	133	134	135	136	137	138	139	140
D	C	C	C	A	C	B	C	B	C
141	142	143	144	145	146	147	148	149	150
C	D	A	A	A	C	A	B	B	A

व्याख्यात्मक उत्तर

62. माना तीन संख्याएँ $2x$, $3x$ और $4x$ हैं।

तब, $(2x)^3 + (3x)^3 + (4x)^3 = 33957$

$\therefore 8x^3 + 27x^3 + 64x^3 = 33957$

$\Rightarrow 99x^3 = 33957$

$x^3 = \dfrac{33957}{99}$

$= 343$

$= (7)^3$

$\therefore x = 7$

अतः संख्याएँ $= 2x, 3x, 4x = 14, 21, 28$.

64.

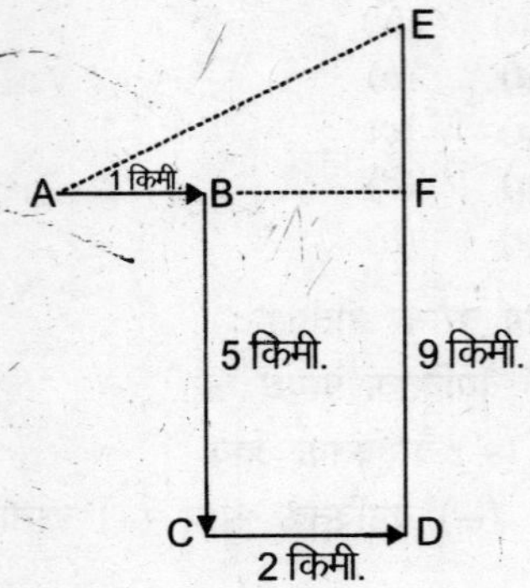

यहाँ, प्रारंभिक बिन्दु = A

AB = 1 किमी., BC = 5 किमी., CD = 2 किमी., DE = 9 किमी.

$\because$ BC = DF = 5 किमी. और CD = BF = 2 किमी.

$\therefore$ FE = DE − DF = DE − BC = 9 − 5 = 4 किमी.

AF = AB + BF = 1 + 2 = 3 किमी.

$\because \quad AE^2 = (EF)^2 + (FA)^2$

$\Rightarrow \quad = 4^2 + 3^2$

$\Rightarrow \quad = 16 + 9$

$\Rightarrow \quad = 25$

$\Rightarrow \quad = 5^2$

$\therefore$ AE = 5 किमी.

अतः वह प्रारंभिक बिन्दु से 5 किमी. दूर खड़ा है।

65.

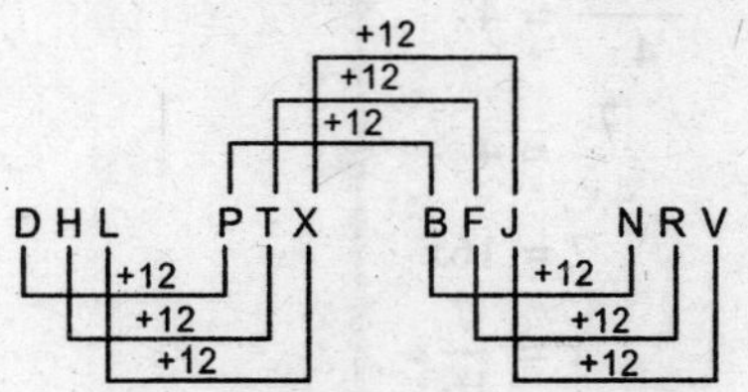

अतः श्रेणी में अगला पद NRV होगा।

66. $\because$ 12 पुरुष 1 कार्य को 18 दिनों में पूरा करते हैं।

$\therefore$ 1 पुरुष 1 दिन में कार्य का $\frac{1}{18 \times 12}$ भाग पूरा करेगा।

तथा $\because$ 12 स्त्रियाँ कार्य के $\frac{3}{4}$ भाग को 18 दिनों में पूरा करती हैं।

$\therefore$ 1 स्त्री 1 दिन में कार्य का $\frac{1}{24 \times 12}$ भाग पूरा करेगी।

$\therefore$ 10 पुरुष तथा 8 स्त्रियों का 1 दिन का कार्य

$= \frac{10}{18 \times 12} + \frac{8}{24 \times 12} = \frac{1}{24}\left[\frac{10}{9} + \frac{8}{12}\right]$

$= \frac{1}{24}\left[\frac{40+24}{36}\right] = \frac{1}{24}\left[\frac{64}{36}\right]$

$= \frac{8}{3 \times 36} = \frac{2}{3 \times 9} = \frac{2}{27}$

अतः अभीष्ट समय = $\frac{27}{2}$ दिन = $13\frac{1}{2}$ दिन।

68. माना वस्तु का लागत मूल्य = ₹ x

तब, लाभ = विक्रय मूल्य − लागत मूल्य

$\therefore$ लाभ = ₹ $24 - x$

$\therefore$ प्रतिशत लाभ = $\dfrac{\qquad \times 100}{\qquad}$

प्रश्नानुसार,

$$x = \frac{(24 - x) \times 100}{x}$$

$\therefore \quad x^2 = 2400x - 100x$

$\Rightarrow x^2 + 100x - 2400 = 0$

$\Rightarrow x^2 + 120x - 20x - 2400 = 0$

$\Rightarrow x(x + 120) - 20(x + 120) = 0$

$\Rightarrow (x - 20)(x + 120) = 0$

$\Rightarrow x = 20, x = -120$

अतः वस्तु का लागत मूल्य = ₹ 20

69. माना हिन्दी = H, और अंग्रेजी = E

तब, $n(H) = 7, n(E) = 8$

$$n(H \cup E) = 15 - 3 = 12$$

$\because n(H \cup E) = n(H) + n(E) - n(H \cap E)$

$\therefore 12 = 7 + 8 - n(H \cap E)$

$\Rightarrow n(H \cap E) = 15 - 12 = 3$

अतः हिन्दी और अंग्रेजी दोनों पढ़ने वाले व्यक्तियों की संख्या $= n(H \cap E) = 3$.

71. माना राशि = ₹ P,

दिया है, $r = 3\%$, चक्रवृद्धि ब्याज = ₹ 101.50

और $n = 2$ वर्ष

$\because$ चक्रवृद्धि ब्याज $= P\left(1+\frac{r}{100}\right)^n - P$

$\Rightarrow \quad 101.50 = P\left(1+\frac{3}{100}\right)^2 - P$

$\Rightarrow \quad 101.50 = P\left[\left(\frac{103}{100}\right)^2 - 1\right]$

$\Rightarrow \quad 101.50 = P[(1.03)^2 - 1]$

$\Rightarrow \quad 101.50 = P[1.0609 - 1]$

$\Rightarrow \quad 101.50 = P[0.0609]$

$$P = \frac{101.50}{0.0609} = \frac{101.5000}{0.0609} = ₹\frac{1015000}{609}$$

अतः साधारण ब्याज = $\frac{p \times r \times t}{100}$

$$= \frac{\frac{1015000}{609} \times 2 \times 3}{100} = \frac{10150 \times 2}{203}$$

$$= \frac{20300}{203} = 100$$

अतः अभीष्ट साधारण ब्याज = ₹ 100.

73. माना तीन बराबर कोणों में प्रत्येक का मान $x°$ है

तब, चतुर्भुज के चार कोणों का योग = 360°

$\therefore \quad 108° + 3x = 360°$

$3x = 360 - 108$

$3x = 252$

$x = \frac{252}{3} = 84°$

74. प्रश्नानुसार,

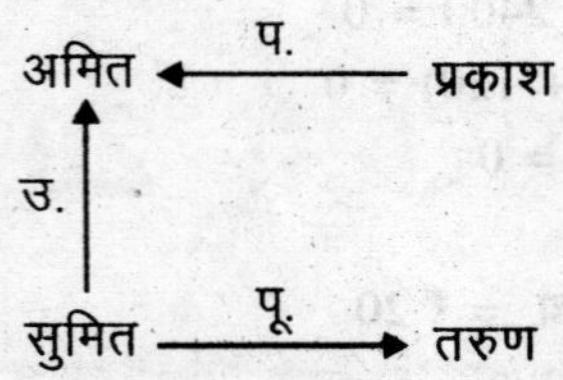

यहाँ, तरुण, अमित के दक्षिण-पूर्व में है।

75. दिया गया है

DRIVER = 12,

PEDESTRIAN = 20

ACCIDENT = 16

$\because$ DRIVER में अक्षरों की संख्या = 6

यहाँ, अक्षरों की संख्या को 2 से गुणा किया जाता है

$\therefore \quad 6 \times 2 = 12$

इसी प्रकार,

PEDESTRIAN में अक्षरों की संख्या = 10

$\therefore \quad 10 \times 2 = 20$

ACCIDENT में अक्षरों की संख्या = 8

$\therefore \quad 8 \times 2 = 16$

इसी प्रकार, CAR में अक्षरों की संख्या = 3

$\therefore \quad 3 \times 2 = 6$

अतः CAR = 6.

77. दिया है, $2^x = 4^y = 8^z$

$\Rightarrow 2^x = 4^y = 2^{3z}$

$\Rightarrow 2^x = 4^{2y} = 2^{3z}$

$\Rightarrow x = 2y = 3z$

$\therefore$ $4y = 2x$ और $3z = x$

$$\Rightarrow \quad 4z = \frac{4}{3}x$$

$$\therefore \quad \frac{1}{2x}+\frac{1}{4y}+\frac{1}{4z} = 4$$

$$\Rightarrow \quad \frac{1}{2x}+\frac{1}{2x}+\frac{1}{\frac{4}{3}x} = 4$$

$$\Rightarrow \quad \frac{1}{2x}+\frac{1}{2x}+\frac{3}{4x} = 4$$

$$\Rightarrow \quad \frac{1}{x}+\frac{3}{4x} = 4$$

$$\Rightarrow \quad \frac{4+3}{4x} = 4$$

$$\Rightarrow \quad \frac{7}{4x} = 4$$

$$\Rightarrow \quad 7 = 16x$$

$$\Rightarrow \quad x = \frac{7}{16}$$

78. सम्पूर्ण यात्रा की औसत चाल $= \dfrac{80}{\frac{60}{40}+\frac{20}{20}}$ किमी./घं.

$$= \frac{80}{\frac{3}{2}+1} = \frac{80}{\frac{5}{2}}$$

$$= 80 \times \frac{2}{5}$$

$$= 16 \times 2$$

= 32 किमी./घं.

पिछले प्रश्न-पत्र (हल सहित)

हरियाणा शिक्षक पात्रता परीक्षा (HTET)

TGT सामाजिक अध्ययन (Level-2), परीक्षा 2019

(Exam held on 17 November, 2019)

भाग-I

बाल विकास व शिक्षाशास्त्र

निर्देश : *निम्नलिखित प्रश्नों के उत्तर देने के लिए* ***सबसे उचित*** *विकल्प चुनिए।*

1. निम्नलिखित में से कौन-सी गतिविधि/क्षेत्र को विद्यार्थी के सहविद्यालयी/सहशैक्षिक पक्ष के अंतर्गत ***नहीं*** गिना जा सकता?

A. सामाजिक कौशल B. अभिवृत्ति एवं मूल्य

C. सृजनात्मक कौशल D. पाठ्यचर्यी विषय

2. निम्नलिखित में से कौन-सा 'संज्ञान' से सम्बन्धित ***नहीं*** है?

A. प्रत्यक्षबोध B. चिंतन

C. चलना D. संप्रत्यय निर्धारण

3. एक विद्यार्थी खुद के द्वारा जाने गये कुछ शब्दों जैसे– बाघ, कुत्ता, शेर, तेंदुआ इत्यादि के आधार पर एक नया शब्द सीखता है 'मांसाहारी पशु'। इस प्रकार के सीखने को क्या कहा जाता है?

A. संयोगात्मक सीखना

B. अधीनस्थ सीखना

C. सहसंबंधात्मक सीखना

D. महाकोटि सीखना

4. ''बालकों की यह समझ कि चाहे वे किसी अन्य लिंगधारी जैसे कपड़े, बालों की स्टाइल अपना लें, तो भी उनका स्वयं का लिंग नहीं बदलेगा'' बालकों की इस प्रकार की समझ को क्या कहा जाता है?

A. लिंग पहचान B. लिंग स्थिरता

C. लिंग संगतता D. लिंग रूढ़िबद्धता

5. उत्तर बाल्यावस्था का काल क्या है?

A. 2 से 6 वर्ष B. 6 से 12 वर्ष

C. 4 से 7 वर्ष D. 11 से 15 वर्ष

6. विद्यार्थी के व्यक्तित्व के समग्र विकास का आकलन किस तरह का मूल्यांकन कहलाता है?

A. सतत् मूल्यांकन

B. समग्र मूल्यांकन

C. उपरोक्त (A) एवं (B) दोनों

D. उपरोक्त (A) एवं (B) दोनों नहीं

7. ब्रॉनफ्रेनब्रेनर के सिद्धान्त के अनुसार नियम एवं रीति रिवाज बालक के किस पारिस्थितिक तंत्र के उदाहरण हैं?

A. माइक्रोतंत्र B. मैक्रोतंत्र

C. मीसोतंत्र D. एक्सोतंत्र

8. एन.डी.आई. अभिप्रेरणा सूत्र के प्रवर्तक कौन थे?

A. मैकडूगल

B. हिलगार्ड

C. ब्लैयर एवं जोन्स

D. मैस्लो

9. निम्नलिखित में से कौन-सा विकल्प जीन पियाजे द्वारा प्रदत्त ''मूर्त संक्रियात्मक अवस्था'' की विशेषता को दर्शाता है?

A. बच्चों में 'कारण-प्रभाव संबंध' तथा 'वस्तु के स्थायित्व' संबंधी विचार विकसित होना।

B. बालक में संरक्षण के सिद्धांत को प्राप्त करना, तार्किक विचारों का प्रकट होना।

C. बालक अपने परिवेश को सांकेतिक रूप से दर्शाना आरम्भ करता है।

D. तार्किक विचारों के विभिन्न प्रारूप बनाने में सक्षम होना।

10. निम्नलिखित में से कौन-सा बाल्यकाल का अन्य नाम ***नहीं*** है?

A. प्रारम्भिक विद्यालय आयु

B. स्फूर्ति अवस्था

C. 'गिरोह से पहले' आयु

D. गिरोह आयु/दल आयु

11. संज्ञानात्मक विकास के ''समाज सांस्कृतिक सिद्धांत'' को किसने प्रस्तावित किया?

A. जीन पियाजे B. लेव वाइगोत्स्की

C. जे.एस. ब्रूनर D. कोहलबर्ग

12. थर्स्टन द्वारा 'बुद्धि' के लिए किस शब्द का प्रयोग किया गया था?

A. प्राथमिक मानसिक क्षमताएँ

B. सार्वभौमिक मानसिक क्षमताएँ

C. तटस्थ मानसिक क्षमताएँ

D. उच्च मानसिक क्षमताएँ

13. निम्न में से कौन-सी रक्षात्मक युक्ति ***नहीं*** है?
A. तादात्म्य B. क्षतिपूर्ति
C. औचित्य स्थापन D. साहचर्य

14. निम्न में से कौन-सा संवेगात्मक बुद्धि का तत्त्व ***नहीं*** है?
A. उद्यमी सामर्थ्यता
B. आत्म-अभिप्रेरणा
C. परानुभूति
D. सम्बन्धों को संचालित करना

15. अच्छे समायोजन की विशेषता है :
A. सहनशीलता
B. आत्मविश्वास में कमी
C. संवेगात्मक अस्थिरता
D. अनियमित दिनचर्या

16. पहली मनोवैज्ञानिक प्रयोगशाला की स्थापना किसके द्वारा की गई?
A. गाल्टन B. कैटेल
C. पेस्टालॉजी D. वुन्ट

17. ''नई सूचनाओं को पूर्ववर्ती विद्यमान मानसिक संरचना में व्यवस्थित करना'' क्या कहलाता है?
A. आत्मसातकरण B. समाविष्टीकरण
C. संतुलनीकरण D. संगठन

18. अपने शिष्य के संवेगात्मक विकास के लिए अध्यापक को चाहिए कि :
A. वह शिष्य के माता-पिता का स्थान लेने की कोशिश करे।
B. वह अपने शिष्य के प्रति प्रेम तथा स्नेह विकसित करे।
C. वह अपने शिष्य की शरारत के प्रति भी प्रेम का रवैया अपनाये।
D. अपने कुछ चुनिंदा शिष्यों के प्रति पक्षपात पूर्ण व्यवहार करे।

19. बाल अपराध का कारण ***नहीं*** है :
A. शारीरिक दोष B. गरीबी
C. असफलता D. उचित घरेलू वातावरण

20. बुद्धि का एक प्रकार जो साधारणतया नर्तक, एथलीट, सर्जन इत्यादि में पाया जाता है, क्या कहलाता है?
A. शरीर-गतिकी बुद्धि B. स्थानिक बुद्धि
C. तार्किक-गणितीय बुद्धि D. संगीत बुद्धि

21. 'दृष्टि से ओझल हो जाने के बाद मस्तिष्क से ओझल हो जाना' किस विकासात्मक अवस्था की विशेषता है?
A. संवेदी-गामक अवस्था
B. पूर्व संक्रियात्मक अवस्था
C. मूर्त संक्रियात्मक अवस्था
D. औपचारिक संक्रियात्मक अवस्था

22. कौन-सा अभिप्रेरण का घटक ***नहीं है?***
A. आवश्यकताएँ B. रटन्तस्मृति
C. अन्तर्नोद D. प्रोत्साहन

23. निम्नलिखित में कौन-सा किशोरावस्था का अन्य नाम ***नहीं*** है?
A. बाल्यावस्था तथा प्रौढ़ावस्था के बीच का संधिकाल
B. समस्यात्मक अवस्था
C. संघर्ष, तनाव तथा विरोध की अवस्था
D. स्फूर्ति अवस्था

24. निम्नलिखित में से कौन-सा सामूहिक अशाब्दिक बुद्धि परीक्षण ***नहीं*** है?
A. आर्मी बीटा परीक्षण
B. आर्मी अल्फा परीक्षण
C. शिकागो परीक्षण
D. रेवेस प्रोग्रेसिव मैट्रिक्स

25. कोहलबर्ग के अनुसार ''नैतिक विकास की एक ऐसी अवस्था जिसमें कोई व्यक्ति अपनी नैतिकता को वर्तमान में प्रचलित सामाजिक मानदण्डों अथवा नियमों के अनुरूप आँकता है'' को नैतिकता की कौन-सी अवस्था कहा गया है?
A. नैतिकता का पूर्व परम्परागत स्तर
B. नैतिकता का परम्परागत स्तर
C. नैतिकता का पश्च परम्परागत स्तर
D. नैतिकता का गैर परम्परागत स्तर

26. अधिगम का वह प्रकार जिसमें विद्यार्थी दी गई अधिगम सामग्री की सहायता से नये विचार या नये नियम को जानते हुए सीखने का प्रयास करता है, को क्या कहते हैं?
A. रटकर सीखना B. अर्थपूर्ण सीखना
C. अभिग्रहण सीखना D. अन्वेषण सीखना

27. निम्नलिखित में से कौन-सा विकल्प सामाजिकीकरण की प्रक्रिया के अंतर्गत ***नहीं*** आता है?
A. सामाजिक रूप से सम्मत तौर तरीकों के व्यवहार को सीखना
B. सामाजिक रूप से सम्मत भूमिकाओं को करना
C. सामाजिक अभिवृत्ति का विकास
D. आत्मकेन्द्रित व्यवहार

28. 'मंगोलिज्म' प्रकार के मानसिक मंदतापूर्ण बालकों का लगभग बुद्धि स्तर प्रसार क्या होता है?
A. 20 से 25 B. 20 से नीचे
C. 25 से 36 D. 36 से 51

29. व्यक्तित्व समायोजन की प्रत्यक्ष विधि है :
A. शोधन B. प्रक्षेपण
C. प्रतीपगमन D. बाधा-निराकरण

30. निम्नलिखित में से कौन-सा टेलर द्वारा प्रदत्त सृजनात्मक स्तर सिद्धान्त का चौथा स्तर है?
A. भावबोधक सृजनात्मक
B. उत्पादक सृजनात्मक
C. अभिनव सृजनात्मक
D. आविष्कारी सृजनात्मक

भाग-II

भाषा : हिन्दी

निर्देश: *निम्नलिखित प्रश्नों के उत्तर देने के लिए **सबसे उचित** विकल्प चुनिए।*

31. किस विकल्प में विसर्ग संधि का प्रयोग ***नहीं*** हुआ है?
A. तिरोधान B. शिरोधार्य
C. दीपोत्सव D. रजोभव

32. 'हेमन्त को खीर अच्छी लगती है'–वाक्य किस कारक का उदाहरण है?
A. कर्मकारक B. संबंध कारक
C. संप्रदान कारक D. अधिकरण कारक

33. एकवचन से बहुवचन बने विकल्पों में असंगत चुनिए :
A. डाकू–डाकुओं B. वधू–वधुएँ
C. तरबूजा–तरबूजाओं D. भालू–भालुओं

34. वार्तनिक दृष्टि से अशुद्ध विकल्प चुनिए :
A. दवाइयाँ B. प्राणिविज्ञान
C. वृत्यानुप्रास D. मृत्यूपरान्त

35. किस वाक्य में 'आज्ञार्थ' (विध्यर्थ) वृत्ति का प्रयोग हुआ है?
A. तुम अगर कहते तो मैं ऐसा जरूर करती।
B. सभी को अपरिग्रह की भावना रखनी चाहिए।
C. नेता को चाहिए कि वह समूह के प्रत्येक व्यक्ति का सम्मान करे।
D. मैं चाहता हूँ कि तुम भले इंसान बनो।

36. प्रत्यय की दृष्टि से असंगत विकल्प बताइए :
A. विचारण + ईय = विचारणीय
B. दृश् + तव्य = द्रष्टव्य
C. वृष्णि + एय = वार्ष्णेय
D. वल्मीक + इ = वाल्मीकि

37. किस विकल्प में द्वन्द्व समास का उदाहरण ***नहीं*** है?
A. भक्ष्याभक्ष्य B. कृष्णार्जुन
C. रुद्रप्रिया D. उचितानुचित

38. स्त्रीलिंग-पुल्लिंग की दृष्टि से अनुचित विकल्प छाँटिए :
A. कुँजड़ा–कुँजड़िन B. तीतर–तीतरिन
C. धोबी–धोबिन D. पापी–पापिन

39. किस विकल्प में 'आ' उपसर्ग का प्रयोग हुआ है?
A. आत्यन्तिक B. आतिथ्य
C. आख्यायिका D. आधिपत्य

40. विलोम की दृष्टि से बेमेल को छाँटिए :
A. आर्य–अनार्य B. उर्वर–अनुर्वर
C. ऐच्छिक–अनिवार्य D. खल–दुर्जन

41. पर्यायवाची की दृष्टि से असंगत विकल्प चुनिए :
A. पक्षी– शंकुत, द्विज, नभचर
B. बैल– ऋषभ, वृषभ, अक्षधर
C. वेद– आम्नाय, आगम, आकर
D. हरिण– कुरंग, प्लवंग, सारंग

42. 'भाववाच्य' वाला विकल्प चुनिए :
A. नानी द्वारा कहानी सुनाई गई।
B. गर्मियों में रोज नहाया जाता है।
C. भारत द्वारा नया उपग्रह छोड़ा गया।
D. कोहली ने शतक लगाया।

43. निम्न में से किस विकल्प में 'कम' शब्द का विशेषणीय प्रयोग किया गया है?
A. गर्मी में 'कम' खाना चाहिए। B. आज उसने 'कम' खाना खाया।
C. 'कम' ही पढ़ पाते हैं। D. 'कम' बोलना ही श्रेयस्कर है।

44. किस वाक्य में 'निपात' का प्रयोग हुआ है?
A. राम और श्याम दिनभर से खेल रहे हैं।
B. कविता आज दिल्ली जा रही है।
C. तुम आज दिनभर सोते ही रहोगे।
D. मेरी भारी भूल थी जो उसके बहकावे में आ गया।

45. 'दुर्घटना क्यों और कैसे हुई' – वाक्य में प्रयुक्त क्रिया-विशेषण का भेद इंगित कीजिए :
A. परिमाणवाचक B. कालवाचक
C. रीतिवाचक D. स्थानवाचक

Language : English

Directions: *Answer the following questions by selecting the **most appropriate** option.*

46. Choose the correct presposition.
I had not slept or eaten anything properly .... two days.
A. since B. from
C. in D. for

47. Fill in the blank with the correct option :
.... doing the cooking, I look after the garden.
A. Beside
B. However
C. Besides
D. Therefore

48. Choose the correct synonym for the word given below :

Gallant

A. Valiant B. Impolite
C. Rude D. Fearful

49. Choose the correct option for the underlined word.

Our parents have raised us to be a good citizen.

A. Brought up
B. Brought by
C. Brought out
D. Brought down

50. Choose the correct determiner.

.... knowledge is a dangerous thing.

A. The little B. Little
C. A little D. The few

51. Choose the correct form of verb.

Did you not .... about the world Atlas.

A. knew B. known
C. know D. knows

52. Choose the correct passive construction for the sentence given.

We visited the zoo of Jaipur on last Sunday.

A. Zoo of Jaipur were visited by us on last Sunday.
B. On last Sunday the zoo of Jaipur was visited by us.
C. We were visited the zoo of Jaipur on last Sunday.
D. Zoo of Jaipur was being visited on Sunday last by us.

53. Cooking is his hobby.

The underlined word is used as a :

A. Verb B. Gerund
C. Participle D. Infinitive

54. Choose the word which is spelt correctly.

A. Commited B. Committed
C. Comitteed D. Committeed

55. Fill in the blank by choosing the correct option.

The Headmaster and the Secreatry .... present in the meeting.

A. was B. were
C. was being D. were being

56. Choose the most appropriate form of Indirect speech for the given sentence.

The teacher said to Hari, "Why did you not do your homework yesterday"?

A. The teacher asked Hari why had he not done his homework the previous day?
B. The teacher asked Hari why he had not done his homework the previous day?
C. The teacher said to Hari why had he not done their homework the previous day?
D. The teacher said Hari that he had not done his homework the previous day.

57. Choose the correct antonym for the word given below:

Bankrupt

A. Penniless B. Insolvent
C. Ruined D. Solvent

58. Fill in the blank with appropriate preposition.

I paid the bill .... cash.

A. in B. at
C. for D. with

59. Choose the correct modal.

Some people .... ski better than others.

A. must B. can
C. could D. should

60. Choose the correct word for the sentence.

A man who is womanish in his habits.

A. Arsonist B. Epicure
C. Effeminate D. Fealty

भाग-III

सामान्य अध्ययन : मात्रात्मक योग्यता, तार्किक अभिक्षमता तथा सामान्य ज्ञान एवं अभिज्ञान

निर्देशः *निम्नलिखित प्रश्नों के उत्तर देने के लिए **सबसे उचित** विकल्प चुनिए।*

61. दिये गये कथनों के आधार पर सही निष्कर्ष कौन-सा होगा?

कथन :

I. सभी पत्ते जड़ें हैं।

II. कुछ जड़ें शाखाएँ हैं।

निष्कर्ष :

A. कुछ पत्ते शाखाएँ हैं।
B. कुछ शाखाएँ जड़ें नहीं हैं।
C. कोई शाखा पत्ता नहीं है।
D. कुछ जड़ें पत्ते हैं।

62. दो व्यक्ति अपने कार्यालय से अपने-अपने घर के लिये रवाना होते हैं। पहला व्यक्ति उत्तर दिशा में 8 किमी. तथा दूसरा व्यक्ति पूर्व दिशा में 6 किमी. की दूरी तय करके अपने-अपने घर पहुँच जाते हैं, तो दोनों व्यक्तियों के घर की सीधी दूरी कितनी है?

A. 10 किमी. B. 12 किमी.
C. 14 किमी. D. 15 किमी.

63. 7 : 20 मिनट पर घड़ी की बड़ी सूई से छोटी सूई के बीच कितने अंश का कोण बनेगा?

A. 160°　　B. 100°
C. 260°　　D. 120°

64. निम्न शृंखला को पूरा करें:

WE, SG, PJ, LN, IS, ?

A. FZ　　B. FX
C. EY　　D. EX

65. किसी सांकेतिक भाषा मे GRANT को UOBSH कहा जाए, TIME को FNJU कहा जाये, तो PRIDE को क्या कहा जाएगा?

A. QSJEF　　B. OQHCD
C. FEJSQ　　D. TPMED

66. निम्न वर्ग श्रेणी में अगला पद ज्ञात कीजिए :

DHL, PTX, BFJ, ...

A. CGK　　B. KOS
C. NRV　　D. OVZ

67. एक कस्बे की जनसंख्या 8,500 है, यदि पहले वर्ष में इसमें 20% वृद्धि हुई, दूसरे वर्ष इसमें 25% वृद्धि हुई, तो दो वर्षों बाद इसकी जनसंख्या कितनी होगी?

A. 10,950　　B. 12,750
C. 11,950　　D. 12,550

68. ₹ 18,000 पर 2 वर्ष के 10% वार्षिक दर से चक्रवृद्धि ब्याज व साधारण ब्याज का अंतर क्या होगा?

A. ₹ 150　　B. ₹ 180
C. ₹ 210　　D. ₹ 316

69. ₹ 14,500 साधारण ब्याज पर 6 वर्ष में ₹ 21,460 हो जाते हैं, ब्याज की वार्षिक दर क्या है?

A. 4%　　B. 10%
C. 6%　　D. 8%

70. एक त्रिभुजाकार खेत की भुजाएँ क्रमशः 20 मीटर, 21 मीटर तथा 29 मीटर हैं, इस खेत पर ₹ 15 प्रतिवर्ग मीटर की दर से फसल काटने का खर्च क्या होगा?

A. ₹ 2,100　　B. ₹ 1,890
C. ₹ 3,150　　D. ₹ 2,500

71. एक क्रिकेट मैच में 6 खिलाड़ियों की औसत रन संख्या 36 थी। यदि इनमें से एक खिलाड़ी ने 16 रन बनाए हों, तो शेष खिलाड़ियों की औसत रन संख्या कितनी है?

A. 24　　B. 30
C. 36　　D. 40

72. निम्नलिखित शृंखला को पूरा करें :

24, 60, 120, 210, ?

A. 336
B. 270
C. 512
D. 500

73. एक बस तथा एक कार की चालों का अनुपात 6 : 7 है, यदि कार 4 घंटे में 364 किमी. की दूरी तय करे, तो बस की चाल ज्ञात करें :

A. 60 किमी/घंटा　　B. 72 किमी/घंटा
C. 78 किमी/घंटा　　D. 84 किमी/घंटा

74. किसी सांकेतिक भाषा में "go home" को "ta na" कहा जाए "sweet home" को "na ja" कहा जाए एवं "Sweet and Sour" को "pa sa ja" कहा जाए, तो "Sour" का कोड क्या होगा?

A. pa　　B. sa
C. pa या sa　　D. na

75. दो संख्याओं का अनुपात 3 : 5 है, तथा इनका योगफल 240 है, संख्याओं का अंतर क्या होगा?

A. 60　　B. 100
C. 120　　D. 90

76. किसी संख्या के 60% का 3/5 यदि 36 हो, तो संख्या का मान क्या होगा?

A. 60　　B. 100
C. 120　　D. 150

77. यदि DRIVER = 12, PEDESTRIAN = 20, ACCIDENT = 16, तो CAR = ?

A. 3　　B. 6
C. 8　　D. 16

78. A तथा B मिलकर किसी काम को 15 दिन में समाप्त करते हैं, जबकि B अकेला इसे 20 दिन में समाप्त करता है, A इस काम को कितने दिन में समाप्त करेगा?

A. 60　　B. 45
C. 40　　D. 30

79. लड़कों की एक पंक्ति में अनिल बायें छोर से 16वें स्थान पर खड़ा है। विकास दायें छोर से 18वें स्थान पर है। गोपाल, अनिल से दायीं ओर 11वें स्थान पर है, और विकास से दायीं छोर की ओर तीसरे स्थान पर है। इस पंक्ति में कितने लड़के खड़े हुए हैं?

A. 41　　B. 42
C. 48　　D. 49

80. निम्नलिखित में से कौन-सा लीप वर्ष है?

A. 1800　　B. 1900
C. 1700　　D. 2000

81. हरियाणा में कितने प्रशासनिक मंडल (संभाग) हैं?

A. चार　　B. पाँच
C. छः　　D. सात

82. हरियााण का शहर, जो राष्ट्रीय राजधानी क्षेत्र का हिस्सा ***नहीं*** है :

A. गुरुग्राम　　B. सोनीपत
C. फरीदाबाद　　D. हिसार

83. गुरुग्राम किस प्राचीन गुरु से संबंधित है?

A. वेद व्यास　　B. द्रोणाचार्य
C. परशुराम　　D. कृपाचार्य

84. हरियाणा में 'बेटी बचाओ-बेटी पढ़ाओ अभियान' का ब्रांड एम्बेसडर कौन है?

A. अनु कुमारी　B. साक्षी मलिक
C. कल्पना चावला　D. साईना नेहवाल

85. जिला जो दूसरे राज्यों के साथ सीमा साझा ***नहीं*** करता है :

A. पानीपत　B. रोहतक
C. रेवाड़ी　D. पलवल

86. नदी जो हरियाणा तथा उत्तर प्रदेश के मध्य सीमा बनाती है :

A. यमुना　B. गंगा
C. साहिबी　D. मारकण्डा

87. प्रताप सिंह ने अंग्रेजों के विरुद्ध कहाँ विद्रोह किया था?

A. रोहतक　B. जींद
C. अंबाला　D. सिरसा

88. नेशनल कैंसर इन्स्टिट्यूट कहाँ है?

A. सांपला　B. मेहम
C. बादसा　D. कलानौर

89. सोहना नगर प्रसिद्ध है:

A. ऐतिहासिक झील के लिए
B. ऐतिहासिक महल के लिए
C. गर्म जल के स्रोत के लिए
D. बगीचों के लिए

90. हरियाणा का राज्य पशु है :

A. कृष्ण मृग
B. एशियाई सिंह
C. चिंकारा
D. बाघ

भाग-IV

सामाजिक अध्ययन

निर्देश: *निम्नलिखित प्रश्नों के उत्तर देने के लिए* **सबसे उचित** *विकल्प चुनिए।*

91. अक्टूबर क्रान्ति के दौरान रूस का जार कौन था?

A. व्लादिमीर लेनिन　B. निकोलस-II
C. एलेक्जेण्डर करेन्सकी　D. निकोलस-I

92. "इंदिरा साहनी एवं अन्य बनाम भारत सरकार" मामले का संबंध था :

A. अन्य पिछड़ा वर्ग आरक्षण से
B. अनुसूचित जाति आरक्षण के समापन से
C. स्त्री सुरक्षा से
D. कामकाजी महिलाओं के अधिकारों से

93. निम्न वाक्यों को ध्यान से पढ़िए :

I. भारत की संसद के दोनों सदनों की शक्तियाँ समान नहीं हैं।
II. इसी कारण भारतीय संविधान में उच्च सदन व निम्न सदन शब्दावली प्रयोग की गयी है।

सही विकल्प चुनिए :

A. II सही व I गलत है　B. I सही व II गलत है
C. I व II दोनों सही हैं　D. I व II दोनों गलत हैं

94. निम्नलिखित में से कौन-सा अन्तरपर्वतीय पठार का उदाहरण ***नहीं*** है?

A. तिब्बत का पठार
B. मैक्सिको का पठार
C. दक्कन ट्रैप
D. बोलीविया एवं पेरू का पठार

95. उत्पादन-सम्भावना वक्र को किस नाम से जानते हैं?

A. तटस्थता वक्र
B. मांग वक्र
C. पूर्ति वक्र
D. रूपान्तरण वक्र

96. आई.सी.ओ.आर. (I.C.O.R.) क्या है?

A. $\frac{\text{पूँजी में परिवर्तन}}{\text{उत्पादन में परिवर्तन}}$　B. $\frac{\text{आय में परिवर्तन}}{\text{पूँजी में परिवर्तन}}$

C. $\frac{\text{आय में परिवर्तन}}{\text{उपभोग में परिवर्तन}}$　D. $\frac{\text{उत्पादन में परिवर्तन}}{\text{पूँजी में परिवर्तन}}$

97. रानी लक्ष्मीबाई पराजित हुई और मार दी गई :

A. जून, 1757 में　B. जून, 1858 में
C. जुलाई, 1757 में　D. जुलाई, 1858 में

98. होआ हाओ आंदोलन के संस्थापक हैं :

A. हुनी फु सो
B. आंग सान सू की
C. माओत्से तुंग
D. फान बाई चाऊ

99. जी.एन.पी. एवम् जी.डी.पी. में क्या अंतर है?

A. अनुदान पर अप्रत्यक्ष करों का आधिक्य
B. मूल्यह्रास
C. अप्रत्यक्ष करों पर अनुदान का आधिक्य
D. विदेशों से प्राप्त शुद्ध साधन आय

100. भारत में केन्द्र सरकार के विरुद्ध अविश्वास प्रस्ताव :
A. लोकसभा व राज्यसभा दोनों में पेश किया जा सकता है।
B. मात्र लोकसभा में पेश किया जा सकता है।
C. मात्र राज्यसभा में पेश किया जा सकता है।
D. लोकसभा में विपक्ष का सबसे बड़ा दल ही ला सकता है।

101. स्वराज पार्टी के संस्थापक कौन थे?
A. सी.आर. दास B. बी.आर. अम्बेडकर
C. जे.एल. नेहरु D. एम.के. गाँधी

102. निम्न वाक्यों को ध्यान से पढ़िए :
I. अन्तर्राष्ट्रीय मुद्रा कोष दुनिया के किसी भी देश को उधार ऋण देने वाली सबसे बड़ी संस्था है।
II. इसके समस्त सदस्य देशों को समान मताधिकार प्राप्त है।
सही विकल्प चुनिए :
A. I सही व II गलत है
B. I गलत व II सही है
C. I व II दोनों गलत हैं
D. I व II दोनों सही हैं

103. भारत के संघीय बजट में, सार्वजनिक उपक्रमों से प्राप्त लाभ किसके अन्तर्गत आते हैं?
A. राजकोषीय घाटा B. नियोजित व्यय
C. पूँजीगत प्राप्तियाँ D. राजस्व प्राप्तियाँ

104. आर्थिक सर्वे प्रकाशित किया जाता है :
A. योजना आयोग द्वारा
B. भारतीय सांख्यिकी संस्थान द्वारा
C. आर.बी.आई. द्वारा
D. वित्त मंत्रालय द्वारा

105. आयनमण्डल में "कैनिली-हैवीसाइड" परत है :
A. डी परत B. ई परत
C. एफ परत D. जी परत

106. निम्न देशों में से सार्वभौम वयस्क मताधिकार सबसे आखिर में अपनाने वाला देश है :
A. भारत B. दक्षिण अफ्रीका
C. संयुक्त राज्य अमेरिका D. जर्मनी

107. निम्न कथनों को ध्यान से पढ़िए :
I. भारत के मुख्य चुनाव आयुक्त की नियुक्ति भारत के राष्ट्रपति करते हैं।
II. मुख्य चुनाव आयुक्त राष्ट्रपति के प्रति उत्तरदायी होते हैं।
सही विकल्प चुनिए :
A. I व II दोनों सही हैं B. I व II दोनों गलत हैं
C. I सही व II गलत है D. I गलत व II सही है

108. 'ईएनएसओ' (ENSO) घटना सम्बन्धित है :
A. पर्यटन से B. व्यापार से
C. परिवहन से D. भारतीय मानसून से

109. मोन्टेस्क्यू द्वारा लिखित पुस्तक का नाम है :
A. द सोशल कॉन्ट्रेक्ट B. द स्पिरिट ऑफ लॉज
C. दास कैपिटल D. ट्रीटीज ऑन टॉलरेन्स

110. किस वर्ष खिलाफत आन्दोलन की शुरुआत हुई?
A. 1921 B. 1918
C. 1919 D. 1920

111. नेपोलियन बोनापार्ट ने किस वर्ष में फ्रांस के सम्राट के रूप में अपनी ताजपोशी की थी?
A. 1801 B. 1802
C. 1803 D. 1804

112. निम्नांकित कथनों में से कौन-सा ***गलत*** है?
A. एक एकाधिकार उत्पादन को प्रतिबंधित कर कीमत बढ़ा सकता है।
B. एकाधिकार में एक फर्म और एक उद्योग में कोई अन्तर नहीं होता है।
C. वस्तु विभेद एकाधिकारात्मक प्रतियोगिता की विशिष्टता है।
D. पूर्ण प्रतियोगिता में विक्रय हेतु प्रस्तुत की गई वस्तुएँ विजातीय होगी।

113. चम्पारन कहाँ स्थित है?
A. गुजरात में B. उत्तर प्रदेश में
C. बिहार में D. मध्य प्रदेश में

114. 55° पश्चिमी देशान्तर रेखा का प्रतिध्रुव देशान्तर है :
A. 55° पूर्वी देशान्तर B. 125° पूर्वी देशान्तर
C. 125° पश्चिमी देशान्तर D. 155° पूर्वी देशान्तर

115. अफ्रीका के दक्षिणतम छोर पर उत्तर से दक्षिण की ओर प्रवाहित होने वाली समुद्री धारा है :
A. अगुलहास B. कनारी
C. मोजाम्बिक D. बेंग्युला

116. "मैं भारत के लिए ऐसा संविधान चाहता हूँ जो उसे गुलामी और अधीनता से मुक्त करे, ... मैं ऐसे भारत के लिए प्रयास करुँगा जिसे सबसे गरीब व्यक्ति भी अपना माने।"
यह कथन है :
A. बी.आर. अम्बेडकर का
B. जवाहरलाल नेहरू का
C. डॉ. राजेन्द्र प्रसाद का
D. महात्मा गाँधी का

117. निम्नलिखित को सुमेलित करें तथा नीचे दिए गए **कूट** का उपयोग करते हुए **सही** उत्तर का चयन करें :

ज्वालामुखी	**देश**
(*a*) स्ट्राम्बोली	(*i*) तंजानिया
(*b*) कोटापैक्सी	(*ii*) इटली
(*c*) माउण्ट पोपा	(*iii*) इक्वेडोर
(*d*) किलिमंजारो	(*iv*) म्यानमार

कूट :

	(a)	(b)	(c)	(d)
A.	(i)	(ii)	(iii)	(iv)
B.	(ii)	(i)	(iii)	(iv)
C.	(ii)	(iii)	(i)	(iv)
D.	(ii)	(iii)	(iv)	(i)

118. आर्थिक नियोजन सम्बन्धित है:

A. समाजवादी अर्थव्यवस्था से
B. मिश्रित अर्थव्यवस्था से
C. समाजवादी एवम् मिश्रित दोनों अर्थव्यवस्था से
D. इनमें से कोई नहीं

119. निम्नलिखित में से कौन-सा सुमेलित ***नहीं*** है?

स्थलाकृतियाँ		**निर्माणक कारक**
A. सर्क	—	हिमनद
B. पेनिप्लेन	—	नदियाँ
C. लोयस	—	हवा
D. नूनाटक	—	समुद्री लहरें

120. जब पृथ्वी, सूर्य तथा चन्द्रमा समकोणीय स्थिति में हों, तो कौन-सा ज्वार आयेगा?

A. दीर्घ ज्वार　　B. दैनिक ज्वार
C. मिश्रित ज्वार　　D. लघु ज्वार

121. निम्न का मिलान कीजिए :

(a) गुर्जर प्रतिहार	(i) पश्चिमी दक्कन
(b) राष्ट्रकूट	(ii) बंगाल
(c) पाल	(iii) गुजरात और राजस्थान
(d) चोल	(iv) तमिलनाडु

कूट :

	(a)	(b)	(c)	(d)
A.	(iii)	(i)	(ii)	(iv)
B.	(i)	(ii)	(iii)	(iv)
C.	(ii)	(iii)	(i)	(iv)
D.	(iv)	(ii)	(i)	(iii)

122. निम्नलिखित युग्मों में से कौन-सा सुमेलित ***नहीं*** है?

फसल		**सर्वाधिक उत्पादक राज्य (भारत)**
A. चाय	—	असम
B. जूट	—	पश्चिमी बंगाल
C. कॉफी	—	कर्नाटक
D. रबर	—	तमिलाडु

123. निम्नलिखित में से कौन-सा समवर्ती सूची का विषय है?

A. संचार　　B. कम्प्यूटर सॉफ्टवेयर
C. पुलिस　　D. विवाह

124. स्वतंत्रता पश्चात् बने भारत के प्रथम राज्य पुनर्गठन आयोग ने राज्यों के गठन का आधार माना था :

A. संस्कृति को　　B. भाषा को
C. धर्म को　　D. भौगोलिक स्थिति को

125. वह क्षेत्र पहचानिए जहाँ लोकतांत्रिक व्यवस्थाएँ अधिक सफल ***नहीं*** रही हैं?

A. शांति व व्यवस्था कायम रखने में
B. आर्थिक असमानताओं में कमी लाने में
C. नागरिकों की गरिमा और आजादी कायम रखने में
D. सामाजिक विविधताओं में सामंजस्य रखने में

126. कौन-सा अर्थशास्त्री उदासीनता वक्र विधि से सम्बन्धित ***नहीं*** है?

A. हिक्स　　B. पैरेटो
C. एलेन　　D. मार्शल

127. जनगणना, 2011 के अनुसार, भारत के तीन सबसे कम लिंगानुपात वाले राज्यों का ***सही*** बढ़ता हुआ क्रम कौन-सा है?

A. हरियाणा < सिक्किम < पंजाब
B. हरियाणा < जम्मू और कश्मीर < सिक्किम
C. हरियाणा < सिक्किम < जम्मू और कश्मीर
D. हरियाणा < पंजाब < सिक्किम

128. "व्यापार चक्र" सम्बन्धित ***नहीं*** है :

A. अर्थव्यवस्था में कीमत स्तर से
B. उत्पादन स्तर से
C. रोजगार स्तर से
D. सरकार में राजनैतिक दल से

129. भारत में स्थानीय स्वशासी निकायों में सीटें आरक्षित रखी जाती हैं :

A. मात्र अनुसूचित जाति के लिए
B. मात्र महिलाओं के लिए
C. मात्र अनुसूचित जाति, अनुसूचित जनजाति एवं महिलाओं के लिए
D. अनुसूचित जाति, अनुसूचित जनजाति, पिछड़ी जाति एवं महिलाओं के लिए

130. नेपाल में वर्ष 2006 में चले लोकतंत्र समर्थक आन्दोलन हेतु बने राजनीतिक गठबंधन का नाम था :

A. फॉर डेमोक्रेसी
B. होप
C. सेवन पार्टी एलायन्स
D. डेमोक्रेसी फॉर पीस

131. प्रयाग प्रशस्ति के लेखक कौन थे?

A. हरिषेण　　B. कल्हण
C. हर्षवर्धन　　D. कालिदास

132. 'बहुलक' की गणना कीजिए :

7, 12, 8, 5, 6, 4, 9, 10, 8, 9, 7, 9, 6, 5, 9

A. 15　　B. 9
C. 5　　D. 11

133. शाहजहाँ की माता थीं :

A. कछवाहा राजकुमारी　　B. सिसोदिया राजकुमारी
C. राठौर राजकुमारी　　D. चौहान राजकुमारी

134. टाइफून का उत्पत्ति स्थल है :
A. उत्तरी अन्ध महासागर
B. उत्तरी-पश्चिमी प्रशान्त महासागर
C. दक्षिणी हिन्द महासागर
D. दक्षिणी प्रशान्त महासागर

135. 'हर्षचरित' के लेखक कौन हैं?
A. कालिदास B. हरिषेण
C. बाणभट्ट D. रविकीर्ति

136. एक आयताकार अतिपरवलय मांग वक्र के लिए मांग की कीमत लोच का मूल्य क्या होता है?
A. $e > 1$ B. $e < 1$
C. $e = 1$ D. $e = 0$

137. रजिया पुत्री थी:
A. कुतुबुद्दीन ऐबक की
B. खिज्र खाँ की
C. बहलोल लोदी की
D. शमशुद्दीन इल्तुतमिश की

138. 'भूड़' स्थलाकृति एक विशेषता है :
A. ऊपरी एवं मध्य गंगा मैदानों की
B. ब्रह्मपुत्र मैदानों की
C. तिस्ता मैदान की
D. सुन्दरबन डेल्टा की

139. भारत में उच्चतम एवम् न्यूनतम जनघनत्व कितना है?
A. दिल्ली (11297) अरुणाचल प्रदेश (17)
B. दिल्ली (9768) अरुणाचल प्रदेश (171)
C. महाराष्ट्र (1122) और नागालैण्ड (212)
D. दिल्ली (14444) और नागालैण्ड (22)

140. किताब-उल-हिन्द के लेखक हैं :
A. अमीर खुसरो
B. अबुल फजल
C. अल-बरूनी
D. अमीर हसन देहलवी

141. एच.एच. गौसेन का द्वितीय नियम कौन-सा है?
A. सीमान्त उपयोगिता ह्रास नियम
B. सम सीमान्त उपयोगिता नियम
C. उपभोक्ता की बचत
D. परिवर्तनशील अनुपातों का नियम

142. अशोक के अधिकतर अभिलेख लिखे गये थे :
A. पालि में B. हिन्दी में
C. संस्कृत में D. प्राकृत में

143. आई.एम.एफ. ने कार्य करना कब प्रारम्भ किया?
A. 1945 B. 1946
C. 1947 D. 1948

144. "अधिकारों" के पीछे सबसे प्रभावशाली घटक है :
A. धार्मिक परम्पराएँ
B. राजनीतिक दलों के विश्वास
C. समाज से स्वीकृति
D. भावुक दावे

145. निम्नलिखित में से कौन-सा जोड़ा सुमेलित ***नहीं*** है?

नदी घाटी परियोजनाएँ		**नदी**
A. शिवसमुद्रम्	—	कावेरी
B. पोचम्पाद	—	गोदावरी
C. काकरापार	—	नर्मदा
D. उकाई	—	तापी

146. "श्रम के लैंगिक विभाजन" का मूल आधार है :
A. जैविक बनावट
B. राजनीतिक परम्पराएँ
C. रूढ़िवादी छवियाँ
D. अनिश्चित सामाजिक भूमिकाएँ

147. **सूची-I** को **सूची-II** से मिलाएँ तथा नीचे दिये गये कूट का उपयोग करते हुए, सही उत्तर का चयन करें :

सूची-I (वन)	**सूची-II (प्रदेश)**
(a) मैंग्रोव	*(i)* कोरोमण्डल तट
(b) उष्टणकटिबंधीय सदाबहार	*(ii)* गंगा-ब्रह्मपुत्र डेल्टा
(c) उष्णकटिबंधीय शुष्क सदाबहार	*(iii)* नीलगिरि तथा अन्नामलाई पहाड़ियाँ
(d) आर्द्र समशीतोष्ण	*(iv)* पश्चिमी घाट

कूट :

	(a)	*(b)*	*(c)*	*(d)*
A.	*(ii)*	*(iii)*	*(iv)*	*(i)*
B.	*(ii)*	*(i)*	*(iv)*	*(iii)*
C.	*(ii)*	*(iv)*	*(i)*	*(iii)*
D.	*(ii)*	*(iv)*	*(iii)*	*(i)*

148. भारत में राजनीतिक दलों को 'मान्यता' प्रदान करते हैं :
A. राष्ट्रपति
B. संसद
C. चुनाव आयोग
D. सर्वदलीय संसदीय समिति

149. एक उपभोक्ता संतुलन में होता है, जब सीमान्त उपयोगिताएँ होती हैं :
A. न्यूनतम B. समान
C. उच्चतम D. बढ़ती हुई

150. 'मणिकर्ण' (हिमाचल प्रदेश) जाना जाता है :
A. सौर्यिक ऊर्जा के लिए
B. वायु ऊर्जा के लिए
C. भूतापीय ऊर्जा के लिए
D. अणुशक्ति ऊर्जा के लिए

उत्तरमाला

1	2	3	4	5	6	7	8	9	10
D	C	D	C	B	B	B	B	C	C
11	**12**	**13**	**14**	**15**	**16**	**17**	**18**	**19**	**20**
B	A	D	A	A	D	A	B	D	A
21	**22**	**23**	**24**	**25**	**26**	**27**	**28**	**29**	**30**
A	B	D	A	B	D	D	A	D	C
31	**32**	**33**	**34**	**35**	**36**	**37**	**38**	**39**	**40**
C	C	C	C	B	A	C	B	C	D
41	**42**	**43**	**44**	**45**	**46**	**47**	**48**	**49**	**50**
C	B	B	C	C	D	C	A	A	C
51	**52**	**53**	**54**	**55**	**56**	**57**	**58**	**59**	**60**
C	B	B	B	B	B	D	A	B	C
61	**62**	**63**	**64**	**65**	**66**	**67**	**68**	**69**	**70**
D	A	B	C	C	C	B	B	D	C
71	**72**	**73**	**74**	**75**	**76**	**77**	**78**	**79**	**80**
D	A	C	C	A	B	B	A	A	D
81	**82**	**83**	**84**	**85**	**86**	**87**	**88**	**89**	**90**
C	D	B	B	B	A	B	C	C	A
91	**92**	**93**	**94**	**95**	**96**	**97**	**98**	**99**	**100**
C	A	B	C	D	A	B	A	D	B
101	**102**	**103**	**104**	**105**	**106**	**107**	**108**	**109**	**110**
A	A	D	D	B	B	C	D	B	C
111	**112**	**113**	**114**	**115**	**116**	**117**	**118**	**119**	**120**
D	D	C	B	A	D	D	C	D	D
121	**122**	**123**	**124**	**125**	**126**	**127**	**128**	**129**	**130**
A	D	D	B	B	D	B	D	D	C
131	**132**	**133**	**134**	**135**	**136**	**137**	**138**	**139**	**140**
A	B	C	B	C	C	D	A	A	C
141	**142**	**143**	**144**	**145**	**146**	**147**	**148**	**149**	**150**
B	D	C	C	C	C	C	C	B	C

व्याख्यात्मक उत्तर

61. कथन :

I. सभी पत्ते जड़ें हैं।

II. कुछ जड़ें शाखाएँ हैं।

निष्कर्ष :

कुछ जड़ें पत्ते हैं।

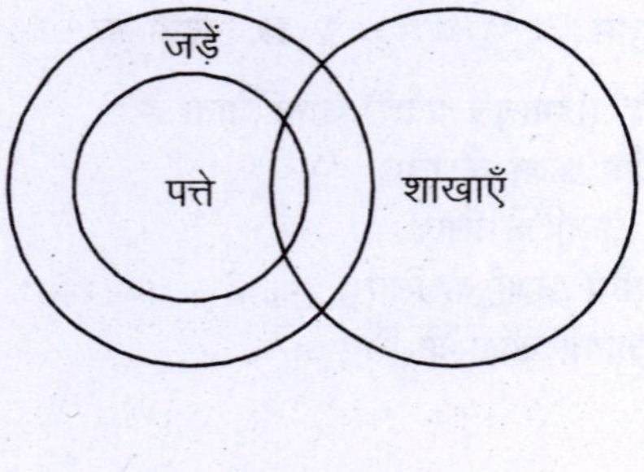

62.

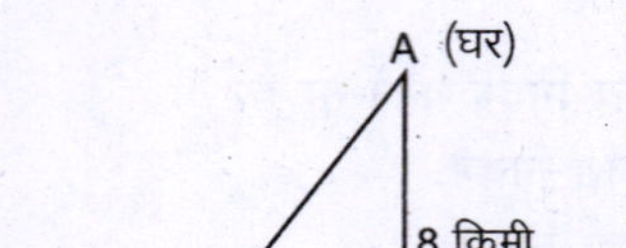

यहाँ, OA = 8 किमी., OB = 6 किमी.

दोनों व्यक्तियों के घर की सीधी दूरी

$$AB = \sqrt{OA^2 + OB^2}$$

$$= \sqrt{8^2 + 6^2} = \sqrt{64 + 36}$$

$$= \sqrt{100} = 10 \text{ किमी.}$$

63. ∵ 60 मिनट = 360°

∴ 1 मिनट = 6°

7 : 20 पर घड़ी की बड़ी सुई से छोटी सूई के बीच का अंश का कोण

= 16.7 मिनट

= 16.7 × 6° = 100.2°

= 100° (लगभग)

64.

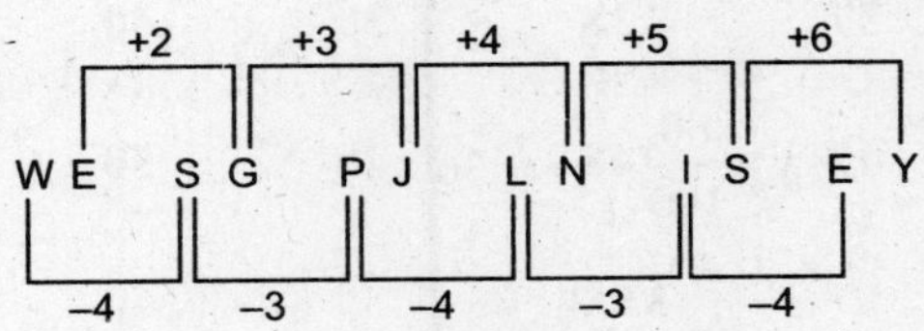

यहाँ, शृंखला में अगला पद = EY.

65. As,

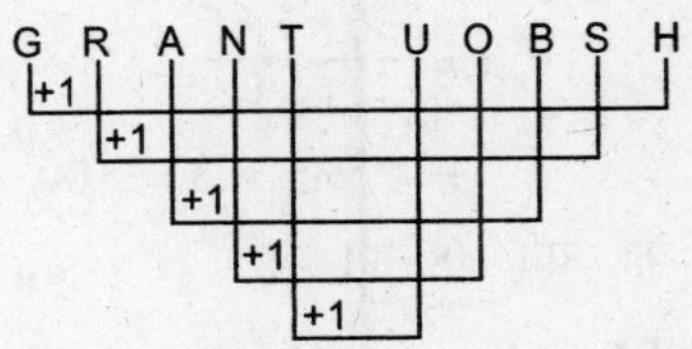

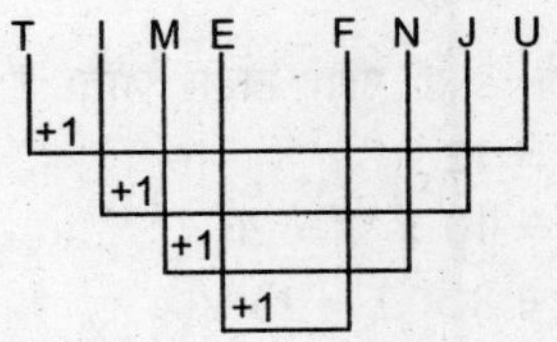

इसी प्रकार,

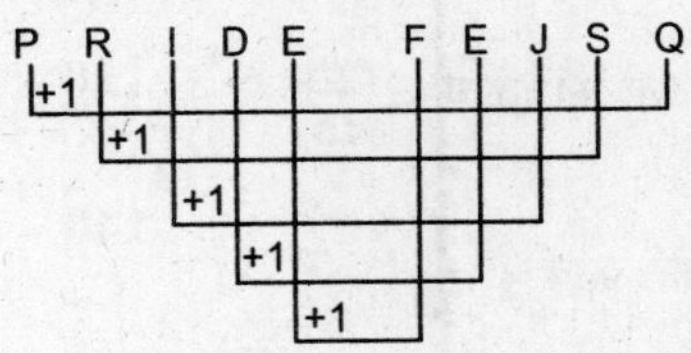

66.

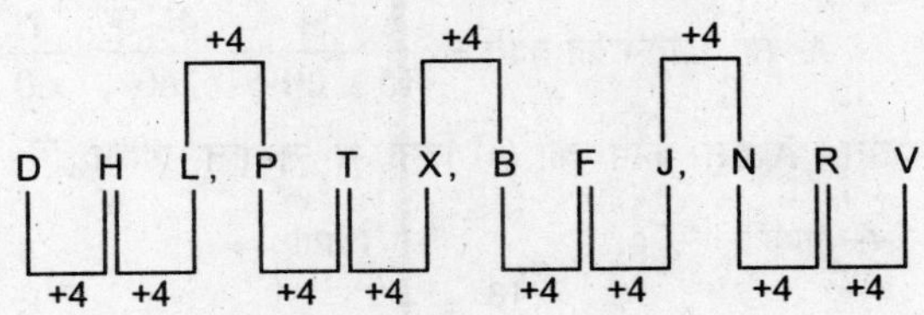

यहाँ वर्ण श्रेणी में अगला पद = NRV

67. यहाँ $P = 8500$

$r_1 = 20\%$

$r_2 = 25\%$

∴ 2 वर्ष बाद कुल जनसंख्या

$$= P\left(1+\frac{r_1}{100}\right)\left(1+\frac{r_2}{100}\right)$$

$$= 8500\left(1+\frac{20}{100}\right)\left(1+\frac{25}{100}\right)$$

$$= 8500\left(1+\frac{1}{5}\right)\left(1+\frac{1}{4}\right)$$

$$= 8500\left(\frac{6}{5}\right)\left(\frac{5}{4}\right)$$

$$= 8500 \times \frac{3}{2} = 12,750.$$

68. यहाँ $P = ₹\ 18000,$

$t = 2$ वर्ष,

$r = 10\%$

∴ चक्रवृद्धि ब्याज $= P\left(1+\frac{r}{100}\right)^n - P$

$$= ₹\ 18000\left(1+\frac{10}{100}\right)^2 - 18000$$

$$= ₹\ 18000\left[\left(1+\frac{1}{10}\right)^2 - 1\right]$$

$$= ₹\ 18000\left[\left(\frac{11}{10}\right)^2 - 1\right]$$

$$= ₹\ 18000\left[\frac{121}{100} - 1\right]$$

$$= ₹\ 18000\frac{21}{100}$$

$$= ₹\ 180 \times 21$$

साधारण ब्याज $= \frac{P \times r \times t}{100}$

$$= \frac{18000 \times 10 \times 2}{100} = ₹\ 180 \times 20$$

अतः चक्रवृद्धि ब्याज व साधारण ब्याज का अंतर

$= ₹\ 180 \times 21 - ₹\ 180 \times 20$

$= ₹\ 180\ (21 - 20) = ₹\ 180.$

69. यहाँ, $P = ₹\ 14,500$

$t = 6$ वर्ष

$A = ₹\ 21,460$

साधारण ब्याज $= ₹\ 21,460 - ₹\ 14,500$

$= ₹\ 6960$

दर $= \frac{S.I. \times 100}{P \times t}$

$$\therefore \quad r = \frac{6960 \times 100}{14500 \times 6} = \frac{6960}{145 \times 6} = \frac{6960}{870} = 8\%.$$

70. माना एक त्रिभुजकार खेत की भुजाएँ क्रमशः
$a = 20$ मी, $b = 21$ मी और $c = 29$ मी

तब, $s = \frac{a+b+c}{2}$

$= \frac{20+21+29}{2} = \frac{70}{2} = 35$ मी

त्रिभुजाकार खेत का क्षेत्रफल

$= \sqrt{s(s-a)(s-b)(s-c)}$

$= \sqrt{35(35-20)(35-21)(35-29)}$ मी^{2}

$= \sqrt{35 \times 15 \times 14 \times 6}$

$= \sqrt{7 \times 5 \times 5 \times 3 \times 7 \times 2 \times 3 \times 2}$

$= 7 \times 5 \times 3 \times 2$ मी^{2}

अतः ₹ 15 प्रति वर्ग मी. की दर से फसल काटने का कुल खर्च
= ₹ 15 × 7 × 5 × 3 × 2 = ₹ 3150.

71. क्रिकेट मैच में 6 खिलाड़ियों के कुल रन
= 6 × 36 = 216
शेष 5 खिलाड़ियों के कुल रन = 216 − 16 = 200

$\therefore$ 5 शेष खिलाड़ियों के औसत रन = $\frac{200}{5} = 40.$

72. 24, 60, 120, 210, ?
शृंखला में प्रत्येक पद को 6 से भाग करने पर

$\therefore$

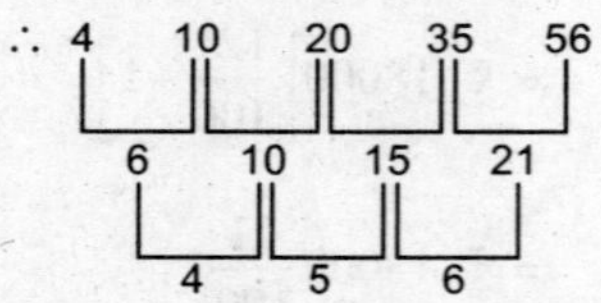

यहाँ, दिए गए शृंखला में अगला पद = 56 × 6 = 336.

73. माना एक बस तथा एक कार की चाल $6x$ किमी/घंटा तथा $7x$ किमी/घंटा है।
तब, $7x \times 4 = 364$ (चाल × समय = दूरी)
$\Rightarrow$ $28x = 364$

$\Rightarrow$ $x = \frac{364}{28} = \frac{52}{4} = 13$

$\therefore$ बस की चाल = $6x$ किमी/घंटा
= 6 × 13 = 78 किमी./घंटा

74. दिया है, कूट भाषा में
"go home" → "ta na"
"sweet home" → "na ja"
"sweet and sour" → "pa sa ja"
Here, "home" → "na"
"sweet" → ja
go → ta
"and sour" → "pa sa"
$\therefore$ "sour" का कूट भाषा है "pa" या "sa".

75. माना दो संख्याएँ $3x$ और $5x$ हैं।
तब, $3x + 5x = 240$
$\Rightarrow$ $8x = 240$
$\Rightarrow$ $x = 30$
$\therefore$ संख्याओं का अंतर = $5x - 3x = 2x$
= 2 × 30 = 60.

76. माना संख्या x है।

तब, x का 60% का $\frac{3}{5} = 36$

$\Rightarrow$ $x \times \frac{60}{100} \times \frac{3}{5} = 36$

$\Rightarrow$ $x \times \frac{3}{5} \times \frac{3}{5} = 36$

$\Rightarrow$ $x = \frac{36 \times 5 \times 5}{3 \times 3}$

$= 4 \times 5 \times 5 = 100$

अतः x संख्या का मान 100 है।

77. दिया है, DRIVER = 12
यहाँ, अक्षरों की संख्या को 2 से गुणा किया जाता है
$\therefore$ 6 × 2 = 12
PEDESTRIAN = 10 × 2 = 20
ACCIDENT = 8 × 2 = 16
$\therefore$ CAR = 3 × 2 = 6.

78. (A + B) का 1 दिन का कार्य = $\frac{1}{15}$

B का 1 दिन का कार्य = $\frac{1}{20}$

$\therefore$ A का 1 दिन का कार्य = $\frac{1}{15} - \frac{1}{20} = \frac{4-3}{60} = \frac{1}{60}$

अतः A इस काम को 60 दिनों में समाप्त करेगा।

79.

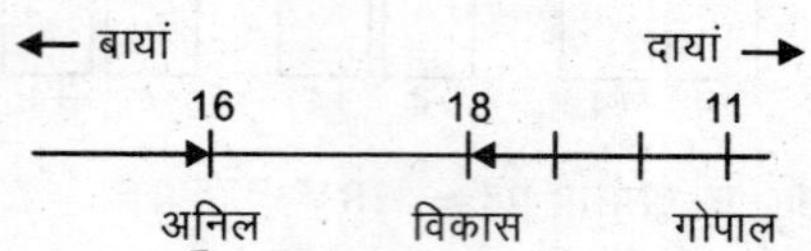

अनिल बायें से 16वें स्थान पर है।
विकास दायें से 18वें स्थान पर है
गोपाल, अनिल से दायें 11वें स्थान पर है और विकास से दायीं छोर की ओर तीसरे स्थान पर है।
$\therefore$ अनिल और विकास के बीच लड़कों की संख्या
= 11 − 4 = 7
$\therefore$ पंक्ति में खड़े लड़कों की संख्या = 16 + 7 + 18
= 16 + 25 = 41.

पिछले प्रश्न-पत्र (हल सहित)

हरियाणा शिक्षक पात्रता परीक्षा (HTET)

TGT सामाजिक अध्ययन (Level-2), परीक्षा 2018*

भाग-I

बाल विकास व शिक्षाशास्त्र

निर्देश : *निम्नलिखित प्रश्नों के उत्तर देने के लिए* ***सबसे उचित*** *विकल्प चुनिए।*

1. 'नाटकीय-खेल' के बारे में निम्नांकित में से कौन-सा कथन सही **नहीं** है?

A. यह सक्रिय-खेल का एक प्रकार है।
B. यह 'स्वाँग रचना खेल' (Make Believe Play) के नाम से भी जाना जाता है।
C. इसमें प्रत्यक्ष व्यवहार समाहित है।
D. यह हमेशा पुनर्उत्पादक होता है।

2. 'गणितीय/गणना' संबंधी अक्षमता एक प्रकार है :

A. गामक अक्षमता का
B. अधिगम अक्षमता का
C. बौद्धिक अक्षमता का
D. दृष्टि बाधिता का

3. निम्नांकित में से कौन-सा कथन मस्तिष्क के ब्रोका क्षेत्र के संदर्भ में सही **नहीं** है?

A. यह मस्तिष्क के बायें फ्रंटल लोब में स्थित होता है।
B. यह व्याकरण संबंधी प्रक्रियाओं में सहायता करता है।
C. यह भाषा उत्पादन का कार्य करता है।
D. यह शब्दों के अर्थ समझने में मदद करता है।

4. निम्नांकित में से किस दृष्टिकोण की यह मान्यता है कि बाल विकास एक सतत प्रक्रिया **नहीं** है?

A. पियाजे का संज्ञानात्मक विकास का सिद्धान्त
B. व्यवहारवाद
C. सामाजिक अधिगम सिद्धान्त
D. पारिस्थितिकीय तंत्र सिद्धान्त

5. यह कथन कि 'व्यक्तित्व, सीखी हुई अनुक्रियाओं का एक समुच्चय-मात्र है', व्यक्तित्व के संदर्भ में निम्नांकित में से किस दृष्टिकोण की सर्वोत्तम व्याख्या है?

A. व्यवहारवादी दृष्टिकोण की
B. संरचनावादी दृष्टिकोण की
C. प्रकार्यवादी दृष्टिकोण की
D. संज्ञानवादी दृष्टिकोण की

6. निम्नांकित में से कौन-सा नवजात शिशु के 'रिफ्लैक्स' का एक प्रकार **नहीं** है?

A. आँख झपकाना
B. चूसना
C. तैरना
D. कार चलाना

7. बच्चों के खेल के संदर्भ में निम्नांकित में से कौन-सा कथन सही **नहीं** है?

A. खेल-क्रियाओं की संख्या आयु बढ़ाने के साथ कम होती जाती है।
B. आयु बढ़ने के साथ-साथ खेल ज्यादा सामाजिक होता जाता है।
C. साथ खेलने वाले साथियों की संख्या आयु बढ़ने के साथ बढ़ती जाती है।
D. आयु बढ़ने के साथ खेल ज्यादा लैंगिक रूप से उपयुक्त हो जाता है।

8. बुद्धि का 'त्रिस्तरीय सिद्धांत' (Three Stratum Theory) दिया गया है :

A. पियाजे के द्वारा
B. बिने के द्वारा
C. कैरोल के द्वारा
D. कैटल के द्वारा

9. चार वर्ष की बिन्नी ने 'बिस्तर गीला' करना शुरू कर दिया जब उसके माता-पिता एक नये बच्चे को घर लेकर आये। यह निम्नांकित में से किस प्रकार की 'सुरक्षा युक्ति' का उदाहरण है?

A. पश्चगमन
B. दमन
C. तादात्मीकरण
D. विस्थापन

10. निम्नांकित में से कौन-सा कथन सत्य **नहीं** है?

A. शास्त्रीय अनुबंधन ऐच्छिक व्यवहारों से सम्बन्धित है।
B. क्रिया-प्रसूत अनुबंधन ऐच्छिक व्यवहारों से सम्बन्धित है।
C. शास्त्रीय अनुबंधन अनैच्छिक व्यवहारों से सम्बन्धित है।
D. क्रिया-प्रसूत अनुबंधन में 'परिणाम', अनुबंधन का एक महत्त्वपूर्ण कारक है।

11. यह जानना कि 'साइकिल कैसे चलायें' एक उदाहरण है :

A. प्रक्रियात्मक ज्ञान का
B. घोषणात्मक ज्ञान का

***Exam held on 06-01-2019.**

C. स्पष्ट ज्ञान का
D. कोई विकल्प सही नहीं है

12. यदि एक बच्चा आपको यह बता रहा है कि आज सुबह उठने के बाद उसने क्या किया, तब वह प्रयोग कर रहा है :

A. अर्थगत स्मृति का
B. संवेदी पंजीयन का
C. प्रक्रियात्मक स्मृति का
D. धारावाहिक स्मृति का

13. स्टर्नबर्ग द्वारा दिये गये सफल बुद्धि के त्रिशाखीय (Triarchial) सिद्धान्त के अनुसार निम्नांकित में से कौन-सा बुद्धि का एक प्रकार **नहीं** है?

A. विश्लेषणात्मक बुद्धि
B. सर्जनात्मक बुद्धि
C. संगीतीय बुद्धि
D. प्रायोगिक बुद्धि

14. जब चालक कार की सीट-बेल्ट बाँध लेता है, तब कार का सीट बेल्ट बजर बजना बंद हो जाता है। यह उदाहरण है :

A. सकारात्मक पुनर्बलन का
B. नकारात्मक पुनर्बलन का
C. सकारात्मक दंड का
D. नकारात्मक दंड का

15. यह कथन 'तुम मेरी पीठ खुजाओ, मैं तुम्हारी खुजाऊँगा', निम्नांकित में से किस प्रकार की नैतिकता की ओर इंगित करता है? जैसा कि पियाजे ने बताया :

A. सहयोग की नैतिकता का आरंभ
B. पूर्व रूढ़िवादी नैतिकता
C. वास्तववाद
D. नैतिकता से कोई संबंध नहीं है

16. मीता ने खिलौना-साँप से लगने वाला भय दूर कर लिया था, परन्तु एक दिन अचानक उसका डर वापस लौट आया जब उसे अपने बिस्तर पर एक खिलौना साँप पड़ा मिला। भय के इस प्रकार वापसी को कहा जा सकता है :

A. उद्दीपक सामान्यीकरण
B. उद्दीपक विभेदन
C. स्वतः पुनर्प्राप्ति
D. विलोपन

17. निम्नांकित में से कौन-सा कथन 'समीपस्थ विकास का क्षेत्र' के संदर्भ में सही **नहीं** है?

A. यह वाइगोत्स्की के सिद्धान्त से जुड़ा है।
B. यह बच्चे के सीखने की क्षमता की उच्च सीमा निर्धारित करता है।
C. यह उन कार्यों/क्रियाओं का क्षेत्र है जिन्हें बच्चा बिना दूसरों की सहायता के पूरा नहीं कर सकता और ना ही स्वतंत्र रूप से स्वयं कर सकता है।
D. यह उन कार्यों की उच्च सीमा है जिसे बच्चा सफलतापूर्वक स्वतंत्र रूप से कर सकता है।

18. निम्नलिखित में से कौन-सा विकल्प सामाजीकरण की प्रक्रिया के अन्तर्गत नहीं आता है?

A. सामाजिक रूप से अनुमोदित व्यवहार को सीखना
B. सामाजिक रूप से अनुमोदित व्यवहार का निर्वाह करना
C. सामाजिक अभिवृत्ति का विकास
D. आत्मकेन्द्रित व्यवहार का अनुमोदन

19. किसी अनुक्रिया की आवृत्ति को रोकने के लिए किसी अप्रिय उद्दीपक के प्रयोग को कहते हैं :

A. सकारात्मक पुनर्बलन
B. नकारात्मक पुनर्बलन
C. दंड
D. प्रेरक

20. कोहलबर्ग के अनुसार, अच्छा बालक/अच्छी बालिका की ओर उन्मुख होना संकेत है :

A. पूर्व लौकिक नैतिकता का
B. पश्च लौकिक नैतिकता का
C. लौकिक नैतिकता का
D. नैतिकता का सापेक्षिक

21. ब्रॉनफेनब्रेनर के विकास के पारिस्थितिकीय तंत्र सिद्धान्त के अनुसार, 'माता-पिता का कार्यस्थल' निम्नांकित में से किस तंत्र में समाहित है?

A. सूक्ष्म तंत्र
B. वृहत तंत्र
C. मीजो तंत्र
D. एक्सो तंत्र

22. निम्नांकित में से कौन-सा कथन सत्य **नहीं** है?

A. बौद्धिक अक्षमता एवं अधिगम अक्षमता दोनों समान नहीं हैं।
B. अधिगम अक्षमता युक्त बालक की IQ निश्चित रूप से 70 से कम होनी चाहिए।
C. बौद्धिक अक्षमता 18 वर्ष की आयु से पूर्व होती है।
D. बौद्धिक अक्षमता एवं अधिगम अक्षमता दोनों ही विकासात्मक अक्षमताएँ हैं।

23. वह आकलन जो अनुदेशन के दौरान या अनुदेशन के पूर्व किया जाता है, उसे कहा जाता है :

A. योगात्मक आकलन
B. रचनात्मक आकलन
C. औपचारिक आकलन
D. निदानात्मक आकलन

24. 'स्वलीनता' की सर्वप्रथम व्याख्या दी है :

A. सैमुअल किर्क ने
B. लियो कैनर ने
C. बी.एफ. स्किनर ने
D. जे.बी. वाटसन ने

25. विकासकाल के दौरान भ्रूण के सिर का विकास उसके पैरों से पहले होता है। यह विकास की कौन-सी प्रवृत्ति की सर्वोत्तम व्याख्या है?

A. केन्द्र से बाहर की ओर
B. सिर से पैर की ओर
C. समरूपता
D. एकीकरण

26. निम्नांकित में से कौन-सी प्रक्रिया पियाजे के संज्ञानात्मक विकास की एक प्रक्रिया **नहीं** है?

A. सम्मिलन
B. आत्मसातीकरण
C. अनुकूलन
D. शेपिंग

27. निम्नांकित में से कौन-सा गार्डनर द्वारा दिये गए बुद्धि का एक प्रकार **नहीं** है?
A. संगीतीय बुद्धि
B. भाषायी बुद्धि
C. तार्किक एवं गणितीय बुद्धि
D. सर्जनात्मक बुद्धि

28. निम्नांकित में से कौन-सा शास्त्रीय अनुबंधन से संबंधित नहीं है?
A. विलोपन B. स्वतः पुनप्राप्ति
C. शेपिंग D. उद्दीपक विभेदन

29. एक माँ अपने बच्चे को दूध पिलाने से ठीक पहले उसके ललाट पर थपकियाँ देती है। जल्दी वह देखती है कि हर बार जब भी बच्चे के ललाट पर थपकियाँ देती है, वह सक्रिय होकर चूसने संबंधी गतिविधियाँ प्रदर्शित करने लगता है। बच्चे का यह व्यवहार सर्वोत्तम व्याख्या है :
A. प्रयास एवं त्रुटि द्वारा अधिगम का
B. शास्त्रीय अनुबंधन का
C. क्रिया-प्रसूत अनुबंधन का
D. सामाजिक अधिगम का

30. जीन पियाजे के संज्ञानात्मक विकास के सिद्धान्त के अनुसार एक बालक 'संरक्षण' के सिद्धान्त को समझने में सक्षम हो जाता है।
A. संवेदी गामक अवस्था में
B. पूर्व संक्रियात्मक अवस्था में
C. मूर्त संक्रियात्मक अवस्था में
D. औपचारिक संक्रियात्मक अवस्था में

भाग-II

भाषा-I: हिन्दी

निर्देशः *निम्नलिखित प्रश्नों के उत्तर देने के लिए* ***सबसे उचित*** *विकल्प चुनिए।*

31. **असंगत** कथन छाँटिए :
A. नापाक इरादे से की जाने वाली मंत्रणा–दित्सा
B. दोपहर से पहले का समय–पूर्वाहन
C. जिसे देखकर रोंगटे खड़े हो जाएँ–लोमहर्षक
D. बालुका युक्त तट/भूमि–सिकता

32. किस वाक्य में सर्वनाम पदबंध का प्रयोग हुआ है?
A. मेरे रिश्तेदारों में से कोई समय पर नहीं पहुँचा।
B. रिश्तों में स्वार्थ देखने वाले युवा सान्निध्य की ऊष्मा पहचानें।
C. राम ने लंका के अत्याचारी, राक्षस-राज रावण को मार डाला।
D. पाँचवीं मंजिल से गिरा, मरेगा नहीं तो क्या जिंदा रहेगा।

33. ***अशुद्ध*** संधि वाला विकल्प चुनिए :
A. मद + उन्मत्त = मदोन्मत्त
B. विद्वत् + मुख = विद्वन्मुख
C. तत् + उपरान्त = तदोपरान्त
D. षट् + आयतन = षडायतन

34. किस विकल्प में तत्पुरुष समास ***नहीं*** है?
A. वाक्चातुर्य B. तीर्थाटन
C. अरण्यरोदन D. मीनकेतु

35. तत्सम-तद्भव की दृष्टि से ***असंगत*** विकल्प चुनिए :
A. वार्ताक – बैंगन
B. लोहमशा – लोमड़ी
C. मस्तक – माथा
D. शण्ठिका – सोंठ

36. वार्तनिक दृष्टि से ***अशुद्ध*** विकल्प चुनिए :
A. विद्वता B. गीतांजली
C. पक्षिगण D. स्वामिभक्त

37. किस वाक्य में सार्वनामिक विशेषण का प्रयोग हुआ है?
A. तुम सब आ गए; अच्छे कहाँ रह गए।
B. जो बाहर खड़ा है उसे अन्दर बुलाओ।
C. तुम छात्रों के लिए कुछ किताबें ले आओ।
D. कुछ तुम करो; कुछ मैं करूँगा।

38. निम्न में से किस विकल्प में 'गरुड़' का पर्याय ***नहीं*** है?
A. अहिभोजी B. वैनतेय
C. हेरम्ब D. खगनाथ

39. 'वयोवृद्ध' शब्द में संधि है :
A. स्वर संधि B. वर्णागम संधि
C. विसर्ग संधि D. व्यंजन संधि

40. किस विकल्प में दो उपसर्गों का प्रयोग ***नहीं*** हुआ है?
A. सारोपा B. सहगामिनी
C. पुनरुद्धार D. समाधि

41. ***अशुद्ध*** वाक्य चुनिए :
A. आपसे मिलकर मुझे आनन्द का आभास हुआ।
B. मेरठ में कई दर्शनीय स्थल हैं।
C. यह छात्रवृत्ति केवल छात्राओं के लिए है।
D. मैं अपना मत स्पष्ट करना चाहता हूँ।

42. किस वाक्य में 'इच्छार्थ वृत्ति' का प्रयोग हुआ है?
A. ईश्वर तुम्हारा भला करे।
B. कृपया यह प्रकरण जाँच दीजिए।

C. लगता है इस वर्ष खूब वर्षा होगी।
D. यदि वह पढ़ता तो आज सफल हो जाता।

43. निम्न में से भाववाच्य चुनिए :
A. गर्मियों में रोज नहाया जाता है।
B. नानी द्वारा कहानी सुनाई गई।
C. कुत्ता सारी रात भौंकता है।
D. किसानों द्वारा फसल काट ली गई है।

44. निम्न में 'संकर शब्द' किस विकल्प में ***नहीं*** है?
A. विज्ञापनदाता B. डबलरोटी
C. आमचुनाव D. हिन्दीकरण

45. 'वह दिनभर लिखता रहा।' वाक्य में प्रयुक्त क्रिया विशेषण का भेद इंगित कीजिए :
A. कालवाचक क्रिया विशेषण B. रीतिवाचक क्रिया विशेषण
C. स्थानवाचक क्रिया विशेषण D. परिमाणवाचक क्रिया विशेषण

भाग-II

Language-II : English

Directions: *Answer the following questions by selecting the **most appropriate** option.*

46. Choose the word which is spelt ***correctly***:
A. Disentigration B. Disintegration
C. Dissintegration D. Desintegration

47. Choose the ***correct*** word for the following expression:
One who makes maps or charts.
A. Cartoonist B. Cartographer
C. Choreographer D. Choirmaster

48. Fill in the blank with appropriate conjunction:
Grievances cannot be redressed .... they are known.
A. unless B. and
C. but D. before

49. "He wore a turban made of silk."
The underlined words are:
A. Adverb B. Adverb Phrase
C. Adjective Phrase D. Noun Phrase

50. "There is a mystery about his death and the police are looking into it."
The underlined phrasal verb means:
A. To investigate B. To take care of
C. To look behind D. To revise quickly

51. Fill in the blank with appropriate preposition:
We stayed .... Mumbai for five days.
A. in B. at
C. into D. by

52. *Hearing* the noise, the boy woke up:
A. Pronoun B. Noun
C. Verb D. Participle

53. Fill in the blank with the **correct** option:
I have not heard the .... news.
A. latest B. late
C. latter D. later

54. Choose the most appropriate modal for the blank:
When I was young, I .... climb any tree in the forest.
A. can B. must
C. may D. could

55. Fill in the blank with appropriate preposition:
We're going for a drive .... the country.
A. on B. at
C. in D. for

56. Fill in the blank by choosing the ***correct*** option:
He is .... his glasses.
A. look for B. look
C. looking for D. will look

57. Choose the ***correct*** answer from the options below:
"I took it home with me", She said.
A. She just took it home.
B. She said she had taken it home with her.
C. She said she would take it home.
D. She said she will take it home with her.

58. Choose the ***correct*** passive construction for the given sentence.
They were carrying the injured player off the field.
A. The injured player was being carried off the field.
B. The injured player will be carried off the field.
C. The injured player must be taken off the field.
D. Carry the injured player off the field.

59. Choose the ***correct*** verb for the blank from the options below:
The earth .... round the sun.
A. move B. moved
C. moves D. shall move

60. "They arrived soon after."
The word 'after' is used as :
A. Preposition B. Adverb
C. Adjective D. Conjunction

भाग-III

सामान्य अध्ययन : मात्रात्मक योग्यता, तार्किक अभिक्षमता तथा सामान्य ज्ञान एवं अभिज्ञान

निर्देशः *निम्नलिखित प्रश्नों के उत्तर देने के लिए* ***सबसे उचित*** *विकल्प चुनिए।*

61. अर्जुन अपनी यात्रा का आधा भाग रेलगाड़ी से 120 किमी/घण्टा की गति से तथा आधा भाग कार द्वारा 80 किमी/घण्टा की गति से तय करता है, उसकी तो औसत गति क्या है?

A. 88 किमी/घण्टा B. 92 किमी/घण्टा
C. 96 किमी/घण्टा D. 100 किमी/घण्टा

62. यदि 11 सन्तरे 10 रुपये में खरीदे जाते हैं तथा 10 सन्तरे 11 रुपये में बेचे जाते हैं, तो लाभ प्रतिशत है :

A. 11% B. 21%
C. 25% D. 28%

63. अमूल्य किसी कार्य को 2 दिन में करता है और बिंदु इसे 6 दिन में करता है। दोनों मिलकर कितने दिनों में इस कार्य को करेंगे?

A. 2/3 दिन B. 3/2 दिन
C. 5/3 दिन D. 3 दिन

64. 20 पैसे तथा 25 पैसे के कुल 324 सिक्के हैं, जिनका योग ₹ 71 है, तो 20 पैसे के कुल कितने सिक्के हैं?

A. 124 B. 140
C. 200 D. 210

65. नीचे दी गई संख्या श्रेणी में कितने 6 ऐसे हैं कि प्रत्येक के ठीक पहले 1 या 5 आते हों तथा ठीक बाद में 3 या 9 आते हों?

2637564296134163915692316543219 67

A. एक B. दो
C. तीन D. चार

66. यदि "BORN" को "APQO" कूट किया जाता है, "LACK" को "KBBL" कूट किया जाता है, तो "GRID" को कूट किया जायेगा :

A. FSEH B. SFHE
C. FSHE D. FHSE

67. एक चिड़ियाघर में हिरन एवं मोर हैं, गणना करने पर उनके सिरों की संख्या 80 है तथा उनकी टांगों की संख्या 200 है। तो वहाँ मोर की संख्या कितनी है?

A. 20 B. 40
C. 52 D. 60

68. संख्याओं का कौन-सा समूह दिये गये समूह के समानधर्मी हैं?

2, 14, 16

A. 2, 7, 8 B. 2, 9, 16
C. 3, 21, 24 D. 4, 16, 18

69. **कथन :**

I. सभी खिलाड़ी डॉक्टर हैं।
II. कुछ डॉक्टर संगीतज्ञ हैं।

निष्कर्ष :

I. कुछ डॉक्टर खिलाड़ी के साथ-साथ संगीतज्ञ भी हैं।
II. सभी संगीतज्ञ डॉक्टर हैं।

तो निम्न में से कौन-सा ***सही*** है?

A. केवल निष्कर्ष I अनुसरण करता है।
B. केवल निष्कर्ष II अनुसरण करता है।
C. दोनों निष्कर्ष I तथा II अनुसरण करते हैं।
D. न तो निष्कर्ष I न ही II अनुसरण करते हैं।

70. यदि '+' का तात्पर्य '÷', '×' का तात्पर्य '–', '÷' का तात्पर्य '+' और '–' का तात्पर्य '×', हो, तो

$16 \div 8 \times 6 - 2 + 12 = ?$

A. 22 B. 24
C. 23 D. 120

71. A, B की बहिन है, C, B की माता है, D, C का पिता है, E, D की माता है, तो A का D से क्या सम्बन्ध है?

A. बेटी B. माता
C. दादी/नानी D. दादा/नाना

72. निम्न श्रेणी का अगला पद ज्ञात कीजिए :

0, 5, 22, 57, 116, ?

A. 205 B. 216
C. 192 D. 207

73. एक टैंक $\frac{2}{5}$ भाग भरा है, यदि इसमें 16 लीटर पानी और भर दिया जाता है, तो वह $\frac{6}{7}$ भाग भर जाता है, तो टैंक की कुल क्षमता है :

A. 24 लीटर B. 35 लीटर
C. 38 लीटर D. 42 लीटर

74. एक लीप वर्ष में विषम दिनों की संख्या क्या होती है?

A. 0 B. 1
C. 2 D. 3

75. वह छोटी से छोटी संख्या ज्ञात कीजिए, जिसमें 12, 15, 20 और 54 से भाग देने पर प्रत्येक दशा में शेषफल 8 आता है :

A. 504 B. 540
C. 546 D. 548

76. यदि A की आय B की आय से 40% कम है, तो B की आय A की आय से कितने प्रतिशत अधिक है?

A. 25% B. 40%

C. $33\frac{1}{3}\%$ D. $66\frac{2}{3}\%$

77. वह छोटी से छोटी संख्या ज्ञात कीजिए जिससे 294 को गुणा करके एक पूर्ण वर्ग संख्या बनाई जा सके?

A. 3 B. 4

C. 6 D. 12

78. यदि भिन्नों $\frac{2}{5}, \frac{3}{8}, \frac{4}{9}, \frac{5}{13}$ तथा $\frac{6}{11}$ को बढ़ते हुए क्रम में व्यवस्थित किया जाता है, तो चौथे स्थान पर कौन-सी भिन्न होगी?

A. $\frac{3}{8}$ B. $\frac{4}{9}$

C. $\frac{5}{13}$ D. $\frac{6}{11}$

79. प्रथम सात अभाज्य संख्याओं का औसत होगा :

A. 8 B. 9

C. $8\frac{1}{7}$ D. $8\frac{2}{7}$

80. असंगत को ज्ञात कीजिए :

A. EJNO B. HMQR

C. KPSU D. NSWX

81. वहाबी नेता जिसे 19वीं शताब्दी के दौरान देशद्रोह के आरोप में गिरफ्तार किया गया :

A. मुहम्मद जफर B. गज्जन खान

C. मुबारक अली D. सलमान खान

82. निम्नलिखित को सुमेलित कीजिए :

शैक्षणिक केन्द्र	जिला
(*a*) आई.आई.आई.टी.	(*i*) रोहतक
(*b*) आई.आई.एम.	(*ii*) सोनीपत
(*c*) एन.आई.डी.	(*iii*) पंचकुला
(*d*) एन.आई.एफ.टी.	(*iv*) कुरुक्षेत्र

सही कूट चुनिए :

	(*a*)	(*b*)	(*c*)	(*d*)
A.	(*ii*)	(*i*)	(*iii*)	(*iv*)
B.	(*ii*)	(*i*)	(*iv*)	(*iii*)
C.	(*iv*)	(*i*)	(*iii*)	(*ii*)
D.	(*i*)	(*ii*)	(*iii*)	(*iv*)

83. हरियाणा में कितने वन्यजीव अभयारण्य हैं?

A. दो B. तीन

C. एक D. चार

84. हरियाणा में कितनी तहसील हैं?

A. 71 B. 93

C. 76 D. 68

85. हरियाणा का क्षेत्र जो पूर्व मध्यकाल में भडानको के प्रभाव क्षेत्र के अन्तर्गत माना जाता था :

A. रेवाड़ी

B. अंबाला

C. पानीपत

D. कुरुक्षेत्र

86. लाला मुरलीधर के बारे में निम्नलिखित कथनों पर विचार कीजिए :

(*a*) उन्होंने अंबाला में वकालत की।

(*b*) उन्होंने बम्बई में आयोजित कांग्रेस के प्रथम अधिवेशन में भाग लिया।

उपर्युक्त में से कौन-सा/कौन-से कथन सत्य है/हैं?

A. केवल (*a*) सत्य है।

B. केवल (*b*) सत्य है।

C. न तो (*a*) और न ही (*b*) सत्य है।

D. दोनों (*a*) और (*b*) सत्य हैं।

87. के. एम. पी. एक्सप्रेस मार्ग के बारे में निम्नलिखित कथनों पर विचार कीजिए :

(*a*) यह 'वेस्टर्न पेरिफेरल एक्सप्रेसवे' के रूप में भी जाना जाता है।

(*b*) के. एम. पी. एक्सप्रेस मार्ग पर पाँच नए शहरों का विकास किया जायेगा।

उपर्युक्त में से कौन-सा/कौन-से कथन सत्य है/हैं?

A. केवल (*a*) सत्य है।

B. केवल (*b*) सत्य है।

C. न तो (*a*) और न ही (*b*) सत्य है।

D. दोनों (*a*) और (*b*) सत्य हैं।

88. निम्नलिखित खिलाड़ियों में से किसने पुरुषों की 800 मीटर दौड़ में एशियाई खेल-2018 में स्वर्ण पदक जीता?

A. जिन्सन जॉन्सन

B. मनजीत सिंह

C. अरपिन्दर सिंह

D. राकेश कुमार

89. गिद्ध संरक्षण एवं प्रजनन केन्द्र कहाँ पर स्थित है?

A. कैरू में B. मोरनी में

C. झाबुआ में D. पिन्जौर में

90. निम्नलिखित में से कौन-से जिले में सबसे कम शहरी जनसंख्या है?

A. मेवात B. महेन्द्रगढ़

C. जींद D. सिरसा

भाग-IV

सामाजिक अध्ययन

निर्देशः *निम्नलिखित प्रश्नों के उत्तर देने के लिए* **सबसे उचित** *विकल्प चुनिए।*

91. वर्ष, जिसमें गाँधीजी को देशद्रोह के आरोप में गिरफ्तार किया गया था :
A. 1920 B. 1934
C. 1922 D. 1944

92. 'जटिल समानता' का विचार किसने प्रस्तुत किया है?
A. मिल्टन फ्रीडमैन B. माइकल वाल्जर
C. आइजिया बर्लिन D. एफ.ए. हेयक

93. प्रतिव्यक्ति आय से क्या अभिप्राय है?
A. NNP × जनसंख्या B. NNP ÷ जनसंख्या
C. जनसंख्या ÷ NNP D. कुल पूँजी ÷ NNP

94. भारत में लिंगानुपात दर्शाता है .... पुरुषों पर स्त्रियों की संख्या को।
A. 100 B. 1,000
C. 10,000 D. 1,00,000

95. भारत में 'अन्तिम ऋणदाता' कौन है?
A. एस.बी.आई. B. आर.बी.आई.
C. नाबार्ड D. सेबी

96. शिवाजी की शाही अश्वसेना कहलाती थी :
A. बारगीर B. रिसाला
C. सिलहदार D. दबीर

97. निम्नलिखित घटनाओं को कालक्रमानुसार व्यवस्थित कीजिए :
(*i*) वेवेल योजना पर विमर्श हेतु शिमला सम्मेलन।
(*ii*) भारतीय शाही नौसेना का विद्रोह।
(*iii*) कैबिनेट मिशन का आगमन।
(*iv*) मुस्लिम लीग द्वारा 'प्रत्यक्ष कार्यवाही दिवस' का मनाया जाना।
A. (*iv*), (*iii*), (*ii*), (*i*)
B. (*i*), (*iii*), (*ii*), (*iv*)
C. (*i*), (*ii*), (*iii*), (*iv*)
D. (*i*) (*iv*), (*iii*), (*ii*)

98. पृथक निर्वाचक मण्डल भारत में सर्वप्रथम लागू किया गया था :
A. भारतीय परिषद् अधिनियम, 1892 द्वारा
B. भारतीय परिषद् अधिनियम, 1909 द्वारा
C. भारत सरकार अधिनियम, 1919 द्वारा
D. भारत सरकार अधिनियम, 1935 द्वारा

99. 'बारदोली छीड़ा' नामक स्थानीय तूफान आता है :
A. त्रिपुरा में B. जम्मू व कश्मीर में
C. कर्नाटक में D. असम में

100. 1857 ई. के संघर्ष की निम्नलिखित घटनाओं को कालक्रमानुसार व्यवस्थित कीजिए :
(*a*) मेरठ में विद्रोह
(*b*) लखनऊ में विद्रोह
(*c*) झाँसी में विद्रोह
(*d*) नसीराबाद में विद्रोह
A. (*d*), (*a*), (*c*), (*b*)
B. (*a*), (*d*), (*b*), (*c*)
C. (*c*), (*b*), (*a*), (*d*)
D. (*b*), (*c*), (*d*), (*a*)

101. निम्नलिखित में से कौन-सा लौह-इस्पात संयंत्र रूस के सहयोग द्वारा विकसित किया गया?
A. विजाग इस्पात संयंत्र
B. राउरकेला इस्पात संयंत्र
C. भिलाई इस्पात संयंत्र
D. दुर्गापुर इस्पात संयंत्र

102. करेवास हैं :
A. हिमानी निक्षेप
B. उपोष्ण घास के मैदान
C. जम्मू-कश्मीर की एक जनजाति
D. हिमाचल प्रदेश की एक स्थानिक पवन

103. कालाहांडी व संबलपुर प्रमुख उत्पादक हैं :
A. लौह-अयस्क के B. बॉक्साइट के
C. अभ्रक के D. सोना के

104. निम्नांकित में से कौन-सा सही सुमेलित **नहीं** है?

भारतीय संविधान का अनुच्छेद		**प्रावधान**
A. 76	–	भारत का महान्यायवादी
B. 148	–	भारत का नियन्त्रक एवं महालेखा परीक्षक
C. 324	–	भारत का निर्वाचन आयोग
D. 337	–	राष्ट्रीय अनुसूचित जाति आयोग

105. निम्नलिखित में से कौन-सा सुमेलित **नहीं** है?

आविष्कारक		**कृषीय आविष्कार**
A. जेथ्रो टुल	–	बीज बुवाई
B. चार्ल्स टाउनशेण्ड	–	चक्रीय फसल
C. रॉबर्ट बैकवेल	–	पशुओं की नस्ल सुधारने की तकनीक
D. ऑर्थर यंग	–	रासायनिक खाद

106. जनगणना 2011 (अंतिम आँकड़े) के अनुसार, भारत की पुरुष व महिला साक्षरता दर है :
A. 80.89 – 64.64
B. 81.89 – 63.64
C. 80.69 – 64.24
D. 81.89 – 63.63

107. कौन-सा वर्ष भारत की जनसंख्या के महान विभाजक के रूप में जाना जाता है?
A. 1921 B. 1931
C. 1951 D. 1991

108. निम्नांकित में कौन-से उदार लोकतंत्र के लक्षण हैं?
I. एक से अधिक राजनीतिक दलों में राजनीतिक सत्ता के लिये मुक्त प्रतिस्पर्धा।
II. राजनीतिक पद किसी विशेषाधिकारी वर्ग तक परिसीमित न हो।
III. सार्वजनीन वयस्क मताधिकार पर आधारित नियतकालिक चुनाव।
IV. अधीन न्यायपालिका।
सही विकल्प है :
A. I, II एवं III B. I, II एवं IV
C. I, III एवं IV D. II, III एवं IV

109. निम्नांकित में से कौन-से संघीय शासन प्रणाली के लक्षण हैं?
I. संविधान की सर्वोच्चता।
II. संघीय केंद्र एवं संघ की इकाइयों के बीच शक्तियों का वितरण।
III. द्वि-सदनात्मक संघीय विधायिका का अस्तित्व।
सही विकल्प है :
A. I एवं II B. II एवं III
C. I, II एवं III D. I एवं III

110. निम्नलिखित में कौन-सा युग्म गलत है?
A. चक्रवात — हिन्द महासागर
B. विली-विलीज — पश्चिमी ऑस्ट्रेलिया
C. टाइफून — पूर्वी अटलान्टिक महासागर
D. हरिकेन — अटलान्टिक महासागर

111. निम्नांकित में से कौन-से चिन्तक 'लोकतन्त्र के विशिष्ट वर्ग सिद्धान्त' से सम्बन्धित हैं?
I. शुम्पीटर
II. पैरेटो
III. मोस्का
IV. डेविड ट्रूमैन
सही विकल्प है :
A. I, II एवं III B. II, III एवं IV
C. I, III एवं IV D. III एवं IV

112. किस प्रकार की बेरोजगारी में एक व्यक्ति कार्यरत प्रतीत होता है किन्तु उत्पादन में उसका योगदान नगण्य होता है?
A. व्यापक B. अदृश्य
C. संरचनात्मक D. मौसमी

113. ICAR है :
A. इण्डियन काउन्सिल ऑफ एग्रो रिसर्च
B. इन्डियन कमेटी ऑफ एग्रीकल्चर रिव्यू
C. इन्डियन कॉमर्शियल एण्ड एग्रो रिसर्च
D. इण्डियन काउन्सिल ऑफ एग्रीकल्चर रिसर्च

114. बंगाल की खाड़ी से लगे भारत के तटीय मैदानों को कहा जाता है :
A. कोरोमण्डल एवं उत्तरी सरकार
B. कोरोमण्डल एवं मालाबार
C. उत्तरी सरकार एवं कोंकण
D. मालाबार एवं कन्नड़

115. हिमालय में दून घाटियाँ पायी जाती हैं :
A. वृहत् हिमालय एवं निम्न हिमालय के मध्य
B. वृहत् हिमालय एवं कराकोरम पर्वतों के मध्य
C. निम्न हिमालय एवं शिवालिक पर्वतों के मध्य
D. निम्न हिमालय एवं कराकोरम पर्वतों के मध्य

116. कांग्रेस ने कौन-से आम चुनाव में पहली बार संसद में बहुमत खोया था?
A. 1967 में B. 1977 में
C. 1980 में D. इसमें से कोई नहीं

117. निम्नलिखित में से कौन-सा मानव विकास सूचकांक (HDI) का घटक **नहीं** है?
A. प्रति व्यक्ति आय (सकल राष्ट्रीय आय के आधार पर)
B. जन्म के समय जीवन प्रत्याशा
C. सकल पंजीयन दर
D. स्वास्थ्य एवं पोषण

118. "सैल' (SAIL) से अभिप्राय है :
A. भारतीय स्टील प्राधिकरण लिमिटेड
B. लघु कृषिगत उद्योग लिमिटेड
C. दक्षिण एशियाई निवेश लिमिटेड
D. इनमें से कोई नहीं

119. 'वन डाइमेन्शनल मैन' (एक आयामी मानव) शब्दावली किस विचारक से संबन्धित है?
A. हेबरमास B. हरबर्ट मारक्यूज
C. एरिक फ्रॉम D. अल्थ्यूजर

120. निम्नांकित में से किस विचारक का यह मानना है कि राष्ट्रवाद विशिष्ट रूप से आधुनिकता से जुड़े सांस्कृतिक संयंत्रों की अभिव्यक्ति है तथा आधुनिक संचार इस तरह के संयंत्र का एक उदाहरण है?
A. बेनेडिक्ट एंडरसन B. अर्नेस्ट गेलनर
C. कार्ल डायच D. हॉब्सबॉम

121. भीतरी ग्रह हैं :
A. ग्रहों के उपग्रह
B. गैसीय ग्रह
C. केवल सूर्य व पृथ्वी के मध्य स्थित ग्रह
D. सूर्य व क्षुद्र ग्रह पेटी के मध्य स्थित ग्रह

122. अपसौर है :
A. जब पृथ्वी चन्द्रमा से निकटतम दूरी पर हो।
B. जब पृथ्वी सूर्य से निकटतम दूरी पर हो।
C. जब पृथ्वी चन्द्रमा से अधिकतम दूरी पर हो।
D. जब पृथ्वी सूर्य से अधिकतम दूरी पर हो।

123. 'आसियान' के सन्दर्भ में निम्नांकित में से कौन-से कथन **सही** हैं?
I. इसकी स्थापना 8 अगस्त, 1967 को हुई थी।
II. इन्डोनेशिया, मलेशिया, फिलीपीन्स, सिंगापुर एवं थाइलैंड इसके संस्थापक सदस्य हैं।
III. वर्तमान में 'आसियान' के सदस्य देशों की संख्या 10 है।

सही विकल्प है :
A. I एवं II
B. I एवं III
C. II एवं III
D. I, II एवं III

124. निम्नलिखित में से कौन-सा अन्तर्वेधी ज्वालामुखी स्थलाकृति नहीं है?
A. बैथोलिथ B. लैकोलिथ
C. काल्डेरा D. फैकोलिथ

125. लोकसभा अध्यक्ष अपना त्यागपत्र संबोधित करता है :
A. भारत के राष्ट्रपति को
B. भारत के मुख्य न्यायाधीश को
C. लोकसभा के उपाध्यक्ष को
D. भारत के उपराष्ट्रपति को

126. समाजवादी अर्थव्यवस्था है :
A. नियोजित अर्थव्यवस्था
B. कीमत निर्धारित अर्थव्यवस्था
C. मिश्रित अर्थव्यवस्था
D. लाभ प्रेरित अर्थव्यवस्था

127. यू एन एफ सी सी सी (यूनाईटेड नेशन्स फ्रेमवर्क कन्वेन्शन ऑन क्लाइमेट चेंज) कब लागू हुआ?
A. 10 मई, 1992 से
B. 5 जून, 1992 से
C. 5 जून, 1994 से
D. 21 मार्च, 1994 से

128. निम्नांकित में से कौन-सी पुस्तक जॉन राल्स द्वारा **नहीं** लिखी गयी है?
A. ए थ्योरी ऑफ जस्टिस
B. द लॉ ऑफ पीपुल्स
C. पॉलिटिकल लिबरलिज्म
D. कैपिटलिज्म एण्ड फ्रीडम

129. निम्नलिखित में से कौन-सा युग्म **गलत** है?

गैसें		**आयतन का प्रतिशत**
A. नाइट्रोजन	–	78.08
B. कार्बन डाइऑक्साइड	–	0.0036
C. ऑक्सीजन	–	20.95
D. आर्गन	–	0.93

130. एक क्षैतिज माँग वक्र दर्शाता है कि माँग की लोच होगी :
A. इकाई के बराबर B. इकाई से कम
C. शून्य D. अनन्त

131. "हो सकता है कि मैं आपके विचारों से सहमत न हो पाऊँ, फिर भी मरते दम तक विचार प्रकट करने के आपके अधिकार की रक्षा करूँगा।" यह वक्तव्य किसका है?
A. जे.जे. रूसो B. वाल्तेयर
C. जे.एस. मिल D. जॉन लॉक

132. मध्यकालीन भारत में 'बंजारा' कौन थे?
A. खाद्यान्न जैसे सामानों के परिवाहक
B. एक यौद्धा समुदाय
C. नर्तक और संगीतकार
D. एक मुस्लिम समुदाय

133. अल-बिरूनी की 'किताब-उल-हिंद' निम्नलिखित में से किस भाषा में लिखी गयी है?
A. फारसी B अरबी
C. तुर्की D. उर्दू

134. स्वतंत्रता से पूर्व भारतीय कृषि क्षेत्रक किस अवस्था में था?
A. धारणीय विकास B. आत्मनिर्भर
C. उन्नत D. गतिहीन विकास

135. पृथ्वी के घूर्णन से जनित बल को कहते हैं :
A. नाभिकीय बल B. स्प्रिंग बल
C. कॉरिओलिस D. गुरुत्वाकर्षण

136. प्रसिद्ध मूर्तिशिल्प 'गंगावतरण' मिलता है :
A. बादामी में B. अमरावती में
C. महाबलीपुरम में D. कांची में

137. निम्नांकित में से कौन-सा गणितीय माध्यम ***नहीं*** है?
A. बहुलक B. माध्य
C. गुणोत्तर माध्य D. हरात्मक माध्य

138. सूफी सन्त जिसकी दरगाह अजोधन में अवस्थित है :
A. शेख कुतुबुद्दीन बख्तियार काकी
B. शेख नफरीदुद्दीन गंज-ए-शकर

C. शेख नसीरुद्दीन
D. शेख निजामुद्दीन

139. मानचित्र के तीन घटक हैं:
A. दूरी, दिशा और संकेत
B. दूरी, आकार और तापमान
C. दिशा, आकृति और दाब
D. संकेत, द्रव्यमान और गति

140. निम्नलिखित में से कौन-सा गुप्त राजा अपने मातृवंश की ओर से लिच्छवियों से संबंधित था?
A. श्रीगुप्त B. घटोत्कचगुप्त
C. समुद्रगुप्त D. चन्द्रगुप्त-I

141. अल्पकाल में, निम्न में से कौन-सी एक परिवर्तनशील लागत है?
A. भवन के किराये का भुगतान
B. कच्चे माल की लागत
C. उपकरण की लागत
D. भूतकालीन ऋणों के ब्याज का भुगतान

142. 'फेरा' का पूर्णरूप क्या है?
A. वित्त एवं निर्यात नियंत्रण अधिनियम
B. विदेशी विनिमय नियंत्रण अधिनियम
C. विदेशी निर्यात पुनर्मूल्यांकन संघ
D. कोष विनिमय नियंत्रण अधिनियम

143. भारत के संविधान का कौन-सा अनुच्छेद राष्ट्रपति पर महाभियोग चलाने की प्रक्रिया से संबंधित है?
A. 58 B. 59
C. 60 D. 61

144. सिंधु घाटी सभ्यता की नर्तकी-प्रतिमा के बारे में निम्नलिखित में से कौन-सा कथन सत्य **नहीं** है?
A. यह मोहन-जो-दड़ो में पायी गई थी।
B. यह काँसे से निर्मित है।
C. नर्तकी के बायें हाथ में दो दर्जन से अधिक चूड़ियाँ हैं।
D. इस प्रतिमा की लंबाई 2 फीट है।

145. निम्नलिखित में से कौन-सा स्तूप सफेद पत्थर में निर्मित है?
A. सांची B. भरहुत
C. अमरावती D. सारनाथ

146. शीतयुद्ध से सम्बन्धित निम्नांकित में से कौन-सा युग्म सही सुमेलित **नहीं** है?

वर्ष		**घटना**
A. 1947	–	ट्रूमैन सिद्धान्त
B. 1954	–	सिएटो का गठन
C. 1955	–	बगदाद पैक्ट का गठन
D. 1957	–	हंगरी में सोवियत संघ का हस्तक्षेप

147. पर्यावरण संरक्षण के उद्देश्य से राष्ट्रीय हरित न्यायाधिकरण अधिनियम कब लागू हुआ?
A. अगस्त, 2008 B. अक्टूबर, 2010
C. सितम्बर, 2010 D. जून, 2005

148. दुर्बलता मण्डल है:
A. मैण्टल का निचला भाग
B. मैण्टल का ऊपरी भाग
C. भूपटल का निचला भाग
D. भूपटल का ऊपरी भाग

149. निम्नांकित में से किसके अतिरिक्त सभी माँग के निर्धारक घटक हैं?
A. वस्तु की कीमत
B. सम्बन्धित वस्तु की कीमत
C. पूर्ति की मात्रा
D. आय

150. 'लांग वॉक टू फ्रीडम' आत्मकथा है:
A. विन्नी मण्डेला की
B. आँग सान सू ची की
C. नेल्सन मण्डेला की
D. बराक ओबामा की

उत्तरमाला

1	2	3	4	5	6	7	8	9	10
D	B	D	A	A	D	C	C	A	A
11	**12**	**13**	**14**	**15**	**16**	**17**	**18**	**19**	**20**
A	D	C	B	A	C	D	D	C	C
21	**22**	**23**	**24**	**25**	**26**	**27**	**28**	**29**	**30**
D	B	B	B	B	D	D	C	B	C
31	**32**	**33**	**34**	**35**	**36**	**37**	**38**	**39**	**40**
A	A	C	D	B	A, B	C	C	C	B
41	**42**	**43**	**44**	**45**	**46**	**47**	**48**	**49**	**50**
A	A	A	A	A	B	B	A	C	A

51	52	53	54	55	56	57	58	59	60
A	D	A	D	C	C	B	A	C	B
61	62	63	64	65	66	67	68	69	70
C	B	B	C	B	C	D	C, D	D	C
71	72	73	74	75	76	77	78	79	80
*	A	B	C	D	D	C	B	D	C
81	82	83	84	85	86	87	88	89	90
A	B	A	B	A	D	D	B	D	A
91	92	93	94	95	96	97	98	99	100
C	B	B	B	B	A	C	B	D	B
101	102	103	104	105	106	107	108	109	110
C	A	B	D	D	A	A	A	C	C
111	112	113	114	115	116	117	118	119	120
A	B	D	A	C	B	D	A	B	C
121	122	123	124	125	126	127	128	129	130
D	D	D	C	C	A	D	D	B	D
131	132	133	134	135	136	137	138	139	140
B	A	B	D	C	C	A	B	A	C
141	142	143	144	145	146	147	148	149	150
B	B	D	D	C	D	B	B	C	C

पिछले प्रश्न-पत्र (हल सहित)

हरियाणा शिक्षक पात्रता परीक्षा (HTET)

TGT सामाजिक अध्ययन (Level-2), परीक्षा 2017*

भाग-I

बाल विकास व शिक्षाशास्त्र

निर्देश : *निम्नलिखित प्रश्नों के उत्तर देने के लिए **सबसे उचित** विकल्प चुनिए।*

1. निम्नांकित में से कौन-सा 'प्रयास एवं त्रुटि' सिद्धांत का गौण नियम ***नहीं*** है?

A. बहु-अनुक्रिया का नियम B. अभिवृत्ति का नियम
C. अभ्यास का नियम D. तार्किक अनुक्रिया का नियम

2. पियाजे के अनुसार संवेदीगामक चरण के उपचरण 'मानसिक निरूपण/प्रतिनिधित्व' की आयु है :

A. जन्म से 1 माह B. 4 से 8 माह
C. 8 से 12 माह D. 18 माह से 2 वर्ष

3. मनोवैज्ञानिक जिसने गणित की एक शाखा टोपोलॉजी के सिद्धांतों का प्रयोग करते हुए अधिगम सिद्धांत विकसित करने का प्रयास किया, वह है :

A. कर्ट लेविन B. सिगमंड/फ्रायड
C. विलियम जेम्स D. स्किनर

4. आर.पी. डब्ल्यू. डी. ऐक्ट, 2016 के अनुसार निम्नांकित में से कौन विशेष आवश्यकता वाले बालक का उदाहरण ***नहीं*** है?

A. एसिड हमले के शिकार B. प्रमस्तिष्क पक्षाघात
C. दृष्टिबाधित बालक D. इनमें से कोई नहीं

5. परीक्षण जो अनुदेशन के दौरान योजना बनाने एवं निदान के लिए किया जाता है, कहलाता है :

A. रचनात्मक मूल्यांकन B. योगात्मक मूल्यांकन
C. मानक मूल्यांकन D. इनमें से कोई नहीं

6. शिक्षक ने रेखा को कहा कि आपने गृहकार्य नहीं पूरा किया है अतः आपको खेल की कक्षा से वंचित किया जाता है। यह उदाहरण है :

A. नकारात्मक पुनर्बलन का B. दण्ड का
C. सकारात्मक पुनर्बलन का D. स्पर्शनीय पुरस्कार का

7. वर्गीकरण की योग्यता का विकास होता है :

A. संवेदी गामक अवस्था में
B. पूर्व संक्रियात्मक अवस्था में
C. मूर्त संक्रियात्मक अवस्था में
D. उपरोक्त में से कोई नहीं

8. दृष्टिबाधित बालकों हेतु किस प्रकार की शिक्षण सामग्री सर्वाधिक प्रभावी होगी?

A. वीडियो आधारित B. दृश्य सामग्री
C. स्पर्शात्मक D. इनमें से कोई नहीं

9. मॉडलिंग की संकल्पना दी गई है :

A. अल्बर्ट बंडुरा के द्वारा B. जे.बी. वाटसन के द्वारा
C. फ्रॉयड के द्वारा D. वायगोत्स्की के द्वारा

10. निम्नांकित में से किसने बच्चे को 'टेबुला रसा' (एक खाली स्लेट) माना है?

A. फ्रायड B. पियाजे
C. स्किनर D. जॉन लॉक

11. निम्नांकित में से किस सिद्धान्त ने संज्ञानात्मक विकास को सामाजिक मध्यस्थता युक्त प्रक्रिया (Socially Mediated Process) के रूप में देखा है?

A. समाज सांस्कृतिक सिद्धांत
B. सामाजिक अधिगम सिद्धांत
C. मनोलैंगिक सिद्धांत
D. चिह्न अधिगम सिद्धांत

12. एक तीन साल का बच्चा कहता है कि "सूरज क्रोधित है।" यह एक उदाहरण है :

A. एनीमिज्म का B. आत्मकेन्द्रण का
C. आलोचना का D. अन्तर्ज्ञान का

13. निम्नांकित में से कौन-सा गार्डनर द्वारा दिए गए बुद्धि के प्रकारों में से एक प्रकार ***नहीं*** है?

A. संगीत संबंधी बुद्धिमत्ता B. स्पासियल बुद्धिमत्ता
C. अंतर्वैयक्तिक बुद्धिमत्ता D. विश्लेषणात्मक बुद्धिमत्ता

14. "TEACCH" कार्यक्रम अधिकांशतः किस प्रकार के बालक के शिक्षण के लिए प्रयोग किया जा सकता है?

A. श्रवण बाधित बालक
B. मेधावी बालक
C. बौद्धिक अक्षमता वाले बालक
D. ऑटिज्म

***Exam held on 24-12-2017.**

15. निम्नांकित में से किसने बच्चों में नैतिक विकास का अध्ययन किया?
A. कोह्लबर्ग ने B. पियाजे ने
C. A एवं B दोनों D. इनमें से कोई नहीं

16. शिक्षक को प्रत्येक माह के आखिर में वेतन दिया जाना पुनर्बलन के किस शेड्यूल की ओर इंगित करता है?
A. स्थिर अनुपात B. चर अनुपात
C. स्थिर अंतराल D. चर अंतराल

17. यह किसका दृष्टिकोण है कि प्रत्येक बच्चे में भाषा ग्रहण उपकरण विद्यमान होता है?
A. पियाजे B. चॉमस्की
C. वायगोत्सकी D. डान स्लोबिन

18. शिक्षण का अग्रिम संयोजक प्रतिमान किसने विकसित किया?
A. ब्रूनर ने B. पावलॉव ने
C. ऑसुबेल ने D. पियाजे ने

19. बहुबुद्धि सिद्धांत दिया गया था :
A. अल्फ्रेड बिने के द्वारा B. जीन पियाजे के द्वारा
C. हार्वर्ड गार्डनर के द्वारा D. जेनसन के द्वारा

20. फ्रॉयड के मनोलैंगिक विकास सिद्धांत के अनुसार 'मुखीय अवस्था' की आयु सीमा है :
A. जन्म से एक वर्ष B. जन्म से दो वर्ष
C. जन्म से तीन वर्ष D. इनमें से कोई नहीं

21. दीर्घावधि स्मृति जो 'किसी कार्य को कैसे करें' से जुड़ी है, कहलातीहै :
A. प्रक्रियात्मक स्मृति B. एपिसोडिक स्मृति
C. तात्कालिक स्मृति D. संवेदी स्मृति

22. सफल बुद्धि का त्रिपक्षीय (Triarchic) सिद्धांत किसने दिया है?
A. स्पीयरमैन B. बिने
C. थॉर्नडाइक D. स्टर्नबर्ग

23. वह नियम जो अधिगम के गेस्टाल्ट दृष्टिकोण का भाग ***नहीं*** है, है :
A. समानता का नियम B. निकटता का नियम
C. क्लोजर का नियम D. उपयोग का नियम

24. एक वांछनीय व्यवहार के उपरांत, शिक्षक 'बहुत अच्छा' कहती है। शिक्षक ने प्रयोग किया है :
A. प्राथमिक पुनर्बलक का B. द्वितीयक पुनर्बलक का
C. नकारात्मक पुनर्बलक का D. उपरोक्त में से कोई नहीं

25. पारिस्थितिकीय तंत्र सिद्धांत के अनुसार 'मूल्य' किस तंत्र में समाहितहैं?
A. सूक्ष्म तंत्र B. वृहत् तंत्र
C. मीजो (Meso) तंत्र D. एक्सो (Exo) तंत्र

26. वर्तमान 'स्कीम' के द्वारा बाहरी दुनिया को समझने की क्रिया कहलाती है :
A. तादात्मीकरण B. आत्मसातीकरण
C. संगठन D. इनमें से कोई नहीं

27. निम्नांकित में से कौन-सा एक अर्जित अभिप्रेरक का उदाहरण ***नहीं*** है?
A. अभिवृत्ति B. रुचि
C. जिज्ञासा D. भूख

28. निम्नांकित में से कौन-सा विकासात्मक विकार का उदाहरण है?
A. दृष्टिबाधिता B. श्रवणबाधिता
C. बौद्धिक अक्षमता D. कुष्ठ रोग

29. निम्नांकित में से कौन-सा मस्तिष्कीय क्षेत्र, व्याकरण एवं भाषा उत्पादन का कार्य करता है?
A. ब्रोका क्षेत्र B. फ्रंटल खण्ड
C. पश्च मस्तिष्कीय खण्ड D. ऑसिपिटल खण्ड

30. प्रोग्राम्ड लर्निंग निम्नांकित में से किसके कार्य पर आधारित है?
A. स्किनर B. पियाजे
C. पावलॉव D. बंडुरा

भाग-II

भाषा-I: हिन्दी

निर्देशः *निम्नलिखित प्रश्नों के उत्तर देने के लिए* ***सबसे उचित*** *विकल्प चुनिए।*

31. कौन-सा शब्द उर्दू उपसर्ग से निर्मित है?
A. खुशबू B. स्वयंसिद्ध
C. अधकच्चा D. निहत्था

32. ***अशुद्ध*** विलोम युग्म को पहचानिए :
A. आध्यात्मिक-आधिदैविक B. स्मरण-विस्मरण
C. हेय-स्तुत्य D. वृद्धि-क्षय

33. किस विकल्प में वर्तनी की दृष्टि से ***अशुद्ध*** शब्द है?
A. दवाईयाँ B. पौलस्त्य
C. आभिजात्य D. आपराधिक

34. किस विकल्प में संधि नियन का उल्लंघन होने के कारण ***अशुद्ध*** शब्द बना है?
A. अभिषेक B. निषेध
C. अनुशंगी D. सुषुप्ति

35. किस विकल्प में ऊनतावाचक तद्धित प्रत्यय है?
A. बहूटी B. बहिनापा
C. दूधैल D. चुड़िहारा

36. *"कोमल गात, मृदुल बसंत, हरे-हरे ये पात"*
—उक्त पंक्ति में प्रयुक्त पदों में से कौन-सा पद विशेषण ***नहीं*** है?
A. मृदुल B. गात
C. हरे-हरे D. कोमल

37. निम्न में से किस विकल्प में कर्मधारय का उदाहरण है?
A. सूरकृत B. नीलगगन
C. आजीवन D. रामोपासक

38. कौन-सा विकल्प लिंग सम्बन्धिनी ***अशुद्धि*** से युक्त है?
A. पापिनी स्त्री B. बुद्धिमती भार्या
C. गुणवान कन्या D. प्रभावशालिनी भाषा

39. निम्न में से कौन-सा शब्द 'योगरूढ़' है?
A. अहिंसा B. पाशविक
C. मुख्यमंत्री D. चक्षुःश्रवा

40. किस शब्द में विसर्ग संधि का प्रयोग ***नहीं*** हुआ है?
A. यशोदा B. पयोद
C. तमोगुण D. महोदधि

41. किस विकल्प में 'नामधातु' क्रिया है?
A. धड़धड़ाहट B. खिलवाना
C. उठना D. गरमाना

42. 'परुष' का समानार्थक (पर्याय) शब्द है :
A. कठोर B. पुरुष
C. परख D. प्रणाली

43. 'आप भला तो जग भला' वाक्य किस सर्वनाम का उदाहरण बनेगा?
A. संबंधवाचक सर्वनाम B. निजवाचक सर्वनाम
C. निश्चयवाचक सर्वनाम D. पुरुषवाचक सर्वनाम

44. कौन-सा शब्द स्त्रीलिंग बोधक ***नहीं*** है?
A. मृत्यु B. ऋतु
C. रेणु D. तालु

45. निम्न कथनों में से कौन-सा कथन ***असत्य*** है?
A. 'ड़्' उत्क्षिप्त व्यंजन है।
B. 'स्' संघर्षी व्यंजन है।
C. 'द्' स्पर्शी व्यंजन है।
D. 'र्' पार्श्विक वर्ण है।

भाग-II

Language-II : English

Directions: *Answer the following questions by selecting the* ***most appropriate*** *option.*

46. 'Dancing is her hobby.'
The underlined word is used as a:
A. verb B. gerund
C. participle D adjective

47. Choose the most appropriate modal for the blank:
She .... swim for hours at the age of eight.
A. can B. may
C. might D. could

48. "The girl who is wearing a red ribbon is my sister."
The underlined words are a:
A. Noun Clause B. Adjective Clause
C. Adverb Clause D. None of the above

49. Choose the most appropriate form of indirect speech for the given sentence:
He said to her, "you are a very reasonable person."
A. He said to her she is a very reasonable person.
B. He told her that she was a very reasonable person.
C. He told to her that he is a very reasonable person.
D. He said to her that she is a very reasonable person.

50. Fill in the blank with the appropriate preposition.
He lost all his property because of his addiction .... drinking and gambling.
A. with B. in
C. to D. of

51. "Business falls off during summer months."
The underlined phrasal verb means:
A. to decline B. to grow
C. to increase D. to disappear

52. Fill in the blank with the appropriate option:
"I paid the bill but the cashier did not give the ...."
A. receipt B. receive
C. receiving D. received

53. 'She could not figure out the theme of the play clearly.'
The underlined phrasal verb means:
A. comprehend B. examine
C. enjoy D. draw

54. Fill in the blank by choosing the correct option.
"Asha and I .... on M.G. Road when we saw an old man walking slowly."
A. were shopping B. have been shopping
C. had been shopping D. shopping

55. Choose the correct Passive Construction for the sentence given:
"Mrs. Sharma knows me."
A. I am known by Mrs. Sharma.
B. I was known by Mrs. Sharma.
C. I am known to Mrs. Sharma.
D. I have known to Mrs. Sharma.

56. Choose the correct word for the following expression:

One who is present everywhere

A. Omnipotent
B. Omniscient
C. Omnipresent
D. Omnission

57. Choose a suitable connector for the blank from the options given:

"My father burnt his hand .... he was lighting a candle."

A. but
B. while
C. because
D. since

58. "Maharana Pratap fought bravely and won the war." The underlined word in the sentence has been used as a:

A. Noun
B. Verb
C. Adverb
D. Adjective

59. 'Agreement' is a noun with 'ment' as a suffix. Which of the following options will become a noun if we add the suffix 'ment' to it?

A. amuse
B. extort
C. correct
D. colour

60. Choose the word which is spelt correctly:

A. comittee
B. committe
C. committee
D. commitee

भाग-III

सामान्य अध्ययन : मात्रात्मक योग्यता, तार्किक अभिक्षमता तथा सामान्य ज्ञान एवं अभिज्ञान

निर्देशः *निम्नलिखित प्रश्नों के उत्तर देने के लिए* ***सबसे उचित*** *विकल्प चुनिए।*

61. A की आय B की आय से 20% कम है। B की आय A की आय से कितने प्रतिशत अधिक है?

A. 20%
B. 25%
C. $16\frac{2}{3}\%$
D. $33\frac{1}{3}\%$

62. दी गई श्रृंखला में कितने 9 ऐसे हैं जो 9 के बाद आते हैं?

9879902999031992796569781967899290

A. 2
B. 4
C. 5
D. 6

63. एक मिनट में एक बाल्टी का $\frac{3}{7}$ भाग भर सकता है। बाल्टी का शेष भाग भरा जा सकता है :

A. $\frac{7}{3}$ मिनट में
B. 21 मिनट में
C. $\frac{4}{7}$ मिनट में
D. $\frac{4}{3}$ मिनट में

64. एक संख्या जिसे 8, 12 और 15 से भाग देने पर हमेशा शेषफल 5 आता है। वह संख्या है :

A. 9505
B. 9605
C. 9705
D. 9805

65. सबसे छोटी संख्या ज्ञात कीजिए जिससे यदि इसे 9 और 10 के वर्ग के योग में जोड़ा जाए, तो पूर्ण वर्ग प्राप्त होता है :

A. 0
B. 3
C. 8
D. 15

66. $13\frac{1}{2}-\left[4\frac{1}{2}-\left\{3-\left(2-\frac{1}{2}\right)\right\}\right]$ बराबर है :

A. $9\frac{1}{2}$
B. $10\frac{1}{2}$
C. $10\frac{3}{4}$
D. $13\frac{1}{2}$

67. आठ संख्याओं का औसत 12 है। यदि प्रत्येक संख्या को 2 से बढ़ा दिया जाए, तो नई संख्याओं का औसत है :

A. 13
B. 12
C. 15
D. 14

68. 1 से 100 के मध्य ऐसी कितनी संख्याएँ हैं जो 7 से पूर्णतया विभाजित होती हैं?

A. 9
B. 11
C. 17
D. 14

69. निम्न में से कौन-सी भिन्न 1/3 से बड़ी है?

A. $\frac{27}{82}$
B. $\frac{20}{61}$
C. $\frac{16}{45}$
D. $\frac{51}{154}$

70. वह छोटी-से-छोटी संख्या ज्ञात कीजिए जिसे 24 से गुणा करने पर एक पूर्ण वर्ग संख्या प्राप्त होती है :

A. 2
B. 3
C. 4
D. 6

71. विसंगत को चुनिए :

A. ऑक्सीज़न
B. बर्फ
C. जल
D. भाप

72. चित्र में दिखाई गए त्रिभुजों की संख्या है :

A. 6　　B. 8
C. 10　　D. 12

73. यदि GRASP को INOPQ कूट किया जाता है। BROWN को RNSTU कूट किया जाता है, तो SPARROW को कूट किया जाएगा :

A. PQONNST　　B. PQONNOT
C. POQNNSU　　D. PQONNSU

74. **कथन** : I. एक त्रिभुज के 3 कोण होते हैं।
II. एक वर्ग के 4 कोण होते हैं।

निष्कर्ष : एक बहुभुज के बहुत से कोण होते हैं।

तो निम्न में से कौन-सा ***सही*** है?

A. निष्कर्ष सही है।　　B. निष्कर्ष गलत है।
C. निष्कर्ष तर्कसंगत नहीं है।　　D. इनमें से कोई नहीं

75. दिए गए चित्र में, वृत्त धनवान व्यक्तियों को प्रदर्शित करता है, आयत मेहनती को प्रदर्शित करता है और त्रिभुज ग्रामीण व्यक्तियों को प्रदर्शित करता है। तो ग्रामीण व्यक्ति जो मेहनती तो हैं परन्तु निर्धन हैं, को दिखाया गया है :

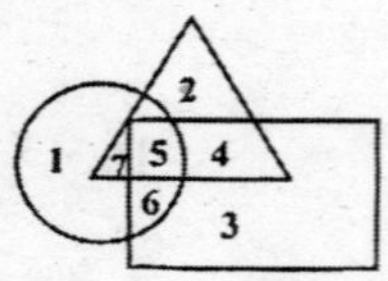

A. 5　　B. 7
C. 4　　D. 6

76. 3 लगातार कैलेण्डर के महीनों में अधिकतम संभव रविवारों की संख्या है :

A. 14　　B. 15
C. 13　　D. 12

77. A, B का भाई है, B, C की पत्नी है, C, D का पुत्र है और D, E की पत्नी है। E, B का क्या है?

A. दामाद　　B. ससुर
C. साला　　D. सास

78. सात संख्याएँ दी गई हैं। पहली चार संख्याओं का औसत 4 है। अन्तिम चार संख्याओं का औसत भी 4 है। सभी सात संख्याओं का औसत 3 है। चौथी संख्या ज्ञात कीजिए :

A. 4　　B. 3
C. 11　　D. 7

79. दिए गए वर्ग में लुप्त संख्या ज्ञात कीजिए :

5	25	18
15	10	12
20	5	?

A. 15　　B. 10
C. 20　　D. 25

80. श्रेणी का लुप्त पद ज्ञात कीजिए :
2, 7, 17, 32, ?, 77

A. 47　　B. 52
C. 57　　D. 62

81. हरियाणा की तेरहवीं विधान सभा के उपाध्यक्ष (डिप्टी स्पीकर) हैं :

A. कुलदीप शर्मा
B. कँवर पाल
C. आर.के. नांदल
D. संतोष यादव

82. हरियाणा की नदी जो राजस्थान में उद्गमित होती है, है :

A. मार्कण्डा　　B. साहिबी
C. घग्घर　　D. सरस्वती

83. 'द टेक्नोलॉजिकल इन्स्टिट्यूट ऑफ टेक्सटाइल एंड साइन्स' अवस्थित है :

A. गुरुग्राम में　　B. भिवानी में
C. रोहतक में　　D. पंचकुला में

84. 2011 की जनगणना के अनुसार हरियाणा का जनसंख्या घनत्व है (प्रति वर्ग किमी. में) :

A. 478　　B. 573
C. 385　　D. 325

85. हरियाणा की प्रथम आणविक ऊर्जा परियोजना स्थापित की जा रही है :

A. गोरखपुर में　　B. काकरोई में
C. सांपला में　　D. यमुनानगर में

86. सन् 2017 में हरियाणा सरकार ने प्रवासी हरियाणा दिवस का आयोजन कहाँ किया?

A. अशोका विश्वविद्यालय, सोनीपत
B. किंगडम ऑफ ड्रीम, गुरुग्राम
C. पिंजौर गार्डेन, पंचकुला
D. विज्ञान भवन, नई दिल्ली

87. मठ जिसका बाबा मस्तनाथ ने जीर्णोद्धार किया और मुख्य केन्द्र के रूप में चुना, वह था :

A. कन्प्राती　　B. अस्थल बोहर
C. पेहवा　　D. जालंधर

88. बू अली शाह का मकबरा अवस्थित है :

A. हिसार में　　B. यमुनानगर में
C. पानीपत में　　D. जींद में

89. निम्नांकित स्थलों में से कहाँ एक राष्ट्रीय उद्यान अवस्थित है?

A. सुल्तानपुर　　B. भिण्डावास
C. नाहन　　D. अबुबशहर

90. 31वें सूरजकुण्ड अंतर्राष्ट्रीय हस्तशिल्प मेले में सहभागी राष्ट्र था :

A. मिस्र　　B. चीन
C. थाईलैण्ड　　D. जापान

भाग-IV

सामाजिक अध्ययन

निर्देशः *निम्नलिखित प्रश्नों के उत्तर देने के लिए* ***सबसे उचित*** *विकल्प चुनिए।*

91. सत्यकाम जाबाल की कथा उल्लेखित है :
A. जाबाल उपनिषद् में
B. बृहदारण्यक उपनिषद् में
C. छान्दोग्य उपनिषद् में
D. कठोपनिषद् में

92. नीचे दिए हुए कूटों का प्रयोग करते हुए, भारत की संविधान सभा के उपाध्यक्ष/क्षों को पहचानिए :
(*a*) बी.एन. राव
(*b*) एच.सी. मुखर्जी
(*c*) वी.टी. कृष्णामाचारी
(*d*) जी.वी. मावलंकर
A. (*b*) एवं (*d*)
B. (*a*) एवं (*c*)
C. केवल (*b*)
D. (*b*) एवं (*c*)

93. मध्य अटलांटिक कटक किसका उदाहरण है?
A. अपसारी सीमान्त
B. अभिसारी सीमान्त
C. संरक्षात्मक सीमान्त
D. महाद्वीप-महासागर अभिसारी सीमान्त

94. 'कयाल' निम्नलिखित में से भारत के किस तट की एक विशिष्टता है?
A. कच्छ-काठियावाड़
B. कोरोमण्डल
C. कोंकण
D. मालाबार

95. 'मिल्पा' एक स्थानांतरित खेती है जो की जाती है :
A. थाइलैण्ड में
B. इंडोनेशिया में
C. मैक्सिको में
D. उत्तर पूर्वी भारत में

96. जब तकनीकी प्रतिस्थापन की सीमांत दर स्थिर होती है, तब उत्पादन सम्भावना वक्र होगा :
A. नीचे की ओर ढलवा नतोदर
B. नीचे की ओर ढलवा उन्नोतदर
C. नीचे की ओर ढलवा सीधी रेखा
D. X-अक्ष के समानान्तर क्षैतिज रेखा

97. भारतीय संविधान में सेकुलरवाद में शामिल ***नहीं*** है :
A. राज्य का कोई राजकीय धर्म नहीं
B. कल्याणकारी तटस्थता का सिद्धांत
C. राज्य एवं धर्म का पार्थक्य
D. उसूली फासले का सिद्धांत

98. सीमांत बचत प्रवृत्ति (Δ = परिवर्तन, y = आय एवं s = बचत) =
A. $\Delta y/\Delta s$
B. y/s
C. $\Delta s/\Delta y$
D. s/y

99. निम्नलिखित किस नदी में, 'माजुली द्वीप' स्थित है?
A. ब्रह्मपुत्र
B. कावेरी
C. चंबल
D. झेलम

100. अन्तर उष्णकटिबन्धीय अभिसरण क्षेत्र (आई.टी.सी.जेड) अवस्थित है :
A. ध्रुवीय क्षेत्र में
B. विषुवत् रेखीय क्षेत्र में
C. समशीतोष्ण क्षेत्र में
D. इनमें से कोई नहीं

101. गुप्त मंदिर, जो मध्य प्रदेश में अवस्थित ***नहीं*** है :
A. तिगवा का विष्णु मन्दिर
B. भूमरा का शिव मन्दिर
C. देवगढ़ का दशावतार मन्दिर
D. भीतरगाँव मन्दिर

102. जब एक वस्तु की कीमत ₹ 20 प्रति इकाई से घटकर ₹ 15 प्रति इकाई हो जाती है, तो इसकी माँग में 25 प्रतिशत की वृद्धि होती है। माँग की कीमत लोच ज्ञात कीजिए। (प्रतिशत विधि द्वारा)
A. 0.88
B. 1.0
C. 1.25
D. 0.33

103. हड़प्पावासी टिन प्राप्त करते थे :
A. अफगानिस्तान से
B. गुजरात से
C. कर्नाटक से
D. राजस्थान से

104. निम्नांकित में से क्या अनन्य रूप से संघात्मक लक्षण ***नहीं*** है?
A. शक्तियों का वितरण
B. न्यायिक पुनरावलोकन
C. द्वि-सदनात्मकतावाद
D. कठोर संविधान

105. समुद्रगुप्त ने सर्वकरदान, आज्ञाकरण और प्रणामागमन की नीति किस शासक के साथ अपनायी?
A. कामरूप
B. कांची
C. वेंगी
D. आभीर

106. व्यक्तिगत पक्षपात की संभावना होती है :
A. यादृच्छिक प्रतिदर्श में
B. सविचार प्रतिदर्श में
C. स्तरित प्रतिदर्श में
D. व्यवस्थित प्रतिदर्श में

107. सुमेलित कीजिए :

नवपाषाणिक स्थल	**मुख्य विशेषता**
(*a*) बुर्जहोम	(*i*) प्रारंभिक नवपाषाणिक स्थल
(*b*) महागरा	(*ii*) राख के टीले
(*c*) उतनूर	(*iii*) चावल की खेती
(*d*) मेहरगढ़	(*iv*) गर्तावास

कूट :
A. (*a*) - (*iv*), (*b*) - (*ii*), (*c*) - (*iii*), (*d*) - (*i*)
B. (*a*) - (*ii*), (*b*) - (*iv*), (*c*) - (*iii*), (*d*) - (*i*)
C. (*a*) - (*i*), (*b*) - (*ii*), (*c*) - (*iii*), (*d*) - (*iv*)
D. (*a*) - (*iv*), (*b*) - (*iii*), (*c*) - (*ii*), (*d*) - (*i*)

108. निम्नांकित में से, क्या 'समानता' की संकल्पना में शामिल ***नहीं*** है?
A. संरक्षणात्मक विभेदन
B. समरूपता
C. युक्तियुक्त वर्गीकरण
D. समान अवसर

109. अवस्फीति को ठीक करने के लिए :
A. वाणिज्यिक बैंकों द्वारा प्रतिभूतियों को खरीदा जाता है।
B. वाणिज्यिक बैंकों द्वारा प्रतिभूतियों को अपने अधिकार में रखा जाता है।
C. केन्द्रीय बैंक द्वारा प्रतिभूतियों को खरीदा जाता है।
D. केन्द्रीय बैंक द्वारा प्रतिभूतियों को बेचा जाता है।

110. स्थान, जहाँ से अशोक का अभिलेख मिला है :
A. उज्जैन B. पाटलिपुत्र
C. तक्षशिला D. साँची

111. एक फर्म की सीमान्त आय (आगम) _______ में निरन्तर स्थिर रहती है।
A. पूर्ण प्रतियोगिता
B. एकाधिकार
C. एकाधिकारात्मक प्रतियोगिता
D. अल्पाधिकार

112. हिन्द-यवनों के इतिहास का मुख्य स्रोत है :
A. बौद्ध साहित्य B. सिक्के
C. अभिलेख D. यात्रा वृत्तांत

113. निम्न में से कौन-सा ***गलत*** है?
A. $GDP_{MP} = NDP_{MP}$ + मूल्य ह्रास
B. $GNP_{FC} = GNP_{MP}$ + शुद्ध अप्रत्यक्ष कर
C. $NNP_{MP} = NDP_{MP}$ + विदेशों से प्राप्त शुद्ध साधन आय
D. $NDP_{FC} = GDP_{FC}$ – मूल्य ह्रास

114. निम्नलिखित में से कौन-सी भूकम्पीय तरंगें ध्वनि तरंगों के समान होती हैं?
A. L-तरंगें B. S-तरंगें
C. P-तरंगें D. T-तरंगें

115. 42वें संविधान संशोधन अधिनियम (1976) के परिणामस्वरूप निम्न तीन शब्द संविधान की उद्देशिका में अंतःस्थापित किए गए :
A. समाजवादी, पंथनिरपेक्ष, अखण्डता
B. समाजवादी, गणराज्य, अखण्डता
C. पंथनिरपेक्ष, लोकतांत्रिक, संप्रभु
D. संप्रभु, पंथनिरपेक्ष, अखण्डता

116. विशेषीकृत सूचना पर केन्द्रित मानचित्र कहलाते हैं :
A. राजनैतिक मानचित्र
B. थीमैटिक मानचित्र
C. भौतिक मानचित्र
D. ग्लोबल मानचित्र

117. उस शब्दावली को पहचानिए, जो नारीवाद से संबंधित ***नहीं*** है :
A. जो निजी है, वह राजनीतिक है
B. लिंग एवं जेंडर के बीच भेद
C. शक्ति-संरचना के रूप में पितृसत्ता
D. शक्ति की इच्छा

118. भारत के निम्नलिखित राज्यों में कौन-सा 'भूआबद्ध' ***नहीं*** है?
A. झारखण्ड B. छत्तीसगढ़
C. मध्य प्रदेश D. कर्नाटक

119. तरलता जाल में मुद्रा की माँग की ब्याज लोच होती है :
A. शून्य B. इकाई
C. अनन्त D. शून्य व एक के मध्य

120. देशों के समूह को पहचानिए, जिनमें 1975 से 2000 के बीच लोकतांत्रिक सरकारें संस्थापित हुई हैं :
A. रूस, दक्षिण अफ्रीका, वियतनाम, स्लोवाकिया
B. टर्की, लाओस, अल्बानिया, हंगरी
C. जिम्बाब्वे, स्पेन, ईरान, मिस्र
D. इटली, यूनान, पोलैण्ड, लाटविया

121. सूची-I का सूची-II से मेल कीजिए और दिए गए कूट में से सही उत्तर का चयन कीजिए :

सूची-I (राज्य का नाम)	सूची-II (स्थापना वर्ष)
(*a*) गुजरात	(*i*) 1966
(*b*) झारखण्ड	(*ii*) 1960
(*c*) हरियाणा	(*iii*) 2000
(*d*) सिक्किम	(*iv*) 1987
	(*v*) 1975

कूट :
A. (*a*) - (*ii*), (*b*) - (*iii*), (*c*) - (*iv*), (*d*) - (*v*)
B. (*a*) - (*i*), (*b*) - (*iii*), (*c*) - (*ii*), (*d*) - (*iv*)
C. (*a*) - (*ii*), (*b*) - (*iii*), (*c*) - (*i*), (*d*) - (*v*)
D. (*a*) - (*iv*), (*b*) - (*ii*), (*c*) - (*i*), (*d*) - (*iii*)

122. लागत वक्र जो आयताकार हाइपरबोला होता है, वह है :
A. TFC वक्र B. TVC वक्र
C. AFC वक्र D. AVC वक्र

123. 'जेट स्ट्रीम' बहती है :
A. पश्चिम से पूर्व B. पूर्व से पश्चिम
C. दक्षिण से उत्तर D. उत्तर से दक्षिण

124. 'मेगालोपॉलिस' शब्द दिया था :
A. ग्रिफिथ टेलर ने B. जीन गॉटमैन ने
C. वॉन थ्यूनेन ने D. लुईस ममफोर्ड ने

125. एशिया का 'एन्ट्रीपोट' बंदरगाह है :
A. सिंगापुर B. बैंकॉक
C. मनीला D. कोलकाता

126. निम्नांकित में से क्या लोकतंत्र के विचार की अनुरूपता में ***नहीं*** है?
A. विधि का शासन
B. नियतकालिक चुनाव
C. बहुसंख्यकवाद
D. नागरिकों के लिए अधिकार-पत्र

127. संघ और राज्यों के मध्य विषयों के वितरण में साइबर कानून संबंधित है :
A. संघ सूची से
B. राज्य सूची से
C. समवर्ती सूची से
D. अवशिष्ट विषयों से

128. किस राज्य की राजनीति वोक्कलिंगा-लिंगायत जातियों पर ध्रुवीकृत है?
A. तमिलनाडु
B. कर्नाटक
C. आंध्र प्रदेश
D. केरल

129. महालवाड़ी भू-राजस्व व्यवस्था के बारे में ***गलत*** कथन को अंकित कीजिए :
A. भू-राजस्व निर्धारण संपूर्ण गाँव अथवा महाल के साथ किया गया था।
B. यह गंगा-यमुना के दो-आब क्षेत्र तथा मध्य भारत के कुछ क्षेत्रों में लागू किया गया था।
C. राजस्व की माँग का निर्धारण समय-समय पर किया जाना था।
D. महालवाड़ी व्यवस्था को एलेक्जेण्डर रीड ने ईजाद किया था।

130. राजनीतिक दल एवं इसके संस्थापक नेता के ***त्रुटिपूर्ण*** युग्म को पहचानिए :
A. जनसंघ – श्यामा प्रसाद मुखर्जी
B. प्रजा सोशलिस्ट पार्टी – एन.जी. रंगा
C. इंडिपेंडेंट लेबर पार्टी – भीमराव अंबेडकर
D. कांग्रेस सोशलिस्ट पार्टी – आचार्य नरेंद्र देव

131. अमीर खुसरो की रचना 'किरान उस सदायैन' की विषयवस्तु है :
A. कैकुबाद और बुगरा खान के मध्य सुलह की भेंट
B. अलाउद्दीन खिलजी के सैन्य अभियान
C. निजामुद्दीन औलिया के उपदेश
D. देवल रानी – खिज्र खाँ प्रकरण

132. मानव इतिहास का जल विभाजक (turning point) जो कि 'फर्टाइल क्रिसेन्ट' (पश्चिम एशिया का भू-भाग) से संबद्ध है :
A. होमो सेपियन्स का उद्भव
B. खेती की शुरुआत
C. लोहे की खोज
D. ईसाईयत का उदय

133. मनसबदारी व्यवस्था में 'जात' क्या सूचित करता है?
(*i*) पद
(*ii*) वेतन
(*iii*) सैन्य दायित्व
(*iv*) सामाजिक स्तर
सही कूट को चुनिए :
A. (*i*) तथा (*iii*)
B. (*i*) तथा (*iv*)
C. (*i*) तथा (*ii*)
D. (*i*), (*ii*), (*iii*) तथा (*iv*)

134. भावी पीढ़ी की आवश्यकताओं में कमी किए बिना वर्तमान पीढ़ी की आवश्यकताओं को पूरा करना कहलाता है :
A. आर्थिक विकास
B. धारणीय विकास
C. सामाजिक विकास
D. आर्थिक संवृद्धि

135. अधिकार एवं भारतीय संविधान में संबंधित मूल अधिकार के त्रुटिपूर्ण युग्म को पहचानिए :
A. शिक्षा का अधिकार – स्वतंत्रता का अधिकार
B. अंतःकरण की स्वतंत्रता – धर्म-स्वातंत्र्य का अधिकार
C. त्वरित सुनवाई का अधिकार – संवैधानिक उपचारों का अधिकार
D. अल्पसंख्यकों के अधिकार – संस्कृति और शिक्षा संबंधी अधिकार

136. खाद्य पदार्थ, जो भारत में मध्यकाल में ***नहीं*** आया :
A. कद्दू (काशीफल)
B. आलू
C. टमाटर
D. लाल मिर्च

137. जनगणना 2011 के अनुसार, भारत की पुरुष साक्षरता दर है :
A. 75.3%
B. 77.1%
C. 80.9%
D. 88.8%

138. विदेशी व्यापार लेखा के सम्बन्ध में निम्नलिखित में से कौन-सी अवधारणा सबसे व्यापक है?
A. भुगतान संतुलन
B. व्यापार संतुलन
C. पूँजी खाता
D. चालू खाता

139. मुद्रा स्फीति की दर बराबर है :
[A = कीमत सूचकांक]
A. $\frac{A_1}{A_2 + A_1} \times 100$
B. $\frac{A_2 + A_1}{A_1} \times 100$
C. $\frac{A_1}{A_2 - A_1} \times 100$
D. $\frac{A_2 - A_1}{A_1} \times 100$

140. 'बोअर' युद्ध का संबंध है :
A. एशिया में उपनिवेशवाद से
B. अफ्रीका में उपनिवेशवाद से
C. यूरोप के इतिहास से
D. यू.एस.ए. के इतिहास से

141. भारत में आर्थिक सुधार कार्यक्रमों की शुरुआत हुई थी :
A. 24 जुलाई, 1991
B. 1 जुलाई, 1991
C. 1 जनवरी, 1991
D. 24 अप्रैल, 1991

142. 'भूगोल' शब्द की रचना निम्नलिखित में से किसने की थी?
A. हम्बोल्ट
B. अरस्तू
C. इरैटोस्थनीज
D. ब्लाश

143. संत जो "वीरशैव संप्रदाय" से संबंधित हैं :
A. हरिदास ठाकुर
B. कनक दास
C. अल्लाम प्रभू
D. अप्पार

144. भारत की संसद में मनोनीत सदस्यों की कुल संख्या होती है :
A. 10
B. 12
C. 14
D. 16

145. निम्नलिखित में से 18वीं शताब्दी का कौन-सा राज्य ''उत्तराधिकारी राज्य'' ***नहीं*** माना जाता है?

A. अवध B. केरल
C. हैदराबाद D. बंगाल

146. जनगणना 2011 के अनुसार, कुल जनसंख्या में अनुसूचित जाति का सर्वाधिक प्रतिशत भारत के किस राज्य में पाया जाता है?

A. हिमाचल प्रदेश B. पंजाब
C. उत्तर प्रदेश D. पश्चिम बंगाल

147. दिनेश गोस्वामी समिति का सम्बन्ध था :

A. बैंकों के राष्ट्रीयकरण की समाप्ति से
B. निर्वाचन सुधारों से
C. पूर्वोत्तर में उपद्रव समाप्त करने के उपायों से
D. चकमा समस्या से

148. वह अवस्था जब पृथ्वी और सूर्य के बीच न्यूनतम दूरी हो, कहलाती है :

A. अपभू B. अपसौर
C. उपभू D. उपसौर

149. प्राथमिक घाटा बराबर होता है :

A. राजस्व घाटा – ब्याज का भुगतान
B. बजट घाटा – ब्याज का भुगतान
C. राजकोषीय घाटा – ब्याज का भुगतान
D. मौद्रिक घाटा – ब्याज का भुगतान

150. सन् 2011 की जनगणना के अंतिम आँकड़ों के अनुसार, ग्रामीण भारत में लिंगानुपात है :

A. 926 B. 949
C. 940 D. 919

उत्तरमाला

1	**2**	**3**	**4**	**5**	**6**	**7**	**8**	**9**	**10**
C	D	A	D	A	B	C	C	A	D
11	**12**	**13**	**14**	**15**	**16**	**17**	**18**	**19**	**20**
A	A	D	D	C	C	B	C	C	A
21	**22**	**23**	**24**	**25**	**26**	**27**	**28**	**29**	**30**
A	D	D	B	B	A	D	C	A	A
31	**32**	**33**	**34**	**35**	**36**	**37**	**38**	**39**	**40**
A	A	A	C	A	B	B	C	D	D
41	**42**	**43**	**44**	**45**	**46**	**47**	**48**	**49**	**50**
D	A	B	D	D	B	D	B	B	C
51	**52**	**53**	**54**	**55**	**56**	**57**	**58**	**59**	**60**
A	A	A	A	C	C	B	C	A	C
61	**62**	**63**	**64**	**65**	**66**	**67**	**68**	**69**	**70**
B	C	D	B	D	B	D	D	C	D
71	**72**	**73**	**74**	**75**	**76**	**77**	**78**	**79**	**80**
A	C	A	A	C	A	B	C	B	B
81	**82**	**83**	**84**	**85**	**86**	**87**	**88**	**89**	**90**
D	B	B	B	A	B	B	C	A	A
91	**92**	**93**	**94**	**95**	**96**	**97**	**98**	**99**	**100**
C	D	A	D	C	C	C	C	A	B
101	**102**	**103**	**104**	**105**	**106**	**107**	**108**	**109**	**110**
C & D	B	A	B & C	A	B	D	B	C	D
111	**112**	**113**	**114**	**115**	**116**	**117**	**118**	**119**	**120**
A	B	B	C	A	B	D	D	C	A
121	**122**	**123**	**124**	**125**	**126**	**127**	**128**	**129**	**130**
C	C	A	B	A	C	D	B	D	B
131	**132**	**133**	**134**	**135**	**136**	**137**	**138**	**139**	**140**
A	B	C	B	C	A	C	A	D	B
141	**142**	**143**	**144**	**145**	**146**	**147**	**148**	**149**	**150**
A	C	C	C	B	B	B	D	C	B

व्याख्यात्मक उत्तर

61. माना B की आय = ₹ 100

तब, A की आय = ₹ 80

B की आय A की आय से अधिक है

$$= \frac{100-80}{80} \times 100 = \frac{20}{80} \times 100$$

$= 25\%.$

63. $\frac{3}{7}$ भाग भरता है = 1 मिनट में

1 भाग भरता है = $\frac{7}{3}$ मिनट में

शेष भाग $\left(1-\frac{3}{7}\right) = \frac{4}{7}$

$\frac{4}{7}$ भाग भरता है $= \frac{1}{\left(\frac{3}{7}\right)} \times \frac{4}{7}$

$= \frac{7}{3} \times \frac{4}{7}$

$= \frac{4}{3}$ मिनट

64. ल.स.प. (8, 12, 15) = 120

विकल्प चुनने पर

(*a*) $9505 \div 120$

शेषफल = 25

(*b*) $9605 \div 120$

शेषफल = 5

अतः 9605, वह संख्या है जिसे 8, 12 और 15 से भाग देने पर शेषफल 5 प्राप्त होता है।

65. माना संख्या = x

प्रश्नानुसार, $= (9)^2 + (10)^2 + x$

$= 81 + 100 + x$

$= 181 + x$

181 के पास पूर्ण वर्ग संख्या 196 है

$\therefore$ $x = 196 - 181$

$= 15.$

66. $13\frac{1}{2}-\left[4\frac{1}{2}-\left\{3-\left(2-\frac{1}{2}\right)\right\}\right]$

$= \frac{27}{2}-\left[\frac{9}{2}-\left\{3-\frac{3}{2}\right\}\right]$

$= \frac{27}{2}-\left[\frac{9}{2}-\frac{3}{2}\right]$

$= \frac{27}{2}-3 = 10\frac{1}{2}.$

67. हम जानते हैं कि,

यदि प्रत्येक संख्या x से बढ़ा दी जाए, तो उनका औसत भी से बढ़ जाता है।

$\therefore$ नई संख्याओं का औसत = 12 + 2 = 14.

68. 1 और 100 के बीच 7 से पूर्णतया विभाजित संख्या निम्न है :

7, 14, 21, 28, 35, 42, 49, 56, 63, 70, 77, 84, 91, 98

$\therefore$ कुल संख्या = 14.

69. $\because$ $\frac{1}{3} = 0.333$

(*a*) $\frac{27}{82} = 0.329$

(*b*) $\frac{20}{61} = 0.327$

(*c*) $\frac{16}{45} = 0.355$

(*d*) $\frac{51}{154} = 0.331$

$\therefore$ $\frac{16}{45}, \frac{1}{3}$ से बड़ी भिन्न है।

70. $24 \times 6 = 144$

जो 12 की एक वर्ग संख्या है

$\therefore$ 6 वह छोटी-से-छोटी संख्या है जिसे 24 से गुणा करने पर एक पूर्ण वर्ग संख्या प्राप्त होती है।

71. विकल्प (A) को छोड़कर अन्य सभी, पानी की तीन अवस्थाएँ हैं जबकि ऑक्सीजन एक गैस है।

72.

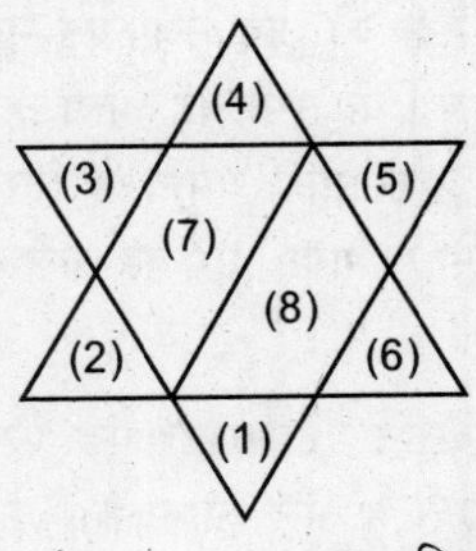

कुल त्रिभुज = 8 + 2 = 10.

73. जिस प्रकार G R A S P → I N O P Q ; B R O W N → R N S T U

(G R A S P / ↓ ↓ ↓ ↓ ↓ / I N O P Q ; B R O W N / ↓ ↓ ↓ ↓ ↓ / R N S T U)

उसी प्रकार S P A R R O W

↓ ↓ ↓ ↓ ↓ ↓ ↓

P Q O N N S T

76. कैलेंडर वर्ष 2017 में,

अक्टूबर माह में कुल दिन = 31

अक्टूबर में कुल रविवार = 5 (1, 8, 15, 22, 29)

नवम्बर माह में कुल दिन = 30

नवम्बर में कुल रविवार = 4 (5, 12, 19, 26)

दिसम्बर माह में कुल दिन = 31

दिसम्बर में कुल रविवार = 5 (3, 10, 17, 24, 31)

3 माह में कुल रविवार = 5 + 4 + 5

= 14.

यह दर्शाता है कि यदि तीनों माह में से किसी माह का पहला दिन रविवार है तो अधिकतम रविवार की संख्या 14 होगी।

77.

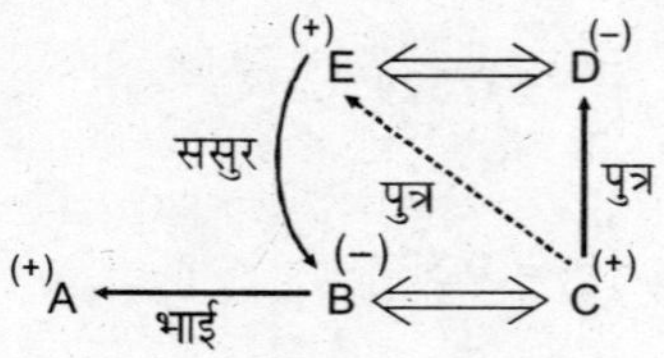

78. चौथी संख्या = (4 × 4 + 4 × 4) – 7 × 3

= (16 + 16) – 21

= 32 – 21

= 11.

79. कॉलम I ⇒ 5 + 15 + 20 = 40

कॉलम II ⇒ 25 + 10 + 5 = 40

कॉलम III ⇒ 18 + 12 + ? = 40

30 + ? = 40

? = 10

80.

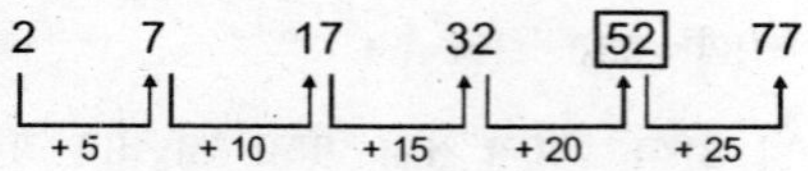

82. हरियाणा की साहिबी नदी राजस्थान के जयपुर जिले में अरावली पर्वत से उद्‌गमित होती है। इस नदी को अब नजफगढ़ नाला के नाम से जाना जाता है क्योंकि दिल्ली के सभी बड़े नालों का पानी इसी में गिरता है। साहिबी नदी पहले सीधे यमुना में गिरती थी लेकिन धीरे-धीरे इसका बहाव धीमा हो गया और यह नाले के रूप में परिवर्तित हो गई।

83. 1943 में स्थापित वस्त्र और विज्ञान (टीआईटी एंड एस) का तकनीकी संस्थान, इंजीनियरिंग कार्यक्रम और स्नातकोत्तर कार्यक्रम प्रदान करता है। यह संस्थान भिवानी में स्थित है। यह भारत के सबसे पुराने कॉलेजों में से एक है। 1943 में स्थापित तकनीकी कॉलेज शुरू में कताई और बुनाई प्रौद्योगिकी में 3 वर्ष के डिप्लोमा कोर्स के लिए औद्योगिक प्रशिक्षण विभाग पंजाब से संबद्ध था। टीआईटीएस 31 मार्च, 1985 तक बिड़ला एजुकेशन ट्रस्ट का हिस्सा बना रहा। 1 अप्रैल, 1985 से इसे ट्रस्ट से अलग किया गया और एक स्वतंत्र सोसायटी जिसे "टेक्नोलॉजिकल इंस्टीट्यूट ऑफ टेक्सटाइल्स" के नाम से जाना जाता था, का प्रबंधन पश्चिम बंगाल के सोसाइटी पंजीकरण अधिनियम, 1961 के तहत पंजीकृत था। विस्तारित निर्देशक सुविधाओं और नए पाठ्यक्रमों को प्रतिबिंबित करने के लिए सोसायटी को 'वस्त्र और विज्ञान के तकनीकी संस्थान' के रूप में पुनः नामित किया गया था।

84. 2011 की जनगणना के अनुसार हरियाणा का जनसंख्या घनत्व 573 है। हरियाणा का जनघनत्व देश के जनघनत्व (382) से 9 कम है और कुल राज्यों एवं संघ राज्य क्षेत्रों के संदर्भ में 11वें स्थान पर है। जनसंख्या घनत्व का तात्पर्य जनसंख्या एवं धरातल के एक अनुपात से है। कुल जनसंख्या को उसके क्षेत्रफल से विभाजित करने पर यह प्राप्त होता है।

85. हरियाणा की प्रथम आणविक ऊर्जा परियोजना गोरखपुर में स्थापित की जा रही है। यह ऊर्जा संयंत्र हरियाणा के फतेहाबाद जिले के गोरखपुर गाँव में स्थित होगा। 13 जनवरी, 2014 को इस परियोजना के पहले चरण का शिलान्यास तत्कालीन प्रधानमंत्री श्री मनमोहन सिंह द्वारा किया गया। 2800 MW की परियोजना के अंतर्गत 700 MW क्षमता वाले 4 रिएक्टरों को दो चरणों में स्थापित किया जाता है। प्रथम चरण में 700 MW के 2 यूनिट होंगे। यह कार्य 2020-21 में पूरा होने की संभावना है। यह परियोजना न्यूक्लियर पावर कॉर्पोरेशन ऑफ इंडिया द्वारा तैयार की जा रही है।

86. सन् 2017 में हरियाणा सरकार ने प्रवासी हरियाणा दिवस का आयोजन किंगडम ऑफ ड्रीम, गुरुग्राम में किया। इस कार्यक्रम में विभिन्न देशों से आए हरियाणा मूल के 400 से अधिक लोगों ने हिस्सा लिया। प्रवासी हरियाणा दिवस कार्यक्रम का आयोजन विदेश में बसे हरियाणा मूल के लोगों को अपनी जड़ों से जोड़ना और राज्य के विकास में योगदान देना है।

87. महासिद्ध चौरंगीनाथ की तपस्थली पूरे देश में प्रसिद्ध है। यह तपस्थली नाथ पंथ में एक महत्वपूर्ण गद्दी मानी जाती है। इस स्थान पर बाबा मस्तनाथ ने घोर तपस्या की और इसका जीर्णोद्धार करके 'अस्थल बोहर मठ' की स्थापना की। बाबा मस्तनाथ की कठोर तपस्या और सिद्धियों के कारण उन्हें 'गोरखनाथ' के अवतार की संज्ञा दी गई। उनकी शिष्य परंपरा पूरे देश में फैली है, लेकिन इस परंपरागत मूल गद्दी का महंत होना इस परंपरा में गौरव का स्थान है।

89. सुल्तानपुर पक्षी अभयारण्य हरियाणा राज्य के गुरुग्राम जिले में स्थित एक बहुत ही लोकप्रिय राष्ट्रीय उद्यान है। सुल्तानपुर दिल्ली में धौलाकुआँ से 40 किलोमीटर और गुरुग्राम-फर्रुखनगर रोड पर गुरुग्राम से 15 किलोमीटर स्थित है। चिड़ियाघर और पक्षी निरीक्षण के लिए सबसे अच्छा दौरा इस पक्षी अभयारण्य में सर्दियों में किया जाता है। दुनिया में पक्षियों की कुल 10,000 प्रजातियों में से लगभग 1,800 प्रवासी पक्षी प्रजातियों में से लगभग 370 प्रजातियाँ मौसमी परिवर्तनों के कारण भारत में स्थानांतरित होती हैं, जिसमें 175 लंबी दूरी की प्रवासन प्रजातियाँ शामिल हैं जो मध्य एशियाई फ्लाईवे मार्ग का उपयोग करती हैं जिसमें अमूलर फाल्कन, मिस्र के

गिद्ध भी शामिल हैं। लगभग 250 प्रजातियाँ सुल्तानपुर पक्षी अभयारण्य में पाई जाती हैं। उनमें से कुछ निवासी हैं जबकि अन्य साइबेरिया, यूरोप और अफगानिस्तान जैसे दूर-दराज के क्षेत्रों से आते हैं।

93. अपसारी सीमान्त (Divergent Plate boundary) में प्लेटें एक-दूसरे के विपरीत दिशा में गतिशील होते हैं। इसमें दोनों प्लेटों के मध्य भ्रंश का निर्माण होता है जिसके सहारे मैग्मा का प्रवाह पृथ्वी की सतह पर होता है। इससे भूपर्पटी का निर्माण होता है। मध्य अटलांटिक कटक इस गति का सर्वोत्तम उदाहरण है जहाँ कटक निर्माण के साथ ज्वालामुखी क्रिया व समुद्री नितल प्रसार की क्रिया हो रही है।

100. उष्णकटिबंधीय अभिसरण क्षेत्र (ITCZ) पर वायु संवहन धाराओं के रूप में ऊपर उठती है। उष्णकटिबंधों से आने वाली पवनें इस निम्न दाब क्षेत्र में अभिसरण करती हैं। अभिसरित वायु संवहन कोष्ठों के साथ ऊपर उठती हैं। यह क्षोभमंडल के ऊपर 14 कि.मी. की ऊँचाई तक ऊपर चढ़ती है और फिर ध्रुवों की तरफ प्रवाहित होती है। इसके परिणामस्वरूप लगभग 30° उत्तर व 30° दक्षिण अक्षांश पर वायु एकत्रित हो जाती है। इस एकत्रित वायु का अवतलन होता है और यह उपोष्ण उच्चदाब बनाता है। अवतलन का एक कारण यह है कि जब वायु 30° उत्तरी व दक्षिणी अक्षांश पर पहुँचती है तो यह ठंडी हो जाती है। धरातल के निकट वायु का अपसरण होता है और यह विषुवत् वृत्त की ओर पूर्वी पवनों के रूप में बहती हैं। विषुवत् वृत्त के दोनों तरफ से प्रवाहित होने वाली पूर्वी पवनें अंतर उष्णकटिबंधीय अभिसरण क्षेत्र (ITCZ) पर मिलती हैं। पृथ्वी की सतह से ऊपर की दिशा में होने वाले परिसंचरण और इसके विपरीत दिशा में होने वाले परिसंचरण को कोष्ठ (Cell) कहते हैं। उष्णकटिबंधीय क्षेत्र में ऐसे कोष्ठ को हेडले कोष्ठ (Hadley cell) कहा जाता है।

109. मुद्रा अवस्फीति (Deflation) अर्थव्यवस्था में आर्थिक क्रियाओं को समाप्त करके बेरोजगारी बढ़ाती है और सम्पूर्ण अर्थव्यवस्था निष्क्रिय एवं निर्जीव होकर मंदी के दौर में फँस जाती है। मुद्रा अवस्फीति देश में मंदी की स्थिति उत्पन्न करती है, जबकि मुद्रा अपस्फीति कीमत स्तर को सामान्य अवस्था में लाने के लिए की जाती है। इसके अलावा मुद्रा अवस्फीति को ठीक करने के लिए केन्द्रीय बैंक द्वारा प्रतिभूतियों को खरीदा जाता है। मुद्रा अपस्फीति (Disinflation) वह प्रक्रिया है जिसमें देश में उत्पन्न मुद्रा स्फीति की दशा को सामान्य स्तर पर लाने के लिए मुद्रा की मात्रा में क्रमशः कमी की जाती है। मुद्रा अपस्फीति नियोजित रूप में एक निश्चित नीति के अनुसार की जाती है, जबकि मुद्रा अवस्फीति स्वयं उत्पन्न होती है। मुद्रा अपस्फीति देश की आर्थिक स्थिति में सुधार के लिए होती है, जबकि मुद्रा अवस्फीति से देश को हानि होती है।

106. सोद्देश्य प्रतिचयन में प्रतिदर्श का चुनाव एक निश्चित उद्देश्य को ध्यान में रखते हुए किया जाता है। उदाहरण के लिए, अगर हम नई दिल्ली शहर में रहने वाले लोगों के जीवन-स्तर की एक तस्वीर देना चाहें, तो हम भव्य या आलीशन मोहल्लों में रहने वाले लोगों को ही अपने प्रतिदर्श में शामिल करेंगे, और कम आय एवं मध्यम वर्गीय मोहल्लों को नजरअंदाज करेंगे। इस प्रतिचयन पद्धति में व्यक्तिगत पक्षपात की संभावना होती है।

114. **भूकंपीय तरंगें**–भूकंप के समय मुक्त हुई ऊर्जा भूकंप तरंगों के रूप में अभिकेंद्र से विभिन्न दिशाओं में गतिशील होती है। भूकंप तरंगें धरातल पर सबसे पहले भूकंप के अधिकेंद्र पर पहुँचती हैं। अधिकेंद्र पर पहुँचने पर ये तरंगें धरातल पर अलग-अलग दिशाओं की ओर गतिमान हो जाती हैं। भूकंपीय तरंगें प्रायः तीन प्रकार की होती है। पहले प्रकार की तरंगों को P-तरंगें कहते हैं। इनमें कणों का कंपन तरंगों की गति की दिशा में होता है। इन्हें **प्राथमिक** अथवा **प्रधान** अथवा **लंबात्मक** तरंगें भी कहते हैं। यह तरंगें ध्वनि तरंगों के समान होती हैं। इनकी तीव्रता में चट्टानों की सघनता में वृद्धि के साथ वृद्धि होती जाती है, जबकि तरल भाग में इनकी दिशा में आवर्तन हो जाता है। दूसरे प्रकार की भूकंप तरंगों को S-तरंगें अथवा **अनुप्रस्थ** तरंगें कहा जाता है। अनुप्रस्थ तरंगें प्रकाश तरंगों के समान होती हैं। इनमें कणों की गति तरंगों की गति की दिशा से समकोण पर होती है। इस प्रकार की तरंगें तरल पदार्थ से होकर नहीं गुजर पाती हैं। तीसरे प्रकार की भूकंप तरंगों को L-तरंगें कहते हैं। L-तरंगें केवल धरातलीय भाग पर चलती हैं। इनकी उत्पत्ति P तथा S तरंगों के धरातल पर पहुँचने पर होती है।

115. **42वाँ संविधान संशोधन अधिनियम, 1976**

यह सर्वाधिक व्यापक और विशद् संशोधन है। इसके द्वारा संविधान के विभिन्न प्रावधानों को इस प्रकार संशोधित किया गया–

- संविधान की उद्देशिका में 'धर्मनिरपेक्ष', 'समाजवादी' तथा 'अखंडता' शब्द जोड़े गए।
- मौलिक अधिकार की तुलना में निदेशक तत्त्वों को प्रधानता दी गई तथा कुछ नए नीति-निदेशक तत्त्व जोड़े गए।
- अधिकारों के साथ-साथ कर्तव्यों की व्यवस्था करते हुए नागरिकों के 10 मूल कर्तव्य जोड़े गए।
- राष्ट्रपति मंत्रिपरिषद् की सलाह मानने के लिए बाध्य होंगे। इनकी स्थिति केवल औपचारिक प्रधान मात्र की होगी।
- न्यायपालिका के अधिकारों में कटौती करते हुए संवैधानिक संशोधन की वैधता पर न्यायालय के क्षेत्राधिकार को सीमित करने का प्रयत्न किया गया।
- आपातकाल की उद्घोषणा पूरे देश के किसी एक भाग के लिए भी की जा सकती है। यह प्रावधान भी किया गया कि आपातकाल एक बार में एक वर्ष के लिए लागू किया जा सकता है।

पिछले प्रश्न-पत्र (हल सहित)

हरियाणा शिक्षक पात्रता परीक्षा (HTET)

TGT सामाजिक अध्ययन (Level-2) परीक्षा-2015*

बाल विकास व शिक्षाशास्त्र

निर्देशः *निम्नलिखित प्रश्नों के उत्तर देने के लिए* ***सबसे उचित*** *विकल्प चुनिए।*

1. सोलह वर्षीय नीरज अपने-आप में पृथक्, स्वनियंत्रित व्यक्ति की भावना को विकसित करने का प्रयास कर रहा है। वह विकसित कर रहा है :

A. नियमों के प्रति घृणा
B. स्वायत्तता
C. किशोरावस्थात्मक अक्खड़पन
D. परिपक्वता

2. बच्चों की झूठ बोलने की आदत को सुधार सकते हैं :

A. उन्हें दंड देकर
B. झूठ के कुप्रभावों पर भाषण देकर
C. सच बोलने वाले बच्चों के उदाहरण देकर
D. सच बोलने वाले बच्चों को पारितोषिक देकर

3. स्टेनले हाल के अनुसार अधिक तनाव और तूफान की अवस्था है :

A. प्रौढ़ावस्था B. बाल्यावस्था
C. किशोरावस्था D. शैशवकाल

4. रचनात्मक उत्तरों के लिए चाहिए :

A. मुक्त उत्तरीय प्रश्न B. तथ्यपरक प्रश्न
C. सीमित उत्तर वाले प्रश्न D. प्रत्यक्ष प्रश्न

5. निम्नलिखित में से कौन-सा कारक बालक के व्यक्तित्व विकास को प्रभावित करता है?

A. आनुवंशिकता B. भौतिक वातावरण
C. सामाजिक वातावरण D. उपरोक्त सभी

6. थॉर्नडाइक का कौन-सा नियम सीखने में पुरस्कार और दंड के महत्त्व को बताता है?

A. तत्परता का नियम B. प्रभाव का नियम
C. अभ्यास का नियम D. उपरोक्त सभी

7. निम्नलिखित में से किसका विकास किशोरावस्था में **नहीं** होता?

A. अहम् केन्द्रिकता
B. अभिरुचियाँ
C. तर्क शक्ति
D. प्रेक्षण की योग्यता

8. समस्यात्मक बालक के व्यवहार में परिवर्तन लाने हेतु आप क्या प्रयास करेंगे?

A. बालक के वातावरण और दृष्टिकोण में परिवर्तन लाने का प्रयास करेंगे।
B. बालक को दंड देकर सुधारने का प्रयास करेंगे।
C. उस पर ध्यान नहीं देंगे।
D. उसको कक्षा में आगे की पंक्ति में स्थान देंगे।

9. निम्नलिखित में से कौन-सा विशिष्ट बालकों का प्रकार **नहीं** माना जाता है?

A. धीमी गति से सीखने वाले
B. सृजनशील बालक
C. शारीरिक रूप से विकलांग
D. साधन-सम्पन्न बालक

10. अधिगमकर्ता में बढ़ते हुए क्रोध को रोकने के लिए अध्यापक को चाहिए :

A. कि उसके सभी हितों की सुरक्षा करें भले ही वे अनुचित हों।
B. कि बालक के दिन-प्रतिदिन के मामलों में कोई हस्तक्षेप न करे।
C. कि उसको अधिक काम दें ताकि उसको क्रोध करने का समय ही नहीं मिले।
D. यह सुनिश्चित करें कि कक्षा-कक्ष में उसको अति पक्षपातपूर्ण व्यवहार मिले।

11. निम्नलिखित में से कौन-सा कारक बच्चे की स्मृति को सुधारने में मदद **नहीं** करेगा?

A. दोहराना और अभ्यास
B. ताल अथवा लय की सहायता लेना
C. विषय-सामग्री को उचित समूहों में व्यवस्थित करना
D. अभिप्रेरित विस्मृति का सिद्धांत

12. सामान्यतया लड़के और लड़कियों में शारीरिक विकास की निम्नलिखित विशेषता प्रेक्षित की जाती है :

A. समान आयु में दोनों में समान विकास होता है।
B. लड़के शारीरिक विकास में दो वर्ष आगे होते हैं।
C. लड़कियाँ शारीरिक विकास में दो-तीन वर्ष आगे होती हैं।
D. लड़कियाँ लड़कों से पाँच वर्ष पीछे होती हैं।

** Exam held on 15 November, 2015*

13. विद्यार्थियों के अच्छे मानसिक स्वास्थ्य को बनाए रखने के लिए क्या महत्त्वपूर्ण **नहीं** है?
A. सहशैक्षिक गतिविधियों का प्रावधान
B. पाठ्यक्रम का दोहराना
C. अभिव्यक्ति की स्वतंत्रता देना
D. रुचियों में भिन्नता का ध्यान रखना

14. निम्नलिखित में से कौन-सी शिक्षण-अधिगम से संबंधित समस्या है?
A. विषय-वस्तु को समझने की समस्या
B. कक्षा-कक्ष में अनुशासनहीनता
C. परीक्षा में नकल करना
D. कक्षा में देरी से पहुँचना

15. एक बालक पहले पूरे हाथ को, फिर उँगलियों को तथा फिर हाथ और उँगलियों को एक साथ चलाना सीखता है। यह उदाहरण वृद्धि और विकास के किस सिद्धांत को दर्शाता है?
A. निरंतरता का सिद्धांत
B. एकीकरण का सिद्धांत
C. सामान्य से विशेष का सिद्धांत
D. वैयक्तिक भिन्नता का सिद्धांत

16. किसी बच्चे का विद्यालय के मैदान में खेलते हुए निरीक्षण करना, किस प्रकार का निरीक्षण है?
A. औपचारिक B. अनौपचारिक
C. सहभागी D. उपरोक्त में से कोई नहीं

17. निम्नलिखित में से कौन-सा मानसिक वृद्धि और विकास में महत्त्वपूर्ण भूमिका निभाता है?
A. सीखना
B. परिपक्वन
C. सीखना तथा परिपक्वन दोनों
D. सामाजिक मानदण्ड

18. निम्नलिखित में से कौन-सा किसी बच्चे के सामाजिक विकास को प्रभावित करने वाला व्यक्तिगत कारक **नहीं** है?
A. मित्र मंडली B. स्वास्थ्य
C. संवेग D. बुद्धि

19. सहपाठियों का दबाव जब सबसे अधिक प्रभाव डालता है, वह है :
A. प्रारंभिक बाल्यावस्था B. मध्य बाल्यावस्था
C. प्रारंभिक किशोरावस्था D. उत्तर किशोरावस्था

20. छात्रों के द्वारा अधिक से अधिक ज्ञानेन्द्रियों का उपयोग निम्नलिखित को प्रभावित करता है :
A. शिक्षण प्रक्रिया B. अधिगम प्रक्रिया
C. अधिगम उत्पाद D. अधिगम उत्पाद एवं प्रक्रिया

21. निम्नलिखित में से कौन-सी मानसिक विकास संबंधी विशेषता **नहीं** है?
A. जिज्ञासा की प्रवृत्ति प्रचुर मात्रा में
B. रटकर याद करने की प्रवृत्ति
C. रचनात्मक प्रवृत्ति की प्रचुर मात्रा
D. सहयोगात्मक अभिवृत्ति

22. अभ्यास द्वारा सीखना जिसका परिमार्जन है, वह है :
A. अभिप्रेरणा B. व्यवहार
C. मूल प्रवृत्ति D. अन्तर्नोद

23. निम्नलिखित में से किशोरावस्था के संदर्भ में कौन-सा कथन सही **नहीं** है?
A. कई नवीन आंतरिक तथा बाह्य परिवर्तन दिखाई देते हैं।
B. यह आयु अत्यधिक संवेगात्मक होती है।
C. बुद्धि अपनी चरम सीमा तक पहुँचने का प्रयास करती है।
D. आत्मचेतना कम हो जाती है।

24. मनोविज्ञान प्रारंभ में किस विषय का अंग था?
A. दर्शनशास्त्र B. नीतिशास्त्र
C. तर्कशास्त्र D. भौतिकी

25. निम्नलिखित में से कौन-सा कथन सही **नहीं** है?
A. सृजनशीलता किसी भी कला में मौलिकता होती है।
B. सृजनशीलता के लिए चिन्तन आवश्यक नहीं है।
C. सृजनशीलता किसी पूरा किये गये काम का एक नया परिणाम होता है।
D. सृजनशीलता में समाज या किसी समूह के लिए उपयोगिता होनी चाहिए।

26. एक शिक्षक को साधन-सम्पन्न होना चाहिए। इसका अर्थ है :
A. उसके पास पर्याप्त धन-सम्पदा होनी चाहिए।
B. उसके उच्च अधिकारियों से संपर्क होने चाहिए।
C. उसे अपने विद्यार्थियों की समस्याओं को हल करने के लिए पर्याप्त ज्ञान होना चाहिए।
D. विद्यार्थियों के बीच उसकी अच्छी प्रतिष्ठा होनी चाहिए।

27. प्रतिभाशाली बच्चों की पहचान की विधि है :
A. अवलोकन B. बुद्धि परीक्षण
C. व्यक्तित्व परीक्षण D. उपरोक्त सभी

28. व्यक्तित्व के संदर्भ में कौन-सा कथन **असत्य** है?
A. व्यक्तित्व अपूर्व और विशिष्ट होता है।
B. व्यक्तित्व वंशानुक्रम और वातावरण की संयुक्त उपज है।
C. व्यक्तित्व व्यक्ति के अर्धचेतन और अचेतन व्यवहार तक फैला रहता है।
D. व्यक्तित्व व्यक्ति के केवल बाहरी रूप तक सीमित होता है।

29. किस प्रकार के विकास से एकाग्रता तथा सृजनात्मकता का संबंध है?
A. सामाजिक विकास B. नैतिक विकास
C. बौद्धिक विकास D. संवेगात्मक विकास

30. यदि कोई विद्यार्थी कक्षा में गलत प्रश्न पूछता है, तो आप क्या करेंगे?
A. विद्यार्थी को डाँटेंगे
B. अन्य विद्यार्थियों की मदद से प्रश्न को सही करेंगे
C. उदाहरण देकर गलती बताएँगे
D. गलत प्रश्न के कारण उत्तर पर प्रभाव समझाएँगे

ENGLISH LANGUAGE

Directions: *Answer the following questions by selecting the* ***most appropriate*** *option.*

31. I must remember my key.
What does the underlined auxiliary 'must' suggest?
A. Necessity B. Determination
C. Promise D. Obligation

32. Which of the following sentences is ***correct***?
A. He reached the station before the train started.
B. I arrived at the station after the train started.
C. He was seeing the sea.
D. The nightingale as well as the cuckoo is a singing bird.

33. Choose the ***mis-spelt*** word:
A. Simlie B. Singular
C. Sieve D. Siege

34. When learners are involved in real communication, their natural strategies for language acquisition will be used, and this will allow them to learn to use the language.
Which approach/method of teaching English is based on the above idea?
A. Audio-lingual method
B. Direct method
C. Communicative approach
D. Grammar-Translation method

35. Choose the ***correct*** indirect form of the following sentence:
I said to my friend, 'I don't know the way. Do you?'
A. I told my friend that I did not know the way and asked if he did.
B. I said to my friend that I do not know the way and asked if he knows.
C. I confessed my ignorance of the way to my friend and asked him if he knew the way.
D. I told my friend that I do not know the way and asked him if he knew the way.

36. Choose the ***correct*** one word for 'incapable of being wiped out or effaced':
A. Irrevocable
B. Ineligible
C. Indelible
D. Invincible

37. Choose the ***correct*** passive construction of the following sentence:
We made him complete the work.
A. We forced him to complete the work.
B. He was made to complete the work.
C. He has been made to complete the work.
D. He is being made to complete the work by us.

38. As he was not there, I spoke to his brother.
The underlined is an example of:
A. Adverb Clause of Time
B. Adverb Clause of Place
C. Adverb Clause of Condition
D. Adverb Clause of Reason

39. Identify the ***pattern*** of the following sentence:
Nothing will make him repent.
A. SVO B. SV
C. SVOC D. SVC

40. He lay all night on his sleepless pillow.
The underlined is an example of:
A. Hyperbole
B. Synecdoche
C. Transferred Epithet
D. None of the above

41. The moral law is above the civil.
The underlined word in the above sentence is a/an
A. Adverb B. Preposition
C. Adjective D. Noun

42. Which of the following sentences is ***not true*** about Communicative Language Teaching?
A. Teachers in communicative classrooms will find themselves talking less and listening more.
B. The teacher sets up the exercise, but because the students' participation is the goal, the teacher must step back and observe.
C. The classroom during a communicative class is quiet.
D. Students gain confidence in using the target language in general.

Directions (Q. Nos. 43 & 44): *Which part of the given sentences has an* ***error?***

43. We are looking (A)/ for a sight (B)/ for the new (C)/ School building. (D).

44. The fort at Chittor (A)/ is perhaps (B)/ most famous (C)/ than the Golconda fort. (D).

45. The idiom 'know the ropes' means:
A. To feel awkward and useless
B. To understand the procedures and details involved in something
C. To put someone in a difficult and dangerous situation
D. Concede defeat

Directions (Q. Nos. 46 to 50): *Fill in the blanks in the following sentences by the most suitable option:*

46. When it started to rain, the children took shelter in a ……….. hut.
A. close B. nearly
C. near D. nearby

47. I'm going to buy .... bread.
A. a B. the
C. some D. None of the above

48. Vanya speaks English .... No wonder she won a prize in the Elocution Contest.
A. frankly and freely B. graciously and profusely
C. awkwardly and stiffly D. fluently and correctly

49. Sahil read the letter .... carefully the second time to make sure he hadn't missed any detail.
A. much B. many
C. more D. most

50. He .... a lot of letters yesterday.
A. had written B. had been writing
C. wrote D. has written

Directions (Q. Nos. 51 to 56): *Read the following passage and answer the questions by choosing the most appropriate option:*

A traveller who studies the menu on a transatlantic liner or, indeed, in some American hotels has a paralyzing sensation. There is so much to eat – far more than he can possibly digest. One sometimes has the same feeling about education, which also offers an enormous bill of fare. Almost any dish can be found in it, from Greek to stenography, from music to economics. How are we to choose from the bewildering profusion? What dishes are we to order if we wish not merely to fill ourselves up, but to get the nourishment necessary to a healthy life, to become really educated people?

That question cannot be answered without asking and answering another—what is education for? If that problem were suddenly put to pupils in school, or to students in college, or even to parents, I doubt if all of them could, on the spur of the moment, give a clear and convincing reply. Most of us are educated because our parents wish it, or because attendance at school is a habit of our society, or because it is compulsory, or because it is apparently necessary to succeed in the world. But these, though at the moment they may be conclusive reasons for desiring education or, at any rate, submitting to it, will not by themselves secure our getting from it what it has to give; and if we go to schools or colleges with no more definite reasons at the back of our minds, we are likely to rise from our meal there replete perhaps but ill-nourished.

Whether we are teachers or students, we ought to get firmly in our minds the idea that whatever else may come by the way, education will be incomplete and unsatisfactory if it fails to give a clear view of what is first-rate in the subject studied. Otherwise we may have got some knowledge, but we shall not have got education.

51. How does education offer an enormous bill of fare?
A. There is a lot to eat.
B. There are a lot of dishes available.
C. It should be properly digested.
D. There are a variety of courses to choose from.

52. What according to the writer is education for?
A. To please one's parents.
B. It is compulsory to attend school.
C. It is necessary to succeed in the world.
D. To know the first-rate in the subject that we study.

53. Which of the following sentences is ***not said*** by the writer?
A. There is a bewildering profusion of courses to choose from.
B. We should not order dishes only to fill ourselves up but to get proper nourishment for a healthy life.
C. We should attend school to pass exams and to secure degrees.
D. Education will be complete and satisfactory if it gives a clear view of what is best in the course/subject studied.

54. Which of the following is ***not*** a synonym of 'profusion'?
A. Abundance B. Plenitude
C. Plethora D. Limited

55. Which of the following is a synonym of 'replete'?
A. Sated B. Starved
C. Deprived D. None of the above

56. Which of the following seems to be the most likely purpose of writing this passage?
A. To discuss the utility of knowledge.
B. To describe the variety of food available in American hotels.
C. To guide the students to get proper nourishment.
D. To motivate readers to pursue excellence in their chosen area of interest.

Directions (Q. Nos. 57 & 58): *Replace the underlined group of words by the most suitable option:*

57. Jamsetji Nusserwanji Tata was a clever and perceptive businessman.
A. Dense B. Astute
C. Naïve D. Gullible

58. This place has been officially marked as a conservation area, and any kind of building is forbidden here.
A. Designated B. Designed
C. Selected D. Identified

59. Since Rahul was five years old, swimming has been his passion.
The underlined word in the above sentence is a/an:
A. Present Participle B. Gerund
C. Infinitive D. None of the above

60. Which of the following sentences is ***incorrect***?
A. Either you or I am wrong.
B. He sold all his furniture.
C. The luggage was packed.
D. One should do his duty well.

हिन्दी भाषा

निर्देशः *निम्नलिखित प्रश्नों के उत्तर देने के लिए* ***सबसे उचित*** *विकल्प चुनिए।*

61. नीचे दिए शब्दों में से किसकी वर्तनी शुद्ध है?

A. जाग्रति B. पूज्यानीया
C. अन्तर्ध्यान D. अभ्यारण्य

62. 'जिसके पास कुछ न हो' उसके लिए उपयुक्त शब्द है :

A. अभावग्रस्त B. अकिंचन
C. दीनहीन D. महादीन

63. निम्नलिखित में से क्रिया-विशेषण है :

A. अँधेरा B. धीरे-धीरे
C. चाल-चलन D. सौंदर्य

64. 'निर्दय' का विलोम शब्द है :

A. सहृदय B. सहृय
C. सभय D. सदय

65. 'अनश्वर' शब्द के लिए एक वाक्य है :

A. नष्ट होने वाला
B. ईश्वर को न मानने वाला
C. नष्ट न होने वाला
D. जो इन्द्रियों के द्वारा न जाना जा सके

66. 'अखरोट' शब्द का तत्सम रूप है :

A. अक्षवाट B. अक्षोट
C. अक्षरोट D. अषरोट

67. निम्नलिखित में से कौन-सा प्रकम्पित वर्ण है?

A. र B. ल
C. य D. व

68. 'प्रत्युत्पन्नमति' में कौन-सा उपसर्ग है?

A. प्रत्य B. प्रत्
C. प्रति D. प्रत्यु

69. निम्नलिखित वाक्यों में से अपादान कारक का उदाहरण कौन-सा है?

A. राधा घर से निकली।
B. सीता गीता से अच्छा गाती है।
C. मुझे आपसे बहुत डर लगता है।
D. उपर्युक्त सभी

70. 'तत् + शंकर' संधि-विच्छेद से बनने वाला शब्द है :

A. तच्छंकर B. तत्शंकर
C. तच्शंकर D. तत्संकर

71. 'स्थावर' का विलोम है :

A. जंगल B. संपत्ति
C. जंगम D. स्थापना

72. ये फल उसके लिए है। इस वाक्य में रेखांकित अंश है :

A. अन्यपुरुष, एकवचन, संप्रदान
B. मध्यमपुरुष, बहुवचन, कर्ता
C. मध्यमपुरुष, एकवचन, संप्रदान
D. उत्तमपुरुष, एकवचन, संप्रदान

73. 'सव्यसाची' शब्द के लिए एक वाक्य है :

A. सदा सत्य बोलने वाला
B. बाएँ हाथ से कार्य करने वाला
C. जिसने बहुत कुछ सुना हो
D. अपनी इच्छा के अनुसार आचरण करने वाला

74. 'वह श्रेष्ठ उपासक है' में विशेष्य है :

A. वह B. श्रेष्ठ
C. उपासक D. है

75. इनमें से किस वाक्य में 'पूर्वकालिक' क्रिया का प्रयोग हुआ है?

A. ठोकर लगते ही लड़का बेहोश हो गया।
B. विद्यार्थी पढ़ेंगे तो पास होंगे।
C. श्याम दूध पीकर घूमने जाता है।
D. अध्यापक बच्चों को प्रतिदिन हिंदी पढ़ाता है।

76 निम्नलिखित में से कौन-से शब्द अपने विभाजन के पश्चात् अन्य अर्थ में प्रचलित हो जाते हैं?

A. सार्थक B. योगरूढ़
C. रूढ़ D. यौगिक

77. 'गुरु के समीप रहकर शिक्षा ग्रहण करने वाला' के लिए एक शब्द है :

A. गुरुकुलवासी B. छात्रावासी
C. अन्तेवासी D. आश्रमवासी

78. 'उतर गई लोई तो क्या करेगा कोई' कहावत का सही अर्थ है :

A. कंगले को किसी हानि की आशंका नहीं होती
B. गंभीर रोगी की चिकित्सा संभव नहीं होती
C. खोई हुई प्रतिष्ठा वापस नहीं मिल सकती
D. बेशर्म हो चुके व्यक्ति को इज्ज़त गँवा देने का भय नहीं रहता

79. कृदंत प्रत्यय किसके साथ जुड़ते हैं?

A. संज्ञा B. सर्वनाम
C. धातु D. विशेषण

80. 'जनार्दन' किसका पर्यायवाची है?

A. राम B. कृष्ण
C. विष्णु D. ब्रह्म

81. "शबरी प्रतिदिन राम की प्रतीक्षा करती थी।" वाक्य का सही भेद है :

A. संदेहार्थक B. विधानार्थक
C. प्रश्नार्थक D. आज्ञार्थक

82. 'सावधानी' शब्द में कौन-सा प्रत्यय है?

A. नी B. ई
C. इ D. आनी

83. 'सियार' का तत्सम क्या है?
A. शृंगार B. स्यार
C. श्यालक D. शृगाल

84. 'पित्राज्ञा' शब्द का सही संधि-विच्छेद है :
A. पित्र + आज्ञा B. पित्रा + आज्ञा
C. पितृ + आज्ञा D. उपर्युक्त सभी

85. निम्नलिखित में से किस शब्द में एक प्रत्यय लगा हुआ है?
A. सागर B. नगर
C. अगर D. जादूगर

86. मुखावयवों के निकट आने से संघर्ष के पश्चात् प्रकट होने वाली ध्वनि कौन-सी है?
A. स्पर्श B. अंतस्थ
C. वर्त्स्य D. ऊष्म

87. 'षट्पद' का पर्यायवाची है :
A. तितली B. भ्रमर
C. मकड़ी D. केकड़ा

88. एक उद्देश्य एवं एक विधेय से मिलकर बनने वाला वाक्य क्या कहलाता है?
A. संयुक्त वाक्य B. साधारण वाक्य
C. मिश्र वाक्य D. आज्ञार्थक

89. 'देहलता' इस सामासिक पद में कौन-सा समास है?
A. कर्मधारय B. द्विगु
C. अव्ययीभाव D. द्वन्द्व

90. शुद्ध वर्तनी का चयन कीजिए :
A. अहुण्य B. अक्षुण्य
C. अक्षुण्ण D. अक्ष्णुण

SUBJECT SPECIFIC—सामाजिक अध्ययन

निर्देशः *निम्नलिखित प्रश्नों के उत्तर देने के लिए* ***सबसे उचित*** *विकल्प चुनिए।*

91. जून, 1789 ई. में फ्रांस में थर्ड इस्टेट और नेशनल असेम्बली का नेतृत्व किया :
A. दाँते ने B. रोबेस्पियर ने
C. मिराब्यु (मिराबो) ने D. मरात ने

92. निम्न में से अलौह धातु है :
A. मैंगनीज B. कोबाल्ट
C. स्टील D. सीसा

93. बंगाल की खाड़ी से लगे भारत के तटीय मैदानों को कहा जाता है :
A. कोरोमण्डल एवं उत्तरी सरकार
B. कोरोमण्डल एवं मालाबार
C. उत्तरी सरकार एवं कोंकण
D. मालाबार एवं कन्नड़

94. बिरसा मुंडा निवासी था :
A. कलकत्ता का B. पटना का
C. छोटा नागपुर का D. मुंगेर का

95. भारत में प्रथम अंग्रेजी फैक्ट्री प्रारंभ हुई :
A. मद्रास में B. हुगली में
C. बम्बई में D. सूरत में

96. निम्नलिखित में से कौन-सा राजनीतिक दल राष्ट्रीय दल की श्रेणी में **नहीं** है?
A. शिवसेना B. भारतीय जनता पार्टी
C. भारतीय राष्ट्रीय कांग्रेस D. बहुजन समाज पार्टी

97. हिटलर द्वारा घोषित नाज़ी कार्यक्रम में निम्न में से कौन-सा **नहीं** था?
A. वर्साय की संधि को संशोधित कराना
B. जर्मनी द्वारा खोये गये प्रदेश पुनः प्राप्त करना
C. जर्मनी के प्राचीन गौरव को पुनः प्राप्त करना
D. जर्मन स्त्रियों को पुरुषों के समकक्ष बनाना

98. भारतीय मानसून 'दक्षिण-पश्चिम का मानसून' कहलाता है, क्योंकि :
A. मानसूनी हवाएँ उत्तर-पूर्व से दक्षिण-पश्चिम दिशा में बहती हैं।
B. मानसूनी हवाएँ दक्षिण-पश्चिम से उत्तर-पूर्व दिशा में बहती हैं।
C. मानसून सबसे पहले भारत के दक्षिण-पश्चिम भाग में आता है।
D. उपरोक्त में से कोई नहीं

99. प्लेट विवर्तनिकी सिद्धान्त के अनुसार, हिमालय पर्वतों का निर्माण किस सागर के मलबे-संकुचन से हुआ है?
A. हिन्द महासागर B. टेथिस सागर
C. केस्पियन सागर D. भूमध्य सागर

100. वह देश जहाँ पर बुद्ध धर्म का प्रचार **नहीं** हुआ :
A. थाईलैण्ड B. श्रीलंका
C. इण्डोनेशिया D. ग्रीस

101. असहयोग आंदोलन का निर्णय भारतीय राष्ट्रीय कांग्रेस के किस अधिवेशन में लिया गया?
A. अहमदाबाद B. बम्बई
C. नागपुर D. पटना

102. 1930 ई. में डिप्रेस्ड क्लास एसोसिएशन किसने स्थापित की?
A. डॉ. बी.आर. अम्बेडकर B. महात्मा गाँधी
C. ज्योतिबा फूले D. मौलाना आज़ाद

103. दबाव समूह द्वारा अपनाये जाने वाले साधन हैं :
(*i*) प्रचार (*ii*) लॉबीइंग
(*iii*) प्रदर्शन
उचित उत्तर चुनिए :
A. (*i*) और (*ii*) B. (*i*) और (*iii*)
C. (*ii*) और (*iii*) D. (*i*), (*ii*) और (*iii*)

104. बहुउद्देशीय जलविद्युत् परियोजना के अन्तर्गत निम्न में से कौन-से उद्देश्य पूरे किये जा सकते हैं?

(अ) जलविद्युत् उत्पादन (ब) नहरी सिंचाई

(स) बाढ़ नियंत्रण (द) जल-क्रीड़ा विकास

(य) पेयजल आपूर्ति

सही उत्तर चुनिए :

A. अ, ब, द और य B. अ, ब, स और य

C. अ, ब और य D. अ, ब, स, द और य

105. 'वेल्लनवगई' भूमि का एक प्रकार था जो चोल अभिलेखों में उल्लिखित है, इससे तात्पर्य है :

A. ब्राह्मणों को अनुदान में दी गई भूमि

B. विद्यालयों को प्रदत्त भूमि

C. मंदिरों को दी गई भूमि

D. गैर-ब्राह्मण कृषक की भूमि

106. निम्नलिखित में से कौन-सा ज्वारीय वन है?

A. कोणधारी वन

B. मैंग्रोव वन

C. उष्णकटिबंधी पर्णपाती वन

D. उष्णकटिबंधी वर्षा वन

107. संविधान के अनुसार, प्रधानमंत्री है :

A. राज्यों का प्रमुख

B. संघ की मन्त्रिपरिषद् का प्रमुख

C. संघ सरकार का प्रमुख

D. संघ प्रशासन का प्रमुख

108. बंगाल में 'नील विद्रोह' कब हुआ?

A. मार्च, 1859 में B. मई, 1857 में

C. अप्रैल, 1776 में D. मार्च, 1880 में

109. शेरशाह ने हुमायूँ को परास्त किया :

A. चौसा (1539) के युद्ध में

B. चन्देरी (1528) के युद्ध में

C. गोलकुण्डा (1687) के युद्ध में

D. दोहारिया (1532) के युद्ध में

110. कौन-सा राजनीतिक दल का उद्देश्य **नहीं** है?

A. अपनी विचारधारा का प्रचार करना

B. लोगों का आध्यात्मिक विकास करना

C. लोकमत का निर्माण करना

D. सरकार बनाने की आकांक्षा

111. हिमालय में दून घाटियाँ पायी जाती हैं :

A. वृहत् हिमालय एवं निम्न हिमालय के मध्य

B. वृहत् हिमालय एवं कराकोरम पर्वतों के मध्य

C. निम्न हिमालय एवं शिवालिक पर्वतों के मध्य

D. निम्न हिमालय एवं कराकोरम पर्वतों के मध्य

112. ब्रिटिश गवर्नर जनरल जिसने 'सर्वोच्च सत्ता' की नीति अपनाई :

A. वॉरेन हैस्टिंग्ज B. लॉर्ड ऑकलैण्ड

C. लॉर्ड कॉर्नवालिस D. लॉर्ड हैस्टिंग्ज

113. पड़ोसी देशों में से कौन-से देशों की भारत से लगी अन्तर्राष्ट्रीय सीमा क्रमशः अधिकतम व न्यूनतम लम्बाई वाली है?

A. चीन एवं भूटान B. बांग्लादेश एवं भूटान

C. चीन एवं अफगानिस्तान D. बांग्लादेश एवं अफगानिस्तान

114. भारत में प्रथम सूती कपड़ा मिल स्थापित हुई थी :

A. सूरत (1700) में B. मुर्शिदाबाद (1765) में

C. अहमदाबाद (1919) में D. बम्बई (1854) में

115. भारतीय जनगणना इतिहास में कौन-से दशक में भारत की जनसंख्या वृद्धि अधिकतम आंकी गई?

A. 1951-1961 B. 1961-1971

C. 1971-1981 D. 1981-1991

116. इतिहास में तिथियों के साथ B.C.E. प्रयुक्त होता है, इसका तात्पर्य है :

A. बिफोर क्रिश्चियन एम्पायर B. बिफोर कॉमन इरा

C. बिफोर क्राइस्ट एन्टिटि D. बिफोर सेन्चुरी इरा

117. चौहान शासक, जिसने मुहम्मद गोरी को 1191 में पराजित किया था :

A. अजयराज B. अर्णोराज

C. पृथ्वीराज-III D. हरिराज

118. एल-नीनो है :

A. हिन्द महासागर की एक गर्म धारा

B. हिन्द महासागर की एक गर्म हवा

C. दक्षिणी प्रशान्त महासागर की एक गर्म धारा

D. दक्षिणी प्रशान्त महासागर की एक गर्म हवा

119. 1780 ई. में प्रारंभ किये गये बंगाल गज़ट साप्ताहिक पत्रिका के संपादक कौन थे?

A. जेम्स ऑगस्टस हिक्की B. विलियम बोल्ट्स

C. गंगाधर भट्टाचार्य D. राजा राममोहन राय

120. राष्ट्रीय जनसंख्या नीति-2000 के लक्ष्यों के अनुसार कौन-से वर्ष में भारतीय जनसंख्या स्थायी जनसंख्या का स्तर प्राप्त कर लेगी?

A. 2015 B. 2025

C. 2035 D. 2045

121. संविधान के किस अनुच्छेद द्वारा जम्मू-कश्मीर के लिए विशेष प्रावधान किया गया है?

A. अनुच्छेद 368 B. अनुच्छेद 370

C. अनुच्छेद 369 D. अनुच्छेद 371

122. मुद्रास्फीति होती है :

A. वस्तुओं के निर्गमन में वृद्धि से

B. सरकार के पास नकदी की बढ़ोत्तरी से

C. मुद्रा निर्गमन में कमी से

D. मुद्रा निर्गमन में वृद्धि से

123. भारत का संविधान भारत को किस रूप में इंगित करता है?

A. राज्यों का संघ B. स्वैच्छिक संघ

C. परिसंघ D. संघ

124. कांग्रेस ने कौन-से आम चुनाव में पहली बार संसद में बहुमत खोया था?

A. 1967 में B. 1977 में
C. 1980 में D. इसमें से कोई नहीं

125. चैक जारी किया जा सकता है :

A. बैंक में माँग जमा के विरुद्ध
B. बैंक में मियादी जमा के विरुद्ध
C. बैंक में बिना जमा के विरुद्ध
D. पोस्ट ऑफिस में मियादी जमा के विरुद्ध

126. संविधान सभा का प्रथम अधिवेशन हुआ :

A. 9 दिसम्बर, 1946 को B. 11 दिसम्बर, 1946 को
C. 3 जून, 1947 को D. 26 जनवरी, 1946 को

127. अधिकार जो कानूनी अधिकार के रूप में तो है लेकिन संवैधानिक अधिकार के रूप में नहीं है :

A. अबाध भ्रमण की स्वतंत्रता
B. सम्पत्ति का अधिकार
C. शोषण के विरुद्ध अधिकार
D. अल्पसंख्यक वर्गों को शैक्षणिक संस्थाओं की स्थापना का अधिकार

128. निम्न में से कौन-सी मृदा में नमी ग्रहण करने की क्षमता बहुत अधिक होती है?

A. मरुस्थलीय मृदा B. जलोढ़ मृदा
C. काली मृदा D. पर्वतीय मृदा

129. निम्नलिखित में से कौन-सा एक नवीकरणीय संसाधन **नहीं** है?

A. भू-तापीय ऊर्जा B. ज्वार ऊर्जा
C. जल विद्युत् D. जीवाश्म ईंधन

130. निम्नलिखित में से सरकार का रेवेन्यू व्यय कौन-सा है?

A. ब्याज का भुगतान B. भवन की खरीद
C. मशीन की खरीद D. राज्य सरकार को ऋण

131. हाल के वर्षों में भारत में GDP विभिन्न क्षेत्रों से निम्नलिखित अवरोही क्रम में प्राप्त हो रही हैं :

A. कृषि, विनिर्माण एवं तृतीयक क्षेत्र
B. विनिर्माण, कृषि एवं तृतीयक क्षेत्र
C. तृतीयक क्षेत्र, विनिर्माण एवं कृषि क्षेत्र
D. तृतीयक क्षेत्र, कृषि एवं विनिर्माण क्षेत्र

132. बजट एक विवरण है :

A. आय और व्यय का
B. वस्तुओं की खरीद एवं बिक्री का
C. वस्तुओं की कीमतों का
D. संभावित आय और संभावित व्यय का

133. निम्नलिखित में से कौन-सा मानव विकास सूचकांक (HDI) का घटक **नहीं** है?

A. प्रति व्यक्ति आय (सकल राष्ट्रीय आय के आधार पर)
B. जन्म के समय जीवन प्रत्याशा
C. सकल पंजीयन दर
D. स्वास्थ्य एवं पोषण

134. लोकतांत्रिक समाजवाद का प्रमुख भारतीय विचारक कौन था?

A. पण्डित नेहरू B. एम.एन. राय
C. एस.ए. डांगे D. उपर्युक्त में से कोई नहीं

135. भारत में किसी राज्य की विधानसभा में अधिकतम सदस्य हो सकते हैं :

A. 400 B. 450
C. 500 D. 600

136. भारत में राष्ट्रीय आय अनुमानित की जाती है :

A. योजना आयोग द्वारा
B. भारतीय सांख्यिकी संस्थान द्वारा
C. केन्द्रीय सांख्यिकी संगठन द्वारा
D. राष्ट्रीय न्यादर्श सर्वेक्षण द्वारा

137. एजेण्डा-21 की घोषणा हुई :

A. प्रथम पृथ्वी सम्मेलन, 1992 में
B. द्वितीय पृथ्वी सम्मेलन, 2002 में
C. तृतीय पृथ्वी सम्मेलन, 2012 में
D. प्रथम विश्व जलवायु सम्मेलन, 1979 में

138. जनगणना-2011 के अनुसार भारत में जनसंख्या घनत्व एवं लिंगानुपात क्रमशः हैं :

A. 382, 943 B. 380, 930
C. 424, 830 D. 390, 935

139. राज्यसभा के एक-तिहाई (1/3) सदस्य पदमुक्त होते हैं :

A. प्रत्येक वर्ष B. प्रत्येक दो वर्ष में
C. प्रत्येक तीन वर्ष में D. कभी नहीं

140. भारतीय संविधान के निर्माण को किस भारतीय शासन अधिनियम ने सर्वाधिक प्रभावित किया?

A. भारतीय शासन अधिनियम, 1909
B. भारतीय शासन अधिनियम, 1919
C. भारतीय शासन अधिनियम, 1935
D. भारतीय शासन अधिनियम, 1947

141. **असम्बन्धित** को बाहर कीजिए :

A. भारतीय स्टेट बैंक B. केनरा बैंक
C. एचडीएफसी बैंक D. सेन्ट्रल बैंक ऑफ इंडिया

142. भौगोलिक सीमाओं से अलग विशेष क्षेत्रों में पायी जाने वाली जातियाँ कहलाती हैं :

A. संकटग्रस्त जातियाँ B. लुप्त जातियाँ
C. दुर्लभ जातियाँ D. स्थानिक जातियाँ

143. भारत में वित्त आयोग है :

A. एक स्वायत्तशासी संस्था B. एक सलाहकार संस्था
C. एक संवैधानिक संस्था D. एक वैधानिक संस्था

144. निम्नलिखित में से रिज़र्व बैंक निर्धारित **नहीं** करता है :

A. बैंक रेट B. रेपो रेट
C. रिवर्स रेपो रेट D. आयकर दर

145. जनगणना-2011 के अनुसार भारत में 0-6 वर्ष के आयु वर्ग में जनसंख्या है अनुमानत :

A. 14 करोड़ B. 16 करोड़
C. 18 करोड़ D. 12 करोड़

146. जिस मौलिक अधिकार को आपातकाल में भी समाप्त **नहीं** किया जा सकता, वह है :

A. शांतिपूर्वक सम्मेलन की स्वतंत्रता
B. निवास की स्वतंत्रता
C. जीवन एवं व्यक्तिगत स्वतंत्रता का संरक्षण
D. धार्मिक स्वतंत्रता का अधिकार

147. राष्ट्रपति के विरुद्ध संविधान के उल्लंघन पर महाभियोग की पहल हो सकती है :

A. संसद के किसी भी सदन में
B. लोकसभा में
C. राज्यसभा में
D. उच्चतम न्यायालय में

148. किसी अर्थव्यवस्था में निजी एवं सार्वजनिक क्षेत्रों में वर्गीकरण का आधार होता है :

A. कार्यगत परिस्थितियाँ
B. आर्थिक गतिविधियों की प्रकृति
C. उद्यमिता का स्वामित्व
D. उपर्युक्त सभी

149. निम्न में से कौन-सा कार्य भारतीय रिजर्व बैंक का **नहीं** है?

A. मुद्रा निर्गमन करना
B. सरकार का बैंकर
C. समाशोधन गृह का कार्य
D. जनता को ऋण देने वाला

150. वास्तविक राष्ट्रीय आय में वृद्धि होती है, जब :

A. आवश्यक वस्तुओं की कीमतें बढ़ जाती हैं।
B. लोगों की बचतें बढ़ जाती हैं।
C. अर्थव्यवस्था में मुद्रा की पूर्ति बढ़ जाती है।
D. अर्थव्यवस्था में कुल उत्पादन बढ़ जाता है।

उत्तरमाला

1	2	3	4	5	6	7	8	9	10
B	D	C	A	D	B	A	A	D	B
11	**12**	**13**	**14**	**15**	**16**	**17**	**18**	**19**	**20**
D	C	B	A	B	B	C	A	D	D
21	**22**	**23**	**24**	**25**	**26**	**27**	**28**	**29**	**30**
D	B	D	A	B	C	D	D	C	C
31	**32**	**33**	**34**	**35**	**36**	**37**	**38**	**39**	**40**
A	D	A	C	A	C	B	D	C	C
41	**42**	**43**	**44**	**45**	**46**	**47**	**48**	**49**	**50**
B	C	B	C	B	D	C	D	C	C
51	**52**	**53**	**54**	**55**	**56**	**57**	**58**	**59**	**60**
D	D	C	D	A	D	B	A	B	D
61	**62**	**63**	**64**	**65**	**66**	**67**	**68**	**69**	**70**
A	B	B	D	C	B	A	C	D	A
71	**72**	**73**	**74**	**75**	**76**	**77**	**78**	**79**	**80**
C	A	B	C	C	B	C	D	C	C
81	**82**	**83**	**84**	**85**	**86**	**87**	**88**	**89**	**90**
B	B	D	C	D	D	B	B	A	C
91	**92**	**93**	**94**	**95**	**96**	**97**	**98**	**99**	**100**
C	D	A	C	D	A	D	B	B	D
101	**102**	**103**	**104**	**105**	**106**	**107**	**108**	**109**	**110**
C	A	D	D	D	B	B	A	A	B
111	**112**	**113**	**114**	**115**	**116**	**117**	**118**	**119**	**120**
C	D	D	D	B	B	C	C	A	D
121	**122**	**123**	**124**	**125**	**126**	**127**	**128**	**129**	**130**
B	D	A	B	A	A	B	C	D	A
131	**132**	**133**	**134**	**135**	**136**	**137**	**138**	**139**	**140**
C	D	D	A	C	C	A	A	B	C
141	**142**	**143**	**144**	**145**	**146**	**147**	**148**	**149**	**150**
C	D	C	D	B	C	A	C	D	D

पिछले प्रश्न-पत्र (हल सहित)

हरियाणा शिक्षक पात्रता परीक्षा (HTET)

TGT सामाजिक अध्ययन (Level-2) परीक्षा-2014

बाल विकास व शिक्षाशास्त्र

निर्देशः *निम्नलिखित प्रश्नों के उत्तर देने के लिए **सबसे उचित** विकल्प चुनिए।*

1. एक व्यक्ति की "जीवन में नाम व प्रशंसा कमाने की इच्छा" किस प्रकार का अभिप्रेरक है?

A. आन्तरिक अभिप्रेरक B. बाह्य अभिप्रेरक
C. दैहिक अभिप्रेरक D. मनोवैज्ञानिक अभिप्रेरक

2. एक शिक्षण विधि में दो या अधिक शिक्षक सहयोगपूर्वक विषयों की योजना बनाते हैं, पूरा करते हैं तथा सदैव विद्यार्थियों पर इसके प्रभाव का मूल्यांकन आवर्ती रूप से करते हैं, यह विधि है

A. श्रव्य-दृश्य शिक्षण B. टोली शिक्षण
C. दृश्य शिक्षण D. वैयक्तिक शिक्षण

3. एक कक्षा में एक शिक्षक पढ़ाने के लिए बाल-केन्द्रित उपागम का प्रयोग कर रहा है। यह तरीका उपयुक्त ***नहीं*** है

A. समूह वार्तालाप के लिए B. प्रोजेक्ट विधि के लिए
C. प्रदर्शन के लिए D. प्रश्नोत्तर के लिए

4. विज्ञान में मूल्यांकन

A. पूर्णतया वैज्ञानिक तथा बहुविकल्पीय परीक्षण होना चाहिए।
B. विद्यार्थियों की क्रियाकलापों के अन्त में होना चाहिए।
C. सभी क्रियाकलापों का एकीकृत भाग होना चाहिए।
D. केवल विषय व प्रत्ययों को शामिल करें तथा प्रक्रिया व अभिवृत्ति को छोड़ दें।

5. मानव विकास की वह अवस्था जिसे 'सुनहरी अवस्था' कहा जाता है, वह है

A. शैशवावस्था B. बाल्यावस्था
C. किशोरावस्था D. प्रौढ़ावस्था

6. एक अच्छे शिक्षक का सबसे महत्त्वपूर्ण गुण है

A. विषयवस्तु का पूर्ण ज्ञान
B. अच्छा सम्प्रेषण कौशल
C. विद्यार्थियों के हित का ध्यान रखना
D. प्रभावी नेतृत्व का गुण

7. वह विशेषता जो कि सहयोगात्मक स्थिति की सीमा में ***नहीं*** है

A. आमने-सामने अन्तःक्रिया B. वैयक्तिक जवाबदेही
C. कार्यों पर जोर D. शिक्षक केन्द्रित

8. निचली कक्षाओं में पढ़ाते समय एक शिक्षक को प्राथमिकता देनी चाहिए

A. व्याख्यान विधि को B. दत्तकार्य की
C. कहानी कथन को D. समूह चर्चा को

9. एक अच्छा विद्यालय वह है

A. जो कड़ी प्रतियोगिता की भावना पर जोर देता है।
B. जहाँ प्रत्येक बालक खुशी का अनुभव करे व बिना एक-दूसरे के सहयोग से वैयक्तिक रूप से सीखे।
C. जो बालक के सामाजिक स्तरीकरण को समझे तथा कक्षा के वातावरण को प्रगतिशील व प्रेरणास्पद बनाए।
D. जो आदर्श उत्तरों को याद करने पर जोर दे।

10. पियाजे के संज्ञानात्मक सिद्धान्त की अवस्थाओं का क्रम निम्न है

A. संवेदनात्मक गामक काल-मूर्त संक्रियात्मक काल-पूर्वसंक्रियात्मक काल-औपचारिक संक्रियात्मक काल
B. संवेदनात्मक गामक काल-पूर्वसंक्रियात्मक काल-मूर्त संक्रियात्मक काल-औपचारिक संक्रियात्मक काल
C. पूर्वसंक्रियात्मक काल-संवेदनात्मक गामक काल-मूर्त संक्रियात्मक काल-औपचारिक संक्रियात्मक काल
D. पूर्वसंक्रियात्मक काल-संवेदनात्मक गामक काल-औपचारिक संक्रियात्मक काल-मूर्त संक्रियात्मक काल

11. वंशानुक्रम के सन्दर्भ में ***गलत*** कथन निम्न में से कौन-सा है?

A. वंशानुक्रम बालक का लिंग निर्धारित करता है।
B. यह शारीरिक संगठन में महत्त्वपूर्ण योगदान देता है।
C. यह जुड़वाँ बालकों के जन्म में योगदान देता है।
D. इसमें रुचि, अभिवृत्ति, पसंद, नापसंद तथा मस्तिष्क की संवेदात्मक भावनाएं समावेशित होती हैं।

12. "हम में से कुछ लोग, कुछ जो लम्बे हैं तथा कुछ जो छोटे हैं, कुछ जो गोरे हैं तथा कुछ जो काले हैं, कुछ लोग मजबूत हैं तथा कुछ कमजोर हैं।" यह कथन किस स्थापित सिद्धान्त पर आधारित है?

A. बुद्धि व लैंगिक विभिन्नता पर
B. बुद्धि व प्रजाति विभिन्नता पर
C. वैयक्तिक विभिन्नता पर
D. वैयक्तिक प्रगतिशीलता पर

13. दुर्बलीकरण बाधा है

A. शारीरिक स्तर पर
B. कार्यात्मक स्तर पर
C. सामाजिक स्तर पर
D. शैक्षिक स्तर पर

14. इरफान खिलौने तोड़ता है तथा उसके अवयवों को देखने के लिए उसे अलग-अलग कर देता है। आप क्या करेंगे?

A. इरफान को कभी भी खिलौने के साथ खेलने नहीं देंगे
B. सदैव कड़ी नजर रखेंगे
C. उसकी जिज्ञासु प्रकृति को बढ़ावा देंगे तथा उसकी ऊर्जा को दिशा प्रदान करेंगे
D. उसे बतायेंगे कि खिलौने नहीं तोड़ने चाहिए

15. चिन्तन शक्ति के विकास की प्रक्रिया में निम्न में से कौन-सा कथन ***गलत*** है?

A. ज्ञान व अनुभवों की यथेष्टता
B. यथेष्ट अभिप्रेरणा
C. यथेष्ट स्वतंत्रता व लचीलापन
D. कम बुद्धि व ज्ञान

16. व्यवहार का 'संवेगात्मक' पहलू निम्न से सम्बन्धित होता है

A. सीखने के संज्ञानात्मक पक्ष से
B. सीखने के भावात्मक पक्ष से
C. सीखने के क्रियात्मक पक्ष से
D. सीखने के मनोवैज्ञानिक पक्ष से

17. जब एक क्षेत्र का अधिगम दूसरे क्षेत्र के अधिगम में सहायता करता है, तो उसे कहते हैं

A. अधिगम का धनात्मक अन्तरण
B. अधिगम का ऋणात्मक अन्तरण
C. अधिगम का शून्य अन्तरण
D. अधिगम का परम अन्तरण

18. अधिगम कार्य के लिए विद्यार्थियों की तत्परता का आकलन करना शिक्षकों के लिए कठिन है क्योंकि

A. तत्परता के सभी तत्त्व एक साथ परिपक्व नहीं होते।
B. तत्परता के अधिकतर तत्त्व बाह्य रूप से दृश्य नहीं होते।
C. अभिभावक अपने बच्चों को उपलब्धि के लिए धकेलते हैं।
D. शिक्षक विद्यार्थियों के बाह्य व्यवहार का निर्णय करने में कमजोर होते हैं।

19. पद 'संवेगात्मक क्रान्ति' किस अवस्था से अधिक जुड़ा हुआ है?

A. शैशावस्था से
B. बाल्यावस्था से
C. किशोरावस्था से
D. प्रौढ़ावस्था से

20. सृजनात्मकता के बारे में क्या ***गलत*** है?

A. सृजनात्मकता तथा बुद्धि सदैव साथ-साथ चलते हैं।
B. सृजनात्मकता में लचीलापन होता है।
C. सृजनात्मकता सार्वभौमिक प्रत्यय है।
D. सृजनात्मकता में अहम् का समावेश होता है।

21. मनोविज्ञान का क्षेत्रवादी सिद्धान्त दिया

A. कर्ट लेविन ने
B. सी.टी. मॉर्गन ने
C. लियोन फेस्टिंगर ने
D. हेनरी गोडार्ड ने

22. किसने 'बहुबुद्धि सिद्धान्त' प्रतिपादित किया था?

A. अल्फ्रेड बिने
B. हॉवर्ड गार्डनर
C. फ्रांसिस गाल्टन
D. बी.एस. ब्लूम

23. एक सिद्धान्त के रूप में निर्मितीवाद

A. अनुकरण की भूमिका पर केन्द्रित करता है।
B. अधिगमकर्ता की स्वयं के शब्दों का निर्माण करने की भूमिका पर जोर देता है।
C. सूचनाओं को रटने तथा प्रत्यास्मरण द्वारा परीक्षण पर जोर देता है।
D. शिक्षक की प्रधान भूमिका पर जोर देता है।

24. निम्न में से कौन रचनात्मक आकलन का एक उपयुक्त उपकरण ***नहीं*** है?

A. दत्तकार्य
B. मौखिक प्रश्न
C. अवधि परीक्षा
D. प्रश्न व खेल

25. जीन पियाजे की संज्ञानात्मक विकास की अवस्थाओं के अनुसार जिसे पूर्व-प्रत्ययात्मक काल जाना जाता है, निम्न में से किससे सम्बन्धित है?

A. इन्द्रिय गति अवस्था से
B. मूर्त-संक्रिया अवस्था से
C. पूर्व-संक्रियात्मक अवस्था से
D. औपचारिक-संक्रिया अवस्था से

26. युवा अधिगमकर्ताओं में निम्न में से कौन पढ़ने में कठिनाई का द्योतक ***नहीं*** है?

A. अक्षर व शब्द अभिज्ञान में कठिनाई
B. पठन गति व प्रवाह में कठिनाई
C. शब्दों व विचारों को समझने में कठिनाई
D. स्पेलिंग निरन्तरता में कठिनाई

27. संपुष्ट कार्यक्रम जरूरी होते हैं

A. कमजोर अधिगमकर्ताओं के लिए
B. प्रतिभाशाली बालकों के लिए
C. साधारण बालकों के लिए
D. शारीरिक रूप से अयोग्य बालकों के लिए

28. बुद्धि समावेश करती है

A. अपसारी चिन्तन का
B. अभिसारी चिन्तन का
C. समालोचित चिन्तन का
D. विचारशील चिन्तन का

29. चिंतन अनिवार्य रूप से है एक

A. क्रियात्मक गतिविधि
B. भावात्मक व्यवहार
C. संज्ञानात्मक गतिविधि
D. मनोगतिक प्रक्रिया

30. समावेशित विद्यालय योजना के सन्दर्भ में कौन-सा कथन ***गलत*** है?

A. समानता की भावना का विकास
B. धनात्मक आत्मसम्मान का विकास
C. विशेष आवश्यकता वाले विद्यार्थियों में आत्महीनता की भावना का विकास
D. विशेष बालकों के नैतिक आचरण को उठाना

ENGLISH LANGUAGE

Directions: *Answer the following questions by selecting the most* ***appropriate*** *option.*

31. Choose the ***mis-spelt*** word
A. peace
B. piece
C. peirce
D. piety

32. Choose the ***correct*** passive construction of the sentence: 'Someone sells tickets at the box office'.
A. Tickets are sold at the box office.
B. Tickets are being sold at the box office.
C. Tickets were sold at the box office by somebody.
D. At the box office, tickets were sold by somebody.

33. Manoj is one of the only students who .... passed the exam.
A. have
B. has
C. had
D. would have

34. How can language be best acquired?
A. Reading, writing, speaking, listening
B. Listening, speaking, reading, writing
C. Writing, reading, listening, speaking
D. Speaking, listening, reading, writing

35. Which of the following is ***not*** a characteristic of a slow learner?
A. Limited vocabulary
B. Short attention span
C. Abstract thinking
D. Limited range of interests

36. Passengers must switch off their mobile phones. What does the underlined auxiliary 'must' suggest?
A. expectation
B. compulsion
C. obligation
D. none of the above

37. The English Language Teaching Method that refrains from using the learners native language and just uses the target language is
A. The audio-lingual method
B. The grammar translation method
C. Communicative language teaching
D. The direct method

38. Choose the ***correct*** indirect form of the sentence: The policeman said, "Please move this car."
A. The policeman commanded me to move the car.
B. The policeman requested me to move the car.
C. The policeman suggested that I move the car.
D. The policeman advised me to move the car.

Directions (Q. Nos. 39 & 40): *Replace the underlined words by the* ***most suitable*** *option.*

39. "No, no", she cried, "You must not say such grossly irreverent things – you must not even think them."
A. sacrilegious B. pious
C. respectful D. religious

40. The street bazaar was a changing and enjoyable mixture of colours, smells and sounds.
A. telescope
B. kaleidoscope
C. stethoscope
D. microscope

41. Which of the following means— 'a drop in the ocean'
A. is a small problem that will probably get larger
B. something so small that it won't make any noticeable difference
C. every small contribution helps
D. None of the above

Directions (Q. Nos. 42 to 50): *Fill in the blanks by the most appropriate word in the following sentences:*

42. As a child, she .... dream of living in a castle.
A. is used to B. used to
C. will D. got used to

43. Don't .... me you've lost your keys again.
A. say B. tell
C. speak D. inform

44. I gave him a punch on .... nose.
A. the B. to
C. a D. an

45. .... people prefer tea to coffee.
A. A great deal of B. Plenty of
C. Much D. A lot of

46. The board at the ration shop announced. "We have .... rice. Wait till the next stock."
A. run down B. run away
C. run over D. run out of

47. The gallery has over 1,000 paintings. These .... during the last 100 years.
A. have collected
B. have been collected
C. had been collected
D. had collected

48. If you had worked hard, you ....
A. will pass
B. would pass
C. would have passed
D. had been pass

49. In 2004, ... a doctor?

A. you was B. was you
C. were you D. did you be

50. Bread and butter .... a wholesome food.

A. is B. are
C. was D. were

Directions (Q. Nos. 51 to 57): *Read the following passage and answer the questions that follow by selecting the* ***most appropriate*** *option.*

If you were to ask 20 people the meaning of physical fitness, you would get 20 different answers. Fitness is all things to all people, a precious commodity which enables us to live our lives to the full yet is really cherished only when it begins to fade away. To an older person, it might be the feeling of youthful vigour, to an athlete the capacity to run a mile in four minutes, to a stenographer ability to type for eight hours at a stretch without developing aching shoulder muscles. To a coach it is something which comes with training, to a physician it is a functional state of the body defined in technical terms.

It is all these things, and more. It is strength, flexibility, agility, power, speed, and muscular and cardiovascular endurance. It is the ability to enjoy our daily lives and to achieve our goals without undue fatigue or stress. It is having a reserve of physical stamina and strength for safety and the enjoyment of leisure activities. It is protection against degenerative diseases, and feeling physically youthful even when we are growing old.

Fitness is active, not passive. Yet recent decades have seen a quantum leap in the number of devices which help us to avoid effort and movement, the two key ingredients in physical fitness. We can no longer take fitness for granted, as could people of an earlier era, because the automatic movements which should maintain it—walking, carrying, pushing, running, jumping, digging, lifting —are gradually becoming unnecessary. We don't have to get to our feet to change television programs.

It's only human to take advantage of short cuts. But even though many of us are beginning to recognize the need to combat the rising toll of degenerative diseases and the decrease in capacity for activities which require effort, all too often we still look for a button to push. We want to get fit without having to work at it and without making changes in our life styles. This is not possible.

51. The statement that 'Fitness is all things to all people' implies that

A. everybody regards fitness to be the absolute good.
B. everybody includes everything under the concept of fitness.
C. everyone has his/her own definition of fitness.
D. there is an agreed comprehensive meaning of fitness

52. (*i*) Recent developments have vastly decreased the need for physical effort and movement.
(*ii*) Resorting to short cuts is against human nature.

A. Statement (*i*) is true
B. Statement (*ii*) is true
C. Both (*i*) and (*ii*) statements are true
D. Both (*i*) and (*ii*) statements are false

53. 'Fitness is active, not passive' means

A. We can take fitness for granted
B. We should avoid effort and movement
C. We can resort to short cuts
D. We cannot be sedentary

54. 'Take for granted' means

A. To value someone or something too lightly
B. To appreciate the value of something
C. Both A and B are correct
D. Both A and B are incorrect

55. The word 'vigour' means

A. weakness
B. lethargy
C. vitality
D. frailty

56. According to the passage, what has negatively affected our physical fitness?

A. Walking, carrying, pushing, running, jumping, digging, lifting
B. A quantum leap in the number of devices which help us to avoid effort and movement
C. Both A and B are correct
D. Both A and B are incorrect

57. 'All too often we still look for a button to push' means

A. We love to do physical work
B. We get on to our feet to change television programs
C. We accept the need for fitness and make it a personal commitment
D. We want to get fit without having to work at it and without making changes to our life styles

Directions (Q. Nos. 58 and 59): *Choose the* ***correct*** *prefix to build the word. The meaning of the word is given.*

58. .... beat = positive and enthusiastic.

A. up B. out
C. down D. over

59. .... hold = look at or see something or somebody.

A. with B. up
C. over D. be

60. As we got older we just grew apart. The underlined word in the sentence mean

A. natured
B. developed a strong bond
C. stayed at a distance
D. stopped having a close relationship

हिन्दी भाषा

निर्देशः *निम्नलिखित प्रश्नों के उत्तर देने के लिए* ***सबसे उचित*** *विकल्प चुनिए।*

61. 'दुष्ट अपनी दुष्टता नहीं छोड़ता' के लिए उचित लोकोक्ति है
A. खिसियानी बिल्ली खंभा नोचे
B. गंगा गए तो गंगादास, जमुना गए तो जमुनादास
C. कबहुँ निरामिष होय न कागा
D. जिस पत्तल में खाना, उसी में छेद करना

62. किस शब्द में 'ल' प्रत्यय रूप में ***नहीं*** आया है?
A. कुशल
B. मृदुल
C. विमल
D. रोमल

63. "पंडित दूध पीता है।" इस वाक्य में कारक है
A. कर्म, करण B. संप्रदान, संबंध
C. कर्ता, कर्म D. कोई नहीं

64. रंगमंच पर पर्दे के पीछे का स्थान कहलाता है
A. नैऋत्य B. नेपथ्य
C. प्रेक्षागृह D. अलिंद

65. किस शब्द का संधि-विच्छेद सही ***नहीं*** है?
A. प्र + ऊढ़ = प्रौढ़
B. नी + ऊन = न्यून
C. अंबु + ऊर्मि = अंबूर्मि
D. शची + इंद्र = शचींद्र

66. निम्न में से किस शब्द में बहुव्रीहि समास है?
A. चौराहा B. पंसेरी
C. शताब्दी D. पंजाब

67. निम्न में से सकर्मक क्रिया है
A. हँसना B. पढ़ना
C. सोना D. रोना

68. 'अनजान सुजान, सदा कल्यान' लोकोक्ति का भावार्थ है
A. अनजान और सुजान के साथ सदैव लाभ मिलता है
B. भोला-भाला ज्ञानी कल्याणकारक होता है
C. मूर्ख और ज्ञानी दोनों मजे में रहते हैं
D. मूर्ख स्वयं को ज्ञानी समझकर नुकसान कराता है

69. 'ज्ञ' को वर्णमाला में माना जाता है
A. संयुक्त व्यंजन B. स्वर संधि
C. अनुस्वार D. व्यंजन

70. निम्न में से कौन-सा वर्ण स्पर्श संघर्षी है?
A. झ B. श
C. ट D. ह

71. कौन-सा शब्द 'ईन' प्रत्यय के योग से ***नहीं*** बना है?
A. मनोहारिन B. नमकीन
C. युगीन D. ग्रामीण

72. अधोलिखित शब्दयुग्म का **सही** अर्थ विकल्प चुनिएः
अनुलंब – अनुलग्न
A. ऊर्ध्वाकार – समय के अनुसार
B. ऊपरी – जुड़ा हुआ
C. अनिश्चित – किसी के साथ जुड़ा हुआ
D. लम्बाई के अनुसार – शुभकाल

73. 'इन्द्र' के पर्यायवाची शब्दों का समूह है
A. वैनतेय, चन्द्रमौलि, सुरपति, देवराज
B. मधवा, पुरन्दर, शचीपति, वासव
C. सुरपति, पुरन्दर, उपेन्द्र, अंशुमाली
D. वैनतेय, मधवा, सुरपति, वासव

74. 'कवि' शब्द में संज्ञा है
A. व्यक्तिवाचक B. जातिवाचक
C. द्रव्यवाचक D. कोई नहीं

75. विसर्ग सन्धि का उदाहरण है
A. अतएव B. विस्मरण
C. उच्चारण D. विसर्ग

76. प्रत्येक पाठ के प्रारंभ में होना चाहिए
A. पाठ का सार B. परिशिष्ट
C. प्रस्तावना D. अभ्यास

77. 'कनक' शब्द का अर्थ-समूह चुनिए
A. वृक्ष, स्वर्ण, धतूरा B. स्वर्ण, धतूरा, गेहूँ
C. स्त्री, पलाश, आभूषण D. कोई नहीं

78. भाषा प्रवाह तथा अभिव्यक्ति कौशल के मूल्यांकन का उपयुक्त तरीका है
A. लिखित परीक्षाएँ
B. वस्तुनिष्ठ परीक्षण
C. मौखिक वार्तालाप
D. उपर्युक्त में से कोई नहीं

79. 'प्राक्तन' शब्द में उपसर्ग एवं मूल शब्द का **सही** विकल्प है
A. प्रा + तन B. प्राक् + तन
C. पर् + तन D. प्रा + कतन

80. विद्यार्थियों में भाषा की रुचि का विकास करने का उपयुक्त उपाय है :
A. विद्यार्थियों के व्याकरण के ज्ञान को बढ़ाना
B. विद्यार्थियों को पाठ्यपुस्तकें पढ़वाना
C. विद्यार्थियों को मौखिक रूप से अधिकाधिक समझाना
D. उपर्युक्त सभी

81. भाषा अधिगम में प्रायः कठिनाई नहीं आती

A. संकोची स्वभाव
B. आत्म विश्वास की कमी
C. मानसिक अस्वस्थता
D. मानसिक स्वस्थता

82. निम्न में ***शुद्ध*** रूप से लिखा वाक्य है

A. किसी आदमी को भेज दो।
B. हम तो अवश्य ही जाएँगे।
C. तब शायद यह काम अवश्य हो जाएगा।
D. कृपया आने का अनुग्रह करें।

83. शब्दकोश में निम्न में से सर्वप्रथम आने वाला शब्द है

A. प्याऊ
B. प्रकंप
C. प्लवन
D. प्रकीर्ण

84. वर्तनी की दृष्टि से ***शुद्ध*** शब्द है

A. इक्षा
B. आव्हान
C. शृंगार
D. प्रत्यूष

निर्देश (प्र. सं. 85 से 88) : *निम्नलिखित गद्यांश को पढ़कर दिए गए प्रश्नों के उत्तर* ***सबसे उचित*** *विकल्प को चुनकर दीजिए :*

वर्तमान मेरे लिए और मुझ जैसे बहुत से और लोगों के लिए मध्ययुगीनता, भयंकर गरीबी एवं दुर्गति और मध्यवर्ग की कुछ-कुछ सतही आधुनिकता का विचित्र मिश्रण है। मैं अपने वर्ग और अपनी किस्म के लोगों का प्रशंसक नहीं था, फिर भी भारतीय संघर्ष में नेतृत्व के लिए मैं निश्चित रूप से मध्यवर्ग की ओर देखता था। यह मध्यवर्ग स्वयं को बंदी और सीमाओं में जकड़ा हुआ महसूस करता था और खुद तरक्की और विकास करना चाहता था। अंग्रेजी शासन के ढाँचे के भीतर ऐसा न कर पाने के कारण उसके भीतर विद्रोह की चेतना पनपी। लेकिन यह चेतना उस ढाँचे के खिलाफ नहीं जाती थी जिसने हमें रौंद दिया था। ये उस ढाँचे को बनाए रखना चाहते थे और अंग्रेजों को हटाकर उसका संचालन करना चाहते थे। ये मध्यवर्ग के लोग इस हद तक इस ढाँचे की पैदाइश थे कि उसे चुनौती देना या उसे उखाड़ फेंकने का प्रयास करना इनके बस की बात नहीं थी।

85. लेखक किस वर्ग से संबंधित है?

A. सामंत वर्ग
B. मध्यवर्ग
C. निम्न वर्ग
D. उपर्युक्त में से कोई नहीं

86. मध्यवर्ग में विद्रोही चेतना का कारण था

A. मध्यवर्ग साम्राज्यवाद विरोधी था
B. मध्यवर्ग राष्ट्रवादी था
C. मध्यवर्ग अंग्रेजों को विस्थापित करके शासन संचालन चाहता था
D. उपर्युक्त सभी

87. गद्यांश में आए भारतीय संघर्ष का संदर्भ है

A. भारत का स्वतंत्रता संघर्ष
B. चीन के विरुद्ध संघर्ष
C. पाकिस्तान के विरुद्ध संघर्ष
D. महाशक्तियों के विरुद्ध संघर्ष

88. निम्न में से कौन-सा सामाजिक वर्ग ब्रिटिश शासन प्रणाली की उपज था?

A. उच्च वर्ग
B. सामंत वर्ग
C. किसान
D. मध्यवर्ग

89. भाषा शिक्षण का आदर्श वातावरण है

A. विद्यार्थियों को अभिशक्ति के भरपूर अवसर
B. भाषागत शुद्धता पर अत्यधिक बल
C. अध्यापक का एकालाप
D. दृश्य-श्रव्य सामग्री का प्रचुर उपयोग

90. भाषा शिक्षक को एक बहु-सांस्कृतिक कक्षा में किस बात पर बल देना चाहिए?

A. बच्चों को भाषा प्रयोग के अधिक से अधिक अवसर देना
B. पाठ्यपुस्तक के प्रत्येक पाठ को भली-भांति समझाना
C. बच्चों को व्याकरण सिखाना
D. स्वयं द्वारा भाषा का शुद्ध प्रयोग करना

SUBJECT SPECIFIC—सामाजिक अध्ययन

91. रूस में प्रमुख शून्यवादी चिन्तक था

A. तुर्गनेव
B. लेनिन
C. टाल्सटॉय
D. प्रिन्स कॉप्टिकिन

92. उद्योग किस क्षेत्र में सम्मिलित है?

A. प्राथमिक क्षेत्र
B. द्वितीयक क्षेत्र
C. सेवा क्षेत्र
D. उपर्युक्त में से किसी में नहीं

93. उपभोक्ता संरक्षण अधिनियम भारतीय संसद ने कब पारित किया?

A. 15 दिसम्बर, 1985
B. 24 दिसम्बर, 1986
C. 15 मार्च, 1985
D. 24 दिसम्बर, 1987

94. किस जनगणना दशक में भारतीय दशकीय जनसंख्या वृद्धि दर अधिकतम आंकी गई?

A. 1951-61
B. 1961-71
C. 1971-81
D. 1981-91

95. कृषि उत्पादन में खाद्यान्नों में सम्मिलित हैं

A. केवल अनाज
B. अनाज एवं दालें
C. अनाज एवं तिलहन
D. दालें एवं तिलहन

96. **सूची-I** को **सूची-II** से सुमेलित कीजिए :

सूची-I	**सूची-II**
(*a*) सुरेन्द्रनाथ बनर्जी	1. हिन्द स्वराज
(*b*) दादाभाई नौरोजी	2. द इण्डियन स्ट्रगल
(*c*) सुभाषचन्द्र बोस	3. पावर्टी एण्ड अनब्रिटिश रूल इन इण्डिया
(*a*) महात्मा गाँधी	4. ए नेशन इन मेकिंग

	(*a*)	(*b*)	(*c*)	(*d*)
A.	4	3	2	1
B.	1	2	3	4
C.	2	3	4	1
D.	3	4	1	2

97. भारत में कृषि ऋणों का शीर्ष निकाय है
A. भारतीय रिजर्व बैंक
B. भारतीय स्टेट बैंक
C. राज्य सहकारी बैंक
D. राष्ट्रीय कृषि एवं ग्रामीण विकास बैंक

98. भारतीय रिजर्व बैंक के गवर्नर हैं
A. डॉ. डी. सुब्बाराव B. बिमल जालान
C. सी. रंगराजन D. रघुराम राजन

99. निम्न में से किसे 'ब्रेटनवुड्स ट्विन' के रूप में जाना जाता है?
A. आई. एम. एफ. एवं डब्ल्यू. टी. ओ.
B. वर्ल्ड बैंक एवं आई. एम. एफ.
C. डब्ल्यू. टी. ओ. एवं डब्ल्यू. एल. ओ.
D. डब्ल्यू. एल. ओ. एवं आई. एफ. ओ.

100. निम्नलिखित कथनों पर विचार कीजिए :
(*i*) महात्मा गाँधी नरेगा भारत सरकार ने 2005 में लागू किया।
(*ii*) यह ग्रामीण परिवारों के वयस्कों को प्रत्येक वित्तीय वर्ष में 100 दिनों का रोजगार उपलब्ध कराने की गारंटी देता है।
उपर्युक्त में से कौन-सा कथन ***सही*** है?
A. केवल (*i*) B. केवल (*ii*)
C. (*i*) और (*ii*) दोनों D. कोई भी नहीं

101. भारत में सिक्कों की ढलाई की जाती है
A. भारतीय रिजर्व बैंक द्वारा B. भारतीय स्टेट बैंक द्वारा
C. भारत सरकार द्वारा D. योजना आयोग द्वारा

102. 1913 में दादा साहेब फाल्के ने जो फिल्म बनाई, वह थी
A. सी. आई. डी. B. हैंगिंग गार्डन
C. राजा हरिश्चन्द्र D. गेस्ट हाउस

103. निम्नलिखित में से किस वस्तु के आयात पर भारत सर्वाधिक व्यय करता है?
A. लौह एवं स्टील B. खाद्यान्न
C. कच्चा तेल D. सोना व चांदी

104. मानववाद का अग्रदूत था
A. बोकेसिओ B. दान्ते
C. पेट्रार्क D. बेकन

105. भारत में वित्तीय वर्ष शुरू होता है
A. जनवरी से B. अप्रैल से
C. जून से D. अक्टूबर से

106. आर्थिक शब्दावली में किसी एक राष्ट्र में एक वर्ष में उत्पादित अन्तिम वस्तुओं एवं सेवाओं के कुल बाजार मूल्य को जाना जाता है
A. सकल घरेलू उत्पाद के रूप में
B. सकल राष्ट्रीय उत्पाद के रूप में
C. राष्ट्रीय आय के रूप में
D. विशुद्ध राष्ट्रीय उत्पाद के रूप में

107. स्वराज्य पार्टी के संस्थापकों में एक थे
A. मदन मोहन मालवीय B. मोतीलाल नेहरू
C. राजेन्द्र प्रसाद D. लाला लाजपत राय

108. निम्नलिखित में से कौन-सा अकबर का समकालीन शासक था/थी?
A. ब्रिटेन की रानी विक्टोरिया
B. फारस के शाह अब्बास I
C. रूस की कैथरीन महान
D. उपर्युक्त में से कोई नहीं

109. भारत में कृषि क्षेत्र में पाई जाने वाली बेरोजगारी है
A. संरचनात्मक B. घर्षणात्मक
C. खुली D. मौसमी

110. भारतीय रिजर्व बैंक के बारे में अधोलिखित में से कौन-सा/कौन-से कथन ***सत्य*** है/हैं?
A. यह एक राष्ट्रीयकृत बैंक है
B. यह भारत का केन्द्रीय बैंक है
C. इसकी स्थापना 1935 में हुई
D. उपरोक्त सभी

111. निम्नांकित में से कौन-सा भ्रंशित पर्वत का उदाहरण है?
A. नीलगिरि पर्वत B. अरावली पर्वत
C. सतपुड़ा पर्वत D. सह्याद्री पर्वत

112. एक वैयक्तिक खाता ***नहीं*** खोला जा सकता
A. एक सहकारी बैंक में
B. एक अनुसूचित बैंक में
C. रिजर्व बैंक ऑफ इण्डिया में
D. एक निजी बैंक में

113. GNP एवं GDP में अन्तर का कारण है
A. सकल विदेशी निवेश
B. विशुद्ध विदेशी निवेश
C. विशुद्ध निर्यात
D. विदेशों से प्राप्त विशुद्ध साधन आय

114. चौरी-चौरा की घटना का सम्बन्ध जिससे है, वह है
A. असहयोग आन्दोलन B. सविनय अवज्ञा आन्दोलन
C. भारत छोड़ो आन्दोलन D. क्रांतिकारी आन्दोलन

115. 1789 से पूर्व फ्रेन्च चर्च द्वारा वसूल किया जाने वाला धार्मिक कर था

A. टाइल B. गेबुल

C. टाइथ D. कोर्वी

116. भारतीय पुरातात्विक सर्वेक्षण के प्रथम सर्वेयर जनरल थे

A. सर विलियम जोन्स

B. जेम्स प्रिंसेप

C. जेम्स फर्गुसन

D. एलेग्जेण्डर कनिंघम

117. मानव विकास सूचकांक के घटक हैं

A. जीवन प्रत्याशा, प्रति व्यक्ति सकल घरेलू उत्पाद और लिंगानुपात

B. लिंगानुपात, शैक्षिक उपलब्धि और शुद्ध पेयजल

C. जीवन प्रत्याशा, प्रति व्यक्ति सकल घरेलू उत्पाद और शैक्षिक उपलब्धि

D. प्रति व्यक्ति सकल घरेलू उत्पाद, आधारभूत संरचना और लिंगानुपात

118. भारत में कृषि आधारित उद्योगों में सूती वस्त्र उद्योग के बाद दूसरा सबसे बड़ा उद्योग है

A. जूट उद्योग B. सिल्क उद्योग

C. ऊनी वस्त्र उद्योग D. चीनी उद्योग

119. भारत में किन राज्यों तथा केन्द्रशासित प्रदेशों में लिंगानुपात स्त्रियों के पक्ष में है (2011)?

A. केरल व पुडुचेरी B. केरल, पुडुचेरी व लक्षद्वीप

C. पुडुचेरी व तमिलनाडु D. तमिलनाडु व लक्षद्वीप

120. प्रोजेक्ट टाइगर की शुरुआत हुई

A. 1973 में B. 1975 में

C. 1976 में D. 1977 में

121. निम्नलिखित में से किसे राष्ट्रीय राजनीतिक दल के रूप में मान्यता प्राप्त है?

A. बहुजन समाज पार्टी

B. कम्युनिस्ट पार्टी (मार्क्सवादी)

C. राष्ट्रवादी कांग्रेस पार्टी

D. उपर्युक्त सभी

122. निम्न में कौन-सा सही सुमेलित युग्म ***नहीं*** है?

A. कार्नवालिस – स्थायी बन्दोबस्त

B. विलियम बैन्टिक – सती प्रथा उन्मूलन ऐक्ट

C. लिटन – वर्नाक्यूलर प्रेस ऐक्ट

D. रिपन – रोलेट ऐक्ट

123. 180° देशान्तर कहलाता है

A. प्रधान देशान्तर B. अन्तर्राष्ट्रीय तिथि रेखा

C. ग्रीनविच रेखा D. भूमध्य रेखा

124. वेम्बनाद है

A. एक बन्दरगाह B. लैगून झील

C. पर्वत चोटी D. बहुउद्देशीय परियोजना

125. लक्षण जो दबाव समूह पर तो लागू होता है किन्तु राजनीतिक दल पर नहीं, वह है

A. निर्वाचन में अपने प्रत्याशी खड़े करना

B. सम्पूर्ण समाज की हित साधना का उद्देश्य

C. सदस्यता अनन्य होती है

D. राजनीतिक प्रक्रिया का स्वयं भाग नहीं बनते

126. चुनावों में आदर्श आचार संहिता किस तिथि से प्रभावी होती है?

A. अधिसूचना की तिथि से

B. नामांकन भरने की अंतिम दिन से

C. उम्मीदवारी वापिस लेने की अंतिम तिथि से

D. चुनाव आयोग द्वारा चुनाव कार्यक्रम की घोषणा की तिथि से

127. कर्ण-प्रयाग, संगम है

A. भागीरथी व अलखनन्दा का

B. भागीरथी व पिण्डर का

C. धोली गंगा व अलखनन्दा का

D. अलखनन्दा व पिण्डर का

128. राष्ट्रपति राज्यसभा में कितने सदस्यों को मनोनीत कर सकता है?

A. 10 B. 12

C. 17 D. 15

129. निम्न में से किसका अर्थ है "विधि के किस प्राधिकार से"?

A. बन्दी प्रत्यक्षीकरण B. अधिकार पृच्छा

C. उत्प्रेषण D. परमादेश

130. भारी वर्षा से अत्यधिक निक्षालन वाले क्षेत्रों में कौन-सी मिट्टी पायी जाती है?

A. काली B. लेटेराइट

C. जलोढ़ D. पर्वतीय

131. अधिकार जो कानूनी अधिकार के रूप में तो है, किन्तु मौलिक अधिकार के रूप में नहीं

A. अबाध भ्रमण की स्वतंत्रता

B. शोषण के विरुद्ध अधिकार

C. अल्पसंख्यक वर्गों को शैक्षणिक संस्थाओं की स्थापना का अधिकार

D. सम्पत्ति का अधिकार

132. निम्नलिखित राज्यों में से कौन-सा राज्य लोकसभा में सर्वाधिक सांसद भेजता है?

A. महाराष्ट्र B. बिहार

C. आन्ध्र प्रदेश D. तमिलनाडु

133. प्रथम, द्वितीय तथा तृतीय पृथ्वी सम्मेलन क्रमशः 1992, 2002 व 2012 में कहाँ-कहाँ हुए?

A. जोहान्सबर्ग, दोहा, रियो डि जेनेरो

B. रियो डि जेनेरो, जोहान्सबर्ग, दोहा

C. रियो डि जेनेरो, क्योटो, जोहान्सबर्ग

D. रियो डि जेनेरो, जोहान्सबर्ग, रियो डि जेनेरो

134. निम्नलिखित में से कौन-सा लोकसभा का एक सत्र ***नहीं*** है?
A. बजट सत्र
B. ग्रीष्मकालीन सत्र
C. शीतकालीन सत्र
D. मानसून सत्र

135. औरंगजेब ने लगभग 25 वर्ष दक्कन में बिताए, क्योंकि
A. वह उत्तर भारत से निश्चिंत था
B. वह अपनी राजधानी दक्षिण में बदलना चाहता था
C. वह मराठा विस्तार पर नियंत्रण करना चाहता था
D. वह अपनी राजधानी में सुरक्षित नहीं था

136. आई.एम.एफ. के बारे में निम्नलिखित में से कौन-से कथन ***सत्य*** हैं?
(*i*) आई.एम.एफ. में 188 सदस्य राष्ट्र हैं।
(*ii*) यह राष्ट्र संघ का एक विशिष्ट अधिकरण है।
(*iii*) आई.एम.एफ. में सदस्य राष्ट्रों को समान वोटिंग अधिकार नहीं है।
(*iv*) यह भुगतान संतुलन संकट के समय सदस्य देशों को ऋण व तकनीकी सलाह उपलब्ध कराता है।
A. (*i*), (*ii*)
B. (*i*), (*iii*)
C. (*i*), (*ii*), (*iii*) तथा (*iv*)
D. (*i*), (*iv*)

137. निम्नलिखित में से कौन संविधान सभा की सदस्य ***नहीं*** थीं?
A. जी. दुर्गाबाई देशमुख
B. श्रीमती हंसा मेहता
C. श्रीमती रेणुका राय
D. विजयलक्ष्मी पंडित

138. भारत में 1960 के दशक में आयी हरित क्रान्ति से सर्वाधिक उत्पादन किन फसलों का बढ़ा?
A. गेहूँ व चावल
B. तिलहन
C. दलहन
D. उपरोक्त सभी

139. किन प्लेट किनारों के सहारे सर्वाधिक भूकम्प व ज्वालामुखी आते हैं?
A. विनाशकारी प्लेट किनारे
B. रचनात्मक प्लेट किनारे
C. संरक्षी प्लेट किनारे
D. इनमें से कोई नहीं

140. संवैधानिक अनुसूची जिसमें मान्यता प्राप्त भाषाओं की सूची दी गई है
A. 7वीं अनुसूची
B. 8वीं अनुसूची
C. 9वीं अनुसूची
D. 10वीं अनुसूची

141. मंगला तेल कुआँ स्थित है
A. हरियाणा में
B. राजस्थान में
C. गोआ में
D. असम में

142. भारत के स्वतंत्रता संग्राम के युग में राष्ट्रीय प्रयोजन का पक्षधर समाचार-पत्र था
A. द लीडर
B. द सिविल एण्ड मिलिट्री गजट
C. डॉन
D. द स्टेट्समैन

143. हरियाणा में एक ग्रामसभा बनती है
A. ग्रामसभा के निर्वाचित सदस्यों से
B. पंचायत समिति के सदस्यों से
C. पंचायत समिति में आने वाले गांव/गांवों के पंजीकृत मतदाताओं से
D. पंचायत समिति में आने वाले गांव/गांवों के पंजीकृत सभी निवासियों से

144. निम्नलिखित दिल्ली सुल्तानों को काल क्रमानुसार संयोजित कीजिए :
(*i*) कुतुबुद्दीन ऐबक
(*ii*) इल्तुतमिश
(*iii*) रजिया
(*iv*) नासिरउद्दीन महमूद
सही उत्तर को चुनिए
A. (*i*), (*ii*), (*iii*), (*iv*)
B. (*i*), (*iv*), (*ii*), (*iii*)
C. (*ii*), (*i*), (*iii*), (*iv*)
D. (*i*), (*ii*), (*iv*), (*iii*)

145. 'कर्तन दहन प्रणाली' कृषि को इण्डोनेशिया में कहते हैं
A. झूम
B. रोके
C. मिल्पा
D. लदांग

146. भारतीय उपमहाद्वीप में लौटता हुआ मानसून कहलाता है
A. दक्षिण-पश्चिम मानूसन
B. दक्षिण-पूर्व मानसून
C. उत्तर-पूर्व मानूसन
D. उत्तर-पश्चिम मानूसन

147. जिस सिद्धान्त ने फ्रांस और अमेरिका की क्रांति को जन्म दिया, वह है
A. अधिकारों का वैधानिक सिद्धान्त
B. अधिकारों का प्राकृतिक सिद्धान्त
C. समाज कल्याण सिद्धान्त
D. अधिकारों का ऐतिहासिक सिद्धान्त

148. निम्न वनों में से भारतीय भूमि पर सर्वाधिक क्षेत्रफल किसका पाया जाता है?
A. उष्ण कटिबन्धीय वर्षा वन
B. उष्ण कटिबन्धीय पर्णपाती वन
C. पर्वतीय वन
D. मैंग्रोव वन

149. सामाजिक सुरक्षा की व्यवस्था जिस विचारधारा का मूल सिद्धान्त है, वह है
A. अहस्तक्षेप सिद्धान्त
B. कल्याणकारी सिद्धान्त
C. बहुलवादी सिद्धान्त
D. विकासवादी सिद्धान्त

150. एशियाटिक सोसायटी ऑफ बंगाल के संस्थापक थे
A. सर जेम्स ग्रान्ट
B. मैक्स मूलर
C. सर विलियम जोन्स
D. मेकाले

उत्तरमाला

1	2	3	4	5	6	7	8	9	10
A	B	C	C	B	A & B	D	C	C	B
11	12	13	14	15	16	17	18	19	20
D	C	B	C	D	B	A	A	C	A
21	22	23	24	25	26	27	28	29	30
A	B	B	A	C	B	B	B	C	C
31	32	33	34	35	36	37	38	39	40
C	A	B	B	C	C	D	B	A	B
41	42	43	44	45	46	47	48	49	50
B	B	B	A	D	D	B	C	C	A
51	52	53	54	55	56	57	58	59	60
C	A	D	A	C	B	D	A	D	D
61	62	63	64	65	66	67	68	69	70
C	C	C	B	B	D	B	C	A	A
71	72	73	74	75	76	77	78	79	80
A	C	B	B	A	C	B	C	B	C
81	82	83	84	85	86	87	88	89	90
D	A	A	D	B	C	A	D	A	A
91	92	93	94	95	96	97	98	99	100
D	B	B	B	B	A	D	D	B	C
101	102	103	104	105	106	107	108	109	110
C	C	C	C	B	A	B	B	D	D
111	112	113	114	115	116	117	118	119	120
C	C	D	A	C	D	C	D	A	A
121	122	123	124	125	126	127	128	129	130
D	D	B	B	D	D	D	B	B	B
131	132	133	134	135	136	137	138	139	140
D	A	D	B	C	C	D	A	A	B
141	142	143	144	145	146	147	148	149	150
B	A	C	A	D	C	B	B	B	C

पिछले प्रश्न-पत्र (हल सहित)

हरियाणा शिक्षक पात्रता परीक्षा (HTET)

TGT सामाजिक अध्ययन (Level-2) परीक्षा-2011

बाल विकास व शिक्षाशास्त्र

निर्देशः *निम्नलिखित प्रश्नों के उत्तर देने के लिए सबसे उचित विकल्प चुनिए।*

1. शिक्षण और अधिक प्रभावी हो सकता है, यदि
A. छात्रों को स्वयं कार्य करने की स्वायत्तता व नियंत्रण दिया जाए
B. छात्र अधिगम, शिक्षक द्वारा निर्देशित एवं नियंत्रित हो
C. शिक्षक तथ्यों की व्याख्या करने में केन्द्रीय भूमिका निभाये
D. शिक्षक अधिगम को निर्देशित करें

2. शिक्षण प्रभावी हो जाता है, यदि
A. कक्षा-कक्ष में प्रत्यक्ष अनुदेशन को प्रयोग में लाया जाए
B. कक्षा-कक्ष में शिक्षक निर्देशित विधियों का उपयोग किया जाये
C. दोनों शिक्षक निर्देशिक विधियाँ एवं प्रत्यक्ष अनुदेशन काम में लिए जाएँ
D. छात्र केंद्रित अनुदेशन और अन्तःक्रियात्मक विधियों का उपयोग किया जाए

3. एक उत्तम कक्षा-कक्ष शिक्षक
A. छात्रों की प्राकृतिक जिज्ञासा का पोषण करता है
B. छात्रों को पारस्परिक संवाद के लिए प्रोत्साहित करता है
C. छात्रों को वास्तविक वैश्विक परिस्थितियों में सम्मिलित करता है
D. उपरोक्त सभी

4. सृजनात्मकता की विशेषता होती है
A. मौलिकता B. प्रवाहशीलता
C. लचीलापन D. उपरोक्त सभी

5. सामान्यतः छात्रों में पठन-पाठन के लिए निम्न विशिष्ताएँ होती हैं
A. अधिगम में क्रियाशीलता
B. छात्रों में सीखने की योग्यता
C. स्वयं क्रिया करके नवीन अनुभवों द्वारा ज्ञान का निर्माण करना
D. उपरोक्त सभी

6. एक मन्द गति से सीखने वाले बालक को जरूरत होती है
A. अतिरिक्त सहायता की
B. विशेष सहायता की
C. किसी सहायता की नहीं
D. कुछ सहायता की

7. आपके द्वारा पूछे गए प्रश्न का विद्यार्थी गलत उत्तर देता है, तो आप
A. दूसरा प्रश्न पूछेंगे जिससे विद्यार्थी स्वयं महसूस करें कि उत्तर गलत था
B. उसे बताएँगे कि उसका उत्तर गलत क्यों था
C. किसी दूसरे विद्यार्थी को उत्तर देने के लिए कहेंगे
D. सही उत्तर बताएँगे

8. शिक्षण को निम्न प्रकार से परिभाषित किया जाता है
A. अधिगम का सरलीकरण
B. शिक्षकों द्वारा ज्ञान का स्थानान्तरण तथा छात्र द्वारा ज्ञान को ग्रहण करना
C. पाठ्यपुस्तकों को पढ़ना
D. शिक्षकों द्वारा ज्ञान का स्थानान्तरण

9. निम्नलिखित में से कौन-सा स्तर शिक्षण का है?
A. परावर्तक B. अन्तःक्रियात्मक
C. प्रक्षेपण D. संकलित

10. शिक्षकों को निम्नलिखित शिक्षण विधियों को अभ्यास में लाना चाहिए
A. भाषण विधि B. अन्तःक्रियात्मक विधियाँ
C. वर्णनात्मक D. उपरोक्त में से कोई नहीं

11. विद्यार्थियों को दिए जाने वाले परामर्श की सर्वाधिक उपयोगिता यह है कि
A. इससे उनका ज्ञान बढ़ता है
B. उनका कौशल बढ़ता है
C. उनमें आत्मविश्वास की अभिवृद्धि होती है
D. वे दुनियादारी में सफल बन जाते हैं

12. बहुग्रेड अध्यापन वह है जिसमें
A. एक विद्यार्थी एक ही समय में एक से अधिक कक्षाएँ उत्तीर्ण कर सकता है
B. एक अध्यापक को एक ही समय में एक से अधिक कक्षाओं के बच्चों को पढ़ाना पड़ता है
C. कक्षावार अध्यापन का कोई अर्थ नहीं है
D. उपर्युक्त सभी

13. शिक्षकों की भूमिका है
A. ज्ञान का संप्रेषण करना
B. छात्रों को अनुशासन में रखना
C. छात्र केन्द्रित, क्रिया आधारित अन्तःक्रियात्मक अधिगम का सृजन करना
D. उपरोक्त सभी

14. पठन-पाठन में शिक्षकों को करना चाहिए
A. ज्ञान का मौखिक स्थानान्तरण
B. जिज्ञासु प्रवृत्ति का प्रोत्साहन
C. कक्षा-कक्ष में पाठ्यपुस्तक द्वारा शिक्षण
D. उपर्युक्त में से कोई नहीं

15. एक प्रतिभाशाली बालक की आप मदद कर सकते हैं
A. उस पर अधिक ध्यान देकर
B. उसे अधिक पुस्तकें देकर
C. उसे अधिक समय देकर
D. उसे संवर्धित अधिगम अनुभव देकर

16. प्रो. जीन पियाजे के अनुसार 0-14 वर्ष आयु वर्ग के बालक का मानसिक विकास चार अवस्थाओं में होता है। इसमें 7-14 वर्ष आयु-वर्ग के विकास की अवस्था को क्या कहते हैं?
A. संवेदनात्मक बुद्धि विकास अवस्था
B. पूर्व संकार्य अवस्था
C. मूर्त संकार्य अवस्था
D. औपचारिक संकार्य अवस्था

17. एक अध्यापक के रूप में आप उन विद्यार्थियों से किस प्रकार निबटेंगे जो कक्षा की पिछली सीटों पर बैठ आपस में बातें कर रहे हैं?
A. उनकी उपेक्षा करके
B. उन्हें चुप रहने के लिए कहेंगे अथवा कक्षा से बाहर जाने को कहेंगे
C. उन्हें कक्षा से बाहर कर देंगे
D. उनसे पूछेंगे कि वे ध्यान क्यों नहीं दे रहे

18. एक बालक के व्यक्तित्व के मापन की सर्वाधिक वस्तुनिष्ठ विधि है
A. प्रक्षेपी विधि B. साक्षात्कार विधि
C. प्रश्नावली विधि D. समाजमिति विधि

19. भारत में शिक्षा प्रणाली
A. छात्रों को जीवन के लिए तैयार करती है
B. रोजगार के लिए तैयार करती है
C. व्यावसायिक विषयों के लिए तैयार करती है
D. परीक्षा के लिए तैयार करती है

20. कक्षा का एक शरारती बालक अन्य छात्रों को परेशान करता है। एक अध्यापक को उसकी समस्या का कारण जानने हेतु किस विधि का प्रयोग करना चाहिए?
A. सर्वेक्षण B. वैयक्तिक अध्ययन विधि
C. प्रायोगिक विधि D. पर्यवेक्षण विधि

21. मौखिक मार्गदर्शन कम प्रभावी है
A. प्रत्ययों के शिक्षण में
B. कौशल के शिक्षण में
C. तथ्यों के शिक्षण में
D. उपरोक्त में से कोई नहीं

22. एक भावात्मक रूप से संतुलित छात्र
A. कक्षा-कक्ष में अपने सहपाठियों से मैत्रीपूर्ण सहसम्बन्ध रखता है
B. कक्षा-कक्ष में अपने सहपाठियों से प्रभावी अन्तःक्रिया नहीं करता
C. वह नवीन विचारों में कोई योगदान नहीं देता
D. सहपाठियों द्वारा दिए गए विचारों का सम्मान नहीं करता

23. शिक्षक की भूमिका है
A. ज्ञान का स्थानान्तरण करना
B. ज्ञान देना
C. कौशल अर्जित करने में प्रशिक्षित करना
D. ज्ञान निर्माण का सरलीकरण करना

24. आप कक्षा का अवधान केन्द्रित कर सकते हैं
A. उच्च स्वर में बोलकर
B. श्यामपट्ट पर लिखकर
C. चित्र बनाकर
D. उद्दीपन परिवर्तन द्वारा

25. अनुकूलीय एवं सकारात्मक व्यवहार के लिए छात्र में निम्न जीवन कौशल आवश्यक है
A. प्रभावी अन्तर्वैयक्तिक संप्रेषण
B. निर्णय लेने की योग्यता
C. भावनाओं और तनाव के साथ सामंजस्य
D. उपरोक्त सभी

26. यदि एक विद्यार्थी कोई प्रश्न पूछता है जिसका उत्तर आपके पास नहीं है। आप क्या करेंगे? आप
A. छात्र से कहेंगे कि उसका प्रश्न बेतुका है
B. टालने का प्रयास करेंगे
C. प्रश्न का जवाब ढूँढेंगे और अगले दिन उसे बताएँगे
D. छात्र को अनावश्यक प्रश्न पूछने के लिए झिड़क देंगे

27. एक चिन्तनशील शिक्षक कक्षा-कक्ष में ऐसी परिस्थिति उत्पन्न करता है कि छात्र
A. भाषण सुन सके
B. कक्षा-कक्ष में शिक्षक के भाषण के नोट्स ले सके
C. कक्षा-कक्ष में अनुशासन बनाए रखे
D. छात्रों और शिक्षक में पारस्परिक अन्तःक्रिया को प्रोत्साहन मिले

28. शिक्षा का उद्देश्य होना चाहिए
A. विद्यार्थियों में व्यावसायिक कौशल का विकास करना
B. विद्यार्थियों में सामाजिक चेतना का विकास करना
C. विद्यार्थियों को परीक्षा के लिए तैयार करना
D. विद्यार्थियों को व्यावहारिक जीवन के लिए तैयार करना

29. एक छात्र को मार्गदर्शन देने के लिए एक अध्यापक को जानना अत्यावश्यक है
A. अधिगम की कठिनाई को
B. उसके व्यक्तित्व को
C. उसके घर के वातावरण को
D. उपरोक्त सभी

30. निम्नलिखित में से कौन शिक्षा मनोविज्ञान की प्रकृति है?
A. कला
B. विज्ञान
C. विध्यात्मक विज्ञान
D. उपरोक्त में से कोई नहीं

हिन्दी भाषा

निर्देश (प्रश्न संख्या 31 से 35 तक): *निम्नलिखित गद्यांश को पढ़कर दिए गए प्रश्नों के उत्तर सबसे उचित विकल्प चुनकर दीजिए।*

लोकगीत अपनी लोच, ताजगी और लोकप्रियता में शास्त्रीय संगीत से भिन्न हैं। लोकगीत सीधे जनता के संगीत हैं। घर, गाँव और नगर की जनता के गीत हैं ये। इनके लिए साधना की जरूरत नहीं होती। त्योहारों और विशेष अवसरों पर ये गाए जाते हैं।

एक समय था जब शास्त्रीय संगीत के सामने इनको हेय समझा जाता था। अभी हाल तक इनकी बड़ी उपेक्षा की जाती थी। पर इधर साधारण जनता की ओर जो लोगों की नजर फिरी है तो साहित्य और कला के क्षेत्र में भी परिवर्तन हुआ है। अनेक लोगों ने विविध बोलियों के लोक-साहित्य और लोकगीतों के संग्रह पर कमर बाँधी है और इस प्रकार के अनेक संग्रह अब तक प्रकाशित भी हो गए हैं।

वास्तविक लोकगीत देश के गाँवों और देहातों में है। इनका संबंध देहात की जनता से है। चैता, कजरी, बारहमासा, सावन आदि मिर्जापुर, बनारस और उत्तर प्रदेश के पूरबी और बिहार के पश्चिमी जिलों में गाए जाते हैं। बाउल और भतियाली बंगाल के लोकगीत हैं। हीर-राँझा, सोहनी-महीवाल संबंधी गीत पंजाबी में और ढोला-मारू आदि के गीत राजस्थानी में बड़े चाव से गाए जाते हैं।

31. 'देहात की जनता' का तात्पर्य है
A. कस्बे का जनसमुदाय B. ग्रामीण जनसमुदाय
C. शहरी जनसमुदाय D. आदिवासी जनसमुदाय

32. 'कजरी' गायी जाती है
A. उत्तर प्रदेश में B. आसाम में
C. गुजरात में D. राजस्थान में

33. 'नजर फिरी है' का तात्पर्य है
A. उपेक्षा करना
B. दृष्टिकोण में परिवर्तन आना
C. अवलोकन करना
D. कुदृष्टि डालना

34. जनता का संगीत है
A. लोकगीत B. फिल्म संगीत
C. शास्त्रीय संगीत D. पाश्चात्य संगीत

35. 'बाउल' कहाँ का लोक संगीत है?
A. गुजरात B. उत्तर प्रदेश
C. बिहार D. बंगाल

36. 'तृ' की ध्वनियाँ हैं
A. त् + ऋ B. त + र
C. त् + ऋ + अ D. त्र + अ

37. निम्न में से कौन-सा समूह 'विष्णु' के पर्यायवाची शब्दों का है?
A. सुदेश, चक्रपाणि, चतुर्भुज, फणीश
B. चक्रपाणि, चतुर्भुज, शेषशायी, गरुड़ध्वज
C. शेखर, शशांक, दामोदर, विठ्ठल
D. महीधर, वैनतेय, वासव, देवराज

38. निम्न में से तद्भव शब्द है
A. कुमार B. कुक्कुर
C. काजल D. कोण

39. निम्न में से शुद्ध शब्द पहचानिए
A. सहानुभूती B. अश्रू
C. अनुपातिक D. ऐतिहासिक

40. 'पतझड़' में समास है
A. करण तत्पुरुष B. कर्म तत्पुरुष
C. बहुव्रीहि D. द्वन्द्व

41. 'हँसना' कैसी क्रिया है?
A. सकर्मक क्रिया B. अकर्मक क्रिया
C. संयुक्त क्रिया D. प्रेरणार्थक क्रिया

42. "जो पहले कभी नहीं हुआ हो" कहलाता है
A. अद्भुत B. अप्रत्याशित
C. अनुपम D. अभूतपूर्व

43. निम्न में से सघोष वर्ण है
A. अ B. क
C. ख D. च

44. 'हृषीकेश' की संधि है
A. हृषी + केश B. ऋषी + केश
C. हृषीक + ईश D. ऋषी + ईश

45. टिकाऊ में प्रत्यय है
A. ऊ B. आऊ
C. वू D. उक

46. शब्दकोश में निम्न शब्दों का सही क्रम बताइए
A. विश्व, विश्वंभरा, विश्वस्त, विश्वास
B. विश्वस्त, विश्व, विश्वंभरा, विश्वास
C. विश्वंभरा, विश्वस्त, विश्व, विश्वास
D. विश्वंभरा, विश्व, विश्वस्त, विश्वास

निर्देश (प्रश्न संख्या 47 से 51 तक): *निम्नलिखित गद्यांश को पढ़कर दिए गए प्रश्नों के उत्तर सबसे उचित विकल्प चुनकर दीजिए।*

मोर के सिर की कलगी और सघन, ऊँची तथा चमकीली हो गई। चोंच अधिक बंकिम और पैनी हो गई, गोल आँखों में इंद्रनी की नीलाभ द्युति झलकने लगी। लंबी नील-हरित ग्रीवा की हर भंगिमा में धूपछाँही तरंगें उठने-गिरने लगी। दक्षिण-वाम दोनों पंखों में सलेटी और सफेद आलेखन स्पष्ट होने लगे। पूँछ लंबी हुई और उसके पंखों पर चंद्रिकाओं के इंद्रधनुषी रंग उद्दीप्त हो उठे। रंग-रहित पैरों को गरवीली गति ने एक नयी गरिमा से रंजित कर दिया। उसका गरदन ऊँची कर देखना, विशेष भंगिमा के साथ उसे नीची कर दाना चुगना, पानी पीना, टेढ़ी कर शब्द सुनना आदि क्रियाओं में जो सुकुमारता और सौंदर्य था, उसका अनुभव देखकर ही किया जा सकता है। गति का चित्र नहीं आँका जा सकता।

मोरनी का विकास मोर के समान चमत्कारिक तो नहीं हुआ–परंतु अपनी लंबी धूपछाँही गरदन, हवा में चंचल कलगी, पंखों की श्याम-श्वेत पत्रलेखा, मंथर गति आदि से वह भी मोर की उपयुक्त सहचारिणी होने का प्रमाण देने लगी।

47. प्रस्तुत गद्यांश है
A. एक शब्दचित्र B. एक निबंध
C. एक रिपोर्ताज D. एक कहानी

48. 'रंजित' का तात्पर्य है
A. रंगयुक्त B. आवेश युक्त
C. शोभा युक्त D. इनमें से कोई नहीं

49. मंथर गति होती है
A. तेज गति B. धीमी गति
C. लय युक्त गति D. टेढ़ी गति

50. बंकिम का तात्पर्य है
A. टेढ़ा B. सुंदर
C. तीखा D. कठोर

51. किसकी क्रियाओं में सुकुमारता व सौंदर्य था?
A. मोर की B. मोरनी की
C. तोते की D. लेखिका की

52. शब्द युग्म अवर-अपर का सही अर्थ है?
A. अतिरिक्त – निम्न B. निम्न – अन्य
C. उच्च – निम्न D. निम्न – उच्च

53. 'किसी वस्तु को गलत समझ लेना' है
A. सन्देह B. संशय
C. भ्रान्ति D. अज्ञान

54. 'पण्डित' से बनी भाववाचक संज्ञा है
A. पाण्डित्य B. पंडिताईन
C. पठन D. ये सभी

55. 'मुद्रा' शब्द का अर्थ समूह चुनिए
A. मोहर, छाप, सिक्का, अँगूठी
B. चेहरे का भाव, छाप, अँगूठी, प्रति
C. नाम, लिखना, सिक्का, छापाखाना
D. चोट, छापा, धन, स्टाम्प

56. 'मरने की इच्छा' के लिए एक शब्द है
A. मृत्युकांक्षी B. मुमुर्षा
C. मरणेच्छु D. मरणासन्न

57. निम्नलिखित में से एक अनेकार्थी शब्द 'खग' से संबंधित नहीं है, उसको चुनिए
A. मन B. तीर
C. पक्षी D. आकाश

58. निम्न में से तत्सम शब्द है
A. अगम B. अमिय
C. आंवला D. आशिष

59. निम्न में से कौन शब्द हमेशा बहुवचन में प्रयुक्त होता है?
A. हस्ताक्षर
B. समाचारपत्र
C. चिड़िया
D. तिजोरी

60. 'त्यक्त' शब्द का सही विलोम है
A. गृहीत B. त्याज्य
C. तुच्छ D. प्रिय

ENGLISH LANGUAGE

61. Choose the correct word for the blank:
You can park the car on .... side of the road.
A. either B. none
C. both D. neither

62. Choose the correct meaning of:
'A beverage'
A. something red B. an alcoholic drink
C. any drink D. soft drink

63. Choose ***one word*** for the words underlined:
When her dog died she cried very hard for half an hour.

A. howl B. screamed
C. sobbed D. drowned

64. Kashmir is .... between India & Pakistan.

A. an apple of eye
B. an apple of discord
C. an apple of fight
D. None of the above

65. The Solitary Reaper is a melancholy song. Here, the word melancholy means:

A. expressing joy B. expressing sadness
C. expressng humour D. expressing anger

Directions (Q. No. 66 to 75) : *Read the passage given below and answer the questions that follow by selecting the* ***most appropriate*** *option.*

A completely uneducated farmer's work is far more important than that of a professor. We can live without education, but we die if we have no food. If no one cleaned our streets and took the rubbish away from the house, we should get terrible diseases in our towns. In countries where there are no servants, because every one is ashamed of doing house work, the professor have to waste much of their time doing house work.

In fact when we say that all of us must be educated, we mean that all of us must be educated in such a way that firstly, each of us can do what every job is suited to his ability and brain and secondly that we can realize that all jobs are necessary to society and that it is very bad to be ashamed of one's work or to scorn some one else's. Only such type of education can be called valuable to society.

66. If no one cleans our streets we should:

A. be unclean B. be unhappy
C. get diseases D. get dirty

67. Only such type of education can be called valuable. Such type of education refers to:

A. that which enables us to do any thing
B. that which enables us to scorn some one else's work
C. that which develops dislike in us
D. that which enables us to do any work and not to hate any work

68. Which word in the passage is one word for 'one who is a university teacher'?

A. teacher B. professor
C. educationist D. lecturer

69. A completely uneducated farmer's work is more important than:

A. that of a businessman
B. that of a professor
C. that of an artist
D. that of an advocate

70. Professors, in some countries waste their time because:

A. they have to do house work
B. they have to teach lower classes
C. they have to help the students
D. they have to wait for train

71. Which word in the passage is the ***opposite*** of 'like'?

A. terrible B. ashamed
C. scorn D. dislike

72. According to this passage what is very bad?

A. to be ashamed of one's work
B. to scorn some one else's work
C. both A and B
D. not to do work suited to our ability

73. Which word in the passage means 'waste material'?

A. uneducated B. ashamed
C. rubbish D. None of these

74. We can live without:

A. food B. education
C. playing D. doing exercise

75. What should we realize? We should realize that:

A. each of us can do farming
B. all jobs are necessary to society
C. all of us cannot get education
D. all of us should not do house work

76. The word 'Oasis' means:

A. a garden full of flowers
B. a palace surrounded by trees
C. a green patch in a desert
D. a barren piece of land

77. The passive form of 'He knows her' is:

A. She knows him
B. She is known to him
C. She has known to him
D. She has been known to him

78. Choose the correct ***conjunction*** for the blank:
He is witty .... vulgar.

A. that B. because
C. though D. so

79. Choose the correctly punctuated sentence:

A. What a day. B. What a day?
C. What, a day? D. What a day!

80. The phrase—'to look into' means:

A. to examine B. to search
C. to exercise D. to take care of

81. 'To imitate' someone means to:

A. copy someone B. tease someone
C. make someone angry D. please someone

82. Choose the correct ***preposition*** for the blank:
I mix up the butter .... I bake the cake.

A. before B. after
C. to D. None of the above

83. Choose the correct ***indirect*** form of:
Ravi said, "Guests have taken their lunch".
A. Ravi said that guests had taken their lunch.
B. Ravi said that guests have taken their lunch.
C. Ravi said that guests had to take their lunch.
D. Ravi said that guests are taking their lunch.

84. Choose the correct ***preposition*** for the blank:
There is a bench .... the lamp post.
A. through
B. over
C. along
D. beside

85. Choose the correct ***article*** for the blank:
Please help me clean my .... apartment.
A. a B. an
C. the D. Zero article

86. Choose the correct ***opposite*** word for the underlined word:
Her nephew isn't ugly.
A. beautiful B. handsome
C. large D. heavy

87. Choose the ***plural*** of the word given in bracket:
Scientists are always studying the .... (phenomenon) of nature.
A. phenomenons B. phenomenones
C. phenomena D. phenomenas

88. Meaning of the word 'prophecy' is:
A. proverb B. old saying
C. prediction D. None of the above

89. Choose the most natural order of the following words:
what's that bag/? in small
A. What's small in that bag?
B. Small whats in that bag?
C. What's in that small bag?
D. All of the above

90. Choose the correct ***tense*** of the underlined verb phrase:
Kavita said that she had been waiting for me for two hours when I arrived.
A. simple past
B. past perfect continuous
C. past perfect
D. present perfect continuous

SUBJECT SPECIFIC—सामाजिक अध्ययन

निर्देशः *निम्नलिखित प्रश्नों के उत्तर देने के लिए **सबसे उचित** विकल्प चुनिए।*

91. भू-अभिलेखन (रिकॉर्ड) के रख-रखाव के लिए कौन जिम्मेदार होता है?
A. पटवारी B. तहसीलदार
C. नम्बरदार D. उपर्युक्त में से कोई नहीं

92. किस प्रांत में रैय्यतवाड़ी राजस्व प्रणाली को लागू किया गया था?
A. बम्बई प्रांत B. बंगाल प्रांत
C. मद्रास प्रांत D. केन्द्रीय प्रांत

93. भारतीय संविधान के किस अनुच्छेद में 'जीवन और व्यक्तिगत स्वतंत्रता का अधिकार' वर्णित किया गया है?
A. अनुच्छेद 12 में B. अनुच्छेद 21 में
C. अनुच्छेद 22 में D. अनुच्छेद 20 में

94. भारत में चुनाव आयोग द्वारा चुनाव प्रचार के लिए निर्धारित अवधि है?
A. तीन सप्ताह B. दो सप्ताह
C. एक सप्ताह D. उपर्युक्त में से कोई नहीं

95. लोकसभा एवं विधानसभा चुनाव में प्रत्येक उम्मीदवार द्वारा खर्च की जाने वाली निर्वाचन आयोग द्वारा तय अधिकतम राशि है
A. 25 लाख और 10 लाख
B. 10 लाख और 25 लाख
C. 30 लाख और 15 लाख
D. 15 लाख और 30 लाख

96. यूरोप में राष्ट्रवाद के उदय का कारण था
A. फ्रांस क्रान्ति का प्रेरणादायी प्रभाव
B. नेपोलियन के प्रशासनिक सुधारों का प्रभाव
C. मध्यम वर्ग का उदय
D. उपर्युक्त सभी

97. हरियाणा में लोकसभा की कितनी सीटें हैं?
A. 10 B. 15
C. 20 D. 25

98. राष्ट्रीय अभिलेखागार अवस्थित है
A. मुम्बई में B. कोलकाता में
C. नई दिल्ली में D. पूना में

99. निम्न में से शहरों के किस युग्म में 'अग्नि कुण्ड' मिले हैं?
A. कालीबंगा – लोथल B. मोहनजोदड़ो – हड़प्पा
C. धौलावीरा – लोथल D. आमरी – कोटदीजी

100. सुमेलित कीजिए :
(*a*) पं. मोतीलाल नेहरू (*i*) संविधान सभा की सदस्य
(*b*) बी.आर. अम्बेडकर (*ii*) संविधान सभा के अध्यक्ष
(*c*) राजेन्द्र प्रसाद (*iii*) प्रारूप कमेटी के अध्यक्ष
(*d*) सरोजिनी नायडू (*iv*) 1928 में संविधान प्रस्ताव बनाया

	(*a*)	(*b*)	(*c*)	(*d*)
A.	(*iv*)	(*iii*)	(*ii*)	(*i*)
B.	(*iii*)	(*ii*)	(*i*)	(*iv*)
C.	(*i*)	(*ii*)	(*iii*)	(*iv*)
D.	(*ii*)	(*iii*)	(*iv*)	(*i*)

101. संसद की लोक लेखा समिति के अध्यक्ष हैं
A. प्रणब मुखर्जी B. सुषमा स्वराज
C. लालकृष्ण आडवाणी D. मुरली मनोहर जोशी

102. 'पेटेन्ट' से आप क्या समझते हैं?
A. सम्पत्ति पर एकमात्र अधिकार
B. शिक्षा पर एकमात्र अधिकार
C. किसी विचार या आविष्कार पर एकमात्र अधिकार
D. सूचना के अधिकार पर एकमात्र अधिकार

103. निम्न में से कौन-सा औद्योगीकरण का परिणाम नहीं था?
A. शहरीकरण B. मॉस प्रोडक्शन
C. उपनिवेशीकरण D. अंध-राष्ट्रवाद

104. बक्सर की लड़ाई हुई थी
A. 1674 ई. में B. 1746 ई. में
C. 1774 ई. में D. 1764 ई. में

105. जैन धार्मिक ग्रंथों का पहला संकलन तैयार हुआ था
A. अमरावती में B. वल्लभी में
C. प्रयाग में D. उज्जैन में

106. नई दिल्ली का वास्तुकार कौन था?
A. चार्ल्स कोरिया B. एडवर्ड लुटियन
C. ली कार्बुजियर D. उपर्युक्त में से कोई नहीं

107. निम्न में से कौन-सा देश 'बाल्कन क्षेत्र' का भाग नहीं है?
A. रोमानिया B. बुल्गारिया
C. यूनान D. इटली

108. लोकतंत्र (Democracy) शब्द किस भाषा से लिया गया है?
A. स्पेनिश B. फ्रेंच
C. यूनानी D. डच

109. भारत के प्रथम उपराष्ट्रपति कौन थे?
A. डॉ. सर्वपल्ली राधाकृष्णन् B. वराहगिरी वेंकट गिरि
C. डॉ. जाकिर हुसैन D. बी.डी. जत्ती

110. हिन्द-चीन उपनिवेश था
A. इटली का B. जर्मनी का
C. फ्रांस का D. इंग्लैंड का

111. अनुच्छेद 368 का संबंध है
A. आपातकाल से
B. राष्ट्रपति के चुनाव से
C. संविधान संशोधन से
D. मूल अधिकारों से

112. भारत की संसद मिलकर बनती है
A. लोकसभा, राज्यसभा व मंत्रिपरिषद् से
B. लोकसभा, राज्यसभा व प्रधानमंत्री से
C. लोकसभा व राज्यसभा से
D. लोकसभा, राज्यसभा व राष्ट्रपति से

113. बौद्ध धार्मिक ग्रंथ 'विनयपिटक' की विषयवस्तु है
A. धार्मिक प्रवचन B. बुद्ध का जीवन चरित्र
C. भिक्षुओं के नियम D. उपर्युक्त में से कोई नहीं

114. निम्न में से कौन-सा अधिकार 'मौलिक अधिकार' नहीं है?
A. हड़ताल करने का अधिकार
B. शोषण के विरुद्ध अधिकार
C. समानता का अधिकार
D. धार्मिक स्वतंत्रता का अधिकार

115. निम्न में से कौन इटली के एकीकरण से संबद्ध नहीं है?
A. मेजिनी B. गैरीबाल्डी
C. कावूर D. मुसोलिनी

116. "भारतीय राष्ट्रीय कांग्रेस" की स्थापना कब हुई?
A. 1885 में B. 1889 में
C. 1887 में D. 1881 में

117. सिद्धू व कान्हू का संबंध है
A. मुण्डा विद्रोह से B. संथाल विद्रोह से
C. भील विद्रोह से D. कोया विद्रोह से

118. किस राज्य में मिड डे मील योजना सर्वप्रथम शुरू की गई थी?
A. तमिलनाडु में B. आंध्र प्रदेश में
C. हरियाणा में D. पंजाब में

119. निम्न में से किस राजवंश ने मध्यकालीन भारत में शानदार उद्यानों का निर्माण किया?
A. मुगल B. तुगलक
C. खिलजी D. सैय्यद

120. यूरोप में प्रिंटिंग प्रेस का आविष्कारक कौन था?
A. गुटेनबर्ग B. कैक्सटन
C. रेमिंग्टन D. उपर्युक्त में से कोई नहीं

121. जब लोग रोजगार युक्त लगते हैं परन्तु वे वास्तव में नहीं होते .... बेरोजगारी कहलाती है।
A. खुली B. मौसमी
C. छुपी हुई D. संरचनात्मक

122. ग्लोब पर भूमध्यरेखा के समानान्तर खींची जाने वाली रेखाएँ कहलाती हैं
A. ट्रॉपिक्स B. देशान्तर
C. अक्षांश D. मेरिडियन्स

123. संसार का सबसे लंबा रेल मार्ग है
A. ट्रांस साईबेरियन रेलवे B. ट्रांस अरेबियन रेलवे
C. ट्रांस यूरोपियन रेलवे D. ट्रांस एशियन रेलवे

124. भारत का क्षेत्रफल विश्व के कुल भौगोलिक क्षेत्रफल का कितना प्रतिशत है?
A. 2.4 B. 3.5
C. 3.2 D. 3.7

125. देश का सबसे बड़ा वाणिज्यिक बैंक है
A. रिजर्व बैंक ऑफ इंडिया
B. स्टेट बैंक ऑफ इंडिया
C. आई.सी.आई.सी.आई. बैंक
D. आई.डी.बी.आई.

126. भारत में किस राज्य की सर्वाधिक तटीय सीमा है?
A. उड़ीसा B. आंध्र प्रदेश
C. गुजरात D. केरल

127. 'सर्व शिक्षा अभियान' .... वर्ष तक आयु समूह के सभी बच्चों को प्राथमिक शिक्षा प्रदान करने की दिशा में एक कदम है।
A. छह से चौदह B. आठ से दस
C. दस से बारह D. चार से पन्द्रह

128. हिमालय तथा आल्पस किस प्रकार के पर्वत हैं?
A. वलित पर्वत B. भ्रंशोत्थ पर्वत
C. ज्वालामुखी पर्वत D. उपर्युक्त में से कोई नहीं

129. पृथ्वी की घूर्णन दिशा है
A. पूर्व से पश्चिम B. पश्चिम से पूर्व
C. उत्तर से दक्षिण D. दक्षिण से उत्तर

130. निम्न में से कौन-सा आंतरिक ग्रह नहीं है
A. बुध B. शुक्र
C. पृथ्वी D. बृहस्पति

131. निम्न में से कौन-सा ऊर्जा का परंपरागत स्रोत है?
A. जलीय ऊर्जा B. सौर ऊर्जा
C. पवन ऊर्जा D. ज्वारीय ऊर्जा

132. 'गिर राष्ट्रीय उद्यान' स्थित है
A. राजस्थान में B. गुजरात में
C. महाराष्ट्र में D. असम में

133. 'झूम कृषि' भारत में कौन-से भाग में की जाती है?
A. पश्चिमी घाट B. दक्षिण भारत
C. मध्यवर्ती भारत D. उत्तरी पूर्वी भारत

134. 'चिनूक' है
A. शीत ऋतु में बहने वाली शीत पवन
B. शीत ऋतु में बहने वाली गर्म पवन
C. गर्म ऋतु में बहने वाली शीत पवन
D. गर्म ऋतु में बहने वाली गर्म पवन

135. भारत का केन्द्रीय बैंक कौन-सा है?
A. रिजर्व बैंक ऑफ इण्डिया
B. स्टेट बैंक ऑफ इण्डिया
C. केन्द्रीय सहकारी बैंक
D. सेन्ट्रल बैंक ऑफ इण्डिया

136. 12वीं पंचवर्षीय योजना की अवधि है
A. 2009–2014 B. 2012–2017
C. 2011–2016 D. 2010–2015

137. भारत की पूरब से पश्चिम की चौड़ाई है
A. 3214 किमी. B. 3516 किमी.
C. 5200 किमी. D. 2933 किमी.

138. 'बुग्याल' से आशय है
A. पहाड़ों में स्थित घास के मैदान
B. सूखे जंगल
C. रेगिस्तानी प्रदेश
D. उपर्युक्त में से कोई नहीं

139. जनगणना 2011 के अनुसार भारत में लिंगानुपात है
A. 933 B. 920
C. 861 D. 940

140. निम्न में से कौन-सी पर्वत शृंखला एशिया को यूरोप से अलग करती है?
A. एण्डीज B. हिमालय
C. यूराल D. पिरेनीज

141. राष्ट्रपति की मृत्यु के कारण रिक्त हुए राष्ट्रपति पद पर उपराष्ट्रपति रहता है
A. शेष रही अवधि तक
B. एक साल तक
C. अधिकतम छह माह तक
D. उस दिन तक जब नव निर्वाचित राष्ट्रपति पदभार ग्रहण करता है

142. जनगणना 2011 के अनुसार भारत की जनसंख्या में 'दशकीय वृद्धि' है
A. 21.02% B. 17.64%
C. 19.5% D. 19.6%

143. भारत में सेवाकर है
A. प्रत्यक्ष कर B. अप्रत्यक्ष कर
C. आरोही कर D. अवरोही कर

144. निम्नलिखित में से कौन-सा विकल्प सुमेलित नहीं है?
A. कलपक्कम – तमिलनाडु B. तारापुर – राजस्थान
C. नरोरा – उत्तर प्रदेश D. कैगा – कर्नाटक

145. देश, जिसकी भारत के साथ सबसे लंबी अन्तर्राष्ट्रीय सीमा है
A. बांग्लादेश B. चीन
C. म्यांमार D. पाकिस्तान

146. निम्नलिखित किस कारण से केरल में शिशु मृत्युदर न्यूनतम है?
A. बेहतर शैक्षणिक सुविधाएँ
B. प्राथमिक स्वास्थ्य सुविधाओं का समुचित प्रबंध
C. रोजगार के बेहतर अवसर
D. उपरोक्त सभी

147. निम्नलिखित में से सबसे लंबी नदी कौन-सी है?
A. गंगा B. ब्रह्मपुत्र
C. यमुना D. चम्बल

148. पाँचवाँ सबसे बड़ा ग्रह है
- A. मंगल
- B. शुक्र
- C. पृथ्वी
- D. शनि

149. UNDP द्वारा प्रकाशित मानव विकास रिपोर्ट देशों की किस आधार पर तुलना करती है?
- A. नागरिकों का शैक्षिक स्तर
- B. उनका स्वास्थ्य स्तर
- C. देश की प्रतिव्यक्ति आय
- D. उपरोक्त सभी

150. 'विषुव' का तात्पर्य है
- A. संपूर्ण पृथ्वी पर समान दिन-रात
- B. उत्तरी गोलार्द्ध में सबसे छोटा दिन
- C. दक्षिणी गोलार्द्ध में सबसे छोटा दिन
- D. उपर्युक्त में से कोई नहीं

उत्तरमाला

1	**2**	**3**	**4**	**5**	**6**	**7**	**8**	**9**	**10**
A	D	D	D	D	A	A	A	A	B
11	**12**	**13**	**14**	**15**	**16**	**17**	**18**	**19**	**20**
C	B	C	B	D	C	D	D	D	B
21	**22**	**23**	**24**	**25**	**26**	**27**	**28**	**29**	**30**
B	A	D	D	D	C	D	D	D	C
31	**32**	**33**	**34**	**35**	**36**	**37**	**38**	**39**	**40**
B	A	B	A	D	A	B	C	D	C
41	**42**	**43**	**44**	**45**	**46**	**47**	**48**	**49**	**50**
B	D	A	C	B	D	A	C	B	B
51	**52**	**53**	**54**	**55**	**56**	**57**	**58**	**59**	**60**
A	B	C	A	A	B	A	D	A	A
61	**62**	**63**	**64**	**65**	**66**	**67**	**68**	**69**	**70**
A	C	C	B	B	C	D	B	B	A
71	**72**	**73**	**74**	**75**	**76**	**77**	**78**	**79**	**80**
C	C	C	B	B	C	B	C	D	A
81	**82**	**83**	**84**	**85**	**86**	**87**	**88**	**89**	**90**
A	A	A	D	D	B	C	C	C	B
91	**92**	**93**	**94**	**95**	**96**	**97**	**98**	**99**	**100**
A	C	B	B	A	D	A	C	A	A
101	**102**	**103**	**104**	**105**	**106**	**107**	**108**	**109**	**110**
D	C	D	D	B	B	D	C	A	C
111	**112**	**113**	**114**	**115**	**116**	**117**	**118**	**119**	**120**
C	D	C	A	D	A	B	A	A	A
121	**122**	**123**	**124**	**125**	**126**	**127**	**128**	**129**	**130**
C	C	A	A	B	C	A	A	B	D
131	**132**	**133**	**134**	**135**	**136**	**137**	**138**	**139**	**140**
A	B	D	B	A	B	D	A	D	C
141	**142**	**143**	**144**	**145**	**146**	**147**	**148**	**149**	**150**
D	B	B	B	A	D	B	C	D	A

YOUR SPACE

बाल विकास एवं शिक्षा शास्त्र

CHILD DEVELOPMENT AND PEDAGOGY

1. विकास एवं अधिगम में अंतः संबद्धता (Child Development and Its Relation with Learning)

विकास एक निरंतर चलायमान प्रक्रिया है। इसकी प्रकृति नदी जल के अविरल प्रवाह के समान है। इसमें बालक के व्यक्तित्व का विकास–शारीरिक, क्रियात्मक, संज्ञानात्मक, भाषायी, संवेगात्मक एवं सामाजिक आदि जैसे विभिन्न कारकों के सहयोग से सम्पन्न होता है। विकास की इस प्रक्रिया में रुचि, आदत, दृष्टिकोण, जीवन-मूल्य, स्वभाव, व्यक्तित्व, व्यवहार आदि सकारात्मक प्रभाव डालते हैं।

बाल विकास के अवधारणात्मक मुद्दे
(Concept of Child Development)

(*i*) बालक के गर्भ में आने के बाद निरंतर प्रगति होती रहती है। इस प्रगति का विभिन्न आयु एवं अवस्था के दौरान स्वरूप रूपांतरित होता रहता है।

(*ii*) ऐसा देखा गया है कि बालकों में पाई जानेवाली व्यक्तिगत विभिन्नताएं उसके आनुवंशिक एवं परिवेशजन्य परिस्थिति से प्रेरित होती है।

(*iii*) बालक के जीवन-मूल्य, स्वभाव, आदत, रुचि, दृष्टिकोण एवं व्यवहार आदि में जन्म के समय से ही सदैव परिवर्तन आते रहते हैं। इनका विभिन्न आयु वर्ग एवं अवस्था में स्वरूप भिन्न-भिन्न होता है। साथ ही परिवर्तन की प्रक्रिया की प्रकृति में भी भिन्नता होती है।

(*iv*) जन्म से पूर्व एवं जन्म के बाद से परिपक्व होने तक बालक में होने वाले परिवर्तन की प्रकृति में भिन्नता होती है।

(*v*) बालक में होने वाले परिवर्तन उसकी आयु के साथ घनिष्ठ रूप से जुड़े होते हैं।

(*vi*) यह बात भी बिल्कुल सत्य है कि समय-समय पर बालक में होने वाले परिवर्तन उसके व्यक्तित्व एवं व्यवहार को प्रभावित करते हैं।

(*vii*) पूर्व में घटित परिवर्तनों के आधार पर बालक के भविष्य में होने वाले परिमाणात्मक एवं गुणात्मक परिवर्तनों की भी भविष्यवाणी की जा सकती है।

(*viii*) सभी बालकों में वृद्धि एवं विकास संबंधी परिवर्तनों में एकरूपता नहीं होती बल्कि उसमें अन्तर होता है।

(*ix*) बालकों में समयानुसार एवं आयु व अवस्था अनुसार होने वाले परिवर्तनों के लिए कुछ कारक जिम्मेदार होते हैं। इन कारकों में मुख्यतः लैंगिक, परिवेशजन्य एवं अवस्था से संबद्ध होते हैं।

बाल विकास के सिद्धांत
(Principles of Child Development)

बालको में होने वाले शारीरिक एवं मानसिक विकास कुछ विशेष प्रकार के सिद्धांतों पर आधारित होते हैं। ये सिद्धांत ही बाल विकास के सिद्धांत कहलाते हैं। बाल विकास से संबद्ध कुछ महत्त्वपूर्ण सिद्धांत निम्न हैं:

(*i*) **निरंतरता का सिद्धांत (Principle of Continuity):** इस सिद्धांत के अनुसार विकास एक न रुकने वाली प्रक्रिया है। यह प्रक्रिया माँ के गर्भ से शुरू होकर मृत्युपर्यंत चलती रहती है। मनुष्य का जीवन नगण्य आकार से प्रारंभ होकर व्यक्तित्व के सभी पक्षों–शारीरिक, सामाजिक एवं मानसिक आदि का संपूर्ण विकास इसी निरंतरता के गुण के कारण भली-भांति प्राप्त करता है।

(*ii*) **विकास का सामान्य से विशेष की ओर का सिद्धांत (Development Proceeds from General to Specific Responses):** विकास की प्रक्रिया में सबसे पहले सामान्य क्रियाओं के दर्शन होते हैं उसके बाद विशिष्ट क्रियाओं का स्थान आता है। उदाहरणार्थ–बालक अपने हाथों से कुछ चीज पकड़ने से पहले इधर-उधर यूं ही हाथ मारने या फैलाने की चेष्टा करता है। इसी प्रकार शुरू में एक नवजात शिशु के रोने और चिल्लाने में उसके सभी अंग-प्रत्यंग भाग लेते हैं। परंतु बाद में वृद्धि और विकास की प्रक्रिया के परिणामस्वरूप ये क्रियाएं उसकी आँखों और वाक्तंत्र तक सीमित हो जाती हैं। भाषा विकास के क्रम में बालक सबसे सामान्य शब्द ही सीखता है। पहले-पहल वह सभी व्यक्तियों को 'पापा' कहकर संबोधित करता है, इसके पश्चात ही वह अपने पिता को 'पापा' कहकर संबोधित करना सीखता है।

(*iii*) **विकास की दिशा का सिद्धांत (Principle of Developments Directions):** इस सिद्धांत के अनुसार विकास की प्रक्रिया पूर्व निश्चित दिशा में आगे बढ़ती है। विकास की प्रक्रिया की यह दिशा व्यक्ति के वंशानुगत एवं वातावरण-जन्य कारकों से प्रभावित होती है। इसके अनुसार बालक सबसे पहले अपने सिर और भुजाओं की गति पर नियंत्रण करना सीखता है और उसके बाद फिर टांगों को। इसके बाद ही वह अच्छी तरह बिना सहारे के खड़ा होना और चलना सीखता है।

(*iv*) **वैयक्तिक भिन्नता का सिद्धांत (Principle of Individual Difference):** इस सिद्धांत के अनुसार बालकों का विकास और वृद्धि उनकी अपनी वैयक्तिकता के अनुरूप होती है। वे अपनी स्वाभाविक गति से ही वृद्धि और विकास के विभिन्न क्षेत्रों में आगे बढ़ते हैं और इसी कारण उनमें पर्याप्त विभिन्नताएं देखने को मिलती हैं। कोई भी एक बालक वृद्धि एवं विकास की दृष्टि से किसी अन्य बालक के समरूप नहीं होता। विकास के इस सिद्धांत के कारण ही कोई बालक अत्यंत मेधावी, कोई बालक सामान्य तथा कोई बालक पिछड़ा या मंद होता है।

(*v*) **विकास के क्रम की समरूपता (Uniformity of Pattern):** यह सिद्धांत इस बात की ओर संकेत करता है कि विकास की गति में एक समानता न होने तथा पर्याप्त वैयक्तिक अंतर पाए जाने के बाद भी विकास के क्रम में कुछ समरूपता के दर्शन होते हैं। इस क्रम में एक ही जाति विशेष सदस्यों में कुछ एक जैसी समानताएं देखने को मिलती हैं।

(*vi*) **एकीकरण का सिद्धांत (Principle of Integration):** विकास की प्रक्रिया एकीकरण के सिद्धांत का पालन करती है। इस सिद्धांत के अनुसार बालक पहले संपूर्ण अंग को फिर अंग के भागों को चलाना सीखता है। इसके बाद वह उन भागों को एकीकृत करना सीखता है। सामान्य से विशेष की ओर बढ़ते हुए विशेष प्रतिक्रियाओं तथा चेष्टाओं को इकट्ठे रूप में प्रयोग में लाना सीखता है। उदाहरणार्थ–एक बालक पहले पूरे हाथ को, फिर अंगुलियों को एक साथ चलाना सीखता है।

(*vii*) **वृद्धि एवं विकास का सिद्धांत (Principle of Growth and Development):** इस सिद्धांत के अनुसार वृद्धि और विकास की क्रिया वंशानुक्रम और वातावरण का संयुक्त परिणाम है। अन्य शब्दों में वृद्धि और विकास की प्रक्रिया में वंशानुक्रम जहाँ आधार का कार्य करता है वहाँ वातावरण इस आधार पर बनाए जाने वाले व्यक्तित्व संबंधी भवन के लिए आवश्यक सामग्री एवं अनुकूलता जुटाने में सहयोग देता है। अतः वृद्धि और विकास की प्रक्रियाओं में इन दोनों को समान महत्व दिया जाना आवश्यक हो जाता है।

(*vii*) **वृद्धि एवं विकास की गति की दर में असमरूपता का सिद्धांत (Rate of Growth and Development is not Uniform):** विकास की प्रक्रिया जीवनपर्यंत चलती रहती है, किन्तु इस प्रक्रिया में विकास की गति सदैव एक समान नहीं होती। शैशवावस्था के शुरू के वर्षों में यह गति कुछ तीव्र होती है, परन्तु बाद के वर्षों में यह मंद पड़ जाती है। पुनः किशोरावस्था के प्रारंभ में इस गति में तेजी से वृद्धि होती है परन्तु यह अधिक समय तक नहीं बनी रहती। इस प्रकार स्पष्ट है कि वृद्धि और विकास की गति में उतार-चढ़ाव आते ही रहते हैं। किसी भी अवस्था में यह एक जैसी नहीं रह पाती।

विकास एवं वृद्धि में अंतर (Difference between Growth and Development)

विकास	वृद्धि
1. विकास का प्रयोग परिमाणात्मक एवं व्यावहारिक परिवर्तनों के लिए होता है।	1. वृद्धि का प्रयोग केवल परिमाणात्मक परिवर्तनों के लिए होता है।
2. विकास एक निरंतर चलने वाली प्रक्रिया है तथा यह बालक के परिपक्व होने के बाद भी चलती रहती है।	2. वृद्धि की प्रक्रिया आजीवन नहीं चलती और बालक के परिपक्व होने के साथ रूक जाती है।
3. विकास का व्यापक संदर्भ में प्रयोग किया जाता है तथा वृद्धि इसी का एक अंग है।	3. वृद्धि विकास की प्रक्रिया का एक चरण है तथा इसका क्षेत्र सीमित होता है।
4. बालक में विकास के लिए वृद्धि आवश्यक नहीं है।	4. बालक की शारीरिक वृद्धि हो रही है तो यह आवश्यक नहीं है कि उसका विकास भी हो रहा है।

विकास की अवस्था का वर्गीकरण (Different Stages of Human Development)

मानव जीवन विभिन्न अवस्थाओं (Stages) से होते हुए आगे बढ़ता है। यह बात बिल्कुल सत्य है कि विकास की एक अवस्था से दूसरी अवस्था के मध्य विकास के समय तथा दर के सापेक्ष व्यक्ति निश्चित रूप से भिन्न होते हैं। यह देखा जा सकता है कि कुछ व्यवहार प्रारूप तथा कुछ कौशल एक विशिष्ट अवस्था में अधिक आसानी से एवं सफलतापूर्वक सीखे जाते हैं। व्यक्ति की ये उपलब्धियां विकास की उस अवस्था के लिए एक सामाजिक अपेक्षा बन जाती है। इन्हें विकासात्मक कार्य (Development Tasks) कहते हैं।

विद्वानों ने मानव विकास की विभिन्न अवस्थाओं का वर्गीकरण प्राचीन एवं आधुनिक विचारधारा के आधार पर किया है–

प्राचीन विचारधारा

इस विचारधारा के अनुसार भारतीय मनीषियों ने मानव विकास की अवस्था को सात कालों में बांटा है–

	अवस्था		काल
1.	गर्भावस्था	–	गर्भ धारण करने से जन्म तक।
2.	शैशवावस्था	–	जन्म से 5 वर्ष तक।
3.	बाल्यावस्था	–	5 से 12 वर्ष तक।
4.	किशोरावस्था	–	12 से 18 वर्ष तक।
5.	युवावस्था	–	18 से 25 वर्ष तक।
6.	प्रौढ़ावस्था	–	25 से 55 वर्ष तक।
7.	वृद्धावस्था	–	55 वर्ष से मृत्युपर्यंत।

आधुनिक विचारधारा

इस विचारधारा के अनुसार अधिकतर विद्वानों ने मानव विकास की अवस्था को चार कालों में बांटा है–

	अवस्था		काल
1.	शैशवावस्था	–	जन्म से 6 वर्ष तक।
2.	बाल्यावस्था	–	6 से 12 वर्ष तक।
3.	किशोरावस्था	–	12 से 18 वर्ष तक।
4.	वयस्कावस्था	–	18 वर्ष से मृत्युपर्यंत।

आधुनिक विचारधारा के तहत शिक्षा की दृष्टि से प्रथम तीन अवस्थाएं ही महत्वपूर्ण हैं। इसलिए शिक्षा मनोविज्ञान में इन्हीं तीन अवस्थाओं में होने वाले मानव विकास का अध्ययन किया जाता है।

शैशवावस्था (Infancy)

(*i*) जन्म से छः वर्ष तक की अवस्था को शैशवावस्था कहा जाता है। इसमें जन्म से तीन वर्ष तक बच्चों का शारीरिक व मानसिक विकास तेजी से होता है।

(*ii*) इस काल में जिज्ञासा की एवं दोहराने की तीव्र प्रवृत्ति बच्चों में पाई जाती है।

(*iii*) यह काल भाषा सीखने की सर्वोत्तम अवस्था है।

(*iv*) इस काल में बच्चों का समाजीकरण भी प्रारम्भ हो जाता है अथवा शिक्षा की दृष्टि से भी यह काल सर्वाधिक महत्वपूर्ण माना जाता है।

शैशवावस्था के विकास के विभिन्न आयाम एवं अधिगम से उनका संबंध (Various Stages of Infancy and Its Relationship with Learning)

पेशीय विकासः नवजात शिशुओं की पेशीय (शारीरिक) क्रियाएं प्रतिवर्त (reflexes) से संचालित होती है। ये आनुवंशिक रूप से प्राप्त अतिजीविता तंत्र हैं तथा बाद के पेशीय विकास के लिए ये आधारभूत इकाइयां हैं। नवजात शिशुओं को सीखने के अवसर मिलने के पहले प्रतिवर्त अनुकूल तंत्र के रूप में कार्य करते हैं। नवजात शिशुओं में पाए जाने वाले कुछ प्रतिवर्त जैसे–खांसना, पलक झपकाना तथा जम्हाई लेना, जीवनपर्यंत बने रहते हैं। कुछ दूसरे प्रतिवर्त मस्तिष्क की कार्यप्रणाली के परिपक्व होने तथा व्यवहार पर ऐच्छिक नियंत्रण के विकसित हो जाने पर विलुप्त हो जाते हैं।

संवेदी योग्यताएंः नवजात शिशु जन्म के मात्र कुछ घंटे के बाद ही अपनी मां की आवाज को पहचान सकते हैं एवं उनमें अन्य संवेदी क्षमताएं भी होती हैं। वे (नवजात शिशु) कुछ उद्दीपकों, जैसे–चेहरों को अन्य उद्दीपकों की तुलना में देखना पसंद करते हैं, यद्यपि यह पसंद जीवन के प्रथम कुछ महीनों में परिवर्तित होती है। प्रौढ़ों की तुलना में नवजात शिशुओं की दृष्टि कम आंकी गई है। छठे महीने तक इसमें सुधार होता है और लगभग एक वर्ष की उम्र तक दृष्टि लगभग प्रौढ़ों के समान हो जाती है। नवजात शिशु सामान्यतया रंग विभेदन में अपूर्ण होते हैं एवं पूर्ण रंग विभेदन दृष्टि 3 माह की आयु तक विकसित होती है।

नवजात शिशु जैसे-जैसे विकसित होते हैं उनकी ध्वनि की दिशा निर्धारण दक्षता में सुधार होता है। नवजात शिशु स्पर्श के प्रति अनुक्रिया करते हैं एवं वे पीड़ा की अनुभूति भी कर सकते हैं। घ्राण एवं स्वाद की दोनों क्षमताएं भी नवजात शिशुओं में होती हैं।

संज्ञानात्मक विकास : शैशवावस्था में संज्ञानात्मक विकास के विषय में जीन पियाजे (Jean Piaget) ने इस बात पर बल दिया है कि बच्चे संसार के बारे में अपनी समझ की रचना सक्रिय रूप से करते हैं। परिवेश से सूचनाएं उनके मन में मात्र प्रवेश ही नहीं करती हैं बल्कि जैसे-जैसे बच्चे बड़े होते हैं अतिरिक्त सूचनाएं अर्जित की जाती हैं और नए विचारों को अंतर्निहित करने के लिए वे अपने चिंतन का अनुकूलन करते हैं, क्योंकि इससे संसार के बारे में उनकी समझ में सुधार होता है। पियाजे का मानना था कि शैशवावस्था से लेकर किशोरावस्था तक बच्चों का मन विचारों की अवस्थाओं की एक शृंखला से गुजरता है।

शिशुओं में वाचिक संप्रेषण का आधार उपस्थित रहता है। शिशुओं में 3 से 6 माह की आयु के बीच बबलाने से स्वरीकरण का प्रारंभ होता है।

सामाजिक-संवेगात्मक विकास : शिशु जन्म से ही सामाजिक प्राणी होता है। एक शिशु परिचित चेहरों को वरीयता देना प्रारम्भ कर देता है और कूकने एवं किलकारी भरने के द्वारा माता-पिता की उपस्थिति के प्रति अनुक्रिया करता है। छः से आठ माह की आयु तक वे अधिक गतिशील हो जाते हैं एवं अपनी माता के साथ रहना पसंद करने लगते हैं, जब वे नए चेहरे को देखकर डर जाते हैं या पीड़ा की अभिव्यक्ति करते हैं। माता-पिता या देख-रेख करने वाले से पुनः मिलने पर वे मुस्कराहट या आलिंगन से अपने भाव का प्रदर्शन करते हैं। शिशु एवं उनके माता-पिता (पालनकर्ता) के बीच स्नेह का जो सांवेगिक बंधन विकसित होता है उसे आसक्ति (attachment) कहते हैं।

बाल्यावस्था (Childhood)

(*i*) छः से बारह वर्ष तक की अवस्था को बाल्यावस्था कहा जाता है।

(*ii*) इस काल में बच्चा शारीरिक रूप से विकसित होता है।

(*iii*) शैशवावस्था की तुलना में बाल्यावस्था में बच्चों में सीखने की गति मन्द हो जाती है, किन्तु उनके सीखने का क्षेत्र विस्तृत हो जाता है।

(*iv*) इस काल के बाद बच्चे पढ़ाई में रूचि लेने लगते हैं तथा उनमें चिन्तन एवं तर्क शक्तियों का विकास भी होता है।

(*v*) इस अवस्था में बच्चों की शिक्षा के लिए विभिन्न विधियों का प्रयोग करना चाहिए।

बाल्यावस्था के विकास के विभिन्न आयाम एवं अधिगम से उनका संबंध (Various Stages of Childhood and Its Relationship with Learning)

पेशीय विकासः बाल्यावस्था के प्रारम्भ के वर्षों में स्थूल पेशीय कौशलों के अंतर्गत् भुजाओं एवं पैरों का उपयोग करना तथा अधिक विश्वास तथा उद्देश्यपूर्ण ढंग से परिवेश में घूमना-फिरना सम्मिलित है। सूक्ष्म पेशीय कौशलों–उंगली निपुणता तथा नेत्र-हस्त समन्वय में पूर्व-बाल्यावस्था में अत्यधिक सुधार होता है। इस अवधि में बच्चे के बाएं अथवा दाएं हाथ के लिए वरीयता का भी विकास होता है।

संज्ञानात्मक विकास : बच्चे में वस्तु स्थायित्व के संप्रत्यय (Concept) को सीखने की योग्यता उसे वस्तुओं को निरूपित करने के लिए मानसिक प्रतीकों का उपयोग करने में सक्षम बनाती है। परन्तु इस अवस्था में बच्चों में उस योग्यता का अभाव होता है जो उन्हें शारीरिक रूप से किए गए कार्यों को मानसिक रूप से करने की सुविधा प्रदान करती है। पूर्व-बाल्यावस्था में संज्ञानात्मक विकास पियाजे के पूर्व-संक्रियात्मक विचार की अवस्था पर ध्यान केंद्रित करता है। जो वस्तु भौतिक रूप से उपस्थित नहीं है उसे मानसिक रूप से निरूपित करने की योग्यता बच्चा प्राप्त करता है।

सामाजिक-संवेगात्मक विकास : स्व, लिंग तथा नैतिक विकास बच्चों के सामाजिक-सांवेगिक विकास के महत्वपूर्ण आयाम हैं। बाल्यावस्था के प्रारम्भिक वर्षों में 'स्व' में कुछ महत्वपूर्ण विकास होते हैं। समाजीकरण के कारण बच्चा यह बोध विकसित कर लेता है कि वह कौन है और वह अपनी पहचान किसकी तरह बनाना चाहता है। विकसित हो रहे स्वतंत्रता के बोध के कारण बच्चे कार्यों को अपने तरीके से करते हैं। इसके विपरीत, यदि उन्हें यह अनुभव कराया जाता है कि उनके प्रश्न अनुपयोगी हैं तथा उनके द्वारा खेले गए खेल मूर्खतापूर्ण हैं तो सम्भव है कि बच्चों में स्वयं के द्वारा प्रारम्भ की गई क्रियाओं के प्रति दोष-भावना विकसित होगी, जो बच्चों के बाद के जीवन में भी बनी रह सकती है। पूर्व-बाल्यावस्था में आत्मबोध स्वयं की शारीरिक विशेषताओं के आधार पर परिभाषित करने तक सीमित रहता है। मध्य एवं विलंबित बाल्यावस्था में बच्चे में सम्भवतः स्वयं को अपनी आंतरिक विशेषताओं के आधार पर परिभाषित करने की सम्भावना बढ़ जाती है। स्वयं को मानसिक विशेषताओं के आधार पर परिभाषित करने के अतिरिक्त बच्चों के आत्म-विवरण के अन्तर्गत् स्व का सामाजिक पक्ष भी आता है। बच्चे सम्भवतः इसके बारे में भी सोच सकते हैं कि वे दूसरों की तुलना में क्या कर सकते हैं अथवा क्या नहीं कर सकते हैं। यह विकासात्मक परिवर्तन एक व्यक्ति के रूप में दूसरों से स्वयं की भिन्नता स्थापित करने में सहायक होता है।

नैतिक विकास : बच्चे के विकास का दूसरा महत्वपूर्ण पक्ष है मानवीय क्रियाओं के सही या गलत होने के मध्य अन्तर करना, अपराध बोध की अनुभूति करना, स्वयं को दूसरे व्यक्ति के स्थान पर रखकर देखना तथा जब दूसरे लोग कठिनाई में होते हैं तो उनकी मदद करना सीखते हैं, ये सभी नैतिक विकास के घटक हैं। बच्चे जिस प्रकार संज्ञानात्मक विकास की विभिन्न अवस्थाओं से गुजरते हैं, लॉरेंस कोहल्बर्ग (Lawrence Kohlberg) के अनुसार, वैसे ही वे नैतिक विकास की विभिन्न अवस्थाओं से गुजरते हैं। ये अवस्थाएं आयु से संबद्ध होती हैं। कोहल्बर्ग के अनुसार अलग-अलग उम्र में बच्चे सही एवं गलत के बारे में भिन्न-भिन्न प्रकार से विचार करते हैं। छोटा बच्चा अर्थात् नौ वर्ष की आयु के पहले, बाह्य एवं प्रभावी व्यक्तियों के संदर्भ में चिंतन करता है। उसके (बच्चे) अनुसार कोई कार्य गलत है क्योंकि उसके लिए वह दंडित किया जाता है। जब बच्चा बड़ा (पूर्व-किशोरावस्था) होता है, वह दूसरों द्वारा स्थापित नियमों जैसे–माता-पिता अथवा समाज के नियमों के द्वारा नैतिक तर्कशक्ति विकसित करता है। बच्चे इन नियमों को स्वयं के नियमों के रूप में स्वीकृत करते हैं। प्रवीण बनने तथा दूसरों की स्वीकृति प्राप्त करने के लिए इनको आत्मसात कर लिया जाता है। बच्चे इन नियमों को ऐसे सुनिश्चित दिशा-निर्देश के रूप में देखते हैं जिनका अनुसरण किया जाना चाहिए। इस अवस्था में नैतिक चिंतन अपेक्षाकृत अटल होते हैं। जब वे बड़े होते हैं तो वे धीरे-धीरे व्यक्तिगत नैतिक संहिता या नियमावली विकसित कर लेते हैं।

किशोरावस्था (Adolescence)

(*i*) बारह से अठारह वर्ष तक की अवस्था को किशोरावस्था कहा जाता है।

(*ii*) इस अवस्था में किशोर-किशोरियों की बुद्धि का पूर्ण विकास हो जाता है, उनकी स्मरण शक्ति बढ़ जाती है एवं उनके ध्यान केन्द्रित करने की क्षमता भी बढ़ जाती है।

(*iii*) इस अवस्था में नशा या अपराध की ओर उन्मुख होने की संभावना रहती है।

(*iv*) इस अवस्था में किशोरों की लम्बाई एवं भार दोनों में वृद्धि होती है।

(*v*) इस अवस्था में मित्र बनाने की प्रवृत्ति तीव्र होती है एवं मित्रता में प्रगाढ़ता भी इस दौरान सामान्य सी बात है।

(*vi*) यौन समस्या इस अवस्था में सबसे बड़ी समस्या होती है।

किशोरावस्था के विकास के विभिन्न आयाम एवं अधिगम से उनका संबंध (Various Stages of Adolescence and Its Relationship with Learning)

शारीरिक विकास : यौवनारंभ या लैंगिक परिपक्वता बाल्यावस्था के अंत को तथा किशोरावस्था के प्रारंभ को इंगित करती है जो संवृद्धि दर एवं लैंगिक विशेषताओं दोनों में ही आकस्मिक परिवर्तनों के द्वारा परिभाषित होती है, परन्तु यौवनारंभ अचानक उत्पन्न होने वाली घटना नहीं है बल्कि यह एक क्रमिक प्रक्रिया का अंग है। यौवनारंभ की अवस्था में स्रावित होने वाले हार्मोन के कारण मूल एवं गौण लैंगिक लक्षण विकसित होते हैं। मूल लैंगिक लक्षणों के अंतर्गत् वे लक्षण आते हैं जो प्रजनन से प्रत्यक्ष रूप से जुड़े हैं तथा गौण लैंगिक लक्षणों के अंतर्गत लैंगिक परिपक्वता को प्राप्त कर लेने के लक्ष्य या संकेत आते हैं। त्वरित संवृद्धि, चेहरों पर बालों का उगना तथा स्वर में परिवर्तन आदि से लड़कों में यौवनारंभ से संबंधित परिवर्तन प्रदर्शित होता है। लड़कियों की ऊंचाई में तीव्र संवृद्धि प्रायः मासिक धर्म प्रारंभ होने के लगभग दो वर्ष पहले शुरू होती है। लड़कों में 12 या 13 वर्ष की उम्र में तथा लड़कियों में 10 या 11 वर्ष की उम्र में शारीरिक विकास में तीव्र संवृद्धि प्रारम्भ होती है। यौवनारंभ अनुक्रम में परिवर्तन का पाया जाना एक सामान्य प्रक्रिया है। इसमें आनुवंशिकता एवं परिवेश दोनों की ही महत्वपूर्ण भूमिका हो सकती है।

किशोरावस्था में होने वाले शारीरिक विकास के साथ अनेक मानसिक परिवर्तन भी होते हैं। यौवनारंभ के आस-पास किशोर विपरीत लिंगी सदस्यों एवं यौन संबंधी मामलों में अधिक रुचि का प्रदर्शन करते हैं एवं यौन-अनुभूतियों के प्रति उनमें एक नई जागरुकता विकसित होती है। कामुकता या यौन संबंधी विषयों पर अधिक ध्यान देना अनेक कारकों के कारण होता है; जैसे—जैविक परिवर्तनों के प्रति सजगता तथा समकक्षियों, माता-पिता एवं समाज द्वारा कामुकता पर अधिक बल देना। इसके बावजूद अनेक किशोरों में काम-व्यवहार के प्रति उपयुक्त ज्ञान का अभाव होता है अथवा उनमें इसके प्रति अनेक भ्रांतियां होती हैं। यौन एक ऐसा विषय है जिस पर माता-पिता बच्चों से परिचर्या करने में कठिनाई का अनुभव करते हैं, इसलिए किशोर यौन संबंधी मामलों में गोपनीयता बरतने लगते हैं जो सूचनाओं के आदान-प्रदान तथा संप्रेषणीयता को कठिन बना देता है। एड्स एवं यौन-संक्रमित अन्य रोगों के खतरे के कारण वर्तमान समय में किशोरों में कामुकता के प्रति अधिक ध्यान दिया जा रहा है।

यौन पहचान का विकास यौन-उन्मुखता को परिभाषित करता है एवं काम-व्यवहार को निर्देशित करता है। इस रूप में यह किशोरों के लिए महत्वपूर्ण विकासात्मक कार्य बन जाता है। अपने शारीरिक परिपक्वता को स्वीकार करना किशोरावस्था में एक दूसरा महत्वपूर्ण विकासात्मक कार्य है। यह बात ध्यान रखने योग्य है कि यौवनारंभ की अवस्था में शारीरिक परिवर्तनों के साथ-साथ संज्ञानात्मक एवं सामाजिक परिवर्तन भी होते हैं।

संज्ञानात्मक विकासात्मक परिवर्तन : किशोर के विचार अधिक अमूर्त, तर्कपूर्ण एवं आदर्शवादी होते हैं। अपने तथा दूसरों के विचारों का एवं दूसरे उनके बारे में क्या सोचते हैं इसका मूल्यांकन करने में वे अधिक सक्षम हो जाते हैं। किशोरों में तर्कशक्ति की विकसित हो रही योग्यता उन्हें संज्ञानात्मक एवं सामाजिक सजगता का एक नया स्तर प्रदान करती है। किशोरावस्था के दौरान किशोर का चिंतन वास्तविक मूर्त अनुभवों के बारे में अधिक अमूर्त रूप से चिंतन एवं तर्क प्रारंभ कर देते हैं। अमूर्त होने के अतिरिक्त किशोरों के विचार आदर्शवादी भी होते हैं। किशोर स्वयं तथा दूसरों की आदर्श विशेषताओं के बारे में सोचना प्रारम्भ कर देते हैं तथा स्वयं की दूसरों से तुलना इन आदर्श मानकों के आधार पर करते हैं। विकास की प्रारंभिक अवस्था से गुजर रहे बच्चों द्वारा प्रयुक्त प्रयत्न त्रुटि उपागम के विपरीत समस्या समाधान करने में किशोरों का चिंतन अधिक व्यवस्थित होता है। वे कार्य करने के संभावित तरीकों 'कुछ चीजें वैसे ही क्यों हो रही हैं' के बारे में सोचते हैं एवं क्रमबद्ध तरीके से समाधान ढूंढ़ते हैं। पियाजे (Piaget) ने इस प्रकार के तर्कपूर्ण चिंतन को परिकल्पनात्मक निगमनात्मक तर्कशक्ति (hypothetical deductive reasoning) कहा है।

तर्कपूर्ण विचार नैतिक तर्कशक्ति के विकास को भी प्रभावित करते हैं। सामाजिक नियमों को निरपेक्ष मानक नहीं माना जाता है एवं नैतिक चिंतन कुछ लचीलापन प्रदर्शित करता है। किशोर वैकल्पिक नैतिक संहिता को जानते हैं, विकल्पों की खोज करते हैं, और उसके बाद एक व्यक्तिगत नैतिक संहिता का निश्चय करते हैं।

एक पहचान का निर्माण करना : आप कौन हैं और आपके मूल्य, प्रतिबद्धता एवं विश्वास क्या हैं यही पहचान है। अपने माता-पिता से अलग अपनी एक पहचान स्थापित करना किशोरों का एक प्रमुख कार्य है। किशोरावस्था में विलग्नता या अनासक्ति की एक प्रक्रिया व्यक्ति को वैयक्तिक विश्वासों का एक ऐसा पुंज विकसित करने में सक्षम बनाती है जो अद्वितीय रूप से उनका अपना होता है। एक पहचान प्राप्त करने की प्रक्रिया में किशोर अपने माता-पिता के साथ तथा स्वयं अपने अंदर द्वंद्व का अनुभव कर सकते हैं। वे किशोर जो परस्पर-विरोधी पहचानों की समस्या को सुलझा सकते हैं वे एक नए आत्मबोध को विकसित कर लेते हैं। वे किशोर जो इस पहचान के संकट से उबर पाने में सक्षम नहीं होते हैं वे भ्रमित हो जाते हैं।

किशोरावस्था में पहचान का निर्माण अनेक कारकों से प्रभावित होता है। सांस्कृतिक पृष्ठभूमि, पारिवारिक तथा सामाजिक मूल्य, सजातीय पृष्ठभूमि तथा सामाजिक-आर्थिक स्तर ये सभी समाज में एक स्थान प्राप्त करने के लिए किशोरों द्वारा किए गए प्रयास पर प्रभावी रहते हैं। जब किशोर घर से बाहर अधिक समय व्यतीत करने लगते हैं तो पारिवारिक सम्बन्ध कम महत्वपूर्ण हो जाते हैं और वे समकक्षियों के सहयोग एवं स्वीकृति की प्रबल आवश्यकता विकसित कर लेते हैं। समकक्षियों के साथ अधिक अंतः क्रिया उन्हें अपने सामाजिक कौशलों को

सुधारने तथा भिन्न-भिन्न प्रकार के सामाजिक व्यवहारों को परखने का अवसर प्रदान करती है। समकक्षी तथा माता-पिता ये दो शक्तियां हैं जिनका किशोरों पर विशेष प्रभाव पड़ता है। समय-समय पर माता-पिता के साथ संघर्षपूर्ण परिस्थितियां समकक्षियों के साथ तादात्म्य स्थापित करने की प्रवृत्ति को बढ़ाती है। परन्तु सामान्यतया समकक्षी एवं माता-पिता अनुपूरक का कार्य करते हैं और किशोरों की भिन्न आवश्यकताओं की पूर्ति करते हैं। व्यावसायिक प्रतिबद्धता किशोरों की पहचान निर्माण को प्रभावित करने वाला एक दूसरा कारक है।

बाल मनोविज्ञान (Child Psychology)

बाल मनोविज्ञान "मनोविज्ञान की एक शाखा है, जिसके अन्तर्गत बालकों के व्यवहार, स्थितियों, समस्याओं तथा उन सभी कारणों का अध्ययन किया जाता है, जिनका प्रभाव बालक के व्यवहार एवं विकास पर पड़ता है।"

बाल मनोविज्ञान की परिभाषा (Definitions of Child Psychology)

क्रो एवं क्रो: "बाल मनोविज्ञान एवं वैज्ञानिक अध्ययन है, जिसमें बालक के जन्म के पूर्व काल से लेकर उसकी किशोरावस्था तक का अध्ययन किया जाता है।"

बाल मनोविज्ञान की अध्ययन विधियाँ (Approaches or Methods of Understanding Child Psychology)

(*i*) **निरीक्षण विधि (Observation Method):** निरीक्षण का अर्थ होता है अवलोकन करना। इस विधि से हम बच्चों के व्यवहार पर निगरानी रख सकते हैं एवं उनकी गतिविधियों की भी कई प्रकार से जानकारी मिल जाती है। उदाहरण–अगर कोई बालक अपनी आँखें लाल करे, मुठिठ्याँ भींचे या दाँत किटकिटाये तो इसका अर्थ यह है कि वह क्रोधित अवस्था में है। निरीक्षण विधि हमें बालकों के व्यवहार और व्यक्तित्व के बारे में उचित निष्कर्ष निकालने में काफी मदद कर सकती है।

(*ii*) **प्रयोगात्मक विधि (Experimental Method):** प्रयोगात्मक विधि में परीक्षण और प्रयोगों के आधार पर व्यवहार एवं क्रियाओं आदि का अध्ययन किया जाता है। इस विधि में प्रयुक्त मनोवैज्ञानिक प्रयोगों के लिए कम से कम दो व्यक्तियों–प्रयोगकर्त्ता (Experimentor) तथा प्रयोज्य (Subject) की आवश्यकता पड़ती है। इस विधि में बालकों का एक वर्ग नियंत्रित रहता है एवं एक प्रयोगात्मक, दोनों वर्गों से प्राप्त परिणामों की तुलना कर निष्कर्ष निकाला जाता है।

(*iii*) **समाजमिति विधि (Sociometric Method):** इस विधि में किसी समाजमितीय परीक्षण का उपयोग किया जाता है। कौन बालक कितना अधिक सामाजिक है, समूह विशेष में उसका क्या स्थान है, समूह के सदस्यों से वह कितना अधिक या कम मेलजोल बढ़ाता है, उनके साथ काम करना, पढ़ना, खेलना-कूदना आदि पसंद करता है–इन बातों का पता लगाने के लिए मनोविज्ञान में जिस विधि का प्रयोग किया जाता है, उसे समाजमिति विधि का नाम दिया जाता है।

(*iv*) **प्रश्नावली विधि (Questionnaire Method):** इस विधि में बालकों के व्यवहार का अध्ययन करने के लिए, उनके व्यवहार सम्बन्धी कुछ प्रश्न तैयार किए जाते हैं। इन प्रश्नों के उत्तर बालक उसके माता-पिता, अभिभावक एवं शिक्षक से प्राप्त कर इसके आधार पर निष्कर्ष निकाला जाता है। इस विधि के साथ एक समस्या यह है कि बच्चे कई प्रश्नों का उत्तर ठीक से नहीं दे पाते।

(*v*) **उपचारात्मक विधि (Clinical Method):** इस विधि का प्रयोग समस्यात्मक बालकों के व्यवहार सम्बन्धी मूल कारणों का पता लगाकर उसका उचित उपचार करने के लिए किया जाता है। उपचार के लिए पहले बालक के व्यवहार का अध्ययन किया जाता है, उसके बाद इस अध्ययन के आधार पर समस्याओं को वर्गीकृत किया जाता है।

अभ्यास प्रश्न

1. सीखने की प्रक्रिया के अन्तर्गत शिक्षा मनोविज्ञान अध्ययन करता है :
A. प्रेरणा व पुनर्बलन के प्रभाव का अध्ययन
B. वंशानुक्रम व वातावरण का अध्ययन
C. ध्यान व रुचि का अध्ययन
D. वैयक्तिक भेदों का अध्ययन

2. शिक्षा मनोविज्ञान एक विज्ञान है :
A. मानव व्यवहार का
B. मानव सिद्धान्तों का
C. शैक्षिक सिद्धान्तों का
D. मानव की व्यक्तिगत विभिन्नताओं का

3. एक समूह की बनावट का अध्ययन करने में प्रयुक्त होती है :
A. प्रश्नावली विधि B. साक्षात्कार विधि
C. व्यक्ति इतिहास विधि D. समाजमिति विधि

4. शैशवावस्था में बालक में पाया जाता है :
A. अनुकरण करना B. सहयोग लेना
C. आश्रितता D. इनमें से सभी

5. बाल्यावस्था में मस्तिष्क का विकास हो जाता है?
A. 60% B. 80%
C. 90% D. 50%

6. संवेगात्मक विकास में किस अवस्था में तीव्र परिवर्तन होता है?

A. शिशु अवस्था B. युवावस्था
C. बाल्यावस्था D. किशोरावस्था

7. वृद्धि और विकास है :

A. एक-दूसरे के विरोधी
B. एक-दूसरे से समान
C. एक-दूसरे के पूरक
D. इनमें से कोई नहीं

8. शिशु का विकास प्रारम्भ होता है :

A. जन्म के पश्चात् B. किशोरावस्था में
C. बाल्यकाल में D. गर्भकाल में

9. शिक्षक का सर्वोच्च कर्त्तव्य है, वह–

A. अपने समुदाय की सेवा करे
B. प्रधानाचार्य के आदेशों का अनुसरण करें
C. छात्रों का कल्याण करें
D. शिक्षकों की मंडली में रहें

10. बालक के विकास की कौन-सी अवस्था में उचित यौन शिक्षा की आवश्यकता होती है?

A. शिशु अवस्था B. बाल्यावस्था
C. किशोरावस्था D. प्रौढ़ावस्था

11. वह कौन-सा कथन है जहाँ बच्चे के 'संज्ञानात्मक' विकास को सबसे बेहतर तरीके से परिभाषित किया जा सकता है?

A. विद्यालय एवं कक्षा पर्यावरण
B. सभागार
C. घर
D. खेल का मैदान

12. "विकास कभी न समाप्त होने वाली प्रक्रिया है।" यह विचार किससे सम्बन्धित है?

A. निरंतरता का सिद्धांत
B. एकीकरण का सिद्धांत
C. अंतःक्रिया का सिद्धांत
D. अंतःसम्बन्ध का सिद्धांत

13. बच्चों की शिक्षा प्रारम्भ होती है:

A. प्राथमिक विद्यालय से B. बालवाड़ी से
C. घर से D. समाज से

14. विकास की प्रक्रिया में .... जीवनमूल्यों, व्यक्तित्व, व्यवहार इत्यादि का विकास भी शामिल है।

(i) दृष्टिकोणों *(ii)* स्वभाव
(iii) रूचियों *(iv)* आदतों

A. *(i)* एवं *(ii)*
B. *(i)*, *(ii)* एवं *(iii)*
C. *(ii)*, *(iii)* एवं *(iv)*
D. ये सभी

15. प्राथमिक स्तर पर एक अच्छे शिक्षक में सबसे महत्वपूर्ण विशेषता है :

A. पढ़ाने की उत्सुकता
B. धैर्य और दृढ़ता
C. विषयों के ज्ञान में दक्षता
D. शिक्षण-पद्धतियों के ज्ञान की दक्षता

16. सभी बच्चों का स्वस्थ शारीरिक विकास सभी प्रकार के विकास की पहली शर्त है। इसके लिए किन मूल आवश्यकताओं पर ध्यान देना आवश्यक है?

(i) पौष्टिक आहार
(ii) शारीरिक व्यायाम
(iii) मनोवैज्ञानिक-सामाजिक जरूरतों

A. केवल *(i)* B. *(i)* एवं *(ii)*
C. *(i)* एवं *(iii)* D. ये सभी

17. मानव विकास की किस अवस्था में बच्चों के सीखने की गति सर्वाधिक होती है?

A. बाल्यावस्था B. शैशवावस्था
C. प्रौढ़ावस्था D. किशोरावास्था

18. जब किशोर में किसी वस्तु, समस्या या परिस्थिति के लिए निजी स्तर पर निर्णय लेने की क्षमता का विकास परिपक्व होने लगता है, तो इस विकास को कहते हैं?

A. भाषायी विकास
B. संज्ञानात्मक विकास
C. सामाजिक विकास
D. मनोगत्यात्मक विकास

19. मानव विकास कुछ विशेष सिद्धान्तों पर आधारित है। निम्नलिखित कौन-सा मानव विकास का सिद्धान्त नहीं है?

A. आनुक्रमिकता B. सामान्य से विशिष्ट
C. प्रतिवर्ती D. निरन्तरता

20. निचली कक्षाओं में शिक्षण की खेल-पद्धति मूलरूप से आधारित है:

A. शारीरिक शिक्षा कार्यक्रमों के सिद्धांत पर
B. शिक्षण-पद्धतियों के सिद्धांतों पर
C. विकास एवं वृद्धि के मनोवैज्ञानिक सिद्धांतों पर
D. शिक्षण के समाजशास्त्रीय सिद्धांतों पर

21. निम्नलिखित में से किसका विकास अधिक होगा?

A. शारीरिक रूप से विकलांग बालक
B. सामाजिक-आर्थिक रूप से सम्पन्न बालक
C. आर्थिक रूप से सम्पन्न बालक
D. उपरोक्त में से कोई नहीं

22. बालक के व्यक्तित्व के सर्वांगीण विकास के लिए यह आवश्यक है कि उसके .... की जानकारी शिक्षक को हो।

A. मित्रों B. व्यवहार
C. ज्ञान D. कक्षा के साथियों

23. "विकास प्राणी में प्रगतिशील परिवर्तन है, जो निश्चित लक्ष्यों की ओर निरन्तर होता रहता है।" यह कथन किसका है?
A. हरलॉक B. जीन पियाजे
C. ड्रेवर D. फ्रायड

24. मानव बुद्धि एवं विकास की समझ शिक्षक को .... योग्य बनाती है।
A. निष्पक्ष रूप से अपने शिक्षण-अभ्यास
B. शिक्षण के समय शिक्षार्थियों के संवेगों पर नियंत्रण बनाए रखने
C. विविध शिक्षार्थियों के शिक्षण के बारे में स्पष्टता
D. शिक्षार्थियों को यह बताने कि वे अपने जीवन को कैसे सुधार सकते हैं?

25. बालक के व्यवहार में परिवर्तन के लिए व्यवहार अध्ययन की किस विधि का सहारा लिया जाता है?
A. साक्षात्कार विधि B. प्रश्नावली विधि
C. उपचारात्मक विधि D. प्रयोगात्मक विधि

26. व्यक्ति में कोई आकस्मिक परिवर्तन नहीं होता है, यह किस सिद्धान्त द्वारा किया जाता है?
A. विकास क्रम का सिद्धान्त
B. विकास दिशा का सिद्धान्त
C. निरन्तर विकास का सिद्धान्त
D. परस्पर सम्बन्ध का सिद्धान्त

27. निम्नलिखित में से कौन-सा बाल-अपराध का कारण हो सकता है?
A. पारिवारिक B. सामाजिक
C. शारीरिक D. ये सभी

28. विकास के सम्बन्ध में निम्नलिखित में से कौन-सा कथन सत्य नहीं है?
A. विकास की प्रक्रिया एक निश्चित दिशा में होती है
B. वृद्धि और विकास की क्रिया वंशानुक्रम और वातावरण का संयुक्त परिणाम है
C. किसी बच्चे में वृद्धि और विकास की गति को ध्यान में रखकर उसके आगे बढ़ने की दिशा और स्वरूप के बारे में भविष्यवाणी नहीं की जा सकती है।
D. विकास हमेशा सामान्य से विशेष की ओर चलता है।

29. चरित्र का विकास होता है:
A. इच्छाशक्ति द्वारा B. बर्ताव एवं व्यवहार द्वारा
C. नैतिकता द्वारा D. इनमें से सभी

30. प्राथमिक शिक्षक के लिए बाल मनोविज्ञान का ज्ञान आवश्यक है, क्योंकि
A. यह बच्चों को अनुशासित बनाने में सहायता करता है
B. परीक्षा के परिणाम में उन्नति होती है
C. यह बच्चों को अभिप्रेरित करने के लिए सुविधाजनक तरीका बन जाता है
D. यह बच्चों के व्यवहार को समझने में शिक्षक की सहायता करता है

31. आपके विचार में शिक्षा का उद्देश्य होना चाहिए:
A. बालकों का सर्वांगीण विकास
B. शिक्षा ग्रहण करने के बाद नौकरी
C. छात्रों को साक्षर बनाना
D. छात्रों की मानसिक योग्यता का विकास

32. सार्थक अधिगम की प्रक्रिया विकास की किस अवस्था से आरम्भ होती है?
A. किशोरावस्था से B. वयस्कावस्था से
C. शैशवावस्था से D. बाल्यावस्था से

33. आपकी कक्षा का एक छात्र, नैतिक शारीरिक विकास की दृष्टि से काफी पिछड़ा हुआ है। आपको विकास के निम्नलिखित में से किस आयाम में नैतिकता के पिछड़ने की चिन्ता हो सकती है?
(*i*) संवेगात्मक विकास (*ii*) बौद्धिक विकास
(*iii*) सामाजिक विकास
A. केवल (*i*) B. केवल (*ii*)
C. (*i*) एवं (*iii*) D. ये सभी

उत्तरमाला

1	2	3	4	5	6	7	8	9	10
A	A	D	D	C	D	C	D	C	C
11	**12**	**13**	**14**	**15**	**16**	**17**	**18**	**19**	**20**
A	A	C	D	B	D	B	B	C	C
21	**22**	**23**	**24**	**25**	**26**	**27**	**28**	**29**	**30**
B	B	C	C	C	C	D	C	D	D
31	**32**	**33**							
A	C	D							

2. वंशानुक्रम एवं वातावरण का प्रभाव (Influence of Heredity and Environment)

बालक के विकास की प्रक्रिया में विभिन्न बाह्य और आंतरिक कारकों का महत्त्वपूर्ण योगदान होता है। बालक के विकास को प्रभावित करने वाले प्रमुख बाह्य कारक हैं– सामाजिक-आर्थिक स्थिति विशेषक एवं वातावरण-जन्य विशेषक आदि। जबकि बालक के विकास को प्रभावित करने वाले प्रमुख आंतरिक कारक हैं–शारीरिक विशेषक, बौद्धिक विशेषक, संवेगात्मक विशेषक, सामाजिक विशेषक, वंशानुगत विशेषक आदि।

वंशानुक्रम की परिभाषाएँ (Definitions of Heredity)

(*i*) **एच ए पेटरसन एवं वुडवर्थः** "व्यक्ति अपने माता-पिता के माध्यम से पूर्वजों की जो विशेषताएं प्राप्त करता है, उसे वंशानुक्रम कहते हैं।"

(*ii*) **बी एन झाः** "वंशानुक्रम व्यक्ति की जन्मजात विशेषताओं का पूर्ण योग है।"

(*iii*) **जेम्स ड्रेवरः** "शारीरिक तथा मानसिक विशेषताओं का माता-पिता से सन्तानों में हस्तान्तरण होना वंशानुक्रम है।"

वंशानुक्रम का प्रभाव (Effect of Heredity)

वंशानुक्रम माता-पिता से संतान को प्राप्त होने वाले गुणों का नाम है। एक व्यक्ति के वंशानुक्रम में वे सब शारीरिक बनावटें, शारीरिक विशेषताएं, क्रियाएं या क्षमताएं सम्मिलित रहती हैं जिन्हें वह माता-पिता तथा अपने पूर्वजों या प्रजाति से प्राप्त करता है। वंशानुक्रम का बालक पर प्रभाव निम्न रूप से पड़ता है–

1. **शारीरिक विशेषक :** इसके अंतर्गत् मनुष्य का शरीर, उसके अंगों का आनुपातिक गठन, स्वास्थ्य, रूप-रंग, ज्ञानेन्द्रियों का दिखाई देने वाला रूप तथा कर्मेंद्रियों का गठन आदि सब आ जाते हैं। इनमें से अलग-अलग व्यक्ति अलग-अलग बातों को देखकर प्रभावित होते हैं।

   बालक के रंग-रूप, आकार, शारीरिक गठन, ऊँचाई इत्यादि के निर्धारण में उसके आनुवंशिक गुणों का महत्त्वपूर्ण हाथ होता है। बालक के आनुवंशिक गुण उसकी वृद्धि एवं विकास को भी प्रभावित करते हैं। यदि बालक के माता-पिता गोरे हैं तो उनका बच्चा गोरा ही होगा, किंतु यदि माता-पिता काले हैं तो उनके बच्चे काले ही होंगे। इसी तरह से माता-पिता के अन्य गुण भी बच्चे में आनुवंशिक रूप से पाए जाते हैं। इसके कारण कोई बच्चा अति प्रतिभाशाली एवं सुंदर हो सकता है एवं कोई अन्य बच्चा शारीरिक एवं मानसिक रूप से कमजोर।

   ऐसा भी प्रायः देखा जाता है कि जो बालक जन्म से ही दुबले-पतले, कमजोर, बीमार तथा किसी शारीरिक बाधा से पीड़ित रहते हैं, उनकी तुलना में सामान्य एवं स्वस्थ बच्चे का विकास अधिक होता है। शारीरिक कमियों का स्वास्थ्य ही नहीं वृद्धि एवं विकास पर भी प्रतिकूल प्रभाव पड़ता है। असंतुलित शरीर, मोटापा, कम ऊंचाई, शारीरिक कुरूपता इत्यादि बालक के असामान्य व्यवहार के कारण होते हैं। कई बार किसी दुर्घटना के कारण भी शरीर को क्षति पहुंचती है। इस क्षति का बालक के विकास पर प्रतिकूल प्रभाव पड़ता है।

2. **बौद्धिक विशेषक :** इसके अंतर्गत बालक की योग्यता, कल्पनाशक्ति, विचारशक्ति एवं तर्कशक्ति, किसी समस्या के समाधान हेतु निर्णयात्मक बुद्धि, बदलती हुई परिस्थितियों में समायोजनात्मक निर्णय, आदि सभी कुछ आ जाते हैं।

   बौद्धिक विशेषक को अधिगम अर्थात् सीखने की योग्यता, समायोजन योग्यता, निर्णय लेने की क्षमता आदि के रूप में परिभाषित किया जाता है। जिस बालक के सीखने की गति अधिक होती है, उसका मानसिक विकास भी तीव्र गति से होगा। बालक अपने परिवार, समाज एवं विद्यालय में अपने आपको किस तरह समायोजित करता है यह उसकी बुद्धि पर निर्भर करता है।

   गोडार्ड जैसे विचारकों का मत है कि मंद-बुद्धि माता-पिता की संतान मंद-बुद्धि और तीव्र-बुद्धि माता-पिता की संतान तीव्र-बुद्धि वाली होती है। मानसिक क्षमता के अनुकूल ही बालक में संवेगात्मक क्षमता का विकास होता है। बालक में जिस प्रकार के संवेगों का जिस रूप में विकास होगा वह उसके सामाजिक, मानसिक, नैतिक, शारीरिक तथा भाषा संबंधी विकास को पूरी तरह प्रभावित करने की क्षमता रखता है। यदि बालक अत्यधिक क्रोधित या भयभीत रहता है अथवा यदि उसमें ईर्ष्या एवं वैमनस्य की भावना अधिक होती है तो उसके विकास की प्रक्रिया पर इन सबका प्रतिकूल प्रभाव पड़ना स्वाभाविक ही है। संवेगात्मक रूप से असंतुलित बालक पढ़ाई में या किसी अन्य गंभीर कार्यों

में ध्यान नहीं दे पाते, फलस्वरूप उनका मानसिक विकास भी प्रभावित होता है। बुद्धि की श्रेष्ठता प्रजाति के कारण भी होती है।

नैतिक/चारित्रिक विशेषक

नैतिकता के अंतर्गत् वे सभी गुण आ जाते हैं, जो स्वार्थ को छोड़कर दूसरों की भलाई का भी ध्यान रखते हैं। इनमें सच बोलना, हिंसा न करना, भ्रष्टाचार से दूर रहना, व्यभिचार को बुरा समझना, दूसरों पर दया करना आदि सभी गुण आ जाते हैं। यदि गहराई से विचार किया जाए तो मनुष्य के बाह्य रूप का दूसरों पर इतना प्रभाव नहीं पड़ता है, जितना कि उसके आंतरिक गुणों का और विशेषकर उसकी नैतिक विचारधारा का।

डगडेल नामक एक मनोवैज्ञानिक ने अपने प्रयोगों के आधार पर यह बताया है कि माता-पिता के चरित्र का प्रभाव भी उसके बच्चे पर पड़ता है। व्यक्ति के चरित्र में उसके वंशानुगत कारकों का प्रभाव स्पष्ट तौर पर देखा जाता है। इसलिए बच्चे पर वंशानुगत कारकों का प्रभाव स्वाभाविक ही है।

वातावरण (Environment)

वातावरण में शामिल प्रत्येक घटक व्यक्ति के जीवन को आरंभ से ही प्रभावित करते हैं। गर्भावस्था से लेकर जीवनपर्यंत अनेक प्रकार की घटनाएं व्यक्ति के व्यक्तित्त्व एवं उसके विकास को प्रभावित करती हैं। गर्भावस्था के दौरान एक स्त्री को मानसिक एवं शारीरिक स्वास्थ्य बनाए रखने के लिए इसलिए सलाह दी जाती है कि उससे न केवल गर्भ के अंदर बालक के विकास पर असर पड़ता है बल्कि आगे के विकास की बुनियाद भी मजबूत होती है। यदि माता का स्वास्थ्य अच्छा न हो तो उसके बच्चे के अच्छे स्वास्थ्य की आशा कैसे की जा सकती है? यदि बच्चे का स्वास्थ्य अच्छा न होगा तो उसके विकास पर प्रतिकूल असर पड़ना स्वाभाविक है।

जीवन में घटने वाली प्रत्येक घटनाएं किसी न किसी रूप में बालक के जीवन को प्रभावित करती हैं। यदि बालक के साथ सहज और ठीक व्यवहार हुआ है तो उसके विकास की गति सही होती है अन्यथा उसके विकास पर प्रतिकूल प्रभाव पड़ता है। प्रायः ऐसा देखा जाता है कि जो मां अपने बच्चे को बचपन में छोड़ देती है वह बच्चा मां के प्यार के लिए तड़पता है। ऐसी स्थिति में बच्चे का सर्वांगीण विकास नहीं हो पाता है। जीवन में घटने वाली कुछ घटनाओं का भी बालक के विकास पर प्रतिकूल प्रभाव पड़ता है। बालक का जन्म किस परिवेश में हुआ, वह किस परिवेश में तथा कैसे लोगों के साथ रह रहा है, इन सब का प्रभाव बालक के विकास पर पड़ता है। परिवेश, प्रदूषण, भौतिक सुविधाओं की उपलब्धता आदि से संबद्ध बातें भी बालक के विकास को प्रभावित करती हैं।

बालक के विकास पर उसके सामाजिक एवं आर्थिक कारकों का भी प्रभाव पड़ता है। गरीब परिवार के बच्चों को विकास के लिए सीमित अवसर ही उपलब्ध हो पाते हैं। उनकी आर्थिक दुर्बलता उन्हें अच्छी शिक्षा और अच्छे परिवेश से वंचित करती हैं। ऐसे में उनका संतुलित विकास नहीं हो पाता है। दूसरी ओर सामाजिक एवं आर्थिक संसाधनों की प्रचुरता के कारण शहरी बच्चों का सर्वांगीण विकास संतुलित रूप से होता है।

वातावरण की परिभाषाएँ (Definitions of Environment)

(*i*) **वुडवर्थः** "वातावरण में वे समस्त बाह्य तत्व आ जाते हैं जिन्होंने जीवन प्रारम्भ करने के समय से व्यक्ति को प्रभावित किया है।"

(*ii*) **जिसबर्टः** "जो किसी एक वस्तु को चारों ओर से घेरे हुए है तथा उस पर प्रत्यक्ष प्रभाव डालता है वह वातावरण होता है।"

(*iii*) **सी सी पार्कः** "मनुष्य एक विशेष स्थान पर विशेष समय पर जिन सम्पूर्ण परिस्थितियों से घिरा हुआ है, उसे वातावरण कहा जाता है।"

वातावरण का प्रभाव (Effect of Environment)

व्यक्ति के व्यक्तित्व के विभिन्न क्षेत्रों पर वातावरण के पड़ने वाले कुछ महत्त्वपूर्ण प्रभावों को निम्न रूप से देखा जा सकता है–

1. **शारीरिक संरचना :** व्यक्ति की शारीरिक संरचना पर वंशानुक्रम का तो प्रभाव पड़ता ही है किंतु इस पर वातावरण के प्रभाव को भी स्पष्ट रूप से देखा जा सकता है। पहाड़ी क्षेत्र के लोगों का कद प्रायः छोटा होता है जबकि मैदानी क्षेत्रों में रहने वाले लोगों का शरीर लंबा एवं गठीला होता है। इतना ही नहीं पीढ़ी दर पीढ़ी से निवास स्थलों में परिवर्तन करने वाले पहाड़ी एवं मैदानी क्षेत्र के लोगों के कद एवं रंग में अंतर भी देखने को मिलता है। यह अंतर वातावरण के प्रभाव के कारण होता है।
2. **प्रजातीय श्रेष्ठता :** कभी-कभी ऐसा देखा जाता है कि कुछ प्रजातियों में बौद्धिक श्रेष्ठता वंशानुगत न होकर वातावरण से प्रभावित होता है। ऐसा इसलिए होता है कि उनके पास श्रेष्ठ सामाजिक, शैक्षिक एवं सांस्कृतिक वातावरण उपलब्ध है। यदि किसी विद्वान एवं महान व्यक्ति के बच्चे को ऐसी जगह छोड़ दिया जाए जहां का शैक्षिक, सांस्कृतिक एवं सामाजिक वातावरण उचित न हो तो उसका अपने पिता की तरह महान बनना बहुत ही कठिन हो सकता है।
3. **व्यक्तित्त्व विकास :** किसी भी व्यक्ति के व्यक्तित्त्व निर्माण में वंशानुक्रम की अपेक्षा वातावरण का अधिक प्रभाव पड़ता है। कोई भी व्यक्ति उपयुक्त वातावरण में रहकर अपने व्यक्तित्त्व का निर्माण करके आगे बढ़ सकता है और महान बन सकता है। ऐसे अनेक उदाहरण ऐतिहासिक एवं वर्तमान जीवन में देखने को मिलते हैं जिसमें निर्धन परिवार में जन्म लिए और पले-बढ़े व्यक्तियों ने अपने परिश्रम एवं लगन से श्रेष्ठ सफलताएं प्राप्त की है।

4. **बालक का सर्वांगीण विकास :** बालक के सर्वांगीण विकास में वातावरण का बहुत योगदान होता है। बालक के शारीरिक, मानसिक, सामाजिक एवं संवेगात्मक विकास आदि पर वातावरण का सकारात्मक प्रभाव देखने को मिलता है। इस बात की पुष्टि 'एवेरॉन के जंगली बालक' के उदाहरण से होती है। इस बालक को जन्म के बाद एक भेड़िया उठा ले गया था और उसका पालन-पोषण जंगली पशुओं के बीच में हुआ था। कुछ शिकारियों ने उसे सन् 1799 ई. में पकड़ लिया। उस समय उसकी आयु ग्यारह अथवा बारह वर्ष की थी। उसकी आकृति पशुओं-सी हो गई थी। वह उनके समान ही हाथ-पैर से चलता था। वह कच्चा मांस खाता था एवं उसमें मनुष्य के समान बोलने एवं विचारने की शक्ति नहीं थी। उसको मनुष्य के समान सभ्य और शिक्षित बनाने के सभी प्रयास विफल हुए।

5. **मानसिक विकास : गोर्डन** नामक मनोवैज्ञानिक का मत है कि उचित सामाजिक और सांस्कृतिक वातावरण न मिलने पर मानसिक विकास की गति धीमी हो जाती है। उसने यह बात नदियों के किनारे रहने वाले बच्चों का अध्ययन करके सिद्ध की। इन बच्चों का वातावरण गंदा और समाज के अच्छे प्रभावों से दूर था। अध्ययन में यह बात सामने आई कि गंदे एवं समाज के अच्छे प्रभावों से दूर रहने के कारण बच्चों के मानसिक विकास पर प्रतिकूल असर पड़ा था।

वंशानुक्रम एवं वातावरण के उपर्युक्त वर्णन से स्पष्ट है कि ये एक-दूसरे के पूरक एवं सहायक हैं। जिस प्रकार स्कूटर के लिए इंजन एवं पेट्रोल का समान महत्त्व है उसी प्रकार किसी बालक के उचित विकास के लिए वंशानुक्रम एवं वातावरण का समान रूप से महत्त्व है। इस तरह दोनों एक दूसरे के सहायक एवं सहयोगी हैं। वस्तुतः बालक के संपूर्ण व्यवहार की सृष्टि, वंशानुक्रम और वातावरण की अंतःक्रिया द्वारा होती है। उपर्युक्त बातों से स्पष्ट है कि शिक्षा की किसी भी योजना में वंशानुक्रम और वातावरण को एक-दूसरे से पृथक नहीं किया जा सकता। जिस तरह आत्मा और शरीर का संबंध है, उसी तरह वंशानुक्रम और वातावरण का भी संबंध है। इस प्रकार स्पष्ट है कि बालक के सम्यक् एवं संतुलित विकास के लिए वंशानुक्रम एवं वातावरण दोनों का संयोग अनिवार्य है।

अभ्यास प्रश्न

1. वातावरण के अन्तर्गत आते हैं :
A. हवा B. प्रकाश
C. जल D. इनमें से सभी

2. सामाजिक स्थिति वंशानुक्रमणीय :
A. होती है B. नहीं होती
C. कुछ होती है D. बिल्कुल नहीं होती

3. वंश का बुद्धि पर प्रभाव देखने के लिए सैनिकों के वंशज का अध्ययन किया :
A. स्पियरमैन ने B. गोडार्ड ने
C. न्यूमैन ने D. शेल्डन ने

4. प्रतिभाशाली बालक जो होते हैं :
A. जन्मजात B. बाद में
C. आनुवंशिक D. इनमें से कोई नहीं

5. आनुवंशिकता को .... सामाजिक संरचना माना जाता है।
A. गत्यात्मक B. स्थिर
C. प्राथमिक D. गौण

6. गणवेश (यूनीफार्म) का विद्यालयों में प्रचलन इसलिए होता है ताकिः
A. बालक सुन्दर दिखते हैं
B. विद्यालय को आर्थिक लाभ होता है
C. छात्रों के गुम होने की सम्भावना नहीं होती है
D. छात्रों में एकात्मकता झलकती है

7. छात्रों को उनकी प्रगति के विषय में जानकारी देने से, छात्रः
A. प्रसन्न हो जाते हैं B. अच्छा कार्य करते हैं
C. हतोत्साहित हो जाते हैं D. नियमित हो जाते हैं

8. छात्रों के शिक्षण में नैतिक शिक्षा का क्या महत्त्व है?
A. नैतिक शिक्षा वर्तमान-परिवेश में आवश्यक है
B. नैतिक शिक्षा छात्रों में उत्सुकता पैदा करती है
C. नैतिक शिक्षा चरित्र विकास के लिए आवश्यक है
D. नैतिक शिक्षा से मनुष्य महापुरुष बनता है

9. छात्रों में नैतिकता का विकास करने हेतु आप क्या आवश्यक समझते हैं?
A. धार्मिक प्रवचन
B. परिवार का वातावरण
C. पूजा-पाठ करना
D. प्रत्येक अवसर पर उन्हें अच्छे-बुरे का अंतर बताना

10. पर्यावरण-शिक्षा को शालाओं में पाठ्यक्रम का अंग बनाना उपयुक्त है, क्योंकि–
A. पर्यावरण से बचना मुश्किल है
B. पर्यावरण जीवन का महत्वपूर्ण अंग है
C. इससे पर्यावरण प्रदूषण पर प्रभाव पड़ेगा
D. इससे शिक्षकों को रोजगार मिलेगा

11. वंशानुक्रम तथा वातावरण परस्पर है–
(*i*) निर्भर (*ii*) पूरक
(*iii*) सहयोगी

A. केवल (*i*) B. केवल (*iii*)
C. केवल (*ii*) D. ये सभी

12. माता-पिता से सन्तानों को प्राप्त होने वाले गुणों को कहते हैं–
A. वंश B. वातावरण
C. वंशानुक्रम D. ये सभी

13. किसी बालक का शारीरिक लक्षण प्रभावित होता है–
A. केवल माता के डीएनए से
B. केवल पिता के डीएनए से
C. माता एवं पिता दोनों के डीएनए से
D. इनमें से कोई नहीं

14. निम्नलिखित में से कौन मानव विकास को सर्वाधिक प्रभावित करते हैं–
A. वृद्धि B. कौशल
C. रोग D. वंशानुक्रम एवं वातावरण

15. व्यक्तित्व एवं बुद्धि में वंशानुक्रम की–
A. नाममात्र की भूमिका है
B. महत्वपूर्ण भूमिका है
C. अपूर्वानुमेय भूमिका है
D. आकर्षक भूमिका है

16. आपकी कक्षा की एक छात्रा बुद्धि से श्रेष्ठ है किन्तु शरीर से कमजोर है। आप उसकी माता से मिलते हैं तथा देखते हैं कि उसकी माता भी बुद्धि से तो श्रेष्ठ है लेकिन शरीर से कमजोर है। आपके अनुसार इसका कारण हो सकता है–
A. पिछले कई वर्षों की बीमारी
B. वंशानुक्रम का प्रभाव
C. पौष्टिक भोजन का अभाव
D. उपरोक्त में से कोई नहीं

17. विद्यालय में 'पर्यावरण शिक्षा' से आपका अभिप्राय है–
A. छात्रों में पर्यावरण का ज्ञान हो जाए
B. छात्रों का मनोरंजन हो
C. छात्रों पर अतिरिक्त बोझ डालना
D. पर्यावरण को दूषित होने से बचाया जा सके

18. किस मनोवैज्ञानिक के अनुसार माता-पिता के चरित्र का प्रभाव उसके बच्चे पर पड़ता है।
A. ड्रेवर B. डगडेल
C. वुडवर्थ D. जिसबर्ट

19. 'प्रत्येक छात्र स्वयं से भिन्न है'। इस तथ्य का मुख्य कारण क्या है?
(*i*) भौतिक वातावरण
(*ii*) वंशानुक्रम
(*iii*) सामाजिक वातावरण
A. केवल (*ii*) B. (*ii*) केवल (*iii*)
C. (*i*) केवल (*iii*) D. ये सभी

20. आनुवंशिकता (वंशानुक्रम) को .... सामाजिक संरचना माना जाता है।
A. गत्यात्मक B. स्थिर
C. प्राथमिक D. गौण

उत्तरमाला

1	2	3	4	5	6	7	8	9	10
B	A	B	A	B	D	B	C	D	B
11	**12**	**13**	**14**	**15**	**16**	**17**	**18**	**19**	**20**
D	C	C	D	A	B	D	B	D	B

3. समाजीकरण की प्रक्रिया एवं पियाजे, कोहलबर्ग एवं वाइगोत्सकी के सिद्धांत (Socialization Process and Principles of Piaget, Kohlberg and Vygotsky)

समाजीकरण का अर्थ (Meaning of Socialization)

समाजीकरण एक प्रक्रिया है जिसके द्वारा व्यक्ति सामाजिक प्राणी बनता है। अन्य शब्दों में, समाजीकरण एक ऐसी प्रक्रिया है जिसके द्वारा व्यक्ति को समाज अपनी परम्पराओं, मान्यताओं तथा आदर्शों के अनुसार बनाता है तथा स्वीकृति प्रदान करता है। इस प्रकार समाजीकरण का अर्थ उस प्रक्रिया से है जिसके द्वारा व्यक्ति अन्य व्यक्तियों से अन्तः प्रक्रिया करता हुआ सामाजिक आदतों, विश्वासों, रीति-रिवाजों तथा परम्पराओं एवं अभिवृत्तियों (Attitudes) को सीखता है। इस प्रक्रिया के द्वारा व्यक्ति जन-कल्याण की भावना से प्रेरित होते हुए अपने आपको अपने परिवार, पड़ोस तथा अन्य सामाजिक वर्गों के अनुकूल बनाने का प्रयास करता है जिससे वह समाज का एक श्रेष्ठ, उपयोगी तथा उत्तरदायी सदस्य बन जाये तथा उक्त सभी सामाजिक संस्थाएं तथा वर्ग उसकी प्रशंसा करते रहें।

समाजीकरण की परिभाषा (Definitions of Socialization)

विभिन्न विद्वानों द्वारा दी गयी समाजीकरण की परिभाषाएं इस प्रकार हैं–

- **वाटसन (Watson):** "समाजीकरण एक सामाजिक तथा मनोवैज्ञानिक प्रक्रिया है।"
- **सोरोकिन (Sorokin):** "समाजीकरण सांस्कृतिक तथा वैचारिक कारकों के अन्तरीकरण की प्रक्रिया है।"
- **ड्रेवर (Drever):** "समाजीकरण वह प्रक्रिया है जिसके द्वारा व्यक्ति अपने सामाजिक वातावरण से समायोजन करता है और सामाजिक मान्यता प्राप्त करके वह समाज का मान्य, सहयोगी तथा कुशल सदस्य बनता है।"
- **रॉस (Ross):** "समाजीकरण सहयोग करने वाले व्यक्तियों में सामूहिक भावना का विकास करता है और उनमें एक साथ कार्य करने की इच्छा तथा क्षमता में वृद्धि करता है।"

बालक का समाजीकरण करने वाले तत्त्व (Factors of Socialization in Children)

बालक जन्म के समय कोरा पशु होता है। जैसे-जैसे वह समाज के अन्य व्यक्तियों तथा सामाजिक संस्थाओं के सम्पर्क में आकर विभिन्न प्रकार की सामाजिक क्रियाओं में भाग लेता रहता है वैसे-वैसे वह अपनी पाश्विक प्रवृत्तियों पर नियंत्रण करते हुए सामाजिक आदर्शों तथा मूल्यों को सीखता रहता है। बालक के समाजीकरण की प्रक्रिया निरन्तर चलती ही रहती है। बालक में सामाजिकता का विकास करने या उसके समाजीकरण में उसका परिवार, पड़ोस, स्कूल, समाज, धर्म, उसके साथी बहुत महत्त्वपूर्ण भूमिका निभाते हैं

(*i*) **परिवार (Family):** बालक के समाजीकरण की प्रक्रिया का प्रारंभ परिवार में होता है। जैसे-जैसे बालक बड़ा होता है वैसे-वैसे वह अपने माता-पिता तथा अन्य सदस्यों के सम्पर्क में आते हुए प्रेम, सहानुभूति तथा सहयोग जैसे कई सामाजिक गुणों को सीखता है। साथ ही साथ, वह अपने परिवार के आदर्शों, परम्पराओं तथा मान्यताओं को भी धीरे-धीरे सीख लेता है।

(*ii*) **स्कूल (School):** परिवार के बाद स्कूल एक ऐसा स्थान है जहाँ बालक का समाजीकरण होता है। स्कूल में रहते हुए जहाँ बालक को एक ओर कई विषयों की शिक्षा द्वारा सामाजिक नियमों का ज्ञान होता है वहीं दूसरी ओर उसमें स्कूल की विभिन्न योजनाओं में भाग लेते हुए विभिन्न सामाजिक गुणों का भी विकास होता है।

(*iii*) **पड़ोस (Neighbourhood):** जिस प्रकार बालक परिवार में रहकर अपने सामाजिक गुणों का ज्ञान प्राप्त करता है, उसी प्रकार वह पड़ोस में रहने विभिन्न सदस्यों के संपर्क में रहते हुए कई सामाजिक गुणों को प्राप्त करता है। यदि पड़ोस अच्छा होगा तो बालक का सामाजिक विकास भी अच्छा होगा और यदि पड़ोस खराब होगा, तो बालक का विकास भी निश्चित तौर पर अच्छा नहीं होगा। यही कारण है कि अच्छे परिवार के लोग अच्छे पड़ोस में रहना पसन्द करते हैं।

(*iv*) **समाज (Community):** बालक के समाजीकरण में, समाज भी एक अहम् भूमिका निभाता है। प्रत्येक समाज विभिन्न साधनों के द्वारा बालक का समाजीकरण करता है, इन साधनों के अन्तर्गत राष्ट्रीय एवं जातीय परम्पराएँ, संस्कृति, कला, इतिहास इत्यादि आते हैं।

(*v*) **बालक के साथी (Colleague):** बालक के समाजीकरण में उसके साथी भी एक महत्वपूर्ण भूमिका निभाते हैं। प्रत्येक बालक अपने साथियों के साथ खेलता है, पढ़ता है। वह

खेलते या पढ़ते समय हर तरह के भेद-भाव से ऊपर उठकर दूसरे बालकों के साथ आनन्द प्राप्त करता है।

(*vi*) **धर्म (Religion):** प्रत्येक धर्म के कुछ संस्कार, परंपराएँ तथा मूल्य होते हैं। जैसे-जैसे बालक अपने धर्म तथा अन्य धर्मों के संपर्क में आता है, वैसे-वैसे वह सभी बातों को स्वाभाविक रूप से सीखता है।

समाजीकरण में परिवार एवं माता-पिता की भूमिका (Role of Family and Parents in Socialization of Children)

(*i*) बच्चा सबसे पहले परिवार में जन्म लेकर परिवार का सदस्य बनता है। उसका सबसे अधिक सम्बन्ध उसकी माँ से होता है। माँ उसकी तरह-तरह से रक्षा करती है, इससे बच्चे के मन में सुरक्षा की भावना उत्पन्न होती है, जो आगे चलकर उसके विकास में सहायता देती है।

(*ii*) परिवार में बच्चे को यह ज्ञान प्राप्त होता है कि उसे कौन-कौन से कार्य करने चाहिए और कौन से नहीं। इससे बच्चा यह सीखता है कि समाज में क्या अच्छा है, क्या बुरा।

(*iii*) परिवार में एक से अधिक सदस्य रहते हैं। प्रत्येक सदस्य के अलग व्यवहार, रूचि, भावनाएँ आदि होती हैं तथा हर एक सदस्य के साथ बच्चे को घनिष्ठ सम्बन्ध स्थापित करना होता है। इस अनुकूलन के दौरान उसमें सहनशीलता का गुण भी आ जाता है।

(*iv*) यदि परिवार में सहयोग की भावना हो, तो बालक में भी सहयोग की भावना का विकास होता है। बच्चे की यही भावना उसके बाह्य समाज से व्यवहार में भी झलकती है।

(*v*) अच्छे परिवारों के बच्चे भी सामान्यतः अच्छे ही होते हैं जबकि विभिन्न समस्याओं से ग्रसित परिवारों के बच्चे झगडालू अथवा अपने परिवार के सदस्यों की प्रकृति के अनुरूप होते हैं।

बालक के समाजीकरण में बाधक तत्त्व (Factors Effecting Socialization in Children)

मैस्लो और मिटिलमैन (Maslow and Mittleman) के अनुसार, बालक के समाजीकरण में बाधा पहुँचाने वाले तत्त्व इस प्रकार हैं–

1. **बाल्यकालीन परिस्थितियाँ**– जैसे–माता-पिता का प्यार न मिलना, माता-पिता में सदैव कलह, विधवा माँ, पक्षपात, एकाकीपन तथा अनुचित दण्ड आदि।
2. **सांस्कृतिक परिस्थितियाँ**–जैसे–जाति, वर्ग, धर्म आदि से सम्बंध रखने वाली पूर्वधारणायें आदि।
3. **तात्कालिक परिस्थितियाँ**–जैसे–निराशा, अपमान, अभ्यास, अनियमितता, कठोरता, परिहास और भाई-बहन, मित्र, पड़ोसी आदि की ईर्ष्या।
4. **अन्य परिस्थितियाँ**–जैसे–शारीरिक हीनता, निर्धनता, असफलता, शिक्षा की कमी, आत्मविश्वास का अभाव तथा आत्म-निर्भरता की कमी आदि।

समाजीकरण की प्रक्रिया में शिक्षक की भूमिका (Role of Teacher in Socialization of Children)

बालक के समाजीकरण की प्रक्रिया में परिवार के बाद स्कूल और स्कूल में विशेष रूप से शिक्षक आता है। प्रत्येक समाज के कुछ विश्वास, दृष्टिकोण, मान्यताएं, कुशलताएं और परम्पराएं होती हैं, जिनको 'संस्कृति' के नाम से पुकारा जाता है। यह संस्कृति एक पीढ़ी से दूसरी पीढ़ी को हस्तान्तरित की जाती है और समाज के लोगों के आचरण को प्रभावित करती है। शिक्षक का सर्वश्रेष्ठ कार्य है–इस संस्कृति को बालक को प्रदान करना। यदि वह यह कार्य नहीं करता है तो बालक का समाजीकरण नहीं कर सकता है। शिक्षक, माता-पिता के साथ बालक के चरित्र और व्यक्तित्त्व का विकास करने में अति महत्त्वपूर्ण कार्य करता है। फिर भी, शिक्षक और माता-पिता एक-दूसरे से दूर रहते हैं और सम्पर्क में नहीं आते। परिणाम यह होता है कि शिक्षक, बालक की रुचियों, मनोवृत्तियों आदि को नहीं समझ पाता है। इसलिए वह बालक का समाजीकरण उचित दिशा में करने में असफल होता है। इसलिए यह अति आवश्यक है कि शिक्षक और माता-पिता एक-दूसरे के घनिष्ठ सम्पर्क में रहें और एक ही प्रकार के विश्वासों और दृष्टिकोणों को अपनाकर बालक का उचित दिशा में समाजीकरण करें।

कक्षा और खेल के मैदान में, साहित्यिक और सांस्कृतिक क्रियाओं में शिक्षक सामाजिक व्यवहार के आदर्श प्रस्तुत करता है। बालक अपनी अनुकरण की मूल प्रवृत्ति के कारण शिक्षक के ढंगों, कार्यों, आदतों और रीतियों का अनुकरण करता है। अतः शिक्षक को सदैव सतर्क रहना चाहिए, उसे कोई ऐसा अनुचित कार्य या व्यवहार नहीं करना चाहिए, जिसका बालक के ऊपर गलत प्रभाव पड़े। अतः बालक के समाजीकरण की प्रक्रिया को तीव्र गति प्रदान करने के लिए शिक्षक को निम्नलिखित बातों को ध्यान में रखना चाहिए–

1. **अभिभावक-शिक्षक सहयोग**– समाजीकरण की प्रक्रिया को तीव्र गति प्रदान करने के लिए शिक्षक का सर्वप्रथम कार्य यह है कि वह बालक के माता-पिता से सम्पर्क स्थापित करके उसकी रुचियों तथा मनोवृत्तियों के विषय में ज्ञान प्राप्त करे एवं उन्हीं के अनुसार उसे विकसित होने के अवसर प्रदान करे।
2. **संस्कृति का हस्तान्तरण**– कुछ परम्परायें, रीति-रिवाज, मान्यतायें, विश्वास तथा दृष्टिकोण होते हैं जिन्हें संस्कृति की संज्ञा दी जाती है। शिक्षक का कर्त्तव्य है कि बालक को भारतीय संस्कृति का ज्ञान दे जिससे उसका उचित समाजीकरण हो जाये।
3. **सामाजिक आदर्श**– शिक्षक को चाहिये कि वह कक्षा तथा खेल के मैदानों एवं सांस्कृतिक और साहित्यिक क्रियाओं

में बालक के सामने सामाजिक आदर्शों को प्रस्तुत करे। इन आदर्शों का अनुकरण करके बालक का समाजीकरण धीरे-धीरे हो जायेगा।

4. **स्कूल की परम्परायें–** स्कूल की परम्पराओं का बालक के समाजीकरण पर गहरा प्रभाव पड़ता है। अतः शिक्षक को चाहिये कि वह बालक का स्कूल की परम्पराओं में विश्वास उत्पन्न करे तथा उसे उन्हीं के अनुसार कार्य करने के लिए प्रोत्साहित करे।
5. **सामूहिक कार्य को प्रोत्साहन–** शिक्षक को चाहिये कि वह स्कूल में विभिन्न सामाजिक योजनाओं के द्वारा बालकों को सामूहिक क्रियाओं में सक्रिय रूप से भाग लेने के अवसर प्रदान करे। इन क्रियाओं में भाग लेने से उसका समाजीकरण स्वतः ही हो जायेगा।
6. **अन्तर-सांस्कृतिक भावना का विकास–** स्कूल में विभिन्न परिवारों के बालक शिक्षा प्राप्त करने आते हैं। इन विभिन्न परिवारों से आये हुए बालकों की संस्कृतियाँ भी अलग-अलग होती हैं। शिक्षक को चाहिए कि वह बालक में अन्तर-सांस्कृतिक भावना का विकास करे जिससे वह केवल अपनी संस्कृति को ही अच्छा न समझे वरन् विभिन्न संस्कृतियों का आदर करना भी सीख जाये।
7. **स्वस्थ प्रतियोगिता की भावना–** बालक के समाजीकरण में प्रतियोगिता का महत्त्वपूर्ण स्थान होता है। पर ध्यान देने की बात है कि बालक के समाजीकरण के लिए स्वस्थ प्रतियोगिता का होना ही अच्छा है। अतः शिक्षक को बालक में स्वस्थ प्रतियोगिता की भावना विकसित करनी चाहिये।

इस प्रकार हम कह सकते हैं कि शिक्षक बालक के समाजीकरण को प्रभावित करता है। शिक्षक के स्नेह, पक्षपात, बुरे व्यवहार, दण्ड आदि का बालकों पर कुछ न कुछ प्रभाव पड़ता है और उसका सामाजिक विकास उत्तम या विकृत हो जाता है। यदि शिक्षक, मित्रता और सहयोग में विश्वास करता है तो बच्चों में भी इन गुणों का विकास होता है। यदि शिक्षक छोटी-छोटी बातों पर बच्चों को दण्ड देता है, तो उनके समाजीकरण में संकीर्णता आ जाती है। यदि शिक्षक अपने छात्रों के प्रति सहानुभूति रखता है, तो छात्रों का समाजीकरण सामान्य रूप से होता है।

प्याजे, कोहलबर्ग एवं व्यगोट्स्की (Piaget, Kohlberg and Vygotsky)

बाल विकास के वृद्धि एवं विकास का अध्ययन एवं समझ बाल शिक्षा के शिक्षण का महत्त्वपूर्ण अंग है। दो बालक एक समान नहीं होते। बाल विकास के विभिन्न प्रतिरूपों, यथा–शारीरिक, संज्ञात्मक, सामाजिक एवं संवेदनात्मक रूप से एक-दूसरे से अलग-अलग होते हैं।

विकास की विभिन्न अवस्था में बालकों में विशेष प्रकार के गुण एवं विशेषताएं देखने को मिलती है। इस संदर्भ में विभिन्न मनोवैज्ञानिकों ने विकास की विभिन्न अवस्थाओं के संबंध में अलग-अलग प्रकार के सिद्धांतों का प्रतिपादन किया है। विकास की विभिन्न अवस्थाओं से संबद्ध सिद्धांतों में जीन प्याजे (Jean Piaget), लॉरेंस कोहलबर्ग (Lawrence Kohlberg) एवं लेव व्यगोट्स्की (Lev Vygotsky) द्वारा प्रतिपादित सिद्धांत विशेष रूप से उल्लेखनीय हैं।

जीन प्याजे का विकास अवस्था से संबद्ध सिद्धांत (Principle of Jean Piaget's Stages of Development)

स्विट्जरलैंड निवासी जीन प्याजे ने अपने सिद्धांत के तहत मुख्यतः बालक के मानसिक विकास पर ध्यान केंद्रित किया है। उसका यह मानना है कि ज्ञानात्मक विकास की अवस्थाओं में एक क्रम होता है। हम बाद की अवस्थाओं की योग्यता समय से पूर्व प्राप्त नहीं कर सकते। उदाहरणार्थ– जैसे 5 वर्ष के बालक को M.Sc. स्तर की भौतिकी नहीं पढ़ाई जा सकती।

विकास के विभिन्न चरण/अवस्था (Different Stages of Development)

जीन प्याजे ने विकास की पांच अवस्थाओं का उल्लेख किया है, जो निम्नवत् हैं–

(*i*) **इन्द्रिय गामक आग्रहण की अवस्था (0-2 वर्ष):** यह अवस्था शिशु की उल्टी-सीधी हरकतों से आरंभ होती है और फिर बच्चा अभ्यास एवं संयोजन (इंद्रियजनित गामक अंगों– Sensori motor organ) द्वारा इस अवस्था तक आता है। दो वर्ष की समाप्ति पर जब बच्चा विभिन्न वस्तुओं के बीच में संयोजन करना सीख लेता है तो आरंभिक प्रत्यय का विकास होता है।

(*ii*) **सांकेतिक एवं पूर्व प्रत्ययी विचारों की अवस्था (2-4 वर्ष):** इस अवस्था में बच्चे के मस्तिष्क में विचार आने लगते हैं और चौथे वर्ष के अंत तक वह संकेतों का प्रयोग करने लगता है।

(*iii*) **स्वजनित विचारों की अवस्था (4-8 वर्ष):** इस अवधि में बालक विभिन्न प्रत्ययों को विभिन्न परिस्थितियों में प्रयोग कर सकता है अर्थात् उसके अंदर सामान्यीकरण की क्षमता आ जाती है।

(*iv*) **मूर्त क्रिया की अवस्था (8-12 वर्ष):** इस अवधि में बालक अपना ध्यान रूकी हुई अवस्था से हटा सकता है अर्थात् वह अपने वर्तमान अनुभवों के आधार पर अपने भविष्य को पहचान सकता है।

(*v*) **औपचारिक (अमूर्त) क्रिया की अवस्था (12-18 वर्ष):** इस अवस्था में बालक की चिंतन प्रक्रिया संश्लेषणात्मक तथा एकीकृत हो जाती है। बालक की चिंतन प्रक्रिया का मार्गदर्शन यथार्थ द्वारा किया जाता है। यह अवधि परिकल्पना के परीक्षण द्वारा अपने शीर्ष पर पहुंचती है।

लॉरेंस कोहलबर्ग का नैतिक विकास अवस्था से संबद्ध सिद्धांत (Lawrence Kohlberg's Theory of Moral Development)

बालक में चरित्र निर्माण या नैतिक विकास के संदर्भ में लॉरेंस कोहलबर्ग ने अपने खोज एवं अनुसंधान के आधार पर यह निष्कर्ष निकाला है कि बालकों में नैतिकता के विकास की कुछ निश्चित एवं सार्वभौमिक अवस्थाएं पाई जाती हैं। ये अवस्थाएं हैं–

1. पूर्व-नैतिक अवस्था (Pre-moral stage)— 4 से 10 वर्ष तक।
2. परंपरागत नैतिक अवस्था (Conventional morality stage)— 10 से 13 वर्ष तक।
3. आत्म अंगीकृत नैतिक मूल्य अवस्था (Self accepted moral principles stage)—13 वर्ष से प्रौढ़ावस्था तक।

कोहलबर्ग द्वारा प्रतिपादित उपर्युक्त वर्गीकरण को विस्तृत रूप से पांच वर्गों में रखा जा सकता है–

(*i*) **पूर्व नैतिक अवस्था (Amoral Stage) :** यह अवस्था जन्म से लेकर दो वर्ष की आयु तक विद्यमान रहती है। इस अवस्था में बालक से नैतिकता एवं चारित्रिक मूल्यों आदि से संबद्ध बातों के विषय में किसी तरह की आशा करना बेमानी है, क्योंकि इस अवस्था में यह बातें उसकी समझ से बाहर होती है। इस अवस्था में उसे अपनी इच्छाओं, भावनाओं एवं संवेगों पर नियंत्रण करना नहीं आता और परिणामस्वरूप वह अपनी मर्जी के अनुसार इच्छित व्यवहार करता है।

(*ii*) **स्वकेंद्रित अवस्था (Self-Centred Stage) :** यह अवस्था 3 से 6 वर्ष तक होती है। इस अवस्था में बालक की सभी व्यावहारिक क्रियाएं अपनी वैयक्तिक आवश्यकताओं और इच्छाओं की पूर्ति के चारों ओर केंद्रित रहती हैं। उसके लिए वही नैतिक होता है जो उसके अपने कल्याण से जुड़ा होता है।

(*iii*) **परंपराओं को धारण करने की अवस्था (Conforming Conventional Stage) :** यह अवस्था सात वर्ष से किशोरावस्था के प्रारंभिक काल तक होती है। इस अवस्था का बालक सामाजिकता के गुणों को धारण करता है। ऐसे में उसमें समाज निर्मित नियमों एवं परंपराओं के धारण करने संबंधी नैतिकता का विकास होता है। इस अवस्था में उसे अच्छाई-बुराई का ज्ञान हो जाता है तथा वह यह समझने लगता है कि किस तरह के व्यवहार से दूसरे को हानि तथा ठेस पहुंच सकती है।

(*iv*) **आधारहीन आत्म चेतनावस्था (Irrational Conscientious Stage) :** यह अवस्था किशोरावस्था से जुड़ी हुई है। इस अवस्था में बालकों का सामाजिक, शारीरिक तथा मानसिक विकास अपनी चरम पर होता है तथा उसमें आत्म-चिन्तन का प्रादुर्भाव होता है। इस अवस्था में उसमें 'मैं' भावना अर्थात् मैं ऐसा व्यवहार करता हूँ, यह मेरा आचरण है आदि की उसे अनुभूति होने लगती है। साथ ही उसमें अपने आचरण, व्यवहार एवं व्यक्तिगत गुणों-अवगुणों के प्रति आलोचनात्मक प्रवृत्ति का भी विकास होता है। पूर्णता की चाह उसमें स्वयं से असंतुष्ट रहने का मार्ग प्रशस्त करती है। यह असंतुष्टि ही उसे समाज में होने वाली गलत कार्यों के प्रति विद्रोही रूख अपनाने के लिए प्रेरित करती है।

(*v*) **आधारयुक्त आत्मचेतना अवस्था (Rational Conscientious stage) :** यह नैतिक विकास की चरम अवस्था है। इसका विकास बालक के भली-भांति परिपक्वता ग्रहण करने के बाद होता है। इस अवस्था में जिस प्रकार के नैतिक आचरण और चारित्रिक मूल्यों की बात व्यक्ति विशेष से की जाती है उसके पीछे केवल उसकी भावनाओं का प्रवाह मात्र ही नहीं होता बल्कि वह अपनी मानसिक शक्तियों का उचित प्रयोग करते हुए अच्छी तरह सोच-समझकर किसी व्यवहार या आचरण विशेष को अपने व्यक्तिगत गुणों में शामिल करता है।

लेव व्यगोट्स्की का सामाजिक विकास से संबद्ध सिद्धांत (Social Development Theory of Lev Vygotsky)

सोवियत रूस निवासी लेव व्यगोस्ट्स्की द्वारा प्रतिपादित इस सिद्धांत में यह बताया गया है कि बालक के सभी प्रकार के विकास में उसके सामाजिक परिवेश का विशेष योगदान होता है। व्यगोट्स्की ने बताया कि समाज से अंतः क्रिया के परिणामस्वरूप ही बालक में विभिन्न प्रकार का विकास होता है। समाज में उसे जिस तरह की सुविधाएं उपलब्ध होंगी उसका विकास भी उसी प्रकार का होगा। सभी प्रकार की सुविधाओं की अनुपलब्धता की स्थिति में उसके विकास पर प्रतिकूल असर पड़ेगा।

जन्म के समय शिशु का व्यवहार सामाजिकता से काफी दूर होता है। वह अत्यधिक स्वार्थी होता है। उसे केवल अपनी शारीरिक आवश्यकताओं की पूर्ति करने की चाहत होती है। वह दूसरों की आवश्यकताओं और हित चिंतन के विषय में एकदम नहीं सोचता है। उस आयु में वह निर्जीव पदार्थों, यथा– गुड्डे-गुड़ियों, खिलौनों, मूर्तियों तथा सजीव पदार्थों, यथा– पशु-पक्षी व मनुष्य आदि में अंतर नहीं समझ पाता। शिशुओं के सामाजिक संपर्क का दायरा बहुत ही सीमित होता है। अतः सामाजिक विकास के दृष्टिकोण से उनसे बहुत आशा नहीं की जा सकती। बाल्यावस्था में प्रवेश करने के साथ ही अधिकांश बालक विद्यालय जाना प्रारंभ कर देते हैं और अब उनका सामाजिक दायरा बहुत विस्तृत होता चला जाता है।

जब बालक बाल्यावस्था से किशोरावस्था में प्रवेश करता है तो उसमें लिंग संबंधी चेतना तीव्र हो जाती है। इस आयु

में अधिकतर किशोर-किशोरियां अपने वय-समूह के सक्रिय सदस्य होते हैं। किशोरों में समूह के प्रति यह भावना अब केवल टोली या गिरोह विशेष तक ही सीमित नहीं रहती बल्कि यह विद्यालय, समुदाय, प्रांत और राष्ट्र तक व्यापक बन जाती है। इस अवस्था में सहानुभूति, सहयोग, सद्भावना, परोपकार और त्याग में अच्छा सामंजस्य देखने को मिलता है। किशोरावस्था को संवेगों की अभिव्यक्ति की अवस्था कहा जाता है। इस अवस्था में विशिष्ट रुचियों और सामाजिक संपर्कों का क्षेत्र भी अत्यधिक विस्तृत होता है। वैयक्तिक विशेषताओं के अतिरिक्त संस्कृति, परिवार की सामाजिक और आर्थिक स्थिति, यौन संबंधी स्वतंत्रता और जानकारी आदि सामाजिक रुचियों और सामाजिक संबंधों को प्रभावित करती है।

अभ्यास प्रश्न

1. "बालक में सामाजिक भावना का विकास जन्मजात होता है।" क्या आप इस कथन से–

A. पूर्णतः सहमत हैं
B. सम्भवतः सहमत हैं
C. असहमत हैं
D. कुछ सीमा तक सहमत हैं

2. सामाजिक परिवर्तन का कारक (Factor) है–

A. धर्म B. शिक्षा
C. विकास D. समाज

3. विद्यालय समाजीकरण के क्षेत्र में न केवल इसका अभिकरण है (Agency) अपितु वह समाज की सांस्कृतिक प्रगति का है–

A. संरक्षक B. संशोधक
C. आलोचक D. समर्थक

4. बच्चे का समाजीकरण तब होता है जब वह समाज के व्यवहार-प्रतिमानों (Behavioural Pattern) को–

A. स्वीकार करें
B. उनसे समायोजन कर लें
C. उपरोक्त A और B
D. उपरोक्त में से कोई नहीं

5. बालक के समाजीकरण (Socialization) हेतु शिक्षा का यह कार्य है–

A. शिक्षक अभिभावक सहयोग विकसित करना
B. संस्कृति का हस्तान्तरण (Transmission of Culture) का प्रयास करना
C. वैज्ञानिक व तकनीकी प्रगति से अवगत कराना
D. उपरोक्त A और B

6. बालकों में समाजीकरण की प्रक्रिया तीव्र करने हेतु निम्नांकित उपाय प्रभावी होते हैं–

A. अनुशासनहीन बालकों को दण्ड देना
B. अनुशासनहीन बालकों का सामाजिक बहिष्कार करना
C. शिक्षक अभिभावक सहयोग
D. उपरोक्त सभी

7. "शिक्षा युवक पीढ़ी का विधिवत् समाजीकरण है।" यह परिभाषा किसने दी है?

A. बोगार्डस (Bogardus)
B. बैण्डिस (Bandis)
C. स्मिथ (Smith)
D. दुर्खीम (Durkheim)

8. वे विद्यालय बालकों के समाजीकरण में असफल रहते हैं जो–

A. धर्म विशेष के आधार पर संचालित हैं
B. जाति विशेष के आधार पर संचालित हैं
C. भाषा विशेष के शिक्षण पर जोर देते हैं
D. उपरोक्त सभी

9. बालक के समाजीकरण के विद्यालय का यह पक्ष विशेष प्रभावी होता है–

A. खेल-कूद की सुविधा
B. अनुकूल पर्यावरण (Environment)
C. शाला-भवन
D. शाला-उपकरण

10. निम्नलिखित में से कौन-सी सामाजिक संस्था बालक को मातृभाषा सिखाती है?

A. परिवार B. पड़ोस
C. विद्यालय D. सामाजिक वर्ग

11. वेश-भूषा, रहन-सहन, आहार, धर्म, भाषा, तथा रीति-रिवाज इत्यादि व्यक्तित्व के कैसे निर्धारक हैं?

A. जैविक B. सांस्कृतिक
C. सामाजिक D. मनोवैज्ञानिक

12. निम्न में से कौन-सा बच्चे की सामाजिक-मनोवैज्ञानिक आवश्यकताओं के साथ संबद्ध ***नहीं*** है?

A. संवेगात्मक सुरक्षा की आवश्यकता
B. शरीर से अपशिष्ट पदार्थों का नियमित रूप से बाहर निकलना
C. सान्निध्य (संगति) की आवश्यकता
D. सामाजिक अनुमोदन अथवा सराहना की आवश्यकता

13. सबसे अधिक गहन और जटिल समाजीकरण होता है

A. पूर्व बाल्यावस्था के दौरान
B. प्रौढ़ावस्था के दौरान
C. व्यक्ति के पूरे जीवन में
D. किशोरावस्था के दौरान

14. पियाजे के अनुसार, निम्नलिखित में से कौन-सी अवस्था में बच्चा अमूर्त संकल्पनाओं के विषय में तार्किक चिंतन करना आरंभ करता है?

A. औपचारिक-संक्रियात्मक अवस्था (11 वर्ष एवं ऊपर)
B. संवेदी-प्रेरक अवस्था (जन्म-02 वर्ष)
C. पूर्व-संक्रियात्मक अवस्था (02-07 वर्ष)
D. मूर्त-संक्रियात्मक अवस्था (07-11 वर्ष)

15. पियाजे के अनुसार बौद्धिक विकास में आत्मसात्करण (Assimilation) एवं कौन-सी अन्य प्रक्रिया महत्वपूर्ण हैं?
A. आत्म-संज्ञान (Self-cognition)
B. समंजन (Accommodation)
C. कल्पना (Imagination)
D. प्रत्यक्षीकरण (Perception)

16. छात्रों में नैतिकता का विकास करने हेतु आप क्या आवश्यक समझते हैं?
A. धार्मिक प्रवचन
B. परिवार का वातावरण
C. पूजा-पाठ करना
D. प्रत्येक अवसर पर उन्हें अच्छे-बुरे का अंतर बताना

17. पियाजे के अनुसार विकास की पहली अवस्था (जन्म से लगभग 2 वर्ष आयु) के दौरान बच्चा .... सबसे बेहतर सीखता है।
A. अमूर्त तरीके से चिंतन द्वारा
B. भाषा के नए अर्जित ज्ञान के अनुप्रयोग द्वारा
C. इंद्रियों के प्रयोग द्वारा
D. निष्क्रिय (neutral) शब्दों को समझने के द्वारा

18. समाज तभी उन्नति कर सकता है जब बालिका-शिक्षा को बालक-शिक्षा से–
A. कम महत्व दिया जाए
B. समान महत्व दिया जाए
C. अधिक महत्व दिया जाए
D. इनमें कोई सम्बन्ध नहीं है

19. शिक्षक ही समाज को उन्नति के मार्ग पर ले जा सकता है, क्योंकि वह–
A. अपनी बात कम और समाज की बात अधिक सोचता है
B. भावी नागरिकों को सही मार्ग दिखा सकता है
C. समाज के प्रति समर्पित होता है
D. भी एक सामाजिक प्राणी है

20. नैतिक मूल्य नियमावली का अर्थ है–
A. कुछ निश्चित मापदण्ड जिनका पालन व्यवस्था विशेष में कार्यरत सभी व्यक्ति करते हैं
B. आदर्शों एवं सिद्धांतों का सूची-पत्र जिसे किसी व्यवसाय के प्रत्येक सदस्य पर लागू किया जाता है
C. ऐसे निश्चित मापदण्ड जिनका अनुमोदन उच्च अधिकारी करते हैं किन्तु पालन निम्न स्तर के कर्मचारी करते हैं
D. किसी व्यावसायिक जगत की एक आवश्यक बुराई है

21. वाइगोत्सकी के सिद्धान्त का निहितार्थ है–
A. प्रारम्भिक व्याख्या के बाद कठिन सवालों को हल करने में बच्चे की सहायता न करना
B. सहयोगात्मक समस्या-समाधान
C. प्रत्येक विद्यार्थी को व्यक्तिगत रूप से दत्त कार्य देना
D. बच्चे उन बच्चों की संगति में श्रेष्ठतम रूप से सीख सकते हैं जिनका बुद्धि-लब्धांक उनके बुद्धि-लब्धांक से कम होता है।

22. वाइगोत्सकी बच्चों के सीखने में निम्नलिखित में से किस कारक की महत्वपूर्ण भूमिका पर बल देते हैं?
A. सामाजिक B. नैतिक
C. शारीरिक D. आनुवंशिक

23. "बच्चे दुनिया के बारे में अपनी समझ का सृजन करते हैं।" इस सिद्धांत का श्रेय .... को जाता है।
A. पियाजे B. स्किनर
C. पावलॉव D. कोह्लबर्ग

24. पियाजे के अनुसार, निम्नलिखित में से कौन-सी अवस्था में बच्चा अमूर्त संकल्पनाओं के विषय में तार्किक चिन्तन करना आरंभ करता है?
A. मूर्त-संक्रियात्मक अवस्था (07-11 वर्ष)
B. संवेदी-प्रेरक अवस्था (जन्म-02 वर्ष)
C. औपचारिक-संक्रियात्मक अवस्था (11 वर्ष से ऊपर)
D. पूर्व-संक्रियात्मक अवस्था (02-07 वर्ष)

25. मानसिक विकास की औपचारिक संक्रियात्मक अवस्था की मुख्य विशेषता है–
A. मूर्त चिन्तन B. अमूर्त चिन्तन
C. सामाजिक चिन्तन D. अहम्-केन्द्रित चिन्तन

26. विचार न केवल भाषा को निर्धारित करते हैं बल्कि उसे आगे भी बढ़ाते हैं। यह विचार किसके द्वारा रखा गया।
A. जीन पियाजे B. कोहलबर्ग
C. वाइगोत्सकी D. पावलॉव

27. बालक के समाजीकरण की प्रक्रिया कब प्रारंभ होती है?
A. जन्म से B. जन्म के 3 वर्ष के बाद
C. किशोरावस्था में D. वयस्क होने के बाद

28. सीबीएसई द्वारा प्रस्तावित समूह-परियोजना गतिविधि .... का एक सशक्त साधन है।
A. सामाजिक भागीदारिता को सुगम बनाने
B. शिक्षकों के भार को हल्का करने
C. रोजमर्रा के शिक्षण से होने वाले तनाव को दूर करने
D. अनेकता में एकता की संकल्पना का प्रचार-प्रसार करने

29. समाजीकरण है–
A. सामाजिक मानदण्डों में परिवर्तन
B. शिक्षक एवं पढ़ाए गए के बीच सम्बन्ध
C. समाज के आधुनिकीकरण की प्रक्रिया
D. समाज के मानदण्डों के साथ अनुकूलन

30. सबसे अधिक गहन और जटिल समाजीकरण होता है–
A. किशोरावस्था के दौरान
B. पूर्व बाल्यावस्था के दौरान
C. प्रौढ़ावस्था के दौरान
D. व्यक्ति के पूरे जीवन में

31. बच्चों के समाजीकरण में शिक्षक की भूमिका होती है–
A. उनका बौद्धिक विकास करना
B. उन्हें गृह-कार्य देना
C. उनके आर्थिक प्रयोग में सहयोग करना
D. उन्हें साम्प्रदायिक शिक्षा प्रदान करना

32. पियाजे के अनुसार, संज्ञानात्मक विकास के किस चरण पर बच्चा 'वस्तु स्थायित्व' को प्रदर्शित करता है?
A. मूर्त संक्रियात्मक चरण
B. औपचारिक संक्रियात्मक चरण
C. संवेदी-प्रेरक चरण
D. पूर्व संक्रियात्मक चरण

33. कोहलबर्ग के अनुसार, सही और गलत के प्रश्न के बारे में निर्णय लेने में शामिल चिन्तन-प्रक्रिया को कहा जाता है–
A. सहयोग की नैतिकता B. नैतिक तर्कणा
C. नैतिक यथार्थवाद D. अनैतिक यथार्थवाद

34. वह स्तर जिसमें बच्चा किसी वस्तु एवं घटना के बारे में तार्किक रूप से सोचना शुरू करता है, कहा जाता है
A. औपचारिक अवस्था B. पूर्व क्रियात्मक अवस्था
C. संवेदन प्रणोद अवस्था D. मूर्त क्रियात्मक अवस्था

35. छोटे शिक्षार्थियों को कक्षा-कक्ष में समवयस्कों के साथ अन्तः क्रिया करने के लिए प्रोत्साहित करना चाहिए, जिससे
A. वे एक-दूसरे से प्रश्नों के उत्तर सीख सके
B. वे पढ़ने के दौरान सामाजिक कौशल सीख सके
C. पाठ्यक्रम को बहुत जल्दी पूरा किया जा सके
D. शिक्षक कक्षा-कक्ष को बेहतर तरीके से नियन्त्रित कर सकें

36. समाजीकरण की प्रक्रिया में उन .... को प्राप्त किया जाता है, जिन्हें समाज में महत्व दिया जाता है।
A. मानकों B. मूल्यों
C. विश्वासों D. ये सभी

37. किसी बालक के समाजीकरण में धर्म का महत्व है–
(*i*) आदर्शों में (*ii*) अनुकरण में
(*iii*) संस्कार में
A. केवल (*i*) B. केवल (*ii*)
C. केवल (*iii*) D. ये सभी

38. शिक्षकों को यह सलाह दी जाती है कि वे अपने शिक्षार्थियों को सामूहिक गतिविधियों में शामिल करें क्योंकि सीखने को सुगम बनाने के अतिरिक्त, ये .... में सहायता करती है।
A. दुश्चिंता B. समाजीकरण
C. मूल्य द्वन्द्व D. आक्रामकता

39. किसी बच्चे में समाजीकरण का प्रथम तत्व निम्नलिखित में से कौन-सा है?
A. परिवार B. अस्पताल
C. विद्यालय D. खेल का मैदान

40. पियाजे के अनुसार, ... वर्ष से कम आयु के बालकों में संज्ञानात्मक परिपक्वता का अभाव पाया जाता है?
A. 6 B. 9
C. 10 D. 12

41. वाइगोत्सकी के अनुसार, किसी बालक के विकास में सबसे महत्वपूर्ण योगदान निम्न में से किसका होता है?
A. परिवार का B. विद्यालय का
C. धर्म का D. समाज का

42. निम्नलिखित में कौन-सी संज्ञानात्मक क्रिया की दी गई सूचना के विश्लेषण के लिए प्रयोग में लाई जाती है?
A. वर्णन करना B. पहचान करना
C. अन्तर करना D. वर्गीकृत करना

43. कृतिका अक्सर घर में ज्यादा बात नहीं करती, लेकिन विद्यालय में वह काफी बात करती है। यह दर्शाता है कि–
A. विद्यालय हर समय बच्चों को खूब बात करने का अवसर देता है
B. शिक्षकों की यह माँग होती है कि बच्चे विद्यालय में खूब बात करे
C. कृतिका को अपना घर बिल्कुल पसन्द नहीं
D. उसके विचारों को विद्यालय में मान्यता मिलती है

44. कोहलबर्ग के अनुसार सही और गलत के बारे में बच्चे .... चिन्तन नहीं करते हैं।
A. अलग आयु में अलग तरीके से
B. अलग चरणों में समान तरीके से
C. सन्दर्भ के अनुसार
D. अभिभावकों द्वारा प्रदत्त निर्देशों के अनुसार

उत्तरमाला

1	2	3	4	5	6	7	8	9	10
C	B	A	C	D	C	D	D	B	A
11	12	13	14	15	16	17	18	19	20
B	B	D	D	B	D	C	B	B	C
21	22	23	24	25	26	27	28	29	30
B	A	A	A	B	C	A	A	D	A
31	32	33	34	35	36	37	38	39	40
A	D	B	B	B	D	D	B	A	A
41	42	43	44						
D	C	D	A						

4. बालकेंद्रित एवं प्रगतिशील शिक्षा की अवधारणा (Concept of Child-centered and Progressive Education)

बालकेंद्रित शिक्षा (Child-centred Education)

बालकेंद्रित शिक्षा, शिक्षा की वह विधा है जिसमें बालक की आयु और समझ को देखते हुए बालक की शिक्षा के लिए व्यवस्था की जाती है। दूसरे शब्दों में, बालक के मनोविज्ञान को समझते हुए शिक्षा की व्यवस्था करना एवं उसकी कठिनाइयों को दूर करना ही बालकेंद्रित शिक्षा है। विभिन्न कालों में शिक्षा का स्वरूप भिन्न-भिन्न रहा है। प्राचीन काल में जहां शिक्षा का उद्देश्य बालकों के मस्तिष्क में मात्र कुछ जानकारी भरना समझा जाता था वहीं आधुनिक काल में बालक का सर्वांगीण विकास शिक्षक का परम उद्देश्य बताया गया है। इस कार्य के लिए शिक्षक को बाल मनोविज्ञान की जानकारी जरूर होनी चाहिए। शिक्षक के लिए बाल मनोविज्ञान की उपयोगिता इसलिए भी जरूरी है ताकि वह इसका प्रयोग शिक्षा संबंधी विभिन्न क्षेत्रों यथा– अनुशासन, व्यवहार, जागरूकता आदि के क्षेत्र में कर सके। इससे यह स्पष्ट होता है कि एक शिक्षक को शिक्षा तथा छात्रों के प्रति क्या अभिवृति (Attitude) होनी चाहिए।

बाल-केंद्रित शिक्षा की मुख्य विशेषताएं (Characteristics of Child-centered Education)

बाल-केंद्रित शिक्षा की प्रकृति के कुछ भिन्न होने के कारण इसकी कुछ अलग प्रकार की विशेषताएं हैं। बाल-केंद्रित शिक्षा की मुख्य विशेषताएं निम्नवत् हैं–

1. **बालकों को ठीक से समझना (Perceive to Children):** जब से मनोविज्ञान ने शिक्षा के क्षेत्र में प्रवेश किया है, शिक्षा का स्वरूप बाल-केंद्रित हो गया है। अब प्रत्येक बालक की ओर व्यक्तिगत रूप से अध्ययन-अध्यापन प्रक्रिया में ध्यान दिया जाता है। आज शिक्षा का उद्देश्य बालक के ऊपर ज्ञान थोपना नहीं वरन् उसका एकमात्र उद्देश्य बालक में निहित शक्तियों का विकास करना है। इस तरह बालक के व्यक्तित्व का सर्वांगीण विकास करना ही आज की शिक्षा का अंतिम उद्देश्य है।

   ऐसे में इस बात की आवश्यकता है कि शिक्षक को बालकों के मनोविज्ञान की जानकारी हो, अन्यथा वह उन्हें क्या सिखाएगा कहना बहुत मुश्किल है। अतः शिक्षक को बालक के व्यवहार के मूलाधारों, आवश्यकताओं, मानसिक स्तर, रुचियों, योग्यताओं, व्यक्तित्त्व आदि का विस्तृत ज्ञान होना चाहिए। व्यवहार के मूलाधारों का ज्ञान तो सबसे अधिक आवश्यक है, क्योंकि शिक्षा का उद्देश्य ही बालक के व्यवहार को परिमार्जित करना है। अतः शिक्षा बालक की प्रेरणाओं, संवेगों एवं मूल प्रवृत्तियों पर आधारित होनी चाहिए। व्यवहार के इन मूलाधारों को नई दिशा में मोड़ा जा सकता है, इनका शोधन किया जा सकता है, इनको बालक में से निकाला जा सकता है। इसलिए सफल शिक्षक उसे ही माना जाता है जो इसका शोधीकरण का प्रयास करता है। बालक जो कुछ सीखता है, उससे उसकी आवश्यकताओं का बड़ा निकट संबंध है। प्रायः ऐसा पाया गया है कि स्कूल में पिछड़े हुए समस्याग्रस्त बालकों में से अधिकतर ऐसे होते हैं, जिनकी आवश्यकताएं स्कूल में पूरी नहीं होती। इसलिए वे सड़कों पर लगे बिजली के बल्बों को फोड़ते हैं, स्कूल से भाग जाते हैं। आस-पड़ोस के लोगों को तंग करते हैं; आवारागर्दी करते हैं और मोहल्ले के बच्चों को पीटते हैं। मनोविज्ञान के ज्ञान के अभाव में शिक्षक मारपीट द्वारा बच्चों के उन दोषों को दूर करने का प्रयत्न करता है, परंतु बालकों को समझने वाला शिक्षक यह जानता है कि इन दोषों का मूल उनकी शारीरिक, सामाजिक अथवा मनोवैज्ञानिक आवश्यकताओं में ही कहीं न कहीं है।

2. **शिक्षण पद्धति (Teaching Method):** शिक्षा शास्त्र शिक्षक को यह बताता है कि बालकों को क्या पढ़ाया जाए, परंतु असली समस्या यह है कि किस प्रकार पढ़ाया जाए। इस समस्या के समाधान में बाल मनोविज्ञान ही वह माध्यम है जो शिक्षक को सहायता करता है। बाल मनोविज्ञान सीखने की प्रक्रिया, विधियों, महत्त्वपूर्ण कारकों, लाभदायक और हानिकारक दशाओं, रुकावटों सीखने का वक्र तथा प्रशिक्षण संक्रमण आदि विभिन्न तत्त्वों से परिचित कराता है। इनसे प्राप्त ज्ञान से शिक्षक बालकों को सीखने में सहायता कर सकता है। शिक्षा मनोविज्ञान शिक्षण की विधियों का भी मनोवैज्ञानिक विश्लेषण करता है और उनमें सुधार के उपाय बतलाता है। बाल-केंद्रित शिक्षा में शिक्षण विधि को प्रयोग में लाते समय बाल-मनोविज्ञान को ही आधार बनाया जाता है।

3. **मूल्यांकन एवं परीक्षण विधि (Evaluation and Test):** शिक्षण से ही शिक्षक की समस्या हल नहीं हो जाती।

उसे बालकों के ज्ञान और विकास का मूल्यांकन और परीक्षण करना होता है। मूल्यांकन से परीक्षार्थी की उन्नति का पता चलता है। शिक्षा की प्रक्रिया में शिक्षक और शिक्षार्थी बराबर यह जानना चाहते हैं कि वे कहां प्रगति कर रहे हैं और यदि उनको सफलता अथवा असफलता मिली है तो क्यों और उसमें क्या परिवर्तन किए जा सकते हैं। इस तरह के सभी प्रकार के प्रश्नों के समाधान में मूल्यांकन के साथ-साथ विभिन्न प्रकार के परीक्षणों और मापों की भी आवश्यकता पड़ती है। इस तरह स्पष्ट है कि बाल-केंद्रित शिक्षा में बालक का मूल्यांकन बाल-मनोविज्ञान के माध्यम से किया जाता है।

4. **पाठ्यक्रम की प्रकृति (Syllabus) :** समाज और व्यक्ति की आवश्यकताओं की पूर्ति को ध्यान में रखते हुए स्कूल के पाठ्यक्रम की प्रकृति व्यक्तिगत विभिन्नताओं, प्रेरणाओं, मूल्यों और सीखने के सिद्धांतों के मनोवैज्ञानिक ज्ञान पर आधारित होनी चाहिए। बालकेंद्रित शिक्षा में इस बात का विशेष ध्यान रखा जाता है कि पाठ्यक्रम की प्रकृति का विकास बालक की आवश्यकताओं उसकी आयु एवं विशेष अवस्थाओं आदि जैसे उसके विशेष गुण के अनुरूप ही हो।
5. **व्यवस्थापन एवं अनुशासन का प्रयोग (Management and Discipline) :** बालकेंद्रित शिक्षा में कक्षा एवं विद्यालय में अनुशासन एवं व्यवस्था बनाए रखने के लिए भी बाल मनोविज्ञान सहायक के रूप में कार्य करता है।
6. **प्रयोग एवं अनुसंधान (Practical and Research) :** बाल-केन्द्रित शिक्षा में बालकों को प्रयोग एवं अनुसंधान की ओर ले जाने के लिए बाल मनोविज्ञान का सहारा लिया जाता है। नई समस्याओं को सुलझाने के लिए शिक्षक को स्वयं प्रयोग करते रहना चाहिए और उससे निकले निष्कर्षों का उपयोग करना चाहिए।

प्रगतिशील शिक्षा (Progressive Education)

प्रगतिशील शिक्षा पारंपरिक शिक्षा की प्रतिक्रिया का परिणाम है। अमेरिकी मनोवैज्ञानिक **जॉन डीवी** (John Dewey) का प्रगतिशील शिक्षा के विकास में विशेष योगदान रहा है। प्रगतिशील शिक्षा का तात्पर्य शिक्षा का एकमात्र उद्देश्य बालक की शक्तियों का विकास है। वैयक्तिक विभिन्नता के अनुरूप शिक्षण प्रक्रिया में भी अंतर रखकर इस उद्देश्य को पूरा किया जा सकता है।

बालक में विभिन्न शक्तियों का विकास किस प्रकार से होगा, इसके लिए कोई सामान्य सिद्धांत निश्चित नहीं किया जा सकता, क्योंकि भिन्न-भिन्न रुचियों और योग्यताओं के बालकों में विकास भिन्न-भिन्न प्रकार से होता है। अध्यापक को बालक की योग्यताओं पर दृष्टि रखते हुए उसे निर्देश देना चाहिए। प्रगतिशील शिक्षा इस बात का बोध कराता है कि शिक्षा बालक के लिए है न कि बालक शिक्षा के लिए। अतः शिक्षा का उद्देश्य ऐसा वातावरण तैयार करना होना चाहिए ताकि प्रत्येक बालक को समाजिक विकास का पर्याप्त अवसर मिले। प्रगतिशील शिक्षा का मुख्य उद्देश्य लोकतंत्रीय मूल्यों की स्थापना करना है ताकि बालकों में लोकतंत्रीय मूल्यों का विकास हो सके। शिक्षा के द्वारा हम ऐसे समाज का निर्माण करना चाहते हैं जिसमें व्यक्ति-व्यक्ति में कोई भेद न हो, सभी पूर्ण स्वतंत्रता और सहयोग से काम कर सकें। प्रत्येक व्यक्ति को अपनी स्वाभाविक प्रवृत्तियों, इच्छाओं और आकांक्षाओं के अनुसार विकसित होने का अवसर मिले तथा सभी को समान अधिकार दिए जाएं। ऐसे समाज का निर्माण तभी हो सकता है जबकि व्यक्ति और समाज के हित में कोई मौलिक अंतर न माना जाए। शिक्षा के द्वारा मनुष्य में परस्पर सहयोग और सामंजस्य की स्थापना होनी चाहिए। इस तरह प्रगतिशील शिक्षा का मुख्य उद्देश्य बालक के व्यक्तित्व का विकास करना और शिक्षा के माध्यम से लोकतंत्र की स्थापना करना है।

प्रगतिशील शिक्षा में मुख्य जोर शिक्षण विधि की व्यावहारिकता पर दिया जाता है। इस शिक्षण विधि में बालक के स्वयं करके सीखने की प्रक्रिया पर जोर दिया जाता है। इस शिक्षण विधा में बालक के जीवन, क्रियाओं और विषयों में एकता स्थापित की जाती है। यह बालक के जीवन की क्रियाओं को समग्र रूप से विकसित करने पर जोर देता है।

इस शिक्षा पद्धति में बालक की रुचि को महत्त्व दिया जाता है। जॉन डीवी ने प्रगतिशील शिक्षा के तहत शिक्षा में दो तत्त्वों को विशेष रूप से महत्त्वपूर्ण माना है– **प्रथम** रुचि एवं **द्वितीय** प्रयास। शिक्षक को बालक की स्वाभाविक रुचियों को समझकर उसके लिए उपयोगी कार्यों की व्यवस्था करनी चाहिए। बालक को स्वयं कार्यक्रम बनाने का अवसर दिया जाना चाहिए ताकि वे अपनी रुचियों के अनुसार कार्यक्रम बना सकें। ऐसा करने से उनमें किसी तरह का भय या दबाव नहीं रहेगा और वे कार्यक्रम को रुचि के अनुसार बना सकेंगे। फलतः स्कूल क्रिया आत्म-क्रिया बन सकेगी। जॉन डीवी के शिक्षा संबंधी इन विचारों के आधार पर ही आगे चलकर प्रोजेक्ट-प्रणाली का जन्म हुआ। प्रोजेक्ट-प्रणाली में यह उल्लेख किया गया कि बालक को ऐसे काम दिए जाने चाहिए कि उनमें स्फूर्ति, आत्म-विश्वास, आत्म-निर्भरता और मौलिकता का विकास हो सके।

प्रगतिशील शिक्षा में शिक्षक को सम्मानजनक और महत्त्वपूर्ण स्थान दिया गया है तथा इस बात का उल्लेख किया गया है कि शिक्षक समाज का सेवक है। इस शिक्षा पद्धति में शिक्षक से यह आशा की गई है कि वह विद्यालय में ऐसे वातावरण का निर्माण करे कि उसमें पल-बढ़कर बालक का सामाजिक व्यक्तित्त्व विकसित हो सके और वह लोकतंत्र का एक सफल एवं योग्य नागरिक बन सके। जॉन डीवी ने शिक्षक की महत्ता को और ऊँचाई देते हुए उसे ईश्वर का प्रतिनिधि तक कह दिया है। विद्यालय में स्वतंत्रता और समानता के मूल्य को बनाए रखने के लिए शिक्षक को स्वयं को बालक से बड़ा नहीं समझना चाहिए। शिक्षक को कभी भी अपनी आज्ञाओं एवं उपदेशों के माध्यम से अपने विचारों और प्रवृत्तियों को बालकों पर थोपने का प्रयास नहीं करना चाहिए। उसे बालकों का भली-भांति

परीक्षण करके उनकी रुचियों, योग्यताओं एवं गतिविधियों के अनुरूप कार्यों में लगाना चाहिए। इस प्रकार विद्यालय में शिक्षा बालकों की व्यक्तिगत विभिन्नताओं को ध्यान में रखकर दी जानी चाहिए। इस विधि से अध्यापन करने से विद्यालय के संचालन में कठिनाई बहुत कम होती है।

प्रगतिशील शिक्षा में अनुशासन का भी महत्त्वपूर्ण स्थान है लेकिन अनुशासन के नाम पर बालक की स्वाभाविक प्रवृत्तियों को कुंठित करने के प्रयास को अनुचित माना गया है। सही मायने में देखा जाए तो अनुशासन केवल बालक के निजी व्यक्तित्व से संबंधित न होकर उसकी सामाजिक परिस्थितियों से भी घनिष्ठ रूप से जुड़ा हुआ है। सच्चा अनुशासन एक प्रकार से सामाजिक अनुशासन है और यह बालक के विद्यालय के सामूहिक कार्यों में भाग लेने से उत्पन्न होता है। विद्यालय में ऐसे वातावरण का निर्माण किया जाना चाहिए ताकि बालक परस्पर सहयोग से रहने का अभ्यास कर सकें। विद्यालय में एक से उद्देश्य लेकर शारीरिक, सामाजिक, बौद्धिक एवं नैतिक कार्यों में एक साथ भाग लेने से बालकों में अनुशासन का भाव उत्पन्न होता है और उनमें नियमित रूप से कार्य करने की आदत विकसित होती है। विद्यालयों में होने वाले कार्यक्रमों का बालक के चरित्र-निर्माण में महत्त्वपूर्ण योगदान है। बालक को प्रत्यक्ष रूप से उपदेश न देकर उसे सामाजिक परिवेश उपलब्ध कराया जाना चाहिए और उसके सामने ऐसे उदाहरण प्रस्तुत किए जाने चाहिए ताकि उसमें आत्मानुशासन उत्पन्न हो और वह सही अर्थों में सामाजिक प्राणी बन सके। यह बात बिल्कुल ठीक है कि विद्यालय में शांतिपूर्ण वातावरण होने से काम अधिक अच्छा होता है किंतु शांति एकमात्र साधन है, साध्य नहीं। शिक्षक को अपनी ओर से बालकों को उनकी प्रवृत्तियों के अनुसार विविध प्रकार के कार्यों में लगाए रखना चाहिए और यदि इस प्रक्रिया से कभी-कभी कुछ अशांति भी उत्पन्न हो तो उसे दूर करने के लिए बालक की क्रियाओं पर रोक-टोक करना अनुचित है। आत्मानुशासन उत्पन्न करने में उत्तरदायित्व की भावना का विशेष महत्त्व है। उत्तरदायित्व का भाव उत्पन्न करने के लिए विद्यालय का अधिकतर कार्य स्वयं विद्यार्थियों को सौंप दिया जाना चाहिए। इनमें भाग लेने से उनमें अनुशासन की भावना उत्पन्न होती है।

वर्तमान में शिक्षा को अनिवार्य और सार्वभौमिक बनाने पर जो जोर दिया जा रहा है वह मुख्यतः प्रगतिशील शिक्षा के सिद्धांतों के ही समान है। शिक्षा का लक्ष्य व्यक्तित्व का विकास है और प्रत्येक व्यक्ति को उसके व्यक्तित्व का विकास करने के लिए शिक्षा प्राप्त करने का अवसर दिया जाना चाहिए। आधुनिक शिक्षा में वैज्ञानिक और सामाजिक प्रवृत्ति के जो तत्त्व विद्यमान हैं उनमें प्रगतिशील शिक्षा का योगदान है। इसके अनुसार शिक्षा एक सामाजिक आवश्यकता है। इसका लक्ष्य व्यक्ति और समाज दोनों का विकास है। इससे व्यक्ति का बौद्धिक, नैतिक, सामाजिक और शारीरिक विकास होता है।

सर्वशिक्षा अभियान (SSA)

सर्वशिक्षा अभियान भारत सरकार द्वारा 2000-01 में प्रारंभ किया गया था। इस अभियान के अन्तर्गत 'सब पढ़ें सब बढ़ें' का नारा दिया गया है। सर्वशिक्षा अभियान के अन्तर्गत निम्नलिखित लक्ष्य निर्धारित किए गए थे–

1. वर्ष 2003 तक सभी बच्चों को विद्यालय में लाना।
2. वर्ष 2007 तक 5 वर्ष की आयु वाले सभी बच्चों की प्राथमिक शिक्षा पूरी करवाना।
3. वर्ष 2010 तक 8 वर्ष की आयु वाले सभी बच्चों की प्रारम्भिक शिक्षा पूरी करवाना।

सर्वशिक्षा अभियान की उपलब्धियाँ इस प्रकार रही–

1. स्कूल दाखिला अनुपात जो 1950-51 में 31.1 प्रतिशत था 2003-04 में बढ़कर 85 प्रतिशत हो गया।
2. प्रथम कक्षा से 8वीं कक्षा तक पढ़ने वाली सभी लड़कियाँ एवं अनुसूचित जाति के लगभग 6 करोड़ बच्चों को निःशुल्क पाठ्य-पुस्तकें वितरित की गई।
3. 2001 के बाद लगभग 2 लाख नए स्कूल खोले गए। लगभग 5 लाख नए शिक्षकों की नियुक्ति की गई।
4. यद्यपि सर्वशिक्षा अभियान के फलस्वरूप विद्यालय छोड़ने वाले बच्चों की संख्या में भारी कमी लाने में सफलता प्राप्त हुई है, किन्तु वर्ष 2010 तक यह सफलता लक्षित अनुपात तक प्राप्त नहीं हुई है।

मध्याह्न भोजन योजना (Mid Day Meal Scheme)

1. 15 अगस्त, 1995 को पोषाहार समर्थन के राष्ट्रीय कार्यक्रम मध्याह्न भोजन योजना की शुरूआत की गई।
2. इस योजना के अन्तर्गत पहली से पाँचवीं कक्षा तक के बच्चों को 80 प्रतिशत उपस्थिति पर प्रतिमाह 3 किग्रा गेहूँ अथवा चावल दिए जाने की व्यवस्था की गई थी। किन्तु इस योजना का पूर्ण लाभ छात्र को न प्राप्त होकर उसके परिवार को मिल जाता था, इसलिए 1 सितम्बर 2004 से पके-पकाए भोजन उपलब्ध कराने की योजना आरंभ कर दी गई।
3. इस योजना के अन्तर्गत विद्यालयों में मध्यावकाश में छात्र-छात्राओं को सप्ताह में 4 दिन चावल से बने भोज्य पदार्थ तथा 2 दिन गेहूँ से बने भोज्य पदार्थ दिए जाने की व्यवस्था की गई है।

अभ्यास प्रश्न

1. किसी बालक की शैक्षिक प्रगति दिन-प्रतिदिन गिरावट की ओर जा रही है। इसका निम्न में से प्रमुख कारण होगाः

A. वह धन कमाने लगा है
B. वह गलत संगत में पड़ गया है
C. अध्यापक ठीक से नहीं पढ़ाते हैं
D. बालक की पढ़ने में रुचि नहीं है

2. वर्तमान में नारी-शिक्षा के सन्दर्भ में आपका मानना है कि–
   A. यह पर्याप्त तथा उपयोगी है
   B. यह अपर्याप्त एवं असम्बन्धित है
   C. यह अभी और थोड़ा विकास चाहती है
   D. इस पर व्यय नहीं करना चाहिए
3. साक्षरता अभियान में आप किस प्रकार अपना योगदान दे सकते हैं?
   A. नौकरी करके
   B. स्वयं को साक्षर करके
   C. साक्षरता का महत्व बताकर
   D. दो निरक्षर व्यक्तियों को साक्षर करके
4. एक अच्छा अध्यापक बनने के लिए आवश्यक है :
   A. समृद्ध परिवेश और ऊँची पहुँच
   B. व्यक्तिगत प्रयास और उपयुक्त प्रशिक्षण
   C. स्वस्थ शरीर और खानदानी संपन्नता
   D. उपयुक्त शिक्षा और आर्थिक संपन्नता
5. आपकी कक्षा का एक विद्यार्थी प्रायः विद्यालय में विलम्ब से आता है ऐसी दशा में आप :
   A. उसे दण्ड देकर सुधारने का प्रयास करेंगे/करेंगी
   B. उसके अभिभावकों को इसकी जानकारी देंगे/देंगी
   C. विलम्ब से आने का कारण जानकर उसके निराकरण का प्रयास करेंगे/करेंगी
   D. प्रधानाचार्य से उसकी शिकायत करेंगे/करेंगी
6. आपके विचार से शिक्षा के स्तरोन्नयन के लिए सर्वाधिक आवश्यक है–
   A. विद्यालय को पूरी सुविधा प्रदान करना
   B. अध्यापक को उच्च वेतनमान देना
   C. छात्र-अभिभावक-अध्यापक संबंध सुदृढ़ करना
   D. शिक्षण अधिगम प्रक्रिया को प्रभावी बनाना
7. नवोदय विद्यालय प्रारम्भ किए गए हैं–
   A. ग्रामीण बच्चों के लिए
   B. गरीब बच्चों के लिए
   C. मन्द बुद्धि बच्चों के लिए
   D. प्रतिभाशाली ग्रामीण बच्चों के लिए
8. नवोदय विद्यालयों में बालकों को प्रवेश दिया जाता है–
   A. कक्षा तृतीय से   B. कक्षा पंचम् से
   C. कक्षा षष्ठम् से   D. कक्षा नवम् से
9. राष्ट्रीय शैक्षिक अनुसंधान व प्रशिक्षण परिषद् (NCERT) का मुख्यालय है–
   A. इलाहाबाद   B. नई दिल्ली
   C. चेन्नई   D. मुम्बई
10. पाठ्यक्रम निर्माण में किस बात को मुख्य रूप से ध्यान में रखा जाता है?
   A. छात्रों को   B. शिक्षा के उद्देश्यों को
   C. पाठ्य पुस्तकों को   D. शिक्षण विधियों को
11. मूल्यांकन का क्षेत्र है :
   A. सीमित   B. असीमित
   C. संकुचित   D. व्यापक
12. वस्तुनिष्ठ परीक्षण के निर्माण में समय लगता है :
   A. अधिक   B. कम
   C. कठिन   D. सरल
13. राष्ट्रीय शिक्षा नीति (1986) में ग्रामीण क्षेत्रों को अच्छी शिक्षा उपलब्ध कराने हेतु निम्नांकित विद्यालयों का प्रावधान है–
   A. सैनिक विद्यालय   B. नवोदय विद्यालय
   C. केन्द्रीय विद्यालय   D. बुनियादी शिक्षा विद्यालय
14. "ऑपरेशन ब्लैक बोर्ड" (Operation Black Board) कार्यक्रम का उद्देश्य प्राथमिक शिक्षा का निम्नांकित पक्ष सबल करना है–
   A. गुणवत्ता (Quality)
   B. परिमाण (Quantity)
   C. शिक्षण सामग्री (Teaching Aids)
   D. उपरोक्त सभी
15. "सर्वशिक्षा अभियान" का यह उद्देश्य है–
   A. सार्वभौमिक शाला में नामांकन
   B. नगरीय क्षेत्र में सार्वभौमिक प्राथमिक शिक्षा
   C. सार्वभौमिक प्राथमिक शिक्षा
   D. उपरोक्त सभी
16. प्रतिभाशाली बालकों को निम्नांकित सहायता भी दी जा सकती है–
   A. विशिष्ट कक्षा या विद्यालय में शिक्षा
   B. प्रभावी निर्देशन (Guidance)
   C. वैयक्तिक (Individualize) शिक्षण
   D. उपरोक्त सभी
17. विशेष रूप से प्राथमिक स्तर पर विद्यार्थियों की सीखने सम्बन्धी समस्याओं को संबोधित करने का सबसे बेहतर तरीका है–
   A. महँगी और चमकदार सहायक सामग्री का प्रयोग करना
   B. सरल और रोचक पाठ्य-पुस्तकों का प्रयोग करना
   C. कहानी-कथन पद्धति का प्रयोग करना
   D. अक्षमता के अनुरूप विभिन्न शिक्षण-पद्धतियों का प्रयोग करना
18. आकलन को 'उपयोगी और रोचक' प्रक्रिया बनाने के लिए .... के प्रति सचेत होना चाहिए।
   A. विद्यार्थियों को बुद्धिमान या औसत शिक्षार्थी की उपाधि देना
   B. शैक्षिक और सह-शैक्षिक क्षेत्रों में विद्यार्थी के सीखने के बारे में जानकारी प्राप्त करने के लिए विविध तरीकों का प्रयोग करना

C. प्रतिपुष्टि (फीडबैक) देने के लिए तकनीकी भाषा का प्रयोग करना
D. अलग-अलग विद्यार्थियों में तुलना करना

19. मूल्यांकन (assessment) का मुख्य उद्देश्य होना चाहिए
A. यह निर्णय लेना कि क्या विद्यार्थी को अगली कक्षा में प्रोन्नत किया जाना चाहिए
B. सीखने में होने वाली कमियों का निदान और उपचार करना
C. शिक्षार्थियों की त्रुटियाँ निकालना
D. शिक्षार्थियों की उपलब्धि को मापना

20. मैं चाहता हूँ प्राथमिक कक्षा में सभी विद्यार्थीः
A. अध्यापक की तरफ ध्यान दें
B. पठन अथवा लेखन करें
C. अध्यापक से अन्तर्क्रिया करें
D. शान्तिपूर्वक अपना कार्य करें

21. भारत में माध्यमिक शिक्षा का सबसे दुर्बल पक्ष है–
A. अनुपयुक्त परीक्षा प्रणाली
B. अयोग्य शिक्षकों का होना
C. राजनीतिक हस्तक्षेप
D. शिक्षा का व्यवसायोन्मुखी न होना

22. शिक्षण-प्रशिक्षण के सन्दर्भ में पी.टी.टी. (P.T.T.) का अर्थ है–
A. प्री टेस्टिंग फॉर टीचर्स ट्रेनिंग
B. प्री सर्विस टीचर्स ट्रेनिंग
C. फिजिकल ट्रेनिंग फॉर टीचर्स
D. A तथा C दोनों ही

23. नवोदय विद्यालयों के शिक्षकों का व्यय वहन किया जाता है–
A. राज्य सरकार द्वारा
B. केन्द्र सरकार द्वारा
C. A तथा B दोनों ही
D. उपर्युक्त में से किसी के भी द्वारा नहीं

24. अनौपचारिक शिक्षा की व्यवस्था की गई है–
A. 6 से 11 वर्ष के बालकों के लिए
B. 9 से 14 वर्ष के बालकों के लिए
C. 15 से 35 आयु वर्ग के लिए
D. उपरोक्त में से किसी के लिए भी नहीं

25. कक्षा 6-10 तक की शिक्षा कहलाती है–
A. उच्चतर माध्यमिक शिक्षा
B. माध्यमिक शिक्षा
C. उच्च प्राथमिक शिक्षा
D. उपरोक्त में से कोई नहीं

26. भारतीय संविधान में कितने वर्ष के बच्चों के लिए अनिवार्य और निःशुल्क शिक्षा प्रदान करने का प्रावधान है?
A. 5 से 10 वर्ष तक के
B. 6 से 12 वर्ष तक के
C. 6 से 14 वर्ष तक के
D. 8 से 14 वर्ष तक के

27. राष्ट्रीय शिक्षा नीति के अन्तर्गत अनौपचारिक शिक्षा कार्यक्रम चलाया जा रहा है–
A. उन बच्चों के लिए जिन्होंने विद्यालय जाना छोड़ दिया है
B. विद्यालय विहीन टोले के बच्चों के लिए
C. काम-काजी बच्चों के लिए
D. उपर्युक्त सभी के लिए

28. 'बाल केन्द्रित शिक्षा' के लिए निम्नलिखित में से कौन-सा कारक आधार है?
A. वैयक्तिक अन्तर
B. बाल अधिकार
C. सभी बच्चे सभी सन्दर्भों में समान होते हैं
D. बच्चों की निःशुल्क और अनिवार्य शिक्षा का अधिकार अधिनियम, 2009

29. प्राथमिक स्तर पर एक शिक्षक में निम्न में से किसे सबसे महत्वपूर्ण विशेषता मानना चाहिए?
A. पढ़ाने की उत्सुकता
B. धैर्य और दृढ़ता
C. शिक्षण-पद्धतियों और विषयों के ज्ञान में दक्षता
D. अति मानक भाषा में पढ़ाने में दक्षता

30. शिक्षण के अधिगम पर बल देने वाला परिवर्तन हो सकता है–
A. परीक्षा परिणामों पर केन्द्रित होकर
B. बाल-केन्द्रित शिक्षा-पद्धति अपनाकर
C. रटने को प्रोत्साहित करके
D. अग्र शिक्षण की तकनीक अपनाकर

31. निम्नलिखित में से कौन-सी प्रगतिशील शिक्षा की विशेषता है?
A. समय-सारणी और बैठने की व्यवस्था में लचीलापन
B. केवल प्रस्तावित पाठ्य-पुस्तकों पर आधारित अनुदेश
C. परीक्षाओं में अच्छे अंक प्राप्त करने पर बल
D. बार-बार ली जाने वाली परीक्षाएँ

32. जब बच्चा 'फेल' होता है, तो इसका तात्पर्य है कि
A. बच्चा पढ़ाई के योग्य नहीं है
B. बच्चे ने उत्तरों को सही तरीके से याद नहीं किया है
C. बच्चे को प्राइवेट ट्यूशन लेनी चाहिए थी
D. व्यवस्था फेल हुई है

33. प्रोजेक्ट प्रणाली का प्रयोग निम्नलिखित में से किस शिक्षा-पद्धति के अन्तर्गत किया जाता है?
A. पारम्परिक शिक्षा B. प्रगतिशील शिक्षा
C. वैदिक शिक्षा D. इनमें से कोई नहीं

34. बाल-केन्द्रित शिक्षा का समर्थन निम्नलिखित में से किस विचारक द्वारा किया गया?
A. बी एफ स्किनर B. जॉन डीवी
C. एरिक इरिकसन D. चार्ल्स डार्विन

35. किस शिक्षा के अन्तर्गत पिछड़े हुए और मन्दबुद्धि तथा प्रतिभाशाली बालकों के लिए शिक्षा का विशेष पाठ्यक्रम देने का प्रयास किया जाता है?

A. प्रगतिशील शिक्षा B. नवीन शिक्षा
C. बाल-केन्द्रित शिक्षा D. सर्वशिक्षा

36. जॉन डीवी द्वारा समर्थित "लैब विद्यालय" के उदाहरण हैं–

A. फैक्ट्री विद्यालय
B. प्रगतिशील विद्यालय
C. पब्लिक विद्यालय
D. सामान्य विद्यालय

उत्तरमाला

1	2	3	4	5	6	7	8	9	10
B	B	D	B	C	C	D	C	B	B
11	**12**	**13**	**14**	**15**	**16**	**17**	**18**	**19**	**20**
A	A	D	A	C	D	D	B	D	C
21	**22**	**23**	**24**	**25**	**26**	**27**	**28**	**29**	**30**
D	D	C	B	B	C	D	D	B	B
31	**32**	**33**	**34**	**35**	**36**				
A	D	B	B	C	B				

5. बुद्धि निर्माण एवं उसके सिद्धांत (Construct of Intelligence and Its Principles)

आमतौर पर बुद्धि का प्रयोग प्रज्ञा, प्रतिभा, ज्ञान एवं समझ इत्यादि जैसे अनेक अर्थों में किया जाता है। यह वह शक्ति है, जो हमें समस्याओं का समाधान करने एवं उद्देश्यों को प्राप्त करने में सक्षम बनाती है।

बुद्धि की परिभाषा को उसके लक्षणों के आधार पर मुख्यतः पांच वर्गों में बांटा गया है–

1. सीखने की योग्यता।
2. समन्वित परिभाषा।
3. समस्या समाधान की योग्यता।
4. अमूर्त चिंतन की योग्यता।
5. समायोजन की योग्यता।

1. सीखने की योग्यता

सीखने की योग्यता के आधार पर निम्न विद्वानों ने बुद्धि की परिभाषा इस प्रकार दी है–

(*i*) **बकिंघम** के अनुसार, "सीखने की योग्यता बुद्धि है।"

(*ii*) **मैक्डूगल** के अनुसार, "बुद्धि जन्मजात प्रवृति को अतीत के अनुभव के प्रकाश में सुधारने की योग्यता है।"

(*iii*) **डियर बोर्न** के अनुसार, "बुद्धि सीखने या अनुभव का लाभ उठाने की योग्यता है।"

2. समन्वित परिभाषा

समन्वित परिभाषा के आधार पर निम्न विद्वानों ने बुद्धि की परिभाषा इस प्रकार दी है–

(*i*) **रेक्सनाइट** के अनुसार, "बुद्धि वह मानसिक योग्यता है जिसके द्वारा हम किसी उद्देश्य की पूर्ति या किसी समस्या का समाधान करने के लिए संबंधित वस्तुओं एवं विचारों को सोचते हैं।"

(*ii*) **वेक्सलर** के अनुसार, "बुद्धि व्यक्ति की संपूर्ण शक्तियों का भोग या सार्वभौमिक योग्यता है जिसके द्वारा वह उद्देश्यपूर्ण कार्य करता है, तर्कपूर्ण ढंग से सोचता है तथा प्रभावपूर्ण ढंग से वातावरण के साथ संपर्क स्थापित करता है।"

3. समस्या समाधान की योग्यता

समस्या समाधान की योग्यता के आधार पर निम्न विद्वानों ने बुद्धि की परिभाषा इस प्रकार दी है–

(*i*) **रेक्सनाइट** के अनुसार, "बुद्धि वह योग्यता है जो लक्ष्य की पूर्ति तथा समस्या समाधान के निमित्त हमारे मन में विचारों को जाग्रत करती है।"

(*ii*) **बर्ट** के अनुसार, "बुद्धि में अच्छी तरह निर्णय करने, समझने तथा तर्क करने की योग्यता है।"

4. अमूर्त चिंतन की योग्यता

अमूर्त चिंतन की योग्यता के आधार पर निम्न विद्वानों ने बुद्धि की परिभाषा इस प्रकार दी है–

(*i*) **स्पीयरमैन** के अनुसार, "बुद्धि सामवर्धिक चिंतन है।"

(*ii*) **विने** के अनुसार, "किसी समस्या को समझना, उसके विषय में तर्क करना तथा किसी निश्चित निर्णय पर पहुंचना बुद्धि की आवश्यक क्रियाएं हैं।"

(*iii*) **टरमन** के अनुसार, "एक व्यक्ति उसी अनुपात में बुद्धिमान है जिसमें वह अमूर्त चिंतन करने की योग्यता रखता है।"

5. समायोजन की योग्यता

समायोजन की योग्यता के आधार पर निम्न विद्वानों ने बुद्धि की परिभाषा इस प्रकार दी है–

(*i*) **कालविन** के अनुसार, "एक व्यक्ति उसी अनुपात में बुद्धि प्रकट करता है जिस अनुपात में वह अपने नए वातावरण में समायोजित होने की क्रिया सीख चुका है या सीख सकता है।"

(*ii*) **स्टर्न** के अनुसार, "नवीन परिस्थितियों में अपने विचारों को समायोजित करने की क्षमता बुद्धि है।"

(*iii*) **क्रूज** के अनुसार, "बुद्धि नवीन एवं विभिन्न परिस्थितियों में अच्छी तरह से समायोजन करने की योग्यता है।"

(*iv*) **बर्ट** के अनुसार, "सापेक्षतया नवीन परिस्थितियों में समायोजन करने की योग्यता को बुद्धि कहते हैं।"

विद्यालय में बुद्धि परीक्षणों के लाभ (Benefits of Intelligence in School)

1. **चुनाव हेतु :** विभिन्न विषयों, कारणों, छात्रवृत्तियों या सहगामी क्रियाओं में चयन के लिए बुद्धि-लब्धि (IQ) के आधार पर बुद्धि-परीक्षणों का चयन किया जाता है।

2. **मार्गदर्शन हेतु :** बालकों को शैक्षणिक और व्यावसायिक निर्देशन के लिए मार्गदर्शन हेतु बुद्धि परीक्षण की आवश्यकता होती है।

3. **बालकों का वर्गीकरण :** विद्यालयों में बालकों के वर्गीकरण के लिए इन परीक्षणों की उपयोगिता रहती है।

बुद्धि के सिद्धांत (Theories of Intelligence)

बुद्धि से संबद्ध विभिन्न पक्षों, यथा–बुद्धि क्या है और इसका निर्माण कैसे हुआ है? आदि प्रश्नों का उत्तर मनोवैज्ञानिक खोजने के लिए सदैव तत्पर रहे हैं। फलतः बुद्धि के उन्होंने अनेक सिद्धांत प्रतिपादित किए जो बुद्धि के स्वरूप का पर्याप्त विवरण देते हैं। इनमें से कुछ प्रमुख सिद्धांत निम्न प्रकार से हैं–

1. एक खंड का सिद्धांत।
2. दो खंड का सिद्धांत।
3. तीन खंड का सिद्धांत।
4. बहुखंड का सिद्धांत।
5. मात्रा सिद्धांत।

1. एक खंड का सिद्धांत (Uni-Factor Theory) : इस सिद्धांत के प्रतिपादक टर्मन और स्टर्न हैं। इनके अनुसार बुद्धि अखंड और अविभाज्य है। इस प्रकार इन्होंने बुद्धि को एक अखंड और अविभाज्य इकाई माना है।

2. दो खंड का सिद्धांत (Two-Factor Theory) : इस सिद्धांत के प्रतिपादक स्पीयरमैन हैं। उनके अनुसार, प्रत्येक व्यक्ति में दो तरह की बुद्धि होती है–सामान्य और विशिष्ट अर्थात् बुद्धि के दो तत्व होते हैं:

(i) सामान्य योग्यता।
(ii) विशिष्ट योग्यता।

(i) **सामान्य योग्यता :** स्पीयरमैन के अनुसार, "सामान्य योग्यता सब व्यक्तियों में कम या अधिक मात्रा में मिलती है।" इसकी मुख्य विशेषताएं हैं–

- यह प्रत्येक व्यक्ति में भिन्न होती है।
- यह उसके सभी मानसिक कार्यों में प्रयोग की जाती है।
- यह भाषा, विज्ञान, दर्शन आदि में सामान्य सफलता प्रदान करती है।
- यह योग्यता व्यक्ति में जन्मजात होती है।
- यह उसमें सदैव एक-सी रहती है।
- यह जिस व्यक्ति में जितनी अधिक होती है उतना ही वह अधिक सफल होता है।

(ii) **विशिष्ट योग्यताएं :** इन योग्यताओं का संबंध व्यक्ति के विशिष्ट कार्यों से होता है। इनकी मुख्य विशेषताएं हैं:

- ये योग्यताएं विभिन्न व्यक्तियों में विभिन्न और अलग-अलग मात्रा में होती है।
- जिस व्यक्ति में जो योग्यता अधिक होती है उसी से संबंधित कुशलता में वह विशेष अर्जित करता है।
- योग्यताएं अनेक और एक-दूसरे से स्वतंत्र होती हैं।
- ये योग्यताएं भाषा, विज्ञान, दर्शन आदि में विशेष सफलता प्रदान करती है।
- विभिन्न योग्यताओं का संबंध विभिन्न कुशल कार्यों में होता है।
- ये योग्यताएं अर्जित की जा सकती हैं।

3. तीन खंड का सिद्धांत (Tri-Factor Theory) : दो खंड का सिद्धांत प्रतिपादित करने के बाद स्पीयरमैन ने बुद्धि का एक खंड और बताया। उसने इसका नाम सामूहिक खंड या तत्त्व रखा। उसने इस खंड में ऐसी योग्यताओं को स्थान दिया जो सामान्य योग्यता से श्रेष्ठ और विशिष्ट योग्यताओं से निम्न होने के कारण उनके मध्य का स्थान ग्रहण करती हैं।

4. बहुखंड (Multi Factor) : स्पीयरमैन के बुद्धि के सिद्धांत पर आगे कार्य करके मनोवैज्ञानिकों ने 'बहुखंड का सिद्धांत' प्रतिपादित किया।

कैली ने अपनी पुस्तक में बुद्धि को निम्नलिखित खण्डों या योग्यताओं का समूह बताया है:

- शारीरिक योग्यता
- सामाजिक योग्यता
- शाब्दिक योग्यता
- संगीतात्मक योग्यता
- यांत्रिक योग्यता
- सांख्यिकीय योग्यता
- गामक योग्यता
- स्थान संबंधी विचार योग्यता
- रुचि

थर्स्टन ने अपनी पुस्तक में बुद्धि के 13 खंड या तत्त्व बताएं हैं। अन्य शब्दों में उसने बुद्धि को 13 मानसिक योग्यताओं का समूह बताया है।

5. मात्रा सिद्धांत (Theory of Quantity) : इस सिद्धांत के प्रतिपादक **थॉर्नडाइक** हैं। वह सामान्य मानसिक योग्यता के समान किसी तत्त्व को स्वीकार नहीं करते। उनके अनुसार मस्तिष्क का गुण स्नायु तंतुओं की मात्रा पर निर्भर करता है। इसका अभिप्राय है कि बुद्धि उतनी ही अच्छी होती है जितने अधिक मस्तिष्क और स्नायुमंडल के संबंध होते हैं।

आधुनिक विचारधारा को व्यक्त करने हेतु **हिवटमर** ने कहा है कि "यह कहने के बजाय कि व्यक्ति में बुद्धि है यह कहना अधिक उपयुक्त है कि वह अधिक बुद्धिमत्तापूर्ण व्यवहार करता है।"

बुद्धि के प्रकार (Types of Intelligence)

कुछ विद्वानों ने (विशेषतः थॉर्नडाइक एवं गैरिट) बुद्धि का वर्गीकरण निम्न प्रकार से किया है–

थॉर्नडाइक के अनुसार बुद्धि का वर्गीकरण

(*i*) **अमूर्त बुद्धि :** अमूर्त बुद्धि ज्ञानोपार्जन के लिए प्रयोग की जाती है। शब्दों, प्रतीकों, समस्या-समाधान आदि के रूप में अमूर्त रूप में अमूर्त बुद्धि का प्रयोग किया जाता है।

(*ii*) **सामाजिक बुद्धि :** इस बुद्धि के द्वारा व्यक्ति समाज में समायोजन करता है। विभिन्न व्यवसायों में सफलता प्राप्त करता है।

(*iii*) **मूर्त/यांत्रिक बुद्धि :** इस बुद्धि की सहायता से व्यक्ति यंत्रों तथा भौतिक वस्तुओं का परिचालन करता है। ऐसे व्यक्ति इंजीनियर, मैकेनिक, तकनीशियन आदि होते हैं।

गैरिट के अनुसार बुद्धि का वर्गीकरण

(*i*) **मूर्त/यांत्रिक बुद्धि :** इस बुद्धि का संबंध यंत्रों और मशीनों से होता है। जिस व्यक्ति में यह बुद्धि होती है वह यंत्रों और मशीनों के कार्य में विशेष रुचि लेता है। अतः इस बुद्धि के व्यक्ति अच्छे कारीगर मैकेनिक, इंजीनियर, औद्योगिक कार्यकर्त्ता आदि होते हैं।

(*ii*) **अमूर्त बुद्धि :** इस बुद्धि का संबंध पुस्तकीय ज्ञान से होता है। जिस व्यक्ति में यह बुद्धि होती है, वह ज्ञान का अर्जन करने में विशेष रुचि लेता है। अतः इस बुद्धि के व्यक्ति अच्छे वकील, डॉक्टर, दार्शनिक, चित्रकार, साहित्यकार आदि होते हैं।

(*iii*) **सामाजिक बुद्धि :** इस बुद्धि का संबंध व्यक्तिगत और सामाजिक कार्यों से होता है। जिस व्यक्ति में यह बुद्धि होती है, वह मिलनसार, सामाजिक कार्यों में रुचि लेने वाला और मानव-संबंध के ज्ञान से परिपूर्ण होता है। अतः इस बुद्धि के व्यक्ति अच्छे मंत्री, व्यवसायी, कूटनीतिज्ञ और सामाजिक कार्यकर्त्ता होते हैं।

बुद्धि की विशेषताएँ (Characteristics of Intelligence)

(*i*) बुद्धि एक जन्मजात शक्ति है।

(*ii*) बुद्धि विभिन्न योग्यताओं का समूह है।

(*iii*) बुद्धि में आत्म निरीक्षण की शक्ति होती है।

(*iv*) लिंग की भिन्नता के कारण, बुद्धि में कोई भिन्नता नहीं आती।

(*v*) किशोरावस्था के समाप्त हो जाने तक बुद्धि का विकास रूक जाता है।

(*vi*) वंश का बुद्धि पर प्रभाव पड़ता है।

बुद्धि-लब्धि (Intelligence Quotient)

बुद्धि-लब्धि से बालक या व्यक्ति की सामान्य योग्यता के विकास की गति मालूम पड़ती है।

कोल एवं **ब्रूस** के अनुसार, ''बुद्धि-लब्धि से यह ज्ञात होता है कि बालक या व्यक्ति की सामान्य योग्यता के विकास की गति कैसी है।''

कोल एवं **ब्रूस** के अनुसार, ''बुद्धि-लब्धि से यह ज्ञात होता है कि बालक की मानसिक योग्यता में किस गति से विकास हो रहा है।

मानसिक आयु ज्ञात करने का विचार प्रारंभ करने का श्रेय **बिने** को है। **टर्मन** ने बिने के विचार को स्वीकार कर परीक्षण किया और इस निष्कर्ष पर पहुंचा कि मानसिक आयु बालक के मानसिक विकास की बुद्धि के बारे में नहीं बता सकती। इस गति को मालूम करने के लिए टर्मन ने बुद्धि-लब्धि निकालने का सूत्र दिया :

$$\text{बुद्धि-लब्धि} = \frac{\text{मानसिक आयु}}{\text{वास्तविक आयु}} \times 100$$

उदाहरण– यदि बालक की मानसिक आयु 20 वर्ष तथा वास्तविक आयु 16 वर्ष है तो उसकी बुद्धि-लब्धि 125 होगी, जैसे–

$$\text{बुद्धि-लब्धि} = \frac{20}{16} \times 100 = 125$$

टर्मन ने बुद्धि-लब्धि का वर्गीकरण निम्नलिखित प्रकार से किया है :

बुद्धि-लब्धि	बुद्धि का प्रकार
140 से अधिक	प्रतिभाशाली
120 से 140	अति श्रेष्ठ बुद्धि
110-120	श्रेष्ठ बुद्धि
90-110	सामान्य बुद्धि
80-90	मंद बुद्धि
70-80	क्षीण-बुद्धि
70 से कम	निश्चित क्षीण बुद्धि
50-70	अल्प बुद्धि
20 या 25 से 50	मूर्ख बुद्धि
20 या 25 से कम	महामूर्ख

बुद्धि और ज्ञान में अंतर (Difference between Intelligence and Knowledge)

बुद्धि	ज्ञान
(*i*) बातों का जानकर उसका उपयोग करना, बुद्धि है।	बातों का जानना, ज्ञान है।
(*ii*) यह जन्मजात शक्ति है।	यह अर्जित शक्ति है।
(*iii*) बुद्धि से ज्ञान का विकास होता है।	अधिक ज्ञान से बुद्धि का विकास नहीं होता है।

मानसिक आयु (Mental Age)

मानसिक आयु व्यक्ति की मानसिक परिपक्वता की ओर संकेत करती है। एक व्यक्ति की मानसिक आयु जितनी अधिक होती है तो यह माना जाता है कि उसकी विभिन्न मानसिक योग्यताओं का विकास उतना ही अधिक हुआ है अथवा परिपक्व है।

उदाहरणार्थ– यदि 7 वर्ष का बच्चा 12 वर्ष के बच्चे के लिए निर्मित बुद्धि परीक्षण उतनी ही कुशलता से करता है जितना 12 वर्ष का बच्चा करता है तो 7 वर्ष के बच्चे की मानसिक आयु 12 वर्ष होगी और यदि 12 वर्ष का बच्चा 7 वर्ष के बच्चे के लिए निर्धारित परीक्षण को कर पाता है परंतु 12 वर्ष के बच्चों के लिए निर्धारित परीक्षण को नहीं कर पाता तो उसकी मानसिक आयु 7 वर्ष होगी। इस प्रकार मानसिक आयु व्यक्ति के द्वारा प्राप्त विकास की सीमा की वह अभिव्यक्ति है जो एक आयु-विशेष में प्रत्याशित उसके कार्य-निष्पादन के रूप में किया जाता है।

बुद्धि परीक्षाओं का वर्गीकरण (Classification of Intelligence Test)

बुद्धि परीक्षाओं को सामान्य रूप से दो वर्गों में विभाजित किया जाता है :

1. **वैयक्तिक बुद्धि परीक्षा :** यह परीक्षा एक समय में एक व्यक्ति की ली जाती है।
2. **सामूहिक बुद्धि परीक्षा :** यह परीक्षा एक समय में अनेक व्यक्तियों की ली जाती है।

बुद्धि परीक्षा के रूप

1. **भाषात्मक परीक्षा :** यह परीक्षा यह ज्ञात कराती है कि व्यक्ति को लिखने-पढ़ने का कितना ज्ञान है।
2. **क्रियात्मक परीक्षा :** इस परीक्षा विधि में वास्तविक वस्तुओं का प्रयोग किया जाता है तथा परीक्षार्थियों से कुछ समस्यापूर्ण कार्य करने के लिए कहा जाता है।

बुद्धि परीक्षा की उपयोगिता

1. **बालकों की क्षमता के अनुसार कार्य :** बुद्धि परीक्षाओं द्वारा बालकों की सामान्य योग्यता और मानसिक आयु को ज्ञात करके यह अनुमान लगाया जाता है कि उनमें कार्य करने की कितनी क्षमता है।
2. **बालकों की व्यावसायिक योग्यता का ज्ञान :** बुद्धि परीक्षाओं के द्वारा बालकों की व्यावसायिक योग्यताओं का अनुमान लगाया जाता है ताकि उनकी योग्यता के अनुसार व्यवसाओं का चयन करने हेतु परामर्श दिया जा सके।
3. **बालकों की विशिष्ट योग्यताओं का ज्ञान :** बालकों की विशिष्ट योग्यताओं को प्राप्त करके, उनको उचित शैक्षिक निर्देशन दिया जा सकता है।
4. **बालकों का वर्गीकरण :** बुद्धि परीक्षाओं के आधार पर कक्षा के बालकों को तेज बुद्धि, मन्द बुद्धि और साधारण बुद्धि वाले बालकों में विभाजित करके, उनको अलग-अलग शिक्षा दी जा सकती है।

बहुआयामी बुद्धि (Multi-Dimensional Intelligence)

केली एवं थर्सटन नामक मनोवैज्ञानिकों ने बताया कि बुद्धि का निर्माण प्राथमिक, मानसिक योग्यताओं के द्वारा होता है। केली के अनुसार, बुद्धि का निर्माण इन योग्यताओं से होता है–वाचिक योग्यता, गामक योग्यता, सांख्यिकी योग्यता, यांत्रिक योग्यता, सामाजिक योग्यता, संगीतात्मक योग्यता, स्थानिक संबंधों के साथ उचित ढंग से व्यवहार करने की योग्यता, रुचि और शारीरिक योग्यता। थर्सटन का मत है कि बुद्धि इन प्राथमिक मानसिक योग्यताओं का समूह होता है–प्रत्यक्षीकरण संबंधी योग्यता, तार्किक व वाचिक योग्यता, सांख्यिकी योग्यता, स्थानिक या दृश्य योग्यता, समस्या समाधान की योग्यता, स्मृति संबंधी योग्यता, आगमनात्मक योग्यता और निगमनात्मक योग्यता। वैसे तो अधिकतर मनोवैज्ञानिकों ने केली एवं थर्सटन के बुद्धि के सिद्धांतों की आलोचना की, किंतु अधिकतर मनोवैज्ञानिकों ने यह भी माना कि बुद्धि का बहुआयामी होना निश्चित तौर पर संभव है। बहुआयामी बुद्धि होने के कारण ही कुछ लोग कई प्रकार के कौशलों में निपुण होते हैं।

अभ्यास प्रश्न

1. बच्चों की वृद्धि के अनुरूप, उनकी रुचियाँ–
   A. बहुमुखी हो जाती हैं
   B. सुदृढ़ व सीमित हो जाती हैं
   C. अपेक्षाकृत अनियमित दिशा में अग्रसर होती है
   D. प्रकृति व संख्या में पहले के समान रहती है
2. क्षीण बुद्धि बच्चों की बुद्धिलब्धि (IQ) होती है–
   A. 70-80 के मध्य B. 70 से कम
   C. 50 से कम D. 80-90 के मध्य
3. एक बालक की बुद्धि-लब्धि 150 है तो वह बालक कहलायेगा :
   A. मन्दबुद्धि B. पिछड़ा
   C. प्रतिभाशाली D. असंतुलित
4. बुद्धि-लब्धि (IQ) का संबंध है :
   A. ज्ञान से B. विवेक से
   C. तर्क से D. बुद्धि से
5. बुद्धि-लब्धि (IQ) को ज्ञात करने का सूत्र किस मनोवैज्ञानिक ने दिया है?
   A. थर्स्टन B. स्टर्न
   C. स्पीयरमैन D. बिने
6. बुद्धि-लब्धि (IQ) निकालने का सही फार्मूला है :
   A. $\frac{\text{वास्तविक आयु}}{\text{मानसिक आयु}} \times 100$
   B. $\frac{\text{मानसिक आयु}}{\text{वास्तविक आयु}} \times 100$

C. $\frac{\text{मानसिक आयु}}{100} \times \text{वास्तविक आयु}$

D. $\frac{\text{वास्तविक आयु}}{\text{मानसिक आयु}}$

7. मन्द-बुद्धि बालकों के तादात्मीकरण या निदान की (Diagnosis) विधियाँ हैं–

A. उपलब्धि-परीक्षण (Achievement Tests)
B. मानकीकृत नैदानिक परीक्षण (Standardized)
C. उपरोक्त A. और B.
D. उपरोक्त में से कोई नहीं

8. सामूहिक बुद्धि-परीक्षणों का विकास 1917 में किस नाम से हुआ?

A. आर्मी बीटा (Army Bita)
B. आर्मी गामा (Army Gama)
C. आर्मी अल्फा (Army Alfa)
D. आर्मी ओमेगा (Army Omega)

9. ''द्वि-तत्व सिद्धान्त'' (Two Factor Theory) किससे सम्बन्धित सिद्धान्त है?

A. व्यक्तित्व B. अभिवृत्ति
C. बुद्धि D. अभिरुचि

10. ज्ञान प्राप्त करने की जो विधियाँ मानी जाती हैं, उसमें से निम्न में जो विधि नहीं है, वह है–

A. सत्ता B. व्यक्तिगत अनुभव
C. निगमन विधि D. ज्ञान

11. निम्न में से कौन-सा बुद्धिमान बच्चे का लक्षण ***नहीं*** है?

A. वह जो प्रवाहपूर्ण एवं उचित तरीके से संप्रेषण करने की क्षमता रखता है–
B. वह जो अमूर्त रूप से सोचता रहता है
C. वह जो नए परिवेश में स्वयं को समायोजित कर सकता है
D. वह जो लंबे निबंधों को बहुत जल्दी रटने की क्षमता रखता है

12. एक शिक्षक को अपने विद्यार्थियों की क्षमताओं को समझने का प्रयास करना चाहिए। निम्नलिखित में से कौन-सा क्षेत्र इस उद्देश्य के साथ संबद्ध है?

A. सामाजिक दर्शन B. मीडिया-मनोविज्ञान
C. शिक्षा-मनोविज्ञान D. शिक्षा-समाजशास्त्र

13. बच्चों के बौद्धिक विकास की चार विशिष्ट अवस्थाओं की पहचान की गई

A. एरिकसन द्वारा B. स्किनर द्वारा
C. पियाजे द्वारा D. कोहलबर्ग द्वारा

14. किसके अनुसार ''बुद्धि, ज्ञान अर्जन करने की क्षमता है''?

A. वुडवर्थ B. टर्मन
C. वुडरो विल्सन D. रॉस

15. मानसिक आयु का प्रत्यय किसने दिया था?

A. बिने साइमन B. स्टर्न
C. टर्मन D. सिरिल बर्ट

16. बुद्धि का एक शक्ति सिद्धान्त किसने दिया है?

A. हैजालिट B. थार्नडाइक
C. स्पीयरमैन D. टर्मन

17. निम्नलिखित में से किन परिवारों के अध्ययन से बुद्धि आनुवांशिक मानी गई?

A. कालीकारक वंश B. फ्यूक्स परिवार
C. एडवर्ड्स वंश D. ये सभी

18. द्वि शक्ति (Two Factor) सिद्धांत के प्रतिपादक कौन थे?

A. स्पीयरमैन B. बिने
C. थार्नडाइक D. केटल

19. परिवार के वातावरण में निम्नेलिखित में से किसका बौद्धिक विकास पर सबसे अधिक प्रभाव पड़ता है?

A. माता-पिता का चरित्र
B. माता-पिता और बालकों का सम्बन्ध
C. माता-पिता के परस्पर सम्बन्ध
D. परिवार का आर्थिक स्तर

20. गिलफोर्ड ने कारक विश्लेषण के आधार पर कितने कारकों का अस्तित्व प्राप्त कर लिया है?

A. 10 B. 25
C. 80 D. 50

21. मूर्त बुद्धि का अच्छा उदाहरण कौन-सा नहीं है?

A. इंजीनियर B. मैकेनिक
C. कारीगर D. दार्शनिक

22. टर्मन ने बुद्धि को क्या माना है?

A. समायोजन की योग्यता
B. अमूर्त चिन्तन की योग्यता
C. बहु-आयाम सिद्धांत
D. पदानुक्रमिक सिद्धांत

23. बुद्धि के सामूहिक परीक्षण किस प्रकार के होते हैं?

A. पेपर पेंसिल B. मौखिक
C. प्रयोगात्मक D. उपर्युक्त सभी

24. व्यक्तित्व अध्ययन की विषयगत विधि कौन-सी है?

A. हस्तरेखा अध्ययन B. समाजमिति
C. रोर्शा परीक्षण D. निर्धारणमान

25. बुद्धि लब्धि का क्या अर्थ है?

A. बुद्धि लब्धि आयु के साथ बढ़ती है।
B. बुद्धि लब्धि आयु के साथ घटती है।
C. बुद्धि लब्धि में परिवर्तन आता रहता है।
D. बुद्धि लब्धि घटती या बढ़ती नहीं है।

26. प्रतिभाशाली बालकों की बुद्धि-लब्धि प्रसार क्या है?

A. 90-100 B. 110-120
C. 80-90 D. 140 एवं ऊपर

27. बालक की मूल शक्तियों का प्रधान कारक क्या है?

A. वातावरण B. वंशानुक्रम
C. आर्थिक स्थिति D. सामाजिक स्थिति

28. निम्न में से कौन बुद्धि का प्रकार नहीं है?
A. मानसिक बुद्धि B. मूर्त बुद्धि
C. अमूर्त बुद्धि D. सामाजिक बुद्धि

29. टर्मन के अनुसार, सामान्य बुद्धि-लब्धि कितनी है?
A. 80-90 B. 90-110
C. 110-120 D. 120-140

30. बुद्धि का द्वि-तत्व सिद्धांत किसने दिया?
A. गिलफोर्ड B. स्टर्न
C. स्पीयरमैन D. बिने

31. सामूहिक बुद्धि परीक्षण का विकास 1972 में किस नाम से हुआ?
A. आर्मी बीटा B. आर्मी गामा
C. आर्मी एल्फा D. आर्मी ओमेगा

32. बुद्धि मॉडल की संरचना किसके द्वारा प्रस्तुत की गयी है?
A. स्पीयरमैन B. पियाजे
C. गिलफोर्ड D. थार्नडाइक

33. एक शिक्षक के लिए छात्र की बुद्धि-लब्धि की उपयोगिता निम्न में से किसमें है?
A. छात्र की उन्नति करने में
B. छात्र से शैक्षिक प्रत्याशा का मूल्यांकन करने में
C. छात्रों की ग्रेड प्रतिस्थापन करने में
D. पाठ्यक्रम के प्रकरणों को सुनिश्चित करने में

34. मानसिक आयु किसकी माप होती है?
A. मानसिक परिपक्वता
B. मानसिक वृद्धि दर
C. जन्मजात मानसिक शक्ति
D. उसकी आयु वर्ग के समकक्ष अन्य बालकों के बौद्धिक स्तर के समान

35. निम्नलिखित में से कौन-सा सिद्धान्त बुद्धि में अनेक कारक मानता है?
A. एक शक्ति सिद्धांत B. विशिष्ट शक्ति सिद्धांत
C. बहु-शक्ति सिद्धांत D. द्वि-शक्ति सिद्धांत

36. बुद्धि के एक शक्ति सिद्धांत के अनुसार बुद्धि की योग्यता निम्नलिखित में से कैसी है?
A. अकेली B. अनेक
C. कई D. दो

37. यदि एक 12 वर्ष के बालक की मानसिक आयु केवल 10 है, तो शिक्षक को क्या करना चाहिए?
A. छात्र को निम्न कक्षा में स्थानांतरित कर दे ताकि उसको पढ़ाई करने में कठिनाई न हो
B. छात्र में मंद गति से पढ़ने वाले बालकों के समूह में स्थानांतरित कर दें
C. जब तक कि उसका ठीक से परीक्षण न कर लें कोई भी अन्तिम निर्णय न लें।
D. प्रधानाचार्य को संस्तुति करें कि उसके लिए विशेष कक्षा का प्रबन्ध करें।

38. 16 वर्षीय बच्चा बुद्धि-लब्धि परीक्षण में 75 अंक प्राप्त करता है, उसकी मानसिक आयु .... वर्ष होगी।
A. 15 B. 12
C. 08 D. 14

39. निम्नलिखित में से कौन-सी बुद्धि की परिभाषा नहीं है?
A. बुद्धि, कार्य करने की एक विधि है
B. बुद्धि, ज्ञान अर्जन करने की क्षमता है
C. जीवन की अपेक्षाकृत नवीन परिस्थितियों से अपना सामंजस्य करने की व्यक्ति की योग्यता ही बुद्धि है
D. राजनीतिक, आर्थिक एवं सामाजिक शक्ति प्राप्त करने के लिए प्रयुक्त उक्ति बुद्धि है

40. यदि किसी बालक की मानसिक आयु 12 वर्ष एवं वास्तविक आयु 10 वर्ष हो, तो उसका बुद्धि-लब्धांक कितना होगा?
A. 120 B. 100
C. 124 D. 130

41. मनोवैज्ञानिक बिने किस देश के थे?
A. जर्मनी B. फ्रांस
C. अमेरिका D. रूस

42. अशाब्दिक बुद्धि परीक्षणों में शब्दों के स्थान पर किसका प्रयोग होता है?
A. रूप रेखाओं B. चित्रों
C. ज्यामितीय आकृतियों D. ये सभी

43. निम्नांकित में से कौन-सा सिद्धान्त गिलफोर्ड का बुद्धि सम्बन्धी है?
A. द्वि-आयाम सिद्धान्त B. त्रि-आयाम सिद्धान्त
C. बहु-आयाम सिद्धान्त D. पदानुक्रमिक सिद्धान्त

उत्तरमाला

1	2	3	4	5	6	7	8	9	10
A	C	C	D	B	B	C	C	C	D
11	12	13	14	15	16	17	18	19	20
D	C	C	C	D	A	D	A	B	C
21	22	23	24	25	26	27	28	29	30
D	B	A	A	D	D	B	A	B	C
31	32	33	34	35	36	37	38	39	40
C	C	A	A	B	A	C	B	D	A
41	42	43							
B	D	B							

6. भाषा और विचार (Language and Thought)

भाषा (Language)

भाषा व्यक्ति के भावों को अभिव्यक्त करने का माध्यम है। मनुष्य पशु से श्रेष्ठ इसलिए है, क्योंकि उसके पास एक भाषा है जिसे लोग समझ सकते हैं। पशु-पक्षियों की भी भाषा होती है किंतु उसे कोई समझ नहीं पाता। गूंगे-बहरे लोग भी अपने भावों को समझाने के लिए शरीर के अंगों का सहारा लेते हैं जिसे उसकी शरीर की भाषा कहा जाता है। भाषा एक ऐसा माध्यम है जिससे मनुष्य समाज में अपना एक पृथक स्थान बनाता है जो उसके व्यक्तित्त्व के निर्माण में महत्त्वपूर्ण भूमिका निभाती है। इस तरह स्पष्ट है कि भाषा जन्म के साथ उत्पन्न होती है। बच्चा जन्म के बाद रोता है जो उसकी प्रथम भाषा है। सही अर्थों में भाषा भावों के संप्रेषण का एक माध्यम है। भाषा बौद्धिक क्षमता को भी अभिव्यक्त करती हैं।

प्रायः हम लोग वाणी एवं भाषा दोनों को एक-दूसरे का पर्यायवाची समझते हैं और उसका प्रयोग करते हैं किंतु दोनों में बहुत अंतर होता है। भाषा एवं वाणी को हरलॉक ने निम्न रूप में स्पष्ट किया है–

"भाषा में संप्रेषण के वे सभी साधन आते हैं जिसमें विचारों और भावों को प्रतीकात्मक बना दिया जाता है जिससे कि अपने विचारों और भावों को एक-दूसरे से अर्थपूर्ण ढंग से कहा जा सके।"

"वाणी भाषा का एक स्वरूप है जिसमें अर्थ को दूसरों को व्यक्त करने के लिए कुछ ध्वनियों या शब्द उच्चारित किए जाते हैं।"

इस तरह कहा जा सकता है कि वाणी भाषा का एक विशिष्ट ढंग है। यह मनोक्रियात्मक कौशल है। वाणी केवल मांसपेशियों तथा वाचिक तंत्र में सहायक ही नहीं है अपितु इसका मानसिक पात है–जिसमें कुछ अर्थ जुड़ा रहता है। सभी बच्चों की आवाज वाणी नहीं है, वाणी वह होती है जिसमें पर्याप्त नियंत्रण होता है। बिना नियंत्रण और अर्थ के बोली गई वाणी को 'तोता वाणी' कह सकते हैं। वाणी अर्थयुक्त होती है तथा जिस समाज में बोली जाए उसे सभी लोग समझ सकें। इन दोनों कसौटियों का वाणी में होना आवश्यक है। भाषा व्यापक संकल्पना है। वाणी, भाषा का माध्यम है, भाषा कोई भी हो सकती है, यथा–फ्रेंच, अरबी, अंग्रेजी एवं फारसी इत्यादि। भाषा अर्थहीन भी हो सकती है जिसमें संकेत, हाव-भाव एवं अन्य बहुत-सी चीजें आती हैं। पक्षी और पशु की भी एक भाषा है, कहा जाता है कि पशु-पक्षियों के पास वाणी नहीं होती है। इन बातों का निष्कर्ष यह है कि वाणी वह मनोक्रियात्मक माध्यम है जिससे उसके समुदाय के लोग समझते हैं और प्रभावित होते हैं। **उदाहरणार्थ–**

ऐसी वाणी बोलिए मन का आपा खोय।
औरन को शीतल करे आपहु शीतल होय।।

अर्थात् वाणी में विचार, भाव, मानसिक संचेतना आदि गुण निहित होते हैं जो किसी व्यक्ति और समाज को प्रभावित कर सकते हैं। भाषा में ही वाणी सन्निहित होती है। आदिम मानव भी अपने विचारों का आदान-प्रदान करता था उसमें शरीर का संकेत, गले की आवाज, चिल्लाना अथवा विभिन्न प्रकार की आवाजें (अलग-अलग कार्यों के लिए) करना भी एक भाषा थी लेकिन धीरे-धीरे भाषा विज्ञान का विकास हुआ इसे व्यवस्थित नियम युक्त एवं संगठित किया गया।

भाषा का महत्त्व (Importance of Language)

भाषा किसी व्यक्ति के व्यक्तित्व के आईने के समान है। व्यक्ति का जैसा व्यक्तित्व होगा उसी प्रकार की उसकी भाषा होगी। भाषा से ही व्यक्ति को समाज में सम्मान और अपमान मिलता है। इस तरह भाषा में आकर्षण एवं विकर्षण दोनों गुण होते हैं। भाषा के महत्त्व को निम्न प्रकार से स्पष्ट किया जा सकता है :

1. **शैक्षिक उपलब्धि के महत्त्व :** कक्षा में जिन बालकों की भाषा एवं उच्चारण जितना अच्छा होता है उनकी शैक्षिक उपलब्धि भी उतनी ही अच्छी होती है। भाषा के माध्यम से ही एक छात्र अपनी कक्षा से संबद्ध समस्याओं को छात्रों एवं अध्यापकों के सामने स्पष्टता से रखकर उसे समझ सकता है लेकिन जिसकी भाषा कम प्रभावशाली है उस पर कोई ध्यान नहीं देता है। प्रायः देखा जाता है कि जिसकी भाषा और लिखावट कमजोर है वे कक्षा में अन्य छात्रों से कम अंक प्राप्त करते हैं। यद्यपि उनकी बौद्धिक क्षमता में उनमें कोई कमी नहीं होती है।
2. **सामाजिक मूल्यांकन में सहजता :** बालक समाज में क्या बोलता है? कैसे बोलता है? इसका मूल्यांकन समाज के लोग सामाजिक पृष्ठभूमि में करते हैं। उसकी भाषा ही उसकी योग्यता स्तर तथा यौन उपयुक्तता की मानदण्ड होती है। इससे बालक के भावों एवं विचारों का मूल्यांकन होता है।

3. **इच्छाओं और आवश्यकताओं की पूर्ति में सहायक :** भाषा व्यक्ति को अपनी आवश्यकता, इच्छा, पीड़ा अथवा मनोभाव दूसरे के समक्ष व्यक्त करने की क्षमता प्रदान करती है जिससे दूसरा व्यक्ति सरलता से उसकी आवश्यकता को समझ कर तत्संबंधी समाधान प्रदान करता है। उदाहरणार्थ–एक बालक यदि केवल रोता है अपने मनोभावों तथा आवश्यकताओं (भूख) को दूसरे के सामने व्यक्त नहीं कर पाता है तो माता-पिता को उसे समझने में कठिनाई होती है। लेकिन वही जब अपनी जुबान से बोल कर दूध या भोजन की मांग करता है तो तुरन्त इसकी पूर्ति हो जाती है और उसे संतुष्टि मिलती है।
4. **दूसरे के विचारों को प्रभावित करने में सहायक :** जिन बच्चों की भाषा प्रिय, मधुर एवं ओजस्वी होती है वे अपने समूह, परिवार अथवा समाज के व्यक्तियों को प्रभावित करते हैं। लोग उन्हीं को अधिक महत्त्व देते हैं जिनका व्यवहार प्रभावपूर्ण होता है।
5. **ध्यान आकर्षित करने में उपयोगी :** सभी बालक चाहते हैं कि लोग उनकी ओर ध्यान दें इसलिए वे अभिभावकों से प्रश्न पूछकर, कोई समस्या प्रस्तुत करके तथा विभिन्न तरीकों का प्रयोग कर उनका ध्यान अपनी ओर खींचते हैं। जो बच्चे चुपचाप रहते हैं या बोलते नहीं उनकी कभी-कभी उपेक्षा हो जाती है।
6. **आत्म-मूल्यांकन में महत्त्व :** बालक जब समाज में बोलता है तो उसके सुनने वालों की उसके प्रति क्या प्रतिक्रिया होती है, दूसरे लोग उसके विषय में क्या समझते हैं उनकी भाषा को सुनकर बालक स्वयं का मूल्यांकन करता है कि लोग उससे प्रभावित हैं या नहीं। समाज का दृष्टिकोण उसके प्रति किस प्रकार का है।
7. **सामाजिक संबंध के लिए महत्त्व :** वाणी से अपने भावों को बालक समाज में अभिव्यक्त करता है जिससे विचारों, भावों को लोग समझते हैं। इससे समाज के बीच आपसी ताल-मेल विकसित होता है जो बच्चे खुलकर अपने विचारों एवं भावों को दूसरों के सामने रखते हैं। उन्हें समाज में सबसे अधिक स्वीकृति मिलती है। दूसरे बालक उसी बालक के साथ उठना-बैठना, खेलना तथा मित्रता करना पसंद करते हैं जिनकी अभिव्यक्ति होती है। और जो अंतर्मुखी होते हैं उनके मित्र भी नहीं होते हैं। बालक अपनी भाषा के द्वारा ही समाज में अच्छा संबंध बनाता है। इसी के द्वारा वैयक्तित्त्व एवं सामाजिक समायोजन होता है।

भाषा के विकास के मुख्य सिद्धांत (Theory of Language Development)

मनुष्य की भाषा किस प्रकार विकसित होती है? उसकी प्रक्रिया क्या है? शब्दों का अर्थों में किस प्रकार समावेश होता है इसको जानने के लिए भाषा विकास के सिद्धांतों को समझना आवश्यक है। मनुष्य बोलने की योग्यता किस प्रकार अर्जित करता है। इस विषय पर विद्वानों ने अपने अध्ययन के आधार पर निम्न सिद्धांतों का प्रतिपादन किया है–

1. **अनुबंधन का सिद्धांत (Theory of Conditional) :** भाषा विकास में अनुबंधन या साहचर्य का बहुत योगदान है। शैशवावस्था में जब बच्चे शब्द सीखते हैं तो सीखना अमूर्त नहीं होता है। वरन किसी मूर्त वस्तु से जोड़कर उन्हें शब्दों की जानकारी दी जाती है। उदाहरण पेंसिल कहने के साथ उन्हें पेंसिल दिखाय़ा जाता है, पानी या दूध कहने पर उन्हें पानी या दूध दिखाया जाता है, चाचा या ताऊ के संकेत के सहारे प्रत्यक्ष रूप से बताया जाता है। इससे बच्चे उस विशिष्ट वस्तु या व्यक्ति से साहचर्य स्थापित कर लेते हैं और अभ्यास हो जाने पर संबंधित वस्तु या व्यक्ति की उपस्थिति पर संबंधित शब्द से संबोधित करते हैं। उद्दीपक और प्रतिक्रिया के बीच संबंध स्थापित होने को ही अनुबंधन कहा जाता है। इसलिए छोटी कक्षाओं में लिखवाने के लिए शिक्षा उपकरणों का प्रयोग किया जाता है। स्किनर का कहना है कि अनुबंधन द्वारा भाषा विकास की प्रक्रिया को सरल बनाया जा सकता है।
2. **चोमस्की का भाषा अर्जित करने का सिद्धांत (Chomsky Theory for Language Acquire) :** चोमस्की का कहना है कि बच्चे शब्दों की निश्चित संख्या से कुछ निश्चित नियमों का अनुकरण करते हुए वाक्यों का निर्माण करना सीख जाते हैं। इन शब्दों से नए-नए वाक्यों एवं शब्दों का निर्माण होता है। इन वाक्यों का निर्माण बच्चे जिन नियमों के अंतर्गत करते हैं, उन्हें चोमस्की ने जेनेरेटिव की संज्ञा प्रदान की है।
3. **परिपक्वता का सिद्धांत (Theory of Maturity) :** परिपक्वता से तात्पर्य है भाषा अवयवों एवं स्वरों पर नियंत्रण होना। बोलने में जिह्वा, गला, तालू, होठ, दांत तथा स्वर यंत्र आदि जिम्मेदार होते हैं। इनमें किसी भी प्रकार की कमजोरी या कमी वाणी को प्रभावित करती है। इन सभी अंगों में जब परिपक्वता होती है तो भाषा पर नियंत्रण होता है और अभिव्यक्ति अच्छी होती है। विद्वानों के मतानुसार भाषा का विकास स्वरयंत्र की परिपक्वता पर निर्भर करती है, जिनकी स्वरयंत्र में परिपक्वता नहीं होती है, वे शब्दों का उच्चारण नहीं कर पाते हैं। गूंगे व्यक्तियों में स्वर यंत्रों का विकास नहीं होता इसलिए उनमें बोलने की क्षमता नहीं होती है।
4. **अनुकरण का सिद्धांत (Theory of Imitation) :** शर्ली, कर्टी, चैपिनीज तथा वैलेन्टाइन आदि मनोवैज्ञानिकों ने अनुकरण के द्वारा भाषा सीखने का अध्ययन किया है। इनका विचार है कि बालक अपने परिवारजनों तथा साथियों की भाषा का अनुकरण करके सीखता है जैसी

भाषा जिस समाज या परिवार या समूह में बोली जाती है बच्चे उसी भाषा को सीखते हैं। यदि भाषा में किसी प्रकार का दोष है तो अनुकरण से बच्चे वह भी सीख लेते हैं। अतः इस बात का ध्यान रखना चाहिए कि बच्चे दोषपूर्ण भाषा न सीखने पाएं। बच्चे शिष्टाचार के साथ अश्लील एवं अशिष्ट शब्दों का भी अनुकरण कर लेते हैं। इसे सामाजिक अधिगम भी कहा जाता है। बालक समाज से ही विशाल शब्दों का भंडार सीखता है। साथ ही बोलने के तौर-तरीके भी वह समाज से ही सीखता है।

उपरोक्त बातों से स्पष्ट है कि बालक समाज, परिवार तथा विद्यालय से शब्दों एवं वाक्यों का संग्रह करते हैं। इन शब्दों को वे गठित एवं व्यवस्थित करते हैं। इनकी समझ पैदा करते हैं और अंत में इन्हीं शब्दों के आधार पर नवीन वाक्यों की रचना करते हैं।

भाषा के विकास की मुख्य अवस्थाएं (Important Stages of Language Development)

भाषा के विकास की अवस्थाओं को मुख्यतः दो वर्गों में बांटा गया है–

(*i*) भाषा का प्रारंभिक रूप–रोना, बलबलाना, हाव-भाव या संकेत आदि।

(*ii*) वास्तविक भाषा की अभिव्यक्ति–आकलन या बोध शक्ति, शब्द भंडार, वाक्य निर्माण, शुद्ध उच्चारण आदि।

भाषा के विकास को प्रभावित करने वाले मुख्य कारक (Effecting Factors of Language Development)

सभी बालकों में भाषायी विकास एक समान नहीं होता है। किसी में भाषायी विकास तीव्रता से तो किसी में मंदता से होता है। भाषायी विकास पर कुछ तत्त्वों का प्रभाव पड़ता है, इनमें प्रमुख तत्त्व निम्नलिखित हैं–

(*i*) **व्यक्तित्व :** कुछ अध्ययनों में यह पाया गया है कि जो बच्चे उत्साही होते हैं उनमें भाषायी विकास शांत स्वभाव के बच्चों से अधिक होता है। फुर्तीले, चुस्त एवं बहिर्मुखी स्वभाव वाले बच्चों का भाषा विकास तीव्र होता है।

(*ii*) **परिपक्वता :** आवश्यक परिपक्वता के अभाव में भी भाषा का विकास प्रभावित होता है। हरलॉक का कहना है कि भाषा का प्रशिक्षण देते समय इस बात का ध्यान रखना चाहिए कि बच्चों में आवश्यक परिपक्वता आ चुकी है या नहीं। भाषा विकास में फेफड़े, स्वरयंत्रों, जीभ, दांत, तालू, होठ तथा वाणी केंद्र (मस्तिष्क में स्थित होता है) का परिपक्व होना आवश्यक है। ये अंग जितने अधिक परिपक्व होते हैं भाषा विकास उतना ही अधिक होता है।

(*iii*) **सामाजिक-आर्थिक स्तर :** प्रायः ऐसा देखा जाता है कि जिन बालकों का सामाजिक-आर्थिक स्तर निम्न होता है वे देर से बोलना सीखते हैं। जरसील्ड एवं गैसिल आदि जैसे मनोवैज्ञानिकों के अध्ययन से इस बात की पुष्टि हुई कि उच्च वर्ग के शिशु जल्दी बोलना सीखते हैं, अधिक बोलते हैं तथा उनका उच्चारण भी शुद्ध होता है। डेविस, आल्सटाईन, स्कील्स आदि जैसे मनोवैज्ञानिकों ने अनाथ बच्चों के अध्ययन से पाया कि इन बच्चों में भाषायी विकास कम होता है। इनका शब्द भंडार भी कम होता है। प्रायः यह भी देखा जाता है कि ग्रामीण क्षेत्र में पढ़ने वाले बच्चों की शाब्दिक क्षमता शहरी या अन्य पब्लिक स्कूल में पढ़ने वाले बच्चों से कम होती है।

(*iv*) **स्वास्थ्य :** जिन बच्चों का स्वास्थ्य जितना अच्छा होता है उनमें भाषा विकास की गति उतनी तीव्र होती है क्योंकि सामाजिक समूहों से उन्हें अच्छी प्रेरणा मिलती है, वे बच्चे अपने समूह के साथ खेलते हैं, अंतःक्रिया करते हैं, लेकिन बीमार बच्चे समूह में खेल नहीं पाते। शारीरिक अवयवों का भी विकास बाधित होता है। स्मिथ ने बच्चों की भाषा पर बीमारी के प्रभावों का अध्ययन करके निष्कर्ष निकाला कि बीमार बच्चों में भाषायी विकास की गति धीमी होती है। इसी प्रकार का अध्ययन लॉवेल और मारकेल ने भी किया और पाया कि जो बच्चे लंबी अवधि तक बीमार रहते हैं उनमें भाषायी विकास कमजोर होता है।

(*v*) **प्रशिक्षण की विधियाँ :** अधिनायकवादी प्रशिक्षण जिसमें बच्चों की भावनाओं का ख्याल नहीं रखा जाता है एवं किसी चीज को डांट कर सिखाया जाता है तो ऐसे प्रशिक्षण में भाषा का विकास नहीं होता। जिस परिवार या विद्यालय में लोकतांत्रिक विधियों का प्रयोग होता है, बालक को स्वतंत्रता होती है, उसमें भाषा का विकास तीव्रता से होता है। भाषा सिखाने के लिए मूर्त से अमूर्त, सरल से कठिन, ज्ञात से अज्ञात की ओर चलने के सिद्धांतों का पालन करना चाहिए। उदाहरणार्थ–मातृभाषा से अंग्रेजी सिखाई जाए तो आसान होता है। एक साथ एक भाषा का प्रशिक्षण हो लेकिन यह देखा जा रहा है कि भारतवर्ष के आधुनिक पब्लिक स्कूलों में शिशुओं को एक साथ दो से अधिक भाषाएं सिखाई जाती हैं जो उचित नहीं हैं। मातृभाषा का पूर्ण ज्ञान हो जाए तो उस भाषा की सहायता से दूसरी भाषा सिखाना उचित होता है।

(*vi*) **द्वि-भाषावाद :** यदि कोई द्विभाषा-भाषी परिवार है, उदाहरणार्थ–पिता हिन्दी बोलने वाला और माता शुद्ध बांग्ला बोलने वाली हो तो ऐसे में बच्चों का भाषा विकास प्रभावित होता है क्योंकि बच्चे भ्रमित हो जाते हैं कि वे कौन-सी भाषा सीखें। वर्तमान समय में यह देखा जा रहा है कि बच्चों की भाषा क्षमता क्षीण होती

जा रही है तथा उसका बड़ा ही स्पष्ट कारण है कि हिन्दी भाषा-भाषी परिवार में उत्पन्न हुए बच्चों का 3 वर्ष की आयु में अंग्रेजी स्कूलों में प्रवेश करा दिया जाता है। इन स्कूलों में अंग्रेजी के अतिरिक्त दूसरी भाषा बोली ही नहीं जाती है और जैसे ही बालक स्कूल से घर में कदम रखता है वहां हिन्दी और भोजपुरी के अतिरिक्त अंग्रेजी की पृष्ठभूमि ही नहीं है। ऐसी स्थिति में बालक कौन-सी भाषा सीखे यह उसके सामने दुविधा होती है। अंग्रेजी भाषा का विकास हिन्दी पृष्ठभूमि में नहीं हो सकता। अतः भाषा विकास अवरुद्ध हो जाता है या इसमें अपेक्षित सफलता नहीं मिलती।

(vii) **बहुजन्मता :** किए गए एक अध्ययन में यह पाया गया है कि यदि एक साथ अधिक संतानें उत्पन्न होती हैं तो उनमें भाषायी विकास विलंब से होता है। इसका कारण है कि बच्चे एक-दूसरे का अनुकरण करते हैं और दोनों ही अपरिपक्व होते हैं। उनमें उपयुक्त प्रतिमान नहीं मिल पाता। उदाहरणार्थ–यदि एक बच्चा गलत उच्चारण करता है तो उसकी नकल करके दूसरा भी वैसा ही उच्चारण करेगा।

(viii) **लिंगीय भिन्नता :** वाणी विकास में लिंग का प्रभाव भी स्पष्ट दृष्टिगोचर होता है। इरविन और चेन ने लिंगीय भेद का अध्ययन करके निष्कर्ष निकाला कि प्रथम वर्ष में बालक एवं बालिकाओं की भाषा में अंतर नहीं होता लेकिन दूसरे वर्ष से बालिकाओं की क्षमता बालकों से अधिक हो गई। बालिकाओं का भाषा प्रवाह बालकों से अच्छा रहा। बालिकाएं जल्दी बोलना भी सीखती हैं, जहां बालक छोटे-छोटे वाक्य बोलते हैं वहीं लड़कियां बड़े वाक्यों को बोलने में सक्षम हो जाती हैं। बालिकाएं बालकों की अपेक्षा शुद्ध उच्चारण करती हैं।

(ix) **बुद्धि :** हरलॉक के अनुसार, जिन बच्चों की बुद्धि-लब्धि (I.Q.) उच्च होती है उनमें भाषा विकास अपेक्षाकृत कम बुद्धि वालों से अच्छा होता है। इरविन और स्पाईकर के मतानुसार बुद्धि-लब्धि और भाषा संबंधी योग्यता में घनिष्ठ संबंध है। टरमैन, फिशर और यम्बा का मानना है कि तीव्र बुद्धि बालकों का उच्चारण और शब्द भंडार अधिक होता है। प्रायः देखा जाता है कि प्रतिभाशाली बालक अपनी अवस्था के बालकों से पहले बोलना सीख लेते हैं, उनके शब्द भंडार की क्षमता भी सामान्य बालकों से अधिक होती है तथा वे बहुत स्पष्ट और शुद्ध उच्चारण भी करते हैं।

(x) **परिवार का आकार :** अकेला बालक या छोटे परिवार में बालक की भाषा शक्ति का विकास बड़े आकार के परिवार से अच्छा होता है क्योंकि छोटे परिवार में माता-पिता बच्चे के प्रशिक्षण उनसे वार्तालाप पर अधिक ध्यान दे पाते हैं जबकि बड़े परिवार में समय कम मिलता है।

(xi) **संवेगात्मक तनाव :** जिन बच्चों के संवेगों का कठोरता से दमन कर दिया जाता है ऐसे बच्चों में भाषा विकास देर से होता है। उदाहरणार्थ–यदि एक वर्ष के शिशु को सौतेली मां कटु या कठोर स्वभाव की मिल जाए और बात-बात पर उसे झिड़कती, डांटती, पीटती तथा उपेक्षित करती रहे तो बालक का विकास प्रभावित हो जाता है तथा वह देर में एवं अस्पष्ट बोलता है।

भाषा दोष एवं उसके प्रकार (Language Error and Its Types)

यदि बालक अपने स्वर यंत्रों पर नियंत्रण नहीं कर पाता है तो उसमें भाषा दोष उत्पन्न हो जाता है। ऐसे बालक समाज से कतराने लगते हैं। इनमें हीनता की भावना विकसित हो जाती है, ये अकेले में रहते हैं तथा किसी के सामने बोलने में झिझकते हैं। भाषा दोष का प्रभाव बालक के जीवन के अन्य क्षेत्रों पर भी पड़ता है। उनकी शैक्षिक उपलब्धि भी प्रभावित होती है। इन बालकों को पिछड़ा बालक कहा जाता है। भाषा दोष के मुख्य प्रकार निम्नवत् हैं–

1. अस्पष्ट उच्चारण,
2. ध्वनि परिवर्तन,
3. तीव्र अस्पष्ट,
4. हकलाना, और
5. तुतलाना।

चिंतन/विचार (Thought)

चिंतन विचार करने की वह मानसिक प्रक्रिया है, जो किसी समस्या के कारण आरंभ होती है और उसके अंत तक चलती रहती है। विभिन्न विद्वानों ने चिंतन की परिभाषा भिन्न-भिन्न प्रकार से दी है। कुछ विद्वानों द्वारा चिंतन की परिभाषा निम्न प्रकार से दी गई है–

रॉस के अनुसार, "चिंतन, मानसिक क्रिया का ज्ञानात्मक पहलू है या मन की बातों से संबंधित मानसिक क्रिया है।"

रायबर्न के अनुसार, "चिंतन, इच्छा-संबंधी प्रक्रिया है, जो किसी असंतोष के कारण आरंभ होती है और प्रयास एवं त्रुटि के आधार पर चलती हुई उस अंतिम स्थिति पर पहुंच जाती है, जो इच्छा को संतुष्ट करती है।"

वेलेण्टाइन के अनुसार, "चिंतन शब्द का प्रयोग उस क्रिया के लिए किया जाता है, जिसमें शृंखलाबद्ध विचार किसी लक्ष्य या उद्देश्य की ओर अविराम गति से प्रवाहित होते हैं।"

उपर्युक्त दी गई परिभाषाओं से स्पष्ट है कि चिंतन मानसिक क्रिया का ज्ञानात्मक पथ है। चिंतन की प्रक्रिया किसी विशेष उद्देश्य की ओर परिलक्षित होती है। इसमें इच्छा तथा असंतोष अत्यंत महत्त्वपूर्ण हैं क्योंकि इच्छा तथा असंतोष मनुष्य को चिंतन के लिए बाध्य करते हैं।

चिंतन के प्रकार (Types of Thought)

चिंतन के मुख्यतः चार प्रकार हैं–

1. **कल्पनात्मक चिंतन :** इस चिंतन का संबंध पूर्व-अनुभवों पर आधारित भविष्य से होता है। जब माता-पिता बाजार जाते हैं तब बालक कल्पना करता है कि वे वहां से लौटने पर उसके लिए टॉफी लाएंगें। इस चिंतन में भाषा और नाम का प्रयोग नहीं किया जाता है।
2. **तार्किक चिंतन :** अमेरिकी मनोवैज्ञानिक जॉन डीवी ने तार्किक चिंतन को विचारात्मक चिंतन की संज्ञा दी है। यह सबसे उच्च प्रकार का चिंतन है। इसका संबंध किसी समस्या के समाधान से होता है।
3. **प्रत्ययात्मक चिंतन :** इस चिंतन का संबंध पूर्व-निर्मित प्रत्ययों से होता है, जिनकी सहायता से भविष्य के किसी निश्चय पर पहुंचा जाता है। कुत्ते को देखकर बालक अपने मन में प्रत्यय का निर्माण कर लेता है। अतः जब वह भविष्य में कुत्ते को फिर देखता है तब वह उसकी ओर संकेत करते हुए कहता है–'कुत्ता'। इस चिंतन में भाषा और नाम का प्रयोग किया जाता है।
4. **प्रत्यक्षात्मक चिंतन :** यह निम्न स्तरीय चिंतन है। अतः यह विशेष रूप से पशुओं और बालकों में पाया जाता है। इस चिंतन का संबंध पूर्व अनुभवों पर आधारित वर्तमान की वस्तुओं से होता है। माता-पिता के बाजार से लौटने पर यदि बालक को उनसे काफी दिनों तक टॉफी मिलती रहती है तो जब भी वे बाजार से लौटते हैं, तभी टॉफी का विचार उसके मस्तिष्क में आ जाता है और वह दौड़ता हुआ उनके पास जाता है।

चिंतन तथा भाषा (Thought and Language)

चिंतन प्रक्रिया प्रतीक और चिन्हों के आधार पर चलती है। प्रतीक और चिन्हों का आधार भाषा होती है। चिंतन के समय बालक के अंदर आंतरिक भाषण होता है। कई बार चिंतन करते समय बालक बोलने लगता है। कुछ अध्ययनों में यह देखा गया है कि जिस बालक में भाषा की योग्यता जितनी अधिक होती है उसमें चिंतन की योग्यता भी उसी रूप में उतनी अधिक होती है क्योंकि भाषा-वृद्धि के साथ-साथ बालकों में ज्ञान-वृद्धि होती है और ज्ञान-वृद्धि से चिंतन शक्ति का भी विकास होता है। भाषा के द्वारा बालक चिंतन को व्यक्त भी कर सकता है। बालक भाषा के द्वारा अपने अथवा दूसरों के चिंतन को रेकार्ड कर सकता है। इस प्रकार वह अपने चिंतन का दूसरों को लाभ दे सकता है तथा दूसरों के चिंतन का स्वयं लाभ उठा सकता है। अतः कहा जा सकता है कि चिंतन के लिए भाषा आवश्यक ही नहीं अपितु उसे व्यक्त करने का साधन भी है। भाषा के अभाव में चिंतन को व्यक्त करना कठिन है। जहां भाषा से चिंतन का विकास होता है वहां चिंतन भाषा को भी विकसित करता है। अतः कहा जा सकता है कि चिंतन और भाषा दोनों में घनिष्ठ संबंध है।

पहले ऐसा माना जाता था कि विचार प्रतिमा रहित या सहित होते हैं। परंतु आज यह माना जाता है कि विचार दोनों प्रकार के होते हैं–प्रतिमा रहित भी और प्रतिमा सहित भी। चिंतन के लिए यद्यपि भाषा बहुत आवश्यक है परंतु भाषा के बिना भी चिंतन संभव है क्योंकि व्यक्ति उन वस्तुओं के संबंध में भी चिंतन करते देखा गया है, जिनका कि वह नाम तक नहीं जानता है। कभी-कभी चिंतन को स्पष्ट करने के लिए भाषा पर्याप्त नहीं होती है, इस अवस्था में चिंतन को चित्रों और मॉडल के द्वारा व्यक्त किया जाता है।

चिंतन तथा कल्पना में अन्तर (Difference between Thought and Imagination)

चिंतन	कल्पना
1. इसकी सहायता से बालक समस्या के विभिन्न पहलुओं को समझने की कोशिश करता है, क्योंकि इन पहलुओं को समझे बिना समस्या का समाधान संभव नहीं हो सकता।	1. इसमें समस्या के समाधान की परिस्थिति को नए-नए रूपों में देखा जाता है।
2. इसमें तर्क की प्रधानता होती है। समस्या समाधान में तर्क की सहायता से सूक्ष्म पहलुओं को जाना जाता है।	2. इसमें तर्क का अभाव होता है।
3. बालक में चिंतन बहुधा समस्या की उपस्थिति पर आरंभ होता है। अर्थात् जब बालक के सामने कोई समस्या आती है तभी उसमें चिंतन की प्रक्रिया होती है, व्यर्थ में बालक चिंता नहीं करता है।	3. कल्पना के लिए परिस्थिति या समस्या की विशेष आवश्यकता नहीं होती है।
4. चिंतन में समस्या समाधान में प्रयत्न और भूल की क्रिया रहती है।	4. कल्पना में प्रयत्न और भूल का अभाव होता है।
5. यह वास्तविकता से संबंधित होता है।	5. कल्पना का संबंध वास्तविकता से भी हो सकता है और नहीं भी।

चिंतन का विकास (Development of Thought)

चिंतन का विकास भाषा के विकास के कुछ समय बाद प्रारंभ हो जाता है। लगभग एक-दो वर्ष की अवस्था में बालक में चिंतन का विकास प्रारंभ हो जाता है। बालक में सर्वप्रथम प्रत्यक्षात्मक चिंतन का विकास प्रारंभ होता है। बालक के चारो ओर जो मूर्त वस्तुएं और उत्तेजनाएं होती है, सर्वप्रथम वह उनके संबंध में चिंतन प्रारंभ करता है। उदाहरणार्थ–मेज, कुर्सी, खिलौने तथा परिवार के सदस्यों आदि के संबंध में वह सर्वप्रथम चिंतन प्रारंभ करता है। पियाजे का विचार है कि

लगभग सात वर्ष की अवस्था तक बालक की प्रवृत्ति आत्मकेंद्रित प्रकार की होती है। अतः बालक अपने स्वयं के संबंध में ही चिंतन अधिक करता है। उसमें इस अवस्था के चिंतन में तार्किकता का अभाव होता है। लगभग पांच-छः वर्ष की अवस्था से बालक में कल्पनात्मक तथा प्रत्ययात्मक चिंतन प्रारंभ हो जाती है। वुडवर्थ ने इन दोनों प्रकार के चिंतनों को विचारात्मक चिंतन कहा है। बालक में इस अवस्था में प्रतीकों के माध्यम से भी चिंतन का अभाव होता है। लगभग सात वर्ष की अवस्था से लगभग पंद्रह वर्ष की अवस्था तक चिंतन का तीव्र गति से विकास होता है। आयु बढ़ने के साथ-साथ चिंतन में तर्क की प्रधानता भी बढ़ती जाती है।

3 से 7 वर्ष की अवस्था के बालकों के चिंतन में पियाजे ने निम्नलिखित विशेषताएं बताई हैं–

(*i*) इस समय उनके चिंतन का स्तर निम्न होता है। वे अधिकतर जीवन से संबंधित बातों पर चिंतन करते हैं।

(*ii*) उनके चिंतन में तार्किक संगति का अभाव पाया जाता है। इस आयु के बालकों में कार्य-कारण संबंध नहीं दिखाई देता है।

(*iii*) एक ही घटना के आधार पर सामान्यीकरण करना। अन्य शब्दों में, इस आयु के बालक एक घटना के आधार पर ही निष्कर्ष निकालते हैं। वह पूर्ण घटनाओं-अनुभवों का लाभ नहीं उठा पाते हैं।

(*iv*) इस आयु वर्ग के बालकों के चिंतन की प्रवृत्ति आत्म-केंद्रित प्रकार की होती है। अन्य शब्दों में, उनके चिंतन का विषय स्वयं के संबंध में होता है।

(*v*) इस आयु वर्ग का बालक अपने वातावरण के चारों ओर स्थित वस्तुओं को चाहे वह सजीव हो या निर्जीव सभी को चेतनामय या सजीव समझता है। अन्य शब्दों में, उसके चिंतन में जीववाद पाया जाता है।

क्रो और **क्रो** के अनुसार, चिंतन की योग्यता सफल जीवन के लिए आवश्यक है। अतः संरक्षकों और शिक्षकों को चाहिए कि बालकों में इस योग्यता के विकास पर ध्यान दें। चिंतन की योग्यता के विकास में निम्नलिखित उपाय सहायक हैं–

(*i*) बालकों को चिंतन के लिए प्रोत्साहित और प्रेरित करना चाहिए। बालकों के भाषा ज्ञान को उच्च करने के उपाय करने चाहिए जिससे वह समय-समय पर अपने विचारों की अभिव्यक्ति कर सके।

(*ii*) बालकों की रुचियों के विकास पर ध्यान देना चाहिए। रुचियों के अभाव में चिंतन योग्यता कठिनाई से विकसित हो पाती है।

(*iii*) शिक्षक और माता-पिता को बालकों को नवीन बातों की समय-समय पर अर्थात् उनकी आयु के अनुसार जानकारी देनी चाहिए जिससे उनमें चिंतन का विकास सुचारु रूप से चल सके।

(*iv*) बालकों को उनकी आयु के अनुसार समस्या का समाधान करना भी माता-पिता और शिक्षकों को सिखलाना चाहिए क्योंकि समस्या समाधान से भी चिंतन विकसित होता है।

(*v*) तर्क एवं वाद-विवाद की भी चिंतन योग्यता के विकास में महत्त्वपूर्ण भूमिका है, इनको भी सिखाने के अवसर देने चाहिए।

(*vi*) बालकों को ऐसा प्रेरक वातावरण समय-समय पर उपलब्ध कराना चाहिए जिससे वे चिंतन के महत्त्व को समझें और योग्यता को बढ़ाने के लिए प्रदत्त वातावरण का लाभ उठा सकें।

(*vii*) बालकों को उनकी आयु के अनुसार समय-समय पर ऐसे कार्य सौंपे जाने चाहिए जिससे उनमें उत्तरदायित्व की भावना का विकास हो सके और उत्तरदायित्व के निर्वाहन हेतु चिंतन के लिए प्रेरित हो सकें।

अभ्यास प्रश्न

1. वह खेल जिसमें बालक स्वयं कुछ बनाता है :

A. रचनात्मक B. काल्पनिक

C. स्वतन्त्र D. इनमें से कोई नहीं

2. भाषा विकास के क्रम में अंतिम क्रम (सोपान) है :

A. ध्वनि पहचानना

B. ध्वनि उच्चारण

C. शब्दोच्चारण

D. भाषा विकास की पूर्णावस्था

3. सृजनात्मक चिन्तन होता है–

A. उच्च अपसारी चिन्तन

B. अभिसारी चिन्तन

C. भाषा विकास

D. मूल्यांकन

4. किसी बच्चे के चिन्तन में आयु के बढ़ने के साथ-साथ किसकी प्रधानता बढ़ती है?

A. तर्क की B. सामान्यीकरण

C. आत्मकेन्द्रीकरण D. जीववाद की

5. कई पदों के योग से बने कौन-से पदबन्ध कहलाते हैं?

A. वाक्य B. शब्द

C. मुहावरे D. वाक्यांश

6. किसी बच्चे में चिन्तन का प्रमुख कारण क्या है?

(*i*) समस्या समाधान करना

(*ii*) निर्णय लेने की भावना

(*iii*) वातावरण के प्रति चैतन्य समायोजन करने हेतु

A. केवल (*i*) B. केवल (*iii*)

C. (*i*) एवं (*ii*) D. ये सभी

7. सार्थक शब्दों का व्यवस्थित समूह जिससे अपेक्षित अर्थ प्रकट हो .... कहलाता है।
A. रूपिम
B. पदबन्ध
C. स्वनिम
D. वाक्य

8. चिन्तन अनिवार्य रूप से है एक
A. संज्ञानात्मक गतिविधि
B. मनोगतिक प्रक्रिया
C. मनोवैज्ञानिक परिघटना
D. भावात्मक व्यवहार

9. सृजनात्मकता मुख्य रूप से .... से सम्बन्धित है।
A. मॉडलिंग
B. अनुकरण
C. अभिसारी
D. अपसारी चिन्तन

10. एक विद्यार्थी कहता है, ''उसका दादा आया है।'' एक शिक्षक होने के नाते आपकी प्रतिक्रिया होनी चाहिए।
A. अच्छा, उसके दादाजी आए हैं
B. बच्चे, आप सही वाक्य नहीं बोल रहे
C. ''दादा आया है'' की जगह पर ''दादाजी आए हैं'' कहना चाहिए
D. आप अपनी भाषा पर ध्यान दीजिए

11. थ, फ, च ध्वनियाँ है
A. स्वनिम
B. रूपिम
C. लेखीम
D. शब्दिम

12. भाषा में अर्थ की सबसे छोटी इकाई .... है।
A. संकेत प्रयोग विज्ञान (प्रैगमैटिक्स)
B. रूपिम
C. स्वनिम
D. वाक्य

13. निम्नलिखित में से कौन-सी समस्या-समाधान की वैज्ञानिक पद्धति का पहला चरण है?
A. प्राक्कल्पना का निर्माण करना
B. प्राक्कल्पना का परीक्षण करना
C. समस्या के प्रति जागरूकता
D. प्रासंगिक जानकारी को एकत्र करना

14. चिन्तन में .... शामिल हैं।
A. प्रतिमा, कल्पना, संकल्पना, प्रतिज्ञप्ति
B. कल्पना, भाषा, संकल्पना, प्रतिज्ञप्ति
C. प्रतिमा, भाषा, संकल्पना, प्रतिज्ञप्ति
D. प्रतिमा, संकल्पना, कल्पना, प्रतिज्ञप्ति

15. चिन्तन के सूचना प्रक्रमण सिद्धान्त में निम्नलिखित चरण आते हैं–
(*i*) प्रतिक्रिया क्रियान्वयन
(*ii*) प्रतिक्रिया चयन
(*iii*) पूर्व-प्रक्रमण
(*iv*) श्रेणीकरण
A. (*ii*), (*iv*), (*iii*), (*i*)
B. (*iii*), (*i*), (*iv*), (*ii*)
C. (*iv*), (*iii*), (*ii*), (*i*)
D. (*iii*), (*iv*), (*ii*), (*i*)

16. भाषा विकास में सहयोग करने का कौन-सा तरीका गलत है?
A. बच्चे को बिना टोके प्रकरण पर बात करना
B. उसकी अपनी भाषा के प्रयोग को अमान्य करना
C. उसके प्रयोगों का समर्थन करना
D. भाषा के प्रयोग के अवसर उपलब्ध कराना

17. ''मैडम चाय खाती है'' वाक्य
A. वाक्य-विन्यास की दृष्टि से सही है लेकिन अर्थ-विज्ञान की दृष्टि से गलत है
B. अर्थ-विज्ञान की दृष्टि से सही है लेकिन वाक्य-विन्यास की दृष्टि से गलत है
C. अर्थ-विज्ञान एवं वाक्य-विन्यास दोनों की दृष्टि से गलत है
D. अर्थ-विज्ञान एवं वाक्य-विन्यास दोनों की दृष्टि से सही है

18. निम्नलिखित में से कौन-सी विशेषता समस्या-समाधान का विशेष चिन्ह है?
A. समस्या मौलिक होती है
B. समस्या कथन में संकेत अन्तर्निहित रूप से दिया जाता है
C. समस्या केवल एक सिद्धान्त पर आधारित होती है
D. सही उत्तर प्राप्त करने का सामान्यतः एक उपागम होता है

19. बच्चे द्वारा 'संकल्पना-निर्माण' के सम्बन्ध में निम्नलिखित में से कौन-सा कथन सही है?
A. संकल्पनाएँ संवेगात्मक रूप से सुव्यवस्थित होती हैं
B. संकल्पनाएँ विकास की एक निश्चित संरचनात्मक व्यवस्था होती है
C. संकल्पनाओं की प्रकृति पदानुक्रमिक नहीं होती
D. संकल्पनाएँ वैयक्तिक नहीं होती

20. शिक्षक .... के अलावा निम्नलिखित सभी को करते हुए समस्या समाधान को विद्यार्थियों के लिए मजेदार बना सकता है।
A. मुक्त अन्त वाली सामग्री उपलब्ध कराने
B. मुक्त खेल के लिए समय देने
C. सृजनात्मक चिन्तन के लिए असीमित अवसर उपलब्ध कराने
D. जब विद्यार्थी से कोई कार्य कराने की कोशिश कर रहे हों, तो उनसे परिपूर्णता की अपेक्षा करने

उत्तरमाला

1	2	3	4	5	6	7	8	9	10
A	D	A	A	A	D	D	A	D	A
11	12	13	14	15	16	17	18	19	20
A	C	C	C	D	B	A	B	B	D

7. समाज निर्माण में लिंग की भूमिका (Role of Gender in Social Construct)

व्यक्ति एवं व्यक्ति, समुदाय एवं समुदाय, जाति एवं जाति के बीच पाई जाने वाली भिन्नता एक वैश्विक घटना है। ऐसे में एक प्रश्न उठता है कि आखिर ये भेद क्यों है एवं इसके लक्षण क्या हैं? इस प्रकार के भेदों का मापन शारीरिक तथा मनोवैज्ञानिक आधार पर किस प्रकार किया जाए?

लिंग और उसकी भूमिका (Role of Gender)

जब वर्ग भेद की चर्चा की जाती है जो उसके गुण-दोष एवं लक्षण आदि की भी चर्चा जरूरी है। इस वर्ग का कुछ आधार भी हो सकता है। यथा–व्यक्तित्त्व, सामाजिक-आर्थिक स्तर, जाति, लिंग अवस्था आदि। यदि हम इन समूहों के मध्य व्याप्त वर्गीकरण अथवा भेदों को जानने की रुचि रखते हैं तो हमें दैनिक जीवन की समस्याओं को सुलझाने में सहायता मिलती है।

वर्तमान परिदृश्य में समानता की मांग सामयिक मुद्दा है। इस समानता का तात्पर्य नकारात्मक न होकर सकारात्मक है। यहां समानता का तात्पर्य समान शैक्षिक योग्यता, समान क्षमता, समान अधिकार, समान कुशलता तथा पढ़ाई एवं कार्य के समान अवसर से है। अन्य शब्दों में कहा जा सकता है कि हम स्त्री-पुरुष में वर्ग के आधार पर लिंग भेद को मान्यता नहीं देते हैं। लिंग भेद का सिद्धांत मूलतः भेद पर ही आधारित है, अर्थात् स्त्री तथा पुरुष में कुछ भेद पाए जाते हैं भले ही हम कहें कि इनके बीच सामाजिक तथा शैक्षिक आधार पर कोई भेद नहीं है। इस भेद से एक महत्त्वपूर्ण प्रश्न उत्पन्न होता है कि क्या महिलाएं शारीरिक लक्षण, कौशल, जीवन मूल्य, दक्षता के आधार पर पुरुषों से कुछ भिन्न हैं अथवा नहीं? यदि इस आधार पर इनमें कोई भिन्नता नहीं पाई जाती है तो इस बात की जांच-पड़ताल आवश्यक है कि क्यों इनके साथ कुछ क्षेत्रों में भेद-भाव किया जाता है?

लैंगिक भेद-भाव (Gender Differentiation)

मनोविज्ञान के अध्ययन के क्षेत्र में लिंग भेद पर आधारित विषय अन्य विषयों की तुलना में काफी रुचिकर विषय हैं। शिक्षा, वैवाहिक संबंधों की सफलता, रहन-सहन तथा कार्यक्षेत्र संबंधी अनेक सामाजिक समस्याओं का संबंध इनकी सफलता से संबद्ध है। अनेक शिक्षाविदों तथा शिक्षा मनोवैज्ञानिकों ने महिला तथा पुरुषों की उपलब्धि की तुलना को अपने अनुसंधान का विषय-वस्तु बनाया है। इन्होंने अपने नमूनों (samples) को दो भागों–महिला और पुरुष में बांटा है। इन शोधों से प्राप्त तथ्यों के अनुसार सामाजिक तथा शारीरिक आधार पर महिला और पुरुष में भिन्नता है। इस अनुसंधान का मुख्य लक्ष्य था महिला और पुरुष के भेद को लिंग व्यवहार के आधार पर समुचित रूप से समझना। इस अनुसंधान का आधार सामान्यतः मनोवैज्ञानिक ही था। ये तथ्य इस अवधारणा की पुष्टि करते हैं कि शारीरिक बनावट के अनुसार स्त्री-पुरुष के संवेगों में भी अंतर होता है। हालांकि इस भेद का आधार सामाजिक न होकर लक्षण विशेष पर आधारित अनुसंधान है जिसमें बाह्य कारकों तथा अन्य लक्षणों के अंतःसंबंधों के परस्पर संबंधों को भी जानने एवं समझने का प्रयत्न किया गया है।

इन वर्ग भेदों में कौन-से मुख्य हैं और कौन-से गौण यह कहना बहुत मुश्किल है। जहां तक सामान्य बुद्धि की बात है वहां महिला और पुरुष वर्गों में समानता देखने को मिलती है। इनमें भेद कुछ विशेष योग्यताओं या लक्षणों को लेकर है। सामान्यतः पुरुषों में महिलाओं की तुलना में तर्क करने, वस्तुओं में समानता संबंधी खोज करने तथा सामान्य ज्ञान के क्षेत्र में कुछ श्रेष्ठता के संकेत पाए जाते हैं। पुरुष जहां स्थानिक संबंध की दृष्टि से भेद की सूक्ष्मता को पहचानने में अधिक सक्षम है वहां शाब्दिक अभिक्षमता तथा स्मरण शक्ति के क्षेत्र में महिलाएं अधिक सक्षम हैं। अनुसंधानों से यह बात भी सामने आयी है कि छात्राओं का भाषायी विकास छात्रों की तुलना में अल्पायु से ही अधिक होता है। अनुसंधानों से इस बात की भी पुष्टि हुई है कि विद्यालयपूर्व आयु वर्ग की बालिकाओं की शब्दावली इस आयुवर्ग के बालकों की तुलना में अधिक सक्षम होती है। इतना ही नहीं छात्राओं की पठन गति भी छात्रों से अधिक होती है। सामान्यतः दोनों वर्गों की बुद्धि अथवा शैक्षिक क्षमता में इतना भेद नहीं होता है कि वे किसी प्रदत्त कार्य को न्यूनाधिक क्षमता से सम्पन्न न करें। इन तथ्यों के आधार पर यही निष्कर्ष निकलता है कि शैक्षिक कार्यक्रम तथा पाठ्यक्रम के समायोजन के समय छात्र-छात्राओं में कोई भेदभाव नहीं बरतना चाहिए। छात्र-छात्राओं की पाठ्यचर्या में अंतर जन्मजात बौद्धिक स्तर के कारण नहीं होता है। उनमें अंतर का मुख्य कारण भावी जीवन की आवश्यकताओं के अनुसार निर्धारित होता है।

शैक्षिक अभ्यास (Educational Practice)

वर्तमान सामाजिक ढांचे में भी लड़की एवं लड़के में भिन्नता देखने को मिलती है। समाज लड़की को लड़के से कमतर आंकता है तथा उसे निश्चित रूढ़िगत कामों में लगा देता है। शिक्षण के दौरान शिक्षक भी लड़कियों पर अवांछित टिप्पणी

करते हैं जो शिक्षण की नीति के प्रतिकूल है। ऐसे शिक्षकों में प्रायः यह धारणा होती है कि लड़कियों के लिए ऐसी शिक्षा व्यवस्था होनी चाहिए जो उन्हें सद्गृहिणी तथा आदर्श माता बनने के लिए प्रेरक का कार्य करे। इस प्रकार का विचार न केवल व्यक्तित्त्व की भिन्नता संबंधी गुणों की अवहेलना करता है अपितु इस तथ्य की भी उपेक्षा करता है कि बालक-बालिकाओं को कुछ समान कौशल सिखाने की भी आवश्यकता है। जैसा कि पहले भी बताया जा चुका है कि बालक तथा बालिकाएं कुछ क्षेत्रों या योग्यताओं में अवश्य भिन्न हैं और इन क्षेत्रों में ये एक-दूसरे से आगे भी निकल जाते हैं। इसी आधार पर जन्मजात योग्यताओं के अधिकतम विकास के लिए विशेष शिक्षण रीति-नीति अपनाने की आवश्यकता है तथा अभाव के क्षेत्र को भी प्रबल करने के लिए विशेष पद्धतियों का आश्रय लेने की आवश्यकता है। एक अध्यापक को अध्यापक के नाते लिंग भेद आधारित भावना के विरुद्ध साहसिक कदम उठाना चाहिए। इसके साथ-साथ लड़के-लड़कियों के बीच पाए जाने वाले वास्तविक भेदों को भी पहचानना तथा उन्हें स्वीकार करना चाहिए। साथ ही साथ अध्ययन के समय उसी प्रकार की रीति-नीति का उपयोग करना चाहिए।

आज भी लड़कियों के प्रति सामाजिक दृष्टिकोण परंपरागत ही है। इसका महत्त्वपूर्ण प्रमाण उनके प्रति अपनाए जाने वाले व्यवहार और उनकी शिक्षा-दीक्षा के संबंध में देखने को मिलता है। यद्यपि ये बातें सभी जगह लागू नहीं होती किंतु यह प्रायः देखा जाता है। इस संबंध में भी वर्ग भेद पर्याप्त रूप से देखने को मिलता है। समाज के उच्च वर्ग की अपेक्षा निम्न वर्ग से आने वाली लड़कियों के संदर्भ में इस स्तर पर और भी भेद पाया जाता है। अनुसूचित जातियों, अनुसूचित जनजातियों तथा अन्य अभावग्रस्त व सुविधाविहीन सामाजिक स्तर से आने वाली लड़कियों को कुछ अन्य टिप्पणियों से भी दो-चार होना पड़ता है, जैसे- यह कि ये अभावग्रस्त परिवारों से हैं तथा यह कि ये आर्थिक दृष्टि से पिछड़े तथा दलित हैं। ऐसे में ये बातें उन्हें शैक्षिक तथा सामाजिक दृष्टिकोण से विकसित बनने में बाधा उत्पन्न करता है। इतना ही नहीं इस समुदाय के लोग यह भी सोचते हैं कि लड़कियों की पढ़ाई पर किए जाने वाले खर्च को यदि उनके विवाह पर खर्च किया जाए तो वह अधिक लाभप्रद और उपयोगी होगा। हालांकि वर्तमान में कई राज्य सरकारों ने लड़कियों की शिक्षा के लिए अनेक कल्याणकारी योजनाओं का शुभारंभ किया है फिर भी लड़कियों की एक बड़ी आबादी अभी भी विद्यालय तक नहीं पहुंच पाई है। ऐसे में लड़कियों की शिक्षा से संबंधित विभिन्न पहलुओं, यथा–सामाजिक, शैक्षिक एवं आर्थिक पर चिंतन करना शिक्षक का महत्त्वपूर्ण दायित्व बन जाता है।

अभ्यास प्रश्न

1. वैदिक काल में स्त्री-शिक्षा के प्रमाण स्वरूप निम्नांकित विदुषी महिला के नाम उल्लेखनीय है–
A. अपाला B. गार्गी
C. घोषा D. उपरोक्त सभी

2. अभिरुचि, अभिवृत्ति, उपलब्धि तथा लैंगिक कौन-सी विभिन्नताओं के क्षेत्र हैं?
A. व्यक्ति की आंतरिक विभिन्नताएँ
B. सामाजिक विभिन्नताएँ
C. वैयक्तिक विभिन्नताएँ
D. चारित्रिक विभिन्नताएँ

3. 'पुरुष स्त्रियों की अपेक्षा ज्यादा बुद्धिमान् होते हैं।' यह कथन
A. लैंगिक पूर्वाग्रह को प्रदर्शित करता है
B. बुद्धि के भिन्न पक्षों के लिए सही है
C. सही है
D. सही हो सकता है

4. लड़कियों को घर के काम-काज में अधिक ध्यान देने के लिए कहना किस को दर्शाता है?
A. रूढ़िबद्धता B. प्रगतिशील चिन्तन
C. मनोवैज्ञानिक चिन्तन D. मनोवैज्ञानिक प्रकृति

5. छात्र एवं छात्राओं के बीच लैंगिक प्रभावों को कम करने के लिए उपयुक्त उपाय है
(*i*) छात्राओं को छात्रों के समान अधिकार देना।
(*ii*) छात्राओं को छात्रों के समान कार्य के समान अवसर उपलब्ध कराना।
(*iii*) छात्राओं को छात्रों के समान शैक्षिक योग्यता की समानता उपलब्ध करना
A. केवल (*i*) B. केवल (*iii*)
C. केवल (*ii*) D. ये सभी

6. "भारत की 2011 की जनगणना (बाल्य आयु वर्ग) में लिंग अनुपात 2001 की जनगणना के अनुसार 927 से घटकर 914 ही रह गया है।" इसका सर्वाधिक प्रमुख कारण निम्नलिखित में से क्या हो सकता है?
A. लैंगिक भेदभाव
B. स्त्री शिक्षा को बढ़ावा देना
C. स्त्री-शिक्षा में कमी
D. स्त्रियों का खराब स्वास्थ्य

7. एक अच्छी पाठ्य-पुस्तक .... से बचाती है।
A. लैंगिक पूर्वाग्रह B. लैंगिक संवेदनशीलता
C. लैंगिक समानता D. सामाजिक उत्तरदायित्व

8. कक्षा-कक्ष में शिक्षक और विद्यार्थी किस प्रकार जेण्डर को .... करते हैं? यह सीखने के वातावरण ....।
A. परिभाषित; को कम प्रभावी बनाता है
B. व्याख्यायित; पर कोई प्रभाव नहीं डालता

C. निर्मित; पर प्रभाव नहीं डालता

D. रूपान्तरित; को क्षुब्ध करता है

9. सामाजिक भूमिकाओं के कारण न कि जीव वैज्ञानिक सम्पत्ति के कारण सौंपी गई विशिष्टताएँ .... कहलाती है।

A. जेंडर भूमिका रूढ़िबद्धता
B. जेंडर भूमिका दबाव
C. जेंडर भूमिका अभिवृत्ति
D. जेंडर भूमिका नेदानिकी

10. समाजीकरण में सम्मिलित हैं–सांस्कृतिक संचरण और ....।

A. संवेगात्मक समर्थन उपलब्ध कराना
B. बच्चों को लेबलों में समायोजित करना
C. वैयक्तिक व्यक्तित्व विकास
D. विद्रोहियों को निरूत्साहित करना

11. विद्यालय में लिंग भेदभाव से बचने का सर्वोत्तम तरीका हो सकता है

A. विद्यालय में लिंग भेदभाव को दूर करने के लिए नियम बनाना और कड़ाई से उसका पालन करवाना
B. संगीत प्रतियोगिता के लिए लड़कियों की अपेक्षा लड़कों का चयन करना
C. शिक्षकों द्वारा उनके लिंग-पक्षपातपूर्ण व्यवहारों का अधिसंज्ञान
D. पुरूष एवं महिला शिक्षकों को समान संख्या में भर्ती करना

12. छात्राओं के निजी संसार पर किसका प्रभाव पड़ता है?

(*i*) सामाजिक मान्यताओं का
(*ii*) लैंगिक भेद-भाव का
(*iii*) परिवार में उनके स्थान का

A. केवल (*iii*) B. केवल (*i*)
C. (*ii*) एवं (*i*) D. ये सभी

13. विज्ञान के प्रयोगों में, सामान्यतः लड़के उपकरणों का नियंत्रण अपने हाथों में लेते हैं और लड़कियों से आँकड़ों को रिकॉर्ड करने अथवा बर्तनों को धोने के लिए कहते हैं। यह प्रकृति यह दर्शाती है कि–

A. लड़कियाँ बेहतरीन अवलोकनकर्ता होती हैं और बिना किसी गलती के आँकड़ों का रिकॉर्ड रखती हैं
B. पुरूष और स्त्री की रूढ़िबद्ध भूमिकाएँ विद्यालय में भी होती है
C. लड़के उपकरणों को ज्यादा कुशलता से सम्भाल सकते हैं क्योंकि वे इस प्रकार के कार्यों को करने में प्राकृतिक रूप से सक्षम होते हैं
D. लड़कियाँ नाजुक होने के कारण ऐसे काम करना पसन्द करती हैं, जिनमें ऊर्जा की खपत कम होती है

14. मोनिका, जो गणित की शिक्षिका है, पूजा से एक प्रश्न पूछती है। पूजा से कोई उत्तर न मिलने पर वह तुरन्त करन से दूसरा प्रश्न पूछती है। जब उसे महसूस होता है कि करन उत्तर बनाने में संघर्ष कर रहा है, तो वह अपने प्रश्न के शब्दों को बदलती है। मोनिका की यह प्रवृत्ति यह प्रदर्शित करती है कि वह

A. इस तथ्य से पूर्णतः परिचित है कि पूजा रावालों के जवाब देने के योग्य नहीं है
B. अपने सवाल के प्रति थोड़ा घबरा गई है
C. पूजा को किसी उलझनपूर्ण स्थिति में नहीं डालना चाह रही है
D. करन का पक्ष लेकर लिंग भूमिकाओं में रूढ़िबद्धता को बढ़ावा दे रही है

15. कक्षा में जेंडर रूढ़िबद्धता से बचने के लिए एक शिक्षक को

A. लड़के-लड़कियों को एकसाथ अपारम्परिक भूमिकाओं में रखना चाहिए
B. लड़कों को जोखिम उठाने और निर्भीक बनने के लिए प्रोत्साहित करना
C. कुश्ती में भाग लेने के लिए लड़कियों को निरूत्साहित करना
D. 'अच्छी लड़की', 'अच्छा लड़का' कहकर शिक्षार्थियों के अच्छे कार्य की सराहना करनी चाहिए

16. राज्य स्तर की एक एकल-गायन प्रतियोगिता के लिए विद्यार्थियों को तैयार करते समय, एक विद्यालय लड़कियों को वरीयता देता है। यह दर्शाता है–

A. प्रगतिशील चिन्तन B. लैंगिक पूर्वाग्रह
C. वैश्विक प्रवृत्तियाँ D. प्रयोजनात्मक उपागम

17. पूर्व माध्यमिक कक्षाओं में छात्राएँ, छात्रों की अपेक्षा अधिक कुशल होती हैं–

A. पठन गति में B. बुद्धि में
C. शैक्षिक अभिक्षमता में D. ये सभी

18. एक अध्यापक को अपनी शैक्षिक क्रियाओं के अभियोजन के समय जातीय भेदभाव के सन्दर्भ में अपनी शिक्षण प्रक्रिया में क्या अपनाना चाहिए?

A. कठोरता व लचीलापन दोनों
B. न कठोरता न ही लचीलापन
C. लचीलापन
D. कठोरता

19. लैंगिक भेदभाव को दूर करने के लिए शिक्षा व्यवस्था में आवश्यक उपाय है

A. छात्र-छात्राओं के लिए विशिष्ट प्रावधान
B. छात्र-छात्राओं के लिए समान प्रावधान
C. छात्र-छात्राओं के लिए असमान प्रावधान
D. उपरोक्त में से कोई नहीं

20. आदिवासी जाति की छात्राओं के शिक्षण में आने वाली प्रमुख समस्या है

A. उनका उच्च सामाजिक स्तर

B. उनका मजबूत आर्थिक स्तर
C. सुविधाओं की अपर्याप्तता
D. उपरोक्त में से कोई नहीं

21. एक अध्यापक को अपनी कक्षा में निम्न में से किस तथ्य को नकारना चाहिए?
A. छात्र-छात्राओं के व्यवहार सम्बन्धी विकारों को
B. छात्र-छात्राओं के झगड़ों से सम्बन्धित मुद्दों को
C. छात्र-छात्राओं के पठन सम्बन्धी विकारों को
D. छात्र-छात्राओं के मध्य लैंगिक भेदभाव को

22. किसी व्यक्ति की व्यक्तिगत विभिन्नता के क्षेत्र हैं
A. शारीरिक संरचना B. मानसिक योग्यताएँ
C. लिंग भेद D. उपरोक्त सभी

उत्तरमाला

1	2	3	4	5	6	7	8	9	10
D	C	A	A	D	A	A	C	A	C
11	**12**	**13**	**14**	**15**	**16**	**17**	**18**	**19**	**20**
C	D	B	D	A	B	A	C	B	C
21	**22**								
D	D								

8. अधिगम का मूल्यांकन (Evaluation of Learning)

चूंकि शिक्षा का संबंध बच्चे के सर्वांगीण विकास (शारीरिक, सामाजिक, बौद्धिक एवं भावनात्मक आदि) से है। इसलिए बच्चे के विकास के सभी पहलुओं को आंके जाने की आवश्यकता है। वर्तमान समय में हम बच्चे को पूरे रूप में नहीं आंकते, बल्कि विशिष्ट क्षेत्रों में केवल उसकी शैक्षिक उपलब्धियों का मूल्यांकन करते हैं। हम शिक्षार्थी का मूल्यांकन बुनियादी रूप से उसके परीक्षा परिणामों के आधार पर करते हैं। हम सीखने के लिए किए गए प्रयास, कार्य निष्पादन, अभिवृत्तियों का और जो कुछ सीखा गया है, उसका उपयोग विभिन्न स्थितियों में करने की योग्यता का मूल्यांकन नहीं करते और न ही हम उनका मूल्यांकन इस आधार पर करते हैं कि वे तकनीकें कितनी प्रभावकारी रूप से कार्य करती हैं अथवा विभिन्न सिद्धांतों का मूल्यांकन कितने विवेचनात्मक ढंग से करते हैं।

इस प्रक्रिया के स्वरूप को अधिक व्यापक बनाने के लिए महत्त्वपूर्ण है कि बच्चे की शिक्षा-प्राप्ति का निर्धारण कक्षा के अंदर और बाहर हर प्रकार की स्थितियों और वातावरण में किया जाए। यह जरूरी है कि मूल्यांकन की प्रक्रिया सूचना प्रदान करने के तरीके और उस प्रत्युत्तर (Feedback) का भाग हो कि स्कूल और अध्यापक शिक्षा के प्रत्याशित परिणाम प्राप्त करने में किस हद तक सफल हुए हैं।

विद्यालय आधारित मूल्यांकन (School Based Evaluation)

विद्यालय आधारित मूल्यांकन विद्यालय शिक्षा बोर्डों द्वारा ली जाने वाली परीक्षाओं के विपरीत, स्कूल स्तर पर किया जाता है। यह मूल्यांकन विद्यालय द्वारा विकसित अनुसूची और बोर्ड द्वारा जारी किए गए मार्ग-निर्देशों के अनुसार अध्यापकों द्वारा किया जाता है। यद्यपि यह मूल्यांकन हमेशा विद्यालय के स्तर पर किया जाता रहा है, किंतु इस प्रणाली में कुछ त्रुटियां उत्पन्न हो गई हैं। इन त्रुटियों के मुख्य कारण निम्न हो सकते हैं :

(*i*) मूल्यांकन के स्थान एवं शिक्षा की प्रक्रिया में इसके महत्त्व के बारे में अध्यापकों की गलत धारणा।

(*ii*) बाह्य परीक्षा की प्रथा का अनुकरण जो सामान्य रूप से सत्र के अंत में ली जाती है।

वर्तमान दौर में मूल्यांकन की विद्यालय-आधारित प्रणाली में, मूल्यांकन के प्रयोजन का केंद्र-बिंदु बदल गया है। अब इसमें तत्परता परीक्षण, विकास की जांच परख, संज्ञानात्मक, भावात्मक और मनो-प्रेरक क्षेत्रों में कार्य निष्पादन का बार-बार सुनियोजित और प्रभावकारी तरीके से मूल्यांकन किया जाना शामिल है।

अन्य शब्दों में, विद्यालय-आधारित मूल्यांकन बाल-केंद्रित, विद्यालय-केंद्रित और बहुआयामी मूल्यांकन होता है। यह सही मायने में शिक्षार्थी के सर्वतोमुखी विकास का सूत्रपात करता है। यह विद्यालय के अंदर और विद्यालय के बाहर दोनों जगहों पर जीवन में सभी प्रकार की शिक्षा प्राप्ति को प्रोत्साहित करता है। यह बाल-केंद्रित होता है, क्योंकि यह विकास के वैयक्तिक स्वरूप की दृष्टि से विद्यार्थी को एक अद्वितीय अस्तित्व मानता है। यह अपनी शिक्षा के पहले से निर्धारित लक्ष्यों और उद्देश्यों को प्राप्त करने के लिए शिक्षार्थी का एक अलग व्यक्तित्व के रूप में, अन्य शिक्षार्थियों की तुलना में केवल उसकी स्थिति के रूप में नहीं बल्कि प्रत्येक बच्चे की अपनी वैयक्तिक योग्यताओं, प्रगति और विकास के आधार पर निर्माण करता है।

विद्यालय आधारित मूल्यांकन की विशेषताएं (Characteristics of School Based Evaluation)

I. विद्यार्थी से संबद्ध विशेषताएं

(*i*) यह पारंपरिक प्रणाली से अधिक विस्तृत, अधिक व्यापक और सतत होता है।

(*ii*) इसका मुख्य लक्ष्य शिक्षार्थी को सुनियोजित अधिगम और विकास की ओर उन्मुख करने में सहायता देना होता है।

(*iii*) यह भविष्य के जिम्मेदार नागरिक के रूप में शिक्षार्थी की आवश्यकताओं का ध्यान रखता है।

(*iv*) यह अधिक पारदर्शी, भविष्यात्मक और शिक्षार्थियों, अध्यापकों और माता-पिता के बीच सहयोजन की अधिक गुंजाइश मुहैया कराने वाला होता है।

(*v*) यह शिक्षार्थी को अपनी क्षमता का बेहतर तरीके से उपयोग करने में सहायता देता है।

II. अध्यापक से संबद्ध विशेषताएं

विद्यालय आधारित प्रणाली में अध्यापकों को अपने विद्यार्थियों के बारे में निम्नलिखित बातें जानने का अवसर मिलता है–

(*i*) वे क्या सीखते हैं?

(*ii*) वे कैसे सीखते हैं?

(*iii*) इकट्ठा सीखने में उन्हें किस प्रकार की कठिनाइयों अथवा सीमाओं का सामना करना पड़ता है?

(*iv*) बच्चे क्या सोचते हैं?

(*v*) बच्चे क्या महसूस करते हैं?

(*vi*) उनकी रुचियां और प्रवृत्तियां क्या हैं?

(*vii*) यह अध्यापकों को ऐसे तरीकों को ढूंढने के लिए पैनी दृष्टि प्रदान करता है, जो अलग-अलग शिक्षार्थियों के लिए अपनी समस्याओं और कठिनाइयों का समाधान करने में सहायक सिद्ध हो सकते हैं।

सतत् और व्यापक मूल्यांकन (CCE)

सतत् और व्यापक मूल्यांकन का तात्पर्य विद्यार्थियों के विद्यालय आधारित मूल्यांकन की उस प्रणाली के बारे में है, जिसमें विद्यार्थियों के विकास के सभी पहलुओं की ओर ध्यान दिया जाता है।

'सतत्' शब्द का उद्देश्य इस बात पर बल देना है कि बच्चों की 'संवृद्धि और विकास' के अभिज्ञात पहलुओं का मूल्यांकन एक घटना होने के बजाए एक सतत् प्रक्रिया है, जो अध्यापन-शिक्षा-प्राप्ति की संपूर्ण प्रक्रिया के अंदर निर्मित है और शैक्षिक सत्र की समूची अवधि में फैली होती है। इसका अर्थ है निर्धारण की नियमितता, यूनिट परीक्षण की आवृत्ति, शिक्षा-प्राप्ति की कमियों का निदान, सुधारात्मक उपायों का उपयोग, पुनः परीक्षण और अध्यापकों और छात्रों के स्व-मूल्यांकन के लिए उन्हें घटनाओं के प्रमाण का फीडबैक।

'व्यापक' का अर्थ है कि यह योजना विद्यार्थियों की संवृद्धि और विकास के शैक्षिक और सह-शैक्षिक दोनों क्षेत्रों को समाहित करने का प्रयास करती है। चूंकि योग्यताएं, अभिवृत्तियां और अभिरुचियां अपने आपको लिखित शब्दों से भिन्न अन्य रूपों में प्रकट करती हैं, इसलिए इस शब्द में विभिन्न प्रकार के साधनों और तकनीकों (परीक्षण और गैर-परीक्षण) के उपयोग और शिक्षा-प्राप्ति के क्षेत्रों में शिक्षार्थियों के विकास को आंकने के लक्ष्यों का उल्लेख किया गया है, यथा–

(*i*) ज्ञान,
(*ii*) समझना/बोध,
(*iii*) अनुप्रयोग,
(*iv*) विश्लेषण,
(*v*) मूल्यांकन और
(*vi*) सृजन।

इस प्रकार स्पष्ट है कि सतत एवं व्यापक मूल्यांकन एक पाठ्यचर्या संबंधी पहल है, जिसमें परीक्षण के स्थान पर संपूर्णवादी शिक्षा प्राप्ति पर जोर दिए जाने का प्रयास किया जाता है। इसका लक्ष्य अच्छे स्वास्थ्य, उपयुक्त कौशलों और वांछनीय गुणवत्ता वाले और इसके अलावा शैक्षिक उत्कृष्टता वाले अच्छे नागरिकों का निर्माण करना है।

सतत एवं व्यापक मूल्यांकन का उद्देश्य (Objective of Continuous and Comprehensive Evaluation (CCE))

(*i*) संज्ञानात्मक, मनोप्रेरक (साइकोमोटर) और प्रभावकारी कौशलों का विकास करने में सहायता देना।

(*ii*) चिंतन की प्रक्रिया पर जोर देना और कंठस्थ करने पर बल न देना।

(*iii*) मूल्यांकन को अध्यापन-शिक्षा-प्राप्ति की प्रक्रिया का अभिन्न अंग बनाना।

(*iv*) मूल्यांकन का उपयोग नियमित निदान और उसके बाद उपचारात्मक अनुदेश के आधार पर विद्यार्थियों की उपलब्धियों और अध्यापन-शिक्षा-प्राप्ति की कार्यनीतियों में सुधार करने के लिए करना।

(*v*) कार्य-निष्पादन का वांछित स्तर बनाए रखने के लिए मूल्यांकन का उपयोग एक गुणवत्ता नियंत्रण साधन के रूप में करना।

(*vi*) किसी कार्यक्रम की सामाजिक उपयोगिता, वांछनीयता अथवा प्रभावकारिता निर्धारित करना और शिक्षार्थी, शिक्षा-प्राप्ति की प्रक्रिया और शिक्षा-प्राप्ति के वातावरण के बारे में उपर्युक्त निर्णय लेना।

(*vii*) अध्यापन और शिक्षा-प्राप्ति की प्रक्रिया को शिक्षार्थी-केंद्रित क्रियाकलाप बनाना।

अधिगम का मूल्यांकन (Learning Evaluation)

अधिगम के मूल्यांकन में उपलब्ध प्रमाणों के साथ कार्य करना शामिल है, जो स्टाफ और व्यापक मूल्यांकन समुदाय को विद्यार्थियों की प्रगति की जांच करने और इस सूचना का अनेक तरीकों से इस्तेमाल करने में समर्थ बनाता है। मूल्यांकन के दो स्तर हैं– (*i*) रचनात्मक मूल्यांकन (Formative Assessment) एवं (*ii*) सारांशात्मक मूल्यांकन (Summative Assessment)।

(*i*) रचनात्मक मूल्यांकन (Formative Assessment) : इस मूल्यांकन को सीखने/अधिगम का मूल्यांकन भी कहा जाता है। इसका उपयोग अध्यापक द्वारा विद्यार्थी की प्रगति को एक ऐसे वातावरण में मॉनीटर करने के लिए किया जाता है, जो घबड़ाहट पैदा करने वाला न हो और प्रोत्साहन देने वाला हो। इसमें विद्यार्थी को नियमित प्रत्युत्तर मुहैया कराना और उसे अपने कार्य-निष्पादन पर विचार करने, सलाह प्राप्त करने और उसमें सुधार करने का अवसर प्रदान करना शामिल है। इसमें विद्यार्थियों को स्व-मूल्यांकन करने अथवा अपने समकक्षों का मूल्यांकन करने की कसौटियां तय करने के एक आवश्यक भाग के रूप में शामिल किया जाता है। यदि इसे प्रभावकारी रूप से उपयोग में लाया जाए तो यह बच्चे के आत्म-सम्मान को बढ़ाते हुए और अध्यापक के कार्य भार को घटाकर, विद्यार्थी के कार्य निष्पादन में जबरदस्त सुधार कर सकता है।

इस प्रकार, रचनात्मक मूल्यांकन कार्य-संपादन अथवा शिक्षा प्रदान करने की प्रक्रियाओं और शिक्षा-प्राप्ति के क्रियाकलापों में उपयुक्त संशोधन करने के बारे में निर्णय लेने के लिए अध्यापकों और विद्यार्थियों दोनों को निरंतर प्रत्युत्तर (Feedback) मुहैया कराने के लिए शिक्षा की अवधि के दौरान किया जाता है।

रचनात्मक मूल्यांकन की विशेषताएं :

(*a*) यह नैदानिक एवं उपचारात्मक है।

(*b*) यह प्रभावकारी प्रत्युत्तर की व्यवस्था करता है।

(*c*) यह विद्यार्थियों को स्वयं अपनी शिक्षा प्राप्ति में सक्रिय रूप से शामिल होने के लिए मंच उपलब्ध कराता है।

(*d*) यह अध्यापकों को मूल्यांकन के परिणाम को ध्यान में रखते हुए उन्हें अध्यापन को समायोजित करने में समर्थ बनाता है।

(*ii*) सारांशात्मक मूल्यांकन (Summative Assessment) : यह मूल्यांकन शिक्षा पाठ्यक्रम के समाप्त होने पर किया जाता है। सारांशत्मक मूल्यांकन यह मापता अथवा जोड़ता है कि विद्यार्थी ने पाठ्यक्रम से क्या सीखा है। यह मुख्य रूप से एक श्रेणीकृत (Graded) परीक्षण होता है, अर्थात् इसमें एक पैमाने के अनुसार अथवा ग्रेडों के एक सेट के अनुसार अंक दिए जाते हैं।

वह मूल्यांकन, जो मुख्यतः सारांशात्मक प्रकृति का होगा, अपने आप में बच्चे की संवृद्धि और उसके विकास का कोई संगत एवं युक्तिसंगत पैमाना नहीं होगा। अधिक-से-अधिक यह एक समय-विशेष पर उपलब्धि के स्तर को प्रमाणित करता है। कागज-पेंसिल परीक्षण बुनियादी रूप से निर्धारण अथवा मूल्यांकन का एक-एक बार अपनाया जाने वाला तरीका है और किसी बच्चे के विकास के बारे में केवल इसका सहारा लेना न केवल अनुचित है, बल्कि अवैज्ञानिक भी है। केवल शैक्षिक पहलुओं पर ध्यान देते हुए परीक्षा में प्राप्त अंक पर बहुत जोर देने से, बच्चे यह मान लेते हैं कि मूल्यांकन (निर्धारण) शिक्षा प्राप्ति से भिन्न है, जिसका परिणाम 'सीखो और भूल जाओ' लक्षण होता है। सारांशात्मक मूल्यांकन प्रणाली पर आवश्यकता से अधिक जोर देने से अस्वास्थ्यकर प्रतियोगिता को प्रोत्साहन मिलने के अलावा शिक्षार्थियों पर बहुत अधिक दबाव पड़ता है और उनमें चिंता उत्पन्न होती है। इसी कारण से सतत् और व्यापक विद्यालय आधारित मूल्यांकन संकल्पना का प्रादुर्भाव हुआ है।

सारांशात्मक मूल्यांकन की विशेषताएं :

(*a*) शिक्षा-प्राप्ति का निर्धारण।

(*b*) सामान्य रूप से विद्यार्थियों द्वारा किसी यूनिट अथवा सेमेस्टर के समाप्त होने पर उसका सारांश प्रदर्शित करने के लिए किया जाता है, जो उन्होंने सीखा हो अथवा न सीखा हो।

(*c*) इस मूल्यांकन के तरीके अधिकतर विद्यार्थियों के कार्य का मूल्यांकन करने के पारंपरिक तरीके होते हैं।

अधिगम के मूल्यांकन की विशेषताएं (Characteristics of Learning Evaluation)

(*i*) यह मूल्यांकन शिक्षा-प्राप्ति के बाद किया जाता है।

(*ii*) सूचना अध्यापक द्वारा एकत्र की जाती है।

(*iii*) सूचना को सामान्य रूप से अंकों अथवा ग्रेडों में रूपांतरित किया जाता है।

(*iv*) अन्य विद्यार्थियों के कार्य-निष्पादन के साथ तुलना की जाती है।

(*v*) इसके पहले प्राप्त की गई शिक्षा पर नजर डालता है।

अधिगम के अच्छे मूल्यांकन के मानदंड (Norms of Good Learning Evaluation)

(*i*) वे युक्तिसंगत होते हैं (ठोस मानदंडों पर आधारित)।

(*ii*) वे विश्वसनीय होते हैं (मूल्यांकन और पद्धति का सही होना)।

(*iii*) वे तुलनीय होते हैं (जब उनकी तुलना अन्य विभागों अथवा विद्यालयों में की गई जांच-परख से की जाती है, तो वे ठीक पाए जाते हैं)।

अधिगम के मूल्यांकन के प्रयोजन/उद्देश्य (Objective of Learning Evaluation)

अधिगम के मूल्यांकन का सार यह है कि सारांशात्मक मूल्यांकन को किसी विशेष समय पर विषय-वस्तु के मानदंडों की तुलना में विद्यार्थी की शिक्षा को मापने का एक साधन समझा जाए।

सतत् और व्यापक मूल्यांकन की विशेषताएं (Characteristics of CCE)

(*i*) सतत् और व्यापक मूल्यांकन में 'सतत्' पहलू के तहत मूल्यांकन के 'सतत्' और 'आवधिक' पहलू का ध्यान रखा जाता है।

(*ii*) निरंतरता का अर्थ है शिक्षा के प्रारंभ में विद्यार्थियों का निर्धारण या स्थापन मूल्यांकन और शिक्षण प्रक्रिया के दौरान रचनात्मक मूल्यांकन, जो मूल्यांकन की बहुविध तकनीकों का उपयोग करके अनौपचारिक रूप से किया जाता है।

(*iii*) नियतकालिकता का अर्थ है कार्य-निष्पादन का मूल्यांकन जो यूनिट/अवधि के समाप्त होने पर बार-बार किया जाता है (सारांशात्मक)।

(*iv*) सतत् और व्यापक मूल्यांकन का 'व्यापक' संघटक बच्चे के व्यक्तित्व के सर्वतोमुखी विकास के निर्धारण का ध्यान रखता है। इसमें विद्यार्थियों के विकास के शैक्षिक और इसके अलावा सह-शैक्षिक पहलुओं का निर्धारण शामिल है।

(*v*) शैक्षिक पहलुओं में पाठ्यक्रम के क्षेत्र अथवा विषय-सापेक्ष क्षेत्र शामिल होते हैं, जबकि सह-शैक्षिक पहलुओं में जीवन-कौशल, सह-पाठ्यचर्या अभिवृत्तियां और मूल्य शामिल होते हैं।

(*vi*) शैक्षिक क्षेत्रों में निर्धारण, निरंतर और नियतकालिक रूप में मूल्यांकन की बहुविध तकनीकों का इस्तेमाल करके

अनौपचारिक और औपचारिक रूप से किया जाता है। नैदानिक मूल्यांकन यूनिट/परीक्षा के समाप्त होने पर किया जाता है। कुछ यूनिटों में घटिया कार्य निष्पादन के कारणों का पता नैदानिक परीक्षणों का उपयोग करते हुए लगाया जाता है। इसके बाद उपयुक्त रूप से हस्तक्षेप किया जाता है और कार्रवाई की जाती है और तत्पश्चात् पुनः परीक्षण किए जाते हैं।

(*vii*) सह-शैक्षिक क्षेत्रों में निर्धारण निर्धारित मानदंडों के आधार पर बहुविध तकनीकों का इस्तेमाल करते हुए किया जाता है, जब जीवन-कौशलों का मूल्यांकन, मूल्यांकन के सूचकों और जांच सूचियों के आधार पर किया जाता है।

सतत् और व्यापक मूल्यांकन : विचार एवं व्यवहार (CCE : Thought and Behaviour)

अध्यापन-शिक्षा-प्राप्ति प्रक्रिया में, मूल्यांकन से शैक्षिक और सह-शैक्षिक पहलुओं का ध्यान रखने की अपेक्षा की जाती है। यदि कोई किसी क्षेत्र में कमजोर है तो नैदानिक मूल्यांकन किया जाना चाहिए और उपचारी उपाय अपनाए जाने चाहिए। सतत् मूल्यांकन समय-समय पर बच्चे, अध्यापकों और माता-पिता को उपलब्धि के बारे में जागरूक बनाने में सहायता देता है। यदि उपलब्धि में कोई कमी हुई हो तो वे उसके संभावित कारणों की जांच कर सकते हैं और शिक्षा के उस क्षेत्र में जिसमें अधिक जोर देने की आवश्यकता हो उपचारी उपाय कर सकते हैं।

बहुत बार ऐसा होता है कि कुछ वैयक्तिक कारणों, पारिवारिक समस्याओं अथवा समायोजन की समस्याओं के कारण बच्चे अपने अध्ययन की उपेक्षा करना शुरू कर देते हैं जिसके परिणामस्वरूप उनकी उपलब्धि में अचानक गिरावट आ जाती है। यदि अध्यापक, बच्चे और माता-पिता को उपलब्धि में अचानक आई गिरावट का पता न चले तो बच्चे द्वारा अपने अध्ययन की उपेक्षा लंबे समय तक की जाती रहती है और इसके परिणामस्वरूप उपलब्धि घटिया हो जाती है और बच्चे की शिक्षा-प्राप्ति में स्थायी रूप से त्रुटि रह जाती है।

सतत् और व्यापक मूल्यांकन का मुख्य जोर विद्यार्थियों की निरंतर संवृद्धि पर और उनका बौद्धिक, भावनात्मक, शारीरिक, सांस्कृतिक और सामाजिक विकास सुनिश्चित करने पर होता है और इसलिए यह विद्यार्थी की केवल शैक्षिक उपलब्धियों को आंकने तक सीमित नहीं होगा। इस मूल्यांकन का उपयोग शिक्षार्थियों को अन्य कार्यक्रमों के लिए अभिप्रेरित करने, सूचना प्रदान करने, प्रत्युत्तर (Feedback) की व्यवस्था करने और शिक्षा-प्राप्ति में सुधार करने के लिए अनुवर्ती कार्रवाई करने और शिक्षार्थी के विवरणों की एक व्यापक तस्वीर प्रस्तुत करने के एक साधन के रूप में करता है।

सतत् और व्यापक मूल्यांकन के महत्त्वपूर्ण कार्य (Important Functions of CCE)

(*i*) यह अध्यापक को प्रभावकारी कार्यनीतियां आयोजित करने में सहायता देता है।

(*ii*) सतत् और व्यापक मूल्यांकन शिक्षार्थी की प्रगति की सीमा और मात्रा को नियमित रूप से आंकने में सहायता देता है (विशिष्ट शैक्षिक और सह-शैक्षिक क्षेत्रों के संदर्भ में योग्यता और उपलब्धि)।

(*iii*) सतत् और व्यापक मूल्यांकन कमजोरियों का निदान करने का कार्य करता है और अध्यापक को अलग-अलग शिक्षार्थियों की शक्तियों और कमजोरियों और उसकी आवश्यकताओं का पता लगाने में सहायता देता है। यह अध्यापक को तत्काल प्रत्युत्तर (Feedback) मुहैया कराता है, जो यह फैसला कर सकता है कि कोई विशेष यूनिट अथवा संकल्पना समूची कक्षा को फिर से पढ़ाए जाने की आवश्यकता है अथवा केवल कुछ शिक्षार्थियों को उपचारी शिक्षा की आवश्यकता है।

(*iv*) सतत् और व्यापक मूल्यांकन के द्वारा, बच्चे अपनी शक्तियों और कमजोरियों को जान सकते हैं। यह बच्चों को अध्ययन की अच्छी आदतें विकसित करने, गलतियों को सुधारने और क्रियाकलापों को वांछित लक्ष्य प्राप्त करने की दिशा में मोड़ने के लिए अभिप्रेरित कर सकता है। इससे शिक्षार्थी को शिक्षा के उन क्षेत्रों को निर्धारित करने में सहायता मिलती है, जिनमें अधिक जोर दिए जाने की आवश्यकता हो।

(*v*) सतत् और व्यापक मूल्यांकन अभिरुचियों और प्रवृत्ति वाले क्षेत्र अभिज्ञात करता है। यह अभिवृत्तियों और मूल्य प्रणालियों में होने वाले परिवर्तनों का पता लगाने में सहायता देता है।

(*vi*) यह विषयों, पाठ्यक्रमों और जीवनवृतियों (Carrier) के चुनाव के बारे में, भविष्य के लिए फैसला करने में सहायता देता है।

(*vii*) यह शैक्षिक और सह-शैक्षिक क्षेत्रों में विद्यार्थियों की प्रगति के बारे में सूचना/रिपोर्ट देता है और इस प्रकार शिक्षार्थी की भावी सफलताओं के बारे में पूर्वानुमान लगाने में सहायता देता है।

शिक्षार्थी के पढ़ाई स्तर के मूल्यांकन के लिए उचित प्रश्न-पत्र की आवश्यकता (Need of Right Question-paper for Evaluating the Student)

किसी भी शिक्षार्थी के पढ़ाई के स्तर की जांच में एक अच्छे प्रश्न-पत्र की महत्त्वपूर्ण भूमिका होती है। इस प्रश्न-पत्र के माध्यम से ही शिक्षक शिक्षार्थियों के विकास का मूल्यांकन करता है। एक प्रश्न-पत्र के निम्न कार्य होते हैं–

(*i*) यह उच्च उपलब्धि प्राप्त छात्रों एवं निम्न उपलब्धि प्राप्त छात्रों के बीच अंतर स्पष्ट करता है।

(*ii*) यह प्राप्तांकों के आधार पर शिक्षार्थी के वर्गीकरण में सहायक होता है।

(*iii*) यह शिक्षार्थी के शैक्षिक-प्रारूप का संपूर्णता में मूल्यांकन करने का महत्त्वपूर्ण माध्यम है।

उपर्युक्त बातों से स्पष्ट है कि प्रश्न-पत्र एक शिक्षार्थी के मूल्यांकन प्रक्रिया का महत्त्वपूर्ण अंग है। प्रश्न-पत्र निर्माण में कुछ खास बातों का ध्यान आवश्यक है, यथा– प्रश्न-पत्र अपने पूर्व निर्धारित प्रकार्यों पर खरा उतरे, प्रश्न-पत्र एक सृजनात्मक कार्य है। अतः एक निर्धारित योजना के अनुसार प्रश्नों का संकलन करना चाहिए।

परंपरागत प्रश्न-पत्र के दोष (Errors in Traditional Question Paper)

एक अच्छे प्रश्न-पत्र का निर्माण काफी श्रम-साध्य, समयबद्ध एवं सुनियोजित प्रक्रिया है। वर्तमान में अध्यापक जो प्रश्न-पत्र तैयार करते हैं वह प्रायः पारंपरिक प्रश्नों का ही अनुसरण करते हैं। इन पारंपरिक प्रश्नों में कमियां पाई जाती है। पारंपरिक प्रश्नों में निम्न प्रकार की कमियां पाई जाती हैं–

(*i*) पारंपरिक प्रश्न-पत्रों में घिसे-पिटे प्रश्नों की अधिकता रहती है। ये प्रश्न प्रायः निबंधात्मक एवं पाठ्य-पुस्तकोन्मुखी होते हैं। इस प्रकार के प्रश्न छात्रों की समस्याओं व उनकी वास्तविक क्षमताओं का मूल्यांकन करने में सक्षम साबित नहीं होते।

(*ii*) पारंपरिक प्रश्नों का प्रकार निबंधात्मक होने से प्रश्नों की संख्या कम होती है जिससे वे पाठ्यक्रम का अधिकांश भाग पूरा नहीं कर पाते।

(*iii*) कुछ प्रश्न ऐसे होते हैं जिनसे विद्यार्थियों में जानकारियों का स्मरण तथा कंठस्थ करने की प्रवृत्ति को बढ़ावा मिलता है। ऐसे प्रश्नों में पाठ्यक्रम समग्र रूप से समाहित नहीं होते। साथ ही ऐसे प्रश्न छात्रों की समझ और कौशल की जांच करने में समर्थ नहीं होते।

(*iv*) 'व्याख्या करें', 'स्पष्ट करें', 'आप क्या जानते हैं', 'संक्षिप्त टिप्पणी लिखिए', 'संक्षिप्त विवरण दें', विवेचना करें' आदि जैसे निर्देशक शब्द किसी भी प्रश्न-पत्र को अस्पष्ट बना देते हैं। ऐसे प्रश्नों में छात्र प्रायः यह निश्चित नहीं कर पाते कि क्या उत्तर देना है। परीक्षक स्वयं छात्रों से पूछे गए प्रश्नों के स्वरूप के बारे में असमंजस में रहते हैं। समान प्रकृति के प्रश्नों के लिए विभिन्न परीक्षकों द्वारा छात्रों को दिए गए अंकों में बहुत भिन्नता होती है। ऐसे में परीक्षा में छात्र का मूल्यांकन दोषपूर्ण हो जाता है।

(*v*) पारंपरिक प्रश्नों में प्रतीकों और आकृतियों के परिकलन (Calculation) और भौतिक कौशल पर अत्यधिक बल रहता है जबकि गणितीय ज्ञान और उनके अनुप्रयोग आदि से संबद्ध प्रश्नों पर एकदम ध्यान नहीं दिया जाता है।

(*vi*) पारंपरिक प्रश्नों में बहुधा विकल्प भी दिए जाते हैं और कहा जाता है कि सभी प्रश्नों के अंक समान तथा छात्र 10 या 12 प्रश्नों में से कोई 5 या 6 प्रश्न कर सकते हैं। इससे छात्रों में केवल चुने गए महत्त्वपूर्ण विषयों की तैयारी करने की प्रवृत्ति विकसित होती है तथा शेष को बिना किसी खतरे के छोड़ देने की स्वतंत्रता मिलती है।

प्रश्न-पत्रों के दोषों को दूर करने के उपाय (Solution for Removing Errors in Question Papers)

(*i*) निर्देशात्मक प्रकृति के प्रश्नों में अस्पष्टता नहीं होनी चाहिए।

(*ii*) अंक देने की प्रक्रिया वस्तुनिष्ठ होनी चाहिए। इसके लिए परीक्षकों को कुंजी (Key) तथा अंक देने की योजना भी उपलब्ध कराई जानी चाहिए।

(*iii*) प्रश्न-पत्र को इस तरह से तैयार किया जाना चाहिए कि छात्रों का विभिन्न कोणों से मूल्यांकन किया जा सके।

(*iv*) प्रश्नों को तैयार करने में उसकी भाषा की सरलता तथा स्पष्टता का विशेष ध्यान रखा जाना चाहिए ताकि विद्यार्थी को यह पता चले कि प्रश्न के उत्तर में क्या लिखना है।

(*v*) प्रश्न लघु-उत्तरीय प्रकार (Short Answer Type) और अति लघु-उत्तरीय प्रकार (Very Short Answer Type) का होना चाहिए। इससे पूरे पाठ्यक्रम से प्रश्न पूछने में सहूलियत होती है और छात्रों में समग्र अध्ययन की प्रवृत्ति का विकास होता है। कुछ निबंधात्मक प्रकार (Essay Type) के प्रश्न भी पूछे जा सकते हैं।

(*vi*) निम्नलिखित में से किन्हीं 5 या 6 प्रश्न का उत्तर दीजिए जैसे प्रकार के प्रश्न पूछने से बचना चाहिए। यदि जरूरी है तो प्रश्न के भीतर ही विकल्प देना चाहिए। ऐसा करने से छात्रों में चयनात्मक अध्ययन की प्रवृत्ति का ह्रास होता है और वे समग्र अध्ययन की ओर प्रवृत्त होते हैं।

एक अच्छे प्रश्न-पत्र की विशेषताएं/गुण (Characteristics of Good Question Paper)

(*i*) विश्वसनीयता।

(*ii*) वैधता।

(*iii*) प्रयोज्यता।

(*iv*) परिणामों की व्याख्या।

(*v*) प्रारूप।

अभ्यास प्रश्न

1. करके सीखना अधिक उपयोगी है क्योंकि–
A. यह अधिक रुचिकर है
B. कक्षा का अनुशासन बनता है
C. इससे बच्चे व्यस्त रहते हैं
D. बच्चे क्रियाशील पसन्द करते हैं

2. सीखने के मुख्य नियमों के अतिरिक्त गौण नियम भी हैं जो मुख्य नियमों को विस्तार देते हैं। गौण नियम हैं :
A. प्रयत्न व भूल का नियम
B. बहुप्रतिक्रिया नियम
C. अभ्यास का नियम
D. प्रभाव का नियम

3. निम्न में से जो अधिगम के स्थानान्तरण का सिद्धान्त नहीं है, वह है :
A. समान अंशों का सिद्धान्त
B. असमान अंशों का सिद्धान्त
C. सामान्यीकरण का सिद्धान्त
D. द्विपक्षीय सिद्धान्त

4. सीखना प्रभावित होता है :
A. मन से B. आत्मा से
C. वृद्धि से D. प्रेरणा से

5. अधिगम हेतु अभिप्रेरित करने में शिक्षार्थी की निन्दा की अपेक्षा प्रंशसा करना अधिक प्रभावी होता है क्योंकि निंदा उसे
A. भयभीत कर देती है
B. हतोत्साहित कर देती है
C. अपमानित कर देती है
D. उपरोक्त सभी

6. सीखना समृद्ध हो सकता है यदि–
A. कक्षा में अधिक-से-अधिक शिक्षण-सामग्री का प्रयोग किया जाए
B. शिक्षक विभिन्न प्रकार के व्याख्यान और स्पष्टीकरण का प्रयोग करें
C. कक्षा में आवधिक परीक्षाओं पर अपेक्षित ध्यान दिया जाए
D. वास्तविक दुनिया से उदाहरणों को कक्षा में लाया जाए जिसमें विद्यार्थी एक-दूसरे से अंतःक्रिया करें और शिक्षक उस प्रक्रिया को सुगम बनाए

7. सीखने का वह सिद्धांत जो पूर्ण रूप से और केवल '*अवलोकनीय व्यवहार*' पर आधारित है, सीखने के .... सिद्धांत से सम्बद्ध है।
A. व्यवहारवादी B. रचनावादी
C. संज्ञानवादी D. विकासवादी

8. निम्नलिखित में से किस कथन को 'सीखने' के लक्षण के रूप में ***नहीं*** माना जा सकता?
A. व्यवहार का अध्ययन सीखना है
B. अन-अधिगम (unlearning) भी सीखने का एक हिस्सा है
C. सीखना एक प्रक्रिया है जो व्यवहार में मध्यस्थता करती है
D. सीखना ऐसी चीज है जो कुछ अनुभवों के परिणामस्वरूप घटित होती है

9. निम्नलिखित में से कौन-सा कथन 'सीखने' के बारे में सही है?
A. सीखने के किसी भी चरण पर सीखना संवेगात्मक कारकों से प्रभावित नहीं होता।
B. सीखना मूल रूप से मानसिक क्रिया है।
C. बच्चों द्वारा की गई त्रुटियाँ यह संकेत करती है कि किसी तरह का सीखना नहीं हुआ।
D. सीखना उस वातावरण में प्रभावी होता है जो संवेगात्मक रूप से सकारात्मक हो और शिक्षार्थियों को संतुष्ट करने वाला हो।

10. निम्नलिखित में से कौन-सा रचनात्मक आकलन (Formative Assessment) के लिए उचित उपकरण ***नहीं*** है?
A. सत्र परीक्षा B. प्रश्नोत्तरी और खेल
C. दत्त कार्य D. मौखिक प्रश्न

11. विद्यार्थी के अधिगम का मूल्यांकन प्रमुख रूप से होना चाहिए:
A. सतत एवं व्यापक प्रक्रिया से
B. प्रत्येक सत्र के अन्त में
C. प्रत्येक पाठ के अन्त में
D. वार्षिक प्रक्रिया से

12. निबन्धात्मक प्रश्नों के स्थान पर वस्तुनिष्ठ प्रश्न विद्यालयों में क्यों पूछे जाते हैं?
A. छात्रों को समय का महत्त्व दर्शाने के लिए
B. कम समय में ज्यादा काम करने के लिए
C. ज्यादा प्रश्नों का उत्तर जानने के लिए
D. उत्तर-पुस्तिका हल करने में आसानी होती है

13. कक्षा में छात्र अगर आपके प्रश्न का उत्तर न दे सके तो–
A. शिक्षक को स्वयं उस उत्तर को बताना चाहिए
B. उसी प्रश्न को फिर अलग ढंग से पूछना चाहिए
C. उसी प्रश्न को कक्षा में बार-बार पूछना चाहिए
D. स्वयं उत्तर देकर छात्र से याद करवाना चाहिए

14. प्रयोगात्मक परीक्षाएं आयोजित करने का मुख्य उद्देश्य है–
A. विषय ज्ञान का आकलन करना
B. अवलोकन और यथार्थता की कार्यकुशलता की जाँच करना

C. तथ्यों को दोहराने की क्षमता की जाँच करना
D. फार्मूला और स्लाइड में पहचान करने की योग्यता की जाँच करना

15. सतत् और व्यापक मूल्यांकन के लिए तार्किक आधार है
A. शिक्षकों पर बोझ बढ़ाना
B. मानव व्यक्तित्व की समग्र प्रकृति
C. आकलन के अवसरों की अधिकता
D. सीखने के एक से अधिक पक्षों का आकलन

16. क्रिस्टिना अपनी कक्षा को क्षेत्र-भ्रमण पर ले जाती है और वापस आने पर अपने विद्यार्थियों के साथ भ्रमण पर चर्चा करती है। यह .... की ओर संकेत करता है।
A. आकलन का सीखना
B. सीखने के लिए आकलन
C. सीखने का आकलन
D. आकलन के लिए सीखना

17. सतत् और व्यापक मूल्यांकन की योजना में व्यापक शब्द .... के अलावा निम्नलिखित के द्वारा समर्थित किया जाता है।
A. बहुबुद्धि सिद्धान्त
B. एल एल थर्स्टन का प्राथमिक मानसिक योग्यताओं का सिद्धांत
C. सूचना प्रकमण सिद्धान्त
D. जेपी गिलफोर्ड का बुद्धि-संरचना का सिद्धांत

18. जब एक बावर्ची खाना पकाते समय खाने को चखता है, तो वह .... के समान है।
A. सीखने के लिए आकलन
B. सीखने का आकलन
C. आकलन और सीखना
D. सीखने के रूप में आकलन

19. सतत् और व्यापक मूल्यांकन .... पर बल देता है।
A. सीखने को किस प्रकार अवलोकित, रिकॉर्ड और सुधारा जाए इस प्रक्रिया
B. शिक्षण के साथ परीक्षाओं का सामंजस्य
C. सीखने को सुनिश्चित करने के लिए व्यापक स्केल पर निरन्तर परीक्षण
D. बोर्ड परीक्षाओं की अनावश्यकता

20. विद्यार्थियों के पोर्टफोलियो के लिए सामग्री का चयन करते समय .... का .... जरूर होना चाहिए।
A. विद्यार्थियों, बहिष्करण
B. अन्य शिक्षकों, समावेशन
C. विद्यार्थियों, समावेशन
D. अभिभावकों, समावेशन

21. सतत् और व्यापक मूल्यांकन .... होता है।
A. परीक्षा-आधारित B. निष्पादन-आधारित
C. विद्यार्थी-केन्द्रित D. अंक-आधारित

22. सीखने के लिए आकलन निम्नलिखित का ध्यान है सिवाय
A. विद्यार्थियों की त्रुटियाँ
B. विद्यार्थियों की आवश्यकताएँ
C. विद्यार्थियों की क्षमताएँ
D. विद्यार्थियों की अधिगम-शैलियाँ

23. एक शिक्षक प्रश्न-पत्र बनाने के बाद यह जाँच करता है कि क्या प्रश्न परीक्षण के विशिष्ट उद्देश्यों की परीक्षा ले रहे हैं। वह मुख्य रूप से प्रश्न-पत्र की/के .... बारे में चिन्तित है।
A. सम्पूर्ण विषय-वस्तु को शामिल करने
B. वैधता
C. विश्वसनीयता
D. प्रकार

24. सृजनात्मक उत्तरों के लिए आवश्यक है
A. प्रत्यक्ष शिक्षण एवं प्रत्यक्ष प्रश्न
B. विषय-वस्तु पर आधारित प्रश्न
C. एक अत्यन्त अनुशासित कक्षा
D. मुक्त-उत्तर वाले प्रश्न

25. मूल्यांकन का मुख्य उद्देश्य होना चाहिए
A. यह निर्णय लेना कि क्या विद्यार्थी को अगली कक्षा में प्रोन्नत किया जाना चाहिए
B. शिक्षार्थियों की त्रुटियाँ निकालना
C. शिक्षार्थियों की उपलब्धि को मापना
D. सीखने में होने वाली कमियों का निदान और उपचार करना

26. जब बच्चा फेल होता है, तो इसका तात्पर्य है कि
A. व्यवस्था फेल हुई है
B. बच्चे को प्राइवेट ट्यूशन लेनी चाहिए थी
C. बच्चे ने उत्तरों को सही तरीके से याद नहीं किया है
D. बच्चा पढ़ाई के लिए योग्य नहीं है

27. बच्चे के मूल्यांकन के लिए प्रश्न एक अच्छा तरीका है, किन्तु प्रश्न पूछते समय इस बात का ध्यान रखा जाना आवश्यक है कि इसमें एक अच्छे प्रश्न की अधिक विशेषताएँ अवश्य हों। एक अच्छे प्रश्न की विशेषता है–
A. प्रश्न में उत्तर की सीमा और क्षेत्र का उल्लेख किया जाना चाहिए
B. यह उद्देश्य पर आधारित होना चाहिए
C. प्रश्न परीक्षण किए जाने वाले विषय क्षेत्र से सम्बन्धित होना चाहिए
D. ये सभी

28. निम्नलिखित में से कौन-सा रचनात्मक आकलन के लिए उचित उपकरण नहीं है?
A. प्रश्नोत्तरी और खेल B. दत्त कार्य
C. मौखिक प्रश्न D. सत्र परीक्षा

29. शिक्षार्थियों को .... के लिए प्रोत्साहित नहीं करना चाहिए

A. कक्षा के अन्दर और बाहर अधिक-से-अधिक प्रश्न पूछने

B. शिक्षक जो पूछ सकते हैं उन सभी प्रश्नों के उत्तर याद करने

C. अधिक-से-अधिक पाठ्य-सहगामी क्रियाओं में हिस्सा लेने

D. समूह कार्य में दूसरे शिक्षार्थियों के साथ सक्रिय रूप से अन्तःक्रिया करने

30. विद्यार्थियों का सही मूल्यांकन करने वाले अच्छे प्रश्न-पत्र में निम्नलिखित में से कौन-सी विशेषता होनी चाहिए?

(*i*) वस्तुनिष्ठता (*ii*) व्यापकता

(*iii*) वैधता (*iv*) विश्वसनीयता

A. (*i*) एवं (*iii*) B. (*ii*) एवं (*iv*)

C. (*i*) एवं (*iv*) D. ये सभी

31. .... के अतिरिक्त निम्नलिखित सभी सीखने के रूप में आकलन को बढ़ावा देते हैं।

A. अवसर लेने हेतु शिक्षार्थियों के लिए सुरक्षित वातावरण का निर्माण करना

B. जितनी सम्भावना हो शिक्षार्थियों का लगातार परीक्षण लेना

C. शिक्षार्थियों को आन्तरिक पृष्ठपोषण लेने के लिए कहना

D. पढ़ाए गए विषय पर मनन करने के लिए शिक्षार्थियों को कहना

32. .... के अलावा निम्नलिखित घटना रिकॉर्ड की विशेषताएँ हैं।

A. यह बच्चे के व्यक्तिगत विकास अथवा सामाजिक अन्तःक्रियाओं को वर्णित करता है

B. यह घटनाओं का सही वर्णन है

C. यह व्यवहार का व्यक्तिनिष्ठ साक्ष्य है और इसलिए वह शैक्षणिक क्षेत्र के लिए प्रतिपुष्टि उपलब्ध नहीं कराता

D. यह पर्याप्त विस्तार से पूर्ण तथ्यात्मक प्रतिवेदन है

33. विद्यालय-आधारित आकलन मुख्य रूप से किस सिद्धांत पर आधारित होता है?

A. विद्यालय, बाह्य परीक्षा निकायों की अपेक्षा ज्यादा सक्षम है

B. किसी भी कीमत पर विद्यार्थियों को अच्छे ग्रेड मिलने चाहिए

C. बाह्य परीक्षकों की अपेक्षा शिक्षक अपने विद्यार्थियों की क्षमताओं को बेहतर जानते हैं

D. आकलन बहुत किफायती होना चाहिए

34. सीखने .... आकलन, आकलन और अनुदेश के बीच .... के दृढ़ीकरण द्वारा सीखने को प्रभावित करता है।

A. का, अन्तर B. का, भिन्नता

C. के लिए, सम्बन्धों D. के लिए, अन्तर

35. निम्नलिखित में कौन-सा वस्तुनिष्ठ प्रश्न है?

A. सत्य या असत्य B. निबन्धात्मक

C. अति लघु उत्तरीय D. लघु उत्तरीय

उत्तरमाला

1	2	3	4	5	6	7	8	9	10
D	B	B	D	D	D	A	A	D	A
11	**12**	**13**	**14**	**15**	**16**	**17**	**18**	**19**	**20**
D	C	D	B	D	B	D	A	A	C
21	**22**	**23**	**24**	**25**	**26**	**27**	**28**	**29**	**30**
C	B	A	D	C	A	D	D	B	D
31	**32**	**33**	**34**	**35**					
B	C	C	C	A					

9. समावेशी शिक्षा और विशेष समझ वाले बच्चों की आवश्यकताओं की अवधारणा (Concept of Inclusive Education and Understanding Children with Special Need)

समावेशी शिक्षा का अर्थ (Meaning of Inclusive Education)

असमर्थ बालकों को सामान्य बालकों के साथ-साथ विशेष सेवाएँ प्रदान करना समावेशी शिक्षा कहलाती है। समावेशी शिक्षा उस विद्यालयी शिक्षा व्यवस्था की ओर संकेत करती है, जो उनकी शारीरिक, बौद्धिक, सामाजिक या अन्य विभिन्न योग्यता स्थितियों को ध्यान में रखे बगैर सभी बच्चों को शामिल करती है। इस शिक्षा के अन्तर्गत सभी विशेष शैक्षिक आवश्यकता वाले विद्यार्थियों को विद्यालय में प्रवेश को रोकने की कोई प्रक्रिया नहीं होनी चाहिए। समावेशन की नीति को हर स्कूल और सारी शिक्षा व्यवस्था में व्यापक रूप से लागू किए जाने की आवश्यकता है। निर्धन, वंचित, अनुसूचित जाति एवं जनजाति तथा असंगठित घर से आने वाला बच्चा स्वतन्त्र अध्ययन में सबसे अधिक कठिनाई का अनुभव करता है। इसलिए इनके सफल समावेशन के लिए इस प्रकार के विशेष रूप से जरूरतमंद बच्चों की शिक्षा का प्रबन्ध दूसरे सामान्य बच्चों के साथ होना चाहिए।

अनुसूचित जाति वर्ग से संबद्ध छात्र (SC Classes Students)

भारत की सामाजिक संरचना में अनुसूचित जातियां समाज के सबसे निचले पायदान पर हैं। इन्हें परंपरागत रूप से निम्न कोटि का समझा जाता है। यह वर्ग सामाजिक एवं शैक्षिक रूप से बेहद पिछड़ा हुआ है। भारतीय संविधान में इस वर्ग के जातियों के विकास के उद्देश्य से "राज्य स्तरीय नीतियों में दिशा-निर्देशन के सिद्धांत" द्वारा सकारात्मक कार्यक्रमों के योजना तत्त्वों को प्रस्तुत किया गया है। अनुसूचित जाति, उन जातियों को कहा जाता है जिन्हें परम्परागत रूप से भारत में अछूत समझा जाता है। इस जाति के लोग निम्नस्तरीय समझे जाने वाले कार्यों, यथा– सफाई करना, झाड़ू लगाना, मृत पशुओं को उठाना, मैला साफ करना, जूता बनाने आदि का कार्य करते हैं। ये जातियां गांवों के एक किनारे निवास करती हैं। भारतीय धार्मिक ग्रंथों में इन्हें अंत्यज, पेरियार अछूत कहा गया है।

इस जाति के लोग ऐसे पेशे से संबद्ध हैं जिन्हें ऊपर की जाति के लोग घृणित समझते हैं। इन्हें कुछ दशक पहले तक सार्वजनिक जन-सुविधाओं, यथा- तालाब, कुंआ तथा मंदिर तक जाने की अनुमति नहीं थी। यद्यपि इस स्थिति में अब काफी परिवर्तन आ चुका है। फिर भी इनकी शैक्षिक स्थिति में बहुत अधिक सुधार नहीं आ पाया है। ये आज भी सामाजिक गतिशीलता से वंचित हैं। आज भी अनुसूचित जाति के लोग परंपरागत कार्यों को छोड़कर अन्य कुशल कार्य शुरू करने अथवा अपनाने में समर्थ नहीं हो पाए हैं। फलतः यह समुदाय आज भी जीवन के लगभग प्रत्येक क्षेत्र में पिछड़ा हुआ है।

भारत में 'शिक्षा' राज्य के अनेक दायित्वों में से एक है। अनुसूचित जाति के लोगों को सामाजिक गतिशीलता प्रदान करने के लिए, राज्य स्तर पर अनेक कल्याणकारी और विकासशील योजनाओं का निर्माण किया गया है। कुछ प्रमुख योजनाएं इस प्रकार हैं–

1. **विद्यार्थियों के लिए मैट्रिक के बाद छात्रवृत्ति :** इस योजना का उद्देश्य अनुसूचित जाति वर्ग के उन विद्यार्थियों को आर्थिक सहायता प्रदान करना है जो मैट्रिक के बाद या सेकेंडरी के बाद की शिक्षा के लिए अध्ययनरत हैं ताकि वह अपनी शिक्षा पूरी कर सकें। इस वित्तीय सहायता के अंतर्गत् विभिन्न श्रेणियों के पाठ्यक्रमों के लिए रखरखाव भत्ता, संस्थानों द्वारा वसूल की गई अनिवार्य अप्रति देय शुल्क का भुगतान, किताब बैंक और अन्य भत्ते शामिल हैं। यह छात्रवृत्ति केवल भारत में अध्ययन के लिए ही उपलब्ध है तथा यह आवेदकों से संबद्ध राज्यों एवं केंद्रशासित प्रदेशों के सरकारों की ओर से दी जाती है।
2. **विद्यार्थियों की योग्यता बढ़ाना :** इस कार्यक्रम का उद्देश्य आवासीय विद्यालयों में शिक्षा के माध्यम से चहुंमुखी विकास के लिए सुविधाएं उपलब्ध कराकर अनुसूचित जातियों के विद्यार्थियों की योग्यता बढ़ाना है। इसके तहत 9वीं से 12वीं कक्षाओं तक पढ़ रहे अनुसूचित जाति के विद्यार्थियों की योग्यता बढ़ाना है। इसके लिए निम्नलिखित उपायों को अमल में लाना प्रस्तावित है– (*i*) उनकी शैक्षणिक कमियों को दूर करना, (*ii*) उनकी योग्यता बढ़ाकर व्यावसायिक कोर्सों में प्रवेश करने हेतु प्रोत्साहन, (*iii*) उनमें आत्मबल एवं आत्म-निर्भरता का निर्माण करना।
3. **लक्षित समूह :** इस समूह के अंतर्गत् 9वीं कक्षा से 12वीं कक्षा में अध्ययन करने वाले अनुसूचित जातियों के विद्यार्थी आते हैं। 15,000 रुपए की आर्थिक सहायता प्रतिवर्ष प्रति विद्यार्थी को उपलब्ध करवाने के मद्देनजर राज्यों और केंद्रशासित प्रदेशों से शत-प्रतिशत

सहायता पैकेज के तौर पर मुहैया करवाई जाती है। अनुसूचित जाति के विकलांग विद्यार्थियों को कई विशेष भत्ते दिए जाते हैं, जैसे पाठक भत्ता, परिवहन भत्ता, मार्गरक्षण भत्ता इत्यादि।

4. **निःशुल्क कोचिंग व्यवस्था :** इस योजना का उद्देश्य विभिन्न प्रतियोगी परीक्षाओं में बैठने के इच्छुक अनुसूचित जाति वर्ग के छात्रों को परीक्षाओं के लिए तैयार करना है। इस निःशुल्क कोचिंग में संघ लोक सेवा आयोग की ग्रुप ए और ग्रुप बी की परीक्षाएं, कर्मचारी चयन आयोग, रेलवे भर्ती बोर्डों, राज्य लोक सेवा आयोग, बैंकों की अफसर ग्रेड परीक्षाओं, बीमा कंपनियां, पीएसयू (PSU) और निजी क्षेत्र में रोजगार हेतु नौकरी केंद्रित कोर्सों के लिए प्रशिक्षण दिए जाते हैं ताकि विद्यार्थी इन परीक्षाओं में सफलता के लिए दक्षता प्राप्त कर सकें।

   यह कार्यक्रम राज्य सरकारों/केंद्रशासित प्रदेशों के प्रशासकों द्वारा संचालित प्रसिद्ध कोचिंग संस्थानों और निजी क्षेत्र की संस्थानों द्वारा चलाया जाता है।

5. **बाबू जगजीवन राम छात्रावास योजना :** इस योजना का उद्देश्य अनुसूचित जाति के बालक और बालिकाओं को छात्रावास की सुविधा मुहैया कराना है जो माध्यमिक, उच्चतर माध्यमिक स्कूलों, कॉलेजों और विश्वविद्यालयों में पढ़ रहे हैं। इस योजना के तहत नए छात्रावासों के निर्माण तथा वर्तमान छात्रावासों के विस्तार के लिए राज्य विश्वविद्यालयों/संस्थानों को पात्रता के आधार पर केंद्रीय सहायता दी जाती है जबकि गैर-सरकारी संगठन (NGO) और निजी क्षेत्र के डीम्ड विश्वविद्यालयों की केवल मौजूदा छात्रावास सुविधाओं के विस्तार के लिए सहायता मिल सकती है।

अनुसूचित जनजाति वर्ग से संबद्ध छात्र (ST Classes Students)

भारत में अनुसूचित जनजाति उन लोगों को कहा जाता है, जो प्रायः छोटे और बिखरे हुए गांवों, ठाणियों एवं जंगलों में निवास करते हैं। इस वर्ग के लोग प्रायः सामान्य पहुँच से दूर रहते हैं जिससे इन्हें प्रतिदिन की सुविधाएं, यथा– भोजन, वस्त्र, आश्रय एवं शिक्षा आदि मुहैया होने में कठिनाई होती है।

इस वर्ग के छात्रों को पढ़ाते समय शिक्षक को कुछ विभिन्न तथ्यों यथा– उनकी भाषा और समझ एवं मानसिक स्तर का विशेष ध्यान रखना चाहिए। इस वर्ग के छात्रों के शिक्षा के खराब स्तर का कारण सामाजिक एवं आर्थिक हैं। ये कारण निम्न प्रकार से हैं–

(*i*) विद्यालय में इस वर्ग के छात्रों की कम संख्या होना।

(*ii*) इस वर्ग की शिक्षा का प्रचार-प्रसार न होना।

(*iii*) इनके शिक्षण के प्रति शिक्षकों का उदासीन रवैया।

(*iv*) इस वर्ग में व्याप्त घोर गरीबी।

(*v*) पाठ्यपुस्तकों में इस वर्ग की स्थानीय बातों एवं उदाहरणों का समावेश का न होना।

(*v*) इस वर्ग का बौद्धिक रूप से पिछड़ा होना।

इस वर्ग के शैक्षिक उत्थान के लिए सरकार द्वारा निम्न कार्यक्रम चलाए जा रहे हैं :

1. **बालक-बालिकाओं के लिए छात्रावासों की योजना :** इस योजना के तहत केंद्र सरकार इस वर्ग के लिए नए छात्रावासों के निर्माण और वर्तमान छात्रावासों के विस्तार हेतु सहायता देती है। इस योजना के तहत बालकों के छात्रावास निर्माण खर्च का वहन केंद्र एवं राज्य सरकारें 50 : 50 के अनुपात में करती हैं। जबकि बालिकाओं के छात्रावास निर्माण के लिए राज्य/केंद्रशासित प्रदेशों में संपूर्ण लागत केंद्र सरकार द्वारा वहन किया जाता है। केंद्रशासित प्रदेश एवं नक्सल प्रभावित क्षेत्रों में छात्रावास निर्माण का पूरा खर्च केंद्र सरकार वहन करती है। छात्रावास के निर्माण का उत्तरदायित्व संबद्ध राज्य/केंद्रशासित प्रदेश की है। इस प्रकार के छात्रावासों में सीटों की संख्या 100 होती हैं।

2. **आश्रम विद्यालयों की स्थापना :** इस प्रकार के विद्यालयों की स्थापना जनजातीय उपयोजना (TSP) वाले क्षेत्रों में की गई है। आश्रम विद्यालय योजना का उद्देश्य अनुसूचित जनजाति के विद्यार्थियों के लिए उनके परिचित वातावरण में आवासीय विद्यालयों की स्थापना करना है ताकि जनजातीय विद्यार्थियों में साक्षरता दर बढ़ाई जा सके और उनकी साक्षरता दर देश के अन्य लोगों की साक्षरता दर के बराबर लाई जा सके। इस योजना के तहत खर्च होने वाली धनराशि में राज्य एवं केंद्र दोनों की आधी-आधी (50 : 50) भागीदारी होती है जबकि केंद्रशासित प्रदेश में पूरा खर्च केंद्र वहन करता है।

3. **विद्यार्थियों की मेरिट का उन्नयन :** इस योजना का उद्देश्य 10वीं कक्षा और 12वीं कक्षा के अनुसूचित जनजाति के विद्यार्थियों को विशेष कोचिंग उपलब्ध कराना है जिससे वे इंजीनियरिंग और मेडिकल जैसे व्यावसायिक पाठ्यक्रमों में प्रवेश के लिए तैयारी कर सकें। राज्य/केंद्रशासित प्रदेशों में यह योजना शत-प्रतिशत केंद्रीय सहायता से मुहैया कराई जा रही है।

4. **विद्यार्थियों के लिए मैट्रिक पश्चात छात्रवृत्ति :** इस योजना का उद्देश्य अनुसूचित जनजाति के छात्रों को पंजीकृत पाठ्यक्रमों में मैट्रिक के बाद अध्ययन के लिए प्रोत्साहन देना है। इस योजना में पेशेवर, तकनीकी, गैर-पेशेवर तथा गैर-तकनीकी सभी स्तर के पाठ्यक्रमों को सम्मिलित किया गया है। इसमें दूरस्थ शिक्षा के लिए पत्राचार पाठ्यक्रम को भी सम्मिलित किया गया है। केंद्र की शत-प्रतिशत सहायता से इसका संचालन राज्यों/केंद्रशासित प्रदेशों द्वारा किया जाता है।

5. **व्यावसायिक प्रशिक्षण :** इस योजना का उद्देश्य जनजातीय युवाओं में रोजगार/स्वरोजगार के अवसर प्राप्त करने के लिए कौशल विकसित करना है। इस योजना को राज्य सरकारों, केंद्रशासित प्रदेशों के प्रशासन, संस्थाओं या संगठनों के जरिए सरकार द्वारा स्थापित स्वायत्तशासी निकाय, शैक्षिक और अन्य संस्थान जैसे स्थानीय निकाय, सहकारी समितियों और गैर-सरकारी संगठनों (NGO) द्वारा लागू किया जाता है। प्रत्येक व्यावसायिक प्रशिक्षण केंद्र की क्षमता 100 है जिसमें 50 लोगों के लिए छात्रावास की सुविधा भी शामिल है। क्षेत्र में उपलब्ध रोजगार केंद्र पांच व्यावसायिक प्रशिक्षण पाठ्यक्रम चलाता है। प्रत्येक जनजातीय बालक/बालिका को उनकी रुचि के दो कार्यों का प्रशिक्षण दिया जाता है। प्रत्येक पाठ्यक्रम की अवधि तीन महीने है। प्रशिक्षु को छह माह बाद उपनगरीय क्षेत्र के एक प्रशिक्षक शिल्पी से छह माह के लिए संबद्ध कर दिया जाता है ताकि वह प्राप्त प्रशिक्षण का व्यावहारिक प्रयोग कर सके। प्रत्येक पाठ्यक्रम के लिए यह अवधि तीन महीने की है। इसमें प्रशिक्षु को मासिक स्टाइपेंड और प्रशिक्षण सामग्री उपलब्ध कराई जाती है।

विशेष आवश्यकताओं वाले छात्र (Children with Special Need)

विशेष या असाधारण छात्रों से संबंधित शिक्षा को विशिष्ट शिक्षा भी कहा जाता है। शिक्षा के क्षेत्र में हम अनेक छात्रों अथवा बालकों को सामान्य बालकों से उच्च तथा अनेक को निम्न स्तर का पाते हैं। ऐसे दोनों प्रकार के बालक असाधारण या विशेष बालक कहे जाते हैं। शैक्षिक दृष्टि से बालक जिनके लिए सामान्य विद्यालयों की सुविधाएं पर्याप्त हो, सामान्य बालक समझे जाते हैं। बालकों अथवा छात्रों में वैयक्तिक भिन्नताएं होती हैं। जब ये वैयक्तिक भिन्नताएं इतनी गंभीर हो जाती हैं कि वे विद्यालय के सामान्य कक्षागत शिक्षण से लाभान्वित नहीं हो पाते और उनके लिए किसी विशिष्ट शिक्षा की आवश्यकता प्रतीत हो तो ऐसे छात्र या विद्यार्थी विशेष आवश्यकताओं वाले छात्र कहलाते हैं। ऐसे छात्रों को एक सामूहिक संज्ञा, शब्दों अथवा उप-वाक्य द्वारा संबोधित किया जा सकता है; जैसे–प्रतिभाशाली, विकलांग, मंदगति से सीखने वाला, बुद्धिमान आदि।

समायोजन (Adjustment)

मनुष्य जिस परिवेश में रह रहा है उसको उस परिवेश के अनुसार खुद को ढालना या अनुकूलित करना होता है। अतः किसी प्रतिकूल मनोभौतिक परिस्थितियों में स्वयं को अनुकूलित करना ही समायोजन (Adjustment) कहलाता है। यह समायोजन घर में माता-पिता तथा परिवार के अन्य सदस्यों के साथ समाज में मित्रों, सगे-संबंधियों आदि के साथ जरूरी है तो पाठशाला में शिक्षकों के साथ।

उपर्युक्त वर्णन के अनुसार समायोजन को इस तरह परिभाषित किया जा सकता है– "समायोजन एक अनवरत प्रक्रिया है जिसके द्वारा व्यक्ति स्वयं तथा अपने वातावरण के बीच अधिकाधिक सामंजस्य स्थापित करने की दृष्टि से अपने व्यवहार को परिवर्तित करता है।

समायोजन के विभिन्न रूप (Various Forms of Adjustment)

समायोजन के मुख्यतः तीन रूप होते हैं–

1. शिक्षक एवं शिक्षार्थियों के बीच।
2. शिक्षार्थियों एवं शिक्षार्थियों के बीच।
3. शिक्षार्थियों एवं शिक्षकों का वातावरण के साथ।

प्रतिभावान बालक अथवा छात्र (Talented Child Or Student)

प्रतिभावान/प्रतिभाशाली बालकों को विभिन्न मनोवैज्ञानिकों ने भिन्न-भिन्न दृष्टिकोण (Approach) से परिभाषित किया है। विभिन्न उपागमों/दृष्टिकोणों पर आधारित कुछ परिभाषाएं निम्नवत् हैं–

(i) **बुद्धि-लब्धि (I.Q.) उपागम–** इस उपागम के तहत प्रतिभाशाली बालक को बुद्धि-लब्धि की एक निश्चित क्षमता के अंतर्गत् माना जाता है। टरमैन ने प्रतिभाशाली बालकों के अध्ययन द्वारा निष्कर्ष निकाला कि ऐसे बालकों की बुद्धि-लब्धि 140 या इससे ऊपर होती है। अन्य मनोवैज्ञानिक 120 से 140 व उच्च बुद्धि-लब्धि वालों को ऐसा बालक होना मानते हैं।

(ii) **सामाजिक संभाव्यता उपागम–** इस उपागम के तहत प्रतिभावान शब्द उस बालक के लिए प्रयुक्त होता है जो अपनी आयु वर्ग में किसी एक योग्यता में श्रेष्ठ हो, जिससे वह हमारे समाज में जीवन के कल्याण व गुणवत्ता में उत्कृष्ठ योगदान करने वाला बन सके।

(iii) **सांख्यिकीय उपागम–** इस उपागम के अनुसार किसी बुद्धि परीक्षण में प्राप्त अंकों के आधार पर उच्चतम (Top most) 2 से 3 प्रतिशत बालकों को प्रतिभाशाली माना जाता है।

विशेषताएं (Characteristics)

डॉ. एस. एस. चौहान ने टरमैन (Terman) द्वारा किए गए अनुसंधान के आधार पर प्रतिभाशाली बालकों की विशेषताएं बताई है जो निम्नवत् हैं–

(i) **शारीरिक–** ऐसे बालक अपने वर्ग या समूह में औसत बुद्धि-लब्धि (I.Q.) वाले बालकों की अपेक्षा अच्छी शारीरिक विशेषता रखते हैं व उनका स्वास्थ्य अच्छा होता है।

(ii) **मानसिक–** प्रतिभाशाली बालक पठन, भाषा, गणितीय तर्क, विज्ञान, साहित्य व कला में उत्कृष्टता प्रदर्शित करते हैं। उनमें तर्क सामान्यीकरण व बोध की क्षमता अधिक होती है।

(*iii*) **अभिरुचियां**– ऐसे बालकों की विविध अभिरुचियां होती है। वे अच्छी पुस्तकों का अधिक मात्रा में सरलता से अध्ययन करना सीख लेते हैं तथा अमूर्त विषयों में रुचि लेते हैं।

(*iv*) **सामाजिक**– ऐसे बालकों में अहंकार की भावना कम होती है। साथ ही वे विश्वसनीय व कर्त्तव्यनिष्ठ अधिक होते हैं। उनमें सामाजिक अभिवृत्तियां व चारित्रिक गुण व्यापक होता है। वे संवेगात्मक परीक्षणों में अधिक अंक प्राप्त करते हैं।

(*v*) **अन्य विशेषताएं**– प्रतिभावान बालक सामान्य बालकों की तुलना में अच्छा प्रदर्शन करते हैं। शोध अध्ययनों से इस बात की पुष्टि निम्न रूप में हुई है–

(*a*) उच्च श्रेणी प्राप्त करना।
(*b*) अधिक सकारात्मक अभिवृत्तियां रखना।
(*c*) अधिकाधिक पाठ्यक्रम एवं सहभागी क्रियाकलापों में भाग लेना।
(*d*) अमूर्त विचारों में अधिक रुचि लेना।
(*e*) खेल-कूदों में उत्कृष्टता दिखाना।
(*f*) सुसमायोजित होना।
(*g*) अपने साथी मित्रों से अच्छे संबंध होना।
(*h*) अधिक आत्मविश्वासी होना।
(*i*) अधिक अंहशक्ति (Ego-Strength)।
(*j*) अधिक पठन योग्यता।
(*k*) अधिक वैयक्तिक स्वतंत्रता की भावना।
(*l*) बाह्य पर्यावरण के प्रति परिपक्व अनुक्रिया करना

किसी विशेष शैक्षिक क्षेत्र में उच्च स्तरीय योग्यता वाले बालक (Skilled Student in Special Field of Education)

कुछ बालक जो बौद्धिक व शैक्षिक रूप से तो सामान्य बालकों के समान होते हैं किंतु वे अन्य किसी विशिष्ट क्षेत्र में, यथा–कला, संगीत, यांत्रिकी आदि में विशिष्ट योग्यता रखते हैं। ऐसे प्रतिभासंपन्न बालकों की पहचान अभिभावक, शिक्षक, खेल-अनुदेशक, निर्देशन विशेषज्ञ आदि निम्न विधियों से कर सकते हैं–

(*i*) विद्यालय प्रगति अभिलेख
(*ii*) शिक्षकों के अभिमत
(*iii*) कक्षागत व्यवहार का अवलोकन
(*iv*) शिक्षकों द्वारा मूल्यांकन
(*v*) बुद्धि परीक्षण
(*vi*) पुस्तकालयाध्यक्ष का अभिमत
(*vii*) साक्षात्कार
(*viii*) अभिरुचि/अभिक्षमता परीक्षण

शैक्षिक कार्यक्रम (Educational Programme)

प्रतिभावान बालकों के लिए निम्न शैक्षिक कार्यक्रम अपनाया जाना चाहिए–

(*i*) **गतिवर्द्धन**– गतिवर्द्धन का अर्थ शैक्षिक कार्यक्रमों के द्वारा बालकों को दी जाने वाली ऐसी प्रगति से है जो उसे औसत से कम आयु में प्राप्त होती है। समान आयु के बालकों के साथ कक्षा में बैठाए जाने पर यह प्रतिभाशाली बालक शिक्षक द्वारा दिए गए कार्य को आसानी व शीघ्रता से पूरा कर लेते हैं। अतः इनके स्तर का कार्य देने के लिए आवश्यक हो जाता है कि उन्हें उस कक्षा में रखा जाए जिसका कार्य वह औसत प्रतिभा वाले बालकों के समान ही पूरा कर सकें। गतिवर्द्धन का औचित्य इस बात से भी प्रकट होता है कि प्रतिभाशाली बालकों को उनकी योग्यता को अधिकतम विकास तथा चुनौतीपूर्ण कार्य करने का अवसर मिलता है। साथ ही अभिभावकों के समय, शक्ति व धन की बचत होती है। इस तरह गतिवर्द्धन द्वारा विद्यार्थियों को निम्न क्षेत्र में लाभ पहुंचाया जा सकता है–

(*a*) निर्धारित आयु से पूर्व विद्यालय में प्रवेश।
(*b*) उसकी बौद्धिक व शैक्षिक योग्यताओं के आधार पर एक ही वर्ष में दो या दो से अधिक कक्षाओं के पाठ्यक्रम का अध्ययन।
(*c*) सामान्य से कम समय एवं आयु में किसी पाठ्यक्रम को उत्तीर्ण कर सकने की अनुमति।

(*ii*) **संवर्धित पाठ्यक्रम**–कोलेनिक्स के शब्दों में–"संवर्धन का तात्पर्य बालक को अधिक उच्च स्तर के अत्यंत विविधतापूर्ण अनुभव तथा कार्यों को करने का अवसर दिया जाए।" प्रतिभाशाली बालकों को पाठ्यक्रम में आवश्यक परिवर्तन कर उच्च कठिनाई के कार्य नियोजित किए जाएं। संवर्धन दो प्रकार से किया जा सकता है–(*a*) व्यक्तिगत तथा (*b*) समूहोन्मुख।

(*iii*) **विशेष कक्षाएं तथा विद्यालय**– प्रतिभाशाली बालकों को शिक्षण से लाभान्वित करने के लिए उन्हें विशेष कक्षाओं तथा विद्यालयों में पृथक से शिक्षा देना वांछनीय है। इसके लिए विस्तृत पाठ्यक्रम, अतिरिक्त क्रियाकलाप, प्रायोगिक कार्य आदि की व्यवस्था की जाती है।

(*iv*) **अन्य कार्यक्रम**– उपरोक्त सहायता के अतिरिक्त भारतीय परिस्थितियों के अनुकूल प्रतिभाशाली बालकों को निम्न प्रकार की सहायता भी दी जा सकती है–

(*a*) प्रभावी निर्देशन कार्यक्रम।
(*b*) विद्यालय कार्यक्रमों को वैयक्तिक व नमनीय बनाना।
(*c*) योग्यता के आधार पर वर्गीकरण।
(*d*) अतिरिक्त पाठ्यक्रम को बनाकर।
(*e*) विशिष्ट विषयों के विशेष पाठ्यक्रम बनाकर।
(*f*) प्रतिभाशाली बालकों हेतु ग्रीष्मावकाश काल में विद्यालय चलाकर।
(*g*) वैकल्पिक विषयों में नमनीयता लाकर।
(*h*) ऐसे छात्रों हेतु विशिष्ट अतिरिक्त कक्षाएं आयोजित कर।

सृजनात्मक बालक अथवा छात्र (Creative Child or Student)

सृजनात्मकता की संकल्पना एवं अर्थ को विभिन्न विद्वानों ने भिन्न-भिन्न प्रकार से परिभाषित किया है। कुछ प्रमुख विद्वानों की परिभाषाएं निम्नवत् हैं–

स्टेन (Sten)– जब किसी कार्य का परिणाम उत्तम हो जो किसी निश्चित समय पर उचित या उपयोगी या संतोषप्रद स्वीकार किया जाए, वह सृजनात्मक कार्य कहलाता है।

बैरन (Baron)– पूर्व में विद्यमान पदार्थों या तत्त्वों को मिलाकर नया योग बनाने की क्षमता ही सृजनशीलता है।

जेम्स ड्रेवर (James Drever)– सृजनशीलता मूलतः नई वस्तु की रचना की योग्यता है, कल्पना के प्रयोग की योग्यता है जबकि विचारों व बिम्बो के नूतन मिश्रण से कोई रचना आत्मप्रेरित करनी हो तथा विचार संश्लेषण की योग्यता भी है जबकि मानसिक कार्य केवल विचारों का योगमात्र न हो।

गिलफोर्ड (J.P Guilford)– सृजनात्मकता, कभी सृजन की योग्यता की, कभी सृजनात्मक उत्पादन की और कभी सृजनात्मक उत्पादनशीलता का द्योतक है।

विशेषताएं (Characteristics)

विभिन्न विद्वानों ने सृजनात्मक बालकों की अलग-अलग विशेषताएं बताई हैं। इनमें से कुछ चुने हुए विद्वानों द्वारा दी गई विशेषताएं निम्नवत् हैं–

बैरन (Baron) के अनुसार ये विशेषताएं निम्न हैं–

(*i*) सृजनात्मक बालक किसी समस्या का निर्णय स्वयं एवं स्वतंत्र रूप से करता है।
(*ii*) एक ही समय अनेक विचारों पर केंद्रित रखने की योग्यता
(*iii*) जटिल घटनाओं को प्राथमिकता।
(*iv*) ऐसे बालक स्वयं की बात पर आग्रह अधिक करते हैं
(*v*) विभिन्न तत्त्वों के एकीकरण की योग्यता द्वारा उसमें समायोजन करने की क्षमता होती है।
(*vi*) ऐसे बालकों में उच्च मानसिक शक्ति स्तर पाया जाता है।
(*vii*) ये अवरोधों का अभाव तथा कल्पना की स्वतंत्रता प्रदर्शित करते हैं।

टोरेंस (Torrance) ने बैरन के (*ii*) एवं (*iv*) के अतिरिक्त अन्य विशेषताएं बताई हैं–

(*i*) मौलिकता
(*ii*) विनोद प्रियता
(*iii*) जिज्ञासा
(*iv*) संवेदनशीलता

गिलफोर्ड (Guilford) ने निम्न विशेषताएं बताई हैं–

(*i*) दूरदर्शिता
(*ii*) समस्या से संबद्ध तथ्यों को पुनः परिभाषित करने की योग्यता
(*iii*) दूसरों को प्रभावित करने की योग्यता
(*iv*) समन्वय करने की क्षमता

डॉ. एस. एस. चौहान ने निम्न विशेषताएं बताई हैं–

(*i*) दृढ़ विश्वास का साहस
(*ii*) अंतर्दृष्टिवान
(*iii*) काल्पनिक
(*iv*) खतरा उठाने को उत्सुक
(*v*) कार्य में निष्ठा

शैक्षिक कार्यक्रम (Educational Programme)

सृजनात्मक बालकों के लिए निम्न शैक्षिक कार्यक्रम अपनाया जाना चाहिए–

(*i*) **कक्षा-कक्ष प्रक्रिया**– बालकों में सृजनात्मक चिंतन का विकास करने हेतु और सृजनात्मक बालकों के शिक्षण हेतु कक्षा-कक्ष प्रक्रिया की ओर विशेष ध्यान देना चाहिए। शिक्षक विश्वकोश (Educator's Encyclopaedia) में स्मिथ ने निम्न कक्षा-कक्ष क्रियाओं पर जोर दिया है–
 (*a*) अध्यापक का कम प्रभाव,
 (*b*) व्यक्ति भिन्नता को पहचानना,
 (*c*) बालकों को अपनी सीमाओं के अंतर्गत् अपनी गति के अनुसार विकास करने देना,
 (*d*) विद्यार्थियों की सहभागिता को प्रोत्साहन देना,
 (*e*) असफलता के लिए दण्ड का भय दूर करना।

(*ii*) **पाठ्यक्रम**– बालकों में सृजनात्मकता को प्रोत्साहित करने हेतु पाठ्यक्रम को विशिष्ट बनाना जरूरी है। आजकल प्रचलित पाठ्यक्रम सामान्य बालकों को ध्यान में रखकर बनाया जाता है। सृजनात्मकता को ध्यान में रखकर उक्त पाठ्यक्रम में परिवर्तन करना चाहिए। पाठ्यक्रम ऐसा होना चाहिए जिससे मौलिक विचारों, धारा प्रवाहिता, लोच और अत्यधिक स्पष्टीकरण को बढ़ावा मिले। अधिक-से-अधिक सूचनाओं को पाठ्यक्रम के माध्यम से देना चाहिए, क्योंकि सूचनाओं के आधार पर ही विचार जन्म लेते हैं।

(*iii*) **अवरोधक तत्त्वों को दूर करना**– सृजनात्मक बालकों के शिक्षण और सृजनात्मकता के विकास के लिए अवरोधक तत्त्वों को दूर करना और शिक्षण की यथोचित विधियों और तकनीकों का प्रयोग करना उचित होगा। इन अवरोधक तत्त्वों में प्रमुख हैं–
 (*a*) सामाजिक-आर्थिक
 (*b*) मनोवैज्ञानिक
 (*c*) चारित्रिक।

(*iv*) **सहायक तत्त्वों को बढ़ावा**– आलमशाह ने सृजनात्मकता को बढ़ावा देने अथवा सहायक के रूप में कार्य करने वाले निम्न चार प्रमुख तत्त्व बताएं हैं– (*a*) प्रेरणा (*b*) ग्रहणशीलता (*c*) योग्यता, (*d*) चयनात्मकता।

(*v*) **शैक्षिक साधन और सामग्री**– बालकों में सृजनात्मकता का विकास करने के लिए कुछ विशेष शैक्षिक साधन और सामग्री होनी चाहिए। इन शैक्षिक साधन और सामग्री में

कार्य पुस्तकें, निर्देशन पुस्तकें तथा विचार पुस्तकें उल्लेखनीय हैं। इसके अतिरिक्त दृश्य-श्रव्य सामग्री भी इसके लिए विकसित की जा सकती है।

विशेष रूप से अक्षम छात्र (Special Cases of Incapable Student)

ऐसे छात्रों को निम्न श्रेणियों में बांटा जा सकता है :

1. मानसिक रूप से विकलांग छात्र
2. दृष्टि बाधित छात्र
3. दृष्टिहीन छात्र
4. बधिर छात्र
5. शारीरिक रूप से विकलांग छात्र

1. मानसिक रूप से विकलांग छात्र (Mentally Disabled Children/Student)

सामान्यतः मानसिक विकलांगता वो विकलांगता है जो औसत से निम्न मानसिक कार्यक्षमता का उल्लेख करती है। इसका आरंभ बालक के विकास की अवधि में होता है और यह निम्न में से एक या अधिक से अनुकूल व्यवहार की कमी द्वारा संबंधित रहती है–

(*i*) परिपक्वता, (*ii*) अधिगम, (*iii*) सामाजिक समायोजन।

स्किनर ने मानसिक रूप से विकलांगों को अनेक नाम दिए हैं, यथा–अल्पबुद्धि (Mentally Deficient), विकल बुद्धि (Mentally Handicapped), धीमी गति से सीखने वाले (Slow Learners), पिछड़े हुए (Backward) और मूढ़ (Dull)।

क्रो और क्रो के अनुसार : "जिन बालकों की बुद्धि-लब्धि (I.Q) 70 से कम होती है, उन्हें मंदबुद्धि कहते हैं।"

स्किनर के अनुसार : "प्रत्येक कक्षा के छात्रों को एक वर्ष में शिक्षा का एक निश्चित कार्यक्रम पूरा करना पड़ता है। जो छात्र उसे पूरा कर लेते हैं उनको 'सामान्य छात्र' कहा जाता है। जो छात्र उसे पूरा नहीं कर पाते उनको 'मंदबुद्धि छात्र' की संज्ञा दी जाती है। विद्यालयों में यह धारणा बहुत लंबे समय से चली आ रही है और अब भी है।"

पोलक व पोलक के अनुसार : "मंदबुद्धि बालक को अब क्षीण बुद्धि बालकों के समूह में नहीं रखा जाता है, जिनके लिए कुछ भी नहीं किया जा सकता। अब हम यह स्वीकार करते हैं कि उनके व्यक्तित्व के उतने ही विभिन्न पहलू होते हैं, जितने सामान्य बालकों के व्यक्तित्त्व के होते हैं।"

मानसिक रूप से पिछड़े बालकों की पहचान (Identifying the Mental Backwardness of Children)

मानसिक रूप से पिछड़े बालकों की पहचान के निम्न लक्षण हैं–

(*i*) वे प्रायः शारीरिक रूप से अयोग्य होते हैं।
(*ii*) वे संवेगात्मक रूप से अस्थिर होते हैं।
(*iii*) इनकी शैक्षिक निष्पत्ति निम्न होती है।
(*iv*) इनकी पहचान व्यक्तित्व अध्ययन से भी हो जाती है।
(*v*) इनकी पहचान निम्न बुद्धि-लब्धि (Below I.Q) द्वारा की जा सकती है।
(*vi*) निम्न शैक्षिक तथा शारीरिक आलेख भी इनकी पहचान में सहायक होते हैं।

मानसिक पिछड़ेपन के आधार (Basis of Mental Backwardness)

मानसिक पिछड़ेपन के मुख्यतः तीन आधार हैं–शैक्षिक, सामाजिक और व्यावहारिक।

शैक्षिक

(*i*) ऐसे बालक सूक्ष्म चिंतन के योग्य नहीं होते हैं।
(*ii*) शैक्षिक क्षमता में वह अपने आयु समूह से बहुत नीचे होते हैं।

सामाजिक

(*i*) सामाजिक व्यवहार में कुशल नहीं होते हैं।
(*ii*) व्यक्तिगत व सामाजिक उत्तरदायित्वों को वहन नहीं कर पाते हैं।

व्यावहारिक

(*i*) अधिगम की क्षमता कम होती है।
(*ii*) संवेदनात्मक दोष होते हैं।

विशेषताएं (Characteristics)

विभिन्न विद्वानों ने मंदबुद्धि बालकों की भिन्न-भिन्न विशेषताओं का उल्लेख किया है–

(1) **क्रो एवं क्रो** के अनुसारः

(*i*) संवेगात्मक और सामाजिक असमायोजन।
(*ii*) विद्यालय में असफलताओं के कारण निराशा।
(*iii*) दूसरों को मित्र बनाने की अधिक इच्छा।
(*iv*) दूसरों के द्वारा मित्र बनाए जाने की कम इच्छा।

(2) **फ्रैड्रसन** के अनुसारः

(*i*) आत्मविश्वास का अभाव
(*ii*) 50 से 70 या 75 तक बुद्धि-लब्धि (I.Q.)।
(*iii*) बहुधा भावावेशपूर्ण व्यवहार।
(*iv*) विभिन्न अवसरों, यथा–प्रेम, भय, मौन, चिंता, विरोध, पृथकता या आक्रमण पर विभिन्न प्रकार का व्यवहार।

(3) **स्किनर** के अनुसार :

(*i*) सीखी हुई बात को नई परिस्थितियों में प्रयोग करने में कठिनाई।
(*ii*) व्यक्ति और घटनाओं के प्रति ठोस और विशिष्ट प्रतिक्रियाएं।
(*iii*) मान्यताओं के संबंध में अटल विश्वास।
(*iv*) दूसरों की चिंता न करके केवल अपनी चिंता।

(v) किसी बात का निर्णय करने में परिस्थितियों की अवहेलना।

(vi) कार्य और कारण के संबंध में असंगत धारणाएं।

शिक्षण की पद्धतियां (Methods of Teaching)

मंदबुद्धि बालक की शिक्षा का वही स्वरूप होना चाहिए, जो पिछड़े बालक की शिक्षा का है। इनकी शिक्षा के लिए निम्न व्यवस्था होनी चाहिए–

(i) छोटे समूहों में शिक्षा

(ii) अध्ययन के विषय

(iii) हस्तशिल्पों की शिक्षा

(iv) अच्छे शिक्षकों की नियुक्ति

(v) सांस्कृतिक विषयों की शिक्षा

(vi) विशिष्ट विद्यालयों की स्थापना

(vii) विशिष्ट कक्षाओं की स्थापना

(viii) विशिष्ट विद्यालयों का संगठन

(ix) विशेष शिक्षण विधियों का प्रयोग

(x) विशेष पाठ्यक्रम का निर्माण

इनके माध्यम से मंदबुद्धि बालकों की शिक्षा को व्यावहारिक रूप प्रदान कर सकते हैं जो उनको किसी कार्य में दक्ष करके जीवनयापन करने के योग्य बनाती है।

संवर्द्धन कार्यक्रम (Development Programme)

जब बालक सामान्य स्कूल पाठ्यक्रम से किसी भी प्रकार से लाभान्वित नहीं होता तो उसे आवासीय स्कूल में भेजा जाता है जहाँ एक भली प्रकार बनाई गई निर्देशन योजना उनके सामाजिक सामंजस्य को प्रभावित करती है। इस प्रकार के बालकों के लिए शैक्षिक पाठ्यक्रम उतने ही सतर्क रूप से तैयार करना चाहिए जितना कि उन बालकों के लिए जो विशेष कक्षाओं में रखे जाते हैं।

मानसिक रूप से पिछड़े बालकों के लिए शैक्षिक व्यवस्था स्पष्ट, प्रबंधित तथा भली प्रकार निर्देशित होनी चाहिए। वहां पढ़ाई का हर सामान उपस्थित होना चाहिए तथा साथ ही कक्षाओं का प्रबंध होना चाहिए।

उपचारी कार्यक्रम (Remedial Programme)

मानसिक रूप से पिछड़े बालकों की आवश्यकताएं अधिकतर कानून द्वारा ऐसे अध्यापकों, मनोवैज्ञानिकों, मनोचिकित्सकों तथा व्यावसायिक सेवाओं द्वारा पूरी की जा रही है जो इस क्षेत्र में शिक्षित हैं। प्रायः सभी राज्यों ने ऐसे कानून बनाए हैं जो कि मानसिक अक्षम बालक के सुधार, उपचार तथा शिक्षा में सहायक हैं।

पिछले लगभग 50 वर्षों में मानसिक रूप से पिछड़े बालकों की उन्नति के लिए कानून, मेडिकल अनुसंधान, मनोविज्ञान तथा शैक्षिक क्षेत्र में बहुत उन्नति हुई है। इस क्षेत्र में किए गए कार्यों का वर्णन निम्नवत् है–

(i) **मनोविज्ञान**– मानसिक पिछड़ेपन पर महत्वपूर्ण मनोवैज्ञानिक अनुसंधान हुए हैं। कुछ अनुसंधान बालकों की प्रमुख तथा गौण विशेषताओं से संबंधित हैं। बालकों की मानसिक उन्नति पर वातावरण के प्रभाव का भी अध्ययन हो रहा है। इनमें से कुछ अध्ययन फ्रीमैन, सीलस तथा शैमिट द्वारा हुए हैं।

(ii) **कानून**– कानून द्वारा संस्थाओं को आर्थिक सहायता दी जाती है। कानूनों द्वारा विशेष स्कूलों की व्यवस्था, उनमें भर्ती, अध्यापकों का प्रशिक्षण आदि की सुविधा रहती है।

(iii) **मेडिकल अनुसंधान**–इस क्षेत्र में हो रहे अनुसंधान मानसिक स्तर की उन्नति की ओर संकेत करते हैं। इस प्रकार के अध्ययन दो बातों से संबंधित हैं–(a) मनोवेगात्मक पिछड़ेपन पर बेनजीड्राइन उपचार (b) मानसिक पिछड़ेपन पर गुलूटामी एसिड का प्रभाव। मेडिकल क्षेत्र के ये दोनों अनुसंधान शैक्षिक तथा मनोवैज्ञानिक दृष्टि से बहुत महत्त्वपूर्ण हैं।

(iv) **शैक्षिक समस्याएं**– न्यूयॉर्क का विशेष शिक्षा विभाग 1940 से पाठ्यक्रम तथा विधियों पर अनुसंधान कर रहा है। इन अनुसंधानों के परिणामों को मानसिक रूप से पिछड़े बालकों के शैक्षिक कार्यक्रम में सुझाव के रूप में लेना चाहिए।

2. दृष्टि बाधित छात्र (Visually Impaired Students)

दृष्टि बाधित बालक सामान्य से कम, निम्न या शून्य दृष्टि वाले होते हैं। इन बालकों की समस्या यह होती है कि वे कक्षा में श्याम-पट्ट (Black Board) पर अंकित लेख या दृश्य सहायक सामग्री को तथा अपनी पुस्तक पठन में कठिनाई का अनुभव करते हैं। ऐसे बालकों के लिए निम्न सावधानियां रखनी चाहिए–

(i) उन्हें कंजरवेशन (Conservation) कक्षाओं में पढ़ाना चाहिए जहां बड़े छापे की पुस्तकें व बड़े आकार की दृश्य सामग्री का प्रयोग किया जाता है।

(ii) ऐसे छात्रों को कक्षा में श्याम-पट्ट (Black Board) के निकट बैठना चाहिए।

(iii) उनकी दृष्टि की जांच कर उन्हें चश्मा लगाने की सलाह देनी चाहिए।

(iv) चिकित्सक से उनका उपचार कराना चाहिए।

(v) उनमें उचित रूप से पढ़ने-लिखने की विधि विकसित करनी चाहिए।

विशेषताएं (Characteristics)

(i) ऐसे बालक जो औसत दृष्टि वाले बालकों से भिन्न हैं, परन्तु जिनका मेडिकल रूप से इलाज हो सकता है, सामान्य बालकों के साथ पढ़ सकते हैं।

(*ii*) ऐसे बालक जिनमें कि अत्यंत गंभीर दृष्टि दोष है इनका उपचार मेडिकल सहायता तथा चश्मे से करने पर भी वे सामान्य बालकों के साथ पढ़कर यथोचित लाभ नहीं उठा सकते। फिर भी उनके पास इतनी दृष्टि है कि वे उन साधनों से उचित लाभ उठा सकते हैं जो कि अन्धे बालकों को दिए जाते हैं।

(*iii*) ऐसे बालक, जो कि मेडिकल इलाज तथा चश्में की सहायता मिलने पर भी शैक्षिक तथा व्यावसायिक रूप से दृष्टिहीन हैं।

बाधित की मात्रा

दृष्टि बाधा की मात्रा के लिहाज से बहुत कम देखने वाले बालकों को चार वर्गों में बांटा गया है–

(*i*) ऐसे बालक, जिनकी दृष्टि एक्यूटी (Visual Acuity) 20/70 तथा 20/200 के बीच है।

(*ii*) ऐसे बालक जो गंभीर तथा बढ़ने वाली दृष्टि संबंधी कठिनाइयों से पीड़ित हैं।

(*iii*) ऐसे बालक जो नेत्र संबंधी रोगों से पीड़ित हैं या ऐसे रोगों से जो दृष्टि को प्रभावित करते हैं।

(*iv*) ऐसे बालक, जो कि उपरोक्त बालकों में सम्मिलित नहीं हैं और जिनके पास औसत मस्तिष्क है तथा जो डॉक्टरों तथा शिक्षाशास्त्रियों के अनुसार कम देखने वाले बालकों को दिए गए साधनों तथा सामान द्वारा अधिक लाभान्वित हो सकते हैं।

शैक्षिक कार्यक्रम (Educational Programme)

(*i*) **विशेष कक्षाओं का आयोजन–** कम देखने वाले बालकों (दृष्टि बाधित) को शिक्षा देने का सबसे अच्छा तरीका विशेष कक्षाओं का आयोजन है। एक विद्यालय में ऐसे बालकों की संख्या 1 से 500 तक होती है। अध्यापक इस बात का निर्णय करे कि क्या उनके लिए विशेष कक्षा का आयोजन किया जाए तथा कौन-कौन सी सुविधाएं प्रदान की जाए। इस कक्षा में विभिन्न श्रेणियों के बालक हो सकते हैं। गांवों में भी आंशिक रूप से देखने वाले बालकों के लिए विशेष कक्षा का प्रबंध होना चाहिए।

(*ii*) **सहकारिता योजना–** पृथकीकरण अब आधुनिक शैक्षिक सिद्धांतों के अनुरूप नहीं है। अतः एक सहकारिता योजना का विकास किया गया है जिसके द्वारा कम देखने वाले बालक अपने कार्य एक विशेष सामान से युक्त एक योग्य शिक्षक के अंतर्गत करते हैं। अन्य कार्यक्रमों के लिए वे अन्य औसत बालकों के साथ मिल जाते हैं।

(*iii*) **पाठ्यक्रम–** कम देखने वाले और औसत बालकों का पाठ्यक्रम एक-सा होता है। अध्यापकों को इस ओर ध्यान देना चाहिए कि ऐसा कोई भी कार्य अधिक न करवाया जाए जिससे आंखों पर अधिक जोर पड़े।

(*iv*) **शैक्षिक माध्यम–** एक औसत बालक के लिए किताब 10 या 12 पॉइण्ट (Point) टाइप में होती है, पर आंशिक देखने वाले बालकों के लिए किताब 18 या 24 पॉइण्ट (Point) टाइप में होती है। प्रिंट साफ तथा विस्तृत होना चाहिए। दो शब्दों के बीच जगह होनी चाहिए। सफेद कागज पर काली स्याही से लिखा होना चाहिए। हाशिया तथा चित्र एवं मानचित्र पर काली स्याही से लिखा होना चाहिए। आर्ट तथा क्राफ्ट के लिए ऐसा सामान प्रयुक्त होना चाहिए कि आंखों पर अधिक जोर न पड़े। मशीनी तरीके, जैसे–टाइपराइटर, रेडियो आदि का प्रयोग होना चाहिए। साथ ही ऐसे बालकों को टाइपराइटर के छूने की विधि बतानी चाहिए।

(*v*) **रोशनी–** प्राकृतिक तथा बनावटी दोनों प्रकार की रोशनी सभी बालकों के लिए महत्व रखती है। कम देखने वाले बालकों के लिए यह और भी अधिक महत्व रखती है। ऐसे बालकों का कमरा हर स्थान से पूर्णरूप से रोशनीयुक्त होना चाहिए तथा उनमें चमक नहीं होनी चाहिए। भूरे तथा हरे बोर्ड में प्रत्यावर्तन अधिक होता है। अतः उनका प्रयोग करना चाहिए।

(*vi*) **फर्नीचर :** एक स्थान से दूसरे स्थान तक ले जा सकने वाले फर्नीचर से बालक उसे किसी भी स्थान पर ले जाकर पढ़ सकते हैं। फर्नीचर का रंग हल्का होना चाहिए।

3. दृष्टिहीन छात्र (Blind Students)

वे बालक जिनकी दृष्टि एक्यूटी 20/200 होती है तो उन्हें शैक्षिक कार्य के लिए नेत्रहीन समझा जाता है। इससे कम होने पर अथवा इसी प्रकार की कोई अन्य अक्षमता होने पर बालक दृष्टिहीन समझे जाते हैं। दृष्टिहीन बालक को अपनी अन्य इन्द्रियों पर निर्भर रहना पड़ता है। जिन बालकों में बहुत कम दृष्टि होती है वे रंगों का भेद कर सकते हैं। एक बालक को तभी दृष्टिहीन मानना चाहिए जबकि डॉक्टर ने उसकी ऐसी स्थिति बतायी हो। डाक्टर द्वारा बताए गए चश्में को पहनने से इनकी दृष्टि में सुधार हो सकता है समय-समय पर आंखों की परीक्षा लेना भी जरूरी है। अध्यापक को देखना चाहिए कि बालक ने चश्मा पहना है अथवा नहीं, चश्मा ठीक दशा में है अथवा नहीं। चूंकि दृष्टिहीन बालक हमेशा अपनी अन्य इंद्रियों पर निर्भर रहता है, उसकी अन्य इंद्रियों के स्वास्थ्य की परवाह करनी चाहिए।

दृष्टिहीन बालकों की समस्या अधिक विकट होती है। वे सामान्य विद्यालय व सामान्य कक्षाओं में शिक्षित होने में अधिक असुविधा का सामना करते हैं। उन्हें विद्यालय में आने-जानें, लिखने-पढ़ने जैसी क्रियाओं में दूसरों की सहायता लेनी पड़ती है। वे दूसरे व्यक्तियों के उपहास के पात्र बनते हैं जिससे उनमें हीन भावना का उदय होता है। ऐसे बालकों की शिक्षा में निम्न बिंदु उल्लेखनीय है–

(*i*) ऐसे बालकों के लिए पृथक एवं विशिष्ट विद्यालय होने चाहिए।

(*ii*) इन्हें ब्रेल (Braille) पद्धति से शिक्षित करना चाहिए, जिनमें एक मोटे कागज पर कुछ बिन्दु उभार कर उनके स्पर्श द्वारा दृष्टिहीन बालकों को अक्षर व लिपि का ज्ञान कराया जाता है।

(*iii*) उन्हें संगीत या हस्तकला में प्रशिक्षण दिया जाना चाहिए।

(*iv*) उन्हें टंकण (Typing) का प्रशिक्षण भी दिया जा सकता है।

(*v*) उन्हें समुचित सहानुभूति की अपेक्षा होती है।

दृष्टिहीन छात्रों के लिए शैक्षिक सुविधाएं (Educational Facilities for Blind Students)

(*i*) **सामान्य विद्यालय–** एक सामान्य दृष्टिहीन बालक सामान्य स्कूल में प्रवेश कर सकता है। इस अवस्था में उसे इस योग्य होना चाहिए कि वह कपड़े आदि स्वयं पहन सके। उसे नहाना और अपनी शारीरिक आवश्यकताओं की पूर्ति करना आना चाहिए। उसे जाने पहचाने वातावरण में चलने की आदत होनी चाहिए। उसे अपने आयु-वर्ग के बालकों से बोलना और उन्हें दोस्त बनाने आना चाहिए। इस संबंध में बालकों को किण्डरगार्टन में भेजने से अच्छे परिणाम निकलने चाहिए।

(*ii*) **ब्रेल कक्षाएं–** दृष्टिहीन बालकों के लिए स्कूल जाने से तात्पर्य अंधों के स्कूल जाने से है। वहाँ ऐसे बालकों को विशेष कक्षाओं में पढ़ाया जाता है। इन्हें ब्रेल कक्षा (Braille Class) कहते हैं। ब्रेल कक्षाओं तथा दृष्टिहीन बालकों के लिए स्कूल की व्यवस्था इसलिए की जाती है ताकि वे सामाजिक वातावरण से समायोजन कर सकें। आवासीय स्कूल भी बालकों की कक्षा से दूसरी कक्षा के लिए शिक्षा देता है। ब्रेल कक्षाएं ऐसी सहायता देती हैं जिनसे सामान्य कक्षा की पढ़ाई को समझ सकें। ये दोनों ही प्रकार की पढ़ाई अपनी उद्देश्य पूर्ति में सफल हो सकती हैं। ब्रेल कक्षाओं में एक कुशल अध्यापक 10 या 12 विद्यार्थियों को वह विषय पढ़ाता है जो वे अन्य बालकों के साथ नहीं पढ़ सकते। अन्य कार्यों के लिए वे सामान्य बालकों के साथ मिल जाते हैं। उन्हें हाथ में कार्य, शारीरिक शिक्षा तथा संगीत की शिक्षा भी दी जाती है। ब्रेल कक्षाओं के लिए ब्रेल पुस्तकों की आवश्यकता होती है। अमेरिका में ये ब्रेल कक्षाएं American Printing House for the Blind से पुस्तकें प्राप्त करती हैं।

(*iii*) **विशेष विधियां–** दृष्टिहीन बालक की शिक्षा के समय यह ध्यान में रखना चाहिए कि वह एक सामान्य बालक है। अधिकतर मामलों में उसका बढ़ता हुआ ज्ञान, वृद्धि, संवेग तथा इच्छाएं अन्य बालकों की तरह है। दृष्टि दोष प्रत्येक बालक में भिन्न होता है। यदि बालक में थोड़ी दृष्टि है और अध्यापक उसे दृष्टिहीन समझता है तो इसका बालक पर प्रतिकूल प्रभाव पड़ेगा। दृष्टि एक्यूटी (Visual Acuity) सदा दृष्टि क्षमता को नहीं बताती। अक्सर कम दृष्टि वाले बालक अपनी दृष्टि का अच्छा उपयोग करते हैं। घर के वातावरण, सीखने की तत्परता एवं सीखने की क्षमता का इस पर प्रभाव पड़ता है। एक अंधे बालक की शिक्षा के लिए दो चीजों–(*i*) विशेष सामान तथा माध्यम और (*ii*) पढ़ाने के विशेष सिद्धांतों का प्रयोग आवश्यक है।

4. बधिर-छात्र (Deaf Students)

कानों के द्वारा सुनने में बाधा से उत्पन्न अयोग्यता व्यक्ति विशेष को श्रवण विकलांग बनाती है। यह विकलांगता ऐसे बालकों की श्रवण शक्ति दोषयुक्त होने से उन्हें शाब्दिक या बोलकर अभिव्यक्त करने में असमर्थ बनाती है। यही कारण है कि बहरे लोग गूंगे (Dumb) भी होते हैं। अतः सामान्य स्कूलों में शैक्षिक शिक्षण की अपेक्षा श्रवण विकलांगों की शिक्षा हेतु पृथक गूंगे-बहरों के विशिष्ट विद्यालयों की व्यवस्था की जाती है। जहां प्रशिक्षित अध्यापक विशिष्ट उपकरणों की सहायता से उनका विशिष्ट शिक्षण करते हैं।

प्रकार– बहरेपन अथवा श्रवण बाधिता को प्रायः दो प्रकारों में बांटा जाता है–

(*i*) बधिर या बहरे (Deaf), (*ii*) ऊंचा सुनने वाले (Hard of Hearing)। इन दोनों प्रकारों में भाषा को सीखने की योग्यता भिन्न-भिन्न होती है। ऊंचा सुनने वालों को श्रवण सहायक यंत्रों (Hearing Aids) की सहायता से शिक्षित किया जा सकता है किन्तु बधिरों की जिन्होंने कभी वाणी या भाषा सुनी ही नहीं, शिक्षा व्यवस्था विशिष्ट प्रकार की होती है।

विशेषताएं (Characteristics)

(*i*) बधिर या कम सुनने वाले श्रवण क्षतियुक्त बालक वे हैं जिन्होंने बोलने से पहले ही श्रवण शक्ति खो दी है। इस प्रकार के छात्रों के लिए विशेष प्रकार के शिक्षण की आवश्यकता होती है।

(*ii*) विद्यालय में कुछ बालक ऐसे होते हैं जिन्हें किसी न किसी प्रकार का और किसी न किसी स्तर का श्रवण दोष होता है।

(*iii*) श्रवण शक्ति बालक को अध्यापक द्वारा कही गई बातें सुनाई देती है। श्रवण शक्ति मौखिक संदेशवहन, अधिगम, मानसिक विकास और भाषा विकास का सबसे सशक्त साधन है। श्रवण बाधित बालक इन साधनों से लाभ नहीं उठा पाता।

(*iv*) कक्षा में बैठे श्रवण क्षतियुक्त बालकों को प्रभावशाली ढंग से उन विधियों से शिक्षा दी जा सकती है जिनसे सामान्य श्रवण योग्यता वाले बालक को देते हैं।

(*v*) बधिर बालकों की पहचान उनसे बोलने पर हो सकती है। परन्तु उनकी पहचान श्रवण यंत्रों के द्वारा करना उचित होगा।

(*vi*) श्रवण क्षतियुक्त बालकों की पहचान श्रवण यंत्रों, यथा श्रवणमापक तथा अन्य तकनीकों से की जाती है।

(*vii*) विद्यालय में श्रवण क्षतियुक्त बालक कई दिनों तक अध्यापक की दृष्टि में नहीं आता। अध्यापक को उसका पता तभी होगा जब वह बालक से अधिकतम अंतःक्रिया (Interaction) करेगा। जबकि अधिक संख्या वाली कक्षा में ऐसा होना संभव नहीं है। अतः बालकों के प्रवेश के समय ही उनका परीक्षण करवा लेना उचित है।

(*viii*) माता-पिता को बालक के जन्म के तीन महीने पश्चात् चिकित्सक द्वारा अपने बालक की श्रवण शक्ति की जांच अवश्य करा लेनी चाहिए। विद्यालय में प्रवेश दिलाते समय उन्हें अध्यापक को बालक की श्रवण स्थिति से अवगत करा देना चाहिए।

शैक्षिक कार्यक्रम (Educational Programme)

श्रवण बाधितों के शैक्षिक कार्यक्रमों को चार वर्गो– (1) संप्रेषण तकनीकें, (2) शिक्षण तकनीकें, (3) शैक्षिक सुविधाएं तथा (4) औपचारिक सुविधाएं में बांटा गया है।

(1) **संप्रेषण तकनीकें–** श्रवण क्षतियुक्त बालक के संबंध में सबसे बड़ी कठिनाई संप्रेषण के संबंध में है। अतः उसे भली प्रकार शिक्षित करने के लिए निम्न विशेष संप्रेषण तकनीकें अपनाई जानी चाहिए–

(*i*) **चिन्ह भाषा–** बधिर और अत्यधिक ऊंचा सुनने वाले बालकों के लिए चिन्ह भाषाओं का प्रचलन है, यथा–A. चिह्नित अंग्रेजी, (*b*) अमेरिकन चिह्न भाषा, (*c*) अंगुली वर्णमाला। ये चिन्ह भाषाएं एक-दूसरे से भिन्न होती हैं।

(*ii*) **ओष्ठ पठन–** ओष्ठ पठन में बालकों को ओठों के हिलाने और गति के आधार पर वर्णो और शब्दों को पढ़ने की शिक्षा दी जाती है।

(*iii*) **संकेत भाषा–** संकेत भाषा में ओठों को पढ़ने के साथ हाथ से मुंह के पास ही संकेत दिए जाते हैं। संकेत उसी भाषा के होते हैं जिसमें कि बोला जाता है। संकेत भाषा के लाभ निम्नवत् हैं–

(*a*) इसमें उसी व्याकरण का प्रयोग होता है जो बोली जाती है।

(*b*) इससे बालक सुनने वाले लोगों के साथ आसानी से संप्रेषण कर सकता है।

(*iv*) **स्पर्श विधि–** इसमें स्पर्श द्वारा कही गई बात को समझने का प्रावधान होता है।

(*v*) **गतिविधि–** इसमें शरीर से विभिन्न गतियां करवाकर बधिर बालकों के संप्रेषण में सहायता दी जाती है।

(*vi*) **प्रवर्धक प्रयोग–** ध्वनि प्रवर्धक यंत्रों का प्रयोग उन बालकों के लिए उपयोगी हो सकता है जो सामान्य से थोड़ा ऊंचा सुनते हैं।

(2) **शिक्षण तकनीकें–** श्रवण क्षतियुक्त बालकों के लिए निम्न शिक्षण तकनीकें अपनाई जानी चाहिए–

(*i*) शिक्षण विषय-वस्तु को सहायक सामग्री की सहायता से पढ़ाया जाना चाहिए। आकृतियां, चित्र, संकेत, शब्द, इशारे इत्यादि सहायक सामग्री प्रयोग की जा सकती है।

(*ii*) शिक्षक को बीच-बीच में प्रश्न पूछना अनिवार्य है। इससे यह पता लग सकता है कि बालक पढ़ाई गई बात को कितना समझ रहा है।

(*iii*) विलसन के अनुसार श्रवण क्षतियुक्त बालक को एक नोट लेने वाला व्यक्ति (Note-taker) प्रदान किया जाना चाहिए।

(*iv*) श्रवण क्षतियुक्त बालकों के लिए एक विशेष अध्यापक नियुक्त किया जाना चाहिए जो प्रशिक्षण प्राप्त हो।

(*v*) श्रवण क्षतियुक्त बालकों की अधिगम कमियों की ओर विशेष ध्यान दिया जाना चाहिए ताकि यह पता चले कि वे शब्दों को ठीक लिखते और बोलते हैं अथवा नहीं।

(*vi*) श्रवण क्षतियुक्त बालकों के लिए तकनीकी कार्यक्रम बनाने चाहिए। रोचेस्टर तकनीक विज्ञान संस्थान में इस तरह के प्रोग्राम उपलब्ध हैं।

(3) **श्रवण क्षतियुक्त बालकों की शैक्षिक सुविधाएं–** श्रवण क्षतियुक्त बालकों को दिन-प्रतिदिन के क्रियाकलाप में भली प्रकार से सहायता देने के लिए निम्न सुविधाएं दी जानी चाहिए–

(*i*) दृश्य-श्रव्य (Audio-Visual) संकेत सामग्री श्रवण क्षतियुक्त बालक के लिए अत्यंत लाभदायक सिद्ध हो सकती है। टेलीफोन में ध्वनि प्रवर्धक (Sound Amplifier) लगाने से बालक टेलीफोन पर बातचीत कर सकते हैं। आजकल बालकों के लिए टेलीफोन, टाइपराइटर और कंप्यूटर यंत्र बनाया गया है। इसमें टेलीफोन पर वार्ता टाइप होकर स्क्रीन में दिख जाती है। इससे बधिर बालक टेलीफोन पर वार्ता कर सकते हैं। यदि इसी प्रकार के अन्य यंत्र भी विद्यालयों में उपलब्ध कराएं जा सकें तो वे श्रवण क्षतियुक्त बालकों के लिए लाभप्रद होंगे।

(*ii*) वीडियो टेप्स का प्रयोग लाभकारी सिद्ध होता है।

(*iii*) फिल्म का प्रयोग किया जाना चाहिए।

(*iv*) उन सभी बालकों को कक्षा-कक्ष (Class-room) में समूह श्रवण सहायक (Group Hearing Aids) प्रदान किए जाने चाहिए जो किसी भी प्रकार की श्रवण क्षतियुक्तता से पीड़ित हैं।

(*v*) अध्यापक द्वारा ओवरहेड प्रोजेक्टर का प्रयोग अत्यंत अच्छा है।

(*vi*) श्रवण क्षतियुक्त बालकों को अजायबघर, ऐतिहासिक इमारतों, प्रसिद्ध स्थानों आदि जैसे सूचनाप्रद स्थलों पर भ्रमण के लिए ले जाना चाहिए।

5. शारीरिक रूप से विकलांग छात्र (Physically Disabled Students)

जब तक शरीर स्वस्थ नहीं होगा तब तक मनुष्य सामान्य रूप से कार्य नहीं कर सकता। शारीरिक स्वास्थ्य उसके कार्य व विकास को प्रभावित करता है। शारीरिक अक्षम अथवा अपंग बालक शारीरिक रूप से विकलांग कहलाते हैं। अपंग बालक चिरकालिक बीमार बालकों से संख्या में कहीं अधिक होते हैं। ऐसे बालक निरंतर असफल होते हैं और अंत में विद्यालय आना छोड़ देते हैं। अपंग और बीमार दोनों ही प्रकार के बालक विशिष्ट बालकों की श्रेणी में आते हैं। अतः वे विशेष शिक्षा के अधिकारी हैं।

विकलांगता का अर्थ व परिभाषा (Meaning or Definition of Disabled)

महेश भार्गव एवं भावना लवनिया के शब्दों में – "शैक्षिक दृष्टि से विकलांगता किसी भी प्रकार की निर्योग्यता हो सकती है जो बालक विशेष को औसत बालकों की भांति शिक्षा ग्रहण करने में असमर्थ बनाती है। ऐसे बालक सामान्य शिक्षा पद्धति से लाभान्वित नहीं हो पाते। उनके लिए अतिरिक्त सहायता विशिष्ट शिक्षण की आवश्यकता होती है।"

बाल गोविंद तिवारी के शब्दों में – "विकलांगता एक ऐसी स्थिति है जो किसी भी व्यक्ति को किसी भी अवस्था में उसके सामान्य व्यवहार, कार्य शक्ति, विचार एवं नियमित कृत्य को न्यूनाधिक प्रभावित कर आंगिक, मानसिक, सामाजिक व भावात्मक असंतुलन उत्पन्न कर देती है।"

विकलांगता के प्रकार (Types of Disabled)

(*i*) मेरुदण्ड का वक्र,
(*ii*) मेरुदण्डीय द्विशाखी,
(*iii*) मांसपेशीय डायसट्रॉफी,
(*iv*) लूले-लंगड़े, हथकटे,
(*v*) एक या इससे अधिक अंगों का लकवा,
(*vi*) पांवफिरा,
(*vii*) प्रमस्तिष्कीय पक्षाघात,
(*viii*) विकृत नितंब।

विशेषता (Characteristics)

एक बीमार बालक वह है जो काफी लंबे समय से बीमार है कुछ बालक काफी लंबे समय तक बीमार से ग्रस्त रहते हैं। इन बीमारियों में कुछ प्रमुख हैं–(*i*) दमा, (*ii*) मिर्गी, (*iii*) हृदय रोग, (*iv*) सूखा रोग, (*v*) तपेदिक, (*vi*) रक्त-अल्पता, (*vii*) श्वेत रक्तता (*viii*) धवल रोग, (*ix*) कैंसर, (*x*) मधुमेह, (*xi*) आमवातिक ज्वर, (*xii*) कृमिकोषीय तंतुशोच, (*xiii*) हंसिया-कोशिका खून की कमी।

कुछ बीमारियों के सामान्य लक्षण (Symptoms of Some Disease)

बालकों में विभिन्न प्रकार की बीमारियों के लक्षण भिन्न-भिन्न होते हैं। इनमें से कुछ सामान्य लक्षण निम्नवत् हैं–

(*i*) शरीर का पीला पड़ जाना।
(*ii*) थका-थका सा रहना।
(*iii*) अधिकतर समय थकान का अनुभव होना।
(*iv*) सांस लेने में कठिनाई का अनुभव होना।
(*v*) शैक्षिक उपलब्धि का निम्न होना।
(*vi*) स्वभाव में चिड़चिड़ापन होना।

शैक्षिक कार्यक्रम (Educational Programme)

शारीरिक विकलांग बालक, सामान्य बालक से अधिगम की सामर्थ्य की दृष्टि से कम होता है। अतः ऐसे बालकों की शिक्षा व्यवस्था भी विशिष्ट प्रकार की होनी चाहिए। इनमें से कुछ बालक तो सामान्य विद्यालयों की सामान्य कक्षाओं में शिक्षा प्राप्त करने में कठिनाई का अनुभव नहीं करते जबकि गंभीर रूप से शारीरिक विकलांग बालकों के लिए पृथक विशिष्ट कक्षाओं तथा विशिष्ट आवासीय विद्यालयों (Residential Schools) की व्यवस्था किया जाना आवश्यक होता है। शारीरिक विकलांग बालकों की शिक्षा हेतु निम्न उपाए अपनाए जाने चाहिए–

(*i*) **उपचार सुविधा**– अपंग तथा बीमार बालकों के उपचार के लिए समुचित व्यवस्था की जानी चाहिए। समय-समय पर उन्हें योग्य व कुशल चिकित्सक को दिखाना चाहिए। ऐसे बालकों के उपचार के लिए यदि अलग से कोष (Fund) की व्यवस्था की जाए तो और भी अच्छा होगा क्योंकि ऐसे बालकों को समय-समय पर चिकित्सालय में भर्ती करने की भी आवश्यकता पड़ सकती है। ऐसी स्थिति में उन्हें विद्यालय से समय-समय पर अनुपस्थित होना पड़ सकता है। अतः उपस्थिति संबंधी छूट दी जानी चाहिए। इस अनुपस्थिति का नकारात्मक प्रभाव उनके शैक्षिक ज्ञान और उपलब्धि पर पड़ सकता है। अतः ऐसे बालकों के लिए सफलता के मापदंड सामान्य बालक के समान नहीं बनाने चाहिए। ऐसे में इन बालकों के समुचित सामाजिक और संवेगात्मक विकास की ओर ध्यान देना शिक्षक का कर्त्तव्य है।

(*ii*) **विशिष्ट भ्रमणशील अध्यापक**– भ्रमणशील अध्यापकों (Visiting Teachers) में मनोविज्ञानशास्त्री, उच्चारण सुधारक, समाजसेवी, चिकित्सक आदि की सेवाएं शारीरिक विकलांगों को विद्यालयों में परामर्श व निर्देशन देने हेतु ली जानी चाहिए जो समय-समय पर इन विद्यालयों में भ्रमण कर सके।

(*iii*) **विशिष्ट कक्षाएं**– सामान्य विद्यालयों में कम विकलांग बालक/बालिकाओं हेतु पृथक कक्षा में विशिष्ट शिक्षण (Social Teaching) की व्यवस्था होनी चाहिए जिससे उनका उपचारात्मक शिक्षण (Remedial Teaching) हो सके। उन्हें विशिष्ट सहायक यंत्रों के उपयोग व प्रयोग का प्रशिक्षण भी दिया जाना चाहिए।

(*iv*) **विकलांग विद्यालय**– गंभीर रूप से विकलांग बालक-बालिकाओं हेतु पृथक विद्यालयों की व्यवस्था वांछनीय व अपरिहार्य है। ऐसे विद्यालयों में वैज्ञानिक विधि से शिक्षण, प्रशिक्षित अध्यापक, आवासीय व्यवस्था, खेल व मनोरंजन व्यवस्था, आजीविकोपयोगी उद्योगों का प्रशिक्षण, पुनर्वास, रुचिकार्य आदि का प्रावधान किया जाना चाहिए।

(*v*) **विशिष्ट पाठ्यक्रम**– विकलांग बालक/बालिकाओं की विकलांगता, सामर्थ्य, अभिरुचि व स्तर के अनुकूल विशिष्ट पाठ्यक्रम निर्मित कर उसे प्रभावी किया जाना चाहिए।

(*vi*) **अतिरिक्त कक्षा**– अतिरिक्त कक्षा उन अपंग तथा रोगी बालकों के लिए आयोजित की जा सकती है जो नियमित कक्षाओं से पूर्णतया लाभान्वित नहीं हो पाते। अतः विकलांग बालकों तथा रोगी बालकों के लिए स्कूल के उपरांत अथवा छुट्टियों के दिन भी थोड़े समय के लिए कक्षाओं का आयोजन करना चाहिए। इस प्रकार अध्यापक बालकों की व्यक्तिगत, सामाजिक तथा संवेगात्मक समस्याओं को समझा कर उन्हें हल कर सकेगा।

(*vii*) **जनमानस में अभिवृत्ति परिवर्तन**– प्रायः विकलांग बालकों को लोग हेयदृष्टि से देखते हैं। उन्हें दया योग्य, दान योग्य, भार तथा मजाक का पात्र समझा जाता है। यह भी समझा जाता है कि वे हर प्रकार के तिरस्कार को सह लेंगे। इस प्रकार की भावना विकलांग तथा रोगी बालकों में हीन भावना व निराशा भर देती है। अतः यह आवश्यक है कि जनमानस में व्याप्त इस अभिवृत्ति में परिवर्तन लाया जाए।

(*viii*) **समाजीकरण**– विकलांग और रोगी बालकों के समाजीकरण के लिए उन्हें ऐसे अवसर प्रदान किए जाने चाहिए जिससे वे अपने हम उम्र तथा अन्य लोगों से हिल-मिल सकें। यह कार्य पाठ्येत्तर क्रियाओं द्वारा संभव हो सकता है। उनसे विभिन्न प्रकार की मनोरंजक क्रियाएं करवायी जानी चाहिए। विकलांग व रोगी बालकों के मनोरंजन के लिए कुछ विशेष कार्यक्रम, यथा–सम्मेलन, गोष्ठी, सांस्कृतिक गायन आदि आयोजित किए जा सकते हैं। इस क्षेत्र में गैर-सरकारी संगठनों (NGOs) को भी प्रयास करना चाहिए। इसके लिए शिक्षक को इन संगठनों को प्रोत्साहित करना चाहिए।

अभ्यास प्रश्न

1. बालक के व्यक्तिगत अध्ययन की मनोवैज्ञानिक विधि है :
A. रेटिंग स्केल B. प्रश्नावली विधि
C. केस स्टेडी D. प्रायोगिक विधि

2. सृजनशील बालकों का लक्षण है :
A. समस्याओं के प्रति सजगता का अभाव
B. गतिशील चिन्तन का अभाव
C. अनमनीयता
D. जिज्ञासा

3. दृष्टिहीन बालकों को शिक्षण दिया जाता है :
A. दृश्य-श्रव्य सामग्री द्वारा B. टंकण द्वारा
C. ब्रेल पद्धति द्वारा D. गाने-बजाने द्वारा

4. वंचित वर्ग के बालकों के अन्तर्गत आते हैं :
A. दृष्टिहीन व अपंग बालक
B. मन्दबुद्धि व हकलाने वाले बालक
C. पूर्ण बधिर या आंशिक बधिर बालक
D. उपर्युक्त सभी

5. विकलांग बालकों के अन्तर्गत आते हैं :
A. नेत्रहीन बालक
B. शारीरिक विकलांग बालक
C. गूंगे तथा बहरे बालक
D. इनमें से सभी

6. प्रतिभाशाली बालक जो होते हैं :
A. जन्मजात B. बाद में
C. आनुवंशिक D. इनमें से कोई नहीं

7. मानसिक रूप से पिछड़े बालकों की विशेषता होती है :
A. संवेगात्मक रूप से अस्थिर
B. सीमित रुचि वाले
C. निरन्तर अव्यवस्था का होना
D. उपर्युक्त सभी

8. अच्छी शिक्षा-प्रणाली में निम्नांकित अनुशासन श्रेष्ठ होता है–
A. कठोर अनुशासन
B. आत्मानुशासन
C. स्वतंत्र अनुशासन
D. उपरोक्त में से कोई नहीं

9. विकलांगों (Handicapped) को शिक्षा के समान अवसर देने हेतु निम्नांकित उपयोगी है–
A. सामान्य शिक्षा प्रणाली में विशेष प्रयास किया जाये
B. विशिष्ट विद्यालयों में उन्हें पृथक शिक्षा दी जाये
C. उपरोक्त A और B
D. उपरोक्त में से कोई नहीं

10. समुदाय शिक्षा का इस प्रकार का अभिकरण होता है–
A. अनौपचारिक B. औपचारिक
C. निरोपचारिक D. इनमें से कोई नहीं

11. शिक्षा के वैयक्तिक एवं सामाजिक उद्देश्यों में यह होना वांछनीय है–
A. प्रतिद्वंद्विता B. प्रतियोगिता
C. समन्वय D. उपरोक्त सभी

12. समायोजन द्वारा निम्नांकित से उत्पन्न (Tension) तनाव कम होता है–

A. कुंठा B. द्वन्द्व
C. विरोध D. उपरोक्त सभी

13. निम्न में से कौन-सा शिक्षार्थियों में सृजनात्मकता का पोषण करता है?

A. प्रत्येक शिक्षार्थी की अंतर्जात प्रतिभाओं का पोषण करने एवं प्रश्न करने के अवसर उपलब्ध कराना
B. विद्यालयी जीवन के प्रारंभ से उपलब्धि के लक्ष्यों पर बल देना
C. परीक्षा में अच्छे अंकों के लिए विद्यार्थियों की कोचिंग करना
D. अच्छी शिक्षा के व्यावहारिक मूल्यों के लिए विद्यार्थियों का शिक्षण

14. पाँचवीं कक्षा के 'दृष्टिबाधित' विद्यार्थी–

A. के माता-पिता और मित्रों द्वारा उसे दैनिक कार्यों को करने में सहायता की जानी चाहिए
B. के साथ कक्षा में सामान्य रूप से व्यवहार किया जाना चाहिए और श्रव्य सी.डी. के माध्यम से सहायता उपलब्ध कराई जानी चाहिए
C. के साथ कक्षा में विशेष व्यवहार किया जाना चाहिए
D. को निचले स्तर के कार्य करने की छूट मिलनी चाहिए

15. विशेष आवश्यकता वाले बच्चों को शिक्षा उपलब्ध कराई जानी चाहिए

A. विशेष विद्यालयों में विशेष बच्चों के लिए विकसित पद्धतियों द्वारा
B. विशेष विद्यालयों में
C. विशेष विद्यालयों में विशेष शिक्षकों द्वारा
D. अन्य सामान्य बच्चों के साथ

16. 'डिस्लेक्सिया' किससे सम्बन्धित है?

A. गणितीय विकार B. पठन विकार
C. व्यवहार-सम्बन्धी विकार D. मानसिक विकार

17. सृजनात्मक शिक्षार्थी वह है जो

A. परीक्षा में हर बार अच्छे अंक प्राप्त करने के योग्य है
B. पार्श्व (लेट्रल) चिंतन और समस्या-समाधान में अच्छा है
C. ड्राइंग और पेंटिंग में बहुत विलक्षण है
D. बहुत बुद्धिमान् है

18. निःशक्त बच्चों के लिए समेकित शिक्षा की केंद्रीय प्रायोजित योजना का उद्देश्य है .... में निःशक्त बच्चों को शैक्षिक अवसर उपलब्ध कराना।

A. मुक्त विद्यालयों
B. 'ब्लाइंड रिलीफ एसोसिएशन' के विद्यालयों
C. नियमित विद्यालयों
D. विशेष विद्यालयों

19. सृजनात्मक उत्तरों के लिए आवश्यक है

A. मुक्त-उत्तर वाले प्रश्न
B. एक अत्यंत अनुशासित कक्षा
C. प्रत्यक्ष शिक्षण एवं प्रत्यक्ष प्रश्न
D. विषय-वस्तु आधारित प्रश्न

20. विद्यालय में छात्रों के लिए शैक्षिक भ्रमण क्यों आवश्यक है?

A. छात्रों का घूमने में मन लगता है
B. छात्रों पर पढ़ाई का बोझ न पड़े
C. छात्रों को प्रत्यक्ष संपर्क से स्थाई ज्ञान होता है
D. छात्र का मनोरंजन होता है

21. अनुसूचित जाति के बालकों की प्रमुख समस्या है–

A. जन सुविधाओं का उपयोग करने का पूर्ण अधिकार
B. समाज में इनका उच्च स्थान
C. ऊँची जाति के लोगों का इनसे घृणा करना
D. ये सभी

22. अनुसूचित जनजाति के बालकों की प्रमुख समस्या है–

A. अधिकतर परिवारों का गरीब होना
B. उनकी जाति में शिक्षा का प्रचार-प्रसार कम होना
C. विद्यालय में उनकी जाति के छात्रों की संख्या का कम होना
D. उपरोक्त सभी

23. एक अध्यापक को महत्त्व देना चाहिए

A. सभी को समान रूप से
B. अनुसूचित जमजाति के छात्रों को
C. अनुसूचित जाति के छात्रों को
D. पिछड़ी पृष्ठभूमि के छात्रों को

24. दृष्टि दोष वाले छात्रों में निम्न में से कौन-सा विकार नहीं पाया जाता है?

A. आँखों को बार-बार मलना
B. सिरदर्द की शिकायत रहना
C. आँखों के बहुत निकट लाकर पुस्तक को पढ़ना
D. शरीर के अंगों में अवांछित हलचल रहना

25. एक शारीरिक विकलांग बालक के लिए विद्यालय में निम्नलिखित में से क्या आवश्यक रूप से होना चाहिए?

A. बालक के लिए आवास का प्रबन्ध
B. बालक के लिए निःशुल्क शिक्षा का प्रबन्ध
C. बालक के लिए भोजन का प्रबन्ध
D. बालक के लिए कक्षा-कक्ष में प्रवेश की उचित सुविधा का प्रबन्ध

26. आपकी कक्षा की एक छात्रा मोनिका, जो मानसिक तौर पर एक पिछड़ी हुई बालिका है। आप उसको निम्न में से किस प्रकृति में रखेंगे?

A. निष्ठावान B. संवदेनशील
C. शक्तिशाली D. अनुशासनहीन

27. निम्न में से क्या प्रतिभाशाली बालक का संकेत है?
A. अभिव्यक्ति में नवीनता
B. जिज्ञासा
C. सृजनात्मक विचार
D. ये सभी

28. एक शिक्षक होने के नाते पिछड़े बालकों के प्रति आपका दृष्टिकोण होना चाहिए–
A. सहानुभूतिपूर्ण B. उपेक्षापूर्ण
C. कठोर D. इनमें से कोई नहीं

29. प्रतिभाशाली बालक की इन्द्रियाँ होती हैं
A. तीव्र B. उदात्त
C. सामान्य D. इनमें से कोई नहीं

30. वे बालक जो सामाजिक, भावात्मक, शैक्षिक आदि पक्षों में सामान्य बालकों से भिन्न होते हैं। उन्हें कहा जा सकता है–
A. क्रोधी बालक B. विशिष्ट बालक
C. अपराधी बालक D. विकलांग बालक

31. किसी समस्यात्मक बालक की विशेषता नहीं है–
A. चोरी करना B. झूठ बोलना
C. क्रोध करना D. आज्ञा का पालन करना

32. समायोजन का लक्षण निम्न में से कौन-सा नहीं है?
A. सामाजिकता B. अनुकूल वातावरण
C. असन्तुलन D. सन्तुष्टि

33. वंचित वर्ग के बालकों के अन्तर्गत कैसे बालक आते हैं?
A. मन्द-बुद्धि व हकलाने वाले बालक
B. पूर्ण बधिर या आंशिक बधिर
C. अन्ध व अपंग बालक
D. ये सभी

34. बहरे बच्चे को पढ़ाने की विधि कौन-सी है?
A. अंगुलिवाचन B. मौनवाचन
C. आत्मीकरण D. ये सभी

35. मन्द बुद्धि बालकों की विशेषता निम्न में कौन-सी नहीं हैं?
A. शारीरिक दोष
B. मौलिकता
C. सीखने की मन्द गति
D. अमूर्त चिन्तन का अभाव

36. व्यक्ति की पहचान करने में निम्न में से क्या सहायक हैं?
A. बाह्य विभिन्नताएँ
B. व्यक्ति की शिक्षा
C. व्यक्ति का मानसिक स्वास्थ्य
D. ये सभी

37. निम्न में से क्या बोलने के दोष से संबंधित नहीं है–
A. अशुद्ध उच्चारण
B. आवाज की समस्या
C. तेज बोलने वाले
D. हकलाना व तुतलाना

38. ब्रेल लिपि का प्रयोग किसके लिए किया जाता है?
A. श्रवण दोष युक्त बालकों के लिए
B. अन्धे बालकों के लिए
C. विकलांग बालकों के लिए
D. इनमें से कोई नहीं

39. श्रवण क्षतियुक्त बालकों की शिक्षा निम्न में से किसके द्वारा नहीं दी जा सकती?
A. ओष्ठ पाठन B. संकेत भाषा
C. चिन्ह भाषा D. संगीत भाषा

40. बालकों के समस्यात्मक व्यवहार के उपच्रार हेतु कौन-कौन सी विधियों का प्रयोग किया जा सकता है?
A. परिवार उपचार विधि
B. विद्यालय उपचार विधि
C. सरकार उपचार विधि
D. ये सभी

उत्तरमाला

1	2	3	4	5	6	7	8	9	10
C	D	C	D	A	D	D	B	C	A
11	**12**	**13**	**14**	**15**	**16**	**17**	**18**	**19**	**20**
C	D	A	B	D	B	B	C	A	C
21	**22**	**23**	**24**	**25**	**26**	**27**	**28**	**29**	**30**
C	D	A	D	D	B	D	D	A	B
31	**32**	**33**	**34**	**35**	**36**	**37**	**38**	**39**	**40**
D	C	D	C	B	A	C	B	D	B

10. अधिगम और शिक्षाशास्त्र (Learning and Pedagogy)

बच्चों का स्कूल में प्रदर्शन (Performance of Children in School)

ऐसा अक्सर सुनने, पढ़ने एवं देखने में आता है कि विद्यालय में बहुत से बच्चे पढ़ने के लिए प्रवेश तो ले लेते हैं परन्तु उनमें से कुछ बच्चों के लिए शिक्षण प्रक्रिया की मांग को पूरा कर पाना बहुत कठिन होता है। परिणामतः इनका स्कूलों में प्रदर्शन अच्छा नहीं हो पाता और ये बीच में ही पढ़ाई छोड़ देते हैं। बच्चों के अपने स्कूलों में अच्छा प्रदर्शन न कर पाने के लिए अनेक कारक जिम्मेवार हो सकते हैं; जैसे परिवार की गरीबी, सांस्कृतिक विश्वास और मानक, पर्यावरणीय प्रभाव एवं स्वास्थ्य आदि। उपर्युक्त कारकों में से कुछ बालक के स्वयं के व्यक्तित्व से जुड़े होते हैं तो कुछ का संबंध सामाजिक और शैक्षिक परिवेश से होता है। उन कारकों में से कुछ प्रमुख निम्नवत हैं–

(i) **तत्परता की कमी :** कोई भी कार्य बिना इच्छा के संभव नहीं है। ठीक यही स्थिति अधिगम के साथ है। इस तरह स्पष्ट है कि सीखने की चाह ही वास्तव में तत्परता है। स्कूली स्तर पर छात्रों में तत्परता की कमी पाई जाती है। यही कारण है कि बच्चे स्कूल में अच्छा प्रदर्शन नहीं कर पाते।

(ii) **अभ्यास की कमी :** एक बात सर्वदा सत्य है कि अभ्यास व्यक्ति को निपुण एवं कुशल बनाता है। यह बात एक लोक प्रचलित दोहे से स्पष्ट है– **''करत-करत अभ्यास के जड़मति होत सुजान। रसरी आवत-जात ते शिल पर परत निशान।''** अर्थात् निरंतर अभ्यास करने से जड़ अर्थात् मूर्ख आदमी भी सुजान (ज्ञानी) हो जाता है ठीक उसी तरह जिस तरह कि शिल (पत्थर) पर रस्सी के निरंतर आने-जाने से उस पर निशान बन जाता है।

उपर्युक्त दोहा इस बात की ओर संकेत करता है कि यदि सीखी गई चीजों का बार-बार अभ्यास किया जाए तो सीखने वालों की स्मृति उस चीज के विषय में स्थाई हो जाती है। स्कूल में बच्चे दिए गए कार्यों का बार-बार दुहराव या पुनरावृत्ति या पुनरावलोकन नहीं करते। परिणामतः वे कुछ समय के बाद उसे भूल जाते हैं जिसके कारण स्कूल में उनका प्रदर्शन गिर जाता है।

(iii) **शारीरिक तथा मानसिक स्वास्थ्य :** स्कूल में अच्छे प्रदर्शन के लिए छात्रों का शारीरिक तथा मानसिक रूप से स्वस्थ होना अत्यंत आवश्यक होता है। यदि कोई छात्र शारीरिक या मानसिक रूप से पूर्ण स्वस्थ नहीं है, तो उसके स्कूली-प्रदर्शन में गिरावट आ जाती है।

(iv) **परिवेश की उपयुक्तता :** स्कूल में बच्चों के मानसिक व शारीरिक विकास के लिए अनुकूल परिवेश एक आवश्यक एवं अत्यंत महत्त्वपूर्ण कारक है। छात्रों से अच्छा प्रदर्शन तभी लिया जा सकता है जब उन्हें स्कूल में एक अच्छा परिवेश दिया जाए। यदि स्कूल में अच्छा तथा छात्रों के अनुकूल परिवेश नहीं होगा, तो उनके प्रदर्शन में गिरावट आ जाएगी।

(v) **शिक्षण की विधि :** अध्यापक की शिक्षण विधि का भी छात्रों पर सीधा एवं सकारात्मक प्रभाव पड़ता है। स्कूल स्तर पर शिक्षक को छात्रों को सिखाने में सरल तथा प्रयोग सिद्ध विधियों का प्रयोग करने के साथ प्रदर्शन विधि को अपनाना चाहिए जिससे कि छात्रों की स्मृति में उसका प्रभाव लंबे समय तक रह सके। यदि अध्यापक शिक्षण विधि को छात्र नहीं समझ पाते, तो वह स्कूली स्तर पर असफल हो जाते हैं तथा उनका प्रदर्शन गिर जाता है।

शिक्षण एवं अधिगम की आधारभूत प्रक्रियाएं (Teaching and Learning Process)

शिक्षण की प्रक्रिया (Teaching Process)

शिक्षण एक उद्देश्यपूर्ण प्रक्रिया है। उसका सीखने से घनिष्ठ संबंध है। यही कारण है कि आधुनिक युग में शिक्षण व सीखना (Teaching and Learning) को एक ही संकल्पना माना जाता है। किसी भी पाठ्यवस्तु को शिक्षक विचारहीन (Thoughtless) स्थिति से लेकर विचारपूर्ण (Thoughtful) स्थिति तक तीन स्तरों पर प्रस्तुत करता है–

1. स्मृति स्तर (Memory Level)
2. बोध स्तर (Understanding Level)
3. चिंतन स्तर (Reflective Level)

1. स्मृति स्तर (Memory Level)

स्मृति एक विचारहीन स्थिति है। यह शिक्षण की प्रारंभिक अवस्था है। स्मृति एक मानसिक प्रक्रिया है जो प्रत्येक प्राणी में किसी न किसी मात्रा में पाई जाती है। जब व्यक्ति किसी

वस्तु, पदार्थ अथवा स्थान को देखता है तो उसे वस्तु, पदार्थ अथवा स्थान की प्रतिमा अथवा चित्र उसके दिमाग में बन जाते हैं। इन संचित चिन्हों अथवा पूर्व समय में सीखी हुई बातों को याद करना ही स्मृति कहलाती है।

स्मृति के विभिन्न सोपान (Various Steps of Memory)

(*i*) **अधिगम :** स्मृति अधिगम अथवा अनुभवों के अंकित होने पर आधारित होती है। अतः स्मृति की पहली अवस्था किसी वस्तु अथवा तथ्य के सीखने की है। सीखने का कार्य चेतन मन करता है। इसी अवस्था में जीवन के अनुभव मानसिक संस्कारों के रूप में मस्तिष्क में अंकित हो जाते हैं और आवश्यकता पड़ने पर पुनः वर्तमान चेतना में आ जाते हैं।

(*ii*) **पुनः स्मरण :** सीखे हुए अनुभवों को चेतना में लाना पुनःस्मरण कहलाता है। व्यक्ति की स्मृति का अच्छा अथवा बुरा होना उसके भूतकालीन अनुभवों को पुनःस्मरण करने पर ही निर्भर करता है कि उसने कितनी ही अच्छी तरह क्यों न सीखा हो यदि आवश्यकता पड़ने पर उसे कुछ याद नहीं आता तो वह व्यर्थ है। सीखी हुई बातों को चेतना में लाने के लिए मनोवैज्ञानिकों ने कुछ नियमों के पालन को आवश्यक बताया है, ये नियम हैं–

(*a*) समानता का नियम।
(*b*) सहचारिता का नियम।
(*c*) विरोध का नियम।
(*d*) लगातार रुचि का नियम।
(*e*) प्राथमिकता का नियम।
(*f*) नवीनता का नियम।
(*g*) प्रबलता का नियम।
(*h*) पुनरावृति का नियम।

(*iii*) **पहचान :** किसी वस्तु अथवा व्यक्ति को देखकर यह बता देना कि हमने उसे पहले भी कभी देखा है पहचान कहलाती है। पहचान एक मानसिक प्रक्रिया है जिसके द्वारा हम किसी वस्तु अथवा व्यक्ति के संपर्क में आकर यह बता देते हैं कि क्या वस्तु है अथवा कौन व्यक्ति है तथा उससे हमारा परिचय कब हुआ। पहचान और पुनःस्मरण का वही संबंध है जो मस्तिष्क का शरीर से है।

(*iv*) **धारण :** सीखे हुए पाठ्यक्रम अथवा संस्कारों को मस्तिष्क में स्थाई रूप से बनाए रखना धारण कहलाता है। धारण करने की शक्ति प्रत्येक व्यक्ति में अलग-अलग मात्रा में पाई जाती है। जो व्यक्ति किसी बात को जितने अधिक समय तक अपने मस्तिष्क में धारण करता है उसकी स्मृति उतनी ही अच्छी कहलाती है। प्रौढ़ व्यक्तियों की अपेक्षा किशोरों तथा किशोरियों की धारण शक्ति अधिक होती है। धारण शक्ति चार बातों पर निर्भर करती है–

(*a*) स्वास्थ्य, (*b*) मस्तिष्क,
(*c*) रुचि तथा (*d*) चिंतन।

अच्छी स्मृति की विशेषताएं
(Characteristics of Good Memory)

(*i*) **शीघ्र अधिगम**–एक अच्छी स्मृति की विशेषता यह है कि कोई भी तथ्य सरलतापूर्वक तथा शीघ्रता से याद हो जाए। अतः केवल उन विद्यार्थियों की स्मृति को अच्छा कहा जाता है जो किसी तथ्य को शीघ्रता से सीख लेते हैं।

(*ii*) **पुनःस्मरण में शीघ्रता**–जो विद्यार्थी किसी बात को याद करके उसे पुनःस्मरण करते समय अपनी चेतना में उसे आसानी से और शीघ्रता से ज्यों का त्यों ले आते हों, जैसा कि उन्होंने सीखा था, वे अच्छी स्मृति वाले विद्यार्थी माने जाते हैं।

(*iii*) **धारण का स्थायित्व**–जिन विद्यार्थियों को सीखी हुई बातें अधिक देर तक याद रहती हैं। उनकी स्मृति अच्छी कही जाती है। इसके विपरीत ऐसे विद्यार्थियों की स्मृति को अच्छा नहीं कहा जा सकता जो किसी बात को याद तो जल्दी कर लेते हों परंतु उसे मस्तिष्क में अधिक देर तक धारण करने में असमर्थ हों।

(*iv*) **उपयोगिता**–कुछ विद्यार्थी ऐसे होते हैं जिन्हें बहुत कुछ याद होता है परंतु अवसर पड़ने पर उन्हें अप्रासंगिक सामग्री याद आती रहती है। केवल उन विद्यार्थियों की स्मृति अच्छी मानी जाती है जिन्हें अवसर के अनुसार उचित सामग्री याद आ जाती है अथवा जो आवश्यकतानुसार अनुभवों तथा प्रतिभाओं को तुरंत पहचान लेते हैं।

(*v*) **व्यर्थ की बातों को भूलना**–अच्छी स्मृति होने के लिए व्यर्थ की बातों को भूलना परम आवश्यक है। परीक्षा के समय व्यर्थ की बातों के याद आने से विद्यार्थियों को लाभ नहीं होता।

2. बोध स्तर (Understanding Level)

बोध स्तर एक विचारपूर्ण स्थिति है। यह स्मृति स्तर के शिक्षण से आगे की अवस्था है। बोध स्तर के शिक्षण के लिए यह आवश्यक है कि शिक्षण पहले स्मृति स्तर पर हो चुका हो। बोध स्तर के शिक्षण में शिक्षक यह प्रयास करता है कि विद्यार्थियों के बौद्धिक व्यवहारों को विकसित करने के लिए अधिक-से-अधिक अवसर प्रदान किए जाएं। इससे उनमें सामान्यीकरण, सूझ-बूझ तथा समस्याओं को सुलझाने के लिए आवश्यक क्षमताएं विकसित हो जाती हैं। बोध स्तर का शिक्षण करते समय शिक्षक तथा विद्यार्थी दोनों ही पाठ के विकास में सक्रिय रूप से भाग लेते हैं।

बोध स्तर के शिक्षण का सोपान
(Educational Steps of Understanding Level)

बोध स्तर के शिक्षण सोपान का प्रतिपादन मौरीसन (Morrison) ने किया। अतः इसे मौरीसन के शिक्षण प्रतिमान की संज्ञा दी जाती है। मौरीसन ने इस सोपान के प्रारूप का वर्णन निम्न चार पक्षों में किया है–

(*i*) उद्देश्य (*ii*) संरचना
(*iii*) सामाजिक प्रणाली (*iv*) मूल्यांकन प्रणाली।

(i) **उद्देश्य**–मौरीसन के अनुसार बोध स्तर के शिक्षण का उद्देश्य यह है कि विद्यार्थी प्रत्यय (Concept) का स्वामित्व प्राप्त कर ले। बोध स्तर के शिक्षण में शिक्षक पाठ्यवस्तु के स्वामित्व पर बल देता है जिससे विद्यार्थियों के व्यक्तित्व में वांछित परिवर्तन हो जाए।

(ii) **संरचना**–मौरीसन ने बोध स्तर के शिक्षण की व्यवस्था को पांच सोपानों में विभाजित किया जिनका अनुसरण करते हुए शिक्षक बोध स्तर के लिए शिक्षण तथा अधिगम की परिस्थितियां उत्पन्न कर सकता है। इस प्रतिमान के पांच सोपानों का क्रम है–

(a) अन्वेषण। *(b)* प्रस्तुतीकरण। *(c)* परिपाक।
(d) व्यवस्था। *(e)* वर्णन।

(iii) **सामाजिक प्रणाली**–बोध स्तर के शिक्षण में सामाजिक प्रणाली विभिन्न सोपानों में बदलती रहती है। प्रस्तुतीकरण सोपान में शिक्षक अधिक क्रियाशील रहते हुए विद्यार्थियों के व्यवहार को स्मृति स्तर की भांति नियंत्रित करता है तथा आवश्यक प्रेरणा भी देता है। परिपाक कालांश में शिक्षक और विद्यार्थी दोनों क्रियाशील रहते हैं। शिक्षक विद्यार्थियों को आवश्यक निर्देश देता है तथा विद्यार्थी स्वतः प्रेरित होते हुए तन्मयता के साथ कार्य करते हैं। इस प्रकार बोध स्तर के शिक्षण में बाह्य तथा आंतरिक दोनों प्रकार की प्रेरणा का प्रयोग किया जाता है।

(iv) **मूल्यांकन प्रणाली**–बोध स्तर के शिक्षण में सामाजिक प्रणाली बदलती रहती है। अभ्यास में प्रयोग करने के लिए विद्यार्थियों को प्रस्तुतीकरण की परीक्षा पास करनी पड़ती है। व्यवस्था तथा वर्णन में प्रवेश करने के लिए उन्हें अभ्यास परीक्षा पास करनी होती है। इस प्रकार बोध स्तर के शिक्षण के विभिन्न सोपानों में मौखिक तथा लिखित दोनों प्रकार की परीक्षाएं होती हैं।

बोध स्तर के शिक्षण की सीमाएं (Limitations of Understanding Level in Education)

(i) इसमें पाठ्यवस्तु के स्वामित्व पर बल दिया जाता है, मानवीय व्यवहार को ध्यान में नहीं रखा जाता है।

(ii) पाठ्यवस्तु के स्वामित्व से विद्यार्थियों के भावात्मक तथा क्रियात्मक पक्षों का विकास न होकर ज्ञानात्मक पक्ष का ही विकास हो सकता है।

(iii) शिक्षण के इस प्रतिमान द्वारा विद्यार्थियों को पाठ्यवस्तु का गहनता के साथ बोध कराया जा सकता है। अतः इस प्रतिमान द्वारा शुद्ध अधिगम प्राप्त होता है।

(iv) मौरीसन द्वारा दिया हुआ शिक्षण का यह प्रतिमान मनोवैज्ञानिक तथा व्यावहारिक दृष्टि से प्रभावात्मक प्रतिमान माना जाता है।

बोध स्तर के शिक्षण को प्रभावशाली बनाने के लिए सुझाव

(i) बोध स्तर के प्रत्येक सोपान का अनुसरण क्रमबद्ध रूप में समुचित ढंग से किया जाना चाहिए।

(ii) बोध स्तर के शिक्षण की समस्याओं पर विचार करते हुए शिक्षक को उनके समाधान हेतु उचित प्रयास करना चाहिए।

(iii) पाठ्य-वस्तु में तल्लीन होते हुए शिक्षक को समय-समय पर मनोवैज्ञानिक प्रेरणा भी देनी चाहिए।

(iv) बोध स्तर के शिक्षण में विद्यार्थियों को उस समय प्रवेश दिया जाए जब वे पहले स्मृति स्तर के शिक्षण की परीक्षा पास कर लें।

3. चिंतन स्तर (Reflective Level)

शिक्षण का अंतिम स्तर चिंतन स्तर है। इसमें स्मृति तथा बोध दोनों सम्मिलित हैं। चिंतन स्तर के शिक्षण के लिए यह आवश्यक है कि व्यवस्था स्मृति तथा बोध दोनों स्तर पर हो चुकी हो। चिंतन स्तर के शिक्षण का तात्पर्य 'समस्या केन्द्रित' शिक्षण से है। इसमें कक्षा का वातावरण खुला हुआ होता है। शिक्षक विद्यार्थियों के सामने ऐसी समस्या उत्पन्न करता है कि विद्यार्थियों में काफी मानसिक तनाव पैदा हो जाता है जिससे वे स्वयं प्रेरित होते हुए सक्रिय होकर समस्या को सुलझाने के लिए अपनी संकल्पनाएं बनाकर इसका परीक्षण करना प्रारंभ कर देते हैं। अंत में एक समय ऐसा आता है कि समस्या सुलझ जाती है। संक्षेप में चिंतन स्तर का शिक्षण विद्यार्थियों के बौद्धिक व्यवहार को विकसित करने के अवसर प्रदान करते हुए उनमें सृजनात्मक क्षमताएं विकसित करने में सहयोग प्रदान करता है।

चिंतन स्तर के शिक्षण को स्पष्ट करते हुए बिग्गी महोदय ने ठीक ही लिखा है– "चिंतन स्तर पर कक्षा में अधिक सजीव, प्रेरणादायी, सक्रिय, आत्मलोचनात्मक तथा संवेदनशील वातावरण उत्पन्न किया जाता है। यह वातावरण नवीन तथा मौलिक चिंतन को खुला अवसर प्रदान करता है। इस प्रकार का शिक्षण बोध स्तर के शिक्षण की अपेक्षा अधिक उत्पादक होता है।"

चिंतन स्तर के शिक्षण का सोपान (Educational Steps of Reflective Level)

चिंतन स्तर के शिक्षण सोपान को प्रतिपादित करने का श्रेय हण्ट (Hunt) को है। इसलिए इस शिक्षण सोपान को 'हण्ट का शिक्षण सोपान' (Hunt's Model of Teaching) की संज्ञा दी जाती है। हण्ट के चिंतन स्तर के प्रतिमान के प्रारूप का वर्णन निम्न सोपान के तहत किया जा सकता है–

(i) उद्देश्य
(ii) संरचना
(iii) सामाजिक प्रणाली
(iv) मूल्यांकन प्रणाली।

(i) **उद्देश्य**– चिंतन स्तर के शिक्षण के निम्न तीन उद्देश्य हैं–

(a) विद्यार्थियों की स्वतंत्र तथा मौलिक चिंतन शक्ति को विकसित करना।

(b) विद्यार्थियों में समस्या समाधान की क्षमता विकसित करना।

(c) विद्यार्थियों में आलोचनात्मक तथा सृजनात्मक चिंतन विकसित करना।

(*ii*) **संरचना–** चिंतन स्तर के शिक्षण की संरचना का प्रारूप का वर्गीकरण व्यक्तिगत तथा सामाजिक दोनों प्रकार की प्रकृति को ध्यान में रखते हुए निम्नवत चार सोपानों में की जाती है–

(*a*) पहले में शिक्षक विद्यार्थियों के सामने समस्यात्मक परिस्थिति उत्पन्न करता है।

(*b*) दूसरे में विद्यार्थी समाधान हेतु उपकल्पना बनाते हैं। स्मरण रहे कि एक समस्या के समाधान हेतु एक से अधिक उपकल्पनाएं भी बनाई जा सकती है।

(*c*) तीसरे में विद्यार्थी उपकल्पनाओं की पुष्टि के लिए आवश्यक प्रदत्तों का संकलन करते हैं। इन प्रदत्तों के आधार पर यह निर्णय किया जाता है कि बनाई हुई उपकल्पना समस्या के समाधान में सहायता कर सकती है अथवा नहीं।

(*d*) चौथे में उपकल्पना का परीक्षण किया जाता है। इस परीक्षा के आधार पर निर्णय निकाले जाते हैं, जो विद्यार्थियों के मौलिक विचार होते हैं।

(*iii*) **सामाजिक प्रणाली–** चिंतन स्तर के शिक्षण में कक्षा का वातावरण पूर्ण रूप में स्वतंत्र और खुला हुआ होता है। ऐसे वातावरण में शिक्षक का स्थान गौण होता है तथा विद्यार्थी का मुख्य। इस स्तर पर शिक्षक के तीन प्रमुख कार्य होते हैं–

(*a*) विद्यार्थियों के सामने समस्या उत्पन्न करना।

(*b*) शिक्षण के समय वाद-विवाद तथा सेमीनार आदि का प्रयोग करना, तथा

(*c*) विद्यार्थियों के आकांक्षा स्तर को ऊंचा उठाना।

(*iv*) **मूल्यांकन प्रणाली :** चिंतन स्तर के शिक्षण की निष्पत्तियों के लिए वस्तुनिष्ठ परीक्षा उपयोगी नहीं होती। विद्यार्थियों की क्षमताओं का उचित मूल्यांकन केवल निबंधात्मक परीक्षाओं के द्वारा ठीक प्रकार से किया जा सकता है। चिंतन स्तर की परीक्षा लेते समय मुख्यतः निम्न बातों का ध्यान रखा जाना चाहिए–

(*a*) विद्यार्थियों की अभिवृत्तियों तथा विश्वासों का मूल्यांकन करना चाहिए।

(*b*) उनकी अधिगम की क्रियाओं में तल्लीनता की जांच करनी चाहिए।

(*c*) इस बात का भी मूल्यांकन करना चाहिए कि विद्यार्थियों की आलोचनात्मक तथा सृजनात्मक क्षमताओं का विकास कितना हुआ है।

हण्ट के चिंतन स्तर के शिक्षण सोपान की सीमाएं (Hunt's Limitation of Reflective Level in Education)

(*i*) इस स्तर पर शिक्षण समस्या केन्द्रित होता है।

(*ii*) इस स्तर के शिक्षण में केवल सामूहिक वाद-विवाद को ही प्रभावशाली युक्ति समझा जाता है।

(*iii*) इस स्तर का शिक्षण केवल पाठ्यक्रम, पाठ्यवस्तु तथा पाठ्य पुस्तक तक ही सीमित नहीं किया जा सकता।

(*iv*) इस स्तर के शिक्षण में विद्यार्थी अपने शिक्षक की खुलकर आलोचना कर सकते हैं।

(*v*) स्मृति तथा बोध स्तरों की भांति चिंतन स्तर में किसी निश्चित कार्यक्रम का अनुसरण नहीं किया जा सकता।

(*vi*) इस स्तर के शिक्षण की व्यवस्था केवल उच्च कक्षा के विद्यार्थियों के लिए ही की जा सकती है क्योंकि चिंतन स्तर के शिक्षण में आयु तथा परिपक्वता का विशेष महत्त्व होता है।

चिंतन स्तर के शिक्षण को प्रभावशाली बनाने हेतु हण्ट के सुझाव

(*i*) शिक्षक को विद्यार्थियों के सामने ऐसी समस्यात्मक परिस्थितियां उत्पन्न करनी चाहिए कि सभी विद्यार्थियों में मौलिक तथा सृजनात्मक चिंतन विकसित हो जाए।

(*ii*) शिक्षण के समय विद्यार्थियों के सामने ऐसा स्वतंत्र तथा खुला हुआ वातावरण होना चाहिए कि वे वाद-विवाद में सक्रिय रूप से भाग लेकर समस्या को सुलझा सकें।

(*iii*) शिक्षक को विद्यार्थियों के सामने समस्या को इस प्रकार से उत्पन्न करना चाहिए कि वे इसकी अनुभूति करके आवश्यक उपकल्पनाएं बना सकें।

(*iv*) शिक्षक को चाहिए कि वह विद्यार्थियों का आकांक्षा स्तर (Level of Aspiration) को ऊंचा उठाए।

(*v*) शिक्षक को चाहिए कि वह विद्यार्थियों को चिंतन के शिक्षण स्तर में प्रवेश उसी समय दें जब वे स्मृति तथा बोध स्तर की परीक्षाओं में सफल हो चुके हों।

(*vi*) शिक्षक को इस स्तर के चारों सोपानों का अनुसरण सतर्कता के साथ करना चाहिए।

अधिगम की प्रक्रिया (Learning Process)

क्रिया-प्रतिक्रिया निर्देशित सभी व्यवहार प्राणी में परिवर्तन तथा संशोधन लाते रहते हैं। इस तरह का व्यवहार परिवर्तन, अधिगम कहलाता है।

अधिगम में दो पूरक प्रक्रियाएं—विभेदीकरण व विशिष्टीकरण सम्मिलित होती हैं। विभेदीकरण पूर्ण को इसके खंडों या घटकों में बांटने की प्रक्रिया है तथा विशिष्टीकरण जो घटकों को संयुक्त कर समष्टि अथवा अखंड बनाने की प्रक्रिया है। उदाहरणार्थ– यदि एक सीखने वाले बालक को खिलौना दिया जाता है तो वह खिलौना के पुर्जे को खोलकर विखंडित कर देता है। इस कार्य से बच्चा खिलौना के अलग-अलग टुकड़े करके ढांचे अथवा उसकी कार्यविधियों को समझने का प्रयत्न करता है। इसके बाद बच्चा सभी टुकड़े को पुनः वापस में जोड़कर खिलौना बनाने का प्रयत्न कर सकता है।

अधिगम की मुख्य विशेषताएं (Characteristics of Learning)

(*i*) **अधिगम की प्रकृति का व्यक्तिगत होना :** प्राय ऐसा देखा जाता है कि कुछ बच्चे बहुत शीघ्रता से सीख जाते हैं तथा कुछ धीरे-धीरे सीखते हैं। वास्तव में, सीखने की गति प्रत्येक व्यक्ति में भिन्न-भिन्न होती है।

एक कक्षा में प्रत्येक छात्र स्वयं में अद्वितीय होते हैं तथा प्रत्येक छात्र की अपनी-अपनी समस्याएं, आवश्यकताएं, लक्ष्य, आकांक्षाएं, रुचियां, पसंद-नापसंद होती हैं। व्यक्तित्व के गुणों में इन अंतरों के कारण विद्यार्थियों की सीखने की गति व मात्रा में भिन्नता होती है। अधिगम व्यक्ति की उसकी संपूर्ण परिस्थिति के साथ परस्पर संक्रिया का फल है। कोई छात्र किसी एकाकी उद्दीपन के संदर्भ की अपेक्षा संपूर्ण अधिगम परिस्थिति के प्रति अनुक्रिया द्वारा सीखता है। इसके अतिरिक्त अधिगम अवस्था में अधिगमकर्ता के व्यक्तित्व के सभी तीनों पक्षों– शारीरिक पक्ष, मानसिक पक्ष व संवेगात्मक पक्ष प्रभावित होते हैं। अतः एक अधिगम परिस्थिति का सावधानी से निर्माण करते समय एक अच्छा प्राध्यापक जहां एक ओर पर्यावरण का ध्यान रखता है वहीं दूसरी ओर उन सभी अभिप्रेरणात्मक कारकों का ध्यान रखता है जो अधिगमकर्त्ता को प्रभावित कर सकते हैं।

(ii) **अधिगम एक निरंतर एवं सक्रिय प्रक्रिया के रूप में :** मान लिया जाए कि एक अध्यापक अपनी कक्षा के बालकों से यह अपेक्षा करता है कि वे गणित की दो से गुणा करने की प्रक्रिया सीखने के लिए दस तक का पहाड़ा (Table) याद करें। जहां तक इस अवस्था के अधिगम के उद्देश्य का प्रश्न है हम इसे सही एवं स्पष्ट रूप से समझते हैं। ऐसी अवस्था में उद्देश्य की प्राप्ति विचारणीय मुद्दा है। संभवतः अध्यापक को एक-एक करके क्रमशः सभी पहाड़ों को बोलना चाहिए और विद्यार्थियों को उन्हें दोहराने के लिए कहना चाहिए। इस प्रक्रिया को निरंतर दुहराने से कुछ समय बाद बच्चे इन 'पहाड़ों' को कण्ठस्थ कर लेंगे। बच्चे इस प्रक्रिया में जितना अधिक प्रयत्न करेंगे उतनी ही अच्छी प्रकार से उन्हें पहाड़े याद होंगे। अर्थात् पहाड़े याद करना बच्चे के प्रयत्न पर निर्भर करता है। इस प्रकार हम पाते हैं कि अधिगम एक सक्रिय तथा निरंतर चलने वाली प्रक्रिया है।

(iii) **अधिगम का लक्ष्य एवं प्रयोजन केंद्रित होना :** प्रत्येक व्यक्ति अपने जीवन में किसी न किसी लक्ष्य की प्राप्ति का इच्छुक होता है। ये लक्ष्य ऐसे भी हो सकते हैं कि जो तुरंत प्राप्य हों अथवा ऐसे जो कुछ समय पश्चात् प्राप्त हो सकें। इनको हम क्रमशः अल्पावधिक लक्ष्य तथा दीर्घकालीन लक्ष्य कहते हैं। यदि इन लक्ष्यों का स्पष्ट और निश्चित रूप में कथन कर दिया जाए तो अधिगमकर्ता के लिए अधिगम अर्थपूर्ण तथा सप्रयोजन होगा।

(iv) **अधिगम का स्वरूप समीक्षात्मक अथवा सृजनात्मक होना :** अधिगम पूर्व प्राप्त अनुभवों का योगमात्र नहीं है अपितु यह अधिगमकर्त्ता को ज्ञान व अनुभवों का एक सृजनात्मक संश्लेषण है। इस अर्थ में अधिगम कार्य करने की एक नई विधि है और इसका उद्देश्य है उच्च स्तर का चिंतन करना जिसे सृजनात्मक अथवा समीक्षात्मक चिंतन कह सकते हैं। यहां सृजनात्मक चिंतन का प्रयोग पूर्ण तकनीकी रूप में न होकर मानसिक प्रक्रिया से संबद्ध है।

अधिगम के संबंध में **क्रो एवं क्रो** (Crow and Crow) ने भी मानसिक प्रक्रियाओं की ओर संकेत दिया है। उनके अनुसार समीक्षात्मक चिंतन में निम्नलिखित प्रक्रियाएं शामिल हैं–

(i) **दिशा :** इस प्रक्रिया में अधिगमार्थी की रुचि व उसका ध्यान एक लक्ष्य की ओर होता है।

(ii) **चयन :** यह वह प्रक्रिया है जिसमें अधिगमार्थी उन पूर्व अनुभूतियों का अनुस्मरण तथा चयन करता है जो उसके लिए नई अधिगम परिस्थिति को समझने में सार्थक होती है।

(iii) **व्याख्या :** इस प्रक्रिया के अन्तर्गत् अधिगमार्थी विभिन्न प्रकार की उपलब्ध सूचनाओं के मध्य संबंध देखने का प्रयत्न करता है।

(iv) **अंतर्दृष्टि :** इस प्रक्रिया के दौरान सीखने वाला अपनी नई अनुभूतियों के मध्य संबंधों की पहचान करता है।

(v) **समालोचना :** यह वह प्रक्रिया है जिसके अंतर्गत् नए मानसिक प्रारूपों का निर्माण या समीक्षा कर ढूंढे गए समाधान का मूल्यांकन किया जाता है।

(vi) **सृजन :** इसके अंतर्गत् नई मानसिक संरचनाओं का निर्माण होता है।

अधिगम को प्रभावित करने वाले बालकों से संबद्ध कारक (Factors Affecting Learning Related to Children)

अधिगम एक व्यापक प्रक्रिया है। बालक जब प्रथम बार विद्यालय में प्रवेश करता है तो उस पर घर का वातावरण छाया रहता है। विद्यालय प्रांगण में आने पर उसके मन में अनेक जिज्ञासाएं उठती हैं जिनको वह शांत करना चाहता है। उसे नवीन वातावरण में समायोजन करना होता है। ऐसी स्थिति में अधिगम क्रिया अनेक कारकों से प्रभावित होती है जो निम्नवत् हैं–

(i) **बालक :** किसी भी क्रिया को सीखने का एक केंद्र बिंदु होता है। शिक्षा का उद्देश्य बालक का सर्वांगीण विकास करना है। इस दृष्टि से बालकों की रुचि, योग्यता, क्षमता, व्यक्तिगत भेद, बुद्धि आदि के आधार पर संपन्न की गई क्रिया प्रभावशाली सिद्ध हो सकती है। बालक शिक्षण-प्रक्रिया का आधार है इसलिए उसके अभाव में अधिगम की कल्पना भी नहीं की जा सकती।

(ii) **शैक्षिक पृष्ठभूमि :** अधिगम पर इस बात का बहुत प्रभाव पड़ता है कि सीखने वाले की शैक्षिक योग्यता क्या है? यदि छात्र किसी विषय में पिछड़ा है तो उस विषय से संबंधित नवीन ज्ञान सीखने में उसे कठिनाई

का सामना करना पड़ेगा। यदि किसी छात्र की एक विषय में शैक्षिक योग्यता सामान्य से अधिक है तो छात्र उस विषय में नया ज्ञान सुगमता से सीख लेता है।

(iii) **सीखने की इच्छा :** बालकों को नया ज्ञान देने से पूर्व यह नितांत आवश्यक है कि उनमें सीखने के प्रति जिज्ञासा उत्पन्न की जाए क्योंकि ऐसा होने पर विद्यार्थी प्रतिकूल परिस्थितियों में भी किसी बात को सीखने में सफल हो जाता है। सीखने की इच्छा के अतिरिक्त छात्रों का आकांक्षा स्तर भी उच्च कोटि का होना चाहिए जिससे बालक कठिन तथ्यों को भी आसानी से समझ सके।

(iv) **अधिगम प्रक्रिया :** किसी क्रिया को किस प्रकार से संपादित किया जाता है, इससे भी अधिगम प्रभावित होता है। यद्यपि मनोवैज्ञानिक अधिगम की प्रक्रिया के संपादन पर एक मत नहीं हैं, फिर भी यह बात अपनी जगह सत्य है कि बालक किसी भी क्रिया को अपने ही ढंग से ग्रहण करता है, चाहे अधिगम की प्रक्रिया किसी भी ढंग से क्यों न संपादित की जाए।

(v) **परिपक्वता :** अधिगम की प्रक्रिया को बालक की शारीरिक एवं मानसिक परिपक्वता अधिक प्रभावी बनाती है। छोटी कक्षाओं में बालक की मांसपेशियों को मजबूत बनाने की ओर ध्यान दिया जाता है ताकि वे पेन, किताब आदि को पकड़ना सीख जाए। उन्हें व्याकरण एवं पहाड़े आदि का ज्ञान भी इसी दृष्टि से बाद में कराया जाता है। बहुत-सी चीजें बालक तभी सीख पाता है जब उसमें परिपक्वता आ जाती है चाहे हम उसे कितना भी प्रशिक्षण क्यों न दें।

(vi) **बुद्धि :** तीव्र बुद्धि वाला छात्र किसी भी ज्ञान को शीघ्रता एवं सरलता से सीख लेता है तथा मंदबुद्धि वाले छात्र को सामान्य बुद्धि वाले छात्र के साथ भी सीखने में बाधा रहती है। बुद्धि-लब्धि (I.Q.) शैक्षिक लब्धि में उच्च सकारात्मक सह-संबंध होता है। अधिगम प्रक्रिया का बुद्धि सबसे महत्त्वपूर्ण घटक है।

(vii) **सीखने वाले की मनोवृत्ति :** यदि किसी विषय के प्रति छात्र की नकारात्मक मनोवृत्ति है तो शिक्षक चाहे जितना परिश्रम करे छात्र के अधिगम में उन्नति होने की संभावना नहीं होती है। इसके विपरीत यदि सीखने वाले की किसी विषय के प्रति सकारात्मक मनोवृत्ति है तो वह सरलता से उस विषय को सीख जाता है। किसी विषय के प्रति सीखने वाले का रुझान बहुत महत्त्वपूर्ण होता है।

(viii) **सीखने का समय तथा अवधि :** यदि छात्र अधिक देर तक किसी क्रिया को करता रहता है तो वह थकान का अनुभव करने लगता है और थकान अनुभव होने से उसके अधिगम की प्रक्रिया में शिथिलता उत्पन्न हो जाती है। विद्यालयों में समय-सारणी (Time Table) बनाते समय इस बात का ध्यान रखा जाता है कि पहले कठिन विषय तथा बाद में सरल विषय पढ़ाया जाए। मध्यावकाश की व्यवस्था इसी उद्देश्य से की जाती है

(ix) **अभिप्रेरणा :** सीखने की प्रक्रिया में अभिप्रेरणा (Motivation) का महत्त्वपूर्ण योगदान है। यदि बालक को किसी नवीनतम ज्ञान अथवा कार्य सीखने के लिए प्रेरित नहीं किया जाता है तो वह उस प्रक्रिया में रुचि नहीं लेगा। अभिप्रेरणा से सीखने की इच्छा प्रबल हो जाती है। अभिप्रेरणा उत्पन्न करने के लिए यह आवश्यक है कि बालक को उसका लक्ष्य स्पष्ट कर दिया जाए।

(x) **शारीरिक व मानसिक स्वास्थ्य :** सीखने से पहले बालक का शारीरिक एवं मानसिक रूप से स्वस्थ रहना भी नितांत आवश्यक है, क्योंकि बालक के ध्यान, रुचि व एकाग्रता पर उसका प्रभाव पड़ता है। किसी भी प्रकार की मानसिक विकृति, शारीरिक रुग्णता तथा मानसिक तनाव का प्रत्यक्ष प्रभाव बालकों के अधिगम पर प्रतिकूल रूप से पड़ता है। शारीरिक एवं मानसिक रूप से अस्वस्थ बालक शीघ्र ही थक जाते हैं।

अधिगम को प्रभावित करने वाले शिक्षकों से संबद्ध कारक (Factors Affecting Learning Related to Teachers)

अधिगम को प्रभावित करने वाले विभिन्न प्रकार के कारकों में से शिक्षकों से संबद्ध कारक भी महत्वपूर्ण हैं, ये कारक निम्नवत् हैं–

(i) **विषय की जानकारी :** अध्यापक का किसी विषय से संबंधित ज्ञान अनुभव एवं योग्यता आदि छात्रों के अधिगम को प्रत्यक्ष रूप से प्रभावित करते हैं। यदि अध्यापक को अपने विषय की जानकारी नहीं है तो वह छात्रों को बहुत कुछ जानकारी नहीं दे सकता। इसके विपरीत, यदि अध्यापक को अपने विषय का सटीक ज्ञान है तो वह आत्मविश्वास के साथ छात्रों को नवीन ज्ञान देने में सक्षम होगा तथा उसका शिक्षण प्रभावी होगा।

(ii) **शिक्षण विधि :** शिक्षण विधि का सीधा संबंध अधिगम प्रक्रिया से होता है। साथ ही प्रत्येक शिक्षक का पढ़ाने का तरीका भी भिन्न होता है तथा सभी छात्र एक ही विधि से नहीं सीख पाते। शिक्षण की विधि जितनी अधिक वैज्ञानिक एवं प्रभावशाली होगी उतनी ही सीखने की प्रक्रिया सरल एवं लाभप्रद होगी। बच्चों के संदर्भ में खेल विधि द्वारा सिखाना, करके सिखाना, निरीक्षण द्वारा सिखाना, योजना विधि द्वारा सिखाना, खोज विधि द्वारा सिखाना आदि का अपना अलग-अलग महत्व है।

(iii) **शिक्षक का व्यवहार :** शिक्षक का व्यवहार छात्रों के सीखने को प्रत्यक्ष रूप से प्रभावित करता है। शिक्षक में एक आदर्श शिक्षक के सभी गुण होने चाहिए। उसके व्यवहार में सहानुभूति, सहयोग, समानता, शिक्षण कला

में निपुणता, मृदुभाषी, संयत आदि गुण निहित हैं तो छात्र कक्षा वातावरण में सहज रूप से सब कुछ सीख सकेंगे। लेकिन यदि शिक्षक का व्यवहार अत्यंत कठोर है तो छात्र उसके कक्षा से अनुपस्थित रहते हैं। साथ ही अध्यापक को सभी छात्रों से एक जैसा ही व्यवहार करना चाहिए ताकि छात्रों के मन में उसके प्रति दुर्भावना पैदा न हो।

(*iv*) **व्यक्तित्व** : शिक्षक का व्यक्तित्व सफल शिक्षण का आधार होता है। इस दृष्टि से शिक्षक का व्यक्तित्व आकर्षक एवं अत्यंत प्रभावशाली होना चाहिए। उसे अपने कार्यों एवं व्यवहार में संतुलन बनाए रखते हुए छात्रों पर एक अनूठी छाप छोड़नी चाहिए। छात्र जाने-अनजाने शिक्षक के व्यवहार से बहुत-सी बातें स्वयं ही सीख लेते हैं। कहा भी गया है कि शिक्षक छात्रों के लिए श्रेष्ठ प्रेरणा का काम करता है। इस दृष्टि से एक अध्यापक को आत्मविश्वासी दृढ़ इच्छाशक्ति वाला, कर्त्तव्यनिष्ठ, निरोगी, श्रेष्ठ रुचियों एवं अभिरुचियों वाला होना चाहिए।

(*v*) **व्यक्तिगत भेदों की जानकारी** : प्रत्येक छात्र की बुद्धि, रुचि, योग्यता, क्षमता, अभिवृत्ति आदि अलग-अलग होती है। इन्हीं विशेषताओं के कारण कुछ छात्र अध्यापक द्वारा प्रदत्त ज्ञान को आसानी से आत्मसात कर लेते हैं और कुछ देर से करते हैं या बिल्कुल ही नहीं कर पाते। सामान्यतः एक कक्षा में अध्यापक को तीन प्रकार के छात्रों का सामना करना होता है—मेधावी, सामान्य तथा पिछड़े हुए बालक और इन्हीं के अनुरूप उसे अपने शिक्षण की व्यवस्था करनी होती है। व्यक्तिगत भेद अध्यापक को छात्र के समझने में पूरा-पूरा सहयोग देते हैं।

(*vi*) **मनोविज्ञान की जानकारी** : ऐसा कहा जाता है कि एक अध्यापक को मनोविज्ञान का ज्ञान अनिवार्य है। इस संदर्भ में यह बात बिल्कुल स्पष्ट हो जाती है कि जब तक एक अध्यापक को मनोविज्ञान के सिद्धांतों का ज्ञान नहीं होता तब तक वह इन सिद्धांतों का शिक्षा में प्रयोग कर उसे प्रभावी नहीं बना सकता। उसे बाल विकास प्रक्रिया, वंशानुक्रम, व्यक्तिगत विभेद, प्रेरणा, सीखने के सिद्धांत आदि का ज्ञान होना चाहिए। निःसंदेह आधुनिक शिक्षा के मनोविज्ञान ने एक नई दिशा प्रदान की है।

(*vii*) **अनुशासन** : शिक्षा मनोविज्ञान के सिद्धांतों के प्रचलन के कारण आज यह धारणा गलत साबित हो गई है कि 'डण्डा हाथ से छूटा और बालक बिगड़ा'। अब यह अनुभव किया जाने लगा है कि डण्डे, मारपीट, भय एवं आतंक के बल पर कक्षा में स्थायी अनुशासन की स्थापना नहीं की जा सकती। यह हो सकता है कि छात्र तुरंत कुछ समय के लिए अनुशासित हो जाएं लेकिन कुछ समय बाद वह अपनी पुरानी प्रवृत्तियों पर पुनः लौट जाएंगे। मनोवैज्ञानिक परीक्षणों ने यह सिद्ध कर दिया है कि छात्र अपराध करने पर दण्ड से डरते नहीं। लेकिन इसका अर्थ यह नहीं कि छात्र को मनमानी करने दी जाए। उसे उसके अपराध के अनुकूल दण्ड अवश्य दिया जाना चाहिए।

(*viii*) **पाठ्य-सहगामी क्रियाएं** : शिक्षा के क्षेत्र में मनोविज्ञान के योगदान के रूप में आज पाठ्यक्रम में अनेक महत्त्वपूर्ण सहगामी क्रियाओं को यथोचित स्थान दिया जाता है। पहले यह समझा जाता था कि पढ़ाई के अतिरिक्त क्रियाओं का आयोजन करने से छात्र अपना बहुमूल्य समय नष्ट करते हैं। लेकिन, अब यह विचार बदल गया है। परिणामतः वाद-विवाद प्रतियोगिता, निबंध-लेखन, कहानी, कविता, अन्त्याक्षरी प्रतियोगिता, बालचर शिक्षा, भ्रमण, छात्र-संघ, खेल-कूद, अभिनय तथा नाटक, संगीत आदि इसी प्रकार की अन्य क्रियाओं को पाठ्यक्रम में स्थान देने के कारण बालकों के सर्वांगीण विकास में बहुत सहयोग मिलता है।

(*ix*) **बालक केंद्रित शिक्षा** : बाल मनोविज्ञान ने आज शिक्षा की धारा एवं संकल्पना को पूरी तरह से बदल दिया है। प्राचीन काल में शिक्षा का केंद्र बालक न होकर अध्यापक था। बालक की आवश्यकताओं, रुचियों, अभिरुचियों एवं दृष्टिकोणों की परवाह किए बिना ही शिक्षण का केंद्र बिंदु बालक हो गया। अतः शिक्षक के लिए यह आवश्यक है कि वह जो भी ज्ञान छात्रों को प्रदान करे वह उनकी रुचियों, क्षमताओं एवं स्तर के अनुकूल होना चाहिए।

(*x*) **समय-सारणी** : शिक्षा मनोविज्ञान के कारण ही विद्यालयों में समय-सारणी बनाते समय ध्यान रखा जाता है कि कौन-सा विषय पहले लिया जाए और कौन-सा बाद में। पहले बालकों की थकान, विश्राम एवं अवधान पर कोई ध्यान नहीं रखा जाता था लेकिन अब इन सभी पहलुओं पर विशेष ध्यान दिया गया है। खेल के समय तथा दूसरी विविध क्रियाओं के आयोजन की भी व्यवस्था समय-चक्र में सूक्ष्म रूप से कर ली जाती है। साथ ही समय-सारणी बनाते समय मौसम, बालकों की योग्यता, रुचि एवं व्यक्तिगत विभेदों आदि पर भी ध्यान दिया जाना चाहिए।

उपरोक्त बातों से स्पष्ट है कि जब तक शिक्षक यह नहीं जानेंगे कि पढ़ाना क्या है तथा छात्र यह नहीं जानेगा कि सीखना क्या है तब तक अधिगम प्रक्रिया को चलाना असंभव है। इन दो प्रश्नों के उत्तर में विषय-वस्तु या पाठ्यक्रम का उल्लेख अपेक्षित है। क्रिया-कलाप, उद्देश्य तथा पाठ्यक्रम का व्यवस्थापन अथवा संगठन अधिगम-प्रक्रिया की प्रकृति के निर्धारक हैं। यद्यपि कक्षा में अधिगम परिस्थितियों को व्यवस्थित करने संबंधी निर्देश शिक्षक को पाठ्यक्रम द्वारा उपलब्ध करा दिए जाते हैं, परंतु यह तो शिक्षक के चातुर्य

अथवा उपाय कौशल पर निर्भर करता है कि शिक्षक उसका कितनी बुद्धिमत्ता से उपयोग करते हैं। इस तरह शिक्षक की उपाय कुशलता एक और महत्त्वपूर्ण घटक है जो शिक्षक के विद्यार्थियों के अधिगम को प्रभावित करती है।

अधिगम/सीखने के प्रमुख तरीके (Important Ways of Learning)

सीखना मानव के व्यवहार में परिवर्तन है और यह परिवर्तन विभिन्न नियमों के माध्यम से संभव हो पाता है। सीखने की प्रक्रिया में सामाजिक वातावरण एवं वंशानुक्रमण अपनी महत्त्वपूर्ण भूमिका निभाते हैं। सीखने के प्रमुख तरीके निम्नवत् हैं—

(i) **अनुकरण के माध्यम से सीखना :** प्रायः सभी बालकों में अनुकरण की प्रवृत्ति पाई जाती है और यह अनुकरण की प्रवृत्ति उसे सीखने की ओर प्रेरित करती है। विद्वानों का मानना है कि अनुकरण द्वारा सीखना भूल एवं प्रयास द्वारा सीखने की तुलना में उच्च कोटि का सीखना है। इस नियम द्वारा सीखने में वह दूसरों के अनुभवों का लाभ उठाता है। इस नियम द्वारा सीखने के लिए बुद्धि की आवश्यकता अधिक होती है।

हेगाटी ने अनुकरण द्वारा सीखने के विषय में एक प्रयोग किया। उसने लोहे की एक खोखली नली में केला डाल दिया और भूखे बंदर को कमरे में बंद करके उसे उस केले वाली खोखली को कमरे में डाल दिया। बंदर उस नली को बार-बार जमीन पर पटक कर उस केले को निकालने का प्रयास करने लगा किंतु उसे कामयाबी नहीं मिली। तभी बंदर ने देखा कि उसके पास एक छोटा-सा डंडा पड़ा हुआ है। उसने उस डंडे को उठाया और नली के अंदर डाल कर केला बाहर निकाल लिया और उसे खा गया। पहले बंदर द्वारा किए जा रहे प्रयास को एक दूसरे बंदर को भी दूर से दिखाया जा रहा था। थोड़ी देर बाद इसी प्रकार की नली में केला डालकर दूसरे बंदर के सामने डाला गया। दूसरे बंदर ने तुरंत ही डंडे की मदद से उस केले को बाहर निकाल कर खा लिया। इस परीक्षण से स्पष्ट हो जाता है कि पहले बंदर ने भूल एवं प्रयास के माध्यम से लक्ष्य तक पहुंचने में सफलता पाई जबकि दूसरे बंदर ने पहले बंदर का अनुकरण कर तुरंत लक्ष्य तक पहुंचने में सफलता पा ली। इस प्रकार **हेगाटी** ने स्पष्ट किया कि अनुकरण द्वारा सीखना, सीखने की एक महत्त्वपूर्ण विधि है।

(ii) **भूल एवं प्रयास के माध्यम से सीखना :** भूल एवं प्रयास के नियम का प्रतिपादक **थॉर्नडाइक** को माना जाता है। उन्होंने चूहों और बिल्लियों पर अनेक परीक्षण करने के पश्चात् यह पाया कि मानव और पशु दोनों ही भूल एवं प्रयास के तरीके से सीखते हैं। किसी कार्य को करने के लिए पहले प्रयास किया जाता है और यह आवश्यक नहीं है कि प्रथम प्रयास में ही वह कार्य पूरा हो जाए। क्योंकि उसमें कोई न कोई भूल हो जाने की संभावना रहती है और कार्य में सफलता नहीं मिलती। अब इसे दोहराया जाता है और दोबारा करते समय पहली भूल को ध्यान में रखते हुए प्रयास किया जाता है। जैसे-जैसे प्रयास किया जाता है पुरानी भूलों में कमी आती जाती है और कार्य संपन्न हो जाता है। इस प्रकार बार-बार प्रयास करने पर सीखने की प्रक्रिया पूर्ण हो जाती है और यह कार्य ठीक प्रकार से होने लगता है। प्रयास एवं भूल में मानव प्रेरणायुक्त होता है और अपने निश्चित लक्ष्य तक पहुंचने की ओर अग्रसर होता है। यद्यपि प्राणी का लक्ष्य अस्पष्ट होता वह अपने इस अस्पष्ट लक्ष्य को प्राप्त करने के लिए बार-बार प्रयास करता है। असफलता मिलने पर पुनः प्रयास करता है और अंत में अपने लक्ष्य तक पहुंच जाता है। सही लक्ष्य तक पहुंच जाना ही सीखने की प्रक्रिया को पूर्ण करता है। उदाहरणार्थ—मनुष्य का टाइप सीखना, गणित के सवाल निकालना, साइकिल चलाना सीखना आदि भूल एवं प्रयास द्वारा सीखने के कुछ ऐसे ही उदाहरण हैं।

(iii) **सूझ-बूझ के माध्यम से सीखना :** सूझ-बूझ के माध्यम से सीखने के सिद्धांत का प्रतिपादक **कोहलर** था। इस सिद्धांत के अनुसार मानव पहले परिस्थितियों का पूर्ण अवलोकन करता है। उसके बारे में सोचता है और फिर क्रियाओं के माध्यम से उसे सीखने का प्रयास करता है। कोई भी प्राणी जब किसी नवीन वातावरण में आता है तो उसका संबंध विभिन्न तत्वों के साथ स्थापित होता है। वह वातावरण को भलीभांति समझता है और फिर उसी के अनुरूप प्रतिक्रिया करता है। वातावरण को जानना एवं समझना उसकी सूझ-बूझ पर पर निर्भर करता है। सूझ-बूझ का यह सिद्धांत पशुओं की तुलना में मानवों पर अधिक लागू होता है। इस सिद्धांत को सिद्ध करने के लिए **कोहलर** ने चिम्पैंजियों पर परीक्षण किया। उसने एक चिम्पैंजी को पिंजड़े में बंद कर दिया और कुछ दूरी पर पिंजड़े से बाहर केले टांग दिए। पिंजड़े में दो बांस भी डाल दिए। केले पिंजड़े से इतनी दूरी पर थे कि चिम्पैंजी के हाथ वहां तक नहीं पहुंच पा रहे थे। चिम्पैंजी ने जब देखा कि उसके हाथ केले तक नहीं पहुंच पा रहे हैं तो उसने एक डंडे के सहारे केलों तक पहुंचने का प्रयास किया। लेकिन चिम्पैंजी को जब उसमें भी सफलता नहीं मिली तो वह कुछ सोचता रहा और कुछ देर के बाद उसने दोनों डंडों को आपस में जोड़ा और उनकी सहायता से उसने केलों को पिंजड़े में खींच कर खा लिया। इस तरह स्पष्ट है कि सूझ-बूझ के सिद्धांत में बुद्धि का होना आवश्यक है। यह परीक्षण चिम्पैंजी पर इसलिए

किया गया क्योंकि चिम्पैंजी में थोड़ी-बहुत बुद्धि होती है। उसने अपनी सूझ-बूझ का इस्तेमाल कर केलों को खाने में सफलता प्राप्त की।

***(iv)* आंशिक एवं पूर्ण तरीकों द्वारा सीखना :** इस विधि से छात्रों को समस्या का पूर्ण ज्ञान कराया जाता है, जिससे प्रथम बार में छात्रों को उस समस्या के बारे में कुछ न कुछ ज्ञान हो जाता है।

***(v)* सामूहिक तरीके के माध्यम से सीखना :** मानव एक सामाजिक प्राणी है। समाज से बाहर उसका कोई अस्तित्व नहीं है। अतः वह समाज में रहते हुए समूह में बहुत कुछ सीखता है। समूहों में रहते हुए उसका ज्ञान प्राप्त करना ही सामूहिक सीखना कहलाता है। प्रोजेक्ट डाल्टन तथा बेसिक विधि, वर्कशॉप विधि, वाद-विवाद, सेमीनार विधि आदि सीखने की सामूहिक विधियों के अच्छे उदाहरण हैं।

अभ्यास प्रश्न

1. अधिगम में शिक्षार्थी को उसके परिणामों से अवगत कराने से उसे इसके द्वारा अभिप्रेरण (Motivation) मिलता है–
A. असफलता की सूचना
B. सफलता की सूचना
C. प्रतिपुष्टि (Feedback) द्वारा पुनर्बलन (Reinforcement)
D. निंदा व प्रशंसा

2. अधिगम के सिद्धान्तों (Theory of Learning) में निम्नांकित प्रमुख है–
A. साहचर्यवाद (Association)
B. शास्त्रीय अनुबन्ध (Classical Conditioning)
C. क्रियाप्रसूत अनुबन्ध (Operant Conditioning)
D. उपरोक्त सभी

3. व्यक्तित्व के निर्माण का फ्रायड (Freud) के अनुसार कौन सा सिद्धान्त है–
A. मनोविश्लेषण सिद्धान्त (Psychoanalytic Theory)
B. प्रारूप सिद्धान्त (Type Theory)
C. विशेषक सिद्धान्त (Trait Theory)
D. उपरोक्त सभी

4. "व्यक्तित्व, व्यक्ति के व्यवहार का समग्र गुण है।" व्यक्तित्व (Personality) की यह परिभाषा निम्नांकित ने दी है–
A. वुडवर्थ (Woodworth)
B. वैलेन्टिन (Valentine)
C. बोरिंग (Boring)
D. वारेन (Warran)

5. निम्न में से कौन-से कथन को सीखने की प्रक्रिया की विशेषता ***नहीं*** मानना चाहिए?
A. सीखना एक व्यापक प्रक्रिया है
B. सीखना लक्ष्योन्मुखी होता है
C. अन-अधिगम भी सीखने की प्रक्रिया है
D. शैक्षिक संस्थान ही एकमात्र स्थान है जहाँ अधिगम प्राप्त होता है

6. व्यक्तिगत शिक्षार्थी एक-दूसरे से ...... में भिन्न होते हैं
A. विकास-क्रम
B. विकास की सामान्य क्षमता
C. वृद्धि एवं विकास के सिद्धांतों
D. विकास की दर

7. विद्यार्थियों के सीखने में जो रिक्तियाँ रह जाती हैं उनके निदान के बाद .... होना चाहिए।
A. सभी पाठों को व्यवस्थित रूप से दोहराना
B. शिक्षार्थियों और अभिभावकों को उपलब्धि के बारे में बताना
C. समुचित उपचारात्मक कार्य
D. सघन अभ्यास कार्य

8. एक छात्र की शिक्षण-अधिगम में सक्रिय भागीदारी होती है यदि वहः
A. सम्बन्धित प्रश्न पूछता है
B. शिक्षक के प्रश्नों के उत्तर देता है
C. दूसरों के विचारों पर प्रतिक्रिया व्यक्त करता है
D. उपर्युक्त सभी करता है

9. उत्तम अधिगम के लिए आवश्यक है–
A. शिक्षक व्याख्यानों तथा अधिगम परीक्षणों की
B. छात्रों द्वारा अप्रत्यक्ष रूप से अधिगमित सांस्कृतिक प्रतिमानों की
C. छात्रों द्वारा शैक्षिक सांस्कृतिक पक्षों के व्यवहारिक प्रशिक्षण की
D. छात्रों को अपनी पाठ्य-पुस्तकों की सामग्री को दैनिक रूप से रटने की

10. स्मृति की सर्वश्रेष्ठ प्रणाली कौन-सी है?
A. पहचानना B. पुनर्स्मरण करवाना
C. पुनर्संरचना D. पुनः याद करना

11. स्मृति मापने हेतु सरलतम प्रणाली प्रयुक्त की गई।
A. आकृति B. पुनः याद करना
C. अभ्यास D. पहचान

12. स्मृति का हस्तक्षेप सिद्धांत प्रतिपादित किया था–
A. मिलर ने B. बैटलटालट ने
C. एबिनगास ने D. मेकगोक ने

13. "सीखने के पश्चात् उस बात को याद रखना या उसे पुनः प्रस्तुत करना स्मृति कहलाता है"–यह कथन किसका है?

A. फ्रायड B. मिलर
C. स्टाऊट D. वुडवर्थ

14. स्मृति का पहला अंग कौन-सा है?

A. पुनः स्मरण B. सीखना
C. पहचान D. धारणा

15. सामाजिक अधिगम का सिद्धांत इनमें से किसने दिया–

A. बंडूरा B. थार्नडाइक
C. पॉवलाव D. स्कीनर

16. लिखना उदाहरण है–

A. मौखिक अधिगम
B. प्रेरक एवं संवेदी अधिगम
C. प्रेरक अधिगम
D. संवेदी अधिगम

17. शिक्षण-अधिगम की प्रक्रिया में बच्चों के ज्ञानार्जन का मुख्य तरीका है–

A. अनुकरण द्वारा अधिगम
B. करके सीखना
C. अनुभव द्वारा अधिगम
D. उपरोक्त सभी

18. एक शिक्षक को बच्चों को सिखाते समय ध्यान देना चाहिए–

A. शिक्षण पद्धति एवं निर्देशन पर
B. बालकों के वर्गीकरण पर
C. कक्षा के आकार पर
D. उपरोक्त सभी

19. 'अनुकरण द्वारा अधिगम' का नियम किसके द्वारा प्रतिपादित किया गया?

A. स्कीनर B. थॉर्नडाइक
C. हेंगाटी D. कोहलर

20. किसी कक्षा कक्ष में सीखने को प्रभावित करने वाला महत्वपूर्ण घटक है–

A. कक्षा-कक्ष का प्रशासनिक वातावरण
B. कक्षा-कक्ष का आर्थिक वातावरण
C. कक्षा-कक्ष का सामाजिक वातावरण
D. कक्षा-कक्ष का मनोवैज्ञानिक वातावरण

21. शिक्षण अधिगम के अन्तर्गत शिक्षक का प्रमुख कार्य है–

A. बालक को पढ़ाना
B. बालक का ज्ञानवर्धन करना
C. बालक को सीखने के लिए अभिप्रेरित करना
D. बालक को अच्छे संस्कारों में डालना

22. निम्नलिखित में से सीखना किस प्रकार की गतिविधि है?

A. सामाजिक B. व्यक्तिगत
C. व्यवहारिक D. उपरोक्त सभी

23. आपकी कक्षा में बच्चों का प्रदर्शन निरन्तर गिरता जा रहा है, इसका प्रमुख कारण हो सकता है

A. अभ्यास की कमी B. तत्परता
C. अनुकूल वातावरण D. इनमें से कोई नहीं

24. बच्चों में सीखने के लिए आवश्यक नियम है–

A. रटने का नियम
B. तत्परता का नियम
C. व्यवस्थित अधिगम प्रक्रिया नियम
D. बहुप्रतिक्रिया नियम

उत्तरमाला

1	2	3	4	5	6	7	8	9	10
C	D	A	A	D	D	C	D	C	A
11	**12**	**13**	**14**	**15**	**16**	**17**	**18**	**19**	**20**
B	D	D	B	A	B	D	D	C	D
21	**22**	**23**	**24**						
C	A	A	B						

11. बच्चा एक समस्या समाधानकर्त्ता तथा वैज्ञानिक अन्वेषक के रूप में (Child as a Problem-solver and a Scientific Investigator)

समस्या समाधान का अर्थ (Meaning of Problem Solving)

समस्या समाधान का अर्थ है कठिनाइयों पर विजय प्राप्त करके लक्ष्य को प्राप्त करना। यदि हम किसी निश्चित लक्ष्य पर पहुँचना चाहते हैं, पर किसी कारणवश नहीं पहुँच पाते, तब हमारे सामने एक समस्या खड़ी हो जाती है। यदि हम इस कठिनाई पर विजय प्राप्त करके अपने लक्ष्य पर पहुँच जाते हैं, तो हम अपनी समस्या का समाधान कर लेते हैं। कुछ समस्याओं का हल करने में कम समय लगता है और कुछ में अधिक। किसी समस्या का समाधान करने के लिए यदि समुचित साधन उपलब्ध नहीं होते तो समाधान का विकल्प देखना पड़ता है।

बच्चा एक समस्या समाधानकर्त्ता के रूप में (Child as a Problem Solver)

विद्यालय शिक्षा के दौरान एक बच्चे के समक्ष अनेक समस्याएं आती हैं तथा उसका समाधान भी उसे ही ढूँढना होता। ऐसे में बच्चों को इस स्तर के योग्य बनाने के लिए आवश्यक है कि उनके व्यक्तित्व का विकास इस प्रकार से किया जाए कि वह सभी प्रकार की परिस्थितियों का सही ढंग से सामना कर सकें। व्यक्तित्व का विकास निम्नलिखित तरीकों के माध्यम से किया जा सकता है–

(i) **आत्म पहचान का गुण विकसित करके :** इस तरीके के तहत बच्चों को ऐसे काम दिए जाने चाहिए जिनमें सफलता निश्चित हो। इन कामों को करने से बच्चे में आत्म-विश्वास बढ़ता है जो जिन्दगी में प्रसन्नता व सहयोग की भावना को बढ़ाता है। बच्चे का जन्मदिन मनाना चाहिए। इससे बच्चे की आत्म-अनुमोदन तथा सामाजिक अनुमोदन की भावना को संतुष्टि मिलती है समय-समय पर बच्चे के काम की प्रशंसा करनी चाहिए तथा छोटी-छोटी बातों पर भी उन्हें पुरस्कृत करना चाहिए जिससे कि वह भविष्य में अपनी समस्याओं का समाधान स्वयं कर सकें।

(ii) **स्वयं की कमियों को स्वीकार करना और सिखाकर दूर करना :** बच्चों में यह भावना पैदा करनी चाहिए कि कोई भी व्यक्ति संपूर्ण नहीं है। इसीलिए अपनी कमियों को मुस्कुराते हुए स्वीकार करना चाहिए तथा उन्हें दूर करने का प्रयत्न करना चाहिए। इसके लिए बच्चे को इससे संबंधित कहानियां सुनानी चाहिए। इसके अतिरिक्त कुछ रचनात्मक कार्यक्रम का भी आयोजन किया जाना चाहिए। उदाहरणार्थ–नाटक दिखाना एवं कठपुतली नृत्य आदि। बच्चे के गुणों की खुलकर प्रशंसा करनी चाहिए ताकि बच्चा अपनी कमियों को भूलकर अपनी प्रतिभा को निखार सके।

(iii) **स्वावलंबी बनने के लिए प्रेरित करके :** बच्चे को आत्मनिर्भर बनाने के लिए हमेशा प्रेरित करते रहना चाहिए। इसके लिए बच्चे को कहानियां सुनानी चाहिए, नाटक दिखाने चाहिए, लड़कियों को गुड़िया को कपड़े पहनाने, सफाई करने, कंघी करने जैसे काम करने देने चाहिए इससे बच्चों में आत्मनिर्भरता बढ़ती है। बच्चों को चुनौतीपूर्ण व उत्तरदायित्व वाले काम सौंपने चाहिए जिससे कि वह समस्याओं के समाधानों का हल सही दिशा में निकालने के लिए सक्षम हो सकें।

बच्चा एक वैज्ञानिक अन्वेषक के रूप में (Child as a Scientific Investigator)

किसी भी छात्र की समझ की सही जांच तब होती है जब वह समाज में रहकर सीखता है तथा अपने स्वयं के ज्ञान को एक अन्वेषक के रूप में प्रयोग करता है। एक बच्चे को वैज्ञानिक अन्वेषक के रूप में निम्नलिखित प्रकार से विकसित किया जा सकता है–

(i) किसी बच्चे को दैनिक जीवन में आने वाले व्यक्तियों के व्यवसाय के बारे में समझाने का प्रयास करना चाहिए। यथा–डॉक्टर, डाकिया, वकील, बढ़ई व सुनार आदि।

(ii) बच्चों को अलग-अलग जगहों पर भ्रमण के लिए ले जाना चाहिए ताकि वे भ्रमण के माध्यम से कुछ नए प्रकार के चीजों के संबंध में सोच सकें।

(iii) बच्चों को दुकान-दुकान आदि का खेल खेलना चाहिए ताकि वे खेल-खेल में दुकानदारी आदि के व्यवसाय आदि के बारे में जान सकें।

(iv) ऐसा उपाय करना चाहिए ताकि बच्चे वैज्ञानिक यंत्रों, धातुओं, वायु संचार आदि के बारे में स्वयं जानकारी प्राप्त कर सकें। ऐसा करने से उनमें (बच्चों में) एक वैज्ञानिक सोच के साथ-साथ अलग-अलग विषयों का अन्वेषण करने का गुण भी उत्पन्न होने लगता है।

अभ्यास प्रश्न

1. .... के अतिरिक्त निम्नलिखित समस्या समाधान की प्रक्रिया के चरण हैं–
   A. सम्भावित युक्तियों को खोजना
   B. समस्या को छोटे हिस्सों में बाँटना
   C. समस्या की पहचान
   D. परिणामों की आशा करना
2. बच्चों की सीखने की प्रक्रिया में माता-पिता को ...... भूमिका निभानी चाहिए।
   A. अग्रोन्मुखी B. नकारात्मक
   C. तटस्थ D. सहानुभूतिपूर्ण
3. चिन्तन तथा तर्क का उद्देश्य है–
   A. संवेग को समाप्त करना
   B. समस्या को जटिल बनाना
   C. संज्ञान का अन्त करना
   D. समस्या का समाधान करना
4. अधिगमकर्ता का स्व-नियमन का क्या अर्थ है?
   A. विद्यार्थियों के व्यवहार के लिए विनियमों का निर्माण करना
   B. विद्यार्थी निकाय द्वारा बनाए गए नियम एवं विनियम
   C. अपने सीखने का स्वयं अनुवीक्षण करने की योग्यता
   D. स्व-अनुशासन और नियन्त्रण
5. शिक्षार्थियों का 'आत्म नियमन' .... की ओर संकेत करता है।
   A. स्व-अनुशासन और नियंत्रण
   B. विद्यार्थियों के व्यवहार के लिए विनियम बनाना
   C. अपने सीखने का स्वयं पर्यवेक्षण करने की उनकी योग्यता
   D. विद्यार्थी-निकाय द्वारा बनाए गए नियम-विनियम
6. विद्यार्थियों के सीखने में जो रिक्तियाँ रह जाती हैं उनके निदान के बाद .... होना चाहिए।
   A. समुचित उपचारात्मक कार्य
   B. शिक्षार्थियों और अभिभावकों को उपलब्धि के बारे में बताना
   C. सभी पाठों को व्यवस्थित रूप में दोहराना
   D. सघन अभ्यास कार्य
7. सीमा ने हाथ से दाल और चावल खाना सीख लिया है। जब उसे दाल और चावल दिए जाते हैं तो वह दाल-चावल मिलाकर खाने लगती है। उसने चीजों को करने के लिए अपने स्कीम में दाल और चावल खाने को .... कर लिया है।
   A. समुचितता B. अनुकूलित
   C. समायोजित D. अंगीकार
8. शिक्षकों को अपने विद्यार्थियों की त्रुटियों का अध्ययन करना चाहिए क्योंकि वे प्रायः .... की ओर संकेत करते हैं।
   A. भिन्न प्रकार की पाठ्यचर्या की आवश्यकता
   B. योग्यताओं के अनुसार समूह बनाने हेतु दिशा-निर्देश
   C. आवश्यक उपचारात्मक युक्तियों
   D. उनके ज्ञान की सीमा
9. "समस्या-समाधान किसी लक्ष्य की प्राप्ति में बाधा डालती प्रतीत होती कठिनाइयों पर विजय पाने की प्रक्रिया है।" निम्न में से यह कथन किसका है?
   A. स्टेनले B. स्किनर
   C. पियाजे D. पावलॉव
10. बच्चों द्वारा की जाने वाली त्रुटियों के सम्बन्ध में निम्नलिखित में से कौन-सा कथन सत्य है?
   A. यदि एक शिक्षक कक्षा-कक्ष में सभी बच्चों की त्रुटियों को सुधारने योग्य नहीं है तो यह संकेत करता है कि शिक्षक-शिक्षा की व्यवस्था असफल है।
   B. स्वयं बच्चों द्वारा त्रुटियों को सुधारा जा सकता है इसलिए शिक्षक को उन्हें तुरन्त ही नहीं सुधारना चाहिए।
   C. प्रत्येक त्रुटि को सुधारने में बहुत अधिक समय लगेगा तथा एक शिक्षक के लिए थकान वाला होगा
   D. एक शिक्षक को प्रत्येक त्रुटि पर ध्यान नहीं देना चाहिए अन्यथा पाठ्यक्रम पूरा नहीं होगा।
11. एक शिक्षिका अपने शिक्षार्थियों को सदैव इस रूप में सहायता करती है कि वे एक विषय-क्षेत्र से प्राप्त ज्ञान को दूसरे विषय-क्षेत्रों के ज्ञान के साथ जोड़ सकें। इससे .... को बढ़ावा मिलता है।
   A. वैयक्तिक भिन्नताओं
   B. शिक्षार्थी-स्वायत्तता
   C. ज्ञान के सह-सम्बन्ध एवं अन्तरण
   D. पुनर्बलन
12. इरफान खिलौनों को तोड़ता है और उसके पुर्जो को देखने के लिए उन्हें अलग-अलग कर देता है। आप क्या करेंगे?
   A. उसके जिज्ञासु स्वभाव को प्रोत्साहित करेंगे और उसकी ऊर्जा को सही दिशा में संचारित करेंगे
   B. उसे समझाएँगे कि खिलौनों को तोड़ना नहीं चाहिए
   C. इरफान को खिलौनों से कभी भी नहीं खेलने देंगे
   D. उस पर हमेशा नजर रखेंगे

उत्तरमाला

1	2	3	4	5	6	7	8	9	10
B	A	D	C	C	A	B	C	B	A
11	**12**								
C	A								

12. संवेग और अभिप्रेरण (Emotion and Motivation)

संवेग (Emotion)

जब हम किसी विषय के बारे में बार-बार सोचते हैं तो हमारी राग-द्वेषात्मक मनोवृत्ति और प्रबल हो उठती है। बार-बार सोचे गए विषय को या तो हम प्रेम की दृष्टि से अथवा घृणा की दृष्टि से देखने लगते हैं। हमारी यह राग-द्वेषात्मक मनोवृत्ति और प्रबल हो उठती है। बार-बार सोचे गए विषय को या तो प्रेम की दृष्टि से अथवा घृणा की दृष्टि से देखने लगते हैं। हमारी यह राग-द्वेषात्मक मनोवृत्ति संवेग (Emotion) के कारण बनती है। संवेग भावों से उत्पन्न होता है। जब तक किसी विषय के संबंध में हमारे भाव सामान्य रहते हैं, संवेगों की उत्पत्ति नहीं होती है। जब उस विषय के भाव प्रबल हो जाते हैं, तब संवेग की उत्पत्ति होती है। भाव हमारे मन पर धीरे-धीरे प्रभाव डालता है। परंतु किसी प्रकार के संवेग के उत्पन्न होने पर हमारे मन में भारी उथल-पुथल हो जाती है।

संवेग की कुछ परिभाषाएं (Definitions of Emotion)

जरशील्ड के अनुसार, "संवेग शब्द किसी भी प्रकार के आवेश में आने से भड़क उठने अथवा उत्तेजित होने की दशा को सूचित करता है।"

मैक्डूगल के अनुसार, "संवेग एक प्रकार का अनुभव है जो किसी न किसी मूल प्रवृत्तीय क्रिया से संबद्ध होता है।"

क्रो एवं क्रो के अनुसार, "संवेग, व्यक्ति के आंतरिक समायोजन, मानसिक एवं शारीरिक-भौतिक अवस्थाओं से प्रभावित होकर उसके बाह्य व्यवहार में दिखाई देने वाला प्रभावशाली अनुभव है।"

वुड्वर्थ के अनुसार, "संवेग जीव की उत्तेजनायुक्त अवस्था है।

निष्कर्ष (Result)

(*i*) प्रत्येक संवेग किसी न किसी मूल प्रवृत्ति या भावना से अवश्य ही संबद्ध होता है।

(*ii*) संवेग मानव की परिवर्तित आंतरिक भावना का बाह्य रूप होता है।

(*iii*) प्रत्येक संवेग किसी न किसी क्रिया से किसी रूप में अवश्य ही संबद्ध होता है।

उपर्युक्त निष्कर्ष के आधार पर हम कह सकते हैं कि "किसी ज्ञात (प्रमुखतः) या अज्ञात (कभी-कभी) कारण से हमारी मनोदशा को प्रभावित करने वाले अस्थायी भाव, संवेग कहलाते हैं।"

संवेग की विशेषताएं/लक्षण (Characteristics of Emotion)

(*i*) प्रत्येक संवेग का संबंध किसी न किसी मूल प्रवृत्ति से होता है।

(*ii*) संवेगों का उभार सकारण होता है।

(*iii*) संवेग क्षणिक एवं अस्थायी होते हैं।

(*iv*) संवेग परिवर्तनशील होते हैं।

(*v*) संवेग सार्वभौमिक होते हैं।

(*vi*) संवेगों की तीव्रता वैयक्तिक अधिक होती है।

(*vii*) संवेगों की उत्पत्ति का कारण बाह्य जगत् से संबद्ध होता है।

(*viii*) संवेग मानव के व्यवहार को प्रभावित करते हैं।

संवेगों को प्रभावित करने वाले कारक (Factors Affecting Emotion)

निम्न कारक किसी न किसी रूप में संवेगों को प्रभावित करते हैं–

(*i*) वातावरण, (*ii*) मानसिक सक्रियता, (*iii*) शारीरिक स्वास्थ्य, (*iv*) वैयक्तिक रुचियां, (*v*) अभिवृत्तियां एवं मूल्य।

संवेगों से प्रभावित होने वाले कारक (Factors Affected by Emotion)

जिस प्रकार कुछ कारक संवेगों को प्रभावित करते हैं ठीक उसी प्रकार संवेग भी कुछ कारकों से प्रभावित होते हैं। ये कारक हैं–(*i*) शारीरिक स्वास्थ्य, (*ii*) मानसिक स्वास्थ्य, (*iii*) वाणी, (*iv*) सामाजिकता एवं अधिगम।

संवेग के विभिन्न प्रकार (Types of Emotion)

संवेगों का संबंध मूल प्रवृत्तियों से होता है। चौदह मूल-प्रवृत्तियों के चौदह संवेग हैं, जो इस प्रकार हैं–

1. भय, 2. घृणा, 3. करुणा एवं दुःख, 4. आश्चर्य, 5. आत्माभिमान, 6. भूख, 7. कृतिभाव, 8. क्रोध, 9. वात्सल्य, 10. कामुकता, 11. आत्महीनता, 12. एकाकीपन, 13. अधिकार भावना, 14. आमोद।

संवेग एवं शिक्षा में इसका महत्व (Importance of Emotion in Education)

शिक्षक, बालकों के संवेगों के प्रति ध्यान देकर उनका किस प्रकार हित कर सकते हैं, यह निम्नलिखित बातों से स्पष्ट हो जाता है–

(*i*) शिक्षक, बालकों की मानसिक शक्तियों के मार्ग को प्रशस्त करके, उन्हें अपने अध्ययन में अधिक क्रियाशील बनाने की प्रेरणा प्रदान कर सकता है।

(*ii*) शिक्षक, बालकों के संवेगों को परिष्कृत करके उनको समाज के अनुकूल व्यवहार करने की क्षमता प्रदान कर सकता है।

(*iii*) शिक्षक, बालकों के संवेगों का विकास करके, उनमें उत्तम विचारों, आदर्शों, गुणों और रुचियों का निर्माण कर सकता है।

(*iv*) शिक्षक, बालकों को अपने संवेगों पर नियंत्रण करने की विधियां बताकर उनको शिष्ट और सभ्य बना सकता है।

(*v*) शिक्षक, बालकों के संवेगों को जाग्रत करके, पाठ में उनकी रुचि उत्पन्न कर सकता है।

(*vi*) शिक्षक, बालकों के संवेगों का ज्ञान प्राप्त करके, उपयुक्त पाठ्यक्रम का निर्माण करने में सफलता प्राप्त कर सकता है।

(*vii*) शिक्षक, बालकों में उपयुक्त संवेगों को जाग्रत करके, उनको महान कार्यों को करने की प्रेरणा दे सकता है।

अभिप्रेरण (Motivation)

अभिप्रेरण में वे सब आंतरिक अवस्थाएं आ जाती है जो किसी क्रिया को छोड़ती है या उसको बनाए रखती है। प्रेरक (Motive) उद्दीपन (Stimulus) से भिन्न होता है, क्योंकि वह उत्तेजना के प्रकट होने के पहले से ही उपस्थित होता है। यदि आंतरिक अभिप्रेरणा न हो तो बाह्य उद्दीपन कितना भी तीव्र होने पर अनुक्रिया उत्पन्न नहीं कर सकता है।

अभिप्रेरणा एक प्रकार की शक्ति है जो छात्रों को अध्ययन तथा अन्य कार्यों को करने का जोश तथा रुचि उत्पन्न करती है। व्यक्ति जो भी कार्य करता है उसमें किसी न किसी प्रकार की अभिप्रेरणा की भूमिका आवश्यक होती है। अध्यापक के समक्ष यह बहुत बड़ी समस्या होती है कि छात्रों को किस प्रकार अधिक-से-अधिक अभिप्रेरित किया जाए। अध्यापक इसके लिए अनेक उपाय करता है। अभिप्रेरणा अधिगम के लिए कोई आवश्यक शर्त नहीं है परंतु फिर भी यह अधिगम प्रक्रिया को गतिशीलता प्रदान करती है। इसे "सीखने का हृदय" (Heart of Learning), "सीखने का स्वर्ण पथ" (Golden Road of Learning), तथा "सीखने का मुख्य कारक" (Important Factor of Learning) कहा गया है।

अभिप्रेरणा की कुछ परिभाषाएं (Definitions of Motivation)

स्किनर के अनुसार, "अभिप्रेरणा, अधिगम का सर्वोच्च राजमार्ग है।"

बर्नार्ड के अनुसार, "उत्प्रेरणा, शिक्षा में मनोविज्ञान की मूलभूत समस्या है।"

कैले के अनुसार, "अधिगम की कुशल कला में उत्प्रेरणा केंद्रीय कारक है।"

निष्कर्ष (Result)

(*i*) उत्प्रेरणा और अधिगम का सीधा संबंध है।

(*ii*) उत्प्रेरणा किसी आंतरिक शक्ति का उभार है।

(*iii*) प्राणी या मनुष्य के अंदर निहित वे सभी तत्व जो उसके बाह्य व्यवहार को प्रभावित करते हैं, आंतरिक तत्व या आंतरिक शक्तियां कहलाती हैं। इनमें मूल प्रवृत्तियां, मन, बुद्धि, चित्त एवं अहंकार सभी आंतरिक शक्तियां हैं।

प्रेरणा के भेद (Types of Motivation)

प्रेरणा के दो भेद हैं–

(*i*) **सकारात्मक प्रेरणा (Positive Motivation):** इस प्रेरणा में बालक किसी कार्य को अपनी स्वयं की इच्छा से करता है। इस कार्य को करने से उसे सुख और संतोष प्राप्त होता है। इस प्रेरणा को आंतरिक प्रेरणा भी कहते हैं।

(*ii*) **नकारात्मक प्रेरणा (Negative Motivation):** इस प्रेरणा में बालक किसी कार्य को अपनी स्वयं की इच्छा से न करके, किसी दूसरे की इच्छा या बाह्य प्रभाव के कारण करता है। इस कार्य को करने से उसे किसी वांछनीय या निश्चित लक्ष्य की प्राप्ति होती है। इस प्रेरणा को बाह्य प्रेरणा भी कहते हैं।

प्रेरणा की प्रमुख विधियां (Main Process of Motivation)

मरसेल ने लिखा है कि प्रेरणा यह निश्चित करती है कि लोग कितनी अच्छी तरह से सीख सकते हैं और कितनी देर तक सीख सकते हैं। अतः उनको प्रेरणा प्रदान की जानी आवश्यक है। ऐसा निम्नांकित विधियों का प्रयोग करके किया जा सकता है–

(*i*) **रुचि (Interest):** प्रेरणा प्रदान करने की पहली विधि है बालकों की पाठ में रुचि उत्पन्न करना। अतः अध्यापक को पढ़ाए जाने वाले पाठ को बालक की रुचियों से संबंधित करना चाहिए। इस संबंध में प्रेसी, रॉबिन्स व हॉरक्स का कहना है कि "रुचि, छात्रों का ध्यान आकर्षित करने का प्रथम उपाय है।"

(ii) **सफलता (Success)**: सफलता के संबंध में फ्रैंडसन का विचार है कि सीखने के सफल अनुभव अधिक सीखने की प्रेरणा देते हैं।

(iii) **सामूहिक कार्य (Collective Work)**: प्रेरणा प्रदान करने की इस विधि में बालकों को सामूहिक कार्यों में भाग लेने के लिए प्रोत्साहित किया जाता है।

(iv) **आवश्यकता का ज्ञान (Required Knowledge)**: इस विधि के अंतर्गत् यह माना जाता है कि बालकों की मुख्य आवश्यकताएं उसके सीखने में उद्दीपन का कार्य करती हैं।

(v) **प्रशंसा (Admiration)**: उचित समय और स्थान पर प्रयोग किए जाने पर प्रशंसा, प्रेरणा का एक महत्त्वपूर्ण कारक है।

(vi) **कक्षा का वातावरण (Environment of Class)**: अच्छा शिक्षक प्रभावशाली प्रेरणा के लिए शिक्षण-सामग्री से संपन्न अर्थपूर्ण और निरंतर परिवर्तनशील कक्षा-कक्ष के वातावरण पर निर्भर रहता है।

(vii) **सामाजिक वर्गों में भाग (Participate in Social Group)**: यह बालकों और युवकों को प्रेरणा देने की साधारणतया सबसे प्रभावशाली विधि है। यह बालकों को उन अर्थपूर्ण सामाजिक कार्यक्रमों में रचनात्मक कार्य करने का अवसर देता है जिनको व्यक्ति और समाज दोनों महत्त्वपूर्ण समझते हैं।

(viii) **प्रतिद्वन्द्विता (Competitor)**: इसके अनुसार शिक्षाशास्त्र के संपूर्ण इतिहास में प्रतिद्वन्द्विता को प्रेरणा प्रदान करने के लिए प्रयोग किया गया है।

(ix) **खेल-विधि का प्रयोग (Use of Playing Method)**: इस विधि के अनुसार बालकों को शिक्षा देने के लिए खेल-विधि का प्रयोग किया जाता है। अतः शिक्षक को खेल-विधि का प्रयोग करके बालकों को शिक्षा देनी चाहिए।

(x) **परिणाम का ज्ञान (Knowledge of Result)**: इस विधि के अनुसार यह माना जाता है कि प्रेरणा, परिणामों के तात्कालिक ज्ञान से प्राप्त होती है।

प्रेरणा में योगदान देने वाले मुख्य कारक (Factors Contributing to Motivation)

(i) **प्रोत्साहन (Encouragement)**: प्रोत्साहन लक्ष्य तक पहुंचने के साधन होते हैं। इनका स्वरूप पुरस्कार के रूप में भी हो सकता है और संकेत के रूप में भी। जब ये किसी ऐसे उद्दीपक से जुड़ जाते हैं, जो इनकी उपस्थिति बताता है तो ये प्राणी को उत्तेजित कर देते हैं अर्थात् व्यक्ति के व्यवहार को उभारते हैं और उसे गति प्रदान करते हैं। हल एवं स्पेन्स मानते हैं कि यूँ तो प्राणी का व्यवहार मूलतः चालक द्वारा संचालित होता है लेकिन वे ये भी मानते हैं कि कभी-कभी आत्म-प्रोत्साहन प्रेरणा का कार्य करता है। स्कीनर कहते हैं कि पुनर्बलन ही प्रोत्साहन है, अर्थात् धनात्मक तथा ऋणात्मक पुनर्बलन ही प्रोत्साहन का काम करते हैं। धनात्मक पुनर्बलन धनात्मक पुरस्कार होता है तथा ऋणात्मक पुनर्बलन ऋणात्मक पुरस्कार होता है।

(ii) **दण्ड (Punishment)**: दण्ड एक उद्दीपन के समान है, जिससे व्यक्ति बचने का प्रयास करता है अथवा उससे दूर भागना चाहता है। दण्ड के संबंध में विचार व्यक्त करते हुए बोम्पस स्मिथ कहते हैं कि "विद्यालयी दण्ड प्रतिशोध नहीं होता है। इसका उद्देश्य प्रशिक्षण है। सर्वप्रथम अपराधी का प्रशिक्षण। दूसरे, उसके अवलोकन से अन्य बालकों का प्रशिक्षण। साथ ही उसे तथा दूसरों को पुनः अपराध करने से बचाना है।"

(iii) **उत्तेजना (Excitement)**: यह किसी प्राणी की उत्तेजित होने की सामान्य अवस्था है। इस संबंध में डोनाल्ड हैब ने विचार व्यक्त करते हुए कहा है कि "उत्तेजना अथवा जागरूकता शक्ति प्रदान करती है लेकिन दिशा-निर्देश प्रदान नहीं करती। यह इंजन के समान है लेकिन उसका मार्ग परिवर्तित करने वाला साधन नहीं।"

उत्तेजना व्यक्ति की सक्रियता का आवश्यक कारक माना गया है। इसके तीन स्तर हैं–उच्च, मध्य एवं निम्न। व्यक्ति को यह उत्तेजना दो स्रोतों (बाह्य एवं आंतरिक) से मिलती है।

(iv) **आकांक्षा (Ambition)**: आकांक्षा का उत्तेजना स्तर से सीधा संबंध है। हम उस स्थिति में उत्तेजित हो उठते हैं जब हम देखते कुछ और हैं और देखना कुछ चाहते हैं। जो हम देख रहे होते हैं वह Perception है और जो हम देखना चाहते हैं वह Expectancy है। जब इन दोनों के मध्य अंतर (Discrepancy) हो जाता है तो हम उत्तेजित हो उठते हैं।

मैक्लेलैंड ने अपना विचार प्रकट करते हुए कहा है कि P तथा E में अंतर अधिक होने पर हमें दुःख होता है एवं अंतर कम होने पर सुख प्राप्त होता है। इसलिए अंतर (Discrepancy) का एक निश्चित स्तर घटना तथा आशाओं के बीच रखना चाहिए। पूर्व अनुमानित संतोष को हम Valance कहते हैं तथा वास्तविक संतोष को Valuel। इस प्रकार कोई व्यक्ति जिस बल से कार्य करता है वह Expectancy और Valance का गुणनफल होता है।

अर्थात् $F = E \times V$.

अभ्यास प्रश्न

1. मोटीवेशन शब्द की उत्पत्ति हुई है, लैटिन भाषा के :
A. मी धातु से B. मोट धातु से
C. मोटम धातु से D. मोम धातु से

2. अभिप्रेरणा को प्रभावित करने वाले कारक हैं :
A. आवश्यकताएं B. आकांक्षा स्तर एवं रुचि
C. संवेगात्मक स्थिति D. इनमें से सभी

3. अभिप्रेरणा (Motivation) का स्रोत निम्नांकित होता है–
A. पर्यावरणीय (Environmental)
B. आंतरिक (Intrinsic)
C. बाह्य (Extrinsic)
D. उपरोक्त B और C

4. निम्नलिखित में से किस मनोवैज्ञानिक ने प्रेरणा का मनोविश्लेषण सिद्धान्त प्रस्तुत किया?
A. एल्फ्रेड एडलर B. सिगमंड फ्रायड
C. सी. जी. युंग D. विलियम मैक्डुगल

5. ....को एक अभिप्रेरित शिक्षण का संकेतक माना जाता है।
A. शिक्षक द्वारा दिया गया उपचारात्मक कार्य–
B. विद्यार्थियों द्वारा प्रश्न पूछना
C. कक्षा में एकदम खामोशी
D. कक्षा में अधिकतम उपस्थिति

6. सीखने की प्रक्रिया में, अभिप्रेरणा–
A. पिछले सीखे हुए को नए अधिगम से अलग करती है
B. शिक्षार्थियों को एक दिशा में सोचने के योग्य बनाती है
C. शिक्षार्थियों में सीखने के प्रति रुचि का विकास करती है
D. शिक्षार्थियों की स्मरण-शक्ति को पैना बनाती है

7. 'संवेगात्मक विरेचन' का अर्थ है–
A. संवेगात्मक दमन को सहन करने की योग्यता को बढ़ाना
B. संवेगात्मक दमन से बाहर निकालना
C. बहुत अधिक अवसादग्रस्त महसूस करना
D. संवेगों को दबाना

8. निम्न में से कौन-सा बच्चे की सामाजिक-मनोवैज्ञानिक आवश्यकताओं के साथ सम्बद्ध नहीं है?
A. सान्निध्य (संगीत) की आवश्यकता
B. शरीर से अपशिष्ट पदार्थों का नियमित रूप से बाहर निकलना
C. संवेगात्मक सुरक्षा की आवश्यकता
D. सामाजिक अनुमोदन अथवा सराहना की आवश्यकता

9. व्यवहार का 'करना' पक्ष .... में आता है।
A. सीखने के भावात्मक क्षेत्र
B. सीखने के संज्ञानात्मक क्षेत्र
C. सीखने के मनोवैज्ञानिक क्षेत्र
D. सीखने के गतिक (कोनेटिव) क्षेत्र

10. निम्नलिखित में से कौन-सी विशेषता आन्तरिक रूप से अभिप्रेरित बच्चों के लिए सही नहीं है?
A. वे कार्य करते समय उच्च स्तर की ऊर्जा प्रदर्शित करते हैं
B. उन्हें कार्य करने में आनन्द आता है
C. ये हमेशा सफल होते हैं
D. वे चुनौती भरे कार्यों को पसन्द करते हैं

11. एक विद्यार्थी मेडिकल कॉलेज में दाखिला लेने के लिए कठिन परिश्रम करता है ताकि वह प्रवेश परीक्षा में उत्तीर्ण हो सके। यह विद्यार्थी .... रूप में अभिप्रेरित है।
A. बाह्य B. आन्तरिक
C. आनुभविक D. वैयक्तिक

12. आन्तरिक रूप से अभिप्रेरित विद्यार्थी–
A. के लिए औपचारिक शिक्षा की आवश्यकता नहीं है
B. का बाह्य रूप से अभिप्रेरित विद्यार्थी की तुलना में अभिप्रेरणा स्तर कम होता है
C. के लिए बाह्य पुरस्कार उसकी अभिप्रेरणा को बनाए रखने के लिए पर्याप्त नहीं है
D. के लिए पुरस्कार की बिल्कुल भी आवश्यकता नहीं है

13. ब्लूम की टेक्सोनॉमी .... की पदानुक्रमिक व्यवस्था है।
A. संज्ञानात्मक उद्देश्यों
B. पठन कौशल
C. पाठ्यचर्या सम्बन्धी घोषणाओं
D. उपलब्धि लक्ष्यों

14. किशोरों के सन्दर्भ में निम्नलिखित में से कौन-सा कथन सर्वाधिक उचित है?
A. चिन्तन का मूर्त क्रियाओं में प्रदर्शित होना
B. बुद्धि लब्धांक में अकस्मात् वृद्धि
C. संवेगात्मक प्रोत्थान की घटना बढ़ जाती है
D. पढ़ाई के प्रति लापरवाह रवैया

15. "संवेग जीव की उत्तेजनायुक्त अवस्था है।" यह कथन किसका है।
A. पियाजे B. वुडवर्थ
C. ड्रेवर D. स्किनर

16. अभिप्रेरणा के सिद्धान्तों के अनुसार, एक शिक्षक ...... के द्वारा सीखने को संवर्द्धित कर सकता है।
A. विद्यार्थियों से बहुत उच्च अपेक्षाएँ रखने
B. विद्यार्थियों से किसी प्रकार की अपेक्षाएँ न रखने
C. अपेक्षाओं का एक रूप स्तर रखने
D. विद्यार्थियों से वास्तविक अपेक्षाएँ रखने

17. निम्नलिखित में से कौन-सा सीखने के लिए अधिकतम रूप से अभिप्रेरित करता है?
   A. असफलता से बचने के लिए अभिप्रेरण
   B. बाह्य कारक
   C. लक्ष्यों को प्राप्त करने में व्यक्तिगत सन्तुष्टि
   D. बहुत सरल या कठिन लक्ष्यों का चयन करने की प्रवृत्ति

18. निम्नलिखित में से कौन-सा अधिगम को अधिकतम करने के लिए सर्वाधिक उचित है?
   A. समान सांस्कृतिक पृष्ठभूमि वाले शिक्षार्थियों को एक कक्षा में रखना चाहिए ताकि मत वैभिन्न से बचा जा सके
   B. शिक्षार्थियों में वैयक्तिक भिन्नता को सहज बनाने के लिए समान शिक्षार्थियों के जोड़ बनाए जा सकते हैं
   C. शिक्षिका को अपनी संज्ञानात्मक शैली के साथ-साथ अपने शिक्षार्थियों की संज्ञानात्मक शैली की पहचान करनी चाहिए
   D. अधिकतम परिणाम लाने के लिए शिक्षक केवल एक अधिगम शैली पर ध्यान केन्द्रित करता है

19. .... के अतिरिक्त निम्नलिखित सभी तथ्य संकेत करते हैं कि बच्चा कक्षा में संवेगात्मक और सामाजिक रूप से समायोजित है।
   A. हम उम्र साथियों के साथ प्रतियोगिता पर दृढ़तापूर्वक ध्यान केन्द्रित करना
   B. क्रोध तथा हर्ष दोनों को प्रभावी रूप से प्रबन्धित करना
   C. चुनौतीपूर्ण कार्यों पर ध्यान केन्द्रित करना और उन्हें दृढ़तापूर्वक करते रहना
   D. हमउम्र साथियों के साथ मधुर सम्बन्धों का विकास

20. गौरव को बच्चों को पढ़ाना अच्छा लगता है इसलिए वह बी.एड. की प्रवेश परीक्षा के लिए खूब मेहनत करता है। वह .... अभिप्रेरित है।
   A. सक्रिय रूप से　　B. बौद्धिक रूप से
   C. बाह्य रूप से　　D. आन्तरिक रूप से

21. उपलब्धि अभिप्रेरणा है–
   A. असफलता से बचने की प्रवृत्ति
   B. बिना विचारे, जल्दबाजी में कार्य करने की प्रवृत्ति
   C. सफलता व असफलता को समान रूप से स्वीकार करने की तत्परता
   D. चुनौतीपूर्ण कार्य करने में डटे रहने की प्रवृत्ति

22. जब बच्चे की दादी उसे उसकी माँ की गोद से लेती है, तो बच्चा रोने लगता है। बच्चा .... के कारण रोता है।
   A. अजनबी दुश्चिंता　　B. संवेगात्मक दुश्चिंता
   C. सामाजिक दुश्चिंता　　D. वियोग दुश्चिंता

23. निम्नलिखित में से कौन-सा कथन 'सीखने' के बारे में सही है?
   A. सीखने के किसी भी चरण पर सीखना संवेगात्मक कारकों से प्रभावित नहीं होता
   B. बच्चों द्वारा की गई त्रुटियाँ यह संकेत करती है कि किसी तरह का सीखना नहीं हुआ
   C. सीखना उस वातावरण में प्रभावी होता है जो संवेगात्मक रूप से सकारात्मक हो और शिक्षार्थियों को सन्तुष्ट करने वाला हो
   D. सीखना मूल रूप से मानसिक क्रिया है

24. अधिगम के प्रक्रम में अभिप्रेरण
   A. नए सीखने वालों में अधिगम के लिए
   B. एकदिशीय रूप से सोचने में सीखने वालों को प्रस्तुत करता है
   C. पुराने अधिगम से नए अधिगम को विभेदित करता है
   D. सीखने वालों की स्मृति को तेज बनाता है

25. "उत्प्रेरणा, शिक्षा में मनोविज्ञान की मूलभूत समस्या है।" यह कथन किसका है–
   A. स्किनर　　B. कैले
   C. बर्नार्ड　　D. क्रो एवं क्रो

26. विद्यालय में विद्यार्थियों को कैसे अभिप्रेरित करना उचित है?
   A. चुने हुए अध्ययन द्वारा
   B. प्रासंगिक अध्ययन द्वारा
   C. गहन अध्ययन द्वारा
   D. सस्वर अधिगम द्वारा

27. प्रेरणा का मुख्य कारक नहीं है–
   A. प्रोत्साहन　　B. आकांक्षा
   C. आत्माभिमान　　D. उत्तेजना

28. मानव की ऐसी अवस्था को क्या कहेंगे जो व्यवहार को लक्ष्य की ओर निर्देशित करती है?
   A. संवेग　　B. अभिप्रेरणा
   C. स्मृति　　D. इनमें से कोई नहीं

उत्तरमाला

1	2	3	4	5	6	7	8	9	10
C	D	D	C	B	C	A	B	B	C
11	**12**	**13**	**14**	**15**	**16**	**17**	**18**	**19**	**20**
B	C	A	C	B	A	C	C	A	D
21	**22**	**23**	**24**	**25**	**26**	**27**	**28**		
D	B	C	A	C	C	C	B		

13. अधिगम में योगदान करने वाले कारक (Factors Contributing to Learning)

अधिगम में योगदान करने वाले कारकों को मुख्यतः दो वर्गों में रखा गया है–I. व्यक्तिगत कारक एवं II. वातावरणीय कारक।

I. व्यक्तिगत कारक (Individual Factors)

(i) **व्यक्तिगत रुचियां (Individual Interest):** व्यक्तिगत रुचियां भी अधिगम प्रक्रिया में योगदान करने वाला एक महत्त्वपूर्ण कारक है। यदि किसी क्रियाकलाप में छात्र की रुचि उत्पन्न हो जाए तो शिक्षक उस दिशा में अधिक प्रयास कर सकते हैं। प्रयास किए बिना सीखना संभव नहीं है। यदि विद्यार्थी शिक्षक के शिक्षण एवं कक्षा के क्रियाकलापों में रुचि लेते हैं तो वे कभी भी अवरोध, थकान तथा ऊब महसूस नहीं करते। प्रायः ऐसा देखा गया है कि वास्तव में थकान अधिगम क्रियाओं में रुचि की कमी से पैदा होती है। अधिक मात्रा में तथा अच्छी गुणवत्ता से अधिगम की प्राप्ति हेतु विद्यालयों में रुचि का सहारा लेना आवश्यक है।

(ii) **शारीरिक क्रियाशील (Physical Work):** थकान मानसिक या शारीरिक होती है और थकान का अभ्यास करने वाला छात्र अधिगम की प्रक्रिया को कम कर देता है दूसरी शारीरिक क्रियाशीलता अधिगम प्रक्रिया में सहायक होती है तथा इसकी गति को तीव्र कर देती है।

(iii) **व्यक्तिगत अभिप्रेरणा (Individual Motivation):** अभिप्रेरणा अधिगम प्रक्रिया का मुख्य केंद्र है तथा अधिगम प्रक्रिया का एक महत्त्वपूर्ण कारक है। यह किसी व्यक्ति में किसी कार्य को करने की इच्छा जाग्रत करती है। पर्याप्त व्यक्तिगत अभिप्रेरणा विद्यार्थी को केवल किसी ऐसी क्रिया में व्यस्त ही नहीं रखती, जिसकी परिणति अधिगम में हो, बल्कि अधिगम को स्थायी बनाने तथा उसकी दिशा निर्दिष्ट करने का कार्य भी करती है। प्रायः दो प्रकार की व्यक्तिगत अभिप्रेरणाएं होती हैं–आंतरिक और बाह्य अभिप्रेरणाएं।

(iv) **संवेदीकरण तथा प्रत्यक्षीकरण (Sensible and Perceptuality):** विद्यार्थी के सामान्य स्वास्थ्य के अतिरिक्त संवेदना तथा प्रत्यक्षीकरण ऐसे मनोवैज्ञानिक कारक हैं जो अधिगम में सहायता करते हैं। संवेदना प्रत्यक्षीकरण के केंद्र में होती है। प्राणी में पांच संवेदी अंग होते हैं, यथा–त्वचा, कान, जिह्वा, आंखें तथा नाक। ये संवेदी अंग (ज्ञानेन्द्रियां) ज्ञान के द्वार होते हैं और वातावरण में स्थित विभिन्न उद्दीपनों के प्रत्यक्षीकरण में सहायक होते हैं। इनमें से किसी भी संवेदी अंग में किसी भी प्रकार का दोष हो जाने पर अधिगम का प्रभाव पड़ता है और अंततोगत्वा उससे ज्ञानार्जन भी प्रभावित होता है। उदाहरणार्थ–दृष्टि में दोष; जैसे मायोपिया (दूरदृष्टि दोष), हाइपरमैट्रोपिया (निकट दृष्टि दोष), स्टीकमेटिज्म (भेंगापन) इत्यादि के कारण सिर दर्द, चक्कर आना तथा अध्ययन में सामान्य रूप से अरुचि होना आदि।

(v) **अभिवृत्ति (Attitude):** अधिगम की प्रक्रिया विद्यार्थी की अभिवृत्ति से ही प्रभावित होती है। यदि वह पढ़ाई जाने वाली वस्तु के प्रति सजग हो तथा उसके प्रति रुचि रखता हो तो वह निश्चित रूप से इसके प्रति उचित अभिवृत्ति (Attitude) रखेगा। ऐसी अभिवृत्ति उसे अधिगम परिस्थितियों को जल्दी प्रसन्नतापूर्वक कम समय में तथा प्रभावी ढंग से सीखने में सहायता करता है। इसके विपरीत यदि वह पढ़ाई जाने वाली वस्तु में ध्यान नहीं देता या रुचि नहीं लेता तो इसकी अभिवृत्ति नकारात्मक हो जाती है। यह सामान्य अधिगम की प्रक्रिया में अवांछनीय दबाव तथा तनाव उत्पन्न करके सहज अधिगम में बाधा डालता है।

(vi) **आवश्यकताएं (Necessity):** विद्यार्थियों की जब तक शारीरिक आवश्यकताएं संतुष्ट न हो जाएं तब तक विद्यालयों में उनसे किसी भी प्रकार के बौद्धिक चिंतन की अपेक्षा नहीं की जा सकती है। एक गरीब विद्यार्थी जो कक्षा में भूखा है उसका ध्यान अध्ययन की अपेक्षा खाने की ओर अधिक केंद्रित होगा। इसी प्रकार कक्षा में बहुत ठंडा या गर्मी या कुर्सियों पर बैठने वाले विद्यार्थियों की संख्या अधिक होने पर अच्छे अधिगम की आशा नहीं की जा सकती है। इसी तरह से सुरक्षा और सम्मान की आवश्यकताएं अधिगम परिस्थितियों में शक्तिशाली प्रेरक के रूप में कार्य करती है। यदि एक विद्यार्थी अपने शिक्षक से डरता है या विद्यालयों में अधिक पिटाई किए जाने के कारण असुरक्षित महसूस

करता है या किसी अन्य प्रकार के दण्ड से भयभीत है तो वह सीख नहीं पाता। इसी तरह यदि उसे उत्साही संवर्धन तथा स्नेह की आवश्यकता बहुत उत्तेजक होती है तो बच्चे का अधिगम प्रभावी होता है।

(vii) **आयु तथा परिपक्वता (Age and Maturity):** अधिगम प्रत्यक्ष रूप से आयु तथा परिपक्वता पर निर्भर करता है। जब तक व्यक्ति सीखने के प्रति पर्याप्त रूप से परिपक्व नहीं होता तब तक अधिगम निष्पन्न नहीं होता। कुछ विद्यार्थी छोटी उम्र में ही अधिक सीख लेते हैं जबकि कुछ विद्यार्थी उसी पाठ्य-वस्तु को सीखने में अधिक देर लगाते हैं।

वास्तविक आयु के साथ-साथ मानसिक आयु भी बढ़ती जाती है और लगभग 16 वर्ष की आयु में यह वृद्धि रुक जाती है। आयु में वृद्धि का अभिप्राय बौद्धिक परिपक्वता से होता है। जिसके द्वारा कठिन समस्याओं का समाधान करने में सहायता मिलती है। परिपक्वन का नियम हमें इस बात की चेतावनी देता है कि विद्यार्थियों को जबरदस्ती तब तक अधिगम नहीं करवाना चाहिए जब तक कि वह विशिष्ट कौशलों के सीखने लायक परिपक्व न हो जाए। अध्यापकों को यह सिद्धांत उन अभिभावकों को भी समझाना चाहिए जो अपने बच्चों को बहुत ही जल्दी विद्यालय भेजने में अत्यधिक महत्वाकांक्षी तथा अत्यधिक उत्साही होते हैं।

(viii) **बुद्धि (Intelligence):** अधिगम प्रक्रिया में बुद्धि एक महत्वपूर्ण कारक है। बुद्धि जो बुद्धि-परीक्षा के आधार पर I.Q. के रूप में निर्दशित की गई है, सीखने से संबंधित होती है। प्रायः वे विद्यार्थी जिनका I.Q. अधिक होता है वे जल्दी सीखते हैं लेकिन विद्यार्थी का उच्च I.Q. होने मात्र से यह गारंटी नहीं होती कि उसका सीखना भी तेजी से होगा, बल्कि विद्यार्थी की आवश्यकताएं, रुचियां, अभिप्रेरणाएं तथा सिखाई जाने वाली विधियां भी महत्त्वपूर्ण होती हैं।

II. वातावरणीय कारक (Environmental Factors)

वातावरण के लिए 'पर्यावरण' शब्द का भी प्रयोग किया जाता है। पर्यावरण दो शब्दों से मिलकर बना है–'परि' + 'आवरण'। 'परि' का अर्थ है चारों ओर एवं 'आवरण' का अर्थ है 'ढकने वाला'। इस प्रकार पर्यावरण या वातावरण का अर्थ चारों ओर से ढके या घेरे हुए है। अतः हम कह सकते हैं कि व्यक्ति के चारों ओर जो कुछ है, वह उसका वातावरण है। इसमें वे सब तत्व सम्मिलित किए जा सकते हैं जो व्यक्ति के जीवन और व्यवहार को प्रभावित करते हैं।

वातावरण की कुछ परिभाषाएं (Definitions of Environment)

बोरिंग, लैंगफील्ड व वेल्ड के अनुसार, "जीन्स के अलावा व्यक्ति को प्रभावित करने वाली वस्तु वातावरण है।"

वुडवर्थ के अनुसार, "वातावरण में वे सब बाह्य तत्व आ जाते हैं जिन्होंने व्यक्ति को जीवन आरंभ करने के समय से प्रभावित किया है।"

डगलस व हॉलैंड के अनुसार, "वातावरण शब्द का प्रयोग उन सब बाह्य शक्तियों, प्रभावों और दशाओं का सामूहिक रूप से वर्णन करने के लिए किया जाता है, जो जीवित प्राणियों के जीवन स्वभाव, व्यवहार, बुद्धि विकास एवं परिपक्वता पर प्रभाव डालते हैं।"

रॉस के अनुसार, "वातावरण वह बाहरी शक्ति है जो हमें प्रभावित करती है।"

जिस्बर्ट के अनुसार, "वातावरण वह हर वस्तु है जो किसी अन्य वस्तु को घेरे हुए है और उस पर सीधे अपना प्रभाव डालती है।"

निष्कर्ष (Result)

(i) वातावरण किसी एक तत्व का नहीं अपितु एक समूह तत्व का नाम है।

(ii) यह वह हर वस्तु है जो व्यक्ति को प्रभावित करती है।

(iii) इसमें बाह्य तत्व आते हैं।

(iv) वातावरण व्यक्ति को प्रभावित करने वाला तत्व है।

उपरोक्त बातों से स्पष्ट है कि अधिगम की प्रक्रिया में विभिन्न प्रकार के वातावरण संबंधी कारकों का योगदान होता है। गर्भकाल के समय से ही बच्चे पर वातावरण का प्रभाव पड़ता है। मां की शारीरिक, मानसिक, संवेगात्मक दशाएं मां के गर्भ में पल रहे भ्रूण के विकास को प्रभावित करती हैं। बच्चे के जन्म के बाद से बाह्य वातावरण प्रारंभ होता है। बाह्य वातावरण घर, विद्यालय तथा पास-पड़ोस के चारों ओर के वातावरण से संबंधित होता है। इन स्थानों में बच्चा परिवार के सदस्यों, अध्यापकों, साथियों सहपाठियों, पड़ोसियों के साथ अंतःक्रिया करता है तथा उनके साथ संबंध स्थापित करता है। समाज के सदस्य तथा अपने चारों ओर के सदस्यों के साथ के संबंधों का बच्चे के विकास तथा सीखने के ढंग पर प्रभाव पड़ता है। अधिगम की प्रक्रिया में वातावरण में योगदान करने वाले महत्त्वपूर्ण कारक निम्नवत् हैं–

(i) **नजदीकी वातावरण (Close Environment):** अधिगम की प्रक्रिया में आस-पास का वातावरण बहुत महत्त्वपूर्ण योगदान देता है। वातावरण को मुख्यतः तीन रूपों प्राकृतिक, सामाजिक एवं सांस्कृतिक में बांटा गया है–

(a) **प्राकृतिक वातावरण (Natural Environment):** इसके अंतर्गत जलवायु तथा वायुमंडलीय दशाएं आती हैं। ये दशाएं अधिगम को प्रत्यक्ष रूप से प्रभावित करती हैं। यह पाया गया है कि अधिक ताप तथा आर्द्रता मानसिक क्षमता को कम करते हैं जिससे अधिगम प्रक्रिया रुक जाती है। दूसरी ओर गर्म स्थानों में रहने वाले व्यक्तियों की

बौद्धिक निष्पत्ति तथा सृजनात्मकता बहुत कम होती है इस तरह सुबह का समय हमेशा ही जटिल कार्यों को करने के लिए उचित माना जाता है। आर्द्रता तथा तापमान के बढ़ने के कारण मानसिक क्षमता कम हो जाती है। अतः हम कह सकते हैं कि अधिगम प्रक्रिया में प्राकृतिक वातावरण एक महत्त्वपूर्ण कारक है।

(*b*) **सामाजिक वातावरण (Social Environment):** घर, विद्यालय तथा बच्चे के आवासीय वातावरण से संबंधित होता है। घर की भौतिक दशाएं, यथा–बड़ा परिवार, छोटा परिवार, अपर्याप्त रोशनदान, अनुपयुक्त प्रकाश, अधिक या कम तापमान, रेडियो तथा टेलीविजन के प्रयोग के कारण शोरगुल वाला घर, शोरगुल वाला पड़ोस लगातार संबंधियों तथा मित्रों का आगमन विद्यार्थी के बौद्धिक अधिगम को प्रभावित करता है।

(*c*) **सांस्कृतिक वातावरण (Cultural Environment):** संस्कृति का प्रभाव सामाजिक तथा शैक्षिक संस्थाओं में सहज रूप से प्रतिबिंबित होता है। इसलिए बच्चे का सीखना संस्कृति की मांग तथा अपेक्षाओं के ऊपर बहुत कुछ निर्भर करता है। उदाहरणार्थ–एक कृषि आधारित समुदाय की शैक्षिक प्रक्रियाएं उन कौशलों के विकास पर केंद्रित होती हैं जो कृषि समुदाय के लिए आवश्यक होती है।

(*ii*) **अध्यापक के साथ संबंध (Relation with Teacher):** अधिगम प्रक्रिया में शिक्षक एक महत्त्वपूर्ण घटक है। वह विद्यार्थी के व्यवहार निर्माण में महत्त्वपूर्ण भूमिका अदा करता है। वह जिस तरह पढ़ाता है तथा कक्षा में विद्यार्थियों की व्यवस्था जिस प्रकार करता है उसका उनके अधिगम पर प्रभाव पड़ता है। अतः यदि एक विद्यार्थी के संबंध शिक्षक से अच्छे होंगे तो इस प्रकार का वातावरण अधिगम में सहायक होगा।

(*iii*) **संचार माध्यम (Communication Medium):** सूचनाओं के आदान-प्रदान के एक घटक के रूप में संचार माध्यम का महत्वपूर्ण स्थान है। ये अधिगम प्रक्रिया के तहत अच्छे वातावरण को तैयार करने में अपना विशेष योगदान दे सकते हैं। संचार माध्यमों से अधिगम को सुगम बनाया जा सकता है। संचार माध्यम मुख्यतः दो प्रकार के होते हैं–मुद्रित संचार माध्यम तथा अमुद्रित संचार माध्यम। मुद्रित संचार माध्यम कम खर्चीले होते हैं तथा एक अच्छे शैक्षिक वातावरण को तैयार करने में इनका योगदान प्रारंभ से लिया जा रहा है। दूसरी ओर अमुद्रित संचार माध्यम महंगे होते हैं। लेकिन अधिगम प्रक्रिया को सहज बनाने में इन्होंने काफी योगदान दिया है। उदाहरण के लिए फिल्म तथा उद्दीपनों का प्रयोग प्रायः विद्यार्थियों को वास्तविक जीवन या प्रयोगशाला जैसी अधिगम परिस्थितियां प्रस्तुत करने के लिए किया जाता है।

(*iv*) **अभिभावकों के साथ संबंध (Relation with Guardian):** विद्यार्थी की अधिगम प्रक्रियाओं में माता-पिता के साथ सम्बन्ध भी महत्वपूर्ण भूमिका अदा करता है। यदि बच्चे तथा माता-पिता के संबंध आपसी सम्मान और विश्वास पर आधारित होते हैं तो वह बच्चों को अच्छा स्वस्थ वातावरण प्रदान करते हैं, जिसके फलस्वरूप बच्चा अधिक सीखता है। दूसरी ओर विघटित तथा अस्वस्थ वातावरण विद्यार्थी के अधिगम में विपरीत प्रभाव डालता है। विद्यार्थी के सीखने में ऊर्ध्वगामी गतिशीलता सीखने में प्रतिरोध उत्पन्न करती है। ऐसे परिवारों में बच्चे अपने आपको असमायोजित महसूस करते हैं। अतः अभिभावकों के साथ अच्छा संबंध एक ऐसा वातावरण तैयार करता है जो अधिगम प्रक्रिया में सहायक होता है।

(*v*) **साथियों के साथ संबंध (Relation with Friends):** मित्रों के साथ स्वस्थ संबंध भी अधिगम में एक अच्छे वातावरण के निर्माण हेतु महत्वपूर्ण भूमिका अदा करते हैं। कक्षा, विद्यालय तथा समाज में विद्यार्थी-विद्यार्थी के बीच संबंध एक विशेष प्रकार के संवेगात्मक वातावरण का निर्माण करते हैं। यह वातावरण उनके आपसी संबंधों पर निर्भर करता है। अच्छे सौहार्दपूर्ण आपसी संबंध कक्षा में अधिक सीखने तथा अधिक प्रतिस्पर्धा करने में तनावमुक्त वातावरण का निर्माण करते हैं।

वातावरण का महत्व (Importance of Environment)

(*i*) बालक अपने परिवार, पड़ोस, मुहल्ले और खेल के मैदान में अपना पर्याप्त समय व्यतीत करता है और इससे प्रभावित होता है। शिक्षक इन स्थानों के वातावरण को ध्यान में रखकर ही बालक का उचित पथ-प्रदर्शन करता है।

(*ii*) अनुकूल वातावरण में जीवन का विकास होता है और व्यक्ति उत्कर्ष की ओर बढ़ता है। इस बात को समझने वाला शिक्षक अपने छात्रों की रुचियों, प्रवृत्तियों और क्षमताओं के अनुकूल वातावरण प्रदान करके उनको उत्कर्ष की ओर बढ़ने में सहायता दे सकता है।

(*iii*) वातावरण बालक के विकास की दशा निश्चित करता है। वातावरण ही निश्चित करता है कि बालक बड़ा होकर अच्छा या बुरा, चरित्रवान, संयमी या व्यभिचारी, व्यापारी या साहित्यकार, देशप्रेमी या देशद्रोही बनेगा। इस तथ्य पर मनन करने वाला शिक्षक अपने छात्रों के लिए ऐसे वातावरण का सृजन कर सकता है जिससे उनका विकास उचित दिशा में हो सके।

(*iv*) वातावरण के महत्व को समझने वाला शिक्षक, विद्यालय में बालकों के लिए ऐसा वातावरण उपस्थित कर सकता है, जिससे उनमें विचारों की उचित अभिव्यक्ति, शिष्ट

सामाजिक व्यवहार, कर्त्तव्यों और अधिकारों का ज्ञान, स्वाभाविक प्रवृत्तियों पर नियंत्रण आदि गुणों का अधिकतम विकास हो।

(*v*) **रुथ बैंडिक्ट के अनुसार,** व्यक्ति जन्म से ही एक निश्चित सांस्कृतिक वातावरण में रहता है और उसके आदर्शों के अनुरूप ही आचरण करता है। इस तथ्य को जानने वाला शिक्षक बालक को अपना सांस्कृतिक विकास करने में योगदान दे सकता है।

(*vi*) **सोरेन्सन के अनुसार,** शिक्षक का उत्तम वातावरण बालकों की बुद्धि और ज्ञान की वृद्धि में प्रशंसनीय योग देता है। इस बात की जानकारी रखने वाला शिक्षक अपने छात्रों के लिए उत्तम शैक्षिक वातावरण प्रदान करने की चेष्टा कर सकता है।

(*vii*) प्रत्येक समाज का एक विशिष्ट वातावरण होता है। बालक को इसी समाज के वातावरण से अपना अनुकूलन करना पड़ता है। इस बात से भलीभांति परिचित होने वाला शिक्षक, विद्यालय को लघु समाज का रूप प्रदान करके बालकों को अपने वृहत् समाज के वातावरण से अनुकूलन करने की शिक्षा दे सकता है।

(*viii*) यूनेस्को (UNESCO) के कुछ विशेषज्ञों का कथन है कि वातावरण का बालकों की भावनाओं पर व्यापक प्रभाव पड़ता है और इससे उनके चरित्र का निर्माण भी होता है। इस कथन में विश्वास करके शिक्षक बालकों के लिए ऐसे वातावरण का निर्माण कर सकता है, जिससे न केवल उनकी भावनाओं का संतुलित विकास हो, बल्कि उनके चरित्र का भी निर्माण हो।

अभ्यास प्रश्न

1. व्यक्तिगत शिक्षण (Individual Teaching) क्यों आवश्यक होता है?
A. व्यक्तिगत भेदों के कारण
B. वंशानुक्रम के कारण
C. पर्यावरण के कारण
D. उपरोक्त सभी

2. एक शिक्षक अपने लोकतांत्रिक स्वभाव के कारण विद्यार्थियों को पूरी कक्षा में कहीं भी बैठने की अनुमति देता है। कुछ शिक्षार्थी एक-साथ बैठते हैं और चर्चा करते हैं या सामूहिक पठन करते हैं। कुछ चुपचाप बैठकर अपने-आप पढ़ते हैं। एक अभिभावक को यह पसंद नहीं आता। इस स्थिति से निबटने का निम्न में से कौन-सा तरीका सबसे बेहतर हो सकता है?
A. अभिभावकों को प्रधानाचार्य से अनुरोध करना चाहिए कि वे उनके बच्चे का अनुभाग बदल दें
B. अभिभावकों को शिक्षक पर विश्वास व्यक्त करना चाहिए और शिक्षक के साथ समस्या पर चर्चा करनी चाहिए
C. अभिभावकों को उस विद्यालय से अपने बच्चे को निकाल लेना चाहिए
D. अभिभावकों को प्रधानाचार्य से शिक्षक की शिकायत करनी चाहिए

3. भारतीय समाज की बहुभाषिक विशेषता को .... देखा जाना चाहिए।
A. विद्यार्थियों को सीखने के लिए अभिप्रेरित करने हेतु शिक्षक-योग्यता की चुनौती के रूप में
B. शिक्षार्थियों के लिए विद्यालयी जीवन को एक जटिल अनुभव के रूप में बनाने के एक कारक के रूप में
C. शिक्षण-अधिगम प्रक्रिया में बाधा के रूप में
D. विद्यालयी जीवन को समृद्ध बनाने के संसाधन के रूप में

4. पर्यावरण-शिक्षा को शालाओं में पाठ्यक्रम का अंग बनाना उपयुक्त है, क्योंकि–
A. पर्यावरण से बचना मुश्किल है
B. पर्यावरण जीवन का महत्वपूर्ण अंग है
C. इससे पर्यावरण प्रदूषण पर प्रभाव पड़ेगा
D. इससे शिक्षकों को रोजगार मिलेगा

5. "वातावरण वह बाहरी शक्ति है जो हमें प्रभावित करती है।" यह कथन किसका है
A. जिस्बर्ट B. वुडवर्थ
C. स्किनर D. रॉस

6. शिक्षार्थी जो पहले सीख चुके हैं उसकी पुनरावृत्ति और प्रत्यास्मरण में शिक्षार्थियों की मदद करना महत्वपूर्ण है क्योंकि
A. पूर्व पाठों को दोहराने का यह एक प्रभावी तरीका है
B. यह शिक्षार्थियों की स्मृति को बढ़ाता है जिससे सीखना सुदृढ़ होता है
C. यह किसी भी कक्षा-अनुदेशन के लिए सुविधाजनक शुरुआत है
D. नई जानकारी को पूर्व जानकारी से जोड़ना सीखने को समृद्ध बनाता है

7. एक शिक्षिका अपनी कक्षा को शैक्षिक भ्रमण पर ले जाती है–
A. छात्रों को मनोरंजन कराने के लिए
B. छात्रों के माता-पिता को संतुष्ट करने के लिए
C. प्रत्यक्ष अवलोकन हेतु बच्चों को अवसर उपलब्ध कराने के लिए

D. विद्यालय में रोजाना शिक्षण से अवकाश उपलब्ध कराने के लिए

8. बालकों में अधिगम की प्रक्रिया में योगदान करने वाला महत्वपूर्ण कारक है–
A. अभिप्रेरणा
B. बालक की आयु
C. वातावरण
D. उपर्युक्त सभी

9. कौन-सा कारक बच्चों में अधिकतम अधिगम प्रचार हेतु आवश्यक है?
A. कक्षा-कक्ष में अधिकाधिक कार्य
B. लेखन-कार्य की अधिकता
C. गृह-कार्य की अधिकता
D. अध्ययन के प्रति उनकी वैयक्तिक रुचि

10. वह कौन-सा स्थान है जहाँ बच्चे के संज्ञानात्मक विकास को सबसे बेहतर तरीके से परिभाषित किया जा सकता है?
A. घर
B. खेल का मैदान
C. विद्यालय एवं कक्षा पर्यावरण
D. सभागार

11. कौन-सा मिलान उचित है?
A. संवेगात्मक विकास – परिपक्वता
B. सामाजिक विकास – वातावरण
C. शारीरिक विकास – वातावरण
D. संज्ञानात्मक विकास – परिपक्वता

12. आपकी कक्षा का एक छात्र गुटका खाकर आता है। आप किसे उसकी इस हरकत का जिम्मेदार मानेंगे?
A. कक्षा में स्वयं को सबसे अलग दिखाने का उसका तरीका
B. उसकी अन्तः इच्छा
C. उसका सामाजिक वातावरण
D. उसका आपके प्रति द्वेष

13. बच्चों में अधिगम की प्रक्रिया में योगदान देने वाला कारक है–
A. बालक की आयु
B. वातावरण
C. अभिप्रेरणा
D. उपर्युक्त सभी

14. अच्छा अध्यापक वह है जो–
A. सादा जीवन व्यतीत करता हो
B. अपने विद्यार्थियों से सच्ची लगन रखता हो
C. अपने विषय में प्रवीण हो
D. मेधावी व परिश्रमी हो

15. छोटी उम्र के बच्चों को अधिक योग्य बनाने के लिए आपको किस तरह का व्यवहार करना चाहिए?
A. उन्हें अच्छे वातावरण में रखना चाहिए
B. उन्हें दूसरों की नकल करने से बचाना चाहिए
C. उन्हें अधिक प्यार करना चाहिए
D. उन्हें कड़ी मेहनत के लिए कहना चाहिए

16. कक्षा में शांत वातावरण तभी रह सकता है, जब–
A. मनोरंजक कहानियाँ सुनाई जाए
B. केवल छात्रों का सहयोग हो
C. अध्यापक और छात्रों में परस्पर सहयोग हो
D. कठोर अनुशासन हो

उत्तरमाला

1	2	3	4	5	6	7	8	9	10
A	B	D	B	D	D	C	D	A	C
11	**12**	**13**	**14**	**15**	**16**				
B	C	D	B	A	C				

सामाजिक विज्ञान

- इतिहास
- लोकतांत्रिक राजनीति
- भूगोल
- अर्थशास्त्र

इतिहास

प्राचीन भारत

सिंधु घाटी सभ्यता

सिंधु सभ्यता की खोज का श्रेय रायबहादुर दयाराम साहनी को दिया जाता है, जिन्होंने तत्कालीन पुरातत्व सर्वेक्षण विभाग के महानिदेशक सर जॉन मार्शल के निर्देशन में 1921 ई. में इस स्थल की खुदाई करवाई। 1922 ई. में राखलदास बनर्जी के नेतृत्व में एक अन्य प्रमुख स्थल मोहनजोदड़ो की खोज हुई। इस नवीनतम स्थल के प्रकाश में आने के बाद यह मान लिया गया कि यह सभ्यता संभवतः सिंधु नदी की घाटी तक ही सीमित है, अतः इसका नाम **'सिंधु घाटी की सभ्यता'** रखा गया।

इस सभ्यता के लिए साधारणतः तीन नामों का प्रयोग होता है–'सिंधु घाटी की सभ्यता, 'सिंधु-सभ्यता और 'हड़प्पा सभ्यता'। इन तीनों शब्दों का एक ही अर्थ है। इनमें से प्रत्येक शब्द की एक विशिष्ट पृष्ठभूमि है। कालांतर में अनुसंधान से जब यह प्रमाणित हो गया कि यह सभ्यता स्वयं सिंधु घाटी की सीमाओं के पार दूर-दूर तक फैली हुई है (यथा–राजस्थान, हरियाणा, पूर्वी पंजाब और गुजरात आदि) तब इस सभ्यता के सही-सही भौगोलिक विस्तार का संकेत देने के लिए 'सिन्धु घाटी की सभ्यता' शब्दावली अपर्याप्त सिद्ध हुई। अतः इसके लिए **'हड़प्पा सभ्यता'** जैसे गैर-भौगोलिक शब्द के प्रयोग का निर्णय किया गया। पुरातात्विक साहित्य में साधारणतः किसी अज्ञात संस्कृति का नामकरण उस स्थल के नाम पर कर दिया जाता है जहां पहले-पहल उसे पहचाना जाता है। इस सभ्यता का नामकरण 'हड़प्पा सभ्यता' इसी प्रचलित प्रथा का अनुसरण है।

नगर योजना

हड़प्पा सभ्यता की सर्वाधिक महत्त्वपूर्ण विशेषता थी–इसकी नगर योजना प्रणाली। इस सभ्यता के महत्त्वपूर्ण स्थलों के नगर निर्माण में समरूपता थी। नगरों के भवनों के बारे में विशिष्ट बात यह थी कि ये जाल की तरह विन्यस्त थे। यहां के प्राप्त नगरों के अवशेषों से पूर्व और पश्चिम दिशा में दो टीले मिले हैं। पूर्व दिशा में स्थित टीले पर नगर या फिर आवास क्षेत्र के साक्ष्य मिलते हैं जबकि पश्चिम के टीले पर गढ़ी अथवा दुर्ग (Citadel) के साक्ष्य मिले हैं। लोथल एवं सूरकोतड़ा के दुर्ग और नगर क्षेत्र दोनों एक ही रक्षा प्राचीर से घिरे हैं।

यहाँ प्राप्त मकानों के अवशेष से स्पष्ट होता है कि प्रत्येक मकान के बीच में एक आंगन होता था। आंगन के चारो ओर चार-पांच कमरे, रसोईघर एवं स्नानागार के साथ बने होते थे। स्नानागार गली की ओर बने होते थे। घरों के दरवाजे एवं खिड़कियाँ सड़क की ओर न खुलकर पिछवाड़े की ओर खुलती थी। भवन निर्माण में प्रयुक्त ईंटों का आकार तीन प्रकार का था। ईंटों के निर्माण का निश्चित अनुपात 4 : 2 : 1 था। यहां पर मिले भवन अलंकरण रहित हैं, केवल कालीबंगा में फर्श के निर्माण में अलंकृत ईंट का प्रयोग किया गया है। इस सभ्यता में सड़कों का जाल नगर को कई भागों में विभाजित करता था। सड़कें पूर्व से पश्चिम एवं उत्तर से दक्षिण की ओर जाती हुई एक-दूसरे को समकोण पर काटती थीं। सड़कों का निर्माण मिट्टी से किया गया था। सड़कों के दोनों ओर नालियों का निर्माण पक्की ईंटों द्वारा किया गया था और इन नालियों में थोड़ी-थोड़ी दूर पर 'मेन होल' बनाए गए थे।

वैदिक सभ्यता

आर्यों के आगमन के साथ ही भारत में एक नए युग की शुरुआत हुई। वेद उनका पुरातन साहित्य था पर ये कब अस्तित्व में आए इसकी ठीक-ठीक व्याख्या नहीं की गई है। आर्य शहर में नहीं रहते थे। उनके धर्म में मूर्तियों के लिए स्थान नहीं था। इंद्र, वरुण, सूर्य

और अग्नि उनके प्रमुख देवता थे। आर्य जिस क्षेत्र में रहते थे, वह पूर्वी अफगानिस्तान से लेकर गंगा की ऊपरी घाटियों तक फैला था। इस क्षेत्र के सर्वप्रमुख भाग को सप्त सिंधु कहा जाता है, जहां सात नदियां मौजूद थीं। शेष क्षेत्रों में श्याम वर्ण तथा सपाट नाक वाली प्रजाति 'वसयूस' का निवास था।

उस समय का समाज राजनीतिक और सामाजिक रूप से पितृ सत्तात्मक था। प्रशासन की सबसे लघु इकाई गांव थे। राजा भूमि का मालिक था और उसके पास असीमित शक्तियां होती थीं। राजा का पद वंशानुगत था, हालांकि वेदों में अपवाद स्वरूप राजाओं को निर्वाचित करने के उदाहरण भी मौजूद हैं। राजा विलासपूर्ण जीवन व्यतीत करता था और अपने भोग-विलास और सुख-ऐश्वर्य की एवज में वह नागरिकों और अपने भू-प्रदेश की सुरक्षा करता था। वह प्रशासन का प्रबंध करता था तथा लोगों से नियम-कानूनों का पालन करवाता था। राजा को सलाह देने के लिए सभा और समिति जैसे निकाय मौजूद होते थे। समिति लोकप्रिय सभा थी जबकि सभा में कुछ चुनिंदा लोग शामिल होते थे।

चूंकि परिवार पितृसत्तात्मक थे, अत: लोगों को लड़के की इच्छा रहती थी। लड़कियों की अक्सर उपेक्षा की जाती थी। कुछ लोग एक से अधिक पत्नियां रखते थे, परंतु महिलाओं को एक से अधिक पति रखने की अनुमति नहीं थी। विधवाओं को पुनर्विवाह की अनुमति दी जाती थी। हालांकि महिलाओं का सम्मान किया जाता था, फिर भी उन्हें समर्थन और सहायता के लिए पुरुष संबंधियों पर निर्भर रहना पड़ता था।

वैदिक युग के लोग मनोरंजन प्रिय थे और आमोद-प्रमोद में समय व्यतीत करते थे। उत्तेजना जगाने वाले पेय जैसे सोम या सुरा का सेवन किया जाता था। रेसिंग, शिकार करना और युद्ध, नृत्य उनकी प्रिय अवकाशकालीन गतिविधियां थीं। इसके अलावा नृत्य, संगीत और पांसे का खेल भी काफी लोकप्रिय था।

व्यवसाय के संबंध में नियम अत्यन्त सख्त थे। तीन उच्च जातियों को जीवन के चार आश्रमों ब्रह्मचर्य, गृहस्थ, संन्यास और वानप्रस्थ का अनिवार्य रूप से पालन करना पड़ता था।

ग्राम समुदाय का मुख्य व्यवसाय कृषि था। मवेशियों और अन्य घरेलू पशुओं का प्रजनन कराया जाता था। गाय, बैल, घोड़े, कुत्ता, बकरी और भेड़ घरेलू पशु थे। व्यापार और वाणिज्य का इस काल में काफी महत्त्व था; हालांकि मुद्रा का प्रचलन नहीं था पर वस्तु के बदले वस्तु का कारोबार किया जाता था। परिवहन के लिए रथों का इस्तेमाल किया जाता था। उन्हें समुद्रों में नौवहन का भी ज्ञान था।

वैदिक युग के आरंभिक दिनों में बर्तनकला का काफी विकास हुआ। आर्यों के पुराकालीन साहित्य मौखिक रूप से प्रसारित किए गए, जिससे संकेत मिलता है कि उन्हें लिपि का ज्ञान नहीं था। लोगों ने इस काल में वास्तुशिल्प, मूर्तिकला, विज्ञान और खगोल विज्ञान में काफी प्रगति की।

जैसे-जैसे समय गुजरता गया, आर्य अधिक इलाकों पर कब्जा करते गए और उनके साम्राज्य की सीमाओं का पूर्व और दक्षिण की ओर विस्तार हुआ। राजागण अपने विषयों के महारथी समझे जाते थे और राजनीतिक, आर्थिक और न्यायिक शक्तियों पर उनका एकाधिकार था।

ब्राह्मणों को समाज में विशिष्ट दर्जा प्राप्त था। जाति संरचना काफी स्पष्ट थी और समाज में संसाधनों के बंटवारे में इसकी अहम् भूमिका थी। वैदिक युग के अंत तक प्रमुख राजवंश और रजवाड़ों का उदय हो गया था। इस काल में कृषि लोगों का मुख्य व्यवसाय बना रहा। लेकिन कृषि और पशुपालन में काफी प्रगति हुई। कुछ नए अनाज जैसे गेहूं और चावल उगाए जाने लगे। हल जैसे कृषि उपकरणों में काफी सुधार किया गया। व्यापार और उद्योग के क्षेत्र में प्रगति हुई और व्यापारियों का एक नया वर्ग 'वाणिजा' अस्तित्व में आया तथा अनेक कौशल-प्रवीण लोग सामने आए।

आर्यों की धार्मिक पुस्तकों से पता चलता है कि उनकी संस्कृति काफी विकसित थी। इनमें से सबसे प्रमुख पुस्तकें चार वेद हैं—क्रमश: ऋग्वेद, यजुर्वेद, सामवेद और अथर्ववेद। उपनिषद् दर्शन की पुस्तकें दो महाकाव्य—रामायण और महाभारत, 18 पुराण, 6 शास्त्र और मनुस्मृति भी उनकी पुस्तकें हैं। ऋग्वेद में विभिन्न देवी-देवताओं की स्तुति से संबंधित मंत्र हैं जिसमें मौलिक और लौकिक सुखों के लिए उनका धन्यवाद ज्ञापित किया गया है। सामवेद का स्वतंत्र महत्त्व उतना अधिक नहीं है क्योंकि अधिकांश मंत्र ऋग्वेद से लिए गए हैं और उन्हें त्याग और बलिदान के संदर्भ में सजाया गया है। यह संगीत का प्रेरक तत्व है। यजुर्वेद गद्यरूप में है और इसमें बलिदान संबंधी प्रार्थनाएं हैं। अथर्ववेद में जादू की चर्चा की गई है तथा उन वनस्पतियों की स्तुति की गई है जिनसे रोगों का निदान होता है। पुराण में प्राथमिक सृजन, द्वितीयक सृजन, देवताओं की वंशावली, मनु का शासन और विभिन्न रजवाड़ों के इतिहास की चर्चा है।

महाजनपद काल

बुद्ध के समय 16 बड़े राज्यों का उल्लेख मिलता है, जिन्हें महाजनपद कहा जाता है। छठी शताब्दी ई. पू. के ये राज्य अधिकतर विंध्य के उत्तर में थे और पश्चिमोत्तर सीमाप्रांत से बिहार तक फैले हुए थे। **सोलह महाजनपदों में अश्मक ही एक ऐसा जनपद था जो दक्षिण भारत में गोदावरी नदी के किनारे स्थित था।**

इन महाजनपदों का उल्लेख बौद्ध ग्रंथ **अंगुतर निकाय** में मिलता है। जैन ग्रंथ **भगवती सूत्र** में भी इन महाजनपदों का उल्लेख कुछ नामांतर के साथ मिलता है। सोलह महाजनपदों में मगध, कोशल, वत्स और अवंति संभवतः अधिक शक्तिशाली थे।

महाजनपद	राजधानी
1. अंग	चम्पा
2. मगध	गिरिव्रज (राजगृह)
3. काशी	वाराणसी
4. कोशल	श्रावस्ती/अयोध्या
5. वज्जि	विदेह एवं मिथिला
6. मल्ल	कुशावती (कुशीनगर)
7. चेदि	शक्तिमती
8. वत्स	कौशाम्बी
9. कुरु	इन्द्रप्रस्थ
10. पांचाल	उत्तर पांचाल-अहिच्छत्र दक्षिण पांचाल-काम्पिल्य
11. मत्स्य	विराट नगर
12. शूरसेन	मथुरा
13. अश्मक	पोतन या पोटली
14. अवन्ति	उत्तरी अवन्ति-उज्जयिनी दक्षिणी अवन्ति-महिष्मती
15. गांधार	तक्षशिला
16. कम्बोज	हाटक

मगध का उदय

छठी शताब्दी ई. पू. में मगध एक छोटा-सा राज्य था लेकिन यहाँ की प्राकृतिक दशा, भौगोलिक कारण तथा यहां के योग्य एवं महत्त्वाकांक्षी राजाओं ने मगध को एक साम्राज्य के रूप में परिवर्तित कर दिया। इस राज्य के उत्थान में अनेक वंश के राजाओं का योगदान था। प्राचीन भारत में जिस साम्राज्यवाद का विकास हो रहा था उस ओर मगध ने सबसे पहले कदम बढ़ाया। इस बात की पुष्टि सभी प्राचीन ब्राह्मण तथा जैन स्त्रोतों से भी होती है।

मगध के चारों ओर प्राकृतिक सुरक्षा के साधन थे और निकटवर्ती जंगलों में पाई जाने वाली गजसेना से उसे पर्याप्त बल मिला। इसके साथ ही मगध के आस-पास पाई गई लोहे की खानों से भांति-भांति के अस्त्र-शस्त्र बनाकर आर्य जातियों को जंगलों को साफ करने में सहायता मिली और नए उद्योग-धंधों को बढ़ावा मिला। गंगा नदी के पास होने के कारण व्यापारिक सुविधाएं बढ़ी और आर्थिक दृष्टि से मगध का महत्त्व बहुत बढ़ गया।

हर्यक वंश

मगध के हिरयण्क वंश (हर्यक वंश) के शासक बिम्बिसार के शासनकाल में मगध ने खूब उन्नति की। वह बुद्ध का समकालीन था। उसके द्वारा विजय और विस्तार की शुरू की गई नीति अशोक की कलिंग विजय के साथ समाप्त हुई। बिम्बिसार ने वैवाहिक संबंधों से भी अपनी स्थिति को मजबूत किया। उसने तीन विवाह किए। विभिन्न राजकुलों से वैवाहिक संबंधों के कारण बिम्बिसार को बड़ी राजनैतिक प्रतिष्ठा मिली और इस प्रकार मगध राज्य को पश्चिम और उत्तर की ओर फैलाने का मार्ग प्रशस्त हो गया।

मगध की असली शत्रुता अवंति से थी, जिसकी राजधानी उज्जैन में थी। इसके राजा चंडप्रद्योत महासेन की बिम्बिसार से लड़ाई हुई थी, किन्तु दोनों अंत में दोस्त बन गए। गंधार से भी बिम्बिसार के राजनयिक संबंध थे। इस प्रकार विजय और कूटनीति से बिम्बिसार ने मगध को ई.पू. छठी सदी में सबसे अधिक शक्तिशाली राज्य बना दिया। मगध की पहली राजधानी राजगीर में थी, उस समय इसे गिरिव्रज कहते थे। यह स्थल पांच पहाड़ियों से घिरा हुआ था और उनके खुले भागों को पत्थरों की दीवारों से चारों ओर से घेर दिया गया था। इस तरह राजगीर एक अभेध्य दुर्ग हो गया था।

बिम्बिसार के उत्तराधिकारी अजातशत्रु (492–460 ई.पू.) ने अपने शासनकाल में विस्तार की आक्रामक नीति से काम लिया। उसके शासनकाल में मगध का वैभव अपने चरमोत्कर्ष पर पहुंच गया था। अजातशत्रु ने अनेक समकालीन राज्यों को पराजित किया और उन्हें मगध साम्राज्य में मिला लिया। अजातशत्रु को वैशाली को नष्ट करने में लगभग सोलह वर्ष का लंबा समय लगा। इस प्रकार काशी जिसे वह पहले ही विजित कर चुका था, और अब वैशाली को जीतने के बाद उसका साम्राज्य और विस्तृत हो गया। अजातशत्रु की तुलना में अवंति का शासक अधिक शक्तिशाली था। अवंति के राजाओं ने कौशांबी के वत्सों को हराया था और अब वे मगध पर हमला करने की धमकी दे रहे थे। इसी खतरे का सामना करने के लिए अजातशत्रु ने राजगीर की किलेबंदी की। किलेबंदी की दीवारों के अवशेष आज भी देखने को मिलते हैं। परंतु अजातशत्रु के जीवनकाल में अवंति को मगध पर हमला करने का अवसर नहीं मिला।

अजातशत्रु के बाद उदयिन् (460–440 ई.पू.) मगध की गद्‌दी पर बैठा। उसके शासन की महत्त्वपूर्ण घटना यह है कि उसने पटना में गंगा और सोन के संगम पर एक किला बनवाया। इसका मुख्य कारण पटना का मगध साम्राज्य के केंद्र में अवस्थित होना था। एक नए नगर के रूप में पाटलिपुत्र की स्थापना उदयिन् की ही देन है। उदयिन् का उदयभद्र के रूप में भी उल्लेख मिलता है। उदयिन् के बाद यह राजवंश दुर्बल हो गया और सत्ता शिशुनाग वंश के हाथों में चली गई।

शिशुनाग वंश

शिशुनाग वंश (412-365 ई.पू.) के शासक शिशुनाग की सर्वाधिक महत्त्वपूर्ण सफलता थी अवंति की शक्ति को तोड़ना।

शिशुनाग ने अवंति और वत्सराज को जीतकर मगध साम्राज्य का विस्तार उत्तरी भारत में मालवा से बंगाल तक कर दिया। शिशुनाग ने वैशाली को अपनी राजधानी बनाया। शिशुनाग के बाद इस वंश का अगला शासक कालाशोक या काकवर्ण हुआ। इसने वैशाली के स्थान पर पुनः पाटलिपुत्र को अपनी राजधानी बनाया। इसके समय में वैशाली में द्वितीय बौद्ध संगीति का आयोजन हुआ। इसकी मृत्यु के उपरांत इसके उत्तराधिकारियों ने लगभग 22 वर्ष तक शासन किया। शिशुनागों के बाद मगध पर नंद वंश का शासन शुरू हुआ।

नंद वंश

नंद वंशीय शासक मगध के सबसे शक्तिशाली शासक सिद्ध हुए। इनका शासन इतना शक्तिशाली था कि सिकंदर भी इनके साम्राज्य की ओर बढ़ने की हिम्मत न कर सका। महापद्मनंद संभवतः शूद्र जाति का था। पुराणों में उसे 'सर्वक्षत्रान्तक (सभी क्षत्रियों का नाश करने वाला)' और 'द्वितीय परशुराम' कहा गया है। नंद वंश के सबसे शक्तिशाली शासक महापद्मनंद ने कलिंग को जीत कर मगध की शक्ति को बढ़ाया। विजय स्मारक के रूप में वह कलिंग से जिन की मूर्ति उठा लाया था। इस वंश का अंतिम शासक घनानंद था जिसे चंद्रगुप्त मौर्य ने चाणक्य के सहयोग से अपदस्थ कर मगध पर अपना शासन स्थापित किया।

जैन एवं बौद्ध धर्म

जैन धर्म

जैन शब्द 'जिन' से बना है जिसका अर्थ है-विजेता अर्थात् जिसने इंद्रियों को जीत लिया है। भगवतीसूत्र, कल्पसूत्र तथा परिशिष्ट पर्वण नामक ग्रंथ में प्रारंभिक जैन धर्म का इतिहास मिलता है। जैन धर्म में तीर्थंकर का अर्थ संसार सागर से पार कराने के लिए औरों को मार्ग बताने वाला होता है। जैन धर्म में कुल 24 तीर्थंकरों के होने की बात कही गई है। ऋषभदेव को जैन धर्म के संस्थापक, प्रवर्तक एवं पहले तीर्थंकर के रूप में जाना जाता है। दो जैन तीर्थंकरों पार्श्वनाथ एवं वर्धमान के अतिरिक्त परंपरा में उल्लिखित शेष सभी तीर्थंकर पौराणिक हैं। पार्श्वनाथ जैन धर्म के 23वें एवं प्रथम ऐतिहासिक तीर्थंकर थे। इन्हें जैन धर्म को सुनियोजित और सुव्यवस्थित कर उसके ज्ञान एवं दर्शन के तत्त्व को वास्तविक प्रवर्तन का श्रेय प्राप्त है। इनके अनुयायियों को निर्ग्रंथ कहा गया है। पार्श्वनाथ ने 4 महाव्रतों का प्रतिपादन किया था, जो इस प्रकार थे–**अहिंसा, सत्य, अपरिग्रह** एवं **अस्तेय**। इनमें सर्वाधिक महत्त्व इन्होंने अहिंसा पर दिया। पार्श्वनाथ ने कायाक्लेश एवं तपश्चर्या से ही मोक्ष प्राप्ति की बात कही। इन्होंने भिक्षुओं को सफेद वस्त्र पहनने की सलाह दी। **पार्श्वनाथ के समर्थकों में केशि** प्रमुख थे।

महावीर स्वामी जैन धर्म के वास्तविक संस्थापक एवं 24वें तीर्थंकर थे। इनके बचपन का नाम वर्धमान था। वे वर्ण के क्षत्रिय एवं जाति के ज्ञातृक/शातृक थे। महावीर स्वामी 23वें तीर्थंकर पार्श्वनाथ के शिष्य थे। कैवल्य (ज्ञान) प्राप्त हो जाने के बाद महावीर स्वामी को **'केवलिन' 'जिन' (विजेता), 'अर्हत' (पूज्य/योग्य) एवं निर्ग्रन्थ (बंधन रहित)** जैसी उपाधियां मिली। **बौद्ध साहित्य में महावीर स्वामी को निगंठनाथ पुत्र कहा गया है।** जैन ग्रंथ आचारांग सूत्र में महावीर स्वामी की तपस्या तथा कायाक्लेश का वर्णन मिलता है। अपने पूर्वगामी तीर्थंकर पार्श्वनाथ द्वारा दिए गए 4 महाव्रतों में महावीर ने पांचवा व्रत **ब्रह्मचर्य** जोड़ा।

पंचमहाव्रत

1. **अहिंसाः** सभी प्रकार की मानसिक, वाचिक एवं कायिक हिंसा से बचने की बात कही गई है। यह जैन धर्म का सर्वाधिक महत्त्वपूर्ण व्रत है।
2. **सत्य व अमृषाः** इसमें सदा सत्य एवं मधुर बोलने की बात कही गई है।
3. **अपरिग्रहः** इसमें सब प्रकार के सम्पत्ति अर्जन से भिक्षुओं को बचने की बात कही गई है।
4. **अस्तेयः** इसमें अनुमति के बिना किसी दूसरे की संपत्ति ग्रहण करने से बचने की बात कही गई है।
5. **ब्रह्मचर्यः** इसमें भिक्षुओं को पूर्ण ब्रह्मचर्य व्रत का पालन करने की बात कही गई है। गृहस्थ जीवन व्यतीत करने वाले जैनियों के लिए उपर्युक्त व्रतों की कठोरता में कमी करके उसे **'अणुव्रत'** नाम दिया गया।

- जैन धर्म में पूर्व जन्म के कर्मफल को समाप्त करने एवं इस जन्म के कर्मफल से बचने के लिए **त्रिरत्नों** के पालन की बात कही गई है। ये त्रिरत्न हैं-

1. **सम्यक श्रद्धाः** सत् में विश्वास।
2. **सम्यक् ज्ञानः** शंका विहीन तथा वास्तविक ज्ञान।
3. **सम्यक् आचरणः** बाह्य जगत के विषयों के प्रति सम दुःख-सुख भाव से उदासीनता ही सम्यक् आचरण हैं।

बौद्ध धर्म

बौद्ध धर्म के प्रवर्तक बुद्ध या सिद्धार्थ का जन्म कपिलवस्तु के लुंबनी नामक ग्राम में शाक्य क्षत्रिय कुल में 563 ई. पू. में हुआ था। इनके पिता शुद्धोधन शाक्य गण के मुखिया थे, माता महामाया कोलियवंशीय थीं। बुद्ध के जन्म के कुछ दिन बाद ही इनकी माता महामाया का देहांत हो गया और इनका पालन-पोषण मौसी प्रजापति गौतमी द्वारा किया गया। 16 वर्ष की अवस्था में सिद्धार्थ का विवाह शाक्य कुल की कन्या यशोधरा से हुआ, जिसके अन्य नाम बिम्बा, गोपा तथा भद्रकच्छा/भद्रकच्छना भी हैं। सिद्धार्थ से यशोधरा को एक पुत्र उत्पन्न हुआ जिसका नाम **'राहुल'** था। सांसारिक दुःखों से दुखी होकर सिद्धार्थ ने 29 वर्ष की अवस्था में गृह त्याग दिया। सिद्धार्थ के गृह त्याग की घटना को बौद्ध ग्रंथों में

'महाभिनिष्क्रमण' कहा गया है। गृह त्याग के बाद सिद्धार्थ सर्वप्रथम सांख्य दर्शन के आचार्य अलारकलाम के वैशाली के नजदीक स्थित आश्रम गए। यहां से सिद्धार्थ पुनः **उरुवेला (बोधगया)** चले गए। उरुवेला में सिद्धार्थ ने बिना अन्न-जल ग्रहण किए 6 वर्ष तक कठिन तपस्या की जिसके बाद 35 वर्ष की आयु में वैशाख पूर्णिमा की रात पीपल के वृक्ष के नीचे उन्हें ज्ञान प्राप्त हुआ। ज्ञान प्राप्ति के बाद सिद्धार्थ को **'बुद्ध'** के रूप में जाना जाने लगा। बुद्ध का एक अन्य नाम **'तथागत'** भी मिलता है जिसका अर्थ है–सत्य है ज्ञान जिसका। महात्मा बुद्ध को शाक्य मुनि के रूप में भी वर्णित किया गया है। बुद्ध के प्रथम शिष्य दो बंजारे- तपस्यु और मिल्लक थे।

उरुवेला से बुद्ध सारनाथ आए एवं यहाँ पर उन्होंने पाँच ब्राह्मण संन्यासियों को अपना **प्रथम उपदेश** दिया, जिसे बौद्ध ग्रंथों में **धर्म चक्र प्रवर्तन** के नाम से जाना जाता है। **सारनाथ में बुद्ध ने इन 5 संन्यासियों के साथ बौद्ध संघ की स्थापना की।** प्रथम पांच शिष्यों के अतिरिक्त अनेक वैश्यों के साथ बनारस (वाराणसी) का यश नामक धनी व्यापारी भी बौद्ध होकर संघ का सदस्य बना। बुद्ध ने संघ के सदस्यों को विभिन्न क्षेत्रों में जाकर धर्म प्रचार करने का आदेश दिया। स्वयं बुद्ध ने भी इसके बाद आजीवन धर्म का प्रचार किया।

महात्मा बुद्ध ने अपने जीवन के अंतिम समय में **'पावा'** में चुंद नामक सुनार के घर भोजन किया। इस कारण वे उदर विकार से पीड़ित हुए। इसी अवस्था में कुशीनगर आए और 483 ई.पू. में 80 वर्ष की अवस्था में इनकी मृत्यु हुई। **उनकी मृत्यु को बौद्ध ग्रंथों में महापरिनिर्वाण की संज्ञा दी गई है।** बुद्ध की मृत्यु के बाद इनके शरीर के अवशेषों को आठ भागों में बांटकर उस पर आठ स्तूपों का निर्माण कराया गया।

बौद्ध धर्म के अंतर्गत् सभी दुःख का कारण मूलरूप से तृष्णा (लालसा या पिपासा) को माना गया है। बौद्ध धर्म का मूलाधार **'चार आर्य सत्य'** हैं। इस धर्म के सारे सिद्धांत तथा बाद में विकसित विभिन्न दार्शनिक मतवादों के ये ही आधार हैं। ये चार आर्य सत्य हैं– **दुःख, दुःख समुदाय, दुःख निरोध तथा दुःख निरोध गामिनी-प्रतिपदा (दुःख निवारक मार्ग)।** बुद्ध ने सांसारिक दुःखों से मुक्ति हेतु अष्टांगिक मार्ग की बात कही। ये साधन हैं- 1. सम्यक् दृष्टि, 2. सम्यक् संकल्प, 3. संम्यक् वाणी, 4. सम्यक् कर्मांत, 5. सम्यक् आजीव, 6. सम्यक् व्यायाम, 7. सम्यक् स्मृति और 8. सम्यक् समाधि। बुद्ध के अनुसार इन अष्टांगिक मार्गों के पालन करने के उपरांत मनुष्य की भव-तृष्णा नष्ट हो जाती है और उसे निर्वाण प्राप्त हो जाता है। इस तरह अष्टांगिक मार्ग दुःख निवारक मार्ग (दुःख निरोध-गामिनी प्रतिपदा) है। बुद्ध ने अष्टांगिक मार्ग के अंतर्गत् अधिक सुखपूर्ण जीवन व्यतीत करना या अधिक काया-क्लेश में संलग्न होना-दोनों को वर्जित किया है। उन्होंने इस संबंध में **मध्यम प्रतिपदा (मार्ग)** का उपदेश दिया है।

मौर्य साम्राज्य

मौर्य वंश की स्थापना, चंद्रगुप्त मौर्य ने चाणक्य की सहायता से अंतिम नंदवंशीय शासक घनानंद को पराजित कर 322 ई. पू. में की। मौर्य राजवंश के विषय में जानकारी के प्रमुख स्त्रोत हैं- ब्राह्मण साहित्य, बौद्ध साहित्य, जैन साहित्य, विदेशी यात्रियों के विवरण एवं पुरातत्त्व आदि। अशोक के शिलालेखों की कुल संख्या 14 है जो विभिन्न स्थानों से प्राप्त हुए हैं। इन्हें वृहद् शिलालेख भी कहा जाता है। सर्वप्रथम 1837 में जेम्स प्रिंसेप ने इन्हें पढ़ने में सफलता प्राप्त की।

क्र.स.	शिलालेख	खोज का वर्ष	लिपि
1.	शहबाजगढ़ी (पाकिस्तान)	1836	खरोष्ठी
2.	मानसेहरा (पाकिस्तान)	1889	खरोष्ठी
3.	गिरनार (गुजरात)	1822	ब्राह्मी
4.	धौली (उड़ीसा)	1837	ब्राह्मी
5.	कालसी (उत्तराखण्ड)	1837	ब्राह्मी
6.	जौगढ़ (उड़ीसा)	1850	ब्राह्मी
7.	सोपारा (महाराष्ट्र)	1882	ब्राह्मी
8.	एर्रगुडी (आंध्र प्रदेश)	1916	ब्राह्मी

नोटः *धौली एवं जौगढ़ के शिलालेखों को **'पृथक कलिंग प्रज्ञापान** अथवा **'पृथक कलिंग शिलालेख'** कहा जाता है। इनसे कलिंग राज्य के प्रति अशोक के शासन की नीति की जानकारी मिलती है।*

अशोक के अभिलेख खरोष्ठी और ब्राम्ही नामक दो लिपियों में प्राप्त होते हैं। खरोष्ठी लिपि उर्दू की भांति दाएं से बाएं लिखी जाती थी। अशोक के अधिकांश अभिलेख ब्राम्ही लिपि में हैं जबकि उसकी भाषा प्राकृत है। **ब्राम्ही लिपि** ही भारत की **सबसे प्राचीन लिपि** है। यह बाएं से दाएं लिखी जाती थी। मानसेहरा एवं शहबाजगढ़ी (दोनों पाकिस्तान में स्थित हैं) के शिलालेख **खरोष्ठी लिपि** में हैं। कंधार एवं तक्षशिला के शिलालेख **द्विभाषी** है जो ग्रीक एवं आरमाइक लिपि में हैं। कंधार के पास **''शार-ए-कुना''** नामक स्थान से ग्रीक तथा आरमाइक में लिखा गया द्विभाषी अभिलेख मिला है।

चन्द्रगुप्त मौर्य

चंद्रगुप्त मौर्य (322-298 ई.पू.) भारतीय इतिहास में पहला महान सम्राट था। ग्रीक साहित्य में उसे **सैंड्रोकोट्स** के नाम से जाना जाता है। सर्वप्रथम विलियम जोन्स ने **सैंड्रोकोट्स** की पहचान चंद्रगुप्त मौर्य के रूप में की। चंद्रगुप्त मौर्य ने अपने गुरु विष्णुगुप्त अथवा चाणक्य की सहायता से नंद वंश के अंतिम शासक घनानंद को हराकर मौर्य साम्राज्य की स्थापना की। मगध के राजसिंहासन पर बैठकर चंद्रगुप्त ने एक ऐसे साम्राज्य की नींव डाली जो पूरे भारत में फैला था।

चंद्रगुप्त मौर्य ने उत्तर-पश्चिमी भारत को सिकंदर के उत्तराधिकारियों से मुक्त कर, नंदों का उन्मूलन कर, सेल्यूकस

को पराजित कर संधि के लिए बाध्य कर जिस साम्राज्य की स्थापना की उसकी सीमाएं उत्तर-पश्चिम में ईरान सीमा से लेकर दक्षिण में वर्तमान उत्तरी कर्नाटक एवं पूर्व में मगध से लेकर पश्चिम में सोपारा तथा सौराष्ट्र तक विस्तृत थी। प्लूटार्क और जस्टिन का कथन है कि चंद्रगुप्त मौर्य ने छः लाख की सेना लेकर संपूर्ण भारतवर्ष को रौंद डाला तथा उस पर अपना अधिकार कर लिया।

अशोक

अशोक पहला भारतीय राजा हुआ जिसने अपने अभिलेखों के सहारे सीधे अपनी प्रजा को संबोधित किया। उसके अभिलेख भारत में प्राकृत भाषा के सबसे पुराने निदर्श प्रस्तुत करते हैं। ये अभिलेख शिलाओं पर, पत्थर के पॉलिशदार शीर्षयुक्त स्तंभों पर, गुहाओं में और एक मामले में मिट्टी के कटोरे पर भी खुदे हुए हैं। इन अभिलेखों में राजा के आदेश सूचित किए गए हैं। प्राकृत में रचित अशोक के ये अभिलेख साम्राज्य के अधिकांश भागों में ब्राह्मी लिपि में लिखित हैं। किन्तु पश्चिमोत्तर भाग में ये खरोष्ठी और आरमाइक लिपियों में हैं और अफगानिस्तान में इनकी भाषा और लिपि आरमाइक और यूनानी दोनों है।

इन अभिलेखों से अशोक के जीवनवृत, उसकी आंतरिक और परराष्ट्रीय/अंतर्राष्ट्रीय नीति तथा उसके राज्य के विस्तार की जानकारी मिलती है। अशोक की गृह एवं विदेश नीति बौद्ध धर्म के आदर्श से प्रेरित है। गद्दी संभालने के बाद उसने केवल एक युद्ध किया जो कलिंग युद्ध के नाम से प्रसिद्ध है। इस युद्ध में हुए जानमाल की अपार क्षति ने अशोक को द्रवित कर दिया। अतः उसने दूसरे राज्यों पर भौतिक विजय पाने की नीति छोड़कर सांस्कृतिक विजय पाने की नीति अपनाई।

कलिंग युद्ध के परिणामस्वरूप अशोक बौद्ध हो गया। परंपरा बताती है कि वह बौद्ध भिक्षु हो गया। बौद्धों को अपार दान दिया और बौद्ध धर्म-स्थानों की यात्रा की। उसकी इस यात्रा का संकेत अभिलेखों में आए **धर्मयात्रा** शब्द से भी मिलता है। अशोक ने लोगों को **'जियो और जीने दो'** का पाठ पढ़ाया। उसने जीवों के प्रति दया और बांधवों के प्रति सद्व्यवहार की सीख दी। उसके उपदेशों का उद्देश्य सहिष्णुता के आधार पर तत्कालीन समाज-व्यवस्था को बनाए रखना था। इस तरह वह शांतिवादी नीति की ओर अग्रसर हुआ।

शुंग वंश

मौर्य साम्राज्य को पुष्यमित्र शुंग ने अंतिम रूप से 185 ई.पू. में नष्ट कर दिया। वह अंतिम मौर्य शासक वृहद्रथ का सेनापति था। सूत्रों के अनुसार उसने लोगों के सामने वृहद्रथ को मार डाला और बलपूर्वक पाटलिपुत्र का राजसिंहासन हड़प लिया। शुंग वंश द्वारा पाटलिपुत्र और मध्य भारत में शासन किया गया। इन्होंने (शुंग वंश) ब्राह्मणमार्गीय जीवन-पद्धति का पुनरारंभ दिखाने के लिए कई वैदिक यज्ञ किए।

सुदूर प्रदेश से संबंध

इंडो-ग्रीक

206 ई॰पू॰ में भारत पर प्रथम ग्रीक आक्रमण डेमेट्रियस के वंश के द्वारा किया गया। डेमेट्रियस ने "साकल" को अपनी राजधानी बनाया एवम् उसने भारतीयों की उपाधियाँ धारण की। उसने यूनानी और खरोष्ठी लिपि में अपने सिक्के चलाए। पुनः यूक्रेटाइड्स भी बैक्ट्रिया विजय के पश्चात् भारत की ओर बढ़ा और भारत के कुछ क्षेत्र को जीतकर 'तक्षशिला' को अपनी राजधानी बनाया। इस प्रकार भारत में यवन साम्राज्य दो कुलों—ड्रेमेट्रियस और यूक्रेटाइटस में बंट गया।

डेमेट्रियस वंश का सबसे प्रसिद्ध शासक मिनान्डर था। पेरिप्लस के अनुसार मिनान्डर के सिक्के भड़ोच के बाजार में काफी मात्रा में प्रचलित थे। मिनान्डर और बौद्ध भिक्षु नागसेन के बीच हुई संवाद 'मिलिन्दपन्हो' में संकलित है। मिनान्डर अकेला ग्रीक शासक था जिसने विद्वानों को संरक्षण प्रदान किया। इन्डो-ग्रीक शासकों के सिक्के उनकी वंशावली की जानकारी देते हैं।

इण्डो-ग्रीक शासकों ने प्रारंभ में सिक्कों पर यूनानी लिपि का प्रयोग किया और उसके पश्चात् खरोष्ठी और ब्राह्मी लिपि का प्रयोग किया।

शक

भारत में प्रवेश करने से पहले शक काफी समय तक पार्थियन शासकों द्वारा शासित 'सुक्रस्तान' में रहे। शक मूलतः मध्य एशिया की एक पर्यटनशील जाति थे, जो खर नदी के उत्तरी प्रदेश में निवास करते थे। शक लोगों ने सिंधु घाटी में घुसने के लिए सामान्य रूप से प्रचलित खैबर दर्रे की जगह 'बोलन दर्रे' का प्रयोग किया। शक राजा अपने आपको 'क्षत्रप' कहते थे।

शकों की भारत में दो शाखाएँ थीं:

(*i*) उत्तरी क्षत्रप– तक्षशिला और मथुरा।

(*ii*) पश्चिमी क्षत्रप– नासिक और उज्जैन।

उत्तरी क्षत्रप का भारत का संभवतः प्रथम शक शासक 'माउस या मग' था जिन्होंने अधिकांश ताँबे और कुछ मात्रा में चाँदी के सिक्के चलाये। नासिक में क्षहरात वंश का शासन था। इसका पहला शासक 'भूमक' था। भूमक ने अपने सिक्कों पर खरोष्ठी और ब्राह्मी दोनों लिपियों का प्रयोग किया। भूमक के उत्तराधिकारी 'नहपान' के बारे में जानकारी न सिर्फ चाँदी और ताँबे के सिक्के वरन अभिलेखों से भी मिलती है। उज्जैन की शक शाखा में कदमंक वंश का शासन था। इस वंश का संस्थापक 'चष्टण' था। चष्टण ने अपने अभिलेखों में 'शक

संवत' का प्रयोग किया था। यह अपने कुल का एकमात्र शासक था जिसने अपने सिक्कों पर यूनानी, खरोष्ठी और ब्राह्मी तीनों लिपियों का प्रयोग किया। रुद्रदामन इस वंश का सबसे प्रसिद्ध शासक था। रुद्रदामन ने 'महाक्षत्रप' की उपाधि धारण की। इन्होंने जूनागढ़ अभिलेख शुद्ध और उत्कृष्ट संस्कृत में लिखवाये। रुद्रदामन के जूनागढ़ अभिलेख से ज्ञात होता है कि इन्होंने प्रजा से अतिरिक्त कर लिये बगैर सुदर्शन झील की मरम्मत करवायी थी।

सातवाहन

पुराणों में सातवाहन वंश को 'आंध्रजातीय' तथा 'आंध्रभृत्य' कहा गया है। सातवाहन वंश की स्थापना सिमुक ने 60 ई.पू. में की थी। सर्वमान्य विचार से सातवाहनों का मूल निवास-स्थान महाराष्ट्र का प्रतिष्ठान स्थल था तथा सिमुक प्रथम सातवाहन शासक था। शातकर्णी प्रथम ने गोदावरी तट पर स्थित 'प्रतिष्ठान' नगर को अपनी राजधानी बनाया था।

सातवाहन शक्ति का तीन सदियों (300 वर्ष) तक निरन्तर उत्कर्ष होता रहा, इतने दीर्घकाल तक भारतीय इतिहास के किसी भी अन्य राजवंश ने अबाध रूप से शासन नहीं किया। शातकर्णी प्रथम ने मालव शैली में गोल-मुद्राएँ तथा अपनी पत्नी के नाम पर रजत मुद्राएँ प्रचलित कराई थीं। गौतमीपुत्र शातकर्णी का साम्राज्य उत्तर में मालवा से लेकर दक्षिण में कर्नाटक तक फैला हुआ था। गौतमीपुत्र शातकर्णी के बाद उसका पुत्र वशिष्ठीपुत्र पुलमावि (130 ई.-154 ई. तक) राजा बना। संभवतः उसने आंध्रप्रदेश विजय किया था। अतः उसे प्रथम आंध्र सम्राट भी कहा जाता है। सातवाहनों ने सीसे के सिक्के बहुतायत से चलाए तथा पोटीन, ताँबे व काँसे के भी सिक्के जारी किए थे। ब्राह्मणों को भूमिदान अथवा जागीरें देने वाले प्रथम शासक सातवाहन थे।

कुषाण

कुषाण जिन्हें 'यूची' या 'तोखरी' भी कहते हैं, मौर्योत्तरकालीन भारत पर शासन करने वाले पहले ऐसे शासक थे जिनके साम्राज्य की सीमाएँ सुदूर मध्य एशिया, ईरान, अफगानिस्तान एवं पाकिस्तान तक फैली थीं। कुषाणों के इतिहास के बारे में जानकारी चीनी ग्रंथों, अश्वघोष के ग्रंथ बुद्धचरित, नागार्जुन के माध्यमिक सूत्र तथा चीनी यात्री ह्वेनसांग के विवरणों से मिलती है।

यूची नामक कबीले का नेता कुजुल कडफिसेज ने यूची कबीले की 5 अन्य शाखाओं को अपने नेतृत्व में कुईसोग अथवा कुषाण समुदाय के नाम से संगठित किया। कुजुल कडफिसेज द्वारा चलाये गये सिक्के रोम सिक्कों की नकल के थे।

कनिष्क

संभवतः यह कुषाण वंश का तीसरा शासक था। इसके राज्यारोहण की सर्वाधिक मान्य तिथि 78 ई. मानी जाती है। इसने 78 ई. को ही एक नया संवत 'शक संवत्' चलाया। कनिष्क के राज्यारोहण के समय उसके साम्राज्य की सीमायें अफगानिस्तान, सिंध, बैक्ट्रिया एवं पार्थिया तथा भारत में मगध तक फैली हुई थी। पाटलिपुत्र को जीतकर वहाँ से प्रसिद्ध विद्वान् अश्वघोष, बुद्ध का भिक्षापात्र तथा एक अनोखा कुक्कुट प्राप्त किया था। राजतरंगिणी के अनुसार कनिष्क ने कश्मीर को जीतकर वहाँ पर 'कनिष्कपुर' नामक नगर बसाया। अपने चरमोत्कर्ष के समय कनिष्क के साम्राज्य की सीमाएँ गंगा, सिंधु और ऑक्सस तक फैल गईं।

कनिष्क बौद्ध धर्म की महायान शाखा का अनुयायी था। इसने कश्मीर के कुण्डल वन में चौथी बौद्ध संगीति का आयोजन किया जिसकी अध्यक्षता वसुमित्र तथा उपाध्यक्षता अश्वघोष ने की। पार्श्व तथा नागार्जुन जैसे विद्वानों ने इसमें हिस्सा लिया। इस संगीति में बौद्ध ग्रंथ 'त्रिपिटक' पर एक टीका लिखी गई जिसे 'महाविभाष' नाम दिया गया, इसे बौद्ध धर्म का विश्वकोष भी कहा जाता है।

गुप्त साम्राज्य

- मौर्य साम्राज्य के विघटन के पश्चात् दो बड़ी राजनैतिक शक्तियाँ- सातवाहन और कुषाण उभरीं। सातवाहनों ने दक्कन और दक्षिण में तथा कुषाणों ने उत्तर में स्थायित्व लाने का काम किया। इन दोनों ने रोमन साम्राज्य के साथ चले अपने व्यापार के बल पर राजनैतिक एकता और आर्थिक प्रगति प्राप्त की । इन दोनों साम्राज्यों का ईसा की तीसरी सदी के मध्य में अंत हो गया।
- संभवतः गुप्त लोग कुषाणों के सामंत थे, और ऐसा प्रतीत होता है कि कुछ ही दिनों में वे उनके उत्तराधिकारी बन बैठे। बिहार और उत्तर प्रदेश में अनेक स्थानों पर कुषाण पुरावशेषों के ठीक बाद गुप्त पुरावशेष मिले हैं।
- गुप्तवंश का पहला प्रसिद्ध शासक चंद्रगुप्त प्रथम था। चंद्रगुप्त प्रथम एक महान शासक था, क्योंकि उसने 319-20 ई. में अपने राज्यारोहण के स्मारक के रूप में गुप्त संवत् चलाया। बाद के कई अभिलेखों में काल-निर्देश इस संवत् में किया गया।

गुप्त वंशः एक नजर में

प्रमुख शासक	शासनकाल
चंद्रगुप्त प्रथम	319-335 ई.
समुद्रगुप्त	335-375 ई.
रामगुप्त	375-375 ई.
चंद्रगुप्त द्वितीय	375-414 ई.
कुमारगुप्त महेंद्रादित्य	414-455 ई.
स्कंदगुप्त	455-467 ई.
पुरुगुप्त	467-476 ई.

- गुप्तवंश का प्रथम प्रसिद्ध शासक चंद्रगुप्त प्रथम था। घटोत्कच के उत्तराधिकारी के रूप में सिंहासनारुढ़ चंद्रगुप्त प्रथम एक महान शासक था। उसने 319-20 ई. में 'गुप्त संवत' चलाया। बाद के कई अभिलेखों में काल-निर्देश इस संवत् में किया गया।
- चंद्रगुप्त प्रथम के बाद उसका पुत्र समुद्रगुप्त राजगद्दी पर बैठा। समुद्रगुप्त अशोक की शांति एवं अनाक्रमण की नीति के विपरीत हिंसा एवं आक्रमण में विश्वास करता था। समुद्रगुप्त के दरबार में प्रसिद्ध कवि हरिषेण रहता था, जिसने इलाहाबाद (प्रयाग) के प्रशस्ति लेख में समुद्रगुप्त के विजय अभियानों का उल्लेख किया है। यह अभिलेख उसी स्तंभ पर खुदा है जिस पर अशोक का स्तंभ लेख है।
- समुद्रगुप्त अपनी विजयों की उद्घोषणा हेतु 'अश्वमेघ यज्ञ' सम्पन्न करवाया था। उसके प्राप्त सिक्कों में कुछ पर 'अश्वमेघ पराक्रम' खुदा है एवं उस पर उसे वीणावादन करते हुए दिखाया गया है। समुद्रगुप्त ने 6 प्रकार की स्वर्ण मुद्राएं (गरुड़, धनुर्धर, परशु, अश्वमेघ, व्याघ्रहंता एवं वीणासरणे) चलवाया, जिनमें गरुड़ मुद्राएँ सर्वाधिक लोकप्रिय थीं। अपने सिक्कों पर समुद्रगुप्त ने अप्रतिरथ, व्याघ्रपराक्रम, पराक्रमांक जैसे विरूद धारण किए।
- सभी गुप्त शासकों में समुद्रगुप्त का पुत्र चंद्रगुप्त-II (375-414 ई.) सर्वाधिक शौर्य एवं वीरोचित गुणों से संपन्न था। उसने वैवाहिक संबंध और विजय दोनों तरह से साम्राज्य की सीमा बढ़ाई। उसने अपनी पुत्री प्रभावती का विवाह वाकाटक नरेश रूद्रसेन-II से किया, रूद्रसेन की मृत्यु के बाद चंद्रगुप्त-II ने अप्रत्यक्ष रूप से वाकाटक राज्य को अपने राज्य में मिलाकर उज्जैन को अपनी दूसरी राजधानी बनाई।
- चंद्रगुप्त-II के समय में ही चीनी यात्री फाहियान (399-414 ई.) भारत आया था उसने यहाँ के लोगों के जीवन के बारे में विशद विवरण लिखा है।
- स्कंदगुप्त (455-467 ई.) को राजसिंहासन पर बैठते ही जूनागढ़ अभिलेख में म्लेच्छ के रूप में वर्णित हूणों के आक्रमण का सामना करना पड़ा। इस कार्य में उसे सफलता मिली। कहौम स्तंभलेख में 'शंक्रोपम' एवं जूनागढ़ अभिलेख में 'परिक्षिप्रवृक्षा के रूप में स्कंदगुप्त का उल्लेख किया गया है। इसकी स्वर्णमुद्राओं पर इसकी उपाधि विक्रमादित्य मिलती है। स्कंदगुप्त ने गिरनार पर्वत पर स्थित सुदर्शन झील का पुनरुद्धार करवाया था।

गुप्तोत्तर राज्य

पुष्यभूति वंश

छठी शताब्दी ई॰ में दिल्ली के निकट थानेश्वर में पुष्यभूति से, जो शिव का उपासक था, इस वंश का प्रारंभ हुआ। इस वंश में तीन राजा हुए–प्रभाकरवर्धन और उसके दो पुत्र राज्यवर्धन तथा हर्षवर्धन। प्रभाकरवर्धन की मृत्यु पर उसके सिंहासन पर उसका बड़ा पुत्र राज्यवर्धन बैठा। किन्तु राज्याभिषेक के बाद ही उसे युद्धों में फँस जाना पड़ा और बंगाल के शासक शशांक द्वारा उसक वध कर दिया गया। राज्यवर्धन की हत्या के बाद उसका यशस्वी छोटा भाई हर्षवर्धन (606-47 ई॰) शासक हुआ, जिसने चालीस वर्ष तक राज्य करके अपनी कीर्ति का विस्तार किया। वह निःसंतान था, अतः उसकी मृत्यु के बाद पुष्यभूति वंश का अंत हो गया।

हर्षवर्धन

जिस समय हर्ष सिंहासन पर बैठा, स्थिति अत्यन्त संकटपूर्ण थी। गौड़ (बंगाल) के राजा शशांक ने उसके बड़े भाई राज्यवर्धन का वध कर डाला था और उसकी छोटी बहन राज्यश्री अपने प्राणों की रक्षा के लिए किसी अज्ञात स्थान पर चली गई थी। हर्षवर्धन ने शीघ्र ही अपनी बहन को ढूँढ़ निकाला और कामरूप के राजा भास्कर वर्मा से संधि करने के बाद गौड़ के शशांक के विरुद्ध एक बड़ी सेना भेज दी।

दक्षिण में उसकी सेनाओं को लगभग 620 ई॰ में चालुक्य राजा पुलकेशिन द्वितीय ने नर्मदा के तट से पीछे खदेड़ दिया, परन्तु वह अपने राज्यकाल में बराबर युद्ध करता रहा और उसके द्वारा अंतिम लड़ाई 643 ई॰ में गंजाम में छेड़ने का उल्लेख मिलता है। इस प्रकार उसने विशाल साम्राज्य की स्थापना की, जिसकी सीमाएँ उत्तर में हिमाच्छादित पर्वतों तक, दक्षिण में नर्मदा नदी के तट तक, पूर्व में गंजाम तथा पश्चिम में बल्लभी तक विस्तृत थीं। कन्नौज इस विशाल साम्राज्य की राजधानी थी।

हर्षवर्धन उच्च कोटि का कवि भी था। उसने संस्कृत में नागानंद, रत्नावली तथा प्रियदर्शिका नाम से तीन नाटकों की रचना की है। कादंबरी और हर्षचरित के लेखक बाण, सुभाषितावली के रचयिता मयूर और विद्वान् चीनी यात्री ह्वेनसांग को उसने आश्रय प्रदान किया था।

राष्ट्रकूट वंश

सातवाहन वंश के नागनिका के 'नानाघाट अभिलेख' में महरठियों का उल्लेख मिलता है। अशोक के अभिलेख में रठिकों का उल्लेख है। इस वंश की स्थापना दंतिदुर्ग ने लगभग 736 ई॰ में की थी। उसने 'नासिक' को अपनी राजधानी बनाया था। इसके उपरांत इन शासकों ने 'मान्यखेत' (आधुनिक मानखंड) को अपनी राजधानी बनाया। दंतिदुर्ग के बाद कृष्ण प्रथम इस वंश का राजा हुआ। इसने एलोरा के सुप्रसिद्ध 'कैलाशनाथ मंदिर' का निर्माण कराया। छठा शासक अमोघवर्ष धर्मभीरु और शांतिप्रिय राजा था, जिसने लगभग 64 वर्षो तक राज्य किया। उसी ने 'मान्यखेत' को राष्ट्रकूटों की राजधानी बनाया।

गुर्जर-प्रतिहार वंश

संभवतः 'गुर्जर-प्रतिहार' अपने प्रारंभिक दौर में स्थानीय अधिकारी थे जो कालांतर में राजस्थान और गुजरात में शासक वंश बनकर उभरे। हरिश्चंद्र प्रतिहार वंश का संस्थापक था। इसकी ब्राह्मण और क्षत्रिय दो पत्नियाँ थीं। ब्राह्मण पत्नी से उत्पन्न पुत्र मालवा पर तथा क्षत्रिय पत्नी से उत्पन्न पुत्र जोधपुर पर शासन कर रहे थे। इस वंश का प्रथम उल्लेखनीय शासक *नागभट्ट प्रथम* (730-756 ई.) था। इसने अरब के शासकों का गुजरात में राज्य विस्तार करने की महत्वाकांक्षा पर पानी फेर दिया।

वत्सराज के बाद उसका पुत्र नागभट्ट-II (800-833 ई. में) गुर्जर-प्रतिहारों का राजा हुआ। इसकी माता का नाम सुंदर देवी था। इस वंश का वास्तविक शासक मिहिर भोज प्रथम को ही माना जाता है। इसने 'आदि वाराह' की उपाधि धारण की थी। महेन्द्रपाल प्रथम मिहिर भोज का पुत्र था, जो 'कर्पूर मंजरी' नाटक के रचयिता महाकवि राजशेखर का शिष्य और संरक्षक था। इसने मगध और बंगाल पर विजय प्राप्त की।

गहड़वाल (राठौर) वंश

लगभग 1050 ई. में प्रतिहार राज्य पूर्ण रूप से समाप्त हो गया और उसके स्थान पर गहड़वाल वंश का उदय हुआ। यशोविग्रह इस वंश का संस्थापक था। इस वंश का सर्वप्रथम स्वतंत्र शासक चंद्रदेव (1080-1100) था। गहड़वाल वंश का सबसे प्रतापी राजा गोविन्दचंद्र (1114-1154 ई.) था। इसने 'अश्वपति, गजपति, नरपति-राजत्रयाधिपति की उपाधि धारण की थी। गोविन्दचंद्र ने बंगाल के पालों से मगध जीता तथा मालवा पर भी अधिकार कर लिया।

शाकम्भरी का चाहमान (चौहान) वंश

चाहमान वंश की एक शाखा ने 7वीं सदी में शाकम्भरी में अपना राज्य स्थापित किया। इस शाखा की स्थापना का श्रेय वासुदेव को दिया जाता है। इस वंश का सर्वप्रमुख राजा दुर्लभ राज प्रथम (8वीं सदी उत्तरार्ध) था। यह प्रतिहार वंश के वत्सराज का सामंत था। सिंहराज (9वीं सदी पूर्वार्द्ध) ने ही सर्वप्रथम 'महाराजाधिराज' की उपाधि धारण की।

इस वंश का सबसे बड़ा राजा विग्रहराज चतुर्थ (1153-1163 ई.) था। इसी ने तोमर वंश से ढिल्लिका (दिल्ली) छीनी थी। (विजौलिया लेख में इसकी उपाधि थी–महाराजाधिराज परमेश्वर)। उसकी सभा में 'सोमदेव' नामक विद्वान् रहता था, जिसने 'ललित विग्रहराज' नामक ग्रंथ लिखा। विग्रहराज चतुर्थ ने गुजरात के कुमार पाल को हराया तथा नडडुल, चित्तौड़, जालौर आदि को जीता। पृथ्वीराज III जिसे 'पृथ्वीराज चौहान' तथा 'रायपिथौरा' के नाम से भी जाना जाता है, 'चौहान' वंश का सबसे शक्तिशाली राजा हुआ।

जेजाक भुक्ति के चंदेल

प्रतिहार वंश के पतन के बाद मध्य भारत में चंदेल वंश का उदय हुआ। ये चंद्रवंशी क्षत्रिय थे। इनका मूल प्रदेश बुन्देलखण्ड था। प्रारंभ में ये गुर्जर-प्रतिहारों के सामंत थे। जनश्रुति के अनुसार इस वंश का सर्वप्रथम ऐतिहासिक राजा चंद्रवर्मन था, परन्तु अभिलेखों के अनुसार नवीं शताब्दी के आरंभ में 'नानुक' चंदेल द्वारा इस वंश की स्थापना की गई। जो प्रतिहारों के मुखिया को विनष्ट कर जेजाक भुक्ति (आधुनिक बुंदेलखंड) के दक्षिणी भाग का स्वामी बन गया था।

मालवा के परमार वंश

दसवीं सदी के प्रारंभ में जब प्रतिहारों का आधिपत्य मालवा से समाप्त हो गया, तब वहाँ परमार शक्ति का उदय हुआ। इनकी राजधानी 'धारा नगरी' थी। इस वंश का प्रथम स्वतंत्र शासक सीयक-II था। इसका संघर्ष मान्यखेत के राष्ट्रकूटों से हुआ। इसने सौराष्ट्र के चालुक्यों तथा मालवा के उत्तर-पश्चिम में स्थित हूणों को पराजित किया।

मुंज (973-995 ई.) अपने वंश का बड़ा ही पराक्रमी राजा था। इस राजा के अनेक नाम मिलते हैं–वाक्पति, उत्पलराज इत्यादि। भोज परमार (1000-1055 ई.) इस वंश का सबसे लोकप्रिय राजा था। भोज ने उज्जैन की जगह 'धारा' को अपनी राजधानी बनाया।

चोल राजवंश

राजराज प्रथम (985–1012 ई.)

इसके शासन के तीस वर्ष चोल साम्राज्य के सर्वाधिक गौरवशाली वर्ष थे। इसने अपने पितामह परान्तक प्रथम की 'लौह एवं रक्त' की नीति का पालन करते हुए 'राजराज' की उपाधि ग्रहण की। श्रीलंका के राजा महेन्द्र पंचम को परास्त कर वहाँ एक नया प्रांत 'मुम्डिचोल मंडलम' की स्थापना की। श्रीलंका की राजधानी अनुराधापुर को बर्बाद कर दिया और 'पोलोन्नरवा' को अपनी राजधानी बनाया।

राजेन्द्र प्रथम (1012–42 ई.)

राजेंद्र प्रथम ने अपने पुत्र विक्रमचोल के नेतृत्व में गंगा घाटी में सैन्य-अभियान भेजा। विक्रमचोल ने कलिंग के पूर्वी गंग शासक एवं बंगाल के पाल शासक महीपाल को पराजित किया। इस अभियान का उद्देश्य गंगा का पवित्र जल लाना था। गंगाघाटी के अभियान की सफलता पर राजेन्द्र प्रथम ने 'गंगैकोण्डचोल की उपाधि धारण की तथा इस विजय की स्मृति में 'गंगैकोण्डचोलपुरम' नाम की नई राजधानी का निर्माण करवाया।

मध्यकालीन भारत

दिल्ली सल्तनत

इस्लाम की प्रेरणा से प्राप्त एकता की भावना से ऊर्जा और उत्साह प्राप्त कर अरबों ने 8वीं शताब्दी में सिंध पर अधिकार कर लिया। परन्तु अगले 300 वर्षों तक उन्हें आगे बढ़ने में सफलता नहीं मिली। 11वीं शताब्दी में गजनी के सुल्तान महमूद ने भारत पर तीव्र आक्रमण किए। हालांकि वह कला और कलाकृतियों का संरक्षक था, परंतु ऐसा प्रतीत होता है कि भारत पर आक्रमण करने के पीछे उसका उद्देश्य शासकों के मनोबल को ध्वस्त करना और देश की संपत्ति को लूटना था। पंजाब में उसकी विजय और गुजरात में प्रवेश के कारण महत्त्वपूर्ण राजनीतिक प्रभाव उत्पन्न हुए। इस आक्रमण ने पश्चिमी आक्रमणकारियों के लिए भारत पर आक्रमण करने का रास्ता खोल दिया और चूंकि उस समय भारत में शक्तिशाली साम्राज्य नहीं था, अत: देश उनके शिकंजे में चला गया और अनेक शताब्दियों तक विदेशी शासन के अधीन रहा।

भारत पर एक महत्त्वपूर्ण आक्रमण मोइजुद्दीन मुहम्मद बिन सेम या मुहम्मद गौरी की ओर से हुआ। उसने 1175 में मुल्तान पर विजय के साथ ही अपने भारतीय अभियान की शुरुआत की। विदेशियों से गठजोड़ कर उसने अपने कदम दिल्ली की ओर बढ़ाए, जहां उस वक्त पृथ्वीराज चौहान शासन कर रहा था। थानेश्वर के निकट तराईन के प्रथम युद्ध में पृथ्वीराज ने उसे करारी शिकस्त दी, परन्तु एक वर्ष बाद ही वह पूरी तैयारी के साथ फिर लौटा। इस बार पृथ्वीराज चौहान की किस्मत दगा दे गई। उसे हार का सामना करना पड़ा तथा बाद में उसकी हत्या कर दी गई। इसने उत्तरी भारत में मुसलमानों के प्रभुत्व को स्थापित किया।

गुलाम वंश

चूंकि मोहम्मद गौरी का कोई पुरुष उत्तराधिकारी नहीं था, अत: उसकी मृत्यु के पश्चात् उसके प्रांतीय वायसरायों ने अपने संबद्ध अधिकार क्षेत्रों में अपनी सत्ता स्थापित कर ली। कुतुबुद्दीन भारतीय प्रदेश का शासक बन गया और और तेरहवीं शताब्दी के आरंभ में गुलाम वंश की स्थापना की। वास्तव में वह तुर्किस्तान का गुलाम था, जो शासक बन बैठा। अत: उसके द्वारा भारत में स्थापित राजवंश को गुलाम वंश कहा जाता है। वह एक महान् योद्धा, एक सक्षम प्रशासक व शक्तिशाली सम्राट था। इस्लाम के प्रति उसका समर्पण भाव उल्लेखनीय था तथा वह अपनी दानवीरता के लिए प्रसिद्ध था। उसने कुतुबमीनार का निर्माण आरंभ करवाया। 1210 ई. में उसकी मृत्यु हो गई। चूंकि उसके उत्तराधिकारी सक्षम नहीं थे, अत: बदायूं के गवर्नर इल्तुतमिश ने दिल्ली की गद्दी हथिया ली। बगदाद के खलीफा तक उसके शासन के प्रशंसक थे। कुतुबुद्दीन ने जिन इलाकों पर विजय प्राप्त की थी उसने उसे एकीकृत किया और एक मजबूत साम्राज्य की स्थापना की। कुछ बाहरी प्रांतों को छोड़कर संपूर्ण भारत उसके साम्राज्य के अंतर्गत था। एक महान् योद्धा होने के साथ-साथ, वह कला और साहित्य का बड़ा प्रशंसक था। उसने कुतुबमीनार का निर्माण संपन्न करवाया। अपने पुत्रों की सत्ता पर दावेदारी को ठुकरा कर उसने अपनी पुत्री रजिया को अपना उत्तराधिकारी घोषित किया। रजिया ने 1236 में गद्दी संभाली, पर उसे कुलीन जनों के जबर्दस्त विरोध का सामना करना पड़ा जो कभी नहीं चाहते थे कि कोई महिला उन पर शासन चलाए। अत: उन्होंने उसके खिलाफ विरोधियों को संगठित किया। रजिया अपनी कूटनीति का इस्तेमाल कर अपने शत्रुओं से निपटने में सफल रही। इस तरह, वह भारत की पहली महिला मुस्लिम शासक बनी। हालांकि उसका शासन लंबी अवधि तक कायम नहीं रह सका। इसका कारण यह था कि उसने विद्रोहियों का उन्मूलन करने के लिए अबीसीनियाई गुलामों को अतिशय समर्थन दिया जिससे कुलीन जन अत्यन्त क्रुद्ध हो गए। 1240 में उसकी हत्या हो गई और इसके साथ ही उसके साढ़े तीन वर्ष के शासनकाल की समाप्ति हो गई। रजिया की हत्या के बाद कुछ समय तक अस्त-व्यस्तता और आशंकाओं का दौर रहा।

1265 ई. में गयासुद्दीन बलबन ने दिल्ली का तख्त हासिल कर लिया। इस समय तक राजकोष कंगाली की अवस्था में पहुंच चुका था। मंगोल भी निरंतर आक्रमण कर रहे थे और सत्ता के प्राधिकार के बारे में लोगों को शंकाए होने लगी थीं। बलबन ने एक शक्तिशाली सेना का संगठन किया और क्षेत्र में चुस्त व्यवस्था

कायम की। लुटेरों और अराजक तत्वों के लिए उसका एक ही जवाब था तलवार। उसने मंगोलों को आगे बढ़ने से रोकने के उपाय किए। उसने दिल्ली सल्तनत की शक्ति और प्रतिष्ठा को पुनर्स्थापित करने का भरसक प्रयत्न किया। एक सुल्तान के रूप में बलबन को अंदरूनी समस्याओं के साथ-साथ बाहरी खतरों का भी सामना करना पड़ा। वह अपनी व्यक्तिगत योग्यताओं के कारण 20 वर्षों तक शासन करने में सफल रहा। 1286 में उसके निधन के साथ ही गुलाम राजवंश का अंत हो गया।

खिलजी वंश

13वीं शताब्दी के अंत में जलालुद्दीन फिरोज ने खिलजी राजवंश की स्थापना की। परन्तु खिलजी वंश का सबसे प्रख्यात शासक अलाउद्दीन था, जिसने 1296 में दिल्ली के सिंहासन पर कब्जा कर लिया। उसके शासनकाल में मुस्लिम रियासत का दक्षिण में मैसूर और पश्चिम में गुजरात सहित देश के विभिन्न भागों में बहुत तेजी से विस्तार हुआ।

परंपराओं को तोड़ते हुए उसने बिना मौलवियों और उलेमाओं की सलाह लिए, राजनीतिक मामलों पर निर्णय लिया। उसने केन्द्र में एक शक्तिशाली सरकार की स्थापना की और शराब एवं मादक द्रव्यों के सेवन तथा जुआ पर सख्ती से प्रतिबंध लगा दिया। साथ ही उसने एक प्रभावशाली जासूसी निकाय की स्थापना की। उसने सेना, राजस्व और अर्थव्यवस्था में सुधार की प्रक्रिया का आरंभ किया। हालांकि अलाउद्दीन हिन्दुओं के प्रति दुराग्रह रखता था। इस स्वेच्छाचारी और महत्वाकांक्षी शासक की 1316 ई. में मृत्यु हो गई। चूंकि उसने न तो अपने जनरलों को न ही अपने पुत्रों को इस बात की अनुमति दी थी कि वे राजनीतिक और सैन्य मामलों पर अपनी पकड़ विकसित कर सकें, अत: उसके उत्तराधिकारी उसके शासन को आगे नहीं बढ़ा सके। इस प्रकार उसकी मृत्यु के कुछ वर्ष बाद ही खिलजी वंश का पतन हो गया।

तुगलक वंश

कुलीनों के समर्थन से गयासुद्दीन तुगलक की उपाधि धारणकर गाजी मलिक ने 1320 ई. में दिल्ली की सत्ता संभाली और तुगलक राजवंश की स्थापना की। हालांकि वह दयालु और उदारवादी प्रवृत्ति वाला व्यक्ति था, फिर भी उसने प्रशासनिक सुधार किए और धन की फिजूलखर्ची पर नियंत्रण लगाया। उसने सैनिक प्रभुत्व और साम्राज्यवादी नीतियों का पालन किया, परंतु 1325 ई. में उसकी मृत्यु हो गई। गयासुद्दीन का उत्तराधिकारी मोहम्मद बिन तुगलक एक असाधारण व्यक्ति था। कुछ इतिहासकारों ने उसे अति बुद्धिमान, दूरदर्शी और परोपकारी राजा माना है, जबकि अन्य लोगों ने उसे झक्की, कल्पनावादी, और प्रजापीड़क ठहराया है। उसे साहित्य, कला, दर्शन और औषधियों का अच्छा ज्ञान था पर उसे व्यावहारिक ज्ञान नहीं था, और न ही सामान्य बुद्धिमत्ता थी। वह अपनी राजधानी को दिल्ली से हटाकर दौलताबाद (देवगिरि) ले गया तथा प्रतीकात्मक मुद्रा चलाई। उसकी योजनाएं व्यावहारिक कसौटी पर खरी नहीं उतरीं और अन्तत: उसके राज्य में अव्यवस्था का बोलबाला हो गया। अपनी कठोर नीतियों के बावजूद वह अधिक सफल नहीं हो पाया और 1351 ई. में उसकी मृत्यु हो गई। फिरोज तुगलक उसका उत्तराधिकारी बना। वह एक धर्मान्ध व्यक्ति था जिसने हिन्दुओं पर मुकदमे चलाए। वह एक महान् निर्माता था, जिसने जौनपुर, फतेहाबाद, फिरोजपुर और फिरोजाबाद जैसे शहरों का निर्माण करवाया। न्यायिक प्रशासन हेतु उसने कुरान के कानूनों का समावेश किया। उसमें प्रेम और दया के मानवीय गुण भी मौजूद थे तथा उसके 38 वर्ष के शासन में शांति और समृद्धि रही।

लोदी वंश

अफगानों की लोदी जनजाति से संबद्ध बहलुल खान 1451 ई. में दिल्ली की गद्दी पर बैठा और सैयद राजवंश को नेस्तनाबूद कर लोदी वंश की स्थापना की। सैयद राजवंश जिसने 37 वर्षों तक शासन किया, और उसने चार शासकों को जन्म दिया, परंतु इनमें से कोई भी इतना शक्तिशाली नहीं निकला कि सत्ता में टिका रह सके। अपने साहस, ऊर्जा और युक्तियों से उसने भारत में मुस्लिम शक्ति की प्रतिष्ठा को पुनर्स्थापित किया। उसने अनेक छोटे-छोटे इलाकों के जागीरदारों और शासकों को मजबूर किया कि वे उसकी सत्ता को स्वीकार करें। 1489 ई. में उसकी मृत्यु के पश्चात् सिकन्दरशाह की उपाधि धारण कर निजाम खान ने दिल्ली की सत्ता पर अधिकार कर लिया। उसने अपने साम्राज्य को शक्तिशाली बनाया तथा सेनापतियों की शक्ति को कुचल दिया। वह लोदी शासकों में सबसे काबिल शासक था। एक शक्तिशाली, साहसी, दृढ़ और ईमानदार प्रशासक होने के साथ-साथ वह एक अच्छा इंसान था, जिसके मन में गरीबों के प्रति दया थी। वह बुद्धिजीवियों का आदर करता था और निष्पक्ष न्याय में उसकी गहरी आस्था थी। उसका उत्तराधिकारी इब्राहिम लोदी चिड़चिड़े स्वभाव का था और युक्तियों से रहित था। हालांकि युद्ध संबंधी मामलों में उसकी प्रतिभा अद्वितीय थी, फिर भी उसने कुलीन जनों को नाराज कर दिया। इन कुलीन जनों और अन्य प्रांतों के सेनापतियों ने काबुल के शासक को आक्रमण हेतु आमंत्रित किया जिसके कारण अंतत: दिल्ली सल्तनत का पतन हो गया तथा भारत में नए शासन की स्थापना का मार्ग प्रशस्त हुआ।

भक्ति एवं सूफी आंदोलन

भक्ति आंदोलन

भक्ति आंदोलन की शुरुआत 12वीं सदी के लगभग दक्षिण भारत में हुई।

- भक्ति आंदोलन के संतो ने जातिवाद की निंदा की, कर्मकांडों तथा यज्ञों का परित्याग करने पर बल दिया। महिलाओं के सशक्तीकरण पर बल दिया तथा आम बोलचाल की भाषा में लोगों तक अपने संदेश पहुंचाए।

- **भक्ति आंदोलन के प्रमुख संत :**

1. **आचार्य रामानुजः** इन्हें इस आंदोलन का प्रवर्तक माना जाता है। रामानुज का आविर्भाव 12वीं सदी में तमिलनाडु में हुआ। वे सगुण ईश्वर में विश्वास करते थे।
2. **रामानंदः** इन्हें भक्ति आंदोलन को दक्षिण भारत से उत्तर भारत में लाने का श्रेय है। रामनंद ने सभी जातियों को अपना शिष्य बनाकर जाति-प्रथा पर कड़ा प्रहार किया। उनके शिष्यों में कबीर (जुलाहा), सेना (नाई), रैदास (चमार) आदि थे। उन्होंने एकेश्वरवाद पर बल देते हुए राम की उपासना की बात कही। **संभवतः हिन्दी में उपदेश देने वाले रामानंद प्रथम वैष्णव संत थे।**
3. **कबीरः** काशी के एक जुलाहे परिवार में जन्में कबीर (1440-1518) भक्ति आंदोलन के संचालकों में से एक थे। वे रामानंद के शिष्य तथा निर्गुण ब्रह्म के उपासक थे। वे सामाजिक कुरीतियों, अंधविश्वास, साम्प्रदायिकता तथा छूआछूत के घोर विरोधी थे।

भक्ति आंदोलन के प्रमुख संत व उनके सिद्धांत

संत/प्रवर्तक	सिद्धांत/मत
1. शंकराचार्य	अद्वैतवाद
2. रामानुज	विशिष्टाद्वैतवाद
3. निम्बार्क	द्वैत-अद्वैतवाद
4. माधवाचार्य	द्वैतवाद
5. रामानंद	रामभक्ति
6. तुकाराम	वरकरी पंथ
7. भास्कराचार्य	भेदाभेदवाद
8. श्रीकंठ	शैव विशिष्टाद्वैत
9. बलदेव	अचिंत्य भेदाभेदवाद
10 श्रीपति	वीरशैव विशिष्टाद्वैत
11. विज्ञान भिक्षु	अविभागाद्वैत

4. **मीराबाई :** यह मेड़ता के राठौर रत्नसिंह की पुत्री तथा राणा सांगा के बड़े पुत्र राजकुमार भोजराज की पत्नी थी। वे कृष्ण की उपासिका थीं उन्होंने घूम-घूम कर सर्वत्र कृष्ण भक्ति का प्रचार-प्रसार किया।
5. **चैतन्यः** बंगाल के नदिया में जन्में चैतन्य (1486-1533) कृष्ण के उपासक थे। उन्होंने कर्मकांड, बाह्य आडंबर का विरोध किया तथा प्रेम एवं भक्ति पर विशेष बल दिया। **चैतन्य के अनुयायी उन्हें विष्णु का अवतार मानते थे।** भक्ति आंदोलन में उन्होंने **'संकीर्तन प्रणाली'** को प्रचलित किया। वे **'गौरांग महाप्रभु'** के नाम से जाने जाते थे और **'अचिंत्य भेदाभेदवाद'** के प्रवर्तक थे।
6. **गुरुनानकः** गुरुनानक (1469-1539) का जन्म तलवंडी (आधुनिक ननकाना-पाकिस्तान) में हुआ। उन्होंने जाति-प्रथा, बाह्य आडंबर, ब्राह्मणों-मुल्लाओं की श्रेष्ठता का विरोध किया। उनके गीतों-कविताओं का संकलन आदि-गंथ में हुआ है।
7. **नामदेवः** महाराष्ट्र में धार्मिक आंदोलन के प्रमुख नामदेव जाति-प्रथा, बाह्य आडंबर एवं अंधविश्वास के कट्टर विरोधी थे। उन्होंने महाराष्ट्र भक्ति आंदोलन और उत्तर के एकेश्वरवाद आंदोलन के बीच कड़ी का कार्य किया।
8. **एकनाथः** एकनाथ की गणना महाराष्ट्र के महान विद्वानों एवं समाज सुधारकों के रूप में की जाती है। ये **'वरकरी संप्रदाय'** से संबद्ध थे। उन्होने अनेक गीतात्मक कविताओं (अभंगों) की रचना की।
9. **ज्ञानदेवः** निर्गुण संत ज्ञानदेव महाराष्ट्र में भक्ति आंदोलन के संस्थापक थे जिसे 'महाराष्ट्र धर्म' कहा गया। वे विठोबा के पुजारी थे। भागवत् गीता पर भाष्य **'ज्ञानेश्वरी गीता'** की रचना करने के कारण उन्हें **'ज्ञानदेव'** की उपाधि मिली।

सूफी आंदोलन

- सूफीमत, इस्लाम धर्म में उदार, रहस्यवादी और संश्लेषणात्मक प्रवृत्तियों का प्रतिनिधित्व करनेवाली विचारधारा है।
- भारत में सूफियों का आगमन महमूद गजनवी के अभियानों के समय से देखा जाता है। आरंभिक महत्त्वपूर्ण संतों में शेख अली बिन उस्मान अल-हुजवीरी का नाम लिया जाता है, जो 11वीं सदी के आरंभिक वर्षों में लाहौर में आकर बसे। उन्होंने सूफीमत से संबद्ध पहली प्रसिद्ध रचना भारत में लिखी, जो **'कुश्फुल'** महजूब' के नाम से जानी गई। इसी के बाद मुल्तान, सेहवान आदि नगरों में और गुजरात के तटीय क्षेत्र में भी सूफियों का आगमन हुआ। किन्तु इनका प्रभाव सीमित रहा।
- मुहम्मद गौरी के अभियानों (12वीं सदी के अंत में) के काल में सूफियों का भारत में प्रसार हुआ। उनके संगठित समुदाय या सिलसिले भारत में संगठित होने लगे।

प्रमुख सूफी संप्रदाय एवं उनके संस्थापक

संप्रदाय/सिलसिला	संस्थापक
1. चिश्ती संप्रदाय	शेख मोईनुद्दीन चिश्ती
2. सुहरावर्दी संप्रदाय	बहाउद्दीन जकारिया(भारत में)
3. फिरदौसी संप्रदाय	शेख बदरूद्दीन
4. सत्तारी संप्रदाय	शाह अब्दुल्ला सत्तारी
5. कादिरी संप्रदाय	शेख अब्दुर कादिर जिलानी
6. नक्शबंदी सिलसिला	ख्वाजा वाकी विल्लाह
7. महादवी संप्रदाय	सैयद मुहम्मद माधी
8. रोशनिया संप्रदाय	मियां बयाजिद अंसारी
9. कलंदरी संप्रदाय	नजीमुद्दीन कलंदर
10. मलामती संप्रदाय	जून नून
11. मदारी संप्रदाय	शाह मदार
12. उबैसी संप्रदाय	अबुसुल करनी

- सूफी संप्रदायों का मुख्य विभाजन दो श्रेणियों में किया गया है **बा-शरा** अर्थात् वह जो शरीयत की प्रधानता को स्वीकार करते थे और उसके आदेशों का उल्लंघन नहीं करते थे, **बे-शरा,** अर्थात् वह जो शरीयत की प्रधानता को नहीं मानते थे और शरीयत के आदेशों की भी अनदेखी करते थे। ऐसे लोग **'मजजूब'** कहलाते थे।

- भारत में अधिक लोकप्रिय संप्रदाय बा-शरा से ही जुड़े थे। बे-शरा में मलंग, कलंदर और सदा सुहागन आदि के नाम आते हैं।
- सूफी संत शांति, अहिंसा, धार्मिक सहिष्णुता एवं मानव के प्रति प्रेम की भावना पर विशेष बल देते थे।
- सूफीमत में धार्मिक गुरु **'पीर'** एवं शिष्य **'मुरीद'** कहलाते थे। प्रत्येक पीर अपना एक अनुचर नामांकित करता था जिसे **'वली'** कहा जाता था।
- सूफीमत 12 सिलसिलों/वर्गों में बंटा था, जिनमें निम्न प्रमुख थे-

1. **चिश्ती सिलसिलाः** इसके संस्थापक ख्वाजा मोईनुद्दीन चिश्ती (अजमेर) थे।
   - अन्य प्रसिद्ध संत निजामुद्दीन औलिया, सलीम चिश्ती आदि थे।
   - 'तोता-ए-हिन्द' के नाम से मशहूर अमीर खुसरो एवं प्रसिद्ध इतिहासकार बरनी चिश्ती सिलसिले के अनुयायी थे।
   - चिश्ती सिलसिला दिल्ली तथा दोआब क्षेत्र में प्रसिद्ध था।
2. **सुहरावर्दी सिलसिलाः** इसके संस्थापक शिहाबुद्दीन सुहरावर्दी तथा हमीदउद्दीन नागौरी थे।
   - यह सिलसिला पंजाब एवं सिंध में प्रसिद्ध था।
   - इस सिलसिले के संत बड़े जागीरदार थे और उनके राज्य के साथ घनिष्ठ संबंध थे।
3. **फिरदौसी सिलसिलाः** इसके संस्थापक शेख बदरूद्दीन थे।
   - यह सिलसिला सुहरावर्दी सिलसिले की एक शाखा थी।
   - यह मुख्यतः बिहार और बंगाल में फैली हुई थी।
   - सरफुद्दीन याह्या मनेरी इस शाखा के प्रमुख संत थे।
4. **कादिरी सिलसिलाः** इसके संस्थापक शेख अब्दुर कादिर जिलानी थे।
   - यह इस्लाम में प्रथम रहस्यवादी पंथ था।
   - भारत में इसकी स्थापना का श्रेय सैय्यद मोहम्मद जिलानी को जाता है।
5. **नक्शबंदी सिलसिलाः** इसकी स्थापना ख्वाजा वाकी विल्लाह ने की थी।
   - शेख अहमद सरहिंदी इस सिलसिला के महत्त्वपूर्ण संत थे, जो अकबर और जहांगीर के समकालीन थे।
   - इस सिलसिला के लोगों को नक्शबंदी इसलिए कहा गया कि ये लोग आध्यात्मिक तत्त्वों से संबंधित तरह-तरह के नक्शे बनाकर उसमें रंग भरते थे।

मुगल साम्राज्य

बाबर

मुगल वंश का संस्थापक बाबर (1526-1530) था। वह मध्य एशिया स्थित फरगना का शासक था। बाबर एवं बाद के मुगल शासक तुर्क सुन्नी मुसलमान थे। बाबर ने मुगल वंश की स्थापना के साथ ही पद-पादशाही की स्थापना की, जिसके तहत शासक को बादशाह कहा जाता था। बाबर अपने पिता की तरफ से तैमूर (तुर्क) का तथा माता की तरफ से चंगेज खां (मंगोल) का वंशज था। उसके पिता का नाम उमरशेख मिर्जा तथा माता का नाम कुतलुगनिगार खानम था। बाबर द्वारा भारत पर पांच बार आक्रमण किया गया। भारत पर उसने पहला आक्रमण 1519 में किया, परंतु उसका प्रथम महत्त्वपूर्ण आक्रमण 1526 में हुआ।

पानीपत के प्रथम युद्ध में बाबर ने पहली बार तुलुगमा युद्ध नीति एवं तोपखाने का प्रयोग किया था। उस्ताद अली एवं मुस्तफा बाबर के दो प्रसिद्ध तोपची थे जिन्होंने इस युद्ध में भाग लिया था। बाबर को मुबईयान नामक पद्यशैली का जन्मदाता माना जाता है। उसने तुर्की भाषा में अपनी आत्मकथा 'तुजुक-ए-बाबरी' लिखी जिसे बाद में अब्दुर्रहीम खानखाना ने फारसी में 'बाबरनामा' के नाम से अनूदित किया।

हुमायूँ

बाबर का उत्तराधिकारी हुमायूं (1530-1556) था। दिल्ली की गद्दी पर बैठने से पहले हुमायूं बदख्शां का सूबेदार था। अपने राज्याभिषेक के बाद हुमायूं ने अपना राज्य अपने तीन भाइयों (कामरान, असकरी एवं हिंदाल) में बांट दिया जो कि उसकी सबसे बड़ी राजनीतिक भूल साबित हुई। हुमायूं ने दिल्ली के निकट **'दीन पनाह'** नगर की स्थापना (1533) की। हुमायूं का प्रमुख शत्रु शेरशाह सूरी था। जिसने उसे चौसा के युद्ध (1539) में परास्त किया और 1540 ई. में कन्नौज (बिलग्राम) के युद्ध में पराजित करके भारत से बाहर चले जाने के लिए बाध्य कर दिया। अपने निर्वासन काल के दौरान हुमायूं प्रारंभ में अमरकोट के राणा वीरसाल के यहां तथा अंततः ईरान के शाह के यहां रहा। निर्वासन के समय हुमायूं ने हिंदाल के आध्यात्मिक गुरु फारसवासी शिया मीर बाबा दोस्त ऊर्फ मीर अली की पुत्री हमीदाबानो बेगम से 29 अगस्त, 1541 को निकाह कर लिया। कालांतर में हमीदा से ही अकबर जैसे महान सम्राट का जन्म हुआ। हुमायूं 1555 में पंजाब के सूरी शासक सिकंदर को पराजित कर पुनः दिल्ली की गद्दी पर बैठा। जनवरी, 1556 में दीन पनाह भवन में स्थित पुस्तकालय की सीढ़ियों से गिरने के कारण उसकी मृत्यु हो गई। हुमायूं द्वारा लड़े गए चार प्रमुख युद्धों का क्रम है- देवरा (1531), चौसा (1539), बिलग्राम (1540) एवं सरहिंद का युद्ध (1555)।

शेरशाह सूरी

सूर साम्राज्य का संस्थापक अफगान वंशीय शेरशाह सूरी (1540-1545) था। **शेरशाह द्वारा स्थापित अफगान साम्राज्य भारत में द्वितीय अफगान साम्राज्य था। जबकि प्रथम अफगान साम्राज्य की स्थापना बहलोल लोदी के द्वारा की गई थी।**

बहलोल लोदी का पौत्र इब्राहिम लोदी प्रथम अफगान साम्राज्य का अंतिम शासक था जिसे पानीपत के प्रथम युद्ध (1526) में बाबर ने पराजित कर मुगल वंश की स्थापना की थी। शेरशाह का प्रारंभिक नाम 'फरीद खां' था। उसे शेरखान की उपाधि बाबर खान लोहानी ने दी थी। शेरशाह के पिता हसन खां जौनपुर के एक छोटे जमींदार थे। शेरशाह ने बड़ा होने पर अपने पिता द्वारा सासाराम, खवासपुर के परगने को प्राप्त किया जो उसके अधिकार में 1497 से लेकर 1518 तक रहा। शेरशाह ने अपने अधिकारों की रक्षा एवं शक्ति के विस्तार के लिए बिहार के सुल्तान मुहम्मद शाह नुहानी के यहां नौकरी कर ली। 1539 में चौसा का एवं 1540 में बिलग्राम/कन्नौज का युद्ध जीतने के बाद वह दिल्ली की गद्दी पर बैठा। उत्तर भारत में द्वितीय अफगान साम्राज्य के संस्थापक शेर खाँ ने अपने राज्याभिषेक के समय 'शेरशाह' की उपाधि ग्रहण की। आगे चलकर उसने इसी नाम से खुतबे पढ़वाए एवं सिक्के ढलवाए।

अकबर

अकबर (1556-1605) का जन्म हुमायूं के प्रवासकाल के दौरान 1542 में अमरकोट के राणा वीरसाल के महल में हुआ। अकबर की मां का नाम हमीदाबानो बेगम था। अकबर का राज्याभिषेक फरवरी, 1556 को पंजाब के कलानौर नामक स्थान पर हुआ। उसने 1560 तक बैरम खां के संरक्षण में शासन किया। सिंहासन पर बैठते ही अकबर ने बैरम खां की सहायता से 1556 में पानीपत के द्वितीय युद्ध में हेमू 'विक्रमादित्य' को हराया। अकबर ने बैरम खां के संरक्षण से मुक्त होकर (1561 में) अपने पहले सैन्य अभियान में मालवा के शासक बाजबहादुर को पराजित किया। 1576 में 'हल्दीघाटी' के प्रसिद्ध युद्ध में अकबर के सेनापति राजा मानसिंह ने मेवाड़ के शासक महाराणा प्रताप से युद्ध किया। कुछ इतिहासकारों के अनुसार यह युद्ध अनिर्णीत रहा, जबकि कुछ के अनुसार इसमें अकबर की विजय हुई। अकबर ने आगरा से कुछ दूरी (लगभग 36 किमी) पर 1575 में फतेहपुर सीकरी नामक नगर की स्थापना की और उसमें प्रवेश के लिए 'बुलंद दरवाजा' बनवाया। बुलंद दरवाजा अकबर ने गुजरात जीतने के उपलक्ष्य में बनवाया था। फतेहपुर सीकरी में ही धार्मिक परिचर्चा हेतु उसने इबादतखाने की स्थापना की। अकबर ने सभी धर्मों के उत्तम सिद्धांतों को लेकर दीन-ए-इलाही या तौहीद-ए-इलाही नामक नए धर्म की स्थापना की। इस धर्म का पुरोहित अकबर था। दीन-ए-इलाही को स्वीकारने वाला प्रथम एवं अंतिम हिंदू शासक बीरबल था।

जहाँगीर

जहांगीर (1605-1627) के बचपन का नाम सलीम था। अकबर के उत्तराधिकारी के रूप में नवंबर, 1605 को नुरूद्दीन मुहम्मद जहांगीर बादशाह गाजी की उपाधि धारण कर गद्दी पर बैठा। जहांगीर को न्याय की जंजीर के लिए याद किया जाता है। यह जंजीर सोने की बनी थी, जो आगरे के किले के शाहबुर्ज एवं यमुना-तट पर स्थित पत्थर के खंभे में टंगवाई गई थी।

सिंहासन पर बैठते ही जहांगीर को अपने बड़े पुत्र खुसरो के विद्रोह (1605) का सामना करना पड़ा। जहांगीर ने उसे पकड़वा कर अंधा करवा दिया। सिखों के 5वें गुरु, गुरु अर्जुनदेव को शाहजादे खुसरो की सहायता करने के कारण जहांगीर ने फांसी लगवा दी। जहांगीर के शासनकाल में मुगल चित्रकला चरमोत्कर्ष पर थी।

शाहजहां

जहांगीर के बाद उसका पुत्र शाहजहां (1627-1657) मुगल सिंहासन पर बैठा। शाहजहां (खुर्रम) का विवाह आसफ खां की पुत्री अरजुमंदबानो बेगम से हुआ, जिसे शाहजहां ने मलिका-ए-जमानी की उपाधि प्रदान की। 1631 में प्रसव पीड़ा के कारण उसकी मृत्यु हो गई। शाहजहां ने दिल्ली के निकट शाहजहांनाबाद नगर की स्थापना की और राजधानी आगरा से इस स्थान पर परिवर्तित की। इसे आजकल पुरानी दिल्ली के नाम से जाना जाता है। इसी में उसने सुरक्षा दुर्ग का निर्माण कराया जिसे 'लाल किला' या 'किला मुबारक' के नाम से जाना जाता है। उसने इसी किले में दीवान-ए-आम व दीवान-ए-खास का निर्माण करवाया।

शाहजहां ने स्वयं अपना व अपनी बेगम मुमताज महल का मकबरा आगरा में बनवाया जो 'ताजमहल' के नाम से प्रसिद्ध है। ताजमहल का वास्तुविद् उस्ताद ईशा खां था। इसके निर्माण में प्रयुक्त होने वाला संगमरमर राजस्थान के मकराना से मंगवाया गया था।

औरंगजेब

औरंगजेब ने उलेमा वर्ग की सलाह के अनुसार इस्लामी ढंग से शासन किया। वह सुन्नी धर्म को मानता था, उसे **जिन्दापीर** कहा जाता था। उसने झरोखा दर्शन की प्रथा एवं नवरोज मनाने पर रोक लगा दी। औरंगजेब ने हिन्दू त्योहारों को सार्वजनिक रूप से मनाए जाने पर प्रतिबंध लगा दिया। उसने राज्य में सार्वजनिक रूप से नृत्य तथा संगीत पर भी प्रतिबंध लगा दिया यद्यपि व्यक्तिगत जीवन में वह एक कुशल वीणा वादक था।

औरंगजेब के समय में मुगल साम्राज्य क्षेत्रफल की दृष्टि से चरमोत्कर्ष पर था। यह काबुल से लेकर चटगांव तक तथा कश्मीर से लेकर कावेरी नदी तक विस्तृत था। औरंगजेब ने अपनी बेगम के आग्रह पर ताजमहल की प्रतिकृति का निर्माण करवाया जिसे बीवी का मकबरा या द्वितीय ताजमहल के नाम से जाना जाता है। यह औरंगाबाद में स्थित है। 1707 में औरंगजेब की मृत्यु हो गई। उसका मकबरा औरंगाबाद में स्थित है।

आधुनिक भारत

यूरोपीय कंपनियों का आगमन

भारत में आने वाले यूरोपीय मुख्यतः व्यापारी थे। प्रारंभ में वे व्यापारी के रूप में आए लेकिन यहां की तत्कालीन परिस्थितियों ने उन्हें अपने आर्थिक हितों की पूर्ति के लिए अपना राज्य स्थापित करने के लिए प्रेरित किया।

पुर्तगाली

भारत में आने वाले यूरोपियों में **पुर्तगाली** प्रथम थे। 1498 में **वास्को-डि-गामा** के भारत आगमन से पुर्तगालियों एवं भारत के मध्य व्यापार के क्षेत्र में एक नए युग का शुभारंभ हुआ। इसके बाद धीरे-धीरे पुर्तगालियों का भारत आने का क्रम जारी हो गया। 20 मई, 1498 में वास्को-डि-गामा ने भारत के पश्चिमी तट पर स्थित कालीकट बंदरगाह पहुँचकर भारत एवं यूरोप के मध्य नए समुद्री मार्ग की खोज की। **फ्रांसिस्को द अल्मेडा** भारत में प्रथम पुर्तगाली वायसराय बनकर 1505 में आया। इसने सामुद्रिक नीति को अधिक महत्त्व दिया तथा हिन्द महासागर में पुर्तगालियों की स्थिति को मजबूत करने का प्रयत्न किया। वह 1509 तक भारत में रहा।

अल्मेडा के बाद अल्फांसो द अल्बुकर्क 1509 में पुर्तगालियों का वायसराय बनकर भारत आया। उसने 1510 में बीजापुर के शासक यूसूफ आदिलशाह से गोवा को छीनकर अपने अधिकार में कर लिया। पुर्तगालियों की आबादी को बढ़ाने के उद्देश्य से अल्बुकर्क ने भारतीय स्त्रियों से विवाह को प्रोत्साहन दिया। **भारत में पुर्तगाली साम्राज्य का वास्तविक संस्थापक अल्बुकर्क को माना जाता है।** पुर्तगालियों ने गोवा को अपनी सत्ता एवं संस्कृति के महत्त्वपूर्ण केंद्र के रूप में स्थापित किया। पुर्तगालियों ने अपनी व्यापारिक कोठी (फैक्ट्री) कोचीन में खोली। अपनी शक्ति के विस्तार के साथ ही पुर्तगालियों ने भारतीय राजनीति में भी हस्तक्षेप करना प्रारंभ कर दिया। फलतः कालीकट के राजा से इनकी शत्रुता बढ़ी। पुर्तगालियों के भारत आगमन से तंबाकू की खेती, जहाज निर्माण एवं प्रिंटिंग प्रेस का सूत्रपात (1556) हुआ।

डच

पुर्तगालियों की ही तरह **डच** भी भारत में व्यापार के लिए आए थे। दक्षिण-पूर्व एशिया के मसाला बाजारों में सीधा प्रवेश प्राप्त करना ही डचों का महत्त्वपूर्ण उद्देश्य था। डच लोग हॉलैंड के निवासी थे। भारत में **'डच ईस्ट इंडिया कंपनी'** की स्थापना 1602 में हुई। 1596 में भारत आनेवाला **प्रथम डच नागरिक** कारनेलिस डेहस्तमान था। भारत में डचों की महत्त्वपूर्ण व्यापारिक कोठियां थीं- मुसलीपट्टम (1605), पुलीकट (1610), सूरत (1616), विमलीपट्टम, चिनसुरा, कासिम बाजार, कड़ा नगर, पटना, बालासोर, नागपट्टम, कोचीन आदि। डच लोग मुख्यतः मसाले, नील, कच्चे रेशम, शीशा, चावल व अफीम का व्यापार भारत से करते थे। डचों का भारत में अंतिम रूप से पतन 1759 में अंग्रेजों एवं डचों के मध्य हुए 'वेदरा के युद्ध' से हुआ।

यूरोपीय व्यापारिक कंपनियाँ

कंपनी	*स्थापना वर्ष*
पुर्तगाली ईस्ट इंडिया कंपनी	1498 ई.
अंग्रेजी ईस्ट इंडिया कंपनी	1600 ई.
डच ईस्ट इंडिया कंपनी	1602 ई.
डैनिश ईस्ट इंडिया कंपनी	1616 ई.
फ्रांसीसी ईस्ट इंडिया कंपनी	1664 ई.
स्वीडिश ईस्ट इंडिया कंपनी	1731 ई.

अंग्रेज

ईस्ट इंडिया कंपनी की स्थापना (1600 ई.) ब्रिटिश सरकार द्वारा कुछ व्यापारियों को चार्टर प्रदान करने के साथ हुई। जेम्स प्रथम के राजदूत टॉमस रो ने जहांगीर से सूरत में व्यापारिक कोठी (फैक्ट्री) खोलने तथा व्यापार करने की आज्ञा प्राप्त कर ली थी। अंग्रेजों द्वारा प्रथम व्यापारिक कोठी सूरत में 1608 में

खोली गई। 1611 ई. दक्षिण-पश्चिम समुद्रतट पर सर्वप्रथम अंग्रेजों ने मुसलीपट्टम में व्यापारिक कोठी की स्थापना की। बम्बई (अब मुम्बई), सूरत, मद्रास तथा हुगली को शामिल करके अंग्रेजों ने इन्हें प्रेसीडेंसी शहर बना दिया।

1698 में अंग्रेजी ईस्ट इंडिया कंपनी ने तीन गांव—सुतानाटी, कोलिकत्ता, एवं गोविंदपुर की जमींदारी 1200 रुपए भुगतान कर प्राप्त की और यहां पर फोर्ट विलियम का निर्माण किया। कालांतर में यही कलकत्ता (अब कोलकाता) नगर कहलाया, जिसकी नींव जॉब चॉर्नाक ने रखी। 1757 में प्लासी के युद्ध में क्लाइव ने बंगाल के नवाब सिराजुद्दौला को हराकर भारत में अंग्रेजी राज्य की नींव रखी। बक्सर के युद्ध (1764) में अंग्रेजों ने शाहआलम II (मुगल सम्राट), शुजाउद्दौला (अवध का नवाब) और मीर कासिम (बंगाल का नवाब) की संयुक्त सेनाओं को हराकर अंग्रेजी साम्राज्य को दिल्ली तक विस्तृत कर दिया।

1818 में अंग्रेजों ने मराठा शक्ति को पूर्णतया समाप्त कर दिया तथा 1849 के चिलियानवाला के युद्ध में सिख शक्ति का अंत करके पंजाब समेत पूरे भारत को अपने राज्य में मिला लिया।

डेन

डेनमार्क की डैनिश ईस्ट इंडिया कंपनी की स्थापना 1616 में हुई थी। इस कंपनी ने त्रावणकोर (तमिलनाडु) और सेरामपुर (बंगाल) में अपनी व्यापारिक कोठियां स्थापित की थी। 1845 में डेनों ने अपनी भारतीय वाणिज्यिक कंपनी को अंग्रेजों को बेच दिया।

फ्रांसीसी

भारत में सबसे अंत में **फ्रांसीसियों** का प्रवेश हुआ। भारत में प्रथम फ्रांसीसी कोठी फ्रैंकों कैरों द्वारा सूरत में 1648 में स्थापित की गई। फ्रांसिस मार्टिन ने 1674 में पांडिचेरी (अब पुडुचेरी) की स्थापना की। 1742 में डूप्ले नामक फ्रेंच गवर्नर भारत में आया। वह बहुत महत्त्वाकांक्षी था परंतु वांडीवाश के युद्ध (1760) में उसे क्लाइव के कारण अंग्रेजों से पराजय देखनी पड़ी। अंग्रेजी सेना का नेतृत्व सर आयर कूट के हाथ में था।

1857 का विद्रोह

विद्रोह के कारण

1. राजनीतिक कारण

- डलहौजी की डौक्ट्रिन ऑफ लैप्स (गोद निषेध प्रथा) जिसके अंतर्गत सतारा, नागपुर, झाँसी का विलय ब्रिटिश साम्राज्य के अधीन कर दिया गया था।
- कुशासन के आरोप में डलहौजी द्वारा अवध तथा हैदराबाद का विलय कर लिया गया।
- पेंशन एवं उपाधियों की समाप्ति की घोषणा।
- पंजाब और सिंध का कूटनीति द्वारा विलय।
- पंजाब, पीगू और सिक्किम का विजय द्वारा विलय।
- कुलीन भारतीय तथा जमींदारों के साथ अंग्रेजों ने बुरा व्यवहार किया।
- अंग्रेजों द्वारा नौकरियों में अपनायी जाने वाली भेद-भावपूर्ण नीति।

2. आर्थिक कारण

- अंग्रेजों की शोषण नीति एवं करों में वृद्धि।
- भारतीय हस्तशिल्प उद्योग एवं व्यापार का पूर्ण पतन।
- भारतीय धन का निष्कासन।
- बैंटिक द्वारा माफी तथा इनाम की भूमि छीन लेने से भारतीय जमींदार दरिद्र तथा कंगाल हो गए।

3. धार्मिक कारण

- ब्रिटिश सरकार ने ईसाई धर्म के प्रचार हेतु ईसाई मिशनरियों को सहयोग दिया।
- 1833 के चार्टर अधिनियम द्वारा भारत में ईसाई धर्म के प्रचार की अनुमति।
- अंग्रेज अपनी इस नीति के अनुसार अधिकांश भारतीयों को ईसाई बनाकर भारत में अपने साम्राज्य को सुदृढ़ करना चाहते थे।

4. सामाजिक कारण

- बैंटिक द्वारा सती-प्रथा पर प्रतिबंध तथा कैनिंग द्वारा विधवा-विवाह की अनुमति ने तत्कालीन रूढ़िवादी वर्ग को आन्दोलित किया।
- अंग्रेजों ने प्राश्चात्य सभ्यता, संस्कृति, भाषा एवं साहित्य के विकास पर अधिक ध्यान दिया।
- रेल, तार, डाक क्षेत्र में किए गये कार्यों से रूढ़िवादी रुष्ट हो गये।

5. सैनिक कारण

- अवध के विलय ने सैनिकों की भावनाओं को आहत किया, क्योंकि सेना में साधारणतः अवध, उत्तर-पश्चिम प्रांतों के सैनिक शामिल थे।
- 1854 में डाकघर अधिनियम पारित कर सैनिकों की निःशुल्क डाक सुविधा समाप्त कर दी गई।
- सेना में भारतीयों को उच्च पदों से दूर रखना, कम वेतन और सुविधा देना।
- 1856 के 'सामान्य सेना भर्ती अधिनियम' के द्वारा सैनिकों को सरकार द्वारा कहीं भी भेजे जाने पर युद्ध के लिए जाने की बात स्वीकार करना।
- एनफील्ड राइफल के कारतूस के उपरी भाग को मुँह से काटना पड़ता था, जिसमें गाय तथा सूअर की चर्बी का प्रयोग होता था। हिन्दू व मुसलमान दोनों सिपाहियों ने इसके प्रयोग से इंकार किया।

6. तात्कालिक कारण

- चर्बी वाले कारतूस का प्रयोग।

विद्रोह के परिणाम

- ईस्ट इंडिया कम्पनी के शासन का अंत करके भारत का शासन ब्रिटिश क्राउन को हस्तान्तरित कर दिया गया।
- इंग्लैंड में भारत राज्य सचिव की नियुक्ति हुई।
- क्षेत्र विस्तार की नीति को त्यागकर स्थानीय राजाओं को उनके गौरव एवं अधिकारों को वापस करने, धार्मिक शोषण समाप्त करने तथा सेवाओं में बिना भेद-भाव के नियुक्ति की बात कही गयी।
- 1861 में भारतीय जनपद सेवा अधिनियम बनाया गया।
- भारतीयों के साथ समानता के व्यवहार का आश्वासन दिया गया।
- 1857 के विद्रोह के बाद सेना के पुनर्गठन के लिए स्थापित 'पील कमीशन' की सिफारिशों के अनुसार सेना में भारतीय सैनिकों की तुलना में ब्रिटिश सैनिकों की संख्या में वृद्धि की गई। सैनिकों की भर्ती के लिए 'रॉयल आयोग' गठित किया गया। विद्रोह की समाप्ति के बाद अंग्रेजी सरकार ने भारतीयों में जातीय कटुता एवं साम्प्रदायिक भावना को जगाया। सरकार ने हिन्दुओं और मुसलमानों में 'फूट डालो और राज करो' की नीति को छोड़कर आर्थिक शोषण को अपनी नीति बनाया।

विद्रोह की असफलता के कारण

- विद्रोह स्थानीय, असंगठित तथा सीमित था।
- विद्रोहियों के पास साधनों का नितांत अभाव था।
- अवध, रूहेलखंड तथा उत्तरी भारत के सामन्तों ने विद्रोह का नेतृत्व किया वहीं पटियाला, जींद, ग्वालियर एवं हैदराबाद के राजाओं ने विद्रोह को कुचलने में अंग्रेजों का साथ दिया।
- नाना साहब हार गये व 1859 में नेपाल चले गए।
- तात्यां टोपे की 1859 में विश्वासघात करके हत्या कर दी गई।
- अवध की बेगम को भी नेपाल में छिपना पड़ा।
- शिक्षित वर्ग इस विद्रोह में पूर्ण उदासीन रहा।
- राष्ट्रीय भावना का अभाव था, क्योंकि भारतीय समाज के सभी वर्गों का सहयोग विद्रोहियों को नहीं मिला।
- विद्रोहियों में अनुभव, संगठन क्षमता तथा मिलकर कार्य करने की भावना का अभाव था।
- सैन्य दुर्बलता तथा सैन्य नेतृत्व क्षमता की कमी।
- विद्रोहियों के पास उचित नेतृत्व, ठोस लक्ष्य एवं स्पष्ट योजना का अभाव था।
- अंग्रेजों के आवागमन एवं संचार के साधनों ने भी विद्रोह को दबाने में मदद की।

समाज एवं धर्म सुधार आंदोलन

ब्रह्म समाज

हिन्दू धर्म में पहला सुधार आन्दोलन ब्रह्म समाज था, जिसकी स्थापना 1828 ई. में कलकत्ता में राजा राममोहन राय ने की। सती प्रथा के विरुद्ध संघर्ष तथा 1829 में विलियम बैंटिक के हाथों ''सती प्रथा अवैध'' विधेयक को पारित करवाया। स्त्रियों के हक के लिए संघर्ष किया। बहुपत्नी प्रथा, विधवा स्त्रियों की अधम स्थिति आदि के विरोध में संघर्ष।

केशव चन्द्र सेन ने नेटिव मैरिज एक्ट बनाने की प्रेरणा दी (1872)। केशव चन्द्र सेन ने ब्रह्म विवाह को कानूनी बनवाया–वर की उम्र 18 वर्ष, वधू की उम्र 14 वर्ष। राजा राममोहन राय ने दिसम्बर 1823 में लार्ड एमहर्स्ट को एक पत्र लिखा जिसमें सरकार से उदारवादी शिक्षा अपनाने का आग्रह किया।

आर्य समाज

इसकी स्थापना स्वामी दयानन्द सरस्वती ने की थी। सामाजिक क्षेत्र में उन्होंने छुआछूत, जन्मजात जाति, बाल-विवाह आदि पर प्रहार किया। वे पहले सुधारक थे जिन्होंने शूद्र तथा स्त्री को वेद पढ़ने तथा ऊँची शिक्षा प्राप्त करने के लिए आन्दोलन चलाया। वे वर्ण व्यवस्था जन्म से नहीं कर्म से मानते थे।

सत्यशोधक समाज

1. 1827 में पूना में शूद्र माली परिवार में ज्योतिबा फूले का जन्म हुआ।
2. 1875 में ज्योतिबा गोविंदराव फूले द्वारा शुरू किया गया।
3. ब्राह्मणवाद और उसकी कुरीतियों के विरुद्ध आवाज उठाना इसका मुख्य उद्देश्य था।
4. इन्होंने मूर्ति पूजा, कर्मकांडों, पुजारियों के वर्चस्व, कर्म, पुनर्जन्म और स्वर्ग के सिद्धांतों का विरोध किया।
5. इन्होंने हिन्दुओं के पवित्र लेखों और ग्रन्थों को नकारा।
6. 1885 ई० में इसारा में कृषक वर्ग की आर्थिक स्थिति पर अपने विचारों को प्रकाशित किया।
7. अपने विचारों का प्रसार दैनिक दीनबंधु में व अपनी पुस्तकों *गुलामगीरी* और *सेनकारयन्वा* असुधा द्वारा किया।
8. फूले ने भारतीय राष्ट्रीय कांग्रेस का विरोध किया क्योंकि यह कृषकों की समस्याओं को हल करने में असमर्थ थी।
9. ज्योतिबा फूले की मृत्यु के पश्चात् कोल्हापुर के छत्रपति शाहू महाराज द्वारा यह समाज चलता रहा।

10. फूले प्रथम भारतीय थे जिसने 1954 में अछूतों के लिए स्कूल खुलवाया।
11. यह एक ब्राह्मण विरोधी संस्था थी।

जस्टिस पार्टी

1. 1916 में मद्रास में इसकी स्थापना की गई।
2. इसका वास्तविक नाम दक्षिण भारतीय लिबरल फेडरेशन था।
3. इसके संस्थापक टी॰एन॰ नायर, पी॰ त्यागराज और सी॰ जनेसा मुरलीधर थे।
4. जस्टिस नेताओं की प्रारंभिक माँगें राज्य की विधान परिषद् में सीटों का आरक्षण थी।
5. बाद में इस माँग का विस्तार कर इसमें शिक्षा, लोक नियुक्तियों और स्थानीय निकायों में रियायत को शामिल किया गया।
6. इसका सामाजिक आधार गैर ब्राह्मण जमींदार और शहरी क्षेत्र के व्यापारी वर्ग थे। यह उन जमींदारों और व्यापारियों के राजनैतिक उद्देश्य के लिए काम करती थी।
7. वेलाल (तमिल),रेड्डी (तेलगू) और कम्मा (तेलगू) आदि जातियाँ ब्राह्मणों के विरोध में शामिल थीं।

आत्मसम्मान आन्दोलन

1. ई॰ वी॰ रामास्वामी नायकर जो कि पेरियार के नाम से प्रसिद्ध थे, ने इसकी शुरुआत की।
2. इन्होंने हरिजनों को सहयोग दिया और वायकोम के सत्याग्रह का नेतृत्व किया।
3. इन्होंने मनु के धर्म शास्त्रों और रामायण को जलाने की वकालत की।
4. हिन्दू रूढ़िवादिता का खंडन किया।
5. 1925 में अपना एक अखबार *कुदी-अरासु* निकाला और एक उग्र समाज सुधारक के रूप में जाने गए।
6. पेरियार ने धर्म के साथ-साथ ब्राह्मणों के आधिपत्य और जाति प्रथा पर आक्रमण किया।
7. विधवा-विवाह और परिवार नियोजन जैसे मुद्दों पर बल दिया।
8. आत्म सम्मान लीग 1944 में जस्टिस पार्टी के साथ मिलकर द्रविड़ कड़गम बनी।

श्री नारायण धर्म परिपालन योगम

1. 1902 ई॰ में केरल में इसकी स्थापना हुई।
2. इसके संस्थापक नानु असन थे जो नारायण गुरु के नाम से प्रसिद्ध थे।
3. इसका उद्देश्य ईझवा जाति के अधिकार को सुनिश्चित करना था।
4. मंदिर प्रवेश इसका मुख्य कार्यक्रम था।
5. इसका मुख्य नारा था– एक जाति, एक धर्म, एक ईश्वर।

राष्ट्रीय आंदोलन

बंगाल का विभाजन

20वीं शताब्दी के आरंभ में बंगाल ब्रिटिश साम्राज्य का सबसे बड़ा प्रांत था जिसमें बंगाल, बिहार और उड़ीसा के कुछ हिस्से शामिल थे। यह बहाना बनाते हुए कि इतने बड़े प्रांत का प्रशासन चलाना काफी मुश्किल होगा, ब्रिटिश सरकार ने इसे विभाजित करने का फैसला किया। फिर भी बंगाल से गैर-बंगाली क्षेत्रों को अलग करने के विपरीत सरकार ने 1905 में पूर्वी बंगाल को अलग करने का फैसला किया। इसका वास्तविक उद्देश्य राष्ट्रवाद की शक्तियों को कमजोर करना था क्योंकि बंगाल में राष्ट्रवादी आंदोलन काफी मजबूत हो चुका था। इसका दूसरा लक्ष्य हिन्दुओं और मुसलमानों के बीच विद्वेष के बीज बोना था क्योंकि नए प्रांत में मुसलमानों की बहुलता थी। राष्ट्रीय नेता और आवाम जल्द ही उनके कुत्सित इरादों को समझ गए और उन्होंने विभाजन की योजना का विरोध किया। नरमपंथी और उग्रपंथी दोनों वर्गों के नेताओं ने इस विभाजन के खिलाफ आंदोलन छेड़ दिया। विभाजन के दिन को शोक दिवस के साथ-साथ एकता और भाईचारा दिवस के रूप में भी मनाया गया। जोर-शोर से विदेशी वस्तुओं का बहिष्कार आरंभ कर दिया गया और स्वदेशी को बढ़ावा दिया गया। लोगों से कहा गया कि वे सरकार के साथ सहयोग नहीं करें। लोगों को विभाजित करने के सरकार के प्रयासों को धक्का लगा तथा बंगाल का विभाजन राष्ट्रवाद के विकास का महत्त्वपूर्ण कारक बन गया। अंततः लोगों के दबाव के आगे झुकते हुए सरकार ने बंगाल के विभाजन को रद्द कर दिया।

उग्रपंथ का उदय

कांग्रेस की युवा पीढ़ी मध्यवर्ती कांग्रेसी नेताओं की नीतियों को लेकर अधीर होने लगी। बंगाल में विपिनचंद्र पाल, महाराष्ट्र में लोकमान्य बाल गंगाधर तिलक और पंजाब में लाला लाजपतराय उग्रपंथी नेता के रूप में उभरे जिन्होंने सशस्त्र राष्ट्रवाद का मंत्र फूंका।

शक्तिशाली रूस पर जापान की विजय जैसी अंतरराष्ट्रीय घटनाओं ने तथा बंगाल के विभाजन ने भारत में उग्रपंथ के विकास पर बल दिया। इसने कांग्रेस के भीतर भी परस्पर विवादों को जन्म दिया जिसके कारण 1907 के सूरत अधिवेशन में इसका विखंडन हो गया। उग्रपंथी नेताओं ने ब्रिटिश शासन की व्याख्या एक अभिशाप के रूप में की तथा पूरी तरह उसके खिलाफ हो गए। समझौता और मेल-मिलाप की मध्यवर्ती नेताओं की नीतियों के विपरीत उग्रपंथी नेताओं ने पूर्ण स्वराज्य की मांग की। अपने उद्देश्य की पूर्ति के लिए उन्होंने विरोध का धैर्यपूर्ण उपाय अपनाया जैसे कि स्वदेशी आंदोलन ताकि अंग्रेजों के लिए भारत में शासन करना असंभव हो जाए। उन्होंने अधिक-से-अधिक लोगों को अपने समर्थन में जुटाने का प्रयास किया। वे कष्ट उठाने तथा बलिदान देने के लिए भी तैयार थे। 1907 के विभाजन के बाद

लगातार 8 वर्षों तक कांग्रेस की प्रभावशीलता जाती रही परंतु 1916 में लखनऊ सत्र के दौरान नरमपंथियों और उग्रपंथियों ने एक बार फिर हाथ मिलाने का फैसला किया।

मार्ले-मिंटो सुधार

उत्तेजित उग्रपंथियों को शांत करने के लिए 1909 में ब्रिटिश सरकार ने मार्ले-मिंटो सुधारों की घोषणा की जिसमें जन-सामान्य के लिए मामलों के निर्धारण में शिक्षित भारतीयों को सरकार में अधिक-से-अधिक प्रतिनिधित्व देने की बात कही गई। अत: कार्यकारी और विधायिका परिषदों में भारतीयों का प्रतिनिधित्व बढ़ाया गया। इस अधिनियम के तहत् सामुदायिक प्रतिनिधित्व की शुरुआत की गई। इस अधिनियम को लोगों की भागीदारी बढ़ाने के संबंध में सकारात्मक माना गया, परंतु इसमें निहित ''बांटो और शासन करो'' की नीतियों के कारण भारतीय जनमानस ने इसे ठुकरा दिया।

क्रांतिकारी आंदोलन

नरमपंथियों और उग्रपंथियों के अलावा कुछ और क्रांतिकारी समूह भी थे जो बल प्रयोग द्वारा अंग्रेज शासन को उखाड़ फेंकना चाहते थे। उन्होंने स्वयं को गुप्त संगठन के रूप में संगठित कर रखा था और वे बंगाल और महाराष्ट्र में विशेष रूप से सक्रिय थे। वे कभी-कभी अलोकप्रिय अंग्रेज अधिकारियों, भारतीय कर्मचारियों और अंग्रेज सरकार के लिए काम करने वाले लोगों पर आक्रमण भी कर देते थे। उनके विदेशों से भी संबंध थे। 20वीं शताब्दी के कुछ प्रमुख क्रांतिकारी थे—खुदीराम बोस, लाला हरदयाल, वी.डी. सावरकर, रासबिहारी बोस, वी.वी.एस. अय्यर और एम.एन. राव। भगतसिंह, चंद्रशेखर आजाद, रामप्रसाद बिस्मिल, अशफाकउल्ला खान, रोशन सिंह, बी.के. दत्त, राजगुरु, सूर्यसेन और सुखदेव ने भी क्रांतिकारी तरीकों का इस्तेमाल किया।

मुस्लिम लीग

जब अंग्रेज भारत में आए उस वक्त यहां मुसलमानों का शासन था। अत: अंग्रेजों ने उन्हें अपना मुख्य शत्रु माना और उनके साथ भेदभाव बरता। हालांकि जब राष्ट्रीय आंदोलन ने जोर पकड़ा तब अंग्रेजों ने अपना रास्ता बदल लिया। उन्होंने उनसे यह कहकर कि वे सरकार के प्रति विश्वसनीयता का सबूत दें उनका मन जीतने का प्रयास किया। कुछ राष्ट्रीय नेताओं द्वारा धार्मिक विश्वासों और प्रतीकों का इस्तेमाल किए जाने के कारण भी मुसलमान राष्ट्रीय आंदोलन से अलग रहे। 1906 ई. में मुसलमान नेताओं ने अखिल भारतीय मुस्लिम लीग की स्थापना की। अपने उदय के समय मुस्लिम लीग ने घोषणा की कि उसका उद्देश्य सरकार के प्रति विश्वसनीयता को बढ़ावा देना तथा मुसलमानों के हितों की सुरक्षा करना और उसे आगे बढ़ाना है। हालांकि 1913 में उसने घोषणा की कि उसका लक्ष्य स्वशासन की प्राप्ति है।

होमरूल आंदोलन

जब ब्रिटेन प्रथम विश्वयुद्ध में व्यस्त था तब बाल गंगाधर तिलक और एनी बेसेंट जैसे भारतीय नेताओं ने राष्ट्रीय आंदोलन में नयी जान फूंकने का निर्णय किया। संवैधानिक तरीकों से ब्रिटिश साम्राज्य के अंतर्गत स्वशासन की प्राप्ति तथा इस उद्देश्य के लिए लोगों को शिक्षित और जनमत को संगठित करने के लिए देशभर में होमरूल लीग की स्थापना की गई। इस आंदोलन के नेताओं ने देश भर का दौरा किया। नेताओं की गतिविधियों को कुचलने के लिए ब्रिटिश सरकार ने कठोर कदम उठाए। तिलक पर मुकदमा चलाया गया और उनके पंजाब और दिल्ली में प्रवेश करने पर रोक लगा दी गई। एनी बेसेंट और उनके सहयोगियों को नजरबंद कर दिया गया।

लखनऊ समझौता

1916 ई. में स्वशासन अथवा स्वराज की प्राप्ति के लिए एक साथ मिलकर काम करने के लिए कांग्रेस और मुस्लिम लीग ने लखनऊ में एक समझौता किया। मुसलमानों के इस भ्रम का निराकरण करते हुए कि उन्हें उचित प्रतिनिधित्व नहीं दिया जा रहा है, कांग्रेस ने परिषद् में उनके लिए पृथक् प्रतिनिधित्व की मांग मान ली। 1916 ई. में कांग्रेस की नरमपंथी और उग्रपंथी शाखाएं फिर से एकजुट हो गईं।

गांधीजी का आगमन

प्रथम विश्वयुद्ध की समाप्ति के पश्चात् 1915 में महात्मा गांधी के दक्षिण अफ्रीका से लौटने के बाद राष्ट्रीय आंदोलन में एक महत्त्वपूर्ण मोड़ आया। टॉलस्टाय और रस्किन से प्रभावित गांधीजी ने सत्य और अहिंसा पर आधारित संघर्ष की नई पद्धति और दर्शन का प्रतिपादन किया। जल्द ही सकारात्मक प्रतिरोध अथवा सत्याग्रह लोगों के स्वतंत्रता संघर्ष का मुख्य हथियार बन गया। वह आम आदमी के सच्चे प्रतिनिधि बन गए और उनकी ही बिरादरी में शामिल हो गए। किसी भी अन्य नेता ने जनता के साथ इस तरह की घनिष्ठता स्थापित नहीं की थी। 1917 में गांधीजी नील की खेती करने वाले किसानों की समस्या का समाधान करने हेतु उत्तर बिहार में चम्पारन पहुंचे। अंग्रेज इन किसानों के प्रति दमनात्मक रवैया अपनाए हुए थे। 1918 में अहमदाबाद में टेक्सटाइल्स मिल मालिकों के खिलाफ उन्होंने श्रमिकों की तर्कसंगत मांगों का समर्थन किया और इसके फलस्वरूप स्थानीय मुद्दों में जन-सामान्य की भागीदारी को स्वीकार कर लिया गया। अंतत: गांधीजी स्वतंत्रता संग्राम के सबसे महानतम नेता के रूप में उभर कर सामने आए।

जलियांवाला बाग जनसंहार

दो राष्ट्रीय नेताओं सत्यपाल और डा. सैफुद्दीन किचलू की गिरफ्तारी के खिलाफ विरोध जताने के लिए 13 अप्रैल, 1919 को अमृतसर में जलियांवाला बाग में जनसामान्य की एक बैठक आयोजित की गई। यह बाग अथवा पार्क तीन ओर से ऊंची दीवारों से घिरा था और इसमें प्रवेश हेतु एक संकीर्ण गलियारा ही उपलब्ध था। यह बैठक शांतिपूर्ण ढंग से चल रही थी और युवा, बुजुर्ग, बच्चे और महिलाएं सभी शामिल थे। इसी बीच वहां जनरल डायर नामक एक अंग्रेज अधिकारी अपनी टुकड़ी के साथ आ धमका। बिना कोई चेतावनी दिए उसने अपने सैनिकों को आदेश दिया कि वे निहत्थे लोगों पर गोलियों की बौछार कर दें। इस गोलीबारी में लगभग 1,000 लोग मारे गए, जबकि सैकड़ों अन्य घायल हो गए। इस जनसंहार ने भारतीय लोगों की भावनाओं को उद्वेलित कर

दिया जिसका जवाब सरकार ने और भी क्रूरतापूर्ण कार्रवाइयों से दिया। दिवंगत लोगों को श्रद्धांजलि देने के लिए 1919 में कांग्रेस के सत्र का आयोजन अमृतसर में किया गया। इस जनसंहार के प्रति विरोध प्रकट करने के लिए कविवर रवीन्द्रनाथ टैगोर ने अपनी नाइट की उपाधि का परित्याग कर दिया।

खिलाफत आंदोलन

प्रथम विश्वयुद्ध के समाप्त होने के बाद जहां तुर्की पराजित देशों की कतार में खड़ा था, वहीं ब्रिटेन विजेताओं के बीच खड़ा मुस्करा रहा था। तुर्की और उसके शासक खलीफा को ब्रिटेन की ओर से अन्याय का सामना करना पड़ा। चूंकि खलीफा मुसलमानों के धार्मिक प्रमुख थे, अत: ब्रिटिश सरकार पर इस अन्याय को वापस लेने हेतु दबाव डालने के लिए 1920 में दो मुसलमान भाइयों मोहम्मद अली और शौकत अली ने एक आंदोलन की शुरुआत की। जल्द ही पंजाब में दमन को रोकने की खातिर तथा स्वराज-प्राप्ति हेतु खिलाफत आंदोलन का राष्ट्रीय आंदोलन में विलय हो गया।

असहयोग आंदोलन

महात्मा गांधी के नेतृत्व में 1920 में कांग्रेस ने असहयोग आंदोलन आरंभ करने का निर्णय किया। यह पहली बार था जबकि कांग्रेस ने प्रत्यक्ष कार्रवाई की नीति पर चलने का निर्णय किया। इसमें उपाधियों और प्रतिष्ठापूर्ण पदों का त्याग करना तथा स्थानीय निकायों में मनोनीत पदों से इस्तीफा देना शामिल था। लोगों का आह्वान किया गया कि वे सरकार के कार्यक्रमों में शामिल न हों तथा सरकारी स्कूलों और कॉलेजों से अपने बच्चों को हटा लें। उनसे सरकारी सेवाओं, अदालतों और अन्य सेवाओं का बहिष्कार करने को भी कहा गया। उनसे कहा गया कि वे स्वदेश में ही बने वस्त्रों व अन्य वस्तुओं का इस्तेमाल करें। असहयोग करने वाले लोगों के लिए सत्य और अहिंसा के सिद्धांतों का पालन करना अत्यन्त आवश्यक था। महात्मा गांधी ने उस स्थिति में पूर्ण स्वराज की प्राप्ति का वायदा किया जबकि लोग पूरे मन से और सच्ची लगन से उनके कार्यक्रमों का अनुसरण करते हैं। असहयोग आंदोलन की विचारधारा ने लोगों को काफी प्रभावित किया तथा हिन्दुओं और मुसलमानों ने आपस में हाथ मिला लिए। इस आंदोलन के अगले चरण में लोगों का आह्वान किया गया कि वे कर चुकाने से इनकार कर दें। यह आंदोलन गुजरात में बारदोली से प्रारंभ हुआ।

असहयोग आंदोलन को मिल रहे व्यापक जनसमर्थन से ब्रिटिश सरकार एकदम से सकते में आ गई। हालांकि कुछ ईर्ष्यालु व्यक्तियों ने पीटे जाने के खिलाफ 22 फरवरी, 1922 को उत्तर प्रदेश में चौरी-चौरा नामक स्थान पर एक पुलिस स्टेशन को जला डाला। थाने के अंदर एक इंस्पेक्टर सहित 22 पुलिसकर्मी आग में जलकर मर गए। इस घटना से गांधीजी को काफी दु:ख पहुंचा और उन्होंने इस आंदोलन को वापस ले लिया। गांधीजी के इस कदम की अनेक राष्ट्रीय नेताओं ने आलोचना की और कृतघ्न अंग्रेज सरकार ने गांधीजी को 6 साल की सजा का फरमान सुना दिया। असहयोग आंदोलन अहिंसा और धार्मिक बंधुत्व की भावना पर आधारित एक लोकप्रिय आंदोलन था।

स्वराज पार्टी

असहयोग आंदोलन को वापस ले लिए जाने के बाद कांग्रेसी नेताओं के बीच गहरे मतभेद उजागर हो गए। जहां सी.आर. दास, मोतीलाल नेहरू और हकीम अजमल खान चाहते थे कि विधानपरिषदों में शामिल हुआ जाए और उसकी गतिविधियों को बाधित किया जाए वहीं सरदार पटेल, सी. राजगोपालाचारी और राजेन्द्र प्रसाद जैसे नेता भी थे जो इस विचार के पूरी तरह खिलाफ थे। सी.आर. दास के समर्थकों ने 1923 में स्वराज पार्टी का गठन किया जिसे कांग्रेस ने चुनावों में भाग लेने की अनुमति प्रदान कर दी। स्वराज पार्टी ने केन्द्रीय और प्रांतीय विधायिकाओं में बेहतरीन प्रदर्शन किया। अनेक प्रस्ताव पारित कर और लोगों के प्रति जिम्मेदार रवैया अपनाने हेतु ब्रिटिश सरकार पर दबाव डालकर स्वराज पार्टी ने अंग्रेज-विरोधी भावनाओं को जिन्दा रखा। हालांकि 1925 में सी.आर. दास की मृत्यु के बाद विधायिका की राजनीति में कुछ खास करना स्वराजवादियों के लिए काफी कठिन प्रतीत हुआ तथा वे 1926 में विधानमंडल से बाहर निकल आए।

साइमन आयोग

गवर्नमेंट ऑफ इंडिया एक्ट 1919 के कार्यकरण की जांच-पड़ताल करने तथा संविधान में संशोधन किए जाने के संबंध में सुझाव देने हेतु ब्रिटिश सरकार ने 1927 में एक आयोग की नियुक्ति की। इसमें ब्रिटेन की संसद के 7 सदस्य शामिल थे तथा सर जान साइमन इसके अध्यक्ष थे। चूंकि इसमें एक भी भारतीय प्रतिनिधि शामिल नहीं था, अत: कांग्रेस और अन्य भारतीय पार्टियों ने इसका बहिष्कार करने का निर्णय किया। साइमन आयोग जब भारत आया तो उसका स्वागत देशव्यापी विरोध से किया गया। यह आयोग जहां कहीं भी गया उसे हड़ताल, प्रदर्शन और काले झंडों का मुंह देखना पड़ा। इस क्रम में एक व्यापक जनांदोलन का नेतृत्व करते हुए लाला लाजपतराय को लाठियों की जबर्दस्त मार झेलनी पड़ी, जिससे वह उबर नहीं सके और इस घटना के कुछ ही सप्ताह बाद उनका निधन हो गया।

पूर्ण स्वराज्य की मांग

1928 में कांग्रेस ने प्रभुत्वकारी स्थिति की मांग करते हुए एक प्रस्ताव पारित किया जो पूर्ण स्वराज की मांग से कहीं कम था। यह भी घोषणा की गई कि यदि 1929 के अंत तक इस मांग को स्वीकार नहीं किया गया तो कांग्रेस पूर्ण स्वराज्य की मांग करेगी और इस उद्देश्य की प्राप्ति के लिए वह व्यापक आंदोलन चलाएगी। ब्रिटिश सरकार ने कांग्रेस की इस मांग पर कोई ध्यान नहीं दिया। अत: दिसम्बर 1929 में एक प्रस्ताव पारित किया गया जिसमें कहा गया कि कांग्रेस के संविधान में स्वराज शब्द का अर्थ होगा पूर्ण स्वतंत्रता। दिसम्बर 1929 की मध्यरात्रि को कांग्रेस के अध्यक्ष जवाहरलाल नेहरू ने रावी नदी के तट पर तिरंगा फहराया। राष्ट्रीय आंदोलन में हिस्सा ले रहे सभी कांग्रेसियों से कहा गया कि वे भविष्य में होने वाले चुनावों में शिरकत न करें तथा सभी पदारूढ़ सदस्यों से कहा गया कि वे अपने पद से त्यागपत्र दे दें। सविनय अवज्ञा आंदोलन को आरंभ करने का फैसला किया गया, साथ ही यह भी तय किया गया कि कोई भी व्यक्ति अंग्रेज सरकार को कर

नहीं चुकाएगा। 26 जनवरी, 1930 को स्वतंत्रता दिवस घोषित किया गया और इसी दिन भारत की जनता ने स्वतंत्रता-प्राप्ति की सौगंध ली। इसके बाद साल-दर-साल इसकी पुनरावृत्ति की गई।

सविनय अवज्ञा आंदोलन

गांधीजी की डांडी यात्रा के बाद सविनय अवज्ञा आंदोलन की शुरुआत हुई। यह यात्रा 12 मार्च, 1930 को आरंभ हुई और गांधीजी तथा उनके अनुयायी साबरमती से 200 किलोमीटर का फासला तय कर डांडी पहुंचे। गांधीजी ने नमक बनाकर नमक कानून तोड़ा, जो देशव्यापी विद्रोह का संकेत था। देशभर में शराब की दुकानों, अफीम के अड्डों और विदेशी वस्त्रों की दुकानों को घेर लिया गया। हजारों सरकारी कर्मचारियों ने अपनी नौकरी को ठोकर मार दी। किसानों ने कर और ऋण चुकाने से साफ-साफ मना कर दिया। गांधीजी की प्रभावशाली अपील से प्रेरित होकर हजारों-हजार महिलाएं सविनय अवज्ञा आंदोलन में शामिल होने के लिए आगे आईं। देश में अब खुले विद्रोह की पृष्ठभूमि तैयार हो चुकी थी। इस आंदोलन को कुचलने के लिए सरकार ने दमनात्मक रवैया अपनाया। अग्रणी नेताओं सहित हजारों कांग्रेसी कार्यकताओं को जेल में ठूंस दिया गया। प्रेस पर प्रतिबंध लगा दिया गया, सार्वजनिक संपत्ति को नुकसान पहुंचाया गया, निर्दोष महिलाओं और पुरुषों को बेदर्दी से पीटा गया तथा सैकड़ों लोग पुलिस की गोलियों से मारे गए। यह आंदोलन देश के कोने-कोने में फैल गया।

इसी बीच साइमन आयोग द्वारा प्रस्तावित सिफारिशों पर विचार करने के लिए अंग्रेज सरकार ने लंदन में प्रथम गोलमेज सम्मेलन का आयोजन किया। चूंकि इसमें कांग्रेस का कोई प्रतिनिधि उपस्थित नहीं हुआ, अत: यह सम्मेलन कोई विशेष परिणाम नहीं उत्पन्न कर सका। कांग्रेस के महत्त्व को समझते हुए ब्रिटिश सरकार ने उसे निमंत्रण दिया कि वह दूसरे गोलमेज सम्मेलन में शामिल हो। 5 मार्च, 1931 को गांधीजी और वायसराय इर्विन के बीच एक समझौता हुआ जिसके तहत् सरकार ऐसे सभी राजनीतिक बंदियों को रिहा करने पर तैयार हो गई जिनके खिलाफ हिंसा का कोई आरोप नहीं था। कांग्रेस ने सविनय अवज्ञा आंदोलन को लंबित करने का निर्णय किया। सरकार द्वारा अपनी प्रतिबद्धता का उल्लंघन करने के बावजूद गांधीजी सम्मेलन में भाग लेने के लिए लंदन गए।

दूसरा गोलमेज सम्मेलन सितम्बर 1931 में लंदन में संपन्न हुआ। गांधीजी कांग्रेस के एकमात्र प्रतिनिधि के रूप में द्वितीय गोलमेज सम्मेलन में शामिल हुए। उन्होंने रक्षा तथा विदेशी मामलों पर नियंत्रण का अधिकार मांगा। अल्पसंख्यकों को प्रतिनिधित्व दिए जाने की मांग पर बिल्कुल मौन की स्थिति थी। एम.ए. जिन्ना, आगा खान और डॉ. अम्बेडकर गांधीजी के साथ कोई भी समझौता करने को इच्छुक नहीं थे। भारतीय राजा भी भारत की स्वतंत्रता के प्रति उदासीन थे। कोई भी समझौता संपन्न नहीं हो सका और बातचीत विफल हो गई। गांधीजी भारत लौट आए और सविनय अवज्ञा आंदोलन पुन: आरंभ हो गया। एक बार फिर से ब्रिटिश सरकार ने दमनात्मक रवैया अपनाया और गांधीजी सहित लाखों लोगों को जेल में डाल दिया। कांग्रेस को अवैध घोषित कर दिया गया। भारी दबाव के बावजूद सविनय अवज्ञा आंदोलन जारी रहा। विदेशी वस्तुओं का बहिष्कार, करों का विरोध, उपाधियों और नौकरियों का त्याग तथा विदेशी वस्तुओं और शराब की दुकानों पर धरने का आयोजन यथावत् जारी रहा। मई 1933 में इस आंदोलन को लंबित कर दिया गया और एक वर्ष बाद इसे पूरी तरह से वापस ले लिया गया। गांधीजी ने भी स्वयं को सक्रिय राजनीति से अलग कर लिया।

सांप्रदायिक पंचाट

अगस्त 1932 में ब्रिटिश सरकार ने महिलाओं को आरक्षण दिए जाने के अलावा मुसलमानों, सिखों, यूरोपीय नागरिकों तथा वंचित वर्गों के लिए पृथक् निर्वाचन मंडल की स्थापना करते हुए सांप्रदायिक पंचाट को लागू करने की घोषणा की।

गांधीजी ने अछूतों के लिए पृथक् निर्वाचन मंडल का जोरदार विरोध किया तथा अपना विरोध जताने के लिए आमरण अनशन पर बैठ गए। इस संदर्भ में पूना में एक समझौता हुआ जिसे पूना समझौता कहते हैं, जिसमें इस मुद्दे पर कतिपय संशोधन किए गए।

तीसरा गोलमेज सम्मेलन नवंबर 1932 में लंदन में हुआ जिसमें कांग्रेस ने अपने किसी भी प्रतिनिधि को नहीं भेजा। कुछेक भारतीय नेता और राजा इस सम्मेलन में शामिल हुए। गोलमेज सम्मेलन के तहत् एक निर्णय पर पहुंचा गया तथा लगातार हुई चर्चा ने गवर्नमेंट ऑफ इंडिया एक्ट 1935 के प्रवर्तन का मार्ग प्रशस्त किया।

इस अधिनियम ने अखिल भारतीय परिसंघ बनाने, केन्द्र में दोहरी शासन व्यवस्था स्थापित करने, संघीय अदालत स्थापित करने और प्रांतीय विधानमंडलों को स्वायत्तता दिए जाने का प्रस्ताव किया। इस अधिनियम ने भारत को प्रांतीय स्वायत्तता दिए जाने के संदर्भ में कोई चर्चा नहीं की जो पूर्ण स्वराज से कहीं कमतर स्थिति थी। मतदान का अधिकार केवल 14 प्रतिशत जनसंख्या को प्रदान किया गया।

कांग्रेस ने इस अधिनियम को ठुकरा दिया, परंतु उसने 1937 के प्रांतीय विधान सभाओं के चुनाव में भाग लेने का निर्णय किया। अंग्रेजों द्वारा चालाकी से साम्प्रदायिक और पूर्ववर्ती सरकार समूहों को समर्थन दिए जाने के बावजूद कांग्रेस ने भारी सफलता अर्जित की। उसने 6 प्रांतों में पूर्ण बहुमत प्राप्त किया और तीन पार्टियों के बीच सबसे बड़ी पार्टी के रूप में सामने आई। सभी सीटों पर प्रतिनिधित्व का दावा करने वाली मुस्लिम लीग मुसलमानों के लिए आरक्षित सीटों में से भी केवल एक-तिहाई सीट प्राप्त कर सकी। कांग्रेस ने 11 प्रांतों में से 9 में मंत्रालयों का गठन किया। इन मंत्रालयों ने शिक्षा, आर्थिक सुधारों तथा प्रेस और राजनीतिक गतिविधियों पर से प्रतिबंध उठाने की दिशा में महत्त्वपूर्ण कार्य किया।

भारत छोड़ो आंदोलन

8 अगस्त, 1942 को कांग्रेस ने 'भारत छोड़ो' नामक एक प्रस्ताव पारित किया जिसमें ब्रिटिश सरकार की तुरंत समाप्ति को एक अनिवार्य आवश्यकता बताया गया। साथ ही यह भी कहा गया कि

यह स्वतंत्रता और प्रजातंत्र के लिए भी अत्यावश्यक है जिसके लिए संयुक्त राष्ट्र के देश संघर्ष कर रहे हैं।

इस प्रस्ताव में कहा गया कि स्वतंत्र भारत फासीवादी और साम्राज्यवादी ताकतों के विरुद्ध संघर्ष कर रही शक्तियों से हाथ मिला लेगा। महात्मा गांधी ने लोगों को ''करो या मरो'' का नारा दिया, साथ ही उन्हें इस बात के प्रति भी आगाह किया कि यह आंदोलन पूर्णतया अहिंसक होना चाहिए। अगले ही दिन अंग्रेज सरकार ने महात्मा गांधी, जवाहरलाल नेहरू, सरदार पटेल, राजेन्द्र प्रसाद और मौलाना आजाद जैसे अग्रणी नेताओं सहित अनेक नेताओं को गिरफ्तार कर लिया। अपने नेताओं की गिरफ्तारी से हतप्रभ और नेतृत्वविहीन हो गए लोगों ने उन्हें जो कुछ समझ में आया उस तरह से विद्रोह करना आरंभ कर दिया। बार-बार की गोलीबारी और लाठी चार्ज से उत्तेजित होकर कई स्थानों पर जनता ने हिंसक तरीके भी अख्तियार किए। जनसंपत्ति को नुकसान पहुंचाया गया तथा रेल, डाक और टेलीग्राफिक सेवाएं बुरी तरह प्रभावित हुईं। कई स्थानों पर समानांतर सरकारों का गठन किया गया। भारत छोड़ो आंदोलन ब्रिटिश सरकार के खिलाफ एक सशक्त विद्रोह था। हालांकि सुनिश्चित योजना, अग्रणी नेताओं की गिरफ्तारी, सरकार के उत्पीड़न, मुस्लिम लीग की उदासीनता और द्वितीय विश्वयुद्ध में मित्र शक्तियों के एकजुट हो जाने की वजह से यह आंदोलन विफल हो गया।

वेवेल योजना

क्रिप्स मिशन की असफलता और सभी अग्रणी कांग्रेसी नेताओं की गिरफ्तारी के बाद लगभग 3 वर्षों तक राजनीतिक गतिविधियां ठप्प रहीं। प्रभावशाली नेताओं के जेल चले जाने के बाद कार्यकर्ता काफी हतोत्साहित हो गए और इधर ब्रिटिश सरकार से सहयोग करके मुस्लिम लीग अपने प्रभाव का दायरा बढ़ाने में सफल रही। इसी बीच जेल में बंद गांधीजी ने जिन्ना के साथ संवाद स्थापित कर इस समस्या को सुलझाने का प्रयास किया, पर कोई समझौता नहीं किया जा सका। मई 1944 में स्वास्थ्य संबंधी कारणों के चलते गांधीजी को रिहा कर दिया गया। 1945 में वायसराय वेवेल ने एक योजना की घोषणा की जिसमें वायसराय के अखंड नियंत्रण में केन्द्रीय सरकार में शामिल होने के सिवाय भारत के लिए कोई भी विकल्प नहीं था। भारतीयों को गृह, वित्त और बाह्य मामलों सहित अनेक मंत्रालय दिए जाने की योजना बनाई गई परंतु सर्वोच्च शक्ति के वायसराय में निहित होने की बात भी कही गई। वेवेल की योजना के तहत् कार्यकारी परिषद की 14 प्रस्तावित सीटों में से 6 मुस्लिम लीग को दिए जाने का प्रस्ताव था। हालांकि अलग-अलग कारणों से कांग्रेस और मुस्लिम लीग दोनों ने इस योजना को ठुकरा दिया। अंतत: वेवेल ने अपनी योजना को वापस ले लिया।

आजाद हिंद फौज

एक भारतीय क्रांतिकारी रासबिहारी बोस ने आजाद हिंद फौज या भारतीय राष्ट्रीय सेना का गठन किया। उन्होंने ब्रिटिश सेना में शामिल ऐसे हजारों भारतीय सिपाहियों को इसमें शामिल किया जो दक्षिण-पूर्व एशिया पर विजय प्राप्त करते समय जापान द्वारा गिरफ्तार कर लिए गए थे। सुभाषचंद्र बोस जो हिटलर से बातचीत करने जर्मनी गए थे, भारतीय स्वतंत्रता लीग का नेतृत्व करने तथा आजाद हिन्द फौज का पुनर्गठन करने के लिए 1943 में सिंगापुर आ गए। 21 अक्टूबर, 1943 को नेताजी अथवा सुभाषचंद्र बोस ने स्वतंत्र भारत की प्रांतीय सरकार का गठन करने का दावा किया। उत्तर-पूर्वी भारत की ओर से ब्रिटिश सेना पर हमला करने के लिए उन्होंने आई.एन.ए. का नेतृत्व किया। उन्होंने ''दिल्ली चलो'' और ''जयहिन्द'' का नारा दिया। हालांकि आई.एन.ए. कुछ आगे बढ़ने में कामयाब हुई, परंतु जापान की मित्र देशों के हाथों चौतरफा पराजय की वजह से उसके अभियान को धक्का लगा। इसके अलावा आई.एन.ए. को भारतीय राष्ट्रवादियों का भी सहयोग नहीं मिला जो मानते थे कि जापान की सरकार भारत की मित्र नहीं हो सकती। हालांकि नेताजी की मृत्यु अब भी संदिग्ध है पर यह कहा गया कि 1945 में एक विमान दुर्घटना में उनकी मृत्यु हो गई।

कैबिनेट मिशन

द्वितीय विश्वयुद्ध की समाप्ति के बाद ब्रिटेन में आम चुनावों में लेबर पार्टी ने सफलता प्राप्त की। 1946 में ब्रिटिश सरकार ने इच्छा जताई कि वह भारत से अपने शासन को समाप्त कर देना चाहती है। उसने कहा कि भविष्य के संविधान की रूपरेखा निर्धारित करने की जिम्मेदारी स्वयं भारत की होनी चाहिए और बहुसंख्यकों के फैसले में अल्पसंख्यकों को दखल देने का अधिकार नहीं होना चाहिए। शक्तियों के अंतरण के संदर्भ में भारतीय नेताओं से विचार-विमर्श करने के लिए कैबिनेट आयोग को भारत भेजा गया। उसने एक अंतरिम सरकार के गठन का प्रस्ताव किया, साथ ही संविधान सभा का आयोजन करने का भी जिसमें प्रांतीय विधानसभाओं के लिए चुने गए प्रतिनिधियों और भारतीय राज्यों के नियमों के अनुसार नामित व्यक्तियों को सम्मिलित किया जाना था। 2 सितम्बर, 1946 को जवाहरलाल नेहरू ने अंतरिम सरकार का गठन किया। संविधान सभा की बैठक 9 दिसम्बर, 1946 को हुई, परंतु मुस्लिम लीग ने इसका बहिष्कार किया। उसने एक पृथक् राष्ट्र पाकिस्तान की मांग की। ब्रिटिश सरकार ने घोषणा की कि वह जून 1948 से पहले भारतीय हाथों में शक्तियों का अंतरण कर देगी। इस अधिकार को हस्तगत किए जाने की कार्रवाई की निगरानी करने हेतु मार्च 1947 में लार्ड माऊंटबैटन को वायसराय बनाकर भारत भेजा गया। उसने भारत को भारत और पाकिस्तान के बीच विभाजित करने की योजना रखी। उसके प्रस्ताव देशभर में हो रहे सांप्रदायिक दंगों के आलोक में आए थे। विभाजन की घोषणा के बाद दंगे और तीव्र हो गए; खासकर पंजाब में इसने भीषण रूप धारण कर लिया। दंगों में हजारों लोग मारे गए और लाखों लोग बेघर हो गए।

विश्व का इतिहास

धर्मयुद्ध

ग्यारहवीं शताब्दी के आखिरी दशक में तुर्कों ने ईसाइयों के पवित्र स्थल येरूशलम पर हमला कर दिया। इसके अलावा उन्होंने पवित्र स्थलों पर तीर्थयात्री के रूप में आए ईसाइयों पर भी आक्रमण कर दिया।

इन घटनाओं ने चर्चों को रुष्ट कर दिया तथा इन आक्रामक कार्रवाइयों को रोकने के लिए ईसाई राजाओं ने सहायता प्रदान की। 1095 ई. में पोप ने मुस्लिम तुर्कों के खिलाफ धर्मयुद्ध अथवा पवित्र युद्ध का आह्वान किया। हजारों साधारण लोगों ने इस आह्वान के प्रति सकारात्मक रवैया प्रदर्शित किया। 1096 ई. में यूरोप की सेना ने बजेंटाइन की सेना के साथ मिलकर तुर्कों पर हमला कर दिया और 1099 में येरूशलम पर कब्जा कर लिया। मुस्लिमों ने एक बार फिर से खुद को संगठित किया और फिर से फिलिस्तीन पर कब्जा करने का प्रयास किया।

इन प्रयासों ने द्वितीय (1144), तृतीय (1189) और चतुर्थ (1202) धर्मयुद्धों को जन्म दिया। ये धर्मयुद्ध 1291 तक जारी रहे। इन युद्धों में हजारों बच्चों को युद्ध में झोंक दिया गया। युद्ध के समाप्त हो जाने के बाद येरूशलम फिलिस्तीन में ही बना रहा। इन धर्मयुद्धों ने अंग्रेजों को अरबों की सभ्यता के संपर्क में आने का अवसर प्रदान किया जहां उन्हें अनेक नई चीजें सीखने को मिलीं जिससे उन्हें अपने व्यापार को बढ़ाने में मदद मिली। सामंतवाद का पतन, बौद्धिक विकास, चर्च की शक्तियों में कमी और नए क्षेत्रों को खोजने की इच्छा का परवान चढ़ना इन धर्मयुद्धों के अन्य प्रतिफल रहे।

मैग्ना कार्टा

इंगलैंड के राजा जान द्वितीय पर 1215 की महान् घोषणा पर हस्ताक्षर करने और जनता के दु:ख-तकलीफों को दूर करने के लिए दबाव डालने हेतु पूंजीपति, पुरोहित और जनसामान्य एक हो गए। इस संधि में 63 अनुच्छेद थे, जो पूंजीपतियों, चर्च और जनता की स्वतंत्रता की गारंटी देते थे। इस घोषणा का लक्ष्य सभी वर्गों के अधिकारों को सुनिश्चित करते हुए राजा की स्वेच्छाचारी शक्तियों पर अंकुश लगाना था। इस घोषणा ने इस महत्त्वपूर्ण सिद्धांत की नींव रखी कि अंग्रेजों पर कानून का शासन लागू किया जाना चाहिए, निर्दयी शासक के कोड़ों का नहीं। मैग्नाकार्टा को अंग्रेजों के अधिकारों और स्वतंत्रता को बहाल करने के संदर्भ में मील का पत्थर माना जाता है।

सामंतवाद

मध्य युग में यूरोप में एक व्यवस्था आरंभ हुई जिसके तहत् किसानों को किराया या कर के रूप में अपनी उपज के एक निर्धारित हिस्से को लार्ड (मालिकों) को सौंपना पड़ता था और उन्हें बिना किसी पारिश्रमिक के उनके लिए कड़ी मेहनत करनी पड़ती थी। यह व्यवस्था वहां इसलिए कायम हो गई क्योंकि वहां कोई केन्द्रीय सत्ता नहीं थी। समाज की संरचना में पुरोहित वर्ग का दबदबा था और प्रत्येक व्यक्ति के लिए एक विशिष्ट दर्जा दिए जाने का प्रावधान था। राजा इस पदानुक्रम में सबसे ऊपर था जो अपनी भू-सम्पत्ति को कई लार्डों जिन्हें ड्यूक या अर्ल कहा जाता था, को सौंप देता था। ड्यूकों ने इस भूमि का बंटवारा पूंजीपतियों के बीच कर दिया और बदले में सैनिक समर्थन प्राप्त कर लिया। नाइट सामंतवादी लार्डों के अधीन सबसे छोटे अधिकारी थे। ऊपर से नीचे तक का पदानुक्रम शोषक व्यवस्था का पोषक था। ये लार्ड कर थोपते थे, न्यायाधीश की भूमिका निभाते थे तथा उनके पास निजी सेना होती थी, जबकि गरीब किसान सर्वाधिक पीड़ित थे। कुछ किसानों को बिना वेतन के लार्डों के लिए मजदूरी करने पर विवश किया जाता था। कइयों को जमीन के साथ बंधक बनाकर रख लिया जाता था, जिन्हें जमीन छोड़कर जाने की अनुमति नहीं थी।

सामंतवाद ने मध्य युगीन यूरोप में व्यवस्था और सुरक्षा स्थापित करने के उद्देश्यों की पूर्ति की। सामाजिक और आर्थिक गतिविधियां सामान्य प्रतीत होती थीं, परन्तु उनकी नींव शोषण पर टिकी थी। यह व्यवस्था कठोर वर्ग प्रणाली तथा प्रायोजित राजनीतिक अलगाव पर आधारित थी। शासकों को आम लोगों के हितों की तनिक भी चिंता नहीं थी। नयी भूमियों को प्राप्त करने के उद्देश्य से लार्ड हमेशा युद्धों में लिप्त रहते थे।

चूंकि विलासपूर्ण जीवन व्यतीत करने वाले सामंतों को विलास की सामग्री चाहिए थी, अत: व्यापार बढ़ने लगा और इसके साथ ही शहर निर्माण और व्यापार के केन्द्र बन गए। ये शहर जल्द ही सामंतवादी नियंत्रण से स्वतंत्र हो गए और उन्होंने स्वयं की सरकार, पुलिस और अदालतों की स्थापना की। शहरों ने किसान वर्ग को स्वतंत्रता प्रदान की। व्यापार की उन्नति के साथ ही धन का इस्तेमाल बढ़ गया और सामंतशाही को जड़ से उखाड़ फेंकने के लिए पूंजीवाद का जन्म हुआ। अन्य कारक जिनके चलते सामंतवाद का पतन हो

गया वे थे—शक्तिशाली राजाओं का उदय, आपस में लड़ाई करने के कारण सामंतों की शक्ति में कमी आना, राष्ट्रवाद की भावना का जोर पकड़ना, मध्यम वर्ग का विकास, बारूद का आविष्कार, छपाईखानों की स्थापना, चर्च का प्रभाव तथा अनेक क्षेत्रों में प्रजातंत्र का विकास।

पुनर्जागरण

पुनर्जागरण का अर्थ होता है पुनर्जन्म। आरंभ में इसका इस्तेमाल यूनान और रोम की प्राचीन सभ्यताओं का अध्ययन करने के संदर्भ में उत्पन्न हुई रुचि के लिए किया जाता था। इन सभ्यताओं की जानकारी ने कला, साहित्य, धर्म, विज्ञान और राजनीति के क्षेत्र में नए विकासों को प्रेरित किया। पुनर्जागरण की शुरुआत 16वीं शताब्दी में इटली में हुई। इसका मुख्य जोर व्यक्तियों की स्वतंत्रता और अधिकार को सुनिश्चित करने तथा मनुष्य के अस्तित्व के सम्मान को बहाल करना था। धार्मिक दुराग्रहों और चर्च के चंगुल से जनता को मुक्त कराने के लिए इसने मानव के विकास के लिए असीम संभावनाओं के द्वार खोल दिए।

पुनर्जागरण युग में ज्ञान की तलाश खासकर इतिहास और साहित्य के प्रसार पर बल दिया गया। अज्ञात शक्ति की बजाय अब मानव की क्षमताओं पर बल दिया जाने लगा। मानवतावाद, राष्ट्रवाद, शिक्षा का प्रसार, व्यापार और वाणिज्य में वृद्धि, अंधविश्वासों का उन्मूलन और तार्किक प्रणाली की स्थापना पुनर्जागरण का प्रतिफल थीं। चित्रकला, मूर्तिकला और वास्तुशिल्प के क्षेत्र में कुछ महान् उपलब्धियां प्राप्त की गईं। लियोनार्डो द विन्सी, माइकल एंजेलो और राफेल उस समय के विख्यात चित्रकार थे। दांते उस समय का एक महान् कवि था। मैक्यिाविली, जो उस समय का राजनयिक इतिहासकार और राजनीतिक दर्शनशास्त्री था, ने राज्य के प्रशासन कौशल के संबंध में लिखा। जैसे-जैसे पुनर्जागरण का प्रसार यूरोप में होने लगा, इसका चरित्र धार्मिक बनता गया जिसके कारण सुधारों का मार्ग प्रशस्त हुआ। इसके अलावा 1492 में कोलम्बस के मध्य अमेरिका और 1498 में वास्को-डि-गामा के भारत पहुंचने के बाद यूरोपीय लोगों ने एशिया के लिए समुद्री मार्गों का उपयोग आरंभ कर दिया।

धर्म सुधार आंदोलन

16वीं शताब्दी में यूरोप में एक नवीन प्रवृत्ति का उदय हुआ और यह था कैथोलिक चर्चों को सुधारने का अभियान। इसकी शुरुआत जर्मनी में हुई और यह उत्तरी यूरोप में फैल गया। एक जर्मन विचारक तथा धार्मिक सुधारक मार्टिन लूथर ने चर्च के विरुद्ध फैले व्यापक असंतोष को संगठित किया। सुधारकों के नव-प्रोटेस्टेंट चर्चों का उदय हुआ जो चर्च की दकियानूसी परंपराओं को तोड़कर केवल बाइबिल की शिक्षाओं का पालन करने के प्रति प्रतिबद्ध था। अनेक शक्तिशाली राजाओं और राजकुमारों ने जान केल्विन, ऑलिक विंग्ली एवं अन्य सुधारकों को जबर्दस्त समर्थन प्रदान किया। हालांकि आंतरिक सुधारों को लागू कर कैथोलिक चर्च ने अपनी प्रतिक्रिया व्यक्त की, पर इसके साथ ही कैथोलिकों और प्रोटेस्टेंटवादियों के बीच हिंसक संघर्ष उत्पन्न हो गया। 1534 में किंग हेनरी अष्टम् ने अंग्रेजी चर्चों की सहायता ली क्योंकि पोप ने उसे अपनी पहली पत्नी को तलाक देने की अनुमति प्रदान नहीं की। हालांकि क्वीन मेरी ने इंगलैंड में चर्च की सत्ता को पुनर्जीवित करने का प्रयास किया जिसके कारण उन्हें 'खूनी मेरी' की संज्ञा दी गई, क्योंकि उन्होंने प्रोटेस्टेंटों को सजाएं दी थीं, परन्तु कैथोलिक इंगलैंड में अल्पसंख्यक बनकर रह गए।

1688 की इंगलैंड क्रान्ति

17वीं शताब्दी के पूर्वार्द्ध में इंगलैंड पर जेम्स-I और चार्ल्स-I जैसे निर्दयी शासकों का शासन था। उनका विश्वास था कि उनकी नियुक्ति ईश्वर द्वारा की गई है और संसद तथा जनता के प्रति उनकी कोई जवाबदेही नहीं है। राजा और चर्च के बीच विवादों के कारण 1642 में इंगलैंड में गृहयुद्ध छिड़ गया। जेम्स-I पराजित हुआ और उस पर मुकदमा चलाया गया। 1660 में चार्ल्स द्वितीय को इस शर्त पर राजा नियुक्त किया गया कि वह लोगों के धार्मिक मामलों में कोई हस्तक्षेप नहीं करेगा और संसद की सलाह से प्रशासन चलाएगा। जेम्स द्वितीय ने अपने पिता के पदचिन्हों का अनुसरण किया और संसद के निरीक्षण से अलग होने का प्रयास किया। साथ ही उसने प्रोटेस्टेंटों के दबदबे वाले देश में कैथोलिकों को अधिक अधिकार दिए। इसके कारण हालैंड के राजा को इंगलैंड आने का निमंत्रण देने वाले लोगों ने विद्रोह कर दिया। जेम्स द्वितीय फ्रांस भाग गया। इसे एक शानदार क्रान्ति की संज्ञा दी जाती है क्योंकि इसमें रक्तपात नहीं हुआ। इस क्रान्ति ने राजाओं के दैवीय अधिकारों को समाप्त कर दिया, संसद की सत्ता को स्वीकार्य बना दिया, स्वतंत्र न्यायपालिका का गठन किया, प्रेस की स्वतंत्रता बहाल की तथा इंगलैंड में प्रोटेस्टेंटों की सर्वोच्चता स्थापित की।

अमेरिका का स्वतंत्रता संग्राम

यूरोप में हुई औद्योगिक क्रान्ति और पूंजीवाद के उभार ने कच्चे माल, सस्ते श्रमिकों और बाजार की मांग बढ़ा दी। यूरोपीय राजाओं ने नए स्थलों की खोज को बढ़ावा दिया जिससे एक के बाद एक करके उपनिवेश बनाने का सिलसिला चल पड़ा। 1492 में कोलम्बस ने वेस्टइंडीज द्वीप की खोज की और बाद में अमेरिका को भी खोज निकाला। 18वीं शताब्दी के मध्य तक उत्तर अमेरिका का एक बड़ा क्षेत्र इंगलैंड के अधिकार में आ गया। भूमिहीन किसान, प्रोटेस्टेंट और अन्य लोग इन क्षेत्रों में रहने लगे। अंग्रेजों की संसद ने अमेरिकी उपनिवेशों पर अनेकानेक आर्थिक और राजनीतिक प्रतिबंध लगा दिए। इन उपनिवेशों में कुछेक उद्योगों को आरंभ करने पर प्रतिबंध लगा दिया गया तथा उनपर भारी कर लगा दिया गया। 1765 में स्टाम्प ड्यूटी लगाए जाने पर अमेरिकी लोगों में उग्र असंतोष का उभार हुआ तथा वहां विदेशी वस्तुओं का बहिष्कार के साथ-साथ हिंसक विरोध भी शुरू हो गया। हालांकि ब्रिटिश संसद स्टाम्प ड्यूटी को वापस लेने पर सहमत हो गई पर कर लगाने के अपने अधिकार का प्रदर्शन करने के लिए उसने चाय पर कर लगा दिया। अनेक उपनिवेशों ने अपने यहां चाय की लदान उतारने से इनकार कर दिया और 1773 में लोगों के एक समूह ने बोस्टन में चाय को जहाज पर लादा और उसे समुद्र में फेंक दिया। इस घटना को 'बोस्टन टी पार्टी' के नाम से जाना जाता है। इसके बाद 1775 में अंग्रेज सेनाओं ने स्थानीय सैन्य टुकड़ी के साथ युद्ध किया।

4 जुलाई, 1776 को अमेरिकी नेताओं ने स्वतंत्रता की घोषणा को स्वीकार कर लिया। इसमें कहा गया था कि सभी मनुष्य जन्म से एक समान हैं; लोगों को अपनी सरकार स्थापित करने का अधिकार है और उपनिवेशों को मुक्त होकर स्वतंत्र राज्य बनाने का पूरा-पूरा अधिकार है। उपनिवेशवादी शक्तियों के समर्थन में अन्य यूरोपीय देशों के जुट जाने के कारण अंग्रेजों और अमेरिकियों के बीच संघर्ष और तेज हो गया। ब्रिटिश सेना ने 1781 में समर्पण कर दिया और 1783 में इंगलैंड ने अपने 13 पूर्व उपनिवेशों की स्वतंत्रता को मान्यता दे दी।

हालांकि इंगलैंड एक शक्तिशाली राष्ट्र था पर भौगोलिक दूरी की बाधाओं, अमेरिकी नेताओं को अन्य यूरोपीय देशों द्वारा दिए गए समर्थन, अमेरिका के बेहतर युद्ध नेतृत्व और अंग्रेज जनरलों के बीच तालमेल की कमी के कारण वह स्थानीय सेना से पराजित हो गया।

अमेरिका की स्वतंत्रता विश्व इतिहास की एक प्रमुख घटना थी। पहली बार एक लिखित संविधान के तहत् प्रजातांत्रिक लक्षणों वाली संघीय सरकार की स्थापना की गई। इस घटना से इंगलैंड को जबर्दस्त धक्का लगा। इस क्रान्ति ने अन्य क्रान्तिकारियों के लिए प्रेरणा का कार्य किया तथा इसके कुछ ही वर्षों बाद फ्रांस में भी क्रांति का सूत्रपात हो गया।

फ्रांस की क्रान्ति

फ्रांस 18वीं शताब्दी का एक सशक्त तथा ताकतवर देश था। हालांकि वहां अनेक आंतरिक समस्याएं थीं। एक छोटे से तबके ने अधिकांश भूमि तथा प्रशासन व सेना के सर्वोच्च पदों पर कब्जा कर रखा था। लाखों की संख्या में किसानों को दयनीय अवस्था में जीवन व्यतीत करना पड़ रहा था। कुलीन तबके और किसानों के बीच एक मध्य वर्ग भी था जो शिक्षित था और कमोबेस धनिक भी, परन्तु उसे न तो सामाजिक दर्जा प्राप्त था न ही राजनीतिक अधिकार। फ्रांस में बड़ी संख्या में विचारक भी मौजूद थे जिन्होंने बुद्धिवाद और प्रजातंत्र की वकालत की तथा पुरोहितों (पादरियों) पर आक्रमण का समर्थन किया। विदेशों में होने वाले युद्धों और उन पर भारी रकम खर्च करने के कारण राजा कंगाल बनकर रह गया। शाही सेना और विद्रोहियों के बीच अलगाव होने के कारण 14 जुलाई, 1789 को बेस्टाइस की कैद टूट गई। सभी के लिए स्वतंत्रता, समानता और भाईचारे का उद्घोष करने वाले एक नए संविधान को अपनाया गया। सुविधाप्राप्त वर्ग सहायता प्राप्त करने के लिए अन्य देशों में चले गए, जबकि फ्रांस अपने पड़ोसियों के साथ युद्ध में फंस गया। हालांकि फ्रांस में एक नयी व्यवस्था की स्थापना हुई जिसने नेपोलियन बोनापार्ट के नेतृत्व में नयी ऊंचाइयों को छुआ।

औद्योगिक क्रान्ति

मध्य युग में यूरोप की अधिकांश जनसंख्या कृषि व्यवसाय में संलग्न थी और व्यापार में वस्तु विनिमय प्रणाली का पालन किया जाता था। हालांकि नए आविष्कारों, शिक्षा के प्रचार तथा नए विचारों के उदय के कारण नई पद्धतियां और मशीनें विकसित की गईं जो बहुत तेजी से सस्ती वस्तुओं का प्रचुर उत्पादन करने में सक्षम थीं। औद्योगिक क्रान्ति की शुरुआत इंगलैंड में हुई, क्योंकि वहां इसके लिए अनुकूल परिस्थितियां मौजूद थीं। वहां कोयला और लोहा प्रचुर मात्रा में उपलब्ध था, सस्ते श्रमिकों की बहुलता थी, उद्योग के अनुकूल वातावरण था, नौवहन सुविधाएं मौजूद थीं तथा नई मशीनों, पद्धतियों को इंगलैंड लाए जाने और वहां तैयार किए गए माल को बाजार में भेजने की पूरी व्यवस्था मौजूद थी। इस क्रान्ति का प्रसार अन्य यूरोपीय देशों में भी हुआ क्योंकि एशिया और अफ्रीका में उपनिवेश बसाए गए थे तथा वहां कच्चा माल तथा सस्ता श्रम बहुतायत में उपलब्ध था। तैयार माल के लिए ये क्षेत्र काफी अच्छे बाजार थे। अत: व्यवसायियों ने वैज्ञानिकों और इंजीनियरों को इस बात के लिए प्रोत्साहित किया कि वे और अधिक अनुसंधान करें। माल को बेचने से प्राप्त हुए धन को उद्योगों में ही लगाया जाने लगा जिससे उनका और विकास हुआ। यांत्रिक और विद्युतीय ऊर्जा के विकास ने तथा बड़े उद्योगों की स्थापना ने इस क्रान्ति को और बल प्रदान किया। इससे टैक्सटाइल निर्माण, लौह अयस्कों के निष्कर्षण, खनन, यातायात, संचार, कृषि और ऊर्जा के क्षेत्र में उल्लेखनीय परिवर्तन आए। इस क्रान्ति के कुछ दुष्परिणाम भी हुए, अनेक लघु और कुटीर उद्योग तथा छोटे किसान और शिल्पकार बर्बाद हो गए। इसके कारण उपनिवेशों के लोगों, बच्चों, महिलाओं और गरीबों का शोषण बढ़ गया, व्यापक बेरोजगारी उत्पन्न हुई, उपनिवेशों के लिए युद्ध छिड़ गए, व्यापक शहरीकरण हुआ तथा अपराधों में वृद्धि हुई। इसका सकारात्मक प्रभाव यह पड़ा कि जीवन-शैली में बदलाव आ गया, राष्ट्रीय आय में वृद्धि हुई, कृषि और औद्योगिक उत्पादन में वृद्धि हुई तथा श्रमिकों के कल्याण हेतु नए विधान बनाए गए।

उपनिवेशवाद

अपने उद्योगों के विकास को जारी रखने के लिए यूरोपीय देशों को भारी पैमाने पर कच्चे माल, सस्ते श्रम और उपभोगी बाजारों की आवश्यकता थी। एशिया और अफ्रीका के देश उनके लिए सबसे आसान लक्ष्य थे। यूरोपीय देशों ने यह भी महसूस किया कि राजनीतिक धार्मिक और सैनिक कारणों से अधिक से अधिक उपनिवेश बनाना उनके दीर्घकालिक हितों के मद्देनजर काफी उपयोगी साबित होगा। हालांकि उपनिवेशों पर कब्जा करने के प्रयास में कई बार यूरोपीय देश आपस में ही लड़ने-भिड़ने लगते थे। यूरोपीय लोगों ने इन उपनिवेशों का निर्ममता से आर्थिक दोहन किया तथा वहां की सामाजिक और राजनीतिक व्यवस्थाओं को तहस-नहस कर दिया। संस्कृतियों को भी दूषित कर दिया गया तथा वहां के निवासियों पर अत्याचार किए गए। उपनिवेशवाद के कुछ सकारात्मक परिणाम भी हुए जैसे शिक्षा, वैज्ञानिक विचारधारा और राष्ट्रवाद का प्रसार हुआ, आधारभूत ढांचे में विकास हुआ तथा बेहतर प्रशासन की स्थापना हुई।

- **बेल्जियम का उपनिवेश :** कांगो
- **इंगलैंड के उपनिवेश :** केप कालोनी, बेचुआनालैण्ड, रोडेशिया, नाटल, ट्रांसवाल, आरेंज फ्री स्टेट, गोल्ड कोस्ट, नाईजीरिया, मिस्र, सूडान, भारत, कनाडा, न्यूजीलैण्ड, आस्ट्रेलिया।
- **फ्रांस के उपनिवेश :** अल्जीरिया, ट्यूनिशिया, सेनेगल, मोरक्को, सोमालीलैण्ड, मेडागास्कर, कम्बोडिया, भारत के कुछ हिस्से और लाओस।

- **हालैण्ड के उपनिवेश :** मलाया द्वीप, इंडोनेशिया
- **जर्मनी के उपनिवेश :** तंगानिका, कैमरून
- **पुर्तगाल के उपनिवेश :** अंगोला और भारत में गोवा
- **इटली के उपनिवेश :** इरिटेरिया, सीरिया, सोमालीनाला के कुछ हिस्से और लीबिया
- **रूस के उपनिवेश :** अफगानिस्तान, पर्सिया, मंचूरिया, कोरिया

राष्ट्रवाद

18वीं शताब्दी में राष्ट्र-प्रेम की भावना ने जोर पकड़ा। इसकी शुरुआत यूरोप में हुई और जल्द ही इसका प्रसार एशिया और अफ्रीका में हो गया। इस प्रकार, एक के बाद एक बहुत से देश स्वतंत्र होते चले गए।

(1) **स्पेन :** यहां 1870 में प्रजातांत्रिक सरकार की स्थापना हुई।

(2) **यूनान :** इसे 1829 में तुर्की से स्वतंत्रता प्राप्त हुई।

(3) **बेल्जियम :** इसे 1930 में हॉलैंड से स्वतंत्रता प्राप्त हुई

(4) **पोलैण्ड :** 1848 में वार्साय के लोगों ने रूस के शासन के खिलाफ विद्रोह कर दिया।

(5) **आस्ट्रेलिया :** 1867 में यहां प्रजातांत्रिक संविधान को स्वीकार किया गया।

(6) **बालकन राज्य :** 1855 में सर्बिया, रोमानिया और मोंटेनिग्रो तुर्की से स्वतंत्र हो गए।

(7) **इटली :** मेजिनी और गैरीबाल्डी के प्रयासों के फलस्वरूप 1871 में इटली का एकीकरण हुआ।

(8) **जर्मनी :** बिस्मार्क के प्रयासों के फलस्वरूप 1870 में जर्मनी का एकीकरण संपन्न हुआ।

(9) **चीन :** 1911 में प्रजातंत्र की स्थापना के लिए डॉ. सन-यात-सेन ने एक आंदोलन का सफलतापूर्वक संचालन किया, परन्तु 1949 में माओ-त्से-तुंग के नेतृत्व में साम्यवादी सरकार की स्थापना हुई।

(10) **तुर्की :** इटली, फ्रांस और यूनान की सेनाओं को खदेड़ कर मुस्तफा कमाल पाशा ने 1923 में प्रजातंत्र की स्थापना की।

(11) **ईरान :** 1925 में यहां सामंतवाद का पतन हुआ तथा सरदार राजा खान राजा बने।

(12) **सीरिया :** सीरियाई लोगों ने फ्रांस की सेनाओं का प्रतिरोध किया और यह देश 1936 में स्वतंत्र हो गया।

(13) **फिलिस्तीन :** अंग्रेजों के जाने के बाद यहूदियों ने 'इजराइल' नाम से एक स्वतंत्र राष्ट्र की घोषणा की।

रूस की क्रान्ति

लेनिन के नेतृत्व में बोल्शेविकों ने 1917 में रूस के राजा जार का तख्ता पलट दिया और इसके साथ ही विश्व के पहले साम्यवादी शासन की स्थापना हुई। प्रथम विश्वयुद्ध में रूस की जबर्दस्त पराजय हुई थी जिससे रूस में चारों ओर विपत्ति के बादल छा गए। वहां का शासक इन स्थितियों से निपटने में अक्षम था। अतः लोगों का असंतोष भड़क उठा। देशभर में दंगे और हड़ताल होने लगे। हालांकि जार का तख्ता पलटना आसान था, परंतु बोल्शेविकों को राष्ट्रवादियों, गैर-रूसियों, डेमोक्रेटों और सैनिक तानाशाहों के विरोध का सामना करना पड़ा। 1920 में वहां साम्यवादी शासन दृढ़ता से स्थापित हो गया।

प्रथम विश्व युद्ध

उपनिवेशों पर कब्जा करने तथा राजनीतिक प्रभुत्व स्थापित करने के मुद्दे पर यूरोपीय देशों के बीच 19वीं शताब्दी के आखिरी दशकों में शत्रुता और तनाव उत्पन्न होने लगे थे। जर्मनी उपनिवेशों की होड़ में काफी बाद में शामिल हुआ था। अतः उसे फ्रांस और ब्रिटेन के उपनिवेशों से ईर्ष्या होने लगी थी। जर्मनी ने 1870 की लड़ाई में फ्रांस को बुरी तरह पराजित किया। बालकन क्षेत्र में रूस और आस्ट्रिया-हंगरी एक-दूसरे के प्रति आशंकित थे। ब्रिटेन की फ्रांस से पारंपरिक दुश्मनी थी, पर जर्मनी के शक्तिशाली नौसैनिक बेड़े से भय खाकर दोनों ने हमला किए जाने की स्थिति में एक-दूसरे के साथ सहयोग करना मंजूर कर लिया। इसके अलावा जर्मनी की अर्थव्यवस्था का भी तेज गति से विकास हो रहा था तथा उसने फ्रांस और ब्रिटेन को काफी पीछे छोड़ दिया था। ऑटोमन साम्राज्य, जिसमें तुर्की शामिल था, ने बाल्कन के काफी क्षेत्र को अपने कब्जे में ले लिया था, परंतु 1912 में युद्ध के बाद ये क्षेत्र स्वतंत्र हो गए। प्रथम विश्वयुद्ध (1914) के लिए जिस घटना ने आग में घी का काम किया वह था सेरोजेवो में आस्ट्रिया, हंगरी के सत्ता के उत्तराधिकारी आर्कड्यूक फ्रांसिस फर्डिनांड की हत्या। इस घटना के लिए सर्बिया उत्तरदायी मानते हुए आस्ट्रिया ने सर्बिया के खिलाफ युद्ध की घोषणा कर दी। रूस ने सर्बिया का समर्थन करने की घोषणा की। जर्मनी ने रूस और फ्रांस के विरुद्ध और ब्रिटेन ने जर्मनी के खिलाफ युद्ध की घोषणा कर दी। एयरक्राफ्ट, टैंक, पनडुब्बियों और जहरीली गैसों जैसे नए हथियारों का युद्ध में इस्तेमाल किया गया। फ्रांस और ब्रिटेन से किनारा करते हुए अमेरिका इस युद्ध में 1917 में शामिल हुआ। देश में विद्रोह छिड़ जाने के बाद रूस 1918 में इस युद्ध से अलग हो गया। अपने शासकों की इच्छा के अनुसार विश्व के सभी उपनिवेशों ने इसमें हिस्सा लिया। यह युद्ध 1918 में समाप्त हो गया जिसमें बुल्गारिया, जर्मनी, तुर्की और आस्ट्रिया-हंगरी ने समर्पण कर दिया।

वस्तुनिष्ठ प्रश्न

1. सिंधु घाटी सभ्यता में लोगों को संभवत: किसके उपयोग की जानकारी नहीं थी?
A. गाय B. सांड
C. घोड़ा D. कुत्ता

2. चार वेदों में से पहला वेद है :
A. ऋग्वेद B. सामवेद
C. यजुर्वेद D. अथर्ववेद

3. रामायण के रचनाकार हैं :
A. वेद व्यास B. तुलसीदास
C. द्रोणाचार्य D. वाल्मीकि

4. वर्द्धमान महावीर जैन धर्म के कौन से तीर्थंकर थे?
A. प्रथम B. द्वितीय
C. तृतीय D. चौबीसवें

5. सिकंदर और पोरस की सेनाओं ने किस नदी के तट पर लड़ाई लड़ी थी?
A. रावी B. झेलम
C. सतलज D. सिंधु

6. सिकंदर के आक्रमण के समय मगध पर किसका शासन था?
A. नंद राजाओं का B. गुप्त राजाओं का
C. मौर्य राजाओं का D. वर्द्धमान राजाओं का

7. सातवाहनों ने मुख्य रूप से किस पर शासन किया?
A. अवध B. आंध्र
C. मध्य भारत D. मगध

8. अशोक संबंधित था :
A. गुप्त वंश से B. मौर्य वंश से
C. कुषाण वंश से D. शक वंश से

9. विक्रमादित्य का नाम निम्न में से किसे दिया गया था?
A. चंद्रगुप्त मौर्य B. बिंदुसार
C. चंद्रगुप्त द्वितीय D. समुद्रगुप्त

10. उत्तर भारत के अंतिम महान् हिंदू शासक हर्षवर्द्धन ने कब शासन किया?
A. दूसरी शताब्दी में B. चौथी शताब्दी में
C. सातवीं शताब्दी में D. दसवीं शताब्दी में

11. गुलाम वंश की स्थापना निम्न में से किसने की?
A. बलबन ने B. इल्तुतमिश ने
C. रजिया बेगम ने D. कुतुबुद्दीन ऐबक ने

12. रजिया बेगम बेटी थी :
A. इल्तुतमिश B. बलबन
C. अलाउद्दीन खिलजी D. गयासुद्दीन तुगलक

13. तुगलक राजवंश ने किस वंश के पतन के बाद दिल्ली का तख्त संभाला?
A. लोदी वंश B. खिलजी वंश
C. गुलाम वंश D. सूरी वंश

14. अपनी राजधानी को दिल्ली से हटाकर दौलताबाद ले जाने वाला राजा कौन था?
A. फिरोज तुगलक B. गयासुद्दीन तुगलक
C. मोहम्मद तुगलक D. मुहम्मद बिन कासिम

15. पानीपत के प्रथम युद्ध में बाबर ने किसके खिलाफ लड़ाई लड़ी थी?
A. शेरशाह सूरी B. फिरोज तुगलक
C. हुमायूं D. इब्राहिम लोदी

16. फतेहपुर सीकरी का निर्माण किसने करवाया?
A. बाबर B. औरंगजेब
C. अकबर D. जहांगीर

17. खुर्रम का वास्तविक नाम था :
A. अकबर B. जहांगीर
C. शाहजहां D. शाह आलम

18. दीन-ए-इलाही की शुरुआत किसने की?
A. अकबर B. हुमायूं
C. बाबर D. जहांगीर

19. शेरशाह ने किस मुगल शासक को पराजित किया?
A. बाबर B. हुमायूं
C. अकबर D. औरंगजेब

20. अंतिम मुगल शासक था :
A. शाह आलम B. मुहम्मद शाह रंगीला
C. बहादुरशाह जफर D. दोस्त मुहम्मद

21. भारत में अंग्रेजों के पांव जमाने की दृष्टि से कौन-सी लड़ाई निर्णायक साबित हुई?
A. प्लासी की लड़ाई
B. बक्सर की लड़ाई
C. पानीपत की तीसरी लड़ाई
D. मैसूर की लड़ाई

22. सती प्रथा की समाप्ति किसने की थी?
A. लार्ड कार्नवालिस B. लार्ड क्लाइव
C. लार्ड वेलेजली D. लार्ड बैंटिक

23. बंगाल का विभाजन किसने कराया था?
A. लार्ड मिंटो B. लार्ड कर्जन
C. लार्ड कैनिंग D. लार्ड रिपन

24. स्वतंत्रता प्राप्ति के समय भारत के गवर्नर जनरल थे :
A. लार्ड माऊंटबेटन B. लार्ड वेवेल
C. राजगोपालाचारी D. लार्ड लिंगलिथगो

25. कृष्णदेव राय महान् थे :
A. चोल राजा
B. पल्लव राजा
C. राष्ट्रकूट राजा
D. विजय नगर साम्राज्य के राजा

26. औरंगजेब ने किस गुरु की हत्या करवा दी थी?
A. गुरु गोविंद सिंह की B. गुरु तेगबहादुर की
C. गुरु अंगद देव की D. गुरु अर्जुन देव की

27. 1857 के विद्रोह में निम्न में से कौन शामिल नहीं था?
A. नाना साहब B. कुंवर सिंह
C. रणजीत सिंह D. रानी झांसी

28. ओंग जनजाति कहां रहती है?
A. अंडमान द्वीप B. बिहार
C. नीलगिरि पहाड़ी D. मेघालय

29. राजपूत राजा राणा प्रताप ने किस लड़ाई में मुगल सेना से युद्ध किया था?
A. खानवा की लड़ाई B. हल्दीघाटी संग्राम
C. थानेसर की लड़ाई D. वांडीवास की लड़ाई

30. चांद बीबी जानी जाती हैं :
A. 1857 के विद्रोह में भाग लेने के लिए
B. सामाजिक धार्मिक सुधार के लिए
C. मुगल शासकों के खिलाफ बहादुरी से लड़ने के लिए
D. उपर्युक्त में से कोई नहीं

31. साइमन कमीशन किस वर्ष में भारत आया?
A. 1927 B. 1928
C. 1929 D. 1930

32. कांग्रेस किस वर्ष में चरमपंथियों और नरमपंथियों के बीच विभाजित हो गई?
A. 1906 B. 1907
C. 1917 D. 1927

33. चौरी-चौरा कांड के बाद किस आंदोलन को वापस ले लिया गया?
A. सविनय अवज्ञा आंदोलन
B. भारत छोड़ो आंदोलन
C. खिलाफत आंदोलन
D. असहयोग आंदोलन

34. कांग्रेस ने किस गोलमेज सम्मेलन में भाग लिया?
A. केवल प्रथम B. केवल दूसरे
C. प्रथम और तीसरे D. सभी तीनों में

35. भारत की स्वतंत्रता के समय ब्रिटेन पर किसका शासन था?
A. लेबर पार्टी B. कंजर्वेटिव पार्टी
C. लिबरल पार्टी D. राष्ट्रीय सरकार

36. ब्रिटिश सरकार ने दिल्ली को किस वर्ष में राजधानी बनाया?
A. 1892 B. 1905
C. 1911 D. 1927

37. बंगाल में कब स्थायी बंदोबस्त की शुरुआत हुई?
A. 1757 B. 1763
C. 1793 D. 1858

38. कांग्रेस के प्रथम अध्यक्ष थे :
A. ए.ओ. ह्यूम B. एस.एन. बनर्जी
C. डी.बी. नौरोजी D. डब्ल्यू.सी. बनर्जी

39. ग्रैंड ट्रंक रोड का निर्माण किसने करवाया था?
A. चंद्रगुप्त B. शेरशाह सूरी
C. जहांगीर D. लार्ड बैंटिक

40. बलबन संबद्ध था :
A. खिलजी वंश B. तुगलक वंश
C. गुलाम वंश D. सूरी वंश

41. निम्नलिखित में से कौन राजपूत राजवंश नहीं था?
A. सोलंकी B. राष्ट्रकूट
C. चौहान D. चंदेल

42. आर्यभट्ट किस रूप में प्रसिद्ध थे?
A. गुप्त राजा B. खगोलविद् और गणितज्ञ
C. कवि D. जासूस

43. ह्वेनसांग किसके शासनकाल में भारत आया था?
A. अशोक B. चंद्रगुप्त
C. स्कंदगुप्त D. हर्षवर्द्धन

44. निम्नलिखित में से कौन औषधियों का विशेषज्ञ था?
A. बाणभट्ट B. अश्वघोष
C. चरक D. शतकरणी

45. पूर्ववर्ती आर्यों की फुर्सतकालीन गतिविधि थी :
A. रथों की दौड़ B. पासा खेलना
C. चित्रकारी D. नृत्य और संगीत

46. कवि अमीर खुसरो किसके समकालीन थे?
A. बलबन B. कुतुबुद्दीन ऐबक
C. इल्तुतमिश D. अलाउद्दीन खिलजी

47. चीनी तीर्थयात्री फाहियान कब भारत में आया था?
A. ईसापूर्व तीसरी शताब्दी
B. ईसापूर्व चौथी शताब्दी
C. ईस्वी सन् पांचवीं शताब्दी
D. ईस्वी सन् चौथी शताब्दी

48. अधिकांश सूफी संत संबंधित थे :
A. इस्लाम धर्म B. हिन्दू धर्म
C. ईसाई धर्म D. बौद्ध धर्म

49. निम्नलिखित में से किसे भारत का नेपोलियन कहा जाता है?
A. चंद्रगुप्त मौर्य B. समुद्रगुप्त
C. चंद्रगुप्त विक्रमादित्य D. बिंदुसार

50. बहमनी साम्राज्य किस शताब्दी में मौजूद था?
A. 13वीं शताब्दी B. 14वीं शताब्दी
C. 15वीं शताब्दी D. 16वीं शताब्दी

51. किसने भारत में अंग्रेजी को उच्च शिक्षा का माध्यम बना दिया?
A. लार्ड मेयो B. लार्ड चेम्सफोर्ड
C. लार्ड रिपन D. लार्ड बैंटिक

52. गवर्नर जनरल बनने वाले प्रथम भारतीय थे :
A. सी. राजगोपालाचारी B. पंडित नेहरू
C. सरदार पटेल D. राजेन्द्र प्रसाद

53. नादिरशाह ने कब दिल्ली पर आक्रमण किया?
A. 1645 B. 1695
C. 1739 D. 1752

54. ब्रह्म समाज की स्थापना किसने की थी?
A. देवेन्द्र नाथ टैगोर B. ए. ओ. ह्यूम
C. दयानंद सरस्वती D. राजा राममोहन राय

55. वांडीवास की लड़ाई किसके बीच लड़ी गई?
A. अंग्रेजों और फ्रांसीसियों
B. अंग्रेज और टीपू सुल्तान
C. अंग्रेज और डच
D. अंग्रेज और मुगल सम्राट

56. किस मुगल शासक के शासन काल को मुगल साम्राज्य का स्वर्ण युग कहा जाता है?
A. हुमायूं B. अकबर
C. शाहजहां D. औरंगजेब

57. बनारस हिंदू विश्वविद्यालय की स्थापना किसने की?
A. सी.आर. दास B. पंडित नेहरू
C. मदन मोहन मालवीय D. विवेकानंद

58. गंधार कला किसके शासन काल में फूला-फला?
A. अशोक B. कनिष्क
C. चंद्रगुप्त मौर्य D. समुद्रगुप्त

59. श्रीरंगपट्टम की संधि किसके बीच हुई थी?
A. टीपू सुल्तान और हैदराबाद के नवाब
B. टीपू सुल्तान और फ्रांसीसी
C. टीपू सुल्तान और अंग्रेज
D. टीपू सुल्तान और हैदरअली

60. निम्नलिखित में से पहले कौन हुआ?
A. साइमन कमीशन का भारत आगमन
B. जलियांवाला बाग नरसंहार
C. पूर्ण स्वराज का प्रस्ताव पारित होना
D. असहयोग आंदोलन

61. कांग्रेस की प्रथम महिला अध्यक्ष कौन थीं?
A. एनी बेसेंट B. सरोजिनी नायडू
C. इंदिरा गांधी D. विजया लक्ष्मी पंडित

62. कांग्रेस के शुरुआती दिनों में निम्नलिखित में से कौन चरमपंथी नेता था?
A. दादा भाई नौरोजी B. गोपालकृष्ण गोखले
C. सी. राजगोपालाचारी D. बाल गंगाधर तिलक

63. स्वराज पार्टी का मुख्य लक्ष्य था :
A. असहयोग आंदोलन का आरंभ
B. चरमपंथियों को समर्थन देना
C. विधानपरिषद् की बैठकों में भाग लेना और भारत तथा भारतवासियों की समस्याओं को उठाना
D. विदेशी वस्तुओं का बहिष्कार करना

64. किसने 'दिल्ली चलो' का नारा दिया था?
A. भगतसिंह B. सुभाषचंद्र बोस
C. महात्मा गांधी D. लाला लाजपत राय

65. वल्लभभाई पटेल को 'सरदार' की उपाधि किसने दी थी?
A. महात्मा गांधी B. अंग्रेज सरकार
C. जे.एल. नेहरू D. जी.के. गोखले

66. शिवाजी और भगवान गणेश की स्मृति में वार्षिक उत्सवों को किसने आरंभ करवाया था?
A. जी.के. गोखले B. ए.आर. पांडुरंग
C. बी.आर. अम्बेडकर D. बी.जी. तिलक

67. चम्पारण आंदोलन किसके प्रति समर्पित था?
A. निम्न जातियों के लिए अधिकार प्राप्ति हेतु
B. मुसलमानों के लिए पृथक् निर्वाचन मंडल की स्थापना हेतु
C. भारतीय किसानों की समस्याएं सुलझाने हेतु
D. सरकार की शिक्षा नीति का विरोध करने हेतु

68. निम्नलिखित में से किसकी जेल में भूख हड़ताल के कारण मृत्यु हुई?
A. लाला लाजपत राय B. सुखदेव
C. जतिन दास D. मंगल पांडे

69. असहयोग आंदोलन कब स्थगित कर दिया गया था?
A. 1921 B. 1922
C. 1929 D. 1930

70. निम्नलिखित में से किसके खिलाफ प्रदर्शन करते वक्त लाला लाजपत राय को गंभीर चोट आई थी?

A. क्रिप्स मिशन
B. साइमन कमीशन
C. कैबिनेट मिशन
D. बंगाल विभाजन

71. भारत छोड़ो आंदोलन कब आरंभ हुआ था?

A. 1939 B. 1941
C. 1942 D. 1945

72. मुस्लिम लीग ने कब पहली बार अलग राज्य की मांग की?

A. 1916 B. 1929
C. 1937 D. 1940

73. गांधीजी ने भारत में अपना पहला जनांदोलन कहां से आरंभ किया था?

A. चम्पारन B. वर्धा
C. साबरमती D. बारदोली

74. कुक्का आंदोलन किसने शुरू किया था?

A. कांग्रेस B. मुस्लिम लीग
C. सेना D. सिख समुदाय

75. होमरूल आंदोलन की शुरुआत किसने की थी?

A. श्रीमती एनी बेसेंट B. महात्मा गांधी
C. जी.के. गोखले D. बी.सी. पाल

76. सिखों के पवित्र ग्रंथ 'आदि ग्रंथ' का संकलन किसने किया?

A. गुरु अर्जुन B. गुरु हरगोविन्द
C. गुरु तेगबहादुर D. गुरु रामदास

77. ईरान-इराक युद्ध की समाप्ति कब हुई?

A. 1984 B. 1987
C. 1991 D. 1992

78. जुलू कहां के निवासी हैं?

A. उत्तरी ध्रुव B. दक्षिणी ध्रुव
C. दक्षिण अफ्रीका D. पर्सिया

79. किसे 'मैन ऑफ द ब्लड एंड आयरन' कहा गया है?

A. बिस्मार्क B. वूडरो विल्सन
C. लुईस XIV D. गैरीबाल्डी

80. अमेरिकी स्वाधीनता संग्राम का परिवर्तनकारी बिंदु था :

A. बोस्टन की चाय पार्टी B. गिटिसबर्ग की लड़ाई
C. ट्रफाल्गर की लड़ाई D. वरदूम की लड़ाई

उत्तरमाला

1	2	3	4	5	6	7	8	9	10
A	A	D	D	B	A	B	B	C	C
11	**12**	**13**	**14**	**15**	**16**	**17**	**18**	**19**	**20**
D	A	B	C	D	C	C	A	B	C
21	**22**	**23**	**24**	**25**	**26**	**27**	**28**	**29**	**30**
A	D	B	A	D	B	C	A	B	C
31	**32**	**33**	**34**	**35**	**36**	**37**	**38**	**39**	**40**
B	C	D	B	A	C	C	D	B	C
41	**42**	**43**	**44**	**45**	**46**	**47**	**48**	**49**	**50**
B	B	D	C	A	D	C	A	B	C
51	**52**	**53**	**54**	**55**	**56**	**57**	**58**	**59**	**60**
D	A	C	D	A	C	C	B	C	B
61	**62**	**63**	**64**	**65**	**66**	**67**	**68**	**69**	**70**
A	D	C	B	A	D	C	C	B	B
71	**72**	**73**	**74**	**75**	**76**	**77**	**78**	**79**	**80**
C	D	A	D	A	A	B	C	A	B

लोकतांत्रिक राजनीति

भारत का संविधान

भारतीय संविधान के स्रोत

भारतीय संविधान के निर्माण के लिए जिन विभिन्न संविधानों का अध्ययन व उनसे जो उपबंध लिये गए उनका संक्षिप्त परिचय इस प्रकार है :

उपबंध	स्रोत
1. संसदीय प्रणाली	यूनाइटेड किंगडम (ब्रिटेन)
2. मौलिक अधिकार	यू.एस.ए. (अमेरिका)
3. सर्वोच्च न्यायालय का संगठन व शक्तियाँ	यू.एस.ए.
4. गणतंत्र	फ्रांस
5. संसद तथा विधानमंडल की प्रक्रिया	यूनाइटेड किंगडम
6. उपराष्ट्रपति का पद	यू.एस.ए.
7. आपातकालीन उपबंध	जर्मनी तथा 1935 का भारत अधिनियम
8. राज्य के नीति निर्देशक तत्व	आयरलैंड
9. मौलिक कर्तव्य	पूर्व सोवियत संघ
10. समवर्ती सूची	आस्ट्रेलिया
11. संसदीय विशेषाधिकार	यूनाइटेड किंगडम

संविधान की विशेषताएं

हमारे संविधान-निर्माताओं ने भारतीय गणराज्य के लिए जिस संविधान की रचना की, वह संसार में अनूठा है। इसमें संसार के अनेक संविधानों तथा भारत की प्राचीन परम्पराओं से अच्छे गुणों को ग्रहण कर एक आदर्श शासन प्रणाली की नींव रखने का प्रयत्न किया गया है। भारतीय संविधान की कुछ मुख्य विशेषताएं निम्न हैं—

1. **सम्पूर्ण प्रभुत्त्व-सम्पन्न गणराज्य :** भारत एक प्रभुत्त्व-सम्पन्न गणराज्य है। आन्तरिक और वैदेशिक नीति के निर्माण तथा परिपालन में यह पूर्णतया स्वतन्त्र है।
2. **लोकतंत्रात्मक, धर्म निरपेक्ष, समाजवादी, गणराज्य :** भारतीय संविधान पूर्णरूपेण लोकतन्त्रीय है। इसकी सारी शक्ति का स्रोत जनता है। इसका निर्माण जनता के चुने प्रतिनिधियों द्वारा किया गया है। देश में सब धर्मावलम्बियों को समान दर्जा प्राप्त है तथा धनी व निर्धन सभी व्यक्ति संविधान की दृष्टि में समान हैं। 'धर्म निरपेक्ष, समाजवादी' शब्द संविधान की प्रस्तावना में 42वें संविधान संशोधन द्वारा दिसम्बर, 1976 में जोड़े गए।
3. **वयस्क मताधिकार :** मूल संविधान में ऐसे प्रत्येक बालिग स्त्री व पुरुष को मतदान का अधिकार दिया गया था जिसकी आयु 21 वर्ष की हो चुकी हो। किन्तु बाद में 1988 में संसद ने एक कानून पास करके (61वें संविधान संशोधन के तहत) मतदान के लिए आयु 21 से घटाकर 18 वर्ष कर दी है।
4. **संघात्मक शासन :** भारत राज्यों का संघ है। संघात्मक शासन के लक्षणों के अनुसार यहाँ पर दो समान सत्ताएं हैं—केन्द्र और राज्य। दोनों समान सत्ताओं के मध्य विषयों का बंटवारा है तथा एक स्वतंत्र न्यायपालिका है। संघात्मक शासन होने के बावजूद आपातकाल में इसे एकात्मक शासन में परिवर्तित किया जा सकता है।
5. **लिखित तथा निर्मित संविधान :** भारत का संविधान लिखित तथा निर्मित है। निर्मित इसलिए है कि इसे हमारी संविधान सभा ने बनाया है।
6. **परिवर्तनशील :** यह न तो इंग्लैंड के संविधान की तरह लचीला है और न अमेरिका के संविधान की तरह कठोर।
7. **मूल अधिकारों की व्यवस्था :** भारतीय संविधान में मूल अधिकारों की व्यवस्था की गई है। नागरिकों को छः मूल अधिकार (पहले सात मूल अधिकार थे, जिनमें से सम्पत्ति के अधिकार को 1978 में समाप्त कर दिया गया) प्राप्त हैं।
8. **मूल कर्त्तव्यों की व्यवस्था :** दिसम्बर, 1976 में पारित संविधान के 42वें संशोधन द्वारा भारत के नागरिकों के लिए दस मूल कर्त्तव्य निर्धारित किए गए हैं। अब इनकी संख्या 11 हो गई है।

9. **धर्म निरपेक्ष राज्य :** संविधान के अनुसार भारत एक धर्म-निरपेक्ष राज्य (Secular State) है। इसका अर्थ यह नहीं है कि सरकार धर्म विरोधी या नास्तिक है या ईश्वर या किसी धर्म में विश्वास नहीं करती।

इसका अर्थ केवल इतना है कि सरकार स्वयं किसी नागरिक को किसी एक विशेष धर्म में विश्वास रखने के लिए बाध्य नहीं करती। वह किसी धर्म या सम्प्रदाय विशेष के मंदिरों, मस्जिदों, पूजा स्थलों या शिक्षा सम्बन्धी संस्थाओं इत्यादि को विशेष सुविधाएं प्रदान नहीं करती।

वह इस सिद्धान्त में विश्वास करती है कि धर्म प्रत्येक मनुष्य का वैयक्तिक प्रश्न है, सरकार का उसके साथ कोई सम्बन्ध नहीं।

10. **एक राजभाषा :** भारतीय संविधान में सब भारतीयों के लिए एक राजभाषा तथा एक लिपि का सिद्धान्त स्वीकार किया गया है।

11. **अल्पसंख्यकों के अधिकारों की रक्षा :** संविधान में केवल बहुसंख्यक जातियों के अधिकारों की ही रक्षा नहीं की गई, वरन् प्रत्येक अल्पसंख्यक जाति के धार्मिक, सांस्कृतिक, आर्थिक तथा राजनीतिक अधिकारों की रक्षा भी की गई है।

12. **संसदीय पद्धति :** भारत का संविधान इंग्लैंड जैसी, संसदीय शासन पद्धति की स्थापना करता है।

13. **आपातकालीन स्थिति :** भारतीय संविधान में आपात-कालीन स्थिति की व्यवस्था की गई है। राष्ट्रपति निम्नांकित परिस्थितियों में आपातकाल की उद्घोषणा कर सकते हैं यदि उनसे सारे देश या देश के किसी भी भाग की सुरक्षा को खतरा हो :

(क) युद्ध, बाह्य आक्रमण तथा आंतरिक अव्यवस्था (या सशस्त्र विद्रोह) की दशा में, संविधान (44वें) संशोधन द्वारा 1978 में यह व्यवस्था कर दी गई है कि 'सशस्त्र विद्रोह' के आधार पर भी आपातकाल की घोषणा की जा सकती है।

(ख) किसी राज्य में संवैधानिक व्यवस्था के असफल हो जाने पर;

(ग) वित्तीय संकट के समय।

आपातकालीन स्थिति में संघात्मक शासन एकात्मक हो जाता है। नागरिकों के मूल अधिकार स्थगित किए जा सकते हैं, तथा राज्यों की स्वायत्तता समाप्त की जा सकती है। संविधान के 42वें संशोधन के अनुसार राष्ट्रपति देश के किसी भी भाग में आपातकालीन स्थिति की घोषणा कर सकते हैं।

14. **स्वतंत्र न्यायपालिका :** भारत में स्वतंत्र न्यायपालिका की स्थापना की गई है। न्यायाधीशों की नियुक्ति राष्ट्रपति करते हैं।

15. **संशोधन विधि :** हमारा संविधान ऐसा है कि आवश्यकता के अनुसार उसमें संशोधन किया जा सकता है। संविधान के विभिन्न भागों के संशोधन के लिए पृथक्-पृथक् विधियों का संविधान में ही उपबन्ध कर दिया गया है।

मूल अधिकार

मूल अधिकार वे हैं, जो मनुष्य की सर्वतोन्मुखी उन्नति के लिए अनुकूल स्थिति का निर्माण करते हैं। ये अधिकार सभी नागरिकों को—चाहे वे किसी भी धर्म, जाति, लिंग, समुदाय या रंग के हों—प्राप्त हैं।

भारत के संविधान में वर्णित नागरिकों के मूल अधिकार इस प्रकार हैं—

1. **समता का अधिकार, अनुच्छेद 14-18:** नागरिकों के बीच समता स्थापित करने के उद्देश्य से हमारे संविधान में कहा गया है कि धर्म, नस्ल, जाति, लिंग और जन्म-स्थान के आधार पर किसी भी नागरिक के साथ भेदभाव नहीं किया जायेगा। संविधान में कहा गया है कि सरकारी नौकरियों में सब नागरिकों को समान अवसर दिया जायेगा। सामाजिक समता लाने के उद्देश्य से हमारे संविधान ने सब प्रकार की देसी व विदेशी पदवियों, जैसे राय बहादुर, राय साहब आदि, का उन्मूलन कर दिया है। इसके अन्तर्गत ये अधिकार आते हैं : (i) विधि के समक्ष समता, (ii) सरकारी नौकरी के लिए समता, (iii) सार्वजनिक स्थानों का उपयोग करने का समान अधिकार, (iv) अस्पृश्यता का अन्त।

2. **स्वतंत्रता का अधिकार, अनुच्छेद 19-22:** इसके अंतर्गत ये अधिकार सम्मिलित हैं : (i) भाषण देने और विचार प्रकट करने की स्वतंत्रता, (ii) शान्तिपूर्वक बिना हथियार सभा करने की स्वतंत्रता, (iii) संस्था या संघ बनाने की स्वतंत्रता, (iv) देश में भ्रमण की स्वतन्त्रता, (v) देश के किसी भी भाग में निवास की स्वतंत्रता, (vi) अपनी पसंद की वृत्ति, व्यवसाय की स्वतंत्रता, (vii) जीवन जीने की स्वतंत्रता, अनिवार्य एवं निःशुल्क प्राथमिक शिक्षा का अधिकार (21क)।

3. **शोषण के विरुद्ध अधिकार, अनुच्छेद 23-24:** इसके अंतर्गत गुलामी-प्रथा, बंधुआ मजदूरी प्रथा की और 14 वर्ष से कम आयु के बच्चों को खतरनाक कारखाने या कोयले की खानों में काम पर लगाने को गैर-कानूनी घोषित कर दिया गया है

4. **धार्मिक स्वतंत्रता का अधिकार, अनुच्छेद 25-28:** इस अधिकार के अधीन हर नागरिक अपनी पसन्द वाले धर्म को अपना सकता है।

5. **संस्कृति और शिक्षा का अधिकार, अनुच्छेद 29-30** नागरिकों को अपनी भाषा, लिपि और संस्कृति को अपनाये रहने की स्वाधीनता है।

6. **संवैधानिक उपचारों का अधिकार, अनुच्छेद 32:** संविधान में मूल अधिकारों की रक्षा हेतु उपाय भी बताये गये हैं। यदि किसी नागरिक के मूल अधिकारों को छीना जाता है, तो वह नागरिक अदालत की सहायता लेकर अपने अधिकारों की रक्षा कर सकता है। अदालतों का कर्त्तव्य है कि वे नागरिकों के मूल अधिकारों की रक्षा करें।

राज्य के नीति-निदेशक तत्व

डॉ. अम्बेडकर ने राज्य के नीति निदेशक सिद्धांतों को संविधान की अनोखी विशेषता बताई है। संविधान में कहा गया है कि ये देश का शासन चलाने में मूलभूत (Fundamental) हैं और राज्य का कर्त्तव्य है कि वह देश में कानून बनाते समय इनको ध्यान में रखे। संविधान की प्रस्तावना (Preamble) में निहित भावों को व्यावहारिक रूप देने के लिए इन सिद्धांतों को संविधान में रखा गया है। ये सिद्धांत एक प्रकार से कार्यपालिका और विधानमण्डल के लिए निर्देश (Direction) हैं कि उन्हें किन सिद्धांतों को ध्यान में रखते हुए कानून बनाने हैं और शासन चलाना है।

इन सिद्धांतों को संविधान में रखने की प्रेरणा आयरलैण्ड के संविधान से ली गई है।

राज्य के नीति-निदेशक तत्वों को मोटे तौर से पांच वर्गों में विभाजित किया जा सकता है:

1. **आर्थिक सुरक्षा संबंधी निदेशक तत्व :** इस वर्ग में जो तत्व सम्मिलित हैं, वे इस प्रकार हैं :
   (1) राज्य प्रत्येक स्त्री व पुरुष को समान रूप से जीविका के साधन प्रदान करने का प्रयत्न करेगा।
   (2) देश के भौतिक साधनों के स्वामित्व पर इस प्रकार नियंत्रण करने की चेष्टा करेगा जिससे अधिकाधिक सार्वजनिक हित हो।
   (3) साधनों का केन्द्रीकरण भी नहीं होने देगा।
   (4) समान कार्य के लिए स्त्री व पुरुष दोनों को समान वेतन दिया जायेगा।
   (5) राज्य किसी की भी शारीरिक शक्ति व बालकों की कोमल उम्र का दुरुपयोग न होने देगा।
   (6) बच्चों व युवकों का शोषण नहीं करने दिया जायेगा।
   (7) राज्य अपने आर्थिक साधनों की सीमाओं में सबको रोजगार दिलाने का प्रयास करेगा।
   (8) राज्य प्रयास करेगा कि प्रत्येक व्यक्ति को अनुकूल अवस्था में ही कार्य करना पड़े और प्रसूतावस्था में स्त्रियों से काम न लिया जाए।
   (9) राज्य कुटीर उद्योगों को प्रोत्साहन देगा।
   (10) कृषि का संचालन वैज्ञानिक आधार पर करने का प्रयास करेगा।
   (11) राज्य कृषि और उद्योगों में लगे हुए श्रमिकों को उचित वेतन दिलाने का प्रयास करेगा।
   (12) राज्य प्रयास करेगा कि न्याय सभी को सुलभ हो और कमजोर वर्गों को कानूनी सलाह निःशुल्क मिल सके।
   (13) राज्य पशुओं के सुधार हेतु पशुपालन की अच्छी व्यवस्था करेगा और दूध देने वाले पशुओं की नस्ल में सुधार के साथ-साथ उनके वध को रोकने का प्रयास करेगा।
   (14) राज्य औद्योगिक संस्थानों के प्रबंध में उनके कर्मचारियों को भी भागीदार बनाने का प्रयास करेगा।
   (15) 44वें संविधान संशोधन द्वारा यह भी व्यवस्था कर दी गई है कि राज्य विभिन्न व्यवसायों में व्याप्त वेतन आदि की असमानताओं को भी कम करने का प्रयास करेगा।
2. **सामाजिक हित सम्बन्धी निदेशक तत्व :** इस क्षेत्र में राज्य निम्नांकित कार्य करने का प्रयास करेगा :
   (1) राज्य लोगों के जीवन स्तर एवं स्वास्थ्य को सुधारने का प्रयास करेगा और इस हेतु हानिकारक एवं मादक पदार्थों के सेवन पर प्रतिबंध लगाएगा।
   (2) राज्य देश के कमजोर वर्गों विशेषत: अनुसूचित जातियों एवं जन जातियों के शैक्षिक एवं आर्थिक हितों की रक्षा करेगा और उनका शोषण नहीं होने देगा।
3. **न्याय, शिक्षा, प्रजातंत्र आदि सम्बन्धी निदेशक तत्व :** इस वर्ग के अन्तर्गत निम्नांकित तत्वों को स्थान दिया गया है :
   (1) सभी को न्याय दिलाने हेतु राज्य समान कानून बनायेगा और न्यायपालिका को कार्यपालिका से अलग करने का प्रयास करेगा।
   (2) राज्य संविधान लागू होने से 10 वर्ष की अवधि में 6 से 14 वर्ष के बच्चों के लिये अनिवार्य एवं निःशुल्क शिक्षा प्रदान करने का प्रयास करेगा।
   (3) राज्य ग्राम पंचायतों के गठन हेतु कदम उठायेगा।
4. **प्राचीन स्मारकों की रक्षा एवं पर्यावरण तथा वनों से संबंधित निदेशक तत्व:** इस वर्ग में निम्नांकित तत्व सम्मिलित किये गये हैं :
   (1) राज्य प्रत्येक स्मारक, कलात्मक एवं ऐतिहासिक महत्त्व के स्थानों (जिन्हें संसद ने राष्ट्रीय महत्त्व का घोषित कर दिया हो) की रक्षा का प्रयत्न करेगा।
   (2) 42वें संविधान संशोधन द्वारा यह व्यवस्था भी कर दी गयी है कि राज्य देश के पर्यावरण की रक्षा एवं उसमें सुधार का प्रयास करेगा। राज्य, वनों और वन्य जीवों की सुरक्षा का भी प्रयास करेगा।
5. **अंतर्राष्ट्रीय शान्ति और सुरक्षा संबंधी निदेशक तत्व :** इसमें निम्नांकित तत्व सम्मिलित किये गये हैं:
   (1) राज्य अंतर्राष्ट्रीय शान्ति और सुरक्षा में वृद्धि के प्रयास करेगा।
   (2) विभिन्न राष्ट्रों के मध्य न्यायपूर्ण एवं सम्मानजनक सम्बंध स्थापित करने की चेष्टा करेगा।
   (3) राष्ट्रों के पारस्परिक व्यवहार में अंतर्राष्ट्रीय कानून और संधियों के प्रति सम्मान बढ़ाने का प्रयास करेगा।
   (4) राज्य अंतर्राष्ट्रीय झगड़ों को मध्यस्थता द्वारा सुलझाने का प्रयास करेगा।

मूल कर्त्तव्य

1976 में संविधान के 42वें संशोधन द्वारा भारत के नागरिकों के लिए दस मूल कर्त्तव्य निर्धारित किये गये। बाद में संविधान संशोधन द्वारा एक और मूल कर्त्तव्य जोड़ा गया। अब मूल कर्त्तव्यों की संख्या 11 है। ये मूल कर्त्तव्य नई धारा 51(क) में दिये गये हैं, जिनका वर्णन नीचे दिया गया है :

1. संविधान का पालन करें और उसके आदर्शों, संस्थाओं, राष्ट्रध्वज और राष्ट्रगान का आदर करें।
2. स्वतंत्रता के लिए हमारे राष्ट्रीय आंदोलन को प्रेरित करने वाले उच्च आदर्शों को हृदय में संजोए रखें और उनका पालन करें।
3. भारत की प्रभुत्ता, एकता और अखण्डता की रक्षा करें और उसे अक्षुण्ण रखें।
4. देश की रक्षा करें और आह्वान किए जाने पर राष्ट्र की सेवा करें।
5. भारत के सभी लोगों में समरसता और समान भ्रातृत्व की भावना का निर्माण करें, जो धर्म, भाषा और प्रदेश या वर्ग पर आधारित सभी भेदभाव से परे हो तथा ऐसी प्रथाओं का त्याग करें जो स्त्रियों के सम्मान के विरुद्ध हैं।
6. अपनी सामाजिक संस्कृति की गौरवशाली परम्परा का महत्त्व समझें और उसको सुरक्षित रखें।
7. प्राकृतिक पर्यावरण की जिसके अंतर्गत वन, झील, नदी और वन्य जीव भी हैं, रक्षा करें और उसका संवर्धन करें तथा प्राणिमात्र के प्रति दयाभाव रखें।
8. वैज्ञानिक दृष्टिकोण, मानववाद और ज्ञानार्जन तथा सुधार की भावना का विकास करें।
9. सार्वजनिक सम्पत्ति को सुरक्षित रखें और हिंसा से दूर रहें।
10. व्यक्तिगत और सामूहिक गतिविधियों के सभी क्षेत्रों में उत्कर्ष की ओर बढ़ने का सतत् प्रयास करें जिससे राष्ट्र निरंतर आगे बढ़ते हुए उपलब्धि की नयी ऊंचाइयों को छू सके।
11. प्रत्येक माता-पिता/अभिभावक अपने 6-14 वर्ष के बच्चों की शिक्षा का प्रबंध करें।

नोटः संविधान में न तो मूल कर्त्तव्यों के प्रवर्तन (enforcement) के बारे में कुछ कहा गया है और न इनके उल्लंघन पर किसी प्रतिबन्ध या दण्ड का स्पष्ट प्रावधान है।

संसदीय सरकार

संसद

संविधान की धारा 79 में कहा गया है कि संघ की एक संसद होगी; जिसमें राष्ट्रपति, लोकसभा और राज्यसभा को सम्मिलित माना जायेगा।

राष्ट्रपति को संसद का अंग इसलिए बनाया गया है कि वह संसद को संबोधित करता है, संसद के पास संदेश भेज सकता है, संसद द्वारा पास किये गये बिलों पर अपनी स्वीकृति प्रदान करता है, लोकसभा को भंग कर सकता है, संसद के दोनों सदनों की संयुक्त बैठक बुला सकता है और संसद का सत्रावसान करता है।

राज्यसभा

संविधान की धारा 80 में व्यवस्था है कि राज्य सभा में सदस्यों की अधिकतम संख्या 250 होगी । इनमें से 238 सदस्य राज्यों और संघ शासित प्रदेशों से चुने हुए तथा 12 सदस्य राष्ट्रपति द्वारा मनोनीत होंगे। राष्ट्रपति को कला, साहित्य, विज्ञान, समाज सेवा, सहकारिता आदि के विशेषज्ञ के रूप में 12 सदस्यों को राज्यसभा में मनोनीत करने का अधिकार है। 238 चुने हुए सदस्य राज्यों एवं केन्द्रशासित प्रदेशों से जनसंख्या के आधार पर निर्धारित सीटों के अनुसार निर्वाचित होते हैं। इनका चुनाव राज्यों की विधानसभाओं के निर्वाचित सदस्यों द्वारा आनुपातिक प्रतिनिधित्व प्रणाली के आधार पर एकल संक्रमणीय मत द्वारा किया जाता है। मतदान गुप्त होता है। कोई भी व्यक्ति—(1) जो भारत का नागरिक है, (2) जो 30 वर्ष का हो चुका है, (3) जिसमें संसद द्वारा समय-समय पर निर्धारित योग्यतायें हैं, और (4) जो 10वीं अनुसूची के तहत अनर्ह घोषित नहीं है—राज्यसभा के लिये चुनाव लड़ सकता है। राज्यसभा एक स्थायी संस्था है, इसे भंग नहीं किया जा सकता और इसके 1/3 सदस्य हर दो वर्ष पश्चात् अवकाश ग्रहण कर लेते हैं और उनके स्थान पर नया चुनाव होता है। सन् 1951 के जन प्रतिनिधित्व कानून में कहा गया है कि जो व्यक्ति जिस राज्य से राज्य सभा का चुनाव लड़ना चाहता है उसे उस राज्य में संसद (लोकसभा) का मतदाता भी होना चाहिए। राज्य सभा का सभापति भारत का उपराष्ट्रपति होता है। राज्य सभा अपना एक उपसभापति स्वयं चुनती है। वर्तमान समय में राज्य सभा के सदस्यों की संख्या 245 है।

लोकसभा

संविधान में लोकसभा की अधिकतम सदस्य संख्या 550 है। सभी 550 सदस्य राज्यों और केन्द्रशासित प्रदेशों का प्रतिनिधित्व करते हैं। इस समय लोकसभा में 543 सदस्य हैं। सभी 543 सदस्य राज्यों तथा केन्द्रशासित प्रदेशों से चुने गए हैं। दो आंग्ल-भारतीय सदस्य राष्ट्रपति द्वारा मनोनीत किए जाते थे। इस व्यवस्था को 104 वें संविधान संशोधन अधिनियम, 2019 द्वारा समाप्त कर दिया गया है। राज्यों के प्रतिनिधि वयस्क मताधिकार के आधार पर राज्यों के निर्वाचन क्षेत्रों से प्रत्यक्ष ढंग से चुने जाते हैं। केन्द्र शासित प्रदेशों के प्रतिनिधि संसद द्वारा निर्धारित विधि से चुने जाते हैं। प्रत्येक राज्य के सदस्यों की संख्या निर्धारित है। लोकसभा के सदस्यों का चुनाव पांच वर्ष के लिये किया जाता है किंतु राष्ट्रपति अवधि से पहले भी लोकसभा को भंग कर सकता है।

लोकसभा के सदस्य बनने के लिए यह आवश्यक है कि व्यक्ति—(1) भारत का नागरिक हो (2) 25 वर्ष की उम्र पूरी कर चुका हो और (3) उसमें वे समस्त योग्यतायें हों जिन्हें संसद द्वारा समय-समय पर निर्धारित किया गया हो। पागल, दिवालिये, विदेशी और लाभ के पद पर कार्य कर रहे व्यक्ति लोक सभा या राज्यसभा का चुनाव नहीं लड़ सकते हैं। यदि कोई सदस्य 10वीं अनुसूची के तहत अनर्ह हो जाता है या त्यागपत्र दे देता है अथवा बिना सदन की अनुमति के 60 दिन तक लगातार सदन की बैठकों से अनुपस्थित रहता है तो सदन की स्वीकृति से उसका स्थान रिक्त हो जाता है।

संसद की शक्तियां और कार्य

संसद की शक्तियों और कार्यों को निम्नांकित शीर्षकों में वर्गीकृत किया जा सकता है:

1. **विधायी शक्तियां :** भारतीय संसद संघ सूची, समवर्ती सूची, अवशेष विषयों तथा विशेष परिस्थितियों में राज्य सूची के विषयों पर नया कानून बना सकती है, पुराने कानून को पूरी तरह रद्द कर सकती है। कोई भी सामान्य विधेयक किसी भी सदन में पहले प्रस्तुत किया जा सकता है। यदि किसी बिल पर दोनों सदनों में मतभेद हो तो राष्ट्रपति बिल पर विचार करने हेतु दोनों सदनों की संयुक्त बैठक बुला सकता है। दोनों सदनों की संयुक्त बैठक में सामान्य बहुमत से बिल पास होगा।
2. **वित्तीय शक्तियां :** वित्त संबंधी विधेयक केवल लोकसभा में ही प्रस्तुत किया जा सकता है। संघ सरकार का वर्ष भर का आय-व्यय का लेखा (बजट) भी लोकसभा में ही वित्त मंत्री द्वारा प्रस्तुत किया जाता है। बिना संसद की स्वीकृति के सरकार न तो नये कर लगा सकती है और न किसी मद पर एक पैसा भी व्यय कर सकती है। बजट एवं अन्य वित्त विधेयकों को लोकसभा द्वारा पारित हो जाने के पश्चात् राज्यसभा के विचारार्थ भेजा जाता है। राज्यसभा के लिये यह आवश्यक है कि वह वित्त विधेयक को प्राप्त होने की तिथि से 14 दिन के अंदर उसे लोकसभा को लौटा दे। यदि वह 14 दिन तक बिल को नहीं लौटाती है तो वह बिल दोनों सदनों द्वारा स्वीकृत मान लिया जाता है। 14 दिन के भीतर वह अपनी सिफारिशों (संशोधन प्रस्तावों) सहित उसे लौटा सकती है। किंतु लोकसभा को यह अधिकार है कि वह राज्यसभा की सिफारिशों को माने या न माने। इस प्रकार वित्तीय शक्तियां मुख्य रूप से लोक सभा के पास ही हैं।
3. **कार्यपालिका पर नियंत्रण संबंधी शक्तियां :** देश की कार्यपालिका अर्थात् मंत्रिपरिषद् लोकसभा के प्रति उत्तरदायी है। संसद के दोनों सदन, प्रश्न पूछकर, कार्य स्थगन प्रस्ताव रख कर मंत्रिपरिषद् के कार्यों पर नियंत्रण रखते हैं।
4. **संविधान संशोधन संबंधी शक्तियां :** संविधान संशोधन की दृष्टि से संसद के दोनों सदनों की शक्तियां समान हैं। संविधान संशोधन का अधिकार संसद को ही है, किंतु संविधान संशोधन संबंधी कानून दोनों सदनों में अलग-अलग कुल सदस्यों के दो-तिहाई बहुमत से स्वीकृत होना चाहिए। इसके साथ ही कतिपय मामलों में संविधान संशोधन हेतु आधे राज्यों की विधानसभाओं का अनुमोदन भी आवश्यक है।
5. **निर्वाचक मंडल के रूप में कार्य :** संसद के दोनों सदन राष्ट्रपति और उप-राष्ट्रपति के चुनाव में निर्वाचक मंडल का भी कार्य करते हैं।

   इन शक्तियों के अतिरिक्त राष्ट्रपति, उप-राष्ट्रपति, सर्वोच्च न्यायालय एवं उच्च न्यायालय के न्यायाधीशों पर महाभियोग लगाने, आपातकाल की घोषणा का अनुमोदन करने आदि के कार्य भी संसद के दोनों सदन ही करते हैं। राज्यों की सीमाओं, नामों आदि में परिवर्तन संसद ही करती है।

राष्ट्रपति

भारतीय संविधान की धारा 52 और 53 में कहा गया है कि भारत के संघ शासन के प्रधान राष्ट्रपति हैं। भारत के राष्ट्रपति की स्थिति वैसी है, जैसी ब्रिटिश शासन में ब्रिटिश सम्राट की। ब्रिटिश सम्राट की ही भांति भारत का राष्ट्रपति भी राष्ट्र का प्रतिनिधि है—राष्ट्र का शासक नहीं है। शासन में उसका स्थान अत्यन्त गौरव तथा शोभा का है लेकिन उसकी वास्तविक स्थिति रबर की मुहर के समान है। संघ की सम्पूर्ण शक्तियां उसको समर्पित हैं। वह देश की रक्षा सेनाओं का भी प्रधान है। संघ सरकार के समस्त कार्य उसी के नाम पर किए जाते हैं, परन्तु वास्तव में वह शासन नहीं करता, राज करता है। वह राज्य का प्रधान है, किन्तु शासन (सरकार) का प्रधान नहीं है। शासन की वास्तविक शक्ति मंत्रिमण्डल के हाथ में निहित है। राष्ट्रपति को उसी के परामर्श से कार्य करना पड़ता है। दूसरे शब्दों में, मंत्रिमंडल जो भी निश्चय करता है उसे ही राष्ट्रपति के नाम से जारी कर दिया जाता है। इसका मुख्य कारण यह है कि हमारे देश में संसद प्रधान शासन प्रणाली (Parliamentary Form of Government) है; राष्ट्रपति प्रधान शासन प्रणाली (Presidential Government) नहीं है। प्रधानमंत्री का कर्त्तव्य है कि वह शासन के सभी महत्त्वपूर्ण निर्णयों के बारे में राष्ट्रपति को सूचित करता रहे।

कार्यकाल

राष्ट्रपति का सामान्य कार्यकाल 5 वर्ष होता है, किन्तु वह इससे पहले भी त्यागपत्र दे सकता है उस पर महाभियोग चलाकर भी उसे पद से हटाया जा सकता है। राष्ट्रपति अपना त्यागपत्र उप-राष्ट्रपति को सम्बोधित करके देता है। जब तक नया राष्ट्रपति न चुन लिया जाये, पहले राष्ट्रपति ही कार्यकाल की समाप्ति पर भी पद को सम्भाले रहेंगे। एक बार चुन लिए जाने के पश्चात् भी वही व्यक्ति दुबारा और तिबारा भी राष्ट्रपति पद के लिए खड़ा हो सकता है। अपना पद ग्रहण करने से पूर्व राष्ट्रपति को संविधान की रक्षा करने की शपथ लेनी पड़ती है।

वेतन व भत्ता

राष्ट्रपति को 5 लाख रुपये मासिक आयकर-मुक्त वेतन मिलता है तथा रहने के लिए नि:शुल्क निवास स्थान-जिसे राष्ट्रपति भवन कहते हैं। अवकाश ग्रहण करने पर राष्ट्रपति को आजीवन पेंशन देने की व्यवस्था है।

महाभियोग

संविधान की धारा 61 में राष्ट्रपति पर महाभियोग लगाने की विधि का प्रावधान है। राष्ट्रपति को उनके पद से हटाने के सम्बन्ध में संविधान में इस बात का प्रबन्ध किया गया है कि यदि कोई राष्ट्रपति संविधान का उल्लंघन करे तो संसद का कोई एक सदन दो-तिहाई बहुमत से प्रस्ताव पास करके दूसरे सदन से यह प्रार्थना कर सकेगा कि राष्ट्रपति के विरुद्ध लगाए गए अभियोगों की जांच-पड़ताल करे। ऐसा प्रस्ताव पेश करने के लिए किसी सदन में कुल सदस्यों की संख्या के एक-चौथाई सदस्यों के हस्ताक्षर तथा 14 दिन पूर्व सूचना आवश्यक है। राष्ट्रपति को यह अधिकार होगा कि अभियोगों की जांच-पड़ताल करने वाले सदन में जांच के दौरान स्वयं उपस्थित होकर या प्रतिनिधि के द्वारा अपना पक्ष प्रस्तुत कर सके और सफाई दे सके। यदि पूरी जांच के पश्चात्

दूसरा सदन दो-तिहाई बहुसंख्या से अभियोगों की पुष्टि कर दे, तो राष्ट्रपति को उसी दिन उनके पद से हटा दिया जाएगा।

सामान्यतया राष्ट्रपति के कार्यकाल की समाप्ति से पहले ही नये राष्ट्रपति का निर्वाचन हो जाना चाहिए। परन्तु यदि मृत्यु, त्यागपत्र अथवा महाभियोग के कारण नए चुनाव से पहले ही राष्ट्रपति का स्थान खाली हो जाए, तो छः माह के अन्दर नया चुनाव हो जाना चाहिए। चुनाव चाहे किसी कारण से हो, नव निर्वाचित राष्ट्रपति का कार्यकाल 5 वर्ष ही होगा।

राष्ट्रपति के अधिकार

राष्ट्रपति को निम्न अधिकार प्राप्त हैं—

कार्यपालिका संबंधी अधिकार : राष्ट्रपति राज्यपालों, राज्य के उच्च न्यायालयों के न्यायाधीशों, सर्वोच्च न्यायालय के न्यायाधीशों, केन्द्रीय लोक सेवा आयोग के सदस्यों, ऑडीटर जनरल, कम्पट्रोलर जनरल और अटॉर्नी जनरल की नियुक्ति करते हैं। राष्ट्रपति भारत की रक्षा सेनाओं के सर्वोच्च अधिकारी हैं। विदेश में राजदूतों की नियुक्ति भी राष्ट्रपति करते हैं। वह लोकसभा में बहुमत वाले दल के नेता को मंत्रिमंडल बनाने का निमंत्रण देते हैं। राष्ट्रपति उसे प्रधानमंत्री नियुक्त करते हैं और उसकी सलाह पर अन्य मंत्रियों को नियुक्त करते हैं। केन्द्रशासित प्रदेशों का शासन राष्ट्रपति के हाथ में होता है जो चीफ कमिश्नरों और उप राज्यपालों की सहायता से पूरा होता है।

वैधानिक अधिकार : राष्ट्रपति के हस्ताक्षर के बिना संसद द्वारा पास कोई भी बिल कानून नहीं बन सकता। जब संसद का अधिवेशन न हो रहा हो तो राष्ट्रपति आवश्यकता पड़ने पर अध्यादेश जारी कर सकते हैं। राष्ट्रपति संसद के दोनों सदनों की बैठक बुलाता और उनका सत्रावसान करता है। वह लोकसभा को भंग करके नये सिरे से चुनाव करा सकता है। वह संसद के किसी भी सदन में भाषण कर सकता है और किसी भी बिल को पुनर्विचार के लिए सदन में वापस भेज सकता है।

आर्थिक अधिकार : कोई भी धन विधेयक और अनुदान की मांग राष्ट्रपति की सिफारिश के बिना संसद में पेश नहीं हो सकता।

न्याय संबंधी अधिकार : राष्ट्रपति किसी भी अपराधी को क्षमा कर सकते हैं, सजा कम कर सकते हैं अथवा मृत्यु दंड को रद्द कर सकते हैं।

आपातकालीन अधिकार : संविधान में तीन प्रकार के आपातकाल की कल्पना की गई है। आपातकाल के दौरान राष्ट्रपति सारे देश का या देश के किसी भाग का शासन सीधे अपने हाथ में ले सकता है। तीन प्रकार के आपातकाल ये हैं—(i) युद्ध, आक्रमण, देश के भीतर सशस्त्र विद्रोह (या आन्तरिक उपद्रव) से उत्पन्न आपातकाल, (ii) राज्य में संवैधानिक व्यवस्था के असफल हो जाने पर आपातकाल, और (iii) आर्थिक अस्थिरता से उत्पन्न आपातकाल।

आपातकाल की घोषणा के संबंध में राष्ट्रपति स्वेच्छाचारी नहीं है। वह इसकी घोषणा तभी करेगा जब उसके पास कैबिनेट का लिखित फैसला (कि आपातकाल की घोषणा कर दी जाये) पहुंच जायेगा।

न्यायपालिका

हमारी न्यायपालिका की यह विशिष्टता है कि पूरे देश के लिए एक ही एकीकृत न्याय प्रणाली है। एकल न्यायपालिका श्रेणीबद्ध न्यायालयों का प्रतिनिधित्व करती है। इसमें एकीकृत न्याय प्रणाली के शीर्ष पर सर्वोच्च न्यायालय है तथा राज्यों के स्तर पर उच्च न्यायालय हैं। उच्च न्यायालयों के नीचे अनेक अधीनस्थ न्यायालय हैं जैसे जिला न्यायालय तथा सेशन जज का न्यायालय जो क्रमशः दीवानी तथा फौजदारी मुकदमें सुनते हैं।

भारतीय न्याय प्रणाली

भारत का सर्वोच्च न्यायालय

↓

उच्च न्यायालय

↓

अधीनस्थ न्यायालय

सर्वोच्च न्यायालय

सर्वोच्च न्यायालय भारत का उच्चतम न्यायिक प्राधिकरण है। इसमें मुख्य न्यायाधीश के अतिरिक्त 33 अन्य न्यायाधीश होते हैं। यदि संसद आवश्यक समझे तो न्यायाधीशों की संख्या बढ़ा सकती है। समय-समय पर संसद ने न्यायाधीशों की संख्या बढ़ाई है। प्रारम्भ में उच्चतम न्यायालय में एक मुख्य न्यायाधीश तथा सात अन्य न्यायाधीश थे। मुख्य न्यायाधीश को भारत का मुख्य न्यायाधीश भी कहा जाता है। जब कभी भी सर्वोच्च न्यायालय में कोई स्थान खाली होता है अथवा उसके खाली होने की संभावना होती है तो मुख्य न्यायाधीश सहित चार अन्य वरिष्ठ न्यायाधीश, कई नामों पर चर्चा करने के पश्चात उन नामों की सिफारिश करते हैं जिन्हें सर्वोच्च न्यायालय का न्यायाधीश नियुक्त किया जा सकता है। यह व्यवस्था सर्वोच्च न्यायालय के संविधान पीठ द्वारा 1993 और फिर 1999 में दिए गए निर्णय पर आधारित है। संविधान के अनुसार सर्वोच्च न्यायालय के न्यायाधीशों की नियुक्ति का अधिकार अभी भी राष्ट्रपति के पास है, परंतु सर्वोच्च न्यायालय के 1999 के निर्णय ने राष्ट्रपति को मुख्य न्यायाधीश की सलाह मानने को बाध्य कर दिया है। अब यह शक्ति न्यायाधीशों के समूह के पास चली गई है जिसे कालीजियम कहा जाता है। राष्ट्रपति की भूमिका औपचारिक रह गई है कि वह विधि मंत्रालय द्वारा भेजे गए एवं सर्वोच्च न्यायालय द्वारा नामित व्यक्ति की नियुक्ति करे।

योग्यता

वह कम से कम पांच वर्ष के लिए किसी एक या एक से अधिक उच्च न्यायालयों का न्यायाधीश रह चुका हो।

अथवा

वह कम से कम दस वर्ष तक किसी एक या एक से अधिक उच्च न्यायालय या उच्चतम न्यायालय में वकालत कर चुका हो।

अथवा

राष्ट्रपति की दृष्टि में कोई प्रख्यात न्यायविद् हो।

कार्यकाल

सर्वोच्च न्यायालय के मुख्य न्यायाधीश तथा अन्य न्यायाधीश 65 वर्ष की आयु तक अपने पद पर बने रहते हैं। कोई न्यायाधीश कार्यकाल पूरा होने से पहले भी त्यागपत्र दे सकता है।

पदच्युति

असाधारण स्थिति में, किसी न्यायाधीश को सेवानिवृति की आयु पूरी होने से पहले भी अपदस्थ किया जा सकता है परन्तु इसके लिए निर्धारित प्रक्रिया को अपनाना होगा। अतः सर्वोच्च न्यायालय के किसी न्यायाधीश को उसकी अक्षमता व कदाचार के आधार पर राष्ट्रपति द्वारा हटाया जा सकता है, यदि संसद के दोनों सदन अलग-अलग प्रस्ताव पारित कर दें, जिसके लिए एक ही सत्र में उपस्थित तथा मतदान करने वाले सदस्यों की कुल संख्या का 2/3 बहुमत होना आवश्यक है। अभी तक सर्वोच्च न्यायालय के किसी न्यायाधीश को हटाने के लिए ऐसी प्रक्रिया का प्रयोग केवल एक बार किया गया है। परंतु फिर भी उसे हटाया नहीं जा सका क्योंकि संसद उस प्रस्ताव को पारित नहीं कर सकी। इससे यह स्पष्ट हो जाता है कि सर्वोच्च न्यायालय के न्यायाधीशों का कार्यकाल सुरक्षित है और कार्यपालिका उन्हें अपनी इच्छा अनुसार नहीं हटा सकती। कोई व्यक्ति जो सर्वोच्च न्यायालय में न्यायाधीश के रूप में कार्यरत रहा है देश भर में कहीं भी वकालत नहीं कर सकता। सर्वोच्च न्यायालय के न्यायाधीशों को संसद द्वारा समय-समय पर निर्धारित वेतन एवं भत्ते दिए जाते हैं।

सर्वोच्च न्यायालय का अधिकार क्षेत्र

सर्वोच्च न्यायालय द्वारा मुकदमों को सुनने और फैसला करने के अधिकार या शक्ति को न्यायिक अधिकार क्षेत्र कहते हैं। सर्वोच्च न्यायालय के **तीन** प्रकार के अधिकार क्षेत्र हैं।

प्रारम्भिक अथवा मूल क्षेत्राधिकार

कुछ मुकदमें ऐसे हैं जो केवल सर्वोच्च न्यायालय के न्यायक्षेत्र में ही आते हैं। इससे यह अभिप्राय है कि ऐसे मुकदमें केवल सर्वोच्च न्यायालय में ही प्रारम्भ होते हैं अर्थात जिन्हें पहली बार केवल सर्वोच्च न्यायालय में ही दायर किया जाता है, तथा वे किसी अन्य न्यायालय में दायर नहीं किए जा सकते। मूल न्यायाधिकार में आने वाले मुदकमें इस प्रकार हैं:

(*i*) (क) ऐसे मुकदमें जिनमें एक ओर केन्द्रीय सरकार तथा दूसरी ओर एक या एक से अधिक राज्य सरकारें हों।

(ख) ऐसे मुकदमें जिनमें एक ओर केन्द्रीय सरकार के अतिरिक्त एक या एक से अधिक राज्य सरकारें हों और दूसरी ओर एक या एक से अधिक राज्य सरकारें हों।

(ग) ऐसे मुकदमें जिनमें दो या दो से अधिक राज्यों के बीच विवाद हो।

(*ii*) मौलिक अधिकारों के संरक्षण तथा लागू करने के लिए सर्वोच्च न्यायालय को विशेष अधिकार दिए गए हैं जिसके लिए उसे निर्देश अथवा आदेश देने का अधिकार है।

(*iii*) जनहित याचिकाएं (PIL) भी सीधे सर्वोच्च न्यायालय में सुनी जा सकती हैं। (यह एक ऐसा अधिकार है जो संविधान में वर्णित नहीं है)।

अपील संबंधी क्षेत्राधिकार

किसी भी निचली अदालत द्वारा दिए गए निर्णय के विरुद्ध की गई अपील को किसी उच्च अदालत द्वारा सुनने की शक्ति को अपील संबंधी न्यायाधिकार कहा जाता है। सर्वोच्च न्यायालय का अपील संबंधी अधिकार क्षेत्र बहुत विशाल है। यह उच्च न्यायालयों के निर्णयों के विरुद्ध अपील सुन सकता है। अतः सर्वोच्च न्यायालय में की गई अपील अंतिम अपील होती है। यदि किसी मुकदमे में उच्च न्यायालय द्वारा दिए गए निर्णय से कोई एक पक्ष संतुष्ट नहीं है, तो वह सर्वोच्च न्यायालय में उस निर्णय के विरुद्ध अपील कर सकता है। यह अपीलें दीवानी, फौजदारी तथा संवैधानिक मामलों से संबंधित हो सकती हैं।

(i) दीवानी मामले

सम्पत्ति, विवाह, धन, समझौते या किसी सेवा संबंधी झगड़ों के मामले दीवानी मुकदमें कहलाते हैं। यदि किसी दीवानी मामलों में लोक महत्व का कोई ऐसा प्रमुख कानूनी बिन्दु है जिसकी व्याख्या सर्वोच्च न्यायालय द्वारा वांछित है, तो उच्च न्यायालय के निर्णय के विरुद्ध सर्वोच्च न्यायालय में अपील की जा सकती है। पहले ऐसे दीवानी मामलों की वित्तीय सीमा केवल 20,000 रु. तक थी परंतु 1972 में किए गए संविधान के तीसवें संशोधन के अनुसार अब सर्वोच्च न्यायालय में की जाने वाली दीवानी अपील के लिए कोई निम्नतम राशि निर्धारित नहीं है।

(ii) फौजदारी मामले

- कई परिस्थितियों में फौजदारी मामलों में उच्च न्यायालय के निर्णय के विरुद्ध सर्वोच्च न्यायालय में अपील की जा सकती है।
- यदि कोई उच्च न्यायालय निचली अदालत द्वारा दोषमुक्त घोषित किए गए व्यक्ति को मृत्यु दंड सुना दे, तो ऐसे व्यक्ति को इस निर्णय के विरुद्ध सर्वोच्च न्यायालय में अपील करने का अधिकार है।
- यदि उच्च न्यायालय किसी निचली अदालत से किसी मुकदमे को अपने यहां मंगा ले और उस व्यक्ति को दोषी करार देते हुए मृत्यु दंड सुना दे, तो ऐसे मामले में भी सर्वोच्च न्यायालय में अपील की जा सकती है।

ऐसी स्थिति में भी अधिकार स्वरूप और उच्च न्यायालय से बिना किसी प्रमाणपत्र के अपील दायर की जा सकती है।

- उपरोक्त दो स्थितियों के अतिरिक्त भी सर्वोच्च न्यायालय में अपील की जा सकती है यदि कोई उच्च न्यायालय यह प्रमाणपत्र दे कि मुकदमा सर्वोच्च न्यायालय में अपील करने योग्य है।
- यदि कोई उच्च न्यायालय किसी मामले में यह प्रमाणित करने से इंकार कर दे कि मामला सर्वोच्च न्यायालय में अपील के योग्य है, तो संबंधित व्यक्ति सर्वोच्च न्यायालय में अपील दायर करने के लिए सर्वोच्च न्यायालय से ही विशेष अनुमति प्राप्त कर सकता है। परंतु सर्वोच्च न्यायालय इस प्रकार की विशेष अनुमति बहुत ही कम मामलों में देता है।

(iii) सवैधानिक मामले

- सवैधानिक मामले न तो दीवानी झगड़े होते हैं और न ही फौजदारी अपराध। यह ऐसा मुकदमा है जिसके कारण संविधान की भिन्न-भिन्न प्रकार से व्याख्या करना होता है, विशेषतौर पर मौलिक अधिकारों से संबंधित व्याख्या अथवा अर्थ निकालना। ऐसे मामलों की सुनवाई सर्वोच्च न्यायालय में केवल तभी हो सकती है यदि उच्च न्यायालय यह प्रमाणित करे कि मामला सवैधानिक सवालों से संबंधित है।
- यदि उच्च न्यायालय यह प्रमाणित करने से मना कर दे कि मामला सर्वोच्च न्यायालय में जाने योग्य है, तो सर्वोच्च न्यायालय अपनी स्वैच्छिक शक्ति का प्रयोग करते हुए ऐसे किसी मामले में जिसे वह उचित समझता है, अपील के लिए विशेष अनुमति दे सकता है।

मंत्रणा संबंधी क्षेत्राधिकार

इस अधिकार का अर्थ यह है कि सर्वोच्च न्यायालय को परामर्श देने का अधिकार है, यदि उससे परामर्श मांगा जाए। मंत्रणा संबंधी अधिकार क्षेत्र के अंतर्गत राष्ट्रपति किसी भी कानून संबंधी अथवा लोक महत्व के प्रश्न पर सर्वोच्च न्यायालय से परामर्श मांग सकता है। परंतु सर्वोच्च न्यायालय परामर्श देने के लिए बाध्य नहीं है। दूसरी ओर, यदि परामर्श या मत भेज दिया जाए, तो उसे मानना या न मानना राष्ट्रपति के लिए भी बाध्यकारी नहीं है। आज तक जब भी सर्वोच्च न्यायालय ने कोई परामर्श दिया है, राष्ट्रपति ने उसे सदैव स्वीकार किया है। अयोध्या में जिस स्थान पर बाबरी मस्जिद बनाई गई थी, उस स्थान पर पहले मंदिर था या नहीं, जब इस पर सर्वोच्च न्यायालय की राय मांगी गई तो उसने अपनी राय देने से इंकार कर दिया था।

उच्च न्यायालय

वर्तमान में राज्यों तथा केन्द्र शासित प्रदेशों के लिए 25 उच्च न्यायालय हैं। उच्च न्यायालय राज्य-स्तर पर सबसे बड़े होते हैं, परन्तु भारतीय न्यायिक प्रणाली का एक अंग होने के कारण ये सर्वोच्च न्यायालय के दिशा-निर्देशों का पालन करते हैं।

संगठन

प्रत्येक राज्य का एक उच्च न्यायालय होता है। दो या दो से अधिक राज्यों के लिए एक संयुक्त उच्च न्यायालय भी हो सकता है। उदाहरणार्थ, पंजाब, हरियाणा और केन्द्र शासित प्रदेश चंडीगढ़ के लिए केवल एक उच्च न्यायालय, चंडीगढ़ में है। इसी प्रकार गुवाहाटी में स्थित उच्च न्यायालय चार उत्तर-पूर्वी राज्यों–असम, नागालैंड, मिजोरम और अरुणाचल प्रदेश के लिए है। यद्यपि दिल्ली एक राज्य नहीं है परन्तु इसका एक अलग उच्च न्यायालय है। प्रत्येक उच्च न्यायालय में एक मुख्य न्यायाधीश और अन्य न्यायाधीश होते हैं। न्यायाधीशों की संख्या अलग-अलग राज्य में भिन्न-भिन्न हो सकती है। उच्च न्यायालय के न्यायाधीश भारत के राष्ट्रपति द्वारा नियुक्त किये जाते हैं तथा न्यायाधीशों की संख्या भी राष्ट्रपति ही निर्धारित करते हैं।

किसी राज्य के उच्च न्यायालय के मुख्य न्यायाधीश की नियुक्ति, राष्ट्रपति सर्वोच्च न्यायालय के मुख्य न्यायाधीश और उस राज्य के राज्यपाल की सलाह से करता है। अन्य न्यायाधीशों की नियुक्ति के लिए राष्ट्रपति सर्वोच्च न्यायालय के मुख्य न्यायाधीश, उस राज्य के उच्च न्यायालय के मुख्य न्यायाधीश तथा उस राज्य के राज्यपाल से सलाह लेता है। न्यायाधीशों को एक उच्च न्यायालय से दूसरे उच्च न्यायालय में भी स्थानांतरित किया जा सकता है। स्थानांतरण में भी राष्ट्रपति को सर्वोच्च न्यायालय के मुख्य न्यायाधीश से सलाह लेनी होती है। सवैधानिक रूप से राष्ट्रपति ही ये नियुक्तियां करता है। परन्तु 1993 में सर्वोच्च न्यायालय द्वारा दिए गए फैसले के अनुसार वास्तविक चयन तो सर्वोच्च न्यायालय के वरिष्ठ न्यायाधीशों द्वारा मुख्य न्यायाधीश की अध्यक्षता में सर्वोच्च न्यायालय ही करता है। इसकी सिफारिशों को राष्ट्रपति नकार नहीं सकता।

योग्यता

उच्च न्यायालय में किसी व्यक्ति को न्यायाधीश होने के लिए उसमें निम्न योग्यताएं होनी चाहिए:

(*i*) वह भारत का नागरिक हो।

(*ii*) जिला या उससे निम्न स्तर के न्यायालय में कम से कम दस वर्षों तक वह न्यायाधीश के पद पर रहा हो।

अथवा

किसी एक या अधिक उच्च न्यायालयों या उच्चतम न्यायालय में उसने लगातार दस वर्षों तक वकालत की हो।

कार्यकाल

एक बार उच्च न्यायालय का न्यायाधीश नियुक्त होने के बाद वे 62 वर्ष की आयु तक पद पर बने रहते हैं। सेवानिवृति के बाद उन्हें या तो सर्वोच्च न्यायालय में न्यायाधीश नियुक्त किया जा सकता है या वे उच्चतम न्यायालय या किसी ऐसे उच्च न्यायालय में वकालत कर सकते हैं जिसमें वे न्यायाधीश न रहे हों।

पदच्युति

किसी भी उच्च न्यायालय के न्यायाधीश को 62 वर्ष की आयु से पहले भी हटाया जा सकता है यदि वह अक्षम है अथवा उसका दुर्व्यवहार सिद्ध हो जाये। यदि संसद के दोनों सदन अलग-अलग

एक ही सत्र में कुल सदस्य संख्या के पूर्ण बहुमत तथा उपस्थित सदस्यों के दो-तिहाई बहुमत से प्रस्ताव पारित कर दें तो न्यायाधीश को पद से हटाया जा सकता है। ऐसा प्रस्ताव राष्ट्रपति को पेश किया जाता है और फिर राष्ट्रपति उस न्यायाधीश को हटा देता है। यह प्रक्रिया ठीक वैसी ही जिसके द्वारा सर्वोच्च न्यायालय के न्यायाधीशों को हटाया जाता है।

उच्च न्यायालय का अधिकार क्षेत्र

उच्च न्यायालय के पास कुछ मामलों में सीधी सुनवाई और फैसले का अधिकार है, इसे प्रारम्भिक क्षेत्राधिकार कहते हैं। जब किसी निचले स्तर के न्यायालय के फैसले के विरुद्ध सुनवाई उच्च न्यायालय में होती है तो इसे अपीलीय क्षेत्राधिकार कहते हैं। उच्च न्यायालय अपील करने का न्यायालय है। निचले स्तर के न्यायालयों के फैसले के विरुद्ध सिविल और फौजदारी मामले उच्च न्यायालय में लाए जा सकते हैं।

प्रारम्भिक क्षेत्राधिकार

उच्च न्यायालय का प्रारम्भिक क्षेत्राधिकार काफी सीमित है। मूल अधिकारों के हनन संबंधी मामले उच्च न्यायालयों या सर्वोच्च न्यायालय में प्रारम्भ किये जा सकते हैं। उच्च न्यायालय इन अधिकारों को पुनः लागू करने का आदेश दे सकता है।

चुनाव याचिकाओं पर निर्णय

उच्च न्यायालय किसी भी सांसद या विधायक के चुनाव के विरुद्ध की गई याचिका पर सुनवाई कर सकता है। उच्च न्यायालय यदि पाता है कि उस सांसद या विधायक ने भ्रष्ट प्रकार से चुनाव जीता है तो वह उस चुनाव को रद्द कर सकता है।

अपीलीय अधिकार

निम्न स्तरीय न्यायालयों के फैसलों के विरुद्ध मामलों की सुनवाई उच्च न्यायालय करता है। सिविल मामलों में जिनकी अनुमानित राशि 5 लाख से ऊपर हो उनकी सुनवाई उच्च न्यायालय में होती है। कोई भी पार्टी जो जिला-स्तर न्यायालय के फैसले से असहमत हो, वह उच्च न्यायालय में अपील कर सकता है। पेटेन्ट और डिजाइन, उत्तराधिकार, भूमि-अधिग्रहण तथा अभिभावक बनने संबंधी मामले भी उच्च न्यायालय में सुनी जाती हैं।

उच्च न्यायालय सेशन कोर्ट के आपराधिक मामलों की सुनवाई करता है। यदि सेशन कोर्ट में कोई व्यक्ति अपराधी साबित होता है तो वह इसके विरुद्ध अपील कर सकता है। कभी-कभी राज्य भी सजा बढ़ाने के लिए सेशन कोर्ट से अपील कर सकता है। उच्च न्यायालय सेशन कोर्ट के फैसले स्वीकार भी कर सकता है या सजा के प्रकार को बदल सकता है या दोषी को मुक्त भी कर सकता है। परन्तु यदि सेशन कोर्ट किसी दोषी को सजा-ए-मौत देता है तो अभियुक्त को फांसी देने से पहले उच्च न्यायालय से पुष्टि करायी जाती है। दोषी द्वारा अपील न किये जाने के बाद भी राज्य उस मामले को उच्च न्यायालय में पुष्टि के लिए भेज देता है।

उच्च न्यायालय में मामलों का स्थानांतरण

यदि उच्च न्यायालय को यह संतुष्टि हो जाये कि अधीनस्थ न्यायालय के समक्ष प्रस्तुत मुकदमे में संविधान की व्याख्या की आवश्यकता है तो ऐसे मामलों को उच्च न्यायालय स्वयं ही उस अधीनस्थ न्यायालय से अपने हाथ में ले लेता है। मामले की जांच के बाद या तो उच्च न्यायालय उसका निपटारा स्वयं करता है या निर्देशों के साथ उसी अधीनस्थ न्यायालय को उस मामले को सौंप देता है।

अधीनस्थ न्यायालयों का अधीक्षण

न्यायिक अथवा प्रशासनिक सभी मामलों में उच्च न्यायालय अपने अधीनस्थ सभी न्यायालयों पर निरीक्षण एवं नियंत्रण का अधिकार रखता है। अपनी इन शक्तियों के अन्तर्गत यह अपने अधीनस्थ किसी भी न्यायालय से कुछ भी जानकारी मांग सकता है; अधीनस्थ न्यायालय की कार्य-प्रणाली के लिए सामान्य दिशा-निर्देश जारी कर सकता है। यह सब उच्च न्यायालय समय-समय पर कर सकता है। यदि आवश्यक हो तो यह अधीनस्थ न्यायालय के पदाधिकारियों की नियुक्ति, पदावनति, पदोन्नति एवं अवकाश से संबंधित नियम कानून बनाता है।

अभिलेख न्यायालय

सर्वोच्च न्यायालय की तरह उच्च न्यायालय भी एक अभिलेख न्यायालय है। उच्च न्यायालय के फैसलों को निचले स्तर के न्यायालय मानने के लिए बाध्य हैं। अपनी उपेक्षा और अवमानना के लिए उच्च न्यायालय दंड देने की भी शक्ति रखता है।

राज्य सरकार

राज्यपाल

भारतीय संविधान के अनुसार प्रत्येक राज्य के लिए एक राज्यपाल होगा। यदि आवश्यकता पड़े तो एक ही व्यक्ति दो या दो से अधिक राज्यों के लिए भी राज्यपाल बनाया जा सकता है। प्रत्येक राज्य की कार्यपालिका संबंधी शक्तियां वहां के राज्यपाल में निहित होती है। वह इन शक्तियों का प्रयोग प्रत्यक्ष अथवा अधीनस्थ अधिकारियों के माध्यम से करता है।

नियुक्ति, योग्यताएं तथा कार्यकाल

किसी राज्य के राज्यपाल की नियुक्ति भारत के राष्ट्रपति द्वारा की जाती है। किसी राज्यपाल को उसी राज्य में या किसी दूसरे राज्य में पुनः नियुक्ति करने पर कोई पाबंदी नहीं है। इससे यह पता चलता है कि राज्यपाल निर्वाचित नहीं होता बल्कि नियुक्त किया जाता है। राज्यपाल बनने के लिए निम्नलिखित योग्यताएं होनी चाहिए :

1. उसे भारत का नागरिक होना चाहिए।
2. उसे कम से कम 35 वर्ष का होना चाहिए, और
3. वह अपने कार्यकाल में किसी अन्य लाभ वाले पद पर नहीं रह सकता।

किंतु यदि कोई व्यक्ति संसद के किसी सदन अथवा राज्य विधायिका का अथवा राष्ट्रीय या राज्य स्तर पर मंत्रिपरिषद् का सदस्य है और उसे राज्यपाल नियुक्त कर दिया जाता है तो वह मंत्रिपरिषद् का सदस्य नहीं रहता अर्थात पदमुक्त माना जाता है। राज्यपाल की नियुक्ति पांच वर्ष के लिए की जाती है परंतु प्रायः राष्ट्रपति की इच्छा तक अपने पद पर बना रहता है। वह अपना कार्यकाल समाप्त होने से पूर्व त्यागपत्र दे सकता है अथवा राष्ट्रपति द्वारा समय से पहले हटाया भी जा सकता है। वास्तव में राज्यपाल की नियुक्ति करते समय या उसे पदच्युत करते समय राष्ट्रपति प्रधानमंत्री के परामर्श को मानता है। उसे निःशुल्क आवास दिया जाता है, जिसे राजभवन कहते हैं। उसके वेतन, भत्ते, तथा अन्य सुविधाओं का निर्धारण समय-समय पर कानून बना कर किया जाता है किंतु उन्हें किसी भी राज्यपाल के कार्यकाल के दौरान कम नहीं किया जा सकता।

राज्यपाल के कार्य एवं शक्तियां

(क) कार्यकारी शक्तियाँ

राज्य में कार्यपालिका संबंधी सभी कार्य राज्यपाल के नाम से ही होते हैं। वह न केवल मुख्यमंत्री की नियुक्ति करता है बल्कि मुख्यमंत्री की सलाह से अन्य मंत्रियों की भी नियुक्ति करता है। स्थापित परम्परा के अनुसार विधान सभा में बहुमत प्राप्त दल के नेता को अथवा किसी भी दल को स्पष्ट बहुमत न मिलने की स्थिति में कुछ दलों के गठबंधन के नेता को वह सरकार बनाने के लिए आमंत्रित करता है। वह मुख्यमंत्री की सलाह से अन्य मंत्रियों में विभागों का विभाजन करता है। राज्यपाल राज्य के महान्यायवादी और राज्य के लोक सेवा आयोग के अध्यक्ष एवं सदस्यों की नियुक्ति भी करता है।

वह उच्च न्यायालय को छोड़कर राज्य के सभी न्यायालयों के न्यायाधीशों की नियुक्ति करता है किन्तु उच्च न्यायालय के न्यायाधीशों की राष्ट्रपति द्वारा नियुक्ति करते समय राज्यपाल से परामर्श लिया जाता है। राज्य की कार्यपालिका का प्रमुख होने के नाते अपने कर्तव्यों का निर्वहन करने के लिए राज्यपाल मुख्यमंत्री के नेतृत्व में मंत्रिपरिषद् से परामर्श एवं सहायता लेता है।

(ख) विधायी शक्तियाँ

राज्यपाल राज्य विधान सभा का एक अभिन्न अंग है तथा उसकी अनेक विधायी शक्तियां भी हैं। उसे राज्य विधान मंडल की बैठक बुलाने या स्थगित करने का अधिकार है। वह चाहे तो मुख्यमंत्री एवं मंत्रिपरिषद् के परामर्श पर विधान सभा को भंग भी कर सकता है।

वह राज्य की विधान सभा को अथवा दोनों सदनों की संयुक्त बैठक को सम्बोधित कर सकता है। वह किसी एक सदन अथवा दोनों सदनों को संदेश भेज सकता है।

जिन राज्यों में विधान परिषद् हैं, वहां का राज्यपाल विधान परिषद् की कुल सदस्य संख्या के 1/6 सदस्यों को मनोनीत करता है। ये मनोनीत सदस्य साहित्य, कला, विज्ञान, सहकारिता अथवा समाज सेवा में ख्याति प्राप्त व्यक्ति होते हैं।

किसी भी विधेयक को कानून बनने के लिए राज्यपाल की स्वीकृति आवश्यक है। इस संबंध में राज्यपाल के पास निम्नलिखित विकल्प हैं:

(*i*) राज्यपाल विधेयक को स्वीकृति प्रदान करे, ऐसा होने पर विधेयक कानून बन जाता है।

(*ii*) वह विधेयक को स्वीकृति देने की बजाए अपने पास रख ले तो इस स्थिति में विधेयक कानून नहीं बन पाता।

(*iii*) राज्यपाल कुछ संशोधनों सहित विधेयक को पुनर्विचार के लिए वापस भेज सकता है। यदि सदन इस विधेयक को संशोधित करके या मूल रूप से पारित कर राज्यपाल के पास भेज दे, तो वह स्वीकृति देने से मना नहीं कर सकता।

(*iv*) वह विधेयक को राष्ट्रपति के विचारार्थ सुरक्षित रख सकता है। यदि राज्य विधायिका का अधिवेशन न चल रहा हो, तो राज्यपाल को अध्यादेश जारी करने का अधिकार है किंतु इस प्रकार के अध्यादेश को विधान मण्डल की अगली सभा प्रारम्भ होने के छह सप्ताह के अंदर स्वीकृति मिलना आवश्यक है, अन्यथा अध्यादेश प्रभावी नहीं रहता। राज्य विधान सभा अध्यादेश के स्थान पर निर्धारित अवधि में एक नया कानून बना सकती है। कार्यपालिका संबंधी शक्तियों की तरह विधायी शक्तियों का प्रयोग भी वास्तव में मुख्यमंत्री के नेतृत्व में मंत्रिपरिषद् द्वारा किया जाता है।

(ग) वित्तीय शक्तियां

(*i*) राज्यपाल की पूर्व अनुमति के बिना कोई धन विधेयक राज्य विधान सभा में प्रस्तुत नहीं किया जा सकता।

(*ii*) राज्य का वार्षिक बजट तथा अनुपूरक बजट, राज्यपाल के नाम से ही, विधान सभा में प्रस्तुत किया जाता है।

(*iii*) राज्य की आकस्मिक निधि पर राज्यपाल का नियंत्रण होता है।

(घ) क्षमादान की शक्ति

राज्यपाल के पास न्यायालय द्वारा दण्डित किसी अपराधी को उस राज्य के किसी कानून के विरुद्ध अपराध करने पर मिले दण्ड को माफ, स्थगित अथवा कम करने की शक्ति है।

(ङ) स्वविवेक की शक्तियां

राज्यपाल अपनी कार्यकारी, विधायी, वित्तीय तथा न्यायिक शक्तियों का प्रयोग करते समय मुख्यमंत्री के नेतृत्व में मंत्रिपरिषद् से परामर्श तथा सहयोग लेता है। उसे यह शक्तियां अपने राज्य के अध्यक्ष के नाते मिली हुई हैं। उसकी कुछ अन्य शक्तियां

भी हैं जो उसे केंद्रीय सरकार के प्रतिनिधि के रूप में मिली हुई हैं। इन शक्तियों को स्वविवेक की शक्तियां भी कहते हैं। ऐसा कुछ विशिष्ट परिस्थितियों में होता है जब राज्यपाल मंत्रिपरिषद् के परामर्श के बिना कोई कार्य करता है। दूसरे शब्दों में यह कहा जा सकता है कि राज्यपाल की ऐसी शक्तियों का प्रयोग उसकी इच्छा पर निर्भर करता है। ये शक्तियां हैं:

(*i*) यदि राज्यपाल के विचार में राज्य में संवैधानिक तंत्र विफल हो चुका हो तो वह उसकी सूचना तुरंत राष्ट्रपति को देकर, राष्ट्रपति शासन लागू करने की सिफारिश कर सकता है। ऐसी स्थिति में मंत्रिपरिषद् की सलाह न लेकर, राज्यपाल स्वयं निर्णय करता है। इसलिए इसे स्वविवेक संबंधी शक्ति कहा जाता है। यदि राज्यपाल की सिफारिश राष्ट्रपति द्वारा स्वीकार कर ली जाती है तो अनुच्छेद 356 के अंतर्गत राष्ट्रपति आपात काल की घोषणा करता है और मंत्रिपरिषद् को भंग कर दिया जाता है। विधान सभा भी या तो भंग कर दी जाती है अथवा स्थगित कर दी जाती है। इस काल में राज्यपाल राष्ट्रपति के अभिकर्ता के रूप में शासन करता है।

(*ii*) एक परिस्थिति यह भी हो सकती है कि राज्यपाल किसी विधेयक को राष्ट्रपति के विचारार्थ सुरक्षित रखे। क्योंकि राज्यपाल यह निर्णय स्वयं अपने आप लेता है, इसलिए यह भी उसकी स्वविवेक की शक्ति है। राज्यपाल की स्वविवेक की शक्तियां असामान्य और संकट काल के लिए रखी गई हैं। किंतु इन शक्तियों का प्रयोग सामान्य परिस्थितियों में भी विवादास्पद तरीके से किया गया है, जिससे केंद्र और राज्यों के संबंध में तनाव पैदा हुआ है।

राज्य विधान मण्डल

अधिकतर राज्यों के विधान मण्डल में राज्यपाल तथा विधान सभा होती है। इसका अर्थ यह है कि इन राज्यों में एकसदनीय विधायिका है। कई राज्यों में विधान मण्डल के दो सदन होते हैं–विधान सभा और विधान परिषद्। जहां दो सदन होते हैं उसे द्विसदनीय विधायिका कहते हैं।

छह राज्यों में द्विसदनीय विधानमंडल हैं। ये राज्य हैं–बिहार, उ.प्र., कर्नाटक, महाराष्ट्र, तेलंगाना और आन्ध्र प्रदेश। विधान सभा को निचला सदन या लोकप्रिय सदन कहा जाता है। विधान परिषद् को उपरी सदन कहते हैं। जिस प्रकार केन्द्रीय स्तर पर लोकसभा को अत्यंत शक्तिशाली बनाया गया है उसी प्रकार राज्यों में विधान सभा को शक्तिशाली बनाया गया है।

विधान सभा

प्रत्येक राज्य में एक विधान सभा होती है। यह राज्य की जनता का प्रतिनिधित्व करती है। विधान सभा के सदस्य सार्वभौमिक वयस्क मताधिकार के आधार पर प्रत्यक्ष रूप से जनता द्वारा निर्वाचित किए जाते हैं। उनका निर्वाचन राज्य में पंजीकृत सभी वयस्क नागरिक मतदाताओं द्वारा होता है। 18 वर्ष या उससे ऊपर की आयु के सभी स्त्री और पुरुष मतदाता सूची में शामिल होने के योग्य होते हैं। वे राज्य विधान सभा के सदस्यों को चुनने के लिए मतदान करते हैं। सदस्य निर्वाचन क्षेत्रों के आधार पर निर्वाचित किए जाते हैं। प्रत्येक राज्य को उतने ही एक सदस्यीय निर्वाचन क्षेत्रों में बांटा जाता है जितने सदस्य चुने जाने हैं। लोकसभा की तरह यहां भी कुछ स्थान अनुसूचित जातियों तथा कुछ स्थान अनुसूचित जनजातियों के लिए आरक्षित किए जाते हैं। यह उस राज्य में इन वर्गों की जनसंख्या पर निर्भर करता है।

राज्य विधान सभा का सदस्य बनने के लिए एक व्यक्ति में निम्नलिखित योग्यताएं होनी चाहिए:

- वह भारत का नागरिक हो;
- वह 25 वर्ष का हो;
- उस का नाम मतदाता सूची में होना चाहिए;
- किसी लाभ के पद पर अथवा सरकारी पद पर कार्यरत न हो।

विधान सभा के सदस्यों की संख्या 500 से अधिक तथा 60 से कम नहीं हो सकती। किंतु बहुत छोटे राज्यों को न्यूनतम संख्या से भी कम सदस्य रखने की स्वीकृति दी गई है। जैसे गोवा और मिजोरम की विधानसभा में केवल 40-40 और सिक्किम विधानसभा में 32 सदस्य हैं। लोकसभा की तरह यहां भी कुछ स्थान अनुसूचित जातियों व जनजातियों के लिए आरक्षित होते हैं। विधान सभा का कार्यकाल पांच वर्ष का होता है। परंतु मुख्यमंत्री की सलाह पर राज्यपाल अवधि पूरा होने से पहले भी इसको भंग कर सकता है। अनुच्छेद 356 के अंतर्गत यदि राष्ट्रपति किसी राज्य में संवैधानिक संकट की स्थिति में आपातकाल की घोषणा करे तो भी राष्ट्रपति विधान सभा को भंग कर सकता है। अनुच्छेद 352 के अंतर्गत राष्ट्रीय आपातकाल की घोषणा होने पर संसद विधान सभा के कार्यकाल को एक बार में एक वर्ष तक बढ़ा सकती है।

विधान परिषद्

विधान परिषद् राज्य विधायिका का उच्च सदन है। अधिकतर राज्यों में विधान परिषद् नहीं हैं। बहुत कम राज्यों में द्विसदनीय विधायिका है। वर्तमान में छह राज्यों, जैसे उत्तर प्रदेश, बिहार, कर्नाटक, महाराष्ट्र, तेलंगाना तथा आन्ध्र प्रदेश में विधान परिषद् हैं जबकि शेष राज्यों में केवल एक सदन है अर्थात केवल विधान सभा। विधान परिषद् ब्रिटिश काल की विरासत है। यदि किसी राज्य की विधान सभा जहां विधान परिषद् नहीं है, अपनी कुल सदस्य संख्या के बहुमत तथा उपस्थित एवं मतदान में भाग लेने वाले सदस्यों के दो-तिहाई बहुमत से पारित करके द्वितीय सदन अर्थात विधान परिषद् बनाने का प्रस्ताव संसद के पास भेजे, तो संसद उस स्थिति में विधान परिषद् का निर्माण कर सकती है। इसी प्रकार यदि किसी राज्य में विधान परिषद् है परंतु वे चाहते हैं कि इसे समाप्त कर दिया जाए तो संबंधित राज्य को विशेष बहुमत से एक प्रस्ताव पारित कर संसद को भेजना होता है। तब संसद एक प्रस्ताव पारित करेगी कि दूसरा सदन समाप्त कर दिया जाए। इसी तरीके से पंजाब तथा

पश्चिम बंगाल से विधान परिषद् समाप्त कर दी गई है। संविधान के अनुसार विधान परिषद् के सदस्यों की कुल संख्या विधान सभा की कुल सदस्य संख्या के एक-तिहाई से अधिक नहीं होनी चाहिए परंतु यह संख्या कम से कम 40 होनी चाहिए।

विधान परिषद् का सदस्य बनने के लिए निम्नलिखित योग्यताएं होनी चाहिए:

- वह भारत का नागरिक हो;
- 30 वर्ष की आयु प्राप्त कर चुका हो;
- राज्य का पंजीकृत मतदाता हो;
- उसके पास कोई लाभ का पद न हो।

विधान परिषद् आंशिक रूप से निर्वाचित तथा आंशिक रूप से मनोनीत होती है। अधिकतर सदस्य आनुपातिक प्रतिनिधित्व के आधार पर एकल संक्रमणीय मत प्रणाली द्वारा अप्रत्यक्ष रूप से चुने जाते हैं। विधान परिषद् की रचना इस प्रकार है:

- परिषद् के एक तिहाई (1/3) सदस्य विधान सभा के सदस्यों द्वारा चुने जाते हैं।
- इसके एक तिहाई (1/3) सदस्य एक निर्वाचक मण्डल द्वारा निर्वाचित होते हैं जिसमें नगर निगम, नगर परिषद्, जिला बोर्ड तथा राज्य की अन्य स्थानीय शासन की संस्थाओं के प्रतिनिधि होते हैं।
- कुल सदस्यों का 12वां भाग राज्य के स्नातकों द्वारा निर्वाचित होता है जिन को स्नातक बने कम से कम तीन वर्ष हो चुके हों।
- कुल सदस्यों का बारहवां (12वां) भाग राज्य के उन अध्यापकों द्वारा निर्वाचित होता है जिनका अध्यापन का अनुभव कम से कम तीन वर्ष का हो तथा वे उच्च माध्यमिक या उससे ऊपर के स्तर के शैक्षणिक संस्थाओं में पढ़ाते हों।
- शेष, लगभग छठा भाग राज्यपाल द्वारा मनोनीत किए जाते हैं। ये वे लोग होते हैं जो साहित्य, विज्ञान, कला, सहकारी तथा सामाजिक क्षेत्र में ख्याति प्राप्त व्यक्ति हों। केन्द्र में राज्यसभा की तरह, विधान परिषद् भी एक स्थाई सदन है। यह कभी भंग नहीं होता है।

  इसके सदस्यों का कार्यकाल 6 वर्ष है। प्रत्येक दो वर्ष के पश्चात इसके एक-तिहाई सदस्य सेवानिवृत हो जाते हैं। सेवानिवृत होने वाले सदस्य पुनः चुनाव लड़ सकते हैं। यदि किसी सदस्य के मरने से अथवा त्याग पत्र देने से कोई स्थान रिक्त होता है तो उसका चुनाव केवल बचे हुए कार्यकाल के लिए होता है।

स्थानीय स्वशासन

भारत में पंचायत व्यवस्था अत्यंत प्राचीन संस्था हैं। इस संस्था के अंतर्गत गांवों में कुछ प्रमुख व्यक्तियों को पंच बनाकर सामाजिक समस्याओं का निदान करने तक सीमित था, लेकिन अंग्रेजी शासन ने इस पंचायत व्यवस्था को पूर्णतः नष्ट कर दिया और इसके स्थान पर प्रांतीय सरकारें स्थापित की गईं। लेकिन आजादी के उपरांत तत्कालीन बुद्धिजीवियों का ध्यान पंचायत व्यवस्था की तरफ गया और उन्होंने इस व्यवस्था का समर्थन किया। वास्तव में स्वतंत्रता प्राप्ति के पश्चात देश के समुचित आर्थिक विकास के लिए क्षेत्रीय असमानता को दूर करना जरूरी था और इसके लिए जनता की भागीदारी की आवश्यकता थी।

तत्कालीन प्रधानमंत्री जवाहर लाल नेहरू ने भारत के ग्रामीण विकास में नागरिकों की सहभागिता के लिए अमरीका के 'ब्लाक मॉडल' को भारत में अपनाया। उनकी पहल पर ही भारत में 1952 से 1957 तक ब्लॉक विकास अधिकारी (Block Development Officers) ग्रामीण विकास के लिए सामुदायिक कार्यक्रम के अंतर्गत कार्य करते रहे, लेकिन यह सामुदायिक विकास कार्यक्रम विकास अधिकारियों तक सीमित रहा और जनता की सहभागिता को सुनिश्चित नहीं कर पाया।

अतः इसकी कार्य प्रणाली तथा उपलब्धियों को ध्यान में रखते हुए ग्रामीण विकास के लिए एक सुनियोजित कार्यक्रम एवं व्यवस्था पर विचार-विमर्श करने के लिए भारत सरकार ने बलवंत राय मेहता की अध्यक्षता में 1956 में एक समिति का गठन किया।

बलवंत राय मेहता समिति

1956 में बलवंत राय मेहता की अध्यक्षता में एक समिति का गठन किया गया। इस समिति का मुख्य कार्य यह अध्ययन करना था कि कार्य सम्पादन में अधिक तीव्रता लाने के उद्देश्य से कार्यक्रम का संगठनात्मक ढांचा तथा कार्य करने के तरीके कहां तक उपयुक्त थे। इस समिति ने विकास कार्यक्रम की इस त्रुटि को भी उजागर किया कि इसे जनता का सहयोग प्राप्त नहीं हो पाया जिसके कारण यह अपने लक्ष्य प्राप्ति में असफल रहा। 1957 में इस समिति ने अपनी संस्तुतियां सरकार को दी।

बलवंत राय मेहता समिति के द्वारा प्रजातांत्रिक विकेन्द्रीकरण के विषय में जो संस्तुति प्रस्तुत की गई उसमें निम्नलिखित बातों का उल्लेख था–

1. स्थानीय स्वशासन की गांव से लेकर जिला स्तर तक परस्पर संबंद्ध त्रिस्तरीय रचना होनी चाहिए अर्थात् गांव स्तर पर एक संगठन, जिला स्तर पर एक संगठन तथा एक संगठन मध्य में होना चाहिए जैसे-गांव स्तर पर ग्राम सभा तथा ग्राम पंचायत निम्न स्तर पर, जिला परिषद् उच्चतर स्तर पर तथा इन दोनों स्तरों के मध्य में पंचायत समितियां या जनपद पंचायतें।
2. स्थानीय प्रशासन की इन संस्थाओं को प्रशासन की वास्तविक शक्तियां तथा उतरदायित्व प्रदान करना चाहिए।

3. इन संस्थाओं को पर्याप्त संसाधन प्रदान करना चाहिए।
4. आयोजना के द्वारा बनाए गए आर्थिक एवं सामाजिक विकास के कार्यक्रमों को इन संस्थाओं के माध्यम से चलाया जाना चाहिए।

इस समिति में सर्वाधिक बल ग्राम पंचायतों पर दिया गया था तथा इस निम्न स्तरीय इकाई को सामुदायिक विकास के कार्यक्रम चलाने का उतरदायित्व सौंपा गया।

पंचायतीराज संस्थाएं निर्वाचित होती हैं। अतः जनसहयोग बना रहता है तथा कार्यक्रमों को कार्यान्वित करने में सुविधा रहती है। स्थानीय लोग स्थानीय समस्याओं को भली भांति समझते हैं, अतः उचित समाधान भी कर सकते हैं।

12 जनवरी, 1958 को राष्ट्रीय विकास परिषद् (NDC) ने बलवंत राय मेहता समिति की प्रजातांत्रिक विकेन्द्रीकरण की सिफारिशों को स्वीकार करते हुए राज्यों से इसे कार्यान्वित करने के लिए कहा। 2 अक्टूबर, 1959 को जवाहरलाल नेहरू ने राजस्थान के नागौर जिले में प्रजातांत्रिक विकेन्द्रीकरण की योजना का श्रीगणेश किया और इसी दिन इसे संपूर्ण राजस्थान में लागू कर दिया गया।

इस लोकतंत्रिक विकेन्द्रीकरण को ही पंचायती राज कहा जाने लगा। इस प्रकार राजस्थान में सर्वप्रथम पंचायती राज की स्थापना की गई।

अशोक मेहता समिति

पंचायती राज व्यवस्था को और अधिक प्रभावी बनाने के लिए जनता सरकार द्वारा 12 सितम्बर, 1977 में अशोक मेहता समिति का गठन किया गया। इस समिति द्वारा 1978 में प्रतिवेदन प्रस्तुत किया गया जिसमें निम्नलिखित बातों का उल्लेख था–

1. पंचायती राज संस्थाओं में त्रिस्तरीय संगठन के स्थान पर द्विस्तरीय संगठन होना चाहिए, जिला स्तर पर जिला परिषद् तथा निम्न स्तर पर मण्डल पंचायत जो कई गांवों को मिलाकर बनेगी। इस समिति द्वारा ग्राम पंचायत को समाप्त करने की बात कही गई।
2. जिला परिषद में छः प्रकार के सदस्य होंगे जिसमें पंचायत समिति के अध्यक्ष, सहकारी समितियों एवं म्यूनिसिपलिटीज के प्रतिनिधि, 2 महिला सदस्य, अनुसूचित जाति तथा जनजाति के सदस्य, क्षेत्र के निर्वाचित एम॰एल॰ए॰ तथा एम॰पी॰ जिला परिषद् के पदेन सदस्य होंगे। जिला परिषद् के अध्यक्ष का चुनाव उसके सदस्यों द्वारा चार वर्ष के लिए किया जाएगा।
3. पंचायती राज संस्थाओं को करारोपण की अनिवार्य शक्ति प्रदान करनी चाहिए जिससे वे राज्य सरकार के अनुदान पर निर्भर न रहें तथा स्वयं आय के स्त्रोत बना सकें।
4. मंडल पंचायत में 15 सदस्य होंगे जो गांव की जनगणना के आधार पर ग्रामीणों द्वारा प्रत्यक्ष रूप से चुने जाएंगे।
5. पंचायती राज संस्थाओं के चुनावों में राजनीतिक दलों को भाग लेना चाहिए।
6. राज्य सरकारें राजनीतिक आधार पर पंचायती राज संस्थाओं का विघटन न करें। यदि ऐसा होता है तो उन संस्थाओं का चुनाव छः माह के अंदर हो जाने चाहिए।

इस प्रकार अशोक मेहता समिति द्वारा बलवंत राय मेहता के प्रतिमानों में कुछ परिवर्तन किया गया लेकिन सरकार ने इनमें से एक भी संस्तुति को स्वीकार नहीं किया।

आज भी भारत में पंचायती राज व्यवस्था बलवंत राय मेहता द्वारा सुझाए गए प्रतिमान पर ही कार्य कर रही है।

स्थानीय ग्रामीण सरकार

पंचायती राज व्यवस्था के अंतर्गत आने वाले त्रिस्तरीय स्थानीय स्वशासन की इकाईयों की स्थापना व उनकी शक्तियों का उल्लेख निम्न प्रकार से किया जा सकता है–

ग्राम सभा

जिस किसी ग्राम की जनसंख्या 200 अथवा 200 से अधिक हो, सरकार उसको ग्राम सभा क्षेत्र घोषित करती है। यदि किसी ग्राम की जनसंख्या 200 से कम हो तो साथ के ग्राम अथवा ग्रामों को मिलाकर एक ग्राम सभा क्षेत्र सरकारी सूचना द्वारा बना दिया जाता है। वे समस्त नागरिक जिनका नाम विधान सभा की चुनाव सारणी में होता है, ग्राम सभा के सदस्य होते हैं। ग्राम पंचायतें, अपनी सत्ता और शक्ति ग्राम सभा से प्राप्त करती हैं और उसी के प्रति उत्तरदायी होता है।

ग्राम पंचायत : गांवों में स्थानीय स्वशासन की मुख्य इकाई ग्राम पंचायत है । इस समय देश में दो लाख से अधिक ग्राम-पंचायतें हैं। एक ग्राम पंचायत एक ग्राम समूह के लिए बनाई जाती है।

ग्रामसभा और ग्राम पंचायत में अंतर

1. ग्राम सभा संपूर्ण गांव के निवासियों की सभा है जिसके व्यस्क नागरिक सदस्य होते हैं, ग्राम पंचायत ग्रामसभा द्वारा मतदान से चुनी जाती है।
2. ग्राम पंचायत का कार्यकाल निश्चित होता है जबकि ग्रामसभा स्थाई संस्था है जो सदैव बनी रहती है।
3. ग्राम पंचायत ग्राम सभा की कार्यकारी संस्था है तथा ग्राम सभा ग्राम पंचायत के कार्य का निरीक्षण तथा मूल्यांकन करती है।

पंचायत समिति

ग्राम पंचायत तथा जिला परिषद् के मध्य में स्थानीय निकाय के संगठन को विभिन्न राज्यों में विभिन्न नामों जैसे पंचायत समिति, क्षेत्र समिति, आंचलिक परिषद् आदि से जाना जाता है। अन्य स्थानीय संस्थाओं की भांति ही इसका भी कार्यकाल पांच वर्ष का निश्चित किया गया है। पंचायत समिति गांवों और जिले के बीच संपर्क स्थापित करती है। पंचायत समिति के क्षेत्र में 60 से 100 तक ग्राम पंचायतें आती हैं।

जिला परिषद्

जिला स्तर पर पंचायती राज की यह अंतिम इकाई है। प्रत्येक जिले में एक जिला परिषद् की व्यवस्था है। यह क्षेत्र समिति और ग्राम पंचायतों तथा राज्य सरकार के मध्य तालमेल बिठाने का कार्य करती हैं। 73 वें संशोधन द्वारा जिला परिषदें स्थापित की गई हैं।

पंचायती राज व्यवस्था और 73 वां संविधान संशोधन

संसद ने 24 अप्रैल 1993 को 73 वां संविधान संशोधन अधिनियम पारित कर राज्यों को निर्देश दिया कि वे एक वर्ष में इस संशोधन के अनुसार पंचायती राज कानून बनाएं। 17 राज्यों व केन्द्र शासित प्रदेशों द्वारा उपर्युक्त निर्देशानुसार कानून बनाए गए। 24 अप्रैल 1994 को यह अधिनियम पूरे देश में लागू हो गया। इस अधिनियम के पारित हो जाने से पंचायती राज संस्थाओं को अब संवैधानिक दर्जा प्राप्त हो गया है और निचले स्तर पर भी लोकतंत्र को मान्यता प्राप्त हुई है।

इस अधिनियम द्वारा संविधान में एक नया अध्याय 9 जोड़ा गया है जिसके अंतर्गत 16 अनुच्छेद और एक अनुसूची (ग्यारहवीं अनुसूची) जोड़ी गयी है। इस संशोधन द्वारा पंचायती राज व्यवस्थाओं के लिए किए प्रावधानों का वर्णन निम्न प्रकार से किया जा सकता है–

1. ग्राम सभा : इस संविधान संशोधन के (अनुच्छेद 243 (b)) अनुसार पंचायत के अधिकार क्षेत्र में आने वाले गांव या गांवों के मतदाता ही ग्राम सभा के सदस्य हो सकते हैं और यही सारे सदस्य मिलकर ग्राम सभा का निर्माण करेंगे। ग्राम सभा का निर्माण राज्य विधान मंडल द्वारा निर्धारित कानून के अनुसार ही किया जाएगा।

2. संरचना संबंधी : संविधान के 73 वें संशोधन द्वारा यह भी स्पष्ट किया गया कि प्रत्येक स्तर की पंचायत की रचना राज्य विधान मंडल द्वारा ही निर्धारित की जाएगी।

3. संवैधानिक मान्यता : इस संविधान संशोधन के द्वारा स्थानीय शासन की संस्थाओं को अब संवैधानिक मान्यता प्राप्त हो गई है।

4. सदस्यों का चुनाव : 73 वें संविधान संशोधन द्वारा यह व्यवस्था की गई है कि पंचायत के सदस्यों के चुनाव के लिए पंचायत क्षेत्र को निर्वाचित क्षेत्रों में बांट दिया जाएगा और पंचायत के सदस्यों का मतदाताओं द्वारा प्रत्यक्ष रूप से चुनाव किया जाएगा।

5. पंचायतों के चुनाव : 73 वें संशोधन द्वारा यह व्यवस्था की गई कि पंचायतों के चुनाव राज्य चुनाव आयोग की देख-रेख, नियंत्रण एवं निर्देशन में होंगे। चुनाव आयोग पंचायती राज संस्थाओं के चुनावों से संबंधित अधिसूचना जारी होने के बाद चुनावों की तिथि निश्चित करता है, नामांकन पत्रों की छानबीन करता है, चुनाव चिह्न जारी करता है और स्वतंत्र व निष्पक्ष चुनावों की व्यवस्था करता है। इसके लिए राज्य चुनाव आयोग की व्यवस्था की गई है। राज्य चुनाव आयुक्त की नियुक्ति राज्यपाल द्वारा की जाएगी और उसकी सेवा शर्तें एवं कार्यकाल राज्य विधानमंडल द्वारा निर्धारित किए जायेंगे। कार्यकाल के दौरान चुनाव आयुक्त की सेवा शर्तों में कोई ऐसा परिवर्तन नहीं किया जाएगा जो उसके लिए अहितकर हो। चुनाव आयुक्त को उसी प्रक्रिया द्वारा हटाया जा सकेगा जिस प्रक्रिया द्वारा उच्च न्यायालय के न्यायाधीशों को हटाया जाता है।

6. 73वें संशोधन के अनुसार संसद सदस्यों तथा विधानमंडल के सदस्यों के लिए प्रतिनिधित्व :

1. पंचायत समिति और जिला परिषद् के चुनाव क्षेत्र में आने वाले लोक सभा और राज्य विधान सभा के सदस्यों को इन संस्थाओं में प्रतिनिधित्व दिया जाएगा।
2. राज्य विधानसभा और विधान परिषद् उन सदस्यों को जिनका नाम पंचायत समिति और जिला परिषद् के चुनाव क्षेत्र की मतदाता सूची में अंकित है प्रतिनिधित्व दिया जाएगा।

   लेकिन संसद तथा राज्य विधान मंडलों के सदस्यों को ग्राम पंचायत में कोई प्रतिनिधित्व नहीं दिया गया है। इन सदस्यों को पंचायत समिति और जिला परिषद् में मत देने का अधिकार दिया गया है।

7. पंचायत के अध्यक्ष का चुनाव तथा पदच्युति : पंचायत के अध्यक्ष यानि सरपंच का चुनाव ग्राम सभा के सदस्यों द्वारा प्रत्यक्ष रूप से किया जाएगा। अध्यक्ष को उसका कार्यकाल पूरा होने से पूर्व भी हटाने की व्यवस्था की गई है। इसके लिए पंचायत अपने कुल सदस्यों के बहुमत और उपस्थित तथा मत देने वाले सदस्यों के बहुमत से अध्यक्ष को हटाने संबंधी प्रस्ताव पास करेगी। ग्राम पंचायत द्वारा पारित किया गया ऐसा प्रस्ताव ग्राम सभा के विचार के लिए भेजा जाएगा। ग्राम सभा इस प्रस्ताव पर विचार करने के लिए एक विशेष बैठक बुलाएगी जिसमें ग्राम सभा के 50% सदस्यों का उपस्थित होना अनिवार्य है। यदि इस बैठक में ग्राम सभा पंचायत के अध्यक्ष को पद से हटाने संबंधी प्रस्ताव को उपस्थित तथा मत देने वाले सदस्यों के बहुमत से पास कर दे तो अध्यक्ष को उसके पद से अलग कर दिया जाएगा।

8. पंचायत समिति और जिला परिषद् के अध्यक्षों का चुनाव व पदच्युति : 73 वें संवैधानिक संशोधन के अनुसार, यह व्यवस्था की गई है कि मध्य स्तरीय पंचायतों और जिला परिषदों के अध्यक्षों का चुनाव संबंधित पंचायतों के निर्वाचित सदस्यों द्वारा अपने में से ही किया जाएगा। यदि संबंधित पंचायत समिति के सदस्य उपस्थित तथा मत देने वाले सदस्यों के 2/3 बहुमत, जो कुल सदस्यों का बहुमत भी होना चाहिए, से अध्यक्ष को हटाने संबंधी प्रस्ताव पास कर दे तो अध्यक्ष को अपना पद त्यागना पड़ता है।

9. आरक्षण : 73 वें संविधान संशोधन द्वारा पंचायती राज व्यवस्था में आरक्षण की निम्नलिखित व्यवस्था की गई है-

(i) **अनुसूचित जातियों, अनुसूचित जन-जातियों तथा पिछड़े वर्गों के लिए :** पंचायती राज संस्थाओं में उनकी जनसंख्या के अनुपात में आरक्षण दिया जाएगा।

(ii) **महिलाओं के लिए भी आरक्षण :** सभी स्तर की पंचायतों के कुल स्थानों का 1/3 भाग महिलाओं के लिए आरक्षित होगा। यह आरक्षण अनुसूचित जातियों

तथा अनुसूचित जनजातियों की स्त्रियों के लिए आरक्षण सहित होगा।

(*iii*) विभिन्न स्तरों की पंचायत संस्थाओं के अध्यक्षों तथा उपाध्यक्षों की कुल संख्या का 1/3 भाग महिलाओं के लिए आरक्षित होगा, जिसमें अनुसूचित जातियों और अनुसूचित जनजातियों की महिलाओं के लिए आरक्षण भी शामिल है।

(*iv*) सभी पंचायती राज की संस्थाओं में अध्यक्षों तथा उपाध्यक्षों के पदों में से कुछ स्थान अनुसूचित जाति तथा अनुसूचित जनजाति के सदस्यों के लिए आरक्षित रखें जाएंगे।

10. चुनाव और निश्चित अवधि : 73 वें संविधान संशोधन के अनुसार पंचायती राज की प्रत्येक संस्था का कार्यकाल 5 वर्ष निश्चित किया गया है। यह कार्यकाल पंचायत की प्रथम बैठक से प्रारम्भ माना जाएगा। पंचायत का कार्यकाल समाप्त होने से पहले ही नई पंचायत के लिए चुनाव करवाने अनिवार्य हैं। राज्य सरकार पंचायत संस्थाओं को इनके निर्धारित कार्यकाल से पूर्व भी भंग कर सकती है। यदि पंचायत को भंग कर दिया जाता है तो 6 माह के भीतर नई पंचायत के लिए चुनाव करवाना अनिवार्य है।

11. सदस्यों की योग्यताएं : पंचायती राज की विभिन्न संस्थाओं का सदस्य बनने के लिए वही योग्यताएं होंगी जो राज्य विधानमंडल का सदस्य बनने के लिए निर्धारित की गई हैं। उल्लेखनीय है कि 73 वें संशोधन द्वारा पंचायती राज संस्थाओं का सदस्य बनने के लिए आयु 21 वर्ष निर्धारित की गई है।

वित्त आयोग : पंचायती राज अधिनियम में पंचायती संस्थाओं को वित्तीय संसाधनों के हस्तांतरण की एक अनिवार्य व्यवस्था लागू करने तथा इसके लिए उचित कसौटियां सुझाने के लिए हर वर्ष एक वित्त आयोग गठित करने का भी प्रावधान है।

शक्तियाँ व कार्य : 73 वें संविधान संशोधन द्वारा संविधान में एक नई अनुसूची (11 वीं अनुसूची) जोड़ी गई है जिसमें पंचायती राज संस्थाओं की शक्तियों व कार्यो का वर्णन किया गया है। जिसमें से कुछ इस प्रकार हैं–

1. खेती बाड़ी 2. सिंचाई और जल प्रबंधन 3. भूमि सुधार 4. वन उत्पादन 5. पशुपालन, मुर्गी व डेयरी पालन 6. लघु उद्योग 7. ग्रामीण आवास 8. सड़कों तथा पुलों का निर्माण व यातायात के साधनों का प्रबंध 9. तकनीकी, रोजगार व शिक्षा 10. समाज कल्याण 11. कमजोर वर्गों विशेष रूप से अनुसूचित जातियों व जनजातियों का कल्याण आदि।

नगरीय स्थानीय सरकार

नगरों में स्वशासन की स्थापना के लिए नगरीय निकायों की स्थापना की गई है। वर्तमान में भारतीय नगरीय शासन में नगर निगम, नगर पालिकायें, नगर क्षेत्र समितियाँ, छावनी बोर्ड, अधिसूचित क्षेत्र समितियाँ आदि सम्मिलित हैं।

संविधान के 74 वें संविधान संशोधन द्वारा नगर निकायों को पंचायती राज व्यवस्था की भांति संवैधानिक दर्जा प्रदान किया गया है। संविधान के भाग 9-क में अनुच्छेद 243-त से लेकर अनुच्छेद 243-य-छ तक नगरपालिका के लिए उपबधों का समावेश किया गया है इसके साथ ही संविधान में एक नई अनुसूची (12वीं अनुसूची) का समावेश किया गया है जिसमें इसके कार्यक्षेत्र से संबंधित 18 विषय सम्मिलित किए गए हैं।

नगरीय स्थानीय शासन और 74वां संविधान संशोधन

74 वें संविधान संशोधन के माध्यम से नगरीय स्थानीय संस्थाओं के लिए निम्न प्रावधान किए गए हैं–

1. इस संविधान संशोधन द्वारा जनसंख्या के अनुसार तीन प्रकार की नगरीय निकायों की स्थापना की गई है :

(*i*) **नगर पंचायत :** यह उन कस्बों में स्थापित की जाएगी जहां ग्रामीण क्षेत्र से नगरीय क्षेत्र में परिवर्तन की प्रक्रिया चल रही होती है।

(*ii*) **नगर पालिका परिषद् :** यह छोटे शहरों अर्थात् लघुतर नगरीय क्षेत्र में स्थापित की जाएगी।

(*iii*) **नगर निगम :** यह बड़े शहरों अर्थात् बड़े नगरीय क्षेत्र में स्थापित की जाएगी।

लेकिन जिस क्षेत्र को राज्य का राज्यपाल औद्योगिक नगरी के रूप में विनिर्दिष्ट कर दे वहां यह संस्था स्थापित नहीं की जाएगी। इसके साथ-साथ किसी नगरीय क्षेत्र को संक्रमणशील क्षेत्र, लघुतर नगरीय क्षेत्र निश्चित करने का अधिकार राज्य के राज्यपाल को है। राज्यपाल ही उस क्षेत्र की जनसंख्या, जनसंख्या का घनत्व या सघनता, स्थानीय प्रशासन के लिए उत्पन्न राजस्व, कृषि से भिन्न क्रियाकलापों में नियोजन की प्रतिशतता, आर्थिक महत्व या ऐसी अन्य बातों को आधार बनाकर लोक अधिसूचना द्वारा निश्चित करेगा।

2. निर्वाचन : नगरपालिकाओं के लिए निर्वाचन की व्यवस्था राज्य निर्वाचन आयुक्त द्वारा किया जाता है। इसके अतिरिक्त स्थानों, चुनाव प्रक्रिया आरक्षण आदि से संबंधित नियम राज्य विधानमंडल द्वारा बनाये जाते हैं।

3. कार्यकाल : इन संस्थाओं का कार्यकाल प्रथम अधिवेशन की नियत तारीख से पांच वर्ष का है। कार्यकाल के पूर्व विघटन की स्थिति में विघटन के छः माह की अवधि के पूर्व निर्वाचन पूरा करा लिया जाएगा।

4. आरक्षण : इन संस्थाओं में जनसंख्या के अनुपात में अनुसूचित जातियों, जनजातियों एवं पिछड़े वर्गों के लिए आरक्षण की व्यवस्था की गई है।

महिलाओं के लिए कुल संख्या में एक-तिहाई स्थान आरक्षित किए गए हैं। इन संस्थाओं में आरक्षण में चक्रानुक्रम अपनाया जाता है।

5. नगर पालिका के सदस्य एवं अध्यक्ष निर्वाचन क्षेत्रों से प्रत्यक्ष रूप से चुने जाएंगे जो वार्ड कहलाएंगे।

6. नगरपालिका का सदस्य बनने के लिए न्यूनतम आयु 21 वर्ष है।

7. नगरपालिका के अधिकार व कार्य : 74 वें संविधान संशोधन के द्वारा संविधान में 12 वीं अनुसूची का समावेश

किया गया, जिसमें नगरपालिका के कार्य-क्षेत्र से संबंधित 18 विषय सम्मिलित किए गए हैं। अनुच्छेद 243-ब में निम्नलिखित कार्यों का उल्लेख किया गया है-

1. नगरीय योजना, जिसके अंतर्गत नगर योजना भी है
2. भूमि उपयोग का विनियमन और भवनों का निर्माण
3. आर्थिक और सामाजिक विकास योजना
4. सड़कें और पुल
5. घरेलू, औद्योगिक और वाणिज्यिक प्रयोजनों के लिए जल प्रदाय
6. लोक स्वास्थ्य, स्वच्छता, सफाई और कूड़ा करकट प्रबंध
7. अग्निशमन सेवाएं
8. नगरीय वानिकी, पर्यावरण का संरक्षण और पारिस्थितिक आयामों की अभिवृद्धि
9. समाज के दुर्बल वर्गों के, जिनके अंतर्गत विकलांग और मानसिक रूप से मंद व्यक्ति भी हैं, हितों की रक्षा
10. गंदी बस्ती सुधार
11. नगरीय निर्धनता उन्मूलन
12. नगरीय सुख-सुविधाओं जैसे पार्क, उद्यान, खेल के मैदानों की व्यवस्था
13. सांस्कृतिक, शैक्षणिक और सौंदर्यपरक आयामों की अभिवृद्धि
14. शव गाड़ना और कब्रिस्तान, शवदाह और श्मशान और विद्युत शवगृह का निर्माण
15. काजी हाउस, पशुओं के प्रति क्रूरता का निवारण
16. जन्म मरण सांख्यिकी, जिसके अंतर्गत जन्म और मृत्यु का रजिस्ट्रीकरण
17. सार्वजनिक सुख-सुविधाएं, जिनके अंतर्गत सड़कों पर प्रकाश, पार्किंग स्थल, बस स्टाप और जनसुविधाएं विकसित करना है
18. वधशालाओं और चर्मशोधनशालाओं का विनियमन।

सामाजिक न्याय

व्यापक अर्थ में 'सामाजिक न्याय' शब्दावली से सामाजिक, आर्थिक और राजनीतिक तीनों तरह के न्याय का बोध हो जाता है। सीमित अर्थ में सामाजिक न्याय का तात्पर्य यह है कि सामाजिक जीवन में सब मनुष्यों की गरिमा स्वीकार की जाए, स्त्री-पुरुष, गोरे-काले या जाति, धर्म, क्षेत्र इत्यादि के आधार पर किसी व्यक्ति को बड़ा-छोटा या ऊँचा-नीचा न माना जाए, शिक्षा और उन्नति के अवसर सबको समान रूप से प्राप्त हों, और सब लोग मनुष्य-मनुष्य के नाते मिल-जुलकर साहित्य, कला, संस्कृति और तकनीकी साधनों का उपयोग कर सकें।

न्याय के सामाजिक-आर्थिक आधारों की चर्चा हॉब हाऊस, बार्कर, मैकाइवर और लास्की जैसे सुधारवादी लेखक और कार्ल मार्क्स, ऐंजेल्स तथा लेनिन के साथ नौजिक जैसे क्रांतिकारी विचारक समान रूप से करते हैं। इसके साथ ही प्राचीन विचारकों ने भी सामाजिक न्याय के विषय में बहुत कुछ लिखा है।

भारतीय संविधान की प्रस्तावना में भी 'सामाजिक न्याय' शब्द का उल्लेख किया गया है। भारतीय नागरिकों को प्राप्त मूलाधिकार समता या समानता के अधिकार (अनु. 14-18) में भी सामाजिक न्याय के दर्शन होते हैं। अनुच्छेद 14 में विधि के समक्ष समता की बात कही गई है। इसका अर्थ यह है कि राज्य सभी व्यक्तियों के लिए एक समान कानून बनाएगा तथा उन पर एक समान लागू करेगा। अनुच्छेद 17 के तहत अस्पृश्यता को दंडनीय अपराध घोषित किया गया है तथा इसका अंत कर दिया गया है। शोषण के विरुद्ध अधिकार (अनु. 23-24) के अनुच्छेद 23 के तहत मानव के दुर्व्यापार और बलात् श्रम का प्रतिषेध किया गया है। इसके द्वारा किसी व्यक्ति की खरीद-बिक्री, बेगारी तथा इसी प्रकार का अन्य तरह से जबरदस्ती लिया हुआ श्रम निषिद्ध ठहराया गया है, जिसका उल्लंघन विधि के अनुसार दंडनीय अपराध है।

भारतीय संविधान के मूलाधिकार एवं राज्य के नीति निर्देशक सिद्धांत से संबंध विभिन्न उपबंधों में समाज के निचले पायदान के लोगों के विषय में भी कुछ प्रावधान किए गए हैं। संस्कृति एवं शिक्षा संबंधी अधिकार (अनु. 29-30) के अनुच्छेद 29 के तहत अल्पसंख्यक वर्गों के हितों के संरक्षण की बात कही गई है। इसमें इस बात का उल्लेख है कि कोई भी अल्पसंख्यक वर्ग अपनी भाषा, लिपि और संस्कृति को सुरक्षित रख सकता है और केवल भाषा, जाति, धर्म और संस्कृति के आधार पर उसे किसी भी सरकारी शैक्षिक संस्था में प्रवेश से नहीं रोका जा सकता।

अनुच्छेद 46 के तहत अनुसूचित जातियों, अनुसूचित जनजातियों और अन्य दुर्बल वर्गों के शिक्षा और अर्थ संबंधी हितों की अभिवृद्धि का निर्देश राज्य को दिया गया है।

राष्ट्रीय अनुसूचित जाति आयोग

यह एक सवैधानिक संस्था है जो अनुसूचित जातियों के लिए उपलब्ध कराई गई सुरक्षा पर निगरानी रखती है और उनके कल्याण से संबंधित मुद्दों की समीक्षा करती है। अनुसूचित जातियों के हितों को बढ़ावा देने और उनकी सुरक्षा के उपायों के लिए आयोग को व्यापक अधिकार प्राप्त हैं। आयोग को वे सभी अधिकार दिए गए हैं जो किसी भी मामले की सुनवाई कर रहे सिविल न्यायालय के होते हैं। इस अधिकार के अंतर्गत वह देश के किसी भी भाग से किसी भी व्यक्ति को सम्मन जारी कर बुला सकता है और शपथ पत्र की जांच के लिए साक्ष्य मांग सकता है।

राष्ट्रीय पिछड़ा वर्ग आयोग

1992 में उच्चतम न्यायालय के मंडल निर्णय को लागू करते हुए वर्ष 1993 में राष्ट्रीय पिछड़ा आयोग की स्थापना एक

संस्था के रूप में की गई। इसका उद्देश्य अन्य पिछड़े वर्ग की सूची में नागरिकों को सम्मिलित करने और सूची से हटाने संबंधी शिकायतों को निपटाने तथा उसकी जांच के बारे में सरकार को सलाह देना है। अधिनियम में प्रावधान है कि सरकार आयोग के परामर्श को मानने के लिए साधारणतया बाध्य होगी।

राष्ट्रीय अल्पसंख्यक आयोग

गृह मंत्रालय द्वारा पारित प्रस्ताव के आधार पर जनवरी 1978 में स्थापित अल्पसंख्यक आयोग, गैर-राष्ट्रीय अल्पसंख्यक आयोग अधिनियम, 1992 लागू होने के बाद संवैधानिक निकाय बन गया और इसका नाम राष्ट्रीय अल्पसंख्यक आयोग कर दिया गया। पहला संवैधानिक राष्ट्रीय आयोग 17 मई, 1993 को गठित किया गया। यह संशोधन अधिनियम की धारा 2(B) और 3(2) में दिया गया और इसके तहत आयोग में उपाध्यक्ष के पद का सृजन किया गया। अधिनियम की धारा 3(2) के तहत प्रावधान किया गया है कि अध्यक्ष सहित पांच सदस्य अल्पसंख्यक समुदाय से होंगे।

राष्ट्रीय अल्पसंख्यक आयोग के अतिरिक्त कुछ राज्यों में राज्य अल्पसंख्यक आयोग का भी गठन किया गया है।

विकलांग व्यक्ति अधिनियम, 1995

विकलांग व्यक्ति (समान अवसर, अधिकारों की रक्षा और पूर्ण सहभागिता) अधिनियम, 1995 नामक व्यापक कानून फरवरी 1996 में लागू किया गया। इस कानून के तहत केंद्र और राज्य पर विकलांगों के पुनर्वास को बढ़ावा देने वाले कार्यक्रमों जैसे शिक्षा, रोजगार और व्यावसायिक प्रशिक्षण, अनुकूल परिवेश का निर्माण, विकलांगों के लिए पुनर्वास सेवाओं का प्रावधान, संस्थागत सेवाएं और सहायक सामाजिक सुरक्षा उपाय जैसे केंद्र और राज्य दोनों स्तर पर बेरोजगारी भत्ता तथा शिकायत निवारण तंत्र की स्थापना का दायित्व सौंपा गया है।

राष्ट्रीय महिला आयोग

इस आयोग का गठन राष्ट्रीय महिला आयोग अधिनियम, 1990 के तहत 31 जनवरी, 1992 को किया गया। आयोग का मुख्य उद्देश्य महिलाओं की सुरक्षा करने वाले संवैधानिक और सभी कानूनों के प्रावधानों का अध्ययन और निगरानी करना और जरूरी संशोधनों की सिफारिश करना है।

राष्ट्रीय बाल अधिकार संरक्षण आयोग

राष्ट्रीय बाल अधिकार संरक्षण आयोग, 2006 का काम बच्चों के अधिकारों का सही रूप से उपयोग करना एवं कानूनों और कार्यक्रमों पर प्रभावी रूप से अमल कराना है। आयोग का काम बच्चों से जुड़े सभी मामलों की ईमानदारी से समीक्षा करना भी है। आयोग में एक अध्यक्ष होता है और छह सदस्य होते हैं, जिनमें दो महिलाएं होती हैं।

आयोग का एक सदस्य सचिव भी होता है। इस आयोग के सदस्यों को बाल स्वास्थ्य, शिक्षा, बाल देखभाल और विकास, किशोर न्याय, विकलांग बच्चे, बाल श्रम को दूर करने, बाल मनोविज्ञान और समाजशास्त्र और बच्चों से जुड़े कानूनों का विशेषज्ञ होना चाहिए।

महिला घरेलू हिंसा संरक्षण अधिनियम, 2005

महिलाओं को घरेलू हिंसा से संरक्षण के लिए निर्मित यह कानून 26 अक्टूबर, 2006 से पूरे देश में लागू कर दिया गया। इस कानून के तहत महिलाओं पर होने वाले किसी प्रकार के हिंसा, यथा–शारीरिक, मानसिक और आर्थिक पर कड़े दण्ड का प्रावधान है।

वस्तुनिष्ठ प्रश्न

1. भारत के संविधान को कब अपनाया गया था?
A. 15 अगस्त, 1947 B. 26 जनवरी, 1950
C. 26 नवंबर, 1949 D. 15 अगस्त, 1950

2. उपराष्ट्रपति को पद व गोपनीयता की शपथ कौन दिलाता है?
A. भारत का मुख्य न्यायाधीश
B. भारत का राष्ट्रपति
C. लोकसभा का अध्यक्ष
D. भारत का महाधिवक्ता

3. निम्नलिखित में से किसकी नियुक्ति राष्ट्रपति द्वारा नहीं की जाती है?
A. संघ लोकसेवा आयोग के अध्यक्ष
B. राज्य के राज्यपाल
C. उच्च न्यायालय के न्यायाधीश
D. उपराष्ट्रपति

4. राष्ट्रपति किसकी सलाह पर लोकसभा को समयपूर्व भंग कर सकता है?
A. प्रधानमंत्री B. लोकसभा अध्यक्ष
C. उपराष्ट्रपति D. निर्वाचन आयुक्त

5. राष्ट्रपति का अध्यादेश लागू रहता है :
A. तीन माह
B. एक माह
C. छ: माह
D. जब तक उसे निरस्त न कर दिया जाए

6. मौलिक कर्तव्यों का विचार कहां के संविधान से लिया गया है?
A. रूस के संविधान B. ब्रिटेन के संविधान
C. अमेरिका के संविधान D. जर्मनी के संविधान

7. वह मौलिक अधिकार जिसे आपातकाल में भी लम्बित नहीं किया जा सकता, वह है :
A. समानता का अधिकार
B. अभिव्यक्ति की स्वतंत्रता का अधिकार
C. स्वतंत्र भ्रमण का अधिकार
D. जीवन का अधिकार

8. संसद में लाया गया कोई विधेयक धन विधेयक है या नहीं इसका निर्णय कौन करता है?
A. प्रधानमंत्री
B. लोकसभा अध्यक्ष
C. राष्ट्रपति
D. नियंत्रक या महालेखा परीक्षक

9. निम्नलिखित में से किसकी अध्यक्षता एक गैर-सदस्य करता है?
A. लोकसभा
B. राज्यसभा
C. विधानसभा
D. लोकसभा और राज्यसभा की संयुक्त बैठक

10. ऐसे संघ शासित प्रदेशों के लिए जिनकी अपनी विधायिका नहीं है, उनके लिए कौन कानून बनाता है?
A. संसद B. राष्ट्रपति
C. प्रशासकगण D. कानून मंत्रालय का संघ

11. अरुणाचल प्रदेश को किस वर्ष राज्य का दर्जा दिया गया?
A. 1972 B. 1984
C. 1985 D. 1987

12. जम्मू एवं कश्मीर की आधिकारिक भाषा है :
A. डोगरी B. कश्मीरी
C. उर्दू D. हिन्दुस्तानी

13. राज्यसभा की सदस्यता के लिए निर्धारित न्यूनतम आयु सीमा है :
A. 18 वर्ष B. 21 वर्ष
C. 25 वर्ष D. 30 वर्ष

14. एक मंत्री जो संसद के किसी भी सदन का सदस्य नहीं है, उसे कितनी अवधि तक सदस्यता ग्रहण कर लेनी चाहिए?
A. एक वर्ष B. छ: माह
C. तीन माह D. दो माह

15. परंपरा के अनुसार किसी राज्य का राज्यपाल संबद्ध होता है :
A. राज्य के सत्ताधारी दल
B. राज्य की विपक्षी पार्टी
C. राज्य के आईएएस कैडर
D. अन्य राज्य

16. लद्दाख को किस वर्ष एक नया केन्द्रशासित प्रदेश बनाया गया?
A. 2019 में B. 2018 में
C. 2017 में D. 2016 में

17. संविधान भारत का वर्णन किसके रूप में करता है ?
A. राज्यों का परिसंघ B. अर्ध संघ
C. राज्यों का संघ D. स्वतंत्र राज्यों की रियासत

18. निम्नलिखित में से किस अनुच्छेद को साधारण बहुमत से संशोधित नहीं किया जा सकता ?
A. नए राज्यों का गठन
B. राष्ट्रपति के निर्वाचन की प्रक्रिया
C. संघ की आधिकारिक भाषा
D. संसद में गणपूर्ति

19. संविधान अवशिष्ट शक्तियां किसे प्रदान करता है ?
A. संघीय सरकार B. राज्य सरकार
C. राष्ट्रपति D. उच्चतम न्यायालय

20. भारत के राष्ट्रपति को निम्न में से किसके खिलाफ सुरक्षा प्रदान की गई है ?
A. कार्यकाल के दौरान दीवानी मुकदमे
B. कार्यकाल के दौरान आपराधिक मुकदमे
C. कार्यकाल के दौरान दीवानी व आपराधिक दोनों मुकदमे
D. अवकाश प्राप्ति के बाद दीवानी और आपराधिक मुकदमे

21. राष्ट्रपति पद के लिए निर्धारित न्यूनतम आयु सीमा है :
A. 21 वर्ष B. 25 वर्ष
C. 30 वर्ष D. 35 वर्ष

22. वह संविधान संशोधन जिसके तहत् सिक्किम को भारत का राज्य बनाया गया, वह था :
A. 34वां B. 35वां
C. 36वां D. 37वां

23. राज्य विधानमंडलों को इनमें से किस पर चर्चा करने का अधिकार नहीं है ?
A. स्पीकर के आचरण
B. किसी उच्च न्यायालय के न्यायाधीश का आचरण
C. स्वायत्तता संबंधी मुद्दे
D. करारोपण

24. आरंभ में अनुसूचित जातियों/जनजातियों के लिए आरक्षण की व्यवस्था किस वर्ष तक की गई थी ?
A. 1955 B. 1960
C. 1970 D. 1980

25. राष्ट्रपति और उपराष्ट्रपति की अनुपलब्धता की स्थिति में राष्ट्रपति का कार्य निर्वहन कौन करता है ?
A. प्रधानमंत्री B. लोकसभा का अध्यक्ष
C. वरिष्ठ कैबिनेट मंत्री D. भारत का मुख्य न्यायाधीश

26. किस मौलिक अधिकार की व्याख्या 'संविधान की आत्मा और उसके हृदय' के रूप में की जाती है ?
A. समानता का अधिकार
B. समृद्धि का अधिकार
C. संवैधानिक उपचारों का अधिकार
D. भाषण की स्वतंत्रता का अधिकार

27. अध्यादेश कौन लागू करता है ?
A. प्रधानमंत्री B. लोकसभा का अध्यक्ष
C. राष्ट्रपति D. राज्यसभा का अध्यक्ष

28. भारतीय राज्य मुख्यत: किस आधार पर गठित किए गए हैं ?
A. भौगोलिक स्थिति B. भाषा
C. प्रशासन की सहूलियत D. आर्थिक स्थिति

29. मुख्य निर्वाचन आयुक्त को किसके द्वारा हटाया जा सकता है ?
A. प्रधानमंत्री
B. राष्ट्रपति
C. सर्वोच्च न्यायालय का मुख्य न्यायाधीश
D. संसद

30. लोकसभा का अध्यक्ष केवल :
A. सदन को स्थगित कर सकता है।
B. सत्रावसान कर सकता है।
C. सदन को सम्मन दे सकता है।.
D. सदन को भंग कर सकता है।

31. राज्य विधान सभा के सदस्यों की संख्या कितनी हो सकती है ?
A. 30 से 300 B. 40 से 400
C. 50 से 600 D. 60 से 500

32. उच्चतम न्यायालय के न्यायाधीशों का वेतन कहां से दिया जाता है ?
A. कानून मंत्रालय के अनुदान से
B. भारत की संचित निधि से
C. गृह मंत्रालय के अनुदान से
D. संसदीय अनुदान से

33. पंचायती राज संस्थान की स्थापना की आवश्यकता को किसमें निर्दिष्ट किया गया है ?
A. नीति-निदेशक तत्व B. मौलिक अधिकार
C. प्रस्तावना D. सातवीं अनुसूची

34. किस संविधान संशोधन ने उच्चतम न्यायालय द्वारा न्यायिक पुनर्विलोकन के अधिकार को संक्षिप्त कर दिया ?
A. 24वां संशोधन B. 42वां संशोधन
C. 43वां संशोधन D. 44वां संशोधन

35. लोकसभा की बैठकों के लिए कोरम होता है :
A. 50
B. 55
C. कुल सदस्य संख्या का एक-तिहाई
D. कुल सदस्य संख्या का दसवां भाग

36. लोकसभा और राज्यसभा के बीच असहमति का निवारण होता है :
A. संयुक्त चयन समिति की स्थापना से
B. लोकसभा को भंग कर
C. पंचाट समिति के गठन से
D. संयुक्त सत्र आहूत करने से

37. सातवीं अनुसूची में शामिल है :
A. राष्ट्रीय भाषाओं की सूची
B. शपथ और उनकी स्वीकारोक्ति की सूची
C. राज्य और संघ प्रदेशों की सूची
D. अनुसूचित जनजातियों तथा जनजातीय क्षेत्रों के प्रशासन तथा नियन्त्रण की सूची

38. दलबदल की स्थिति में अयोग्य करार देने के संबंध में आधारभूत प्रावधानों की चर्चा किसमें की गई है ?
A. दूसरी अनुसूची B. चौथी अनुसूची
C. आठवीं अनुसूची D. दसवीं अनुसूची

39. संघ प्रदेशों को प्रतिनिधित्व मिलता है :
A. केवल लोकसभा में
B. केवल राज्यसभा में
C. लोकसभा और राज्यसभा दोनों में
D. न तो लोकसभा में न राज्यसभा में

40. यदि लोकसभा और राज्यसभा एक संविधान संशोधन विधेयक पर असहमत हों तो :
A. विधेयक का पतन हो जाता है।
B. एक संयुक्त बैठक बुलाई जाती है।
C. लोकसभा का निर्णय प्रभावी होता है।
D. राज्यसभा का निर्णय प्रभावी होता है।

41. संविधान की प्रस्तावना में किस संशोधन द्वारा संशोधन किया गया था ?
A. पहला संशोधन B. 26वां संशोधन
C. 42वां संशोधन D. 44वां संशोधन

42. 18वें आम चुनाव हुए थे :
A. 2009 में B. 2024 में
C. 2014 में D. 2019 में

43. उच्चतम न्यायालय के न्यायाधीशों के लिए अवकाश प्राप्ति की उम्र है :
A. 58 वर्ष B. 60 वर्ष
C. 62 वर्ष D. 65 वर्ष

44. एक व्यक्ति को केवल किसके आधार पर मतदान के अयोग्य ठहराया जा सकता है ?
A. आयु B. लिंग
C. धर्म D. शिक्षा

45. राज्यों के राज्यपाल :
A. मुख्यमंत्री द्वारा नियुक्त किए जाते हैं
B. राष्ट्रपति द्वारा नियुक्त किए जाते हैं
C. विधानमंडल के सदस्यों द्वारा चुने जाते हैं
D. जनता द्वारा चुने जाते हैं

46. भारत में पहले आम चुनाव कब हुए थे ?
A. 1948 B. 1950
C. 1951 D. 1952

47. राष्ट्रपति राज्यसभा के लिए कुल कितने सदस्यों को मनोनीत कर सकता है ?
A. 6 B. 12
C. 15 D. 18

48. संघीय कार्यपालिका किसके प्रति उत्तरदायी होती है ?
A. लोकसभा B. राज्यसभा
C. राष्ट्रपति D. उच्चतम न्यायालय

49. भारत के महान्यायवादी की नियुक्ति किसके द्वारा होती है ?
A. यूपीएससी B. राष्ट्रपति
C. प्रधानमंत्री D. लोकसभा अध्यक्ष

50. संसद के दो सत्रों के बीच कितने से अधिक की अवधि नहीं होनी चाहिए ?
A. 3 माह B. 6 माह
C. 1 वर्ष D. कोई तय अवधि नहीं

51. सुरक्षा बलों का सर्वोच्च कमाण्डर कौन होता है ?
A. सेना प्रमुख B. रक्षामंत्री
C. प्रधानमंत्री D. राष्ट्रपति

52. निम्नलिखित में कौन एक पूर्ण राज्य नहीं है ?
A. मिजोरम B. मणिपुर
C. पुडुचेरी D. अरुणाचल प्रदेश

53. भारत एक गणतंत्र है क्योंकि :
A. प्रत्येक वयस्क मतदान कर सकता है
B. कार्यपालिका विधायिका के प्रति उत्तरदायी है
C. निर्वाचित प्रतिनिधियों को वापस बुलाया जा सकता है
D. राष्ट्रपति एक नियत अवधि के लिए चुना जाता है

54. अनुच्छेद 356 का संबंध किससे है ?
A. राष्ट्रीय आपातकाल
B. संवैधानिक आपातकाल
C. वित्तीय आपातकाल
D. आपातकाल के दौरान मौलिक अधिकारों से

55. एकमात्र राष्ट्रपति, जिन्हें दोबारा राष्ट्रपति चुना गया :
A. राजेन्द्र प्रसाद B. राधाकृष्णन्
C. वी.वी. गिरि D. नीलम संजीवा रेड्डी

56. उपराष्ट्रपति अपना त्यागपत्र किसे दे सकता है ?
A. राष्ट्रपति को

B. प्रधानमंत्री को
C. भारत के मुख्य न्यायाधीश को
D. राज्यसभा के उपसभापति को

57. संशोधन द्वारा किन दो शब्दों को संविधान की प्रस्तावना में जोड़ा गया?
A. पंथनिरपेक्ष, लोकतांत्रिक
B. लोकतंत्रात्मक, गणराज्य
C. पंथनिरपेक्ष, समाजवादी
D. गणराज्य, समाजवादी

58. संविधान के प्रारूप समिति के अध्यक्ष कौन थे?
A. राजेन्द्र प्रसाद B. जवाहरलाल नेहरू
C. बी.आर. अम्बेडकर D. सरदार पटेल

59. मौलिक अधिकार :
A. केवल कुछ नागरिकों को उपलब्ध हैं
B. सिर्फ कुछ अधिकार ही भारतीय नागरिकों को प्राप्त हैं
C. गैर-नागरिकों को एक भी उपलब्ध नहीं है
D. गैर-नागरिकों को केवल कुछेक अधिकार ही उपलब्ध हैं

60. निम्नलिखित में से कौन राष्ट्रीय कर्तव्य नहीं है?
A. संविधान का सम्मान
B. राष्ट्रपति का आदर
C. देश की सुरक्षा
D. प्राकृतिक पर्यावरण की सुरक्षा

61. निम्नलिखित में से कौन उच्चतम न्यायालय द्वारा जारी रिट नहीं है?
A. निषेध B. बंदी प्रत्यक्षीकरण
C. उत्प्रेषण D. सु-मोतो

62. निम्नलिखित में कौन नीति-निदेशक सिद्धांत नहीं है?
A. समान कार्य हेतु समान वेतन
B. गौहत्या पर रोक
C. प्रदूषण नियंत्रण
D. अंतर्राष्ट्रीय शांति को बढ़ावा

63. सरकारें नीति-निदेशक सिद्धांतों पर अमल करने का प्रयास करती हैं क्योंकि :
A. विधानमंडल इस मुद्दे पर अविश्वास प्रस्ताव पारित कर सकता है
B. वे लोगों की आवश्यकताओं और आकांक्षाओं का प्रतिनिधित्व करते हैं
C. यदि इन्हें स्वीकार नहीं किया गया तो अदालतें निषेधाज्ञा लागू कर सकती हैं
D. राष्ट्रपति सरकार को भंग कर सकते हैं

64. किस निदेशक सिद्धांत को देश में पूरी तरह लागू किया गया है?
A. स्वशासन की इकाइयों के रूप में ग्राम पंचायतों की स्थापना
B. देशभर में एक समान नागरिक संहिता को सुनिश्चित करना
C. देशभर में मादक पदार्थों पर रोक
D. सभी नागरिकों को जीवनयापन के उपयुक्त साधन मुहैया कराना

65. संसद का कौन सदन अखिल भारतीय सेवाओं का गठन कर सकता है?
A. लोकसभा
B. राज्यसभा
C. दोनों में से कोई भी सदन
D. दोनों सदनों की संयुक्त बैठक

66. किसके संदर्भ में संसद के दोनों सदनों के अधिकार एक बराबर होते हैं?
A. धन विधेयक
B. राष्ट्रपति का निर्वाचन
C. सरकार को हटाना
D. अखिल भारतीय सेवाओं का गठन

67. सरकार के वित्तीय मामलों की निगरानी करने वाली समिति है :
A. व्यवसाय सलाहकार समिति
B. सरकारी आश्वासन समिति
C. विशेषाधिकार समिति
D. लोक-लेखा समिति

68. निम्नलिखित में से कौन लोकसभा को संबोधित नहीं कर सकता?
A. उपराष्ट्रपति
B. महाधिवक्ता
C. लोकसभा की सदस्यता नहीं रखने वाला मंत्री
D. लोकसभा अध्यक्ष

69. राष्ट्रपति निम्नलिखित में से किसकी नियुक्ति नहीं करता?
A. प्रधानमंत्री
B. लोकसभा अध्यक्ष
C. निर्वाचन आयुक्त
D. नियंत्रक और महालेखा परीक्षक

70. नियुक्ति के वक्त भारत के प्रधानमंत्री को :
A. भारत का नागरिक होना जरूरी नहीं
B. 25 वर्ष से अधिक आयु का होना जरूरी नहीं
C. संसद का सदस्य होना अनिवार्य नहीं
D. सशक्त मस्तिष्क का स्वामी होना जरूरी नहीं

71. वह प्रधानमंत्री कौन था जिसने एक बार भी संसद का सामना नहीं किया?
A. वी.पी.सिंह
B. चरणसिंह
C. मोरारजी देसाई
D. देवगौड़ा

72. न्यायिक शक्तियों के अंतर्गत राष्ट्रपति को निम्न में से कौन-सा अधिकार नहीं है?
A. क्षमादान दे सकता है।
B. प्राणदंड स्थगित कर सकता है।

C. राजनीतिक अपराधियों को क्षमादान दे सकता है।

D. अदालत के परिवर्तन को अनुमोदित कर सकता है।

73. राष्ट्रीय आपातकाल इनमें से किस मामले में नहीं लगाया जा सकता है?

A. सशस्त्र विद्रोह

B. राजनीतिक संकट

C. बाह्य आक्रमण

D. युद्ध

74. संवैधानिक आपातकाल को अधिकतम कितने समय तक बहाल रखा जा सकता है?

A. 6 माह B. 2 वर्ष

C. 3 वर्ष D. अनिश्चित काल

75. उपराष्ट्रपति होता है :

A. राज्यसभा का सदस्य B. राज्यसभा का सभापति

C. लोकसभा का सदस्य D. लोकसभा का अध्यक्ष

76. राज्यपाल किस सिलसिले में राष्ट्रपति से संपर्क कर सकता है?

A. मुख्यमंत्री की नियुक्ति

B. वित्त विधेयक

C. गैर-वित्त विधेयक

D. विधानमंडल को भंग करने

77. विधानपरिषद् के गठन अथवा उसकी समाप्ति से संबंधित विधेयक को :

A. विधानमंडल के उपस्थित सदस्यों के 2/3 सदस्यों द्वारा अनुमोदित होना चाहिए।

B. विधानमंडल के कुल सदस्य संख्या के 2/3 सदस्यों द्वारा अनुमोदित होना चाहिए।

C. विधानमंडल के उपस्थित सदस्यों के साधारण बहुमत से अनुमोदित होना चाहिए।

D. साधारण बहुमत से अनुमोदित होना चाहिए तथा इसे राज्यपाल को भेजा गया होना चाहिए।

78. निम्नलिखित में से किस उच्च न्यायालय का न्यायाधिकरण एक संघ शासित प्रदेश पर है?

A. कलकत्ता B. पटना

C. गौहाटी D. इलाहाबाद

79. किस राज्य की राजधानी में वहां का उच्च न्यायालय अवस्थित नहीं है?

A. आंध्र प्रदेश B. केरल

C. बिहार D. तमिलनाडु

80. प्रथम संविधान संशोधन किससे संबद्ध है?

A. प्रस्तावना B. मौलिक कर्तव्य

C. नौवीं अनुसूची D. नीति निर्देशक सिद्धांत

उत्तरमाला

1	2	3	4	5	6	7	8	9	10
C	B	D	A	C	A	D	B	B	A
11	**12**	**13**	**14**	**15**	**16**	**17**	**18**	**19**	**20**
D	C	D	B	D	A	C	B	A	A
21	**22**	**23**	**24**	**25**	**26**	**27**	**28**	**29**	**30**
D	C	B	B	D	C	C	B	D	A
31	**32**	**33**	**34**	**35**	**36**	**37**	**38**	**39**	**40**
D	B	A	B	D	D	C	D	C	A
41	**42**	**43**	**44**	**45**	**46**	**47**	**48**	**49**	**50**
C	B	D	A	B	D	B	A	B	B
51	**52**	**53**	**54**	**55**	**56**	**57**	**58**	**59**	**60**
D	C	D	B	A	A	C	C	D	B
61	**62**	**63**	**64**	**65**	**66**	**67**	**68**	**69**	**70**
D	C	B	A	B	B	D	A	B	C
71	**72**	**73**	**74**	**75**	**76**	**77**	**78**	**79**	**80**
B	D	B	C	B	C	A	A	B	C

भूगोल

विश्व का भूगोल

ब्रह्माण्ड

ब्रह्माण्ड अति विशाल और अनन्त है। इसमें असंख्य अन्तरिक्ष और तारे हैं। इनके आकार विशाल और इनकी संख्या अनगिनत है। अन्तरिक्ष में फैले तारे आकाश गंगाओं के झुंड में हैं। ब्रह्माण्ड में अनगिनत आकाश गंगाएं हैं। प्रत्येक आकाश गंगा में लाखों, करोड़ों तारे हैं। ये परस्पर लाखों करोड़ों मील की दूरी पर हैं। ब्रह्माण्ड के पिंडों के बीच दूरी मापने की इकाई प्रकाश वर्ष (light year) है। जिस आकाश गंगा में हम हैं (अर्थात् हमारी पृथ्वी है) उसमें भी अनगिनत तारे हैं। कुछ तारे घूमते (स्थान बदलते रहते हैं) और कुछ स्थिर हैं। जिसे हम सूर्य कहते हैं, वह भी एक तारा ही है, वह स्थिर है। सूर्य के चारों तरफ असंख्य आकाशीय पिंड चक्कर लगाते हैं। इनको ग्रह कहते हैं। सूर्य और उसके ग्रहों के समूह को (सबको मिलाकर) सौर मंडल कहते हैं। प्रत्येक अकाशगंगा में अनेक सौर मंडल हैं।

आकाश गंगा

आज के इस प्रगतिशील युग में अनेक महत्त्वपूर्ण वैज्ञानिक खोजों के बावजूद ब्रह्माण्ड हमारे लिए एक पहेली ही है। रात्रि को हमें आकाश में अनगिनत तारे दिखाई देते हैं। वैज्ञानिक अभी तक इस ब्रह्माण्ड के ओर-छोर का पता लगाने में सफल नहीं हुए हैं। फिर भी कुछ मोटे अनुमान लगाए गए हैं। खगोलवेत्ताओं का कहना है कि ब्रह्माण्ड में लगभग दस करोड़ आकाश गंगाओं का अस्तित्व है। एक आकाश गंगा सहस्रों करोड़ तारों का समूह होती है। हमें केवल दो आकाश गंगाओं के विषय में ज्ञात है। एक तो वह जिसमें हमारा सौर-मण्डल है और दूसरी सबसे निकट की आकाश गंगा का नाम देवयानी (एन्ड्रोमेडा) है। यह आकाश गंगा हमसे लगभग बीस लाख प्रकाश वर्ष दूर है। प्रकाश वर्ष वह दूरी है जो (प्रति सेकण्ड एक लाख छियासी हजार तीन सौ मील की गति से चलने वाला) प्रकाश एक वर्ष में तय करता है।

सौर मंडल

हमारा सूर्य इस अनन्त ब्रह्माण्ड की एक आकाश गंगा का एक छोटा-सा तारा है। इसके चारों ओर घूमने वाले ग्रहों और उनके चन्द्रमाओं के समूह को सौर मंडल कहते हैं। सूर्य इस सौर परिवार का कुलपति है। इस परिवार में 8 ग्रह और बीस हजार से अधिक लघु ग्रह सम्मिलित हैं। ये ग्रह और लघु ग्रह सूर्य के चारों ओर अपने निश्चित समय में एक पूरा चक्कर काटते हैं।

आठ ग्रहों के नाम इस प्रकार हैं—बुध (Mercury), बृहस्पति (Jupiter), शुक्र (Venus), शनि (Saturn), पृथ्वी (Earth), यूरेनस (Uranus), मंगल (Mars) और नेपच्यून (Neptune)। इन आठ ग्रहों में से पांच हमें बहुत पुराने समय से मालूम हैं (पंच-देव)। तीन ग्रहों की खोज बाद में हुई। इन ग्रहों का विवरण इस प्रकार दिया जा सकता है—सूर्य के सबसे पास बुध, सबसे गर्म, शुक्र, अनेक रहस्यों का धनी मंगल, विशालतम ग्रह बृहस्पति, चमकीली मेखलाओं का स्वामी शनि और सबसे दूर ग्रह नेपच्यून। मंगल और बृहस्पति की कक्षाओं के मध्य हजारों लघु ग्रहों की कक्षाएं हैं। अनुमान है कि ये लघु ग्रह एक विशाल ग्रह के ध्वंसावशेष हैं। जो ग्रह सूर्य के जितना पास है, उसका परिक्रमा वेग उतना ही अधिक है। पृथ्वी और अन्य ग्रहों के बीच की दूरी अयनकक्ष की बनावट के कारण घटती-बढ़ती है।

सूर्य दहकती हुए गैसों का विशाल पिण्ड है। जो ग्रह उसके जितना पास है वह उतना ही गर्म है-और जो जितना दूर है उतना ही सर्द। बुध और शुक्र बहुत गर्म हैं; बृहस्पति, शनि, यूरेनस, और नेपच्यून ठण्डे हैं। मंगल सूर्य के न अधिक पास है, न अधिक दूर, लेकिन उस पर सर्द हवाएं बहती हैं। जीवन के लिए आदर्श तापमान केवल हमारी पृथ्वी पर ही है।

चन्द्रमा

चन्द्रमा पृथ्वी का उपग्रह और निकटतम साथी है। इसका व्यास लगभग 2160 मील (पृथ्वी के व्यास का लगभग एक-चौथाई) और इसकी परिधि लगभग 6790 मील (पृथ्वी की परिधि का लगभग एक-चौथाई) है। यह पृथ्वी से लगभग 2,38,857 मील (औसतन) दूरी पर है। चन्द्रमा के धरातल का गुरुत्वाकर्षण पृथ्वी के गुरुत्वाकर्षण के $\frac{1}{6}$ भाग के बराबर है। चन्द्रमा पृथ्वी के चारों ओर और अपनी धुरी पर भी घूमता है। पृथ्वी की ही भांति इसकी भी दो गतियां हैं। दोनों

गतियों के लिए चन्द्रमा को एक ही समय लगभग 27.3 दिन लगते हैं। इसी कारण चन्द्रमा का एक ही भाग पृथ्वी की ओर रहता है। चन्द्रमा पर हवा और पानी नहीं है, अतः पूर्ण शान्ति रहती है। दिन हो या रात आकाश काला दिखाई पड़ता है और दिन में भी तारे दिखाई पड़ते हैं। चन्द्रमा के धरातल पर पर्वत शृंखलाएं और क्रेटर भी हैं।

पृथ्वी

हमारे सौर मंडल में आठ ग्रह हैं। हमारी पृथ्वी भी हमारे सौर मंडल का एक ग्रह है।

पृथ्वी की बनावट

जिस पृथ्वी पर हम रहते हैं उसके अंग-स्थल, जल और वायु हैं। स्थल चट्टानों और मिट्टी से मिलकर बना है। पृथ्वी के इस ठोस भाग को स्थल-मण्डल कहते हैं। स्थल-मंडल के अंतर्गत महाद्वीप और द्वीप आते हैं। पृथ्वी पर जल महासागरों, समुद्रों, झीलों तथा नदियों में पाया जाता है। इन सबको सामूहिक रूप से पृथ्वी का जल-मंडल कहा जाता है। जल-मंडल का विस्तार पृथ्वी की सतह के एक बड़े भाग (लगभग दो-तिहाई भाग) पर है। पृथ्वी के चारों ओर लिपटा हुआ वायु-आवरण है। यह हमें दिखाई नहीं देता। पृथ्वी के इस वायु-आवरण को वायु-मंडल कहते हैं। यह पृथ्वी की सतह से सैकड़ों किलोमीटर ऊंचाई तक फैला है।

पृथ्वी का रूप

सौर मंडल के आठ ग्रहों-बुध, बृहस्पति, शुक्र, शनि, पृथ्वी, यूरेनस, मंगल और नेपच्यून की तुलना में, आकार की दृष्टि से पृथ्वी का पांचवां और सूर्य से दूरी की दृष्टि से तीसरा स्थान है। यह सूर्य से 9,29,00,000 मील दूर है। प्राचीन काल में लोग पृथ्वी को सीधा सपाट देखकर उसे चपटा समझने की भूल करते रहे। ईसा से 6 शताब्दी पूर्व एक यूनानी वैज्ञानिक पाइथागोरस ने प्रथम बार आधिकारिक रूप से पृथ्वी के गोल होने की बात कही। इससे संबंधित बहुत-से प्रमाण हैं, जो हम भूगोल की पुस्तकों में पढ़ते हैं और आज सब जानते हैं कि पृथ्वी गोल है। किंतु क्या पृथ्वी बिल्कुल गोल है? आधुनिक वैज्ञानिक खोजों के अनुसार पृथ्वी ध्रुवों पर कुछ चपटा है। इस बात के तीन प्रमाण हैं—

(i) उपग्रह की कक्षा पृथ्वी के केंद्र से कहीं कम और कहीं अधिक अन्तर पर होती है; यदि पृथ्वी बिल्कुल गोल होती तो ऐसा न होता;

(ii) भूमध्य रेखा के साथ-साथ पृथ्वी का व्यास ध्रुवों को मिलाने वाले व्यास से बड़ा है जोकि पृथ्वी के बिल्कुल गोल होने की दशा में बराबर होता;

(iii) भूमध्य रेखा पर 20° का कोण ध्रुवों पर 10° के कोण से कम स्थान घेरता है।

पृथ्वी के संबंध में कुछ तथ्य—

(i) पृथ्वी का व्यास-लगभग 7926 मील (भूमध्य रेखा पर) लगभग 7900 मील (ध्रुवों पर)।

(ii) पृथ्वी का धरातल-लगभग 51 करोड़ वर्ग कि.मी.।

(iii) चन्द्रमा से पृथ्वी की दूरी-लगभग 2,38,857 मील।

(iv) सूर्य से पृथ्वी की दूरी-लगभग 9,29,00,000 मील।

(v) पृथ्वी की परिधि-लगभग 40,075 कि.मी.।

(vi) पृथ्वी अपनी कक्षा पर 6,66,000 मील प्रति घण्टा की रफ्तार से घूमती है।

(vii) सूर्य के प्रकाश को पृथ्वी तक आने में लगभग 8 मिनट का समय लगता है।

(viii) 21 मार्च और 23 सितम्बर को पृथ्वी पर सभी स्थानों पर दिन और रात बराबर होते हैं।

(ix) पृथ्वी पर सबसे बड़ा (लम्बा) दिन 21 जून को होता है।

(x) पृथ्वी पर सबसे छोटा दिन 22 दिसम्बर होता है।

(xi) पृथ्वी की सतह पर लगभग 75 प्रतिशत भाग पर समुद्र, नदियों और झीलों का पानी भरा हुआ है।

(xii) पृथ्वी अपनी धुरी पर लगभग 23.5° झुकी हुई है।

(xiii) पृथ्वी को सूर्य के चारों तरफ एक पूरा चक्कर लगाने में 365 दिन, 6 घण्टे और 9 मिनट का समय लगता है।

(xiv) चन्द्रमा पृथ्वी का उपग्रह है।

पृथ्वी की गतियां

पृथ्वी की दो गतियां हैं—*(i)* अपनी धुरी पर घूमना (rotation)। और *(ii)* अपनी धुरी पर घूमते हुए सूर्य के चारों ओर चक्कर लगाना (revolution)। अपनी धुरी पर पृथ्वी एक पूरा चक्कर लगभग 23 घण्टे 56 मिनट में लगाती है।

पृथ्वी की पहली गति को दैनिक गति भी कहते हैं। जब वह अपनी धुरी पर घूमती है, तो उसका जो भाग सूर्य के सामने (प्रकाश में) पड़ता है, उसमें दिन होता है और जो भाग पीछे (आड़ में) पड़ता है, उसमें रात होती है। दिन और रात पृथ्वी की दैनिक गति के फलस्वरूप होते हैं।

पृथ्वी की दूसरी गति को वार्षिक गति कहते हैं। इस गति के फलस्वरूप ऋतुएं बदलती हैं। चूंकि पृथ्वी अपनी धुरी पर झुकी हुई है और वह अपनी कक्षा में (जो अण्डाकार है) सूर्य के चारों ओर चक्कर लगाती है, अतः कभी सूर्य के काफी निकट और कभी अपेक्षाकृत दूर हो जाती है। जब उसका उत्तरी भाग (उत्तरी गोलार्द्ध) सूर्य के ठीक सामने पड़ता है तो वहां तेज गर्मी होती है और ग्रीष्म ऋतु होती है; और इसके विपरीत उसका दक्षिणी भाग (दक्षिणी गोलार्द्ध) सूर्य से अपेक्षाकृत दूर पड़ता है, अतः वहां अपेक्षाकृत कम गर्मी होती है और शीत ऋतु होती है।

ग्रहण

ग्रहण अक्सर पड़ते रहते हैं। सूर्य ग्रहण और चन्द्र ग्रहण दोनों आकाशीय पिण्डों (सूर्य, चांद और पृथ्वी) की गतियों का परिणाम हैं।

सूर्य ग्रहण—सूर्य ग्रहण अमावस्या को पड़ते हैं, जब चांद सूर्य और पृथ्वी के बीच आ जाता है। लेकिन हर अमावस्या को सूर्य ग्रहण नहीं पड़ता।

चन्द्र ग्रहण—चन्द्र ग्रहण पूर्णिमा को पड़ते हैं, जब पृथ्वी सूर्य और चन्द्रमा के बीच आ जाती है और चांद पर पृथ्वी की छाया पड़ती है।

सूर्य ग्रहण और चन्द्र ग्रहण आंशिक भी होते हैं और पूर्ण भी। पूर्ण सूर्य ग्रहण तो बहुत ही कम होते हैं।

अक्षांश तथा रेखांश

ग्लोब देखने से प्रतीत होगा कि इस पर दो प्रकार की रेखाएं खिंची हुई हैं। एक वे रेखाएं हैं जो भूमध्य रेखा के दोनों ओर उत्तर तथा दक्षिण में उसके समानान्तर खिंची हुई हैं। इन रेखाओं को अक्षांश रेखाएं (Parallels of Latitude) कहते हैं। एक-एक अंश के अन्तर पर ऐसी सम्पूर्ण 89 रेखाएं भूमध्य रेखा के उत्तर में और 89 ही भूमध्य रेखा के दक्षिण में हैं।

दूसरी रेखाएं वे हैं जो उत्तरी ध्रुव और दक्षिणी ध्रुव को मिलाती हैं और भूमध्य रेखा को समकोण पर काटती हैं। इन रेखाओं को देशान्तर रेखाएं या रेखांश रेखाएं (Lines of Longitude) अथवा मध्यान्ह रेखाएं (Meridians) कहते हैं। एक-एक अंश के अंतर पर इन रेखाओं की संख्या 360 है। इसमें से 180 रेखाएं प्राइम मैरीडियन (Prime Meridian) के पूर्व में तथा 180 प्राइम मैरीडियन के पश्चिम में हैं। प्राइम मैरीडियन 0° रेखांश को कहते हैं। यह इंग्लैंड के ग्रीनविच (Greenwich) नगर से गुजरती है। यहीं से शेष मध्याह्न रेखाओं की गणना की जाती है।

भूमध्य रेखा (Equator)—वह कल्पित आड़ी रेखा है जो दोनों ध्रुवों से समान दूरी पर पृथ्वी के चारों ओर खिंची हुई मानी गई है। यह रेखा पृथ्वी को दो समान भागों में बांटती है और इसको 0° गिनते हैं। अक्षांश रेखाओं की गणना भूमध्य रेखा से होती है। भूमध्य रेखा के उत्तरी भाग को उत्तरी गोलार्द्ध और दक्षिण में पड़ने वाले भाग को दक्षिणी गोलार्द्ध कहते हैं।

सार्वदेशिक समय (Standard Time)—किसी देश में किसी मध्य के स्थान का स्थानीय समय (Local Time) देश भर में काम में लाया जाता है। इसी को सार्वदेशिक समय (Standard Time) कहते हैं। यह स्थान उस देश का कोई महत्त्वपूर्ण केंद्रीय नगर होता है। कुछ विशाल देशों में एक से अधिक सार्वदेशिक समय का प्रयोग किया जाता है जैसे कनाडा में।

भारत में इलाहाबाद के पास ग्रीनविच 82½° पूर्व के समय को सारे भारत के लिए स्थानीय समय माना जाता है। यह ग्रीनविच समय से 5 घण्टे 30 मिनट आगे (पहले) है।

ग्रीनविच समय—यह ग्रीनविच (इंग्लैंड) की वेधशाला का स्थानीय समय है। इसे ग्रीनविच मीन टाइम (Greenwich Mean Time) भी कहते हैं। ग्रीनविच शून्य रेखांश (Longitude) पर स्थित है। इसके समय का बड़ा महत्त्व है क्योंकि इससे इसके पश्चिम तथा पूर्व के स्थानों का समय ज्ञात करने में सहायता मिलती है।

अंतर्राष्ट्रीय तिथि रेखा—ग्रीनविच रेखांश 0° पर है। कुल 360 रेखांश हैं। अत: ग्रीनविच के ठीक पीछे (विपरीत दिशा में) 180° रेखांश पर अन्तर्राष्ट्रीय तिथि रेखा है। यह प्रशांत महासागर के बीच से होती हुई गुजरती है। यद्यपि इस रेखा के दोनों ओर समय एक ही होता है, किंतु रेखा के पूर्व की ओर एक दिन पहले वाला दिन होता है। कहने का आशय यह है कि यदि रेखा के पूर्व की ओर सोमवार है, तो रेखा के पश्चिम में मंगलवार होगा।

जब कोई विमान किसी स्थान से संसार का चक्कर लगाने के लिए पूर्व की ओर से या पश्चिम की ओर से यात्रा आरम्भ करता है और चक्कर लगाकर अपने स्थान पर (जहां से उड़ान शुरू की थी) वापस आता है, तो उस विमान के यात्री वापस आने पर पाते हैं कि उनके हिसाब से (कैलेण्डर के हिसाब से नहीं) या तो एक दिन कम हो गया है या बढ़ गया है। पश्चिम की ओर से पृथ्वी का चक्कर लगाने पर 1 दिन बढ़ जाता है और पूर्व की ओर से पृथ्वी का चक्कर लगाने पर 1 दिन कम हो जाता है (कैलेण्डर की तुलना में)। अत: पश्चिम की ओर जाने वाले विमान के यात्री गणना में एक दिन कम कर लेते हैं और पूर्व की ओर जाने वाले विमान के यात्री गणना में एक दिन को दो बार गिन लेते हैं।

समय

पृथ्वी 24 घण्टे में अपना एक चक्कर पूरा कर लेती है, अर्थात वह 360° की यात्रा पूरी करती है। इसका अर्थ यह हुआ कि वह 1 देशान्तर की यात्रा करने की यानी 1 देशान्तर आगे गुजरने में 4 मिनट का समय लगाती है। इसीलिए दो देशान्तरों के बीच समय में 4 मिनट का अंतर होता है। यानी यदि 60 देशान्तर वाले किसी स्थान पर समय 6 बजे होगा, तो 61 देशान्तर वाले स्थान पर समय 6 बज कर 4 मिनट होगा और 59 देशान्तर वाले स्थान पर समय 5 बज कर 56 मिनट होगा।

स्थल-मंडल

पृथ्वी का धरातल चट्टानों से बना है। ये चट्टानें खनिजों का संग्रह हैं और खनिज रासायनिक तत्वों से निर्मित हैं।

चट्टानें

उन सब पदार्थों को (चाहे वे पत्थर की भांति कठोर हों, या रेत, मिट्टी अथवा कीचड़ की तरह कोमल) जिनसे पृथ्वी का निर्माण हुआ है, चट्टान (rock) कहते हैं। रचना की दृष्टि से चट्टानों का वर्गीकरण तीन भागों में किया जाता है—*(i)* आग्नेय (igneous), *(ii)* पर्तदार (sedimentary) और *(iii)* रूपान्तरित (metamorphic)।

***(i)* आग्नेय चट्टानें**—ताप के कारण पिघले हुए पदार्थों के जमने से बनी चट्टानों को आग्नेय चट्टान (igneous rock) कहते हैं। ये चट्टानें ठोस लेकिन रवेदार (crystalline) और कठोर होती हैं। इनमें पर्तें नहीं होतीं।

***(ii)* पर्तदार चट्टानें**—पर्तदार चट्टानों का निर्माण भू-पटल पर विद्यमान, मिट्टी, कंकड़ों और पत्थरों से हुआ है। हवा, पानी और हिम नदियों की सहायता से मिट्टी, कंकड़ और पत्थर पर्तों में जमते रहते हैं और उन्हीं से इन चट्टानों का निर्माण होता है। इन चट्टानें में जीव-जन्तुओं और वनस्पतियों के अवशेष भी दबे पड़े होते हैं। इन चट्टानों में जिप्सम, पोटेशियम, कार्बन प्रधान चट्टानें, चूने का पत्थर और डोलोमाइट आदि पाए जाते हैं।

***(iii)* रूपान्तरित चट्टानें**—जब किन्हीं कारणों से आग्नेय चट्टानों और पर्तदार चट्टानों में परिवर्तन (रूपान्तरण) होता है और नई किस्म की चट्टानें बनती हैं, तो ऐसी चट्टानों को रूपान्तरित चट्टानें कहते हैं। चूना पत्थर से संगमरमर बनना, कोयले से ग्रेफाइट बनना ऐसा ही रूपान्तरण है।

पर्वत

पर्वत उस भू-खण्ड को कहते हैं जो आसपास के क्षेत्र की सतह से बहुत ऊंचा हो। पर्वत समस्त पृथ्वी के क्षेत्रफल के 1/10 भाग पर हैं।

पर्वतों का इतिहास पृथ्वी पर हुए क्रांतिकारी चमत्कारों की रोचक कहानी उपस्थित करता है। विभिन्न कालों में इनकी उत्पत्ति तथा इनका विलयन पृथ्वी पर हुए भौतिक एवं लौकिक परिवर्तनों से हुआ है। सागरों की तलहटी से उठी हुई चट्टानों ने ही अधिकांश पर्वतमालाओं को जन्म दिया है। 2000 फीट से कम ऊंचाई वाले पर्वत 'पहाड़ी' कहलाते हैं।

संसार की सबसे ऊंची चोटियां—

1. एवरेस्ट (8848 मीटर), 2. के-2 (8611 मीटर),
3. कंचनजंगा (8598 मीटर), 4. मकालू (8470 मीटर),
5. धौलागिरि (8166 मीटर), 6. नंगा पर्वत (8126 मीटर),

पठार

पठार पृथ्वी के ऐसे लम्बे-चौड़े भाग हैं जो पृथ्वी की सतह से ऊपर की ओर उठे होते हैं, परंतु शिखर पर जाकर प्राय: समतल बन जाते हैं। पठारों की ऊंचाई समुद्र तल से एक हजार और तीन हजार फुट के बीच तक होती है। पठार का क्षेत्रफल हजारों मील होता है। भारत में दक्षिण की उच्च भूमि एक पठार ही है। इसे 'दक्षिण का पठार' कहते हैं।

मैदान

मैदान भूमि के वे समतल भाग हैं, जिनकी ऊंचाई समुद्र तल से एक हजार फुट तक होती है।

डेल्टा

यह एक प्रकार का मैदान ही होता है। यह त्रिकोण (Δ) आकार की वह भूमि होती है जो नदी के अन्तिम भाग (मुहाने) में उपजाऊ मिट्टी के एकत्र होने से बन जाती है। इस भाग में नदी द्वारा बहाकर लाई गई मिट्टी जल सतह से ऊंची हो जाती है। इस प्रकार डेल्टा बन जाता है और नदी कई शाखाओं में विभक्त होकर समुद्र में गिरती है। संसार में सबसे बड़ा डेल्टा गंगा और ब्रह्मपुत्र नदियों का है। डेल्टा की भूमि बहुत उपजाऊ होती है। स्मरण रहे कि डेल्टा उन नदियों में नहीं बनता जिनके मुहानों पर उतार-चढ़ाव हो और पानी की धारा बहुत वेग से गुजरती हो।

भूचाल या भूकंप

भूमि के किसी भाग के एकदम हिलने को भूचाल या भूकम्प कहते हैं। प्राय: भूचाल के समय किड़-किड़ का शब्द भी उत्पन्न होता है और झटके महसूस होते हैं। भूचालों के कारण पृथ्वी पर बहुत भारी परिवर्तन हो जाते हैं। भूमि में दरारें पड़ जाती हैं, भूमि के कई भाग ऊंचे उठ जाते हैं और कुछ नीचे धंस जाते हैं।

ज्वालामुखी

यह पृथ्वी के भूपृष्ठ में एक खुला हुआ मुख होता है। ज्वालामुखी एक ऐसा शंकु है जिसका संबंध एक सीधी नली द्वारा भूमि से होता है, जिसके माध्यम से भूमि की तप्त गैसें, ठोस पदार्थ, राख आदि बाहर निकलते हैं। ज्वालामुखी के मुख को क्रेटर कहते हैं। इसकी आकृति कप की तरह होती है जहां से होकर लावा निकलता है। लंबे समय से शांत पड़े ज्वालामुखी को शांत ज्वालामुखी कहते हैं। ऐसे ज्वालामुखी जो एक बार उद्गार के बाद बीच-बीच में शांत रहते हैं तथा कुछ-कुछ समय की अवधि के बाद भयंकर तथा कुछ शांत उद्गार फिर से आरंभ कर देते हैं उन्हें प्रसुप्त ज्वालामुखी कहते हैं। ऐसे ज्वालामुखी जो एक बार उद्गार होने के बाद सदैव वाष्प, गैस, राख तथा विखंडित पदार्थों को बाहर निकालते रहते हैं उन्हें जागृत ज्वालामुखी कहते हैं। इटली का माऊंट एटना जागृत ज्वालामुखी है जबकि जापान का फ्यूजीयामा प्रसुप्त तथा एंडीज का चिम्बोरा शांत ज्वालामुखी का उदाहरण है। ज्वालामुखी से लावा का उद्गार विस्फोट के साथ हो सकता है और शांत तरीके से भी।

विश्व में हजारों ज्वालामुखी हैं। वे महाद्वीपों में विविध पट्टियों में वितरित हैं। संपूर्ण प्रशांत महासागर में पूर्वी द्वीपसमूह पेटी को ज्वालामुखियों का प्रधान केन्द्र माना जाता है। क्योंकि यहां के अकेले जावा द्वीप में 43 ज्वालामुखी मौजूद हैं। मध्य महाद्वीपीय पेटी आइसलैंड के हेलका पर्वत से आरंभ होकर दक्षिण की ओर अफ्रीका के केमरूप पर्वत की ओर चली जाती है। आंध्र महासागरीय पेटी में ज्वालामुखियों का प्रमुख क्षेत्र लेसर एंटीलीस से लेकर दक्षिणी एंटीलीस तक हैं। कुछ छुटपुट ज्वालामुखी एंटार्कटिका महाद्वीप तथा हिन्द महासागर और मेडगास्कर के आसपास कमोरो, मारीशस और रीयूनियन द्वीपों पर स्थित हैं।

रेगिस्तान (Desert)

रेगिस्तान ऐसे भू-प्रदेश को कहते हैं, जहां उपज इतनी कम हो कि उसके सहारे इंसान अपना निर्वाह न कर सके। अधिकांश रेगिस्तानों में साल में 5 इंच से भी कम वर्षा होती है। संसार के अधिकांश रेगिस्तान 20° और 35° उत्तरी व दक्षिणी अक्षांश के बीच कर्क रेखा और मकर रेखा के पास हैं।

विश्व के प्रसिद्ध रेगिस्तान—सहारा (उत्तरी अफ्रीका), लीबियन (उत्तरी-पश्चिमी अफ्रीका), आस्ट्रेलियन (पश्चिमी व मध्य आस्ट्रेलिया), अरेबियन (अरब प्रायद्वीप), गोबी (मंगोलिया), कालाहारी (बोत्सवाना), तकला माकन (दक्षिणी सीक्यांग, चीन), काराकुम (दक्षिणी तुर्किस्तान, रूस), थार (उत्तरी-पश्चिमी भारत)।

महाद्वीप

ऐसे लम्बी अखण्डित विशाल भूखण्ड को जो समुद्र तल की ऊंचाई से ऊपर उठा हुआ हो, महाद्वीप कहते हैं। पृथ्वी को सात महाद्वीपों में विभाजित किया गया है, जैसे-एशिया, यूरोप, अफ्रीका, उत्तरी अमरीका, दक्षिणी अमरीका, आस्ट्रेलिया और एंटार्कटिक।

कोरल द्वीप

कोरल एक समुद्री कीड़ा होता है। यह उष्ण कटिबंध के सागर में रहता है। इसकी खाल बहुत अधिक कड़ी होती है। कोरल कीड़ों की खाल के विशाल भंडार से बने टीलानुमा द्वीप को कोरल द्वीप कहते हैं। कोरल द्वीप छोटा टीला भी हो सकता है और मीलों लम्बा-चौड़ा भी हो सकता है।

एटोल

किसी लैगून के चारों तरफ अर्द्धचन्द्राकार आकार में मूंगे की चट्टानों या दीवार को एटोल कहते हैं।

जल मंडल

समुद्र

पृथ्वी की सतह का लगभग दो-तिहाई से अधिक भाग खारे पानी से ढका है। खारे जल का यह विस्तृत फैलाव (समुद्र) स्थल खण्डों को चारों ओर से घेरे हुए है और कई बड़े भागों में विभाजित है, जिन्हें महासागर कहते हैं। विस्तृत जल के छोटे भाग को सागर कहते हैं।

महासागर—पृथ्वी पर तीन बड़े महासागर हैं—प्रशान्त महासागर, अटलांटिक महासागर तथा हिंद महासागर।

महासागर

महासागर	*क्षेत्रफल करोड़ वर्ग कि.मी.*	*जल भाग का %*	*विश्व के कुल जल भाग का %*
प्रशान्त महासागर	16.53	35.3	50.1
अटलांटिक महासागर	8.22	18.1	25.3
हिन्द महासागर	7.34	14.7	20.8
आर्कटिक महासागर	1.40	2.7	3.8
अंटार्कटिक महासागर	— बर्फ से जमा हुआ है।		
योग		70.8%	100%

(i) प्रशान्त महासागर सबसे बड़ा महासागर है और यह पृथ्वी के लगभग एक-तिहाई भाग पर फैला है। यह महासागर सभी प्रायद्वीपों के सम्मिलित क्षेत्रफल से भी बड़ा है। यह अन्य सभी महासागरों से गहरा है। प्रशान्त महासागर की मरियाना खाड़ी में पृथ्वी के सभी महासागरों में सबसे गहरे (6.8 मील) भाग हैं। प्रशांत महासागर एक ओर से एशिया और आस्ट्रेलिया महाद्वीपों से घिरा है और दूसरी ओर से उत्तरी तथा दक्षिणी अमरीका महाद्वीपों से।

(ii) अटलांटिक महासागर संसार का दूसरा सबसे बड़ा महासागर है। इसके एक ओर उत्तरी तथा दक्षिणी अमरीका के महाद्वीप हैं और दूसरी ओर यूरोप तथा अफ्रीका। इस महासागर की दन्तुरित तट-रेखा प्रशान्त और हिन्द महासागरों की तट रेखाओं की सम्मिलित लम्बाई से भी बड़ी है। अटलांटिक महासागर में बड़े-बड़े बन्दरगाह हैं। इस महासागर में संसार का सबसे अधिक व्यापार होता है।

अमरीकी वैज्ञानिकों ने अटलांटिक महासागर की तली में 100 वर्ग कि.मी. के ऐसे क्षेत्र का पता लगाया है जहां धातुओं का अपार भंडार है।

(iii) हिन्द महासागर तीसरा सबसे बड़ा महासागर है। यह अटलांटिक महासागर से कुछ ही छोटा है। यही एक ऐसा महासागर है जिसका नाम एक देश अर्थात भारत के नाम पर रखा गया है। (भारत को हिन्द भी कहते हैं)। इससे पता चलता है कि पुराने समय में अंतर्राष्ट्रीय व्यापार में हमारे देश का नाम कितना प्रसिद्ध था। यह महासागर, अफ्रीका, एशिया और आस्ट्रेलिया महाद्वीपों से घिरा है।

(iv) उत्तरी ध्रुव महासागर या आर्कटिक महासागर उत्तरी ध्रुव के चारों ओर है और वह उत्तरी ध्रुव वृत्त के भीतर फैला है। वास्तव में यह अटलांटिक महासागर का ही उत्तर में फैला हुआ एक हिस्सा है। बेरिंग जलसंधि, जो उथले समुद्र का एक संकरा-सा भाग है, उत्तरी ध्रुव महासागर को प्रशांत महासागर से मिलाती है। उत्तरी ध्रुव महासागर यूरेशिया और उत्तरी अमरीका से घिरा है। इसका अधिकतर भाग दो से तीन मीटर मोटी बर्फ से सारे साल जमा रहता है।

अन्य सागर और खाड़ियां इस प्रकार हैं—भूमध्यसागर, दक्षिणी चीन सागर, बेरिंग सागर, कैरिबियन सागर, ओखोत्सक सागर, पूर्व चीन सागर, यैलो सागर, जापान सागर, उत्तरी सागर, काला सागर, बाल्टिक सागर, हडसन की खाड़ी व मैक्सिको की खाड़ी।

सागर की गतियां

समुद्र की तीन मुख्य गतियां होती हैं—

(1) लहरें (Waves),

(2) धाराएं (Currents)

(3) ज्वार-भाटा (Tides)।

(1) लहरें

लहरें वायु की गति से उत्पन्न होती हैं और समुद्र के तल पर होती हैं; लहरें अधिक गहराई में नहीं होतीं। (केवल कुछ सौ मीटर की गहराई तक ही) लहरों के रूप में पानी ऊपर-नीचे उठता है। जब वायु वेग से चलती है, तो लहरें समुद्र तल पर 40 फुट तक ऊंची उठ आती हैं।

(2) धाराएं

महासागर के सतह पर या गहराई में नियमित रूप से एक निश्चित दिशा में बहने वाली कुछ सरिताएं होती हैं, जिन्हें धाराएं कहते हैं। ये बहती नदियां जल की बड़ी भारी मात्रा को इधर से उधर ले जाती हैं। जल की यह गति संकरी तेज धारा के रूप में अथवा मंद बहने वाले चौड़े प्रवाह के रूप में होती है। धाराओं की गति 2 कि.मी. से लेकर 10 कि.मी. प्रति घण्टा तक होती है।

धाराएं दो प्रकार की होती हैं—गर्म तथा ठंडी। गर्म धाराओं का जल वास्तव में बहुत गर्म नहीं होता। उनका तापमान निकटवर्ती जल के तापमान से कुछ ही अंश अधिक होता है। गर्म धाराएं निम्न अक्षांशों से उच्च अक्षांशों की ओर बहती हैं जबकि ठंडी धाराएं उच्च अक्षांशों से निम्न अक्षांशों की ओर।

धाराओं की उत्पत्ति के तीन कारण हैं—

***(i)* स्थाई पवनें (Permanent Winds)**—चूंकि स्थाई पवनें सदा एक ही दिशा में चलती हैं, ये समुद्र के जल को अपनी दिशा में बहाकर ले जाती हैं और इस प्रकार धाराएं पैदा हो जाती हैं।

***(ii)* असमान ताप (Unequal Temperature)**—भूमध्य रेखा के निकट उष्ण कटिबंध में उष्णता अधिक पड़ती है। गर्मी के कारण जल हल्का हो जाता है। इसलिए भूमध्य रेखा के समीप का जल तल के ऊपर ही ऊपर ध्रुवों की ओर जाता है और ध्रुवों का ठण्डा जल भारी होने के कारण नीचे ही नीचे गर्म प्रदेशों की ओर आता है। इस प्रकार गर्म और सर्द प्रदेशों के मध्य धाराओं का एक चक्र बन जाता है।

***(iii)* न्यूनाधिक वाष्पीकरण क्रिया (Unequal Evaporation)**—कई समुद्रों में वाष्पीकरण क्रिया कम या अधिक होने के कारण स्थानीय धाराएं उत्पन्न हो जाती हैं।

समुद्री धाराओं का जलवायु पर कई प्रकार से प्रभाव पड़ता है—

(i) गर्म या सर्द धाराएं जिस देश के तट के पास से गुजरती हैं वहां का तापमान क्रमशः गर्म या सर्द हो जाता है। इसका कारण यह है कि इन धाराओं के ऊपर से गुजरने वाली पवनें अपने साथ गर्मी या सर्दी ले आती हैं।

(ii) धाराओं से वर्षा भी प्रभावित होती है। ये पवनें गर्म धाराओं के ऊपर से लांघ कर आती हैं, जलीय वाष्प से भरी होती हैं, इसलिए जिन-जिन देशों के पास से गर्म धाराएं चलती हैं, वहां अधिक वर्षा होती है। किंतु जिन देशों अथवा तटों के पास ठण्डी धाराएं चलती हैं, वहां वर्षा थोड़ी होती है क्योंकि ठण्डी धाराओं के ऊपर से चलने वाली पवनें ठण्डी होने के कारण अधिक जल नहीं चूस सकतीं।

(iii) जहां-जहां गर्म और ठण्डी धाराएं मिलती हैं वहां धुंध पैदा होती है, आंधियों और तूफान भी जोर से चलते हैं। जापान के तूफान (Typhoons) इसके प्रसिद्ध उदाहरण हैं।

समुद्री धाराएं व्यापार पर भी प्रभाव डालती हैं—

(i) गर्म धाराएं ठण्डे देशों के समुद्र तटों को जमने नहीं देतीं, इससे बन्दरगाह सारे वर्ष खुले रहते हैं।

(ii) धाराएं जहाज चलाने में सहायता भी करती हैं और रुकावट भी डालती हैं।

(iii) ठण्डे जल में उत्तम नस्ल की मछलियां पाई जाती हैं जो ठण्डी धाराओं के साथ-साथ गर्म प्रदेशों में पहुंच जाती हैं, जहां पर उनका शिकार किया जाता है।

(iv) ठण्डी और गर्म धाराओं के मिलने से जो धुंध पैदा होती है उससे जहाजों के आने-जाने में कठिनाई होती है।

समुद्री धाराओं का एक बड़ा लाभ यह है कि इनके कारण समुद्र के जल में सदा गतिशीलता बनी रहती है जिससे वह शुद्ध और स्वच्छ रहता है। इन धाराओं से समुद्री जीव-जन्तुओं को ऑक्सीजन और खाद्य सामग्री मिलती रहती है जिससे समुद्री जीव-जन्तु जीवित रहते हैं।

समुद्री धाराएं—समुद्री धाराएं जलवायु पर भी प्रभाव डालती हैं। गर्म धाराएं ध्रुवों की ओर जाती हैं और ठंडी धाराएं भूमध्य रेखा की ओर। गर्म धाराएं निम्न अक्षांशों में महाद्वीपों के पूर्वी भाग को और ऊंचे अक्षांशों में महाद्वीपों के पश्चिमी भाग को स्पर्श करती हुई बहती हैं। इनका प्रभाव निकटवर्ती देशों की जलवायु पर पड़ता है। ये अपने निकटवर्ती प्रदेश को गर्म कर देती हैं।

ठंडी धाराएं ऊंचे अक्षांशों में महाद्वीपों के पूर्वी भाग को और निम्न अक्षांशों में महाद्वीपों के पश्चिमी भाग को छूती हुई चलती हैं। इसके प्रभाव से निकटवर्ती प्रदेश ठंडे हो जाते हैं।

अटलांटिक महासागर की धाराएं—*(i)* अटलांटिक ड्रिफ्ट, *(ii)* बेग्वेला, *(iii)* दक्षिण भूमध्य रेखीय धारा, *(iv)* ब्राजीलियन धारा, *(v)* गल्फ स्ट्रीम, *(vi)* उत्तर भूमध्य रेखीय धारा, *(vii)* कैनारी, *(viii)* लेब्रेडोर व ग्रीनलैण्ड धारा।

प्रशान्त महासागर की समुद्री धाराएं—*(i)* हमबोल्ट या पेरूवियन धारा, *(ii)* दक्षिण भूमध्यरेखीय धारा, *(iii)* न्यू साउथ वेल्स धारा, *(iv)* उत्तर भूमध्यरेखीय धारा, *(v)* जापान धारा, *(vi)* कैलीफोर्निया धारा, *(vii)* क्युराइल धारा।

हिन्द महासागर की समुद्री धाराएं—*(i)* पश्चिम आस्ट्रेलियाई धारा, *(ii)* भूमध्यरेखीय धारा, *(iii)* मोजाम्बिक धारा।

समुद्र तट—समुद्र तटों को उनकी विलक्षणताओं के आधार पर कई श्रेणियों में बांटा जा सकता है।

***(i)* फियोर्ड (Fiord)**—ये समुद्र तट के भीतर की ओर (अर्थात धरती में) घूसी हुई पतली-संकरी खाड़ियों जैसी होती हैं। अनुमान है कि प्राचीन काल में ग्लेशियरों के बहाव से इनका निर्माण हुआ था। ऐसे अत्यधिक कटाव वाले (गहरे कटाव) वाले तटों को फियोर्ड कहते हैं।

***(ii)* रिया (Ria)**—यह भी समुद्र तट में भीतर की ओर घुसी हुई खाड़ी जैसी होती है। इसका निर्माण किसी क्षेत्र में चट्टानों के पानी में डूब जाने से होता है। अन्दर की ओर इसकी कई शाखाएं बन जाती हैं। यह अन्दर की ओर से समुद्र की ओर गहरी होती जाती है।

***(iii)* डालमेशन तट (Dalmation)**—ऐसे तटों पर समानान्तर पर्वत श्रेणियों के निचले भाग जल में डूब जाने से केवल ऊंचे उठे भाग ही द्वीप की भांति दिखाई पड़ते हैं। घाटियों के भूमि में धंसने के कारण खाड़ियां बन जाती हैं, जिनका मुंह समुद्र की तरफ संकरा होता है और अन्दर पहुंच कर घाटियां चौड़ी होती जाती हैं।

***(iv)* हैफ तट (Haff Coast)**—यह तट कम गहरा होता है। इसमें समुद्र तट के समानान्तर बालू के स्तूप जैसे बने होते हैं, जिनके पीछे उथले लैगून स्थित होते हैं। वास्तव में हैफ तट उथली झील जैसा होता है।

लहरों तथा धाराओं की तुलना

लहरें	धाराएं
1. लहरों में जल ऊपर-नीचे तथा आगे-पीछे गति मात्र करता है किंतु अपना स्थान छोड़कर बहुत आगे नहीं बढ़ता।	1. धाराओं में जल अपना स्थान छोड़कर आगे बढ़ जाता है। इन्हें समुद्री नदियां भी कहा जाए तो कोई अत्युक्ति न होगी।
2. लहरें केवल समुद्री सतह तक ही सीमित रहती हैं। गहराई में नहीं चलतीं।	2. धाराएं काफी गहराई तक चलती हैं। ऊपरी धाराओं के नीचे प्राय: विपरीत धाराएं चला करती हैं।
3. लहरों का वेग वायु के प्रचलन पर निर्भर होता है।	3. धाराएं तापक्रम वैभिन्य एवं स्थायी पवनों के प्रभाव से पैदा होती हैं, अत: सदैव चलती हैं।
4. लहरों का आकार जल की गहराई पर निर्भर करता है।	4. धाराएं सदा विशाल आकार की होती हैं।

(3) ज्वार-भाटा

समुद्र के जल में दिन में दो बार उतार तथा चढ़ाव को ज्वार-भाटा कहते हैं। ज्वार-भाटे का सबसे बड़ा कारण उन आकर्षण शक्तियों का अन्तर है जो कि चांद ठोस पृथ्वी के केंद्र और पृथ्वी के चारों ओर फैले हुए जल पर डालता है।

ज्वार-भाटा दो प्रकार का होता है।

1. महान् ज्वार-भाटा (Spring Tide)—जब सूर्य और चांद दोनों मिलकर अपनी संगठित आकर्षण-शक्तियों से ज्वार-भाटे की भारी लहर पैदा करते हैं, जिससे पानी का उतार-चढ़ाव साधारण की अपेक्षा अधिक होता है तो इसे महान ज्वार-भाटा कहते हैं।

2. स्वल्प ज्वार-भाटा (Neep Tide)—जब चांद और सूर्य पृथ्वी के साथ समकोण बनाते हैं, जिससे वे एक-दूसरे की शक्ति के प्रभाव को किसी सीमा तक नष्ट कर देते हैं, तो इस कारण जल का उतार-चढ़ाव साधारण की अपेक्षा कम होता है। इसे स्वल्प ज्वार-भाटा कहते हैं।

नदियां

नदियां धरती पर प्रवाहित जल का मुख्य स्रोत हैं। भूमि तल में परिवर्तन लाने वाले बाहरी कारणों में नदियों का बहुत अधिक महत्त्व है। भौगोलिक दृष्टि से नदियों के तीन मुख्य काम हैं—

(*i*) ये भूमितल के खुर्चने (Erosion) का काम करती हैं,

(*ii*) खुर्चे हुए द्रव्य को बहा ले जाती हैं,

(*iii*) द्रव्य को किसी नीचे स्थान पर एकत्र (Deposit) करती हैं।

विश्व की बड़ी नदियां—नील (मिस्र), अमेजन (दक्षिण अमरीका), मिसीसिपी मिसौरी (उत्तरी अमरीका), ओब इरतीश (रूस), बोल्गा (रूस), ह्वांग हो (चीन), कांगो (अफ्रीका), पनामा (दक्षिण अमरीका), यांगट्सी (चीन), ब्रह्मपुत्र (भारत)।

झीलें

झील जल-भाग का एक छोटा आकार है। स्थल का ऐसा नीचा स्थान जिसमें पानी भर जाए और उस पानी का निकास पूरा-पूरा न हो, झील कहलाता है। झीलें प्राय: उथली होती हैं और उनका आकार छोटा होता है। मिट्टी भर जाने या पानी बह जाने के फलस्वरूप ये सूख भी सकती हैं। पृथ्वी पर जितनी भी झीलें हैं उनका आकार पृथ्वी की सतह पर हो रहे परिवर्तन से प्रभावित होता रहता है। कुछ झीलें ऐसी होती हैं जिसमें से या तो कोई नदी निकलती है अथवा उनमें गिरती है तथा कुछ ऐसी होती हैं जिनमें से न तो नदी निकलती है और न उनमें गिरती ही है। जिनमें नदियों का आवागमन रहता है वे झीलें मीठे पानी की और जिनमें नदियों का आवागमन नहीं रहता वे खारे पानी की होती हैं। मीठे पानी की झीलों में सर्वाधिक प्रसिद्ध मिशिगन, ह्यूरन और सुपीरियर झीलें हैं। खारे पानी की झीलों में सर्वाधिक प्रसिद्ध मृत सागर (Dead Sea), अरल सागर (Aral Sea) और सांभर झील (Sambhar Lake) हैं। आर्थिक दृष्टिकोण से दोनों प्रकार की झीलें महत्त्वपूर्ण हैं। जहां तक झीलों के विस्तार का प्रश्न है, इसके लिए कोई खास नियम नहीं है। नैनीताल जैसी छोटी झील और कैस्पियन सागर (Caspian Sea) जैसी बड़ी झील दोनों इनके अंतर्गत आ जाती हैं।

झीलों की उत्पति के कारण—

(1) किसी बांध द्वारा नदी का प्रवाह रूक जाने से,

(2) पृथ्वी के धरातल के धंस जाने से,

(3) ज्वालामुखी पर्वतों की क्रियाओं से, और

(4) धरातल के कटाव से।

विश्व की प्रसिद्ध झीलें—कैस्पियन सागर (रूस, ईरान : खारी), सुपीरियर (अमरीका-कनाडा), अरल (रूस : खारी), विक्टोरिया (पूर्व-मध्य अफ्रीका), मिशिगन (अमरीका), ह्यूरन (अमरीका-कनाडा), बैकाल (रूस)।

लैगून (Lagoon)—उस संकरी जल धारा या तालाब या जलखण्ड को लैगून कहते हैं, जो किसी बांध, रोध या चट्टान आदि के द्वारा बड़ी जल धारा या बड़े जल खण्ड से पृथक हो गया हो।

वायु-मण्डल

पृथ्वी के चारों ओर पाई जाने वाली वायु से ही वायुमण्डल बना है। यह चारों ओर से पृथ्वी को घेरे हुए है। पृथ्वी की सतह से कम से कम 1,600 किलोमीटर की ऊंचाई तक वायुमण्डल पाया जाता है। ज्यों-ज्यों पृथ्वी की सतह से ऊपर जाएं, वायुमण्डल का घनत्व कम होता जाता है। अन्तरिक्ष से वायुमण्डल को अलग करने वाली कोई विशेष सीमा-रेखा नहीं है।

वायुमण्डल विभिन्न प्रकार की गैसों का मिश्रण है, जो एक निश्चित अनुपात में होती हैं। वायुमण्डल में लगभग 78 प्रतिशत भाग नाइट्रोजन है और लगभग 21 प्रतिशत भाग जीवन के लिए आवश्यक ऑक्सीजन गैस है। शेष एक प्रतिशत कार्बन डाइ-ऑक्साइड और हाइड्रोजन जैसी अनेक गैसें हैं। यद्यपि कार्बन डाइ-ऑक्साइड का अनुपात वायुमण्डल में बहुत कम है फिर भी यह गैस पेड़-पौधों के लिए बहुत उपयोगी है। इस गैस से ही पेड़-पौधे हरी पत्तियों में पौष्टिक भोजन तैयार करते हैं। हम अपना भोजन अधिकतर पेड़-पौधों से ही प्राप्त करते हैं। पृथ्वी पर हमें जो पानी मिलता है, वह ऑक्सीजन और हाइड्रोजन का मिश्रण है।

वायुमण्डल गैसों की मोटी तह है, जो पृथ्वी के चारों ओर चिपका हुआ है। पृथ्वी की गति का इस पर कोई प्रभाव नहीं पड़ता। पर वायुमण्डल के भीतर गति होती रहती है। वायुमण्डल का विभाजन ऊंचाई के आधार पर किया गया है।

ट्रोपोस्फीयर (Troposphere)—पृथ्वी तल से 8 से 18 किमी. की ऊंचाई तक के वायुमण्डल को ट्रोपोस्फीयर कहा जाता है। मौसम संबंधी सब घटनाएं और परिवर्तन इसी क्षेत्र में होते हैं। इसीलिए मौसम की भविष्यवाणी के लिए इसी क्षेत्र के तापमान, आर्द्रता, वायुवेग आदि को आधार बनाया जाता है। इस क्षेत्र में ज्यों-ज्यों ऊपर जाते हैं, त्यों-त्यों तापमान कम होता जाता है।

स्ट्रेटोस्फीयर (Stratosphere)—यह क्षेत्र ट्रोपोस्फीयर से ऊपर लगभग 18 से 32 किमी. तक फैला हुआ है। इस भाग में तापमान लगभग एक जैसा रहता है।

आयनोस्फीयर (Ionosphere)—यह ट्रोपोस्फीयर और स्ट्रेटोस्फीयर दोनों के ऊपर है। यह लगभग 60 किमी. की ऊंचाई से आरंभ हो जाता है और लगभग 640 किमी. तक फैला हुआ है। इस क्षेत्र में आयोनाइजेशन के फलस्वरूप मुक्त इलेक्ट्रान होते हैं। अन्तर्राष्ट्रीय रेडियो संचार के लिए इसी क्षेत्र से सहायता मिलती है।

ओजोन पर्त (Ozone Layer)—यह पर्त पृथ्वी के तल से लगभग 32 से 60 किलोमीटर की ऊंचाई पर है। सूर्य से निकलने वाली अल्ट्रावायोलेट विकिरण को ओजोन पर्त समाहित कर लेती है। ओजोन पर्त के न होने पर सूर्य की अल्ट्रावायोलेट विकिरण धरती तक आ जाती और मनुष्यों व पौधों को बहुत क्षति पहुंचती है।

पवन

पवनें कई प्रकार की होती हैं—

1. स्थाई पवनें (Permanent Winds)—स्थाई पवनें सदा एक ही दिशा में बहती हैं, जैसे—व्यापारिक पवनें, पश्चिमी पवनें।

2. आवर्ती पवनें (Periodical Winds)—आवर्ती पवनें विशेष ऋतुओं में चलती हैं, जैसे-मानसून।

3. अस्थिर पवनें (Variable Winds)—ये अनियमित रूप से चलती हैं, जैसे-चक्रवात और प्रति चक्रवात।

व्यापारिक पवनें (Trade Winds)—ये वे स्थायी पवनें हैं, जो उष्ण कटिबंध में भूमध्य रेखा की ओर निरन्तर चलती रहती हैं।

मानसून—मानसून खण्ड में गर्मियों में अधिक गर्मी पड़ती है जिससे वायु गर्म तथा हल्की होकर ऊपर उठ जाती है। उसका स्थान लेने के लिए जल-पूरित वायु समुद्र से आती है और पर्याप्त वर्षा करती है। इस पवन को मानसून कहते हैं।

समुद्री समीर व स्थल समीर (Sea Breeze and Land Breeze)—समुद्र की ओर से ठण्डी पवन, जो दिन के समय स्थल की ओर आती है समुद्री समीर कहलाती है। इसके चलने का समय 12 घण्टे अर्थात दिन के आठ बजे से लेकर रात के आठ बजे तक होता है।

रात के समय स्थल की भारी वायु समुद्र की ओर चलनी आरम्भ हो जाती है। इसे स्थल समीर कहते हैं। यह रात-भर स्थल से समुद्र की ओर चलती है, अर्थात रात के आठ बजे से लेकर दिन के आठ बजे तक।

इन समीरों के कारण समुद्र तट के प्रदेशों की जलवायु सर्दियों में कम सर्द और गर्मियों में कम गर्म होती है।

चक्रवात तथा प्रति-चक्रवात (Cyclones and Anticyclones)—पवन के उस चक्र को जिसके केंद्र में दबाव कम हो, और बाहर दबाव अधिक हो चक्रवात कहते हैं। पवन के ऐसे चक्र को जिसके केंद्र में दबाव अधिक हो और बाहर दबाव कम हो, प्रति चक्रवात कहते हैं। उत्तरी गोलार्द्ध में चक्रवात में वायु दाहिनी ओर से बाईं ओर को चलती है और दक्षिणी गोलार्द्ध में चक्रवात में वायु बाईं ओर से दाहिनी ओर को चलती है। इसके विपरीत उत्तरी गोलार्द्ध में प्रति-चक्रवात में वायु बाईं ओर से दाहिनी ओर को चलती है और दक्षिण गोलार्द्ध में दाहिनी ओर से बाईं ओर को चलती है। वायु का प्रवाह ऊपर की ओर बवंडर जैसा होता है।

हरीकेन (Hurricane)—उष्ण कटिबंध में वर्षा, बिजली की चमक और गड़गड़ाहट के साथ आने वाले तीव्र तूफान को हरीकेन कहते हैं। कभी-कभी इसकी रफ्तार 120 कि.मी. प्रति घण्टे से भी अधिक होती है।

टोरनाडो (Tornado)—उस विनाशकारी तेज चक्रवात (whirlwind) को टोरनाडो कहते हैं, जो जमीन पर एक संकीर्ण मार्ग से गुजरता है। कभी-कभी इसके साथ बादल भी आते हैं। इसका आकार भूमि पर संकरा और ऊपर की ओर चौड़ा होता है। टोरनाडो में फंसी वस्तुएं प्राय: सीधे ऊपर की ओर चली जाती हैं।

वायु में जलकण

द्रवीभवन क्रिया (Condensation)—वायु में जल कण सदैव विद्यमान रहते हैं। जब ये जल कण किसी ठण्डी वस्तु के सम्पर्क में आते हैं तो जल की बूंदों के रूप में प्रकट हो जाते हैं; जैसे किसी गिलास में बर्फ रखी हो तो उसके आस-पास की वायु में विद्यमान जल कण उसकी ठंडक के सम्पर्क में आने पर गिलास के बाहरी भाग पर छोटी-छोटी बूंदों के रूप में प्रकट हो जाते हैं। जलकणों के इस प्रकार प्रकट होने को द्रवीभवन क्रिया कहते हैं।

ओस (Dew)—रात के समय विकिरण क्रिया के फलस्वरूप भूमि, वृक्ष तथा घास-फूस बड़ी जल्दी ठण्डे हो जाते हैं। जब हवा इनको छूती है तो वह भी ठण्डी हो जाती है और उसमें जलकणों की मात्रा अधिक हो जाती है। इतने अधिक जल कण वायु सम्भाल नहीं पाती और वे जल-बिन्दुओं के रूप में घास और दूसरी वस्तुओं के तल पर द्रवीभवन क्रिया (Condensation) के कारण प्रकट हो जाते हैं। इन बिंदुओं को ओस कहते हैं। मेघ वाली रातों में और छायादार स्थानों पर ओस नहीं बनती। रात को वेग से पवन चल रही हो तो भी ओस नहीं बनती। इसका कारण है कि ऐसी दशाओं में विकिरण क्रिया पूर्ण नहीं होती। ओस भूमि-तल के निकट ही बनती है।

पाला (Frost)—जब वायु का तापमान 0°C से कम हो जाता है तो विद्यमान जलकण ओस का रूप धारण करने की बजाय जम जाते हैं, इसे पाला कहते हैं। पाला भी भूमि तल के निकट ही पड़ता है।

कुहरा (Fog)—जल की ऊपरी सतह पर जल कण सदा बनते रहते हैं। जब गर्म और नमी वाली वायु ठण्डी वायु या वायु जल को छूती है तो जल कणों का कुछ भाग पानी के रूप में दृष्टिगोचर हो जाता है और मिट्टी के उन कणों पर, जो वायु में भूमितल के समीप उड़ते रहते हैं, लटक जाता है। इसे कोहरा कहते हैं। जब वायु में मिट्टी के कण विद्यमान न हों, तो कोहरा नहीं पड़ सकता।

धुन्ध (Mist)—धुन्ध वैसे ही बनती है जैसे कोहरा। अन्तर केवल यह है कि इसमें जल कण कोहरे के जल-कणों की अपेक्षा कुछ बड़े होते हैं।

बादल (Cloud)—बादल भी कोहरे की भांति बनता है। अन्तर यह है कि कोहरा तो भूमि तल से थोड़ी ऊंचाई पर बनता है, परंतु बादल भूमि तल से बहुत ऊंचाई पर बनते हैं।

ओले (Hail Storms)—जब वायु की ऊपरी सतह पर बहुत अधिक शीत होती है तो वाष्पकण बूंदों में नहीं बदलते, बल्कि जम कर बर्फ के टुकड़े अर्थात् ओले बन जाते हैं।

हिम (Snow)—कई बार बादल वायुमण्डल में अतिशीत खण्डों में चले जाते हैं तो अतिशीत के कारण ये जल का रूप धारण नहीं करते वरन् जम जाते हैं और हिम बनकर धरती पर गिरते हैं।

वर्षा (Rain)—जब बादल ठण्डी वायु को छूता है तो द्रवीभवन क्रिया (Condensation) और भी अधिक हो जाती है तथा जलकण इतने भारी हो जाते हैं कि पृथ्वी के आकर्षण के प्रभाव से धरती पर गिर पड़ते हैं। इस प्रकार वर्षा होती है।

अश्व अक्षांश

उत्तरी और दक्षिणी दोनों गोलार्द्धों में व्यापारिक पवनों (trade winds) और पछुआ पवनों (westerlies) के बीच समुद्र के ऊपर उच्च वायुमण्डलीय दबाव वाली उपोष्ण (sub-tropical) पट्टियों को, जो 30°-35° उत्तरी और 30°-35° दक्षिणी अक्षांशों के बीच पड़ती हैं, अश्व अक्षांश कहा जाता है। इन पट्टियों में प्राय: वायुमंडल शांत रहता है—हल्की हवाएं चलती हैं।

दहाड़ता चालीसा

दक्षिणी गोलार्द्ध में 40° से 60° अक्षांश की बीच स्थलीय भाग बिल्कुल नहीं है। कोई स्थलीय बाधा न होने के कारण पश्चिमी हवाएं समुद्र के ऊपर नियमित रूप से बड़े वेग के साथ बहती रहती हैं। यहां कम दबाव वाले क्षेत्र (depressions) लगातार बने रहते हैं, जिनके कारण लगभग साल भर वर्षा और तूफान का मौसम रहता है।

नीरव प्रदेश (Doldrums)

निम्न वायुमंडली दाब (low atmospheric pressure) की उस भूमध्यरेखीय पट्टी को नीरव प्रदेश कहते हैं, जहां उत्तर-पूर्वी और

दक्षिण-पूर्वी व्यापारिक पवनें (trade winds) एक दूसरे से मिलती हैं। यहां शांत और नीरव प्रदेश होता है, धरती पर बहुत धीमी हवाएं चलती हैं, लेकिन यहां हवाएं तीव्र गति से ऊपर की ओर उठती हैं।

वन सम्पदा

पृथ्वी के तल पर अनेक प्रकार की वनस्पतियां पाई जाती हैं। किसी स्थान की वनस्पति वहां के तापमान, वर्षा की मात्रा, हवाओं, सूर्य के प्रकाश और मिट्टी की किस्म पर निर्भर होती है। जिन प्रदेशों में भारी वर्षा, साल भर वर्षा होती है उनमें वनस्पतियों की प्रचुरता होती है। जिन खण्डों में वर्षा चाहे बहुत अधिक न हो लेकिन मिट्टी में आर्द्रता बनी रहती है, उनमें भी अच्छी वनस्पति होती है।

वनों का वर्गीकरण

वनों का वर्गीकरण कई प्रकार से किया जाता है। वर्गीकरण का एक आधार उनका क्षेत्र या खण्ड है, जैसे उष्ण कटिबंध के वन या शीतोष्ण कटिबंध के वन। वनों में पाए जाने वाले पेड़ों की लकड़ी के आधार पर भी वनों का वर्गीकरण किया जाता है, जैसे कठोर लकड़ी वाले वन और नरम लकड़ी वाले वन। पेड़ों की पत्तियों के आधार पर वनों का वर्गीकरण चौड़ी पत्ती वाले वनों और नुकीली पत्ती वाले वनों में किया जाता है। पेड़ों की पत्तियों के झड़ने के आधार पर वनों का वर्गीकरण सदाबहार वनों और पतझड़ी वनों में किया जाता है।

कठोर लकड़ी वाले वन सदाबहार भी होते हैं और पतझड़ी भी। नरम लकड़ी वाले वन सदाबहार वन होते हैं। कठोर लकड़ी वाले वन उष्ण कटिबन्ध में भी होते हैं और शीतोष्ण कटिबन्ध में भी। इसी प्रकार सदाबहार वन भी उष्ण कटिबन्ध और शीतोष्ण कटिबन्ध दोनों में होते हैं। इस प्रकार वनों का वर्गीकरण उष्ण कटिबन्धीय सदाबहार वनों और उष्ण कटिबन्धीय पतझड़ी वनों, तथा शीतोष्ण कटिबन्धीय सदाबहार वनों और शीतोष्ण कटिबन्धीय पतझड़ी वनों में भी किया जा सकता है।

वनों का विस्तार

सारी पृथ्वी के एक-चौथाई भाग पर वन हैं। अमरीका, यूरोप और एशिया में वनों की अपेक्षाकृत अधिकता है। दक्षिणी अमरीका में कुल क्षेत्र के लगभग 44% भाग पर वन हैं, यूरोप में कुल क्षेत्र के लगभग 31% भाग पर, उत्तरी अमरीका में कुल क्षेत्र के लगभग 27% भाग पर और एशिया में कुल क्षेत्र के लगभग 22% भाग पर वन हैं। अफ्रीका में केवल 11% भाग पर वन हैं।

वनों के स्थान और उनमें पाए जाने वाले पेड़

(i) उष्णकटिबन्धीय सदाबहार वन—ये वन आमेजन और कांगो नदियों की घाटियों में पाए जाते हैं। बर्मा के समुद्री तट और कम्बोडिया और वियतनाम में समुद्री तट पर भी उष्ण कटिबंधीय सदाबहार वन हैं। इसके अतिरिक्त इन्डोनेशिया में भी ऐसे वन हैं।

इन वनों में मुख्यत—महोगनी, एबोमी और रोजवुड के पेड़ पाए जाते हैं।

(ii) उष्णकटिबंधीय मानसून वन— ऐसे वन बर्मा, थाइलैंड, कम्बोडिया, लाओस, वियतनाम, जावा और उत्तरी आस्ट्रेलिया में पाए जाते हैं।

इन वनों में मुख्यत: टीक, साल, चन्दन, और बांस के पेड़ पाए जाते हैं। उत्तरी आस्ट्रेलिया में अकासिया और इक्युलिप्टस के भी पेड़ पाए जाते हैं।

(iii) शीतोष्ण सदाबहार वन—ऐसे वन मुख्यत: दक्षिणी चीन, दक्षिणी-पूर्वी आस्ट्रेलिया, न्यूजीलैंड (नार्थ आइलैंड), अफ्रीका में तटीय नेटाल में और अमरीका में दक्षिणी-पूर्वी राज्य में पाए जाते हैं।

इन वनों में मुख्यत: ओक, मैगनोलिया, सेडार, साइप्रेस, बांस आदि के पेड़ पाए जाते हैं।

(iv) भूमध्य सागरीय सदाबहार वन—ऐसे वन भूमध्य सागर के आस-पास के मैदानी इलाकों, दक्षिणी-पश्चिमी आस्ट्रेलिया, दक्षिणी-पश्चिमी अफ्रीका, मध्य चिली और मध्य कैलीफोर्निया में पाए जाते हैं।

इन वनों में मुख्यत: ओक, कार्क, इक्युलिप्टस, सेडार, साइप्रेस, रेडवुड आदि के पेड़ पाए जाते हैं।

(v) शीतोष्ण पतझड़ी वन—ऐसे वन पश्चिमी व मध्य यूरोप, पूर्वी अमरीका, उत्तरी चीन, कोरिया, दक्षिणी चिली में पाए जाते हैं।

इन वनों में मुख्यत: ओक, बीच, एलम, पोपलार, सेडार, स्प्रूस आदि के पेड़ पाए जाते हैं।

(vi) नुकीली पत्तियों वाले वन—ऐसे वन यूरेशिया में अटलांटिक सागर से लेकर प्रशान्त महासागर तक और उत्तरी अमरीका में एक तट से लेकर दूसरे तक लगभग सारे प्रदेशों में पाए जाते हैं।

इन वनों में मुख्यत: हेमलाक, स्प्रूस, पाइन और फर के पेड़ पाए जाते हैं।

वनों से लाभ

वनों से अनेक लाभ हैं—

(i) वन राष्ट्रीय संपत्ति हैं।
(ii) वन जलवायु को ठंडा रखते हैं और वर्षा लाने में सहायक होते हैं।
(iii) वन के पेड़ पानी को सोख लेते हैं और बाढ़ से बचाते हैं।
(iv) वन भूमि के कटाव (erosion) को रोकते हैं।
(v) इनसे लकड़ी (ईंधन) मिलती है।
(vi) इनसे मूल्यवान इमारती लकड़ी प्राप्त होती है।
(vii) वनों से जड़ी-बूटियां मिलती हैं।
(viii) वनों की लकड़ी से कागज बनाया जाता है।
(ix) वनों की लकड़ी से फर्नीचर, पुल, खिलौने आदि बनते हैं।
(x) वनों से फल, रंगाई का सामान, तेल, गोंद, रेजिन, और रबर प्राप्त होता है।

विश्व में प्रमुख उत्पादक

(i) खनिज

(i) कोयला	:	चीन, भारत, अमेरिका, रूस
(ii) तांबा	:	चिली, पेरू, चीन
(iii) क्रूड आयल	:	अमेरिका, सऊदी अरब, रूस

(iv) सोना	:	चीन, ऑस्ट्रेलिया, दक्षिणी अफ्रीका, रूस
(v) लोहा खनिज	:	ऑस्ट्रेलिया, चीन, ब्राजील, इंग्लैंड
(vi) अभ्रक	:	चीन, अमेरिका, भारत, मेडागास्कर
(vii) चांदी	:	मैक्सिको, पेरू, चीन
(viii) यूरेनियम	:	कजाखस्तान, कनाडा, ऑस्ट्रेलिया
(ix) अल्युमीनियम	:	चीन, रूस, कनाडा
(x) लिगनाइट	:	जर्मनी, रूस
***(ii)* कृषि फसलें**		
(i) कहवा	:	ब्राजील, वियतनाम, कोलम्बिया
(ii) कपास	:	भारत, चीन, अमेरिका
(iii) जूट	:	भारत, बांग्लादेश, चीन
(iv) चावल	:	चीन, भारत, बांग्लादेश
(v) रबर	:	थाइलैंड, इंडोनेशिया, मलेशिया
(vi) गेहूं	:	चीन, भारत, रूस
(vii) तम्बाकू	:	चीन, भारत, ब्राजील
(viii) चाय	:	चीन, भारत, कीनिया
(ix) गन्ना	:	ब्राजील, भारत, चीन
(x) मक्का	:	अमेरिका, चीन, ब्राजील

जहाजरानी की मुख्य नहरें

कील नहर—यह नहर उत्तरी सागर और बाल्टिक सागर को मिलाती है। इसकी लम्बाई लगभग 98 कि.मी. है। इस नहर की सहायता लेने से ग्रेट ब्रिटेन और बाल्टिक सागर के बन्दरगाहों के बीच की दूरी काफी कम हो गई है। यह संसार की सबसे व्यस्त नहर है।

पनामा नहर—यह नहर उत्तरी अमरीका और दक्षिणी अमरीका के सन्धि स्थल के पास 65 कि.मी. लम्बी है और प्रशांत महासागर और अटलांटिक महासागर को जोड़ती है। नहर के अटलांटिक सागर की ओर कोलोन बन्दरगाह है और प्रशान्त महासागर की ओर पनामा बन्दरगाह है। 1920 में आवागमन के लिए खोली गई इस नहर से उत्तरी अमरीका के पूर्वी तट से पश्चिमी तट के बीच, दक्षिणी अमरीका के पूर्वी तट से पश्चिमी तट के बीच, आस्ट्रेलिया और यूरोप के बीच, यूरोप और उत्तरी अमरीका के बीच व्यापार तट के बीच जापान और अमरीका के पूर्वी तट के बीच व्यापार व आवागमन में दूरी और समय में बहुत बचत हो गई है। उदाहरण के लिए न्यूयार्क और सैन-फ्रान्सिस्को के बीच लगभग 12700 कि.मी. की बचत हो गई है।

स्वेज नहर—यह नहर लगभग 162 कि.मी. लम्बी है और भूमध्यसागर और लाल सागर को मिलाती है। भूमध्यसागर वाले छोर पर पोर्ट सईद बन्दरगाह है जबकि लाल सागर वाले छोर पर स्वेज बन्दरगाह है। यह नहर 1869 में बन गई थी। 1956 में मिस्र ने इस नहर का राष्ट्रीयकरण करके इसे अपने अधीन कर लिया। इस नहर के एक सिरे से दूसरे सिरे तक जहाजों के पहुंचने में 10-12 घण्टे का समय लगता है।

इस नहर के बन जाने से यूरोप से दक्षिणी और पूर्वी एशिया तक आने का रास्ता (दूरी) बहुत कम हो गया। मुंबई से लंदन की दूरी 7000 कि.मी. कम हो गई और सिंगापुर से लंदन की दूरी लगभग 5500 कि.मी. कम हो गई।

विश्व के प्रमुख निर्यात बन्दरगाह

बन्दरगाह	देश	निर्यात की वस्तुएं
न्यूयार्क	संयुक्त राज्य अमेरिका	गेहूं, ऊन, कपास, लकड़ी, कपड़ा, मोटरकार, चमड़ा, कागज, धातुएं, कोयला, पेट्रोल
लंदन	इंग्लैण्ड	सूती वस्त्र, इंजीनियरिंग सामान
रियो डि जनेरो	ब्राजील	कहवा, धातुएं, कच्चा तेल
ब्यूनस आयर्स	अर्जेन्टीना	गेहूं, ऊन, मांस
मुंबई	भारत	सूती वस्त्र, इंजीनियरिंग उपकरण, फिल्में और मसाले, चाय, गर्म मसाले, रबड़, बहुमूल्य पत्थर, नारियल और नारियल का तेल
सिंगापुर	सिंगापुर	रबड़, टिन और गर्म मसाले
श्यामा प्रसाद मुखर्जी (कोलकाता)	भारत	जूट का सामान, विद्युत उपकरण, लौह-इस्पात
याकोहामा	जापान	वस्त्र, चाय, कहवा, रेशम, तिलहन, बिजली का समान, इलेक्ट्रोनिक्स
बैंकूवर	कनाडा	गेहूं, कागज व लुग्दी, मोटरगाड़ी, कच्चे पदार्थ
एडीलेड	आस्ट्रेलिया	गेहूं, मांस, डेयरी उत्पाद
शंघाई	चीन	वस्त्र, हल्के उद्योग के उपकरण, भोज्य पदार्थ व जीवित पशु
ब्लाडीवोस्टक	रूस	कच्चा पेट्रोलियम, मशीनरी, परिवहन यन्त्र, खनिज ईंधन, कच्चा माल
जकार्ता	इण्डोनेशिया	कच्चा पेट्रोलियम, प्राकृतिक गैस, प्लाईवुड, कॉफी
केपटाउन	दक्षिण अफ्रीका	हीरा, सोना, कोयला

भारत का भूगोल

स्थिति एवं विस्तार

भारत एक विशाल देश है। इसकी विशालता के कारण ही इसे उप-महाद्वीप के रूप में जाना जाता है। क्षेत्रफल की दृष्टि से इसका विश्व में सातवां एवं जनसंख्या की दृष्टि से दूसरा स्थान है। इसकी जनसंख्या 121.0 करोड़ (2011 की जनगणना के अनुसार) के लगभग है तथा क्षेत्रफल लगभग 33 लाख वर्ग कि.मी. है। यह दक्षिण से उत्तर में 8°4' अक्षांश से 37°6' अक्षांश तक तथा पश्चिम से पूर्व 68°7' देशान्तर से 97°25' देशांतर तक फैला हुआ है। इसकी दक्षिण से उत्तर तक लम्बाई लगभग 3214 कि.मी. और पश्चिम से पूर्व तक लगभग 2933 कि.मी. है। इसकी स्थल सीमाओं का विस्तार 15200 कि.मी. तक है तथा समुद्री किनारा 7516.6 कि.मी. (लक्षद्वीप, अंडमान-निकोबार द्वीपों सहित) तक फैला हुआ है। विश्व के लगभग सभी महत्त्वपूर्ण समुद्री व्यापारिक मार्ग यहां से होकर गुजरते हैं। इसकी सीमाएं पश्चिमोत्तर में अफगानिस्तान और पाकिस्तान से, उत्तर में चीन, नेपाल एवं भूटान से पूर्व में बंगला देश और म्यांमार से मिली हुई हैं। दक्षिण में भारत का पड़ोसी देश श्रीलंका है। पाक जलडमरूमध्य इसे भारत से पृथक करता है। भारत का उत्तरी भाग शीतोष्ण कटिबंध तथा दक्षिणी भाग उष्ण कटिबंध में स्थित है। भारत से होकर जो प्रमुख समुद्री मार्ग गुजरते हैं वे भारत का संबंध पूर्व एवं दक्षिण-पूर्व में चीन, जापान, मलेशिया, सिंगापुर, इंडोनेशिया, फिलीपीन्स, आस्ट्रेलिया एवं न्यूजीलैंड तथा पश्चिम और दक्षिण-पश्चिम में संयुक्त राज्य अमेरिका, इंगलैंड, पश्चिमी यूरोप, पूर्वी एवं दक्षिणी अफ्रीका और दक्षिण में श्रीलंका आदि से जोड़ते हैं।

भारत के प्राकृतिक विभाग

भौतिक विशेषताओं के आधार पर भारत को तीन प्राकृतिक विभागों में बांटा जाता है। ये विभाग हैं—(1) उत्तरी पर्वतीय क्षेत्र (हिमालय पर्वत श्रेणियां), (2) गंगा, सिंधु, ब्रह्मपुत्र का मैदान, तथा (3) दक्षिणी पठार। इन विभागों में सबसे पुराना दक्षिणी पठार है जो लगभग 60 करोड़ वर्ष से भी अधिक पुराना है। इसकी भौगोलिक स्थिति तथा प्राकृतिक दशा में इस लम्बे अंतराल में बहुत अधिक परिवर्तन हुए हैं। इन परिवर्तनों में इसका उत्तर की ओर बढ़ना, ज्वालामुखी पहाड़ों का फटना तथा लावे का पठार में फैलना, अरावली पर्वत श्रेणियों, आदि का उदय महत्त्वपूर्ण है। यह अपने वर्तमान स्वरूप में लगभग 4.5 करोड़ वर्ष पूर्व आया है।

विद्वानों के अनुसार उत्तरी पर्वतीय क्षेत्र में पहले समुद्र था और लगभग सात करोड़ वर्ष पूर्व इसके निर्माण की प्रक्रिया का पहला चरण उदित हुई। कतिपय भूगर्भशास्त्रियों की धारणा है कि उत्तरी पर्वतीय क्षेत्र के कतिपय भाग में परिवर्तनों की प्रक्रिया अब भी चल रही है। गंगा एवं सिंधु के मैदान का निर्माण नदियों की लाई हुई मिट्टी से हुआ है। यह मैदान अपने वर्तमान स्वरूप में सबसे बाद में आया है। इन तीनों प्राकृतिक विभागों की विभिन्न भौतिक एवं भूगर्भीय विशेषताओं का वर्णन इस प्रकार है—

उत्तरी पर्वतीय क्षेत्र

भारत के उत्तर-पूर्व से पश्चिम तक हिमालय पर्वत की शृंखलाओं की ऊंची श्रेणियां एक विशाल दीवार की भांति फैली हुई हैं। अधिकांश श्रेणियां वर्ष भर बर्फ से ढकी रहती हैं और इसी कारण इसे बर्फ का घर या हिमालय नाम दिया गया है। संसार की सबसे ऊंची चोटी माउंट एवरेस्ट (8848 मीटर) इसी क्षेत्र में है। अधिकांश भूगर्भवेत्ताओं का मत है कि हिमालय की उत्पत्ति उत्तर से आने वाले धक्कों के कारण ही हुई है। उनके अनुसार लगभग सात करोड़ वर्ष पहले मध्य जीव कल्प युग (Mesozoic) में भू-पटल पर थल और जल का वितरण वर्तमान जैसा नहीं था। उस समय पूर्व में चीन के पर्वतों से लेकर पश्चिम में कार्पेशियस एवं आल्पस पर्वतों तक का समस्त भू-भाग टेथिस (Tethys) नामक महासागर के जल से ढका हुआ था। उसी भूगर्भिक उथल-पुथल के कारण महासागर का तल ऊंचा उठने लगा जिससे हिन्द महासागर का उदय हुआ और तल ऊंचा उठते-उठते विशाल पर्वत शृंखलाओं के रूप में परिवर्तित हो गया। यह तीन चरणों में सम्पन्न हुआ। प्रथम चरण में मुख्य हिमालय बना, द्वितीय चरण में मुख्य हिमालय और ऊंचा उठा तथा पर्तदार चट्टानों के रूप में लघु हिमालय का जन्म हुआ। हिमालय के मध्य युग का अन्त लगभग पौने दो लाख वर्ष पूर्व हुआ और बाहरी हिमालय के रूप में शिवालिक पर्वत श्रेणियों का उदय हुआ। अंतिम चरण में

हिमालय की स्थिति धनुषाकार हो गई है। हिमालय पामीर के पठार से असम तक लगभग 2400 किलोमीटर लम्बाई में फैला हुआ है। इसकी चौड़ाई 240 किलोमीटर से लेकर 320 किलोमीटर तक है। इसका कुल क्षेत्रफल लगभग पांच लाख वर्ग किलोमीटर है।

उत्तरी पर्वतीय क्षेत्र अथवा हिमालय पर्वत श्रेणियों का विभाजन मुख्य रूप से उसकी अक्षांशीय स्थिति के आधार पर तीन भागों (1) महान हिमालय, (2) लघु अथवा मध्य हिमालय, एवं (3) बाह्य या उप हिमालय के रूप में किया जाता है। हिमालय का सबसे उत्तरी भाग महान हिमालय के नाम से जाना जाता है। इसकी औसत ऊंचाई 6000 मीटर है। एवरेस्ट चोटी इसी भाग में स्थित है। यह तिब्बत एवं नेपाल की सीमा पर स्थित है। महान हिमालय की अन्य ऊंची चोटियां कंचनजंगा (8598 मीटर), धौला गिरि (8172 मीटर) नेपाल में तथा नंगा पर्वत (8126 मीटर) एवं नंदादेवी (7817 मीटर) भारत में स्थित हैं। इसका अधिकांश भाग सदैव बर्फ से ढके होने के कारण इसमें वनस्पति नाममात्र की ही पैदा होती है और यह निर्जन है। लघु हिमालय महान हिमालय के समानान्तर दक्षिण में 80 से 100 किलोमीटर की चौड़ाई में फैला हुआ है। इसकी औसत ऊंचाई 3000 मीटर है। इस भाग में वर्ष में तीन-चार माह बर्फ गिरती है और इसमें कई स्वास्थ्यवर्धक स्थान हैं। शिमला, मसूरी, नैनीताल, दार्जिलिंग आदि इसी भाग में स्थित हैं। बाह्य या उपहिमालय लघु हिमालय के दक्षिण में समानान्तर 8 से लेकर 50 किलोमीटर तक की चौड़ाई में फैला हुआ है। इसकी औसत ऊंचाई 1250 मीटर ही है। इस क्षेत्र में सदाबहार वन पाए जाते हैं। बाह्य हिमालय का निर्माण हिमालय से बहकर आए कंकड़, पत्थर, रेत, मिट्टी आदि से हुआ है। जिन घाटियों द्वारा इन पर्वत श्रेणियों को अलग किया गया है उन्हें दून कहा जाता है। इनमें देहरादून, क्यारदून, पाटलीदून, कोटादून, कोठरीदून आदि प्रसिद्ध हैं। इस क्षेत्र की घाटियों में कहीं-कहीं कृषि भी की जाती है।

वाल्टिस्तान, कराकोरम, हिन्दूकुश एवं सुलेमान किर्थर पर्वत शृंखलाएं भी हिमालय का ही अंग हैं। कराकोरम की सर्वोच्च चोटी गॉडविन ऑस्टिन है, जिसकी ऊंचाई 8611 मीटर है और यह भारत में स्थित सबसे ऊंची चोटी है। इसी प्रकार पूर्व की पर्वत शृंखलाएं गारो, खासी, जयन्तिया, नागा, पटकोई, लुशाई आदि श्रेणियां भी हिमालय का ही अंग हैं।

गंगा, सिंधु, ब्रह्मपुत्र का विशाल मैदान

हिमालय पर्वत के दक्षिण से लेकर दक्षिणी प्रायद्वीप तक इस मैदान का विस्तार है। यह मैदान गंगा एवं सिंधु नदी के क्षेत्र में 2400 किलोमीटर लम्बा एवं 250 से 320 किलोमीटर तक चौड़ा है। ब्रह्मपुत्र नदी के क्षेत्र में इसकी लम्बाई 800 किलोमीटर तथा चौड़ाई 150 किलोमीटर के आस-पास है। इस मैदान को यद्यपि कई आधारों पर विभिन्न क्षेत्रों में वर्गीकृत किया जाता है, किंतु इसका निम्नांकित वर्गीकरण अधिक उपयुक्त है—

(1) सतलज का मैदान—यह मैदान सिंधु एवं उसकी सहायक नदियों की लाई मिट्टी से बना है। पंजाब एवं हरियाण के मैदानी भाग इसमें आते हैं। इस क्षेत्र में वर्षा की कमी के कारण इसके कुछ भाग मरुस्थली हो गए हैं।

(2) गंगा-यमुना का मैदान—गंगा-यमुना एवं उनकी सहायक नदियों द्वारा इस मैदान का निर्माण हुआ है। इसका उत्तरी क्षेत्र भावर और तराई क्षेत्रों में विभाजित है। भावर क्षेत्र में बड़ी-बड़ी घास उग आती है जबकि तराई के क्षेत्र में दलदली भूमि है। भावर एवं तराई के क्षेत्रों के पश्चात गंगा का ऊपरी मैदान आता है। इसमें खादर और बांगर के मैदान सम्मिलित हैं। बांगर वह क्षेत्र है जहां बाढ़ का पानी नहीं पहुंचता है और जहां की मिट्टी अपेक्षाकृत पुरानी है। खादर वह क्षेत्र है जहां हर वर्ष बाढ़ का पानी फैल जाता है और नई मिट्टी की परत बिछा देता है। यह अत्यधिक उपजाऊ मैदान है। गंगा का मध्यवर्ती मैदान पूर्वी उत्तर प्रदेश एवं बिहार राज्यों में फैला हुआ है। इस क्षेत्र की मिट्टी दोमट एवं जलोढ़ है। पश्चिमी बंगाल का क्षेत्र गंगा के डेल्टाई प्रदेश के अंतर्गत आता है। यह क्षेत्र अत्यन्त बारीक चिकनी मिट्टी का बना हुआ है। सुन्दरी वृक्षों से आच्छादित सुन्दर वन का डेल्टा इसी क्षेत्र में है।

(3) ब्रह्मपुत्र की घाटी—यह प्रदेश असम की घाटी के नाम से भी जाना जाता है। इस क्षेत्र में बहुत अधिक वर्षा होने से इस क्षेत्र की भूमि दलदली है। इस क्षेत्र की मिट्टी भी चिकनी दोमट है। इस क्षेत्र में जूट और चावल की खेती की जाती है।

(4) थार का मरुस्थल—कतिपय भूगर्भशास्त्री थार के मरुस्थल को गंगा, सिंधु, ब्रह्मपुत्र के मैदान के अन्तर्गत न मानकर इसको भारत का एक स्वतंत्र प्राकृतिक भाग मानते हैं। राजस्थान का उत्तरी पश्चिमी भाग थार के रेगिस्तान के अन्तर्गत ही आता है। वर्षा के अभाव एवं सरस्वती नदी के लोप हो जाने के कारण इस भाग में पानी की अत्यधिक कमी है। इस क्षेत्र का कुछ भाग पाकिस्तान में है। यहां कांटेदार वृक्ष तथा कटीली झाड़ियां पाई जाती हैं।

दक्षिण का पठारी प्रदेश

भूगर्भवेत्ताओं के अनुसार यह क्षेत्र पृथ्वी का मूलभूत अंग है। यह पठार 500 मीटर से लेकर 750 मीटर तक ऊंचा है। कहा जाता है कि यह प्रदेश पहले अफ्रीका एवं आस्ट्रेलिया से जुड़ा हुआ था। यह भाग अति प्राचीन होने के कारण कठोर चट्टानों से बना हुआ है। नर्मदा नदी की घाटी इस पठार को दो भागों (1) मालवा के पठार, तथा (2) दक्षिणी पठार में विभाजित करती है। एक अन्य विभाजन के अनुसार इसे निम्नांकित भागों में बांटा जा सकता है—

(1) गोंडवाना चट्टान प्रणाली प्रदेश,

(2) प्रमुख नदियों की घाटियां

(3) दक्षिणी पूर्वी भाग,

(4) दक्षिण का लावा प्रदेश, तथा

(5) समुद्र तटीय प्रदेश।

कुछ भूगोलशास्त्री समुद्र तट के प्रदेशों को अलग प्राकृतिक भाग मानते हैं और कुछ उसका दक्षिणी पठार के अंतर्गत ही अध्ययन करते हैं। समुद्र तटीय प्रदेश पश्चिमी तट एवं पूर्वी तट दो भागों में विभाजित है। पश्चिमी घाट उत्तर में महाराष्ट्र से लेकर दक्षिण में कन्याकुमारी तक लगभग 1600 किलोमीटर की लम्बाई में फैले हुए हैं। इसकी चौड़ाई उत्तर में 50 किलोमीटर से भी कम है जबकि दक्षिण में यह 60 से लेकर लेकर 80 किलोमीटर तक चौड़े हो गए हैं। पूर्वी घाट दक्षिण के पठार के पूर्व में स्थित है। महानदी, गोदावरी,

कृष्णा, पेन्नार तथा कावेरी नदियां इसी भाग में बंगाल की खाड़ी में गिरती हैं। यह भाग पश्चिमी तट की तुलना में अधिक चौड़ा है।

काली मिट्टी का उपजाऊ एवं कपास का उत्पादन करने वाले क्षेत्र दक्षिण के पठार में ही स्थित हैं।

द्वीप समूह

कुछ द्वीप समूह भी भारत के अभिन्न अंग हैं। इन द्वीप समूहों को भी भारत का एक अलग भौगोलिक क्षेत्र माना जा सकता है। इसमें अंडमान निकोबार द्वीप समूह, लक्षद्वीप, पाम्वन द्वीप, हेअर द्वीप तथा श्री हरिकोटा द्वीप आदि प्रमुख हैं। इनमें सर्वाधिक महत्त्वपूर्ण अंडमान तथा निकोबार द्वीप समूह हैं। इस समूह में लगभग 200 द्वीप सम्मिलित हैं और ये मुख्य रूप से ज्वालामुखी द्वीप हैं।

अपवाह प्रणाली

किसी भी देश के आर्थिक विकास में वहां की नदियों का महत्त्वपूर्ण योगदान होता है। विश्व की लगभग सभी प्राचीन सभ्यताएं नदियों के किनारे उदित एवं विकसित हुईं। भारत के आर्थिक विकास की रीढ़ भी भारत की नदियां ही हैं। भारत की नदियों के अपवाह क्षेत्र में समय-समय पर महत्त्वपूर्ण परिवर्तन होते रहे हैं। कई प्राचीन नदियां विलुप्त हो चुकी हैं और उनके स्थान पर नई नदियां विकसित हुई हैं। कई नदियां स्थान परिवर्तन भी करती रही हैं। भारत की अपवाह प्रणाली का मुख्य रूप से निम्नांकित शीर्षकों के अंतर्गत अध्ययन किया जा सकता है।

(1) हिमालय क्षेत्र की अपवाह प्रणाली

हिमालय क्षेत्र का प्रवाह अनुगामी अपवाह (Consequent Drainage) नहीं है। यह अपवाह पूर्वगामी (Antecedent Drainage) है। अर्थात् हिमालय के निर्माण के पूर्व भी ये नदियां उत्तर से दक्षिण की ओर बहती थीं और अब भी उनका बहाव इसी प्रकार का है। ये नदियां जहां से हिमालय को पार करती हैं वहां इनकी घाटियां बहुत गहरी, तंग और तीव्र ढाल वाली हैं। इन नदियों द्वारा बनाए गए खड्ड प्राय: 1800 से 3600 मीटर तक गहरे हैं।

(2) प्रायद्वीप की अपवाह प्रणाली

प्रायद्वीप की अधिकांश नदियां पश्चिमी घाट से निकल कर बंगाल की खाड़ी में गिरती हैं। केवल दो बड़ी नदियां नर्मदा एवं ताप्ती पूर्व से पश्चिम की ओर बहती हैं। इन दो नदियों को छोड़कर दक्षिण की अधिकांश नदियों का प्रवाह अनुगामी है अर्थात इनका बहाव धरातल के प्राकृतिक ढाल के अनुरूप ही है।

(3) विंध्याचल क्षेत्र की अपवाह प्रणाली

कतिपय भूगोलशास्त्री विंध्याचल पर्वत के क्षेत्र की अपवाह प्रणाली का स्वतंत्र रूप से अध्ययन करते हैं। उनके अनुसार विंध्याचल से निकलने वाली नदियों की अपनी एक विशिष्टता है। ये नदियां (चम्बल, बेतवा, केन, काली, सिंध, सोन आदि) आरंभ में काफी दूर तक दक्षिण से उत्तर की ओर बहती हुई अंत में पूर्व की ओर मुड़कर यमुना नदी में मिल जाती हैं। इन नदियों में बाढ़ें आती हैं और इन्होंने अपनी धाराओं से निकटवर्ती क्षेत्रों में गहरी खाइयां बना दी हैं। इस कारण इनके गहरे खड्ड एवं खार प्रसिद्ध हैं।

जल विभाजक

बंगाल की खाड़ी में गिरने वाली नदियों का अपवाह क्षेत्र अरब सागर में गिरने वाली नदियों के अपवाह क्षेत्र से अधिक विस्तृत है। भारत के कुल अपवाह का लगभग 3/4 भाग बंगाल की खाड़ी के अंतर्गत आता है। अरावली पर्वत श्रेणियां इन दोनों अपवाह प्रदेशों के मध्य एक श्रेष्ठ विभाजक का कार्य करती हैं। उत्तरी कश्मीर, दक्षिणी-पूर्वी असम तथा पश्चिमी राजस्थान की नदियों का अपवाह क्षेत्र आन्तरिक अपवाह क्षेत्र तक ही सीमित है। सम्पूर्ण आन्तरिक अपवाह प्रदेश का क्षेत्रफल लगभग 1.6 लाख वर्ग किलोमीटर है।

(1) गंगा नदी क्रम—गंगा उत्तरी भारत की सबसे प्रमुख नदी है। भारत के तीन सर्वाधिक घने बसे और उपजाऊ राज्य उत्तर प्रदेश, बिहार एवं पश्चिमी बंगाल इसके अपवाह क्षेत्र में स्थित हैं। इसकी सहायक नदियों में यमुना, रामगंगा, करनाली, राप्ती, गंडक, कोसी, घाघरा, गोमती आदि प्रमुख हैं। विंध्याचल पर्वत से निकलने वाली नदियां-चम्बल, बेतवा, केन, सोन, काली, सिंध, यमुना की सहायक नदियां हैं। यमुना गंगा की सबसे प्रमुख सहायक नदी है। गंगा नदी स्वयं भागीरथी एवं अलकनंदा का सम्मिलित रूप है। गंगा नदी का डेल्टा भी विश्व में सबसे बड़ा है। सुन्दर वन गंगा के डेल्टा प्रदेश में ही स्थित है। गंगा गंगोत्री से निकलती है।

(2) ब्रह्मपुत्र घाटी क्रम—ब्रह्मपुत्र भारत की दूसरी सबसे बड़ी नदी है। इसका उदगम स्थल सिन्ध और सतलज के स्रोतों के निकट ही है। डिबोंग, लुहित, सेसरी, स्वर्ण सीरी, भाद्री मानस, तीस्ता आदि इसकी सहायक नदियां हैं। इसके समुद्र में गिरने के स्थान से लेकर ऊपर की ओर 1280 किलोमीटर तक अर्थात डिब्रूगढ़ तक बड़े जहाज चल सकते हैं। इस नदी में भयंकर बाढ़ें आती हैं।

(3) सिंधु नदी क्रम—यह नदी क्रम जल को अरब सागर में प्रवाहित करता है। सिंधु नदी हिमालय में ब्रह्मपुत्र की विपरीत दिशा में बहती है। सिंधु नदी मैदान में आते ही पाकिस्तान में बहने लगती है। झेलम, चिनाब, रावी, व्यास और सतलज आदि इसकी प्रमुख सहायक नदियां है। भारत को सिंधु नदी क्रम का अधिक लाभ नहीं मिल पाता है। देश का सबसे ऊंचा बांध भाखड़ा नांगल बांध सतलज नदी पर बनाया गया है।

दक्षिणी भारत की नदियां

दक्षिण भारत की अधिकांश नदियां बंगाल की खाड़ी में गिरती हैं। बंगाल की खाड़ी में गिरने वाली प्रमुख नदियां, गोदावरी, महानदी, कृष्णा, पेन्नार, कावेरी, तुंगभद्रा आदि हैं। इनमें गोदावरी सबसे बड़ी नदी है। अरब सागर में गिरने वाली नदियों में माही, नर्मदा और ताप्ती प्रमुख हैं।

यद्यपि उत्तरी एवं दक्षिणी भारत की नदियों में कई अन्तर हैं, किंतु सबसे प्रमुख अन्तर यह है कि उत्तरी भारत की अधिकांश नदियों को हिमालय की हिमानियों से अनन्त जलराशि मिलती है जबकि दक्षिणी भारत की नदियों को केवल वर्षा के जल पर ही निर्भर रहना पड़ता है। इस कारण दक्षिण की अधिकांश नदियां ग्रीष्म-काल में सूख जाती हैं और वर्षा-काल में उनमें भयंकर बाढ़ें आ जाती हैं।

प्रमुख झीलें

भारत की अधिकांश झीलें उत्तरी पर्वतीय प्रदेश में ही पाई जाती हैं। भीमताल, नैनीताल, वूलर, डल, सांभर, डीडवाना, पंचभद्रा, लूनार, चिल्का, पुलीकट, कोलेरू, कच्छ का रन आदि देश की प्रमुख झीलें हैं। इनमें राजस्थान की झीलें सांभर, डीडवाना एवं पंचभद्रा नमक झीलें हैं जिनसे नमक बनाया जाता है। कच्छ का रन एक नमकीन मरुस्थल मात्र है। चिल्का झील की विशेषता है कि वर्षा में उसका पानी मीठा और शेष समय में खारा होता है। शेष में से अधिकांश झीलें मीठी हैं।

प्रमुख जल प्रपात

देश के प्रमुख जल प्रपात-कुंचिकल प्रपात, जोग या गरसोप्पा प्रपात, शिवासमुद्रम, पायकारा, गोकक, बिहार प्रपात, चूलिया, धुआंधार आदि हैं। इनमें कुंचिकल प्रपात (कर्नाटक) सबसे ऊंचा है।

भारत की जलवायु

अन्य देशों की तुलना में भारत में जलवायु संबंधी दशाओं में बहुत अधिक विभिन्नताएं पाई जाती हैं। देश के लगभग बीचों बीच कर्क रेखा है। कर्क रेखा के उत्तर वाला भाग शीतोष्ण कटिबंध में तथा दक्षिण वाला भाग उष्ण कटिबंध में स्थित है। देश के राजस्थान प्रदेश के गंगानगर स्थान पर जहां अधिकतम तापमान 51° से. तक हो जाता है वहीं लद्दाख के लेह नामक स्थान पर न्यूनतम तापमान –45° से. तक हो जाता है। देश में वर्षा का भी असमान वितरण है। जहां एक ओर थार के मरुस्थल में वर्षा का वार्षिक औसत मात्र 2.5 सेंटीमीटर है वहीं दूसरी ओर चेरापूंजी नामक स्थान पर यही औसत 1087 सेन्टीमीटर है। किसी देश की जलवायु के विषय में अध्ययन करते समय मौसम और जलवायु में अन्तर समझ लेना भी आवश्यक है। मौसम से तात्पर्य किसी दिन विशेष या किसी अल्प अवधि के वातावरण की वास्तविक दशाओं से होता है जबकि जलवायु का तात्पर्य उस स्थान के एक लम्बे समय के वातावरण की औसत दशाओं से होता है। किसी स्थान अथवा प्रदेश की जलवायु को प्रभावित करने वाले तत्व निम्नांकित हैं—

(1) भूमध्य रेखा से दूरी,
(2) समुद्र तल से ऊंचाई,
(3) समुद्र तल से दूरी,
(4) धरातल की बनावट,
(5) प्राकृतिक वनस्पति,
(6) पर्वतों की स्थिति,
(7) वायु की दशा, एवं
(8) समुद्री जल धाराएं।

भारत की ऋतुएं

प्रो. डडले स्टाम्प ने वर्ष भर के तापक्रम, वर्षा एवं नमी के आधार पर भारत में तीन मुख्य ऋतुएं बताई हैं—

(1) ग्रीष्म ऋतु (मार्च से जून तक),
(2) वर्षा ऋतु (जुलाई से अक्टूबर तक),
(3) शीत ऋतु (नवम्बर से फरवरी तक)।

उन्होंने भारत की जलवायु को 'उष्ण कटिबंधीय मानसूनी जलवायु' बताया है। भारत सरकार के मौसम विभाग ने वर्ष को निम्नांकित चार ऋतुओं में बांटा है—

(अ) उत्तरी-पूर्वी मानसूनी हवाओं का मौसम—(1) शीत ऋतु, (2) ग्रीष्म ऋतु

(ब) दक्षिणी-पश्चिमी मानसूनी हवाओं का मौसम—(3) वर्षा ऋतु (4) शरद ऋतु या मानसूनों के लौटने की ऋतु।

1. शीत ऋतु

देश में दिसम्बर से मध्य मार्च तक शीत ऋतु रहती है। 22 दिसम्बर को सूर्य मकर रेखा (दक्षिणी गोलार्द्ध) पर लम्बवत चमकता है। अत: उत्तरी गोलार्द्ध में स्थित होने के कारण भारत में उस समय शीत ऋतु रहती है। शीत ऋतु में तापमान गिर जाता है और ठण्डी हवाएं चलती हैं। इस ऋतु में हवाएं उत्तर से दक्षिण की ओर बहती हैं। भू-भाग से समुद्र की ओर आने के कारण वे शुष्क होती हैं। देश में दिसम्बर से मध्य फरवरी तक बहुत अधिक ठंड पड़ती है किंतु यह देश के सभी भागों में एक-सी नहीं होती है। जैसे-जैसे हम उत्तर से दक्षिण की ओर जाते हैं वैसे-वैसे ठंड कम होती जाती है। उत्तर के बड़े मैदान में जहां औसत तापमान 15° से. रहता है वहीं दक्षिण के प्रायद्वीप में यह 25° से. रहता है। न्यूनतम तापमान तो उत्तर के कई भागों में 0° से. या इससे भी नीचे चला जाता है। इस ऋतु में भारत में बहुत कम वर्षा होती है। किंतु दक्षिण में पूर्वी समुद्र तटीय प्रदेश में इस ऋतु में 10 से 15 सेन्टीमीटर तक वर्षा हो जाती है। इस ऋतु में प्रति-चक्रवात हवाओं द्वारा भी कुछ वर्षा भारत के उत्तरी पश्चिमी क्षेत्र में हो जाती है।

2. ग्रीष्म ऋतु

यह ऋतु मध्य मार्च के पश्चात आरंभ होती है और जून तक चलती है। 21 मार्च को सूर्य भूमध्य रेखा पर होता है और उत्तरी गोलार्द्ध पर सीधा चमकना आरंभ कर देता है। इससे देश के तापक्रम में वृद्धि होने लगती है। मई और जून में तापक्रम बहुत अधिक बढ़ जाता है और कभी-कभी जून में जैसलमेर क्षेत्र में यह 48° से. तक हो जाता है। दक्षिणी भारत में तापमान अप्रैल माह में सर्वाधिक होता है। हिमालय के पर्वतीय क्षेत्रों कश्मीर आदि में तापक्रम में बहुत अधिक वृद्धि नहीं होती है। ग्रीष्मकाल में देश के अधिकांश भागों में धूल भरी आंधियां चलती हैं। मालाबार तट, असम तथा पश्चिम बंगाल के कुछ भागों में इस ऋतु में मामूली वर्षा हो जाती है और शेष भागों में मौसम शुष्क रहता है।

3. वर्षा ऋतु

यह ऋतु जून के मध्य से आरंभ होकर सितम्बर के मध्य तक चलती है। जून में सूर्य कर्क रेखा पर लम्बवत चमकता है। इस ऋतु में हवायें समुद्र तट से स्थल की ओर बहने लगती हैं। ये हवाएं दक्षिणी-पश्चिमी मानसून बन जाती हैं तथा दक्षिण-पश्चिम से उत्तर-पूर्व की ओर बहती हैं और अपने साथ समुद्र से पर्याप्त पानी ले आती हैं। इन हवाओं से सम्पूर्ण देश में वर्षा होती है। वर्षा के आरंभ होते ही तापमान में गिरावट होना आरंभ हो जाता है।

4. मानसूनों के लौटने की ऋतु

यह ऋतु सितम्बर के मध्य से आरंभ होकर नवम्बर के अंत तक चलती है। सितम्बर के अंत में सूर्य पुन: भूमध्य रेखा पर लम्बवत चमकने लगता है जिससे निम्न वायु दाब के केंद्र बदलने लगते हैं। ये केंद्र बंगाल की खाड़ी की ओर बढ़ते जाते हैं जिससे मानसून वापस लौटने लगता है। सितम्बर के मध्य तक उत्तरी मैदान में वर्षा समाप्त हो जाती है। इस मौसम में लौटते मानसूनों से पश्चिमी बंगाल के डेल्टाई प्रदेश तथा तमिलनाडु के तटवर्ती क्षेत्रों में थोड़ी वर्षा हो जाती है।

भारत में वर्षा

जुलाई और अगस्त महीनों में भारत के लगभग सभी भागों में घनी वर्षा होती है। यह वर्षा मानसूनी हवाओं द्वारा होती है। मानसून शब्द की उत्पत्ति अरबी भाषा के मौसिम शब्द से हुई जिसका तात्पर्य है ''हवाओं के रूख का बदलना''। हमारे देश के अधिकांश क्षेत्रों में हवाओं का रुख वर्ष में दो बार बदलता है अर्थात् गर्मियों में जल से थल की ओर और शीतकाल में थल से जल की ओर। अत: जिन क्षेत्रों में हवाओं के रुख में वर्ष में दो बार परिवर्तन होता है उन क्षेत्रों की जलवायु को मानसूनी जलवायु कहा जाता है। भारत में ये हवाएं ग्रीष्मकाल में दक्षिणी-पश्चिमी मानसून तथा शीतकाल में उत्तरी-पूर्वी मानसून के नाम से जानी जाती हैं। ये हवाएं सदैव उच्च वायु दाब क्षेत्र से निम्न वायु दाब क्षेत्र की ओर बहा करती हैं।

ग्रीष्मकाल में मानसूनी हवाएं दक्षिण-पश्चिम से उत्तर-पूर्व की ओर चलती हैं। देश की लगभग 90% वर्षा इन्हीं से प्राप्त होती है। ग्रीष्मकाल में भीषण गर्मी के कारण स्थलीय क्षेत्र में स्थान-स्थान पर निम्न वायु दाब क्षेत्र बन जाते हैं और हिन्द महासागर के क्षेत्र में और आस्ट्रेलिया के आस-पास शीत ऋतु होने से उच्च दाब के क्षेत्र बन जाते हैं। फलस्वरूप हवाएं उच्च दाब क्षेत्र से निम्न दाब क्षेत्र की ओर चलने के कारण हिन्द महासागर से भारत के स्थल की ओर चलने लगती हैं। समुद्र की ओर से आने के कारण ये जल से भरी होती हैं और जहां-जहां से गुजरती हैं वहीं वर्षा कर देती हैं। दक्षिणी गोलार्द्ध में बहने वाली दक्षिणी-पूर्वी व्यापारिक हवाएं भी इनसे मिल जाती हैं जिससे ये मानसूनी हवाएं तेज गति से बहने लगती हैं।

ये दक्षिणी-पश्चिमी मानसूनी हवाएं दक्षिण के प्रायद्वीप के कारण दो भागों में बंट जाती हैं—(1) बंगाल की खाड़ी वाली शाखा, और (2) अरब सागर वाली शाखा। सितम्बर माह में ये मानसूनी हवाएं वापस लौटने लगती हैं और अपने मार्ग में जगह-जगह हल्की वर्षा कर देती हैं।

शीतकाल में ये हवाएं दक्षिणी गोलार्द्ध एवं हिन्द महासागर क्षेत्र में ग्रीष्म ऋतु होने के कारण स्थल से जल की ओर अर्थात उत्तर-पूर्व से दक्षिण-पश्चिम की ओर चलने लगती हैं। इनसे पूर्वी तटीय क्षेत्र (तमिलनाडु) आदि में शीतकालीन वर्षा होती है। शीतकाल में भारत के उत्तरी मैदानों में जो थोड़ी बहुत वर्षा होती है वह प्रति-चक्रवातों (Anticyclone Rains) द्वारा होती है।

भारत में वर्षा का वितरण

भारत के अधिकांश भागों में वर्षा का वितरण समान नहीं है। कहीं वर्षा बहुत अधिक होती है और कहीं बहुत कम। यहां वर्षा का औसत 100 से 110 सें०मीटर तक है। किसी वर्ष यह औसत 150 सें० मी० और किसी वर्ष 75 सें०मी० से भी कम रहता है। वर्षा के वितरण के हिसाब से भारत को निम्नांकित पांच भागों में विभाजित किया जा सकता है।

1. अत्यधिक वर्षा वाले क्षेत्र—इन क्षेत्रों में 400 सें०मी० से भी अधिक वर्षा प्रति वर्ष होती है। इन क्षेत्रों में प्राय: दक्षिणी पश्चिमी मानसून द्वारा वर्षा होती है। इन क्षेत्रों में अंडमान निकोबार द्वीप समूह, मेघालय का अधिकांश भाग, समस्त मालाबार तट तथा कोंकण तट के कुछ भाग आते हैं। मेघालय के माउसिनराम नामक स्थान पर तो संसार की सर्वाधिक वर्षा होती है।

2. अधिक वर्षा वाले क्षेत्र—इन क्षेत्रों में लगभग 200 से 400 सें०मी० तक वर्षा होती है। इन क्षेत्रों में भी दक्षिणी-पश्चिमी मानसून द्वारा ही वर्षा होती है। इन क्षेत्रों के अंतर्गत असम के कुछ भाग, समस्त पश्चिम बंगाल, बिहार के उत्तरी भाग, पूर्वी उत्तर प्रदेश, ओडिशा के कुछ भाग तथा हिमालय की तराई वाले क्षेत्र आते हैं।

3. अच्छी वर्षा वाले क्षेत्र—इन क्षेत्रों की औसत वर्षा 100 सें०मी० से 200 सें०मी० तक होती है। इनमें उत्तर प्रदेश के शेष भाग, हिमाचल प्रदेश, पंजाब के पूर्वी भाग, पश्चिमी घाट के ढाल, दिल्ली, मध्य प्रदेश के समस्त पूर्वी भाग, महाराष्ट्र, आन्ध्र प्रदेश, तमिलनाडु के पूर्वी भाग तथा जम्मू कश्मीर के मध्य के कुछ भाग आते हैं। इनमें से अधिकांश क्षेत्रों में वर्षा दक्षिणी-पश्चिमी मानसून द्वारा होती है।

4. साधारण वर्षा वाले क्षेत्र—इन क्षेत्रों में 50 से 100 सें०मी० तक वर्षा होती है। इन क्षेत्रों में उत्तर प्रदेश के शेष भाग, पश्चिमी मध्य प्रदेश, राजस्थान के पूर्वी भाग, गुजरात के पूर्वी भाग, आंध्र प्रदेश, कर्नाटक एवं तमिलनाडु के शेष भाग, जम्मू-कश्मीर के उत्तर-पूर्व के मध्य भाग तथा हरियाणा आदि प्रमुख हैं। इन क्षेत्रों में कभी-कभी कम वर्षा होने के कारण सूखा भी पड़ जाता है।

5. बहुत कम वर्षा वाले क्षेत्र—इन क्षेत्रों में वर्षा 50 सें०मी० से भी कम होती है। साथ ही वर्षा प्रारंभ होने का समय भी अनिश्चित होता है। मध्य उत्तर प्रदेश, मध्य प्रदेश के उत्तरी भाग, राजस्थान के समस्त उत्तरी-पश्चिमी क्षेत्र, गुजरात के उत्तरी-पूर्वी भाग, पंजाब तथा हरियाणा के पश्चिमी भाग तथा महाराष्ट्र और कर्नाटक के वृष्टिछाया वाले प्रदेश आदि इस क्षेत्र में आते हैं। पश्चिमी राजस्थान में तो बहुत कम वर्षा (औसत 10 से 20 सें०मी० तक) ही होती है। यहां जैसलमेर, बाड़मेर, बीकानेर, गंगानगर आदि जिले देश के सबसे कम वर्षा वाले क्षेत्र हैं।

भारतीय वर्षा की कुछ विशेषताएं निम्नांकित हैं—

(1) भारत में मानसूनी वर्षा होती है।

(2) यहां मानसून की अनिश्चितता एवं अनियमितता रहती है।

(3) देश में वर्षा का वितरण असमान है।

(4) देश के अधिकांश क्षेत्रों में वर्ष की बहुत कम अवधि में वर्षा होती है।

(5) इस अवधि में लगभग मूसलाधार वर्षा होती है।

(6) देश के पूर्वी क्षेत्रों में अधिक वर्षा व पश्चिमी क्षेत्रों में कम वर्षा होती है।

भारतीय जलवायु के लक्षण

उपरोक्त अध्ययन से भारतीय जलवायु के निम्नांकित लक्षण स्पष्ट हो जाते हैं—

(1) भारतीय जलवायु उष्ण कटिबंधीय मानसूनी जलवायु है।
(2) भारतीय जलवायु में विविधता पाई जाती है।
(3) देश में वर्ष भर में जलवायु परिवर्तन के कारण एक से अधिक ऋतुयें होती हैं।
(4) भारतीय जलवायु मानसूनी हवाओं से बहुत अधिक प्रभावित होती है।
(5) भारत में ग्रीष्म ऋतु में आंधी और तूफान आते हैं।

भारत की मिट्टियाँ

डॉ. बैनेट के अनुसार मिट्टी, भू-पृष्ठ पर मिलने वाले असंगठित पदार्थों की वह ऊपरी पर्त है जो मूल चट्टानों तथा वनस्पति के अंश के योग से बनती है। फलतः मिट्टियां कई प्रकार की होती हैं। बहुत से भारतीय एवं विदेशी विद्वानों ने भारत में पाई जाने वाली मिट्टियों का विविध आधारों पर वर्गीकरण किया है। भारतीय कृषि अनुसंधानशाला के राय चौधरी और मुकर्जी ने भारतीय मिट्टियों को निम्नांकित श्रेणियों में विभाजित किया है—

(1) नदियों द्वारा लाई गई मिट्टी,
(2) नदियों द्वारा लाई गई वह मिट्टी जिसमें खनिज लवण भी मिले होते हैं,
(3) तटीय प्रदेशों की बलुही मिट्टी जो नदियों द्वारा लाई गई है,
(4) नदियों की तलहटियों की पुरानी मिट्टी,
(5) डेल्टा प्रदेश की नमकीन मिट्टी,
(6) चूना मिली हुई मिट्टी,
(7) गहरी काली मिट्टी,
(8) मध्यम काली मिट्टी,
(9) छिछली चिकनी दोमट,
(10) लाल व काली मिट्टी का मिश्रण,
(11) लाल दोमट,
(12) लाल बलुही मिट्टी,
(13) मिश्रित लाल दोमट-बलुही मिट्टी,
(14) कंकरीली मिट्टी,
(15) तराई की मिट्टी,
(16) पर्वतों की मिट्टी,
(17) दलदली मिट्टी,
(18) पीट मिट्टी तथा
(19) मरुस्थली मिट्टी,

भारतीय कृषि अनुसंधान परिषद् ने भारतीय मिट्टियों को निम्नांकित आठ श्रणियों में वर्गीकृत किया है—

(1) लाल मिट्टी.
(2) काली मिट्टी,
(3) जलोढ़ या काँप मिट्टी (नदियों द्वारा लाई हुई),
(4) लैटराइट मिट्टी,
(5) लवण एवं क्षार युक्त मिट्टी,
(6) हल्की काली एवं दलदली (पीट) मिट्टी,
(7) रेतीली या मरुस्थली मिट्टी तथा
(8) वनों वाली तथा पर्वतों की मिट्टी।

इन मिट्टियों का संक्षिप्त वर्णन इस प्रकार है—

(1) लाल मिट्टी—इस मिट्टी का रंग लाल होता है। इसीलिए इसे लाल मिट्टी कहा जाता है। कहीं-कहीं इसका रंग हल्का भूरा, पीला या खाकी होता है। यह मिट्टी तमिलनाडु, कर्नाटक, उत्तरी-पूर्वी आंध्र प्रदेश तथा मध्य प्रदेश के पठारी भागों में पाई जाती है। बिहार के संथाल परगना, पश्चिमी बंगाल के कुछ क्षेत्रों, असम की जयन्तिया, खासी तथा गारो पहाड़ियों तथा राजस्थान के अरावली पर्वत के पूर्वी भागों में भी यह पाई जाती है। इस मिट्टी में लोहे और एल्युमिनियम की मात्रा अधिक होती है। किंतु चूना, पोटाश, नाइट्रोजन और फास्फोरस की कमी होती है। यह लगभग साढ़े तीन लाख वर्ग किलोमीटर में फैली हुई है। यह प्रायः तीन प्रकार की होती है—

(1) निचले क्षेत्रों की लाल मिट्टी,
(2) ऊपरी क्षेत्रों की लाल मिट्टी,
(3) डेल्टाई क्षेत्रों की लाल-भूरी मिट्टी।

(2) काली मिट्टी—इस मिट्टी का रंग काला होता है और यह कपास की खेती के लिए उपयुक्त होती है। यह लगभग साढ़े पांच लाख वर्ग किलोमीटर में पाई जाती है। यह मिट्टी सम्पूर्ण महाराष्ट्र, मध्य प्रदेश के मध्य तथा पश्चिमी भाग, उड़ीसा के दक्षिणी जिलों, आंध्र प्रदेश के दक्षिणी तथा तटीय भागों तथा कर्नाटक के उत्तरी जिलों में मिलती है। गुजरात के भड़ोंच क्षेत्रों में भी यह मिलती है। यह नर्मदा और ताप्ती नदियों की घाटी में भी है। इसमें लोहा, मैग्नीशियम, चूना आदि खनिज मिले रहते हैं। यह गीली होने पर चिकनी और मुलायम होती है किंतु सूख जाने पर कठोर हो जाती है। कपास के अतिरिक्त इसमें खाद्यान्न एवं तिलहन आदि भी पैदा किए जा सकते हैं।

(3) जलोढ़ या काँप मिट्टी—यह मिट्टी हिमालय की नदियों द्वारा लाकर बिछाई गई है। यह लगभग पन्द्रह लाख वर्ग किलोमीटर में फैली हुई है। यह बालू और चिकनी मिट्टी के मिश्रण से बनी है। इसे दुमट मिट्टी भी कहते हैं। यह मिट्टी उत्तर प्रदेश, पंजाब, हरियाणा, राजस्थान, बिहार, पश्चिमी बंगाल के अधिकांश भागों तथा असम, उड़ीसा व दक्षिण भारत के कुछ भागों में पाई जाती है। इस मिट्टी में पोटाश तथा फासफोरस पर्याप्त मात्रा में होती है। यह बहुत अधिक उपजाऊ और कृषि के लिए बहुत उपयोगी होती है।

(4) लैटराइट मिट्टी—यह मिट्टी दक्षिण के पठारी भागों, मध्य प्रदेश, पूर्वी घाट, उड़ीसा, असम, कर्नाटक, तथा केरल तट (मालाबार) के कुछ भागों में पाई जाती है। यह लगभग ढाई लाख वर्ग किलोमीटर क्षेत्र में फैली हुई है। इस मिट्टी का निर्माण लैटराइट चट्टानों से होने के कारण इसका नाम लैटराइट मिट्टी पड़ा है। यह मिट्टी नमी मिलने पर मुलायम व सूख जाने पर सख्त हो जाती है। इसमें भी लोहे और एल्युमिनियम का बहुत अधिक अंश होता है। यह चाय के लिए अधिक उपयुक्त होती है।

(5) लवण एवं क्षार युक्त मिट्टी—यह मिट्टी प्रायः शुष्क तथा अर्द्ध शुष्क क्षेत्रों जैसे उत्तरी बिहार और उत्तर प्रदेश, पंजाब और राजस्थान के कुछ भागों में पाई जाती है। इसमें मैग्नीशियम, सोडियम तथा कैल्शियम लवणों एवं क्षारों की मात्रा बहुत अधिक होती है।

यह खेती के लिए अधिक उपयुक्त नहीं होती व कम उपजाऊ होती है। यह मिट्टी लगभग पौने दो लाख वर्ग किलोमीटर क्षेत्र में पाई जाती है।

(6) हल्की काली एवं दलदली (पीट) मिट्टी—यह मिट्टी अत्यधिक नमी व दलदल वाले भागों में पाई जाती है। इसमें आर्गेनिक तत्व अधिक मात्रा में होते हैं और अनेक स्थानों पर इसमें नमक की मात्रा भी अधिक होती है। इसका रंग काला, नीला होता है। यह उड़ीसा के तटवर्ती भागों, पश्चिमी बंगाल के सुन्दर वन के डेल्टाई क्षेत्र, ऊपरी बिहार के मध्य भागों, उत्तर प्रदेश के अल्मोड़ा जिले और तमिलनाडु तथा केरल के तटवर्ती भागों में पाई जाती है। यह बीस हजार वर्ग किलोमीटर क्षेत्र में फैली हुई है।

(7) रेतीली या मरुस्थली मिट्टी—यह मिट्टी रेगिस्तानी क्षेत्रों में पाई जाती है। इसका सर्वाधिक क्षेत्र (पौने दो लाख वर्ग किलोमीटर) राजस्थान के थार मरुस्थल में है। इसका निर्माण प्राय: वर्षा के अभाव के कारण होता है। वृक्षारोपण द्वारा इस मिट्टी के प्रसार को रोका जा रहा है।

(8) वनों वाली या पर्वतों की मिट्टी—यह प्राय: पर्वतीय प्रदेशों में मिलती है। इसमें चट्टानों का अंश अधिक होता है और यह कई प्रकार की होती है। यह विंध्याचल, सतपुड़ा, नीलगिरि तथा हिमालय के पर्वतीय क्षेत्रों में पाई जाती है। इसमें वनों का विकास हुआ है। यह मिट्टी लगभग तीन लाख वर्ग किलोमीटर क्षेत्र में फैली हुई है।

प्राकृतिक वनस्पति

भारत का अधिकांश भाग शीतोष्ण कटिबंध में स्थित है। जबकि कुछ भाग समुद्र तट से अधिक ऊंचे होने के कारण शीत कटिबंध में माने जा सकते हैं। पर, देश का दक्षिणी भाग उष्ण कटिबंध में स्थित है। देश के कुछ भागों में वर्षा औसत से अधिक हो जाती है और कुछ भाग सूखे ही रह जाते हैं। भूमि के स्वरूप और प्रकृति तथा जलवायु की भिन्नता के कारण भारत में वनस्पति भी भिन्न-भिन्न प्रकार की मिलती है। प्राकृतिक वनस्पति झाड़ियों, घास के मैदानों अथवा जंगलों के रूप में होती है। हमारे देश में 3750 मीटर ऊंचे क्षेत्रों में सामान्यत: पर्वतीय वनस्पति (Alpine) पायी जाती है। इससे नीचे 2000 से 3500 मीटर तक ऊंचे क्षेत्रों में शीतोष्ण एवं पतझड़ तथा संकुल वनों की वनस्पति मिलती है। पहाड़ियों के निचले भागों और मैदानों में उष्ण कटिबंधीय वनस्पति होती है और यही प्राय: थोड़े बहुत स्थानीय अन्तरों के साथ समस्त देश में फैली हुई है। राजमहल के पास गंगा के पश्चिमी मोड़ पर शुष्क वनस्पति मिलती है और अधिक पश्चिमी भाग में यह पूर्णत: पत्तों रहित कंटीली झाड़ियों का रूप ले लेती है। पूर्व की ओर जहां वर्षा अधिक होती है, सदाबहार तथा घने वृक्ष पाए जाते हैं। यही बात तटीय भागों के लिए भी लागू होती है। दक्षिण के पठार पर ऊंचे भागों में छोटे वृक्ष तथा घास की अधिकता पाई जाती है। देश के मध्यवर्ती क्षेत्र में मानसूनी वन मिलते हैं। इस प्रकार भूमि की रचना एवं जलवायु सम्बन्धी विभिन्नताओं के कारण देश में कई प्रकार की वनस्पति पाई जाती है। एक ओर हिमालय के पर्वतीय घास के मैदान तो दूसरी ओर उष्ण कटिबंधीय सघन वन तथा शुष्क और दलदली वनस्पति मिलती है।

भारत में कोई एक विशेष जाति की वनस्पति नहीं मिलती। भारत की वनस्पति कई प्रकार की जातियों का मिश्रण है। हिमालय के पूर्वी ढालों पर तिब्बत और साइबेरिया तुल्य वनस्पति (पहाड़ी झाड़ियां) मिलती हैं जबकि इसके निचले ढालों पर जापानी तथा चीनी जाति की शीतोष्ण (ओक, रोडोडोण्ड्स) तथा अधिक पूर्वी भाग में यूरोपीय जाति की वनस्पति (बीच, चैस्टनट) पाई जाती है। देश के दक्षिणी क्षेत्रों में मलेशियाई और अफ्रीकी जाति की वनस्पति का आधिक्य है। देश के विभिन्न क्षेत्रों में निम्नांकित चार प्रकार की वनस्पति पाई जाती है।

(1) हिमालय में रोडोडोण्ड्स मेखला,

(2) पश्चिम में चीड़,

(3) दक्षिणी भारत में बांस, और

(4) राजस्थान के मरुस्थलीय क्षेत्रों में शुष्क झाड़ियां और कांटेदार वृक्ष आदि। दक्षिण में बिखरे रूप में ताड़, नारियल, तथा सुपारी के वृक्ष भी मिलते हैं।

भारत में वर्षा के वितरण के आधार पर भी निम्नांकित चार प्रकार के वृक्ष पाए जाते हैं—

(1) जिन क्षेत्रों में 200 सें०मी० से अधिक वर्षा होती है वहां सदैव हरे भरे रहने वाले चौड़ी पत्ती वाले वन (सदाबहार वन) होते हैं। ये वन भूमध्य रेखीय वनों के अनुरूप होते हैं। इनमें बड़े-बड़े पेड़ों के साथ लताएं, गुल्म, झाड़ियां आदि भी होती हैं।

(2) 100 से 200 सें०मी० वर्षा वाले भागों में मानसूनी वन होते हैं। जिनकी चौड़ी पत्तियां ग्रीष्म ऋतु में सूख जाती हैं किंतु वर्षा के अच्छी तरह आरम्भ होने के कुछ ही पहले इनमें फूल आ जाते हैं और पत्तियां निकल आती हैं। ये वन अधिक खुले होते हैं। बांस के वृक्ष अवश्य नीचे से घने होते हैं। इन वनों में मुख्य रूप से साल, सागवान, रोजवुड, पाइन आदि वृक्ष पाए जाते हैं।

(3) 50 से 100 सें०मी० वर्षा वाले क्षेत्रों में कंटीले वृक्षों वाले वन पाए जाते हैं। कंटीली झाड़ियां भूमि पर दूर-दूर उगती हैं। बीच की भूमि वर्ष के आधे भाग में खाली रहती है किंतु वर्षा ऋतु में हरी घास और छोटी झाड़ियों से ढंक जाती है। यहां बबूल, सूबबूल, खेजड़ा, प्रोसोपिस आदि झाड़ियां अधिक उगती हैं।

(4) 50 सें०मी० से कम वर्षा के क्षेत्रों में अर्द्ध मरुस्थलीय वनस्पति मिलती है।

इस प्रकार भौतिक परिस्थितियों और जलवायु के अन्तर के कारण भारत में शीतोष्ण तथा उष्ण कटिबंधीय दोनों प्रकार की वनस्पतियां मिलती हैं। देश में कुल वन प्रदेशों का 7% शीतोष्ण (3% कोणधारी और 4% चौड़ी पत्ती वाले वन) और 93% उष्ण कटिबंधीय वनों (80% मानसूनी वन, 12% सदाबहार वाले वन और 1% अन्य वन) के अंतर्गत आते हैं। देश में वनों का सर्वाधिक क्षेत्र मध्य प्रदेश राज्य में है। वनस्पतियों की विविधता और प्रचुरता की दृष्टि से भारत एक धनी देश है। वनस्पतियों की दृष्टि से भारत को निम्नांकित आठ भागों में विभाजित किया जा सकता है—

(1) पश्चिमी हिमालय,

(2) पूर्वी हिमालय,

(3) असम,

(4) सिंधु के मैदान,

(5) गंगा के मैदान,

जीव-जन्तु

भारत में जीव जन्तुओं की भी बहुत-सी किस्में पाई जाती हैं। देश में पक्षियों की लगभग 2100 तथा स्तनधारियों (Mammals) की लगभग 500 किस्में पाई जाती हैं। इनके अतिरिक्त कीड़े-मकोड़ों एवं मछलियों की सैंकड़ों किस्में भी यहां मिलती हैं। जीव जन्तुओं की कतिपय दुर्लभ प्रजातियां भी हमारे यहां पाई जाती हैं। गिरनार के जंगलों में पाए जाने वाले बबर शेर, असम में पाए जाने वाले एक सींग वाले गैंडे तथा राजस्थान के पश्चिमी मरुप्रदेश में पाए जाने वाले प्रसिद्ध गोंडावन आदि इसके उदाहरण हैं। भारत का राष्ट्रीय पशु शेर भी धीरे-धीरे समाप्त हो रहा है। उसे बचाने हेतु विशेष प्रयास किए जा रहे हैं। भारत का राष्ट्रीय पक्षी मोर विश्व प्रसिद्ध है।

राष्ट्रीय उद्यान और अभयारण्य

जून 2025 तक हमारे देश में संरक्षित क्षेत्र में 106 राष्ट्रीय उद्यान, 573 अभयारण्य आते हैं जो एक लाख 65 हजार वर्ग किमी. में फैले हैं। कुछ महत्त्वपूर्ण अभयारण्यों और उद्यानों के नाम नीचे दिए गए हैं—

1. कान्हा राष्ट्रीय उद्यान (म.प्र.),
2. शिवपुरी राष्ट्रीय उद्यान (म.प्र.),
3. जलदापाड़ा अभयारण्य (प. बंगाल),
4. काजीरंगा अभयारण्य (असम),
5. मानस अभयारण्य (असम),
6. हजारीबाग राष्ट्रीय उद्यान (झारखंड),
7. पलामू राष्ट्रीय उद्यान (झारखंड),
8. डालमा वन्य जीव अभयारण्य (झारखंड),
9. सेमलीपाल राष्ट्रीय पार्क (ओडिशा),
10. वनकटना वन्य जीव अभयारण्य (उ.प्र.),
11. भरतपुर वन्य जीव अभयारण्य (राजस्थान),
12. डरॉह वन्य जीव अभयारण्य (राजस्थान),
13. कॉर्बेट राष्ट्रीय उद्यान (उत्तराखंड),
14. चन्द्रप्रभा अभयारण्य (उ.प्र.),
15. डाचीगाम अभयारण्य (जम्मू-कश्मीर),
16. दुधवा राष्ट्रीय उद्यान (उ.प्र.),
17. नन्दा देवी कस्तूरी मृग वन (उत्तराखंड),
18. माउंट आबू वन्य जीव अभयारण्य (राजस्थान),
19. रणथम्भौर वन्य जीव अभयारण्य (राजस्थान),
20. सरिस्का क्रीड़ा अभयारण्य (राजस्थान),
21. रंगथिट्टू पक्षी अभयारण्य (कर्नाटक),
22. बांदीपुर अभयारण्य (कर्नाटक),
23. डंडेली अभयारण्य (कर्नाटक),
24. महावीर अभयारण्य (गोवा-कर्नाटक सीमा),
25. पेरियार अभयारण्य (केरल),
26. वेदान्तनगाल पक्षी अभयारण्य (तमिलनाडु),
27. गिरि वन (गुजरात),
28. बोरीवल्ली राष्ट्रीय उद्यान (महाराष्ट्र),
29. मोलेम क्रीड़ा अभयारण्य (गोवा),
30. कोट्टीगांव क्रीड़ा अभयारण्य (गोवा),
31. नागजीरा वन्य जीव अभयारण्य (महाराष्ट्र),
32. वान्धवगढ़ राष्ट्रीय उद्यान (मध्य प्रदेश),
33. घाट प्रभा पक्षी अभयारण्य (कर्नाटक),
34. खगचन्दजेन्दा राष्ट्रीय उद्यान (सिक्किम),
35. पेंच राष्ट्रीय उद्यान (महाराष्ट्र),
36. रोहिया राष्ट्रीय उद्यान (हिमाचल प्रदेश),
37. सुल्तानपुर सरोवर पक्षी अभयारण्य (हरियाणा),
38. तोदोवा राष्ट्रीय उद्यान (महाराष्ट्र),
39. मुदुमलाई अभयारण्य (तमिलनाडु),
40. नगर होल पक्षी अभयारण्य (गुजरात),
41. नाल सरोवर पक्षी अभयारण्य (गुजरात),
42. बोंडला क्रीड़ा अभयारण्य (गोवा),
43. तनसा झील वन्य जीव अभयारण्य (महाराष्ट्र),
44. बनारघट्टा राष्ट्रीय उद्यान (कर्नाटक),
45. ईराविकुलम राजमल्ली राष्ट्रीय उद्यान (केरल)।

बहुप्रयोजनीय नदी घाटी परियोजनाएं

देश की कुछ महत्त्वपूर्ण बड़ी बहुप्रयोजनीय योजनाओं का वर्णन नीचे किया गया है—

भाखड़ा नांगल—भाखड़ा नांगल परियोजना सतलज नदी के जल के उपयोग हेतु बनाई गई। यह पंजाब, हरियाणा, राजस्थान की सम्मिलित योजना है और इससे लगभग 15 लाख हैक्टेयर भूमि की सिंचाई की जा रही है।

व्यास परियोजना—यह एक विशालतम योजना है। इसके अंतर्गत तीन प्रमुख कार्य हाथ में लिए गए हैं। इनमें व्यास-सतलज लिंक एवं पोंग बांध का निर्माण महत्त्वपूर्ण है। यह योजना भी पंजाब, हरियाणा और राजस्थान की सम्मिलित योजना है।

राजस्थान नहर—इससे राजस्थान के गंगा नगर, बीकानेर एवं जैसलमेर जिलों में सिंचाई की सुविधाएं उपलब्ध हो गई हैं। यह हरीके बांध से निकाली गई है और जैसलमेर के रामगढ़ कस्बे तक जाती है। इस नहर का काफी भाग पंजाब में राजस्थान फीडर के नाम से बहता है।

थीन बांध—यह पंजाब की परियोजना है और इसके अंतर्गत रावी नदी पर बांध बनाया गया है जिससे इस नदी के पानी का उपयोग किया जा सके। इस परियोजना का मुख्य उद्देश्य सिंचाई की सुविधा उपलब्ध कराना तथा जल विद्युत का उत्पादन करना है।

रिहन्द परियोजना—इस परियोजना के अन्तर्गत रिहन्द नदी पर उत्तर प्रदेश में बांध बनाया गया है। यह उत्तर प्रदेश की परियोजना है और इसका प्रमुख उद्देश्य जल विद्युत का उत्पादन, सिंचाई, बाढ़ नियंत्रण, आदि है।

हीराकुड परियोजना—इस परियोजना के अन्तर्गत महानदी पर हीराकुड बांध बनाया गया है जो विश्व का सबसे लम्बा मिट्टी का बांध है। सिंचाई एवं जल-विद्युत का उत्पादन इस परियोजना के प्रमुख उद्देश्य हैं। यह उड़ीसा राज्य की एक विशाल परियोजना है।

राम गंगा—यह उत्तर प्रदेश की परियोजना है। इसके अंतर्गत राम गंगा नदी पर बांध बनाया गया है। इसका उद्देश्य सिंचाई की सुविधाओं में वृद्धि करना है।

शारदा सहायक परियोजना—यह उत्तर प्रदेश राज्य की एक महत्त्वाकांक्षी योजना है जिसके अंतर्गत घाघरा, शारदा और गोमती के जल के उपयोग किए जाने का लक्ष्य रखा गया है। इसके पूर्ण हो जाने पर लगभग 15 लाख हैक्टेयर अतिरिक्त भूमि में सिंचाई की जा सकेगी।

दामोदर घाटी परियोजना—यह पश्चिम बंगाल और बिहार की सम्मिलित योजना है। सिंचाई की सुविधाओं में वृद्धि, जलविद्युत का उत्पादन तथा बाढ़ नियंत्रण इसके प्रमुख उद्देश्य हैं।

मयूराक्षी परियोजना—यह पश्चिम बंगाल की मयूराक्षी नदी से संबंधित योजना है। इसका भी मुख्य उद्देश्य सिंचाई की सुविधाओं में वृद्धि करना है।

गंडक परियोजना—यह बिहार, उत्तर प्रदेश एवं नेपाल की सम्मिलित परियोजना है। इसके पूरे हो जाने पर लगभग 15 लाख हैक्टेयर भूमि में सिंचाई की जा सकेगी। यह दो देशों भारत एवं नेपाल को लाभान्वित करेगी।

कोसी परियोजना—यह भारत एवं नेपाल की सम्मिलित योजना है। इसका मुख्य उद्देश्य सिंचाई की सुविधाओं में वृद्धि एवं बाढ़ नियंत्रण है। इस योजना से बिहार राज्य लाभान्वित होगा और सिंचाई की सुविधाओं के साथ-साथ उसे कोसी की प्रलयकारी बाढ़ों से भी छुटकारा मिल सकेगा।

माही परियोजना—यह गुजरात एवं राजस्थान की सम्मिलित परियोजना है। इससे राजस्थान को भी लाभ होगा। इसका मुख्य उद्देश्य सिंचाई की सुविधाएं बढ़ाना है।

नागार्जुन सागर परियोजना—यह आंध्र प्रदेश की परियोजना है और इसे स्वतंत्रता प्राप्ति के तत्काल पश्चात आरम्भ किया गया। इसके अंतर्गत कृष्णा नदी पर बांध बनाकर सिंचाई की व्यवस्था की गई है।

तुंगभद्रा परियोजना—यह तुंगभद्रा नदी पर है और लगभग पूरी हो चुकी है। इससे आंध्र प्रदेश एवं कर्नाटक संयुक्त रूप से लाभान्वित होंगे। इसका मुख्य उद्देश्य सिंचाई की सुविधाओं में वृद्धि है।

शरावती परियोजना—यह कर्नाटक में शरावती नदी पर आरम्भ की गई है। यह जल विद्युत उत्पादन की विशालतम योजना है।

चम्बल परियोजना—यह मध्य प्रदेश और राजस्थान की सम्मिलित परियोजना है। इसके अंतर्गत मध्य प्रदेश और राजस्थान में चम्बल नदी पर चार बांध बनाए गए हैं। सिंचाई की सुविधाओं में वृद्धि एवं जलविद्युत का उत्पादन इसका प्रमुख उद्देश्य है।

महानदी डेल्टा परियोजना—यह उड़ीसा की सबसे बड़ी सिंचाई परियोजना है। इससे लगभग पांच लाख हैक्टेयर अतिरिक्त भूमि में सिंचाई की जा सकेगी।

फरक्का परियोजना—इसके अंतर्गत गंगा नदी पर फरक्का में एक बैराज बनाया गया है। इस परियोजना के मुख्य उद्देश्य कलकत्ता बंदरगाह का बचाव करना तथा हुगली को जल परिवहन के लिए अधिक उपयुक्त बनाना है। इसके अंतर्गत भागीरथी नदी पर भी एक बैराज एवं फरक्का बैराज पर एक पुल भी बनाया गया है।

अपर कृष्णा परियोजना—यह कृष्णा नदी पर आरम्भ की गई कर्नाटक की एक बड़ी परियोजना है। इसका मुख्य उद्देश्य सिंचाई है।

पैरम्बीकुलम अलियार परियोजना—यह केरल और तमिलनाडु की सम्मिलित परियोजना है। इसका मुख्य उद्देश्य सिंचाई सुविधाओं में वृद्धि है।

काकरापाड़ा परियोजना—यह गुजरात की बड़ी परियोजना है जो ताप्ती नदी पर आरम्भ की गई है। इसका मुख्य उद्देश्य सिंचाई की सुविधाओं में वृद्धि करना है।

भद्रा परियोजना—यह कर्नाटक में भद्रा नदी पर आरम्भ की गई है। सिंचाई एवं जल विद्युत का उत्पादन इस परियोजना का प्रमुख उद्देश्य है।

भीमा परियोजना—यह महाराष्ट्र की प्रमुख परियोजना है। इसे कृष्णा तथा पवन नदियों पर आरम्भ किया गया है। सिंचाई की सुविधाओं में वृद्धि इस परियोजना का प्रमुख उद्देश्य है।

माताटिला परियोजना—यह उत्तर प्रदेश की परियोजना है। इसके अंतर्गत माताटीला स्थान पर बेतवा नदी पर एक बांध बनाया गया है। सिंचाई एवं जल विद्युत का उत्पादन इस परियोजना के प्रमुख उद्देश्य है।

भारत की खनिज सम्पदा

देश में पाए जाने वाले महत्त्वपूर्ण खनिजों का संक्षिप्त विवरण नीचे दिया जा रहा है—

बॉक्साइट—देश में लगभग 390 करोड़ टन बॉक्साइट का भंडार है। संसार के बॉक्साइट उत्पादक देशों में भारत का पांचवां स्थान है। बॉक्साइट की मुख्य खानें ओडिशा, आन्ध्र प्रदेश, झारखंड, गुजरात, मध्य प्रदेश, छत्तीसगढ़, महाराष्ट्र में हैं।

कोयला—भारत में कोयले के विशाल भंडार हैं। इस समय भारत विश्व में तीसरा सबसे बड़ा कोयला उत्पादक देश है। कोयले के विशाल भंडार पश्चिम बंगाल, ओडिशा, झारखंड, मध्य प्रदेश, आन्ध्र प्रदेश और महाराष्ट्र में हैं। इसके अतिरिक्त थोड़ी मात्रा में कोयले के भंडार असम, अरुणाचल प्रदेश, मेघालय और नगालैंड में भी हैं।

लिग्नाइट—कोयले की तुलना में लिग्नाइट के भंडार भारत में कम हैं। अनुमानत: 46.02 अरब टन लिग्नाइट के भंडार हैं, जिनमें सबसे बड़ा भंडार तमिलनाडु में निवेली में और उसके आसपास है। इसके अलावा राजस्थान, गुजरात, केरल, पुडुचेरी और जम्मू व कश्मीर में भी लिग्नाइट की खानें हैं।

क्रोमाइट—भारत में क्रोमाइट का भंडार लगभग 34.4 करोड़ टन है। लाभप्रद ढंग से दोहन वाले भंडार ओडिशा, आन्ध्र प्रदेश, झारखंड, कर्नाटक, महाराष्ट्र, मणिपुर और तमिलनाडु में हैं।

तांबा—भारत में अनुमानत: कुल 1511 मिलियन टन तांबे के भंडार हैं। तांबे की महत्वपूर्ण और बड़ी खानें झारखंड के सिंहभूम जिले में, मध्य प्रदेश के बालाघाट जिले में और राजस्थान के झुंझनू

और अलवर जिले में हैं। इनके अलावा तांबे की छोटी खानें आन्ध्र प्रदेश में खम्मम में, कर्नाटक में चितल दुर्ग और हासन में, गुजरात, उड़ीसा और सिक्किम में भी हैं।

हीरा—भारत में इस खनिज का भंडार अनुमानत: 31.84 मिलियन कैरेट है। हीरा उत्पादक मुख्य क्षेत्र हैं—मध्य प्रदेश की पन्ना पट्टी, करनूल जिले में मुनिमाडुगु और बंगनपाले की चट्टानें। आन्ध्र प्रदेश में कृष्णा नदी की रेत-बजरी में भी हीरा मिलता है। इस समय केवल पन्ना में ही हीरा निकाला जाता है।

डोलोमाइट—भारत में सभी किस्मों की डोलोमाइट का कुल भंडार अनुमानत: 8415 मिलियन टन है। इसके उत्पादक राज्य मध्य प्रदेश, गुजरात, ओडिशा, कर्नाटक, महाराष्ट्र, उत्तर प्रदेश और पश्चिमी बंगाल हैं।

सोना—देश में सोने की तीन प्रमुख खानें हैं—कर्नाटक राज्य में कोलार जिले में कोलार स्वर्ण खान और रायचूर जिले में हट्टी स्वर्ण खान और आन्ध्र प्रदेश में रामगिरि स्वर्ण खान। देश में अनुमानत: 527.96 मिलियन टन सोने की खनिज है जिसमें कुल सोना लगभग 469.51 टन होने का अनुमान है। इनमें कोलार और हट्टी की खानें बड़ी हैं और इनमें लगभग 176.9 लाख टन स्वर्ण अयस्क का अनुमान है।

जिप्सम—देश में जिप्सम का कुल भंडार अनुमानत: 1330 मिलियन टन है। अधिकांश—जिप्सम, राजस्थान, तमिलनाडु, जम्मू व कश्मीर, हिमाचल प्रदेश और उत्तर प्रदेश की खानों से निकलता है। थोड़ा जिप्सम गुजरात राज्य में भी निकलता है।

ग्रेफाइट—देश के भीतर ग्रेफाइट के कुल भंडारों का अनुमान लगभग 194.89 मिलियन टन है। इसमें से लगभग 31 लाख टन के भंडार केरल और बिहार में हैं और शेष भंडार झारखंड, ओडिशा, राजस्थान, तमिलनाडु और आन्ध्र प्रदेश में हैं। कुछ भंडार अरुणाचल प्रदेश, जम्मू व कश्मीर और मध्य प्रदेश में भी हैं।

इल्मेनाइट—भारत में पूर्वी और पश्चिमी तट के समुद्री तट की रेत में लगभग 355.48 मिलियन टन इल्मेनाइट के भंडार का अनुमान है। दोहन योग्य भंडार केरल, ओडिशा और तमिलनाडु में हैं।

लोहा—लोहे के खनिज की दृष्टि से भारत काफी समृद्ध है। अनुमान है कि भारत में लौह खनिज के भंडार लगभग 2249 करोड़ टन है। इसमें 1705 करोड़ टन हैमेटाइट लौह खनिज और शेष मैग्नेटाइट लौह खनिज है। हैमेटाइट लौह खनिज के भंडार मुख्यत: छत्तीसगढ़, केरल, झारखंड, ओडिशा, महाराष्ट्र, गोवा और कर्नाटक में हैं। मैग्नेटाइट लौह खनिज के भंडार मुख्यत: कर्नाटक में पश्चिमी तट पर हैं। इनके अलावा मैग्नेटाइट की छोटी खानें आन्ध्र प्रदेश, केरल और तमिलनाडु में हैं।

केओलिन (चीनी मिट्टी)—भारत में केओलिन यानी चीनी मिट्टी के विशाल भंडार हैं। मुख्यत: केरल, झारखंड, गुजरात, राजस्थान और पश्चिमी बंगाल में चीनी मिट्टी के भंडार हैं। हरियाणा, ओडिशा, और मध्य प्रदेश में भी थोड़ी मात्रा में चीनी मिट्टी के भंडार हैं।

सीसा-जस्ता—अनुमान है कि देश में लगभग 74.95 करोड़ टन सीसा-जस्ते की खनिज है। इसके प्रमुख उत्पादक राज्य हैं—राजस्थान, मध्य प्रदेश, महाराष्ट्र, पश्चिम बंगाल, उत्तर प्रदेश, आन्ध्र प्रदेश, तमिलनाडु, ओडिशा और सिक्किम। लगभग 95 प्रतिशत खनिज दक्षिणी-मध्य राजस्थान और निकटवर्ती गुजरात के भाग में केन्द्रित हैं।

चूना पत्थर—अनुमान है कि देश में कुल 203,225 मिलियन टन के चूना पत्थर के भंडार हैं। यह खनिज देश के लगभग सभी राज्यों में उपलब्ध है। लेकिन इसके मुख्य उत्पादक राज्य हैं—मध्य प्रदेश, तमिलनाडु, आन्ध्र प्रदेश, गुजरात, झारखंड, ओडिशा, राजस्थान और कर्नाटक।

मैंगनीज—अनुमान है कि मैंगनीज के कुल भंडार लगभग 496 मिलियन टन हैं। इसके बड़े भंडार ओडिशा, कर्नाटक, मध्य प्रदेश, महाराष्ट्र और गोवा में हैं। प्रमुख उत्पादक राज्य ओडिशा, कर्नाटक, मध्य प्रदेश और महाराष्ट्र हैं।

अभ्रक—शीट माइका (अभ्रक) के उत्पादन में भारत का स्थान लगभग सर्वप्रथम है। अभ्रक के विश्व व्यापार में भारत का योगदान लगभग 60 प्रतिशत है। लाभप्रद दोहन योग्य अभ्रक के निपेक्ष आन्ध्र प्रदेश, राजस्थान और झारखंड में हैं।

निकिल—निकिल खनिज के निपेक्ष ओडिशा के कटक, क्योंझर और मयूरभंज जिलों में हैं। इस खनिज की मुख्य पट्टी कटक जिले में सुकिण्डा में है। इसके साधारण निपेक्ष झारखंड, तमिलनाडु, महाराष्ट्र और गोवा में भी हैं। अनुमान है कि लगभग 189 मिलियन टन निकिल के भंडार हैं।

टंगस्टन—टंगस्टन के भंडार राजस्थान, महाराष्ट्र, कर्नाटक, पश्चिमी बंगाल और उत्तर प्रदेश में हैं। देश में केवल राजस्थान में डेगाना की खानों से इसकी खनिज निकाली जाती है।

मैगनेसाइट—देश में मैगनेसाइट खनिज के भंडार लगभग 394 मिलियन टन हैं। इस समय इसके मुख्य उत्पादक स्थान तमिलनाडु में सेलम और उत्तराखंड में अल्मोड़ा हैं। मैगनेसाइट के भंडार उत्तराखंड के चमौली और पिथौरागढ़ जिलों में और कर्नाटक के मैसूर और हसन जिलों में भी हैं। जम्मू व कश्मीर और हिमाचल प्रदेश में भी इसके निक्षेप हैं।

प्राकृतिक गैस—प्राकृतिक गैस असम और गुजरात में मिलती है।

चांदी—कर्नाटक (कोलार क्षेत्र), झारखंड (मानभूम), राजस्थान (जावर) और तमिलनाडु (अनन्तपुर) में मिलती है।

थोरियम—थोरियम केरल में मिलता है।

यूरेनियम—यूरेनियम झारखंड में मिलता है।

ग्रेनाइट—ग्रेनाइट तमिलनाडु, कर्नाटक, आन्ध्र प्रदेश और राजस्थान में मिलता है।

संगमरमर पत्थर—संगमरमर पत्थर राजस्थान में मिलता है।

महत्त्वपूर्ण उद्योग

सूती वस्त्र उद्योग—गुजरात, महाराष्ट्र, बिहार, तमिलनाडु, पश्चिम बंगाल, उत्तर प्रदेश, आन्ध्र प्रदेश, कर्नाटक, केरल, मध्य प्रदेश और राजस्थान।

सीमेंट उद्योग—आन्ध्र प्रदेश, झारखंड, गुजरात, कर्नाटक, मध्य प्रदेश, राजस्थान, तमिलनाडु।

शीशा (कांच) उद्योग—फिरोजाबाद, (नैनी उ.प्र.), जबलपुर (म.प्र.), अमृतसर, अम्बाला, (पंजाब) पश्चिम बंगाल और तमिलनाडु।

चीनी उद्योग—बरेली, गोरखपुर, कानपुर, सहारनपुर, मेरठ, लखनऊ (उ.प्र.), भागलपुर, चम्पारन, डालमिया नगर, मुजफ्फरपुर (बिहार), पंजाब तथा तमिलनाडु।

रेशमी वस्त्र उद्योग—कर्नाटक, मुर्शिदाबाद (पश्चिम बंगाल) और श्रीनगर (जम्मू-कश्मीर)।

कागज उद्योग—टीटागढ़ (पश्चिम बंगाल), मुंबई, पुणे (महाराष्ट्र), सहारनपुर (उ.प्र.), नेपानगर और बहरमपुर (म.प्र.), गंजाम (ओडिशा)।

चमड़ा (चर्म) उद्योग—कानपुर, आगरा (उ.प्र.), बाटा नगर (पश्चिम बंगाल), दीघा घाट (बिहार), देवनगर, चेम्बूर (मुंबई), चेन्नई, कोयम्बटुर, बंगलुरु।

दियासलाई उद्योग—चेन्नई, कोलकाता, बरेली, ग्वालियर, हैदराबाद।

ऑटोमोबाइल उद्योग— ऑटोमोबाइल तथा उसके पुरजे तैयार करने के ज्यादातर कारखाने महाराष्ट्र तथा दिल्ली में हैं।

एयरक्राफ्ट उद्योग—बेंगलुरू तथा कानपुर।

जूट उद्योग—पश्चिम बंगाल।

जहाज निर्माण—विशाखापत्तनम, मझगांव डाक्स, कोच्चि, गार्डेन रीच।

रेलवे कोच उद्योग—पेराम्बूर (चेन्नई)

उर्वरक—नांगल (पंजाब), सिंदरी (झारखंड), कलोल (गुजरात), कांडला, (गुजरात), मीठापुर (गुजरात), पन्की (कानपुर के समीप), नामरूप काम्लेक्स (असम), नेवेली (चेन्नई)।

केबिल (टेलीफोन के तार) उद्योग—रूपनारायणपुर (पश्चिम बंगाल), एर्नाकुलम (केरल)।

रसायन और औषधि—दिल्ली (डी.डी.टी. कारखाना), पिम्परी (पूना में ऐन्टीबायोटिक कारखाना), कोलकाता, मुंबई, चेन्नई।

रेलवे इंजन और डिब्बे बनाने का उद्योग— रेलवे इंजन बनाने का कारखाना चितरंजन और रेल के डीजल इंजन बनाने का कारखाना वाराणसी में है। बिजली से चलने वाले रेल इंजन भी चितरंजन में बनते हैं। रेल के डिब्बे बनाने का कारखाना पेराम्बूर में है।

परिवहन

राष्ट्रीय प्रगति में परिवहन के साधनों की महत्वपूर्ण भूमिका होती है। हमारे देश में परिवहन के साधनों में बहुत उन्नति हुई है। नीचे परिवहन के साधनों के बारे में जानकारी दी जा रही है।

रेलवे

रेलवे देश का सबसे बड़ा राष्ट्रीय उपक्रम है। विश्व रेलवे में इसका महत्वपूर्ण स्थान है। मार्च 2024 तक कुल भारतीय रेलवे लाइन 69,181 किलोमीटर थी।

प्रशासन—रेलवे के प्रशासन एवं सम्पूर्ण नियन्त्रण का दायित्व रेलवे बोर्ड पर है। यह 1905 में बनाया गया था। बोर्ड में एक चेयरमैन, जो कि केंद्रीय रेलवे मंत्रालय का मुख्य सचिव होता है, एक फाइनेंशियल कमिश्नर और पांच अन्य सदस्य होते हैं। उन्हें केंद्रीय मंत्रालय के पदेन सचिव का स्तर प्राप्त होता है।

क्षेत्र—1949 से पूर्व देश में 42 रेलवे प्रणालियां थीं। इन्हें अब संचालन सुविधा की दृष्टि से 18 मंडलों (Zones) में बांट दिया गया है। इन मंडलों और इनके मुख्यालयों (Headquarters) के नाम कोष्ठक में दिए गए हैं—

1. दक्षिणी रेलवे (चेन्नई)
2. पश्चिम रेलवे (मुंबई-चर्चगेट)
3. मध्य रेलवे (मुंबई-वी.टी.)
4. उत्तर रेलवे (दिल्ली)
5. पूर्व रेलवे (कोलकाता)
6. उत्तर पूर्व रेलवे (गोरखपुर)
7. दक्षिण पूर्व रेलवे (कोलकाता)
8. दक्षिण मध्य रेलवे (सिकन्दराबाद)
9. उत्तर पूर्व सीमान्त रेलवे (मालीगांव : गुवाहाटी)
10. पूर्वी मध्य रेलवे (हाजीपुर)
11. पूर्वी तटवर्ती रेलवे (भुवनेश्वर)
12. उत्तर मध्य रेलवे (प्रयागराज)
13. उत्तर पश्चिम रेलवे (जयपुर)
14. दक्षिण पूर्व मध्य रेलवे (बिलासपुर)
15. दक्षिण पश्चिम रेलवे (हुबली)
16. पश्चिम मध्य रेलवे (जबलपुर)
17. मेट्रो रेलवे (कोलकाता)
18. दक्षिण तटीय रेलवे (विशाखापत्तनम) (प्रस्तावित)

प्रत्येक क्षेत्र एक जनरल मैनेजर के अधीन है।

जहाजरानी

1. एशिया में जहाजरानी के मामले में भारत दूसरे स्थान पर है, पहला स्थान जापान का है।
2. विश्व जहाजरानी में भारत का 16वां स्थान है।
3. भारत में निर्मित पहले यात्री जलपोत का नाम 'हर्षवर्धन' है।
4. 17 जनवरी, 1973 को निकोबार द्वीप समूह के सुदूर दक्षिण के अन्तिम छोर पर स्थित पिगमेलियन पाइण्ट पर एक 30 मीटर ऊंचे प्रकाश स्तम्भ का उदघाटन किया गया।
5. जहाजों की किस्म का वर्गीकरण और उन्हें प्रमाणित करने वाली एक भारतीय संस्था 'इण्डियन रजिस्टर ऑफ शिपिंग' का गठन मार्च 1975 में किया गया, जिसका मुख्यालय मुंबई में है।

नागरिक उड्डयन

भारत में नागरिक उड्डयन का प्रारम्भ 1927 में हुआ, जब जोसेफ लिन बम्बई (मुंबई) के लाल बाग में बैलून द्वारा 5,000 फुट ऊंचा उड़ा। इसके पश्चात धीरे-धीरे प्रगति होती रही। दूसरे महायुद्ध ने हवाई परिवहन को अत्यधिक प्रोत्साहन दिया और परिणामस्वरूप इस देश में 11 हवाई कम्पनियां माल व मुसाफिर ढोने का काम करने लगीं। 1953 में सरकार ने सब वायु मार्ग एवं कम्पनियों का राष्ट्रीयकरण कर दिया।

सार्वजनिक क्षेत्र की इकलौती विमान सेवा कम्पनी एयर इंडिया का जनवरी 2022 में पूर्ण निजीकरण कर दिया गया है। इस हेतु मार्ग अक्टूबर 2021 में उस समय प्रशस्त हो गया था जब इसके लिए टाटा संस की ₹ 18,000 करोड़ की उच्चतम बोली को सरकार ने स्वीकार कर लिया था तथा इसके 100 प्रतिशत शेयरों की टाटा समूह को बिक्री के लिए शेयर परचेज एग्रीमेंट पर हस्ताक्षर 26 अक्टूबर, 2021 को सम्पन्न किए थे। इससे एयर इंडिया का स्वामित्व एक बार पुन: अब टाटा संस के हाथ में आ गया है। भारी घाटे में चल रही इस एयरलाइंस ने अपनी

100 प्रतिशत हिस्सेदारी निजी क्षेत्र को बेचने के लिए इच्छुक निवेशकों में अभिरुचि पत्र (Expression of interest) सरकार ने वर्ष 2020 में आमंत्रित किए थे। देश की अन्य प्राइवेट एयरलाइंस इंडिगो, विस्तारा, स्पाइस जेट और गो एयर आदि हैं।

ट्रेनिंग संस्थान—नागरिक उड्डयन का ट्रेनिंग सेन्टर प्रयागराज में है। नवम्बर 1985 में फुरसतगंज (उत्तर प्रदेश) में इंदिरा गांधी राष्ट्रीय उड़ान अकादमी की स्थापना की गई है।

राष्ट्रीय हवाई अड्डा प्राधिकरण और भारतीय अंतर्राष्ट्रीय हवाई अड्डा प्राधिकरण को मिलाकर 1 अप्रैल, 1995 को भारत का हवाई अड्डा प्राधिकरण की स्थापना की गई। यह प्राधिकरण सुरक्षित और कार्यकुशल हवाई यातायात सेवाओं की व्यवस्था करने और भारतीय हवाई क्षेत्र में कारगर तरीके से हवाई यातायात को नियंत्रित करने के लिए अपेक्षित संचार सुविधाएं उपलब्ध कराने हेतु उत्तरदायी है।

यह प्राधिकरण सम्पूर्ण भारतीय हवाई क्षेत्र का और देश की प्रादेशिक सीमाओं के बाहर भी अंतर्राष्ट्रीय नागरिक उड्डयन संगठन (आई.सी.ओ.) द्वारा जहां तक अनुमति है—सम्पूर्ण भारतीय क्षेत्र में हवाई उड़ानों का नियमन करता है।

पवन हंस—4 अक्टूबर, 1985 को पवन हंस के नाम से हेलीकाप्टर कारपोरेशन ऑफ इंडिया का गठन किया गया। यह पेट्रोलियम क्षेत्र की हवाई सेवा में सहायता और दुर्गम क्षेत्रों में सेवाएं उपलब्ध कराता है।

भारत में प्रमुख अंतर्राष्ट्रीय हवाई अड्डे हैं—राजीव गांधी अंतर्राष्ट्रीय हवाई अड्डा (हैदराबाद), इन्दिरा गांधी अंतर्राष्ट्रीय हवाई अड्डा (नई दिल्ली), दाबोलिम हवाई अड्डा (गोवा), सरदार वल्लभ भाई पटेल अंतर्राष्ट्रीय हवाई अड्डा (अहमदाबाद), बेंगलुरू अंतर्राष्ट्रीय हवाई अड्डा (बेंगलुरू), त्रिवेन्द्रम अंतर्राष्ट्रीय हवाई अड्डा (तिरुवनंतपुरम्), छत्रपति शिवाजी अंतर्राष्ट्रीय हवाई अड्डा (मुम्बई), श्री गुरु रामदासजी अंतर्राष्ट्रीय हवाई अड्डा (अमृतसर), अन्ना अंतर्राष्ट्रीय हवाई अड्डा (चेन्नई), तिरुचिरापल्ली अंतर्राष्ट्रीय हवाई अड्डा (त्रिचुरापल्ली), नेताजी सुभाषचन्द्र बोस अंतर्राष्ट्रीय हवाई अड्डा (कोलकाता)।

सड़क

भारत संसार के ऐसे देशों में से एक है जिनमें सड़कों का लम्बा-चौड़ा जाल बिछा हुआ है। भारत में सड़कों की कुल लम्बाई लगभग 66.71 लाख किलोमीटर है।

सड़क परिवहन और सड़क यातायात को अधिक सुविधाजनक एवं विकसित करने के लिए चुनी हुई सड़कें, जिन्हें 'नेशनल हाइवे' कहा जाता है, केंद्रीय सरकार के अधीन हैं, जबकि इनके अलावा स्टेट हाइवे, जिले और गांवों की सड़कों की देख-रेख और मरम्मत की जिम्मेदारी राज्य सरकारों के अधीन है। भारतवर्ष में 'नेशनल हाइवे' की श्रेणी में आने वाली कुछ सड़कें ये हैं—दिल्ली-अमृतसर; आगरा-मुंबई; चण्डीगढ़-मनाली, अम्बाला-शिमला-तिब्बत; जोरहाट-शिलांग-बंगला देश; दिल्ली-अहमदाबाद-मुंबई; जालंधर-श्रीनगर। राष्ट्रीय राजमार्गों की कुल लम्बाई 1,46,195 किलोमीटर है। महाराष्ट्र, पश्चिम बंगाल और उत्तर प्रदेश सड़कों की दृष्टि से देश के तीन बड़े राज्य हैं। तमिलनाडु और कर्नाटक में भी सड़कों की लम्बाई पर्याप्त है। स्वतंत्रता प्राप्ति के पश्चात सड़कों द्वारा माल ढोने में बहुत प्रगति हुई है।

1960 में स्थापित सीमा सड़क विकास बोर्ड उत्तरी और पूर्वोत्तर सीमावर्ती क्षेत्र में सड़कों के समन्वित विकास का काम देखता है। सीमा सड़क संगठन (बॉर्डर रोड्स आर्गेनाइजेशन) सड़कों का निर्माण करता है—यह संगठन, हवाई अड्डों, इमारतों और रक्षा सेवाओं के लिए आवश्यक निर्माण कार्य भी करता है।

दिल्ली में स्थापित रोड रिसर्च इंस्टीच्यूट सड़कों के संबंध में अनुसंधान करता है। राष्ट्रीय राजमार्गों के निर्माण और उनकी मरम्मत के लिए 15 जून, 1989 को नेशनल हाईवे अथॉरिटी का गठन किया गया है। यह संगठन सड़कों के निर्माण में धीरे-धीरे मशीनीकरण लागू करेगा। इस अथॉरिटी का चेयरमैन 'डायरेक्टर जनरल ऑफ रोड्स' हैं।

जनसंख्या

राज्य/केंद्रशासित प्रदेश	राजधानी	प्रमुख भाषाएं	क्षेत्रफल (वर्ग कि.मी.)	जनसंख्या 2011
1. अरुणाचल प्रदेश	इटानगर	मोंपा, मिजी	83,743	13,83,727
2. आन्ध्र प्रदेश	अमरावती	तेलुगू, उर्दू	1,60,205	4,93,86,799
3. असम	दिसपुर	असमिया	78,438	3,12,05,576
4. बिहार	पटना	हिन्दी	94,163	10,40,99,452
5. गोवा	पणजी	कोंकणी, मराठी	3,702	14,58,545
6. गुजरात	गांधीनगर	गुजराती	1,96,024	6,04,39,692
7. हरियाणा	चण्डीगढ़	हिन्दी	44,212	2,53,51,462
8. हिमाचल प्रदेश	शिमला	हिन्दी, पहाड़ी	55,673	68,64,602
9. कर्नाटक	बेंगलुरू	कन्नड़	1,91,791	6,10,95,297
10. केरल	तिरुवनंतपुरम	मलयालम	38,863	3,34,06,061
11. मध्य प्रदेश	भोपाल	हिन्दी	3,08,000	7,26,26,809
12. महाराष्ट्र	मुम्बई	मराठी	3,07,713	11,23,74,333
13. मणिपुर	इम्फाल	मणिपुरी	22,327	28,55,794
14. मिजोरम	आइजोल	मिजो, अंग्रेजी	21,081	10,97,206
15. मेघालय	शिलांग	खासी, गारो, अंग्रेजी	22,429	29,66,889

राज्य/केंद्रशासित प्रदेश	राजधानी	प्रमुख भाषाएं	क्षेत्रफल (वर्ग कि.मी.)	जनसंख्या 2011
16. नगालैण्ड	कोहिमा		16,579	19,78,502
17. ओडिशा	भुवनेश्वर	ओडिया	1,55,707	4,19,74,218
18. पंजाब	चण्डीगढ़	पंजाबी	50,362	2,77,43,338
19. राजस्थान	जयपुर	हिन्दी, राजस्थानी	3,42,239	6,85,48,437
20. सिक्किम	गंगटोक		7,096	6,10,577
21. तमिलनाडु	चेन्नई	तमिल	1,30,058	7,21,47,030
22. त्रिपुरा	अगरतला	बंगला, कोकबरक मणिपुरी	10,491	36,73,917
23. उत्तर प्रदेश	लखनऊ	हिन्दी और उर्दू	2,40,928	19,98,12,341
24. प. बंगाल	कोलकाता	बंगला	88,752	9,12,76,115
25. छत्तीसगढ़	रायपुर	हिन्दी	1,36,034	2,55,45,198
26. उत्तराखंड	देहरादून (अस्थाई)	हिन्दी, गढ़वाली	53,484	1,00,86,292
27. झारखंड	रांची	हिन्दी, संथाली	79,714	3,29,88,134
28. तेलंगाना	हैदराबाद	तेलुगु, उर्दू	1,14,840	3,51,93,978
29. जम्मू और कश्मीर	श्रीनगर/जम्मू	कश्मीरी, उर्दू	2,22,236*	1,25,41,302**
30. अण्डमान निकोबार द्वीप समूह	श्री विजयपुरम		8,249	3,80,581
31. चण्डीगढ़	चण्डीगढ़	हिन्दी, पंजाबी	114	10,55,450
32. दादरा व नागर हवेली एवं दमन व दीव	दमन	गुजराती, हिन्दी	603	5,86,956
33. दिल्ली	दिल्ली	हिन्दी, उर्दू, पंजाबी	1,483	1,67,87,941
34. लक्षद्वीप	कावारत्ती	मलयालम	32	64,473
35. पुडुचेरी	पुडुचेरी	तमिल, फ्रैंच, तेलुगू, अंग्रेजी, मलयालम	480	12,47,953
36. लद्दाख	लेह	लद्दाखी	–	–

* पाकिस्तान और चीन के अवैध कब्जे वाले क्षेत्र तथा केन्द्रशासित प्रदेश लद्दाख के क्षेत्रफल सहित।, **लद्दाख सहित

कृषि

मुख्य व्यापारिक फसलें

1. **गन्ना :** गन्ना मुख्यतः उत्तर प्रदेश, महाराष्ट्र, कर्नाटक, बिहार, पंजाब, आन्ध्र प्रदेश और तमिलनाडु में पैदा होता है।
2. **तम्बाकू :** तम्बाकू उत्पादन वाले क्षेत्र ये हैं—उत्तर प्रदेश, बिहार, मध्य प्रदेश, महाराष्ट्र, गुजरात, कर्नाटक, आन्ध्र प्रदेश, तमिलनाडु और प.बंगाल।
3. **चाय :** भारत में चाय की खेती असम, पश्चिम बंगाल, केरल, तमिलनाडु और हिमाचल प्रदेश में होती है। चाय के बागान पहाड़ी ढाल पर होते हैं।
4. **कॉफी :** यह कर्नाटक, केरल, तमिलनाडु में पैदा होता है।
5. **कपास :** कपास की खेती गुजरात, महाराष्ट्र, पंजाब, हरियाणा, कर्नाटक, तमिलनाडु, आन्ध्र प्रदेश, तेलंगाना और मध्य प्रदेश में होती है।
6. **जूट (पटसन) :** जूट प. बंगाल, बिहार, असम, और ओडिशा में पैदा होता है।
7. **रबर :** रबर की खेती केरल, कर्नाटक और तमिलनाडु में होती है।

भारत की मुख्य खाद्यान्न फसलें

1. **गेहूं :** गेहूं के मुख्य उत्पादक क्षेत्र उत्तर प्रदेश, पंजाब, हरियाणा, मध्य प्रदेश हैं। इनके अतिरिक्त बिहार के कुछ भागों में भी गेहूं की खेती होती है। राजस्थान, गुजरात, महाराष्ट्र और कर्नाटक में भी थोड़ी मात्रा में गेहूं की फसल होती है।
2. **चावल :** चावल के प्रमुख उत्पादक प्रदेश हैं—तेलंगाना, प. बंगाल, उत्तर प्रदेश, पंजाब, बिहार, असम, आन्ध्र प्रदेश, तमिलनाडु, कश्मीर घाटी, केरल और मध्य प्रदेश का कुछ भाग । इनके अलावा महाराष्ट्र, गुजरात, ओडिशा, हरियाणा और कर्नाटक में भी चावल की खेती होती है।
3. **मक्का :** मक्का की फसल कर्नाटक, मध्य प्रदेश, महाराष्ट्र, उत्तर प्रदेश, पंजाब, हरियाणा, बिहार, आन्ध्र प्रदेश में होती है। गुजरात, राजस्थान में भी मक्का बोई जाती है।
4. **जौ :** यह राजस्थान, उत्तर प्रदेश, बिहार, पंजाब, मध्य प्रदेश और हरियाणा में बोया जाता है।
5. **ज्वार :** ज्वार की फसल कर्नाटक, महाराष्ट्र, आन्ध्र प्रदेश, कर्नाटक, मध्य प्रदेश, गुजरात, राजस्थान और उत्तर प्रदेश में होती है।
6. **बाजरा :** बाजरे की फसल मुख्यतः गुजरात, राजस्थान, हरियाणा, उत्तर प्रदेश, कर्नाटक, आन्ध्र प्रदेश और मध्य प्रदेश में होती है।
7. **रागी :** रागी की फसल कर्नाटक, आन्ध्र प्रदेश और तमिलनाडु में होती है।
8. **तिलहन :** राजस्थान, मध्य प्रदेश, गुजरात, उत्तर प्रदेश, बिहार और आन्ध्र प्रदेश व कर्नाटक में तिलहन पैदा होता है।

वस्तुनिष्ठ प्रश्न

1. सबसे बड़ा ग्रह कौन-सा है ?
A. शनि B. मंगल
C. बुध D. बृहस्पति

2. विश्व का सबसे छोटा महाद्वीप कौन-सा है ?
A. अफ्रीका B. आस्ट्रेलिया
C. दक्षिण अमेरिका D. यूरोप

3. विश्व का सबसे निम्नतम जल भंडार है–
A. काला सागर B. मृत सागर
C. एड्रियाटिक सागर D. लाल सागर

4. विश्व का सबसे ऊंचा ज्वालामुखी कौन सा है ?
A. कैमरून B. मोना लोआ
C. लूसेवस्क्या D. कोटोपेस्की

5. विश्व का सबसे ठंडा प्रायद्वीप सागर है–
A. कैरेबियन सागर B. मेडीटेरियन सागर
C. लाल सागर D. ब्योफोर्ट सागर

6. विश्व का सबसे बड़ा महाद्वीप है–
A. एशिया B. अफ्रीका
C. आस्ट्रेलिया D. उत्तरी अमेरिका

7. भारतीय उप-महाद्वीप की सबसे ऊंची चोटी का नाम है–
A. नंदादेवी B. एवरेस्ट
C. त्रिशूल D. कंचनजंगा

8. विश्व का सबसे बड़ा द्वीप है–
A. न्यू गुयाना B. बोर्नियो
C. मेडागास्कर D. ग्रीनलैंड

9. भारत का एकमात्र सक्रिय (Active) ज्वालामुखी है–
A. बैरन आइलैंड B. विसूवियस
C. एटना D. स्ट्राम्बोली

10. सबसे बड़ा महासागर है–
A. प्रशांत महासागर
B. अटलांटिक महासागर
C. अंटार्कटिक महासागर
D. हिन्द महासागर

11. विश्व का सबसे बड़ा प्रायद्वीप है–
A. प्रशांत B. अरब
C. बांग्लादेश D. अफ्रीका

12. विश्व का सबसे बड़ा द्वीप समूह है–
A. इंडोनेशिया B. मलेशिया
C. न्यूजीलैंड D. माल्टा

13. विश्व का सबसे गहरा महासागर है–
A. आर्कटिक B. अटलांटिक
C. प्रशांत D. हिन्द

14. आप किसे पवित्र भूमि कहेंगे ?
A. फिलिस्तीन B. अमृतसर
C. वेटिकन D. येरूशलम

15. 17वीं समानांतर रेखा किसे पृथक् करती है ?
A. दक्षिण और उत्तर अमेरिका
B. उत्तर और दक्षिण कोरिया
C. दक्षिण और उत्तर यमन
D. दक्षिण और उत्तर वियतनाम

16. विश्व का कौन-सा महादेश/हिस्सा बसने योग्य नहीं है?
A. अंटार्कटिका B. राजस्थान
C. आस्ट्रेलिया D. गोबी

17. मध्य रात्रि के सूर्य की भूमि है–
A. असम B. जापान
C. म्यांमार D. नार्वे

18. किस पर्वतमाला को नीला पर्वत कहते हैं ?
A. नीलगिरि पर्वत B. आल्पस
C. माउंट एवरेस्ट D. हिमालय

19. उन देशों के नाम बताएं जो डूरंड रेखा के दोनों तरफ स्थित हैं।
A. भारत और पाकिस्तान
B. भारत और बांग्लादेश
C. अफगानिस्तान और पाकिस्तान
D. पूर्वी जर्मनी और पश्चिमी जर्मनी

20. विश्व की सबसे बड़ी झील कौन है?
A. कैस्पियन (सी.आई.एस., ईरान)
B. ह्यूरन झील (कनाडा, यूएस)
C. निंजा (तंजानिया, केन्या)
D. सुपीरियर झील (यूएसए, कनाडा)

21. मैकमोहन रेखा के दोनों तरफ स्थित देश हैं–
A. दक्षिण वियतनाम और उत्तर वियतनाम
B. भारत और चीन
C. भारत और श्रीलंका
D. फ्रांस और जर्मनी

22. विश्व की सबसे बड़ी खाड़ी है–
A. क्वाबा की खाड़ी B. फारस की खाड़ी
C. मैक्सिको की खाड़ी D. अदेन की खाड़ी

23. किस देश को 'सुबह की शांति' के नाम से जानते हैं?
A. स्वीडन B. नीदरलैंड
C. नार्वे D. कोरिया

24. 'अंध महादेश' किसे कहते हैं?
A. अफ्रीका B. आस्ट्रेलिया
C. ग्रीनलैंड D. दक्षिणी अमेरिका

25. 38वीं समानांतर रेखा किसे अलग करती है?
A. भारत को बांग्लादेश से
B. भारत को चीन से
C. उत्तर कोरिया को दक्षिण कोरिया से
D. भारत को पाकिस्तान से

26. पनामा नहर जोड़ती है :
A. प्रशांत और अटलांटिक महासागर को
B. प्रशांत और आर्कटिक महासागर को
C. अटलांटिक और आर्कटिक महासागर को
D. अटलांटिक और हिन्द महासागर को

27. एशिया माइनर स्थित है–
A. इराक में B. तुर्की में
C. जार्डन में D. ईरान में

28. उत्तर का वेनिस किस शहर को कहा जाता है?
A. पेरिस B. इस्तांबुल
C. स्टॉकहोम D. मैड्रिड

29. निम्नलिखित में से कौन एक स्थलरुद्ध देश है?
A. पेरू B. बोलिविया
C. इक्वाडोर D. उरुग्वे

30. रोम है :
A. सनातन नगर B. निषिद्ध नगर
C. महलों का नगर D. सबसे स्वच्छ नगर

31. फिनलैंड की राजधानी है :
A. सुवा B. हवाना
C. प्राग D. हेलसिंकी

32. सात पहाड़ियों का नगर है :
A. रोम B. एथेंस
C. कैरो D. टोकियो

33. लैपलैंड देशों का समूह कहां स्थित है?
A. यूरोप में B. आस्ट्रेलिया में
C. एशिया में D. अमेरिका में

34. जंजीबार को कहते हैं :
A. लौंग की भूमि B. निषिद्ध नगर
C. पवित्र नगर D. मसालों की धरती

35. हिमालय किनके बीच प्राकृतिक सीमा का निर्माण करता है?
A. चीन और भारत B. चीन और अफगानिस्तान
C. भारत और नेपाल D. भारत और म्यांमार

36. एकांतिक रजवाड़ा है :
A. कोरिया B. फिलिस्तीन
C. रोम D. हरिद्वार

37. विश्व का सबसे ऊंचा पठार है :
A. दक्कन का पठार B. बोलिविया का पठार
C. तिब्बत का पठार D. कोलम्बियाई पठार

38. ईश्वरीय नगर है :
A. कोलकाता B. रोम
C. एथेंस D. बैंकाक

39. खारतूम शहर किस नदी के तट पर स्थित है?
A. हडसन B. नील
C. टाइबर D. सीन

40. किस महादेश के कुछेक हिस्से समुद्र से 1,500 मील से अधिक दूरी पर स्थित हैं और जहां विश्व की सबसे गर्म और ठंडी जलवायु पायी जाती है?
A. अमेरिका B. एशिया
C. यूरोप D. आस्ट्रेलिया

41. पेरिस किस नदी के किनारे बसा है?
A. तिबिया B. सीन
C. डेन्यूब D. उपर्युक्त में से कोई नहीं

42. उस स्थल का नाम बताएं जहां नीली और सफेद नील नदियों का संगम होता है
A. कैरो
B. कंस्टेनटिनपोल (ग्रीनलैंड को छोड़कर)
C. खारतूम
D. तेहरान

43. एटलस पर्वत का विस्तार अफ्रीका महाद्वीप के किस देश में नहीं है?
A. मोरक्को B. अल्जीरिया
C. मोजाम्बिक D. ट्यूनीशिया

44. आस्ट्रेलिया है :
A. दक्षिणी गोलार्द्ध का एकमात्र देश
B. द्वीपीय महादेश

C. सबसे छोटा महादेश
D. उपर्युक्त सभी बिंदु सत्य हैं

45. उस स्थल का नाम बताएं जहां यूरोप में राइन और स्प्री नदियां मिलती हैं :
A. लायोंस B. पेरिस
C. हैम्बर्ग D. बर्लिन

46. मास्को किस नदी के तट पर स्थित है ?
A. मोस्कवा B. स्प्री
C. वोल्गा D. टैगस

47. कांगो रिपब्लिक किस महादेश में स्थित है ?
A. यूरोप B. आस्ट्रेलिया
C. एशिया D. अफ्रीका

48. चीन का शोक है :
A. लिन पियाओ B. सिंकियांग
C. ह्वांगहो D. सैंग हो

49. विश्व का चीनी का कटोरा किसे कहा जाता है?
A. मनीला B. जापान
C. क्यूबा D. हवाना

50. महलों का शहर है :
A. पेरू B. रोम
C. कोलकाता D. बैंकाक

51. यूरोप की सबसे ऊंची चोटी है :
A. माउंट ब्लैंक B. एंडीज
C. माउंट रोसा D. एलबर्ज

52. उगते हुए सूरज की भूमि है :
A. जापान B. नार्वे
C. असम D. म्यांमार

53. सूर्य का प्रकाश पृथ्वी तक पहुंचने में कितना समय लगता है?
A. आठ मिनट B. दो मिनट
C. चार मिनट D. सोलह मिनट

54. विश्व का सबसे बड़ा कोयला उत्पादक देश है :
A. अमेरिका B. चीन
C. भारत D. फ्रांस

55. 'चिनूक' हवा बहती है :
A. नार्वे में B. जापान में
C. अमेरिका में D. फ्रांस में

56. विश्व की सबसे लंबी नदी है :
A. नील B. अमेजन
C. यांग्त्ज D. मिसीसिपी-मिसौरी

57. द्वीपीय महादेश है :
A. एशिया B. अमेरिका
C. अफ्रीका D. आस्ट्रेलिया

58. स्वेज नहर जोड़ती है
A. लंदन को पेरिस से
B. टोकियो को ओसाका से
C. मेडिटेरेनियन को लाल सागर से
D. रंगून को फिलीपींस से

59. 15 अगस्त, 1947 को रेडक्लिफ लाइन खींची गई थी :
A. ऐसी रेखा कभी नहीं खींची गई
B. सत्य
C. यह रेखा भारत और पाकिस्तान को विभाजित करती है
D. यह रेखा पाकिस्तान और नेपाल को विभाजित करती है

60. न्यूयार्क किस नदी के किनारे बसा है ?
A. राइन B. टेम्स
C. हडसन D. अमेजन

61. किस स्थल को सुनहरे रेशे की धरती कहते हैं ?
A. आस्ट्रेलिया B. क्यूबा
C. आस्ट्रिया D. म्यांमार

62. कील है :
A. ख्यातिलब्ध अन्वेषक
B. अमेरिकी बारहसिंगा
C. एक बड़ी अमेरिकी समुद्री चिड़िया
D. लंदन और बाल्टिक सागर के बीच शिपिंग कैनाल

63. संयुक्त राज्य अमेरिका में कितने राज्य हैं ?
A. तीस B. पचास
C. बीस D. चालीस

64. तूरन किस्म के क्षेत्रों की जलवायु चरम होती है क्योंकि
A. ये महादेश के आंतरिक बंदरगाहों पर स्थित हैं
B. यहां या तो अधिक या कम वर्षा होती है
C. या तो ये टीलों पर हैं या मरुस्थलों के निकट
D. उपर्युक्त में से कोई नहीं

65. सोने के खनन के मामले में कौन-सा देश अग्रणी है ?
A. यूएसए B. कनाडा
C. चीन D. भारत

66. ताजे जल की सबसे बड़ी झील है :
A. सुपीरियर झील B. कैस्पियन सागर
C. बैकाल झील D. हिन्द महासागर

67. मानसून वाली भूमि में लोगों का मुख्य धंधा है :
A. वानिकी B. कृषि
C. उद्योग D. खनन

68. मानसून वाले क्षेत्रों में वनस्पतियों में इसलिए प्रचुर विविधता है क्योंकि, ये :
A. वन, महासागर और पर्वत से दूरी पर निर्भर है
B. विविध स्थलों पर वर्षा की मात्रा में अंतर है
C. विविध क्षेत्रों में वर्षा का प्रभाव अलग है
D. उपर्युक्त में से कोई नहीं

69. सीआईएस की एमूर घाटी में सर्वाधिक महत्त्वपूर्ण आर्थिक गतिविधि है :

A. कृषि B. पशुपालन
C. खनन D. उद्योग

70. सफेद हाथियों का देश है :
A. कोरिया B. जापान
C. थाईलैंड D. तंजानिया

71. तूरन किस्म के क्षेत्रों में लोगों का मुख्य व्यवसाय है
A. कृषि B. मवेशी एवं पशुपालन
C. पर्वतारोहण D. उद्योग

72. गगनचुंबी इमारतों का शहर है :
A. टोकियो B. न्यूयार्क
C. वाशिंगटन D. रोम

73. पश्चिमी यूरोप वाले क्षेत्रों में गर्मी में तापमान शायद ही .... से ऊपर जाता है।
A. 10°C B. 16°C
C. 7°C D. 8°C

74. उत्तरी अमेरिका के विस्तृत वृक्ष रहित पट्टी को, जो कि लंबे मोटे घास से ढके हैं, को कहते हैं:
A. सवाना B. टुंड्रा
C. पम्पाज D. प्रेयरीज

75. ईरानी जलवायु क्षेत्र के महत्त्वपूर्ण पशु उत्पाद हैं
A. चमड़ा और खाल
B. मांस की डिब्बाबंदी और निर्यात
C. ऊन, मांस और चमड़ा
D. ऊन और खाल

76. कोरबा—के लिए प्रसिद्ध है ?
I. ताप ऊर्जा संयंत्र
II. अल्यूमीनियम संयंत्र
III. हाइड्रो इलेक्ट्रिक ऊर्जा संयंत्र
IV. इनमें से सभी सही हैं
A. I और II B. केवल II
C. केवल I D. I, II और III

77. निम्नलिखित स्तंभों का मिलान करें :

(*a*) टिन	1. चिली
(*b*) तांबा	2. भारत
(*c*) लोहा	3. रूस
(*d*) अभ्रक	4. चीन
	5. मलेशिया

	(*a*)	(*b*)	(*c*)	(*d*)
A.	1	2	3	4
B.	2	3	5	4
C.	5	1	4	2
D.	3	4	2	1

78. भारत की सबसे बड़ी बहुउद्देश्यीय नदी घाटी परियोजना है ?
A. कोसी B. हीराकुड
C. भाखड़ा नंगल D. नागार्जुन सागर

79. निम्नलिखित स्तंभों का मिलान करें :

(*a*) स्पेन	1. मैड्रिट
(*b*) फिनलैंड	2. ओस्लो
(*c*) लेबनान	3. हेलसिंकी
(*d*) नार्वे	4. बेरूत

	(*a*)	(*b*)	(*c*)	(*d*)
A.	1	3	4	2
B.	1	4	3	2
C.	4	1	2	3
D.	2	1	4	3

80. जनसंख्या के घटते हुए क्रम में निम्नलिखित राज्यों को क्रम संख्या दें :
1. पश्चिम बंगाल 2. बिहार 3. महाराष्ट्र
A. 1, 2, 3 B. 2, 3, 1
C. 3, 2, 1 D. 1, 3, 2

उत्तरमाला

1	**2**	**3**	**4**	**5**	**6**	**7**	**8**	**9**	**10**
D	B	B	D	B	A	B	D	A	A
11	**12**	**13**	**14**	**15**	**16**	**17**	**18**	**19**	**20**
B	A	C	D	D	A	D	A	C	A
21	**22**	**23**	**24**	**25**	**26**	**27**	**28**	**29**	**30**
B	C	D	A	C	A	B	C	B	A
31	**32**	**33**	**34**	**35**	**36**	**37**	**38**	**39**	**40**
D	A	A	A	A	A	C	B	B	B
41	**42**	**43**	**44**	**45**	**46**	**47**	**48**	**49**	**50**
B	B	C	D	A	A	D	C	C	C
51	**52**	**53**	**54**	**55**	**56**	**57**	**58**	**59**	**60**
D	A	A	B	C	A	D	C	C	C
61	**62**	**63**	**64**	**65**	**66**	**67**	**68**	**69**	**70**
A	D	B	A	C	A	B	B	A	C
71	**72**	**73**	**74**	**75**	**76**	**77**	**78**	**79**	**80**
B	B	B	D	C	A	C	C	A	C

अर्थशास्त्र

अर्थव्यवस्था की केंद्रीय समस्याएँ

वस्तुओं तथा सेवाओं का उत्पादन, विनिमय तथा उपभोग जीवन की आधारभूत आर्थिक गतिविधियों के अंतर्गत आते हैं। प्रत्येक समाज को इन आधारभूत आर्थिक क्रियाकलापों के दौरान संसाधनों की कमी का सामना करना पड़ता है तथा संसाधनों की यह कमी ही चयन की समस्या को जन्म देती है। अर्थव्यवस्था में इन दुर्लभ संसाधनों के उपयोग के लिए प्रतिस्पर्धी विकल्प होते हैं। दूसरे शब्दों में, प्रत्येक समाज को यह निर्णय करना पड़ता है कि वह अपने दुर्लभ संसाधनों का किस प्रकार उपयोग करे। अर्थव्यवस्था की समस्याएँ प्राय: संक्षेप में इस प्रकार होती हैं–

किन वस्तुओं का उत्पादन किया जाए और कितनी मात्रा में?

प्रत्येक समाज को निर्णय करना पड़ता है कि प्रत्येक संभावित वस्तुओं तथा सेवाओं में से किन-किन वस्तुओं और सेवाओं का वह कितना उत्पादन करेगा। अधिक खाद्य पदार्थों, वस्तुओं या आवासों का निर्माण किया जाए अथवा विलासिता की वस्तुओं का अधिक उत्पादन किया जाए? कृषिजनित वस्तुओं का अधिक उत्पादन किया जाए या औद्योगिक उत्पादों तथा सेवाओं का? शिक्षा तथा स्वास्थ्य पर अधिक संसाधनों का उपयोग किया जाए अथवा सैन्य सेवाओं के गठन पर? बुनियादी शिक्षा को बढ़ाने पर अधिक खर्च किया जाए या उच्च शिक्षा पर? उपयोग की वस्तुएँ अधिक मात्रा में उत्पादित की जाए या निवेशपरक वस्तुएँ (मशीन आदि)? जिससे भविष्य में उत्पादन तथा उपभोग में वृद्धि होगी? इस प्रकार की वस्तुएँ कैसे उत्पादित की जाती हैं?

वस्तुओं का उत्पादन कैसे करते हैं?

प्रत्येक समाज को निर्णय करना पड़ता है कि विभिन्न वस्तुओं और सेवाओं से उत्पादन करते समय किस-किस वस्तु या सेवा में किस-किस संसाधन की कितनी मात्रा का उपयोग किया जाए। अधिक श्रम का उपयोग किया जाए अथवा मशीनों का? प्रत्येक वस्तु के उत्पादन के लिए उपलब्ध तकनीकों में से किस तकनीक को अपनाया जाए?

वस्तुओं का उत्पादन किसके लिए किया जाए?

अर्थव्यवस्था में उत्पादित वस्तुओं की कितनी मात्रा किसे प्राप्त होगी? अर्थव्यवस्था के उत्पाद को व्यक्ति विशेष के बीच किस प्रकार विभाजित किया जाना चाहिए? किसको अधिक मात्रा प्राप्त होगी तथा किसको कम? यह सुनिश्चित किया जाए अथवा नहीं कि अर्थव्यवस्था की सभी व्यक्तियों को उपभोग की न्यूनतम मात्रा उपलब्ध हो? क्या प्रारंभिक शिक्षा तथा बुनियादी स्वास्थ्य सेवा जैसी सेवाएँ अर्थव्यवस्था के सभी व्यक्तियों को नि:शुल्क उपलब्ध करायी जाएँ?

अत: प्रत्येक अर्थव्यवस्था को इस समस्या का सामना करना पड़ता है कि विभिन्न संभावित वस्तुओं तथा सेवाओं के उत्पादन के लिए दुर्लभ संसाधनों का विनिधान कैसे किया जाए और उन व्यक्तियों के बीच, जो अर्थव्यवस्था के अंग हैं उत्पादित वस्तुओं तथा सेवाओं का वितरण किस प्रकार किया जाए। सीमित संसाधनों का विनिधान तथा अंतिम वस्तुओं एवं सेवाओं का वितरण ही किसी भी अर्थव्यवस्था की केंद्रीय समस्याएँ हैं।

मांग फलन

किसी वस्तु की मांग पर बहुत से कारकों का प्रभाव पड़ता है। जैसे वस्तु की कीमत, व्यक्ति की आय, तथा सम्बन्धित वस्तुओं की कीमतें। वस्तु की मांग तथा इसकी मांग को प्रभावित करने वाले कारकों के बीच परस्पर सम्बन्ध स्थापित करने वाले फलन को **मांग फलन (Demand Function)** कहते हैं। इसको निम्न प्रकार से लिखा जा सकता है :

$$D_x = f(P_x, I, P_y, P_z)$$

D_x = वस्तु X की मांग

P_x = वस्तु X की कीमत

I = व्यक्ति की आय

P_y, P_z = सम्बन्धित वस्तुओं की कीमतें

मांग का नियम

मांग का नियम वस्तु की कीमत तथा बाजार में मांग की गई उसकी मात्रा के बीच सम्बन्ध को व्यक्त करता है। इस नियम को इस प्रकार परिभाषित किया जा सकता है :

''यदि मांग को प्रभावित करने वाले अन्य कारक स्थिर रहें तो किसी वस्तु की मांग एवं उसकी कीमत के बीच विपरीत अथवा विलोम सम्बन्ध होता है। ऊंची कीमत पर वस्तु की कम मात्रा खरीदी जाती है और कम कीमत पर वस्तु की अधिक मात्रा को खरीदा जाता है, बशर्ते मांग के अन्य निर्धारक स्थिर रहें।''

मांग के नियम की परिभाषा करते समय हमने **''मांग को प्रभावित करने वाले अन्य कारक स्थिर रहें''** वाक्य का प्रयोग किया है। जिसका अर्थ यह है कि मांग का नियम तभी क्रियाशील होता है जब—*(i)* लोगों की आय यथास्थिर रहती है, *(ii)* लोगों के स्वाद में कोई परिवर्तन नहीं होता, *(iii)* अन्य सम्बन्धित वस्तुओं की कीमतें यथास्थिर रहती हैं, *(iv)* विचाराधीन वस्तु का कोई स्थानापन्न (Substitute) उपलब्ध नहीं है, *(v)* लोगों को इस बारे में तनिक भी आशंका नहीं है कि आगे चलकर वस्तु की कीमत में कोई परिवर्तन होने वाला है। यदि उपर्युक्त मान्यताओं में किसी भी प्रकार का परिवर्तन होता है तो इससे मांग के नियम की क्रियाशीलता समाप्त हो जाती है।

मांग के प्रकार

मांग तीन प्रकार की होती है—

(क) कीमत मांग (Price Demand)
(ख) आय मांग (Income Demand)
(ग) प्रत्युत्तर मांग (Cross Demand)

(क) कीमत मांग : कीमत मांग से अभिप्राय वस्तु की उन विभिन्न मात्राओं से है जो उपभोक्ताओं द्वारा विभिन्न कीमतों पर खरीदी जाती हैं, बशर्तें अन्य निर्धारक स्थिर रहते हैं। अन्य निर्धारकों में उपभोक्ता आय, उनके स्वाद तथा फैशन एवं अन्य सम्बन्धित वस्तुओं की कीमतें सम्मिलित हैं। ये सब यथास्थिर (Constant) रहनी चाहिए।

(ख) आय मांग : आय मांग से अभिप्राय वस्तु की उन विभिन्न मात्राओं से है जो आय के विभिन्न स्तरों पर उपभोक्ताओं द्वारा खरीदी जाती हैं, बशर्तें अन्य कारक यथास्थिर (Constant) रहते हों।

(ग) प्रत्युत्तर मांग : प्रत्युत्तर मांग से अभिप्राय किसी वस्तु की उन विभिन्न मात्राओं से होता है जिन्हें उपभोक्ता किसी अन्य सम्बन्धित वस्तु की विभिन्न कीमतों पर खरीदता है, बशर्ते अन्य कारक यथास्थिर रहते हों। **इस प्रकार प्रत्युत्तर मांग किसी वस्तु की मांग तथा दूसरी किसी अन्य सम्बन्धित वस्तु की कीमत के बीच सम्बन्ध स्थापित करता है।**

मांग की लोच के प्रकार

1. मांग की कीमत लोच (Price elasticity of demand)
2. मांग की आय लोच (Income elasticity of demand)
3. मांग की आड़ी लोच (Cross elasticity of demand)

मांग की कीमत लोच

वस्तु की कीमत में होने वाले प्रतिशत परिवर्तन के कारण उसकी मांगी गई मात्रा में प्रतिशत परिवर्तन के अनुपात को ही मांग की कीमत कहते हैं। अतएव—

$$\text{कीमत लोच} = \frac{\text{मांगी गई मात्रा में प्रतिशत परिवर्तन}}{\text{कीमत में प्रतिशत परिवर्तन}}$$

$$e_P = \frac{\text{मांगी गई मात्रा में परिवर्तन/प्रारम्भिक मांग}}{\text{कीमत में परिवर्तन/प्रारम्भिक कीमत}}$$

$$= \frac{\Delta q/q}{\Delta P/P}$$

$$= \frac{\Delta q}{q} \div \frac{\Delta P}{P}$$

$$= \frac{\Delta q}{q} \times \frac{P}{\Delta P}$$

$$= \frac{\Delta q}{\Delta P} \times \frac{P}{q}$$

जहां e_P मांग की कीमत लोच को दर्शाता है।
Δq मांगी गई मात्रा में परिवर्तन को दर्शाता है।
q प्रारम्भिक मांग मात्रा।
ΔP वस्तु की कीमत में परिवर्तन है।
P वस्तु की प्रारम्भिक कीमत है।

गणित की दृष्टि से कीमत लोच **ऋणात्मक** होती है क्योंकि कीमत और मांगी गई मात्रा में परिवर्तन विपरीत दिशा में होता है। किन्तु कीमत में परिवर्तन के फलस्वरूप उसकी मांग-मात्रा में परिवर्तन का परिमाण (magnitude) अथवा सीमा (degree) जानने के लिए हमें कीमत लोच के ऋणात्मक चिह्न (Sign) को ध्यान में नहीं लेना चाहिए।

मांग की प्रति-लोच

विभिन्न वस्तुओं की मांग प्रायः एक दूसरे से सम्बन्धित होती है जिसके फलस्वरूप जब एक वस्तु की कीमत में परिवर्तन होता है तो अन्य वस्तु की मांग भी बदल जाती है जबकि उसकी अपनी मांग स्थिर रहती है। **एक वस्तु की कीमत परिवर्तन से अन्य वस्तु की मांग मात्रा में परिवर्तन मांग की प्रति-लोच का द्योतक है।**

जब वस्तु Y की कीमत के घटने से वस्तु X की मांग मात्रा बढ़ती है तो मांग की प्रति-लोच के गुणांक (Coefficient) को वस्तु X की मांग मात्रा में आनुपातिक परिवर्तन को वस्तु Y की कीमत में आनुपातिक परिवर्तन से विभाजित करके ज्ञात किया जा सकता है।

$$\text{वस्तु X की वस्तु Y के लिए प्रति-लोच} = \frac{\text{वस्तु X की मांग मात्रा में आनुपातिक परिवर्तन}}{\text{वस्तु Y की कीमत में आनुपातिक परिवर्तन}}$$

मांग की आय-लोच

वस्तु की मांग केवल कीमत पर ही निर्भर नहीं करती, यह आय पर भी निर्भर करती है। **मांग की आय लोच हमें यह बताती है कि किसी की आय में एक निश्चित प्रतिशत परिवर्तन के फलस्वरूप उसकी किसी वस्तु के लिए मांग में कितना प्रतिशत परिवर्तन**

होता है। मांग की आय लोच को निम्न प्रकार से व्यक्त किया जा सकता है—

$$\text{आय लोच} = \frac{\text{मांग में प्रतिशत परिवर्तन}}{\text{आय में प्रतिशत परिवर्तन}}$$

$$= \frac{\dfrac{\text{मांग में परिवर्तन}}{\text{आरम्भिक मांग की मात्रा}} \times 100}{\dfrac{\text{आय में परिवर्तन}}{\text{आरम्भिक आय}} \times 100}$$

उपभोक्ता का सन्तुलन

एक उपभोक्ता सन्तुलन में तब होता है जब वह वस्तुओं के ऐसे संयोग को क्रय कर रहा होता है जिससे उसमें अपने क्रय में कोई परिवर्तन करने की प्रवृत्ति नहीं होती।

उपभोक्ता के सन्तुलन की व्याख्या करने के लिए सर्वप्रथम निम्नलिखित मान्यताओं को लेते हैं—

1. उपभोक्ता अपनी सन्तुष्टि अधिकतम करने की चेष्टा करता है। दूसरे शब्दों में, उपभोक्ता को **विवेकशील** (rational) मान लिया गया है।
2. उपभोक्ता के पास दो वस्तुओं पर व्यय करने के लिए एक निश्चित मात्रा में मौद्रिक आय है तथा उसे अपनी इस समस्त आय को केवल इन्हीं दो वस्तुओं पर व्यय करना है।
3. दोनों वस्तुओं की कीमत दी हुई है।
4. प्रत्येक वस्तु की विभिन्न इकाइयां बिल्कुल एक जैसी हैं तथा प्रत्येक वस्तु **पूर्णतः विभाज्य** (Perfectly divisible) है।

उपभोक्ता की बचत

आधुनिक आर्थिक विश्लेषण में उपभोक्ता की बचत का सिद्धान्त एक महत्त्वपूर्ण भूमिका प्रस्तुत करता है। इस सिद्धान्त को प्रतिपादित करने का श्रेय **डॉ. अल्फ्रेड मार्शल** को दिया जाता है। उपभोक्ता की बचत के विचार का सार यह है कि उपभोक्ता वस्तुओं के उपभोग से जो संतुष्टि प्राप्त करते हैं वह उनके द्वारा उस वस्तु के लिए भुगतान की गई कीमत की तुलना में अधिक होती है। यह देखा गया है कि उपभोक्ताओं में वस्तुओं की वास्तविक कीमत की अपेक्षा अधिक कीमत भुगतान करने की प्रवृत्ति पाई जाती है। उपभोक्ता की बचत को मापना सरल है। **किसी वस्तु के उपभोग से वंचित रहने की अपेक्षा उपभोक्ता जो अधिकतम कीमत उसके लिए चुकाने को तैयार है और जो कीमत, वास्तव में, वह उस वस्तु के लिए चुकाता है, इन दोनों कीमतों के अन्तर को ही 'उपभोक्ता की बचत' कहते हैं।** **डॉ. मार्शल** ने इसकी परिभाषा निम्नलिखित शब्दों में की है :

''उपभोक्ता किसी वस्तु से वंचित रहने की अपेक्षा उस वस्तु के लिए वास्तव में दिए गए मूल्य के अतिरिक्त जो अधिक मूल्य देने को तैयार हो जाता है, वह इस अधिक संतुष्टि की आर्थिक माप है और इसको उपभोक्ता की बचत कहा जाता है।''

एक वस्तु के लिए एक व्यक्ति मुद्रा की जो मात्रा भुगतान करने के लिए तैयार होता है, वह उस वस्तु से उसे प्राप्त होने वाली उपयोगिता की मात्रा को व्यक्त करती है। जितनी अधिक मुद्रा की मात्रा वह भुगतान करने के लिए इच्छुक रहता है, उससे प्राप्त होने वाली उपयोगिता अथवा संतुष्टि उसे उतनी ही अधिक होगी। इसलिए वस्तु की एक इकाई की सीमान्त उपयोगिता उस कीमत को निर्धारित करती है जो कि एक उपभोक्ता उस इकाई के लिए भुगतान करने को तैयार होगा। एक व्यक्ति जो कुल उपयोगिता प्राप्त करेगा वह वस्तु की खरीदी गई इकाइयों के सीमान्त उपयोगिता का योगफल (Σ MU) होगा तथा कुल कीमत जो वह वास्तव में भुगतान करेगा वह प्रति इकाई कीमत तथा खरीदी गई इकाइयों की संख्या के गुणा के बराबर है। इस प्रकार

उपभोक्ता की बचत = एक उपभोक्ता कितना भुगतान करने के लिए तैयार है – वह वास्तव में कितना भुगतान करता है।
= सीमान्त उपयोगिता का योगफल – (कीमत × क्रय की गई इकाइयां)
ΣMU – (Price × No. of units purchased)

उपभोक्ता की बचत का विचार **ह्रासमान सीमान्त उपयोगिता के नियम** (law of diminishing marginal utility) से व्युत्पादित किया गया है। जैसे-जैसे हम एक वस्तु की अधिक इकाइयां खरीदते हैं, अतिरिक्त इकाइयों से प्राप्त होने वाली सीमान्त उपयोगिता कम होती चली जाती है। उपभोक्ता तब संतुलन में होता है जब दी हुई कीमत सीमान्त उपयोगिता के बराबर हो जाती है। अन्य शब्दों में, उपभोक्ता एक वस्तु की उतरोत्तर इकाइयों को तब तक खरीदता है जब तक कि सीमान्त उपयोगिता दी गई कीमत के बराबर न हो जाती है। इसका अर्थ यह है कि संतुलन बिन्दु पर एक उपभोक्ता जितना भुगतान करने को तैयार होगा (सीमान्त उपयोगिता), वह उस कीमत के बराबर होता है, जिसको वह वास्तव में भुगतान करता है।

किन्तु उसके द्वारा खरीदी गई सीमान्त इकाई से पहले की इकाइयों से जो सीमान्त उपयोगिता वह प्राप्त करता है, उस कीमत की अपेक्षा अधिक होती है जिसका वह उनके लिए वास्तव में भुगतान करता है। इसका कारण यह है कि उसके लिए कीमत स्थिर होती है।

उत्पादन की अवधारणा

कुल उत्पाद

परिवर्तनशील साधन की एक निश्चित मात्रा का प्रयोग करके (जबकि अन्य साधन स्थिर रहते हैं) जो उत्पादन की कुल मात्रा प्राप्त होती है उसे कुल उत्पाद (Total Product) कहते हैं। जैसे-जैसे परिवर्तनशील साधन की मात्रा बढ़ाई जाती है, कुल उत्पादन में वृद्धि होती है लेकिन परिवर्तनशील साधनों की मात्रा में निरन्तर वृद्धि करने पर कुल उत्पादन एक सीमा तक ही बढ़ सकता है। कुल उत्पादन में वृद्धि की दर साधन के प्रयोग की विभिन्न दरों पर भिन्न-भिन्न होती है। जैसा कि रेखाचित्र में बनाए गए कुल उत्पादन वक्र (TP) से स्पष्ट है कि आरम्भ में कुल उत्पादन में बढ़ती दर (increasing rate) से वृद्धि होती है अर्थात आरम्भ में कुल उत्पाद वक्र (TP) की ढाल बढ़ रही है। एक अवस्था के बाद कुल उत्पाद वक्र TP कम दर

से बढ़ना आरम्भ करता है जब परिवर्तनशील साधन की अधिक मात्रा प्रयोग की जाती है।

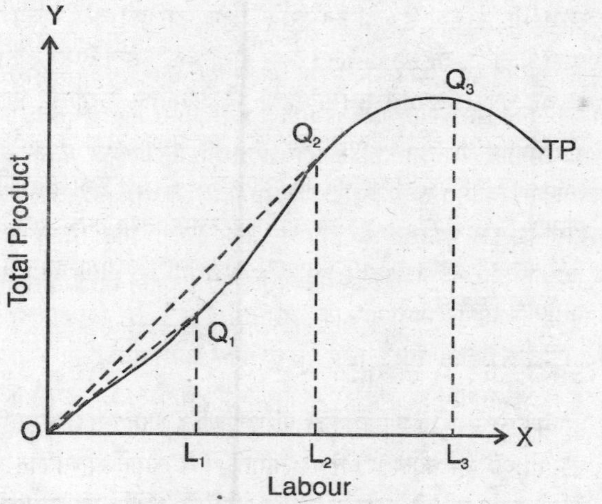

रेखाचित्र में श्रम का कुल उत्पाद वक्र (TP) मूल बिन्दु O से आरम्भ होता है। जब पूंजी की एक स्थिर मात्रा के साथ श्रम की OL_1 मात्रा प्रयोग की जाती है तो कुल उत्पादन L_1Q_1 है। पूंजी की उसी स्थिर मात्रा से श्रम की OL_2 मात्रा प्रयोग करने पर कुल उत्पाद बढ़कर L_2Q_2 हो जाता है। इसी प्रकार स्थिर पूंजी के साथ परिवर्तनशील साधन के अधिक प्रयोग से उसका कुल उत्पाद बढ़ता जाता है जब तक कि श्रम की OL_3 मात्रा नहीं हो जाती जिस पर कि कुल उत्पादन उच्चतम स्तर L_3Q_3 पर है। इसके पश्चात परिवर्तनशील साधन (श्रम-Labour) का अधिक प्रयोग करने पर कुल उत्पादन घटना शुरू हो जाता है।

औसत उत्पाद

एक परिवर्तनशील साधन (श्रम) का औसत उत्पाद उस साधन की प्रति इकाई के प्रयोग से प्राप्त उत्पादन को कहते हैं, इसीलिए इसको साधन की प्रति इकाई उत्पादकता भी कहते हैं। इसे साधन के कुल उत्पाद को उसकी प्रयोग की गई मात्रा से भाग देकर प्राप्त किया जाता है। अत:

$$AP_L = \frac{Q}{L}$$

जहां AP_L श्रम के औसत भौतिक उत्पाद को, Q वस्तु की कुल उत्पादन मात्रा को तथा L श्रम की प्रयोग की गई मात्रा को व्यक्त करते हैं।

सीमान्त उत्पाद

परिवर्तनशील साधन की एक अतिरिक्त इकाई के प्रयोग करने पर कुल उत्पाद में जो वृद्धि होती है उसे साधन का सीमान्त उत्पाद कहा जाता है, जबकि उत्पादन के अन्य साधन स्थिर रहते हैं।

यदि हम मान लें कि परिवर्तनशील साधन श्रम (labour) है तथा श्रम की मात्रा में ΔL से वृद्धि की जाती है जिसके फलस्वरूप उत्पादन में ΔQ के बराबर वृद्धि होती है तो श्रम का सीमान्त उत्पाद (MP_L) होगा—

$$MP_L = \frac{\Delta Q}{\Delta L}$$

परिवर्तनशील साधन का सीमान्त उत्पाद वक्र उसके कुल उत्पाद वक्र (total product curve) से खींचा जा सकता है। परिवर्तनशील साधन के किसी विशेष स्तर पर कुल उत्पाद वक्र के ढाल को मापकर उस स्तर पर उस परिवर्तनशील साधन की सीमान्त उत्पादकता को ज्ञात किया जा सकता है।

उत्पादक-संतुलन

उत्पादक उस समय संतुलन में होता है जब या तो वह एक दी हुई मौद्रिक साधन से अधिकतम उत्पादन प्राप्त करता है या वस्तु की एक विशेष मात्रा को कम से कम लागत पर उत्पादित करता है।

लागत का सिद्धान्त

उत्पादन के साधनों पर जो व्यय किया जाता है, उसे उत्पादन-लागत कहते हैं।

लागत की अवधारणा

सामान्य रूप से लागत का अभिप्राय मौद्रिक लागतों से होता है, जो कि एक वस्तु के उत्पादन में व्यय की जाती है। उत्पादन लागत में केवल मौद्रिक लागत ही नहीं अपितु अन्य लागतें भी शामिल होती हैं। अत: उत्पादन लागतों को हम निम्न वर्गों में वर्गीकृत कर सकते हैं—

1. स्पष्ट और अस्पष्ट लागतें
2. अवसर लागत
3. वास्तविक लागत
4. निजी एवं सामाजिक लागत

स्पष्ट और अस्पष्ट लागतें

एक वस्तु के उत्पादन के लिए प्रयुक्त साधनों को जो पुरस्कार स्पष्ट रूप से मुद्रा के रूप में दिया जाता है, उसे स्पष्ट लागत (Explicit Cost) कहते हैं। स्पष्ट लागतों में, श्रम की मजदूरी, भूमि या इमारतों का लगान, कच्चे-माल की लागत, पूंजी का ब्याज, परिवहन लागत, आदि को सम्मिलित किया जाता है।

उत्पादक के स्वयं के साधनों (निजी भूमि, श्रम अथवा पूंजी) के बाजार दर पर पुरस्कारों को अस्पष्ट लागत (Implicit Cost) कह सकते हैं। उदाहरणार्थ, उत्पादक व्यवसाय में अपनी निजी भूमि लगा सकता है, अपनी ही पूंजी का प्रयोग कर सकता है, और प्रबन्धक के नाते स्वयं अपनी ही सेवाएं प्रस्तुत कर सकता है। परिणामत: अपनी भूमि का प्रयोग करने के कारण उसे लगान मिलना चाहिए। अपने द्वारा लगाई गई पूंजी का उसे ब्याज मिलना चाहिए। इसी प्रकार प्रबन्धक के रूप में काम करने के नाते उसे वेतन प्राप्त होना चाहिए। ये सभी मदें अस्पष्ट लागतों में सम्मिलित की जाएंगी। अत: अस्पष्ट लागतों में उन सभी लागतों तथा सेवाओं की कीमत शामिल होती हैं, जिनका उत्पादक प्रयोग करता है, किन्तु प्रत्यक्ष रूप में कीमत नहीं चुकाता।

स्पष्ट और अस्पष्ट लागतों के योग से ही एक वस्तु की कुल उत्पादन लागत को ज्ञात किया जा सकता है।

अवसर लागत

आधुनिक आर्थिक विश्लेषण में अवसर लागत का विचार एक बहुत महत्त्वपूर्ण स्थान रखता है। **किसी वस्तु की अवसर लागत वह अन्य सर्वोत्तम वैकल्पिक वस्तु है जिसका परित्याग किया जाता है।** उदाहरणार्थ जो साधन युद्ध सामग्री का उत्पादन करने में उपयोग किए जाते हैं, वे कार अथवा अन्य आटोमोबाइल्स का उत्पादन करने में भी किए जा सकते हैं इसलिए युद्ध सामग्री के उत्पादन की अवसर लागत वंचित हुए या परित्याग की गई कारों तथा अन्य आटोमोबाइल का उत्पादन है जो साधनों की उन्हीं मात्राओं से उत्पादित किए जा सकते जो युद्ध सामग्री निर्माण में प्रयुक्त हो गए। एक अन्य उदाहरण लें, गेहूं उत्पादित करने वाला एक किसान उन्हीं साधनों से आलू उत्पादित कर सकता है। इसलिए 1 कुन्तल गेहूं की अवसर लागत परित्याग की गई आलू के उत्पादन की मात्रा है। इस प्रकार किसी वस्तु की अवसर लागत वह अन्य सर्वोत्तम विकल्प है जो इसके बजाय उन्हीं साधनों से अथवा उसी मौद्रिक मूल्य वाले साधनों के द्वारा उत्पादित किया जा सकता था।

वास्तविक लागत

वास्तविक लागत की धारणा **डॉ. मार्शल** की देन है। उन्होंने इसकी परिभाषा इन शब्दों में की है—**''उत्पादन में निहित श्रमिकों के सभी प्रकार के प्रयास एवं पूंजी बचत के लिए आवश्यक सभी प्रकार की प्रतीक्षाएं—ये दोनों मिलकर वास्तविक लागत कहलाते हैं। दूसरे शब्दों में, इन सभी प्रयासों एवं प्रतीक्षाओं को संयुक्त रूप में वास्तविक लागत कहते हैं।''** इस प्रकार वास्तविक लागत से अभिप्राय उन सभी कष्ट, त्याग तथा प्रयत्नों से है जो कि उत्पत्ति के साधनों को किसी वस्तु के उत्पादन करने में उठाने पड़ते हैं।

निजी, बाह्य एवं सामाजिक लागतें

निजी लागत से अभिप्रय किसी वस्तु के उत्पादन पर उत्पादक द्वारा किए गए खर्च से है। अन्य शब्दों में, निजी लागतें वे हैं जिनका फर्म उत्पादित की जाने वाली वस्तु के उत्पादन तथा कीमत से सम्बन्धित निर्णय करते समय ध्यान रखता है। तथापि, निजी लागतों के अतिरिक्त एक फर्म द्वारा वस्तु का उत्पादन अन्य लोगों को कुछ ऐसे लाभ या हानियां पहुंचाता है जिनका वह वस्तु के उत्पादन तथा कीमत से सम्बन्धित निर्णय लेते समय ध्यान नहीं रखता है। उदाहरण के लिए, एक फैक्टरी अपने अवशेष (Wastes) पदार्थों को किसी नदी या झील में फेंक देती है। अवशेष पदार्थों को इस प्रकार फेंकने में फैक्टरी की निजी लागत शून्य हो सकती है, लेकिन समाज में जल प्रदूषण की दृष्टि से यह लागत अधिक है।

वह लागत जो किसी फर्म के द्वारा वहन न करके समाज में किन्हीं अन्य लोगों द्वारा वहन की जाती है, उसे बाह्य लागत (External Costs) कहते हैं। निजी लागत एवं बाह्य लागत के योग को ही सामाजिक लागत कहते हैं।

सामाजिक लागत = निजी लागत + बाह्य लागत

कई बार एक फर्म के उत्पादन के कारण अन्य फर्म या उपभोक्ता को लाभ भी पहुंचता है, लेकिन इसके लिए फर्म को कोई मूल्य नहीं प्राप्त होता। उदाहरण के लिए, जब सेबों की फसल तैयार होती है, तो यह बड़ी संख्या में मधुमक्खियों को आकर्षित करती है, जिससे शहद के उत्पादकों को लाभ होता है। इस प्रकार सेबों के उत्पादक बाह्य लाभ शहद के उत्पादकों को प्रदान करते हैं। इस प्रकार सामाजिक लागतें (Social Costs), फर्म की निजी लागतें तथा उनके द्वारा अन्य फर्म या उपभोक्ता को पहुंचाए गए बाह्य लाभ अथवा हानियों की योगफल होती हैं।

अल्पकाल में लागतें

अल्पकाल में कुल लागत कुल परिवर्तनशील लागत तथा कुल स्थिर लागतों का योग होता है। स्थिर लागतों में वे लागतें सम्मिलित होती हैं जो उत्पादन की मात्रा से स्वतंत्र होती हैं अर्थात जो उत्पादन में परिवर्तन करने से नहीं बदलतीं। ये स्थिर लागतें एक स्थिर मात्रा को व्यक्त करती हैं जिसे अल्पकाल में फर्म को उठाना ही पड़ता है चाहे उसका उत्पादन कम हो अथवा अधिक। यदि अल्पकाल में फर्म कुछ समय के लिए उत्पादन बंद भी कर दे तो भी उसे ये स्थिर लागतें वहन करनी ही होती हैं। स्थिर लागतों को ऊपरी लागतें (over head costs) भी कहते हैं। इस प्रकार स्थिर लागतों में निम्नलिखित लागतों को शामिल किया जाता है—

(a) इमारत का किराया;
(b) बीमा की फीस;
(c) पूंजी पर ब्याज;
(d) प्रबन्धक का वेतन;
(e) मशीनरी आदि की मूल्यह्रास (depreciation) की लागतें;
(f) सम्पति कर;
(g) चौकीदार की मजदूरी आदि।

जबकि, **परिवर्तनशील लागतें** (Variable Costs) वे लागतें हैं जिनको अल्पकाल में बदला जा सकता है। अत: कुल परिवर्तनशील लागतें अल्पकाल में उत्पादन में परिवर्तन के फलस्वरूप बदल जाती हैं। अर्थात जब उत्पादन घटाया जाता है तो वे घटती हैं अथवा जब उत्पादन बढ़ाया जाता है तो वे बढ़ जाती हैं। यदि फर्म अल्पकाल में कुछ समय के लिए उत्पादन बन्द कर देती है तो वह परिवर्तनशील साधनों का प्रयोग नहीं करेगी और इसलिए परिवर्तनशील लागत शून्य (Zero) होगी। परिवर्तनशील लागतों में निम्नलिखित लागतें शामिल होती हैं—

(a) श्रमिकों की मजदूरी;
(b) कच्चे माल की कीमतें;
(c) बिजली और ईंधन के प्रयोग की कीमत;
(d) परिवहन पर उठाए गए व्यय आदि।

सीमान्त लागत

वस्तु की एक अतिरिक्त इकाई का उत्पादन करने पर कुल लागत में जो वृद्धि होती है उसे सीमान्त लागत कहते हैं। अन्य शब्दों में, *n*वीं

(*n*th) इकाई की सीमान्त लागत वस्तु की कुल (n–1) इकाइयां उत्पादित करने के बजाए कुल n इकाइयां उत्पादित करने पर कुल उत्पादन लागत में वृद्धि को कहते हैं। अत:

$$MC_n = TC_n - TC_{n-1}$$

जहां MC_n nवीं इकाई की सीमान्त लागत है।

सीमान्त लागत को निम्न प्रकार से भी लिखा जा सकता है—

$$MC = \frac{\Delta TC}{\Delta Q}$$

जहां ΔTC कुल लागत में तथा ΔQ कुल उत्पादन में परिवर्तन को दर्शाते हैं।

यहां यह उल्लेखनीय है कि सीमान्त लागत स्थिर लागत (fixed cost) से स्वतंत्र होती है अर्थात सीमान्त लागत (marginal cost) स्थिर लागत पर निर्भर नहीं करती। चूंकि अल्पकाल में उत्पादन की मात्रा में परिवर्तन करने पर केवल परिवर्तनशील लागतें (variable costs) ही बदलती हैं। अत: सीमान्त लागतें केवल परिवर्तनशील लागतों में परिवर्तन होने के कारण ही उत्पन्न होती हैं। अत:

$$MC = \frac{\Delta TVC}{\Delta Q}$$

जहां ΔTVC कुल परिवर्तनशील लागत में परिवर्तन को दर्शाता है।

आगम की धारणाएं

आगम से आशय उस आय से है जो एक उत्पादक को अपनी निर्मित वस्तुओं को बाजार में बेचने पर प्राप्त होती है। यदि एक उत्पादक 50 रु. प्रति कमीज पर 100 कमीजें एक सप्ताह में बेचता है, तो एक सप्ताह में उसकी कुल आगम 50 रुपए × 100 = 5000 रुपए होगी। आगम तीन प्रकार की होती हैं—

(i) कुल आगम
(ii) औसत आगम
(iii) सीमान्त आगम

कुल आगम

एक फर्म या उत्पादक को अपनी समस्त उत्पादित वस्तुओं को बेचने से जो मुद्रा प्राप्त होती है उसे कुल आगम कहते हैं। कुल आगम, फर्म की कुल बिक्री की मात्रा तथा वस्तु की कीमत पर निर्भर करती है।

कुल आगम को निम्नलिखित सूत्र की सहायता से ज्ञात किया जा सकता है—

$$TR = P \times Q$$

जहां, TR = कुल लागत
P = वस्तु की प्रति इकाई कीमत
Q = वस्तु की बेची गई मात्रा है।

औसत आगम

कुल आगम को बिक्री की गई वस्तुओं की कुल इकाइयों से विभाजित करके औसत आगम या औसत आय को ज्ञात किया जा सकता है। औसत आगम उत्पादन की प्रति इकाई से प्राप्त आय को कहते हैं। अत:

$$\text{औसत आय} = \frac{\text{कुल आय}}{\text{कुल उत्पादित तथा बेची गई मात्रा}}$$

$$AR = \frac{TR}{Q}$$

जहां पर TR कुल आगम, AR औसत आगम तथा Q वस्तु की मात्रा को व्यक्त करते हैं।

अब प्रश्न यह है कि क्या औसत आगम (average revenue) वस्तु की कीमत (Price) से भिन्न होती है अथवा ये दोनों एक ही धारणाएं हैं। यदि विक्रेता पदार्थ की विभिन्न इकाइयों को समान कीमत पर बेचता है तो उसकी औसत आगम, कीमत के समान होगी। परन्तु जब वह वस्तु की विभिन्न इकाइयों को भिन्न-भिन्न कीमतों पर बेचता है तो औसत आगम, कीमत के बराबर नहीं होगी। जैसा कि हम जानते हैं कि विक्रेता का मांग वक्र वस्तु की विभिन्न कीमतों पर क्रेताओं द्वारा खरीदी गई मात्राओं को व्यक्त करता है, इसलिए वह औसत आय अथवा कीमत को भी प्रकट करता है जो कि विक्रेता को वस्तु की बेची गई विभिन्न मात्राओं पर प्राप्त होती है। इसका कारण यह है कि क्रेता द्वारा दी गई कीमत विक्रेता के लिए आय होती है। अत: **फर्म का औसत आय वक्र (average revenue curve)** वास्तव में उपभोक्ता का मांग वक्र (Demand curve) ही होता है।

सीमान्त आगम

किसी वस्तु की एक अतिरिक्त इकाई को बेचने से कुल आगम में जो वृद्धि होती है, उसे सीमान्त आगम कहते हैं। अन्य शब्दों में, एक उत्पादक को वस्तु की एक अतिरिक्त इकाई बेचने से जो आय प्राप्त होती है, वह सीमान्त आगम कहलाती है। बीजगणित के शब्दों में, सीमान्त आय (आगम) वस्तु की कुल (n – 1) इकाइयों के बजाय कुल n इकाइयों के बेचने से कुल आय में हुई वृद्धि को कहते हैं। अत:

$$MR = TR_n - TR_{n-1}$$

जहां MR सीमान्त आय को, TR_n वस्तु की n इकाइयां बेचने पर कुल आय को, तथा TR_{n-1} वस्तु की (n – 1) इकाइयां बेचने पर कुल आय को प्रकट करते हैं।

सीमान्त आय को एक अन्य रूप में भी व्यक्त किया जा सकता है। जो निम्नलिखित है—

$$MR = \frac{\Delta TR}{\Delta Q}$$

जहां ΔTR कुल आगम या कुल आय में परिवर्तन तथा ΔQ वस्तु की उत्पादन अथवा विक्रय मात्रा में परिवर्तन का सूचक है।

सीमान्त आगम (Marginal Revenue) का व्यवहार इस बात पर निर्भर करता है कि उत्पादक एक वस्तु को किस प्रकार बेच रहा है। हम इस संदर्भ में दो स्थितियों पर विचार कर सकते हैं।

पहली अवस्था वह है जिसमें कि एक कीमत पर उत्पादक वस्तु की सभी इकाइयों को बेचता है। ऐसी स्थिति में सीमान्त आय (MR) औसत आय (AR) के समान हो जाती है।

दूसरी अवस्था वह है, जिसमें कि बिक्री की मात्रा को बढ़ाने के लिए उत्पादक को वस्तु की कीमत में कमी करनी पड़ती है। ऐसी स्थिति में बिक्री की इकाइयों में वृद्धि होने पर **औसत आय** (average revenue) भी निरन्तर घटती जाती है तथा इसमें कमी औसत आय की तुलना में कहीं अधिक होती है।

पूर्ण प्रतियोगिता की दशा में औसत तथा सीमान्त आय

पूर्ण प्रतियोगिता का तात्पर्य यह है कि उद्योग में इतनी बड़ी संख्या में फर्में होती हैं कि कोई अकेली फर्म अपनी उत्पादन मात्रा सम्बन्धी नीतियों और निर्णयों द्वारा अपनी वस्तु की कीमत में कोई परिवर्तन नहीं ला सकती, वरन बाजार में उस वस्तु की जो कीमत प्रचलित है उस पर जितनी मात्रा चाहे बेच सकती है। इससे स्पष्ट है कि **पूर्ण प्रतियोगिता (Perfect competition) में फर्म की औसत आय का वक्र क्षितिज के समानान्तर सरल रेखा (Horizontal straight line) होगा।** इसका अर्थ यह है कि जितनी मात्रा में भी वस्तु का उत्पादन वह फर्म करेगी, इसे वह बाजार में प्रचलित समान कीमत पर बेच सकती है। चूंकि पूर्ण प्रतियोगिता के अन्तर्गत एक फर्म द्वारा वस्तु की सभी इकाइयों को एक समान कीमत पर बेची जाती है इसलिए फर्म की सीमान्त आय (MR), औसत आय (AR) के बराबर होगी। साथ ही साथ पूर्ण प्रतियोगिता के अन्तर्गत फर्म की औसत आय, कीमत के भी बराबर होती है। इस पूर्ण प्रतियोगिता की अवस्था को जबकि औसत आय (अथवा कीमत) स्थिर रहती है और सीमान्त आय, औसत आय के बराबर है, रेखाचित्र में दर्शाया गया है। औसत आय वक्र (AR-Curve) इस दशा में एक समानान्तर सरल रेखा होती है। समानान्तर सरल रेखा वाला औसत आय वक्र यह प्रकट करता है कि कीमत अथवा औसत आय OP पर ही स्थिर रहती है। चाहे वस्तु की कितनी भी इकाइयां बेची जाएं। ऐसी अवस्था में सीमान्त आय (MR) वक्र, औसत आय (AR) वक्र के समान होगी क्योंकि सीमान्त आय, औसत आय के बराबर होती है।

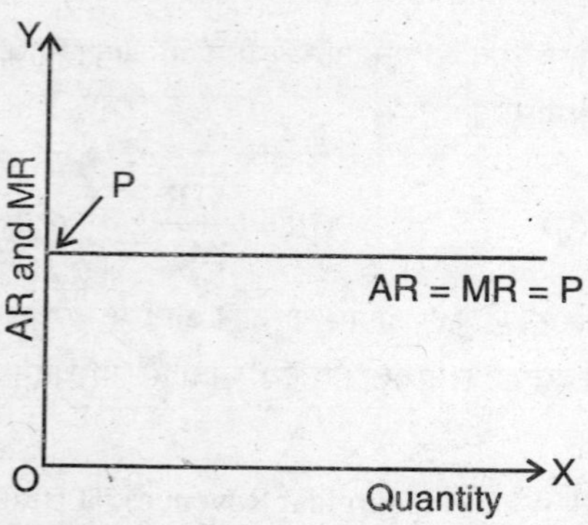

रेखाचित्र : *पूर्ण प्रतियोगिता में औसत आय (AR) तथा सीमान्त आय (MR) वक्र*

लगान

लगान का आधुनिक सिद्धान्त

लगान के आधुनिक सिद्धान्त का प्रतिपादन जिन अर्थशास्त्रियों ने किया उनमें **श्रीमती जॉन रॉबिन्सन, बेन्हम तथा बोल्डिंग** का नाम विशेष रूप से उल्लेखनीय है। रिकार्डो की भांति ये अर्थशास्त्री भी लगान को एक **अधिशेष** (surplus) आय मानते हैं। लेकिन ये अर्थशास्त्री रिकार्डो के इस कथन से सहमत नहीं कि लगान एक भेदात्मक अधिशेष है जो केवल भूमि को ही प्राप्त होता है। **आधुनिक अर्थशास्त्रियों ने लगान शब्द का प्रयोग व्यापक अर्थ में किया है। इसमें उन सभी साधनों को प्राप्त होने वाला अधिशेष शामिल है, जिनकी पूर्ति पूर्णतया लोचदार नहीं होती।** जिस प्रकार यह अधिशेष भूमि को प्राप्त होता है, इसी प्रकार यह उत्पादन के अन्य साधनों श्रम, पूंजी तथा व्यवस्था को भी प्राप्त हो सकता है।

आधुनिक सिद्धान्त में लगान का प्रयोग किसी साधन की विकल्प आय (transfer earning) से अतिरिक्त आय (surplus) के भाव में किया जाता है।

इस प्रकार आधुनिक सिद्धान्त के अनुसार आर्थिक लगान किसी साधन की विकल्प आय से अतिरिक्त आय है जिसे कोई साधन अपने वर्तमान व्यवसाय (occupation), उद्योग अथवा उपयोग में अर्जित कर रहा होता है।

विकल्प आय से अभिप्राय किसी साधन की वह आय अथवा कीमत है जो उसे किसी अन्य अच्छे-से-अच्छे उपयोग, व्यवसाय अथवा उद्योग से प्राप्त हो सकती है। विकल्प आय को हम इस प्रकार भी परिभाषित कर सकते हैं—**विकल्प आय वह न्यूनतम आय है जो किसी उत्पादन के साधन की इकाई को अवश्य मिलनी चाहिए जिससे वह वर्तमान उपयोग, व्यवसाय अथवा उद्योग में काम करती रहे।** यदि किसी उत्पादन के साधन की किसी इकाई को इस न्यूनतम आय अर्थात विकल्प आय से कम आय मिलती है तो वह अपने वर्तमान उपयोग अथवा व्यवसाय को छोड़ देगी और अपने दूसरे अच्छे से अच्छे उपयोग अथवा व्यवसाय में चली जाएगी। किन्तु जब किसी उत्पादन की इकाई को अपने वर्तमान उपयोग अथवा व्यवसाय में अपनी उस न्यूनतम आय से, जो उसे अवश्य मिलनी चाहिए, अधिक आय मिल रही हो तो वह अतिरिक्त आय (surplus earnings) उसका आर्थिक लगान (economic rent) होगा। आर्थिक लगान की यह धारणा सभी उत्पादन के साधनों पर लागू होती है।

अत:

आर्थिक लगान अथवा अधिशेष } = **वास्तविक आय (Actual earnings)** − **विकल्प आय (Transfer earnings)**

अब प्रश्न यह उठता है कि यह अधिशेष (surplus) कब प्राप्त होगा। **अधिशेष** (अर्थात विकल्प आय से अधिक आय) तब किसी साधन की इकाई को प्राप्त होगा जबकि उस साधन की पूर्ति किसी उपयोग, उद्योग अथवा व्यवसाय के लिए पूर्णतया लोचदार से कम होगी। किसी साधन की पूर्ति किसी उपयोग, उद्योग अथवा व्यवसाय के लिए पूर्णतया लोचदार होगी तो कोई अधिशेष उत्पन्न न होगा।

आभास लगान

अर्ध-लगान की धारणा को सर्वप्रथम **मार्शल** ने प्रतिपादित किया था। डॉ. मार्शल ने 'आभास-लगान' अथवा अर्ध-लगान शब्द का प्रयोग विशेषकर उस आय के लिए किया था जो अल्पकाल में मशीनों एवं अन्य मनुष्य-कृत यन्त्रों से प्राप्त होती है। अत: आभास-लगान की धारणा अल्पकालीन धारणा है।

'आभास-लगान' विशुद्ध लगान से भिन्न होता है। विशुद्ध लगान तो उत्पादन के उन साधनों को प्राप्त होता है जिनकी पूर्ति अल्पकाल एवं दीर्घकाल दोनों में ही स्थिर रहती है। इसके विपरीत, आभास-लगान उन साधनों को प्राप्त होता है जिनकी पूर्ति यद्यपि अल्पकाल में तो स्थिर होती है, लेकिन दीर्घकाल में बढ़ायी जा सकती है।

डॉ. मार्शल ने एक अन्य सन्दर्भ में भी **आभास-लगान** की धारणा का प्रयोग किया है। उनके अनुसार, अल्पकाल में किसी वस्तु की उत्पादन लागत को दो शीर्षकों के अन्तर्गत विभाजित किया जा सकता है—*(i)* स्थिर लागत (fixed costs) *(ii)* परिवर्तनशील लागत (variable costs)। अल्पकाल में जब तक कीमत, परिवर्तनशील लागत के बराबर रहती है, फर्म अपना उत्पादन कार्य जारी रखती है। **डॉ. मार्शल के अनुसार, यदि अल्पकाल में वस्तु की कीमत परिवर्तनशील लागत से बढ़ जाती है तो उस फर्म को आभास-लगान प्राप्त होगा। इस प्रकार आभास लगान अल्पकाल में कुल परिवर्तनशील लागतों के अतिरिक्त आय है।** अत:

आभास लगान = कुल आय – कुल परिवर्तनशील लागतें

या,

Quasi Rent = Total Revenue – Total variable costs

लाभ का सिद्धान्त

विभिन्न अर्थशास्त्रियों ने लाभ को अलग-अलग ढंग से परिभाषित किया है। **शुम्पीटर** (Schumpeter) के अनुसार लाभ उद्यमकर्ता को नवप्रवर्तन (innovations) लाने के एवज में प्राप्त होता है। प्रसिद्ध अर्थशास्त्री **एफ.एच. नाइट** (F.H. Knight) के अनुसार लाभ अर्थव्यवस्था में निहित अनिश्चितता के कारण उत्पन्न होते हैं।

इसके अतिरिक्त, कुछ अर्थशास्त्री लाभ को गैरकार्यात्मक आय (non-functional income) मानते हैं। प्रसिद्ध अर्थशास्त्री **केन्ज** ने यह विचार प्रस्तुत किया कि लाभ सामान्य कीमत-स्तर में अनुकूल परिवर्तन के कारण उत्पन्न होते हैं। श्रीमती जोन रॉबिन्सन, प्रोफेसर चैम्बरलिन और कलेस्की (Kalecki) लाभ को अपूर्ण प्रतियोगिता तथा एकाधिकार के कारण उत्पन्न होना मानते हैं। उनके अनुसार अपूर्णता की मात्रा जितनी ही अधिक होगी अर्थात एक उद्यमकर्ता की एकाधिकारी शक्ति (monopoly power) जितनी अधिक होगी उसको उतना ही अधिक लाभ प्राप्त होंगे।

- **जे.बी. क्लार्क (J.B. Clark)** ने सर्वप्रथम यह विचार प्रस्तुत किया कि लाभ एक गत्यात्मक आधिक्य (Dynamic Surplus) है। उनके अनुसार लाभ एक गत्यात्मक अर्थव्यवस्था अर्थात् ऐसी अर्थव्यवस्था जिसमें लगातार परिवर्तन हो रहे हों, उत्पन्न होते हैं।
- **प्रो.नाइट** के अनुसार, लाभ, उद्यमी को जोखिम वहन करने के प्रतिफल के रूप में प्राप्त होता है।
- **मार्क्स** के अनुसार लाभ एक **अतिरेक मूल्य** है। मार्क्स के अनुसार सम्पत्ति के स्वामियों द्वारा, जो कि अनुत्पादक वर्ग है, उत्पादक श्रमिकों के शोषण द्वारा ही लाभ की उत्पत्ति होती है।

पूर्ण प्रतियोगिता

पूर्ण प्रतियोगिता बाजार में तब विद्यमान रहती है जब निम्नलिखित शर्तें पूरी होती हैं—

1. वस्तुओं को उत्पादित करने तथा बेचने वाली फर्मों अथवा विक्रेताओं की संख्या अधिक हो।

2. सभी फर्मों द्वारा उत्पादित वस्तुएं बिल्कुल समान हों।

3. विक्रेता तथा क्रेता दोनों को बाजार में प्रचलित कीमत के विषय में पूर्ण जानकारी प्राप्त हो।

4. उद्योग में फर्में स्वतन्त्र रूप से प्रवेश कर सकती हों तथा उससे बाहर जा सकती हों।

प्रतियोगी फर्म का अल्पकालीन सन्तुलन

पूर्ण प्रतियोगिता में फर्म के सन्तुलन की निम्न दो शर्तें हैं—

1. अनिवार्य शर्त (necessary condition) यह है कि सन्तुलन बिन्दु पर फर्म की सीमान्त लागत् (MC) उसकी सीमान्त आय (MR) के बराबर होनी चाहिए अर्थात्

MC = MR = कीमत

2. फर्म के सन्तुलन की **द्वितीय शर्त** अथवा पर्याप्त शर्त (sufficient condition) यह है कि सन्तुलन के बिन्दु पर सीमान्त लागत वक्र ऊपर को चढ़ रहा हो अर्थात सीमान्त आय वक्र (MR) को सीमान्त लागत वक्र (MC) नीचे से ऊपर की ओर काटता हो।

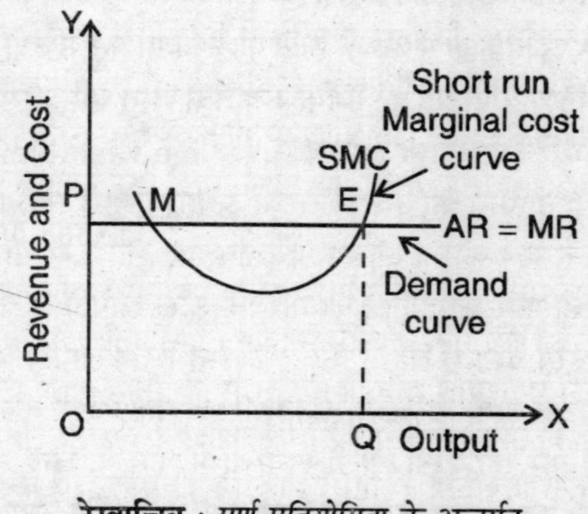

रेखाचित्र : *पूर्ण प्रतियोगिता के अन्तर्गत फर्म का अल्पकालीन सन्तुलन*

रेखाचित्र में प्रतियोगी फर्म के अल्पकालीन सन्तुलन को दर्शाया गया है। जैसा कि हम जानते हैं कि पूर्ण प्रतियोगिता के अन्तर्गत एक व्यक्तिगत फर्म (individual firm) को बाजार में प्रचलित कीमत को ही मानना पड़ता है। वह अपने व्यक्तिगत उत्पादन को घटा-बढ़ा कर बाजार में प्रचलित वस्तु की कीमत पर कोई प्रभाव नहीं डाल सकती। परिणामस्वरूप पूर्ण प्रतियोगिता में फर्म का मांग वक्र (demand curve) अथवा औसत आय वक्र (average revenue curve) एक समानान्तर सरल रेखा होती है। चूंकि पूर्ण प्रतियोगिता

के अन्तर्गत काम कर रही फर्म उत्पादन की अतिरिक्त इकाइयां समान कीमत पर बेचती है, इसलिए इसका सीमान्त आय (MR) औसत आय (AR) वक्र के समान ही होता है।

उपरोक्त रेखाचित्र से स्पष्ट है कि फर्म के सन्तुलन की अनिवार्य शर्त बिन्दु M तथा E दोनों पर लागू होती है जहां पर सीमान्त लागत (MC) तथा सीमान्त आय (MR) बराबर हैं। लेकिन सन्तुलन की द्वितीय स्तर की शर्त बिन्दु M पर लागू नहीं होती है। अत: फर्म बिन्दु E पर सन्तुलन में होगा तथा OQ उत्पादन करेगा। क्योंकि बिन्दु E पर सीमान्त लागत वक्र (SMC), सीमान्त आगम वक्र (MR) को नीचे की ओर से काटता है।

सन्तुलन बिन्दु पर फर्म को अल्पकाल में हानि भी हो सकती है या लाभ भी, यह फर्म के औसत लागत वक्र की स्थिति पर निर्भर करती है। साथ ही साथ बाजार में प्रचलित वस्तु की कीमत पर भी यह निर्भर करता है।

अल्पकाल में हानि की स्थिति में फर्म उत्पादन बन्द अथवा स्थगित क्यों नहीं कर देती?

अब प्रश्न यह है कि फर्में वस्तु का उत्पादन क्यों करती रहती हैं जब उन्हें हानि हो रही होती है। इसका कारण यह है कि फर्में अल्पकाल में पूंजी, उपकरण, संयन्त्र आदि जैसे स्थिर साधनों को बदल नहीं सकती और इसलिए उन्हें स्थिर लागतों के बराबर तो हानि उठानी ही पड़ेगी चाहे वे अल्पकाल में वस्तु का उत्पादन बन्द ही क्यों न कर दें। यदि फर्म अल्पकाल में उत्पादन जारी रखते हुए परिवर्तनशील लागतों को पूरा करने के पश्चात, स्थिर लागतों का भी कुछ भाग अर्जित कर लेती हैं तो उसकी हानि स्थिर लागतों से कम होगी। इसलिए फर्म के लिए यह बड़ी विवेक की बात है कि वह अल्पकाल में अपना उत्पादन तब तक जारी रखे जब तक उसे परिवर्तनशील लागतों से अधिक आय प्राप्त हो रही है चाहे समग्र रूप से उसे हानि ही हो रही है क्योंकि ऐसा करने से ही वह अल्पकाल में अपनी हानि को न्यूनतम कर सकेगी। इसलिए हम इस निष्कर्ष पर पहुंचते हैं कि **जब तक वस्तु की कीमत उसकी औसत परिवर्तनशील लागत (average variable cost) से अधिक है तो फर्म को अल्पकाल में उत्पादन जारी रखना चाहिए।**

परन्तु जब कीमत औसत परिवर्तनशील लागत से भी नीचे गिर जाती है तो फर्म की हानि कुल परिवर्तनशील लागतों से बढ़ जाएगी क्योंकि ऐसी दशा में वह न केवल समस्त स्थिर लागतों को ही पूरा नहीं कर रही होगी बल्कि परिवर्तनशील लागतों के भी कुछ भाग को पूरा नहीं कर रही होगी। ऐसी अवस्था में फर्म के लिए यह उचित होगा कि वह अपना उत्पादन बन्द कर दे क्योंकि ऐसा करने से परिवर्तनशील लागतों पर उठाई गई हानि से अपने को बचा सकेगी। अत: हम इस निष्कर्ष पर पहुंचते हैं कि यदि अल्पकाल में फर्म परिवर्तनशील लागतों को भी पूरा नहीं करती तो वह अनावश्यक हानि से बचने के लिए उत्पादन बन्द कर देगी।

पूर्ण प्रतियोगिता में फर्म का दीर्घकालीन सन्तुलन

जैसा कि हम जानते हैं कि दीर्घकाल में फर्मों की कोई भी लागत स्थिर नहीं होती बल्कि सभी लागतें परिवर्तनशील होती हैं। इसके अतिरिक्त दीर्घकाल में नई फर्में उद्योग में प्रवेश कर सकती हैं अथवा उद्योग को छोड़कर बाहर भी जा सकती है। पूर्ण प्रतियोगिता के अन्तर्गत दीर्घकालीन सन्तुलन प्राप्त होने के लिए निम्न दो शर्तें अवश्य पूरी होनी चाहिए—

1. कीमत = दीर्घकालीन सीमान्त लागत [Price = LMC]

2. कीमत = दीर्घकालीन औसत लागत [Price = LAC]

यदि कीमत, सीमान्त लागत और औसत लागत दोनों के बराबर है तो दीर्घकालीन संतुलन की शर्त अन्य रूप में होगी—

कीमत = दीर्घकालीन सीमान्त लागत = दीर्घकालीन औसत लागत या

Price = LMC = LAC = AR = MR

सीमान्त लागत और औसत लागत के परस्पर सम्बन्ध से हम जानते हैं कि दीर्घकालीन सीमान्त लागत केवल दीर्घकालीन औसत लागत वक्र के निम्नतम बिन्दु पर ही बराबर होती है। इसलिए फर्म के दीर्घकालीन सन्तुलन की शर्त को हम निम्न प्रकार भी लिख सकते हैं—

कीमत = दीर्घकालीन सीमान्त लागत = दीर्घकालीन औसत लागत (निम्नतम) या,

Price = LMC = Minimum LAC = MR = AR

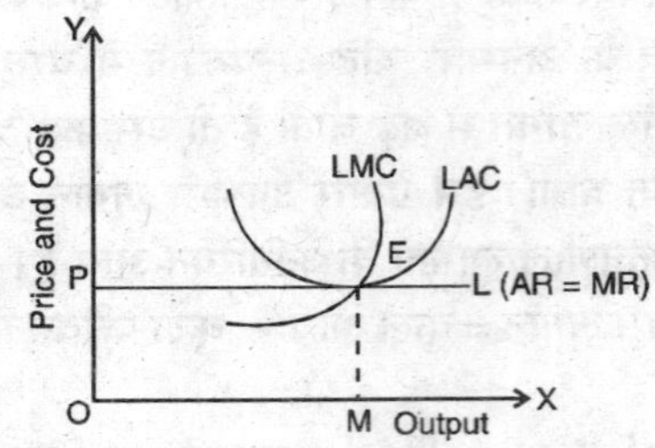

रेखाचित्र : *पूर्ण प्रतियोगी फर्म का दीर्घकालीन सन्तुलन*

रेखाचित्र में पूर्ण प्रतियोगी फर्म के दीर्घकालीन सन्तुलन को दर्शाया गया है। फर्म बिन्दु E पर सन्तुलन में है क्योंकि इस बिन्दु पर सन्तुलन की शर्त पूरी हो जाती है अर्थात बिन्दु E पर दीर्घकालीन सीमान्त (LMC) न केवल कीमत के बराबर है बल्कि दीर्घकालीन औसत लागत के भी बराबर है।

यहां ध्यान देने योग्य बात यह है कि पूर्ण प्रतियोगी फर्म दीर्घकालीन सन्तुलन में तब होगी जब कीमत ऐसे स्तर पर हो जिससे समानान्तर औसत एवं सीमान्त आय वक्र, औसत लागत वक्र के निम्नतम बिन्दु पर स्पर्श करता है। जैसा कि हम जानते हैं कि एक समानान्तर औसत एवं सीमान्त आय वक्र अंग्रेजी के अक्षर U की आकृति के औसत लागत वक्र को केवल निम्नतम बिन्दु (minimum point) पर ही स्पर्श कर सकता है। औसत लागत वक्र के निम्नतम बिन्दु पर ही सीमान्त लागत और औसत लागत समान होती है, इसलिए दीर्घकालीन सन्तुलन की स्थिति में कीमत, सीमान्त लागत और औसत लागत दोनों के बराबर होगी। अन्य शब्दों में, दीर्घकालीन सन्तुलन की शर्तें औसत लागत वक्र के निम्नतम बिन्दु पर ही पूरी होती है।

उपर्युक्त विश्लेषण से स्पष्ट है कि पूर्ण प्रतियोगी फर्म का दीर्घकालीन सन्तुलन दीर्घकालीन औसत लागत वक्र (LAC) के निम्नतम बिन्दु पर स्थापित होता है। फर्म द्वारा दीर्घकालीन औसत लागत वक्र के निम्नतम बिन्दु पर उत्पादन करना इस बात का द्योतक है कि फर्म **इष्टतम आकार** (optimum size) की है अथवा यह **निम्नतम सम्भव औसत लागत** पर उत्पादन कर रही है। फर्म द्वारा

पूर्ण प्रतियोगिता में दीर्घकाल में इष्टतम आकार पर उत्पादन करना सामाजिक दृष्टिकोण से दो प्रकार से लाभदायक है।

प्रथम, इष्टतम आकार पर उत्पादन करने से समाज के संसाधनों का अधिकतम कुशल ढंग से प्रयोग हो रहा होता है। **द्वितीय,** यह इस बात को भी सुनिश्चित करता है कि उपभोक्ता वस्तुओं को निम्नतम सम्भव कीमत पर प्राप्त कर रहे होते हैं।

एकाधिकार

एकाधिकार तब होता है जब किसी वस्तु का, जिसका कोई निकट के स्थानापन्न उपलब्ध न हों, केवल एक ही उत्पादक फर्म अथवा विक्रेता हो। एकाधिकार की इस परिभाषा से स्पष्ट है कि एकाधिकार के होने के लिए तीन शर्तों की पूर्ति होना आवश्यक है—

1. एक वस्तु का एक ही उत्पादक अथवा विक्रेता हो।
2. उस वस्तु के निकट के स्थानापन्न (close substitutes) उपलब्ध न हों।
3. उस उद्योग में प्रवेश के लिए बड़ी रुकावटें हों।

एकाधिकार में कीमत-उत्पादन सन्तुलन

पूर्ण प्रतियोगी फर्म की तरह एकाधिकारी भी अपने लाभ को अधिकतम करने की चेष्टा करता है। एकाधिकारी का लाभ अधिकतम तब होगा जब दो शर्तें पूरी होती हों—

प्रथम, सीमान्त आय (MR), सीमान्त लागत (MC) के बराबर हो,

दूसरा, सन्तुलन बिन्दु पर सीमान्त लागत वक्र का ढाल, सीमान्त आय वक्र की ढाल (slope) से अधिक हो।

जैसा कि हम जानते हैं पूर्ण प्रतियोगिता में व्यक्तिगत फर्म के लिए मांग वक्र (demand curve) X—अक्ष के समानान्तर होता है और सीमान्त आय (MR) उसकी औसत आय (AR) के बराबर होता है। लेकिन **एकाधिकारी का मांग वक्र अर्थात औसत आय वक्र (average revenue curve) बाएं से दाएं नीचे की ओर झुका हुआ होता है तथा सीमान्त आय (MR) वक्र औसत आय (AR) वक्र के नीचे स्थित होता है।** एकाधिकारी तथा पूर्ण प्रतियोगी फर्म के लिए मांग दशाओं में इस अन्तर के कारण ही इन दोनों में अधिकतम लाभ के उद्देश्य के भिन्न-भिन्न परिणाम निकलते हैं।

एकाधिकार में सन्तुलन को रेखाचित्र में दिखाया गया है।

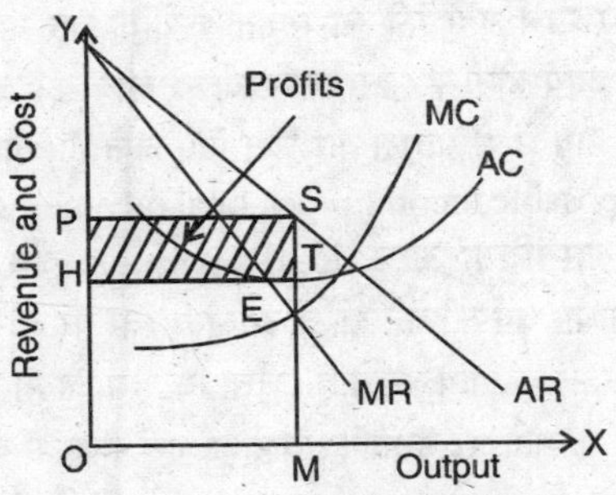

रेखाचित्र : *एकाधिकारी का सन्तुलन*

एकाधिकारी वस्तु की अतिरिक्त इकाइयां उत्पादित करता चला जाएगा, जब तक सीमान्त आय (MR), सीमान्त लागत (MC) से अधिक होती है। ऐसा इसलिए है क्योंकि प्रत्येक ऐसी इकाई उत्पादित करना जिससे लागत की अपेक्षा आय में अधिक वृद्धि होती है लाभकारी है। एकाधिकारी फर्म के लाभ उस उत्पादन स्तर पर अधिकतम होंगे जिस पर सीमान्त आय (MR), सीमान्त लागत (MC) के बराबर है। रेखाचित्र से स्पष्ट है कि उत्पादन स्तर OM पर ही सीमान्त लागत (MC) वक्र और सीमान्त आय (MR) वक्र एक दूसरे को काटते हैं। यदि एकाधिकारी OM मात्रा से कम मात्रा उत्पादित करता है तो उसके लाभ कम होंगे। इसके विरुद्ध, यदि वह OM से अधिक उत्पादन करता है तो सीमान्त लागत, सीमान्त आय से अधिक होगी। परिणामस्वरूप वह OM से अतिरिक्त इकाइयों पर हानि उठा रहा होगा। अत: उत्पादन मात्रा OM पर ही उसे अधिकतम लाभ प्राप्त होंगे और इस पर ही उसका सन्तुलन होगा। रेखाचित्र से स्पष्ट है कि वस्तु की OM मात्रा बेचने से एकाधिकारी को MS अथवा OP कीमत प्राप्त होगी। उसके द्वारा अर्जित कुल लाभ HTSP के क्षेत्रफल के बराबर है।

एकाधिकार और पूर्ण प्रतियोगिता में एक महत्त्वपूर्ण अन्तर ध्यान देने योग्य यह है कि पूर्ण प्रतियोगिता में कीमत सीमान्त लागत के बराबर होती है लेकिन एकाधिकार (monopoly) में ऐसा नहीं है क्योंकि एकाधिकारी का मांग वक्र (demand curve) नीचे को गिर रहा होता है और उसका सीमान्त आय (MR) वक्र औसत आय वक्र के नीचे स्थित होता है। इसलिए एकाधिकारी की दशा में सन्तुलन की स्थिति में जब सीमान्त लागत (MC) सीमान्त आय (MR) के बराबर होती है तो यह कीमत अथवा औसत आय से कम होगी। रेखाचित्र से स्पष्ट है कि सन्तुलन मात्रा OM पर सीमान्त लागत और सीमान्त आय बराबर है और दोनों ही ME के समान हैं परन्तु वे कीमत अथवा औसत आय MS से कम हैं। इससे यह निष्कर्ष निकलता है कि **एकाधिकार में कीमत, सीमान्त लागत से अधिक होती है।**

राष्ट्रीय आय

साधारण शब्दों में, राष्ट्रीय आय से अभिप्राय किसी देश में एक वर्ष में उत्पादित वस्तुओं और सेवाओं के कुल मूल्य से है। दूसरे शब्दों में, एक देश में वर्ष भर में आर्थिक क्रियाओं से अर्जित आय की कुल मात्रा को राष्ट्रीय आय कहा जाता है। इसमें सभी साधनों को दी गई मजदूरी, ब्याज, लगान एवं लाभ सम्मिलित किए जाते हैं।

राष्ट्रीय आय की धारणाएं

1. सकल राष्ट्रीय उत्पाद (Gross National Product): सकल राष्ट्रीय उत्पाद एक वर्ष में चालू उत्पादन से अंतिम वस्तुओं और सेवाओं के बाजार मूल्य का माप है। इसके अंतर्गत विदेशों से प्राप्त शुद्ध आय शामिल होती है। **GNP के संदर्भ में निम्न बातें महत्त्वपूर्ण हैं—**

(a) अर्थव्यवस्था के सकल राष्ट्रीय उत्पाद की गणना करते समय केवल अंतिम पदार्थों की बाजार कीमत ही लेनी चाहिए।

(b) सकल राष्ट्रीय उत्पाद की गणना करते समय मुफ्त वस्तुओं और सेवाओं को शामिल नहीं किया जाता। जैसे, मां का बच्चे को पालना, प्राध्यापक का अपने पुत्र को पढ़ाना, संगीतशास्त्री का मित्रों को संगीत सुनाना, शिल्पी का अपने शौक के लिए मूर्ति निर्माण करना आदि।

(c) सकल राष्ट्रीय उत्पाद में ऐसे सौदे नहीं लिए जाते जो चालू वर्ष के उत्पादन से प्राप्त नहीं होते व जिनका उत्पादन में कोई योग नहीं होता। पुरानी वस्तुओं, पुरानी कम्पनियों के शेयर व ऋण पत्रों तथा परिसम्पत्तियों का क्रय-विक्रय सकल राष्ट्रीय उत्पाद में सम्मिलित नहीं किया जाता क्योंकि इनसे राष्ट्रीय उत्पादन में कोई वृद्धि नहीं होती। इसी प्रकार सामाजिक सुरक्षा के अधीन प्राप्त होने वाले भुगतान जैसे बेरोजगारी, बीमा भत्ता, बुढ़ापे में प्राप्त होने वाली पैंशन तथा सार्वजनिक ऋण पर ब्याज भी सकल राष्ट्रीय उत्पाद में शामिल नहीं किए जाते।

(d) पूंजी परिसम्पत्तियों में बाजार मूल्यों के उतार-चढ़ाव से होने वाले परिवर्तनों के कारण जो लाभ हानियां होती हैं, उन्हें सकल राष्ट्रीय उत्पाद में शामिल नहीं किया जाता।

(e) अवैध क्रियाओं से प्राप्त आय को सकल राष्ट्रीय उत्पाद में शामिल नहीं किया जाता है।

2. बाजार कीमतों पर सकल राष्ट्रीय उत्पाद (GNP at Market Prices) : जब एक देश में एक वर्ष में उत्पादित कुल उत्पादन को उसी वर्ष की प्रचलित बाजार कीमतों से गुणा कर दिया जाए तो बाजार कीमतों पर GNP प्राप्त होती है।

3. साधन लागत पर सकल राष्ट्रीय उत्पाद (GNP at Factor Cost) : साधन लागत पर GNP एक देश में एक वर्ष में विभिन्न उत्पादन के साधनों द्वारा उत्पादित और प्राप्त होने वाली आय के मुद्रा मूल्य का जोड़ है। बाजार कीमतों पर GNP में सरकार द्वारा वस्तुओं पर लगाए गए अप्रत्यक्ष कर सदैव सम्मिलित होते हैं जिनसे उनकी कीमतें बढ़ जाती हैं। परंतु साधन लागत पर GNP वह आय है जो उत्पादन के साधन केवल अपनी सेवाओं के बदले प्राप्त करते हैं। इसलिए, साधन लागत पर GNP प्राप्त करने के लिए बाजार कीमतों पर GNP में से अप्रत्यक्ष कर घटा दिए जाते हैं। **GNP at factor cost = GNP at market Prices – Indirect taxes + subsidies.**

4. शुद्ध राष्ट्रीय उत्पाद (Net National Product–NNP): उत्पादन प्रक्रिया के दौरान कुछ स्थिर संयंत्र घिस जाते हैं, कुछ मशीनें टूट या खराब हो जाती हैं और अन्य प्रौद्योगिकी परिवर्तनों के कारण अप्रचलित हो जाती हैं। इनकी मरम्मत और प्रतिस्थापन के लिए जो राशि रखी जाती है उसे मूल्यह्रास (depreciation) कहते हैं। शुद्ध राष्ट्रीय उत्पाद प्राप्त करने के लिए GNP में से मूल्ह्रास घटा दिया जाता है। अत:

NNP = GNP – depreciation

5. बाजार कीमतों पर शुद्ध राष्ट्रीय उत्पाद (NNP at Market Prices) : बाजार कीमतों पर शुद्ध राष्ट्रीय उत्पादन एक देश में एक वर्ष में अंतिम वस्तुओं और सेवाओं का बाजार कीमतों पर शुद्ध मूल्य होता है। यदि बाजार कीमतों पर GNP में से मूल्यह्रास घटा दिया जाए तो बाजार कीमतों पर NNP प्राप्त होती है। अत:—

NNP at market prices = GNP at market prices – depreciation

6. साधन लागत पर शुद्ध राष्ट्रीय उत्पाद (NNP at Factor Cost) : किसी देश में उत्पादन के साधनों के सहयोग से एक वर्ष में जो वस्तुओं का शुद्ध उत्पादन साधन कीमतों पर प्राप्त होता है, उसे साधन लागत पर राष्ट्रीय उत्पाद कहते हैं। इसके अंतर्गत उत्पादन के साधनों को मजदूरी व वेतन, लगान, ब्याज तथा लाभ के रूप में प्राप्त आय सम्मिलित होती है। इसीलिए साधन लागत पर शुद्ध राष्ट्रीय आय को साधनों के भागों के अनुसार राष्ट्रीय आय (National Income by distributive shares) कहते हैं या केवल **राष्ट्रीय आय। इस प्रकार साधन लागत पर शुद्ध राष्ट्रीय उत्पाद को ही राष्ट्रीय आय कहा जाता है।** अत:—

NNP at Factor Cost = NNP at market prices – indirect taxes + subsidies + Government surplus = **National Income**

7. निजी आय (Private Income) : निजी आय से अभिप्राय निजी व्यक्तियों द्वारा उत्पादकीय या अन्य स्रोतों से प्राप्त तथा निगमों द्वारा रखी आय से है। इसे साधन लागत पर NNP से कुछ मदें घटाकर और कुछ जोड़कर निकाली जा सकती हैं। जोड़ में अंतरण भुगतान जैसे पेंशन, बेरोजगारी भत्ता, बीमारी और अन्य सामाजिक सुरक्षा लाभ, उपहार और विदेशों से भेजी गई राशि, लाटरियों या घुड़ दौड़ों से अप्रत्याशित (wind fall) लाभ और सार्वजनिक ऋण पर ब्याज शामिल होते हैं। कटौतियों में सरकारी विभागों से आय, सार्वजनिक उद्यमों के आधिक्य (surplus), कर्मचारियों का सामाजिक सुरक्षा स्कीमों जैसे भविष्य निधियों, जीवन बीमा आदि में अंशदान सम्मिलित होता है। अत:

Private Income = National Income or NNP at factor cost + transfer payments + interest on public debt – social security – profits and surplus of public undertaking.

8. वैयक्तिक आय (Personal Income) : वैयक्तिक आय किसी देश में एक वर्ष में निजी व्यक्तियों द्वारा प्रत्यक्ष करों को देने से पहले सभी स्रोतों से प्राप्त आय होती है। राष्ट्रीय आय में से अवितरित निगम लाभ, लाभकर और कर्मचारियों का सामाजिक सुरक्षा स्कीमों को अंशदान घटाकर वैयक्तिक आय निकाली जाती है। ये तीनों मदें राष्ट्रीय आय से इसलिए घटा दिए जाते हैं क्योंकि वे व्यक्तियों को प्राप्त नहीं होते। अत:—

Personal Income = National Income – undistributed corporate profits – profit taxes – social security contribution + transfer payments + interest on public debt.

9. प्रयोज्य आय (Disposable Income) : प्रयोज्य आय से अभिप्राय उस वास्तविक आय से है जो व्यक्तियों व परिवारों द्वारा उपभोग पर व्यय की जा सकती है। Personal income पूरे तौर पर उपभोग पर खर्च नहीं की जा सकती क्योंकि वह आयकर देने से पहले की आय होती है। इसलिए प्रयोज्य आय को जानने के लिए वैयक्तिक आय में से प्रत्यक्ष कर घटा दिए जाते हैं। अत:—

Disposable Income = personal income – direct taxes

10. वास्तविक आय (Real Income) : जब राष्ट्रीय आय को एक आधार वर्ष की कीमतों के सामान्य स्तर पर व्यक्त किया जाए तो उसे वास्तविक आय कहते हैं। जैसा कि हम जानते हैं कि राष्ट्रीय आय चालू कीमतों पर उत्पादित वस्तुओं एवं सेवाओं का मुद्रा मूल्य होता है। लेकिन इससे अर्थव्यवस्था की वास्तविक स्थिति का पता नहीं चलता। संभव है कि इस वर्ष पिछले वर्ष की अपेक्षा वस्तुओं और सेवाओं का शुद्ध राष्ट्रीय उत्पादन कम हुआ हो, परंतु इस वर्ष कीमतों के बढ़ने के कारण राष्ट्रीय आय में वृद्धि हुई हो। इसके विपरीत, यह संभव है कि शुद्ध राष्ट्रीय उत्पादन तो बढ़ा हो परंतु

कीमत स्तर गिर गया हो, इससे राष्ट्रीय आय में पिछले वर्ष की अपेक्षा कमी प्रतीत होगी। इन परिस्थितियों में राष्ट्रीय आय देश की वास्तविक स्थिति को प्रकट नहीं करती। इसी त्रुटि को दूर करने के लिए वास्तविक आय की धारणा प्रचलित हुई है।

देश की किसी वर्ष की वास्तविक आय जानने के लिए एक ऐसा वर्ष आधार वर्ष (Base year) लिया जाता है, जब सामान्य कीमत स्तर न तो अधिक और न कम हो तथा उसको 100 के बराबर मान लिया जाता है। अब जिस वर्ष की वास्तविक राष्ट्रीय आय जाननी हो, उस वर्ष की कीमतों के सामान्य स्तर को आधार वर्ष की कीमतों पर मूल्यांकन किया जाता है। अत:—

$$\text{Real Income} = \frac{100 \times \text{National Income at Current Price}}{\text{Current Year Index}}$$

11. प्रति व्यक्ति आय (Per Capita Income)—प्रति व्यक्ति राष्ट्रीय आय को निम्न सूत्र की सहायता से ज्ञात किया जाता है—

$$\text{प्रति व्यक्ति आय} = \frac{\text{कुल राष्ट्रीय आय}}{\text{देश की कुल जनसंख्या}}$$

भारत जैसे देश में राष्ट्रीय आय की गणना के लिए उत्पादन प्रणाली (Product Method) तथा आय प्रणाली (Income Method) का सम्मिश्रण प्रयोग किया जाता है।

रोजगार का क्लासिकी सिद्धान्त

रोजगार के क्लासिकी सिद्धान्त के अनुसार पूंजीवादी अर्थव्यवस्था में बिना स्फीति (inflation) के पूर्ण रोजगार (Full employment) पाया जाता है। **मजदूरी-कीमत नम्यता** (wage price flexibility) के दिए होने पर अर्थव्यवस्था में स्वत:कारी (automatic) शक्तियां पाई जाती हैं जो अर्थव्यवस्था को पूर्ण रोजगार के स्तर पर कायम रखती हैं और उसी स्तर पर उत्पादन करने को प्रेरित करती हैं। अत: रोजगार के क्लासिकी सिद्धान्त में पूर्ण रोजगार एक सामान्य स्थिति मानी जाती है और इस स्तर से विचलन कुछ असामान्य स्थिति में ही होती है।

मान्यताएं (Assumptions)—रोजगार का क्लासिकी सिद्धान्त निम्नलिखित मान्यताओं पर आधारित है—

1. बिना विदेशी व्यापार (closed economy) के तथा बिना सरकारी हस्तक्षेप (laissez faire) के पूंजीवादी अर्थव्यवस्था पाई जाती है।
2. श्रम और वस्तु बाजारों में पूर्ण प्रतियोगिता (Perfect Competition) पाई जाती है।
3. श्रम समरूप होती है।
4. अर्थव्यवस्था का कुल उत्पादन उपभोग तथा निवेश पर व्यय हो जाता है।
5. मुद्रा की मात्रा दी हुई है।
6. मुद्रा मजदूरी और वास्तविक मजदूरी (real wage) में सीधा तथा समानुपातिक (Proportional) सम्बन्ध होता है।
7. मजदूरी और कीमतें नम्य (flexible) हैं।
8. ब्याज की दर पूर्णत: लोचदार होती है।

'से' का बाजार नियम

'से' का बाजार नियम क्लासीकल रोजगार सिद्धान्त का आधार है। 19 वीं शताब्दी के प्रारम्भ में फ्रांसीसी अर्थशास्त्री **जे.बी. से** ने यह धारणा व्यक्त की **''पूर्ति स्वयं अपनी मांग पैदा करती है''** (Supply creates its own demand)। उनके अनुसार, मांग का मुख्य स्रोत उत्पादन के विभिन्न साधनों को प्राप्त होने वाली आय होती है और यह आय उत्पादन प्रक्रिया से स्वत: की उत्पन्न होती है। उत्पादन के साथ ही साथ मांग इसलिए बढ़ती है क्योंकि उत्पादन में लगे हुए साधनों को पारिश्रमिक मिलता है। अन्य शब्दों में, प्रत्येक उत्पादन की मात्रा के परिणामस्वरूप देश के परिचलन (circulation) में उतनी ही मात्रा की क्रय-शक्ति प्रविष्ट हो जाती है। फलत: जितना माल तैयार होता है, वह सारा का सारा स्वत: ही बिक जाता है। इस प्रकार अतिरिक्त अथवा **अति उत्पादन** (over production) का प्रश्न ही उत्पन्न नहीं होता है। इस प्रकार अति उत्पादन के अभाव में सामान्य बेरोजगारी भी सम्भव नहीं है। यदि किसी कारण अत्यधिक उत्पादन के कारण अर्थव्यवस्था में बेरोजगारी की स्थिति उत्पन्न हो जाती है तो यह अल्पकालीन स्थिति है। दीर्घकाल में वस्तुओं की मांग और पूर्ति एक दूसरे के समान हो जाते हैं।

प्रभावी मांग का नियम

प्रभावी मांग का नियम केन्ज के रोजगार सिद्धान्त का आधार है। केन्ज के रोजगार सिद्धान्त के अनुसार पूंजीवादी अर्थव्यवस्था में रोजगार का स्तर प्रभावी मांग पर निर्भर करता है। इस प्रभावी मांग में कमी आने से बेरोजगारी आती है और रोजगार के स्तर को प्रभावी मांग (effective demand) के स्तर को बढ़ाकर बढ़ाया जा सकता है।

केन्ज के अनुसार, ''समस्त मांग फलन (Aggregate demand function) के जिस बिन्दु पर समस्त पूर्ति फलन (Aggregate supply function) काटता है उस बिन्दु पर समस्त मांग का मूल्य प्रभावी मांग कहलाएगा।'' इस प्रकार प्रभावी मांग समस्त मांग फलन (अथवा प्राप्तियां-Receipts) ,एवं कुल पूर्ति फलन (अथवा लागतों—costs) से निर्धारित होती है। कुल मांग फलन मुद्रा की उन भिन्न-भिन्न राशियों (amounts) की अनुसूची (schedule) होती है जिनकी (रोजगार के भिन्न-भिन्न स्तरों पर) उद्यमियों को अपने उत्पादन की बिक्री से प्राप्त होने की आशा (expectation) रहती है। यह वह कुल प्राप्तियां (Aggregate receipts) होती हैं जिसे सभी उद्यमी मिलकर अपने उत्पादन की बिक्री से प्राप्त होने की आशा करते हैं। इसके विपरीत, कुल पूर्ति फलन मुद्रा की उन भिन्न-भिन्न राशियों की वह अनुसूची होती हैं जो (रोजगार के भिन्न-भिन्न स्तरों पर) उत्पादन की बिक्री से उद्यमियों को मिलनी ही चाहिए। इस प्रकार कुल पूर्ति फलन किसी अर्थव्यवस्था में उद्यमियों की कुल लागतों (costs) का और कुल मांग फलन उनकी कुल प्राप्तियों (receipts) का प्रतिनिधित्व करती है।

आगे के रेखाचित्र में प्रभावी मांग के निर्धारण को दिखाया गया है, जिसमें AD कुल मांग फलन है और AS कुल पूर्ति फलन है।

X—अक्ष पर रोजगार के स्तर को तथा Y—पर लागत तथा प्राप्तियों को दिखाया गया है। AD तथा AS दोनों वक्र बिन्दु E पर एक-दूसरे को काटते हैं। यही प्रभावी मांग का बिन्दु है। जहां ON श्रमिक रोजगार पर लगे हैं। इस बिन्दु पर उद्यमियों के लाभों की आशाएं अधिकतम हो जाती हैं। इसके अतिरिक्त किसी अन्य बिन्दु पर उद्यमियों को या तो हानि उठानी पड़ेगी या असामान्य लाभ (super normal profits) प्राप्त होंगे।

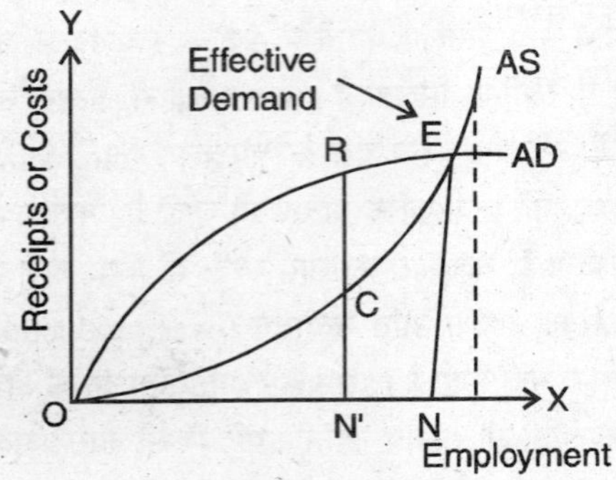

रेखाचित्र : *प्रभावी मांग*

रोजगार के ON' स्तर पर लागतों की अपेक्षा प्राप्तियां अधिक हैं। इससे स्पष्ट होता है कि और श्रमिकों को रोजगार प्रदान करना उद्यमियों के लिए लाभप्रद रहेगा। लेकिन रोजगार के स्तर को ON स्तर से आगे ले जाना उद्यमियों के लिए लाभप्रद नहीं रहेगा क्योंकि प्राप्तियों से लागत बढ़ जाती है। इस प्रकार प्रभावी मांग का बिन्दु E अर्थव्यवस्था में रोजगार के वास्तविक स्तर को निर्धारित करता है।

केन्ज मानता है कि प्रभावी मांग के इन दो निर्धारकों में से कुल पूर्ति फलन स्थिर रहता है क्योंकि यह उत्पादन की तकनीकी स्थितियों, कच्चे माल, मशीनों आदि की प्राप्ति पर निर्भर करता है जो कि अल्पकाल में परिवर्तित नहीं होते। इसलिए **अर्थव्यवस्था में रोजगार का स्तर निर्धारित करने में कुल मांग फलन ही अत्यन्त महत्त्वपूर्ण कार्य करता है।**

केन्ज के अनुसार, कुल मांग फलन उपभोग फलन तथा निवेश फलन पर निर्भर करता है। हो सकता है कि या तो उपभोग व्यय या निवेश व्यय या फिर दोनों में कमी होना बेरोजगारी का कारण हो। इस प्रकार, प्रभावी मांग के नियम में कुल मांग फलन ही **'प्रभावी'** तत्त्व ठहरता है।

मुद्रा की पूर्ति

किसी भी समय पर मुद्रा की पूर्ति का अर्थ है अर्थव्यवस्था में विद्यमान मुद्रा का कुल परिमाण। मुद्रा की पूर्ति से सम्बन्धित चार अलग-अलग अवधारणाएं हैं। जो निम्न हैं—

1. M_1 = जनता के पास करेंसी + बैंकों की मांग जमा
2. $M_2 = M_1$ + पोस्ट ऑफिस सेविंग बैंक जमाएं
3. $M_3 = M_1$ + बैंकों में सावधि जमाएं
4. $M_4 = M_3$ + पोस्ट आफिस की कुल जमाएं

मुद्रा की पूर्ति के उपर्युक्त चार परिभाषाओं में से $\mathbf{M_1}$ को मुद्रा की पूर्ति की **संकीर्ण परिभाषा** माना जाता है जबकि $\mathbf{M_3}$ को विस्तृत दृष्टिकोण वाली परिभाषा कहा जाता है। इसी कारण M_3 को **विस्तृत मुद्रा** (Broad Money) भी कहा जाता है। यहां जानने योग्य बात यह है कि M_1 की अपेक्षा M_2 कम तरल होता है। इसी प्रकार M_3, M_1 तथा M_2 की अपेक्षा कम तरल होता है। **M_4 की तरलता सबसे कम होती है।** अन्य शब्दों में जैसे-जैसे हम M_1 से M_2, M_3, तथा M_4 की ओर बढ़ते हैं, मुद्रा की तरलता घटती जाती है।

प्रबल मुद्रा

प्रबल मुद्रा वह राशि है जो कमर्शियल बैंकों के पास आरक्षित और जनता के पास करेन्सी (नोटों तथा सिक्कों) के रूप में विद्यमान रहती है। प्रबल मुद्रा को **उच्च स्तरीय मुद्रा** भी कहा जाता है। प्रबल मुद्रा बैंक जमाओं के विस्तार और मुद्रा-पूर्ति के निर्माण का आधार है। मुद्रा की पूर्ति मौद्रिक आधार में परिवर्तनों के साथ प्रत्यक्ष रूप से और करेन्सी तथा रिजर्व अनुपातों में परिवर्तनों के साथ उलटे तौर से परिवर्तित होती है। प्रबल मुद्रा को इस प्रकार व्यक्त किया जा सकता है—

$$H = C + R$$

जहां H प्रबल मुद्रा तथा R कमर्शियल बैंकों के रिजर्व को व्यक्त करता है। **प्रबल मुद्रा को आधार मुद्रा (base money) भी कहा जाता है।**

साख का निर्माण

बैंक साख (credit) से तात्पर्य बैंक के ऋणों व अग्रिमों से होता है एवं साख निर्माण का अर्थ इन ऋणों एवं अग्रिमों को गुणित करना है। चूंकि हर बैंक का ऋण अपनी राशि के बराबर जमाएं उत्पन्न कर देता है। अत: बैंक का साख निर्माण का अर्थ जमाओं का गुणित होना है।

साख निर्माण का सूत्र : कमर्शियल बैंकों की साख निर्माण की शक्ति **नकदी जमा अनुपात** (Cash deposit ratio) पर निर्भर करती है।

नकदी जमा अनुपात जितना ही अधिक होगा बैंकों की साख निर्माण की शक्ति उतनी ही कम होगी। यदि बैंक नकदी जमा अनुपात शत प्रतिशत रखते हैं तो कोई साख का निर्माण नहीं होगा। आधुनिक बैंक शत-प्रतिशत नकदी रिजर्व नहीं रखते। उन्हें कानूनी तौर से अपनी जमाओं की एक स्थिर प्रतिशतता नकदी के रूप में रखनी पड़ती है। बाकी की राशि वे उधार देते हैं। अत: साख निर्माण का आधार **आवश्यक रिजर्व अनुपात** (required reserve ratio) है। अत: बैंक द्वारा कुल साख निर्माण का सूत्र होगा—

$$\text{बैंक का कुल साख निर्माण} = \text{बैंक की कुल जमा} \times \frac{1}{r}$$

जहां r आवश्यक रिजर्व अनुपात है।

यदि एक बैंक के पास 1000 रु. जमाओं (deposits) में है और इसका आवश्यक रिजर्व अनुपात 20 प्रतिशत है तो

$$\text{बैंक द्वारा कुल साख का निर्माण} = 1000 \times \frac{1}{0.20} = 5000 \text{ रु.}$$

इस प्रकार यह बैंक 5000 रु. तक कुल साख का निर्माण कर सकता है।

मुद्रा के कार्य

मुद्रा अनेक **प्राथमिक, द्वितीयक, आकस्मिक** तथा अन्य कार्य करती है जो केवल वस्तु विनिमय प्रणाली की कठिनाइयों को ही दूर

करती बल्कि आज की दुनिया में व्यापार तथा उद्योग को प्रगति के पथ पर अग्रसर करती है।

1. प्राथमिक कार्य (Primary Functions)—मुद्रा के दो प्राथमिक कार्य हैं—

(a) विनिमय के माध्यम के रूप में

(b) मूल्य की इकाई के रूप में

2. गौण कार्य (Secondary Functions)—मुद्रा के तीन गौण कार्य हैं—

(a) स्थगित भुगतानों के मानक के रूप में

(b) मूल्य के संचय के रूप में

(c) मूल्य के हस्तांतरण के रूप में

3. आकस्मिक कार्य (Contingent Functions)—प्रो. **डेविड किनले** के मतानुसार मुद्रा कुछ आकस्मिक अथवा प्रासंगिक कार्य भी करती है।

(a) साख प्रणाली का आधार

(b) राष्ट्रीय आय को मापना और वितरण करना

(c) सीमान्त उपयोगिताओं तथा उत्पादकताओं की समकार

बैंकिंग प्रणाली

भारत में वाणिज्यिक बैंक

भारत में आधुनिक बैंकिंग प्रणाली की नींव ईस्ट इंडिया कम्पनी ने डाली। यूरोपीय बैंकिंग पद्धति पर आधारित भारत का प्रथम मिश्रित पूंजी बैंक विदेशी पूंजी के सहयोग से एलेक्जेंडर एंड कम्पनी द्वारा 'बैंक ऑफ हिन्दुस्तान' के नाम से 1770 में कोलकाता में स्थापित किया गया था। निजी अंशधारियों द्वारा तीन प्रेसीडेंसी बैंकों की स्थापना क्रमशः 1806 में बैंक ऑफ बंगाल, 1840 में बैंक ऑफ बॉम्बे तथा 1843 में बैंक ऑफ मद्रास के नाम से की गई। बाद में इन तीनों बैंकों को संयुक्त करके 1921 में 'इम्पीरियल बैंक ऑफ इंडिया' की स्थापना की गई। बाद में अखिल भारतीय ग्रामीण साख सर्वेक्षण समिति की सिफारिशों के आधार पर 1 जुलाई, 1955 को इम्पीरियल बैंक ऑफ इंडिया का राष्ट्रीयकरण कर इसका नाम बदलकर स्टेट बैंक ऑफ इंडिया रख दिया गया।

सीमित देयता के आधार पर 1881 में स्थापित 'अवध कॉमर्शियल बैंक' भारतीयों द्वारा संचालित पहला बैंक था जबकि 1894 में स्थापित 'पंजाब नेशनल बैंक' देश का पूर्ण रूप से पहला भारतीय बैंक था। भारतीय रिजर्व बैंक की 1935 में स्थापना से देश में वाणिज्यिक बैंकिंग को प्रोत्साहन मिला।

स्वतंत्रता के पश्चात् भारत सरकार ने भारतीय रिजर्व बैंक को अधिक शक्तिशाली बनाने के लिए 1 जनवरी, 1949 को इसका राष्ट्रीयकरण कर दिया। इसके तुरन्त बाद मार्च, 1949 में भारतीय बैंकिंग नियमन अधिनियम पारित किया गया, जिसके द्वारा भारतीय रिजर्व बैंक को वाणिज्यिक बैंकों पर नियंत्रण रखने का विस्तृत अधिकार प्राप्त हो गया। देश के ग्रामीण क्षेत्र में बैंकिंग सुविधाओं का विकास करने के लिए **1955** में भारतीय स्टेट बैंक की स्थापना की गई। 1960 में 8 क्षेत्रीय बैंकों को भारतीय स्टेट बैंक के सहायक का दर्जा दे दिया गया। अब स्टेट बैंक के सभी सहायक बैंकों का उसमें विलय हो चुका है।

वर्ष 2020 में ओरिएंटल बैंक ऑफ कॉमर्स और यूनाइटेड बैंक ऑफ इंडिया का पंजाब नेशनल बैंक में, सिंडीकेट बैंक का केनरा बैंक में, आन्ध्रा बैंक और कॉर्पोरेशन बैंक का यूनियन बैंक ऑफ इंडिया में तथा इलाहबाद बैंक का इंडियन बैंक में विलय हो गया है। इस विलय के बाद SBI सहित सार्वजनिक क्षेत्र के बैंकों की संख्या घटकर 12 रह गई है।

भारतीय रिजर्व बैंक

यह भारत का केन्द्रीय बैंक है। भारतीय रिजर्व बैंक की स्थापना 1935 ई. में हुई थी। स्वतंत्रता के पश्चात 1 जनवरी, 1949 को Reserve Bank Transfer to Public Ownership Act-1948 के द्वारा इसका राष्ट्रीयकरण कर दिया गया। रिजर्व बैंक का मुख्यालय मुम्बई में है। जहां पर RBI की अपनी शाखाएं नहीं हैं वहां भारतीय स्टेट बैंक उसके एक मात्र एजेन्ट के रूप में कार्य करता है।

रिजर्व बैंक के कार्य

1. नोटों का निर्गमन: रिजर्व बैंक को एक रुपए के सिक्के/नोटों तथा छोटे सिक्कों को छोड़कर भारत में विभिन्न मूल्य वर्ग के नोट जारी करने का एकाधिकार प्राप्त है। करेन्सी नोट जारी करने के लिए वर्तमान में रिजर्व बैंक न्यूनतम आरक्षण पद्धति (Minimum Reserve System) को अपनाता है। इस पद्धति के अन्तर्गत रिजर्व बैंक के पास स्वर्ण एवं विदेशी मुद्रा आरक्षणों का कुल योग किसी भी समय 200 करोड़ रुपए के मूल्य से कम नहीं होने चाहिए। इनमें से 115 करोड़ रुपए का सोना होना चाहिए एवं शेष विदेशी मुद्रा आरक्षणों (Foreign Exchange reserves) में होनी चाहिए।

2. सरकार के बैंकर के रूप में कार्य: रिजर्व बैंक सरकार के बैंक, एजेन्ट व परामर्शदाता के रूप में कार्य करता है। यह सरकार के लिए ऋण की भी व्यवस्था करता है।

3. बैंकों का बैंकर व अन्तिम ऋणदाता: रिजर्व बैंक बैंकों के बैंकर के रूप में कार्य करता है। नियम के अनुसार देश के प्रत्येक अनुसूचित बैंक (Scheduled Bank) को अपनी कुल जमाओं (Total Deposits) का कुछ प्रतिशत नकद रूप में रखना पड़ता है। इसके अतिरिक्त RBI बैंकों का अन्तिम ऋणदाता भी है।

4. साख नियंत्रण: रिजर्व बैंक वाणिज्यिक बैंकों द्वारा उत्पन्न साख की मात्रा एवं दिशा पर नियंत्रण रखने का कार्य भी करता है। इस उद्देश्य की प्राप्ति के लिए वह परिमाणात्मक एवं गुणात्मक उपायों का उपयोग करता है अर्थात रिजर्व बैंक, बैंक दर नीति, खुले बाजार की क्रियाओं, वाणिज्यिक बैंकों के नकद कोषों के प्रतिशत में परिवर्तन, प्रत्यक्ष कार्यवाही, साख की राशनिंग, नैतिक प्रोत्साहन आदि का सहारा लेता है।

5. आंकड़ों का संकलन और प्रकाशन: रिजर्व बैंक मुद्रा, साख, बैंकिंग, विदेशी विनिमय, उत्पादन, मूल्य, विदेशी व्यापार, भुगतान शेष आदि विषयों से संबंधित आंकड़े संकलित कर प्रकाशित करता है।

6. विदेशी विनिमय आरक्षणों का संरक्षण: रिजर्व बैंक देश के विदेशी विनिमय भंडार के परिरक्षक (Custodian) के रूप में कार्य करता है तथा अंतर्राष्ट्रीय मुद्रा कोष के सभी सदस्य देशों की मुद्राओं का क्रय-विक्रय करता है। इसके अतिरिक्त रुपए की विनिमय दर को स्थिर बनाए रखने का कार्य भी रिजर्व बैंक करता है।

भारत में बेरोजगारी

बेरोजगारी वह स्थिति है जब कोई श्रमिक प्रचलित मजदूरी पर या उससे कम पर कार्य करने हेतु तत्पर हो पर उसे रोजगार का अवसर उपलब्ध न हो। भारत में बेरोजगारी प्रभावी मांग में कमी के अलावा कई अन्य वजहों से भी है। यहां निम्नलिखित प्रकार की बेरोजगारी देखी जा सकती है—

- **घर्षणात्मक बेरोजगारी :** बाजार की दशाओं में परिवर्तन (मांग एवं पूर्ति की शक्तियों में परिवर्तन) होने से उत्पन्न बेरोजगारी को घर्षणात्मक बेरोजगारी कहते हैं।
- **अल्प रोजगार :** जब व्यक्ति को अपनी कार्यक्षमता के अनुसार काम नहीं मिलता और वह अपनी योग्यता एवं क्षमता से कम स्तर वाला कार्य करता है तो उसे अल्प बेरोजगार कहेंगे।
- **संरचनात्मक बेरोजगारी :** सामाजिक, आर्थिक और तकनीकी विकास के कारण कुछ उद्योगों का विस्तार होता है जबकि कई उद्योग संकुचित होते जाते हैं। यदि भौगोलिक और तकनीकी दृष्टि से श्रम पूर्णत: गतिशील हो तो संकुचित होने वाले उद्योगों के श्रमिक नए उद्योग में खपाए जा सकते हैं। परंतु श्रम इन दृष्टियों में पूर्णतया गतिशील नहीं होता जिसके कारण बेरोजगारी उत्पन्न होती है।
- **मौसमी बेरोजगारी :** इसके अंतर्गत संपूर्ण वर्ष के किसी विशेष मौसम या अवधि में उत्पन्न होने वाली बेरोजगारी को सम्मिलित किया जाता है। कृषि क्षेत्र में इस प्रकार की बेरोजगारी का साम्राज्य है।
- **अदृश्य बेरोजगारी :** इसके अंतर्गत श्रमिक बाहर से तो काम में लगे हुए प्रतीत होते हैं, किन्तु वास्तव में उन श्रमिकों की उस कार्य में आवश्यकता नहीं होती और उनके हट जाने से भी उत्पादन पर कोई फर्क नहीं पड़ता। इन श्रमिकों की सीमान्त उत्पादकता शून्य या नगण्य होती है। कृषि में इस प्रकार की अदृश्य बेरोजगारी की प्रधानता है।

जनसंख्या

किसी देश की अर्थव्यवस्था के विकास में मानव संसाधनों की अत्यन्त महत्त्वपूर्ण भूमिका होती है। वे मानव संपत्ति का स्वरूप होते हैं। आर्थिक विकास के नजरिए से जनसंख्या का विश्लेषण करना अत्यन्त अनिवार्य है। मानव संसाधन समुदाय की श्रम-शक्ति का प्रतिनिधित्व करते हैं जो उत्पादक प्रक्रिया में सहायता करते हैं। जनसंख्या का आकार, संघटन, गुणवत्ता और उसका वितरण आर्थिक विकास को प्रभावित करता है। जनसंख्या की गुणवत्ता का निर्धारण साक्षरता के स्तर, तकनीकी प्रशिक्षण, स्वास्थ्य और पोषण स्तर के आधार पर किया जाता है। यह नृजातीय या जैविक गुणों और सरकार, सामाजिक एवं व्यावसायिक नेताओं द्वारा उपलब्ध कराए गए नेतृत्व का भी प्रतिनिधित्व करता है। जनसंख्या का आकार लोगों की कुल संख्या का द्योतक होता है। संघटन में विभिन्न आयु वर्ग, लिंग अनुपात और लोगों की जीवन प्रत्याशा को शामिल किया जाता है। वितरण व्यवसायगत और भौगोलिक वितरण का द्योतक है।

जनसांख्यिक संक्रमण

विशेषज्ञों का आकलन है कि प्रत्येक समाज जन्म और मृत्युदरों की तीन अवस्थाओं से होकर गुजरता है।

प्रथम अवस्था : प्रथम अवस्था में जन्मदर और मृत्युदर दोनों अधिक होती है। पोषक भोजन की अल्प उपलब्धता, साफ-सफाई की पुरातन अवस्था और चिकित्सा सुविधाओं की अल्प उपलब्धता के कारण मृत्युदर अधिक होती है जबकि निरक्षरता, परिवार नियोजन के तकनीकों के संबंध में ज्ञान का अभाव, कम आयु में विवाह और अन्य सामाजिक कारकों की वजह से जन्मदर ऊंची होती है। उच्च शिशु मृत्युदर और लड़के को बुढ़ापे की लाठी समझकर लड़का पैदा करने की चाह लोगों को अधिक बच्चा पैदा करने को प्रेरित करती है। इस अवस्था में जनसंख्या विकास की दर अधिक नहीं होती क्योंकि उच्च मृत्यु दर को उच्च जन्म दर संतुलित कर देता है।

द्वितीय अवस्था : इस अवस्था में मृत्युदर में उल्लेखनीय कमी आती है जबकि उच्च जन्मदर बनी रहती है। बेहतर आर्थिक दशाओं, चिकित्सकीय सुविधाओं तक पहुंच और पोषक भोजन तथा साफ-सफाई की उपलब्धि के कारण मृत्युदर घट जाती है। हालांकि सामाजिक व्यवहारों और मानसिक अवस्था के कारण जन्म दर पूर्व स्तर पर ही बनी रहती है। उच्च जन्मदर और निम्न मृत्यु दर के कारण जनसंख्या में वृद्धि होती है।

तृतीय अवस्था : समाज का और अधिक आर्थिक विकास होने के फलस्वरूप अर्थव्यवस्था का चरित्र बदल जाता है। उच्च शहरीकरण होता है। लोग छोटे आकार वाले परिवार को प्राथमिकता देने लगते हैं। अत: जन्मदर में तेजी से कमी आती है जबकि मृत्यु दर पहले से निम्न बनी होती है। इसलिए जनसंख्या वृद्धि दर भी कम रहती है।

भारत जनसांख्यिक संक्रमण की दूसरी अवस्था में है।

भारत की स्थिति

2001-2011 के दौरान भारतीय जनसंख्या में 181 मिलियन लोगों की वृद्धि हो गई जो कि विश्व के पांचवीं सबसे बड़ी जनसंख्या वाले देश ब्राजील की अनुमानित जनसंख्या से भी अधिक है। विश्व जनसंख्या में भारत की 17.5 प्रतिशत की हिस्सेदारी है जबकि देश का कुल क्षेत्रफल विश्व के कुल क्षेत्रफल का सिर्फ 2.42 प्रतिशत है। देश की जनसंख्या के दशकीय विकास में कमी आई है और यह 1991-2001 के 21.54 प्रतिशत से घटकर 2001-11 में 17.70 प्रतिशत रह गया है। इस प्रकार दशकीय वृद्धि दर में 3.90 प्रतिशत की कमी आई है। प्रमुख राज्यों में बिहार का जनसंख्या वृद्धि का दशकीय प्रतिशत सर्वाधिक रहा। यह दर 1981-91 के 28.47 से बढ़कर 1991-2001 में 28.62 हो गई। 2001-11 में यह 25.4% रही। 2001-11 के दौरान न्यूनतम वृद्धि दर नागालैंड (–0.6 प्रतिशत) में रिकार्ड की गई। इसके बाद केरल (4.9), गोवा (8.17) एवं आँध्र प्रदेश का (11.0) का स्थान आता है।

जनसंख्या में औसत वार्षिक घातांकी वृद्धि दर 1981-91 के 2.14 प्रतिशत से घटकर 2001-11 में 1.64 रह गई।

देश में 7 वर्ष और उससे अधिक आयु वाले व्यक्तियों के बीच साक्षरता की दर 73 प्रतिशत रही। पुरुषों में साक्षरता की दर 80.9 और महिलाओं में 64.6 प्रतिशत रही। वर्ष 2011 की देश की जनगणना के संदर्भ में साक्षरता का जो सबसे महत्त्वपूर्ण पहलू सामने आया है वह यह है कि स्वतंत्रता प्राप्ति के बाद से दूसरी बार निरक्षरों की संख्या में गिरावट दर्ज की गई है। 1991-2001 में निरक्षरों की संख्या में 31.96 मिलियन की कमी आई है। पुरुषों में 21.45 मिलियन तथा महिलाओं में 10.51 मिलियन की कमी दर्ज की गई है। साक्षरता दर के मामले में (94.0 प्रतिशत) के साथ केरल सबसे आगे रहा, इसके बाद लक्षद्वीप (91.8 प्रतिशत) और मिजोरम (91.3 प्रतिशत) का स्थान क्रमश: दूसरा और तीसरा रहा। देश में साक्षरता की सबसे कम दर बिहार (61.8 प्रतिशत) में रही।

वर्ष	जनसंख्या (करोड़ में)	दशकीय वृद्धि दर (प्रतिशत में)
1951	36.1	13.31
1961	43.9	21.64
1971	54.8	24.80
1981	68.3	24.66
1991	84.6	23.87
2001	102.8	21.54
2011	121.0	17.70

भारत में नियोजन

भारतीय राष्ट्रीय आंदोलन के नेता सोवियत संघ की नियोजित आर्थिक वृद्धि से काफी प्रभावित थे। भारतीय राष्ट्रीय कांग्रेस की कराची में 1931 में संपन्न हुई बैठक में प्रमुख और आधारभूत उद्योगों का राष्ट्रीयकरण किए जाने पर बल देते हुए एक प्रस्ताव पारित किया गया। वर्ष 1938 में कांग्रेस ने राष्ट्रीय योजना समिति को नियुक्त किया जिसके अध्यक्ष पंडित जवाहर लाल नेहरू बनाए गए। हालांकि आर्थिक नियोजन के लिए सैद्धांतिक प्रयास स्वतंत्रता प्राप्ति से पूर्व ही आरंभ हो गए थे। वर्ष 1934 ई. में एम. विश्वेश्वरैया ने 'भारत के लिए नियोजित अर्थव्यवस्था' नामक पुस्तक लिखी जो इस दिशा में पहला प्रयास था। राष्ट्रीय नियोजन समिति की सिफारिशों को 1939 में द्वितीय विश्व युद्ध छिड़ जाने के कारण लागू नहीं किया जा सका। वर्ष 1944 में बम्बई (अब मुम्बई) के आठ प्रमुख उद्योगपतियों ने मिलकर एक 15 वर्षीय योजना का प्रारूप प्रस्तुत किया जिसे 'बॉम्बे प्लान' के नाम से जाना गया। यह योजना मुख्य रूप से पूंजीवादी योजना थी जो जन समर्थन न मिल पाने के कारण कार्यान्वित न हो सकी। 1944 में ही भारतीय श्रम संघ के प्रमुख श्री एम.एन. राय द्वारा साम्यवादी सिद्धांतों के आधार पर एक 'जन योजना' प्रस्तुत की गई, परंतु साम्यवादी विचारधारा पर आधारित होने के कारण इसे भी अस्वीकृत कर दिया गया। गांधीजी की आर्थिक विचारधारा से प्रेरणा पाकर श्रीमन्नारायण ने एक गांधीवादी योजना प्रारंभ की । वित्तीय संसाधनों की अनुपलब्धता के कारण यह योजना क्रियान्वित न हो सकी। सरकारी स्तर पर अंग्रेज वायसराय ने 1945 में एक योजना विभाग की स्थापना की। स्वतंत्रता प्राप्ति के बाद 1950 में सर्वोदय नेता जयप्रकाश नारायण ने शोषण विहीन समाज की स्थापना के उद्देश्य वाली 'सर्वोदय योजना' प्रस्तुत की। सरकार ने इसे आंशिक रूप से स्वीकार कर लिया। इसी वर्ष 15 मार्च को भारत सरकार के एक प्रस्ताव द्वारा योजना आयोग का गठन किया गया। राज्य के नीति-निर्देशक सिद्धांत भी नियोजन की आवश्यकता पर बल देते हैं।

योजना आयोग : योजना आयोग का भारतीय संविधान में कोई उल्लेख नहीं है। अत: इसका गठन 15 मार्च, 1950 को परामर्शदात्री निकाय के रूप में किया गया था। 1 जनवरी, 2015 से भारत में योजना आयोग का अस्तित्व समाप्त कर दिया गया है तथा इसके स्थान पर 'नीति आयोग' संस्था बनाई गई है।

नीति आयोग : मंत्रिमण्डल के एक प्रस्ताव के तहत यह नई संस्था 1 जनवरी, 2015 से अस्तित्व में आ गई है। इस नई संस्था को 'राष्ट्रीय भारत परिवर्तन संस्थान' नाम दिया गया है तथा आमतौर पर 'नीति आयोग' के नाम से इसे जाना जा रहा है। प्रधानमंत्री की अध्यक्षता वाला यह आयोग सरकार के थिंक टैंक (बौद्धिक संस्थान) के साथ-साथ राज्य सरकारों के लिए भी नीति निर्माण करने वाले संस्थान की भूमिका निभाएगा। केन्द्र व राज्य सरकारों को राष्ट्रीय व अन्तर्राष्ट्रीय महत्व के महत्वपूर्ण मुद्दों पर रणनीतिक व तकनीकी सलाह भी यह देगा। योजनाओं के भावी स्वरूप आदि के सम्बन्ध में सरकार को सलाह भी यह आयोग देगा। सभी राज्यों के मुख्यमंत्रियों तथा केन्द्रशासित क्षेत्रों के उपराज्यपालों को नीति आयोग की अधिशासी परिषद् (Governing Council) में शामिल किया गया है। इस प्रकार नीति आयोग का स्वरूप योजना आयोग की तुलना में अधिक संघीय बनाया गया है। प्रधानमंत्री की अध्यक्षता वाले इस आयोग में एक उपाध्यक्ष व एक मुख्य कार्यकारी अधिकारी (Chief Executive Officer—CEO) का प्रावधान किया गया।

पंचवर्षीय योजनाएँ : 1 अप्रैल, 1951 से भारत की प्रथम पंचवर्षीय योजना की शुरुआत की गई। तत्पश्चात् अब तक बारह पंचवर्षीय योजनाएँ लागू की जा चुकी हैं।

15 वर्षीय दृष्टिकोण : भारत की 12वीं पंचवर्षीय योजना 31 मार्च, 2017 को पूरी होने के साथ ही देश में पंचवर्षीय योजनाओं की व्यवस्था समाप्त हो गई है। इसके स्थान पर 15 वर्षीय दृष्टिकोण, सात वर्षीय रणनीति व तीन वर्षीय कार्य योजना नीति आयोग द्वारा तैयार की गई है। 15 वर्षीय दृष्टिकोण (Vision) 2031-32 में ऐसे भारत की कल्पना की गई है, जिसमें पूरी तरह शिक्षित समाज हो तथा सभी को स्वास्थ्य सुविधा उपलब्ध हो।

राष्ट्रीय विकास परिषद् : भारत में राष्ट्रीय विकास परिषद् का गठन 6 अगस्त, 1952 को किया गया था। इसका गठन आर्थिक नियोजन हेतु राज्य सरकारों तथा योजना आयोग के बीच तालमेल तथा सहयोग का वातावरण बनाने के लिए किया गया था। राष्ट्रीय विकास परिषद् में सभी राज्यों के मुख्यमंत्री इसके पदेन सदस्य होते हैं। प्रत्येक योजना अन्त में राष्ट्रीय विकास परिषद् द्वारा अनुमोदित होती है।

कृषि

कृषि भारत में आर्थिक गतिविधियों का एक महत्त्वपूर्ण क्षेत्र है, जिसका सकल घरेलू उत्पाद में 16 प्रतिशत का योगदान है तथा कृषि और संबंधित उद्योगों से देश की कुल श्रम शक्ति के लगभग 45.5 प्रतिशत हिस्से को रोजगार मिलता है। अतः अर्थव्यवस्था की प्रगति इस क्षेत्र के निष्पादन पर निर्भर करती है। कृषि उत्पादन में उतार-चढ़ाव राष्ट्रीय आय की स्थिति में महत्त्वपूर्ण भूमिका निभाती है, मजदूरी और आय के स्तर को प्रभावित करती है, तथा बचत और निवेश को भी प्रभावित करती है। जन्म लेने वाले लाखों बच्चों का भविष्य अविच्छिन्न रूप से इस क्षेत्र की सतत् वृद्धि पर निर्भर करता है।

समग्र रूप से अर्थव्यवस्था की वृद्धि में कृषि क्षेत्र की मुख्य भूमिका है। कृषि और गैर कृषि क्षेत्र के बीच आपसी अंतरक्रिया दोनों क्षेत्रों के विकास को संचालित करती है। कृषि क्षेत्र में विकास गैर फार्म उत्पादों जैसे कि उर्वरक, कृषि उपकरणों और मशीनरी जिनका निर्माण गैर-कृषि क्षेत्र में होता है, की मांग बढ़ा देता है। औद्योगिक क्षेत्र इस प्रोत्साहन के बदले वस्तुओं और कच्चे माल की मांग को बढ़ा देता है जिससे कृषि संबंधी रोजगार और आय में विस्तार होता है।

इससे उद्योगों द्वारा तैयार किए गए उपभोक्ता वस्तुओं की बाजार में मांग बढ़ जाती है जिससे औद्योगीकरण और बाजार के विकास को और अधिक प्रोत्साहन मिलता है। व्यापार और उद्योग में वृद्धि के कारण तृतीयक क्षेत्र का भी विकास होता है। भारत से निर्यात किए जाने वाले वस्तुओं का एक-तिहाई हिस्सा इसी क्षेत्र में उत्पन्न होता है। कृषि आधारित ग्रामीण क्षेत्र देश की बचत और पूंजी निर्माण का प्राथमिक स्रोत हैं।

भारतीय कृषि की विशेषताएं

1. भारतीय कृषि अनिश्चित वर्षा पर अत्यधिक निर्भर है। लगभग 52.4 प्रतिशत भू-भाग कृषि के लिए वर्षा पर आधारित है।
2. भारतीय कृषि में लघु और सीमांत किसानों की बहुलता है। ये किसान बेहतर टेक्नोलॉजी और नवीन संसाधनों जैसे उन्नत उर्वरकों, अधिक उपज देने वाले बीजों, बेहतर सिंचाई व्यवस्था आदि को अपनाने में सक्षम नहीं हैं। वे सिर्फ अपनी आवश्यकताओं को पूरा करने के लिए फसल उगाते हैं।
3. जलवायु और मिट्टी की अवस्था में विविधता के कारण ही भारत में विभिन्न प्रकार की फसलों का उगाना संभव हो पाता है।
4. भारतीय कृषि का अब तक पूरी तरह से वाणिज्यीकरण नहीं हो पाया है, क्योंकि देश के अधिकांश किसान मांग और आपूर्ति के अंतर को पाटने और अपने उत्पादों का वाणिज्यिक रूप से विपणन करने में सक्षम नहीं हैं।
5. कृषि भूमि के स्वामित्व में घोर विसंगतियां हैं, जहां बड़े भूमिधारक (10 हेक्टेयर से अधिक भूमि के मालिक) केवल 3 प्रतिशत हैं परंतु वे 26 प्रतिशत भू-भाग पर खेती कर रहे हैं।
6. भारत में कृषि क्षेत्र की उत्पादकता काफी कम है। अन्य विकसित देशों की तुलना में यह एक-तिहाई या आधा भर ही है।

भारत में कृषि उत्पादकता के निम्न स्तर के लिए निम्नलिखित कारक उत्तरदायी हैं :

भूमि की उर्वरता में कमी, भूमि के ऊपरी सतह का निक्षालन, वन संसाधनों में कमी, भूमि का नष्ट होना, खेतों का आकार छोटा होना, खेतों में निवेश में कमी और प्रकृति की विषमताओं पर अत्यधिक निर्भरता।

उद्योग

वस्त्र : कपड़ा उद्योग देश में कृषि के बाद रोजगार प्रदान करने वाला सबसे बड़ा उद्योग है। यह देश के 4.5 करोड़ लोगों को प्रत्यक्ष रोजगार उपलब्ध कराता है। वर्तमान में औद्योगिक उत्पादन में इसका योगदान 13 प्रतिशत, सकल घरेलू उत्पाद में 2.3 प्रतिशत और जीवीए विनिर्माण में 11 प्रतिशत है।

पिछले छह दशकों की तुलना में आज भारतीय वस्त्र उद्योग मजबूत स्थिति में है। पिछले छह दशक से इस उद्योग में 3 से 4 प्रतिशत का विकास हो रहा था। लेकिन आज इसकी सालाना विकास दर 8-9 प्रतिशत हो गयी है।

इस वृद्धि में तेजी से बढ़ती घरेलू अर्थव्यवस्था, प्रेरक नीति और 31 दिसम्बर, 2004 को हुई मल्टी फाइबर एग्रीमेंट (एमएफए) का योगदान है। पिछले कुछ वर्षों में ड्यूटी को तर्कसंगत बनाने से उद्योग के सभी खंडों में समान अवसर मिला है और उद्योग का समग्र विकास हुआ है। उद्योग के लिए मजबूत आधार तैयार हो गया है और अब विश्व स्तरीय निर्माण इकाइयां अपनी पूरी क्षमता का उपयोग कर अंतर्राष्ट्रीय अर्थव्यवस्था में पहचान बना सकती हैं।

भारत में आधुनिक स्तर की प्रथम सूती कपड़ा मिल सन् 1818 में कोलकाता (कलकत्ता) के निकट फोर्ट ग्लोस्टर में लगाई गई थी, किन्तु यह मिल लक्ष्य प्राप्ति में सफल न हुई। द्वितीय मिल 'बम्बई स्पिनिंग एण्ड वीविंग कम्पनी' सन् 1854 में मुम्बई (बम्बई) में 'कवास जी. एन. डाबर' द्वारा स्थापित की गई। सच्चे अर्थों में इस कारखाने ने भारत के आधुनिक सूती कपड़ा उद्योग की नींव रखी। सन् 1854 के पश्चात् सूती कपड़ा मिलों की संख्या लगातार बढ़ती गई।

कागज तथा अखबारी कागज उद्योग : देश के सामाजिक आर्थिक विकास में कागज उद्योग की अहम भूमिका है। प्रति व्यक्ति कागज की खपत किसी देश की आधुनिकीकरण का पैमाना भी है। भारतीय कागज उद्योग करीब एक सदी से अस्तित्व में है और इसने उल्लेखनीय प्रगति हासिल की है। देश में करीब 850 मिलें हैं।

भारतीय कागज उद्योग संपूर्ण औद्योगिक विकास में एक महत्वपूर्ण भूमिका निभाता है और नई शताब्दी में देश की ज्ञान आधारित अर्थव्यवस्था को आगे बढ़ाने में योगदान करता है। देश के बढ़ते आर्थिक विकास और 8.5 प्रतिशत सकल घरेलू उत्पाद (अप्रैल से जून) ने लगभग 3 प्रतिशत के विश्व औसत की तुलना में भारतीय कागज उद्योग के लिए लगभग 6 प्रतिशत के विकास

की संपूर्ण औसत दर को बनाए रखने में महत्वपूर्ण योगदान किया है। अब जबकि मंदी का रुख लगभग समाप्त हो गया है, अनेक कागज उद्योगों ने और विस्तार की घोषणा की है। हाल में ही एक जाने माने पल्प (लुगदा) और पेपर मल्टीनेशनल ने 319 मिलियन अमरीकी डॉलर की लागत पर आंध्र प्रदेश पेपर मिल लिमिटेड राजामुंदरी का अधिग्रहण कर लिया है।

कागज उद्योग लाइसेंस मुक्त है और 1997 से नियंत्रण मुक्त है। इसमें आटोमेटिक रूट से 100% एफडीआई किया जा सकता है।

सीमेंट उद्योग : सीमेंट उद्योग का स्थान देश में सबसे उन्नत उद्योगों में है। मार्च 1989 में मूल्य और नियंत्रण सम्बन्धी प्रतिबन्धों को पूरी तरह हटा लिए जाने और नीति सम्बन्धी नए सुधारों को लागू करने के बाद सीमेंट उद्योग ने क्षमता/उत्पादन एवं प्रसंस्करण टेक्नोलॉजी, दोनों ही में तेजी से कदम बढ़ाए हैं। भारतीय सीमेंट उद्योग न केवल उत्पादन के स्तर पर विश्व में दूसरा स्थान रखता है बल्कि विश्वस्तरीय गुणवत्ता का सीमेंट उत्पादित करता है।

भारत विभिन्न प्रकार के सीमेंट का उत्पादन कर रहा है, जैसे–सामान्य पोर्टलैंड सीमेंट (ओपीसी), पोटलैंड पोज्जोलना सीमेंट (पीपीसी), पोर्टलैंड ब्लास्ट फर्नेस स्लग सीमेंट (पीबीएफएस), ऑयल वेल सीमेंट, व्हाइट सीमेंट आदि। सीमेंट के ये प्रकार भारतीय मानक ब्यूरो (बीआईएस) के मानकों के अनुसार बनाए जाते हैं और उनकी गुणवत्ता विश्व के सर्वश्रेष्ठ सीमेंट के स्तर की होती है। बीआईएस निशान के बिना सीमेंट को देश में बेचा नहीं जा सकता है।

इस्पात : जमशेदपुर में 1907 में टाटा आयरन एण्ड स्टील कंपनी (टिस्को) की स्थापना व्यापक पैमाने पर इस्पात और लोहे के उत्पादन की दिशा में भारत का प्रथम प्रयास था। सार्वजनिक क्षेत्र में पहले संयंत्र ने भद्रावती में 1923 में काम करना आरम्भ कर दिया। बर्नपुर में 1919 में भारतीय लौह और इस्पात कंपनी (इस्को) की स्थापना की गई।

स्वतंत्रता-प्राप्ति के बाद इस्पात के उत्पादन को महत्त्व दिया गया और दूसरी पंचवर्षीय योजना में 10 लाख टन पिंड लोहे की उत्पादन क्षमता (प्रत्येक) रखने वाले तीन संयंत्र भिलाई, छत्तीसगढ़; दुर्गापुर, पश्चिम बंगाल और राउरकेला, ओडिशा में स्थापित किए गए। बाद में झारखंड में बोकारो इस्पात संयंत्र की स्थापना की गई।

अर्थव्यवस्था के विकास के लिए जीवंत घरेलू इस्पात उद्योग महत्वपूर्ण है, क्योंकि यह निर्माण, अवसंरचना, ऑटोमोटिव, पूंजीगत वस्तुओं, रक्षा, रेल आदि जैसे सभी प्रमुख क्षेत्रों के लिए महत्वपूर्ण इनपुट है। इस्पात अपनी पुनर्चक्रण योग्य प्रकृति और त्वरित समापन समय के कारण पर्यावरण की दृष्टि से टिकाऊ तत्पर आर्थिक विकास के लिए प्रमाणित संचालक है। रोजगार सृजन और आर्थिक वृद्धि की दृष्टि से प्रबल होने के कारण इस्पात क्षेत्र राष्ट्र के लिए महत्वपूर्ण है। अर्थव्यवस्था पर इस्पात क्षेत्र के प्रत्यक्ष प्रभाव से लेकर आपूर्ति शृंखला एवं खपत उद्योगों पर पड़ने वाले संबद्ध प्रभाव तक, दोनों ही तरह के द्विगुणित प्रभाव पड़ते हैं।

उर्वरक : भारत के खाद्यान्न उत्पादन में वृद्धि कृषि-क्षेत्र में किए गए अनेक प्रकार के निवेशों के कारण हुई है जिसमें उर्वरकों का इस्तेमाल सर्वाधिक महत्त्वपूर्ण रहा है। नाइट्रोजन, फास्फेट और पोटाश प्रमुख उर्वरक हैं। देश में इस समय 50 से ज्यादा बड़े संयंत्र विविध प्रकार के उर्वरकों का उत्पादन कर रहे हैं। जिनमें यूरिया, अमोनियम सल्फेट आदि शामिल हैं। नाइट्रोजन उर्वरकों का उत्पादन करने वाले देशों में भारत का तीसरा स्थान है। हालांकि देश में स्वदेशी उर्वरक उत्पादन क्षमता में काफी वृद्धि हुई है फिर भी बढ़ती आवश्यकताओं को पूरा करने के लिए हमें काफी मात्रा में तैयार उर्वरकों, मध्यवर्ती उत्पादों या इसके कच्चे माल का आयात करना पड़ता है।

चमड़ा उद्योग : निर्यात आय में महत्त्वपूर्ण योगदान, रोजगार के अवसरों और विकास दर में महत्त्वपूर्ण भूमिका को देखते हुए भारतीय अर्थव्यवस्था में चमड़ा उद्योग का प्रमुख स्थान है। इस क्षेत्र में ज्यादातर अल्पसंख्यक और गरीब तबके के लोगों को रोजगार मिला हुआ है। इस क्षेत्र से जुड़े श्रमिकों में 30 प्रतिशत से ज्यादा महिलाएं हैं। देश में प्राकृतिक दृष्टि से प्रचुर मात्रा में कच्चा चमड़ा और खाल उपलब्ध होने, उच्च स्तरीय प्रौद्योगिक तैयारी, विस्तृत मानव संसाधान और कौशल आधारित औद्योगिक क्षेत्र को देखते हुए भारत चमड़ा क्षेत्र में अपेक्षाकृत लाभ की स्थिति में है। किंतु विश्व चमड़ा व्यापार में भारत की भागीदारी 3 प्रतिशत से भी कम है। पिछली योजना अवधि में प्रौद्योगिकी संबंधी तैयारी के लिए कई उपाय किए गए, परन्तु इस क्षेत्र में निवेश का स्तर संभावनाओं का दोहन करने के अनुरूप नहीं रहा है।

भारत में चमड़े के उत्पादन और निर्यात की बुनियादी संरचना में पिछले दो दशकों में काफी परिवर्तन हुआ है। भारत शुरू से कच्चे चमड़े और अर्द्धसंशोधित चमड़े का निर्यातक रहा है। लेकिन गत दो दशकों में चमड़ा उत्पादों के निर्यात संबंधी सरकारी नीति में परिवर्तन की वजह से चमड़े के जूते, कपड़े और चमड़े से बनी अनेक वस्तुओं के निर्यात में वृद्धि हुई है।

वस्तुनिष्ठ प्रश्न

1. निम्नलिखित में से कौन सार्वजनिक क्षेत्र के अंतर्गत नहीं आता ?
A. टिस्को B. इस्को
C. सेल D. आर्डनेंस फैक्टरी

2. उद्योगों को आवधिक ऋण किसके द्वारा प्रदान किया जाता है ?
A. भारतीय रिजर्व बैंक B. एक्जिम बैंक
C. आईडीबीआई D. नाबार्ड

3. निम्नलिखित इस्पात संयंत्रों में से कौन रूस की सहायता से निर्मित हुआ है ?
A. राऊरकेला B. भिलाई
C. दुर्गापुर D. कोथागुडम

4. परिवार नियोजन के लिए 'कैफेटेरिया उपागम' कब प्रस्तुत किया गया था ?
A. तीसरी योजना में
B. आपातकाल में
C. वार्षिक योजनाओं में
D. जनता पार्टी के शासन काल में

5. एकाधिकार और प्रतिबंधात्मक व्यापार नीति अधिनियम कब पारित किया गया था ?
A. 1968 B. 1969
C. 1970 D. 1971

6. मुद्रास्फीति किस वजह से उत्पन्न होती है ?
A. साधारण ब्याज में कमी से
B. धन की आपूर्ति में कमी से
C. औद्योगिक और कृषि उत्पादन में वृद्धि से
D. सामान्य व्यय में बढ़ोतरी या धन आपूर्ति में वृद्धि से

7. निम्नलिखित में से कौन अर्द्ध सरकारी संस्थान है ?
A. एक्जिम बैंक B. आईडीबीआई
C. आईसीआईसीआई D. यूटीआई

8. यूटीआई का मुख्य उद्देश्य है :
A. छोटे निवेशकों की बचत का मार्ग प्रशस्त करना और निवेश जुटाना
B. म्यूचुअल फंड उद्योग का विनिमयन
C. शेयर बाजार में स्थिरता के अभिकर्ता के रूप में कार्य करना
D. अन्य वित्तीय संस्थानों की गतिविधियों को संयोजित करना

9. श्वेत क्रांति किसका संकेत करती है ?
A. सीमेंट उद्योग
B. डेरी फार्मिंग
C. कपास और टैक्सटाइल उद्योग
D. संगमरमर उद्योग

10. भारत में सिंचाई का सर्वप्रमुख माध्यम है :
A. कुएं एवं नलकूप B. नहरें
C. तालाब D. पशु द्वारा खींचा गया जल

11. भारतीय खाद्य निगम का मुख्य कार्य है :
A. उच्च उत्पादकता वाले बीजों का वितरण
B. किसानों को ऋण उपलब्ध कराना
C. खाद्यान्नों की मांग पर नियंत्रण करना
D. आपूर्ति को नियंत्रित कर खाद्यान्नों के मूल्यों में उतार-चढ़ाव को नियंत्रित करना

12. राज्यों में से सर्वाधिक जनसंख्या किस राज्य की है ?
A. बिहार B. पश्चिम बंगाल
C. उत्तर प्रदेश D. मध्य प्रदेश

13. निम्नलिखित में से किसे 'सनराइज इंडस्ट्री' का नाम दिया जाता है ?
A. कॉफी B. उच्च प्रौद्योगिकी
C. लघु उद्योग D. भारी उद्योग

14. निम्नलिखित में से कौन आर्थिक संवृद्धि का माप नहीं है ?
A. प्रतिव्यक्ति आय B. सकल राष्ट्रीय उत्पाद
C. कुल घरेलू उत्पाद D. प्रसारित मुद्रा

15. निम्नलिखित में से किससे सबसे कम राजस्व प्राप्त होता है ?
A. आयकर B. उत्पाद कर
C. सीमा-शुल्क D. संपत्ति कर

16. एक ब्लू चिप कंपनी को इसलिए यह संज्ञा दी जाती है क्योंकि :
A. यह कंप्यूटर हार्डवेयर का उत्पादन करता है
B. यह कंप्यूटर सॉफ्टवेयर का उत्पादन करता है
C. यह उच्च लाभ देता है और इसमें कम जोखिम होता है
D. यह अपने अधिकांश उत्पादों का निर्यात करता है

17. निर्धनता रेखा का निर्धारण किसके आधार पर किया जाता है?
A. लोगों की जीवन दशा
B. प्रत्येक परिवार पर बच्चों की संख्या
C. प्रति परिवार आय
D. प्रति व्यक्ति हेतु कैलोरी की आवश्यकता

18. कमान क्षेत्र विकास कार्यक्रम किस क्षेत्र में उठाया गया प्रमुख कदम है?
A. सिंचाई
B. पौध संरक्षण उपाय
C. कृषि यंत्रीकरण
D. उच्च उत्पादकता देने वाले बीज

19. भारत में सबसे प्राचीन वृहद् उद्योग किस क्षेत्र में हैं?
A. लोहा और इस्पात क्षेत्र
B. जूट क्षेत्र
C. कॉटन टैक्सटाइल क्षेत्र
D. चीनी क्षेत्र

20. मौसमी बेरोजगारी किस क्षेत्र में सर्वाधिक है?
A. उद्योग क्षेत्र B. कृषि क्षेत्र
C. सेवा क्षेत्र D. हथकरघा क्षेत्र

21. भारत में सबसे पुराना ट्रेड यूनियन संगठन है :
A. हिन्द मजदूर सभा
B. भारतीय राष्ट्रीय ट्रेड यूनियन कांग्रेस
C. अखिल भारतीय ट्रेड यूनियन कांग्रेस
D. केन्द्रीय औद्योगिक ट्रेड यूनियन

22. सिन्दरी, हल्दिया और पारादीप में क्या है?
A. बंदरगाह
B. इस्पात संयंत्र
C. विशाल बहुउद्देश्यीय जलाशय
D. उर्वरक संयंत्र

23. आयात-निर्यात बैंक की स्थापना कब हुई?
A. 1969 B. 1980
C. 1982 D. 1985

24. अन्तर्राष्ट्रीय सौर गठबंधन संगठन का मुख्यालय कहाँ स्थित है?
A. फ्रांस B. अमेरिका
C. भारत D. ऑस्ट्रेलिया

25. विश्व में चाय का सबसे बड़ा उत्पादक देश कौनसा है?
A. केन्या B. इंडोनेशिया
C. चीन D. भारत

26. रुपए को कब चालू खाते में परिवर्तनीय बना दिया गया?
A. 1991 B. 1994
C. 1995 D. 1997

27. नीति आयोग का गठन कब हुआ?
A. जनवरी 1949 B. दिसम्बर 1952
C. जनवरी 2015 D. सितम्बर 1953

28. 'STEP' ..... की सहायतार्थ कल्याण कार्यक्रम का संक्षिप्त नाम है।
A. बच्चों B. किसानों
C. वरिष्ठ नागरिकों D. महिलाओं

29. 16वें वित्त आयोग के अध्यक्ष कौन हैं?
A. अरविन्द पनगढ़िया
B. सुमन बेरी
C. ए.के. मोहन्ती
D. नितिन गुप्ता

30. मोनो कल्चर एक विशिष्ट लक्षण है–
A. आजीविका कृषि का
B. स्थानान्तरित कृषि व्यवस्था का
C. व्यापारिक अनाज की कृषि
D. विशिष्ट बागवानी

31. राजकोषीय नीति का निर्माण करता है-
A. भारत सरकार B. रिजर्व बैंक
C. नाबार्ड D. व्यापारिक बैंक

32. 2001-2011 में जनसंख्या की दशकीय प्रतिशत वृद्धि दर थी :
A. 18.2 प्रतिशत B. 20.34 प्रतिशत
C. 17.70 प्रतिशत D. 14.46 प्रतिशत

33. सबसे निम्न साक्षरता वाला राज्य है :
A. अरुणाचल प्रदेश B. राजस्थान
C. बिहार D. उत्तर प्रदेश

34. भारत में बैंकों का बैंक है-
A. रिजर्व बैंक B. मुद्रा कोष
C. विश्व बैंक D. औद्योगिक बैंक

35. भारत की पहली मानव विकास रिपोर्ट कब जारी की गई थी?
A. मार्च 2000 B. जून 2003
C. अप्रैल 2001 D. अप्रैल 2002

36. राष्ट्रीय विकास परिषद् की स्थापना किस वर्ष हुई थी?
A. 1949 B. 1950
C. 1951 D. 1952

37. बैंक कार्यालयों की सर्वाधिक संख्या किस राज्य में है?
A. महाराष्ट्र B. आंध्र प्रदेश
C. उत्तर प्रदेश D. दिल्ली

38. देवी अहिल्याबाई होल्कर अन्तर्राष्ट्रीय हवाई अड्डा कहाँ स्थित है?
A. कोझीकोड B. इंदौर
C. कोयम्बटूर D. नागपुर

39. किस पंचवर्षीय योजना का मुख्य उद्देश्य 'गरीबी हटाओ' रखा गया था?
A. पांचवीं पंचवर्षीय योजना
B. चौथी पंचवर्षीय योजना
C. छठी पंचवर्षीय योजना
D. सातवीं पंचवर्षीय योजना

40. भारत में शीर्ष इथेनॉल उत्पादक राज्य कौन-सा है?
A. महाराष्ट्र B. आन्ध्र प्रदेश
C. उत्तर प्रदेश D. मध्य प्रदेश

41. आपरेशन कुटीर ज्योति किससे संबंधित है?
A. प्रौढ़ साक्षरता
B. स्वरोजगार
C. गरीबी उन्मूलन
D. ग्रामीण विद्युतीकरण

42. ग्रामीण विद्युतीकरण निगम की स्थापना कब की गई थी?
A. 1979 में B. 1989 में
C. 1959 में D. 1969 में

43. ओ.एन.जी.सी. का सम्बन्ध निम्नलिखित में से किससे है?
A. परमाणु ऊर्जा B. खनिज तेल एवं गैस
C. जल ऊर्जा D. तापीय ऊर्जा

44. निम्नलिखित में से कौन-सा प्रत्यक्ष कर है?
A. बिक्री कर B. आय कर
C. उत्पाद कर D. सीमा कर

45. शेयरों का सर्वाधिक कारोबार किसमें होता है?
A. बीएसई B. एनएसई
C. ओटीसीईआई D. डीएसई

46. यू टी आई की स्थापना की गई थी-
A. 1982 में B. 1964 में
C. 1980 में D. 1976 में

47. वर्ष 1980 में कितने बैंकों का राष्ट्रीयकरण किया गया था?
A. 14 B. 8
C. 9 D. 6

48. भारत में इरडा (IRDA) नियमित करता है-
A. पूंजी व्यवसाय B. अंशों का निर्गमन
C. बीमा व्यवसाय D. बैंकिंग व्यवसाय

49. यदि जनसंख्या स्तर बढ़ता है तो वस्तुओं की मांग में भी वृद्धि होती है। किन्तु यदि इस अनुपात में वस्तु उत्पादन का स्तर नहीं बढ़ता है तो वस्तुओं के मूल्य–
A. गिरेंगे
B. ऊपर उठेंगे
C. स्थिर रहेंगे
D. आपूर्ति की जाने वाली वस्तुओं की मात्रा पर निर्भर करेंगे

50. विश्व में वह कौन-सा प्रथम राष्ट्र है जिसने आधिकारिक रूप से परिवार नियोजन कार्यक्रम को अपनाया?
A. चीन B. भारत
C. जापान D. कनाडा

51. हमारे देश में भयप्रद दर से जनसंख्या वृद्धि का कारण है–
A. जन्म दर की अधिकता
B. मृत्यु दर की अधिकता
C. आधुनिक दवाओं द्वारा जीवन वृद्धि
D. A. और C. दोनों

52. जनसंख्या वृद्धि से किन लोगों के आर्थिक व अन्य विकासों पर आघात लगेगा?
A. धनी लोगों के B. निर्धन लोगों के
C. उद्योगपतियों के D. सरकारी कर्मचारियों के

53. निम्नलिखित में से कौन सा कदम उठाया जाए जिससे भारतीय श्रमिकों की उत्पादकता में वृद्धि हो सके?
A. अच्छे वेतन देना
B. कार्य दशाओं में सुधार
C. जीवन स्तर और स्वास्थ्य सुविधाओं में सुधार
D. उपरोक्त सभी

54. भारत में विद्युत शक्ति का प्रमुख स्रोत है–
A. ताप शक्ति B. जल-विद्युत
C. परमाणु शक्ति D. बॉयोमास

55. निम्नलिखित में से कौन विकासशील अर्थव्यवस्था का एक घटक नहीं है?
A. जनसंख्या वृद्धि की उच्च दर
B. बेरोजगारी की उच्च दर
C. पूंजी निर्माण की उच्च दर
D. व्यापक निर्धनता

56. भूमि सुधारों का उद्देश्य है–
A. भू स्वामियों को भूमि का वितरण करना
B. भूमि सम्बन्धी प्रक्रियाओं की वृद्धि में से अन्याय और शोषण दूर करना
C. भूमिहीन कृषकों के लिए अधिक भूमि प्राप्त करना
D. उपरोक्त सभी

57. किसी मुक्त बाजार अर्थव्यवस्था में वस्तुओं के मूल्य व अन्य सेवाएं निर्धारित की जाएंगी–
A. सरकार द्वारा
B. भारतीय रिजर्व बैंक द्वारा
C. विश्व बैंक द्वारा
D. मांग और आपूर्ति के बल द्वारा

58. किसी मुक्त व्यापार अर्थव्यवस्था में उत्पादकता और कार्यक्षमता की वृद्धि के लिए–
A. बीमार औद्योगिक इकाइयों को बंद कर देना चाहिए या फिर उनकी संख्या कम करनी चाहिए
B. राज्य के स्वामित्व वाली इकाइयों पर व्यय करना बंद कर देना चाहिए
C. मुक्त व्यापार की भावना को बढ़ाना चाहिए
D. उपरोक्त सभी

59. भारत में पंचवर्षीय योजनाएं गरीबी स्तर को घटाने में असफल क्यों रही हैं?
   A. योजनाएं जल्दबाजी में बनी थीं
   B. योजनाओं का उचित रूप से कार्यान्वयन नहीं हुआ
   C. जनता को योजनाओं के पर्याप्त लाभ नहीं मिले
   D. उपरोक्त सभी

60. भारतीय कृषि की निम्नलिखित में से कौन सी विशेषता नहीं है?
   A. गरीब कृषक
   B. पिछड़ी हुई कृषि तकनीक
   C. उर्वरकों का अल्प उपयोग
   D. पर्याप्त मात्रा में कृषि उत्पादन का निर्यात

61. किस राज्य में गेहूं नहीं उगाया जाता?
   A. पंजाब B. उत्तर प्रदेश
   C. केरल D. मध्य प्रदेश

62. ग्रामीण विकास किया जा सकता है–
   A. पंचायती राज संस्थाओं द्वारा
   B. जिला उद्योग केन्द्रों द्वारा
   C. लघु उद्योगों द्वारा
   D. उपरोक्त सभी के द्वारा

63. हमारा कृषि उत्पादन निर्भर करता है मुख्यतः–
   A. उच्च गुणवत्ता वाले बीजों और खाद पर
   B. मानसून चक्रों पर
   C. आधुनिक कृषि यंत्रों पर
   D. कृषि विश्वविद्यालयों और अन्य अनुसंधान संस्थानों के अनुसंधान सम्बन्धी प्रयासों पर

64. भारतीय मसाला (spices) अनुसंधान संस्थान स्थित है–
   A. कानपुर B. कोच्चि
   C. नई दिल्ली D. कोझीकोड

65. RLEGP संक्षेपाक्षर है–
   A. रेगूलेशन ऑफ लैंडलैस एम्प्लाइमेंट गारन्टी प्रोटोकोल का
   B. रूरल लैंडलैस एम्प्लाइमेंट गारन्टी प्रोग्राम का
   C. रूरल लेजिस्लेशन फॉर एम्प्लाइमेंट गारन्टी प्रोग्राम का
   D. उपरोक्त में से किसी का नहीं

66. भारतीय नीति आयोग का अध्यक्ष होता है–
   A. योजना मंत्री B. वित्त मंत्री
   C. राष्ट्रपति D. प्रधानमंत्री

67. दसवीं पंचवर्षीय योजना की अवधि क्या थी?
   A. 2001-06
   B. 2002-07
   C. 2003-08
   D. उपरोक्त में से कोई नहीं

68. पंचवर्षीय योजनाओं के बारे में निम्नलिखित में से कौन-सा कथन सही नहीं है?
   A. आधारित ढांचा विकसित किया गया
   B. जीवन स्तर में वृद्धि नहीं की जा सकी
   C. पिछड़े क्षेत्रों का विकास
   D. प्रति व्यक्ति आय बढ़ी

69. पंचवर्षीय योजनाओं से कौन से क्षेत्र लाभान्वित हुए?
   A. औद्योगिक क्षेत्र B. राष्ट्रीय ढांचा क्षेत्र
   C. राष्ट्रीय आय D. उपरोक्त सभी

70. प्रथम पंचवर्षीय योजना निम्नलिखित में से किस अवधि के लिए थी?
   A. 1947-52 B. 1948-53
   C. 1952-57 D. 1951-56

71. दूसरी पंचवर्षीय योजना की रूपरेखा किसने तैयार की थी?
   A. बी.एन. गाडगिल B. पी.सी. महालनोबिस
   C. वी.के. राव D. सी.एन. वकील

72. विश्व में आम तथा केले के उत्पादन में किस देश का प्रथम स्थान है?
   A. अमरीका B. सिंगापुर
   C. भारत D. मलेशिया

73. भारत में जीएसटी का प्रावधान किस संविधान संशोधन अधिनियम के तहत किया गया?
   A. 98वाँ B. 84वाँ
   C. 76वाँ D. 101वाँ

74. बैंक दर निर्धारित करता है–
   A. भारतीय रिजर्व बैंक B. आई॰डी॰बी॰आई॰
   C. भारतीय स्टेट बैंक D. वित्त मंत्रालय

75. किसी व्यावसायिक बैंक का निम्नलिखित में से कौन सा एक मुख्य कार्य है?
   A. बैंक दर निर्धारित करना
   B. जनता से जमाओं को स्वीकार करना
   C. करेन्सी नोट जारी करना
   D. उपरोक्त सभी

76. लेफर वक्र किनके बीच संबंधों का अध्ययन करता है?
   A. कर-दर तथा कर आय के बीच
   B. कर-दर तथा व्यय के बीच
   C. कर-दर तथा उपभोग के बीच
   D. कर-दर तथा कल्याण के बीच

77. राजकीय ऋण का विस्तार उत्पन्न कर सकता है :
   A. बचत में गिरावट B. ब्याज दरों में वृद्धि
   C. विनियोग में कमी D. उपरोक्त सभी

78. यह किस अर्थशास्त्री का कथन है कि अन्तर्राष्ट्रीय व्यापार निरपेक्ष लाभ के सिद्धान्त पर आधारित है?
   A. जे.एस. मिल B. एडम स्मिथ
   C. बर्टिल ओहलिन D. डेविड रिकार्डो

79. तुलनात्मक लाभ के तहत, दो राष्ट्रों के बीच विशिष्ट वस्तुओं के मुक्त व्यापार से होगी :

A. सम्पूर्ण आर्थिक कार्यक्षमता में कमी
B. दो राष्ट्रों में से किसी एक राष्ट्र की वास्तविक मजदूरी के स्तर में कमी
C. दोनों राष्ट्रों के वास्तविक मजदूरी के स्तरों में वृद्धि
D. दो राष्ट्रों में से केवल एक राष्ट्र की वास्तविक मजदूरी के स्तर में वृद्धि

80. निम्नलिखित में से किस दिन को भारत में राष्ट्रीय ऊर्जा संरक्षण दिवस के रूप में प्रति वर्ष मनाया जाता है?

A. 7 दिसम्बर B. 20 दिसम्बर
C. 14 दिसम्बर D. 24 दिसम्बर

81. दीर्घकालीन राजकोषीय नीति के अन्तर्गत निम्न में से किस कर को प्रस्तावित किया गया था?

A. मौडवैट (MODVAT)
B. वैट (VAT)
C. लाभ कर
D. उत्तराधिकार कर

82. किसानों को ऋणों में राहत देना भाग है :

A. योजना-व्यय का B. गैर-योजना व्यय का
C. विकास व्यय का D. रक्षा व्यय का

83. यूटीआई की स्थापना की गई :

A. 1982 B. 1980
C. 1964 D. 1976

84. उपभोग की गैर प्रतिद्वंद्वी वस्तुओं को कहते हैं :

A. निजी वस्तुएं B. निःशुल्क वस्तुएं
C. सार्वजनिक वस्तुएं D. गैर आर्थिक वस्तुएं

85. समग्र मूल्य स्तर का सर्वाधिक व्यापक माप है :

A. उपभोक्ता मूल्य सूचकांक
B. उत्पादक मूल्य सूचकांक
C. सकल राष्ट्रीय उत्पाद अपस्फीतक
D. थोक मूल्य सूचकांक

86. कीन्स का अर्थशास्त्र अधिक बल देता है :

A. मौद्रिक नीति पर
B. राजकोषीय नीति पर
C. ब्याज दर निर्धारण पर
D. मुक्त व्यापार यन्त्रविन्यास पर

87. उच्चशक्ति द्रव्य के उत्पादक है :

A. व्यापारिक बैंक B. सहकारी बैंक
C. वित्त मंत्रालय D. रिजर्व बैंक आफ इन्डिया

88. एक व्यक्ति जो अन्य कार्य तलाशने के लिये, काम छोड़ता है वह है :

A. आंशिक रूप से बेरोजगार
B. संरचनात्मक रूप से बेरोजगार
C. चक्रीय रूप से बेरोजगार
D. श्रम शक्ति में सम्मिलित नहीं

89. मुद्रा प्रसार तथा बेरोजगारी के बीच अदला-बदली (trade-off) स्थिर रहती है :

A. स्टेग फ्लेशन की अवधि के दौरान
B. जब मुद्रा प्रसार की अकर्मण्य दर अपरिवर्तित रहती है
C. मन्द मांग की अवधि के दौरान
D. दीर्घकाल में

90. 'गरीबी का दुश्चक्र' प्रतिपादित किया गया था:

A. ए. मार्शल द्वारा B. जे.एम. कीन्स द्वारा
C. रेगनर नर्क्स द्वारा D. एम. फ्रीडमेन द्वारा

उत्तरमाला

1 A	**2** C	**3** B	**4** D	**5** B	**6** D	**7** C	**8** A	**9** B	**10** A
11 D	**12** C	**13** B	**14** D	**15** D	**16** C	**17** D	**18** A	**19** C	**20** B
21 C	**22** D	**23** C	**24** C	**25** C	**26** B	**27** C	**28** D	**29** A	**30** B
31 A	**32** C	**33** C	**34** A	**35** D	**36** D	**37** C	**38** B	**39** A	**40** C
41 D	**42** D	**43** B	**44** B	**45** A	**46** B	**47** D	**48** C	**49** B	**50** B
51 D	**52** B	**53** D	**54** A	**55** C	**56** C	**57** D	**58** D	**59** B	**60** D
61 C	**62** D	**63** B	**64** D	**65** B	**66** D	**67** B	**68** B	**69** D	**70** D
71 B	**72** C	**73** D	**74** A	**75** B	**76** A	**77** D	**78** B	**79** C	**80** C
81 B	**82** B	**83** C	**84** C	**85** D	**86** A	**87** D	**88** A	**89** D	**90** C

English Language

1

Comprehension Passages

ENGLISH LANGUAGE COMPREHENSION

The objective of language comprehension test is to ascertain the ability of the candidates to understand the passage properly.

Therefore candidates are required to take notice of the following points:

1. Read the full passage very attentively and intelligently.
2. Try to comprehend the gist of it.
3. Make a mental note of all the important details and points given in the passage.
4. Read the passage for the second time in case you have not been able to understand it satisfactorily.
5. Divide the time proportionately for all the passages.
6. Answer the questions on the basis of facts, as given in the paragraph.
7. Don't waste much time in answering the questions of any one passage.
8. Check all the answers once again, very carefully, to see whether any question is left unanswered by mistake.

MODEL QUESTIONS (FOR PRACTICE)

Directions: *Each of the following passages is followed by five questions. Read the passage carefully and then answer the questions that follow each. For each question, four probable answers A, B, C and D are given. Only one out of these is correct. Choose the correct answer.*

PASSAGE-1

The use of words like 'welcome', 'thank you', 'please', etc., at the right moment reflects a polite nature. The civic sense also lies within the scope of good manners. We should not shout or talk loudly in public places like hospitals and libraries and create disturbance. We should not cheat people or make fun of them. Cleanliness is also necessary. We must not throw the waste on roads and make use of dustbins. We should not harm the public property as it belongs to all of us. While in a queue, discipline should be maintained. We must give fair chance to others.

1. Expressions like 'welcome' 'thank you' and 'please' reflect
A. happiness B. discipline
C. civic sense D. polite nature

2. While in a library, we should
A. respect others B. avoid arguments
C. talk in low tone D. be courteous

3. A public property belongs to
A. nobody B. all of us
C. government D. one who maintains it

4. Discipline is
A. the rule of proper conduct or action
B. the rule of road sense
C. making use of dustbins
D. forming a queue

5. The most appropriate title for this passage would be
A. Polite Nature B. Courtesy
C. Good Manners D. Civic Sense

PASSAGE-2

There is an old proverb 'Early to bed and early to rise makes a man healthy and wise.' I am in the habit of getting up early in the morning and have formed the habit of taking long morning walks in the past two years. It is a light exercise and best for physical fitness. The morning air which is fresh and pure is beneficial for the lungs. The early rays of the rising sun are good for healthy skin. 'Health is wealth' and doctors also recommend morning walk to their patients for gaining sound health and freshness of energy.

1. What is good for lungs?
A. Sunrays B. Fresh air
C. Sound sleep D. Light exercise

2. What is a light exercise?
A. Early to bed B. Early to rise
C. Morning walk D. Gaining sound health

3. What is good for skin?
A. Fresh air B. Morning air
C. Morning walk D. Rising sun's rays

4. What is best for physical fitness?
A. Light exercise B. Long morning walk
C. Early to rise D. Fresh and pure air

5. Long morning walk
A. bring sound sleep
B. ensures physical fitness
C. ensures healthy skin
D. keeps healthy, wealthy and wise

PASSAGE-3

Mahatma Gandhi lived a splendid long life and has set great moral standards before us. He showed to the world the true way to peace. He wished to see India prosper but he became a martyr for the noble cause of Hindu-Muslim unity at the time of partition when a religious fanatic, Nathuram Godse, shot him dead on January 30, 1948. His last words were 'Hey Ram'. He lived and died for his country and countryman.

1. Mahatma Gandhi showed the world the true way to
A. prosperity B. love
C. truth D. peace

2. Mahatma Gandhi became a martyr for the noble cause of
A. truth B. non-violence
C. freedom of India D. Hindu-Muslim unity

3. Mahatma Gandhi was shot dead
A. before India achieved independence
B. by a mad man
C. by an intolerant religious person
D. by a non-religious person

4. Mahatma Gandhi set great moral standards. It means
A. he was a great religious teacher
B. he was a great moralist
C. he made India morally stronger
D. moral was everything to him

5. Gandhiji lived and died for his country and countryman. It means
A. he was born in India and died in India
B. he was a patriot
C. he was a great moralist
D. he sacrified his life for India and her people

PASSAGE-4

On one hot day a crow felt very thirsty. He flew from one place to another in search of water. After long hours of labour he found a pitcher. Eagerly, he perched on the mouth of the pitcher. He found that the water was at the bottom of the vessel. He tried his best to dip his beak but did not succeed. He did not know what to do. Suddenly some pebbles lying nearby gave him an idea. One by one he dropped the pebbles with his beak into the pitcher. The level of water slowly came up to the mouth of the pitcher. The crow then drank the water and quenched his thirst.

1. The crow found a pitcher
A. as it flew
B. after many hours of labour
C. full of water
D. which was empty

2. What is the moral of the passage?
A. No pains, no gains
B. God helps those who help themselves
C. Necessity is the mother of invention
D. Try and try again, you will succeed at last

3. The crow flew from place to place
A. in search of pitcher B. in search of pebbles
C. in search of water D. in search of a vessel

4. The pitcher, the crow found
A. was full of water
B. was dry
C. had little water in the bottom
D. had water up to its mouth

5. As the crow dropped pebbles into the pitcher, what happend?
A. The pitcher broke down
B. The water leaked one of the pitcher
C. The level of water into the pitcher rose up slowly
D. Water level immediately rose to the mouth of the pitcher

PASSAGE-5

Once upon a time a crane and a fox lived in a forest. They were good friend. One day the fox invited the crane to a feast. He made a tasty food and served it before the crane on a plate. The crane could not eat anything because of the long beak. But the fox licked all his food. The crane felt insulted. He decided to teach the fox a lesson. Next day he invited the fox. He prepared the same tasty food and placed it in front of the fox inside a narrow glass. The crane ate easily while the fox looked on. Now, it was the fox's turn to remain hungry.

1. What is the moral of the passage?
A. Beware of the wicked
B. One good turn deserves another
C. Be contented with what you have
D. Tit for tat

2. The crane could not eat tasty food because the
A. food was served in a shallow plate
B. food was very hot
C. food was served in a long jar
D. crane was not hungry

3. The fox had to remain hungry because
A. the food served was not enough in quantity
B. the food was served inside a narrow glass
C. the food served was not tasty
D. the food was all liquid

4. Why did the crane feel insulted?
A. Because he was invited to feast but he could not eat anything
B. Because the food was served in a shallow plate and he could not eat
C. Because the food was too hot
D. Because the fox gulped all the food quickly

5. The crane successfully taught a lesson to the fox when he invited the fox to a feast and served the food
A. in a narrow glass B. in a large plate
C. in a broken plate D. in a long jar

PASSAGE-6

The family set down at the table and began to talk about the summer holidays. They had to decide a place to visit during the vacation. Should they go to their village or to a hill station? The parents preferred the village while the children wished to go the hill station. After few moments of discussion the elders decided to visit both the places. First they shall go to the village for a week and then stay at the hill station for the remaining days. For the first time the family shall be together during the holidays. The children were happy with the holiday plan.

1. The purpose for which the family set down at the table was
   A. to decide a place to visit during the vacation
   B. to educate the children how to carry articles during a visit to a hill station
   C. to decide the date when they should start their journey
   D. to tell the children that they will visit a hill station during this vacation
2. The final plan was to visit
   A. their village
   B. a hill station
   C. their village as well as a hill station
   D. their home town
3. The final decision was made by
   A. the boys B. the girls
   C. the women D. the elders
4. They decided first to go to their village and stay there for
   A. a day B. a week
   C. ten days D. a fortnight
5. Why were children happy?
   A. Because a hill station was included in their holiday plan
   B. Because a visit to their village was excluded from their holiday plan
   C. Because their choice prevailed
   D. Because they were going all alone to the hill station

PASSAGE-7

Once Govind intended to go on pilgrimage with his family. He asked Mirind to accompany. But for his trade's reason, he did not go with him. So Govind thought it safe to leave the box of his jewellery with him, as it was dangerous to leave it in a lone house or take it on the journey. So he went to him with the box. He took him to a lonely place under a tree and handed it over to him. He told Mirind, "Keep it safe with you. I shall return from the journey after six month then I shall take it back from you." Mirind said, "Don't worry, I shall keep it as safe as own."

1. Govind intended to go
   A. for a business trip
   B. to a hill station
   C. on a long journey to a sacred place
   D. to his home town for a long period
2. Why did Govind leave his box of jewellery with Mirind?
   A. Because it was not safe to take the box with him on a long journey
   B. Because Mirind was his fast friend
   C. Because the box was very heavy
   D. Because his house was unsafe
3. Why did Govind take Mirind to a lonely place?
   A. To tell him that the box contained valuable jewellery
   B. So that no third person could see box
   C. To show him what was within the box
   D. To tell him that the box will remain with him
4. Where did Govind hand over the box of jewellery to Mirind?
   A. At Mirind's house
   B. At his own house
   C. In a lonely place
   D. In a lonely place under a tree
5. It was not safe to leave the box in a lone house. Here the word 'lone house' means
   A. a house in a deserted place
   B. a house where none lives
   C. a house without door and lock
   D. a house near the forest

PASSAGE-8

Zahir-ud-din Babar was the first Mughal emperor of India. A descendent of Timur on father's side and Changez Khan on his mother's side, Babar was a brave warrior. After defeating Ibrahim Lodhi in the First Battle of Panipat in 1526 he entered Delhi and soon gained control over Agra. After many more battles with Rajputs he extended his empire over Punjab, Uttar Pradesh and north Bihar. He died at a young age of 48 years in 1530 at his capital Agra without getting much time to consolidate his victories.

1. Zahir-ud-din Babar was the first
   A. Muslim ruler of India B. Mughal ruler of India
   C. Afghan ruler of India D. Turk ruler of India
2. Babar was born in the years
   A. 1480 B. 1482
   C. 1492 D. 1962
3. Babar first occupied
   A. Punjab B. Agra
   C. Delhi D. Panipat
4. Babar was a brave warrior. Here brave warrior means
   A. courageous soldier B. a kind hearted soldier
   C. a clever fighter D. a victorious general
5. Babar extended his empire over Punjab and Uttar Pradesh after many more battles with the
   A. Afghans B. Rajputs
   C. Mughals D. Lodhies

PASSAGE-9

Our National Flag is tricolour. It has three equal horizontal strips. The strip at the top is saffron, in the middle is white and at the bottom is green. The ratio of width to length of the flag is 2 : 3. In the centre of the white strip is a wheel in navy blue. The wheel represents the *chakra.* Its design is similar to the wheel which appears on the abacus of the Sarnath Lion Capital of Ashoka. Its diameter approximates to the width of the white strip. The wheel has 24 spokes. It was adopted by Constituent Assembly on July 22, 1947. We love our national flag. We respect it. We are ready to sacrifice our life to protect its honour. It represents the nation. So it is a symbol of national honour.

1. In our national flag the wheel is located in the centre of

A. saffron strip B. white strip
C. green strip D. blue strip

2. In our national flag which of the strips is at the bottom in our national flag

A. blue C. saffron
B. white D. green

3. Why do we love our national flag?

A. Because it is tricolour
B. Because it has three strips
C. Because it has a wheel at the centre
D. Because it is a symbol of national honour

4. Our national flag was approved by

A. President
B. Lok Sabha
C. Parliament
D. Constituent Assembly

5. The diameter approximates to the width of the white strip. Here the word 'approximates' means

A. is more or less equal
B. is exactly equal
C. is not equal
D. is related

PASSAGE-10

Distance in large cities are long. All the people do not have their own means of transport. They have to depend upon the state or private buses. The number of bus users is very large. Every bus stop is, therefore, crowded. The number of buses is not adequate. Thus people suffer the torture of long wait at the bus stop. Some bus stops are quite orderly. People form queues and get into the buses turn by turn. However, often this order is forgotten and confusion spreads when the bus comes and the law of jungle prevails.

1. Why are the bus stops crowded?

A. Because they are small is size
B. Because the number of passengers is very large
C. Because they are situated at some busy centre
D. Because people do not form queues

2. Long wait at the bus stop is the result of

A. over-crowding in the buses
B. late running of buses
C. shortage of buses
D. slow speed of buses

3. Some bus stops are quite orderly where

A. there is no crowd
B. the number of buses is adequate
C. people do not have to wait for long
D. people form queues and enter the buses one by one

4. Most of the people who travel by buses are

A. non-working
B. do not have their own vehicles
C. have to go a long distance
D. live in large cities

5. What happens when people do not have their own transport?

A. They have to wait for a bus at a bus stop
B. They have to depend upon the state or private buses
C. They have to travel long distances
D. They form queues and get into buses one by one

ANSWERS

	1	2	3	4	5
Passage 1.	D	C	B	A	C
Passage 2.	B	C	D	B	B
Passage 3.	D	D	C	B	D
Passage 4.	B	C	C	C	C
Passage 5.	D	A	B	B	A
Passage 6.	A	C	D	B	A
Passage 7.	C	A	B	D	B
Passage 8.	B	B	C	A	B
Passage 9.	B	D	D	D	A
Passage 10.	B	C	D	B	B

●●●

2

English Grammar

PARTS OF SPEECH

Part of speech	Definition or Function	Examples
Noun	Name of a person, place, animal, quality or thing	Ram, boy, dog pen, sun, Delhi, truth, honesty
Pronoun	Used in place of a noun	I, you, he she, they
Articles & Determiners	Points out indefinite and definite nouns	a, an, the, few, some
Adjective	Describes a noun or pronoun	big, honest, wooden valuable, quiet, deep, soft, narrow
Adverb	Describes a verb, an adjective or another adverb	silently, widely, softly, quietly, very, carefully
Verb	Tells about action or state of something or someone	is, am, was, have, do, like, walk, work, make, throw, tell
Conjuction	Joins words, clauses or sentences	and, but, when, yet, while, else
Preposition	Links a noun or pronoun to another word	at, to, after, on for, under, over, with
Interjection	Expresses sudden feelings or emotions	Ah!, Alas!, oh!, ouch!, hi!, well!, Hurrah!

NOUNS

A word which denotes a person, a thing, an animal or a place is said to be a noun.

There are two noun numbers in English — the *Singular* and the *Plural.*

Singular Numbers : A noun that denotes one person or one thing, is said to be in the Singular number. For example — book, pencil, bird, dog, hen etc. are in singular number.

Plural Number : A noun that denotes more than one person or one thing is said to be in plural number. For example — boys, pens, lions, girls, men etc. are in plural number.

REMEMBER

Singular	*Plural*	*Singular*	*Plural*
Cat	Cats	Book	Books
Pen	Pens	Room	Rooms
Tree	Trees	Bus	Buses
Bush	Bushes	Box	Boxes
Glass	Glasses	Dish	Dishes
Judge	Judges	Tax	Taxes
Watch	Watches	Calf	Calves
Thief	Thieves	Knife	Knives
Scarf	Scarves	Wife	Wives
Leaf	Leaves	Wolf	Wolves
Half	Halves	Monarch	Monarchs
Roof	Roofs	Hoof	Hoofs
Gulf	Gulfs	Staff	Staffs
Radio	Radios	Bamboo	Bamboos
Folio	Folios	Hero	Heroes
Volcano	Volcanoes	Mango	Mangoes
Potato	Potatoes	Photo	Photos
Piano	Pianos	Baby	Babies
Fly	Flies	Country	Countries
Lady	Ladies	Boy	Boys
Monkey	Monkeys	Ox	Oxen
Child	Children	Man	Men
Woman	Women	Tooth	Teeth
Axis	Axes	Basis	Bases
Foot	Feet	Goose	Geese
Englishman	Englishmen	Radius	Radii
Vertex	Vertices	Stimulus	Stimuli

1. Note the plurals of the following nouns:

Singular	*Plural*	*Singular*	*Plural*
copy	copies	cry	cries
baby	babies	duty	duties
body	bodies	country	countries
family	families	diary	diaries
fly	flies	fairy	fairies
city	cities	spy	spies
army	armies	storey	storeys
bay	bays	monkey	monkeys

2. The following nouns do not undergo any change in plural form, in general.

Singular	*Plural*	*Singular*	*Plural*
deer	deer	sheep	sheep
thousand	thousand	pair	pair
hundred	hundred	score	score
dozen	dozen	gross	gross

Note: We can write—

(*a*) thousands of men; (*b*) two pairs of shoes; (*c*) dozens of mangoes; (*d*) scores of people etc. But—
(*a*) two thousand rupees; (*b*) three hundred men; (*c*) five dozen eggs, etc.

3. The following nouns are usually used in plural forms. They take a plural verb after them—

eatables	fetters	surroundings
riches	alms	spectacles
trousers	pants	scissors
premises	thanks	annals
congratulations	goods	shorts
tongs	pains	arms
breeches	(for troubles)	

4. The following are the nouns which are plural in appearance but are usually used in singular number. They are followed by a singular verb—

news	politics	physics
mathematics	economics	ethics
politics	classics	gallows
statistics	athletics	innings
mechanics	summons	mumps

5. Collective nouns often used as plurals—

public	police	cattle
audience	clergy	folk
people	poultry	nation
elite	gentry	glitterati

6. The nouns that are usually used in singular forms—

advice	hair	rice
fuel	alphabet	machinery
offspring	issue	furniture
mischief	stationery	luggage
bedding	information	abuse

7. Material nouns are always used in singular number—

gold	copper	milk
water	silk	wool

Note: They may be used in plural with a different meaning. copper coins (coppers), chains or fetters (irons), cans made of tin (tins).

GENDERS

The difference in sex is denoted by Gender in grammar. The various genders are as follows :

1. **Masculine Gender :** A noun that denotes a male is said to be of the masculine gender, as man, uncle, ox, boy etc.
2. **Feminine Gender :** A noun that denotes a female is said to be of feminine gender, as woman, aunt, princess, cow etc.
3. **Common Gender :** Nouns which denote both males and females are said to be of the common gender, as friend, cousin, person, parent, baby etc.
4. **Neuter Gender :** A noun that denotes the name of object without life is said to be of neuter gender, as file, table, pencil.

REMEMBER

Masculine	*Feminine*
Boy	Girl
Son	Daughter
Brother	Sister
Murderer	Murderess
Sorcerer	Sorceress
Son-in-law	Daughter-in-law
Father-in-law	Mother-in-law
Man-servant	Maid-servant
Land-lord	Land-lady
Bachelor	Maid
Gentleman	Lady
Monk	Nun
Earl	Countess
Lad	Lass
Sir	Madam
Duke	Dutchess
Emperor	Empress
Milk-man	Milk-maid
Pea-cock	Pea-hen
Step-father	Step-mother
Hero	Heroine
Viceroy	Vicerine
Mr.	Mrs.
Governor	Governess
Master	Mistress
Wizard	Witch
Heir	Heiress
Host	Hostess
Lion	Lioness
Mayor	Mayoress
Actor	Actress
Buck	Doe
Colt	Filly
Dog	Bitch
Horse	Mare
Count	Countess
Hunter	Huntress
Prince	Princess
Abbot	Abbess
God	Goddess
Author	Authoress
Ox	Cow
Widower	Widow
Grand-father	Grand-mother
He-goat	She-goat
Milk-man	Milk-woman
Bridegroom	Bride
Tiger	Tigress
Priest	Priestess
Poet	Poetess
Shepherd	Shepherdess
Nephew	Niece
Stag	Hind

PRONOUNS

The repetition of a noun in a sentence or a set of sentences is really boring. So, instead of repeating the noun, we can use a word (for that noun) called the pronoun.
"A pronoun is a word that we use instead of a noun".

Example:
This is *Sachin. He* plays cricket.
Note: *He* is the pronoun used in place of *Sachin.*

Kinds of Pronouns

1. **Personal pronouns :** A pronoun which is used instead of the name of a person is known as a 'Personal Pronoun'. A list of the 'Personal pronouns' is listed below :
   I, my, mine, me, we (First Person)
   You, your, yours (Second Person)
   He, his, him, she, her, hers, it, its, they, their, theirs, them (Third Person)
2. **Demonstrative, Indefinite and Distributive Pronouns :**
   (a) Demonstrative Pronouns : Pronouns used to point out the objects to which they refer are called Demonstrative Pronouns.
   Examples :
   (i) *This* is a present from my uncle.
   (ii) *These* are merely excuses.
   (iii) Bembay mangoes are better than *those* of Bangaluru.
   (b) Indefinite Pronouns : All pronouns which refer to persons or things in a general way and do not refer to any particular person or thing are called Indefinite Pronouns.
   Examples :
   (i) *Somebody* has stolen my watch.
   (ii) *Few* escaped unhurt.
   (iii) Did you ask *anybody* to come?
   (c) Distributive Pronouns : Each, either, neither are called distributive pronouns because they refer to persons or things one at a time. For this reason they are always singular and followed by the verb in singular.
   Examples :
   (i) *Each* of the men received a reward.
   (ii) *These* men received *each* a reward.
   (iii) *Either* of you can go.
3. **Relative Pronouns :** A relative pronoun refers or relates to some noun going before, which is called its Antecedent.
   Examples :
   (i) I met Hari *who* used to live here.
   (ii) I have found the pen *which* I had lost.
   (iii) Here is the book *that* you lent me.
4. **Interrogative Pronouns :** These pronouns, are used for asking questions.
   Examples :
   (i) *Whose* book is this?
   (ii) *What* will all the neighbours say?
   (iii) *Which* do you prefer, tea or coffee?

Note : Interrogative pronouns can also be used in asking indirect questions. Consider the following examples :
(i) I asked *who* was speaking.
(ii) Tell me *what* you have done.
(iii) Say *which* you would like best.

Behaviour of the Pronouns

1. If three pronouns are used together in the same sentence they are arranged in the following order :

2	+	3	+	1
↓		↓		↓
Second Person		Third Person		First Person

Examples :
I, you and he must help *that* poor man. (Incorrect)
You, he and I must help *that* poor man. Correct)

2. When two or more singular nouns are joined by and, the pronoun used for them should be plural.
   Examples :
   Mohan and Sohan are friends. *They* play football. *They* live at Lajpat Nagar.
3. But if these nouns joined by and refer to the same person or thing, the pronoun used should be singular.
   Examples :
   (i) Delhi, the beautiful city and the capital of India, is famous for *its* historical monuments.
   (ii) The manager and owner of the firm expressed *his* views on the demands of the workers.
4. When two nouns are used with as well as, the pronoun agrees with the first subject.
   Examples :
   (a) Mohan as well as his friends is doing *his* work.
   (b) The students as well as their teachers are doing *their* work.
5. When two singular nouns joined by 'and' are preceded by *each* or *every,* the pronoun used must be singular and should agree in gender with the second noun.
   Examples :
   (a) Every man and every woman will do *her* best for the nation.
   (b) Each boy and each girl went to *her* house.
6. When two nouns are joined by using 'with', the pronoun agrees with the noun coming before 'with'.
   Examples :
   (a) The boy with *his* parents has gone to see a movie.
   (b) The children with *their* parents have gone to picnic.
7. When two different nouns are joined by either......... or; neither .... nor, the pronoun is used according to the number and gender of the second noun:

Examples :
(a) Either your sister or you have done *your* work.
(b) Neither the students nor the teacher was in *his* class.

8. The pronoun coming after '*than*' must be in the same case as that coming before '*than*'.
Examples :
(a) She plays better than *me*. (Incorrect)
She plays better than *I*. (Correct)
(b) His elder brother is more intelligent than *him*. (Incorrect)
His elder brother is more intelligent than *he*. (Correct)

9. 'Many a' always takes a singular pronoun and singular verb.
Example :
Many a soldier has met *his* death in the battle field.

10. 'Who', 'Whose', 'Whom' are used only for persons.
Examples :
(a) *Who* is knocking at the door?
(b) *Whose* pen is this?
(c) *What* do you want?

11. 'Which' is used for things.
Example : *Which* game do you like?

MULTIPLE CHOICE QUESTIONS

Directions: *In the following questions choose the correct options to fill the blanks.*

1. The place was so dirty that ..... wished to run away from there.
A. everybody B. anybody
C. few D. some

2. ..... was there to help me.
A. Somebody B. Anything
C. Anybody D. Nobody

3. Is there ...... to eat?
A. some B. something
C. any D. few

4. ..... of the students were making a great noise.
A. Anyone B. Somebody
C. Many D. Nobody

5. ..... of the students can solve this sum.
A. Someone B. Anybody
C. Somebody D. None

6. ...... of us should try our best to make India a heaven.
A. Any B. Somebody
C. Anybody D. All

7. ...... of us do not know the real meaning of our lives.
A. Any B. Something
C. Several D. Many

8. My .... black.
A. hairs are B. hair is
C. hairs shall D. hair will

9. She saw two .... on the last Sunday.
A. thiefs B. theifs
C. thieves D. theives

10. My sister is a ....
A. bacheloress B. bachelor
C. unmaried D. spinster

11. One is supposed to do ....
A. our duty B. their duty
C. one's duty D. his duty

12. Take anything .... you want.
A. that B. which
C. than D. then

13. I cannot tolerate ....
A. separated you B. your separation
C. separation from you D. you separated

14. He is .... faithful partner.
A. Yours B. You
C. Your D. Your's

15. Ajay is more smart than ....
A. her B. hers
C. herself D. she

16. Vivek works harder than ....
A. me B. I
C. her D. his

17. They should help ....
A. the poor people B. the poor
C. the poor persons D. the poor peoples

18. .... are mad.
A. All his sons B. His all sons
C. Sons all his D. All sons his

19. The poor fellow .... to fate.
A. resigned B. resigned himself
C. resigned itself D. resigned themselves

20. Nobody will help you but ....
A. I B. me
C. ours D. his

21. It is a good chance, You must avail ...... this opportunity.
A. of B. yourself of
C. for D. from

22. The person who is elected .... my relative.
A. is B. he is
C. his D. him

23. He made ....
A. yours mention B. mention of you
C. mention for you D. mention about you

24. .... I know, he is quite faithful.
A. As far as B. So far as
C. So far this D. So far so

25. It is a duty of a person to take .... for his family.

A. pain B. pains
C. pain-killers D. pained

26. She does not love .... husband.

A. his B. her
C. its D. their

27. Let .... work together.

A. him and me B. he and I
C. he and him D. I and me

28. Copper, Silver and Gold ....

A. each will do B. either will do
C. any one will do D. any will do

29. Jessica and Roma are very irregular .... habits.

A. in her B. in their
C. in its D. in every

30. One likes to enjoy .... who was a great poet.

A. The sonnets of Shakespeare
B. Shakespeare's sonnets
C. Sonnets
D. Shakespeare

ANSWERS

1	2	3	4	5	6	7	8	9	10
A	D	B	C	D	D	D	B	C	D
11	12	13	14	15	16	17	18	19	20
C	A	C	C	D	B	B	A	B	B
21	22	23	24	25	26	27	28	29	30
B	A	B	A	B	B	A	C	B	A

ARTICLES

The family of the articles has only three members. They are : A, An and The. However, they fall under two groups :
(a) Definite Article *(b)* Indefinite Article

'The' is known as definite article whereas 'a' and 'an' are known as indefinite articles.

Use of the Definite Article 'The'

'The' is used before

1. The superlative degree :
He is the ablest man of the town.
(ablest is a superlative degree)
2. The name of states, countries etc. having a descriptive name :
(i) The J & K is a small state. (J & K is a descriptive name)
(ii) He lives in the U.S.A. (U.S.A. is a descriptive name)
(But the Delhi and the America are wrong because neither Delhi nor America is a descriptive name)
3. The names of the scriptures :
The Gita is a holy book. (Gita is a scripture)
4. Name of newspapers :
The Tribune is published from Chandigarh.
5. Name of rivers, canals, seas, oceans, bays, gulfs, groups of islands etc. :
(i) The Ganga is a holy river.
(ii) The Indian Ocean is the deepest ocean.
(iii) The Persian Gulf is a narrow gulf.
6. The name of famous buildings :
The Taj is one of the best buildings in India.
7. The names of nationals, sects and communities:
(i) The English defeated the Germans in the World War.
(ii) The rich should help the poor.
(iii) The Hindus believe in the caste system.
8. Proper nouns used as common nouns :
(i) Kalidas is the Shakespeare of India.
(ii) Delhi is the London of India.
9. Famous historical events :
The Industrial Revolution changed the face of England.
10. The directions and the celestial bodies:
The sun rises in the east.
11. Titles : Akbar, the Great was loved by his subjects.

Do not use 'the'

1. Before languages :
The English is an international language. (Incorrect)
English is an international language. (Correct)
2. Before the names of games :
The hockey is a popular game. (Incorrect)
Hockey is a popular game. (Correct)

Use of the Indefinite Articles 'A' and 'An'

'A' is used before :

1. All singular common nouns beginning with a consonant :
(i) A boy sings a song.
(ii) A black and a white cow were grazing in the field.
2. If a word begins with a vowel but gives the sound of a consonant, 'a' should be used before it :
(i) He was helped in his work by a European.
(ii) He is a one-eyed man.
(iii) It is a useful work.

'An' is used as follows :

1. All singular common nouns beginning with a vowel (*i.e.*, a, e, i, o, u) :
   (i) He is an artist. (ii) He is an old man. (iii) I intend to buy an umbrella.
2. If a word starts with a consonant but gives the sound of a vowel, "an" should be used before it :
   (i) Brutus is an honourable man.
   (ii) He is an honour to his profession.
   (iii) He is an L.L.B.

Demonstratives, that, these and those

1. The demonstrative adjectives and pronouns are for objects nearby the speaker:
   this (singular) those (plural)
   and for objects far away from the speaker.
   That (singular) those (plural)
2. Demonstratives are the only adjectives that agree in number with their nouns.
   That hat is nice.
   Those hats are nice.
3. When there is the idea of selection, the pronoun "one" (or "ones") often follows the demonstrative.
   I want a book. I'll get this (one).
   If the demonstrative is followed by an adjective, "one"(or "ones") must be used.
   I want a book. I'll get this big one.

MULTIPLE CHOICE QUESTIONS

Directions: *In the following questions choose the correct options to fill the blanks.*

1. .... will have to be paid for this material.
A. Half rupee B. Half a rupee
C. A half rupee D. An half rupee

2. .... is taking keen interest in India.
A. The USA B. USA
C. An USA D. A USA

3. Only .... can save our country.
A. the Hitler B. a Hitler
C. Hitler D. an Hitler

4. I can run for ....
A. hundred miles B. the hundred miles
C. a hundred miles D. an hundred miles.

5. .... man-eater has been killed.
A. The B. A
C. An D. Either A or B

6. What .... fine idea!
A. the B. an
C. a D. No article

7. .... earth is moving around the sun.
A. An B. A
C. The D. No article

8. This is .... first example while I got.
A. the B. a
C. an D. No article

9. This is .... house which was built during earthquake.
A. a B. an
C. the D. No article

10. .... America is a rich country.
A. The B. An
C. A D. No article

11. .... U.S.A. is a developed country.
A. A B. An
C. The D. No article

12. .... Bible is a holy book.
A. A B. The
C. An D. No article

13. .... rich should help the poor.
A. The B. A
C. An D. No article

14. .... Gold is a costly metal.
A. The B. A
C. An D. No article

15. Kalidas is .... Shakespeare of India.
A. a B. an
C. the D. No article

16. I cannot do .... difficult work.
A. a such B. the such
C. such the D. such a

17. How foolish .... plan it is!
A. a B. an
C. the D. No article

18. An ink is .... useful article.
A. an B. a
C. the D. No article

19. There are .... husband and wife.
A. a B. an
C. the D. No article

20. He is learning .... French
A. the B. a
C. an D. No article

ANSWERS

1	2	3	4	5	6	7	8	9	10
B	A	B	C	D	C	C	A	C	D
11	**12**	**13**	**14**	**15**	**16**	**17**	**18**	**19**	**20**
C	B	A	D	C	D	A	B	D	D

ADJECTIVES & ADVERBS

An Adjective is a word which adds something to the meaning of a noun or a pronoun.

Mridula is an *intelligent* girl. He has a *black* goat.
He is a *brilliant* student. She is a *clever* girl.
It is a *beautiful* picture.

In the sentences given above, the words in italics are adjectives.

An Adverb is a word which qualifies the meaning of a Verb, an Adjective or another Adverb.

(*i*) He talks *slowly.*
(*ii*) He is a *very* good student.
(*iii*) He talks *very* slowly.

In sentence (*i*), *slowly* qualifies the verb *talks.*
In sentence (*ii*), *very* qualifies the adjective *good.*
In sentence (*iii*), *very* qualifies the adverb *slowly.*

Adjectives have three degrees of comparison :

1. **Positive Degree :** It expresses the common form of an adjective.
   Example :
   Ram is a *tall* boy.
   In the above sentence *tall* is an adjective and expresses the common form.
2. **Comparative Degree :** It expresses the more of the same form.
   Example :
   Ram is *taller* than Mahesh.
   In the above sentence *taller* is an adjective that expresses the more of the common form of the adjective *tall*.
   "When and How to Use" Comparative Degree?
   (a) Comparative Degree is used when two persons or two groups of persons or things are compared.
   Examples :
   (a)He is *wiser* than his younger brother.
   (b)This glass is *cleaner* than the other.
   (b) When two different qualities in the same person are compared, more is used instead of 'er' to form the comparative. The formula used in this case should be :
   More + Positive Degree
   She is *fairer* than polite. (Incorrect)
   She is *more fair* than polite. (Correct)
   (c) When selection of one out of two persons or things is meant, the degree of comparison is followed by of and *the* is used before it.
   Example :
   Zia is abler of *the* two sisters.
   (d) If two comparatives are used in the same sentence to impress upon an idea, both should be preceded by the definite article.
   Examples :
   (i) The higher you go, the cooler it is.
   (ii) The more we get, the more we desire.
   (e) When one person or thing is compared with another of the same kind, other is used after the comparative degree. In such sentences other is normally preceded by any or all.
   Examples :
   (i) Kalidas is greater than any dramatist. (Incorrect)
   Kalidas is greater than any other dramatist. (Correct)
   (ii) Lead is heavier than all metals. (Incorrect)
   Lead is heavier than all other metals. (Correct)
   (f) Senior, junior, superior, inferior, prior, anterior (earlier than) and posterior (later than) are always followed by 'to'.
   Examples :
   (i) Ram is senior *to* Mohan by three years.
   (ii) That pen is inferior *to* that.
   (iii) He is junior *to* me in rank.
   (iv) This event was posterior *to* that.
   Note: Never use *than* after the above mentioned adjectives.

Important Information

(a) 'Preferable' is also used as an adjective of the comparative degree. As such, it is always followed by *to* and not *a*.
Death is preferable than dishonour. (Incorrect)
Death is preferable *to* dishonour. (Correct)

(b) To intensify the Degree of comparison, we use *far* or *much* before the comparative.
Examples :
(i) This book is *far* better than that.
(ii) His performance was *much* better than Mohan's.
Warning : Always avoid the use of double comparatives.
Don't say : Ram is more cleverer than his younger brother.
Say: Ram is cleverer than his younger brother.

3. **Superlative Degree :** It expresses the most of the common form of an adjective.
   Example :
   He is the ablest man of the town.

How and when to use the Superlative Degree?

(a) The Superlative Degree is used when more than two persons or things are compared.
(b) The Superlative Degree is generally preceded by 'the' and followed by 'of' in most of the cases or otherwise.
(c) When an adjective of the superlative degree is preceded by a Possessive Adjective or a Noun in the Possessive case, 'the' should not be used before it.
Example :
Which is Kalidas' best play?

It will be a blunder to use 'the' before the Superlative Degree in such cases.

Don't say : Which is Kalidas' the best play.

(d) To intensify the degree of comparison, *by far* is used before the superlative degree.

Example :

India is *by far* the most beautiful country of the world.

Note: Always avoid the use of double superlatives.

Don't say : He is the most strongest boy in the class.

Say : He is the strongest boy in the class.

Use of some Important Adjectives

1. (a) '**Some**' is used as follows :
   (i) With countable nouns where it means— a little, a small quantity.
   (ii) In a question which shows some request.

   Examples :
   (i) There is some water in the bottle.
   (ii) Some of the students were absent yesterday.
   (iii) Will you have some milk?
   (iv) Will you buy some fruit for me?

   (b) **'Any'** is used as follows :
   (i) In negative sentences.
   (ii) In interrogative sentences.
   (iii) After 'Hardly', 'Scarcely' and 'Barely'.
   (iv) After 'If'.

   Examples :
   (i) There is not any sugar in the pot.
   (ii) We haven't any rice in the house.
   (iii) I have hardly any money.
   (iv) There are scarcely any plants in this field.
   (v) If there is any danger, blow the whistle.

2. (a) **Older :** Older (and oldest) are used for persons animals and things. But 'Older' and 'Oldest' refer to the persons who do not belong to the same family.

   Examples :
   (i) Radha is older than Shyama.
   (ii) John is the oldest member of the staff.
   'Older' and 'Oldest' refer to the persons who do not belong to the same family.

   (b) **Elder** (and **eldest**) are used in respect of the members of the same family like sons, daughters, brothers, sisters.

   Examples :
   (i) My elder sister is a lecturer.
   (ii) Meenakshi is the eldest of the three sisters.

   Note :
   (i) 'Elder' is not followed by 'than'.
   (ii) 'Elder' and 'Eldest' cannot be used for things.

3. (a) **'Few'** is negative and is the opposite of 'Many'. It means 'not many'.
   (b) **'A few'** is positive and means 'some at least'. It is the opposite of 'None'.
   (c) **'The few'** means 'minority' and suggests 'whether there is'.

   Examples :
   (i) We have few holidays in school.
   (ii) Only a few boys will fail in the examination.
   (iii) The few poems that he wrote are very popular.

4. (a) **Further** means 'something additional'.
   (b) **Farther** means 'a greater distance'.

   Examples :
   (i) Further discussion will be held in the office of the principal.
   (ii) Amritsar is farther from Delhi than Ambala.

5. (a) **Little** is negative. It means, 'not much', or 'hardly any'.
   (b) **A little** is positive. It means 'some quantity'.
   (c) **The little** denotes quantity. It means, 'not much but all that is, or whatever quantity there is'.

   Examples :
   (i) There is little hope of his success.
   (ii) He knows a little of everything.
   (iii) I have spent the little money I had.
   (iv) The little knowledge of shoe-making proved very useful to me.

6. (a) **'Much'** expresses 'quantity'.
   (b) **'Many'** expresses 'number'.
   (c) **'Many a'**—'Singular noun' and 'Singular verb' are used with 'many a'.

   Examples :
   (i) There is not *much* water in the jug.
   (ii) *Many* boys are absent today.
   (iii) *Many* a battle has been fought on the soil of India.

7. (a) **'Less'** denotes 'in a small degree'.
   (b) **'Fewer'** denotes 'number'.

   Examples :
   (i) He devotes less time to his studies.
   (ii) There are no fewer than ten chairs in this room.

8. (a) **'Each'** is used for a single number of 'two persons' or 'things'.
   (b) **'Every'** is used for a single number of 'many persons' or 'things'.

   Examples :
   (i) Each boy must take part in games.
   (ii) There are only two poets. Each poet recited his poem.
   (iii) Every man dies in this world.
   (iv) Every man is expected to do his duty.

9. (a) **'Either'** means one of the two or both.
   (b) **'Neither'** is negative of the either.

   Examples :
   (i) You may buy either of these two chairs.
   (ii) Neither of them could speak on the stage.

10. (a) **'Later'** expresses 'late in time'.
    (b) **'Latter'** means 'second in position or order'.

    Examples :
    (i) My father reached later than I expected.
    (ii) The latter position was better than the former.

Use of some Important Adverbs

1. (a) Also, too, enough:
   (i) He taught English. Also, he edited the school magazine
   (ii) He is a writer and also he is a painter.
   (iii) He is too obstinate to listen to any reason.
   (iv) This is too difficult a piece for the junior students.
   (v) Sarla was kind enough to help the poor.
   (vi) He is brave enough to help the truth.
   Note: 'Too' is used in a negative sense, but enough is used in a positive sense.

   (b) Fairly and rather: Both suggest the meaning 'moderately'. But, mainly 'fairly' is used with the words that denote a positive meaning and rather is used with the words that denote a negative meaning:
   (i) Rita did fairly well in that competition, but her performance was rather poor in sports.
   (ii) Mona is fairly rich, but she is rather stingy.
   Note: 'Rather' can also be used in a positive sense.
   (i) This is a rather interesting job.
   (ii) That boy is rather smart.

   (c) Hardly, barely, scarcely: These words mostly convey the negative suggestions and are almost similar.
   (i) I have hardly any strength now.
   (ii) There was barely any supply to the township,
   (iii) There were scarcely a hundred guests present.
   Note: With slight variance in the meaning, the words given above convey the idea of 'very little', 'not enough', 'lack of quantity and number'.

   (d) Yet, Still: These adverbs can often be used to connect the sentence units:
   (i) He has been defeated many times in the contest; still he wants to be a competitor.
   (ii) Mona was sick; yet she went on doing her work.

   (e) Alone:
   (i) He alone (none else) is capable of handling that fire,
   (ii) He hunted all alone in the forest. (not in any company)

Special Note:

(a) Apart from their conventional positions the adverbs might be used in different positions with different meanings and angles.
   (i) He had only four books.
   (ii) John only contacted his friend in need.
   (iii) He greeted me only.
   (iv) Only he greeted me there.

(b) Inversion: Some adverbs can be inverted *i.e.* placed in the beginning of the sentence and then be followed by an interrogative form. The most common of these adverb are: so, seldom, never, nowhere, under no circumstances, hardly, scarcely etc.
   (i) So big was the bus that it could not enter the narrow lane.
   (ii) Hardly had he reached the station when he received the message.

MULTIPLE CHOICE QUESTIONS

Directions: *In the following questions choose the correct options to fill the blanks.*

1. The girl whom you met is the .... sister of Ravi.
A. eldest B. elder
C. older D. oldest

2. The historical place is ....
A. seeing worth B. worthy of seeing
C. worth seeing D. worthy seeing

3. These flowers smell ....
A. sweet B. sweetly
C. more sweetly D. sweetest

4. .... aspirant cannot pass the entrance examination.
A. Each B. Every
C. All D. No

5. Harivansh Rai .... second Shakespeare.
A. is a B. is
C. is the D. is an

6. .... student in the class got prizes.
A. Each and every B. Every and each
C. Every D. Never

7. It is .... picture than the one we saw last Monday.
A. interesting B. much interesting
C. more interesting D. most interesting

8. She is clever ....
A. that her mother is B. as her mother is
C. to her mother is D. than her mother is

9. They will get ....
A. Red, green and black paper
B. Red, green black paper
C. Red and green and black paper
D. Red green black paper

10. Health is .... wealth.
A. preferable to B. more preferable than
C. more preferable to D. most preferable then

11. .... water that was in the jug evaporated.
A. Little B. The little
C. Small D. A small

12. He has not sung .... songs.
A. much B. most
C. more D. many

13. Srishti has searched .... office.
A. whole the B. the whole
C. a whole D. some whole

14. Premchand was .... best and .... famous writer.
A. a, the most B. the, a most
C. the, more D. the, the most

15. William Shakespeare is famous as ....

A. a poet and a dramatist
B. a poet and dramatist
C. the poet and the dramatist
D. a poet and the dramatist

16. What does .... leader suggest?

A. other B. another
C. others D. anothers

17. He .... money.

A. has few B. have few
C. has little D. have little

18. The .... boys are rewarded.

A. first two B. two first
C. firsts two D. two's first

19. He is .... brave.

A. stronger than
B. stronger then
C. more strong then
D. more strong than

20. No sooner said ....

A. so done B. and done
C. then done D. but done

21. She returned .... than I had thought.

A. quickly B. more quicker
C. more quickly D. quicker

22. He is .... foolish person.

A. rather the B. a rather
C. rather a D. rather

23. This pen .... rupees.

A. costs twenty B. twenty costs only
C. costs only twenty D. only costs twenty

24. It is .... pride.

A. nothing else but B. nothing else than
C. else nothing than D. but

25. This tea is .... to drink.

A. too hot B. very hot
C. enough hot D. much hot

ANSWERS

1	2	3	4	5	6	7	8	9	10
A	C	A	B	A	C	C	C	A	A
11	**12**	**13**	**14**	**15**	**16**	**17**	**18**	**19**	**20**
B	D	B	D	B	B	C	A	D	C
21	**22**	**23**	**24**	**25**					
C	C	C	A	A					

DETERMINERS

Determiners are actually Adjectives. They are always followed by nouns.

Determiners are of the following kinds:

1. **Demonstrative Determiners :** this, that, these, those
2. **Possessive Determiners :** my, our, your, his, her, its, their
3. **Quantitative Determiners :** some, any, much, enough, sufficient, whole, a little, the little, little, all, both
4. **Numerical Determiners:** a few, some, few, the few, any, several, many, no, etc.
   One, two, three ... (Cardinals)
   First, second, third ... (Ordinals)
5. **Distributive Determiners:** either, neither
6. **Articles: Indefinite:** a, an, **Definite:** the

MULTIPLE CHOICE QUESTIONS

Directions: *In the following questions choose the correct options to fill the blanks.*

1. Give me .... rice.

A. some B. few
C. a few D. any

2. ...... sheep grazing on the slope of the hill had gone away.

A. Any B. The few
C. This D. Much

3. Have you got .... magazines to read?

A. all B. much
C. some D. little

4. I have .... money that I want to spend on shares.

A. any B. much
C. less D. some

5. There is .... owl on the branch of the tree.

A. a B. the
C. an D. some

6. My brother is .... MBA.

A. a B. an
C. the D. any

7. Have you got .... cheese?

A. some B. many
C. a few D. few

8. No, I have not got .... cheese.

A. many B. few
C. any D. some

9. There is only .... milk left in the bottle.
A. enough B. few
C. much D. a little

10. There is .... hope of his recovery.
A. any B. little
C. many D. few

11. .... dogs were barking at the strangers.
A. Some B. Any
C. Much D. Less

12. The girl bought her father .... juice.
A. few B. some
C. any D. many

13. You should take .... honey everyday.
A. any B. many
C. a little D. a few

14. .... boy was punished by the teacher.
A. Either B. All
C. Any D. Many

15. .... girl was asked to join the army.
A. None B. Neither
C. All D. Any

16. .... water in the jug has been drunk by Mohan.
A. The little B. The few
C. A few D. Few

17. I shall play .... piano at the party.
A. some B. any
C. the D. few

18. .... labourers were found dead in the mine.
A. Any B. Fewer
C. Many D. Less

19. Could I borrow .... umbrella?
A. our B. your
C. yours D. my

20. My brother is standing in the .... row.
A. any B. many
C. some D. first

ANSWERS

1	2	3	4	5	6	7	8	9	10
A	B	C	D	C	B	A	C	D	B
11	**12**	**13**	**14**	**15**	**16**	**17**	**18**	**19**	**20**
A	B	C	A	B	A	C	C	B	D

THE VERB

A Verb is a word that tells something about the action or state of or happenning to a person or thing.

A Verb tells the following:

1. What a person or thing does.
   Sachin goes to school daily.
   The bell *rang* loudly.
   Many birds fly in the sky.
   She *sang* a song.
2. What a person or thing is.
   India *is* the biggest democracy in the world.
   Ram Mehar *is* very rich.
   They *are* happy.
3. What is done to a person or thing.
   You *are liked* by all.
   Two thieves *were arrested.*
   Four students *were punished* by the teacher.
4. What happens to a person or thing.
   His maternal uncle *died* last week.
   Two ships *sank* yesterday.
   Leaves *turn* yellow in autumn.
5. What a person or thing has, had, and so on.
   I *have* a new car.
   He *had* a scooter last year.
   He *has* several cows and goats.

It goes without saying that a verb is the most important part of a sentence. No sentence is complete without a Verb.

Important Information

1. If two or more singular nouns are joined by 'and' the verb used will be plural.
   Example:
   (i) He and I were going to the market.
   (ii) Ram and Mohan are friends.
2. If two singular nouns joined by 'and' points out to the same thing or person, the verb used must be singular.
   Example:
   (i) Rice and curry is the favourite food of the Punjabis.
   (ii) The Collector and District Magistrate is away.
3. In case two subjects are joined by 'as well as' the verb agrees with the first subject.
   Example :
   (i) Kanta as well as her children is playing.
   (ii) Children as well as their mother are playing.
   In the case of first sentence the verb (is) agrees with Kanta and in the case of second sentence the verb (are) agrees with the children.
4. 'Neither', 'Either', 'Every', 'Each', 'Everyone', and 'Many a' are followed by a singular verb.
   Example :
   (i) Either of the plans is to be adopted.
   (ii) Neither of the two brothers is sure to pass.
   (iii) Every student is expected to be obedient.
   (iv) Everyone of them desires this.
   (v) Many a person is drowned in the sea.

5. If two subjects are joined by 'Either .... or' / 'Neither .... nor', the verb agrees with the subject near to it.

Example :

(i) Either my brother or I am to do this work.

(ii) Neither he nor they are prepared to do this work.

6. 'A great many' is always followed by a 'plural noun' and a 'plural verb'. For example :

A great many students have been declared successful.

7. Similarly if two subjects are joined by 'with', 'together with', 'no less than', in addition to 'and not', etc. the verb agrees with the first subject.

Example :

(i) The boy with his parents has arrived.

(ii) He, no less than I, is to blame.

8. Nouns, plural in form, but singular in meaning, take a singular verb.

Example :

This news was broadcast from television yesterday.

MULTIPLE CHOICE QUESTIONS

Directions: *In the following questions choose the correct options to fill the blanks.*

1. The bus with all its passengers .... lost.
A. were B. was
C. are D. would

2. You as well as I .... responsible for this work.
A. am B. are
C. was D. is

3. Raghava like all his companions .... a spoiled child.
A. are B. were
C. is D. will be

4. Pen and ink .... required for me.
A. are B. were
C. is D. has required

5. Every girl and every boy .... attended the seminar.
A. have B. has
C. is D. are

6. Not only she but all her sisters ...... been married.
A. has B. have
C. is D. are

7. There .... nothing but miseries in life.
A. is B. are
C. were D. will be

8. Neither prose nor poem .... given.
A. were B. was
C. has D. have

9. Either he or I .... wrong.
A. is B. are
C. am D. were

10. Either Sulekha or Rekha .... coming here.
A. are B. is
C. were D. have

11. .... the child or his parents to blame?
A. Is B. Are
C. Were D. Has

12. You and I .... neighbours.
A. am B. are
C. was D. has

13. The house with all its belongings ..... sold away.
A. were B. are
C. was D. must

14. Either water or juice .... required.
A. is B. are
C. were D. has

15. There were not as many tables as .... required.
A. was B. were
C. is D. are

16. They each .... a book.
A. have B. are
C. has D. is

17. He and I .... class friends.
A. is B. am
C. was D. are

18. She as well as I .... guilty.
A. is B. are
C. am D. must be

19. Purushottam .... not read more on this chapter.
A. needs
B. has been need
C. need
D. had been need

20. He came .... to his aunt.
A. run B. running
C. to run D. in run

ANSWERS

1	2	3	4	5	6	7	8	9	10
B	B	C	C	B	B	A	B	C	B
11	**12**	**13**	**14**	**15**	**16**	**17**	**18**	**19**	**20**
A	B	C	A	B	A	D	A	C	B

CONJUNCTIONS

A conjunction is a word which connects words, clauses or sentences.

Look at the following sentences.

(i) He bought apples *and* mangoes.

(ii) God made the country *and* man made the town.

(iii) The door was open *but* there was no one in the house.

(iv) He knows that I am here *and* that I want to see him.

In the sentence (i), *and* connects two words—*apples* and *mangoes.*

In the sentence (ii), *and* connects two sentences—*God made the country* and *man made the town.*

In the sentence (iii), *but* connects two sentences— *The door was open* and *there was no one in the house.*

In the sentence (iv), *and* connects two clauses—*that I am here* and *that I want to see him.*

The main coordinating conjunctions are:

and, but, for, or, nor, also, either ..... or, neither ..... nor.

There are some conjunctions which are used in pairs. They are:

either .... or, ... neither .... nor, both .... and, though .... yet, whether .... or, not only .... but also.

Example: *Either* take it *or* leave it.

It is *neither* useful *nor* ornamental.

They *both* like *and* respect me.

Though he is suffering from high fever, *yet* he does not cry.

He does not care *whether* you go *or* stay.

He is *not only* doltish, *but also* obstinate.

The conjunctions which are used in pairs in this way, are called correlative conjunctions, or merely correlatives.

Use of Important Conjunctions

1. **As soon as :** As soon as denotes simultaneous time.
   Example : As soon as he saw his enemy, he took to his heels.
2. **No sooner .... than :**
   (a) 'No sooner' is always followed by 'than'.
   (b) Please remember that 'No sooner' is always followed by do/does/did. As such only first form of the verb should be used after the subject.
   Example :
   No sooner did he see his enemy than he took to his heels.
3. **Hardly :** Hardly is followed by when.
   Examples :
   (i) Hardly had I left the house when it started raining.
   (ii) We had hardly come into the room when his father began chastising him.
   Note :
   A. Hardly is never followed by than.
   B. 'Scarcely' can also be used in the sense and manner of 'Hardly'.
4. **Lest :** Lest is used in the sense of so that .... not. It is always followed by should. Lest is negative in sense. Hence 'not' should never be used with it.
   Example :
   Work hard lest you should fail.
   Note : 'Lest' is always followed by 'should' and not 'may'.
5. **Unless :** Unless expresses condition. It is also used in the negative sense. Use of 'not' is not allowed with unless because unless is already in the negative sense.
   Example :
   Unless you labour hard you will not pass.
6. **Until :** 'Until' expresses time. It means 'till not'.
   Example : Wait here until I return.
   Note : Until is in the negative sense. So 'not' should not be used with it. Example :
   Wait here until I do not return. (Incorrect)
   Wait here until I return. (Correct)
7. **As well as :** When two subjects are joined by 'as well as' the verb always agrees with the first subject.
   Examples :
   (i) The teacher as well as students is playing.
   (ii) Students as well as the teacher are playing.
   Note : 'Both' and 'as well as' cannot be used together in the same sentence.
   Examples :
   Both Sita as well as Kanta are beautiful. (Incorrect)
   Sita as well as Kanta is beautiful. (Correct)
   Both Sita and Kanta are beautiful. (Correct)
8. **As if :** 'As if' is used in the sense of pretension. While using 'as if' in a sentence, we should see that even the third person singular subject gets 'were'.
   Example : He talks as if he were mad.
9. **Till :** Till expresses time. Till is always used in the affirmative.
   Example :
   We did not come back till sunset.
10. **Rather than :** 'Rather than' is used in the sense of 'preference' 'Rather' is always followed by 'than'.
    Example :
    I would rather die than submit.
11. **As long as/so long as :** Both express time during which an action or event takes place.
    Example :
    As long as there is life, there is hope.
12. **However :** It is both a subordinate and co-ordinate clause.
    Examples :
    (a) Mala worked hard, she however, failed.
    (b) However hard he may work, he cannot pass.
13. **Such as :** 'Such as' gives us the sense of 'like'. Such is always followed by 'as'.
    Example :
    Life is such a puzzle as cannot be solved.

MULTIPLE CHOICE QUESTIONS

Directions: *In the following questions choose the correct options to fill the blanks.*

1. Neither he .... his friend is good.
A. or B. and
C. but D. nor

2. The officer asked the peon .... why he was late.
A. that B. if
C. but D. No word needed

3. Both Ajay .... Vijay are intelligent.
A. or B. nor
C. and D. No word needed

4. No Sooner did the thief see the public .... he ran away.
A. then B. and
C. but D. than

5. Abhinav .... his brothers was going to Mumbai.
A. but
B. yet
C. No word needed
D. together with

6. He behaves .... he were the captain of the team.
A. as if B. as
C. No word needed D. that

7. Either Rupali .... Sonali is going to attend the meeting.
A. and B. but
C. nor D. or

8. Neither Nirmal .... Ashwinee is going to listen the speech.
A. and B. but
C. nor D. or

9. Ravi .... Prakash are going to Kolkata.
A. or B. nor
C. but D. and

10. Rice .... curry is my usual breakfast.
A. and B. but
C. then D. than

11. Hardly had he left .... his brother came.
A. then B. than
C. when D. that

12. I would rather have a copy .... a book.
A. then B. than
C. when D. that

13. He is no other .... my friend.
A. then B. than
C. when D. but

14. He saw a snake ....he awoke.
A. then B. when
C. than D. No word needed

15. Ten years have passed .... my grandmother died.
A. since B. when
C. then D. than

16. She is .... good .... bad.
A. either, not B. neither, or
C. neither, nor D. neither, than

17. The cellphone is both cheap .... best.
A. than B. and
C. then D. or

18. No sooner did the rogue see the police .... he disappeared.
A. then B. than
C. so D. because

19. Srishti will go .... Sanju goes.
A. if B. than
C. then D. although

20. She is wise .... timid.
A. and B. yet
C. but D. however

21. Make hay .... the sun shines.
A. though B. while
C. after D. before

22. He is so weak .... he cannot walk.
A. but B. that
C. then D. so

23. Although he is rich, ... he is unhappy.
A. but B. yet
C. so D. still

24. Wait here ...... I come back.
A. till B. until
C. before D. after

25. He is my friend .... I shall help him.
A. so B. hence
C. that is why D. therefore

26. He must go away .... he will be beaten.
A. otherwise B. and
C. or D. else

27. God loves good men .... good men love God.
A. and B. or
C. that D. those

28. He was late .... he was not punished.
A. but B. yet
C. still D. therefore

29. Walk slowly ...., you may fall.
A. and B. or
C. so D. otherwise

30. Work hard, ... you will fail.
A. and B. or
C. otherwise D. else

ANSWERS

1	2	3	4	5	6	7	8	9	10
D	D	C	D	D	A	D	C	D	A
11	12	13	14	15	16	17	18	19	20
C	B	B	B	A	C	B	B	A	C
21	22	23	24	25	26	27	28	29	30
B	B	B	A	B	C	A	C	D	D

PREPOSITIONS

A *Preposition* is a word which is placed before a noun or a pronoun to show its relation to some other word in the sentence.

1. I saw a goat *in* the field.
2. I am fond *of* hot coffee.

In sentence 1, the word *in* shows the relation between two things—*goat* and *field.*

In sentence 2, the word *of* shows the relation between the attribute expressed by the adjective *found* and *tea.*

The words *in* and *of* are here used as prepositions.

The noun or pronoun which is used with a preposition is called its object. The noun or pronoun is in the objective case. It is governed by the preposition. Now it is absolutely clear that in sentence 1, the noun *field* is in the objective case. The word *field* is governed by the preposition *in.*

A preposition may have two or more objects.

The road runs over *hill* and *plain.*

Here, the words *hill* and *plain* are used as objects.

Use of Important Prepositions

1. Among, Between

'**Among**' is used for more than two persons or things; '**Between**' is used only for two.

Examples :

(i) Distribute these sweets *among* the poor students of the class.

(ii) Distribute these books *between* Ram and Shyam.

2. Among, In

'**Among**' is used before collective plural nouns. '**In**' is used before collective singular nouns.

Examples :

(i) I found him standing *among* the crowd.

(ii) I saw him in the crowd.

3. Beside, Besides

'**Beside**' means 'by the side of'. '**Besides**' means 'in addition to'.

Examples :

(i) The daughter was sitting *beside* her mother.

(ii) *Besides* his relatives, he invited his friends also.

4. In, Within

'**In**' means at the expiry of a period of time in future, '**Within**' means before the expiry of a period of time in any tense.

Examples :

(i) She will return *in* a week.

(ii) I shall finish my work *within* a weak.

5. On, Upon

'**On**' is used for things at rest; '**Upon**' is used for things in motion.

Examples :

(i) He is sitting *on* the floor.

(ii) The dog sprang *upon* the table.

6. By, With

'**By**' denotes the agent or doer, '**With**' denotes the instrument with which anything is done.

Examples :

(i) The bird was killed *by* the hunter with an arrow.

(ii) He beat the dog *with* a stick.

(iii) I shall reach here *by* five o'clock.

7. After, In

'**After**' means at the end of a period of time in the past. '**In**' means at the end of a period of time in future.

Examples :

(i) I shall return your book *in* a week.

(ii) He returned the book *after* a week.

8. For, From, Since

'**For**' is used before a noun denoting a period of time with all the tenses. '**From**' is used before a noun or phrase denoting a point of time, it is used in all the tenses. '**Since**' is used before a noun or phrase denoting some point of time and is always produced by a verb in the perfect continuous tense or third form of a verb.

Examples :

(i) We have been playing cards *for* two hours.

(ii) She stayed with her uncle *from* the 15th of March to the 15th of May.

(iii) I have been reading this book *since* morning.

9. Above, Over

'**Above**' means 'higher from', **Over** is used in the following four senses :

(i) In the sense of 'above' :
At noon, the sun is *over* our heads.

(ii) In the sense of 'beyond' :
I cannot get *over* my disappointment.

(iii) In the sense of 'Superiority' :
God *over* all blesses for ever more.

(iv) In the sense of 'Conclusion' :
It is all *over* with me.

10. At, Towards

'**At**' denotes the idea of aim, '**Towards**' denotes the idea of destination.

Examples :

(i) He threw the stone *at* the cat.

(ii) He went *towards* the house.

11. At, In, On

'At' is used as follows :

(i) '**At**' is used with small towns and villages. **Examples:**

(a) He was born *at* Sonepat.

(b) He lives *at* village Bangra. (Bangra is a village)

(ii) '**At**' is used before a noun denoting a definite point of time.

Example :

He called on me *at* 9 p.m. yesterday.

'In' is used as follows :

(iii) '**In**' is used with the names of big cities, provinces and countries.

Examples :

(a) His father lives *in* England.

(b) His younger brother lives *in* Calcutta.

(iv) '**In**' is used before the names of months and years.

Example :

His elder sister was born *in* 1972 *in* the month of May.

'**On**' is used with dates and names of days. **Examples:**

(a) I joined college *on* the 26th April.

(b) He will leave for Kolkata *on* Wednesday next.

Important Information

1. '**In**' is also used in the following phrases :
   In the morning; In the evening, In winter, In summer.
2. '**In**' also denotes a place inside anything.
   He travelled *in* a crowded bus.
3. '**At**' is used in the following phrases :
   At home, *At* the station, *At* work, *At* play.

12. Below, Beneath

Below means 'of lower level in position, dignity and expectation' etc. *Beneath* means 'under'.

Examples :

(i) It is *below* my dignity to talk to her.

(ii) They rested *beneath* the shade of a tree.

13. In, Into, To

'**In**' expresses Rest or Motion inside anything. '**Into**' expresses Motion towards the inside of anything or change from one medium to another. '**To**' denotes motion from one place to another.

Examples :

(i) The boys are *in* the room.

(ii) Translate this passage from English *into* Hindi.

(iii) Every morning he goes *to* the temple.

14. Till, By, Of, Off

- 'Till' means upto or not earlier than.
- 'By' means not later than.
- 'Of' shows cause, source, separation, quality, contents, possession, apposition, point of reference, space in time etc.
- 'Off' shows separation at a near distance, and detached condition.

Consider the following examples:

(i) I shall work *till* 5 a.m.

(ii) Madhu died *of* cancer.

(iii) The nib *of* the pen is made *of* gold.

(iv) He presented me a bottle *of* perfume.

(v) Our principal is a man *of* principle.

(vi) He lived in the house *of* his friend.

(vii) *By* this time tomorrow, I'll have finished my job.

(viii) My house is *off* the road.

(ix) The book fell *off* the table.

MULTIPLE CHOICE QUESTIONS

Directions: *Tick the correct preposition for the blank in each of the following sentences.*

1. He applied ...... the manager.
A. for B. to
C. with D. by

2. Trust ...... God and do the right.
A. in B. for
C. to D. with

3. She is worthy ...... a prize.
A. with B. for
C. to D. of

4. Mr. Gomes has no taste ...... music.
A. of B. for
C. with D. to

5. You are hard ...... hearing.
A. at B. of
C. with D. for

6. He is sure ...... his success
A. for B. with
C. on D. of

7. Preeti was warned ...... the danger ahead.
A. for B. at
C. of D. about

8. I am thankful ...... you for a good advice.
A. for B. with
C. to D. of

9. Deepak would not surrender ...... the police.
A. with B. to
C. for D. on

10. The small plant in your lawn is very sensitive ...... touch.
A. on B. with
C. to D. about

11. Divya was sure to succeed ..... the examination.
A. for B. in
C. to D. with

12. Geeta was jealous ...... Ravina's beauty.
A. to B. with
C. for D. of

13. He was ignorant ..... what was happening there.
A. for B. of
C. to D. with

14. Your pen is inferior ...... mine.
A. than B. with
C. from D. to

15. Reenu is no match ...... Meenu.
A. to B. for
C. with D. upon

16. It is necessary ...... you to apply for this job.
A. on B. with
C. for D. to

17. Be loyal ...... your country.
A. for B. to
C. on D. with

18. Mukesh is junior ..... me.
A. than B. to
C. from D. of

19. Deepika was innocent ..... the crime.
A. of B. with
C. from D. to

20. I am desirous.... joining the Indian cricket team.
A. for B. of
C. to D. on

ANSWERS

1	2	3	4	5	6	7	8	9	10
B	A	D	B	B	D	D	D	B	D
11	**12**	**13**	**14**	**15**	**16**	**17**	**18**	**19**	**20**
B	D	B	D	B	D	B	B	A	B

SYNONYMS

A synonym is a word which conveys a meaning similar to the given word.

REMEMBER

Words	*Synonyms*
Add	Increase
Adequate	Enough
Adjust	Adapt
All	Aggregate
Allow	Permit
Abode	Dwelling
Apt	Proper
Assess	Appraise
Accuse	Calumniate
Abashed	Timid
Annoy	Displease
Ample	Enough, Sufficient
Amplify	Increase
Apathetic	Unenthusiastic
Accost	Address
Authentic	True
Adjust	Fit
Approve	Assent, Allow, Accept
Adapt	Conform
Adversary	Opponent, Rival, Competitor
Beat	Whack
Benign	Kind
Breeze	Zephyr
Baffle	Puzzle
Booty	Spoil

Words	*Synonyms*
Beauty	Charm
Beast	Animal
Bandit	Robber
Blaze	Shine
Bond	Tie
Bend	Twist
Bate	Diminish
Beg	Plead
Barbaric	Wild, Savage
Bashful	Shy, Reserved
Begin	Start
Blend	Mix, Mingle
Bizarre	Funny
Below	Under
Bedevil	Confuse
Bemoan	Lament
Babble	Nonsense
Blame	Fault
Behaviour	Demeanour
Call	Accost
Copy	Imitate
Close	Shut
Caress	Love
Camp	Stay
Connect	Attach
Cut	Injure, Curtail
Cling	Stick
Conical	Funny
Convey	Carry
Conspicuous	Prominent
Cheerful	Happy, Pleasant

Words	Synonyms	Words	Synonyms
Curtail	Decrease	Grow	Develop
Cheerless	Sad, Dejected	Greed	Avidity
Curious	Strange	Greet	Welcome
Circumstance	Factor, Situation, Condition	Grave	Serious
Competent	Capable	Group	Constellation
Congruent	Overlapping	Given	Bestowed
Cope	Deal, Endure	Gratitude	Thankfulness
Confident	Sure	Have	Possess
Complex	Intricate	Hire	Rent
Cajole	Coax, Flatter	Hit	Strike
Cunning	Crafty	Handsome	Beautiful
Delectable	Joyful, Delightful	Hinder	Prevent
Devilish	Diabolical	Heap	Pile
Delicate	Soft	Hope	Expect
Devil	Fiend	Hard	Harsh
Delay	Postpone	Help	Aid
Dislike	Repugnance	Hymn	Song
Destroy	Ruin	Henpecked	Enslaved
Dwell	Live, Dilate	Hoodwink	Mystify, Cheat
Declare	Pronounce	Humble	Polite, Urbane, Modest
Drunk	Flushed	Harass	Vex, Trouble
Deficient	Lacking	Impart	Instil
Damn	Condemn, Curse	Intact	Untouched
Decrease	Diminish	Instal	Establish
Destruction	Devastation	Indict	Impeach
Efficient	Competent	Imitate	Ape
Ethnic	Racial	Instigate	Incite
Enthral	Enslave	Initiate	Start, Introduce
Earnest	Serious	Inimical	Unfriendly
Envious	Jealous	Insufferable	Intolerable
Ending	Final	Impartiality	Justice
Egg	Incite	Jolly	Merry
Extempore	At once	Joyful	Delectable
Extensive	Far-ranging	Join	Conjoin
Extra	Surplus	Kind	Benign
Existence	Life	Kill	Murder
Exceed	Overstep	Kindred	Similar
Enormous	Vast	Kinship	Relationship
Excessive	Superfluous	Keen	Sharp
Free	Unhindered	Knowledge	Scholarship
Frigid	Cold	Lazy	Slothful
Feed	Cater	Large	Substantial, Gargantuan
Fame	Reputation	Listless	Careless, Lackadaisical
Frame	Make	Lax	Loose
First	Initial	Little	Small
Frighten	Terrorise, Intimidate	Lifelike	Realistic
Fervent	Fervid	Lofty	High
Fall	Decline	Lenient	Soft, Gentle
Feeble	Frail	Lacking	Deficient, Wanting
Fickle	Changeable	Lessen	Decrease
Finish	Conclude	Middleclass	Bourgeois
Fraud	Deception	Mitigate	Lessen, Abate
Forgiving	Placable	Modesty	Humility, Lowliness

Words	Synonyms
Mix	Mingle, Blend
Mixture	Mingling
Mixed	Assorted
Modify	Decrease
Mean	Imply
Multifarious	Varied
Miscarry	Abort
Note	Notice
Noble	Stately
Native	Indigenous
Needful	Necessary
Notify	Declare
Nervous	Shaky, Tremulous, Timid
Natural	Spontaneous
Near	Close
Normal	Natural
Offend	Displease
Oppress	Persecute, Tyrannize
Opponent	Adversary
Obstruct	Hinder, Check
Offence	Fault
Offender	Villain
Overstep	Exceed
Overlapping	Congruent
Occult	Mystic
Profane	Unholy
Patience	Forbearance
Pornographic	Obscene
Plenitude	Abundance
Prominent	Important
Prodigal	Spender
Procrastinate	Postpone
Promote	Develop, Honour
Persecute	Tyrannise
Profess	Claim
Pliant	Flexible
Plebian	Common
Polished	Sophisticated
Quake	Shake
Quit	Leave
Queer	Eccentric
Quell	Suppress
Quantify	Allot
Reply	Answer
Relinquish	Retire
Read	Peruse
Relation	Reference
Render	Do
Remainder	Residuals
Repeat	Reiterate
Repentant	Contrite
Retaliative	Retaliatory
Rumour	Hearsay
Reveal	Divulge

Words	Synonyms
Ritualistic	Ceremonious
Soft	Delicate
Sort	Kind, Choose, Select
Selfish	Egoistic
Sensual	Earthly
Suppress	Quell, Check
Stimulate	Provoke
Tasteless	Insipid
Travel	Journey
True	Authentic, Faithful, Truthful
Turbulence	Turmoil
Tragedy	Calamity
Tasteful	Tasty, Delicious
Touching	Painful
Thankful	Grateful
Tremendous	Great, Huge
Tough	Strong
Terminate	Conclude, End
Theory	Doctrine
Tell	Relate
Tremble	Shake, Shiver
Urge	Spur
Unbeaten	Unsubdued
Use	Utilize, Practise
Underhand	Unfair, Undue
Unfair	Unjust
Unravel	Reveal, Divulge
Unimportant	Common
Unconcerned	Apathetic
Unimitated	Inimitable
Unfortunate	Unlucky
Understand	Perceive, Comprehend
Vain	Proud, Haughty, Conceited, Shameless
Vale	Valley, Dale, Dell
Vice	Fault
Virtue	Quality
Veracity	Reality
Value	Price, Prize
Vex	Tease
Vibrate	Quiver, Shake
Violent	Excessive
Vivid	Clear, Lucid
Victory	Triumph
Vulgar	Indecent
Virtuous	Honest
Variegated	Varied, Multifarious
Well	Good
Yell	Cry, Shout
Yonder	There
Yearn	Wish, Desire
Yoke	Slavery
Zest	Earnestness, Enthusiasm
Zealous	Earnest

ANTONYMS

A antonym is a word which conveys a meaning opposite to the given word.

REMEMBER

Words	*Antonyms*
Abhor	Love
Abnormal	Normal
Able	Unable
Acceptable	Unacceptable
Adequate	Inadequate
Amusing	Boring
Angry	Calm
Apex	Bottom
Attract	Repel
Bad	Good
Barren	Fertile
Beautiful	Ugly
Bitter	Sweet
Brave	Cowardly
Brief	Lengthy
Bright	Dull
Calm	Violent
Careful	Careless
Clear	Vague, Cloudy
Cold	Hot
Cruel	Kind
Dear	Cheap
Deep	Shallow
Difficult	Easy
Direct	Indirect
Dishonest	Honest
Disobey	Obey
Encourage	Discourage
Enormous	Tiny
Excellent	Bad
Expensive	Cheap
Eat	Fast
Fair	Unfair
Fake	Authentic
False	True
Famous	Notorious
Fool	Genius
Generous	Miserly
Genius	Fool
Genuine	Unauthentic
Gigantic	Tiny
Glad	Depressed
Good	Bad
Great	Little
Happy	Sad
Hard	Soft
Hate	Love
Honest	Dishonest
Idle	Busy

Words	*Antonyms*
Immoral	Moral
Include	Exclude
Incorrect	Correct
Intelligent	Unintelligent
Kind	Cruel
Like	Dislike
Long	Short
Lucid	Vague
Major	Minor
Naive	Experienced
Nadir	Apex
Neat	Clumsy
Obedient	Disobedient
Obscure	Clear
Oppose	Support
Optimistic	Pessimistic
Out	In
Patience	Impatience
Peaceful	Belligerent
Pious	Impious
Polite	Impolite
Potent	Impotent
Prominent	Unimportant
Proper	Improper
Pure	Impure
Quick	Slow
Quiet	Disturbance
Real	False, Unreal
Reject	Select, Choose
Reliable	Unreliable
Respect	Disrespect
Right	Wrong
Robust	Feeble, Weak
Sad	Happy
Secret	Open
Sensible	Insensible
Severe	Mild
Sharp	Blunt
Simple	Complex
Sociable	Unsociable
Tall	Short
Tidy	Untidy
Uncanny	Canny
Violent	Calm
Vivid	Vague
Strong	Weak
Big	Small
Easy	Difficult
Fast	Slow
High	Low
Catchy	Unattractive
Ugly	Handsome, Beautiful, Tidy
Tasty	Insipid
Sonorous	Harsh

MULTIPLE CHOICE QUESTIONS

Directions (Qs. 1 to 20): *In the following questions choose the word which best expresses the meaning of the given word.*

1. ABSURD
   A. Foolish B. Simple C. Courageous D. Silly
2. ABANDON
   A. Lose B. Profit C. Vacate D. Foil
3. CAJOLE
   A. Pause B. Lenient C. Blast D. Lure
4. COMBAT
   A. Fight B. Conflict C. Shoot D. Quarrel
5. LAMENT
   A. Condone B. Console C. Complain D. Contribution
6. DEBACLE
   A. Disgrace B. Defeat C. Collapse D. Decline
7. SHIVER
   A. Fear B. Tremble C. Shake D. Ache
8. TORTURE
   A. Terror B. Harassment C. Torment D. Tranquility
9. LAUDABLE
   A. Lovable B. Commendable C. Profitable D. Oblivious
10. FIXED
    A. Sterile B. Static C. Stubborn D. Parennial
11. QUEER
    A. Unfamiliar B. Cute C. Curious D. Strange
12. SUFFICIENT
    A. Fit B. Proper C. Adequate D. Vast
13. GLOSS
    A. Brightness B. Soothing C. Rubbing D. Miracle
14. LONGING
    A. Prune B. Apathy C. Curtail D. Craving
15. JEER
    A. Applaud B. Magnanimity C. Avoid D. Scoff
16. ZENITH
    A. Minimum B. Nadir C. Plant D. Peak
17. GARB
    A. Distort B. Dress C. Trivial D. Rage
18. ABHOR
    A. Rude B. Reconcile C. Crave D. Detest
19. YIELD
    A. Shum B. Incisive C. Retain D. Surrender
20. YOKE
    A. Twist B. Release C. Link D. Extra

Directions (Qs. 21 to 26): *In the following questions choose the word which best expresses the opposite of the given word.*

21. TRAGIC
    A. Dramatic B. Strong C. Gentle D. Comic
22. ORAL
    A. Verbal B. Sane C. Minor D. Written
23. ADMIRE
    A. Hate B. Unlike C. Dislike D. Enough
24. VIOLENT
    A. Gentle B. Savage C. Haughty D. Decline
25. ADVERSITY
    A. Windfall B. Inprosperity C. Prosperity D. Slave
26. GENUINE
    A. Spurious B. Obscure C. Countless D. Apathetic

ANSWERS

1	2	3	4	5	6	7	8	9	10
D	C	D	A	C	C	B	C	B	B
11	**12**	**13**	**14**	**15**	**16**	**17**	**18**	**19**	**20**
D	C	A	D	D	D	B	D	D	C
21	**22**	**23**	**24**	**25**	**26**				
D	D	C	A	C	A				

●●●

3

Sentence Completion

It is such an exercise which starts with the primary schools and continues in the highest level of competitive examinations. One must practise it regularly to score well.

Directions (Qs. 1 to 15): *Pick out the most effective word(s) from the given words to fill in the blanks to make the sentence meaningfully complete.*

1. The student ...... that book from the library to study at home.
A. issued B. borrowed
C. hired D. lent

2. I wish I ...... a king.
A. was B. am
C. should be D. were

3. He ...... to listen to my arguments and walked away.
A. denied B. disliked
C. objected D. refused

4. The flow of blood was so ...... that the patient died.
A. intense B. adequate
C. profuse D. extensive

5. When I met her yesterday, it was the first time I ...... her since Christmas.
A. saw B. have seen
C. had seen D. have been seing

6. Can you pay ...... all these articles?
A. for B. of
C. off D. out

7. I ...... you to be at the party this evening.
A. expect B. hope
C. look forward to D. desire

8. ...... being a handicapped person, he is very cooperative and self-reliant.
A. Because B. Although
C. Since D. Despite

9. The child broke ...... from his mother and ran towards the painting.
A. away B. after
C. down D. with

10. With his ...... income, he finds it difficult to live a comfortable life.
A. brief
B. sufficient
C. meagre
D. huge

11. He could ...... a lot of money in such a short time by using his intelligence and working hard.
A. spend
B. spoil
C. exchange
D. accumulate

12. Though the brothers are twins, they look ......
A. alike B. handsome
C. indifferent D. different

13. Unfavourable weather conditions can ..... illness.
A. cure B. detect
C. treat D. enhance

14. No sooner did the bell ring, ... the actor started singing.
A. when B. than
C. after D. before

15. If I ...... realised it, I would not have acted on his advice.
A. was B. had
C. were D. have

Directions (Qs. 16 to 25): *In each question, an incomplete statement (Stem) followed by four fillers is given. Pick out the best one which can complete the incomplete stem correctly and meaningfully.*

16. Unless you work harder you will fail, means .....
A. if you fail you will work harder.
B. you must at least plan well than you will not fail.
C. hardly you will fail if you do not desire so.
D. if you do not put more efforts, then you will fail.

17. Even if it rains I shall come, means .....
A. if I come it will not rain.
B. if it rains I shall not come.
C. I will certainly come whether it rains or not.
D. whenever there is rain I shall come.

18. Dinesh is as stupid as he is lazy means .....
A. Dinesh is stupid because he is lazy.
B. Dinesh is lazy because he is stupid.
C. Dinesh is either stupid or lazy.
D. Dinesh is equally stupid and lazy.

19. He is so lazy that he .....
A. cannot depend on others for getting his work done.
B. cannot delay the schedule of completing the work.
C. can seldom complete his work on time.
D. dislike to postpone the work that he undertakes to do.

20. He always stammers in public meetings, but his today's speech .....
A. was fairly audible to everyone present in the hall.
B. was not received satisfactorily.
C. could not be understood properly.
D. was free from that defect.

21. In order to raise the company's profit, the employees.....
A. demanded two additional increments.
B. decided to go on paid holidays.
C. requested the management to implement new welfare schemes.
D. offered to work overtime without any compensation.

22. Although, he is reputed for making very candid statements, ...
A. his today's speech was not fairly audible.
B. his promises had always been realistic.
C. his speech was very interesting.
D. his today's statements were very ambiguous.

23. I felt somewhat more relaxed .....
A. but tense as compared to earlier.
B. and tense as compared to earlier.
C. as there was already no tension at all.
D. and tension-free as compared to earlier.

24. With great efforts his son succeeded in convincing him not to donate his entire wealth to an orphanage ....
A. and lead the life of a wealthy merchant.
B. but to a home for the forsaken children.
C. and make an orphan of himself.
D. as the orphanage needed a lot of donations.

25. Even though it is a very large house, ...
A. there is a lot of space available in it for children.
B. there is hardly any space available for children.
C. there is no dearth of space for children.
D. the servants take a long time to clean it.

ANSWERS

1	2	3	4	5	6	7	8	9	10
B	D	D	C	C	A	A	D	A	C
11	**12**	**13**	**14**	**15**	**16**	**17**	**18**	**19**	**20**
D	D	D	B	B	D	C	D	C	D
21	**22**	**23**	**24**	**25**					
D	D	D	C	B					

●●●

4

Spotting Errors

The most common errors in English are of spellings, grammar and usage of words. By regular practice, the errors can be easily spotted and minimised.

MULTIPLE CHOICE QUESTIONS

Directions: *In the following questions some of the sentences have errors and some are correct. Find out which part of a sentence has an error, the number of that part is your answer. If a sentence is free from errors, then your answer is D i.e., No error.*

1. (A) Either Ram or/(B) you is responsible/(C) for this action./(D) No error.

2. (A) The student flatly denied/(B) that he had copied/(C) in the examination hall./(D) No error.

3. (A) By the time you arrive tomorrow/(B) I have finished/(C) my work./(D) No error.

4. (A) The captain with the members of his team/(B) are returning/(C) after a fortnight./(D) No error.

5. (A) After returning from/(B) an all-India tour/(C) I had to describe about it./(D) No error.

6. (A) The teacher asked his students/(B) if they had gone through/(C) either of the three chapters included in the prescribed text./(D) No error.

7. (A) Do you know/(B) how old were you/(C) when you came here?/(D) No error.

8. (A) Beware of/(B) a fair-weather friend/(C) who is neither a friend in need nor a friend indeed./(D) No error.

9. (A) Copernicus proved/(B) that Earth/(C) moves round the Sun./(D) No error.

10. (A) The property/(B) was divided/(C) among the two brothers./(D) No error.

11. (A) I am quite certain/(B) that the lady is not only greedy/(C) but miserly./(D) No error.

12. (A) The brilliant success in the examination/(B) as well as his record in sports/(C) deserves high praise./(D) No error.

13. (A) I cannot find/(B) where has he gone/(C) though I have tried may best./(D) No error.

14. (A) If I was/(B) the Prime Minister of India/(C) I would work wonders/(D) No error.

15. (A) If it weren't/(B) for you,/(C) I wouldn't be alive today./(D) No error.

16. (A) He looked like a lion/(B) baulked from/(C) its prey./(D) No error.

17. (A) Widespread flooding/(B) is affecting/(C) large areas of the villages./(D) No error.

18. (A) If we really set to/(B) we can get the whole house/(C) cleaned in an afternoon./(D) No error.

ANSWERS

1	2	3	4	5	6	7	8	9	10
B	D	B	B	C	C	D	D	B	C
11	**12**	**13**	**14**	**15**	**16**	**17**	**18**	**19**	**20**
C	D	B	A	C	C	C	A	A	C

EXPLANATORY ANSWERS

1. Replace 'is' by 'are'.
2. No error.
3. Replace 'have' by 'would have'.
4. Replace 'are' by 'is'.
5. Replace 'had to describe' by 'described'.
6. Replace 'either' by 'any'.
7. No error.
8. No error.
9. Omit 'that'.
10. Replace 'among' by 'between'.
11. Add 'also'.
12. No error.
13. Replace 'has he' by 'he has'.
14. Replace 'was' by 'were'.
15. Replace 'wouldn't be' by 'would not have been'.
16. Replace 'its' by 'his'.
17. Replace 'areas' by 'area'.
18. Replace 'set to' by 'set on'.

5

One Word Substitution

There are many single words in English language which can be perfectly used for a number of words. These words help in expressing ideas in a short and correct manner for the right occasion. Such words not only increase the vocabulary but also enable you to economise in the use of words to a great extent.

Multiple Word Expression	*Substitution*
One who always looks towards the bright side of things	Optimist
One who always looks towards the dark side of things	Pessimist
The time when one develops from a child into an adult	Adolescence
The process of growing more plants in order to form a forest.	Afforestation
The science which deals with farming	Agriculture
From some other country or place etc.	Alien
A term, etc. giving more than one meaning	Ambiguous
A vehicle which is used to carry sick persons	Ambulance
An animal which can live both in water and on land	Amphibian
A lawless situation when there is no government	Anarchy
Belonging to the history of thousands of years old	Ancient
Once a year	Annual
A very old object but still valuable	Antique
Words of opposite meanings	Antonyms
Words of similar meanings	Synonyms
Signatures of a famous person	Autograph
A government led by one person with absolute authority	Autocracy
A written work of one's own life history	Autobiography
A person who has never been married	Bachelor
A person usually having no hair on his head	Bald
A place where one can deposit money and get interest	Bank
A person who cuts our hair	Barber
A building/group of buildings where soldiers live	Barracks
A person who makes buns and biscuits	Baker
A person who lives by asking people for food and money without doing any useful job	Beggar
The crime of having married to two persons at the same time	Bigamy
The branch of science which deals with the study of plants	Botany
Able to speak two languages	Bilingual
Able to speak more than two languages	Polyglot
The branch of science which deals with the living organisms	Biology
A powerful snow storm	Blizzard
A great successful book or movie	Blockbuster
A short news on the radio or TV	Bulletin
A system in which the most important works are organised by the government officials	Bureaucracy
A person who has no vision in his eyes	Blind
A page or a series of pages on which the information of days, weeks, months, etc. is given	Calendar
A person who eats human flesh	Cannibal
A complete list of items often arranged alphabetically	Catalogue
A sudden disaster	Catastrophe
A period of 100 years	Century

Multiple Word Expression	*Substitution*
A branch of science which deals with chemicals	Chemistry
A printed leaf usually issued by banks that we sign to carry certain financial deal	Cheque
A person who makes or mends shoes	Cobbler
A group of people who has been chosen by others to make decisions on their own	Committee
A building in which nuns live	Convent
An animal which feeds on other animals	Carnivorous
A person who does criticism	Critic
A person who cannot hear	Deaf
A condition in which one loses a lot of water from one's body because of vomiting, etc.	Dehydration
A system of government in which the people cast their votes to elect their leaders	Democracy
The study of skin problems	Dermatology
A long piece of land covered with sand	Desert
The art of managing relationships between countries	Diplomacy
A piece of information about the words in a book form	Dictionary
A piece of information about the telephone numbers of the people in a book from	Directory
A person in charge of a newspapers, magazine etc.	Editor
A person who thinks he is better than the others	Egoist
To leave your country and settle in some other country	Emigrate
A book or series of books giving almost all knowledge about an area or some persons etc.	Encyclopaedia
Study of insects	Entomology
Time when day and night are of the same duration	Equinox
To sell things out of the country	Export
To purchase things from some other country	Import
A plant or animal no longer in existence	Extinct
A situation when there is a shortage of food for a long period of time	Famine
An amount of money that we pay for some action or services	Fee
Related to women	Feminine
An animal strong and aggressive	Ferocious
A piece of land where plants grow easily from the soil that is favourable to them	Fertile
A work of literature having some imaginary events	Fiction
A large amount of water covering certain area	Flood
A person who sells flowers	Florist
A religious ceremony for burying or cremating a dead person	Funeral
A substance which kills fungus	Fungicide
A person studying or having studied the diseases and the related things of female reproductory system	Gynaecologist
The murder of the person of the same group race or country	Genocide
A substance which kills germs	Germicide
A situation in which many people die because of fire during war	Holocaust
The act of killing a person deliberately	Homicide
A word having the pronunciation as the other one does but it differs in meaning	Homophone
A word having the same spelling as the other one does but it is pronounced in some other way	Homonym
A person who is attracted towards the person of the same sex	Homosexual
Go across and parallel to the ground	Horizontal
A substance which kills the insects	Insecticide
That cannot be corrected	Incorrigible
That cannot be defeated	Invincible
That cannot be eaten	Inedible
That cannot be seen	Invisible
A place in a school or college where books are kept for the benefit of students, teachers etc.	Library
A place in a school or college where scientific experiments are performed	Laboratory

Multiple Word Expression	*Substitution*
An official who is a judge in the lowest court	Magistrate
A piece of music or a book before it is printed	Manuscript
Related to men	Masculine
One who believes in the existence of God	A theist
One who does not believe in the existence of good	An atheist
That can be believed	Credible
That cannot be believed	Incredible
That which dissolves in a solvent	Soluble
That which does not dissolves in a solvent	Insoluble
Hard writing that can be read	Legible
Hard writing that cannot be read	Illegible
A person who does jobs beneficial to mankind	Philanthropist
A person who goes on foot	Pedestrian
A person who fights for his own country	Patriot
An act of killing oneself	Suicide
A woman whose husband is dead	Widow
A man whose wife is dead	Widower
A person who eats vegetarian and non-vegetarian diets	Omnivorous
Something which is everywhere at the same time	Omnipresent
One who knows everything	Omniscient
A child who does not have parents	Orphan
An award etc. given after the death of the person	Posthumous
The place where animals are kept for amusement and to increase the knowledge of the public	Zoo
The science which deals with the study of animals	Zoology

MULTIPLE CHOICE QUESTIONS

Directions: *In questions given below, out of the four alternatives, choose the one which can be substituted for the given words/sentences.*

1. Something that relates to everyone in the world
A. General B. Common
C. Usual D. Universal

2. An expression of mild disapproval
A. Warning B. Denigration
C. Impertinence D. Reproof

3. One who is not easily pleased by anything
A. Maiden B. Medieval
C. Precarious D. Fastidious

4. Murder of a king
A. Infanticide B. Matricide
C. Genocide D. Regicide

5. A remedy for all diseases
A. Stoic B. Marvel
C. Panacea D. Recompense

6. A dramatic performance
A. Mask B. Mosque
C. Masque D. Mascot

7. Study of birds
A. Orology B. Optology
C. Ophthalmology D. Ornithology

8. Ready to believe
A. Credulous B. Credible
C. Creditable D. Incredible

9. Incapable of being seen through
A. Ductile B. Opaque
C. Obsolete D. Potable

10. One who eats everything
A. Omnivorous B. Omniscient
C. Irresistible D. Insolvent

11. A place where bees are kept is called
A. An apiary B. A mole
C. A hive D. A sanctuary

12. One who cannot be corrected
A. Incurable B. Incorrigible
C. Hardened D. Invulnerable

13. One who is in charge of a museum
A. Curator B. Supervisor
C. Caretaker D. Warden

14. Continuing fight between parties, families, clans, etc.
A. Enmity B. Feud
C. Quarrel D. Skirmish

15. A voice loud enough to be heard
A. Audible B. Applaudable
C. Laudable D. Oral

16. A paper written by hand
A. Handicraft B. Manuscript
C. Handiwork D. Thesis

17. Habitually silent or talking little
A. Servile B. Unequivocal
C. Taciturn D. Synoptic

18. To slap with a flat object
A. Chop B. Hew
C. Gnaw D. Swat

19. A person who speaks many languages
A. Linguist B. Monolingual
C. Polyglot D. Bilingual

20. A light sailing-boat built specially for racing
A. Canoe B. Yacht
C. Frigate D. Dinghy

21. A fixed orbit in space in relation to earth
A. Geological B. Geo-synchronous
C. Geo-centric D. Geo-stationary

22. A style in which a writer makes a display of his knowledge
A. Pedantic B. Verbose
C. Pompous D. Ornate

23. A religious discourse
A. Preach B. Stanza
C. Sanctorum D. Sermon

24. A place that provides refuge
A. Asylum B. Sanatorium
C. Shelter D. Orphanage

25. Detailed plan of a journey
A. Travelogue B. Travelkit
C. Schedule D. Itinerary

26. A person who insists on something
A. Disciplinarian B. Stickler
C. Instantaneous D. Boaster

27. A drawing on transparent paper
A. Red print B. Blue print
C. Negative D. Transparency

28. One who believes that all things and events in life are predetermined is a
A. Fatalist B. Puritan
C. Egoist D. Tyrant

29. A school boy who cuts classes frequently is a
A. Defeatist B. Sycophant
C. Truant D. Martinet

30. The act of violating the sanctity of the church is
A. Blasphemy B. Heresy
C. Sacrilege D. Desecration

31. A place where monks live as a secluded community
A. Cathedral B. Diocese
C. Convent D. Monastery

32. One who is fond of fighting
A. Bellicose B. Aggressive
C. Belligerent D. Militant

33. Tending to move away from the centre or axis
A. Centrifugal B. Centripetal
C. Axiomatic D. Awry

34. Words inscribed on tomb
A. Epitome B. Epistle
C. Epilogue D. Epitaph

35. Leave or remove from a place considered dangerous
A. Evade B. Evacuate
C. Avoid D. Exterminate

36. Original inhabitants of a country
A. Abroge B. Aborger
C. Aborgory D. Aborigins

37. Government by the officials
A. Theocracy B. Plutocracy
C. Bureaucracy D. Democracy

38. Incapable of being exhausted
A. Inexhaustible B. Inaexhaustible
C. Exhaustable D. Non-tired

39. A person of good understanding, knowledge and reasoning power
A. Expert B. Intellectual
C. Snob D. Literate

40. One absorbed in his own thoughts and feelings rather than in things outside
A. Scholar B. Recluse
C. Introvert D. Intellectual

ANSWERS

1	2	3	4	5	6	7	8	9	10
D	D	D	D	C	C	D	A	B	A
11	12	13	14	15	16	17	18	19	20
A	B	A	B	A	B	C	D	A	B
21	22	23	24	25	26	27	28	29	30
D	A	D	A	D	B	D	A	C	C
31	32	33	34	35	36	37	38	39	40
D	A	A	D	B	B	C	A	B	C

●●●

6

Spelling Errors

There are thousands of words in English language. It is difficult to remember the spellings and meanings of all at once. Try to learn as many as you can. Use a dictionary regularly.

Directions: *Find the correctly spelt words.*

1. A. Damage B. Dammage C. Damaige D. Dammege
2. A. Efficiant B. Effecient C. Efficient D. Eficient
3. A. Schedule B. Schdule C. Schedale D. Schedeule
4. A. Occurad B. Occurred C. Ocurred D. Occured
5. A. Grieff B. Grief C. Grieef D. Grrief
6. A. Guarantee B. Garuntee C. Guaruntee D. Gaurantee
7. A. Meddicine B. Medicine C. Medicene D. Medicinne
8. A. Benefeted B. Benefitted C. Benifited D. Benefited
9. A. Acommodation B. Acomodation C. Accomodation D. Accommodation
10. A. Querrelsome B. Quarrelsame C. Quarrelsome D. Querralsome
11. A. Sympathetic B. Smypathetic C. Sympothetic D. Sympethetic
12. A. Prograssive B. Progressive C. Progresive D. Prograsive
13. A. Uncivilized B. Uncevilized C. Uncivillized D. Uncevelized
14. A. Extravagant B. Extreragent C. Extreregant D. Extravegent
15. A. Missunderstood B. Miesunderstood C. Misunderstood D. Misunderstod
16. A. Belligerent B. Beligirent C. Belligarant D. Belligerrent
17. A. Astonished B. Astronished C. Astoneshed D. Asstonished
18. A. Sincerely B. Sencerely C. Sincerelly D. Sincerrely
19. A. Rigourous B. Rigerous C. Rigorous D. Regerous
20. A. Satellite B. Sattellite C. Satelite D. Sattelite
21. A. Pesanger B. Passenger C. Pessenger D. Pasanger
22. A. Humurous B. Humorous C. Humoreus D. Humorrous
23. A. Exeggerate B. Exaggerate C. Exadgerate D. Exagerate
24. A. Fariegn B. Forein C. Foriegn D. Foreign
25. A. Excesive B. Excessive C. Exccessive D. Exccesive
26. A. Forcaust B. Forcast C. Forecast D. Forecaste
27. A. Paralleted B. Paralelled C. Parralleled D. Parallelled
28. A. Ocasion B. Occassion C. Occasion D. Ocassion
29. A. Boquet B. Bouquet C. Bouquete D. Bouquette
30. A. Chettering B. Chaterring C. Chattering D. Chatering
31. A. Discourage B. Disscourage C. Discourege D. Discaurage
32. A. Curageous B. Courageous C. Courrageous D. Couregeous
33. A. Abandon B. Abanddon C. Abendon D. Abbandon
34. A. Embarassment B. Emberrassement C. Embarrassment D. Embbaresment
35. A. Eccintric B. Eccentrie C. Eccentric D. Eccintrie
36. A. Occasional B. Occassional C. Occesional D. Occessional
37. A. Querrel B. Querral C. Quarrel D. Quarel
38. A. Contrebution B. Contribution C. Contributtion D. Conterbution

39. A. Desgrace B. Disgrece
C. Disgrice D. Disgrace

40. A. Harassment B. Herassment
C. Harasment D. Harassmient

41. A. Imaginative B. Imeginative
C. Imagenative D. Imaginetive

42. A. Suficient B. Suficiant
C. Sufficient D. Sufficiant

43. A. Adequate B. Edequate
C. Adaquete D. Edaquete

44. A. Exparienced B. Experianced
C. Experienced D. Experrienced

45. A. Flatering B. Fletering
C. Flattering D. Fletaring

46. A. Cuttiveted B. Culltrivated
C. Cultivated D. Caltivated

47. A. Praiceworthy B. Peiseworthy
C. Praiseworthy D. Praisaworthy

48. A. Profesional B. Professionel
C. Professional D. Profissional

49. A. Ameteur B. Amateur
C. Amataur D. Amateor

50. A. Unfevourable B. Unfevaurable
C. Unfavourable D. Unfivourable

ANSWERS

1	2	3	4	5	6	7	8	9	10
A	C	A	B	B	A	B	B	D	C
11	**12**	**13**	**14**	**15**	**16**	**17**	**18**	**19**	**20**
A	B	A	A	C	A	A	A	C	A
21	**22**	**23**	**24**	**25**	**26**	**27**	**28**	**29**	**30**
B	B	B	D	B	C	A	C	B	C
31	**32**	**33**	**34**	**35**	**36**	**37**	**38**	**39**	**40**
A	B	A	C	C	A	C	B	D	A
41	**42**	**43**	**44**	**45**	**46**	**47**	**48**	**49**	**50**
A	C	A	C	A	C	C	C	B	C

●●●

हिंदी

व्याकरण

व्याकरण वह शास्त्र है जिसके द्वारा किसी भी भाषा के शब्दों और वाक्यों के शुद्ध स्वरूपों एवं शुद्ध प्रयोगों का ज्ञान कराया जाता है।

व्याकरण के चार अंग हैं : (i) वर्ण विचार (ii) शब्द विचार (iii) पद विचार और (iv) वाक्य विचार

भाषा : भाषा अभिव्यक्ति का एक ऐसा साधन है जिसके द्वारा मनुष्य अपने विचारों को दूसरों पर प्रकट कर सकता है और दूसरों के विचार जान सकता है। भाषा के दो रूप हैं–(i) मौखिक और (ii) लिखित।

बोली : भाषा का क्षेत्रीय रूप बोली कहलाता है।

लिपि : किसी भी भाषा के लिखने की विधि को लिपि कहते हैं।

वर्ण : हिन्दी भाषा में प्रयुक्त सबसे छोटी ध्वनि वर्ण कहलाती है। जैसे–अ, आ, ई, क्, ख्, आदि

वर्णमाला : वर्णों के समुदाय को वर्णमाला कहते हैं। हिन्दी वर्णमाला में 44 वर्ण हैं। जिनमें 11 स्वर तथा 33 व्यंजन हैं।

स्वरवर्ण : उन वर्णों को कहते हैं, जिनका उच्चारण बिना किसी दूसरे वर्ण की सहायता से होता है। हिन्दी में 11 स्वर हैं–अ, आ, इ, ई, उ, ऊ, ए, ऐ, ओ, औ, ऋ।

व्यंजन वर्ण : उन वर्णों को कहते हैं, जिनका उच्चारण स्वर वर्णों की सहायता के बिना नहीं हो सकता है। इनकी संख्या 33 है–

क ख ग घ ङ च छ ज झ ञ ट ठ

ड ढ़ ण त थ द ध न प फ ब भ

म य र ल व श ष स ह।

वर्ण : एक या अधिक वर्णों से बनी हुई स्वतन्त्र सार्थक ध्वनि शब्द कहलाती है।

शब्दों को तत्सम, तद्भव, देशज और विदेशी भागों में बाँटा जाता है।

तत्सम : जो शब्द संस्कृत भाषा से हिन्दी में बिना किसी परिवर्तन के लिए जाते हैं वे तत्सम कहलाते हैं, जैसे– अग्नि, क्षेत्र, मित्र, नासिका आदि।

तद्भव : उन शब्दों को कहते हैं, जो संस्कृत से ही लिए गए हैं, परन्तु हिन्दी में आने पर जिनका रूप बदल गया है। जैसे–आग, खेत, रात आदि।

देशज : उन शब्दों को कहते हैं, जो बोलचाल तथा देश की अन्य भाषाओं से लिए गए हैं। जैसे–कटोरा, झंझत, डिबिया, लोटा आदि।

विदेशज या विदेशी : उन शब्दों को कहते हैं, जो किसी विदेशी भाषा से आए हैं। जैसे–स्कूल, कार, कमरा, खुदा, जोश, सरकार आदि।

शब्द सम्पदा

तत्सम शब्दों के तद्भव रूप

तत्सम	तद्भव	तत्सम	तद्भव
अग्नि	आग	अद्य	आज
अष्ट	आठ	अक्षि	आँख
अर्ध	आधा	अस्थि	हड्डी
अश्रु	आँसू	आम्र	आम
ग्राम	गाँव	गर्दभ	गधा
गृघ्र	गीध	गौर	गोरा
गृह	घर	घट	घड़ा
धातु	धात	धृत	घी
लक्ष	लाख	सप्त	सात
त्वम्	तुम	दुग्ध	दूध
रत्न	रतन	वर्ष	बरस
भक्त	भगत	मर्कट	बन्दर
रात्रि	रात	उलूक	उल्लू
अन्धकार	अन्धेरा	क्षीर	खीर
निद्रा	नींद	पृष्ठ	पीठ
ज्येष्ठ	जेठ	स्वर्ण	सोना
श्वास	साँस	काक	काग
कार्य	काज	कर्ण	कान

तत्सम	तद्भव	तत्सम	तद्भव
पाद	पाँव	हस्त	हाथ
नासिका	नाक	कंटक	काँटा
दश	दस	दधि	दही
दीप	दीया	निद्रा	नींद
नव	नौ	पत्र	पत्ता
प्रस्तर	पत्थर	जिह्वा	जीभ
हस्ती	हाथी	दन्त	दाँत
क्षेत्र	खेत	नृत्य	नाच
सूचिका	सूई	स्वर्णकार	सुनार
लोक	लोग	पर्यङ्क	पलंग
स्वप्न	सपना	कातर	कायर
पुत्र	पूत	मानव	मनुष्य
शत	सौ	पुष्प	फूल
पक्व	पक्का	कृषक	किसान
कर्म	कार्य	आम्र	आम
कर्ण	कान	अष्ट	आठ
घंटिका	घंटी	चन्द्र	चन्द
यव	जौ	धूम्र	धुआँ

विराम चिह्न

विराम का अर्थ रुकना। अपने विचारों को ठीक ढंग से प्रकट करने के पढ़ते अथवा लिखते समय हमें कुछ रुकना पड़ता है। इस प्रकार के रुकने को विराम कहते हैं।

प्रत्येक-विराम के लिए अलग-अलग चिह्न हैं–

पूर्ण विराम	[।]
अल्प विराम	[,]
अर्ध विराम	[;]
प्रश्न बोधक	[?]
विस्मयादि बोधक	[!]
योजक	[–]
उद्धरण	[" "]

कारक

कारक शब्द उस रूप को कहते हैं, जिससे संज्ञा या सर्वनाम वाक्य के साथ सम्बन्ध जाना जाता है। जैसे–शीला कलम **से** लिखती है।

यह सीमा **की** पुस्तक है।

कारक के भेद विभक्ति चिह्नों सहित

कारक	**विभक्ति**
कर्त्ता	ने
कर्म	को
करण	से
सम्प्रदान	के लिए
अपादान	से
सम्बन्ध	का, के, की
अधिकरण	में, पर
सम्बोधन	हे, अरे!

पर्यायवाची शब्द

जिन शब्दों से एक समान अर्थ का बोध होता है, उन्हें पर्यायवाची या समानार्थी शब्द कहते हैं।

कुछ पर्यायवाची शब्दों के उदाहरण निम्नलिखित हैं–

आग – अग्नि, अनल, पावक, हुताशन, ज्वाला।
आकाश – नभ, आसमान, गगन, लोभ।
असुर – राक्षस, दानव, निशाचर, दैत्य।
अमृत – अभिय, पीयूष, सुधा, सोम।
अन्धकार – अन्धेरा, तिमिर, तम, तमिस्त्र।
आँख – नेत्र, नयन, लोचन, चक्षु, दृग।
कमल – जलज, पंकज, नीरज, राजीव।
इन्द्र – सुरपति, देवेन्द्र, सुरेन्द्र, देवेश।
ईश्वर – प्रभु, भगवान, जगदीश, दीनबन्धु।
पक्षी – खग, विहग, चिड़िया, नभचर।
बादल – घन, जलधर, वारिद, नीरद।
गंगा – सुरसरि, जाह्नवी, त्रिपथगा, देवनदी, विष्णुपदी।
चन्द्रमा – शशि, मयंक, निशाकर, सुधाकर, सुधांशु, सोम हिमांशु, राकेश।
जल – पानी, नीर, लोभ, अम्बु, सलिल, क्षीर, वारि।
फूल – पुष्प, कुसुम, सुमन, प्रसून, सारंग।
पृथ्वी – भू, भूमि, धरा, वसुन्धरा, वसुधा, धरती क्षमा, लोक।
कपड़ा – पट, वस्त्र, चीर, अम्बर, दुकूल।
घर – गृह, गेह, निकेतन, आलय, निलय, भवन, शाला, धाम, सदन।
जंगल – वन, कानन, अरण्य, विपिन।
तालाब – सरोवर, ताल, जलाशय, तड़ाग।
दिन – दिवस, वासर, वार।
पहाड़ – गिरि, पर्वत, गूधर, नग, महीधर, मेरू।
पत्थर – पहाड़, प्रस्तर, पाहन।
पवन – वायु, समीर, हवा, मारुत, अनिल।
पुत्र – सुत, तनय, पूत, आत्मज।
बिजली – तड़ित, चपला, दामिनी।
वृक्ष – तरू, रूख, विटप, पेड़।
मनुष्य – नर, मानव, मनुज, आदमी।
हाथी – करि, हस्ती, गज।
मित्र – सखा, मीत, सहचर, दोस्त।
राजा – नरेश, नृप, महीप, भूप।
समुद्र – सागर, सिन्धु, जलधि, नीरधि।
सरस्वती – शारदा, वागेश्वरी, भारती, महाश्वेता।
साँप – पन्नग, सर्प, विषधर, अहि, व्याल।
सूर्य – दिनकर, दिवाकर, रवि, भानु, भास्कर।
स्त्री – नारी, महिला, दारा, वामा।
शरीर – देह, तन, काया, गात, बदन।
गणेश – गजानन, गणपति, विनायक, एकदन्त, गजवदन लम्बोदर, विघ्न नाशक।
घोड़ा – तुरंग, बाजि, हय, अश्व, घोटक।
युद्ध – समर, रण, संग्राम।
सिंह – केसरी, मृगराज, केहरी।
शत्रु – अरि, रिपु, बैरी।
विष्णु – हरि, कमलेश, रमापति, चक्रपाणि, केशव, माधव, पीताम्बर।
कोष – खजाना, भण्डार, निधि।
धन – दौलत, द्रव्य, मुद्रा।

तलवार – कृपाण, असि, खड्ग।
अंग – भाग, हिस्सा, अवयव।
चोर – तस्कर, दस्यु, रजनीचर।
पत्नी – भार्या, दारा, गृहिणी।
पुत्र – तनय, सुत, लड़का, बेटा।
पुत्री – तनया, सुता, लड़की, बेटी।
माता – जननी, अम्बा, अम्बिका, अम्मा, माँ, धात्री।
मोर – शिखी, नीलकण्ठ, मयूर।
मृत्यु – मौत, काल, देहान्त।
रक्त – रुधिर, शोणित, खून, लहू।
विष – जहर, हलाहल, गरल।
सोना – कंचन, स्वर्ण, कनक।
हृदय – उर, छाती, वक्ष, वक्षस्थल, हिय, हिया।
सभा – अधिवेशन, परिषद्, बैठक, महासभा, समागम, समिति, सम्मेलन।
यमुना – कालिन्दी, कृष्णा, जमुना, रविसुता तरणि-तनुजा।

विलोम-शब्द

शब्दों के अपने निश्चित अर्थ होते हैं। उन अर्थों के विपरीत अर्थ देने वाले शब्द को विलोम-शब्द कहते हैं।

शब्द	विलोम	शब्द	विलोम
अमृत	विष	उदार	संकीर्ण
अनुकूल	प्रतिकूल	अनुराग	विराग
आदि	अन्त	उत्थान	पतन
इच्छा	अनिच्छा	उचित	अनुचित
अल्पायु	दीर्घायु	अनुज	अग्रज
उन्नति	अवनति	आकाश	पाताल
अधिक	न्यून	आयात	निर्यात
एक	अनेक	अन्धकार	प्रकाश
अर्थ	अनर्थ	उदय	अस्त
परकीया	स्वकीया	जड़	चेतन
जय	पराजय	अनिवार्य	वैकल्पिक
नकद	उधार	अपेक्षा	उपेक्षा
उपस्थित	अनुपस्थित	आदर	अनादर
अन्धेरा	उजाला	अपना	पराया
उत्तम	अधम	आय	व्यय
सुपुत्र	कुपुत्र	स्वाधीन	पराधीन
आहार	निराहार	कठोर	कोमल
दाता	याचक	दोषी	निर्दोषि
खेद	प्रसन्नता	धनी	निर्धन
निकट	दूर	चर	अचर
देव	दानव	खरा	खोटा
गरीब	अमीर	प्रेम	घृणा
जीवन	मृत्यु	बुरा	भला
सजीव	निर्जीव	मित्र	शत्रु
सुगन्ध	दुर्गन्ध	मौखिक	लिखित
संक्षेप	विस्तार	कटु	मधुर
आरम्भ	अन्त	कड़वा	मीठा
कृतज्ञ	कृतघ्न	दिन	रात
साक्षर	निरक्षर	पवित्र	अपवित्र
पाप	पुण्य	जल	थल
धीर	अधीर	निर्मल	मलिन

शब्द	विलोम	शब्द	विलोम
गुण	अवगुण	नश्वर	अनश्वर
निन्दा	स्तुति	भारी	हल्का
मनुष्यता	पशुता	सरस	नीरस
मान	अपमान	क्रय	विक्रय
धर्म	अधर्म	गहरा	उथला
गुरु	शिष्य	पक्ष	विपक्ष
जन्म	मृत्यु	बन्धन	मुक्ति
यश	अपयश	ज्ञान	अज्ञान
आदर	अनादर	पूर्ण	अपूर्ण
सफल	असफल	शान्त	अशान्त
कीर्ति	अपकीर्ति	वादी	प्रतिवादी
आस्तिक	नास्तिक	स्वदेश	परदेश
सज्जन	दुर्जन	राग	द्वेष
ऊसर	उर्वर	उदार	कृपण
अगला	पिछला	अगम	सुगम
अग्नि	जल	अति	अल्प
अर्थ	अनर्थ	अतल	वितल
अत्यधिक	स्वल्प	अधः	उपरि
अधिकतम	न्यूनतम	अतिवृष्टि	अनावृष्टि
अनाथ	सनाथ	ईश्वर	जीव
अनुलोम	विलोम	अर्पण	ग्रहण
अवनि	अम्बर	अस्त	उदय
आकर्षण	विकर्षण	आगे	पीछे
आजाद	गुलाम	आदान	प्रदान
आधुनिक	प्राचीन	आना	जाना
आय	व्यय	आयात	निर्यात
आवश्यक	अनावश्यक	आशा	निराशा
आस्था	अनास्था	इहलोक	परलोक
उच्च	निम्न	उत्थान	पतन
उपकार	अपकार	उपयोग	दुरुपयोग
एकता	अनेकता	कल	आज
कृत्रिम	प्राकृत	कृष्ण	शुक्ल
कपूत	सपूत	कोमल	कठोर
गगन	धरा	ज्ञान	अज्ञान

लिंग

लिंग का अर्थ है 'चिह्न'। लिंग शब्द उस चिह्न को कहते हैं जिससे वस्तु के पुरुष या स्त्री होने की कल्पना हो। लिंग दो प्रकार के होते हैं— (1) पुल्लिंग (2) स्त्रीलिंग

पुल्लिंग—पुल्लिंग संज्ञा के उस रूप को कहते हैं जिससे उसके पुरुष होने का ज्ञान होता है। जैसे—राम, श्याम, घोड़ा, हाथी, कुत्ता आदि।

स्त्रीलिंग—स्त्रीलिंग संज्ञा के उस रूप को कहते हैं जिससे उसके स्त्री होने का ज्ञान हो। जैसे—भैंस, गाय, बकरी, सीता, रमा इत्यादि।

पुल्लिंग	स्त्रीलिंग	पुल्लिंग	स्त्रीलिंग
इन्द्र	इन्द्राणी	मेहतर	मेहतरानी
नौकर	नौकरानी	जेठ	जेठानी
देवर	देवरानी	सेठ	सेठानी
पण्डित	पण्डिताइन	ओझा	ओझाइन
बनिया	बनियाइन	दुबे	दुबाइन
हलवाई	हलवाइन	चौबे	चौबाइन
गुरु	गुरुआइन	लड़का	लड़की
दास	दासी	कबूतर	कबूतरी
हिरण	हिरणी	क्षत्रिय	क्षत्राणी
मुगल	मुगलानी	हिन्दू	हिन्दुआनी
चौधरी	चौधरानी	भव	भवानी
लाला	ललाइन	पण्डा	पण्डाइन
ठाकुर	ठकुराइन	बाबू	बबुआइन
घोड़ा	घोड़ी	गूँगा	गूँगी
बच्चा	बच्ची	चाचा	चाची
बकरा	बकरी	मामा	मामी
मुर्गा	मुर्गी	साला	साली
चींटा	चींटी	रस्सा	रस्सी
देव	देवी	ब्राह्मण	ब्राह्मणी
बेटा	बेटी	बूढ़ा	बुढ़िया
चूहा	चुहिया	डिब्बा	डिबिया
गुड्डा	गुड़िया	कुम्हार	कुम्हारिन
सुनार	सुनारिन	नाती	नातिन
जुलाहा	जुलाहिन	दर्जी	दर्जिन
पापी	पापिन	हाथी	हथिनी

पुल्लिंग	स्त्रीलिंग	पुल्लिंग	स्त्रीलिंग
पिता	माता	बैल	गाय
कवि	कवयित्री	विधुर	विधवा
बाप	माँ	बादशाह	बेगम
नर	मादा	मर्द	औरत
युवक	युवती	वर	वधू
सम्राट्	सम्राज्ञी	साढू	साली
फूफा	बुआ	पुत्र	पुत्री
पहाड़	पहाड़ी	गोप	गोपी
गधा	गधी	तरुण	तरुणी
नर्तक	नर्तकी	बेटा	बिटिया
बछड़ा	बछिया	चिड़ा	चिड़िया
बन्दर	बन्दरिया	कुत्ता	कुतिया
नाई	नाइन	धोबी	धोबिन
ग्वाला	ग्वालिन	भंगी	भंगिन
स्वामी	स्वामिनी	विद्वान्	विदुषी
साधु	साध्वी	पुरुष	स्त्री
पति	पत्नी	वीर	वीरांगना
साहब	मेम	सास	ससुर
मियाँ	बीबी	राजा	रानी
बिलाड़	बिल्ली	अनुज	अनुजा
छात्र	छात्रा	महोदय	महोदया
प्रिय	प्रिया	मामा	मामी
लोटा	लुटिया	मोर	मोरनी
शेर	शेरनी	जाट	जाटिन
डाक्टर	डाक्टरनी	मालिक	मालकिन
माली	मालिन	बाघ	बाघिन
हाथी	हथिनी	स्वामी	स्वामिनी
बालक	बालिका	धनवान	धनवती
धावक	धाविका	नेता	नेत्री
गुणवान	गुणवती	नर	मादा
अभिनेता	अभिनेत्री	प्राचार्य	प्राचार्या
प्रबन्धकर्ता	प्रबन्धकर्ती	दाता	दात्री
ननदोई	ननद	अध्यापक	अध्यापिका

वचन

शब्द के जिस रूप से उसके एक अथवा अनेक होने का बोध हो, उसे वचन कहते हैं।

हिन्दी में दो वचन होते हैं—

(1) एकवचन और (2) बहुवचन

एकवचन—शब्द के जिस रूप से एक ही वस्तु का बोध हो, उसे एकवचन कहते हैं। जैसे—लड़का, गाय, बकरी, घोड़ा, राम, सीता आदि।

बहुवचन—शब्द के जिस रूप से अनेकता का बोध हो उसे बहुवचन कहते हैं। जैसे—लड़के, कपड़े, गायें आदि।

एकवचन	बहुवचन	एकवचन	बहुवचन
लड़का	लड़के	कौवा	कौवे
बेटा	बेटे	कमरा	कमरे
कपड़ा	कपड़े	बहन	बहनें
चीज	चीजें	गधा	गधे
रुपया	रुपये	घोड़ा	घोड़े
नहर	नहरें	रात	रातें
बात	बातें	सड़क	सड़कें
दाना	दाने	लोटा	लोटे
पैसा	पैसे	पुस्तक	पुस्तकें
कन्या	कन्याएँ	वधू	वधुएँ
नारी	नारियाँ	लड़की	लड़कियाँ
मुर्गा	मुर्गे	घण्टा	घण्टे
गद्दा	गद्दे	हीरा	हीरे
बच्चा	बच्चे	प्याला	प्याले
छाता	छाते	गाय	गायें
कथा	कथाएँ	कविता	कविताएँ
बहू	बहुएँ	टोपी	टोपियाँ
नाली	नालियाँ	बेटा	बेटे
ताला	ताले	जूता	जूते

एकवचन	बहुवचन	एकवचन	बहुवचन
डिबिया	डिबियाँ	नाक	नाकें
पूँछ	पूँछें	मूँछ	मूँछें
चिड़िया	चिड़ियाँ	सरिता	सरिताएँ
बालिका	बालिकाएँ	चाभी	चाभियाँ
कहानी	कहानियाँ	दरवाजा	दरवाजे
कलम	कलमें	कुटिया	कुटियाँ
रानी	रानियाँ	नाई	नाइयों
माता	माताएँ	बाल	बालों
हाथ	हाथों	मुख	मुख
कोट	कोट	दाँत	दाँतों
नाखून	नाखूनों	पैर	पैरों
बैल	बैलों	माली	मालियों
राजा	राजाओं	पिता	पिता
चन्द्रमा	चन्द्रमा	कवि	कवियों
मुनि	मुनियों	कौआ	कौए
छात्रा	छात्राएँ	सेना	सेनाएँ
दिशा	दिशाएँ	गुड़िया	गुड़ियाँ
मेज	मेजें	भैंस	भैंसें
अंगूर	अंगूरों	समुद्र	समुद्र

अनेक शब्दों के लिए एक शब्द

जिसकी कोई उपमा न हो : **अनुपम**
तेज बुद्धि वाला : **कुशाग्रबुद्धि**
कल्पना से परे हो : **कल्पनातीत**
जो उपकार नहीं मानता है : **कृतघ्न**
जो उपकार मानता है : **कृतज्ञ**
किसी की हँसी उड़ाना : **उपहास**
ऊपर कहा हुआ : **उपर्युक्त**
ऊपर लिखा हुआ : **उपरलिखित**
जिस पर उपकार किया गया हो : **उपकृत**
इतिहास का ज्ञाता : **इतिहासज्ञ**
आलोचना करने वाला : **आलोचक**
ईश्वर में आस्था रखने वाला : **आस्तिक**
बिना वेतन का : **अवैतनिक**
जो कहा न जा सके : **अकथनीय**
जो गिना न जा सके : **अगणित**
जिसका कोई शत्रु ही न जन्मा हो : **अजातशत्रु**
जिसके समान कोई दूसरा न हो : **अद्वितीय**
जो परिचित न हो : **अपरिचित**
आकाश में उड़ने वाला : **नभचर**
जो टुकड़े-टुकड़े हो गया हो : **खण्डित**

मछली की तरह आँखों वाली : **मीनाक्षी**
मयूर की तरह आँखों वाली : **मयूराक्षी**
बच्चों के लिए काम की वस्तु : **बालोपयोगी**
जिसकी बहुत अधिक चर्चा हो : **बहुचर्चित**
जिस स्त्री को कभी सन्तान न हुई हो : **बन्ध्या (बाँझ)**
फेन से भरा हुआ : **फेनिल**
प्रिय बोलने वाली स्त्री : **प्रियम्वदा**
जिसकी उपमा न हो : **निरुपम**
जो थोड़ी देर पहले पैदा हुआ हो : **नवजात**
जिसका कोई आधार न हो : **निराधार**
नगर में वास करने वाला : **नागरिक**
रात में घूमने वाला : **निशाचर**
ईश्वर में विश्वास न रखने वाला : **नास्तिक**
माँस न खाने वाला : **निरामिष**
बिल्कुल बर्बाद हो गया : **ध्वस्त**
जिसकी धर्म में निष्ठा हो : **धर्मनिष्ठ**
देखने योग्य : **दर्शनीय**
बहुत तेज चलने वाला : **द्रुतगामी**
जो किसी पक्ष में न रहे : **तटस्थ**
तत्त्व को जानने वाला : **तत्त्वज्ञ**

तप करने वाला : **तपस्वी**
जिसे देखकर डर लगे : **डरावना**
जो जन्म से अन्ध हो : **जन्मान्ध**
जीने की प्रबल इच्छा : **जिजीविषा**
जिसने इन्द्रियों को जीत लिया हो : **जितेन्द्रिय**
चिन्ता में डूबा हुआ : **चिन्तित**
जो बहुत समय तक ठहरे : **चिरस्थायी**
जिसकी चार भुजाएँ हों : **चतुर्भुज**
जिसके हाथ में चक्र हों : **चक्रपाणि**
जिससे घृणा की जाए : **घृणित**
जिसे गुप्त रखा जाए : **गोपनीय**
गणित ज्ञाता : **गणितज्ञ**
आकाश को चूमने वाला : **गगनचुम्बी**
जिसका आदि न हो : **अनादि**
जो कुछ न जानता हो : **अज्ञ**
जो अनुकरण करने योग्य हो : **अनुकरणीय**
जिसका अन्त न हो : **अनन्त**
जो कभी न मरे : **अमर**
जो कम बोलता हो : **अल्पभाषी**
जिसका इलाज न हो : **लाइलाज**
जिसका कोई नाथ न हो : **अनाथ**
कम जानने वाला : **अल्पज्ञ**
जहाँ जाना सम्भव न हो : **अगम**
बड़ा भाई : **अग्रज**
कम खाने वाला : **अल्पाहारी**
जो बात पहले कभी न हुई हो : **अभूतपूर्व**
दूसरों के पीछे चलने वाला : **अनुचर**
जो पहले न पढ़ा हो : **अपठित**
जिसके आर-पार दिखाई देता हो : **पारदर्शी**
आज्ञा पालन करने वाला : **आज्ञाकारी**
काम से जी चुराने वाला : **कामचोर**
प्रतिदिन होने वाला : **दैनिक**
जिसका कोई अर्थ न हो : **निरर्थक**
हाथ से लिखा हुआ : **हस्तलिखित**
आँखों के सामने होने वाला : **प्रत्यक्ष**
जिसका आचरण अच्छा हो : **सदाचारी**
वह पुरुष जिसकी पत्नी मर गई हो : **विधुर**
वह स्त्री जिसका पति मर गया हो : **विधवा**
जिसका रूप अच्छा न हो : **कुरूप**
सदा सत्य बोलने वाला : **सत्यवादी**
बड़ी इमारत के टूटे-फूटे भाग : **खण्डहर**
प्रशंसा के योग्य : **प्रशंसनीय**

जहाँ अनाथ रहते हों : **अनाथालय**
प्रत्येक मास होने वाला : **मासिक**
जहाँ पानी के जहाज आकर रुकते हैं : **बन्दरगाह**
प्रत्येक सप्ताह होने वाला : **साप्ताहिक**
प्रत्येक वर्ष होने वाला : **वार्षिक**
जो कठिनाई से मिले : **दुर्लभ**
जिसका आकार हो : **साकार**
जिसका आकार न हो : **निराकार**
जो कभी बूढ़ा न हो : **अजर**
बहुत बोलने वाला : **वाचाल**
पृथ्वी पर रहने वाला : **थलचर**
जल में रहने वाला : **जलचर**
नभ में विचरण करने वाला : **नभचर**
जल-थल दोनों में रहने वाला : **उभयचर**
जिसमें रस न हो : **नीरस**
पढ़ने वाला : **पाठक**
जो भाषण देता हो : **वक्ता**
जो साथ में पढ़ता हो : **सहपाठी**
जिसके नीचे रेखा खींची हो : **रेखांकित**
जानने की इच्छा रखने वाला : **जिज्ञासु**
जिसकी कोई सन्तान न हो : **निःसन्तान**
जिसका कोई मूल्य न हो : **अमूल्य**
जो वन में घूमता हो : **वनचर**
जो इस लोक के बाहर की बात हो : **अलौकिक**
जो इस लोक की बात हो : **लौकिक**
जिसका सम्बन्ध पश्चिम से हो : **पाश्चात्य**
जो स्थिर रहे : **स्थावर**
दुःखान्त नाटक : **त्रासदी**
ज्ञान देने वाली : **ज्ञानदा**
भूत, वर्तमान भविष्य को देखने वाला : **त्रिकालदर्शी**
जो क्षमा के योग्य हो : **क्षम्य**
हिंसा करने वाला : **हिंसक**
हित चाहने वाला : **हितैषी**
सब कुछ जानने वाला : **सर्वज्ञ**
जो स्वयं पैदा हुआ हो : **स्वयंभू**
जो शरण में आया हो : **शरणागत**
जिसका वर्णन न किया जा सके : **वर्णनातीत**
व्याकरण जानने वाला : **वैयाकरण**
रचना करने वाला : **रचयिता**
खून से रंगा हुआ : **रक्तरंजित**
अत्यन्त सुन्दर स्त्री : **रूपसी**
कीर्तिमान पुरुष : **यशस्वी**

महत्त्वपूर्ण शब्दों की भाववाचक संज्ञा

शब्द	भाववाचक संज्ञा	शब्द	भाववाचक संज्ञा	शब्द	भाववाचक संज्ञा	शब्द	भाववाचक संज्ञा
दास	दासता	क्षत्रिय	क्षत्रियत्व	अहं	अहंकार	अपना	अपनापन
पशु	पशुता	बालक	बालकपन	व्यक्ति	व्यक्तित्व	मीठा	मिठास
बन्धु	बन्धुत्व	मित्र	मित्रता	गरीब	गरीबी	सफल	सफलता
बूढ़ा	बुढ़ापा	सती	सतीत्व	बुरा	बुराई	स्वस्थ	स्वास्थ्य
सेवक	सेवा	शिशु	शैशव	सरल	सरलता	कंजुस	कंजुसी
अपना	अपनत्व	पराया	परायापन	कमजोर	कमजोरी	हरा	हरियाली
पण्डित	पाण्डित्य	पुरुष	पुरुषत्व	गर्म	गर्मी	मोटा	मोटाई
ब्राह्मण	ब्राह्मणत्व	बच्चा	बचपन	चालाक	चालाकी	गम्भीर	गम्भीरता
प्रभु	प्रभुता	नारी	नारीत्व	पढ़ना	पढ़ाई	लिखना	लिखाई
देव	देवत्व	लड़का	लड़कपन	थकना	थकावट	लिखना	लिखावट
मनुष्य	मनुष्यता	दानव	दानवता	लूटना	लूट	लड़ना	लड़ाई
निज	निजता	स्व	स्वत्व	हँसना	हँसी	आप	अपनत्व

महत्त्वपूर्ण शब्दों के विशेषण

शब्द	विशेषण	शब्द	विशेषण	शब्द	विशेषण	शब्द	विशेषण
अंक	अंकित	अर्थ	आर्थिक	वन	वन्य	विष्णु	वैष्णव
इतिहास	ऐतिहासिक	उदासी	उदास	शहर	शहरी	तप	तपस्वी
कलंक	कलंकित	कुसुम	कुसुमित	जापान	जापानी	तेज	तेजस्वी
जटा	जटिल	भार	भारी	तत्त्व	तात्त्विक	दया	दयालु
बनारस	बनारसी	बाजार	बाजारू	देव	दैविक	निंदा	निंदक
प्यास	प्यासा	पुराण	पौराणिक	नव	नवीन	पोषण	पोषक
पंक	पंकित	पक्ष	पाक्षिक	पेट	पेटू	पाप	पापी
धन	धनी	दो	दूसरा	पूजा	पूज्य	भूख	भूखा
तीन	तीसरा	झगड़ा	झगड़ालू	फेन	फेनिल	भारत	भारतीय
ठण्ड	ठण्डा	जाति	जातीय	माया	मायावी	रंग	रंगीन
काँटा	कँटीला	विदेश	विदेशी	विष	विषैला	श्री	श्रीमान
रोज	रोजाना	भूगोल	भौगोलिक	सुर	सुरीला	विवाह	वैवाहिक
पीड़ा	पीड़ित	पुत्र	पुत्रवान	आदर	आदरणीय	ऋण	ऋणी
आलस्य	आलसी	अंतर	आंतरिक	किताब	किताबी	क्रम	क्रमिक
ईर्ष्या	ईर्ष्यालु	कर्म	कर्मठ	ग्राम	ग्रामीण	घर	घरेलू
करुणा	कारुणिक	कृपा	कृपालु	चतुर	चतुरता	जहर	जहरीला
गुण	गुणी	जल	जलमय	सप्ताह	साप्ताहिक	अनुभव	अनुभवी
जीव	जैविक	तट	तटस्थ	ओज	ओजस्वी	कल्पना	काल्पनिक
तर्क	तार्किक	धर्म	धार्मिक	कुल	कुलीन	गाँव	गँवार
नमक	नमकीन	पत्थर	पथरीला	चमक	चमकीला	चाचा	चचेरा
पल्लव	पल्लवित	पान	पनवाड़ी	दीन	दीनता	नगर	नागरिक
मुख	मुखर	मिठास	मीठा	नागपुर	नागपुरी	परिवार	पारिवारिक
मास	मासिक	मद	मादक	पुष्प	पुष्पित	पिता	पैतृक
रक्त	रक्तिम	रस	रसीला	फ्रांस	फ्रांसीसी	बाहर	बाहरी

शब्द	विशेषण	शब्द	विशेषण
भय	भयभीत	मधु	मधुर
मौन	मौनी	मन	मानसिक
मानव	मानवीय	रक्षा	रक्षक
रघु	राघव	रोग	रोगी
वर्ष	वार्षिक	शक्ति	शक्तिशाली
श्रम	श्रमिक	अंत	अंतिम
कागज	कागजी	मर्म	मार्मिक
शब्द	शाब्दिक	अज्ञान	अज्ञानी
गुलाब	गुलाबी	प्रकृति	प्राकृतिक
परिचय	परिचित	पूजा	पुजारी
रोग	रोगी	ग्राम	ग्रामीण
सुगंध	सुगंधित	मैं	मेरा
जो	जैसा	आप	आप-सा
तुम	तुम्हारा	कौन	कैसा
वह	वैसा	पढ़ना	पढ़ाकू

शब्द	विशेषण	शब्द	विशेषण
गाना	गायक	बेचना	बिकाऊ
भागना	भगोड़ा	वन्द	वन्दनीय
चलना	चलती	घूमना	घुमक्कड़
चलना	चालू	मरना	मरियल
भूलना	भुलक्कड़	पीछे	पिछला
भीतर	भीतरी	नीचे	निम्न
अणु	आणविक	अधिकार	आधिकारिक
अनुभव	अनुभवी	अन्याय	अन्यायी
अपमान	अपमानित	अभ्यास	अभ्यासी
अवश्य	आवश्यक	आदि	आदिम
आयु	आयुष्मान्	उदय	उदित
उपज	उपजाऊ	एकता	एक
अंत	अंतिम	कुल	कुलीन
खर्च	खर्चीला	खून	खूनी
गुण	गुणी		

श्रुतिसम भिन्नार्थक शब्द

शब्द	अर्थ	शब्द	अर्थ
आदि	आरम्भ	आदी	अभ्यस्त
कुल	वंश	कूल	किनारा
अरि	शत्रु	अरी	सम्बोधन
अगम	दुर्गम	आगम	शास्त्र
अयश	अपकीर्ति	अयस्क	लोहा
अपेक्षा	चाहना, तुलना में	उपेक्षा	निरादर
अनिल	हवा	अनल	आग
अवधि	काल, समय	अवधी	अवध की भाषा
आयात	बाहर से आना	आयत	एक आकृति
चिर	पुराना	चीर	कपड़ा
तनु	पतला	तनू	पुत्र, गाय
तरंग	लहर	तुरंग	घोड़ा
दारा	स्त्री	द्वार	दरवाजा
दूत	संदेशवाहक	द्यूत	जुआ
जलद	बादल	जलज	कमल
प्रदीप	दीपक	प्रतीप	उल्टा
प्रसाद	कृपा	प्रासाद	महल
पास	निकट	पाश	बन्धन
द्विप	हाथी	द्वीप	टापू
देव	देवता	दैव	भाग्य
नीर	जल	नीड़	घोंसला
पवन	वायु	पावन	पवित्र

शब्द	अर्थ	शब्द	अर्थ
बन्द	खुला नहीं	बद	बुरा
पथ	रास्ता	पथ्य	रोगी का भोजन
पुर	नगर	पूर	बाढ़
भवन	महल	भुवन	संसार
लक्ष्य	उद्देश्य	लक्ष	लाख
सर	तालाब	शर	बाण
सर्ग	अध्याय	स्वर्ग	एक लोक
कर्म	कार्य	क्रम	सिलसिला
चिता	शव जलाने के लिए लकड़ियों का ढेर	चीता	बाघ
शव	लाश	शब	रात
शस्त्र	हथियार	शास्त्र	ग्रन्थ
श्रवण	सुनना	श्रमण	बौद्ध संन्यासी
मत	विचार	मत्त	मस्त
शोक	दुःख	शौक	चाव
ग्रह	नक्षत्र	गृह	घर
कपट	धोखा	कपाट	दरवाजा
उपयुक्त	ठीक	उपर्युक्त	ऊपर कहा गया
सुत	बेटा	सूत	धागा
शूर	वीर	सूर	अंधा
श्याम	कृष्ण	शाम	संध्या
दिन	वार	दीन	गरीब
कटिबद्ध	तैयार रहना	करबद्ध	हाथ जोड़ना

अनेकार्थक शब्द

शब्द	विभिन्न अर्थ
अंक	संख्या, गोद
अक्षर	वर्ण, ईश्वर
पानी	जल, प्रतिष्ठा
अचल	पवर्त, स्थिर
आम	फल, सामान्य
अंबर	वस्त्र, आकाश
अवस्था	आयु, दशा
उत्तर	दिशा, जबाव
विधि	तरीका, भाग्य
कर	हाथ, टैक्स
कनक	सोना, धतुरा
गुरु	श्रेष्ठ, शिक्षक
हान	भारी हथौड़ा, बादल
जड़	मूर्ख, मूल
कल	मशीन, आनेवाला कल, चैन
सुर	देवता, स्वर
द्विज	पक्षी, ब्राह्मण
तीर	किनारा, बाण
प्रकृति	स्वभाव, कुदरत
पत्र	चिट्ठी, पत्र
पद	पैर, उपाधि
फल	परिणाम, फल
तनु	पतला, कोमल
वर्ण	रंग, जाति
हल	समाधान, खेत जोतने का साधन
अशोक	राजा, वृक्ष
आभीर	अहीर, एक राग
एकाक्ष	काना, कौआ
खल	दुष्ट, खलिहान
घट	घड़ा, हृदय
जलज	कमल, मछली
हेम	सोना, जल

सामान्य अशुद्धियाँ

अशुद्ध	शुद्ध	अशुद्ध	शुद्ध
दुनियां	दुनिया	श्रीमति	श्रीमती
सामिग्री	सामग्री	वापिस	वापस
प्रदर्शिनी	प्रदर्शनी	द्वारिका	द्वारका
ऊत्थान	उत्थान	दुसरा	दूसरा
प्रशाद	प्रसाद	अमावश्या	अमावस्या
बसंत	वसंत	बर्ष	वर्ष
विना	बिना	बन	वन
दाइत्व	दायित्व	सम्वाद	संवाद
कुन्डली	कुण्डली	मॉसिक	मानसिक
कन्ठ	कण्ठ	अगामी	आगामी
सप्ताहिक	साप्ताहिक	संसारिक	सांसारिक
आधीन	अधीन	हस्ताक्षेप	हस्तक्षेप
बरात	बारात	क्षत्रीय	क्षत्रिय
तिथी	तिथि	कालीदास	कालिदास
पुर्ती	पूर्ति	अतिथी	अतिथि
नीती	नीति	ग्रहणी	गृहिणी
क्यूँ	क्यों	साधू	साधु
वधु	वधू	रेणू	रेणु
नुपुर	नूपुर	निर्वान	निर्वाण
जादु	जादू	द्रश्य	दृश्य
अनुग्रहीत	अनुगृहीत	बृज	ब्रज
बनस्पति	वनस्पति	श्राप	शाप
सैना	सेना	सेनिक	सैनिक
इतिहासिक	ऐतिहासिक	प्रथक	पृथक
सम्पति	सम्पत्ति	कृतघन	कृतघ्न
बिमारी	बीमारी	व्यक्तिक	वैयक्तिक
वितीत	व्यतीत	निस्वार्थ	निःस्वार्थ
परिस्थित	परिस्थिति	रचियता	रचयिता
मैथिलिशरण	मैथिलीशरण	आर्शिवाद	आशीर्वाद
निरिक्षण	निरीक्षण	पत्नि	पत्नी
शताब्दि	शताब्दी	लड़ायी	लड़ाई
स्थाई	स्थायी	लिखायी	लिखाई
अलोकिक	अलौकिक	कृप्या	कृपया
गंवार	गँवार	असोक	अशोक
दुस्कर	दुष्कर	मूल्यावान	मूल्यवान्
नवम्	नवम	क्षात्र	छात्र
छमा	क्षमा	प्रन्तु	परन्तु
प्रीक्षा	परीक्षा	मरयादा	मर्यादा
दुदर्शा	दुर्दशा	विषेश	विशेष
उज्वल	उज्ज्वल	आल्हाद	आहलाद्

अशुद्ध	शुद्ध	अशुद्ध	शुद्ध
महत्व	महत्त्व	उपलक्ष	उपलक्ष्य
लीये	लिये	पिओ	पियो
हुये	हुए	कवित्री	कवयित्री
प्रमात्मा	परमात्मा	घनिष्ट	घनिष्ठ
यथेष्ठ	यथेष्ट	पियास	प्यास
व्यस्क	वयस्क	त्यौहार	त्योहार
मुसलिम	मुस्लिम	ऐनक	ऐनक
नोकरी	नौकरी	कल्यान	कल्याण
पाणी	पानी	आसा	आशा
हुदय	हृदय	घ्रणा	घृणा
श्रंगार	शृंगार	हिन्दुस्थान	हिन्दुस्तान
प्रशन	प्रश्न	ग्यान	ज्ञान
अन्धेरा	अँधेरा	पेड	पेड़
महयान्ह्न	मध्यान्ह	मेंहदी	मेहंदी
शमशान	श्मशान	चिन्ह	चिह्न
कुंज	कुब्ज	ग्रहस्थ	गृहस्थ
अजोध्या	अयोध्या	अनधिकार	अनाधिकार
अनिष्ठा	अनिष्ट	अनुकुल	अनुकूल
अनुसंगिक	आनुषंगिक	अनुशरण	अनुसरण
अभिसेक	अभिषेक	अरमाण	अरमान
अहिल्या	अहल्या	आदरनीय	आदरणीय
आविस्कार	आविष्कार	उँचाई	ऊँचाई
उत्तरदाई	उत्तरदायी	उपर	ऊपर
उपरोक्त	उपर्युक्त	उश्रृंखल	उच्छृंखल
कलस	कलश	कल्यान	कल्याण
गनित	गणित	जबाब	जवाब
तत्व	तत्त्व	तलाब	तालाब
तिरष्कार	तिरस्कार	त्रिवार्षिक	त्रैवार्षिक
दिपिका	दीपिका	देहिक	दैहिक
द्वन्द	द्वन्द्व	नरायन	नारायण
निरव	नीरव	निरोग	नीरोग
पुष्टी	पुष्टि	पुस्प	पुष्प
पेत्रिक	पैतृक	प्रनय	प्रणय

अशुद्ध	शुद्ध	अशुद्ध	शुद्ध
प्रनाम	प्रणाम	प्रयाप्त	पर्याप्त
प्रसंशा	प्रशंसा	प्रागंन	प्रांगण
प्रान	प्राण	पृष्ट	पृष्ठ
ब्रत	व्रत	भगीरथी	भागीरथी
भरथ	भरत	भष्म	भस्म
मंत्रीमंडल	मंत्रिमण्डल	रसायण	रसायन
राज्यमहल	राजमहल	रामायन	रामायण
वनोवास	वनवास	वानी	वाणी
वाल्मीकी	वाल्मीकि	वास्प	वाष्प
व्योहार	व्यवहार	सन्यासी	संन्यासी
सम्राज	साम्राज्य	सविनयपूर्वक	सविनय
सिंदुर	सिंदूर	स्त्रवण	श्रवण
हरीश्चन्द्र	हरिश्चन्द्र	हिन्दु	हिन्दू
हिन्दूस्तान	हिन्दुस्तान	बुद्धिवान	बुद्धिमान्
भाग्यमान	भाग्यवान	विद्वान	विद्वान्
श्रीमान	श्रीमान्	आंख	आँख
ऊंट	ऊँट	कंगना	कँगना
गँगा	गंगा	गांधी	गाँधी
जांच	जाँच	तांगा	ताँगा
दांत	दाँत	मंहगा	महँगा
मांस	माँस	मुंह	मुँह
सांप	साँप	सांस	साँस
हुँकार	हुंकार	निर्पेक्ष	निरपेक्ष
भाष्कर	भास्कर	सन्मुख	सम्मुख
माताहीन	मातृहीन	विद्यार्थि	विद्यार्थी
गुणि	गुणी	द्वैवाषिक	द्विवार्षिक
पूज्यनीय	पूजनीय	अकाश	आकाश
इद	ईद	इसलाम	इस्लाम
ऐसा	ऐसा	दोसरा	दूसरा
पुत्रि	पुत्री	प्रस्तूत	प्रस्तुत
हरयाली	हरियाली	दिवाली	दीवाली
राष्ट्रिय	राष्ट्रीय	एकहरा	इकहरा
एतबार	इतबार		

वाक्यगत अशुद्धियाँ

अशुद्ध	शुद्ध
हम अच्छी भाषण दिए थे।	हमने अच्छा भाषण दिया था।
आप खाए कि नहीं?	आपने खाया कि नहीं?
वह मुझे देखा तो घबरा गया।	उसने मुझे देखा तो घबरा गया।
मैं किताब पढ़ा हूँ।	मैंने किताब पढ़ी है।
मैं सारी पुस्तक पढ़ डाली।	मैंने सारी पुस्तक पढ़ डाली।
सीता भात खायी।	सीता ने भात खाया।
राम रोटी खाया।	राम ने रोटी खायी।
लड़की ने दही गिरा दी।	लड़की ने दही गिरा दिया।
शुद्ध गाय की घी दो।	गाय का शुद्ध घी दो।
तुम, मैं और वह चलेगा।	तुम, वह और मैं चलूँगा।
राम और सीता आयी थी।	राम और सीता आए थे।
भाई-बहन जा रही हैं।	भाई-बहन जा रहे हैं।

अशुद्ध	शुद्ध
वह लड़की को बुलाओ।	उस लड़की को बुलाओ।
मेरे लिए पढ़ता हूँ।	अपने लिए पढ़ता हूँ।
सीता राम की आज्ञाकारी पत्नी थी।	सीता राम की आज्ञाकारिणी पत्नी थीं।
देरी न करना।	देर न करना।
उसे मृत्युदण्ड की सजा मिली।	उसे मृत्युदण्ड मिला।
हमारे शिक्षक प्रश्न पूछते हैं।	हमारे शिक्षक प्रश्न करते हैं।
कै बजे? तीन बजा।	कितना बजा? तीन बजे।
उसका प्राण उड़ गया।	उसके प्राण उड़ गये।
मैंने आँख से देखा।	मैंने आँखों से देखा।
अपन को पढ़ना है।	मुझे पढ़ना है।
पुस्तक फट गया।	पुस्तक फट गई है।
घोड़ी तेज दौड़ता है।	घोड़ी तेज दौड़ती है।
मेरा प्रणम स्वीकार करो।	मेरा प्रणाम स्वीकार करो।
दो बालक खेलता है।	दो बालक खेलते हैं।

अशुद्ध	शुद्ध
ये सब मेरा पुस्तक है।	ये सब मेरी पुस्तकें हैं।
सूरज पूरब में उगते हैं।	सूरज पूर्व में उगता है।
वह लौट आए।	वे लौट आए।
वहाँ अनेकों लोग थे।	वहाँ अनेक लोग थे।
मेरे को मत मारो।	मुझे मत मारो।
मोहन ने पत्र को पढ़ा।	मोहन ने पत्र पढ़ा।
पुस्तक पर नहीं लिखो।	पुस्तक पर मत लिखो।
वह सज्जन पुरुष है।	वह सज्जन है।
आप हमारे घर आओ।	आप हमारे घर आइए।
हम आपसे कुछ कहे थे।	हमने आपसे कुछ कहा था।
मकान की दायीं ओर सड़क है।	मकान के दायीं ओर सड़क है।
पिताजी घर नहीं हैं।	पिताजी घर पर नहीं हैं।
घर पर सब कुशल हैं।	घर में सब कुशल हैं।
उसे भारी दुःख हुआ।	उसे बहुत दुःख हुआ।
सड़क में मत खेलो।	सड़क पर मत खेलो।

मुहावरे तथा लोकोक्तियाँ

- अँगूठी का नगीना–अत्यन्त महत्त्वपूर्ण।
- अंधा दरबार–न्यायहीन स्थान।
- अंधेर नगरी–न्याय का अभाव।
- अक्ल का दुश्मन–मूर्ख।
- अक्ल का दुम–मूर्ख।
- आँख का तारा–अतिप्रिय।
- ईद का चाँद–बहुत दिनों के बाद दिखाई देना।
- कछुआ चाल–धीमी गति।
- काला नाग–दुष्ट आदमी।
- किताबी कीड़ा–सदैव कुछ-न-कुछ पढ़ना।
- किस्मत का मारा–भाग्य का मन्द।
- कोल्हू का बैल–बहुत कठिन परिश्रम करनेवाला।
- कोड़ी का तीन–तुच्छ।
- खाली हाथ–पैसे का अभाव।
- गाजर-मूली–अशक्त।
- गुलर का फूल–दुर्लभ वस्तु।
- गोबर-गणेश–निरामूर्ख।
- घर का उजाला–कुल-दीपक।
- घड़ियाली आँसू–बनावटी शोक।
- चलता-पुरजा–चालाक।
- चाँद का टुकड़ा–परम सुन्दर वस्तु या व्यक्ति।
- चाँदी का जूता–रिश्वत।
- चार दिन की चाँदनी–थोड़े समय का सुख।
- जलती आँख–क्रोधाभिभूत।
- जीभ का पतला–लालची।
- टेढ़ी खीर–विकट काम।
- ठिकाने की बात–न्यायसंगत बात।
- अढ़ाई दिन की हुकूमत–थोड़े समय का ऐश्वर्य।
- तकदीर का सिकन्दर–भाग्य का बलवान्।
- थाली का बैंगन–मत बदलते रहना।
- दाँत कटी रोटी–घनिष्ठता।
- दाहिना हाथ–सहायक।
- दिल का बादशाह–बहुत बड़ा उदार।
- दूध का दूध और पानी का पानी–उचित न्याय।
- दूध का धोआ–निर्दोष।
- दो दिन का मेहमान–बहुत थोड़े समय ठहरने वाला।
- धरती का फूल–ऐसा व्यक्ति जो हाल में अमीर हुआ है।
- धोबी का कुत्ता–निकम्मा।
- नसीब का मारा–बुरे दिन देखनेवाला।
- निन्यानबे का फेरा–धन बढ़ाने की चिन्ता।
- पत्थर का कलेजा–हर दुःख सहने की शक्ति।
- पत्थर की लकीर–चिरस्थायी सदा सत्य।
- फूलों की सेज–आनन्ददायक कार्य।
- बगुला-भगत–कपटी व्यक्ति।

- बच्चों का खेल–साधारण काम।
- बलि का बकरा–निःसहाय व्यक्ति।
- बरसाती बादल–अस्थायी।
- बात का पक्का–सत्यवादी।
- बायें हाथ का खेल–सरल काम।
- बिन बादल बरसात–असमय लाभ।
- बे-पेंदी का लोटा–बे ठिकाने का आदमी।
- भागीरथ प्रयत्न–अत्यधिक परिश्रम।
- भीष्म प्रतिज्ञा–दृढ़ संकल्प।
- मक्खी चूस–कंजूस।
- मिट्टी के मोल–बहुत सस्ता।
- मोटा असामी–मूर्ख मालदार।
- राम कहानी–आत्मवृतान्त।
- लँगोटिया यार– बचपन का मित्र।
- हवाई महल–कोरी कल्पना।
- आँख लगना–नींद आना।
- आँख खुलना–होश में आना।
- आँखें दिखाना–क्रोध से घूरना।
- आँसू पोंछना–धैर्य बँधाना।
- अन्धे की लकड़ी–एकमात्र सहारा।
- कान भरना–चुगली करना।
- कान पर जूँ न रेंगना–कोई असर न होना।
- नाक कटना–प्रतिष्ठा खत्म होना।
- नाक रगड़ना–दीनता दिखाना।
- नाकों चने चबवाना–खूब सताना।
- मुँह की खाना–बुरी तरह हारना।
- आस्तीन का साँप–विश्वासघाती मित्र।
- कन्धे से कन्धा मिलाना–पूरा सहयोग करना।
- ईंट से ईंट बजाना–पूरी तरह नष्ट कर देना।
- नौ दो ग्यारह होना–भाग जाना।
- दाँत खट्टे करना–बुरी तरह हराना।
- हाथ मलना–पछताना।
- खून का प्यासा–जानी दुश्मन।
- घी के दिए जलाना–खुशी मनाना।
- चार चाँद लगाना–प्रतिष्ठा बढ़ाना।
- तीन तेरह होना–अलग-अलग होना।
- पानी फेर देना–नाश कर देना।
- गाल बजाना–डींगे मारना।
- जान से हाथ धो बैठना–मारा जाना।
- पानी-पानी होना–बहुत लज्जित होना।
- फूला न समाना–बहुत प्रसन्न होना।
- अपना उल्लू सीधा करना–अपना मतलब निकालना।
- आँखें चुरा लेना–अनदेखा कर देना।
- अन्धे की लाठी–एकमात्र सहारा।
- आसमान पर चढ़ना–बहुत अभिमान करना।
- आँखें खुलना–होश आना।
- चोरी और सीना जोरी–दोषी होकर धमकाना।
- आग में घी डालना–क्रोध को भड़काना।
- अँगुली पर नचाना– अच्छी तरह वश में करना।
- एक आँख से देखना–समान दृष्टि से देखना।
- एक ही थैले के चट्टे-बट्टे–एक जैसे।
- ओखली में सिर देना–जान-बूझकर आपत्ति मोल लेना।
- कलेजा मुँह को आना–बहुत दुःखी होना।
- कफन बाँधकर चलना–मौत से न घबराना।
- काँटे बिछाना–बाधा डालना।
- कलेजा ठण्डा होना–सन्तोष होना।
- कमर कसना–तैयार होना।
- खून खौलना–जोश में आना।
- खाक छानना–मारे-मारे फिरना।
- गागर में सागर भरना–थोड़े शब्दों में बहुत कुछ कह देना।
- घाव पर नमक छिड़कना–दुखी को अधिक दुखी करना।
- घी के दिए जलाना–खुशी मनाना।
- घोड़े बेचकर सोना–गहरी नींद में सोना।
- चल बसना–परलोक सिधारना।
- छठी का दूध याद आना–भारी संकट में पड़ना।
- छाती पर साँप लोटना–बहुत ईर्ष्या होना।
- जमीन पर पैर न रखना–अधिक घमण्ड होना।
- झक मारना–व्यर्थ समय खोना।
- टेढ़ी खीर–कठिन काम।
- डींग मारना–अपनी झूठी प्रशंसा करना।
- डूब मरना–बहुत लज्जित होना।
- तलवे चाटना–चापलूसी करना।
- ताक में रहना–मौका ढूँढ़ते रहना।
- दंग रह जाना–आश्चर्य में पड़ जाना।
- दाल न गलना–वश न चलना।
- दाल में काला होना–संदेह होना।
- पीठ दिखाना–हारकर भागना।
- मुँह तोड़ उत्तर देना–खरा उत्तर देना।

वस्तुनिष्ठ प्रश्न

अभ्यास-1

निर्देशः *नीचे प्रत्येक शुद्ध शब्द की वर्तनी के लिए चार विकल्प दिए गए हैं। आपको सही विकल्प का चयन करना है।*

1. A. ऋषि B. ऋषी
C. रिषी D. ऋसि

2. A. विषेसन B. विशेषण
C. विसेशन D. विशेशन

3. A. दुशासन B. दुसाशन
C. दूशाषण D. दुःशासन

4. A. संस्कृति B. संसकृति
C. संष्कृति D. संस्कृती

5. A. दूनियां B. दुनियां
C. दुनिया D. दूनिआ

6. A. टिपनी B. टिप्पणि
C. टिप्पणी D. टिप्पनी

7. A. शाषण B. साशन
C. शासन D. शाशन

8. A. किसमस B. किरसमस
C. क्रिसमस D. कृसमस

9. A. अनुग्रहित B. अनुग्रहीत
C. अनुगृहीत D. अनुग्रहित

10. A. पराकम B. प्राक्रम
C. पराक्रम D. प्राकर्म

11. A. नायका B. नाइका
C. नाइक D. नायिका

12. A. समरिधी B. समद्धी
C. समृद्धि D. समरिद्धि

13. A. युधिष्ठर B. यूधिष्ठर
C. युधिष्ठिर D. युधिष्टर

14. A. वाल्मीकि B. बाल्मीकि
C. बालमीकि D. बाल्मिक

15. A. परलोकिक B. प्रलौकिक
C. पारलौकिक D. परलौकिक

16. A. त्रितीय B. तर्तीय
C. तृतीय D. तिरतीय

17. A. व्योहार B. व्यौहार
C. व्यवहार D. ब्यवहार

18. A. अहिल्या B. अहल्या
C. अहिलया D. अहीलया

19. A. आदरनीय B. आदरणीय
C. आदरनीया D. आदरणीया

20. A. आर्द B. आद्र
C. आर्द्र D. आर्दृ

21. A. आधीन B. अधिन
C. अधीन D. अधीम

22. A. आविस्कार B. आविष्कार
C. आवीस्कार D. आविश्कार

23. A. आसा B. आषा
C. आशा D. अशा

24. A. उज्वल B. उजज्ज्वल
C. उजज्वल D. उज्ज्वल

25. A. उन्नती B. उन्नित
C. उन्नति D. उन्नती

26. A. कलस B. कलष
C. कलश D. कलशा

27. A. गनीत B. गनित
C. गणीत D. गणित

28. A. तलाव B. तालाव
C. तलाब D. तालाब

29. A. दुष्ट B. दूष्ट
C. दुस्त D. दुश्त

30. A. निरोग B. निररोग
C. नीरोग D. नीरोगी

उत्तरमाला

1. A	**2.** B	**3.** D	**4.** A	**5.** C
6. C	**7.** C	**8.** C	**9.** C	**10.** C
11. D	**12.** C	**13.** C	**14.** A	**15.** C
16. C	**17.** C	**18.** B	**19.** B	**20.** C
21. C	**22.** B	**23.** C	**24.** D	**25.** C
26. C	**27.** D	**28.** D	**29.** A	**30.** C

अभ्यास-2

निर्देशः *नीचे कुछ शब्द दिए गए हैं। प्रत्येक के पर्यायवाची के चार विकल्प दिए गए हैं। इनमें से एक विकल्प सही पर्यायवाची है, उसका चयन कीजिए :*

1. अग्नि
A. अनिल B. अनल
C. गर्म D. ताप

2. अमृत
A. पीयूष B. गरल
C. सरस D. जीवनदायनी

3. आँख
A. लोचन B. आस्थि
C. वदन D. जलज

4. आकाश
A. अनन्त B. पाताल
C. वितल D. तल

5. कपड़ा
A. परिधान B. पटिका
C. पीताम्बर D. लँहगा

6. कमल
A. सरोज B. सरोवर
C. पंक D. पुष्प

7. गंगा
A. पाताल नदी B. हिमनदी
C. भागीरथ D. त्रिपथगा

8. चाँद
A. मयंक B. भानु
C. दिनकर D. रवि

9. नदी
A. सरिता B. प्रवाह
C. धारा D. जलधर

10. पर्वत
A. पत्थर B. चट्टान
C. शिखर D. मेरू

11. पवन
A. अनिल B. अनल
C. अग D. विहग

12. पति
A. साजन B. प्रिया
C. भार्या D. दारा

13. पानी
A. मही B. मेदिनी
C. अम्बु D. तरणी

14. पुत्र
A. आत्मज B. तनया
C. सुता D. आत्मजा

15. पुत्री
A. सुता B. सुत
C. आत्मज D. नन्दन

16. फूल
A. बहार B. मधु
C. माधव D. सुमन

17. वृक्ष
A. विटप B. अम्र
C. प्रसून D. रसा

18. बादल
A. अज B. व्यामोह
C. नीरद D. मधुप

19. बिजली
A. चंचला B. खटका
C. त्रास D. संत्रास

20. माता
A. धात्री B. धरणी
C. धरित्री D. श्यामा

21. घोषणा
A. आवाज B. पुकारना
C. ऐलान D. ललकारना

22. उत्कर्ष
A. आकर्षण B. विकर्षण
C. उन्नति D. निष्कर्ष

23. उदय
A. अन्त B. विकास
C. प्रगट D. व्यस्त

24. दक्ष
A. निपुण B. समर्थ
C. कर्मठ D. मेहनती

25. संवाद
A. विवाद B. झगड़ा
C. सम्बोधन D. वार्तालाप

उत्तरमाला

1. B	**2.** A	**3.** A	**4.** A	**5.** A
6. A	**7.** D	**8.** A	**9.** A	**10.** D
11. A	**12.** A	**13.** C	**14.** A	**15.** A
16. D	**17.** A	**18.** C	**19.** A	**20.** A
21. C	**22.** C	**23.** C	**24.** A	**25.** D

अभ्यास-3

निर्देशः *नीचे चार-चार शब्दों के समूह दिए गए हैं। प्रत्येक समूह में एक शब्द बेमेल है तथा शेष तीन शब्द पर्यायवाची हैं, आपको उस शब्द का चयन करना है, जो बेमेल है :*

1. A. तम B. अंधकार
C. तिमिर D. अंश

2. A. अनल B. आग
C. दहन D. तमिस्त्रा

3. A. अतुल B. अद्वितीय
C. अनुपम D. शुष्मा

4. A. अहं B. अहंकार
C. दर्प D. निराला

5. A. पता B. खोज
C. जाँच D. शोध

6. A. गरल B. पीयूष
C. सुधा D. सोम

7. A. कानन B. जंगल
C. पादप D. वन

8. A. अश्व B. गज
C. घोड़ा D. तुरंग

9. A. दानव B. मानव
C. दैत्य D. राक्षस

10. A. आँख B. चक्षु
C. नयन D. मुख

11. A. अन्तरिक्ष B. वसुन्धरा
C. आसमान D. गगन

12. A. इच्छा B. अभिलाषा
C. कामना D. प्रयोजन

13. A. कपड़ा B. चीर
C. वसन D. पोशाक

14. A. अब्ज B. कमल
C. राजीव D. आम्र

15. A. कोयल B. पिक
C. काग D. वनप्रिय

16. A. गंगा B. देवनदी
C. गोदावरी D. भागीरथी

17. A. गणेश B. एकदन्त
C. देवराज D. गणपति

18. A. घर B. निलय
C. निकेतन D. झोपड़ी

19. A. चाँद B. हिमांशु
C. विनायक D. सुधांशु

20. A. नदी B. तरणी
C. तटिनी D. सरिता

21. A. पक्षी B. चिड़िया
C. सुमन D. विहग

22. A. पवन B. अचला
C. वात D. वायु

23. A. समीर B. पृथ्वी
C. भू D. भूमि

24. A. पानी B. समीर
C. अम्बु D. जल

25. A. पुत्र B. तनया
C. तनय D. सुत

26. A. पुत्र B. तनया
C. सुता D. कन्या

27. A. गृहिणी B. आदमी
C. पुरुष D. नर

28. A. मधु B. फूल
C. पुष्प D. सुमन

29. A. माधव B. तरु
C. पेड़ D. वृक्ष

30. A. माता B. अम्बु
C. अम्मा D. जननी

उत्तरमाला

1. D	2. D	3. D	4. D	5. A
6. A	7. C	8. B	9. B	10. D
11. B	12. D	13. D	14. D	15. C
16. C	17. C	18. D	19. C	20. B
21. C	22. B	23. A	24. B	25. B
26. A	27. A	28. A	29. A	30. B

अभ्यास-4

निर्देशः *गहरे काले शब्द के विलोम शब्द का चयन कीजिए:*

1. उसे हर काम में **सफलता** मिल रही है।
A. असफलता B. सफल
C. कुशलता D. निपुणता

2. कभी किसी की **निन्दा** नहीं करनी चाहिए।
A. गुणगान B. स्तुति
C. प्रशंसा D. यशोगान

3. आलस्य व्यक्ति का सबसे बड़ा **दुश्मन** है।
A. शत्रु B. घातक
C. मित्र D. सहायक

4. वे बुढ़ापे से **दुखी** हैं।
A. अप्रसन्न B. सुखी
C. खुश D. नाराज

5. यहाँ उसकी **चतुराई** नहीं चली।
A. चालाकी B. बहादुरी
C. निपुणता D. मूर्खता

6. शहद की **मिठास** कम नहीं होती।
A. मीठा B. तीखा
C. कडुवा D. खट्टा

7. साहसी के **साहस** को देखकर मैं चकित रह गया।
A. हिम्मत B. बहादुरी
C. निडर D. भय

8. फिल्मोत्सव में सर्वश्रेष्ठ **अभिनेता** को पुरस्कार प्रदान किया गया।
A. हीरोइन B. नेत्री
C. मीनाक्षी D. अभिनेत्री

9. नाटक में नायक और **नायिका** की भूमिका महत्वपूर्ण होती है:
A. हीरो B. नायक
C. नेत्र D. नेता

10. कवि-सम्मेलन में एक कवि और एक **कवयित्री** को आमंत्रित किया गया था।
A. लेखक B. सम्पादक
C. नेता D. कवि

11. विद्यालय के वार्षिकोत्सव के लिए नेता और एक **नेत्री** को आमंत्रित किया गया।
A. अभिनेता B. विद्वान्
C. विदुषी D. नेता

12. मोहन बहुत **चतुर** है।
A. निपुण B. तेज
C. सुस्त D. मूर्ख

13. सोहन अब पूर्ण **स्वस्थ** है।
A. प्रसन्न B. खुश
C. अस्वस्थ D. अप्रसन्न

14. पक्षी **आकाश** में उड़ते हैं :
A. गगन B. नभ
C. धरती D. पाताल

15. वह विद्यालय में देर से आया और **अनुपस्थित** हो गया।
A. पूर्व B. उपस्थित
C. प्रवेश D. समयपूर्व

16. **बालक** चाँद की ओर देख रहा है।
A. बालिका B. लड़का
C. बच्चा D. बच्ची

17. मैं उसके विचार से बिल्कुल **सहमत** नहीं हूँ।
A. समर्थन B. सहमति
C. असहमत D. प्रशंसक

18. उसकी हालत **अधिक** खराब है।
A. बहुत B. कम
C. ठीक D. कुशल

19. **धर्म** की सर्वत्र विजय होती है:
A. अधर्म B. ज्ञान
C. भक्ति D. ईमानदारी

20. अच्छे चरित्र के बिना जीवन **निरर्थक** है:
A. व्यर्थ B. अर्थपूर्ण
C. सार्थक D. कुशल

21. **ईमानदारी** बड़ी दुर्लभ वस्तु है:
A. सच्चाई B. भलाई
C. बेइमानी D. परोपकारी

22. एवरेस्ट संसार का सबसे **ऊँचा** पर्वत है:
A. नीचा B. वितल
C. पाताल D. मध्यम

23. वह विश्वास के **योग्य** नहीं है:
A. काबिल B. विश्वासी
C. अयोग्य D. बेकार

24. क्या वह इतना **मूर्ख** है?
A. चालाक B. विद्वान्
C. बुद्धिमान D. धूर्त

25. कितना सुहावना **दृश्य** है!
A. अदृश्य B. दर्शनीय
C. सुन्दर D. व्यर्थ

उत्तरमाला

1. A	2. C	3. C	4. B	5. D
6. C	7. D	8. D	9. B	10. D
11. D	12. D	13. C	14. D	15. B
16. A	17. C	18. B	19. A	20. C
21. C	22. A	23. C	24. C	25. A

अभ्यास-5

निर्देशः नीचे प्रत्येक **काले गहरे शब्द** के चार विलोम दिए गए हैं। इनमें सही विलोम का चयन कीजिए :

1. **अग्नि**
A. आग B. अनल
C. दहन D. जल

2. **अग्रज**
A. अनुज B. भ्राता
C. भाई D. अम्बा

3. **अच्छा**
A. बुरा B. खराब
C. गंदा D. भ्रष्ट

4. **अंत**
A. प्रारम्भ B. समाप्त
C. शेष D. अल्प

5. **अचल**
A. विचल B. वितल
C. सजल D. चल

6. अति

A. अधिक　B. बहुत
C. अल्प　D. कम

7. अत्यधिक

A. अल्प　B. अधिक
C. स्वल्प　D. न्यूनतम

8. अंधकार

A. अंधेरा　B. प्रकाश
C. रात्रि　D. दिन

9. अतिवृष्टि

A. अनावृष्टि　B. वृष्टि
C. वर्षा　D. वर्षण

10. अनाथ

A. नाथ　B. स्वामी
C. मासिक　D. सनाथ

11. अनुकूल

A. मनोकूल　B. प्रतिकूल
C. अनुकरण　D. मनस्वी

12. अनुराग

A. राग　B. विराग
C. विग्रह　D. स्नेह

13. अन्त

A. श्री गणेश　B. आदि
C. शुरुआत　D. समाप्त

14. अपना

A. अपनत्व　B. पराया
C. मित्र　D. शत्रु

15. अपमान

A. मान　B. सम्मान
C. वर्तमान　D. स्वाभिमान

16. अपेक्षा

A. इच्छा　B. स्वेच्छा
C. प्रविच्छा　D. उपेक्षा

17. अमर

A. मर्त्य　B. मृत्यु
C. सुधा　D. गरल

18. अल्पायु

A. चिरायु　B. उमरदराज
C. नश्वर　D. सनातन

19. अस्त

A. उदय　B. विकास
C. निर्माण　D. सृष्टि

20. आकर्षण

A. प्रतिकर्षण　B. विकर्षण
C. सम्मोहन　D. विरत

21. आकाश

A. गगन　B. नभ
C. वसुन्धरा　D. पाताल

22. आगे

A. पीछे　B. पूर्व
C. पृष्ट　D. पृष्ठ

23. आजाद

A. स्वतंत्र　B. स्वतंत्रतता
C. परतंत्र　D. गुलाम

24. आदान

A. आयात　B. निर्यात
C. प्रदान　D. निदान

25. आधुनिक

A. अर्वाचीन　B. नूतन
C. प्राचीन　D. वर्तमान

उत्तरमाला

1. D	**2. A**	**3. A**	**4. A**	**5. D**
6. D	**7. C**	**8. B**	**9. A**	**10. D**
11. B	**12. B**	**13. A**	**14. B**	**15. B**
16. D	**17. A**	**18. A**	**19. A**	**20. B**
21. D	**22. A**	**23. D**	**24. C**	**25. C**

अभ्यास-6

निर्देशः *नीचे कुछ शब्द दिए गए हैं प्रत्येक शब्द के चार वैकल्पिक अर्थ दिए गए हैं। सही अर्थ का चयन कीजिए :*

1. सुरक्षित

A. कुशल　B. घटना
C. दुर्घटना　D. बचाव

2. प्रतिभाशाली

A. सज्जन　B. कुशाग्र
C. विद्वान्　D. वैभवशाली

3. आत्मसमर्पण

A. अपने आप को सौंपना　B. समर्पण
C. अर्पण　D. त्यागज

4. सिद्धहस्त

A. निपुण　B. कर्मठ
C. मेहनती　D. परिश्रमी

5. सुशोभित

A. मजेदार　B. सुस्वागतम्
C. अच्छा　D. शोभा पाना

6. स्वादिष्ट

A. मजेदार　B. बेकार
C. मीठा　D. तीखा

7. **स्वावलम्बी**
A. निर्भर B. परालंबी
C. आत्मनिर्भर D. अतिथि

8. **उपकरण**
A. साधन B. युक्ति
C. यंत्र D. मशीन

9. **कीमत**
A. क्रय B. विक्रय
C. मूल्य D. बिक्री

10. **संगठन**
A. एकता B. अनेकता
C. समूह D. संस्था

11. **विपत्ति**
A. दुख B. विपदा
C. मुसीबत D. सुख

12. **तृण**
A. तिनका B. धूल
C. धूप D. लकड़ी

13. **आश्चर्य**
A. निरीक्षण B. दृष्टिगोचर
C. हैरानी D. थकावट

14. **हार्दिक**
A. हृदय से B. शरीर से
C. मन से D. मस्तिष्क से

15. **नियति**
A. भाग्य B. किनारा
C. समय D. पवित्र

16. **सुगन्धित**
A. दुर्गन्ध B. खुशबू वाला
C. फूल D. कमल

17. **उत्साह**
A. होश B. हवास
C. जोश D. हिम्मत

18. **सहयोग**
A. मिलन सार B. मेहनती
C. परोपकारी D. आपसी सहायता

19. **मुसीबत**
A. विपत्ति B. सुशोभित
C. सहायता D. मदद

20. **निरक्षर**
A. साक्षर B. दर्शनीय
C. पठनीय D. अनपढ़

21. **उपवन**
A. वन B. तीर
C. जंगल D. बाग

22. **मेघ**
A. बादल B. पंकज
C. राजीव D. मेघनाद

23. **आधुनिक**
A. प्राचीन B. पुरातन
C. भूतकाल D. आज का

24. **तीर**
A. वाण B. धनुष
C. किनारा D. नदी

25. **परीक्षण**
A. जाँच B. पड़ताल
C. परीक्षा D. इम्तहान

26. **अभिवादन**
A. नमस्ते B. प्रणाम
C. बधाई D. शुभकामना

27. **सर्वत्र**
A. नश्वर B. सजीव
C. ईश्वर D. सभी जगह

28. **हलवाहा**
A. चरवाहा B. किसान
C. मजदूर D. हल चलाने वाला

29. **शिखर**
A. पर्वत B. पहाड़
C. टीला D. चोटी

30. **भयानक**
A. डरावना B. भयभीत
C. डरना D. खूँखार

उत्तरमाला

1. D	**2.** B	**3.** A	**4.** A	**5.** D
6. A	**7.** C	**8.** C	**9.** C	**10.** A
11. C	**12.** A	**13.** C	**14.** A	**15.** A
16. B	**17.** C	**18.** D	**19.** A	**20.** D
21. D	**22.** A	**23.** D	**24.** A	**25.** A
26. B	**27.** D	**28.** D	**29.** D	**30.** A

अभ्यास-7

निर्देशः *नीचे कुछ शब्द दिए जा रहे हैं। प्रत्येक शब्द के* **उपसर्ग** *के सन्दर्भ में चार विकल्प दिए गए हैं। आपको सही विकल्प का चयन करना है :*

1. अलबत्ता
A. अ B. अल
C. लब D. त्ता

2. अलगरज
A. अल B. लग
C. गर D. रज

3. कमसिन
A. क B. कम
C. सि D. सिन

4. अनमोल
A. अ B. अन
C. मो D. मोल

5. अनजान
A. अ B. अन
C. जा D. जान

6. अनपढ़
A. अ B. पढ़
C. प D. अन

7. अधखिला
A. अ B. अध
C. ला D. खिंला

8. अधजला
A. अ B. ज
C. अध D. ला

9. अधपका
A. अ B. अध
C. पका D. का

10. अघखिला
A. अ B. अघ
C. खिला D. ला

11. उन्नीस
A. उन B. उन्
C. नीस D. स

12. उनसठ
A. उ B. उन
C. सठ D. ठ

13. दुकाल
A. द B. दुक
C. दु D. काल

14. दुबला
A. दब B. दुब
C. ला D. दु

15. निकम्मा
A. नि B. निक
C. कम्मा D. मा

16. निर्लज्ज
A. निर B. निल
C. नि D. लज्ज

17. बिनब्याहा
A. बि B. बिन
C. ब्याहा D. हा

18. भरपेट
A. भर B. पेट
C. पे D. ट

19. भरपाई
A. भ B. र
C. पा D. भर

20. कुपात्र
A. कु B. कुप
C. पा D. पात्र

21. सुजान
A. सु B. सुज
C. सुजा D. जान

22. गैर कानूनी
A. गै B. गैर
C. कानु D. नुनी

23. गैरसरकारी
A. गैर B. सर
C. का D. कारी

24. अपमान
A. अ B. अप
C. मा D. मान

25. अनुशासन
A. अ B. शासन
C. सन D. अनु

26. अविनीत
A. अवि B. अ
C. नी D. नीत

27. अभिमान
A. अभि B. अ
C. मा D. मान

28. अभियान
A. अ B. मान
C. यान D. अभि

29. अध्ययन
A. अध् B. अधि
C. यन D. न

30. निश्चल
A. नि B. निर
C. निस D. चल

उत्तरमाला

1. B	2. A	3. B	4. B	5. B
6. D	7. B	8. C	9. B	10. B
11. A	12. B	13. C	14. D	15. B
16. A	17. B	18. A	19. D	20. A
21. A	22. B	23. A	24. B	25. D
26. B	27. A	28. D	29. B	30. A

अभ्यास-8

निर्देशः *निम्नलिखित शब्दों में प्रयुक्त प्रत्यय सम्बन्धी चार विकल्प दिए गए हैं, सही विकल्प का चयन कीजिए :*

1. भलाई
   A. ई   B. लाई
   C. आई   D. भला
2. चतुराई
   A. चतु   B. रा
   C. ई   D. आई
3. भूखा
   A. भू   B. भूख
   C. खा   D. आ
4. भिड़न्त
   A. भिड़्   B. भि
   C. न्त   D. अन्त
5. प्यासा
   A. आस   B. सा
   C. आसा   D. सा
6. बिकाऊ
   A. बिक   B. काऊ
   C. आऊ   D. ऊ
7. तैराक
   A. तै   B. तैर
   C. राक   D. आक
8. सन्नाटा
   A. सन्   B. सन्ना
   C. नाटा   D. आटा
9. लोहार
   A. लोह   B. आरा
   C. आरी   D. आर
10. मिलान
   A. आना   B. आने
   C. आनी   D. आन
11. चढ़ाव
   A. चढ़   B. चढ़ा
   C. आव   D. व
12. लगाव
   A. लग   B. अव
   C. आव   D. गाव
13. लिखावट
   A. लिख   B. लिखा
   C. वट   D. आवट
14. मिलावट
   A. मिल   B. वट
   C. आवट   D. ट
15. मिठास
   A. मिठ   B. ठास
   C. आस   D. स
16. चिकनाहट
   A. चिक   B. नाट्ट
   C. हट   D. आहट
17. सड़ियल
   A. सड़   B. यल
   C. ड़ियल   D. इयल
18. मरियल
   A. मर   B. यल
   C. मरि   D. इयल
19. गड़रिया
   A. गड़   B. इया
   C. रिया   D. या
20. सजीला
   A. ईला   B. इला
   C. ला   D. स
21. लुटेरा
   A. लुट   B. एरा
   C. ऐरा   D. रा
22. लठैत
   A. ए   B. ऐ
   C. ऐत   D. त
23. भगोड़ा
   A. ओ   B. ओड़ा
   C. ड़ा   D. भगो
24. खपत
   A. ख   B. प
   C. त   D. पत
25. जीवट
   A. व   B. अट
   C. जीव   D. जी

उत्तरमाला

1. C	2. D	3. D	4. D	5. D
6. C	7. D	8. D	9. D	10. D
11. C	12. C	13. D	14. C	15. C
16. D	17. D	18. D	19. B	20. A
21. B	22. C	23. B	24. C	25. B

अभ्यास-9

निर्देशः *नीचे कुछ मुहावरे दिए गए हैं। प्रत्येक के अर्थ के लिए चार विकल्प दिए गए हैं। आपको सही विकल्प का चयन करना है :*

1. अक्ल पर पत्थर पड़ना
A. बुद्धि काम न करना B. दुविधा होना
C. संकट में होना D. परेशान होना

2. अपना उल्लू सीधा करना
A. अवसर देखना B. काम निकालना
C. मतलब साधना D. मूर्ख बनाना

3. अपने मुँह मियाँ-मिट्ठू बनना
A. मिठाई खाना B. प्रशंसा करना
C. निंदा करना D. अपनी प्रशंसा स्वयं करना

4. अपने पाँव पर आप कुल्हाड़ी मारना
A. हानि पहुँचाना B. खेद होना
C. अपना पैर काटना D. अपनी हानि स्वयं करना

5. आँखें चुरा लेना
A. भाग जाना B. छिप जाना
C. अनदेखा करना D. मिल जाना

6. अक्ल का दुश्मन
A. मित्र होना B. शत्रु होना
C. महामूर्ख D. महाविद्वान्

7. अंधे की लाठी
A. एक मात्र सहारा B. मित्र होना
C. शत्रु होना D. दुख पहुँचाना

8. आकाश-पाताल एक करना
A. भाग-दौड़ करना B. परेशान होना
C. थक जाना D. कठिन परिश्रम करना

9. घड़ों पानी पड़ना
A. लज्जित होना B. तुच्छ समझना
C. लाभ होना D. थकावट

10. अगर-मगर करना
A. नुकसान करना B. बहाने बनाना
C. बदनाम करना D. कपट करना

11. मुँह की खाना
A. गिर जाना B. हार जाना
C. भाग जाना D. व्यर्थ होना

12. आस्तीन का साँप होना
A. शत्रु B. मित्र
C. कपटी मित्र D. दयालु

13. एक आँख से देखना
A. बुरा व्यवहार B. समान व्यवहार
C. कपट करना D. लज्जित होना

14. बाल-बाँका न होना
A. घायल होना B. साफ बच जाना
C. क्रोधित होना D. स्वस्थ होना

15. दाँतों तले उँगली दबाना
A. उँगली काटना B. चिंतित हो जाना
C. चकित रह जाना D. प्रसन्न हो जाना

16. जान के लाले पड़ना
A. मरने का खतरा होना B. भाग जाना
C. हार जाना D. मुश्किल में पड़ना

17. बोली मारना
A. ताना देना B. सताना
C. मजाक करना D. याद दिलाना

18. अंधों में काना राजा
A. मूर्खों में अल्पज्ञ को विद्वान् माना जाना
B. सबको मूर्ख समझना
C. अत्यधिक महत्त्वपूर्ण
D. काना राजा

19. अक्ल के घोड़े दौड़ाना
A. बुद्धि लड़ाना
B. कल्पना करना
C. तरह-तरह के उपाय सोचना
D. ज्ञान-प्राप्त करना

20. पानी उतर जाना
A. शर्म करना B. लज्जित न होना
C. भाग जाना D. इज्जत करना

21. तीन-पाँच करना
A. तितर-बितर करना
B. वचन देकर फिर जाना
C. घुमा-फिरा कर बातें करना
D. परेशान करना

22. हथियार डाल देना
A. हार जाना B. जीत जाना
C. धोखा देना D. विजय होना

23. आँख खुलना
A. होश में आना B. अत्यन्त प्यार होना
C. उल्टा काम करना D. क्रोध करना

24. कमर सीधी करना
A. थक जाना B. थकावट दूर करना
C. काम करना D. परिश्रम करना

25. पगड़ी रखना
A. चैन की सांस लेना B. अपमान करना
C. दया की भीख माँगना D. अपमान होना

26. लोहा मानना
A. संघर्ष करना B. विजय होना
C. श्रेष्ठता स्वीकार करना D. खुशामद करना

27. काठ मार जाना
A. दुःखी होना B. चुप होना
C. सफल होना D. मर जाना

28. चाँद पर थूकना
 A. अपमान करना
 B. बढ़कर बातें करना
 C. महान पुरुष पर लांछन लगाना
 D. महत्त्वाकांक्षी होना

29. उगल देना
 A. अपराध स्वीकार कर लेना
 B. सच बोलना
 C. उल्टी करना
 D. अनपच होना

30. हाथ मलना
 A. पश्चाताप करना B. सर्दी मिटाना
 C. दुख करना D. तैयार होना

उत्तरमाला

1. A	2. C	3. D	4. D	5. C
6. C	7. A	8. D	9. A	10. B
11. B	12. C	13. B	14. B	15. C
16. D	17. A	18. A	19. A	20. B
21. C	22. A	23. A	24. B	25. C
26. C	27. B	28. C	29. A	30. A

अभ्यास-10

निर्देशः *नीचे कुछ वाक्य खण्ड दिए गए हैं, पूरे वाक्य खण्ड के लिए एक शब्द का चयन कीजिए।*

1. जिसका आदि न हो
 A. अनंत B. अमर
 C. शाश्वत D. अनादि

2. जो कुछ न जानता हो
 A. मूर्ख B. महामूर्ख
 C. ज्ञानी D. अज्ञ

3. जो अनुकरण करने योग्य हो
 A. अनुकरणीय B. अद्वितीय
 C. आदरणीय D. अगम

4. जिसका अंत न हो
 A. अनंत B. अनादि
 C. आदि D. परलोक

5. जो कभी न मरे
 A. मर्त्य B. मुर्त्त
 C. अर्मुत्त D. अमर

6. जिसके समान दूसरा न हो
 A. अनुकूल B. प्रतिकूल
 C. कृतज्ञ D. अद्वितीय

7. जो कम बोलता हो
 A. मृदुभाषी B. वाचाल
 C. अल्पभाषी D. अल्पज्ञ

8. जिसका इलाज न हो
 A. मरणशील B. अमरत्व
 C. बिमारी D. लाइलाज

9. जिस का विश्वास न किया जा सके
 A. विश्वसनीय B. अविश्वसनीय
 C. विश्वासी D. धूर्त्त

10. जिसका कोई नाथ न हो
 A. सनाथ B. स्वामी
 C. नाथ D. अनाथ

11. कम जानने वाला
 A. अल्पज्ञ B. अज्ञ
 C. विद् D. विद्वान

12. जहाँ जाना संभव न हो
 A. दुर्गम B. अगम
 C. तल D. वितल

13. कम खाने वाला
 A. बहुभोजी B. पेटु
 C. कंजूस D. अल्पाहारी

14. जो बात पहले कभी न हुई हो
 A. भूतपूर्व B. अभूतपूर्व
 C. प्राचीन D. अर्वाचीन

15. जिस स्त्री के सन्तान न हो
 A. बाँझ B. कुलटा
 C. पतिता D. विधवा

16. जो कहा न जा सके
 A. अकथनीय B. अकथ्य
 C. करणीय D. सम्भव

17. एहसान न मानने वाला
 A. कृतज्ञ B. कृतघ्न
 C. आस्तिक D. विश्वासी

18. जिसने देश के साथ विश्वासघात किया हो
 A. विश्वासघाती B. द्रोही
 C. आतंकवादी D. देश द्रोही

19. जिसने राष्ट्र के हित में अपना जीवन बलिदान कर दिया हो
 A. देशभक्त B. शहीद
 C. राष्ट्रभूत D. भारतपुत्र

20. वह जमीन जिसमें कुछ भी पैदा न हो
 A. ऊसर B. बंजर
 C. उर्वर D. पथरीला

21. वह वस्तु जिसकी चाह हो
 A. श्रेष्ठ B. आवश्यक
 C. इच्छित D. अभीष्ट

22. दूसरों के पीछे चलने वाला
A. अनुयायी B. अनुज
C. अनुचर D. अनुकरणीय

23. जो पहले न पढ़ा हो
A. पठित B. अपठित
C. पठनीय D. अपठनीय

24. जिसके आर-पार दिखाई देता हो
A. अपारदर्शी B. गम्य
C. अगम्य D. पारदर्शी

25. आज्ञा पालन करने वाला
A. शिष्य B. शिष्या
C. अनुचर D. आज्ञाकारी

26. काम से जी चुराने वाला
A. कामचोर B. आलसी
C. कर्मठ D. परिश्रमी

27. प्रतिदिन होने वाला
A. दैनिक B. शाश्वत
C. सनातन D. अमर

28. जिसका कोई अर्थ न हो
A. सार्थक B. निरर्थक
C. आर्थिक D. अनार्थिक

29. उपकार मानने वाला
A. कृतज्ञ B. कृतघ्न
C. विश्वासी D. अनुयायी

30. हाथ से लिखा हुआ
A. पठनीय B. अपठनीय
C. स्पष्ट D. हस्तलिखित

उत्तरमाला

1. D	**2.** D	**3.** A	**4.** A	**5.** D
6. D	**7.** C	**8.** D	**9.** B	**10.** D
11. A	**12.** A	**13.** D	**14.** B	**15.** A
16. A	**17.** B	**18.** D	**19.** B	**20.** A
21. C	**22.** C	**23.** B	**24.** D	**25.** D
26. A	**27.** A	**28.** B	**29.** A	**30.** D

अभ्यास-11

निर्देशः *नीचे कुछ संज्ञा शब्द दिए जा रहे हैं। प्रत्येक के संज्ञा-भेद के लिए चार विकल्प दिए गये है। सही विकल्प का चयन कीजिए :*

1. तुलसीदास
A. जातिवाचक B. भाववाचक
C. व्यक्तिवाचक D. समूहवाचक

2. यमुना
A. व्यक्तिवाचक B. जातिवाचक
C. समूहवाचक D. भाववाचक

3. बच्चा
A. जातिवाचक B. समूहवाचक
C. भाववाचक D. व्यक्तिवाचक

4. मानवता
A. भाववाचक B. जातिवाचक
C. द्रव्यवाचक D. समूहवाचक

5. हिमालय
A. व्यक्तिवाचक B. जातिवाचक
C. भाववाचक D. समूहवाचक

6. भारत
A. जातिवाचक B. भाववाचक
C. व्यक्तिवाचक D. समूहवाचक

7. एशिया
A. व्यक्तिवाचक B. भाववाचक
C. द्रव्यवाचक D. समूहवाचक

8. महाराष्ट्र
A. जातिवाचक B. व्यक्तिवाचक
C. समूहवाचक D. द्रव्यवाचक

9. सूर सागर
A. व्यक्तिवाचक B. भाववाचक
C. द्रव्यवाचक D. समूहवाचक

10. सोमवार
A. जातिवाचक B. व्यक्तिवाचक
C. द्रव्यवाचक D. समूहवाचक

11. खटमल
A. जातिवाचक B. व्यक्तिवाचक
C. द्रव्यवाचक D. समूहवाचक

12. मैना
A. जातिवाचक B. व्यक्तिवाचक
C. द्रव्यवाचक D. समूहवाचक

13. चाँदी
A. द्रव्यवाचक B. समूहवाचक
C. भाववाचक D. व्यक्तिवाचक

14. अच्छाई
A. भाववाचक B. समूहवाचक
C. जातिवाचक D. व्यक्तिवाचक

15. पीतल
A. द्रव्यवाचक B. भाववाचक
C. व्यक्तिवाचक D. जातिवाचक

16. वीरता
A. भाववाचक B. जातिवाचक
C. द्रव्यवाचक D. समूहवाचक

17. रूस
A. जातिवाचक B. व्यक्तिवाचक
C. भाववाचक D. द्रव्यवाचक

18. लम्बाई

A. भाववाचक B. समूहवाचक
C. द्रव्यवाचक D. व्यक्तिवाचक

19. दल

A. जातिवाचक B. व्यक्तिवाचक
C. समूहवाचक D. द्रव्यवाचक

20. मार्च

A. समूहवाचक B. व्यक्तिवाचक
C. द्रव्यवाचक D. जातिवाचक

21. झुण्ड

A. समूहवाचक B. जातिवाचक
C. व्यक्तिवाचक D. द्रव्यवाचक

22. टोली

A. जातिवाचक B. व्यक्तिवाचक
C. समूहवाचक D. द्रव्यवाचक

23. सुभाष चौक

A. जातिवाचक B. समूहवाचक
C. व्यक्तिवाचक D. भाववाचक

24. संघ

A. जातिवाचक B. द्रव्यवाचक
C. समूहवाचक D. भाववाचक

25. गिरोह

A. समूहवाचक B. द्रव्यवाचक
C. जातिवाचक D. भाववाचक

उत्तरमाला

1. C	**2.** A	**3.** A	**4.** A	**5.** A
6. C	**7.** A	**8.** B	**9.** A	**10.** B
11. A	**12.** A	**13.** A	**14.** A	**15.** A
16. A	**17.** B	**18.** A	**19.** C	**20.** B
21. A	**22.** C	**23.** C	**24.** C	**25.** A

अभ्यास-12

निर्देशः *नीचे दिए गए वाक्य में रिक्त स्थान है। प्रत्येक वाक्य के नीचे कारक चिहन दिए गए हैं। रिक्त स्थान की पूर्ति के लिए उपयुक्त कारक चिहन का चयन कीजिए :*

1. निम्नलिखित शब्दों........अर्थ बताइए

A. का B. के
C. से D. पर

2. सरकार मुझे नौकरी........मत निकालिए

A. पर B. में
C. से D. को

3. इस कथन........पुष्टि कीजिए

A. को B. से
C. की D. ने

4. छात्र-छात्राएँ राष्ट्र........सम्पत्ति और उसके भावी कर्णधार होते हैं

A. के B. की
C. को D. में

5. प्रत्येक प्रश्न........चार सम्भावित उत्तर दिए गए हैं

A. के लिए B. में
C. के D. से

6. माता बच्चे........पढ़ाती है

A. को B. के
C. की D. से

7. गुरुजी........सबसे छोटे लड़के को एक नारंगी दी

A. ने B. को
C. से D. के लिए

8. मोहन सोहन से मिलने........गया है

A. से B. के
C. को D. के लिए

9. उसने कलम........लिखा

A. के B. में
C. पर D. से

10. मैं ड्राइवर........गाड़ी चलवाता हूँ

A. के B. पर
C. में D. से

11. शिक्षक छात्रों........पुस्तक पढ़वाते हैं

A. के लिए B. मैं
C. पर D. से

12. मैंने दाढ़ी........उसे मुसलमान समझ लिया

A. से B. के
C. को D. के लिए

13. श्याम अपने भाई हरि........आम लाया है

A. के B. के लिए
C. का D. पर

14. मोहन घर........आता है

A. में B. पर
C. से D. का

15. उसे पाँच दिनों........मूर्च्छा आया करती है

A. पर B. से
C. के D. को

16. मेधावी छात्र परीक्षा........चोरी नहीं करते

A. में B. पर
C. से D. के लिए

उत्तरमाला

1. A	**2.** C	**3.** C	**4.** B	**5.** C
6. A	**7.** A	**8.** D	**9.** D	**10.** D
11. D	**12.** A	**13.** B	**14.** C	**15.** B
16. D				

गद्यांश (अपठित-बोध)

गद्यांश 1

यदि हम निरन्तर प्रयत्न करेंगे तो निश्चय ही अपने सभी लक्ष्यों को प्राप्त कर लेंगे, किन्तु प्रायः देखा जाता है कि अधिक आशावादी लोग थोड़ा सा प्रयत्न करके अधिक फल की कामना करने लगते हैं और मनोवांछित फल प्राप्त न होने पर निराश हो जाते हैं। अतः जीवन में सफलता प्राप्त करने के लिए परिस्थितियों के समक्ष घुटने न टेकें, बल्कि दृढ़ता से उनका मुकाबला करें। याद रखें, जितना कठोर हमारा परिश्रम होगा उसका फल भी उतना ही मीठा होगा।

उपर्युक्त गद्यांश को ध्यानपूर्वक पढ़ें और निम्न प्रश्नों के उत्तर के लिए सही विकल्प को चुनें:

1. फल न मिलने पर कौन निराश हो जाते हैं?
A. आशावादी लोग B. कम आशावादी लोग
C. अधिक आशावादी लोग D. निराशावादी लोग

2. लक्ष्य प्राप्ति के लिए क्या किया जाना चाहिए?
A. फल की कामना B. हिम्मत से मुकाबला
C. निरन्तर प्रयत्न D. परिस्थितियों से मुकाबला

3. आशावादी शब्द का विलोम शब्द है:
A. निराश B. निराशावादी
B. दुखी D. अप्रसन्न

4. मनोवांछित शब्द का क्या अर्थ है?
A. इच्छित B. परीक्षित
C. लाभदायक D. मन को खुश करने वाले

5. परिश्रम शब्द का अर्थ है:
A. साहस B. हिम्मत
C. काम D. कठिन मेहनत

गद्यांश 2

पन्द्रह अगस्त 1947 को हमारा देश स्वतंत्र हुआ। स्वतन्त्रता प्राप्ति के बाद विश्व के दूसरे देशों के साथ भारत के राजनयिक एवं सांस्कृतिक सम्बन्ध जुड़े। पर्यटकों के साथ-साथ राजनीतिज्ञों और साहित्यकारों को भी विदेश यात्रा के पर्याप्त अवसर मिले। विभिन्न प्रकार की छात्रवृत्तियों के माध्यम से बहुत से लोग विदेशों में पढ़ने गए। बहुत से लोगों ने विदेशों में उपलब्ध आजीविका के अवसरों का लाभ उठाया। इन सबके परिणामस्वरूप प्रचुर मात्रा में यात्रावृत्तांत लिखे गए। विदेश-विषयक यात्रावृतांत्तों में रूस और स्वदेश-विषयक यात्रावृतांत्तों में लेखकों की दृष्टि कश्मीर से कन्याकुमारी तक व्याप्त हुई।

उपर्युक्त गद्यांश को ध्यानपूर्वक पढ़ें और निम्नलिखित प्रश्नों के उत्तर के लिए सही विकल्प को चुनें:

1. भारत कब स्वतंत्र हुआ?
A. 15 अगस्त 1947 B. 15 अगस्त 1946
C. 15 अगस्त 1948 D. 15 अगस्त 1949

2. स्वतंत्र भारत के अन्य देशों के साथ किस प्रकार के संबंध जुड़े?
A. राजनीतिक
B. राजनयिक
C. धार्मिक
D. राजनयिक एवं सांस्कृतिक

3. आजीविका का क्या अर्थ है?
A. उपार्जन B. वेतन
C. मेहनत D. रोजगार

4. यात्रा-वृत्तांत का क्या अर्थ है?
A. भ्रमण B. पर्यटन
C. सफरनामा D. विदेशभ्रमण

5. स्वतंत्र का विलोम शब्द है:
A. परतंत्र B. आजाद
C. गुलामी D. मुक्ति

गद्यांश 3

युवा वर्ग का मस्तिष्क नई-नई बातों की ओर ज्यादा तेज दौड़ता है। उसमें अन्य वर्ग के व्यक्तियों से अधिक आवेश और शक्ति होती है। इस अवस्था में यदि सही शिक्षा और उचित मार्ग-दर्शन न मिले तो यही शक्ति प्रेरणा और निर्माण के स्थान पर विनाश की ओर ले जाती है। बिगड़ने और बनने की यही आयु होती है। दुर्भाग्य से हमारे देश में शिक्षा पद्धति केवल उपाधि बाँटने का काम ही करती है। एक सम्पूर्ण व्यक्तित्वपूर्ण मनुष्य बनाना आज की शिक्षा पद्धति के लिए मुश्किल है।

उपर्युक्त गद्यांश को ध्यानपूर्वक पढ़ें और निम्नलिखित प्रश्नों के उत्तर के लिए सही विकल्प को चुनें।

1. निर्माण का विलोम शब्द क्या हैं?
A. रचना B. बनावट
C. विनाश D. सृजन

2. मार्ग-दर्शन का क्या अर्थ है?
A. उपाधि B. रास्ता
C. उद्देश्य D. रास्ता दिखलाना

3. शक्ति विनाश की ओर कब अग्रसर होती है?
A. अधिक आवेश और शक्ति के अभाव में
B. सही शिक्षा और उचित मार्ग दर्शन के अभाव में
C. दुर्भाग्यपूर्ण शिक्षा पद्धति के कारण
D. इनमें से कोई नहीं

4. हमारे देश की शिक्षा पद्धति क्या कार्य करती है?
A. मार्ग-दर्शन B. शक्ति प्रेरणा
C. उपाधि देना D. उपर्युक्त सभी

5. दुर्भाग्य का विपरीत शब्द है:
A. भाग्य B. सौभाग्य
C. भाग्यशाली D. भाग्यवान

गद्यांश 4

भिखारी की भाँति गिड़गिड़ाना प्रेम की भाषा नहीं है। यहाँ तक कि मुक्ति के लिए भगवान् की उपासना करना भी अधम उपासना में गिना जाता है। प्रेम कोई पुरस्कार नहीं चाहता। प्रेम सर्वथा प्रेम के लिए ही होता है। भक्त इसलिए प्रेम करता है कि बिना प्रेम किए वह रह ही नहीं सकता। जब तुम किसी मनोहर प्राकृतिक दृश्य को देखकर उस पर मोहित हो जाते हो तो तुम किसी फल की याचना नहीं करते और न वह दृश्य ही तुमसे कुछ माँगता है। फिर भी उस दृश्य का दर्शन तुम्हारे मन को आनंद से भर देता है।

उपर्युक्त गद्यांश को ध्यानपूर्वक पढ़ें और निम्नलिखित प्रश्नों के उत्तर के लिए सही विकल्प का चयन करें:

1. प्रेम का उद्देश्य क्या होता है?
A. मुक्ति B. उपासना
C. भक्ति D. प्रेम

2. मुक्ति का अर्थ है:
A. आजादी B. स्वतंत्रता
C. परतंत्र D. निर्वाण

3. कैसी उपासना अधम मानी गई है?
A. प्रेम की उपासना B. भगवान की उपासना
C. मुक्ति की उपासना D. भक्ति की उपासना

4. मनोहर शब्द हैं:
A. विशेषण B. संज्ञा
C. सर्वनाम D. अव्यय

5. प्राकृतिक शब्द का अर्थ है:
A. ईश्वरीय B. मानव संबंधी
C. प्रकृति संबंधी D. प्रेम संबंधी

गद्यांश 5

कुछ लोग भाग्यवादी होते हैं और सब-कुछ भाग्य के सहारे छोड़कर कर्म से विरत हो जाते हैं। ऐसे लोग समाज के लिए बोझ हैं। वे कभी कोई बड़ा काम नहीं कर पाते। बड़ी-बड़ी खोज, बड़े-बड़े आविष्कार और बड़े-बड़े निर्माण कार्य कर्मशील लोगों के द्वारा ही संभव हो सके हैं। हम अपनी बुद्धि और प्रतिभा तथा कार्य-क्षमता के बल पर सही मार्ग पर चल सकते हैं, किन्तु बिना कठिन श्रम के अपने लक्ष्य तक नहीं पहुँच सकते। कठिन परिश्रम करने के बाद पाई गई सफलता हमारे मन को अलौकिक आनंद से भर देती है। यदि हम अपने कार्य में अपेक्षित श्रम नहीं करते तो हमारा मन ग्लानि का अनुभव करता है।

उपर्युक्त गद्यांश को ध्यानपूर्वक पढ़ें और निम्नलिखित प्रश्नों के उत्तर के लिए सही विकल्प चुनें:

1. "आविष्कार" शब्द का अर्थ है :
A. अनुसंधान B. खोज
C. निर्माण D. विनाश

2. **अलौकिक** शब्द का क्या अर्थ है?
A. संसारिक B. भौतिक
C. अमानुषी D. प्राकृतिक

3. सफलता का विलोम क्या है?
A. सफल B. असफल
C. सफलतापूर्वक D. असफलता

4. परिश्रम करने और न करने से हमारे जीवन पर क्या प्रभाव पड़ता है?
A. लोग भाग्यवादी बन जाते हैं
B. कर्म से विरत हो जाते हैं
C. मन में ग्लानि का अनुभव होता है
D. इनमें से कोई नहीं

5. किस प्रकार के लोग समाज के लिए बोझ हैं?
A. भाग्यवादी B. कर्मठ
C. परिश्रमी D. प्रतिभाशाली

गद्यांश 6

वैदिक काल से हिमालय के पहाड़ बहुत पवित्र माने जाते हैं। इसमें कोई सन्देह नहीं कि हिमालय के पहाड़ों का दृश्य अति सुन्दर है। उसकी विशालता को देखकर मन में आनन्द और कृतज्ञता की लहर उठती है। ऐसा लगता है कि यह विशाल सृष्टि प्रभु की अनुपम देन है। सारी सृष्टि के प्रति समभाव जाग्रत होता है। वस्तुतः यह दृष्टि कोरी कल्पनात्मक या आध्यात्मिक नहीं है। देखा जाए तो सारे भारत की जलवायु का समतोल करने वाले यह हिमालय के पहाड़ हैं, विशेषकर उत्तरी भारत को वर्षा और पानी देने वाले ये ही हैं। गंगोत्री, यमुनोत्री, बद्री, केदार को तीर्थ माना जाता है, जो व्यर्थ कल्पना नहीं है। उन स्थानों से निकलने वाली पवित्र नदियाँ ही वास्तव में हमारी प्राणदात्री रही हैं।

उपर्युक्त गद्यांश को ध्यानपूर्वक पढ़ें और निम्नलिखित प्रश्नों के उत्तर के लिए सही विकल्प चुनें :

1. हिमालय के पर्वत बहुत पवित्र कब से माने जाते हैं?
A. पाषाण काल से B. वैदिक काल से
C. प्राचीन काल से D. आधुनिक काल से

2. विशालता शब्द है :
A. जातिवाचक B. भाववाचक
C. विशेषण D. सर्वनाम

3. भारत की जलवायु को समतोल कौन करता है?
A. गंगोत्री B. यमुनोत्री
C. केदार D. हिमालय

4. सृष्टि का समानार्थक शब्द है :
A. सृजन B. रचना
C. प्रकृति D. संसार

5. प्राणदात्री का क्या अर्थ है?
A. गंगोत्री
B. यमुनोत्री
C. प्राणसंचार करने वाली
D. समभाव जाग्रत करने वाली

गद्यांश 7

सच्चा मित्र एक शिक्षक की भाँति होता है। जिस प्रकार शिक्षक अपने छात्र को सन्मार्ग की ही ओर अग्रसर करता है, उसी प्रकार एक सच्चा मित्र अपने मित्र को पाप के गर्त में गिरने से बचाता है। मानव-जीवन अधिक रहस्यपूर्ण है। कभी-कभी जीवन में ऐसे अवसर उपस्थित हो जाते हैं, जब मनुष्य की धर्मबुद्धि नष्ट हो जाती है और उसका मन द्रुत गति से पाप की ओर दौड़ता है। ऐसे समय में मित्र का ही उपदेश अधिक कल्याणकारी सिद्ध होता है। मित्र के उपदेश का जितना प्रभाव हृदय पर पड़ता है, उतना और किसी का नहीं पड़ता है।

उपर्युक्त गद्यांश को ध्यानपूर्वक पढ़ें और निम्नलिखित प्रश्नों के उत्तर के लिए सही विकल्प चुनें :

1. सच्चा मित्र किस प्रकार का होता है?
A. विपत्ति में सहायता देने वाला
B. गलत मार्ग पर चलने से रोकने वाला
C. शिक्षक के भाँति
D. धार्मिक गुरु की तरह

2. सन्मार्ग शब्द का विपरीत शब्द है :
A. अग्रसर B. कुमार्ग
C. सुमार्ग D. मार्गदर्शक

3. व्यक्ति को पाप के गर्त्त में गिरने से कौन बचाता है?
A. शिक्षक B. भाई
C. पिता D. सच्चा मित्र

4. मानव पाप की ओर कब दौड़ता है?
A. जब स्वार्थी बन जाता है
B. जब धर्म-बुद्धि नष्ट हो जाती है
C. जब सच्चामित्र साथ छोड़ देता है
D. जब धनवान बन जाता है

5. उपदेश में कौन-सा उपसर्ग है?
A. उ B. उप
C. दे D. देश

गद्यांश 8

सब तरह के भावों को प्रकट करने की योग्यता रखने वाली और निर्दोष होने पर भी यदि कोई भाषा अपना निज का साहित्य नहीं रखती, तो वह रूपवती भिखारिन की तरह कदापि आदरणीय नहीं हो सकती। उनकी शोभा, उसकी बड़ी सम्पन्नता, उसकी मान-मर्यादा उसके साहित्य पर ही अवलम्बित रहती है। उसके विचारों और राजनैतिक स्थितियों का प्रतिबिम्ब देखने को यदि कहीं मिल सकता है, तो उसके ग्रन्थ साहित्य में मिल सकता है। सामाजिक शक्ति या सजीवता, सामाजिक अशक्ति या निर्जीवता और सामाजिक सभ्यता तथा असभ्यता का निर्णायक एकमात्र साहित्य है।

उपर्युक्त गद्यांश को ध्यानपूर्वक पढ़ें और निम्नलिखित प्रश्नों के उत्तर के लिए सही विकल्प चुनें :

1. साहित्य विहीन भाषा किस प्रकार की होती है?
A. आदरणीय B. भिखारिन
C. रूपवती D. रूपवती भिखारिन

2. रूपवती का पुल्लिंग रूप है:
A. रूपवान B. सुन्दर
C. सुन्दरी D. रूपवत

3. भाषा की मान मर्यादा किस पर निर्भर करती है?
A. लिपि पर B. साहित्यकार पर
C. भक्ति पर D. साहित्य पर

4. ''सम्पन्नता'' शब्द का विपरीत शब्द है:
A. गरीबी B. विपन्न
C. अमीर D. विपन्नता

5. राजनैतिक, सामाजिक शक्ति का दर्शन हमें किसमें मिलता है?
A. समाज B. राज्य
C. नेता D. साहित्य

गद्यांश 9

स्वतंत्र भारत का सम्पूर्ण दायित्व आज विद्यार्थियों के ही ऊपर है, क्योंकि आज जो विद्यार्थी हैं, वे ही कल स्वतंत्र भारत के नागरिक होंगे। भारत की उन्नति, उसका उत्थान उन्हीं की उन्नति और उत्थान पर निर्भर करता है। अतः विद्यार्थियों को चाहिए कि वे अपने भावी जीवन का निर्माण बड़ी सतर्कता और सावधानी के साथ करें। उन्हें प्रत्येक क्षण अपने राष्ट्र, अपने समाज, अपने धर्म, अपनी संस्कृति को अपनी आँखों के सामने रखना चाहिए, जिससे उनके जीवन से राष्ट्र को कुछ बल प्राप्त हो सके। जो विद्यार्थी राष्ट्रीय दृष्टिकोण से अपने जीवन का निर्माण नहीं करते, वे राष्ट्र और समाज के लिए भार-स्वरूप हैं।

उपर्युक्त गद्यांश को ध्यानपूर्वक पढ़ें और निम्नलिखित प्रश्नों के उत्तर के लिए सही विकल्प चुनें :

1. भारत की उन्नति किस पर निर्भर करती है?
A. युवाओं पर B. नेताओं पर
C. साहित्यकारों पर D. विद्यार्थियों पर

2. **उन्नति** का समानार्थक शब्द है :
A. पतन B. उत्थान
C. विकास D. उदय

3. **उत्थान** का विपरीत शब्द है :
A. उदय B. पतन
C. पराजय D. हार

4. किसे अपने जीवन का निर्माण सतर्कता और सावधानी से करना चाहिए?
A. युवाओं को B. नेताओं को
C. बच्चों को D. विद्यार्थियों को

5. धर्म, संस्कृति तथा समाज का रक्षक कौन है?
A. नागरिक B. ग्रामीण
C. विद्यार्थी D. युवा

गद्यांश 10

हास्य एक ऐसा माध्यम है, जो नीरस-जीवन को भी सुखद बना देता है। हास्य का जादू इतना प्रभावशाली होता है कि वह छूत के रोग की तरह चारों ओर फैल जाता है। जिसने कभी हँसना नहीं सीखा, सचमुच उसने जीना नहीं सीखा। सामान्यतः मनुष्य को जीवन में इतनी मुसीबतें झेलनी पड़ती हैं कि वह अपने जीवन को पहाड़ समझने लगता है। ऐसे दूभर जीवन को यदि जीने योग्य बनाना हो तो उसके लिए आवश्यक है कि जीवन में हँसने की गुंजाइश हो। हँसी के सहारे मनुष्य अपने कष्टों को भुलाने का प्रयत्न करता है। संघर्ष, तनाव, व्यस्तता, घुटन यदि आज के जीवन की सहज देन हैं, तो इनसे बचने के लिए यह आवश्यक है कि हम हँसना सीखें।

उपर्युक्त गद्यांश को ध्यानपूर्वक पढ़ें और निम्नलिखित प्रश्नों के उत्तर के लिए सही विकल्प चुनें :

1. नीरस जीवन को कौन सुखद बना देता है?

A. संगीत B. गीत

C. आमोद प्रमोद D. हास्य

2. **नीरस** का संधि विच्छेद है :

A. नी + रस B. नि + रस

C. निः + रस D. नीः + रस

3. किसका जीवन व्यर्थ है?

A. जिसने रोना नहीं सीखा

B. जिसने हँसना नहीं सीखा

C. जिसने गाना नहीं सीखा

D. इनमें से कोई नहीं

4. **हँसना** शब्द है :

A. संज्ञा B. विशेषण

C. क्रिया विशेषण D. क्रिया

5. तनाव और घुटन से बचने के लिए क्या करना चाहिए?

A. रोना चाहिए B. गाना चाहिए

C. हँसना चाहिए D. काम करना चाहिए

गद्यांश 11

किसी पुस्तक को पढ़ने में जल्दी नहीं करनी चाहिए, जो कुछ लेखक कहता है, उसे समझने की चेष्टा करनी चाहिए। प्रत्येक शब्द का अर्थ समझने की चेष्टा करनी चाहिए। यदि लेखक योग्य है, तो दूसरी बार वह पुस्तक और अधिक आनन्द देगी और तीसरी बार और अधिक। प्रत्येक बार अध्ययन करने पर आपको नवीन सुन्दर और नए विचार मिलेंगे और उसे आप जितना ही पढ़ेंगे, उतना ही स्नेह करने लगेंगे। सहस्रों व्यक्तियों ने गीता और रामायण तथा कुरान और बाइबिल को बार-बार पढ़ा है। उनका अनुभव है कि प्रत्येक बार उन्हें नई सूझ और नए विचार मिलते गए। कुछ लोग तो इस बात पर गर्व करते हैं कि उन्होंने अमुक पुस्तक को अनेक बार पढ़ा है, उन्हें कंठस्थ हो गई है।

उपर्युक्त गद्यांश को ध्यानपूर्वक पढ़ें और निम्नलिखित प्रश्नों के उत्तर के लिए सही विकल्प चुनें :

1. किसे समझने की चेष्टा करनी चाहिए?

A. पुस्तक B. रामायण

C. महाभारत D. गीता

2. पुस्तक की सजीवता किस पर निर्भर करती है?

A. लेखक B. प्रकाशक

C. पाठक D. चिन्तक

3. **आनन्द** का विपरीत शब्द है :

A. शोक B. दुख

C. संताप D. खुशी

4. नवीन, सुन्दर और नए विचार हमें कहाँ से प्राप्त होता हैं?

A. पुस्तक को बार-बार पढ़कर

B. सुनकर

C. भाषण से

D. अच्छे व्यक्तियों से मिलने पर

5. **कंठस्थ** शब्द का शब्दार्थ है :

A. कंठ में स्थित B. सुंदर कंठ

C. जबानी याद D. पंडित जी

गद्यांश 12

अहिंसा परम धर्म है और हिंसा आपद् धर्म। मनुष्य बराबर अहिंसा की ओर चलना चाहता है, किन्तु परिस्थितियाँ उससे हिंसा कराती है, अर्थात् परमधर्म की रक्षा के लिए आदमी बराबर आपद्धर्म से काम लेता रहा है। भारत अपनी सेनाओं को विघटित कर दे, तब भी उसका अपमान उससे अधिक होने वाला नहीं, जितना नेफा में हुआ। किन्तु परमधर्म पर टिकने की सामर्थ्य अगर भारत में नहीं है, तो आपद्धर्म पर उसे आना चाहिए। व्यवहारतः आपद्धर्म परमधर्म का विरोधी नहीं, उसका रक्षक है।

उपर्युक्त गद्यांश को ध्यानपूर्वक पढ़ें और निम्नलिखित प्रश्नों के उत्तर के लिए सही विकल्प चुनें :

1. **परमधर्म** का विपरीत शब्द है :

A. महान धर्म B. आपद्धर्म

C. सच्चाधर्म D. इनमें से कोई नहीं

2. आपद्धर्म किसे कहा जाता है?

A. अहिंसा B. सत्याग्रह

C. विपत्ति D. हिंसा

3. मानव से हिंसा कौन करवाती है?

A. लोभ B. स्वार्थ

C. द्वेष D. परिस्थितियाँ

4. **सामर्थ्य** का शब्दार्थ है :

A. संघर्ष B. परिश्रम

C. शक्ति D. पराक्रम

5. **परमधर्म** की रक्षा कौन करता है?

A. अहिंसा B. हिंसा

C. आपदधर्म D. युद्ध

गद्यांश 13

वर्तमान काल विज्ञापन का युग माना जाता है। समाचार-पत्रों के अतिरिक्त रेडियो और टेलीविजन भी विज्ञापन के सफल साधन हैं। विज्ञापन का मूल उद्देश्य उत्पादक और भोक्ता में सीधा सम्पर्क स्थापित करना होता है। जितना अधिक विज्ञापन किसी पदार्थ का होगा, उतनी ही उसकी लोकप्रियता बढ़ेगी। इन विज्ञापनों पर धन तो अधिक व्यय होता है, पर इनसे बिक्री बढ़ जाती है। ग्राहक जब इन आकर्षक विज्ञापनों को देखता है तो वह उस वस्तु-विशेष के प्रति आकृष्ट होकर उसे खरीदने को बाध्य हो जाता है।

उपर्युक्त गद्यांश को ध्यानपूर्वक पढ़ें और निम्नलिखित प्रश्नों के उत्तर के लिए सही विकल्प चुनें :

1. वर्तमान को किसका युग माना जाता है?
   A. फैशन B. विज्ञापन
   C. संगीत D. धन
2. उत्पादक तथा भोक्ता के बीच कौन संबंध स्थापित करता है?
   A. टेलीविजन B. समाचार-पत्र
   C. रेडियो D. विज्ञापन
3. **वर्तमान** शब्द का विपरीत शब्द है :
   A. अर्वाचीन B. आधुनिक
   C. आजकल D. प्राचीन
4. **आकर्षक** का शब्दार्थ है :
   A. विकर्षक B. सुन्दर
   C. मनमोहक D. आश्चर्यजनक
5. भोक्ता किस कारण वस्तुओं को खरीदने के लिए बाध्य हो जाता है?
   A. विज्ञापन
   B. आकर्षक विज्ञापन
   C. लोकप्रियता के कारण
   D. आसानी से उपलब्ध होना

गद्यांश 14

लगभग दो सौ वर्ष की गुलामी ने भारत के राष्ट्रीय स्वाभिमान को पैरों से रौंद डाला, हमारी संस्कृति को समाप्त कर दिया, हमारे विश्वासों को हिला दिया और हमारे आत्मविश्वास को चकनाचूर कर दिया, किन्तु अपने इस बूढ़े देश से प्यार करने वाले, इसके एक सामान्य संकेत पर प्राण न्यौछावर करने वाले दीवानों का अभाव न था। एक आवाज उठी और देखते ही देखते राष्ट्र का दबा हुआ आत्माभिमान उन्मत्त हो उठा। इतिहास साक्षी है जाने और अनजाने सहस्त्रों देशभक्त स्वतंत्रता की अनमोल निधि को पाने के लिए शहीद हो गए।

उपर्युक्त गद्यांश को ध्यानपूर्वक पढ़ें और निम्नलिखित प्रश्नों के उत्तर के लिए सही विकल्प चुनें :

1. **स्वाभिमान** का संधि विच्छेद है:
   A. स्वा + भिमान B. स्वः + अभिमान
   C. स्व + अभिमान D. स्वा + अभिमान
2. भारत का राष्ट्रीय स्वाभिमान किस कारण समाप्त हो गया था?
   A. लम्बे गुलामी से B. निरंकुश शासक से
   C. स्वार्थी मानव से D. धर्म के विनाश से
3. **आत्मविश्वास** का शब्दार्थ है
   A. घमण्ड B. गर्व
   C. अपने पर विश्वास D. अभिमान
4. भारत की अनमोल निधि को पाने के लिए कौन शहीद हो गए?
   A. देशभक्त B. नेता
   C. युवा D. युवती
5. **अनमोल निधि** का शब्दार्थ है:
   A. अनन्त खजाना B. अमूल्य खजाना
   C. बहुमूल्य D. स्वतंत्रता

गद्यांश 15

दुनिया के विभिन्न देशों के विकास पर विहंगम दृष्टि डालने से यह स्पष्ट हो जाता है कि आज जिस देश ने वैज्ञानिक उपलब्धियों के सहारे अपना औद्योगीकरण कर लिया, उसी को उन्नत देश कहा जाता है। जिस देश में औद्योगीकरण का स्तर नीचा है, वह पिछड़ा हुआ देश कहा जाता है। वैज्ञानिक आविष्कारों और औद्योगीकरण के आधार पर ही किसी देश की प्रगति को आँका जाता रहा है। विज्ञान ने मानव को पूरी तरह बदल दिया है।

उपर्युक्त गद्यांश को ध्यानपूर्वक पढ़ें और निम्नलिखित प्रश्नों के उत्तर के लिए सही विकल्प चुनें :

1. **विहंगम दृष्टि** का क्या अर्थ है?
   A. एक झलक B. गहन दृष्टि
   C. गहन चिन्तन D. इनमें से कोई नहीं
2. **विकास** का विपरीत शब्द है :
   A. उत्थान B. उदय
   C. पतन D. विनाश
3. **वैज्ञानिक** शब्द में कौन-सा प्रत्यय हैं?
   A. निक B. वै
   C. ईक D. इक
4. मानव जीवन को किसने बदल दिया है :
   A. विकास B. वैज्ञानिक
   C. विज्ञान D. उद्योग
5. किसी भी देश की स्तर को किससे नापा जाता है?
   A. उपलब्धियों पर B. औद्योगीकरण से
   C. वैज्ञानिकों से D. आविष्कारों से

गद्यांश 16

विश्व का वर्तमान उन्नत रूप मानव-श्रम की ही कहानी कह रहा है। गगन चुबी अट्टालिकाएँ, लंबी-चौड़ी सड़कें, बड़े-बड़े विशाल नगर आकाश में उड़ते वायुयान तथा मानव-जीवन को सुखी और समृद्ध बनाने में योगदान करने वाले ज्ञान-विज्ञान के अनन्त रूप-ये सभी मनुष्य के श्रम का जयघोष करते हैं। स्पष्ट है कि मनुष्य और उसका शरीर विधाता की अनुपम रचना है जो निश्चय ही महान उद्देश्यों की संपूर्ति के

लिए दिया गया है। इस दुर्लभ तन को यदि हम आलस्य, प्रसाद अथवा घटिया कामों में गँवा देते हैं तो उस विधाता के प्रति अन्याय करते हैं।

उपर्युक्त गद्यांश को ध्यानपूर्वक पढ़ें और निम्नलिखित प्रश्नों के उत्तर के लिए सही विकल्प चुनें :

1. विश्व का वर्तमान रूप किसका उद्योतक है?
   A. चिन्तक का B. नेता का
   C. वैज्ञानिक का D. मानव श्रम
2. **गगन चुंबी अट्टालिकाएँ** का अर्थ है :
   A. आकाश में उड़ने वाला B. आकाश को छूने वाला
   C. बहुमंजिली इमारत D. इनमें से कोई नहीं
3. आकाश का समानार्थक शब्द है :
   A. वसुन्धरा B. धरा
   C. पयोद D. गगन
4. **सुखी** का विपरीत शब्द है :
   A. प्रसन्न B. अप्रसन्न
   C. दुखी D. उदासी
5. विधाता की अनुपम रचना क्या है?
   A. मानव शरीर B. समुद्र
   C. वन D. पृथ्वी

गद्यांश 17

हमारे देश में एक ऐसा भी युग था जब नैतिक और आध्यात्मिक विकास ही जीवन का वास्तविक लक्ष्य माना जाता था। अहिंसा की भावना सर्वोपरि थी। आज पूरा जीवन दर्शन ही बदल गया है। सर्वत्र पैसे की हाय-हाय तथा धन का उपार्जन ही मुख्य ध्येय हो गया है, भले ही धन-उपार्जन के तरीके गलत ही क्यों न हों? इन सबका असर मनुष्य के प्रतिदिन के जीवन पर पड़ रहा है। समाज का वातावरण दूषित हो गया है—

बाह्य वातावरण तो दूषित है ही, आज सब जानते हैं पर्यावरण की समस्याएँ कितनी चिन्तनीय हो उठी है। इन सबके कारण मानसिक और शारीरिक तनाव-खिंचाव और व्याधियाँ पैदा हो रही हैं।

उपर्युक्त गद्यांश को ध्यानपूर्वक पढ़ें और निम्नलिखित प्रश्नों के उत्तर के लिए सही विकल्प चुनें :

1. भारत का प्राचीन आदर्श था :
   A. सत्य और अहिंसा B. नैतिक और आध्यात्मिक विकास
   C. धन उपार्जन D. इनमें से कोई नहीं
2. **अहिंसा** का विपरीत शब्द है :
   A. हिंसा B. सत्याग्रह
   C. विनम्रता D. नैतिकता
3. जीवन दर्शन क्यों बदल गया है?
   A. हिंसा के कारण B. अहिंसा के कारण
   C. धन लिप्सा के कारण D. आध्यात्मिक विकास के कारण
4. समाज का वातावरण दूषित क्यों हो गया है?
   A. शारीरिक तनाव B. मानसिक व्याधियाँ
   C. पर्यावरण की समस्याएँ D. धन उपार्जन के गलत तरीके
5. **पर्यावरण** का शब्दार्थ है:
   A. जलमंडल B. स्थलमंडल
   C. वायुमंडल D. वातावरण

उत्तरमाला

गद्यांश 1
1. C 2. D 3. B 4. A 5. D

गद्यांश 2
1. A 2. D 3. D 4. C 5. A

गद्यांश 3
1. C 2. D 3. B 4. C 5. B

गद्यांश 4
1. D 2. D 3. C 4. A 5. C

गद्यांश 5
1. B 2. D 3. D 4. C 5. A

गद्यांश 6
1. B 2. B 3. D 4. A 5. C

गद्यांश 7
1. C 2. B 3. D 4. B 5. B

गद्यांश 8
1. D 2. A 3. D 4. D 5. D

गद्यांश 9
1. D 2. B 3. B 4. D 5. C

गद्यांश 10
1. D 2. C 3. B 4. D 5. C

गद्यांश 11
1. A 2. A 3. A 4. A 5. C

गद्यांश 12
1. B 2. D 3. D 4. C 5. C

गद्यांश 13
1. B 2. D 3. D 4. C 5. B

गद्यांश 14
1. C 2. A 3. C 4. A 5. B

गद्यांश 15
1. A 2. D 3. C 4. C 5. B

गद्यांश 16
1. D 2. C 3. D 4. C 5. A

गद्यांश 17
1. B 2. A 3. C 4. D 5. D

संख्यात्मक अभियोग्यता
(Quantitative Aptitude)

1

संख्याएँ (Number)

एक संख्या हमें बताती है कि दी हुई मात्रा में कितनी इकाइयां हैं। अतः यह एक या एक से अधिक इकाइयों को प्रकट करती है। या एक ही प्रकारकी एक या अधिक भिन्न वस्तुओं को प्रकट करती है। जैसे–दो गाय, चार बकरी, आठ भैंस आदि। वे शब्द जो काले दर्शाये गये हैं, संख्याओं को प्रदर्शित करते हैं।

1. **पूर्ण संख्याएं** : संख्याएं 0, 1, 2, 3, 4, 5, 6, 7, 8, 9,.....आदि संख्याओं को **''पूर्ण संख्याएं''** या **''पूर्णांक''** कहते हैं। जैसे 84 एक पूर्णांक है। जबकि $\frac{61}{4}$ पूर्णांक नहीं है।
2. **सम संख्याएं** : वे संख्याएं जो 2 से पूर्णतः विभाजित हो जाती हैं उन्हें **''सम संख्याएं''** कहते हैं। जैसे–2, 4, 32, 64, 108.... आदि ''सम संख्याएं'' हैं।
3. **विषम संख्याएं** : वे संख्याएं जो 2 से पूर्णतः विभाजित नहीं होती हैं उन्हें **''विषम संख्याएं''** कहते हैं। जैसे–1, 3, 5, 7, 11, 17, 21, 23.... आदि ''विषम संख्याएं'' हैं।
4. **अभाज्य संख्याएं** : वे संख्याएं जो स्वयं और 1 के अतिरिक्त किसी अन्य संख्याओं से पूर्णतः विभाजित न हों, उन्हें **''अभाज्य संख्याएं''** कहते हैं। जैसे–2, 3, 7, 11, 13, 17.... आदि ''अभाज्य संख्याएं'' हैं।
5. **भाज्य संख्याएं** : वे संख्याएं जो स्वयं और 1 के अतिरिक्त किसी अन्य संख्याओं से पूर्णतः विभाजित हो जाती हों तो उन्हें **''भाज्य संख्याएं''** कहते हैं। जैसे– 4, 6, 9, 10, 12, 15....आदि ''भाज्य संख्याएं'' हैं।

नोट :

1. संख्या 1 न तो भाज्य है और न ही अभाज्य।

2. वह संख्या जो सम भी हो और अभाज्य भी, केवल 2 है।

- **आरोही क्रम (Ascending Order)** : बाईं ओर से दायीं ओर लिखने पर प्राकृतिक संख्याएं मान के अनुसार बढ़ते हुए क्रम में हों तो इस क्रम को **''आरोही क्रम''** कहते हैं। जैसे–25, 30, 41, 50 आदि संख्याएं आरोही क्रम में होंगी।
- **अवरोही क्रम (Descending Order):** बाईं ओर से दाईं ओर लिखने पर प्राकृतिक संख्याएं मान के अनुसार घटते हुए क्रम में हों, तो इस क्रम को **''अवरोही क्रम''** कहते हैं। जैसे–50, 41, 30, 25 आदि संख्याएं अवरोही क्रम में होंगी।

स्थानीय मान और जातीय (वास्तविक) मान

- **स्थानीय मान** : किसी अंक (Number) का जो मान (Value) उसके स्थान के कारण होता है, उसे उस अंक का **स्थानीय मान** कहते हैं। जैसे–32 में इकाई के स्थान पर 2 तथा दहाई के स्थान पर 3 है। इसमें 3 का स्थानीय मान = 3 × 10 = 30 तथा 2 का स्थानीय मान = 2 × 1 = 2 होगा।
- **जातीय (वास्तविक) मान** : हर अंक का अपना जातीय मान होता है। जैसे– 2 का 2, 5 का 5, 7 का 7, 9 का 9 आदि। जैसा कि हम ऊपर बता चुके हैं कि 32 में 3 का **स्थानीय मान** 30 है। परन्तु 32 में 3 का **जातीय मान** 3 होगा। इस प्रकार 32 में 3 के स्थानीय मान तथा जातीय मान के बीच अन्तर = 30 – 3 = 27 होगा। अतः किसी संख्या में किसी अंक का स्थानीय मान प्राप्त करने के लिए सरल तरीका यह है कि पहले उस अंक को लिख लें और उसके बाद उसमें उतने शून्य लगा दें, जितने कि उस अंक के बाद अंक हों।

  उदाहरण 1 : 35011 में से 5 का स्थानीय मान क्या होगा?

  हल : सबसे पहले 5 लिखें फिर देखें कि संख्या 5 के बाद कितने अंक हैं। अतः उपरोक्त दी हुई संख्या से स्पष्ट है कि 5 के बाद तीन अंक हैं। फिर 5 के बाद तीन शून्य लिख दें। 5000, इस प्रकार 35011 में 5 का **स्थानीय मान** = 5000 हुआ।

नोट : प्रत्येक पूर्ण संख्या को अभाज्य संख्याओं के गुणनफल के रूप में लिखा जा सकता है।

एक संख्या के अभाज्य गुणनखण्ड किस प्रकार लिख सकते हैं:

(*i*) संख्या को 2 से भाग करो, यदि सम्भव हो, और 2 से भाग करते रहो जब तक कि ऐसा गुणनखण्ड न आ जाए जो 2 से विभाजित न हो।

(*ii*) प्राप्त परिणाम (*i*) को 3 से भाग करो, यदि सम्भव हो और 3 से भाग करते रहो जब तक कि ऐसा गुणनखण्ड न आ जाए जो 3 से विभाजित न हो।

(*iii*) प्राप्त परिणाम (*ii*) को 5 से भाग करो, यदि सम्भव हो और 5 से भाग करते रहो जब तक कि ऐसा गुणनखण्ड न आ जाए जो 5 से विभाजित न हो।

(*iv*) प्राप्त परिणामों में इसी प्रकार 7, 11, 13 आदि संख्याओं से भाग करते रहो जब तक कि सारे गुणनखण्ड अभाज्य गुणनखण्ड न हो जाएं।

प्रश्नमाला

1. 1 से 100 के बीच अभाज्य संख्याएं होंगीः

A. 20 B. 30
C. 22 D. 25

2. ऐसी संख्या जो अभाज्य भी है और सम भीः

A. 1 B. 2
C. 98 D. 79

3. निम्न में से कौन-सी संख्या अभाज्य संख्या होगी?

A. 149 B. 159
C. 117 D. 147

4. चार अंकों की छोटी-से-छोटी संख्या होगी?

A. 1002 B. 1001
C. 9999 D. 1000

5. 43014 में 3 का स्थानीय मान क्या होगा?
A. 3 B. 3000
C. 300 D. 30

6. 81752 में 2 के स्थानीय मान और जातीय मान में अन्तर क्या होगा?
A. 2 B. 0
C. 1 D. 20

7. संख्या 3125 में से क्या घटाया जाए ताकि शेष संख्या 13 से पूर्णतः विभाजित हो सके?
A. 5 B. 8
C. 10 D. 12

8. निम्नलिखित में से कौन-सी संख्या 3 से पूर्णतः विभाजित होगी?
A. 491 B. 371
C. 591 D. 571

9. भाग के प्रश्न में भाजक 16, भागफल 9 तथा शेष 1 हो, तो भाज्य कितना होगा?
A. 145 B. 136
C. 144 D. 152

10. 1 से 50 तक पूर्णांकों का योग कितना होगा?
A. 1275 B. 1375
C. 1225 D. 1365

11. संख्या 30, 70, 584 में अंक 7 के स्थानीय मान लिखो।
A. 700 B. 7000
C. 70,000 D. 700,000

12. 3589 में क्या जोड़ें कि यह पांच अंकों की सबसे छोटी संख्या बन जाए?
A. 6413 B. 6412
C. 6411 D. 6311

13. 2756 और तीन अंकों की सबसे बड़ी संख्या का योगफल ज्ञात करो।
A. 3655 B. 3755
C. 3756 D. 3656

14. पांच अंकों की सबसे बड़ी और छः अंकों की सबसे छोटी संख्याओं का अन्तर ज्ञात करो।
A. 1 B. 3
C. 3 D. 4

15. संख्या 36795 में अंक 6 के स्थान पर 9 तथा 9 के स्थान पर 6 बदल देने से इन संख्याओं के मान में कितना अन्तर हो जाएगा।
A. 2970 B. 3071
C. 2971 D. 3071

16. चार अंकों की बड़ी-से-बड़ी व छोटी-से- छोटी संख्याओं का योग ज्ञात करो।
A. 10990 B. 11999
C. 10909 D. 10999

उत्तरमाला

1	2	3	4	5	6	7	8	9	10
D	B	A	D	B	B	A	C	A	A
11	**12**	**13**	**14**	**15**	**16**				
C	C	B	A	A	D				

व्याख्यात्मक उत्तर

1. चूंकि 1 से 100 के बीच अभाज्य संख्याएं क्रमशः 2, 3, 5, 7, 11, 13, 17, 19, 23, 29, 31, 37, 41, 43, 47, 53, 59, 61, 67, 71, 73, 79, 83, 89 तथा 97 होंगी। अतः स्पष्ट है कि 1 से 100 तक के बीच अभाज्य संख्याओं की गिनती = 25 हैं।

2. ऐसी संख्या जो अभाज्य भी है और सम भी, केवल 2 है।

3. दिये गये विकल्प A में 149 एक अभाज्य है, क्योंकि यह किसी अन्य संख्या से पूर्णतः विभाजित नहीं है।

4. चार अंकों की छोटी-से-छोटी संख्या = 1000 होगी। अतः आपका उत्तर विकल्प D है।

5. ∵ संख्या 43014 में 3 का अंक हजार के स्थान पर है
∴ संख्या में 3 का स्थानीय मान
= 3 × 1000 = 3000 होगा।

6. ∵ संख्या 81752 में 2 का अंक इकाई के स्थान पर है।
∴ संख्या में 2 का स्थानीय मान = 2 × 1 = 2 तथा संख्या में 2 का जातीय मान = 2 होगा। 2 के स्थानीय मान तथा जातीय मान के बीच अन्तर = 2 – 2 = 0 होगा।

7. चूंकि संख्या 3125 में 13 से भाग देने पर शेष 5 बचता है।
∴ संख्या 3125 को 13 से पूर्णतः विभाजित होने के लिए इसमें से 5 घटाया जाये।

8. विकल्प C में दी गई संख्या 591, 3 से पूर्णतः विभाजित होगी, क्योंकि संख्या के अंकों का योग 3 से विभाजित हैं।

9. ∵ भाज्य = भाजक × भागफल + शेष
= 16 × 9 + 1 = 144 + 1 = 145.

10. 1 से 50 तक के पूर्णांकों का योग

$= \frac{n(n+1)}{2}$ जहां n पदों की संख्या हैं।

$= \frac{50(50+1)}{2} = \frac{50 \times 51}{2} = 1275$

11. संख्या 3070584 में
अंक 7 का स्थानीय मान = 7 दस हजार = 70,000

15. 39765; मान में अंतर 2970

16. चार अंकों की सबसे बड़ी संख्या = 9999
चार अंकों की सबसे छोटी संख्या = 1000
∴ अभीष्ट योग = 9999 + 1000 = 10999

2

दशमलव (Decimals)

दशमलव बिन्दु के अंकों के समूह को **दशमलव भिन्न** कहते है। जैसे– 0.513, 0.317, 0.219, 0.6 आदि। प्रत्येक दशमलव एक भिन्न को दर्शाता है।

दशमलव भिन्न को साधारण भिन्न में बदलनाः

(*i*) एक ऐसी भिन्न लो जिसका हर 10 हो तथा अंश दशमलव के बाद दायीं ओर का पहला अंक हो।

(*ii*) एक ऐसी भिन्न लो जिसका हर 100 हो तथा अंश दशमलव के बाद दायीं ओर का दूसरा अंक हो।

(*iii*) इस प्रक्रिया को दोहराइये जब तक दशमलव के बाद के अंक समाप्त नहीं हो जाते। प्रत्येक दशा में हर, पहले हर का दस गुणा होगा।

(*iv*) इस प्रकार प्राप्त भिन्नों का योग जो परिणाम (*i*), (*ii*) और (*iii*) के योग से प्राप्त होता है, दशमलव भिन्न को प्रकट करता है।

जैसे :

$$0.317 = \frac{3}{10} + \frac{1}{100} + \frac{7}{1000}$$

$$= \frac{300}{1000} + \frac{10}{1000} + \frac{7}{1000} = \frac{317}{1000}$$

नोटः शून्यों से बनी कोई संख्या दशमलव के दाईं ओर बिना परिवर्तन किये लिखी जाती है।

प्रश्नमाला

1. कौन-सी भिन्न $\frac{15}{25}$ के समान है?

A. $\frac{150}{25}$ B. $\frac{15}{250}$
C. $\frac{3}{5}$ D. $\frac{60}{75}$

2. कौन-सी भिन्न $\frac{13}{20}$ के समान नहीं है?

A. $\frac{26}{40}$ B. $\frac{130}{200}$
C. $\frac{39}{60}$ D. $\frac{52}{60}$

3. एक घंटे के $\frac{5}{6}$ भाग का मान है:

A. आधा घण्टा
B. 40 मिनट
C. 50 मिनट
D. 55 मिनट

4. एक वायुयान 1250 कि.मी. यात्रा में 2/5 भाग ईंधन खपत करता है। शेष ईंधन में यात्रा पूरी करेगाः

A. 1875 कि.मी. B. 2125 कि.मी.
C. 250 कि.मी. D. 475 कि.मी.

5. निम्नलिखित में से कौन-सी भिन्न सबसे बड़ी है?

A. $\frac{3}{15}$ B. $\frac{5}{20}$
C. $\frac{8}{64}$ D. $\frac{25}{1000}$

6. निम्नलिखित में से कौन-सी भिन्न सबसे छोटी है?

A. $\frac{1}{10}$ B. $\frac{1}{100}$
C. $\frac{9}{1000}$ D. $\frac{500}{10,000}$

7. $.001 \times 1000 = ?$

A. .1 B. 1
C. .01 D. 10

8. $1.01 \times .1 = ?$

A. 1.01 B. 10.1
C. .101 D. .0101

9. $\frac{20 + 8 \times 0.5}{20 - ?} = 12$

A. 12 B. 4
C. 18 D. 2

10. $.01 \times 100 \div 2.5 = ?$

A. 4 B. .4
C. .04 D. 5

11. दी हुई भिन्नों $\frac{5}{8}, \frac{21}{35}, \frac{9}{16}, \frac{6}{7}$ में सबसे बड़ी और सबसे छोटी भिन्न के बीच अन्तर है?

A. $\frac{33}{112}$ B. $\frac{112}{33}$
C. $\frac{32}{112}$ D. $\frac{112}{32}$

12. यदि किसी संख्या तथा उसके $\frac{1}{5}$ भाग में अन्तर 20 है, तो वह संख्या क्या है?

A. 23 B. 25
C. 24 D. 26

उत्तरमाला

1	2	3	4	5	6	7	8	9	10
C	D	C	A	B	C	B	C	C	B
11	**12**								
A	B								

व्याख्यात्मक उत्तर

1. $\frac{15}{25}=\frac{3\times5}{5\times5}=\frac{3}{5}$

2. $\frac{26}{40}=\frac{2\times13}{2\times20}=\frac{13}{20},\ \frac{39}{60}$

$=\frac{13\times3}{20\times3}=\frac{13}{20}$

$\frac{130}{200}=\frac{13\times10}{20\times10}=\frac{13}{20},\ \frac{52}{60}=\frac{13\times4}{20\times3}=\frac{13}{20}\times\frac{4}{3}$

अत: $\frac{52}{60}\neq\frac{13}{20}$

3. 1 घण्टे का $\frac{5}{6}$ भाग

$=\frac{5}{6}\times60$ मिनट = 50 मिनट।

4. शेष ईंधन $=1-\frac{2}{5}=\frac{5-2}{5}=\frac{3}{5}$

$\frac{2}{5}$ ईंधन में तय की गई दूरी

= 1250 कि.मी.

पूरे ईंधन में तय की गई दूरी

$=\frac{1250}{2/5}=\frac{1250\times5}{2}$ कि.मी.

$\frac{3}{5}$ ईंधन में तय की गई दूरी

$=\frac{1250\times5}{2}\times\frac{3}{5}=1875$ कि.मी.

5. $\frac{3}{15}=\frac{1}{5},\ \frac{8}{64}=\frac{1}{8}$

$\Rightarrow\frac{5}{20}=\frac{1}{4},\ \frac{25}{1000}=\frac{1}{40}$

$\frac{1}{5},\frac{1}{4},\frac{1}{8},\frac{1}{40}$

$\Rightarrow\frac{8,10,5,1}{40}$

$\therefore$ सबसे बड़ी भिन्न $=\frac{1}{4}=\frac{5}{20}$

6. $\frac{1}{10}=.1,\ \frac{9}{1000}=.009$

$\frac{1}{100}=.01,\ \frac{500}{10,000}=\frac{5}{100}=.05$

$\therefore$ सबसे छोटी भिन्न $=0.09=\frac{9}{1000}$

7. $.001\times1000=001.000=1$

8. $1.01\times.1=\frac{101\times1}{100\times10}=\frac{101}{1000}=.101$

9. $\because\ \frac{20+8\times0.5}{20-?}\Rightarrow\frac{20+4}{20-?}$

$12\Rightarrow\frac{24}{12}=2$

$\Rightarrow2=20-?\Rightarrow?=20-2=18$

10. $.01\times100\div2.5=.01\times\frac{100}{2.5}=.01\times40=.4$

11. 8, 35, 16 और 7 का लघुत्तम समापवर्तक = 560

$\therefore\ \frac{5}{8}=\frac{5\times70}{8\times70}=\frac{350}{560}$

$\frac{21}{35}=\frac{21\times16}{35\times16}=\frac{336}{560}$

$\frac{9}{16}=\frac{9\times35}{16\times35}=\frac{315}{560}$

$\frac{6}{7}=\frac{6\times80}{7\times80}=\frac{480}{560}$

$\therefore$ सबसे बड़ी भिन्न $=\frac{6}{7}$

तथा सबसे छोटी भिन्न $=\frac{9}{16}$

$\therefore$ अन्तर $=\frac{6}{7}-\frac{9}{16}=\frac{96-63}{112}=\frac{33}{112}$

12. माना संख्या 1 है।

$\therefore$ 1 का $\frac{1}{5}=\frac{1}{5}$

$\therefore\ 1-\frac{1}{5}=\frac{4}{5}$

$\therefore$ संख्या $=20\div\frac{4}{5}=20\times\frac{5}{4}=25$

●●●

3

सरलीकरण (Simplification)

साधारण या दशमलव भिन्नों के जटिल व्यंजक को एक साधारण भिन्न या दशमलव भिन्न में बदलने की क्रिया को "सरलीकरण" कहते हैं। इस प्रकार के व्यंजक में "कोष्ठक", "का", (÷), (×), (+) तथा (–) आदि चिह्न अलग-अलग या एक साथ प्रदर्शित होते हैं। अतः ऐसे व्यंजक का "सरलीकरण" करने में **"BODMAS"** शब्द का प्रयोग किया जाता है। **"BODMAS"** शब्द का क्रमानुसार आशय निम्नलिखित है।

"BODMAS"

B	ब्रैकेट (कोष्ठक)	$\left[\left\{\left(\ \right)\right\}\right]$
O	ऑफ (का)	का
D	डिवीजन (भाग)	÷
M	मल्टीप्लिकेशन (गुणा)	×
A	ऐडीशन (जोड़)	+
S	सब्ट्रेक्शन (घटाना)	−

अतः किसी भी जटिल व्यंजक को **"BODMAS"** शब्द के क्रमानुसार सरल किया जाता है। अर्थात् सबसे पहले "कोष्ठक" उसके बाद "का" फिर "भाग" फिर "गुणा" उसके बाद "जोड़" और अन्त में "घटाना" सरल होता है। इस क्रम को याद रखना परम आवश्यक है क्योंकि ऐसा न करने पर सरलीकरण की क्रियाएं गलत हो जाती हैं।

महत्वपूर्ण नोट :

(*i*) कोष्ठक चार प्रकार के होते हैं :

1. रेखा कोष्ठक जिसे बन्धनी रेखा (–) भी कहते हैं।

2. छोटा कोष्ठक(()),

3. मझला कोष्ठक ({}),

4. बड़ा कोष्ठक ([]),

अतः कोष्ठक के प्रश्नों में सबसे पहले रेखा कोष्ठक (–), उसके बाद छोटा कोष्ठक (()), उसके बाद मझला कोष्ठक ({}), और अन्त में बड़े कोष्ठक ([]) को सरल करना चाहिए।

(*ii*) O (का) का सामान्य अर्थ गुणा होता है।

प्रश्नमाला

1. $\frac{7}{4}-\frac{4}{7}=\frac{5}{28}+?$

A. 2 B. $\frac{1}{7}$ C. $\frac{2}{9}$ D. 1

2. $22 \times 5 = 22$ का ?%

A. 4500 B. 5000 C. 500 D. 750

3. 200 का $\frac{1}{25} \div 8 = ?$

A. 1 B. 3 C. 8 D. 5

4. $\frac{40 \times 0.4 \times 0.04}{4+4 \div 4}=?$

A. .128 B. .148 C. .15 D. .248

5. $50 \div 5 \div 5 = ?$

A. 2 B. 10 C. 1/5 D. 4

6. $\frac{40 \times 15 + 25}{26+4 \div 4-2}=?$

A. 25 B. 30 C. 31 D. 42

7. $\frac{1.4 \times 3.6 - 1.2}{0.4 \times 1.2}=?$

A. 8 B. 2 C. 4 D. 3

8. $14 \times 3.2 - 2 \times 2.1 + 0.8 = ?$

A. 1.08 B. 2.18 C. 1.18 D. 2.08

9. $5 \div \frac{3}{4}+\frac{2}{3}\times\frac{3}{4}-\frac{2}{3}$ का $\frac{13}{7}=?$

A. $4\frac{12}{11}$ B. $5\frac{13}{14}$ C. $5\frac{13}{17}$ D. $6\frac{13}{14}$

10. $(9+9+9) \div 9 \times 9 = ?$

A. 27 B. 24 C. 21 D. 32

11. $2-\left[3-\left\{6-\left(5-\overline{4-3}\right)\right\}\right]$ को सरल करो।

A. 1 B. 2 C. 3 D. इनमें से कोई नहीं

12. सरल करो—

$\frac{3}{11}+\frac{4}{3}\div\frac{10}{11}\times\frac{5}{11}-\frac{28}{33}$ का $1\frac{2}{7}$

A. $\frac{5}{13}$ B. $\frac{-5}{33}$

C. $\frac{5}{33}$ D. $\frac{-5}{13}$

13. $4.51\times\frac{2}{5}+\frac{3}{5}\times4.51+4.51$ को सरल करो।

A. 9.02 B. 90.2

C. 0.902 D. 902

14. $\frac{15.72\times15.72-5.72\times5.72}{15.72+5.72}$ को सरल करो।

A. 9 B. 10

C. 8 D. 11

उत्तरमाला

1	2	3	4	5	6	7	8	9	10
D	C	A	A	A	A	A	A	B	A
11	12	13	14						
A	B	A	B						

व्याख्यात्मक उत्तर

1. $\frac{7}{4}-\frac{4}{7}=\frac{5}{28}+? \Rightarrow \frac{7\times7-4\times4}{4\times7}=\frac{5}{28}+?$

$\Rightarrow\frac{49-16}{28}=\frac{5}{28}+? \Rightarrow \frac{33}{28}=\frac{5}{28}+?$

$\Rightarrow1\frac{5}{28}=\frac{5}{28}+? \quad \Rightarrow 1+\frac{5}{28}=\frac{5}{28}+? \quad \therefore ?=1$

2. $\because$ $22\times5=22$ का ?%

$\Rightarrow110=22\times\frac{?}{100} \Rightarrow \frac{110\times100}{22}=? \;\therefore\; ?=500$

3. $\because$ 200 का $\frac{1}{25}\div8=?$

$\Rightarrow 8\div8=? \Rightarrow \frac{8}{8}=? \Rightarrow 1=?$

4. $\because$ $\frac{40\times0.4\times0.04}{4+4\div4}=? \Rightarrow \frac{.64}{4+\frac{4}{4}}=?$

$\Rightarrow\frac{.64}{4+1}=? \Rightarrow \frac{.64}{5}=? \Rightarrow .128=?$

5. $\because$ $50\div5\div5=? \Rightarrow \frac{50}{5}\div5=?$

$\Rightarrow10\div5=? \Rightarrow \frac{10}{5}=? \;\Rightarrow 2=?$

6. $\because$ $\frac{40\times15+25}{26+4\div4-2}=? \;\Rightarrow \frac{600+25}{26+\frac{4}{4}-2}=?$

$\Rightarrow\frac{625}{26+1-2}=? \;\Rightarrow\; \frac{625}{25}=? \Rightarrow 25=?$

7. $\frac{1.4\times3.6-1.2}{0.4\times1.2}=\frac{5.04-1.2}{.48}=\frac{3.84}{.48}=8.$

8. "BODMAS" नियम के अनुसार पहले गुणा उसके बाद जोड़ और अन्त में घटाव की क्रिया करें।

$\therefore 1.4\times3.2-2\times2.1+0.8=4.48-4.2+0.8=1.08$

9. "BODMAS" नियम के अनुसार सबसे पहले का, फिर भाग, उसके बाद गुणा, फिर जोड़ और अन्त में घटाव की क्रिया करें।

$\therefore\; 5\div\frac{3}{4}+\frac{2}{3}\times\frac{3}{4}-\frac{2}{3}$ का $\frac{13}{7}$ $=5\div\frac{3}{4}+\frac{2}{3}\times\frac{3}{4}-\frac{26}{21}$

$=\frac{20}{3}+\frac{2}{3}\times\frac{3}{4}-\frac{26}{21}=\frac{20}{3}+\frac{1}{2}-\frac{26}{21}$

$=\frac{280+21-52}{42}=\frac{249}{42}=5\frac{39}{42}=5\frac{13}{14}$

10. "BODMAS" नियम के अनुसार पहले कोष्ठक के अन्दर की संख्याओं को सरल करें, फिर भाग, उसके बाद गुणा करें।

$\therefore\; (9+9+9)\div9\times9=27\div9\times9=\frac{27}{9}\times9=27.$

11. $2-\left[3-\left\{6-\left(5-\overline{4-3}\right)\right\}\right]=2-[3-\{6-(5-1)\}]$

$=2-[3-\{6-4\}]=2-[3-2]=2-1=1$

12. दिया गया व्यंजक

$=\frac{3}{11}+\frac{4}{3}\div\frac{10}{11}\times\frac{5}{11}-\frac{28}{33}$ का $1\frac{2}{7}$

$=\frac{3}{11}+\frac{4}{3}\div\frac{10}{11}\times\frac{5}{11}-\frac{28}{33}\times\frac{9}{7}$

$=\frac{3}{11}+\frac{4}{3}\times\frac{11}{10}\times\frac{5}{11}-\frac{28}{33}\times\frac{9}{7}$

$=\frac{3}{11}+\frac{2}{3}-\frac{12}{11}=\frac{9+22-36}{33}=\frac{-5}{33}$

13. व्यंजक $=4.51\times\frac{2}{5}+\frac{3}{5}\times4.51+4.51$

$=4.51\left(\frac{2}{5}+\frac{3}{5}+1\right)=4.51\left(\frac{2+3+5}{5}\right)$

$=4.51\times\frac{10}{5}=4.51\times2=9.02$

14. $\frac{15.72\times15.72-5.72\times5.72}{15.72+5.72}=\frac{(15.72+5.72)(15.72-5.72)}{(15.72+5.72)}$

$=15.72-5.72=10$

●●●

4

महत्तम समापवर्तक और लघुत्तम समापवर्त्य (H.C.F. and L.C.M.)

- **महत्तम समापवर्तक :** किन्हीं दो या दो से अधिक दी हुई संख्याओं का महत्तम समापवर्तक (म. स. प.) वह बड़ी-से-बड़ी संख्या है जो प्रत्येक दी हुई संख्याओं को पूरा-पूरा विभाजित करे।
- **लघुत्तम समापवर्त्य :** किन्हीं दो या दो से अधिक दी हुई संख्याओं का लघुत्तम समापवर्त्य (ल. स. व.) वह छोटी-से-छोटी संख्या है जो प्रत्येक दी हुई संख्या से पूरी-पूरी विभाजित हो।

प्रश्नों से संबंधित समस्याओं को हल करने के लिए निम्नलिखित सूत्रों को ध्यान में रखिये :

(*i*) भिन्नों का महत्तम समापवर्तक (म. स. प.) = अंशों का महत्तम lekiorZ / हरों का लघुत्तम समापवर्त्य

(*ii*) भिन्नों का लघुत्तम समापवर्त्य (ल. स. व.) = अंशों का लघुत्तम समापवर्त्य / हरों का महत्तम समापवर्तक

(*iii*) दो संख्याओं का गुणनफल = म. स. प. × ल. स. व.

उदाहरण 1 : 18, 24 तथा 60 का महत्तम समापवर्तक निकालिए।

हल : $\because 18 = \underline{2} \times 3 \times \underline{3}$

$24 = \underline{2} \times 2 \times 2 \times 3$ तथा $60 = \underline{2} \times 2 \times \underline{3} \times 5$

$\because$ उपरोक्त दी हुई संख्याओं के अभाज्य गुणनखण्डों से स्पष्ट है कि तीनों संख्याओं के अभाज्य गुणनखण्डों में 2×3 उभयनिष्ठ है।

$\therefore$ अभीष्ट महत्तम समापवर्तक = 6 होगा।

प्रश्नमाला

1. 12, 24 व 36 का महत्तम समापवर्तक कितना होगा?
A. 16 B. 18
C. 12 D. 36

2. 70, 20 व 14 का लघुत्तम समापवर्त्य क्या है?
A. 120 B. 140
C. 280 D. 70

3. दो संख्याओं का अनुपात 11 : 15 है। यदि उनका म.स.प. 13 हो, तो वे संख्याएं क्रमशः क्या होंगी?
A. 143 व 195 B. 195 व 143
C. 110 व 150 D. 121 व 165

4. वह छोटी-से-छोटी पूर्ण वर्ग संख्या क्या होगी जो 56, 21 तथा 36 से पूर्णतः विभाजित हो सके?
A. 7056 B. 8056
C. 7040 D. 8100

5. वह बड़ी-से-बड़ी संख्या क्या होगी, जिससे यदि 27, 33 तथा 39 को भाग दें तो क्रमशः 2, 3 तथा 4 शेष बचे?
A. 4 B. 5
C. 3 D. 7

6. 5 अंकों की वह छोटी-से-छोटी संख्या क्या होगी जो 12, 15 तथा 18 से पूर्णतः विभाजित हो?
A. 10080 B. 10800
C. 11820 D. 12080

7. दो संख्याओं का गुणनफल 27 है। उनका महत्तम समापवर्तक 3 है, तो उनका लघुत्तम समापवर्त्य क्या होगा?
A. 81 B. 54
C. 9 D. 6

8. चार अंकों की वह बड़ी-से-बड़ी संख्या क्या है जो 2, 3, 4, 5, 6 और 7 से पूरी-पूरी विभाजित हो जाती है?
A. 9729 B. 9760
C. 9579 D. 9660

9. दो संख्याओं का गुणनफल 54 है। उनका महत्तम समापवर्तक 3 है, तो उनका लघुत्तम समापवर्त्य क्या होगा?
A. 18 B. 21
C. 9 D. 24

10. $\frac{10}{21}, \frac{25}{27}$ और $\frac{35}{24}$ का महत्तम समापवर्तक क्या है?
A. $\frac{5}{216}$ B. $\frac{5}{1080}$
C. $\frac{5}{1512}$ D. $\frac{5}{638}$

11. 27, 15, 72 का लघुत्तम ज्ञात करो।
A. 1020 B. 1080
C. 1050 D. 1060

12. 77, 88, 132 का लघुत्तम ज्ञात करो।
A. 1860 B. 1858
C. 1850 D. 1848

13. 135, 120, 90 का लघुत्तम ज्ञात करो।
A. 1050 B. 1020
C. 1080 D. 1060

14. 4, 6, 9, 12 का लघुत्तम ज्ञात करो।
A. 36 B. 38
C. 34 D. 40

उत्तरमाला

1	2	3	4	5	6	7	8	9	10
C	B	A	A	B	A	C	D	A	C
11	**12**	**13**	**14**						
B	D	C	A						

व्याख्यात्मक उत्तर

1. $\because \quad 12 = 2 \times 2 \times 3$

$24 = 2 \times 2 \times 2 \times 3$

तथा $36 = 2 \times 2 \times 3 \times 3$

$\therefore$ अभीष्ट महत्तम समापवर्तक $= 2 \times 2 \times 3 = 12$ होगा।

2. $\because \quad 70 = 2 \times 5 \times 7$

$20 = 2 \times 2 \times 5$

तथा $14 = 2 \times 7$

$\therefore$ अभीष्ट लघुत्तम समापवर्त्य $= 2 \times 2 \times 5 \times 7 = 140$

3. माना कि वे संख्याएं क्रमशः $11x$ व $15x$ हैं।

प्रश्नानुसार, दोनों संख्याओं का म.स.प. = 13 (दिया हुआ है)। अतः स्पष्ट होता है कि x के स्थान पर मान 13 होगा, क्योंकि 11×13 तथा 15×13 का म.स.प. 13 है। अतः वे संख्याएं क्रमशः $11 \times 13 = 143$ तथा $15 \times 13 = 195$ होंगी।

4. सबसे पहले 56, 21 तथा 36 का ल.स.व. ज्ञात करना है।

$\because \quad 56 = 2 \times 2 \times 2 \times 7$

$21 = 3 \times 7$

तथा $36 = 2 \times 2 \times 3 \times 3$

$\therefore$ अभीष्ट ल.स.व. $= 2 \times 2 \times 2 \times 3 \times 3 \times 7$

चूंकि यह पूर्ण वर्ग संख्या नहीं है। अतः अभीष्ट ल.स.व. को पूर्ण वर्ग बनाने के लिए इसमें कम-से-कम 2×7 अर्थात् 14 से गुणा करना होगा।

$\therefore$ वह छोटी-से-छोटी पूर्ण वर्ग संख्या

$= 2 \times 2 \times 2 \times 3 \times 3 \times 7 \times 2 \times 7 = 7056$ होगी।

5. इस प्रकार के प्रश्नों में पहले शेषफल को संख्याओं में से घटाया जाता है फिर उन संख्याओं का म.स.प. ज्ञात किया जाता है।

$\therefore \quad 27 - 2 = 25$

$33 - 3 = 30$

तथा $39 - 4 = 35$

अतः 25, 30 तथा 35 का म.स.प. ज्ञात करना है।

$\because \quad 25 = 5 \times 5$

$30 = 2 \times 3 \times 5$

तथा $35 = 5 \times 7$

$\therefore$ अभीष्ट म.स.प. = 5

$\therefore$ वह-बड़ी-से बड़ी संख्या = 5 होगी।

6. सबसे पहले 12, 15 तथा 18 का ल.स.व. ज्ञात करना है।

$\because \quad 12 = 2 \times 2 \times 3$

$15 = 3 \times 5$

तथा $18 = 2 \times 3 \times 3$

$\therefore$ अभीष्ट ल.स.व. $= 2 \times 2 \times 3 \times 3 \times 5 = 180$

तथा 5 अंकों की छोटी-से-छोटी संख्या = 10000

$= 180 \times 55 + 100$

तथा स्पष्ट है कि 5 अंकों की छोटी-से-छोटी संख्या जो 12, 15 तथा 18 से पूर्णतः विभाजित होगी $= 180 \times 56 = 10080$

7. लघुत्तम समापवर्त्य

$$= \frac{\text{दोनों संख्याओं का गुणनफल}}{\text{उनका महत्तम समापवर्तक}} = \frac{27}{3} = 9$$

8. 2, 3, 4, 5, 6 और 7 का लघुत्तम समापवर्त्य

$= 2 \times 2 \times 3 \times 5 \times 7 = 420$

चार अंकों की सबसे बड़ी संख्या = 9999

9999 को 420 से विभाजित करें तो शेष = 339

$\therefore$ अभीष्ट संख्या $= 9999 - 339 = 9660$

9. उनका लघुत्तम समापवर्त्य

$$= \frac{\text{दोनों संख्याओं का गुणनफल}}{\text{उनका महत्तम समापवर्तक}} = \frac{54}{3} = 18$$

10. भिन्नों का महत्तम समापवर्तक

$$= \frac{\text{अंशों का महत्तम समापवर्तक}}{\text{हरों का लघुत्तम समापवर्त्य}}$$

$$= \frac{\text{10, 25 और 35 का महत्तम समापवर्तक}}{\text{21, 27 और 24 का लघुत्तम समापवर्त्य}} = \frac{5}{1512}$$

11. ल. स.

2	27,	15,	72
2	27,	15,	36
2	27,	15,	18
3	27,	15,	9
3	9,	5,	3
3	3,	5,	1
5	1,	5,	1
	1,	1,	1

अतः दी गई संख्याओं का लघुत्तम समापवर्त्य

$2 \times 2 \times 2 \times 3 \times 3 \times 3 \times 5 = 1080$

14. ल. स.

2	4,	6,	9,	12
2	2,	3,	9,	6
3	1,	3,	9,	3
3	1,	1,	3,	1
	1,	1,	1,	1

अतः दी गई संख्याओं का लघुत्तम समापवर्त्य $= 2 \times 2 \times 3 \times 3 = 36$.

●●●

5

घातांक (Indices)

हम जानते हैं कि $x \times x = x^2$, $x \times x \times x = x^3$, $x \times x \times x \times x = x^4$ ...., $x \times x \times x \times x \times x$ .... n गुणनखण्डों तक = x^n को "x की घात n". पढ़ा जाता है। इस प्रकार हम कह सकते हैं कि

2 की घात 3 = $2^3 = 2 \times 2 \times 2 = 8$

3 की घात 3 = $3^3 = 3 \times 3 \times 3 = 27$

5 की घात 4 = $5^4 = 5 \times 5 \times 5 \times 5 = 625$

8 की घात 2 = $8^2 = 8 \times 8 = 64$.

$\left(\frac{x}{y}\right)$ की घात 3 = $\left(\frac{x}{y}\right)^3 = \frac{x \times x \times x}{y \times y \times y} = \frac{x^3}{y^3}$

x^2 की घात 5 = $(x^2)^5 = x^2 \times x^2 \times x^2 \times x^2 \times x^2 = x^{10}$

घातांक से सम्बन्धित आवश्यक नियम

नियम 1. यदि m और n धन पूर्णांक हों तथा x, y कोई भी संख्याएं हैं तो $x^m \times x^n = x^{m+n}$

नियम 2. यदि m और n धन पूर्णांक हों तथा x, y कोई भी संख्याएं हैं तो,

$$x^m \div x^n = \frac{x^m}{x^n} = x^{m-n}$$

जबकि $m > n$ **या**

$$x^m \div x^n = \frac{x^m}{x^n} = \frac{1}{x^{n-m}} \text{ जबकि } n > m$$

नियम 3. यदि m और n धन पूर्णांक हों तथा x, y कोई भी संख्याएं हैं तो $(x^m)^n = x^{mn}$

नियम 4. यदि m और n धन पूर्णांक हों तथा x, y कोई भी संख्याएं हैं तो $(xy)^m = x^m \times y^m$

मूल : यदि कोई संख्या 'x की घात n' है तथा इसका परिणाम a अर्थात् $x^n = a$ है तो इसका अर्थ यह होता है कि a का n वां मूल x है। जिसे प्राय: इस प्रकार लिखा जाता है

$$x^n = a \Rightarrow x = \sqrt[n]{a} = (a)^{1/n}$$

इसी प्रकार यदि भिन्नात्मक घातांक $x^{p/q} = a$ है तो इसका अर्थ यह होगा कि x का q वां मूल बराबर है a का p वां मूल के, अर्थात्

$$x^{p/q} = a \Rightarrow \left(x^{1/q}\right)^p$$

$$a \Rightarrow x^{1/q} = a^{1/p}$$

$$\Rightarrow \sqrt[q]{x} = \sqrt[p]{a}$$

अत: दूसरे मूल को हम वर्गमूल तथा तीसरे मूल को घनमूल भी कहते हैं।

महत्त्वपूर्ण नोट : यदि किसी संख्या या राशि की घात "शून्य" है, तो उस संख्या या राशि का मान सदैव 1 के बराबर होगा। अर्थात् $x^0 = y^0 = z^0 = 2^0 = 5^0 = 8^0 = 1$ होगा।

प्रश्नमाला

1. $a^5 \times a^7$ का मान कितना होगा?

A. a^{35} B. a^2 C. a^{12} D. $a^{5/7}$

2. $(x^{2/3})^{-3/4}$ का मान कितना होगा?

A. $\frac{1}{x}$ B. $\frac{1}{\sqrt{x}}$ C. $\frac{1}{x^2}$ D. $\frac{1}{x^{-2}}$

3. 4 की घात 3 निम्न में से किस संख्या के बराबर होगी?

A. 64 B. 81 C. 12 D. 49

4. 2 की घात 3 तथा 3 की घात 2 में कितना अन्तर होगा?

A. 2 B. 5 C. 3 D. 1

5. $\left(-\frac{1}{125}\right)^{-\frac{2}{3}}$ का मान कितना होगा?

A. $\frac{1}{25}$ B. 25 C. 5 D. $\frac{1}{5}$

6. $(8)^{-(2^{-2})}$ का मान कितना होगा?

A. $2^{-1/4}$ B. $2^{-3/4}$ C. $2^{3/4}$ D. $2^{-1/2}$

7. यदि $\sqrt{2^n} = 64$ है, तो n का मान क्या होगा?

A. 8 B. 4 C. 12 D. 16

8. $(100)^0$ का मान कितना होगा?

A. 0 B. 10 C. 1 D. 100

9. यदि $10^{2/5} \times 10^{8/5} = 10^n$ है, तो n का मान क्या होगा?

A. 2 B. 3 C. 6 D. 4

10. $27^3 \times 3^4 \div 3^{10}$ का मान कितना होगा?

A. 9 B. 27

C. 81 D. $\frac{1}{27}$

11. व्यंजक $\frac{(-1)^{132}}{5^{-1}+3^{-1}}$ का मान कितना होगा?

A. $\frac{16}{9}$ B. $-\frac{15}{8}$

C. $\frac{15}{8}$ D. $\frac{17}{8}$

12. $6a^3b^3c^2 \div 2ab^2c$ का मान कितना होगा?

A. $3a^2bc$ B. $3ab^2c$

C. $3a^2b^2c^2$ D. $3a^3b^3c^3$

13. $\sqrt{\frac{1}{\left(\frac{3}{4}\right)^{-2}}} + \sqrt[3]{\frac{27}{64}}$ का मान क्या होगा?

A. $\frac{2}{3}$ B. $\frac{4}{5}$

C. $\frac{13}{12}$ D. $\frac{3}{2}$

उत्तरमाला

1	2	3	4	5	6	7	8	9	10
C	B	A	D	B	B	C	C	A	B
11	**12**	**13**							
C	A	D							

व्याख्यात्मक उत्तर

1. $\because a^5 \times a^7 = a^{5+7} = a^{12}$. $[\because x^m \times x^n = x^{m+n}]$

2. $\because \left(x^{\frac{2}{3}}\right)^{-\frac{3}{4}} = x^{\frac{2}{3}\times -\frac{3}{4}} = x^{-\frac{1}{2}} = \frac{1}{x^{\frac{1}{2}}} = \frac{1}{\sqrt{x}}$. $[\because (x^m)^n = x^{mn}]$

3. $\because$ 4 की घात 3 $= 4^3 = 4 \times 4 \times 4 = 64$.

4. $\because$ 2 की घात 3 $= 2^3 = 2 \times 2 \times 2 = 8$.
तथा 3 की घात 2 $= 3^2 = 3 \times 3 = 9$
$\therefore$ अन्तर $= 9 - 8 = 1$.

5. $\left(-\frac{1}{125}\right)^{-\frac{2}{3}} = \frac{1}{\left(-\frac{1}{125}\right)^{\frac{2}{3}}} = (-125)^{\frac{2}{3}}$

$= [(-125)^{1/3}]^2 = [(-5 \times -5 \times -5)^{1/3}]^2$
$= (-5^2) = -5 \times -5 = 25$.

6. $\because 8^{-(2^{-2})} = 8^{-\left(\frac{1}{2^2}\right)} = 8^{-\frac{1}{4}} = \frac{1}{8^{\frac{1}{4}}}$

$= \frac{1}{(2\times2\times2)^{\frac{1}{4}}} = \frac{1}{(2)^{\frac{3}{4}}} = 2^{-\frac{3}{4}}$.

7. $\because \sqrt{2^n} = 64 \Rightarrow 2^n = (64)^2$
$\Rightarrow 2^n = (2 \times 2 \times 2 \times 2 \times 2 \times 2)^2 \Rightarrow 2^n = (2^6)^2$
$\Rightarrow 2^n = 2^{6\times 2} = 2^{12} \Rightarrow n = 12$ अत: n का मान 12 होगा।

8. यहां विद्यार्थियों को स्मरण रखना चाहिए कि यदि किसी संख्या या राशि की घात ''शून्य'' हो तो उस संख्या या राशि का मान हमेशा 1 के बराबर होगा। अत: स्पष्ट है कि $(100)^0$ का मान = 1 होगा।

9. $\because 10^{2/5} \times 10^{8/5} = 10^n$
$\Rightarrow 10^{2/5+8/5} = 10^n \Rightarrow 10^{10/5} = 10^n$
$\Rightarrow 10^2 = 10^n \Rightarrow n = 2$
अत: n का मान 2 होगा।

10. $\because 27^3 \times 3^4 \div 3^{10} = 27^3 \times \frac{3^4}{3^{10}}$

$\frac{(3\times3\times3)^3 \times 3^4}{3^{10}} = \frac{(3^3)^3 \times 3^4}{3^{10}}$

$= \frac{3^9 \times 3^4}{3^{10}} = \frac{3^{9+4}}{3^{10}} = \frac{3^{13}}{3^{10}} = 3^{13-10} = 3^3 = 3 \times 3 \times 3 = 27$.

11. $\because \frac{(-1)^{132}}{5^{-1}+3^{-1}} = \frac{\left((-1)^2\right)^{66}}{5^{-1}+3^{-1}}$

$= \frac{(1)^{66}}{5^{-1}+3^{-1}} = \frac{1}{\frac{1}{5}+\frac{1}{3}} = \frac{1}{\frac{3+5}{15}} = \frac{1}{\frac{8}{15}} = \frac{15}{8}$.

12. $\because 6a^3b^3c^2 \div 2ab^2c$

$= \frac{6a^3b^3c^2}{2ab^2c} = 3a^{3-1}b^{3-2}c^{2-1} = 3a^2bc$.

13. $\because \sqrt{\frac{1}{\left(\frac{3}{4}\right)^{-2}}} + \sqrt[3]{\frac{27}{64}} = \sqrt{\left(\frac{3}{4}\right)^2} + \sqrt[3]{\frac{3\times3\times3}{4\times4\times4}}$

$= \sqrt{\left(\frac{3}{4}\right)^2} + \sqrt[3]{\left(\frac{3}{4}\right)^3} = \frac{3}{4} + \frac{3}{4} = \frac{6}{4} = \frac{3}{2}$.

●●●

6

करणी (Surds)

प्राय: सभी संख्याओं के वर्गमूल सदैव पूर्ण संख्या नहीं होते, जैसे– $\sqrt{9}=3$ परन्तु $\sqrt{15}=3.873$, जो कि पूर्ण संख्या नहीं है, अर्थात् 15 का वर्गमूल पूर्ण संख्या नहीं है। अत: ऐसी संख्यायें जिनके वर्गमूल पूर्ण संख्या नहीं होते, जैसे– $\sqrt{3},\ \sqrt{7},\ 2+\sqrt{11},\ 4+\sqrt{13}\ ....$ इत्यादि संख्यायें **करणी** कहलाती हैं।

प्रश्नों को हल करने के लिए निम्नलिखित सूत्रों का प्रयोग कीजिए :

1. $\sqrt{a}\times\sqrt{a}=a$
2. $\sqrt{a}\times\sqrt{b}=\sqrt{ab}$
3. $\left(\sqrt{a}+\sqrt{b}\right)^2=a+b+2\sqrt{ab}$
4. $\left(\sqrt{a}-\sqrt{b}\right)^2=a+b-2\sqrt{ab}$
5. $x\sqrt{a}+x\sqrt{b}=x\left(\sqrt{a}+\sqrt{b}\right)$
6. $\frac{1}{\sqrt{a}+\sqrt{b}}=\frac{1}{\sqrt{a}+\sqrt{b}}\times\frac{\sqrt{a}-\sqrt{b}}{\sqrt{a}-\sqrt{b}}$

   $=\frac{\sqrt{a}-\sqrt{b}}{a-b}$
7. $\frac{1}{\sqrt{a}-\sqrt{b}}=\frac{1}{\sqrt{a}-\sqrt{b}}\times\frac{\sqrt{a}+\sqrt{b}}{\sqrt{a}+\sqrt{b}}$

   $=\frac{\sqrt{a}+\sqrt{b}}{a-b}$
8. $a+\sqrt{b}=c+\sqrt{d}\Rightarrow a=c$ तथा $b=d$
9. $\sqrt{2}=1.41421,\ \sqrt{3}=1.73205,$
   $\sqrt{5}=2.23607,\ \sqrt{6}=2.4494,$
   $\sqrt{7}=2.64575,\ \sqrt{8}=2.82842,$
   $\sqrt{10}=3.16227,\ \sqrt{11}=3.31662$

प्रश्नमाला

1. $\frac{1}{\sqrt{3}}$ का मान दशमलव के तीन स्थानों तक होगा—

   A. 0.577 B. 0.477
   C. 0.673 D. 0.575

2. यदि $\sqrt{2}=1.4142$ हो, तो $\frac{1}{2}\left(\frac{\sqrt{2}-1}{\sqrt{2}+1}\right)$ का मान कितना होगा?

   A. .0768 B. .0658
   C. .0858 D. .0458

3. यदि $\sqrt{1936}=44$ हो, तो $\sqrt{19.36}+\sqrt{0.1936}+\sqrt{.001936}$ का मान दशमलव के तीन स्थानों तक होगा—

   A. 5.679 B. 4.884
   C. 9.884 D. 6.778

4. $\sqrt{\left(5+\frac{4}{9}\right)}$ का मान होगा?

   A. $3\frac{1}{3}$ B. $2\frac{1}{6}$
   C. $4\frac{1}{3}$ D. $2\frac{1}{3}$

5. $\frac{\sqrt{2}-1}{\sqrt{2}+1}$ का मान दशमलव के तीन स्थानों तक होगा—

   A. 0.172 B. 0.158
   C. 0.176 D. 0.188

6. $\sqrt[3]{8^4}$ का मान कितना होगा?

   A. 15 B. 9
   C. 16 D. 25

7. यदि $\sqrt{6}=2.45$, तो $\sqrt{\frac{2}{3}}+3\sqrt{\frac{3}{2}}$ का मान किसके बराबर होगा?

   A. 3.942 B. 4.492
   C. 4.942 D. 9.345

8. $\sqrt{72}$ का मान किसके बराबर होगा?

   A. $3\sqrt{5}$ B. $6\sqrt{2}$
   C. $8\sqrt{2}$ D. $7\sqrt{3}$

9. हर के परिमेयीकरण के पश्चात व्यंजक $\frac{\sqrt{2}}{\sqrt{2}+\sqrt{3}-\sqrt{5}}$ का रूप होगा—

   A. $\frac{3+\sqrt{6}+\sqrt{15}}{6}$ B. $\frac{3-\sqrt{6}-\sqrt{5}}{6}$
   C. $\frac{3+\sqrt{6}+\sqrt{5}}{3}$ D. $\frac{2+\sqrt{6}-\sqrt{15}}{6}$

10. $\left(\sqrt{80}+3\times\sqrt{245}-\sqrt{125}\right)$ का मान कितना होगा?

    A. $18\sqrt{5}$ B. $20\sqrt{5}$
    C. $22\sqrt{5}$ D. $28\sqrt{2}$

11. $\left(\dfrac{\sqrt{5}+\sqrt{3}}{\sqrt{5}-\sqrt{3}}\right)$ का मान कितना होगा?

A. $4+\sqrt{15}$ B. $3-\sqrt{15}$

C. $2+\sqrt{15}$ D. $4-\sqrt{15}$

12. $3^{\frac{1}{5}}, 5^{\frac{3}{5}}, 7^{\frac{4}{5}}$ को आरोही क्रम में किस प्रकार से लिखा जा सकता है?

A. $5^{\frac{3}{5}} < 3^{\frac{1}{5}} < 7^{\frac{4}{5}}$ B. $3^{\frac{1}{5}} < 5^{\frac{3}{5}} < 7^{\frac{4}{5}}$

C. $7^{\frac{4}{5}} < 3^{\frac{1}{5}} < 5^{\frac{3}{5}}$ D. $3^{\frac{1}{5}} < 7^{\frac{4}{5}} < 5^{\frac{3}{5}}$

उत्तरमाला

1	2	3	4	5	6	7	8	9	10
A	C	B	D	A	C	B	B	A	B
11	**12**								
A	B								

व्याख्यात्मक उत्तर

1. $\because \dfrac{1}{\sqrt{3}} = \dfrac{1}{\sqrt{3}}\times\dfrac{\sqrt{3}}{\sqrt{3}} = \dfrac{\sqrt{3}}{3} = \dfrac{1.732}{3} = 0.577.$

2. $\because \dfrac{1}{2}\left(\dfrac{\sqrt{2}-1}{\sqrt{2}+1}\right) = \dfrac{1}{2}\times\dfrac{\sqrt{2}-1}{\sqrt{2}+1}\times\dfrac{\sqrt{2}-1}{\sqrt{2}-1}$

$= \dfrac{1}{2}\times\dfrac{(\sqrt{2}-1)^2}{(\sqrt{2})^2-1^2} = \dfrac{1}{2}\times\dfrac{2+1-2\sqrt{2}}{2-1}$

$= \dfrac{1}{2}\times\dfrac{3-2\sqrt{2}}{1} = \dfrac{1}{2}\times(3-2\times1.4142)$

$= \dfrac{1}{2}\times0.1716 = 0.0858.$

3. $\because \sqrt{1936} = 44 \Rightarrow \sqrt{19.36} = 4.4 \Rightarrow \sqrt{0.1936} = 0.44$

$\Rightarrow \sqrt{.001936} = .044 \therefore \sqrt{19.36}+\sqrt{0.1936}+\sqrt{.001936}$
$= 4.4 + 0.44 + 0.044 = 4.884.$

4. $\because \sqrt{5+\dfrac{4}{9}} = \sqrt{\dfrac{45+4}{9}} = \sqrt{\dfrac{49}{9}} = \dfrac{7}{3} = 2\dfrac{1}{3}.$

5. $\because \dfrac{\sqrt{2}-1}{\sqrt{2}+1} = \dfrac{\sqrt{2}-1}{\sqrt{2}+1}\times\dfrac{\sqrt{2}-1}{\sqrt{2}-1} = \dfrac{(\sqrt{2}-1)^2}{(\sqrt{2})^2-(1)^2}$

$= \dfrac{2+1-2\sqrt{2}}{2-1} = \dfrac{3-2\sqrt{2}}{1} = 3-2\times1.414 = 0.172.$

6. $\because \sqrt[3]{8^4} = (8)^{\frac{4}{3}} = (2^3)^{\frac{4}{3}} = 2^{3\times\frac{4}{3}} = 2^4 = 16.$

7. $\because \sqrt{\dfrac{2}{3}}+3\sqrt{\dfrac{3}{2}} = \dfrac{\sqrt{2}}{\sqrt{3}}\times\dfrac{\sqrt{3}}{\sqrt{3}}+3\times\dfrac{\sqrt{3}}{\sqrt{2}}\times\dfrac{\sqrt{2}}{\sqrt{2}}$

$= \dfrac{\sqrt{6}}{3}+\dfrac{3\sqrt{6}}{2} = \sqrt{6}\left[\dfrac{1}{3}+\dfrac{3}{2}\right] = \sqrt{6}\times\dfrac{11}{6} = \dfrac{11}{6}\times2.45$
$= 4.492.$

8. $\because \sqrt{72} = \sqrt{6\times6\times2} = \sqrt{6^2\times2} = 6\sqrt{2}.$

9. $\dfrac{\sqrt{2}}{\sqrt{2}+\sqrt{3}-\sqrt{5}} = \dfrac{\sqrt{2}}{\sqrt{2}+\sqrt{3}-\sqrt{5}}\times\dfrac{\sqrt{2}+\sqrt{3}+\sqrt{5}}{\sqrt{2}+\sqrt{3}+\sqrt{5}}$

$= \dfrac{\sqrt{2}(\sqrt{2}+\sqrt{3}+\sqrt{5})}{(\sqrt{2}+\sqrt{3})^2-(\sqrt{5})^2} = \dfrac{2+\sqrt{6}+\sqrt{10}}{2\sqrt{6}}$

$= \dfrac{2+\sqrt{6}+\sqrt{10}}{2\sqrt{6}}\times\dfrac{\sqrt{6}}{\sqrt{6}} = \dfrac{2\sqrt{6}+6+\sqrt{60}}{12}$

$= \dfrac{3+\sqrt{6}+\sqrt{15}}{6}.$

10. $\because \sqrt{80}+3\times\sqrt{245}-\sqrt{125}$

$= \sqrt{16\times5}+3\times\sqrt{49\times5}-\sqrt{25\times5}$

$= 4\sqrt{5}+21\sqrt{5}-5\sqrt{5} = 20\sqrt{5}.$

11. $\because \dfrac{\sqrt{5}+\sqrt{3}}{\sqrt{5}-\sqrt{3}} = \dfrac{\sqrt{5}+\sqrt{3}}{\sqrt{5}-\sqrt{3}}\times\dfrac{\sqrt{5}+\sqrt{3}}{\sqrt{5}+\sqrt{3}}$

$= \dfrac{(\sqrt{5}+\sqrt{3})^2}{(\sqrt{5})^2-(\sqrt{3})^2} = \dfrac{5+3+2\sqrt{15}}{5-3} = \dfrac{8+2\sqrt{15}}{2}$

$= 4+\sqrt{15}.$

12. $\because 3^{\frac{1}{5}} = (3)^{\frac{1}{5}}$

$5^{\frac{3}{5}} = (5^3)^{\frac{1}{5}} = (125)^{\frac{1}{5}}$

तथा $7^{\frac{4}{5}} = (7^4)^{\frac{1}{5}} = (2401)^{\frac{1}{5}}$

अत: स्पष्ट है कि $(3)^{\frac{1}{5}} < (125)^{\frac{1}{5}} < (2401)^{\frac{1}{5}}$

अत: $3^{\frac{1}{5}} < 5^{\frac{3}{5}} < 7^{\frac{4}{5}}$ आरोही क्रम में होगी।

●●●

7

औसत (Average)

औसत निकालने के लिए पहले उन सब राशियों को जोड़ लें जिनका औसत निकालना हो; उसके बाद उस योगफल में उन राशियों की कुल संख्या से भाग दे दें। उदाहरण के लिए यदि आपको 8, 10, 12, और 14 का औसत निकालना है, तो पहले इन्हें जोड़ दें। 8 + 10 + 12 + 14 = 44 जिनका औसत निकालना है, वे संख्याएं 4 हैं। अतः 44 में 4 से भाग दे दें। 44 ÷ 4 $= \frac{44}{4} = 11$ औसत आया।

इसके लिए सूत्र हैं:

(i) $\frac{\text{राशियों का योगफल}}{\text{राशियों की संख्या}} = \text{औसत}$

(ii) औसत × राशियों की संख्या = राशियों का योगफल

(iii) $\frac{\text{राशियों का जोड़}}{\text{औसत}} = \text{राशियों की संख्या}$

उदाहरण 1 : किसी कक्षा में 5 दिनों की दैनिक उपस्थिति 26, 23, 30, 29 और 17 थी। बताओ दैनिक औसत उपस्थिति क्या थी?

हल : ∵ 5 दिनों की कुल उपस्थिति

= 26 + 23 + 30 + 29 + 17 = 125 थी।

∴ 1 दिन की औसत उपस्थिति

$= \frac{\text{राशियों का योगफल}}{\text{राशियों की संख्या}} = \frac{125}{5} = 25$

प्रश्नमाला

1. 5 विद्यार्थियों की ऊँचाइयां (सेंमी में) 140, 135, 142, 138 व 140 है। उनकी औसत ऊँचाई है:

A. 136 B. 138
C. 139 D. 140

2. 10 विद्यार्थियों द्वारा प्राप्तांक 22, 35, 37, 38, 29, 27, 34, 36, 28 और 34 हैं। उनके औसत अंक हैं:

A. 30 B. 31
C. 32 D. 34

3. एक लड़का जिसकी ऊँचाई 165 सेंमी है, के स्थान पर नया लड़का आ जाने से 34 लड़कों के एक समूह की औसत ऊँचाई 1 सेंमी कम हो जाती है। नये लड़के की ऊँचाई है:

A. 132 सेंमी B. 129 सेंमी
C. 130 सेंमी D. 131 सेंमी

4. 2 से प्रारम्भ करके पांच लगातार सम संख्याओं का औसत है:

A. 4 B. 6
C. 7 D. 5

5. 5 गेंदों का भार (ग्राम में) क्रमशः 50, 54, 53, 56 और 52 है। उनका औसत भार है:

A. 53 B. 54
C. 52 D. 51

6. एक रस्सी के 5 टुकड़ों की लम्बाइयां (सेंमी में) 5, 5.2, 6.3, 7.2 और 6.3 हैं। टुकड़े की औसत लम्बाई है:

A. 5.8
B. 6.0
C. 6.1
D. 6.2

7. 7 के प्रथम पांच गुणजों (Multiples) का औसत क्या होगा?

A. 21 B. 23
C. 24 D. 28

8. चार संख्याओं का औसत 18 है। यदि उनमें से पहली तीन संख्याएं क्रमशः 16, 22 व 28 हों, तो बताइये अन्तिम संख्या क्या होगी?

A. 5 B. 8
C. 6 D. 9

9. 12 संख्याओं का औसत मान 30 है। यदि प्रत्येक संख्या में 3 से गुणा कर दिया जाये, तो बताइये नई संख्याओं का औसत मान कितना होगा?

A. 70 B. 80
C. 90 D. 100

10. एक व्यक्ति 50 रु. प्रति पुस्तक के हिसाब से 4 पुस्तकें, 60 रु. प्रति पुस्तक के हिसाब से 5 पुस्तकें, तथा 70 रु. प्रति पुस्तक के हिसाब से 6 पुस्तकें खरीदता है। बताइये पुस्तक का औसत मूल्य कितना होगा?

A. 62.33 रु. B. 41.50 रु.
C. 61.33 रु. D. 61.75 रु.

11. 25 राशियों का औसत 15 है, उनमें से 15 राशियों का औसत 17 है, तो शेष राशियों का औसत ज्ञात करो।

A. 10 B. 13
C. 11 D. 12

12. एक कक्षा में 23 छात्रों की औसत आयु 16 वर्ष है। यदि अध्यापक की आयु भी सम्मिलित कर ली जाए, तो औसत आयु एक वर्ष बढ़ जाती है। अध्यापक की आयु क्या है?

A. 35 वर्ष B. 40 वर्ष
C. 50 वर्ष D. 30 वर्ष

उत्तरमाला

1	2	3	4	5	6	7	8	9	10
C	C	D	B	A	B	A	C	C	C
11	**12**								
D	B								

व्याख्यात्मक उत्तर

1. औसत ऊँचाई

$= \frac{140+135+142+138+140}{5} = \frac{695}{5} = 139.$

2. औसत अंक

$= \frac{22+35+37+38+29+27+34+36+28+34}{10}$

$= \frac{320}{10} = 32.$

3. 34 लड़कों की ऊँचाई में औसत कमी = 1 सेंमी

34 लड़कों की ऊँचाई में कुल कमी = 34 सेंमी

$\therefore$ नये लड़के की ऊँचाई = 165 – 34 = 131 सेंमी

4. 2 से प्रारम्भ करके 5 लगातार सम संख्याओं का औसत

$= \frac{2+4+6+8+10}{5} = \frac{30}{5} = 6.$

5. औसत भार $= \frac{50+54+53+56+52}{5} = \frac{265}{5} = 53.$

6. औसत लम्बाई

$= \frac{5+5.2+6.3+7.2+6.3}{5} = \frac{30.0}{5} = 6.0$

7. $\because$ 7 के प्रथम 5 गुणज :

7, 14, 21, 28 व 35

$\therefore$ इनका औसत $= \frac{7+14+21+28+35}{5} = \frac{105}{5} = 21.$

8. $\because$ चार संख्याओं का औसत = 18

$\therefore$ चारों संख्याओं का योग = 18 × 4 = 72

प्रश्नानुसार, उनमें से पहली तीन संख्याएं क्रमशः 16, 22 व 28 हैं।

$\therefore$ अन्तिम संख्या = चारों संख्याओं का योग – (16 + 22 + 28)

= 72 – 66 = 6.

9. $\because$ 12 संख्याओं का औसत मान = 30

$\therefore$ 12 संख्याओं का कुल योग = 30 × 12 = 360

प्रश्नानुसार, प्रत्येक संख्या में 3 से गुणा करने पर 12 संख्याओं का कुल योग = 360 × 3 = 1080

12 नई संख्याओं का औसत मान $= \frac{1080}{12} = 90.$

10. $\because$ 50 रु. प्रति पुस्तक के हिसाब से 4 पुस्तकों का क्रय मूल्य = 200 रु.

60 रु. प्रति पुस्तक के हिसाब से 5 पुस्तकों का क्रय मूल्य = 300 रु.

तथा 70 रु. प्रति पुस्तक के हिसाब से 6 पुस्तकों का क्रय मूल्य = 420 रु.

$\therefore$ 15 पुस्तकों का कुल क्रय मूल्य = 200 + 300 + 420 = 920 रु.

$\therefore$ औसत मूल्य $= \frac{920}{15} = 61.33$ रु.।

11. $\because$ 25 राशियों का औसत = 15

$\therefore$ 25 राशियों का योग = 25 × 15 = 375

इनमें से 15 राशियों का औसत = 17

$\therefore$ इन 15 राशियों का योग

= 15 × 17 = 255

$\therefore$ शेष 25 – 15 = 10 राशियों का योग

= 375 – 255 = 120

$\therefore$ शेष राशियों का औसत

$= \frac{120}{10} = 12$

सूत्र द्वारा—

शेष 10 राशियों का औसत

$= \frac{25\times15-15\times17}{25-15} = \frac{375-255}{10}$

$= \frac{120}{10} = 12.$

12. $\therefore$ 23 छात्रों की आयु का औसत = 16 वर्ष

$\therefore$ 23 छात्रों की आयु का योग

= 23 × 16 = 368 वर्ष

$\therefore$ 23 + 1 = 24 जनों की आयु का औसत

= 16 + 1 = 17 वर्ष

$\therefore$ इनकी आयु का योग

= 24 × 17 = 408 वर्ष

$\therefore$ अध्यापक की आयु

= 408 – 368 = 40 वर्ष।

●●●

8

प्रतिशत (Percentage)

1. प्रतिशत का अर्थ है–प्रत्येक सौ पर 1–इसका चिन्ह् है–%. 5% का अर्थ है–प्रत्येक सौ पर 5.
2. प्रतिशत को भिन्न में बदलने के लिए उसे 100 से भाग देते हैं। जैसे–20% = $\frac{20}{100}=\frac{1}{5}$
3. साधारण भिन्न को प्रतिशत में बदलने के लिए उसे 100 से गुणा करते हैं। जैसे– $\frac{1}{10}\times100=10\%$

प्रतिशत को दशमलव में बदलने की विधि

प्रतिशत का चिह्न हटाकर बाईं ओर दो अंकों के बाद दशमलव का चिन्ह् लगाते हैं।

उदाहरण : 25% को दशमलव में बदलें।

25% = .25 (बाईं ओर दो अंकों के बाद दशमलव बिन्दु लगा दिया।)

उदाहरण :1.5% को दशमलव में बदलिये।

1.5% = .015 (बाईं ओर दो अंकों के बाद दशमलव बिन्दु लगा दिया, यहां एक शून्य लगाकर दो अंक पूरे करने पड़े।)

दशमलव को प्रतिशत में बदलने की विधि

दशमलव बिन्दु के दाहिनी ओर दो अंक बढ़ा देते हैं और उसके बाद % का निशान लगाते हैं।

उदाहरण : .24 को प्रतिशत में बदलें।

हल : .24 = 24% (दशमलव बिन्दु के दाहिनी ओर दो अंक आगे बढ़ाने पर 24 बनेगा, अतः दशमलव बिन्दु (.) लगाने की जरूरत नहीं है।)

प्रश्नमाला

1. निम्नलिखित में से 20% का मान किसके बराबर होगा?

A. $\frac{1}{4}$ B. $\frac{1}{2}$
C. $\frac{1}{5}$ D. $\frac{1}{8}$

2. 36% का मान दशमलव भिन्न में होगा–

A. .36 B. .036
C. 3.6 D. .0036

3. $\frac{4}{5}$ को प्रतिशत भिन्न में बदलने पर मान होगा–

A. 80% B. 70%
C. 60% D. 40%

4. 36 का कितने %, 24 के बराबर होगा?

A. $16\frac{2}{3}\%$ B. $66\frac{2}{3}\%$
C. $11\frac{1}{9}\%$ D. $31\frac{1}{9}\%$

5. 3 मीटर का 15%, किसके बराबर होगा?

A. 44 सेंमी B. 45 सेंमी
C. 40 सेंमी D. 38 सेंमी

6. 26 का 18% = ?

A. 4.88 B. 4.65
C. 3.68 D. 4.68

7. 10% का 10% कितने % होगा?

A. 7 B. 6
C. 1 D. 5

8. किसी शहर की जनसंख्या 50,000 से बढ़कर 52,000 हो जाती हो, तो बताइये कितने प्रतिशत की वृद्धि होगी?

A. 3% B. 6%
C. 4% D. 5%

9. एक आदमी अपने वेतन का 75% खर्च करता है और 150 रु. मासिक बचाता है तो उसका मासिक वेतन है:

A. 750 रु. B. 600 रु.
C. 400 रु. D. 300 रु.

10. किसी विद्यालय में 97% विद्यार्थी उपस्थित थे और 18 विद्यार्थी अनुपस्थित थे। विद्यालय में कुल विद्यार्थियों की संख्या है:

A. 400 B. 450
C. 500 D. 600

11. किसी राशि का 7%, 35 रुपये है तो वह राशि ज्ञात कीजिए।

A. 550 रु. B. 700 रु.
C. 600 रु. D. 500 रु.

12. 3 किग्रा. कितने किग्रा. का 5% है:

A. 60 किग्रा. B. 50 किग्रा.
C. 65 किग्रा. D. 70 किग्रा.

13. किसी राशि का 5%, 500 रुपए के 12% के बराबर है तो राशि ज्ञात कीजिए।

A. 1100 रु.
B. 1200 रु.
C. 1150 रु.
D. 1250 रु.

14. अनिल ने अपनी पूंजी का 65% मशीनरी में तथा 20% कच्चा माल खरीदने में खर्च कर दिया। यदि उसके पास अब 1305 रुपये बचे हों, तो उसने कितना खर्च कर दिया?

A. 7395 रु. B. 7350 रु.
C. 7390 रु. D. 7380 रु.

15. किसी पुस्तकालय में 20% पुस्तकें अंग्रेजी भाषा में हैं तथा शेष की 50% पुस्तकें हिन्दी भाषा में हैं। यदि शेष 900 पुस्तकें अन्य क्षेत्रीय भाषा में हैं, तो पुस्तकालय में कुल कितनी पुस्तकें हैं?

A. 2300 B. 2250
C. 2290 D. 2280

उत्तरमाला

1	2	3	4	5	6	7	8	9	10
C	A	A	B	B	D	C	C	B	D
11	**12**	**13**	**14**	**15**					
D	A	B	A	B					

व्याख्यात्मक उत्तर

1. $\because$ 20% = $\frac{20}{100}=\frac{1}{5}$ $\therefore$ 20% का मान, $\frac{1}{5}$ के बराबर होगा।

2. $\because$ 36% = $\frac{36}{100}$ = .36
$\therefore$ 36% का मान दशमलव भिन्न में .36 होगा।

3. चूंकि किसी भी साधारण या दशमलव भिन्न को प्रतिशत भिन्न में बदलने के लिए उसमें 100% से गुणा करना होता है अर्थात् $\frac{4}{5}=\frac{4}{5}$ × 100% = 80%
अतः $\frac{4}{5}$ का प्रतिशत भिन्न में मान = 80% होगा।

4. माना कि 36 का x % = 24
$\therefore$ $36\times\frac{x}{100}=24 \Rightarrow x=\frac{24\times100}{36}=66\frac{2}{3}$
अतः 36 का $66\frac{2}{3}$%, 24 के बराबर होगा।

5. $\because$ 3 मीटर का 15% = 300 सेंमी. × $\frac{15}{100}$
= 45 सेंमी. [$\because$ 3 मी. = 300 सेंमी.]
अतः 3 मीटर का 15%, 45 सेंमी. के बराबर होगा।

6. $\because$ 26 का 18% = $26\times\frac{18}{100}=4.68$
$\therefore$ (?) चिन्ह् के स्थान पर 4.68 होना चाहिए।

7. $\because$ 10% का 10% = $\frac{10}{100}\times\frac{10}{100}=\frac{1}{100}=1\%$
अतः 10% का 10%, 1% के बराबर होगा।

8. प्रश्नानुसार, शहर की प्रारम्भिक जनसंख्या = 50,000
तथा शहर की वर्तमान जनसंख्या = 52,000
$\therefore$ जनसंख्या में वृद्धि = 52,000 – 50,000 = 2,000
$\therefore$ प्रतिशत वृद्धि = $\frac{2000}{50000}\times100=4\%$
अतः शहर की जनसंख्या में 4% वृद्धि होगी।

9. बचत = 100% – 75% = 25% = 150 रु.
कुल वेतन = $\frac{100}{25}\times150$ = 600 रु.।

10. अनुपस्थित विद्यार्थी = 100% – 97% = 3% = 18
माना कि कुल विद्यार्थियों की संख्या = x
तो, $x\times\frac{3}{100}=18 \therefore x=\frac{1800}{3}=600.$

11. राशि का 7% = 35 रुपये
राशि = $\frac{35}{7\%}=\frac{35}{\frac{7}{100}}=\frac{35}{7}\times100$ = 500 रुपये।

12. भार का 5% = 3 किग्रा.
भार = $\frac{3}{5\%}=\frac{3}{\frac{5}{100}}=\frac{3}{5}\times100$ = 60 किग्रा. होगा।

13. 500 रुपये का 12% = $\frac{12}{100}\times500$ रु. = 60 रुपये
$\because$ अभीष्ट राशि = 5% = 60 रुपये
$\therefore$ राशि = $\frac{60}{5\%}=\frac{60}{\frac{5}{100}}=\frac{60\times100}{5}$ = 1200 रुपये।

14. बची राशि की प्रतिशत संख्या = 100 – (65 + 20) = 15
$\because$ 15 रुपये बचते हैं तो खर्च की हुई राशि = 85 रुपये
$\therefore$ 1305 रुपये बचते हैं तो खर्च की हुई राशि
= $\frac{85\times1305}{15}$ = 7395 रुपये।

15. माना कुल पुस्तकें = 100
अतः अंग्रेजी भाषा की पुस्तकें = 20 पुस्तकें
शेष पुस्तकें = 100 – 20 = 80
हिन्दी भाषा की पुस्तकें = 80 का 50% = $80\times\frac{50}{100}=40$
शेष पुस्तकें = 100 – (20 + 40) = 40 पुस्तकें।
$\because$ 40 पुस्तकें अन्य क्षेत्रीय भाषाओं की है तो कुल पुस्तकें = 100
$\therefore$ 900 पुस्तकें अन्य क्षेत्रीय भाषाओं की है तो कुल पुस्तकें
= $\frac{100}{40}\times900$ = 2250 पुस्तकें।

●●●

साधारण ब्याज (Simple Interest)

ब्याज वह राशि है जो हमें दूसरों का धन प्रयोग करने के बदले में देनी पड़ती है। यदि यह वार्षिक देनी पड़े तो दर प्रतिशत वार्षिक कहते हैं। इस प्रकार 6% वार्षिक का अर्थ है कि 100 रु. पर 1 वर्ष में 6 रु. ब्याज है। जो धन उधार लिया जाता है उसे मूलधन कहते हैं। मूलधन और ब्याज के योग को समस्त धन (मिश्रधन) कहते हैं।

साधारण ब्याज के प्रश्नों के सूत्रः

$$\text{साधारण ब्याज} = \frac{\text{मूलधन} \times \text{दर\%} \times \text{समय (वर्षों में)}}{100}$$

समस्त धन = मूलधन + ब्याज

जब समय, दर % और ब्याज दिए गए हों, तो

$$\text{मूलधन} = \frac{\text{ब्याज} \times 100}{\text{दर} \times \text{समय}}$$

जब मूलधन, ब्याज और समय दिया गया हो, तो

$$\text{दर} = \frac{\text{ब्याज} \times 100}{\text{मूलधन} \times \text{समय}}$$

जब मूलधन, ब्याज और दर दी गई हो, तो

$$\text{समय} = \frac{\text{ब्याज} \times 100}{\text{मूलधन} \times \text{दर}}$$

प्रश्नमाला

1. किस धनराशि पर 4% वार्षिक ब्याज की दर से 5 वर्ष का साधारण ब्याज 64 रु. होगा?

A. 220 रु. B. 280 रु.
C. 320 रु. D. 300 रु.

2. 450 रु. पर 6% वार्षिक ब्याज दर से 4 मास का ब्याज कितना होगा?

A. 9 रु. B. 8 रु.
C. 6 रु. D. 5 रु.

3. कितने समय में 3600 रु. पर 6% वार्षिक दर से साधारण ब्याज 432 रु. होगा?

A. 1 वर्ष B. 2 वर्ष
C. $1\frac{1}{2}$ वर्ष D. $2\frac{1}{4}$ वर्ष

4. किस राशि पर 3% वार्षिक ब्याज की दर से 2 वर्ष का ब्याज 36 रु. होगा?

A. 500 रु. B. 575 रु.
C. 590 रु. D. 600 रु.

5. ब्याज की किस दर से कोई राशि 16 वर्षों में दोगुनी हो जाएगी?

A. $5\frac{1}{2}$% B. $6\frac{1}{4}$%
C. $4\frac{1}{3}$% D. $2\frac{1}{2}$%

6. 5000 रु. की राशि पर 10% वार्षिक दर से 5 वर्ष का साधारण ब्याज कितना होगा?

A. 2200 रु. B. 2500 रु.
C. 2300 रु. D. 2600 रु.

7. किस राशि का 6% वार्षिक ब्याज दर से 10 वर्ष का साधारण ब्याज 3 रु. होगा?

A. 4 रु. B. 8 रु.
C. 5 रु. D. 6 रु.

8. कितने वर्षों में कोई राशि 10% वार्षिक दर से अपने से दोगुनी हो जाएगी?

A. 10 वर्ष B. 8 वर्ष
C. 5 वर्ष D. 12 वर्ष

9. किस राशि का 5% दर से 5 वर्ष का साधारण ब्याज 80 रु. होगा?

A. 330 रु. B. 320 रु.
C. 340 रु. D. 380 रु.

10. यदि 5000 रु. पर 2 वर्ष का साधारण ब्याज 500 रु. हो, तो समस्त धन अर्थात् मिश्रधन कितना होगा?

A. 5600 रु. B. 5800 रु.
C. 5500 रु. D. 6000 रु.

11. 2000 रुपये पर $6\frac{1}{2}$ प्रतिशत वार्षिक ब्याज की दर से 8 महीने का साधारण ब्याज ज्ञात कीजिए।

A. $86\frac{2}{3}$ रु. B. $86\frac{3}{4}$ रु.
C. $86\frac{1}{3}$ रु. D. $86\frac{1}{2}$ रु.

12. कितने समय में 450 रुपये का 8% वार्षिक ब्याज की दर से साधारण ब्याज 90 रुपये हो जाएगा?

A. 2 वर्ष B. $2\frac{3}{4}$ वर्ष
C. $2\frac{1}{2}$ वर्ष D. 3 वर्ष

13. घनश्याम ने 2000 रुपये अपने मित्र से 5% सालाना ब्याज पर लिए और उसने पूरा पैसा 8 माह बाद चुका दिया। बताइये उसने कुल कितना धन चुकाया?

A. 2060.66 रु. B. 2066.66 रु.
C. 2066 रु. D. 2060 रु.

14. एक आदमी ने 600 रुपये 6 प्रतिशत वार्षिक ब्याज पर उधार लिए। 5 वर्ष बाद उसने 300 रुपये कीमत की एक घड़ी व कुछ धन उसको लौटाया तो बताओ उसने कितना धन लौटाया।

A. 480 रु. B. 485 रु.
C. 490 रु. D. 500 रु.

उत्तरमाला

1	2	3	4	5	6	7	8	9	10
C	A	B	D	B	B	C	A	B	C
11	12	13	14						
A	C	B	A						

व्याख्यात्मक उत्तर

1. ∵ साधारण ब्याज = 64 रु., समय = 5 वर्ष तथा दर = 4%

∴ मूलधन (धनराशि)

$$= \frac{\text{साधारण ब्याज} \times 100}{\text{समय} \times \text{दर}} = \frac{64 \times 100}{5 \times 4} = 320 \text{ रु.}$$

2. ∵ मूलधन = 450 रु., दर = 6% वार्षिक, समय = 4 मास = $\frac{1}{3}$ वर्ष

∴ साधारण ब्याज

$$= \frac{\text{मूलधन} \times \text{समय} \times \text{दर}}{100} = \frac{450 \times \frac{1}{3} \times 6}{100} = 9 \text{ रु.}$$

3. ∵ $\text{समय} = \frac{\text{साधारण ब्याज} \times 100}{\text{मूलधन} \times \text{दर}} = \frac{432 \times 100}{6 \times 3600} = 2$ वर्ष

4. ∵ $\text{मूलधन} = \frac{\text{साधारण ब्याज} \times 100}{\text{समय} \times \text{दर}} = \frac{36 \times 100}{2 \times 3} = 600$ रु.

5. ∵ माना कि वह राशि = 100 रु.

प्रश्नानुसार, 16 वर्षों बाद मिश्रधन = 200 रु.

∴ साधारण ब्याज

= मिश्रधन − मूलधन (राशि) = 200 − 100 = 100 रु.

∴ $\text{दर} = \frac{\text{साधारण ब्याज} \times 100}{\text{मूलधन} \times \text{समय}} = \frac{100 \times 100}{100 \times 16} = 6\frac{1}{4}\%$

6. ∵ साधारण ब्याज

$$= \frac{\text{मूलधन} \times \text{समय} \times \text{दर}}{100} = \frac{5000 \times 5 \times 10}{100} = 2500 \text{ रु.}$$

7. ∵ मूलधन (राशि)

$$= \frac{\text{साधारण ब्याज} \times 100}{\text{समय} \times \text{दर}} = \frac{3 \times 100}{10 \times 6} = 5 \text{ रु.}$$

8. ∵ माना कि वह राशि = 100 रु. तथा मिश्रधन = 2 × 100 = 200 रु.

∴ साधारण ब्याज = 200 − 100 = 100 रु.,

दर = 10%

∴ $\text{समय} = \frac{\text{साधारण ब्याज} \times 100}{\text{मूलधन (राशि)} \times \text{दर}} = \frac{100 \times 100}{100 \times 10} = 10$ वर्ष

9. ∵ मूलधन (राशि)

$$= \frac{\text{साधारण ब्याज} \times 100}{\text{समय} \times \text{दर}} = \frac{80 \times 100}{5 \times 5} = 320 \text{ रु.}$$

10. ∵ समस्त धन अर्थात् मिश्रधन

= मूलधन + साधारण ब्याज = 5000 + 500 = 5500 रु.

11. दर $6\frac{1}{2} = \frac{13}{2}\%$, समय = 8 महीने = $\frac{8}{12}$ वर्ष = $\frac{2}{3}$ वर्ष

साधारण ब्याज

$$= \frac{\text{मूलधन} \times \text{दर} \times \text{समय}}{100} = \frac{2000 \times 13 \times 2}{100 \times 2 \times 3}$$

$$= \frac{260}{3} = 86\frac{2}{3} \text{ रुपये।}$$

12. $\text{समय} = \frac{\text{साधारण ब्याज} \times 100}{\text{मूलधन} \times \text{दर}} = \frac{90 \times 100}{450 \times 8} = \frac{5}{2} = 2\frac{1}{2}$ वर्ष

13. समय = 8 माह = $\frac{8}{12}$ वर्ष = $\frac{2}{3}$ वर्ष

साधारण ब्याज

$$= \frac{\text{मूलधन} \times \text{दर} \times \text{समय}}{100} = \frac{2000 \times 2 \times 5}{3 \times 100} = \frac{200}{3} \text{ रुपये}$$

मिश्रधन = मूलधन + साधारण ब्याज

$$= \frac{2000}{1} + \frac{200}{3} = \frac{6000 + 200}{3} = \frac{6200}{3} \text{ रुपये}$$

= 2066.66 रुपये

14. 600 रुपये का 6% वार्षिक ब्याज से 5 वर्ष का ब्याज

$$= \frac{600 \times 6 \times 5}{100} = 180 \text{ रुपये}$$

मिश्रधन = 600 + 180 = 780 रुपये

अत: उसको 780 रुपये लौटाने चाहिए थे, परन्तु 300 रु. की घड़ी उसने उसे दी तो उसका अतिरिक्त धन

= 780 − 300 = 480 रुपये

●●●

10

चक्रवृद्धि ब्याज (Compound Interest)

ब्याज की वह गणना, जिसमें ब्याज को मूलधन में जोड़कर प्राप्त मिश्रधन पर ब्याज लगाया जाए, **चक्रवृद्धि ब्याज** कहलाती है।

महत्वपूर्ण सूत्र :

1. चक्रवृद्धि मिश्रधन

$$= \text{मूलधन}\left(1+\frac{\text{दर}}{100}\right)^{\text{समय वर्ष में}}$$

2. चक्रवृद्धि ब्याज

= चक्रवृद्धि मिश्रधन – मूलधन

$$= \text{मूलधन}\left[\left(1+\frac{\text{दर}}{100}\right)^{\text{समय}}-1\right]$$

3. यदि चक्रवृद्धि ब्याज की दर प्रत्येक वर्ष में बदल रही हो तो—

मिश्रधन

$$= \text{मूलधन}\left(1+\frac{(\text{दर})\ 1}{100}\right)\left(1+\frac{(\text{दर})\ 2}{100}\right)\left(1+\frac{(\text{दर})\ 3}{100}\right)$$

[∴ समय, प्रत्येक दर के लिए 1 वर्ष है]

4. *(i)* यदि ब्याज की गणना **अर्द्धवार्षिक** है तो दर आधी तथा समय दुगुना कर दिया जाता है।

(ii) यदि ब्याज की गणना त्रैमासिक है तो दर को 4 से भाग तथा समय को 4 से गुणा करते हैं।

नोट : एक वर्ष के लिए साधारण ब्याज तथा चक्रवृद्धि ब्याज बराबर होते हैं, जबकि ब्याज की दर वार्षिक हो।

प्रश्नमाला

1. 400 रु. की राशि पर 5% प्रतिवर्ष की दर से 2 वर्ष का चक्रवृद्धि ब्याज कितना होगा?
   A. 40 रु. B. 41 रु.
   C. 42 रु. D. 43 रु.

2. किसी राशि पर 6% चक्रवृद्धि ब्याज की दर से पहले वर्ष का ब्याज 60 रु. है, तो दूसरे वर्ष का ब्याज कितना होगा?
   A. 120 रु. B. 66.60 रु.
   C. 63.60 रु. D. 63 रु.

3. वह धनराशि ज्ञात करो, जिसका 5% ब्याज की दर से 2 वर्ष का चक्रवृद्धि ब्याज तथा साधारण ब्याज का अन्तर 3 रु. हो?
   A. 1400 रु. B. 1500 रु.
   C. 1350 रु. D. 1200 रु.

4. किस धन का 10% प्रतिवर्ष चक्रवृद्धि ब्याज की दर से 3 वर्ष में मिश्रधन 1331 रु. होगा?
   A. 2000 रु. B. 1500 रु.
   C. 1000 रु. D. 800 रु.

5. 2500 रु. का 6% ब्याज की दर से 2 वर्ष का चक्रवृद्धि ब्याज कितना होगा?
   A. 306 रु. B. 150 रु.
   C. 309 रु. D. 300 रु.

6. कोई राशि चक्रवृद्धि ब्याज की दर से 2 वर्ष में चार गुनी हो जाती है, तो कितने वर्ष में वह राशि 8 गुनी हो जायेगी?
   A. 4 वर्ष B. $2\frac{1}{2}$ वर्ष
   C. 3 वर्ष D. $3\frac{1}{2}$ वर्ष

7. 2400 रुपये पर 5% प्रतिवर्ष ब्याज की दर से 2 वर्ष में साधारण ब्याज तथा चक्रवृद्धि ब्याज का अन्तर होगा?
   A. 8 रु. B. 10 रु.
   C. 9 रु. D. 6 रु.

8. 8000 रु. की राशि पर 5% प्रतिवर्ष ब्याज की दर से 3 वर्ष का चक्रवृद्धि ब्याज कितना होगा?
   A. 1361 रु. B. 1261 रु.
   C. 1141 रु. D. 1241 रु.

9. 2000 रु. का 2 वर्ष में किस चक्रवृद्धि ब्याज की दर से मिश्रधन 2205 रु. हो जायेगा?
   A. 3% B. 4%
   C. 5% D. 6%

10. 3200 रु. का 10% प्रतिवर्ष चक्रवृद्धि ब्याज की दर से कितने समय में चक्रवृद्धि ब्याज 672 रु. हो जायेगा?
    A. 2½वर्ष B. 1½वर्ष
    C. 2 वर्ष D. 3½वर्ष

उत्तरमाला

1	2	3	4	5	6	7	8	9	10
B	C	D	C	C	C	D	B	C	C

व्याख्यात्मक उत्तर

1. मूलधन = 400 रु., दर = 5%, समय = 2 वर्ष

$\therefore$ चक्रवृद्धि ब्याज = मूलधन $\left[\left(1+\frac{\text{दर}}{100}\right)^{\text{समय}}-1\right]$

$\therefore$ चक्रवृद्धि ब्याज = $400\left[\left(1+\frac{5}{100}\right)^2-1\right]$

$= 400\left[\left(\frac{21}{20}\right)^2-1\right] = 400\left[\frac{21}{20}\times\frac{21}{20}-1\right] = 400\times\frac{41}{400}$

= 41 रु.

2. पहले वर्ष का साधारण ब्याज तथा चक्रवृद्धि ब्याज बराबर होगा

$\therefore$ $60 = \frac{\text{मूलधन}\times 6\times 1}{100}$ $\therefore$ मूलधन = 1000 रु.

$\therefore$ दूसरे वर्ष के लिए मूलधन = 1000 + 60 = 1060 रु.

$\therefore$ ब्याज = $\frac{1060\times 6\times 1}{100}$ = 63.60 रु.

3. माना कि धनराशि x रु. है।

$\therefore$ 5% वार्षिक ब्याज की दर से 2 वर्ष का साधारण ब्याज

$= \frac{x\times 5\times 2}{100} = \frac{x}{10}$ रु.

तथा चक्रवृद्धि ब्याज $= x\left[\left(1+\frac{5}{100}\right)^2-1\right] = x\left[\left(\frac{21}{20}\right)^2-1\right]$

$= x\left[\frac{21}{20}\times\frac{21}{20}-1\right] = \frac{x\times 41}{400}$ रु.

प्रश्नानुसार— $\frac{41x}{400}-\frac{x}{10}=3$ $\therefore$ $41x - 40x = 400\times 3$

या x = 1200 रु. अत: वह धनराशि 1200 रु. है।

4. माना वह धनराशि x रु. है

$\therefore$ मिश्रधन = मूलधन $\left(1+\frac{\text{दर}}{100}\right)^{\text{समय}}$ या $1331 = x\left(1+\frac{10}{100}\right)^3$

$\therefore$ $1331 = x\times\frac{11}{10}\times\frac{11}{10}\times\frac{11}{10}$

$\therefore$ $x = \frac{1331\times 10\times 10\times 10}{11\times 11\times 11}$ = 1000 रु.

5. चक्रवृद्धि ब्याज $= 2500\left[\left(1+\frac{6}{100}\right)^2-1\right] = 2500\left[\left(\frac{53}{50}\right)^2-1\right]$

$= 2500\left[\frac{53}{50}\times\frac{53}{50}-1\right] = 2500\left[\frac{2809-2500}{2500}\right]$

$= \frac{2500\times 309}{2500}$ = 309 रु.

6. माना वह राशि x रु. है

$\therefore$ मिश्रधन = मूलधन $\left(1+\frac{\text{दर}}{100}\right)^{\text{समय}}$

प्रश्नानुसार—

$\therefore$ $4x = x\left(1+\frac{\text{दर}}{100}\right)^2$ या $4 = \left(1+\frac{\text{दर}}{100}\right)^2$

या $(2)^2 = \left(1+\frac{\text{दर}}{100}\right)^2$ या $2 = \left(1+\frac{\text{दर}}{100}\right)$

$\therefore$ मिश्रधन को 8 गुना करने के लिए

$\therefore$ $(2)^3 = \left(1+\frac{\text{दर}}{100}\right)^3$ $\therefore$ $8 = \left(1+\frac{\text{दर}}{100}\right)^3$

अत : स्पष्ट है कि मिश्रधन को 8 गुना होने में लगा समय = 3 वर्ष

7. साधारण ब्याज = $\frac{2400\times 5\times 2}{100}$ = 240 रु.

चक्रवृद्धि ब्याज $= 2400\left[\left(1+\frac{5}{100}\right)^2-1\right]$

$= 2400\left[\frac{21}{20}\times\frac{21}{20}-1\right] = \frac{2400\times 41}{400}$ = 246 रु.

$\therefore$ अन्तर = 246 – 240 = 6 रु.

8. चक्रवृद्धि ब्याज

$= 8000\left[\left(1+\frac{5}{100}\right)^3-1\right] = 8000\left[\frac{21}{20}\times\frac{21}{20}\times\frac{21}{20}-1\right]$

$= 8000\left[\frac{9261-8000}{8000}\right] = \frac{8000\times 1261}{8000}$ = 1261 रु.

9. $2205 = 2000\left(1+\frac{\text{दर}}{100}\right)^2$

या $\frac{2205}{2000} = \left(1+\frac{\text{दर}}{100}\right)^2$ या $\frac{441}{400} = \left(1+\frac{\text{दर}}{100}\right)^2$

या $\left(\frac{21}{20}\right)^2 = \left(1+\frac{\text{दर}}{100}\right)^2$ या $\frac{21}{20} = 1+\frac{\text{दर}}{100}$

$\frac{\text{दर}}{100} = \frac{21}{20}-1 = \frac{1}{20}$ या दर $= \frac{100}{20} = 5\%$

10. मूलधन = 3200 रु., चक्रवृद्धि ब्याज = 672 रु.

$\therefore$ चक्रवृद्धि मिश्रधन = मूलधन + चक्रवृद्धि ब्याज

= 3200 + 672 = 3872 रु.

$\therefore$ चक्रवृद्धि मिश्रधन = मूलधन $\left(1+\frac{\text{दर}}{100}\right)^{\text{समय}}$

$\therefore$ $3872 = 3200\left(1+\frac{10}{100}\right)$ या $\frac{3872}{3200} = \left(\frac{11}{10}\right)$

या $\frac{121}{100} = \left(\frac{11}{10}\right)$ या $\left(\frac{11}{10}\right)^2 = \left(\frac{11}{10}\right)$ $\therefore$ समय = 2 वर्ष

●●●

11

लाभ तथा हानि (Profit and Loss)

लाभ और हानि शब्द साधारणतया व्यापार में इस्तेमाल किए जाते हैं। प्रत्येक व्यापार का उद्देश्य लाभ कमाना होता है। लाभ और हानि से संबंधित सभी तरह के प्रश्नों को हल करने से पहले निम्नलिखित बातों को जानना आवश्यक है।

1. कोई वस्तु जिस मूल्य पर खरीदी जाती है उसे उस वस्तु का **लागत मूल्य** या **क्रय मूल्य** (Cost Price) कहते हैं। इसे क्रय मूल्य (C.P.) द्वारा भी निर्दिष्ट किया जाता है।
2. कोई वस्तु जिस मूल्य पर बेची जाती है, उसे उस वस्तु का **विक्रय मूल्य** (Sale Price) कहते हैं। इसे विक्रय मूल्य (S.P.) द्वारा भी निर्दिष्ट किया जाता है।
3. यदि वस्तु का क्रय मूल्य (Cost Price), वस्तु के विक्रय मूल्य (Sale Price) से अधिक हो, तो उस वस्तु पर हमेशा **हानि** होगी।
   अर्थात्
   हानि = क्रय मूल्य – विक्रय मूल्य
4. यदि किसी वस्तु का विक्रय मूल्य (Sale Price) वस्तु के क्रय मूल्य (Cost Price) से अधिक हो, तो उस वस्तु पर हमेशा **लाभ** होगा।
   अर्थात्
   लाभ = विक्रय मूल्य – क्रय मूल्य
5. लाभ और हानि दो प्रकार से व्यक्त किए जाते हैं:
   (i) रुपयों में; *(ii)* प्रतिशत में।

उदाहरण : यदि किसी वस्तु का क्रय मूल्य 100 रु. तथा उसका विक्रय मूल्य 95 रु. हो, तो वस्तु पर लाभ या हानि कितनी होगी?

हल : चूंकि वस्तु का क्रय मूल्य और उसके विक्रय मूल्य से अधिक है, इसलिए वस्तु पर हानि होगी। अर्थात् हानि = क्रय मूल्य – विक्रय मूल्य = 100 – 95 = 5 रु. हानि।

उपरोक्त उदाहरण में हमने वस्तु पर लाभ और हानि को रुपयों में समझाया है। अब हम लाभ-हानि को प्रतिशत में व्यक्त करते हैं।

लाभ-हानि को प्रतिशत लाभ और प्रतिशत हानि में बदलने के लिए निम्नलिखित सूत्रों को याद रखें।

1. $\text{लाभ\%} = \dfrac{\text{लाभ} \times 100}{\text{क्रय मूल्य}}$ 2. $\text{हानि\%} = \dfrac{\text{हानि} \times 100}{\text{क्रय मूल्य}}$

प्रश्नमाला

1. एक आदमी कोई वस्तु 25 रु. में खरीदकर 30 रु. में बेचता है। तो बताइये उसका लाभ क्या होगा?
   A. 6 रु.   B. 7.50 रु.
   C. 5 रु.   D. 8.10 रु.
2. यदि 15 रु. वाली कोई वस्तु 12 रु. में बेच दी जाए, तो कितने प्रतिशत हानि होगी?
   A. 20%   B. 16%
   C. 22%   D. 25%
3. यदि किसी वस्तु को 21 रु. में बेचने पर 12% का लाभ होता हो, तो बताइये उस वस्तु का क्रय मूल्य कितना होगा?
   A. 15.50 रु.   B. 20.15 रु.
   C. 18.75 रु.   D. 17.50 रु.
4. यदि किसी वस्तु को 2040 रु. में बेचने पर 15% की हानि होती हो, तो बताइये उस वस्तु का क्रय मूल्य कितना होगा?
   A. 2300 रु.   B. 2400 रु.
   C. 2475 रु.   D. 2800 रु.
5. एक वस्तु का क्रय मूल्य 150 रु. है। यदि इसे 13% लाभ पर बेचा जाए, तो बताइये वस्तु का विक्रय मूल्य कितना होगा?
   A. 170.75 रु.   B. 169.50 रु.
   C. 160.50 रु.   D. 174.75 रु.
6. किसी वस्तु को 250 रु. में खरीदकर 300 रु. में बेच दिया गया। बताइये उस पर कितने प्रतिशत लाभ हुआ?
   A. 16%   B. 20%
   C. 18%   D. 17%
7. एक वस्तु को 38 रु. में बेचने पर 5% हानि होती है। यदि इसे 42 रु. में बेचा जाए, तो कितने प्रतिशत लाभ या हानि होगी?
   A. 6% लाभ   B. 5% लाभ
   C. 8% हानि   D. 4% हानि
8. यदि किसी वस्तु को 5% हानि पर बेचने पर 3990 रु. मिले हों, तो उस वस्तु का क्रय मूल्य कितना होगा?
   A. 4100 रु.   B. 4200 रु.
   C. 3890 रु.   D. 4400 रु.
9. यदि 10 पेनों का क्रय मूल्य, 8 पेनों के विक्रय मूल्य के बराबर हो, तो प्रतिशत लाभ कितना होगा?
   A. 20%   B. 16%
   C. 25%   D. 30%
10. राम ने एक टी.वी. 2475 रु. में खरीदकर उसे 3090 रु. में बेच दिया हो, तो उसे कितने प्रतिशत लाभ हुआ?
    A. 23.8%   B. 34.5%
    C. 37.6%   D. 24.8%

11. एक फल विक्रेता ने 20 दर्जन केले 100 रुपये में खरीदकर 6 रुपये प्रति दर्जन के भाव से बेच दिए। उसका लाभ अथवा हानि ज्ञात करो।

A. 20 रु. B. 30 रु.

C. 25 रु. D. 35 रु.

12. एक ठेकेदार ने 7500 रुपये में एक खाली जमीन खरीदी और उस पर 2,65,000 रुपये खर्च कर मकान तैयार किया। यदि अब उस मकान को 3,25,000 रु. में बेच दिया, तो उसका लाभ अथवा हानि ज्ञात करो।

A. 15550 रु. हानि B. 15550 रु. लाभ

C. 15000 रु. हानि D. 15000 रु. लाभ

उत्तरमाला

1	2	3	4	5	6	7	8	9	10
C	A	C	B	B	B	B	B	C	D
11	12								
A	C								

व्याख्यात्मक उत्तर

1. $\because$ वस्तु का विक्रय मूल्य, उसके क्रय मूल्य से अधिक है।

$\therefore$ लाभ = विक्रय मूल्य – क्रय मूल्य = 30 – 25 = 5 रु.।

2. $\because$ वस्तु का क्रय मूल्य, उसके विक्रय मूल्य से अधिक है।

$\therefore$ हानि = क्रय मूल्य – विक्रय मूल्य = 15 – 12 = 3 रु.

$\therefore$ प्रतिशत हानि = $\frac{\text{हानि} \times 100}{\text{क्रय मूल्य}} = \frac{3 \times 100}{15} = 20\%$.

3. $\because$ वस्तु का विक्रय मूल्य = 21 रु. तथा लाभ % = 12%

$\therefore$ क्रय मूल्य = विक्रय मूल्य $\left(\frac{100}{100 + \text{लाभ}\%}\right)$

$= 21\left(\frac{100}{100+12}\right) = \frac{21 \times 100}{112} = 18.75$ रु.।

4. $\because$ वस्तु का विक्रय मूल्य = 2040 रु.

तथा हानि % = 15%

$\therefore$ क्रय मूल्य = विक्रय मूल्य $\left(\frac{100}{100 - \%\text{हानि}}\right)$

$= 2040\left(\frac{100}{100-15}\right) = \frac{2040 \times 100}{85} = 2400$ रु.।

5. $\because$ वस्तु का क्रय मूल्य = 150 रु. तथा

लाभ % = 13%

$\therefore$ वस्तु का विक्रय मूल्य = क्रय मूल्य $\left(\frac{100 + \text{लाभ}\%}{100}\right)$

$= 150 \times \left(\frac{100+13}{100}\right) = \frac{150 \times 113}{100} = 169.50$ रु.।

6. $\because$ वस्तु का क्रय मूल्य = 250 रु.

तथा वस्तु का विक्रय मूल्य = 300 रु.

$\therefore$ लाभ = 300 – 250 = 50 रु.

$\therefore$ प्रतिशत लाभ = $\frac{\text{लाभ} \times 100}{\text{क्रय मूल्य}} = \frac{50 \times 100}{250} = 20\%$.

7. पहली स्थिति में, वस्तु का विक्रय मूल्य = 38 रु., हानि % = 5%

$\therefore$ वस्तु का क्रय मूल्य = विक्रय मूल्य $\left(\frac{100}{100 - \text{हानि}\%}\right)$

$= 38\left(\frac{100}{100-5}\right) = \frac{38 \times 100}{95} = 40$ रु.

दूसरी स्थिति में, क्रय मूल्य = 40 रु., विक्रय मूल्य = 42 रु.

$\therefore$ लाभ = विक्रय मूल्य – क्रय मूल्य = 42 – 40 = 2 रु.

$\therefore$ प्रतिशत लाभ = $\frac{\text{लाभ} \times 100}{\text{क्रय मूल्य}} = \left(\frac{2 \times 100}{40}\right) = 5\%$.

8. $\therefore$ वस्तु का विक्रय मूल्य = 3990 रु., तथा हानि % = 5%

$\therefore$ वस्तु का क्रय मूल्य

= विक्रय मूल्य $\left(\frac{100}{100-5}\right) = 3990 \times \frac{100}{95} = 4200$ रु.।

9. माना कि 10 पेनों का क्रय मूल्य = x रु.

प्रश्नानुसार, 8 पेनों का विक्रय मूल्य = x रु.

$\therefore$ 1 पेन का क्रय मूल्य = $\frac{x}{10}$ रु.

तथा 1 पेन का विक्रय मूल्य = $\frac{x}{8}$ रु.

$\therefore$ लाभ = विक्रय मूल्य – क्रय मूल्य = $\frac{x}{8} - \frac{x}{10} = \frac{x}{40}$ रु.

$\therefore$ प्रतिशत लाभ = $\frac{\text{लाभ} \times 100}{\text{क्रय मूल्य}} = \frac{\frac{x}{40} \times 100}{\frac{x}{10}} = 25\%$.

10. $\because$ टी.वी. का खरीद मूल्य या क्रय मूल्य = 2475 रु.

तथा विक्रय मूल्य = 3090 रु.

लाभ = विक्रय मूल्य – क्रय मूल्य = 3090 – 2475 = 615 रु.

प्रतिशत लाभ = $\frac{\text{हानि} \times 100}{\text{क्रय मूल्य}} = \frac{615 \times 100}{2475} = 24.8\%$.

11. 20 दर्जन केलों का क्रय मूल्य = 100 रुपये

20 दर्जन केलों का विक्रय मूल्य = 6 × 20 = 120 रुपये

लाभ = विक्रय मूल्य – क्रय मूल्य

= 120 – 100 = 20 रुपये लाभ।

12. ठेकेदार का वास्तविक क्रय मूल्य

= 75000 + 2,65,000 = 3,40,000 रुपये

$\because$ उसका विक्रय मूल्य उसके क्रय मूल्य से कम है अत: हानि होगी।

हानि = क्रय मूल्य – विक्रय मूल्य

= 3,40,000 – 3,25,000 = 15,000 रुपये हानि।

12

अनुपात एवं समानुपात (Ratio and Proportion)

अनुपात

अनुपात सदैव दो सजातीय राशियों में होता है। एक राशि का, दूसरी सजातीय राशि में भाग देने पर अनुपात ज्ञात होता है या जब हम एक ही प्रकार की दो वस्तुओं की तुलना करते हैं और यह देखते हैं कि एक वस्तु, दूसरी वस्तु का कौन-सा भाग है तो उन दोनों के बीच पारस्परिक सम्बन्ध को अनुपात कहते हैं।

समानुपात

जब दो अनुपात बराबर होते हैं तो उनकी बराबरी को समानुपात कहते हैं। जैसे $a : b = c : d$ हो, तो इसका अर्थ यह है कि $\frac{a}{b}$ समानुपात में है $\frac{c}{d}$ के और इसे हम निम्न प्रकार से लिख सकते हैं।

अतः $a : b : : c : d$ में a, b, c तथा d को क्रमशः प्रथम, द्वितीय, तृतीय और चतुर्थ अनुपाती कहते हैं। इस प्रकार समानुपात में चार पद होते हैं।

नियम : समानुपात $a : b : : c : d$ में सिरे वाले दोनों पदों के गुणनफल, मध्य वाले दोनों पदों के गुणनफल के बराबर होता है।

अर्थात् $a \times d = b \times c$

साझा

साझा दो प्रकार का होता है:

1. **साधारण साझा :** वह साझा जिसमें दो या दो से अधिक व्यापारी अपनी-अपनी पूंजी का इस्तेमाल एक समान अवधि के लिए करते हैं, उसे **साधारण साझा** कहते हैं।
2. **मिश्रित साझा :** वह साझा जिसमें दो या दो से अधिक व्यापारी अपनी-अपनी पूंजी का इस्तेमाल अलग-अलग अवधि के लिए करते हैं उसे **मिश्रित साझा** कहते हैं।

महत्त्वपूर्ण नोट : 1. साधारण साझे से सम्बन्धित प्रश्नों में व्यापार में हुए लाभ अथवा हानि को उनकी पूंजियों के अनुपात में विभाजित करते हैं। 2. मिश्रित साझे से सम्बन्धित प्रश्नों में व्यापार में हुए लाभ अथवा हानि को उनकी पूंजियों तथा समय के गुणनफलों के अनुपात में बांटा जाता है।

प्रश्नमाला

1. यदि $3 : 8 = 9 : x$, तो x का मान कितना होगा?
A. 20 B. 27
C. 24 D. 25

2. यदि A : B = 3 : 4 तथा B : C = 5 : 6, तो A : B : C में क्या अनुपात होगा?
A. 20 : 15 : 24 B. 15 : 20 : 24
C. 15 : 24 : 20 D. 20 : 24 : 15

3. यदि $18 : x = x : 8$ हो, तो x किसके बराबर होगा?
A. 11 B. 10
C. 16 D. 12

4. 8 : 12 : 10 : : ? है, तो प्रश्न चिन्ह् (?) के स्थान पर क्या मान होगा?
A. 14 B. 15
C. 16 D. 18

5. 5 और 125 का मध्य समानुपात कितना है?
A. 20 B. 25
C. 28 D. 27

6. 3, 4 और 15 का चौथा अनुपात होगा?
A. 16 B. 18
C. 20 D. 15

7. 12 और 30 का तृतीय समानुपात कितना होगा?
A. 75 B. 125
C. 60 D. 70

8. दो संख्याओं का अनुपात 3 : 4 है। यदि दोनों संख्याओं का योग 490 हो, तो वे संख्याएं क्रमशः क्या होंगी?
A. 220, 270 B. 210, 280
C. 120, 160 D. 180, 290

9. यदि एक त्रिभुज के कोणों में 1 : 2 : 3 का अनुपात हो, तो उस त्रिभुज के सबसे बड़े कोण का मान होगा।
A. 90° B. 70°
C. 105° D. 110°

10. यदि किसी अनुपात का दूसरा पद 15 तथा अनुपात का मान $\frac{3}{5}$ हो, तो उस अनुपात का पहला पद क्या होगा?
A. 8 B. 14
C. 9 D. 12

11. 1100 रुपये को सुधा, कमला और सलमा में इस प्रकार बांटो कि उनके धन में $\frac{1}{3} : \frac{2}{5} : \frac{1}{2}$ का अनुपात हो, तो सुधा को मिलने वाला धन क्या है?
A. 300 रु. B. 350 रु.
C. 250 रु. D. 200 रु.

12. एक मिश्रधातु में तांबा, जस्ता और लोहा 7 : 6 : 9 के अनुपात में हैं। यदि मिश्रण में तांबे की मात्रा 560 ग्राम हो, तो मिश्रधातु का कुल भार ज्ञात करो।
A. 1 किग्रा. 600 ग्रा. B. 2 किग्रा. 760 ग्रा.
C. 1 किग्रा. 760 ग्रा. D. 1 किग्रा. 700 ग्रा.

उत्तरमाला

1	2	3	4	5	6	7	8	9	10
C	B	D	B	B	C	A	B	A	C
11	12								
A	C								

व्याख्यात्मक उत्तर

1. $\because 3 : 8 = 9 : x \Rightarrow \frac{3}{8} = \frac{9}{x} \Rightarrow x = \frac{8 \times 9}{3} = 24$

अतः x का मान = 24 होगा।

2. $\because$ दिया हुआ है:

A : B = 3 : 4 तथा B : C = 5 : 6

दोनों अनुपातों में B को बराबर करने के लिए पहले अनुपात में 5 से तथा दूसरे अनुपात में 4 से गुणा करने पर,

$\therefore$ A : B = 3 : 4 = 3 × 5 : 4 × 5 = 15 : 20

तथा B : C = 5 : 6 = 5 × 4 : 6 × 4 = 20 : 24

$\therefore$ A : B : C = 15 : 20 : 24

3. $\because$ $18 : x = x : 8 \Rightarrow \frac{18}{x} = \frac{x}{8}$

$\Rightarrow$ $x \times x = 18 \times 8 \Rightarrow x^2 = 144 \Rightarrow x = \sqrt{144} = 12$

अतः x, 12 के बराबर होगा।

4. चूंकि समानुपात में दोनों बाहरी संख्याओं का गुणनफल, मध्य की दोनों संख्याओं के गुणनफल के बराबर होता है।

$\because$ 8 : 12 : : 10 : ?

$\therefore$ $8 \times ? = 12 \times 10 \Rightarrow ? = \frac{12 \times 10}{8} = 15$

अतः प्रश्न चिन्ह् (?) के स्थान पर मान = 15 होगा।

5. माना कि 5 और 125 का मध्य समानुपात = x है

$\therefore 5 : x : : x : 125$

$\therefore$ $x \times x = 5 \times 125$

$\Rightarrow$ $x^2 = 625 \Rightarrow x = \sqrt{625} = 25$

अतः 5 और 125 का मध्य समानुपात = 25 है।

6. माना कि 3, 4 और 15 का चौथा अनुपात = x

$\therefore$ $3 : 4 = 15 : x$

$\therefore$ $x \times 3 = 4 \times 15$

$\therefore$ $x = \frac{4 \times 15}{3} = 20$

अतः 3, 4 और 15 का चौथा अनुपात = 20 होगा।

7. माना कि 12 और 30 का तृतीय अनुपात = x

$\therefore$ $12 : 30 = 30 : x$

$\therefore$ $12 \times x = 30 \times 30$

$\Rightarrow$ $x = \frac{30 \times 30}{12} = 75$

अतः 12 और 30 का तृतीय अनुपात = 75 होगा।

8. माना कि वे संख्याएं क्रमशः $3x$ व $4x$ हैं।

प्रश्नानुसार,

$3x + 4x = 490$

$\Rightarrow$ $7x = 490$

$\Rightarrow$ $x = \frac{490}{7} = 70$

अतः वे संख्याएं क्रमशः (3 × 70 = 210) व (4 × 70 = 280) होंगी।

9. चूंकि त्रिभुज के कोणों में अनुपात = 1 : 2 : 3

$\therefore$ अनुपात संख्याओं का योग = 1 + 2 + 3 = 6

परन्तु त्रिभुज के तीनों कोणों का योग = 180°

$\therefore$ सबसे बड़े कोण का मान = $\frac{3}{6} \times 180° = 90°$

अतः सबसे बड़े कोण का मान = 90° होगा।

10. माना कि अनुपात का पहला पद = x

प्रश्नानुसार,

$x : 15 = \frac{3}{5} = 3 : 5$ या, $\frac{x}{15} = \frac{3}{5}$

$\therefore$ $x \times 5 = 15 \times 3$

$\Rightarrow$ $x = \frac{15 \times 3}{5} = 9$

अतः अनुपात का पहला पद = 9 होगा।

11. सुधा : कमला : सलमा

$\frac{1}{3} : \frac{2}{5} : \frac{1}{2}$

सरल करने पर, अनुपात = 10 : 12 : 15

अनुपातों का योग = 10 + 12 + 15 = 37

$\therefore$ सुधा का भाग = $\frac{1110}{37} \times 10$ = 300 रुपये

कमला का भाग = $\frac{1110}{37} \times 12$ = 360 रुपये

सलमा का भाग = $\frac{1110}{37} \times 15$ = 450 रुपये।

12. तांबा : जस्ता : लोहा

अनुपातों का योग = 7 + 6 + 9 = 22

मिश्रधातु का कुल भार = $\frac{560}{7} \times 22$

= 1760 ग्राम = 1 किलोग्राम 760 ग्राम।

●●●

13

चाल, समय एवं दूरी (Speed, Time and Distance)

याद रखें :

(i) दूरी निकालने के लिए चाल में समय से गुणा करें,
अर्थात् दूरी = चाल × समय

(ii) चाल निकालने के लिए दूरी में समय से भाग दें,

$$\text{अर्थात् चाल} = \frac{\text{दूरी}}{\text{समय}}$$

(iii) समय निकालने के लिए दूरी में चाल से भाग दें,

$$\text{अर्थात् समय} = \frac{\text{दूरी}}{\text{चाल}}$$

(iv) गाड़ी को खम्भा या वृक्ष पार करने में केवल अपनी लम्बाई पार करनी होती है।

(v) गाड़ी को पुल या प्लेटफार्म पार करने में अपनी लम्बाई और पुल या प्लेटफार्म की लम्बाई दोनों पार करनी होती है।

(vi) जब दो गाड़ियां एक ही दिशा में जा रही हों, तो उनकी आपेक्षिक गति (एक-दूसरे को पार करने की गति) निकालने के लिए दोनों गाड़ियों की गति का अंतर निकाला जाता है।

(vii) जब दो गाड़ियां विपरीत दिशा में जा रही हों, तो उनकी आपेक्षिक गति (एक-दूसरे को पार करने की गति) निकालने के लिए दोनों गाड़ियों की गति को जोड़ दिया जाता है।

प्रश्नमाला

1. एक गतिमान कार की चाल 36 कि.मी. प्रति घंटा है। इसकी चाल मी./से. में है:

A. 10 मी./से. B. 15 मी./से.
C. 20 मी./से. D. 25 मी./से.

2. दो रेलगाड़ियां एक ही समय दो स्टेशनों X तथा Y से, जिनके मध्य 900 कि.मी. की दूरी है, एक-दूसरे की ओर चलना शुरू करती हैं। यदि उनकी औसत चाल क्रमशः 38 तथा 22 कि.मी./घं. हो, तो वे एक-दूसरे को कितने समय बाद मिलेंगी?

A. 12 घण्टे B. 13 घण्टे
C. 14 घण्टे D. 15 घण्टे

3. 100 मी. लम्बी रेलगाड़ी 60 कि.मी. प्रति घंटा की चाल से जा रही है। इसे एक तार चौकी को पार करने में समय लगेगा:

A. 4 सेकेण्ड B. 5 सेकेण्ड
C. 6 सेकेण्ड D. 8 सेकेण्ड

4. 150 मी. लम्बी एक रेलगाड़ी 90 कि.मी. प्रति घंटा की चाल से जा रही है। इसे एक पेड़ को पार करने में समय लगेगा:

A. 3 सेकेण्ड B. 4 सेकेण्ड
C. 6 सेकेण्ड D. 8 सेकेण्ड

5. 100 मी. लम्बी एक रेलगाड़ी 65 कि.मी. प्रति घंटा की चाल से जा रही है। यह एक व्यक्ति को जो 5 कि.मी./घंटा की चाल से रेलगाड़ी की दिशा में जा रहा है, कितने समय में पार करेगी?

A. 8 सेकेण्ड B. 6 सेकेण्ड
C. 4 सेकेण्ड D. 2 सेकेण्ड

6. एक व्यक्ति नदी के बहाव की दिशा में 6 कि.मी. प्रति/घं. तथा विपरीत दिशा में 3 कि.मी. प्रति/घं. की चाल से नाव चलाता है। स्थिर पानी में नाव की चाल है:

A. 9 कि.मी./घं. B. 4.5 कि.मी./घं.
C. 1.5 कि.मी./घं. D. 1.0 कि.मी./घं.

7. प्रश्न 6 में नदी के बहाव की चाल है

A. 1.5 कि.मी./घं. B. 2.5 कि.मी./घं.
C. 4.5 कि.मी./घं. D. 18.0 कि.मी./घं.

8. एक साइकिल सवार 3 मिनट में 1.2 किलोमीटर दूरी तय करता है, तो उसकी गति प्रति घंटा क्या होगी?

A. 24 कि.मी./घंटा B. 24 मी./घंटा
C. 24 मी./से. D. 24 कि.मी./मिनट

9. एक 100 मीटर लम्बी गाड़ी 90 कि.मी./घ. की चाल से चल रही है। गाड़ी को पेड़ को पार करने में कितना समय लगेगा?

A. 4 से. B. 8 से.
C. 11 से. D. 12 से.

10. एक रेलगाड़ी जो 90 कि.मी./घं. की गति से चली जा रही है। एक खम्भे को पार करने में 10 सेकेण्ड का समय लेती है। बताइये उस रेलगाड़ी की लम्बाई (मीटर में) कितनी होगी?

A. 250 B. 240
C. 280 D. 270

11. 18 किमी प्रति घंटा की चाल को मीटर प्रति सेकेण्ड में बदलिए।

A. 7 मी./से. B. 4 मी./से.
C. 6 मी./से. D. 5 मी./से.

12. 3 मीटर प्रति सेकेण्ड की चाल को किमी प्रति घण्टा में बदलिए।

A. 10 किमी./घंटा B. 10.8 किमी./घंटा
C. 8 किमी./घंटा D. 8.10 किमी./घंटा

13. 500 मीटर लम्बी रेलगाड़ी 220 मीटर लम्बे प्लेटफार्म को 36 सेकेण्ड में पार कर लेती है, तो गाड़ी की चाल किमी प्रति घण्टा ज्ञात करो

A. 60 किमी./घंटा B. 65 किमी./घंटा
C. 72 किमी./घंटा D. 70 किमी./घंटा

14. एक आदमी 5 किमी प्रति घण्टा की चाल से P से Q स्थान तक जाता है और 3 किमी प्रति घण्टा की चाल से Q से P स्थान पर वापस आ जाता है। उसकी सारी यात्रा में औसत चाल क्या रही?

A. $4\frac{3}{4}$ किमी./घंटा B. $3\frac{3}{4}$ किमी./घंटा
C. 4 किमी./घंटा D. 3 किमी./घंटा

उत्तरमाला

1	2	3	4	5	6	7	8	9	10
A	D	C	C	B	B	A	A	A	A
11	12	13	14						
D	B	C	B						

व्याख्यात्मक उत्तर

1. चाल $= \frac{36 \text{ कि.मी.}}{\text{घंटा}} = \frac{36000 \text{ मी.}}{3600 \text{ से.}} = 10$ मी./से.

2. दो रेलगाड़ियों द्वारा 1 घंटे में तय की गई दूरी
$= 38 + 22 = 60$ कि.मी.

कुल दूरी $= 900$ कि.मी., समय $= \frac{900}{60} = 15$ घंटे।

3. दूरी = 100 मी.

चाल $= \frac{60 \text{ कि.मी.}}{\text{घंटा}} = \frac{60000 \text{ मी.}}{3600 \text{ से.}} = \frac{50}{3}$ मी./से.

समय $= \frac{\text{दूरी}}{\text{चाल}} = \frac{100}{50/3} = \frac{100 \times 3}{50} = 6$ से.

4. चाल $= \frac{90 \text{ कि.मी.}}{\text{घंटा}} = \frac{90000 \text{ मी.}}{3600 \text{ से.}} = 25$ मी./से.

दूरी = 150 मी., समय $= \frac{\text{दूरी}}{\text{चाल}} = \frac{150}{25} = 6$ से.

5. वास्तविक चाल = रेलगाड़ी की चाल – व्यक्ति की चाल
$= 65 - 5 = 60$ कि.मी./घं.

चाल $= \frac{60 \text{ कि.मी.}}{\text{घंटा}} = \frac{60000 \text{ मी.}}{3600 \text{ से.}} = \frac{50}{3}$ मी./से.

समय $= \frac{\text{दूरी}}{\text{चाल}} = \frac{100}{50/3} = \frac{100 \times 3}{50} = 6$ से.

7. नदी के बहाव की चाल $= \frac{6-3}{2} = \frac{3}{2} = 1.5$ कि.मी./घंटा

8. गति $= \frac{\text{दूरी}}{\text{समय}}$, दूरी = 1.2 कि.मी., समय = 3 मिनट $= \frac{3}{60}$ घंटा

गति $= \frac{\text{दूरी}}{\text{समय}} = \frac{1.2}{\frac{3}{60}} = \frac{1.2 \times 60}{3} = 24$ कि.मी./घंटा

9. चूंकि रेलगाड़ी सिर्फ पेड़ को पार करती है।
∴ पेड़ को पार करने में लगा समय

$= \frac{100 \text{ मी.}}{90 \text{ कि.मी./ घं.}} = \frac{100 \text{ मी.}}{90 \times \frac{5 \text{ मी.}}{18 \text{ से.}}} = 4$ सेकेण्ड

10. चूंकि रेलगाड़ी सिर्फ खम्भे को पार करती है।

∴ खम्भे को पार करने में लगा समय $= \frac{\text{रेलगाड़ी की लम्बाई}}{\text{रेलगाड़ी की चाल}}$

$\therefore 10 = \frac{\text{रेलगाड़ी की लम्बाई}}{90 \times \frac{5}{18} \text{ मी./से.}}$

∴ रेलगाड़ी की लम्बाई $= 10 \times 90 \times \frac{5}{18} = 250$ मीटर।

11. ∵ 1 किमी = 1000 मीटर और 1 घण्टा = 3600 सेकेण्ड
∴ 18 किमी प्रतिघण्टा $= \frac{18 \times 1000}{3600} = 5$ मीटर/सेकेण्ड।

12. 3 मीटर/सेकेण्ड $= \frac{3 \times 3600}{1000} = 10.8$ किमी/घण्टा।

13. गाड़ी द्वारा प्लेटफार्म को पार करने में तय की गई दूरी = 500 + 220 = 720 मीटर, समय = 36 सेकेण्ड

∴ चाल $= \frac{\text{दूरी}}{\text{समय}}$

∴ गाड़ी की चाल

$= \frac{720}{36}$ मीटर प्रति सेकेण्ड $= \frac{720 \times 3600}{36 \times 1000} = 72$ किमी/घण्टा।

14. माना P से Q स्थान की दूरी 15 किमी
(3 और 5 का ल.स.प. 15 है, अत: गणना की सुविधा के लिए 15 किमी दूरी मानी है।)

∴ जाने में लगा समय $= \frac{15}{3} = 5$ घण्टे

और वापस आने में लगा समय $= \frac{15}{3} = 5$ घण्टे

कुल दूरी = 15 + 15 = 30 किमी
कुल समय = 3 + 5 = 8 घण्टे

औसत चाल $\frac{30}{8} = \frac{15}{4} = 3\frac{3}{4}$ किमी प्रति घण्टा।

•••

14

समय एवं कार्य (Time and Work)

ऐकिक नियम के प्रश्नों में पहले इकाई वस्तु का मूल्य ज्ञात करके प्रश्न में दी गई संख्या का मूल्य निकालते हैं। उदाहरण के लिए प्रश्न है–

7 बकरियों की कीमत 630 रु. है, तो 20 बकरियों की कीमत क्या होगी?

ऐकिक नियम विधि से इस प्रश्न को हल करने में पहले एक बकरी की कीमत निकालनी होगी। उसके बाद 20 बकरियों की कीमत निकाली जायेगी।

ऐसे प्रश्नों को हल करते समय जो भाषा लिखी जाती है, उसमें जिस राशि या मद का उत्तर निकालना हो, उसे सबसे बाद में लिखा जाता है।

नोटः

(i) यदि एक आदमी एक काम को 10 दिनों में करता है, तो उसका एक दिन का काम होगा = $\frac{1}{10}$ भाग

(ii) यदि किसी आदमी का एक दिन का काम $\frac{1}{10}$ हो, तो वह पूरा काम 10 दिनों में करेगा।

(iii) ऐसे प्रश्नों में पहले एक दिन का काम निकाला जाता है।

(iv) यदि काम करने वाले आदमी बढ़ जायें, तो काम कम समय (कम दिनों) में पूरा होगा और यदि काम करने वाले आदमी कम हो जायें, तो काम अधिक समय (अधिक दिनों) में पूरा होगा।

प्रश्नमाला

1. A एक काम को 6 दिन में तथा B उसे 10 दिन में कर सकता है। A तथा B मिलकर उसे पूरा करेंगे।
- A. 10 दिन से कम तथा 6 दिन से अधिक दिनों में
- B. 10 दिन से अधिक दिनों में
- C. 6 दिन से कम दिनों में
- D. 2 दिन में

2. A एक मेज को 3 दिन में तथा उसका मित्र उसे 6 दिन में बना सकता है। A और उसका मित्र मिलकर उसे पूरा बनाएंगेः
- A. 3 दिन में
- B. 2 दिन में
- C. 1 दिन में
- D. $\frac{1}{2}$ दिन में

3. X और Y मिलकर किसी कार्य को 10 दिन में कर सकते हैं। X अकेला उसे 15 दिन में कर सकता है, तो Y उसे कितने दिन में करेगा?
- A. 15 दिन
- B. 20 दिन
- C. 25 दिन
- D. 30 दिन

4. 24 आदमी एक मशीन को 12 दिन में तैयार करते हैं, तो 36 आदमी उसे कितने दिनों में तैयार करेंगे?
- A. 8 दिन
- B. 12 दिन
- C. 16 दिन
- D. 20 दिन

5. X, Y और Z किसी काम को क्रमशः 8, 10 और 8 दिन में कर सकते हैं। तीनों मिलकर उस कार्य को कितने दिनों में कर सकेंगे?
- A. $2\frac{1}{7}$ दिन
- B. $2\frac{3}{7}$ दिन
- C. $2\frac{5}{7}$ दिन
- D. $2\frac{6}{7}$ दिन

6. A एक काम को 5 दिन में तथा B उसी काम को 10 दिन में पूरा करता है, तो बताइये (A + B) उस काम को कितने दिनों में पूरा करेंगे?
- A. $2\frac{3}{4}$ दिन
- B. $3\frac{3}{4}$ दिन
- C. $3\frac{1}{3}$ दिन
- D. $2\frac{1}{4}$ दिन

7. 3 पेन और 5 पैन्सिलों का मूल्य 14 रु. है। 12 पेन और 20 पेन्सिलों का क्या मूल्य होगा?
- A. 42 रु.
- B. 56 रु.
- C. 20 रु.
- D. 112 रु.

8. x, y और z मिलकर एक कार्य को 8 दिन में पूरा कर सकते हैं। यदि x और z मिलकर उस कार्य को 12 दिन में पूरा कर सकते हों, तो बताइये y अकेला उस कार्य को पूरा कितने दिन में करेगा?
- A. 22 दिन
- B. 24 दिन
- C. $17\frac{1}{4}$ दिन
- D. 23 दिन

9. यदि 75 संतरों की एक पेटी का मूल्य 60 रु. है, तो 50 संतरों का मूल्य होगाः
- A. 30 रु.
- B. 40 रु.
- C. 50 रु.
- D. 60 रु.

10. एक नल एक हौज को 4 घण्टे में तथा दूसरा नल उस हौज को 5 घण्टे में भर सकता है। यदि दोनों नल एक साथ खोल दिए जाएं, तो हौज को भरने में कितने घण्टे लगेंगे?
- A. $3\frac{2}{9}$ घण्टे
- B. $2\frac{2}{9}$ घण्टे
- C. $2\frac{1}{9}$ घण्टे
- D. $3\frac{5}{9}$ घण्टे

11. यदि 210 रुपए में 6 बाल्टियां खरीदी जा सकती हैं, तो 140 रुपए में कितनी बाल्टियां खरीदी जा सकेंगी।

A. 4 B. 3
C. 5 D. 6

12. गणित की 14 पुस्तकों का मूल्य 105 रुपए है, तो बताइए ऐसी ही 24 पुस्तकों के लिए क्या मूल्य देना होगा?

A. 170 रु. B. 175 रु.
C. 180 रु. D. 185 रु.

उत्तरमाला

1	2	3	4	5	6	7	8	9	10
C	B	D	A	D	C	B	B	B	B
11	**12**								
A	C								

व्याख्यात्मक उत्तर

1. A का 1 दिन का काम $= \frac{1}{6}$; B का 1 दिन का काम $= \frac{1}{10}$

(A + B) का 1 दिन का काम $= \frac{1}{6}+\frac{1}{10} = \frac{8}{30}$

$\therefore$ A + B मिलकर उसे $\frac{30}{8}$ दिन में करेंगे

$= 3\frac{6}{8}$ दिन $= 3\frac{3}{4}$ दिन जो 6 दिन से कम है।

2. A तथा उसके मित्र द्वारा 1 दिन में किया गया कार्य $= \frac{1}{3}+\frac{1}{6} = \frac{3}{6}$

$\therefore$ दोनों मिलकर उसे पूरा करेंगे $= \frac{6}{3} = 2$ दिन में।

3. X और Y का दिन का काम $= \frac{1}{10}$

अकेले X का 1 दिन का काम $= \frac{1}{15}$

अकेले Y का 1 दिन का काम $= \frac{1}{10}-\frac{1}{15} = \frac{1}{30}$

$\therefore$ Y अकेला उस काम को 30 दिन में करेगा।

4. $\because$ 24 व्यक्ति एक मशीन को बनाते हैं = 12 दिन में

$\therefore$ 1 व्यक्ति एक मशीन को बनाता है $= 24 \times 12$ दिन में।

$\therefore$ 36 व्यक्ति एक मशीन को बनाते हैं $= \frac{24\times12}{36} = 8$ दिन में।

5. X + Y + Z का 1 दिन का काम $= \frac{1}{8}+\frac{1}{10}+\frac{1}{8} = \frac{7}{20}$

$\therefore$ X + Y + Z उसे पूरा करेंगे $= \frac{20}{7}$ दिन $= 2\frac{6}{7}$ दिन में

6. $\because$ A का 1 दिन का काम $= \frac{1}{5}$ तथा B का 1 दिन का काम $= \frac{1}{10}$

$\therefore$ (A + B) का 1 दिन का काम $= \frac{1}{5}+\frac{1}{10} = \frac{2+1}{10} = \frac{3}{10}$

चूंकि $\frac{3}{10}$ काम (A + B) करते हैं = 1 दिन में

$\therefore$ पूरा काम (A + B) करेंगे $= \frac{10}{3} = 3\frac{1}{3}$ दिन में

7. $\because$ 3 पेन तथा 5 पेन्सिलों का मूल्य = 14 रु.

$\therefore$ 1 पेन तथा 1 पेन्सिल का मूल्य $= \frac{14}{\text{3 पेन तथा 5 पेन्सिल}}$

$\therefore$ 4 × (3 पेन तथा 5 पेन्सिलों) का मूल्य

$= \frac{14\times4\times(\text{3 पेन तथा 5 पेंसिल})}{\text{3 पेन तथा 5 पेंसिल}} = 56$ रुपये।

8. $\because$ $(x+y+z)$ का 1 दिन का काम $= \frac{1}{8}$

तथा $(x+z)$ का 1 दिन का काम $= \frac{1}{12}$

$\therefore$ y का 1 दिन का काम $= \frac{1}{8}-\frac{1}{12} = \frac{3-2}{24} = \frac{1}{24}$

चूंकि $\frac{1}{24}$ काम y करता है = 1 दिन में

$\therefore$ पूरा काम y करेगा 24 दिन में।

9. $\because$ 75 संतरों का मूल्य = 60 रु. $\because$ 1 संतरे का मूल्य $= \frac{60}{75}$

$\therefore$ 50 संतरों का मूल्य $= \frac{60}{75}\times50 = 40$ रु.

10. पहले नल द्वारा 1 घण्टे में हौज का भरा भाग $= \frac{1}{4}$

तथा दूसरे नल द्वारा 1 घण्टे में हौज का भरा भाग $= \frac{1}{5}$

$\therefore$ (पहले + दूसरे) नल द्वारा 1 घण्टे में हौज का भरा भाग

$= \frac{1}{4}+\frac{1}{5} = \frac{5+4}{20} = \frac{9}{20}$

चूंकि हौज का $\frac{9}{20}$ भाग (पहले + दूसरे) नल भरते हैं = 1 घण्टे में

$\therefore$ पूरा भाग (पहले + दूसरे) नल भरेंगे $\frac{20}{9} = 2\frac{2}{9}$ घण्टे में।

11.

रुपए	बाल्टियां
210	6
140	?

$\because$ 210 रुपए में खरीदी जाने वाली बाल्टियों की संख्या = 6

$\therefore$ 1 रुपए में खरीदी जाने वाली बाल्टियां $= \frac{6}{210}$

$\therefore$ 140 रुपए में खरीदी जाने वाली बाल्टियां

$= \frac{6}{210}\times140 = 4$ बाल्टियां

अतः 140 रुपए में 4 बाल्टियां खरीदी जा सकेंगी।

●●●

15

समय एवं दूरी (Time and Distance)

समय पर आधारित प्रश्नों के उत्तर देने के लिए निम्न बातें जानना आवश्यक है।

(i) 12 मध्यरात्रि से 12 मध्याह्न के समय पूर्वाह्न तथा 12 मध्याह्न से 12 मध्यरात्रि तक के समय को अपराह्न कहा जाता है।

(ii) 12 मध्यरात्रि को 24:00 बजे या 00:00 बजे लिखा जाता है।

(iii) 12 मध्यरात्रि को 12:00 बजे लिखा जाता है।

(iv) दाईं ओर के दो अंकों से बनने वाली संख्या मिनटों की संख्या दर्शाती है।
जैसे–10 : 15

(v) यदि बाईं ओर के दो अंकों से बनने वाली संख्या 12 से कम हो तो यह (मध्यरात्रि के बाद का समय) पूर्वाह्न कहलाती है। जैसे–
10:30 बजे = 10:30 पूर्वाह्न
11:45 बजे = 11:45 पूर्वाह्न

(vi) यदि बाईं ओर के दो अंकों से बनने वाली संख्या 12 से अधिक हो तो यह (दोपहर के बाद का समय) अपराह्न कहलाती है, जैसे–
18 : 15 बजे = 6 : 15 अपराह्न
20 : 30 बजे = 8 : 30 अपराह्न

उदाहरण 1. एक रेलगाड़ी सायं 5:40 बजे मुम्बई से चलती है और अगले दिन प्रातः 10:55 बजे नई दिल्ली पहुंचती है। रेलगाड़ी द्वारा तय यात्रा में लिया गया समय है।

हलः मुम्बई से प्रस्थान समय = 5:40
नई दिल्ली आगमन समय = 10:55 (अगले दिन)
कुल समय
= 5:40 से 5:40 (अगले दिन) = 12 घंटा
तथा 5:40 से 10:55 तक
= 5 घंटे 15 मिनट = 17 घंटे 15 मिनट

प्रश्नमाला

1. वैशाली सुपर फास्ट गाड़ी दिल्ली से 19:45 बजे रवाना होती है और अगले दिन 15:20 बजे मुज़फ्फरपुर पहुंचती है। बताओ यह मुज़फ्फरपुर पहुंचने में कितना समय लेती है?
A. 19 घंटा 25 मिनट
B. 18 घंटा 35 मिनट
C. 19 घंटा 35 मिनट
D. 18 घंटा 20 मिनट

2. मनु किसी सोमवार को रात में 9:30 पर सोया और अगले दिन 5:50 पर जागा। उसके सोने की अवधि कितनी थी?
A. 8 घंटे 20 मिनट B. 8 घंटे 10 मिनट
C. 7 घंटे 40 मिनट D. 7 घंटे 20 मिनट

3. इन्टरसिटी रेलगाड़ी रक्सौल से सुबह 9:15 पर चलती है तथा उसी दिन 11 बजे पीपरा पहुंचती है। रेलगाड़ी द्वारा यात्रा में लिया गया कुल समय है?
A. 1 घंटा 15 मिनट
B. 10 घंटे 45 मिनट
C. 1 घंटा 45 मिनट
D. 10 घंटे 15 मिनट

4. यदि किसी दिन सूर्य 6:20 पूर्वाह्न पर उदय हो तथा 6:57 अपराह्न पर अस्त हो, तो उस दिन की लम्बाई होगी।
A. 12 घंटे 27 मिनट B. 12 घंटे 17 मिनट
C. 12 घंटे 37 मिनट D. 12 घंटे

5. 9 घंटे 30 मिनट बराबर है।
A. 0.90 बजे B. 9:30 पूर्व॰ के
C. 8 घंटे 90 मिनट के D. 9:30 अप॰ के

6. एक बस शिमला से दिल्ली के लिए 7:20 बजे प्रातः प्रस्थान करती है और दिल्ली पहुंचने में 9 घंटे का समय लेती है। बस कितने बजे दिल्ली पहुंचती है?
A. 4:20 बजे अप॰ B. 3:30 बजे अप॰
C. 6:30 बजे अप॰ D. 7:30 बजे अप॰

7. एक वायुयान मुम्बई से 7:50 बजे उड़ान भरता है। यह चेन्नई 10:30 बजे हवाई हड्डे पर उतरता है। यह चेन्नई पहुंचने में कितना समय लेता है।
A. 2 घंटे 30 मिनट
B. 2 घंटे
C. 3 घंटे लगभग
D. 2 घंटे 40 मिनट

8. एक लड़का रात्रि 8:30 बजे सोने के लिए गया तथा प्रातः 6:15 पर जागा। वह लड़का कितनी देर तक सोया?
A. 9 घंटे 45 मिनट
B. 9 घंटे 15 मिनट
C. 2 घंटे 15 मिनट
D. 4 घंटे 45 मिनट

9. एक छात्र अपने घर से विद्यालय के लिए प्रातः 8:30 बजे साइकिल से चला। वह विद्यालय से पढ़ाई करने के बाद सांय 4:50 बजे घर वापस आया। वह कितने समय तक घर से बाहर रहा।

A. 7 घंटे 20 मिनट B. 8 घंटे 20 मिनट
C. 9 घंटे 20 मिनट D. 7 घंटे 90 मिनट

10. एक स्कूल की वार्षिक परीक्षा 18 मार्च, 2002 को आरम्भ हुई और 23 मार्च, 2002 को समाप्त हुई। परीक्षा कितने दिन तक चली?

A. एक सप्ताह B. 8 दिन
C. 6 दिन D. 1 महीना

उत्तरमाला

1	2	3	4	5	6	7	8	9	10
C	A	C	C	B	A	D	A	B	C

व्याख्यात्मक उत्तर

1. दिल्ली से प्रस्थान का समय = 19:45
मुज़फ्फरपुर में आगमन समय = 15:20
कुल समय = 19:45 से 24:00
= 4 घंटे 15 मिनट
= 00:00 से 15:20
= 15 घंटे 20 मिनट
= 19 घंटे 35 मिनट

2. सोने का समय = 9:30
जागने का समय = 5:50
कुल समय = 9:30 से 12:00 बजे मध्य रात्रि तक
= 2 घंटे 30 मिनट
= 12:00 से 5:50 बजे सुबह तक
= 5 घंटे 50 मिनट
अर्थात् 7 घंटे 80 मिनट = 8 घंटे 20 मिनट

3. रक्सौल से प्रस्थान समय = 9:15
पीपरा में आगमन समय = 11:00
कुल समय = आगमन समय – प्रस्थान समय
= 11:00 – 9:15 = 1 घंटा 45 मिनट

4. सूर्योदय होने का समय = 6:20
अस्त होने का समय = 6:57
कुल समय = प्रातः 6:20 से 6:20 शाम तक
= 12 घंटे
= शेष 37 मिनट
कुल समय = 12 घंटे 37 मिनट

5. दो अंकों से बनने वाली संख्या 12 से कम हो, तो वह पूर्वाह्न कहलाती है।
इस प्रकार 9:30 दर्शाता है 9:30 पूर्वाह्न

6. शिमला से प्रस्थान का समय = 7:20 प्रातः
दिल्ली पहुंचने में लगा समय = 9 घंटे
= 7:20 से 7:20 तक = 12 घंटे
9 घंटे के लिए = 7:20 – 3 = 4 : 20 अप.

7. मुम्बई से उड़ान भरने का समय = 7:50
चेन्नई पहुंचने का समय = 10:30
कुल समय = आगमन का समय – प्रस्थान का समय
= 10:30 – 7:50
= 2 घंटे 40 मिनट

8. सोने का समय = 8:30 शाम
जागने का समय = 6:15 सुबह
कुल समय = 8:30 से 12 बजे रात तक
= 3 घंटे 30 मिनट
= 12 बजे रात से 6:15 सुबह तक
= 6 घंटे 15 मिनट
कुल समय = 9 घंटे 45 मिनट

9. विद्यालय जाने का समय = 8:30 प्रातः
वापस आने का समय = 4:50 शाम
= 8:30 से 12 बजे दिन तक
= 3:30
= 12 बजे दिन से 4:50 बजे शाम तक
= 4:50
अर्थात् 7:80 = 8 घंटे 20 मिनट

10. परीक्षा की शुरुआत = 18 मार्च, 2002
परीक्षा की समाप्ति = 23 मार्च, 2002
कुल समय = 23 मार्च, 2002 से — 18 मार्च, 2002 तक
= 6 दिन

●●●

16

क्षेत्रमिति : रेखीय आकृति एवं वृत्त
(Mensuration : Plane Figures and Circles)

क्षेत्रमिति से सम्बंधित प्रश्नों को हल करने के लिए निम्नलिखित प्रमुख सूत्रों का जानना आवश्यक होता है :

1. आयत:

(*a*) आयत का क्षेत्रफल = लम्बाई × चौड़ाई

(*b*) आयत की परिमिति = 2 (लम्बाई + चौड़ाई)

(*c*) आयत का विकर्ण = $\sqrt{(\text{लं.})^2+(\text{चौ.})^2}$

2. वर्ग:

(*a*) वर्ग का क्षेत्रफल = $(\text{भुजा})^2$ (*b*) वर्ग का परिमाप = 4 × भुजा

(*c*) वर्ग का विकर्ण = $\sqrt{2}$ × भुजा

3. वृत्त:

(*a*) वृत्त का क्षेत्रफल = $\pi \times (\text{त्रिज्या})^2$

(*b*) वृत्त की परिधि = $2\pi \times (\text{त्रिज्या})$

(*c*) त्रिज्या = $\frac{\text{व्यास}}{2}$ या व्यास = 2 × त्रिज्या

4. त्रिभुज : (*a*) त्रिभुज का क्षेत्रफल

$$= \sqrt{s(s-a)(s-b)(s-c)} \text{ जहां } s = \frac{a+b+c}{2}$$

(*b*) यदि त्रिभुज समकोण हो, तब

$$\text{क्षेत्रफल} = \frac{1}{2} \times \text{आधार } (b) \times \text{ऊंचाई } (h)$$

(*c*) समबाहु त्रिभुज का क्षेत्रफल = $\frac{\sqrt{3}}{4} \times (\text{भुजा})^2$

5. चतुर्भुज:

(*a*) चतुर्भुज का क्षेत्रफल = $\frac{1}{2}$ × विकर्ण × (शीर्ष लम्बों का योग)

(*b*) समान्तर चतुर्भुज का क्षेत्रफल = आधार × ऊंचाई

(*c*) सम चतुर्भुज का क्षेत्रफल = $\frac{1}{2}$ × विकर्णों का गुणनफल

(*d*) समलम्ब चतर्भुज का क्षेत्रफल

= $\frac{1}{2}$ × ऊंचाई × समान्तर भुजाओं का योग

6. चार दीवारों का:

(*a*) चार दीवारों का क्षेत्रफल = 2 × ऊंचाई (लम्बाई + चौड़ाई)

(*b*) ऊंचाई = $\frac{\text{क्षेत्रफल}}{2(\text{लम्बाई}+\text{चौड़ाई})}$

प्रश्नमाला

1. एक आयत की लम्बाई व चौड़ाई क्रमश: 50 सेंमी. व 25 सेंमी. है, तो उसका क्षेत्रफल कितना होगा?

A. 1150 वर्ग सेंमी. B. 1250 वर्ग सेंमी.
C. 1275 वर्ग सेंमी. D. 1280 वर्ग सेंमी.

2. एक वर्गाकार मैदान का परिमाप 580 मी. है, तो बताइये उस मैदान का क्षेत्रफल कितना होगा?

A. 21025 वर्ग मी. B. 20225 वर्ग मी.
C. 30025 वर्ग मी. D. 19975 वर्ग मी.

3. एक वर्ग की प्रत्येक भुजा 20 सेंमी. है, तो इसका क्षेत्रफल कितना होगा?

A. 300 वर्ग सेंमी. B. 380 वर्ग सेंमी.
C. 360 वर्ग सेंमी. D. 400 वर्ग सेंमी.

4. एक वृत्त का क्षेत्रफल 154 वर्ग सेंमी. है। वृत्त की परिधि कितनी होगी?

A. 44 सेंमी. B. 48 सेंमी.
C. 54 सेंमी. D. 68 सेंमी.

5. यदि किसी त्रिभुज का आधार 8 सेमी तथा ऊंचाई 10 सेंमी. हो, तो उस त्रिभुज का क्षेत्रफल कितना होगा?

A. 40 वर्ग सेंमी. B. 20 वर्ग सेंमी.
C. 49 वर्ग सेंमी. D. 64 वर्ग सेंमी.

6. एक समलम्ब चतुर्भज की समान्तर भुजाएं क्रमश: 15 मी. तथा 25 मी. हैं तथा उनके बीच की दूरी 10 मी. है, तो इसका क्षेत्रफल क्या होगा?

A. 150 वर्ग मी. B. 225 वर्ग मी.
C. 200 वर्ग मी. D. 270 वर्ग मी.

7. एक आयताकार खेत का परिमाप 760 मी. है तथा उसकी लम्बाई व चौड़ाई में 11 : 8 का अनुपात है। तो बताइये आयताकार खेत का क्षेत्रफल क्या होगा?

A. 35200 वर्ग मी. B. 34700 वर्ग मी.
C. 35600 वर्ग मी. D. 45200 वर्ग मी.

8. यदि किसी वर्ग की भुजा में 50% की कमी कर दी जाये, तो उसका क्षेत्रफल कितने प्रतिशत घट जायेगा?

A. 50% B. 75%
C. 80% D. 60%

9. उस वर्ग की एक भुजा की लम्बाई क्या होगी जिसका क्षेत्रफल क्रमश: 6.4 मी. लम्बे तथा 2.5 मी. चौड़े आयत के क्षेत्रफल के बराबर हो?

A. 8 मी. B. 5.4 मी.
C. 3.8 मी. D. 4 मी.

10. यदि एक समकोण त्रिभुज का परिमाप उसकी सबसे छोटी भुजा का छ: गुना हो, तो उस त्रिभुज की तीनों भुजाओं के बीच क्या अनुपात होगा?

A. 13 : 5 : 12 B. 13 : 12 : 5
C. 12 : 5 : 13 D. 13 : 5 : 10

उत्तरमाला

1	2	3	4	5	6	7	8	9	10
B	A	D	A	A	C	A	B	D	B

व्याख्यात्मक उत्तर

1. आयत का क्षेत्रफल = लम्बाई × चौड़ाई = 50 × 25 = 1250 वर्ग सेंमी.।

2. ∴ वर्गाकार मैदान का परिमाप = 4 × भुजा

प्रश्नानुसार,

$\therefore$ 4 × भुजा = 580 ⇒ भुजा = $\frac{580}{4}$ = 145 सेंमी.

$\therefore$ क्षेत्रफल = (भुजा)^2 = $(145)^2$ = 21025 वर्ग सेंमी.।

3. वर्ग का क्षेत्रफल = (भुजा)^2 = $(20)^2$

= 400 वर्ग सेंमी.

4. ∴ वृत्त का क्षेत्रफल= π × (त्रिज्या)^2

∴ π × (त्रिज्या)^2 = 154

⇒ (त्रिज्या)^2 = $\frac{154}{\pi} = \frac{154}{\frac{22}{7}}$ ⇒ (त्रिज्या)^2 = $\frac{154 \times 7}{22}$

= 7 × 7 ⇒ त्रिज्या = 7 सेंमी.

∴ वृत्त की परिधि = 2π × (त्रिज्या) = $2 \times \frac{22}{7} \times 7$ = 44 सेंमी.।

5. त्रिभुज का क्षेत्रफल = $\frac{1}{2}$ × आधार × ऊंचाई

= $\frac{1}{2} \times 8 \times 10$ = 40 वर्ग सेंमी.।

6. चूंकि समलम्ब चतुर्भुज का क्षेत्रफल

= $\frac{1}{2}$ × ऊंचाई × समानान्तर भुजाओं का योग

∴ क्षेत्रफल = $\frac{1}{2} \times 10 \times (15 + 25) = \frac{1}{2} \times 10 \times 40$

= 200 वर्ग मी।

7. माना कि आयताकार खेत की लम्बाई व चौड़ाई क्रमशः $11x$ मी. व $8x$ मी. है

∴ खेत का परिमाप= $2(11x + 8x) = 2 \times 19x = 38x$ मी.

प्रश्नानुसार, आयताकार खेत का परिमाप = 760 है

$\therefore \quad 38x = 760$

$\Rightarrow \quad x = \frac{760}{38} = 20$

∴ खेत की लम्बाई व चौड़ाई क्रमशः (11 × 20 = 220 मी.) व (8 × 20 = 160 मी.) होगी।

∴ आयताकार खेत का क्षेत्रफल

= 220 × 160 = 35200 वर्ग मी.।

8. माना कि वर्ग की भुजा x मी. है

∴ **पहली स्थिति में,** वर्ग का क्षेत्रफल = x^2 वर्ग मी.

दूसरी स्थिति में, वर्ग की भुजा में 50% की कमी के कारण

नए वर्ग की भुजा= $x - x$ का 50% = $\frac{x}{2}$ मी.

∴ नए वर्ग का क्षेत्रफल = $\left(\frac{x}{2}\right)^2 = \frac{x^2}{4}$ वर्ग मी.

∴ वर्ग के क्षेत्रफल में कमी = $x^2 - \frac{x^2}{4} = \frac{3x^2}{4}$ वर्ग मी.

∴ प्रतिशत कमी = $\frac{\frac{3x^2}{4}}{x^2} \times 100 = 75\%$

अत: वर्ग का क्षेत्रफल 75% घट जायेगा।

9. ∴ आयत का क्षेत्रफल = 6.4 × 2.5 = 16.00 वर्ग मी.

प्रश्नानुसार,

वर्ग का क्षेत्रफल = आयत का क्षेत्रफल

∴ वर्ग का क्षेत्रफल = 16 वर्ग मी.

∴ वर्ग की भुजा = $\sqrt{16} = \sqrt{4 \times 4}$ = 4 मी.।

10. माना कि समकोण त्रिभुज की तीन भुजाओं a, b और c में से सबसे बड़ी व सबसे छोटी भुजा क्रमशः a व c हैं

$\therefore a^2 = b^2 + c^2 \quad \ldots (i)$

तथा समकोण त्रिभुज का परिमाप = $a + b + c$

प्रश्नानुसार, $(a + b + c) = c \times 6 \Rightarrow a + b = 5c \quad \ldots (ii)$

समीकरण (i) से, $a^2 - b^2 = c^2$

$\Rightarrow \quad (a + b)(a - b) = c^2$

$\Rightarrow \quad 5c(a - b) = c^2$

$\Rightarrow \quad a - b = \frac{c}{5} \quad \ldots (iii) \; [\because a + b = 5c]$

समीकरण (ii) व (iii) से,

$a + b = 5c$

$a - b = \frac{c}{5}$

$\Rightarrow \quad 2a = 5c + \frac{c}{5} = \frac{26c}{5} \Rightarrow a = \frac{13}{5}c$

$\Rightarrow \quad a : c = 13 : 5$

a का मान समीकरण (ii) में रखने पर,

$b = 5c - \frac{13c}{5} = \frac{12c}{5} \Rightarrow b : c = 12 : 5$

अत: समकोण त्रिभुज की तीनों भुजाओं में क्रमशः 13 : 12 : 5.

●●●

17

क्षेत्रमिति : ठोस आकृतियाँ
(Mensuration : Solid Figures)

ठोस : कोई वस्तु जो स्थान घेरती है, भार रखती है तथा जिसका आकार निश्चित होता है, ठोस कहलाती है। इस प्रकार ठोस में तीन मापें होती हैं— 1. लम्बाई 2. चौड़ाई 3. ऊंचाई (मोटाई)।

आयतन : ठोस के तलों द्वारा घिरी हुई जगह ठोस का आयतन कहलाती है।

घनाभ : एक ठोस जो 6 आयताकार तलों द्वारा घिरा होता है, घनाभ कहलाता है। **घन :** एक ठोस जो 6 वर्गाकार तलों द्वारा घिरा होता है, घन कहलाता है।

ठोस आकृतियों से संबंधित समस्याओं को हल करने के लिए निम्नलिखित सूत्रों का जानना आवश्यक है :

1. गोला : (*a*) गोले का आयतन = $\frac{4}{3}\pi r^3$ (जहां r गोले की त्रिज्या है)

(*b*) गोले के धरातल का क्षेत्रफल या वक्रपृष्ठ का क्षेत्रफल = $4\pi r^2$

2. घनाभ : (*a*) घनाभ का आयतन = लम्बाई × चौड़ाई × ऊंचाई

(*b*) घनाभ का पृष्ठ = $2(l \times b + b \times h + h \times l)$ जहां l = लं., b = चौ., h = ऊं.

(*c*) किसी घनाभ का सबसे लम्बा विकर्ण = $\sqrt{l^2+b^2+h^2}$

3. घन : (*a*) घन का आयतन = (भुजा)^3 ∵ [भुजा = ल. = चौ = ऊं.]

(*b*) घन का पृष्ठ = 6 × (भुजा)^2

(*c*) किसी घन का सबसे लम्बा विकर्ण = $\sqrt{3}$ × भुजा

4. लम्ब वृत्तीय बेलन :

(*a*) बेलन का आयतन = आधार (वृत्त) का क्षेत्रफल × ऊँ.
$= \pi r^2 \times h = \pi r^2 h$

(*b*) बेलन का वक्रपृष्ठ = आधार (वृत्त) की परिधि × ऊँचाई
$= 2\pi r \times h = 2\pi rh$

(*c*) बेलन का सम्पूर्ण पृष्ठ = वक्र पृष्ठ + दोनों सिरों का क्षेत्रफल
$= 2\pi rh + 2\pi r^2 = 2\pi r(h + r)$

5. शंकु : (*a*) शंकु का आयतन = $\frac{1}{3}\pi r^2 h$

(*b*) शंकु की तिर्यक ऊंचाई = $\sqrt{r^2+h^2}$

(*c*) शंकु के वक्र पृष्ठ का क्षेत्रफल
= πr × तिर्यक ऊंचाई = $\pi r\sqrt{r^2+h^2}$

प्रश्नमाला

1. एक घनाभ की कोरें क्रमशः 4 सेंमी., 3 सेंमी. तथा 2 सेंमी. हैं, तो उस घनाभ का आयतन कितना होगा?

A. 20 घन सेंमी. B. 22 घन सेंमी.
C. 28 घन सेंमी. D. 24 घन सेंमी.

2. एक टंकी 3 मी. लम्बी, 2 मी. चौड़ी तथा 1 मी. गहरी है । उसकी क्षमता (ली. में) क्या होगी?

A. 8000 ली. B. 10000 ली.
C. 6500 ली. D. 6000 ली.

3. एक घन का पृष्ठ क्षेत्रफल 1014 वर्ग सेंमी. है। इसका आयतन कितना होगा?

A. 2197 घन सेंमी. B. 2297 घन सेंमी.
C. 2179 घन सेंमी. D. 2117 घन सेंमी.

4. यदि दो घनाकृतियों के आयतन में 8 : 1 का अनुपात हो, तो उनकी कोरों में क्या अनुपात होगा?

A. 1 : 2 B. 2 : 1
C. 4 : 1 D. 2 : 3

5. दो गोलों के पृष्ठ क्षेत्रफल में 9 : 16 का अनुपात है, तो बताइये उनके आयतनों में क्या अनुपात होगा?

A. 64 : 27 B. 27 : 64
C. 16 : 27 D. 11 : 27

6. एक कमरे की लं., चौ. व ऊँ. क्रमशः 12 मी., 9 मी. तथा 8 मी. है, तो बताइये उस छड़ की अधिक-से-अधिक लम्बाई क्या होगी जो कमरे में ठीक प्रकार रखी जा सके?

A. 17 मी. B. 18 मी.
C. 25 मी. D. 16 मी.

7. किसी लम्बवृत्तीय शंकु की त्रिज्या तथा ऊंचाई में 3 : 5 का अनुपात है। यदि शंकु का आयतन 120π घन मी. हो, तो उसकी तिरछी ऊँचाई कितनी होगी?

A. $3\sqrt{34}$ मी. B. $2\sqrt{28}$ मी.
C. $2\sqrt{44}$ मी. D. $2\sqrt{34}$ मी.

8. यदि किसी बेलन के आधार की परिधि 88 सेंमी. तथा ऊंचाई 42 सेंमी. हो, तो उस बेलन का आयतन कितना होगा?

A. 25872 घन सेंमी. B. 28572 घन सेंमी.
C. 25870 घन सेंमी. D. 22584 घन सेंमी.

9. 10 सेंमी. भुजा के दो घनों को आपस में सटाकर रखने से प्राप्त घनाभ का पृष्ठ क्या होगा?

A. 1200 वर्ग सेंमी. B. 5000 वर्ग सेंमी.
C. 1000 वर्ग सेंमी. D. 1250 वर्ग सेंमी.

10. एक आयताकार कागज के टुकड़े की लम्बाई व चौड़ाई क्रमशः 30 सेंमी. तथा 20 सेंमी. है। यदि कागज को मोड़कर एक बेलन का वक्रपृष्ठ बनाया जाये, तो बेलन कितने तरीके से बनाया जा सकता है?

A. तीन तरीके से B. दो तरीके से
C. एक तरीके से D. चार तरीके से

उत्तरमाला

1	2	3	4	5	6	7	8	9	10
D	D	A	B	B	A	D	A	C	B

व्याख्यात्मक उत्तर

1. $\because$ घनाभ का आयतन = लं. × चौ. × ऊं. = 4 × 3 ×2 = 24 घन सेंमी.

2. टंकी का आयतन = लं. × चौ. × ऊं. = 3 × 2 × 1 = 6 घन मी.

($\because$ 1 घन मी. = 1000 ली.)

$\therefore$ टंकी की क्षमता = 6 × 1000 = 6000 ली.।

3. $\because$ घन का पृष्ठ क्षेत्रफल = 6 × (भुजा)^2

$\therefore$ 6 × (भुजा)^2 = 1014 ⇒ (भुजा)^2 = $\frac{1014}{6} = 169$

$\therefore$ घन की भुजा = $\sqrt{169}$ = 13 सेंमी.

$\therefore$ घन का आयतन = (भुजा)^3 = $(13)^3$ सेंमी. = 2197 घन सेंमी.

4. माना दो घनों की भुजा क्रमशः a_1 व a_2 है।

$\therefore$ दोनों घनों का आयतन क्रमशः a_1^3 व a_2^3 होगा

प्रश्नानुसार,

$$a_1^3 : a_2^3 = 8 : 1$$

$$\therefore \frac{a_1^3}{a_2^3} = \frac{8}{1} \therefore \left(\frac{a_1}{a_2}\right)^3 = \left(\frac{2}{1}\right)^3 \Rightarrow a_1 : a_2 = 2 : 1$$

अत: उनकी कोरों में 2 : 1 का अनुपात होगा।

5. माना कि दो गोलों की त्रिज्या क्रमशः r_1 व r_2 है

दोनों गोलों का पृष्ठ क्षेत्रफल क्रमशः $4\pi r_1^2$ व $4\pi r_2^2$

प्रश्नानुसार,

$$4\pi r_1^2 : 4\pi r_2^2 = 9 : 16 \Rightarrow r_1^2 : r_2^2 = 9 : 16$$

$$\Rightarrow \frac{r_1^2}{r_2^2} = \frac{9}{16} \Rightarrow \left(\frac{r_1}{r_2}\right)^2 = \left(\frac{3}{4}\right)^2 \Rightarrow r_1 : r_2 = 3 : 4$$

$$\Rightarrow \left(\frac{r_1}{r_2}\right)^3 = \left(\frac{3}{4}\right)^3 \Rightarrow \frac{r_1^3}{r_2^3} = \frac{27}{64} \Rightarrow r_1^3 : r_2^3 = 27 : 64$$

$\because$ उनके आयतनों का अनुपात = $\frac{4}{3}\pi r_1^3 : \frac{4}{3}\pi r_2^3$

$\Rightarrow \quad r_1^3 : r_2^3 = 27 : 64$

6. $\because$ अधिक-से-अधिक लम्बाई की छड़

= घनाभ के विकर्ण की लम्बाई

$= \sqrt{(\quad)^2 + (\quad)^2 + (\quad)^2} = \sqrt{(12)^2 + (9)^2 + (8)^2}$

$= \sqrt{144+81+64} = \sqrt{289}$ = 17 मी.

अत: उस छड़ की अधिक-से-अधिक लम्बाई जो ठीक प्रकार से कमरे में रखी जा सके 17 मी. होगी।

7. माना कि लम्बवृत्तीय शंकु की त्रिज्या व ऊंचाई क्रमशः $3x$ मी. व $5x$ मी. है

$\therefore$ शंकु का आयतन = $\frac{1}{3}\pi r^2 h = \frac{1}{3}\pi \times (3x)^2 \times 5x$ घन मी.

प्रश्नानुसार,

शंकु का आयतन = 120π घन मी. (दिया है)

$\therefore \quad \frac{1}{3}\pi \times 9x^2 \times 5x = 120\pi \Rightarrow x^3 = \frac{120 \times 3}{9 \times 5}$

$\Rightarrow \quad x^3 = 8 \Rightarrow x^3 = (2)^3 \Rightarrow x = 2$ मी.

$\therefore$ लम्बवृत्तीय शंकु की त्रिज्या व ऊंचाई क्रमशः 3 × 2 = 6 मी. तथा 5 × 2 = 10 मी. होगी।

$\therefore$ तिर्यक ऊंचाई = $\sqrt{(\text{त्रिज्या})^2 + (\text{ऊँचाई})^2} = \sqrt{(6)^2 + (10)^2}$

$= \sqrt{36+100} = \sqrt{136} = 2\sqrt{34}$ मी.।

8. माना कि बेलन के आधार की त्रिज्या = r सेंमी.

$\therefore$ बेलन के आधार की परिधि = $2\pi r$ सेंमी.

प्रश्नानुसार, $2\pi r = 88$

$\Rightarrow \quad r = \frac{88}{2\pi} = \frac{88}{2 \times \frac{22}{7}} = \frac{88 \times 7}{2 \times 22}$ = 14 सेंमी.

$\therefore$ बेलन का आयतन = $\pi r^2 h = \frac{22}{7} \times (14)^2 \times 42$

= 22 × 2 × 14 × 42 = 25872 घन सेंमी.।

9. विद्यार्थियों को इस प्रकार के प्रश्नों में हमेशा ध्यान रखना चाहिए कि दो घनों को आपस में सटाकर रखने पर प्राप्त घनाभ की भुजाओं में केवल लम्बाई में ही वृद्धि होगी। उसकी चौड़ाई तथा ऊंचाई घन की भुजा के ही बराबर होगी।

$\therefore$ घनाभ की लम्बाई = पहले घन की भुजा की लम्बाई + दूसरे घन की भुजा की लम्बाई

अर्थात् घनाभ की लम्बाई = 10 + 10 = 20 सेंमी. होगी।

$\therefore$ घनाभ का पृष्ठ = 2(20 × 10 + 10 × 10 + 10 × 20)

= 2(200 + 100 + 200) = 2 × 500 = 1000 वर्ग सेंमी.।

10. कागज के टुकड़े को दो तरीके से मोड़कर बेलन बनाया जा सकता है।

1. आयताकार कागज को इस प्रकार मोड़ा जाए ताकि उसकी लम्बाई 30 सेंमी. तथा चौड़ाई 20 सेंमी. बेलन की क्रमशः वृत्तीय आधार की परिधि तथा ऊंचाई हो।
2. पुन: आयताकार कागज को इस प्रकार से मोड़ा जाये ताकि उसकी लम्बाई 30 सेंमी. तथा चौड़ाई 20 सेंमी. बेलन की क्रमशः ऊंचाई व वृत्तीय आधार की परिधि हो।

●●●

तार्किक योग्यता
(Reasoning Ability)

1

शृंखला (Series)

अक्षर शृंखला (Letter Series)

अक्षर शृंखला में निहित अक्षरों का एक निश्चित क्रम होता है। दी गई अक्षर शृंखला में अक्षर वर्णमाला के सीधे क्रम में भी हो सकते हैं और वर्णमाला के विपरीत क्रम में भी।

वर्णमाला के सीधे क्रम में अक्षरों की शृंखला है :

A B C D E F G H I J K L M N O P Q R S T U V W X Y Z

A ↓ पहला, E ↓ 5वाँ, J ↓ 10वाँ, O ↓ 15वाँ, T ↓ 20वाँ, Y ↓ 25वाँ

वर्णमाला के विपरीत या उल्टे क्रम में अक्षरों की शृंखला है :

Z Y X W V U T S R Q P O N M L K J I H G F E D C B A

Z ↓ पहला, V ↓ 5वाँ, Q ↓ 10वाँ, L ↓ 15वाँ, G ↓ 20वाँ, B ↓ 25वाँ

टिप्पणी : Z पर पहुंचकर शृंखला A से पुन: शुरू होती है और A पर पहुंचकर शृंखला Z से पुन: शुरू होती हैं।

अभ्यास

निर्देश : *नीचे दी गई प्रत्येक शृंखला में अक्षरों का क्रम निर्धारित करें। तत्पश्चात् दिए गए विकल्पों में से उस विकल्प का चयन करें जिससे दी गई शृंखला में प्रश्न चिह्न प्रतिस्थापित होता हो।*

1. B Y C X D W E ?
(*a*) S (*b*) T
(*c*) U (*d*) V

2. A D C G E ?
(*a*) G (*b*) J
(*c*) I (*d*) L

3. X O I F ?
(*a*) D (*b*) F
(*c*) B (*d*) E

4. Z A A Y B B X C ?
(*a*) W (*b*) C
(*c*) V (*d*) D

5. A Z Y B X W C V U D T S E ?
(*a*) R S (*b*) S T
(*c*) R Q (*d*) Q R

उत्तरमाला

1	2	3	4	5
(*d*)	(*b*)	(*b*)	(*b*)	(*c*)

व्याख्यात्मक उत्तर

1. दी गई शृंखला में बारी-बारी से दो अक्षर शृंखलाएं अंतर्निहित हैं।

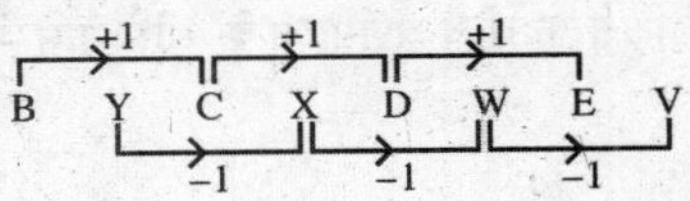

शृंखला I : BCDE (वर्णमाला के सीधे क्रम में)
शृंखला II : YXWV (वर्णमाला के विपरीत क्रम में)

3. शृंखला में दो सन्निकट अक्षरों के बीच वर्णमाला के विपरीत क्रम में क्रमश: 3 की कमी होती जाती है, अर्थात्

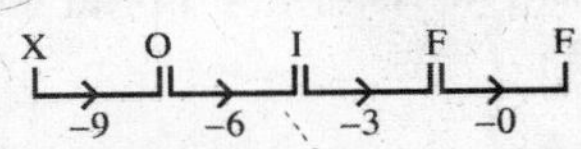

5. शृंखला में बारी-बारी से दो शृंखलाएं अंतर्निहित हैं।

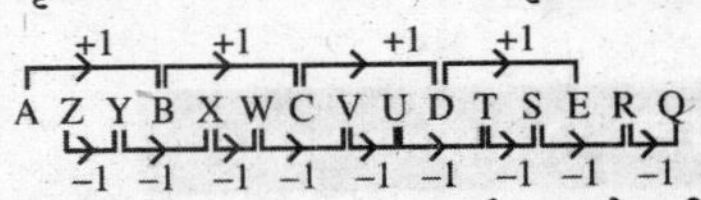

शृंखला I : ABCDE (वर्णमाला के सीधे क्रम में)
शृंखला II : ZY XW VU TS RQ (वर्णमाला के विपरीत क्रम में एक साथ दो अक्षर)

गलत या बेमेल अक्षर-शृंखला (Wrong Letter Series)

इस प्रकार के प्रश्नों में दी गई शृंखला में अभ्यर्थियों को ऐसे अक्षर या अक्षर-समूह ज्ञात करने की आवश्यकता नहीं होती जिनसे दी गई शृंखला पूर्ण होती है बल्कि उन्हें ऐसे अक्षर का पता लगाना होता है जो शृंखला में गलत या बेमेल हो।

अभ्यास

निर्देश : *नीचे के प्रत्येक प्रश्न में दी गई अक्षर-शृंखला में कौन-सा अक्षर या अक्षर-समूह गलत या बेमेल है ?*

1. C H M S W B
(*a*) C (*b*) S
(*c*) B (*d*) W

2. Z A W B X C
(*a*) D (*b*) C
(*c*) X (*d*) W

3. D K R Y F L
(*a*) L (*b*) D
(*c*) R (*d*) Y

4. XW, DC, CB, NM, PQ
(*a*) NM (*b*) CB
(*c*) PQ (*d*) XW

5. Z T P K H F
(*a*) Z (*b*) P
(*c*) T (*d*) F

उत्तरमाला

1	2	3	4	5
(*b*)	(*d*)	(*a*)	(*c*)	(*b*)

व्याख्यात्मक उत्तर

1. शृंखला में दो सन्निकट अक्षरों के बीच वर्णमाला के सीधे क्रम में +5 का अंतर है।

C → H → M → R → W → B
(+5, +5, +5, +5, +5)

अतः शृंखला में S के स्थान पर R होना चाहिए। (शृंखला Z पर पहुंचने के बाद A से पुन: शुरू होती है।)

4. शृंखला कोई भी दो क्रमागत अक्षरों को वर्णमाला के विपरीत क्रम में शामिल करके निर्मित की गई है।

XW ← DC ← CB ← NM ← QP ←

संख्या-शृंखला (Number Series)

इस प्रकार की शृंखला में दी गई संख्याओं के समुच्चय एक दूसरे से एक विशेष पैटर्न या रुप में संबंधित होते हैं। संख्याओं के बीच संबंध—

(*i*) क्रमागत विषम/सम संख्याओं;
(*ii*) क्रमागत अविभाज्य संख्याओं;
(*iii*) किसी संख्या (या संख्याओं) का वर्गफल/घनफल जिसमें किसी संख्या को जोड़ने या घटाने पर परिवर्तन होता है/नहीं होता;
(*iv*) पूर्ववर्ती संख्याओं का योग/गुणनफल/अंतर;
(*v*) किसी संख्या से योग/घटाव/गुणा/भाग; और
(*vi*) उपर्युक्त संबंधों के अनेक और भी संयोजनों पर आधारित होता है।

अभ्यास

निर्देश : *शृंखलाओं को पूरा करने के लिए दिए गए विकल्पों में से लुप्त पद/संख्या ज्ञात करें।*

1. 1, 6, 12, 19, 27, ?
(*a*) 38 (*b*) 35
(*c*) 36 (*d*) 54

2. 2, 3, 6, 18, 108, ?
(*a*) 1944 (*b*) 1658
(*c*) 648 (*d*) 1008

3. 3, 8, 13, 24, 41, ?
(*a*) 65 (*b*) 75
(*c*) 70 (*d*) 80

4. 0, 5, 22, 57, ?, 205
(*a*) 198 (*b*) 116
(*c*) 172 (*d*) 92

5. 1, 2, 5, 12, 27, 58, 121, ?
(*a*) 246 (*b*) 247
(*c*) 248 (*d*) 249

उत्तरमाला

1	2	3	4	5
(*c*)	(*a*)	(*c*)	(*b*)	(*c*)

व्याख्यात्मक उत्तर

1. शृंखला के आरंभिक पदों अर्थात् 1 और 6 के बीच 5 का अंतर है और तत्पश्चात् शृंखला की आनुक्रमिक संख्याओं के बीच अंतर में क्रमश: 1 की वृद्धि होती जाती है।

1 → 6 → 12 → 19 → 27 → 36
(+5, +6, +7, +8, +9)

4. शृंखला निम्नलिखित पैटर्न का अनुपालन करती है :
1 से आरंभ करके प्राकृतिक संख्याओं का घनफल घटा 1 से आरंभ करके एकांतर विषम संख्याएं

0	5	22	57	116	205
↓	↓	↓	↓	↓	↓
1^3-1	2^3-3	3^3-5	4^3-7	5^3-9	6^3-11

आवृत्ति शृंखला (Repetitive Series)

इस प्रकार की शृंखला में अक्षरों का समुच्चय निर्मित करने के लिए अंग्रेजी वर्णमाला के छोटे अक्षरों का प्रयोग किया जाता है जिनकी शृंखला में पुनरावृत्ति होती है।

अभ्यास

निर्देश : *दी गई अक्षर-शृंखलाओं को पूरा करने के लिए दिए गए अक्षर-समूहों के विकल्पों में से सही विकल्प का चयन करें।*

1. ab---b-bbaa-
(*a*) babba (*b*) abaab
(*c*) abbab (*d*) baaab

2. aa-ab--aaa-a
(*a*) baaa (*b*) abab
(*c*) aaab (*d*) aabb

3. -baa-aab-a-a
   (*a*) baab (*b*) abab
   (*c*) aaba (*d*) aabb
4. -a cca-ccca-acccc-aaa
   (*a*) ccaa (*b*) acca
   (*c*) caac (*d*) caaa
5. c-bbb--abbbb-abbb-
   (*a*) abccb (*b*) bacbb
   (*c*) aabcb (*d*) abacb

उत्तरमाला

1	2	3	4	5
(*d*)	(*c*)	(*b*)	(*d*)	(*a*)

व्याख्यात्मक उत्तर

2. दी गई अक्षर शृंखला है : aaaaba, aaaaba

4. दी गई अक्षर शृंखला है : c, a, cc, aa, ccc, aaa, cccc, aaaa

5. दी गई अक्षर शृंखला है : cabbbb, cabbbb, cabbbb

●●●

2

सादृश्य या संबंध (Analogies or Relationships)

शब्द सादृश्य (Word Analogy)

संबंध या सादृश्य परीक्षा में दिए गए दो शब्दों के बीच संबंध स्थापित किया जाता है और उसी संबंध को दिए गए अन्य शब्दों पर अनुप्रयुक्त किया जाता है। दिए गए दो शब्दों के बीच विभिन्न प्रकार के संबंध हो सकते हैं, अतः इस प्रकार के प्रश्नों को हल करते समय सर्वप्रथम यह ज्ञात करना होता है कि दिए गए दो शब्दों के बीच किस प्रकार का संबंध है।

अभ्यास

निर्देश (प्र.सं. 1–5): *पूछे गए प्रत्येक प्रश्न में पहले दिए गए दो शब्दों के बीच संबंध स्थापित करें। तत्पश्चात् दिए गए विकल्पों में से उस विकल्प का चयन करें जिसके शब्द और प्रश्न में दिए गए तीसरे शब्द के बीच ठीक वैसा ही संबंध या सादृश्य हो जैसा कि पहले के दो शब्दों के बीच है।*

1. जो संबंध 'उन्माद' और 'सनक' में है वही संबंध 'भय' और निम्नलिखित में से किसमें है?
   (*a*) इच्छा (*b*) शौक
   (*c*) आवश्यकता (*d*) डर
2. 'हकलाना' जिस प्रकार 'वाणी' से संबंधित है उसी प्रकार 'बहरापन' का संबंध निम्नलिखित में से किससे है?
   (*a*) कान (*b*) सुनना
   (*c*) शोर (*d*) चुप्पी
3. जिस प्रकार 'नेता', 'अनुयायी' से संबंधित है, उसी प्रकार .... संबंधित है सिपाही से।
   (*a*) कैप्टन (*b*) यूनिट
   (*c*) सेना (*d*) बैरक
4. जिस प्रकार 'चिल्लाहट', 'फुसफुसाहट' से संबंधित है, उसी प्रकार 'मारना' निम्नलिखित में से किससे संबंधित है?
   (*a*) थप्पड़ मारने (*b*) छूना
   (*c*) क्रोध (*d*) शोरगुल
5. जिस प्रकार 'पंजा', 'बिल्ली' से संबंधित है उसी प्रकार 'खुर' निम्नलिखित में से किससे संबंधित है?
   (*a*) घोड़ा (*b*) मेमना
   (*c*) हाथी (*d*) शेर

निर्देश (प्र.सं. 6–10): *नीचे दिए गए प्रत्येक प्रश्न में :: चिह्न की बाईं ओर दो शब्द दिए गए हैं। इन दोनों शब्दों में कुछ संबंध है। वैसा ही संबंध :: चिह्न की दाईं ओर के दो शब्दों में है जिनमें से एक शब्द के स्थान पर प्रश्नवाचक चिह्न (?) है। प्रश्नवाचक चिह्न (?) के स्थान पर दिए गए विकल्पों में से एक उपयुक्त विकल्प का चयन करें।*

6. शिकारी : बंदूक :: लेखक : ?
   (*a*) पुस्तक (*b*) कलम
   (*c*) कविता (*d*) पृष्ठ
7. भोजन : आमाशय :: ईंधन : ?
   (*a*) इंजन (*b*) ऑटोमोबाइल
   (*c*) रेल (*d*) वायुयान
8. जल : रेत :: महासागर : ?
   (*a*) द्वीप (*b*) नदी
   (*c*) मरुभूमि (*d*) तरंगें
9. वयस्क : बच्चा :: फूल : ?
   (*a*) बीज (*b*) कली
   (*c*) फल (*d*) तितली
10. मोती : कंठहार :: फूल : ?
   (*a*) पौधा (*b*) बगीचा
   (*c*) पँखुड़ी (*d*) गुलदस्ता

निर्देश (प्र.सं. 11–15): *दिए गए विकल्पों में से उस शब्द-युग्म का चयन कीजिए जिसमें युग्म के शब्दों के बीच ठीक उसी प्रकार का संबंध हो जिस प्रकार का संबंध प्रश्न में दिए गए मूल शब्द-युग्म के बीच है।*

11. राज्य : निर्वासन
(*a*) पुलिस : गिरफ्तार (*b*) न्यायाधीश : अभियुक्त
(*c*) संविधान : संशोधन (*d*) चर्च : धर्म-बहिष्करण

12. चंचलता : विश्वसनीयता
(*a*) तात्कालिक : भविष्य सूचक (*b*) अविश्वसनीय : अमानवीय
(*c*) दृढ़निश्चयी : व्यवहार्यता (*d*) स्वेच्छाचारी : सनकी

13. अनिच्छुक : बल-प्रयोग
(*a*) घृणित : दुलारा (*b*) चिढ़ना : प्यार करना
(*c*) क्रुद्ध : प्रतिरोध (*d*) विमुख : मान-मनोव्वल

14. शल्क : मछली
(*a*) महिला : ड्रेस (*b*) पेड़ : पत्तियां
(*c*) पक्षी : पंख (*d*) त्वचा : मुनष्य

15. वृक्ष : बालवृक्ष
(*a*) झोंपड़ी : महल (*b*) लंबा-तगड़ा : बौना
(*c*) घोड़ा : बछेड़ा (*d*) चींटी : हाथी

उत्तरमाला

1	2	3	4	5
(*d*)	(*b*)	(*a*)	(*b*)	(*a*)
6	**7**	**8**	**9**	**10**
(*b*)	(*a*)	(*c*)	(*b*)	(*d*)
11	**12**	**13**	**14**	**15**
(*d*)	(*d*)	(*d*)	(*d*)	(*c*)

व्याख्यात्मक उत्तर

1. संबंधित शब्द पर्यायवाची हैं।

3. जिस प्रकार 'अनुयायी' अपने 'नेता' से मार्ग-दर्शन प्राप्त करते हैं उसी प्रकार 'सिपाही' को अपने 'कैप्टन' से मार्गदर्शन प्राप्त होता है।

5. 'बिल्ली' के 'पैर में' 'पंजा' होता है जबकि 'घोड़ा' के पैर में 'खुर' होता है।

6. 'शिकारी' का हथियार 'बंदूक' है और 'लेखक' का हथियार 'कलम' है।

9. 'बच्चा' विकसित होकर 'वयस्क' बनता है और 'कली' खिलकर 'फूल' बनती है।

11. राज्य से बाहर कर देना 'निर्वासन' और चर्च से बाहर कर देना 'धर्म-बहिष्करण' कहलाता है।

14. मछली का शरीर 'शल्कों' से ढका होता है और मनुष्य का शरीर उसकी 'त्वचा' से ढका होता है।

15. नवजात वृक्ष को 'बालवृक्ष' कहते हैं और नवजात घोड़े को 'बछेड़ा' कहते हैं।

अक्षर सादृश्य (Letter Analogy)

इस प्रकार के सादृश्य में अक्षरों के दो दिए गए समुच्चयों के बीच संबंध स्थापित किया जाता है और तत्पश्चात् अक्षरों के दिए गए तीसरे समुच्चय पर पहले दो अक्षर समुच्चयों के बीच के संबंध को अनुप्रयुक्त करके अक्षरों के चौथे अपेक्षित समुच्चय को ज्ञात किया जाता है।

अभ्यास

निर्देश: *नीचे के प्रत्येक प्रश्न में एक लुप्त पद है। प्रश्न में :: चिह्न की बायीं ओर के दो अक्षर-समूहों में जो समानता या सादृश्य है वैसी ही समानता या सादृश्य :: चिह्न की दायीं ओर के दो अक्षर समूहों में है जिनमें से एक अक्षर समूह के स्थान पर प्रश्नवाचक चिह्न (?) लगा है। प्रश्न-वाचक चिह्न (?) के स्थान पर लुप्त पद ज्ञात करें।*

1. BCF : DEG : : MNQ : ?
(*a*) OPR (*b*) PQS
(*c*) OPP (*d*) QRT

2. NATION : ANITNO : : HUNGRY : ?
(*a*) HNUGRY (*b*) UNHGYR
(*c*) YRNGUH (*d*) UHGNYR

3. ACE : FGH : : LNP : ?
(*a*) QRS (*b*) PQR
(*c*) QST (*d*) MOQ

4. BOQD : ERTG : : ANPC : ?
(*a*) DQSF (*b*) FSHU
(*c*) SHFU (*d*) DSQF

5. RUX : TRP : : BEH : ?
(*a*) SQN (*b*) QON
(*c*) QOM (*d*) QNL

6. BCDE : WVUT : : QRST : ?
(*a*) EFHG (*b*) JIHG
(*c*) POML (*d*) GEDC

7. ABC : ZYX : : IJK : ?
(*a*) RST (*b*) RQP
(*c*) RTS (*d*) RPQ

8. CIRCLE : RICELC : : SQUARE : ?
(*a*) UQSERA (*b*) QUSERA
(*c*) QSUERA (*d*) UQSAER

9. PSQR : CFED : : JMKL : ?
(*a*) UXVW (*b*) WZYX
(*c*) YVXZ (*d*) YZWX

10. FHJL : VTRP : : MOQS : ?
(*a*) JHFD (*b*) IGFD
(*c*) IGED (*d*) JHED

उत्तरमाला

1	2	3	4	5
(*a*)	(*d*)	(*a*)	(*a*)	(*c*)
6	**7**	**8**	**9**	**10**
(*b*)	(*b*)	(*a*)	(*b*)	(*a*)

व्याख्यात्मक उत्तर

2. पहले समूह के अक्षरों को दो-दो अक्षरों के खंडों में विभाजित करके प्रत्येक खंड के अक्षरों को उल्टे क्रम में लिखने पर दूसरा अक्षर-समूह प्राप्त होता है।

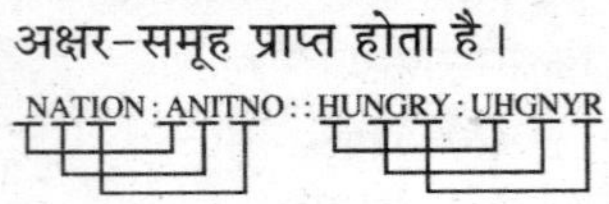

4. प्रत्येक अक्षर समूह में पहले और चौथे अक्षरों के बीच एक अक्षर छूटा हुआ है तथा दूसरे और तीसरे अक्षरों के बीच भी एक अक्षर छूटा हुआ है।

BOQD : ERTG :: ANPC : DQSF
P S O R
C F B E

5. पहले समूह के अक्षरों में +3 का और दूसरे समूह के अक्षरों में –2 का अंतर है।

RUX : TRP :: BEH : QOM
+3 +3 –2 –2 +3+3 –2 –2

7. पहले अक्षर समूह में क्रमागत अक्षर वर्णमाला के सीधे क्रम में हैं और दूसरे अक्षर समूह में अक्षर वर्णमाला के विपरीत क्रम में समस्थानिक अक्षर हैं।

ABC → : ZYX ← :: IJK → : RQP ←

8. प्रथम अक्षर-समूह को दो बराबर खंडों में विभक्त करके प्रत्येक खंड के अक्षरों को उल्टे क्रम में लिखने पर दूसरा अक्षर-समूह प्राप्त होता है।

CIRCLE : RICELC :: SQUARE : UQSERA

संख्या सादृश्य (Number Analogy)

संख्या सादृश्य में भी पहले दो दी गई संख्याओं के बीच संबंध स्थापित किया जाता है और तत्पश्चात् इस ज्ञात संबंध को संख्याओं के दूसरे जोड़े पर प्रयुक्त करके उसके लुप्त पद को ज्ञात किया जाता है। संख्याओं के बीच संबंध किसी भी एक पैटर्न पर आधारित हो सकता है,

अभ्यास

निर्देश : *नीचे के प्रत्येक प्रश्न में चिह्न ': :' के पहले दो संख्याएं दी गई हैं जिनमें आपस में एक संबंध है तथा ': :' चिह्न के बाद में एक तीसरी संख्या दी गई है। दिए गए विकल्पों में से उस संख्या का चयन करें जिसका तीसरी संख्या के साथ वैसा ही संबंध हो जैसा संबंध संख्याओं के पहले जोड़े के बीच है।*

1. 14 : 20 : : 16 : ?
(*a*) 23 (*b*) 10
(*c*) 48 (*d*) 32

2. 0.16 : 0.0016 : : 1.02 : ?
(*a*) 10.20 (*b*) 0.102
(*c*) 0.0102 (*d*) 1.020

3. 5 : 24 : : 8 : ?
(*a*) 65 (*b*) 63
(*c*) 62 (*d*) 64

4. 65 : 30 : : 44 : ?
(*a*) 79 (*b*) 62
(*c*) 28 (*d*) 16

5. 30 : 42 : : 56 : ?
(*a*) 92 (*b*) 21
(*c*) 38 (*d*) 72

6. 6 : 18 : : 4 : ?
(*a*) 2 (*b*) 6
(*c*) 8 (*d*) 16

7. 162 : 9 : : 310 : ?
(*a*) 33 (*b*) 27
(*c*) 16 (*d*) 4

8. 123 : 149 : : 201 : ?
(*a*) 202 (*b*) 404
(*c*) 401 (*d*) 227

9. 6 : 21 : : 14 : ?
(*a*) 82 (*b*) 75
(*c*) 60 (*d*) 41

उत्तरमाला

1	2	3	4	5
(*a*)	(*c*)	(*b*)	(*d*)	(*d*)
6	**7**	**8**	**9**	
(*c*)	(*d*)	(*c*)	(*a*)	

व्याख्यात्मक उत्तर

1. संख्याओं के बीच संबंध निम्नवत् है:

14 : 20 : : 16 : 23
↓ ↓ ↓ ↓
7 × 2 (7 × 3)–1 8 × 2 (8 × 3)–1

4. दूसरी संख्या पहली संख्या के अंकों का गुणनफल है:

$\frac{60:30}{(6\ \ 5)} :: \frac{44:16}{(4\ \ 4)}$

7. पहली संख्या के अंकों का योगफल दूसरी संख्या के बराबर है:

162 : 9 : : 310 : 4
1 + 6 + 2 3 + 1 + 0

●●●

3 वर्गीकरण या विजातीय छांटना (Classification or Odd One Out)

विजातीय छांटना–शब्दों पर आधारित समस्याएं

इस प्रकार के वर्गीकरण में चार शब्द दिए जाते हैं जिनमें से तीन शब्द तथ्य या अर्थ की दृष्टि से या अन्य किसी न किसी रूप में आपस में संबंधित होते हुए एक समूह बनाते हैं जबकि शेष केवल एक शब्द अन्य तीनों से भिन्न होता है।

अभ्यास

निर्देश : *यहां दिए गए प्रत्येक प्रश्न में तीन शब्द किसी न किसी प्रकार से समान हैं और इस कारण वे एक समूह बनाते हैं जबकि एक शब्द अन्य तीनों से भिन्न है। इस भिन्न या विजातीय शब्द को ज्ञात करें।*

1. (*a*) अस्तबल (*b*) बिल
   (*c*) डोंगी (*d*) सूअर-बाड़ा
2. (*a*) खुश (*b*) उदास
   (*c*) प्रसन्नचित्त (*d*) प्रसन्न
3. (*a*) सीसा (*b*) पारद
   (*c*) तांबा (*d*) लोहा
4. (*a*) अतिवृष्टि (*b*) अनावृष्टि
   (*c*) भूस्खलन (*d*) युद्ध
5. (*a*) सिंहशावक (*b*) चूजा
   (*c*) सूअर (*d*) पिल्ला
6. (*a*) खरगोश (*b*) मगरमच्छ
   (*c*) केंचुआ (*d*) घोंघा
7. (*a*) पेड़ (*b*) पत्ता
   (*c*) झाड़ी (*d*) शाकीय पौधे
8. (*a*) अलंकृत करना (*b*) रमणीय
   (*c*) सजाना (*d*) सुंदर बनाना
9. (*a*) ट्यूटर (*b*) प्रिंसिपल
   (*c*) छात्र (*d*) प्रोफेसर
10. (*a*) निवेदित भाव (*b*) शुल्क
    (*c*) कर (*d*) चुंगी

उत्तरमाला

1	2	3	4	5
(*c*)	(*b*)	(*b*)	(*d*)	(*c*)
6	**7**	**8**	**9**	**10**
(*a*)	(*b*)	(*b*)	(*c*)	(*a*)

व्याख्यात्मक उत्तर

1. डोंगी एक छोटी नाव होती है। अन्य सभी पशु-पक्षियों के निवासस्थलों के नाम हैं।
2. अन्य सभी आनन्द की अनुभूति को अभिव्यक्त करते हैं।
3. अन्य सभी ठोस धातुएं हैं।
5. अन्य सभी शब्द विभिन्न जंतुओं के शिशुओं के नाम हैं।
9. अन्य सभी शिक्षा प्रदान करते हैं जबकि छात्र इन सभी से शिक्षा प्राप्त करता है।
10. अन्य सभी विभिन्न प्रकार के कर हैं।

विजातीय छांटना-अक्षरों पर आधारित समस्याएं

इस कोटि के अंतर्गत विकल्प के रूप में चार अक्षर-समूह या अक्षरों की एक श्रृंखला दी जाती है। परीक्षार्थी को इनमें से ऐसे विकल्प का चयन करना होता है जो अन्यों से भिन्न अर्थात् विजातीय हो।

अभ्यास

निर्देश : *नीचे के प्रत्येक प्रश्न में अक्षर समूहों के रूप में चार विकल्प दिए गए हैं जिनमें से तीन में किसी न किसी प्रकार की समानता है और इस कारण वे एक समूह बनाते हैं। उस अक्षर समूह का चयन करें जो समूह से संबंधित नहीं है।*

1. (*a*) ACE (*b*) LOR
   (*c*) GIK (*d*) VXZ
2. (*a*) EFLM (*b*) KJSR
   (*c*) XWHG (*d*) EDYX
3. (*a*) JOPK (*b*) BOPC
   (*c*) QOPR (*d*) TOPS
4. (*a*) BdfH (*b*) FHJL
   (*c*) RTvX (*d*) uVwX
5. (*a*) MKGA (*b*) PNID
   (*c*) RPLF (*d*) VTPJ
6. (*a*) ABJNM (*b*) QRTUZ
   (*c*) IXYOQ (*d*) WGFPO
7. (*a*) CFIL (*b*) ABCD
   (*c*) ACDF (*d*) EFGH
8. (*a*) KNOS (*b*) QTUY
   (*c*) DFGJ (*d*) BEFJ
9. (*a*) FKP (*b*) LPU
   (*c*) HMR (*d*) DIN
10. (*a*) TBVD (*b*) JOKQ
    (*c*) AXCZ (*d*) FRHT

उत्तरमाला

1	2	3	4	5
(*b*)	(*a*)	(*d*)	(*d*)	(*b*)
6	**7**	**8**	**9**	**10**
(*c*)	(*c*)	(*c*)	(*b*)	(*b*)

व्याख्यात्मक उत्तर

1. शेष सभी अक्षर समूहों में अगला अक्षर अपने पूर्ववर्ती अक्षर से वर्णमाला के सीधे क्रम में 2 अक्षर आगे का है जबकि विकल्प (*b*) के अक्षर समूह में +3 अनुक्रम का पालन होता है।

   ABCDE (+2, +2) LMNOPQR (+3, +3)
   GHIJK (+2, +2) VWXYZ (+2, +2)

6. शेष समूहों में कम से कम दो जोड़े अक्षर वर्णमाला के क्रम में हैं, अर्थात्

   ABJNM; QRTUZ; WGFPO

   विकल्प (*c*) में केवल एक जोड़ा अक्षर-ही वर्णमाला के क्रम में है।

   IXYOQ

9. शेष सभी अक्षर समूहों में +5 पैटर्न का अनुपालन होता है।

F K P ; H M R ; D I N
(+5 +5 ; +5 +5 ; +5 +5)

विकल्प (*b*) में +4, +5 पैटर्न का अनुपालन होता है।

L P U
(+4 +5)

10. शेष समूहों में तीसरा अक्षर पहले अक्षर से और चौथा अक्षर दूसरे अक्षर से वर्णमाला के सीधे क्रम में 2 अक्षर आगे का अक्षर है। अर्थात् :

T B V D; A X C Z; F R H T
(+2, +2 ; +2, +2 ; +2, +2)

विकल्प (*b*) में निम्नवत् पैटर्न दिखाई पड़ता है :

J O K Q
(+1, +2)

विजातीय छांटना–संख्याओं पर आधारित समस्याएं

इस प्रकार के वर्गीकरण में विकल्पों के रूप में विभिन्न संख्याएं दी जाती हैं। इन संख्याओं में से एक को छोड़कर जो अन्य से भिन्न होती है, शेष किसी न किसी रूप में आपस में संबंधित होती हैं और इस प्रकार एक समूह बनाती हैं।

अभ्यास

निर्देश : *यहां प्रत्येक प्रश्न में चार विकल्प दिए गए हैं जिनमें से तीन किसी न किसी रूप में आपस में संबंधित होते हुए एक समूह बनाते हैं, जबकि शेष एक संख्या अन्य से भिन्न है। उस भिन्न संख्या का चयन करें जो समूह से संबंधित नहीं है।*

1. (*a*) 1948 (*b*) 2401
(*c*) 966 (*d*) 1449

2. (*a*) 182 (*b*) 169
(*c*) 130 (*d*) 158

3. (*a*) 3215 (*b*) 9309
(*c*) 4721 (*d*) 2850

4. (*a*) 1776 (*b*) 2364
(*c*) 1976 (*d*) 3776

5. (*a*) 7658 (*b*) 1234
(*c*) 9876 (*d*) 6543

6. (*a*) 18 (*b*) 12
(*c*) 30 (*d*) 20

7. (*a*) 9875432 (*b*) 98765
(*c*) 98756 (*d*) 9876543

8. (*a*) 5243 (*b*) 9251
(*c*) 4256 (*d*) 3257

9. (*a*) 2553 (*b*) 1224
(*c*) 7992 (*d*) 3885

10. (*a*) 3223 (*b*) 4554
(*c*) 6116 (*d*) 9887

उत्तरमाला

1	2	3	4	5
(*a*)	(*d*)	(*b*)	(*b*)	(*a*)
6	**7**	**8**	**9**	**10**
(*a*)	(*c*)	(*a*)	(*b*)	(*d*)

व्याख्यात्मक उत्तर

1. शेष संख्याएं 7 से विभाज्य हैं।

2. शेष संख्याएं 13 का गुणज हैं।

4. शेष संख्याओं में आखिरी दो अंक एक से हैं।

8. शेष सभी संख्याओं में 25 बीच में है और सिरे के दो अंकों का योग 10 के बराबर है।

10. शेष सभी संख्याओं में अंतिम दो अंक पहले दो अंकों को उलटे क्रम में लिखने पर प्राप्त होते हैं।

विजातीय छांटना–शब्द समूहों से संबंधित समस्याएं

शब्दों, अक्षरों या संख्याओं के समूह का वर्गीकरण एकल शब्द, अक्षर या संख्या के वर्गीकरण से अधिक भिन्न नहीं होता।

अभ्यास

निर्देश : *नीचे के प्रत्येक प्रश्न में शब्दों के उस जोड़े का चयन करें जो शेष तीन जोड़ों से भिन्न हो।*

1. (*a*) कुर्सी-फर्नीचर (*b*) शर्ट-वस्त्र
(*c*) कंठहार-आभूषण (*d*) बोगी-इंजन

2. (*a*) चित्रांकनी-कागज (*b*) पेंसिल-लेड
(*c*) कलम-स्याही (*d*) बुरुश-रंग

3. (*a*) युद्ध-शांति (*b*) वास्तविक-सहज
(*c*) अग्रगण्य-प्रथम (*d*) क्रोध-गुस्सा

4. (*a*) दिन-रात (*b*) चालाक-मूर्ख
(*c*) स्पष्ट-धुंधला (*d*) पहुंचना-आना

5. (*a*) भतीजी-भतीजा (*b*) भाई-बहन
(*c*) पति-पत्नी (*d*) पिता-माता

6. (*a*) पेट्रोल-कार (*b*) तेल-लैम्प
(*c*) डीजल-लकड़ी (*d*) मोम-मोमबत्ती

7. (*a*) गंगा-नर्मदा (*b*) थार-गोबी
(*c*) आमाशय-हाथ (*d*) एवरेस्ट-पर्वत

8. (*a*) औषधि-चिकित्सक (*b*) फूल-कलाकार
(*c*) जूता-मोची (*d*) त्वचा-त्वचारोग विशेषज्ञ

9. (*a*) प्राधिकार-मंजूरी (*b*) प्रतिकर्षण-आकर्षण
(*c*) तुनकमिजाज-दुस्तोषणीय (*d*) श्वास-अस्तित्व

10. (*a*) पोलो-बर्फ का मैदान (रिंक)
(*b*) गोल्फ-लॉन
(*c*) टेनिस-कोर्ट
(*d*) शतरंज-बोर्ड

उत्तरमाला

1	2	3	4	5
(*d*)	(*a*)	(*a*)	(*d*)	(*a*)
6	**7**	**8**	**9**	**10**
(*c*)	(*d*)	(*b*)	(*b*)	(*a*)

व्याख्यात्मक उत्तर

1. बोगी रेलगाड़ी का एक हिस्सा होता है जो परिवहन का एक साधन है। कुर्सी, शर्ट और कंठहार क्रमशः फर्नीचर, वस्त्र और आभूषण हैं।

3. शेष सभी शब्द-युग्म समानार्थक शब्दों के युग्म हैं जबकि विकल्प (*a*) में दिया गया शब्द-युग्म विपरीतार्थक शब्दों का युग्म है।

4. शेष शब्द-युग्म एक दूसरे के विपरीतार्थक हैं।

5. संबंधित शब्द-युग्मों में पहला पुल्लिंग और दूसरा स्त्रीलिंग है। विकल्प (*a*) में पहले स्त्रीलिंग और तत्पश्चात् पुल्लिंग दिया गया है।

8. चिकित्सक का औषधि, मोची का जूता और त्वचारोग विशेषज्ञ का संबंध त्वचारोग से है। फूलों की देख-रेख करने वाले व्यक्ति को माली कहते हैं।

•••

4

सांकेतिक भाषा परीक्षण (Coding and Decoding)

भाग-I

कूटलेखन या 'कोडिंग' संवाद-संप्रेषण की एक प्रक्रिया है जिसमें एक गुप्त भाषा का प्रयोग वास्तविक तथ्यों शब्दों/मूल्यों की अभिव्यक्ति या प्रस्तुतिकरण को एक ऐसी भाषा में परिवर्तित करने के लिए किया जाता है जिसे संवाद के प्रेषक और प्राप्तकर्ता के अतिरिक्त कोई तीसरा व्यक्ति समझ न सके।

अभ्यास

निर्देश : *निम्नलिखित प्रश्नों में दिए गए शब्दों या अक्षरों के लिए इंगित कूटभाषा के शब्द या अक्षर ज्ञात करें।*

1. यदि किसी कूट भाषा में CHAIR को FKDLU के रूप में लिखा जाए तो उसी कूटभाषा में RAID शब्द को किस प्रकार लिखा जाएगा?

(*a*) ULGD (*b*) ULKG
(*c*) ULDG (*d*) UDLG

2. किसी कूटभाषा में COME को XLNV और ABLE को ZYOV लिखा जाता है। इसी कूटभाषा में MOLLY किस प्रकार लिखा जाएगा?

(*a*) NLOBO (*b*) NLBOO
(*c*) LNOOB (*d*) NLOOB

3. यदि किसी कूटभाषा में ACTION को ZXGRLM लिखा जाता हो तो उसी कूटभाषा में HEALTH को कैसे लिखा जाएगा?

(*a*) SVZOGS (*b*) TVZOGT
(*c*) RUZPGR (*d*) QVGOZQ

4. यदि PHILOSOPHY को HPLISOPOYH लिखा जाता हो तो ORNAMENTAL कैसे लिखा जाएगा?

(*a*) ROANEMNTLA
(*b*) ONRAMNEALT
(*c*) ROANEMTNLA
(*d*) ROANEMNATL

5. यदि किसी कूटभाषा में लिखे गए शब्द OPFGBCST का अर्थवाचन NEAR के रूप में किया जाता हो तो उसी कूटभाषा में कूटबद्ध IJVWHI का अर्थ निम्नलिखित में से क्या होगा?

(*a*) HAG (*b*) HUG
(*c*) HUT (*d*) KEG

6. किसी विशेष कूटलिपि में PUNCTUAL को 16598623 के रूप में कूटबद्ध किया जाता है। इसी कूटलिपि में ACTUPULN निम्नलिखित में से किस प्रकार लिखा जाएगा?

(*a*) 29861653 (*b*) 29861635
(*c*) 28916135 (*d*) 29851536

7. यदि BAD को 7 के रूप में और HIS को 9 के रूप में कूटबद्ध किया जाए तो LOW निम्नलिखित में से किसके द्वारा सूचित किया जाएगा?

(*a*) 50 (*b*) 8
(*c*) 23 (*d*) 5

8. किसी विशेष कूटभाषा में REGISTRY को VAKEWPVU लिखा जाता है। इसी कूटभाषा में ENTRY कैसे लिखा जाएगा?

(*a*) IJXNC (*b*) ARPVW
(*c*) ARPVU (*d*) IJXMC

9. निम्नलिखित शब्दों में अक्षरों के संख्या कोड दिए गए हैं : BRAIN-12345, GRADE-72308, DRAIN-02345, STATE-78388। इन शब्दों में 'D' के लिए किस संख्या कोड का प्रयोग किया गया है?

(*a*) 3 (*b*) 2
(*c*) 0 (*d*) 4

उत्तरमाला

1	2	3	4	5
(*d*)	(*d*)	(*a*)	(*c*)	(*b*)
6	**7**	**8**	**9**	
(*b*)	(*d*)	(*a*)	(*c*)	

व्याख्यात्मक उत्तर

1. शब्द को कूटबद्ध करने के लिए उसके अक्षरों से वर्णमाला के क्रम में +3 चरण आगे के अक्षर लिए गए हैं।

C H A I R   F K D L U
(+3, +3, +3, +3, +3)

इसी प्रकार, R A I D   U D L G
(+3, +3, +3, +3)

4. शब्द को कूटबद्ध करने के लिए उसके दो क्रमागत अक्षरों को एक दूसरे के स्थान पर लिखा जाता है।

PH IL OS OP HY   HP LI SO PO YH

इसी प्रकार, OR NA ME NT AL   RO AN EM TN LA

5. कूटबद्ध शब्द का अर्थ-निर्वचन निम्नलिखित रूप में किया गया है :

↓OP ↓ FG ↓ BC ↓ ST → कूट

N   E   A   R   → दिया गया शब्द

अत: कूटबद्ध शब्द का अर्थ-निर्वचन करने के लिए वर्णमाला के अनुक्रम में दो क्रमागत अक्षरों से पहले के अक्षर लिए जाते हैं।

इसी प्रकार,

↓ IJ ↓ VW↓ HI→ दिया गया शब्द

H   U   G   → उत्तर शब्द

6. शब्द PUNCTUAL के अक्षरों को यादृच्छिक क्रम में लेकर ACTUPULN शब्द लिखा गया है।

इसी प्रकार संख्या कूट भी लिखा जाएगा

P U N C T U A L→ दिया गया शब्द

1 6 5 9 8 6 2 3 → कूट

इसी प्रकार,

A C T U P U L N → कूटबद्ध किया जाने वाला शब्द

2 9 8 6 1 6 3 5 → उत्तर कोड

9. जिन शब्दों में D का अक्षर निहित है, वे शब्द हैं :

G R A D E और D R A I N → अक्षर

7 2 3 0 8   0 2 3 4 5 → कूट

अत: यह स्पष्ट है कि 'D' का कूट '0' है।

भाग-II

एक अन्य प्रकार के कूट लेखन में किसी शब्द को कूट नाम दिए जाते हैं जिन्हें आगे भी कूटबद्ध किया जाता है। इस पैटर्न पर आधारित प्रश्न अर्थहीन प्रतीत हो सकते हैं किंतु कूट यथार्थता की बुनियादी बातों से हटकर नहीं होने चाहिए।

अभ्यास

निर्देश : *प्रत्येक प्रश्न में दी गई कूटबद्ध सूचना को अच्छी तरह समझें और दिए गए विकल्पों में से सही उत्तर का चयन करें।*

1. यदि किसी कूटभाषा में 'पानी' को 'नीला', 'नीला' को 'लाल', 'लाल' को 'सफेद', 'सफेद' को 'आकाश', 'आकाश' को 'वर्षा', 'वर्षा' को 'हरा', 'हरा' को 'हवा' और 'हवा' को 'मेज' कहा जाए, तो इस कूटभाषा में दूध के रंग को क्या कहेंगे?

(*a*) सफेद   (*b*) वर्षा
(*c*) आकाश   (*d*) हरा

2. यदि किसी कूटभाषा में 'प्रकाश' को 'अंधकार', 'अंधकार' को 'हरा', 'हरा' को 'नीला', 'नीला' को 'लाल', 'लाल' को 'सफेद' और 'सफेद' को 'पीला' कहा जाता हो तो इस कूटभाषा में रक्त का रंग क्या कहलाएगा?

(*a*) लाल   (*b*) अंधकार
(*c*) सफेद   (*d*) पीला

3. यदि किसी कूटभाषा में 'आकाश' को 'समुद्र', 'समुद्र' को 'पानी', 'पानी' को 'हवा', 'हवा' को 'बादल' और 'बादल' को 'नदी' कहा जाता हो तो प्यास लगने पर इस कूटभाषा में पीने के लिए किस चीज की मांग करेंगे?

(*a*) आकाश   (*b*) हवा
(*c*) पानी   (*d*) समुद्र

4. यदि किसी कूटभाषा में 'पीला' का अर्थ 'लाल', 'सफेद' का अर्थ 'हरा', 'लाल' का अर्थ 'नारंगी', 'नीला' का अर्थ 'सफेद' और 'हरा' का अर्थ 'नीला' हो तो उस कूटभाषा में आकाश का रंग क्या है?

(*a*) सफेद   (*b*) हरा
(*c*) नीला   (*d*) पीला

5. यदि किसी कूटभाषा में 'घर' को 'झोपड़ी', 'झोपड़ी' को 'नहर', 'नहर' को 'स्कूल', 'स्कूल' को 'मैदान', 'मैदान' को 'सुराही' और 'सुराही' को 'तार' कहा जाए तो इस कूटभाषा में छात्रों के पढ़ने की जगह को क्या कहेंगे?

(*a*) मैदान   (*b*) सुराही
(*c*) झोपड़ी   (*d*) स्कूल

6. यदि किसी कूटभाषा में 'बिल्ली' को 'घोड़ा', 'घोड़ा' को 'चूहा', 'कुत्ता' को 'खरगोश', 'खरगोश' को 'बिल्ली', 'चूहा' को 'कुत्ता' और 'शेर' को 'चींटी' कहा जाए तो इस कूटभाषा मे प्रयुक्त कूटों के आधार पर भौंकने वाले पशु को क्या कहेंगे?

(*a*) कुत्ता   (*b*) बिल्ली
(*c*) शेर   (*d*) खरगोश

7. यदि 'भूमि' को 'झील', 'झील' को 'पत्थर', 'पत्थर' को 'भारी', 'भारी' को 'स्टेडियम', 'स्टेडियम' को 'महासागर', 'महासागर' को 'वर्षा' और 'वर्षा' को 'आग' कहा जाए तो क्रिकेट के टेस्ट मैच खेले जाने वाले स्थान क्या कहलाते हैं?

(*a*) भारी   (*b*) महासागर
(*c*) पत्थर   (*d*) भूमि

8. यदि किसी कूटभाषा में 'चिड़िया' को 'राजा', 'राजा' को 'फूल', 'फूल' को 'घन', 'घन' को 'मेज', 'मेज' को 'मनुष्य' और 'मनुष्य' को 'चिड़िया' कहा जाए तो इस कूटभाषा में 'गुलाब' क्या है?
(a) मेज (b) फूल
(c) घन (d) मनुष्य

9. यदि किसी कूटभाषा में 'पानी' को 'पत्थर', 'पत्थर' को 'तेल', 'तेल' को 'हवा', 'हवा' को 'लकड़ी', 'लकड़ी' को 'गैस' और 'गैस' को 'द्रव' कहा जाए तो इस कूटभाषा में फर्नीचर किस चीज से बनता है?
(a) गैस (b) हवा
(c) तेल (d) द्रव

10. यदि किसी कूटभाषा में 'पिंजड़ा' को 'रॉकेट', 'रॉकेट' को 'फंदा', 'फंदा' को 'ग्रह', 'ग्रह' को 'हवाई जहाज', 'हवाई जहाज' को 'साइकिल' और 'साइकिल' को 'कार' कहा जाए तो इस कूटभाषा में पृथ्वी को क्या कहेंगे?
(a) साइकिल (b) रॉकेट
(c) ग्रह (d) हवाई जहाज

उत्तरमाला

1	2	3	4	5
(c)	(c)	(b)	(a)	(a)
6	7	8	9	10
(d)	(b)	(c)	(a)	(d)

व्याख्यात्मक उत्तर

1. दूध का रंग 'सफेद' होता है और इस कूटभाषा में 'सफेद' को 'आकाश' कहते हैं।
2. रक्त का रंग 'लाल' होता है और इस कूटभाषा में 'लाल' को 'सफेद' कहते हैं।
3. प्यास लगने पर हम 'पानी' पीते हैं और इस कूटभाषा में 'पानी' को 'हवा' कहते हैं।
4. आकाश का रंग 'नीला' होता है और नीला का अर्थ 'सफेद' है।
5. छात्र 'स्कूल' में पढ़ते हैं और 'स्कूल' को इस कूटभाषा में 'मैदान' कहा जाता है।
6. भौंकने वाला पशु 'कुत्ता' है और 'कुत्ता' को इस कूटभाषा में 'खरगोश' कहते हैं।

●●●

5 कथन विश्लेषण (Statement Analysis)

तर्कबुद्धि परीक्षण से संबंधित इस प्रकार के प्रश्नों में कुछ कथन दिए जाते हैं। इन कथनों में कतिपय तथ्यों को अलग-अलग रूपों में तोड़-मरोड़ कर प्रस्तुत किया जाता है। ऐसे प्रश्नों को हल करने के लिए अभ्यर्थियों से यह अपेक्षा की जाती है कि वे दिए गए कथनों का विश्लेषण करें, दिए गए तथ्यों को सुव्यवस्थित और वर्गीकृत करें तथा तत्पश्चात् दिए गए कथनों से संबंधित प्रश्नों के उत्तर दें।

अभ्यास

1. A, B, C, D और E पांच मित्र हैं जिनमें से A का वजन B से अधिक है, C का वजन D से कम है, B का वजन D से कम है किंतु E से अधिक है। इनमें से किसका वजन सबसे अधिक है?
(a) B (b) C
(c) A (d) कहा नहीं जा सकता

2. विपुल, हंस से लंबा है। हंस, आनंद से लंबा है। आलोक, अशोक से लंबा है। अशोक, हंस से लंबा है। इन पांचों मित्रों से कौन सबसे अधिक लंबा है?
(a) विपुल (b) आलोक
(c) अशोक (d) कहा नहीं जा सकता

3. प्रमोद, गोपाल से लंबा है। गोपाल, मधु से कम लंबा है। यह जानने के लिए कि इनमें सबसे अधिक लंबा कौन है, निम्नलिखित में से कौन-सी अतिरिक्त जानकारी आवश्यक है?
(a) मधु, गोपाल से लंबी है
(b) मधु, प्रमोद के भाई से कम लंबी है
(c) प्रमोद, मधु से लंबा है
(d) प्रमोद, मधु के भाई से लंबा है

4. विक्रम की लंबाई राजन से अधिक किंतु ऐनी से कम है। जमाल, ऐनी से अधिक लंबा है। सीता, विक्रम से अधिक लंबी है। राजन, सीता से कम लंबा है। इस समूह में सबसे कम लंबाई किसकी है?
(a) सीता (b) राजन
(c) विक्रम (d) कहा नहीं जा सकता

5. प्रमोद आयु में जयेश और सुधीर से बड़ा है। विकास, अनिल से छोटा है। इनमें किसकी आयु सब से अधिक है, यह जानने के लिए निम्नलिखित में से कौन-सी अतिरिक्त जानकारी अपेक्षित है?
(a) सुधीर, जयेश से बड़ा है (b) अनिल, जयेश से बड़ा है
(c) विकास, प्रमोद से बड़ा है (d) विकास, प्रमोद से छोटा है

निर्देश (प्र.सं. 6 और 7): *(A) गोपाल की लंबाई अशोक से कम किंतु केशव से अधिक है; (B) नवीन की लंबाई केशव से कम है; (C) जयेश की लंबाई नवीन से अधिक है; (D) अशोक की लंबाई जयेश से अधिक है।*

6. इनमें सबसे अधिक लंबा कौन है?
(a) गोपाल (b) अशोक
(c) जयेश (d) नवीन

7. उपर्युक्त प्रश्न का उत्तर देने के लिए निम्नलिखित में से कौन-सी सूचना आवश्यक नहीं है?
(*a*) A (*b*) B
(*c*) C (*d*) D

निर्देश (प्र.सं. 8–10): *नीचे उल्लिखित कथन को ध्यानपूर्वक पढ़ें और पूछे गए प्रश्नों के उत्तर दें:*

एक समूह में A, B, C, D और E पांच व्यक्ति हैं। इनमें से दो पुरुष हैं। केवल तीन व्यक्ति तैरना जानते हैं जिनमें एक पुरुष है। इस समूह में एक विवाहित जोड़ा भी है जिसमें पति को तैरना आता है। A, D की छोटी बहन है और B, E का पति है। C तैराकी का चैम्पियन है।

8. समूह में अविवाहित पुरुष कौन है?
(*a*) C (*b*) B
(*c*) A (*d*) D

9. निम्नलिखित में से कौन-सी दो महिलाएं तैरना जानती हैं?
(*a*) A और C (*b*) C और D
(*c*) D और E (*d*) A और E

10. निम्नलिखित में से किन दो व्यक्तियों को तैरना नहीं आता?
(*a*) B और D
(*b*) D और E
(*c*) A और E
(*d*) A और D

उत्तरमाला

1	2	3	4	5
(*d*)	(*d*)	(*c*)	(*b*)	(*c*)
6	7	8	9	10
(*b*)	(*c*)	(*d*)	(*a*)	(*b*)

व्याख्यात्मक उत्तर

1. वजन के घटते क्रम में इन मित्रों को निम्नवत् श्रेणीबद्ध किया जा सकता है : A/D, B/C, E या A/D, B, C/E अत: इन मित्रों में से A या D का वजन सबसे अधिक है।
2. लंबाई के घटते क्रम में इन व्यक्तियों के नाम हैं: विपुल/आलोक, अशोक, हंस, आनंद। अत: विपुल या आलोक में से कोई एक सबसे अधिक लंबा है।
4. लंबाई के घटते क्रम में इन व्यक्तियों को निम्नवत् विन्यस्त किया जा सकता है :
जमाल/सीमा, ऐनी, विक्रम, राजन *या*
जमाल, सीता/ऐनी, विक्रम, राजन
6. लंबाई के घटते क्रम में इन व्यक्तियों को निम्नवत् विन्यस्त किया जा सकता है :
अशोक, गोपाल/जयेश, केशव, नवीन *या*
अशोक, गोपाल, केशव/जयेश, नवीन

प्रश्न संख्या 8 से 10 तक के प्रश्नों के उत्तर के लिए सूचना चार्ट नीचे दिया गया है :

A. महिला (D की छोटी बहन) : तैराकी जानती है।
B. पुरुष (E का पति) : तैराकी जानता है।
C. महिला : तैराकी की चैम्पियन
D. पुरुष (A का भाई)
E. महिला (B की पत्नी)

विवाहित जोड़े B और E में से पति (B) तैराकी जानता है। C तैराकी की एक चैम्पियन है। तीन व्यक्ति तैरना जानते हैं जिनमें केवल B ही पुरुष है। अत: तैराकी जानने वाली दो महिलाएं C और A (D की छोटी बहन) हैं। पांच व्यक्तियों के इस समूह में दो पुरुष हैं जिनमें एक B है और दूसरा D होगा।

●●●

6

स्थान व्यवस्थीकरण (Place Arrangement)

स्थान व्यवस्थीकरण का सामान्य अर्थ है दी गई सूचनाओं के आधार पर व्यक्तियों या वस्तुओं का स्थान-क्रम निर्धारित करना। इसके लिए आवश्यक है कि स्थान-क्रम को अच्छी तरह समझा जाए और तत्पश्चात् दिए गए प्रश्नों को उपलब्ध कराई गई सूचना के आधार पर हल करने का प्रयास किया जाए।

अभ्यास

निर्देश (प्र.सं. 1–6): *निम्नलिखित प्रश्नों में व्यवस्थीकरण के पैटर्न को समझें और तत्पश्चात् दिए गए विकल्पों में से सही उत्तर का चयन करें:*

1. मिनी, रजनी के दाएं और अनंता के बाएं बैठी है। सत्या, मिनी के दाएं बैठी है किंतु वह जया के बाएं है। यदि सभी लड़कियां उत्तर दिशा की ओर मुंह किए बैठी हों तो इनमें से सबसे बाएं छोर पर कौन बैठी है?
(*a*) जया (*b*) मिनी
(*c*) रजनी (*d*) सत्या

2. A, B, C, D और E एक दूसरे के पीछे दौड़ रहे हैं। C, E के निकट नहीं है और A, D के निकट नहीं है। B, A के पीछे है और E, D के निकट नहीं है। इनके बीच में कौन व्यक्ति है?
(*a*) B (*b*) E
(*c*) A (*d*) कहा नहीं जा सकता

3. O, P, Q, R, S और T एक बेंच पर अपनी लंबाई के घटते क्रम में खड़े हैं। P, O से अधिक लंबा है किंतु S से उसकी लंबाई कम है। केवल S ही T से अधिक लंबा है। R, P से कम लंबा है किंतु वह Q से अधिक लंबा है। इनमें किसकी लंबाई सबसे कम है?

(*a*) O (*b*) Q
(*c*) P (*d*) कहा नहीं जा सकता

4. छह मित्र एक गोल घेरे में बैठकर ताश खेल रहे हैं। केनी, डैनी की बायीं ओर बैठा है। माइकल, बॉब और जॉन के बीच बैठा है। रॉजर, केनी और बॉब के बीच बैठा है। माइकल की दाहिनी ओर कौन बैठा है?
(*a*) डैनी (*b*) जॉन
(*c*) केनी (*d*) बॉब

5. 10 पुस्तकों के एक ढेर में 3 पुस्तकें इतिहास की, 3 हिंदी की, 2 गणित की और 2 अंग्रेजी की पुस्तकें हैं। यदि ऊपर से देखा जाए तो इतिहास और गणित की एक-एक पुस्तकों के बीच अंग्रेजी की एक पुस्तक है, गणित और अंग्रेजी की एक-एक पुस्तकों के बीच इतिहास की एक पुस्तक है, अंग्रेजी और गणित की एक-एक पुस्तकों के बीच एक हिंदी की पुस्तक है, हिंदी की दो पुस्तकों के बीच गणित की एक पुस्तक है तथा गणित और इतिहास की एक-एक पुस्तकों के बीच हिंदी की दो पुस्तकें हैं। इस ढेर में किस विषय की पुस्तक ऊपर से छठे स्थान पर है?
(*a*) अंग्रेजी (*b*) हिंदी
(*c*) इतिहास (*d*) गणित

6. छह मित्र A, B, C, D, E और F एक गोल घेरे में खड़े हैं। B, F और C के बीच में है, A, E और D के बीच में है, F, D की बायीं ओर है। A और F के बीच कौन है?
(*a*) C (*b*) B
(*c*) D (*d*) E

निर्देश (प्र.सं. 7 और 8): *निम्नलिखित कथनों को सावधानी पूर्वक पढ़ें और पूछे गए प्रश्नों के उत्तर दें :*

एक शेल्फ में पांच कमीजें एक ढेर में एक के ऊपर एक रखी हुई हैं। इस ढेर में लाल कमीज नीली कमीज के ऊपर रखी गई है और हरे रंग की कमीज नारंगी रंग की कमीज के नीचे रखी गई है। नीली कमीज नारंगी रंग की कमीज के ऊपर तथा सफेद कमीज हरी कमीज के नीचे रखी गई है।

7. लाल और नारंगी रंग की कमीजों के बीच रखी कमीज किस रंग की है?
(*a*) सफेद रंग की (*b*) हरे रंग की
(*c*) नीले रंग की (*d*) आंकड़े अपर्याप्त हैं

8. सबसे नीचे किस रंग की कमीज है?
(*a*) लाल (*b*) सफेद
(*c*) नारंगी (*d*) कहा नहीं जा सकता

उत्तरमाला

1	2	3	4	5
(*c*)	(*a*)	(*d*)	(*d*)	(*b*)
6	7	8		
(*c*)	(*c*)	(*b*)		

व्याख्यात्मक उत्तर

2. दौड़ते समय ये व्यक्ति निम्नलिखित क्रम में एक दूसरे के पीछे होंगे :

E		E
A		A
B	या	B
C		D
D		C

4. इन छह मित्रों के बैठने का निम्नलिखित क्रम है :

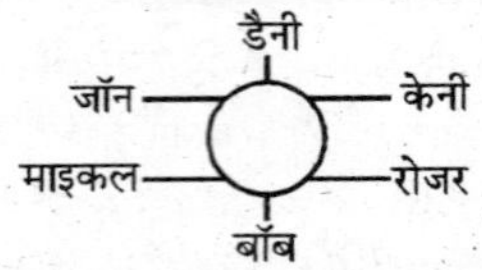

6. ये मित्र निम्नलिखित क्रम में एक दूसरे की बगल में खड़े हैं

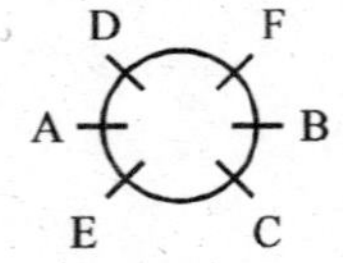

●●●

7

दिशा ज्ञान परीक्षण (Direction Sense)

इस प्रकार के प्रश्न अभ्यर्थियों की सही दिशा-निर्देशों को समझने की योग्यता की जांच करने हेतु पूछे जाते हैं। ऐसे प्रश्न दिशा-चार्ट पर आधारित होते हैं :

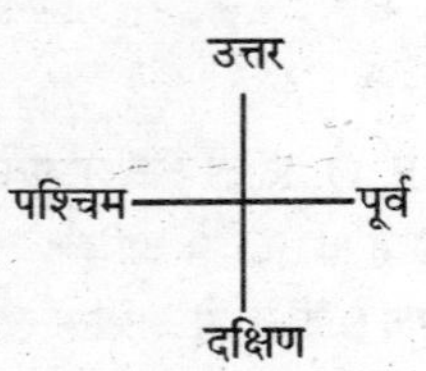

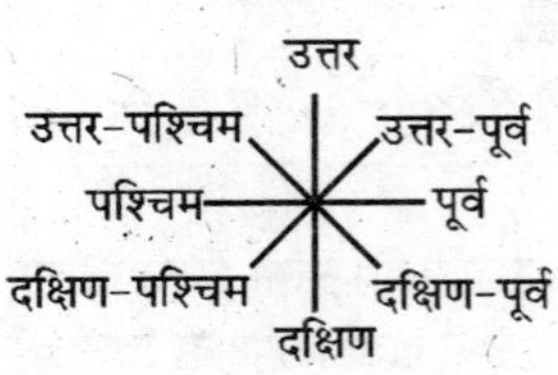

विभिन्न दिशाओं का बोध बाएं या दाएं मोड़ या कोणीय मोड़ों द्वारा निर्देशित होता है।

अभ्यास

निर्देश *: नीचे के प्रत्येक प्रश्न में सही दिशा/ दूरी दर्शाने के लिए दिए गए विकल्पों से सही उत्तर का चयन करें।*

1. एक व्यक्ति पश्चिम दिशा में अपनी गाड़ी चला रहा है। वह दक्षिण दिशा में चले इसके लिए उसे निम्नलिखित में से कौन से मोड़ मुड़ने चाहिए?

(*a*) बायीं ओर, दायीं ओर, दायीं ओर
(*b*) दायीं ओर, दायीं ओर, बायीं ओर
(*c*) बायीं ओर, बायीं ओर, बायीं ओर
(*d*) दायीं ओर, दायीं ओर, दायीं ओर

2. ऋचा अपनी गाड़ी से दक्षिण दिशा में 8 किमी आगे चलकर बायीं ओर मुड़ जाती है और 5 किमी. आगे चलती है। वहां वह एक बार फिर से बायीं ओर मुड़कर 8 किमी. आगे चलती है। अब वह अपने शुरू के स्थान से कितनी दूरी पर है?

(*a*) 3 किमी. (*b*) 5 किमी.
(*c*) 8 किमी. (*d*) 13 किमी.

3. देबू पहले पूर्व की ओर और तब उत्तर की ओर चलता है तथा वहां वह 45° दायें मुड़कर कुछ देर आगे चलता है और अंततः बायीं ओर मुड़ जाता है। अब वह किस दिशा में चल रहा है?

(*a*) उत्तर (*b*) पूर्व
(*c*) दक्षिण-पूर्व (*d*) उत्तर-पश्चिम

4. मैं अपने घर से उत्तर दिशा में चला और तब बायीं ओर मुड़ गया। अब कुछ देर तक आगे चलने के बाद मैं फिर से बायीं ओर मुड़ा और तब दायीं ओर मुड़ गया। बाद में आगे चलते हुए मैं बायीं ओर और एक बार फिर से बायीं ओर मुड़ा। बताइए कि अब मैं किस दिशा में चल रहा हूँ?

(*a*) उत्तर (*b*) दक्षिण
(*c*) पूर्व (*d*) पश्चिम

5. राज पश्चिम दिशा में चल रहा है। वह आगे चलते हुए अपने दाएं, फिर दाएं और तब बाएं, हर बार 45° के कोण पर मुड़ा। बताइए कि अब वह किस दिशा में चल रहा है?

(*a*) उत्तर-पूर्व (*b*) दक्षिण-पूर्व
(*c*) पूर्व (*d*) पश्चिम

6. एक महिला उत्तर दिशा में 12 किमी. चलती है, तब वह दक्षिण दिशा में 6 किमी. चलती है और तत्पश्चात् पूर्व दिशा में 8 किमी चलती है। इस समय वह अपने आरंभिक बिंदु से कितनी दूरी पर है और किस दिशा में चल रही है?

(*a*) 5 किमी., उत्तर-पूर्व (*b*) 5 किमी., पूर्व
(*c*) 10 किमी., उत्तर-पूर्व (*d*) 10 किमी., पश्चिम

7. रवि अपनी गाड़ी से पश्चिम दिशा में 12 किमी. जाता है। वहां वह दक्षिण दिशा में मुड़कर 3 किमी. आगे की यात्रा करता है, जहां वह पूर्व दिशा में मुड़कर 8 किमी. की यात्रा करता है। बताइए कि इस समय वह अपने आरंभिक बिंदु से कितनी दूरी पर है?

(*a*) 3 किमी. (*b*) 5 किमी.
(*c*) 7 किमी. (*d*) 11 किमी.

8. यदि सभी दिशाएं घूम जाएं अर्थात् यदि उत्तर दिशा घूमकर पश्चिम दिशा हो जाए और पूर्व दिशा घूमकर उत्तर दिशा हो जाए तथा इसी प्रकार अन्य दिशाएं भी घूम जाएं तो उत्तर-पश्चिम दिशा बदल कर कौन-सी दिशा हो जाएगी?

(*a*) दक्षिण-पश्चिम (*b*) उत्तर-पूर्व
(*c*) पूर्व-उत्तर (*d*) पूर्व-पश्चिम

9. A और B किसी एक बिंदु से एक साथ चलना आरंभ करते हैं। वे उत्तर दिशा में 10 किमी. जाते हैं। वहां A बायीं ओर मुड़ कर 5 किमी. आगे जाता है जबकि B दायीं ओर मुड़कर 3 किमी. आगे जाता है जहां से A एक बार फिर से बायीं ओर मुड़कर 15 किमी. आगे जाता है और B दायीं ओर मुड़कर 15 किमी. आगे जाता है। बताइए कि अब A और B एक दूसरे से कितनी दूरी पर हैं?

(*a*) 18 किमी. (*b*) 10 किमी.
(*c*) 5 किमी. (*d*) 8 किमी.

10. तरुण पूर्व दिशा में चल रहा है। यदि वह उत्तर दिशा में चलना चाहता है तो उसे निम्नलिखित से में कौन से मोड़ नहीं मुड़ने चाहिए?

(*a*) दायां, दायां, बायां, दायां, दायां
(*b*) दायां, दायां, बायां, बायां, बायां
(*c*) दायां, दायां, दायां
(*d*) दायां, बायां, दायां, बायां

11. सोनी और मोनी किसी एक स्थान से चलना शुरू करती हैं। सोनी पश्चिम दिशा में और मोनी दक्षिण दिशा में चलती है। 20 किमी. आगे जाने के बाद सोनी बायीं ओर मुड़ जाती है और 15 किमी. आगे बढ़ती है। मोनी 10 किमी. आगे जाने के बाद बायीं ओर मुड़ती है और तब 5 किमी. आगे जाती है। इसी समय सोनी अपने स्थान से बायीं ओर मुड़कर 25 किमी. आगे जाती है जबकि मोनी अपने स्थान से दाहिनी ओर मुड़ती है और 5 किमी. आगे जाती है। बताइए कि यहां सोनी और मोनी एक दूसरे से कितनी दूरी पर हैं।

(*a*) 5 किमी.
(*b*) वे अपने आरंभिक बिंदु पर वापस पहुंच गए हैं
(*c*) वे अपनी यात्रा समाप्ति पर एक ही स्थान पर पहुंचती हैं
(*d*) दी गई सूचना अपर्याप्त है

12. सीता के घर का मुख्य दरवाजा दक्षिण दिशा में खुलता है। वह अपने घर से निकलकर सामने की दिशा में 10 मीटर जाती है, वहां से बायीं ओर मुड़कर वह 5 मीटर आगे जाती है और तब फिर से बायें मुड़कर 15 मीटर आगे जाती है और तब एक बार फिर से बायें मुड़कर 10 मीटर आगे जाती है। अंततः वह दायें मुड़ती है और 5 मीटर आगे जाकर अपने मित्र के घर पहुंचती है। सीता के मित्र के घर का मुख्य दरवाजा किस दिशा में खुलता है?

(*a*) उत्तर (*b*) दक्षिण
(*c*) पश्चिम (*d*) पूर्व

उत्तरमाला

1	2	3	4	5	6
(*d*)	(*b*)	(*d*)	(*c*)	(*a*)	(*c*)
7	**8**	**9**	**10**	**11**	**12**
(*b*)	(*a*)	(*d*)	(*d*)	(*c*)	(*b*)

व्याख्यात्मक उत्तर

1.

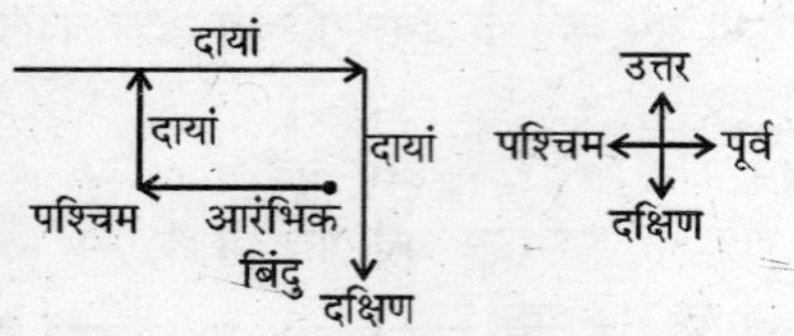

2.

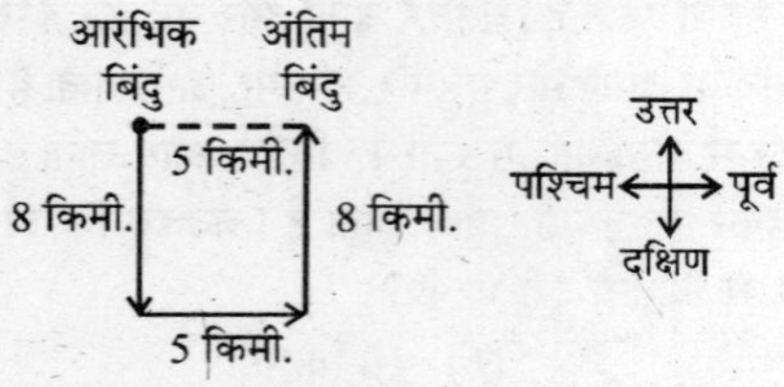

3.

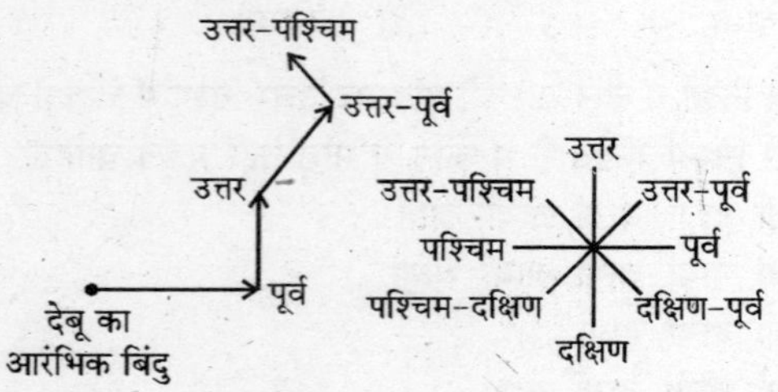

4.

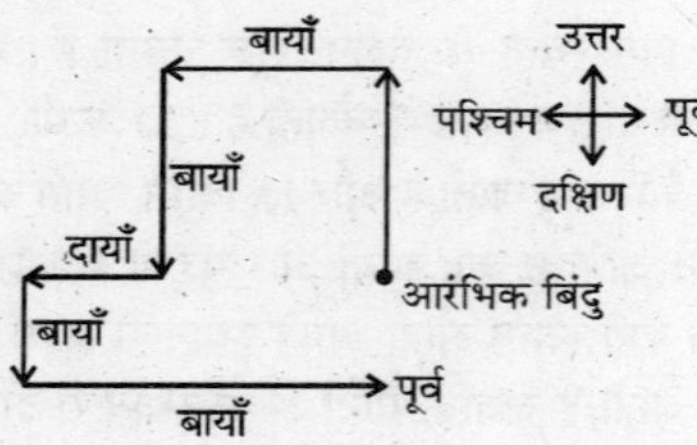

7. $ab = \sqrt{bc^2 + ca^2}$

$$ab = \sqrt{3^2 + 4^2} = \sqrt{9+16} = \sqrt{25} = 5$$

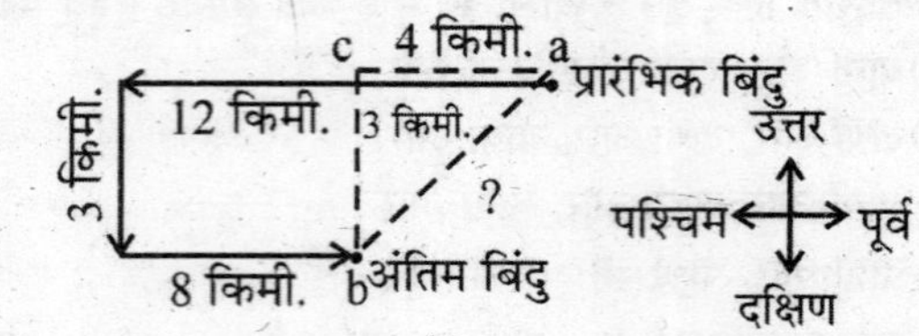

9.

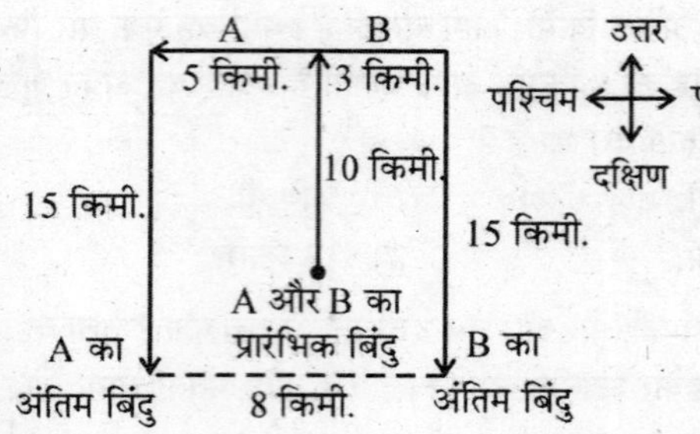

12.

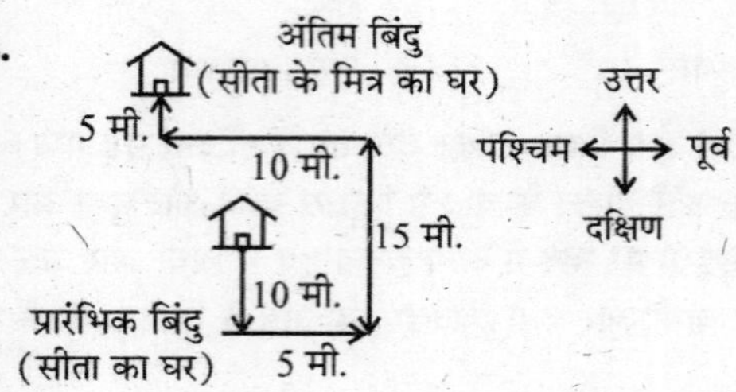

•••

8

रक्त संबंधी परीक्षण (Blood Relationships)

रक्त संबंधों पर आधारित प्रश्नों को हल करने के लिए यह आवश्यक है कि परीक्षार्थी रिश्तों की जटिलता को तत्काल समझ सकें और किन्हीं दो व्यक्तियों के बीच किस प्रकार के संबंध हो सकते हैं, इस बारे में उन्हें स्पष्ट जानकारी हो। इस प्रकार के प्रश्नों को पूछने का अभिप्राय मुख्यत: यह सुनिश्चित करना है कि परीक्षार्थी कतिपय जटिल भाषा में व्यक्त रिश्तों को कितनी तत्परता से समझ सकते हैं और उत्तर के रूप में सही विकल्प का चयन कर सकते हैं।

अभ्यास

निर्देश: *नीचे के प्रत्येक प्रश्न में व्यक्तियों के बीच उल्लिखित संबंधों को सावधानीपूर्वक समझें और तब दिए गए विकल्पों में से सही उत्तर का चयन करें:*

1. A, B और C का पिता है। B, A का पुत्र है किंतु C, A का पुत्र नहीं है। C का A से क्या संबंध है?

(*a*) पुत्री (*b*) पुत्र
(*c*) भतीजी (*d*) भतीजा

2. एक महिला ने कहा, ''वहां खड़ी लड़की मेरे दादा जी के एकमात्र पुत्र की पुत्री है''। उस महिला का उस लड़की से क्या संबंध है?

(*a*) बहन (*b*) मां
(*c*) चाची (*d*) भतीजा

3. अजय, विजय का भाई है। शुभा, अजय की बहन है। संजय, राहुल का भाई है और मेहुल विजय की पुत्री है। संजय का चाचा कौन है?

(*a*) राहुल (*b*) अजय
(*c*) मेहुल (*d*) दी गई सूचना अपर्याप्त है

4. आदित्य, रवि का भाई है। भरत, जयंत के पिता हैं। ईला, रवि की मां है। आदित्य और जयंत आपस में भाई हैं। ईला का भरत से क्या संबंध है?

(*a*) बहन (*b*) मां
(*c*) पुत्री (*d*) पत्नी

5. वरुण ने अरुण की ओर संकेत करते हुए कहा, ''वह मेरी बहन के एकमात्र भाई का पुत्र है।'' अरुण का वरुण से क्या संबंध है?

(*a*) पुत्र (*b*) भाई
(*c*) भतीजा (*d*) दी गई सूचना अपर्याप्त है

6. एक व्यक्ति की ओर संकेत करते हुए एक महिला ने कहा ''उसके भाई के पिता मेरे दादाजी के एकमात्र पुत्र हैं।'' वह महिला उस व्यक्ति की क्या लगती है?

(*a*) मां (*b*) बहन
(*c*) पुत्री (*d*) चाची

7. विद्या, गोपी की पत्नी है और गोपी, अखिल का भाई है। अखिल, विजय का चाचा है। विजय, विद्या का कौन है?

(*a*) पुत्र (*b*) भतीजा
(*c*) देवर (*d*) भाई

8. यदि अमित के पिता बिल्लू के पिता के एकमात्र पुत्र हैं और बिल्लू का कोई भी भाई नहीं है और न ही उसकी कोई पुत्री है तो अमित और बिल्लू के बीच क्या संबंध है?

(*a*) चाचा-भतीजा (*b*) पिता-पुत्री
(*c*) पिता-पुत्र (*d*) चचेरा भाई

9. A, B की बहन है। B, C का पुत्र है तथा E, D की पुत्री और A की बहन है। D, C का कौन है?

(*a*) भाई (*b*) पति
(*c*) पत्नी (*d*) दी गई सूचना अपर्याप्त है

10. यदि M + N का अर्थ है कि 'M', 'N' का भाई है,
M – N का अर्थ है कि 'M', 'N' की बहन है,
M × N का अर्थ है कि 'M', 'N' की मां है और
M ÷ N का अर्थ है कि 'M', 'N' का पिता है, तो निम्नलिखित में से किसका अर्थ यह होगा कि E, F की बुआ है?

(*a*) $E - G \div F$ (*b*) $E + G \times F$
(*c*) $E \times F - G$ (*d*) $F \times G + E$

उत्तरमाला

1	2	3	4	5
(*a*)	(*a*)	(*d*)	(*d*)	(*a*)
6	**7**	**8**	**9**	**10**
(*b*)	(*b*)	(*c*)	(*d*)	(*a*)

व्याख्यात्मक उत्तर

1.

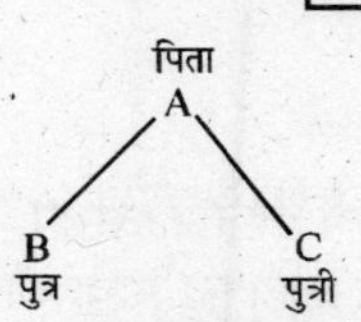

C, A का पुत्र नहीं है किंतु A, C का पिता है। अत: C, A की पुत्री है।

2.

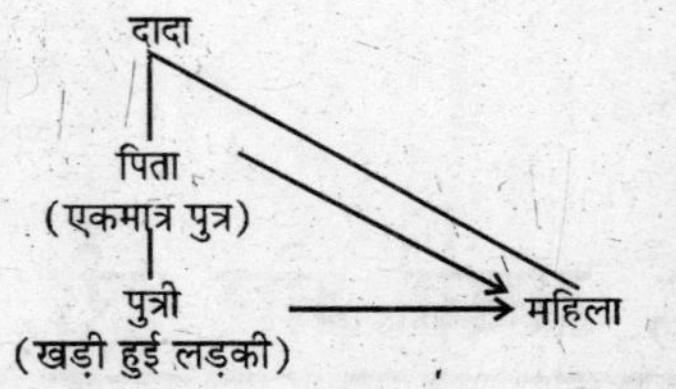

उस महिला के दादा का पुत्र उसके पिता हैं तथा पिता की पुत्री निश्चित ही उस महिला की बहन होगी।

3.

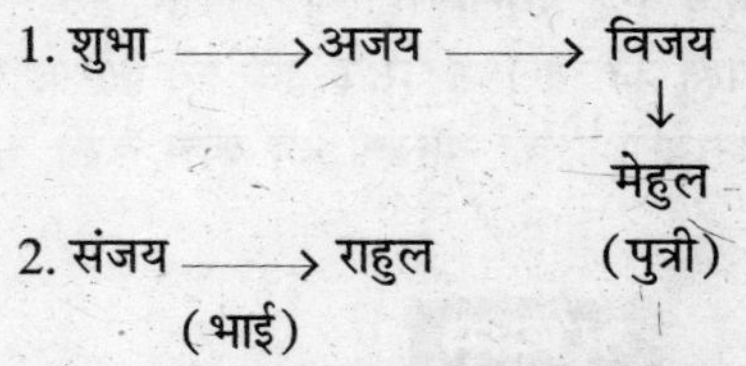

यहां दो संबंध-समुच्चयों का उल्लेख किया गया है। दी गई सूचना अपर्याप्त है और इन दो भिन्न संबंध-समुच्चयों के बीच कोई संबंध स्थापित नहीं किया जा सकता।

5.

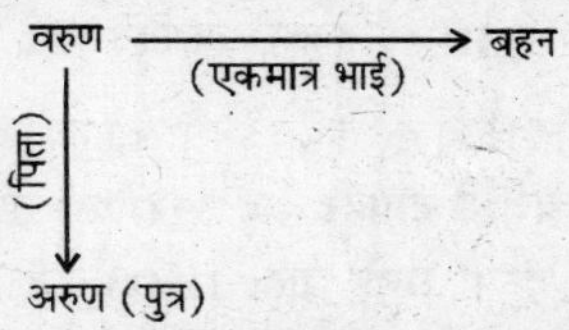

वरुण की बहन का एकमात्र भाई स्वयं वरुण है और उसका पुत्र अरुण है।

8. प्रश्न पर आधारित संबंध-चार्ट है :

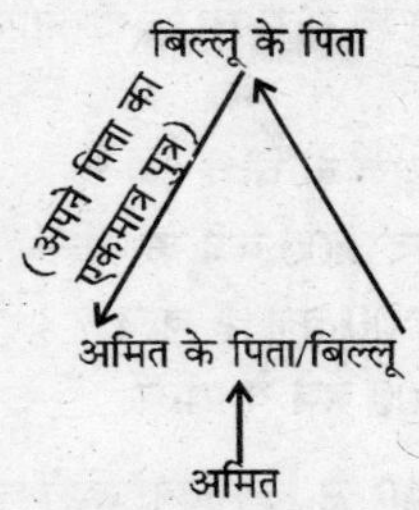

अमित के पिता बिल्लू के पिता के एकमात्र पुत्र हैं, और बिल्लू अपने पिता का एकमात्र पुत्र है (बिल्लू का कोई भाई नहीं है)। इससे यह स्पष्ट होता है कि बिल्लू ही अमित का पिता है। चूंकि बिल्लू की कोई पुत्री नहीं है, अत: अमित ही उसका एकमात्र पुत्र है।

9.

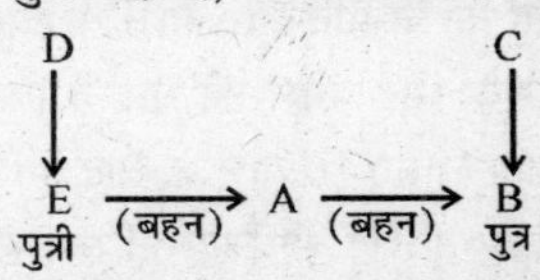

D और C के बीच संबंध नहीं बताया गया है, अत: इनके बीच कोई संबंध नहीं बताया जा सकता है।

10. E – G का अर्थ है 'E, G की बहन है' और G ÷ F का अर्थ है कि 'G, F का पिता है।'

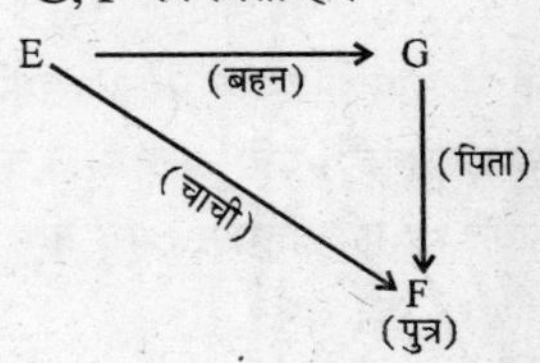

9

कैलेंडर, घड़ी, समय और दूरी (Calendar, Clock, Time and Distance)

इस प्रकार की गणितीय तर्क बुद्धि परीक्षा घड़ी या कैलेंडर द्वारा समय के परिकलन तथा गतिमान वस्तु की चाल या उसके द्वारा तय की गई दूरी के परिकलन के संबंध में अभ्यर्थियों की योग्यता की जांच करने के लिए आयोजित की जाती है।

अभ्यास

1. यदि परसों बृहस्पतिवार था तो रविवार कब होगा?

(*a*) कल (*b*) परसों
(*c*) आज (*d*) आज से दो दिन बाद

2. किसी कार्यालय में बीस व्यक्ति कार्य करते हैं। इनमें से पांच व्यक्तियों का पहला समूह प्रातः 8:00 बजे से दोपहर बाद 2:00 बजे तक काम करता है। दस व्यक्तियों का दूसरा समूह प्रातः 10:00 बजे से शाम 4:00 बजे तक काम करता है तथा पांच व्यक्तियों का तीसरा समूह दोपहर 12:00 बजे से संध्या 6:00 बजे तक काम करता है। इस कार्यालय में तीन कंप्यूटर हैं जिन्हें सभी कर्मचारी बार-बार प्रयोग में लाते हैं। बताइए कि निम्नलिखित में से किस समय के दौरान कंप्यूटर पर सर्वाधिक काम होगा?

(*a*) दोपहर बाद 1:00 बजे से 3:00 बजे के बीच
(*b*) दोपहर 12:00 बजे से दोपहर बाद 2:00 बजे के बीच
(*c*) दोपहर बाद 2:00 बजे से शाम 4:00 बजे के बीच
(*d*) प्रातः 10:00 बजे से दोपहर 12:00 बजे के बीच

3. यदि किसी माह का सातवां दिन शुक्रवार से तीन दिन पहले का दिन हो तो उस माह का उन्नीसवां दिन सप्ताह का कौन-सा दिन होगा?

(*a*) रविवार (*b*) सोमवार
(*c*) बुधवार (*d*) शुक्रवार

4. राधा को याद है कि उसके पिता का जन्मदिन 16 मार्च के बाद किंतु 21 मार्च से पहले है जबकि उसके भाई मंगेश को याद है कि उनके पिता का जन्मदिन 22 मार्च से पहले किंतु 19 मार्च के बाद है। बताइए कि उनके पिता का जन्मदिन किस तारीख को निश्चित रूप से है?

(*a*) 19 मार्च
(*b*) 20 मार्च
(*c*) 21 मार्च
(*d*) कहा नहीं जा सकता

5. एक व्यक्ति आयु में अपनी पत्नी से 3 वर्ष बड़ा है और उसकी आयु उसके पुत्र की आयु के 4 गुने के बराबर है। यदि आज से 3 वर्ष बाद पुत्र की आयु 15 वर्ष हो तो उसकी मां की वर्तमान आयु क्या है?

(*a*) 60 वर्ष (*b*) 51 वर्ष
(*c*) 48 वर्ष (*d*) 45 वर्ष

6. एक घड़ी इस प्रकार रखी गई है कि दोपहर ठीक 12.00 बजे इसकी मिनट की सूई उत्तर-पूर्व दिशा को सूचित करती है। दोपहर बाद 1.30 बजे इस घड़ी की घंटे की सूई किस दिशा को सूचित करेगी?

(*a*) पूर्व (*b*) पश्चिम
(*c*) उत्तर (*d*) दक्षिण

7. दो भाइयों को एक ही दिन घर वापस लौटना था। रजत पूर्व निर्धारित दिन से 3 दिन पहले घर लौटा जबकि रोहित निर्धारित दिन से चार दिन बाद घर लौटा। यदि रजत वृहस्पतिवार को घर लौटा हो तो उनके घर लौटने का पूर्व-निर्धारित दिन क्या था तथा रोहित किस दिन घर लौटा?

(*a*) बुधवार, रविवार (*b*) बृहस्पतिवार, सोमवार
(*c*) रविवार, बृहस्पतिवार (*d*) सोमवार, शुक्रवार

निर्देश (प्र.सं. 8–10): *निम्नलिखित सूचना को ध्यानपूर्वक पढ़ें और नीचे पूछे गए प्रश्नों के उत्तर दें :*

(*i*) एक सिटी बस कंपनी M, N, O, P, Q, R और S सात बसें चलाती है जिनमें से प्रत्येक बस शहर के दर्शनीय स्थलों के टूर पर प्रतिदिन एक बार 4 घंटे के लिए रवाना होती है।

(*ii*) सोमवार से शुक्रवार तक पहली बस ठीक आठ बजे रवाना होती है जिसके बाद की बसें बारी-बारी से 45 मिनट, जिसके बाद 30 मिनट और फिर 45 मिनट, जिसके बाद 35 मिनट और फिर 45 मिनट और उसके बाद 40 मिनट के अंतराल पर रवाना होती हैं।

(*iii*) शनिवार और रविवार को पहली बस प्रातः 7:30 बजे रवाना होती है और उसके बाद की बसें बारी-बारी से एक-एक घंटे के अंतर पर रवाना होती हैं।

(*iv*) बस 'Q' बस 'M' के ठीक बाद रवाना होती है जिसके ठीक बाद बस 'S' रवाना होती है।

(*v*) बस 'O' अंतिम बस है जिसके बाद और कोई बस नहीं जाती।

(*vi*) बस 'R' बस 'M' से ठीक पहले रवाना होती है किंतु यह बस 'P' के ठीक बाद नहीं जाती।

8. शनिवार को बस 'M' कितने बजे रवाना होती है?

(*a*) प्रातः 10 बजे
(*b*) प्रातः 9:45 बजे
(*c*) प्रातः 10:30 बजे
(*d*) सूचना अपर्याप्त है

9. रविवार को बस 'P' द्वारा अपना टूर पूरा कर लेने के बाद निम्नलिखित में से कौन-सी बस रवाना होती है?

(*a*) Q (*b*) S
(*c*) O (*d*) सूचना अपर्याप्त है

10. यदि शनिवार-रविवार को बस 'M' के रवाना होने के बाद दूसरी बसों के रवाना होने के समय-अंतराल में 30 मिनट की वृद्धि कर दी जाए, तो बस 'O' का टूर कितने बजे पूरा होगा?

(*a*) दोपहर बाद 3:00 बजे (*b*) दोपहर बाद 2:00 बजे
(*c*) शाम 6:00 बजे (*d*) शाम 7:00 बजे

उत्तरमाला

1	2	3	4	5
(*a*)	(*b*)	(*a*)	(*b*)	(*d*)
6	**7**	**8**	**9**	**10**
(*a*)	(*c*)	(*c*)	(*a*)	(*d*)

व्याख्यात्मक उत्तर

1. बृहस्पतिवार —बीता परसों
शुक्रवार —बीता कल
शनिवार —आज
रविवार — आने वाला कल

4. पिता का जन्मदिन

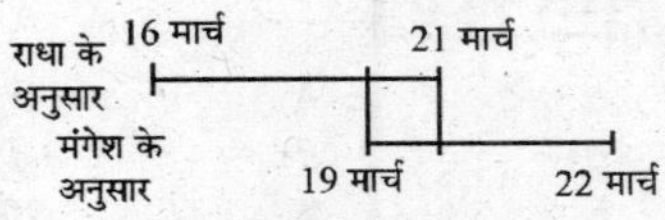

∴ अत: उनके पिता का जन्मदिन 20 मार्च को है।

6.

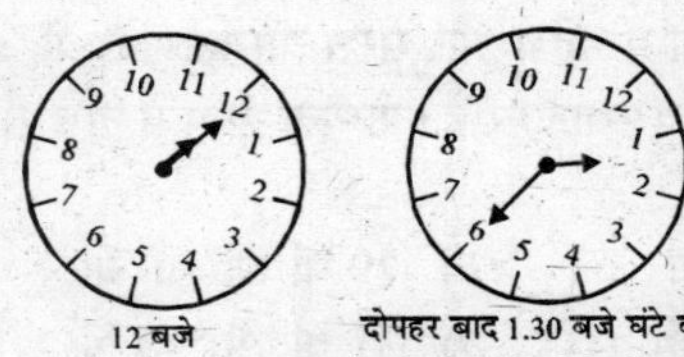

12 बजे

दोपहर बाद 1.30 बजे घंटे की सुई पूर्व दिशा की ओर सूचित करेगी

8-10.

बसों के रवाना होने का क्रम	सोमवार से शुक्रवार तक रवानगी का समय	शनिवार और रविवार को रवानगी का समय
P	प्रात: 8:00 बजे	प्रात: 7:30 बजे
N	प्रात: 8:45 बजे	प्रात: 8:30 बजे
R	प्रात: 9:15 बजे	प्रात: 9:30 बजे
M	प्रात: 10 बजे	प्रात: 10:30 बजे
Q	प्रात: 10:35	प्रात: 11:30 बजे
S	प्रात: 11:20 बजे	दोपहर बाद 12:30 बजे
O	दोपहर 12 बजे	दोपहर बाद 1:30 बजे

10. बस M प्रात: 10:30 बजे रवाना होती है। यदि 1 घंटे के समय अंतराल में 30 मिनट की वृद्धि कर दी जाए तो बस Q दोपहर 12:00 बजे रवाना होगी, बस S दोपहर बाद 1:30 बजे और बस O दोपहर बाद 3:00 बजे रवाना होगी। बस O अपना चार घंटे का टूर शाम 7:00 बजे पूरा करेगी।

•••

10

श्रेणी एवं क्रम (Rows and Ranks)

इस प्रकार के प्रश्न किसी पंक्ति या लाइन में व्यवस्थित वस्तुओं की संख्या या कुछ छात्रों की एक कक्षा में किसी छात्र के क्रम-स्थान (कोटि) या कक्षा में छात्रों की कुल संख्या ज्ञात करने के लिए कतिपय सरल गणितीय परिकलनों पर आधारित होते हैं।

अभ्यास

1. पेड़ों की एक पंक्ति में कोई एक पेड़ पंक्ति के दोनों छोरों से पांचवें स्थान पर है। इस पंक्ति में कुल कितने पेड़ हैं?

(*a*) 11 (*b*) 8
(*c*) 10 (*d*) 9

2. 53 छात्रों की एक कक्षा में जया का योग्यता-क्रम में 5 वां स्थान है। कक्षा में योग्यता-क्रम में नीचे से उसका क्रम-स्थान क्या है?

(*a*) 49 वां (*b*) 48 वां
(*c*) 47 वां (*d*) 50 वां

3. पैंसठ छात्रों की एक कक्षा में योग्यता-क्रम में मोहन का क्रम स्थान इक्कीसवां है। यदि योग्यता-क्रम में सबसे नीचे के छात्र का क्रम-स्थान 1 माना जाए तो योग्यता-क्रम में नीचे से मोहन का क्रम-स्थान क्या होगा?

(*a*) 44 वां (*b*) 45 वां
(*c*) 46 वां (*d*) दी गई सूचना अपर्याप्त है

4. लड़कों की एक पंक्ति में राहुल दाहिने से 12 वें स्थान पर और बाएं से चौथे स्थान पर खड़ा है। इस पंक्ति में और कितने लड़कों को शामिल करने पर पंक्ति में लड़कों की कुल संख्या 28 हो जाएगी?

(*a*) 12 (*b*) 14
(*c*) 20 (*d*) 13

5. लड़कों की एक पंक्ति में राजन दाहिने से दसवें स्थान पर है और सूरज बाएं से दसवें स्थान पर है। यदि राजन और सूरज आपस में अपना स्थान बदल लें तो सूरज बाएं से सताइसवें स्थान पर आ जाएगा। राजन अब पंक्ति में दाहिने से कितने स्थान पर खड़ा है?

(*a*) दसवें (*b*) छब्बीसवें
(*c*) उन्तीसवें (*d*) सताइसवें

6. 41 छात्रों की एक कक्षा में महेश और सुरेश योग्यता-क्रम में ऊपर से क्रमशः 11 वें और 12 वें स्थान पर हैं। योग्यता-क्रम में नीचे से इनका क्रम-स्थान क्या है ?

(*a*) 32 वां और 33 वां (*b*) 29 वां और 30 वां
(*c*) 30 वां और 31 वां (*d*) 31 वां और 30 वां

7. किसी कक्षा में उमा योग्यता-क्रम में ऊपर से 8 वें और नीचे से 37 वें स्थान पर है। इस कक्षा में कुल कितने छात्र हैं ?

(*a*) 47 (*b*) 46
(*c*) 45 (*d*) 44

8. एक पंक्ति में सादिक सामने से 14 वें स्थान पर और जोसफ अंत से 17 वें स्थान पर खड़ा है जबकि जेन, सादिक और जोसफ के बीच खड़ा है। यदि सादिक, जोसफ से आगे खड़ा है और पंक्ति में कुल 48 व्यक्ति खड़ें हो, तो सादिक और जेन के बीच पंक्ति में कितने व्यक्ति खड़े हैं ?

(*a*) 5 (*b*) 6
(*c*) 7 (*d*) 8

9. किसी कक्षा में वार्षिक परीक्षा में उत्तीर्ण हुए छात्रों में योग्यता-क्रम में रोहन नीचे से सताइसवें स्थान पर और ऊपर से ग्यारहवें स्थान पर आया। यदि वार्षिक परीक्षा में इस कक्षा के 12 छात्र अनुत्तीर्ण घोषित किए गए हों तो परीक्षा में इस कक्षा के कितने छात्र शामिल हुए थे ?

(*a*) 48 (*b*) 49
(*c*) 50 (*d*) कहा नहीं जा सकता

10. कुछ लड़के एक पंक्ति में बैठे हैं। P पंक्ति में बाएं से चौदहवें स्थान पर और Q दाहिने से सातवें स्थान पर बैठा है। यदि P और Q के बीच चार लड़के बैठे हों, तो इस पंक्ति में कुल कितने लड़के हैं ?

(*a*) 19 (*b*) 21
(*c*) 25 (*d*) 23

निर्देश (प्र.सं. 11 से 15): *प्रत्येक दिए गए विकल्पों से उस एक शब्द का चयन करें जिसे प्रश्न में दिए गए शब्द के अक्षरों का प्रयोग करके लिखा नहीं जा सकता।*

11. ROTATION
(*a*) TORN (*b*) NOTE
(*c*) TART (*d*) RAIN

12. INSUFFICIENT
(*a*) ENTICE (*b*) SCENT
(*c*) SUFFICE (*d*) THENCE

13. CATASTROPHE
(*a*) TASTE (*b*) CHEAP
(*c*) POUCH (*d*) STARE

14. MASTERPIECE
(*a*) MINCE (*b*) TRAMP
(*c*) PESTER (*d*) SPRITE

15. PROGNOSTICATION
(*a*) RONTGEN (*b*) SPITOON
(*c*) ROGATION (*d*) START

निर्देश (प्र.सं. 16 से 20): *यहाँ प्रत्येक प्रश्न में दिए गए विकल्पों से उस एक शब्द का चयन करें जिसे प्रश्न के आरंभ में दिए गए शब्द के अक्षरों का प्रयोग करके लिखा जा सकता है।*

16. INVESTIGATE
(*a*) INVERT (*b*) GLIDE
(*c*) STING (*d*) ACTED

17. ADVENTURE
(*a*) AWARE (*b*) EVENT
(*c*) TRUCE (*d*) DRIED

18. THANKSGIVING
(*a*) AVENGE (*b*) HAUNTS
(*c*) GRAINS (*d*) SAVING

19. BLANDISHMENT
(*a*) BOARD (*b*) METAL
(*c*) SHAPE (*d*) CRASH

20. UNDISCHARGED
(*a*) CHANGED (*b*) DISARMED
(*c*) GROUNDED (*d*) SHARPEN

उत्तरमाला

1	2	3	4	5
(*d*)	(*a*)	(*b*)	(*d*)	(*d*)
6	7	8	9	10
(*d*)	(*d*)	(*d*)	(*b*)	(*c*)
11	12	13	14	15
(*b*)	(*d*)	(*c*)	(*a*)	(*a*)
16	17	18	19	20
(*c*)	(*b*)	(*d*)	(*b*)	(*a*)

व्याख्यात्मक उत्तर

1.

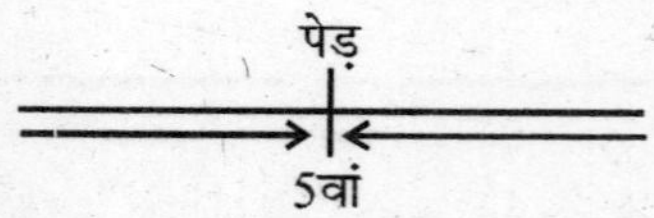

पंक्ति में पेड़ों की कुल संख्या
= (5 + 5) –1 = 9

2.

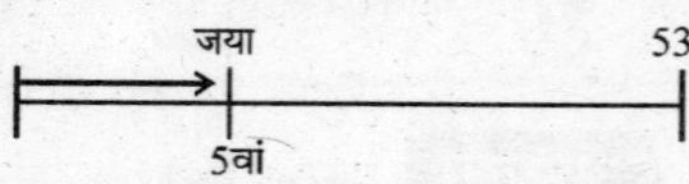

योग्यता-क्रम में नीचे से जया का स्थान
= (53 – 5) +1 = 49 वां

7.

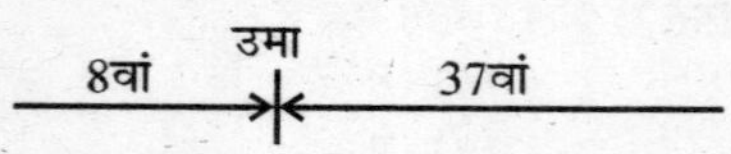

कक्षा में छात्रों की कुल संख्या = (8 + 37) – 1 = 44

10.

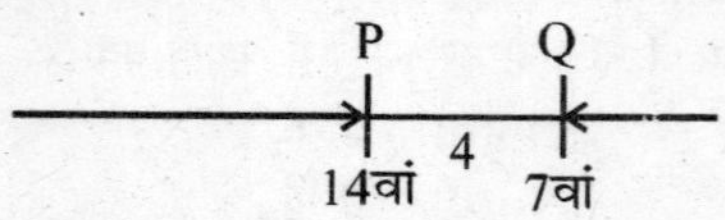

पंक्ति में लड़कों की संख्या = (14 + 4 + 7) = 25

11

प्रतीक (चिह्न) प्रतिस्थापन (Symbol Substitution)

इस प्रकार के प्रश्नों को हल करना अत्यधिक सरल है। ऐसे प्रश्नों को हल करने की एकमात्र अपेक्षा यह है कि उम्मीदवार दिए गए प्रतीकों या चिह्नों को प्रतिस्थापित करने और परिकलन की विद्या में पारंगत हों और अत्यधिक त्वरित गति से दिए गए प्रश्नों का हल ज्ञात कर सके। इस श्रेणी में पूछे गए कुछ सामान्य प्रकार के प्रश्न नीचे हल किए गए हैं।

अभ्यास

1. यदि "+" का अर्थ "–" हो; "–" का अर्थ "×" हो; "×" का अर्थ "÷" हो और "÷" का अर्थ "+" हो, तो

$15 \times 5 \div 10 + 5 - 3 = ?$

(*a*) 9.5 (*b*) 0
(*c*) – 2 (*d*) 24

2. यदि "+" का अर्थ "–" हो; "–" का अर्थ "×" हो; "×" का अर्थ "÷" हो; और "÷" का अर्थ "+" हो, तो

$15 \times 3 \div 15 + 5 - 2 = ?$

(*a*) 0 (*b*) 10
(*c*) 20 (*d*) 6

3. यदि "+" का अर्थ "÷" हो; "×" का अर्थ "–" हो; "÷" का अर्थ "+" हो और "–" का अर्थ "×" हो, तो

$16 \div 8 \times 6 - 2 + 12 = ?$

(*a*) 22 (*b*) 24
(*c*) 23 (*d*) 20

4. यदि "+" का अर्थ "×" हो; "–" का अर्थ "÷" हो; "×" का अर्थ "–" हो और "÷" का अर्थ "+" हो, तो

$5 + 8 - 4 \times 2 \div 9 = ?$

(*a*) 15 (*b*) 13
(*c*) 17 (*d*) 11

5. यदि × का आशय जोड़ की संक्रिया से हो, ÷ का आशय घटाव की संक्रिया से हो, + का आशय गुणा की संक्रिया से हो और – का आशय भाग की संक्रिया से हो तो $(20 \times 6 \div 6 \times 4)$ निम्नलिखित में से किसके बराबर है?

(*a*) 5 (*b*) 24
(*c*) 25 (*d*) 80

उत्तरमाला

1	2	3	4	5
(*c*)	(*b*)	(*c*)	(*c*)	(*b*)

व्याख्यात्मक उत्तर

1. $15 \div 5 + 10 - 5 \times 3$
$3 + 10 - 15 = -2$

3. $16 + 8 - 6 \times 2 \div 12$
$16 + 8 - 1 = 23$

4. $5 \times 8 \div 4 - 2 + 9,$
$10 - 2 + 9 = 17$

5. $20 + 6 - 6 + 4 = 24$

●●●

12

कृत्रिम मान और लुप्त संख्याएँ (Artificial Values and Missing Numbers)

इस प्रकार के प्रश्नों को हल करने के लिए संख्या संबंधी प्रश्नों को हल करने में निपुणता और गणितीय कौशल का होना अपेक्षित है। उत्तर प्राप्त करने के लिए अभ्यर्थियों के लिए यह अपेक्षित है कि वे अंकगणितीय चिह्नों या प्रतीकों के सही संयोजन का चयन करें जिसे दिए गए प्रश्नों में प्रश्न चिह्न के स्थान पर प्रतिस्थापित किया जा सके।

अभ्यास

निर्देश : *नीचे दिए गए प्रत्येक प्रश्न में बताएँ कि प्रश्न चिह्न (?) के स्थान पर कौन-सी संख्या रखी जा सकती है?*

1.

(*a*) 693 (*b*) 939
(*c*) 981 (*d*) 993

2.

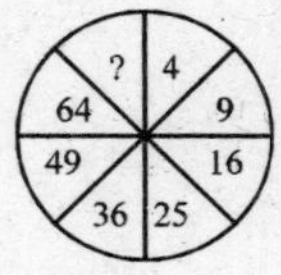

(*a*) 68 (*b*) 100
(*c*) 72 (*d*) 81

3. 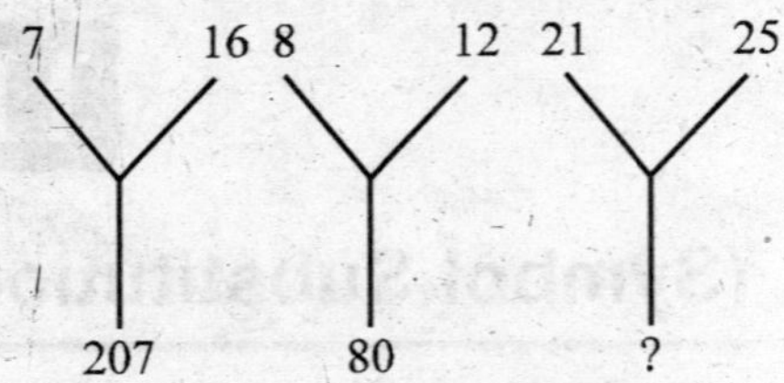

(*a*) 425 (*b*) 184
(*c*) 241 (*d*) 210

4. 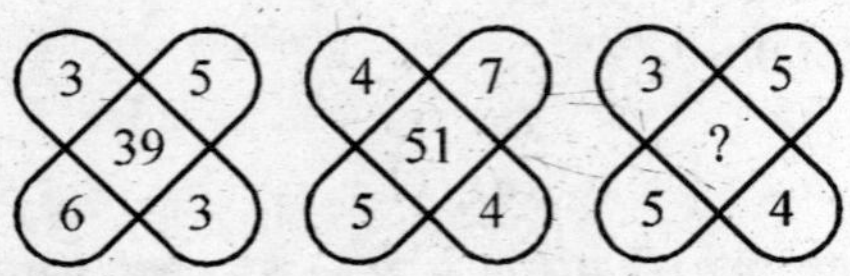

(*a*) 35 (*b*) 37
(*c*) 45 (*d*) 48

5. 

(*a*) 69 (*b*) 49
(*c*) 50 (*d*) 60

6. 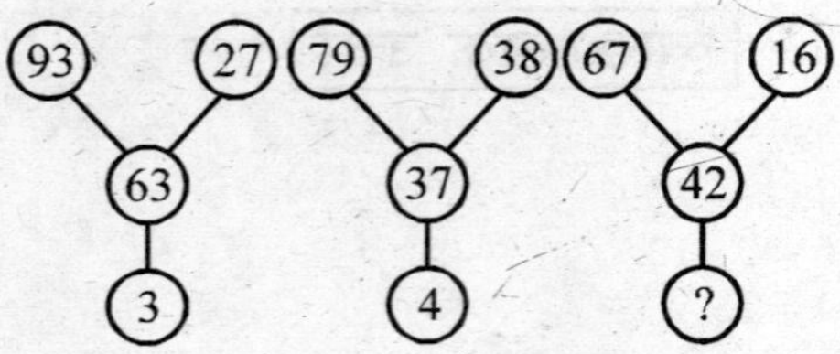

(*a*) 5 (*b*) 6
(*c*) 8 (*d*) 9

7. 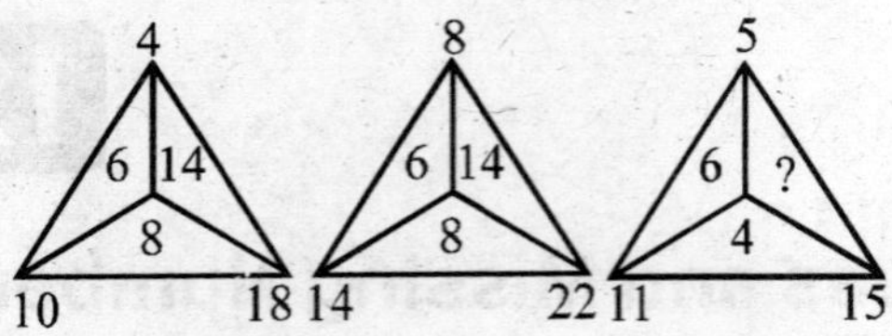

(*a*) 8 (*b*) 14
(*c*) 10 (*d*) 6

8. 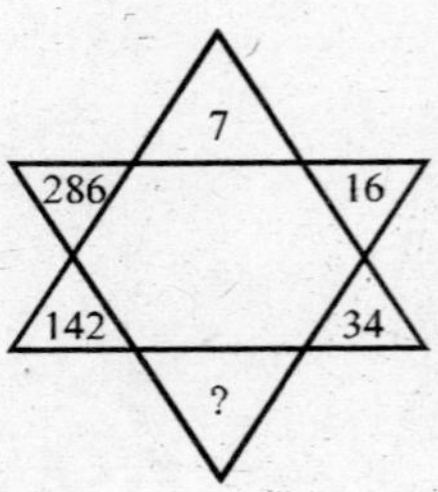

(*a*) 70 (*b*) 68
(*c*) 56 (*d*) 92

9. 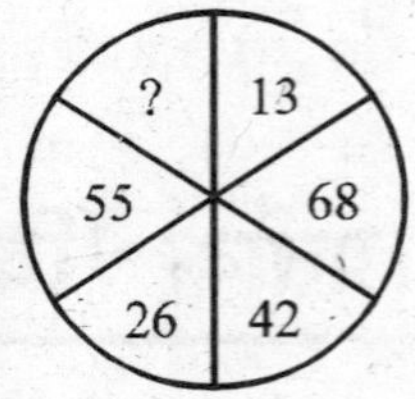

(*a*) 41 (*b*) 37
(*c*) 29 (*d*) 25

10. 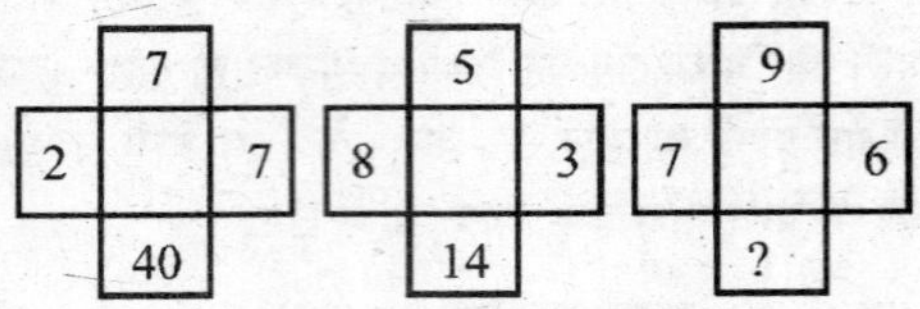

(*a*) 72 (*b*) 68
(*c*) 82 (*d*) 96

उत्तरमाला

1	2	3	4	5
(*c*)	(*d*)	(*b*)	(*b*)	(*a*)
6	**7**	**8**	**9**	**10**
(*d*)	(*c*)	(*a*)	(*c*)	(*b*)

व्याख्यात्मक उत्तर

1. उलटे बने त्रिभुज के ऊपरी भाग के दोनों खानों में दी गई संख्याओं के वर्ग को एक दूसरे की बगल में रखने पर त्रिभुज के निचले शीर्ष की संख्या प्राप्त होती है, अर्थात्

6^2 और $3^2 = 369$, 2^2 और $5^2 = 425$,

इसी प्रकार 3^2 और $9^2 = 981$.

2. 4 से आरंभ करके प्रत्येक अनुवर्ती संख्या क्रमागत प्राकृतिक संख्या का वर्ग है। अर्थात् $2^2 = 4$, $3^2 = 9$, $4^2 = 16, \ldots$ $9^2 = 81$

3. नीचे की संख्या ऊपर की दोनों संख्याओं के वर्गों का अंतर है, अर्थात्

$16^2 - 7^2 = 256 - 49 = 207$

$12^2 - 8^2 = 144 - 64 = 80$, इसी प्रकार

$25^2 - 21^2 = 625 - 441 = 184$

4. बीच की संख्या विकर्णतः सम्मुख संख्याओं के गुणनफलों का योग है, अर्थात् $(3 \times 3) + (5 \times 6) = 39$

$(4 \times 4) + (7 \times 5) = 51$,

इसी प्रकार $(3 \times 4) + (5 \times 5) = 37$

5. किसी भी एक आकृति में सरेखीय तीनों संख्याओं का योगफल समान है, अर्थात्

$29 + 80 + 43$ या $39 + 80 + 33$ या $45 + 80 + 27 = 152$

$29 + 70 + 44$ या $42 + 70 + 31$

या $43 + 70 + 30 = 143$, इसी प्रकार

$59 + 80 + 20$ या $39 + 80 + 40 = 159$.

अतः लुप्त संख्या है : $159 - (80 + 10) = 69$

6. प्रत्येक आकृति में दाहिने और बीच के घेरों की संख्याओं के योगफल को बायीं ओर के घेरे की संख्या से घटाने पर आकृति में सबसे नीचे के घेरे की संख्या प्राप्त होती है, अर्थात्

$93 - (27 + 63) = 3$

$79 - (38 + 37) = 4$, इसी प्रकार

$67 - (16 + 42) = 9$

8. दी गई आकृति में 7 की संख्या से आरंभ करके दक्षिणावर्त अगली संख्या पहली संख्या के दोगुने से 2 अधिक है, अर्थात्

$(7 \times 2) + 2 = 16$

$(16 \times 2) + 2 = 34 \ldots$, इसी प्रकार

$(34 \times 2) + 2 = 70$

$(70 \times 2) + 2 = 142$

$(142 \times 2) + 2 = 286$

9. दी गई आकृति में सम्मुख त्रिज्यखंडों में दी गई संख्याओं का अंतर 13 है, अर्थात्

$26 - 13 = 13$

$68 - 55 = 13$,

इसी प्रकार

अतः लुप्त संख्या है : $42 - 13 = 29$

($42 + 13 = 55$ विकल्पों में नहीं दिया गया है)

10. प्रत्येक आकृति में मध्यस्थ ग्रिड रेखा में दी गई संख्याओं के योगफल को ऊपर स्थित संख्या के वर्ग से घटाने पर आकृति में नीचे की संख्या प्राप्त होती है, अर्थात्

$7^2 - (2 + 7) = 40$

$5^2 - (8 + 3) = 14$,

इसी प्रकार $9^2 - (7 + 6) = 68$.

●●●

13

अंग्रेजी वर्णक्रम पर आधारित प्रश्न

(Problems Based on English Alphabet)

अंग्रेजी वर्णमाला पर आधारित प्रश्नों को हल करना अत्यधिक सरल है। इस प्रकार के प्रश्न वर्णमाला के सीधे क्रम में और साथ ही उलटे क्रम में भी दी गई शृंखलाओं पर आधारित होते हैं। शृंखला Z पर पहुँचने के बाद A से पुनः आरंभ होती है और उलटे क्रम में A पर पहुँचने के बाद Z से पुनः आरंभ होती है। इस शृंखला में A E I O U स्वर और शेष अक्षर व्यंजन कहलाते हैं।

अभ्यास

निर्देशः *निम्नलिखित प्रश्न वर्णमाला के सीधे या उलटे क्रम में लिखी गई शृंखला पर तथा दिए गए शब्द में अक्षरों के स्थान परिवर्तन पर आधारित हैं।*

1. वर्णमाला के सीधे क्रम में लिखी गई शृंखला में बाएँ छोर से छठे अक्षर के ठीक पहले कौन-सा अक्षर होता है?

(*a*) U (*b*) E
(*c*) F (*d*) V

2. यदि अंग्रेजी वर्णमाला में प्रथम अर्द्धांश के अक्षरों को उलटे क्रम में लिखा जाए तो दायीं ओर से नौवें अक्षर की बायीं ओर का नौवाँ अक्षर कौन-सा होगा?

(*a*) I (*b*) D
(*c*) F (*d*) E

3. यदि अंग्रेजी वर्णमाला को उलटे क्रम में लिखा जाए, तो दायीं ओर से सातवें अक्षर की बायीं ओर का आठवाँ अक्षर कौन-सा होगा?

(*a*) O (*b*) P
(*c*) N (*d*) Q

4. यदि अंग्रेजी वर्णमाला को उलटे क्रम में लिखा जाए तो P के दाएँ से छठा अक्षर कौन-सा होगा?

(*a*) J (*b*) W
(*c*) K (*d*) V

5. यदि अंग्रेजी वर्णमाला को दो बराबर हिस्सों में बाँट दिया जाए जिनमें पहले अर्द्धांश में A से M तक के और दूसरे अर्द्धांश में N से Z तक के अक्षर निहित हों, तो बाद वाले अर्द्धांश का कौन-सा अक्षर पहले वाले अर्द्धांश के J अक्षर के संगत होगा?

(*a*) W (*b*) Q
(*c*) V (*d*) R

उत्तरमाला

1	2	3	4	5
(*b*)	(*d*)	(*a*)	(*a*)	(*a*)

व्याख्यात्मक उत्तर

1.

बाएँ से छठा अक्षर 'F' है और 'F' से ठीक पहले का अक्षर 'E' है।

2. MLKJIGHFEDCBANOPQRSTUVWXYZ

नौवाँ नौवाँ

5. A B C D E F G H I J K L M
N O P Q R S T U V W X Y Z

●●●

वेन आरेख विश्लेषण (Venn Diagram Analysis)

आरेख विश्लेषण

इस प्रकार के परीक्षण में आरेखों द्वारा निरूपित दो या दो से अधिक वस्तुओं या तथ्यों या मदों के बीच संबंध स्थापित करना होता है।

आरेखों द्वारा निरूपित मदें कोई पृथक वस्तु या प्राणी या व्यक्तियों का कोई विशिष्ट दल/वर्ग आदि हो सकती हैं।

अभ्यास

1. निम्नलिखित आरेख में कौन-सी संख्या केवल दो ज्यामितीय आकृतियों में उभयनिष्ठ है?

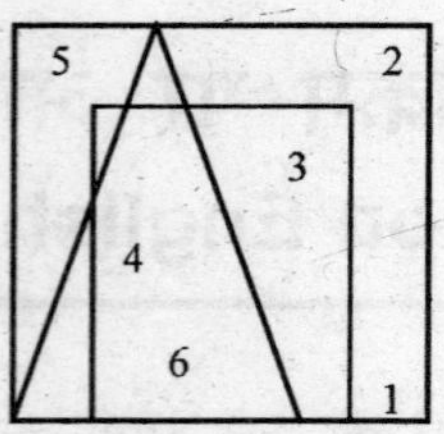

(*a*) 4 (*b*) 3
(*c*) 5 (*d*) 2

निर्देश (प्रश्न 2 और 3) : *नीचे के आरेख में आयत हिंदी के उद्घोषकों को निरूपित करता है, वृत्त अंग्रेजी भाषा के उद्घोषकों को निरूपित करता है, वर्ग फ्रांसीसी भाषा के उद्घोषकों को निरूपित करता है और त्रिभुज जर्मन भाषा के उद्घोषकों को निरूपित करता है।*

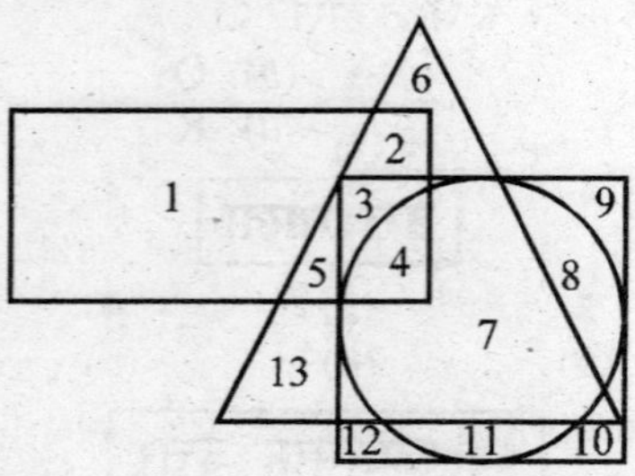

2. कौन-सा क्षेत्र उन उद्घोषकों को निरूपित करता है जो हिंदी, फ्रांसीसी और जर्मन भाषाओं में कार्यक्रम प्रस्तुत कर सकते हैं?
(*a*) 1 (*b*) 2
(*c*) 3 (*d*) 4

3. कौन-सा क्षेत्र उन उद्घोषकों को निरूपित करता है जो केवल फ्रांसीसी और अंग्रेजी भाषा में कार्यक्रम प्रस्तुत कर सकते हैं?
(*a*) 7
(*b*) 9
(*c*) 11
(*d*) 13

निर्देश (प्रश्न 4 और 5) : *नीचे दिए गए आरेख के आधार पर प्रश्न संख्या 4 और 5 के उत्तर दें :*

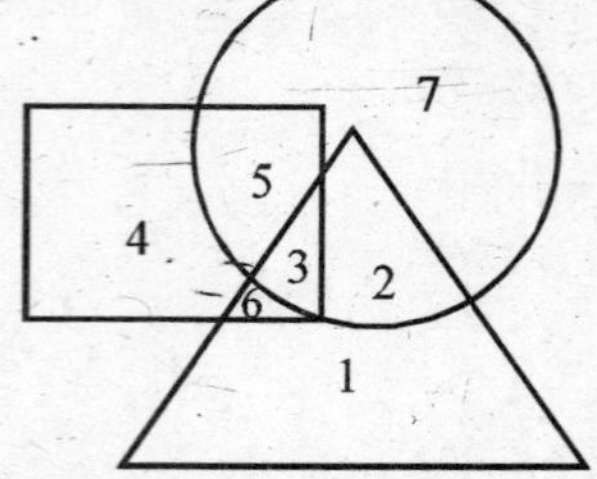

4. कौन-सी संख्या सभी ज्यामितीय आकृतियों में अंतर्निहित है?
(*a*) 5 (*b*) 6
(*c*) 2 (*d*) 3

5. संख्या 6 निम्नलिखित में से किसमें अंतर्निहित है?
(*a*) आयत और त्रिभुज
(*b*) वृत्त और त्रिभुज
(*c*) आयत और वृत्त
(*d*) केवल आयत

उत्तरमाला

1	2	3	4	5
(*b*)	(*c*)	(*c*)	(*d*)	(*a*)

व्याख्यात्मक उत्तर

प्रश्न 2 और 3 के लिए

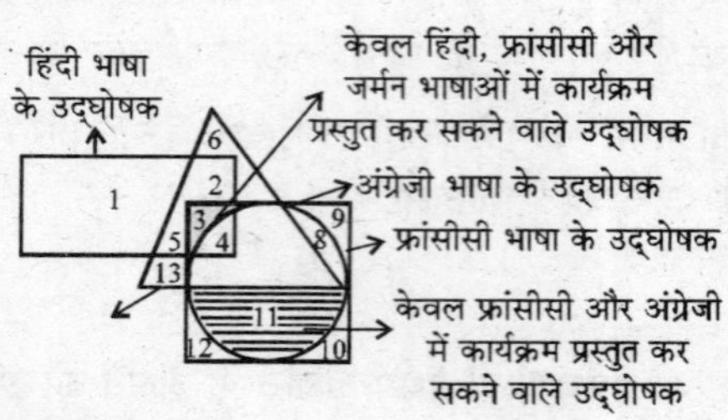

प्रश्न 4 और 5 के लिए

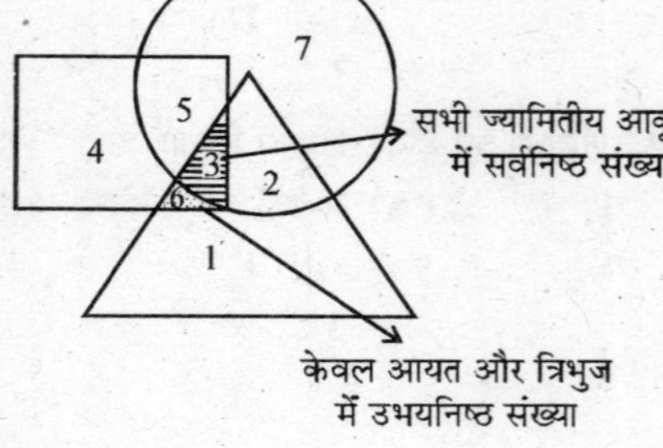

कथन एवं वेन आरेख

इस प्रकार के प्रश्नों में विकल्प के रूप में पाँच भिन्न-भिन्न आकृतियों का समुच्चय दिया जाता है। प्रत्येक आकृति संबंधित शब्दों के कुछ समूहों का एक तार्किक पैटर्न निरूपित करती है जिनमें प्रत्येक शब्द एक वर्ग को निरूपित करता है।

अभ्यास

निर्देश : *नीचे दिए गए पाँच तर्क आरेखों में से उस आरेख (आकृति) का चयन करें जो प्रश्न में दिए गए तीनों वर्गों के बीच संबंध को सवाधिक सुस्पष्ट रूप में प्रदर्शित करता है।*

(*a*) 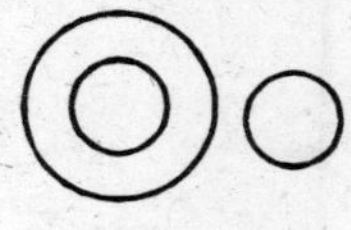

(*b*) 

(*c*) 

(*d*) 

(*e*) 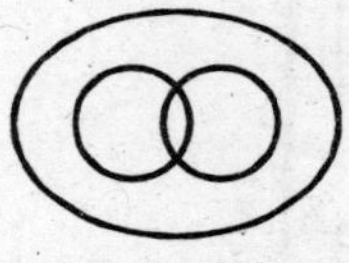

1. पक्षी, फल, आम

2. अपराधी, वकील, डकैत

3. तैराक, कुँआरा, पुरुष

4. स्मार्ट, इंजीनियर, महिला

5. सब्जियाँ, आलू, बैंगन

6. अंगूर, मीठा, फल

7. डॉक्टर, वास्तुकार, मनुष्य

8. विद्वान, व्यक्ति, भारतीय

9. बच्चे, शरारती, अध्ययनशील

10. कलम, पेंसिल, स्टेशनरी

उत्तरमाला

1	2	3	4	5
(*a*)	(*a*)	(*b*)	(*c*)	(*d*)
6	**7**	**8**	**9**	**10**
(*b*)	(*d*)	(*e*)	(*c*)	(*d*)

व्याख्यात्मक उत्तर

1. 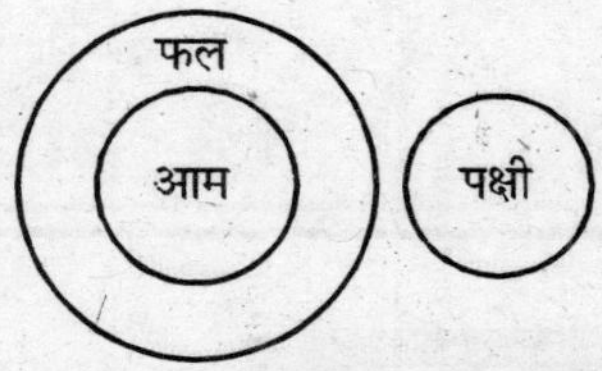

सभी आम फल हैं किंतु फल और आम में से कोई भी पक्षी नहीं है।

2. 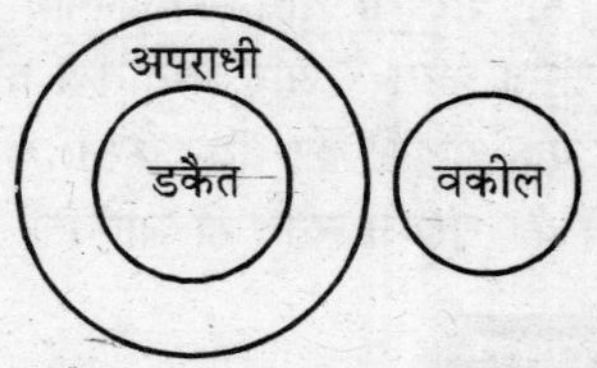

सभी डकैत अपराधी हैं किंतु अपराधी और डकैत में से कोई भी वकील नहीं हो सकता।

3. 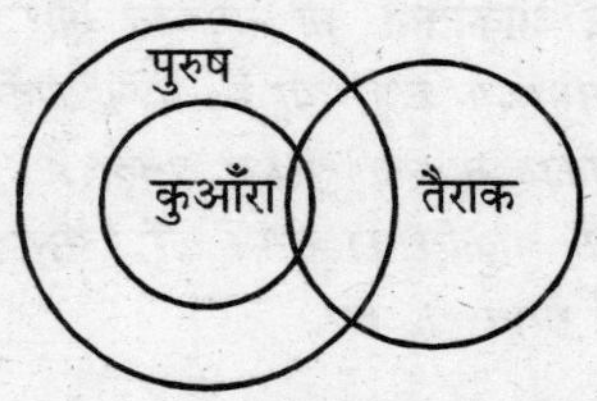

सभी कुँआरे पुरुष होते हैं तथा कुछ पुरुष और कुँआरे तैराक हो सकते हैं।

6. 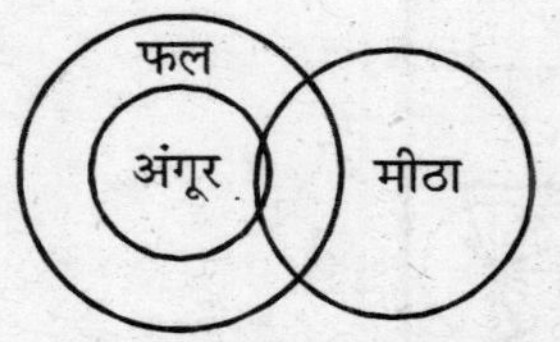

कुछ अंगूर मीठे हैं और सभी अंगूर फल हैं। किंतु सभी मीठी चीजें फल नहीं हैं।

8. 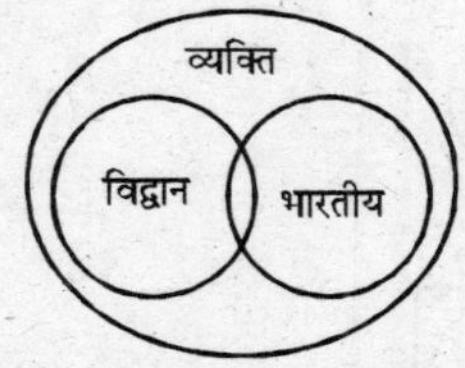

कुछ भारतीय विद्वान हो सकते हैं और कुछ विद्वान भारतीय हो सकते हैं। विद्वान और भारतीय दोनों ही व्यक्ति की श्रेणी में आते हैं।

10. 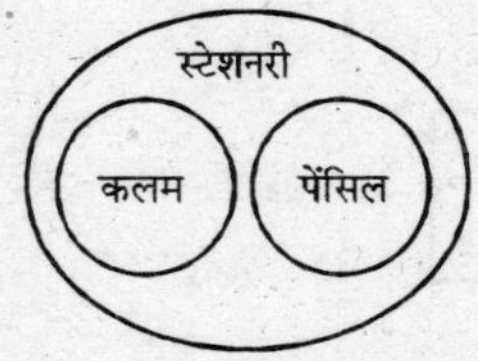

कलम और पेंसिल दोनों स्टेशनरी की मदें हैं। कुछ स्टेशनरी कलम और पेंसिल हैं किंतु कलम और पेंसिल दो अलग-अलग वर्ग हैं।

15

शृंखला (Series)

इस प्रकार की अभाषिक शृंखला (Non-Verbal Series) में, जो सर्वाधिक सामान्य प्रकार की शृंखला होती है, चार या पांच आनुक्रमिक प्रश्न आकृतियां एक निश्चित अनुक्रम निर्मित करते हैं और अभ्यर्थियों को दी गई उत्तर आकृतियों के सेट से उस एक आकृति का चयन करना होता है जिससे प्रश्न आकृतियों के समुच्चय की शृंखला सतत् हो जाए।

अभ्यास

निर्देश : *नीचे के प्रत्येक प्रश्न में आकृतियों के दो समुच्चय दिए गए हैं जिनमें से एक समुच्चय को* **प्रश्न आकृतियों** *का समुच्चय और दूसरे समुच्चय को* **उत्तर आकृतियों** *का समुच्चय कहा गया है। प्रश्न आकृतियों के समुच्चय से किसी न किसी प्रकार से एक शृंखला बनती है। उत्तर आकृतियों के समुच्चय से उस एक आकृति का चयन करें जिससे प्रश्न आकृतियों के समुच्चय की शृंखला संतत हो जाए।*

1. प्रश्न आकृतियां

उत्तर आकृतियां

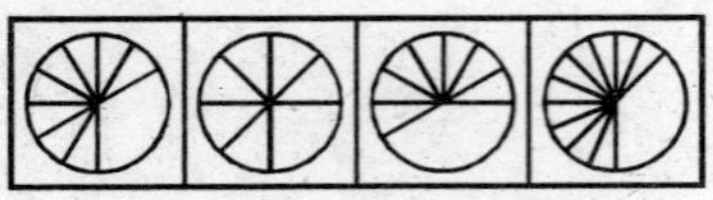

(*a*) (*b*) (*c*) (*d*)

2. प्रश्न आकृतियां

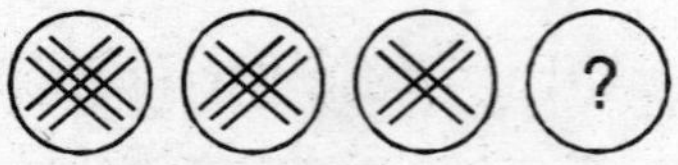

उत्तर आकृतियां

(*a*) (*b*) (*c*) (*d*)

3. प्रश्न आकृतियां

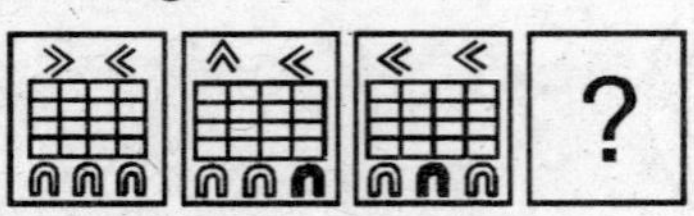

उत्तर आकृतियां

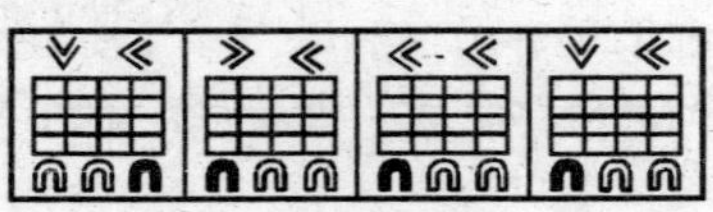

(*a*) (*b*) (*c*) (*d*)

4. प्रश्न आकृतियां

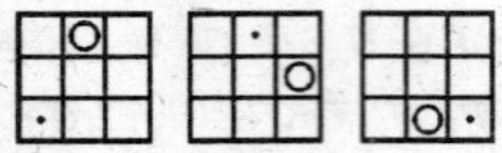

उत्तर आकृतियां

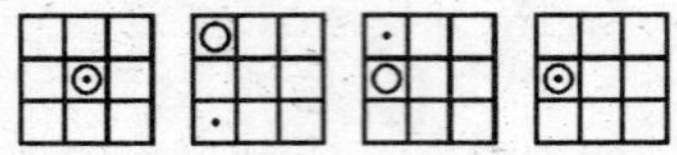

(*a*) (*b*) (*c*) (*d*)

5. प्रश्न आकृतियां

उत्तर आकृतियां

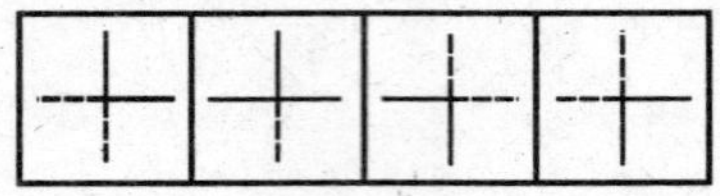

(*a*) (*b*) (*c*) (*d*)

6. प्रश्न आकृतियां

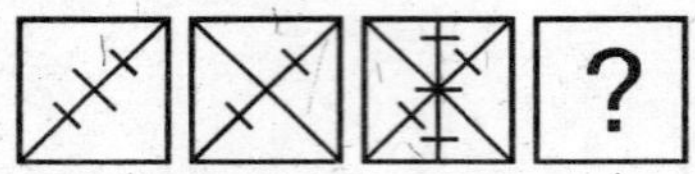

उत्तर आकृतियां

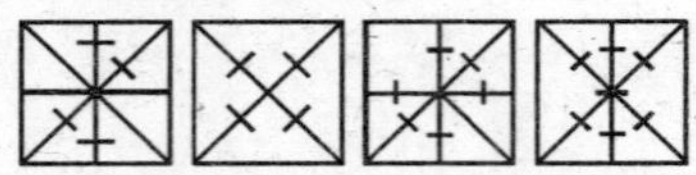

(*a*) (*b*) (*c*) (*d*)

7. प्रश्न आकृतियां

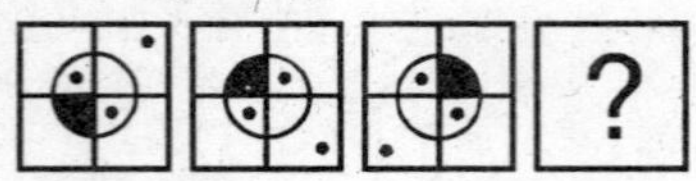

उत्तर आकृतियां

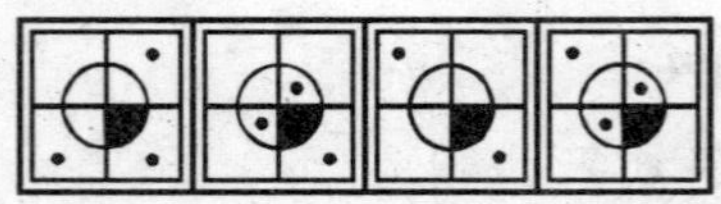

(*a*) (*b*) (*c*) (*d*)

8. प्रश्न आकृतियां

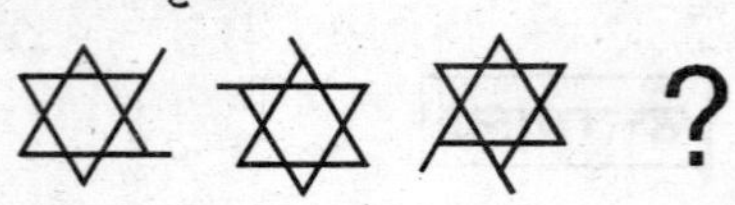

उत्तर आकृतियां

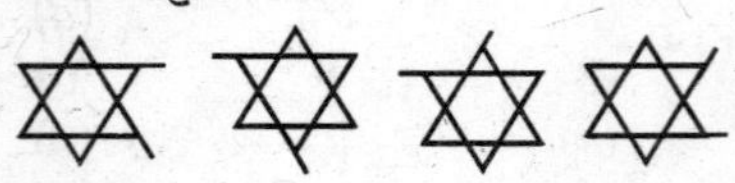

(*a*) (*b*) (*c*) (*d*)

9. प्रश्न आकृतियां

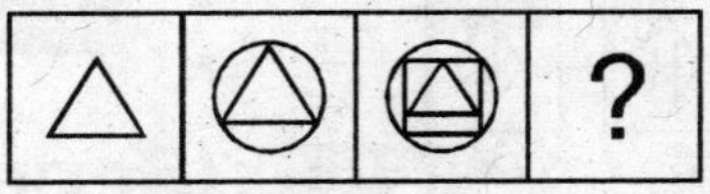

उत्तर आकृतियां

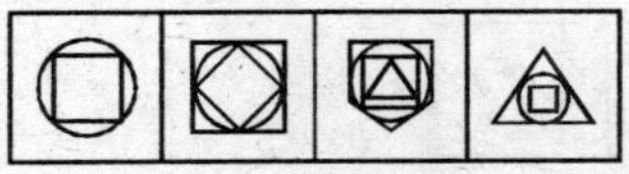

(*a*) (*b*) (*c*) (*d*)

10. प्रश्न आकृतियां

उत्तर आकृतियां

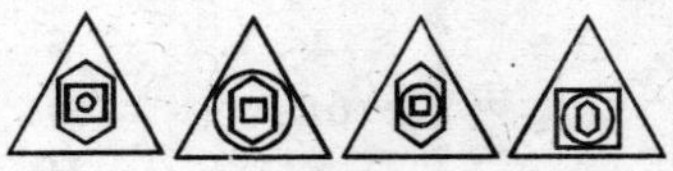

(*a*) (*b*) (*c*) (*d*)

उत्तरमाला

1	2	3	4	5	6	7	8	9	10
(*c*)	(*d*)	(*d*)	(*d*)	(*a*)	(*a*)	(*d*)	(*d*)	(*c*)	(*a*)

व्याख्यात्मक उत्तर

1. एक आकृति से दूसरी आकृति में वृत्त क्रमशः दक्षिणावर्त 30° के कोण से घूम जाता है और प्रत्येक चरण में वृत्त के भीतर स्थित एक त्रिज्यीय रेखाखण्ड लुप्त होता जाता है।

2. तिरछे या विकर्णी रेखाखण्ड एक-एक करके एक निश्चित क्रम में लुप्त होते जाते हैं।

4. वृत्त (गोल घेरा) और बिंदु अगली आकृति में दक्षिणावर्त क्रमशः दो और तीन खंड आगे खिसक जाते हैं।

5. प्रत्येक चरण में क्रॉस का चिह्न दक्षिणावर्त 90° के कोण से घूम जाता है।

7. प्रत्येक चरण पर संपूर्ण आकृति दक्षिणावर्त 90° के कोण से घूम जाती है।

9. प्रत्येक चरण पर पूर्ववर्ती आकृति-समुच्चय में एक नई आकृति जुड़ती जाती है।

10. पहली आकृति में सबसे बाहरी संरचना अगली आकृति में सबसे भीतर चली जाती है।

●●●

16

सादृश्य या संबंध (Analogies or Relationships)

अभाषिक सादृश्य के प्रश्नों में दो प्रकार की आकृतियां दी जाती हैं जो (i) प्रश्न आकृतियां और (ii) उत्तर आकृतियां कहलाती हैं। प्रश्न आकृतियां दो भागों में विभाजित होती हैं। प्रश्न आकृतियों के नीचे उत्तर आकृतियां दी जाती है।

अभ्यास

निर्देश : *प्रश्न आकृतियों में :: चिह्न के बाएं दी गई दो आकृतियों में से दूसरी आकृति का पहली आकृति के साथ एक विशेष संबंध है। :: चिह्न की दाईं ओर की दो आकृतियों के बीच भी ऐसा ही संबंध है। दिए गए विकल्पों से उस आकृति का चयन करें जिसे प्रश्न आकृतियों में प्रश्न चिह्न के स्थान पर रखा जा सकता है और जिसका :: चिह्न की दाईं ओर की पहली आकृति के साथ ठीक वैसा ही संबंध है जैसा कि :: चिह्न की बाईं ओर की दो आकृतियों के बीच है।*

1. प्रश्न आकृतियां

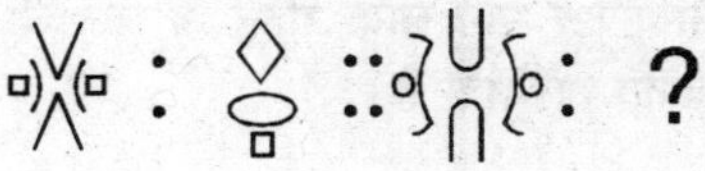

उत्तर आकृतियां

(*a*) (*b*) (*c*) (*d*)

2. प्रश्न आकृतियां

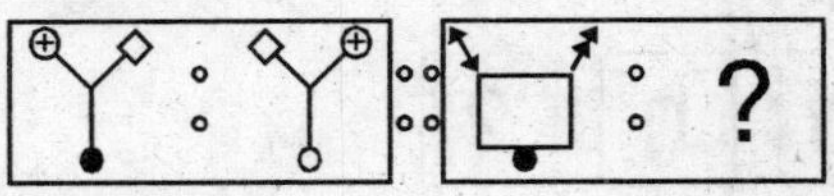

उत्तर आकृतियां

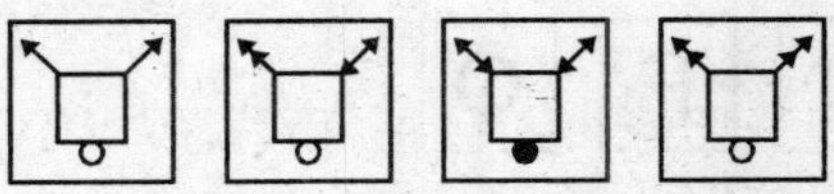

(*a*) (*b*) (*c*) (*d*)

3. प्रश्न आकृतियां

उत्तर आकृतियां

(*a*) (*b*) (*c*) (*d*)

4. प्रश्न आकृतियां

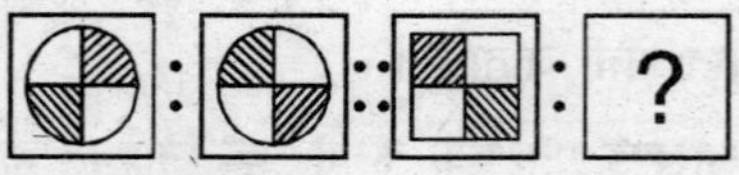

उत्तर आकृतियां

(*a*) (*b*) (*c*) (*d*)

5. प्रश्न आकृतियां

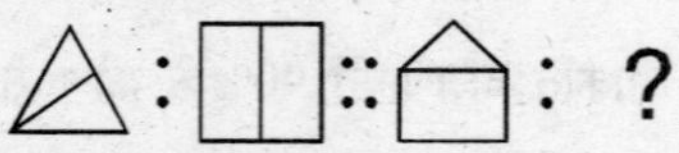

उत्तर आकृतियां

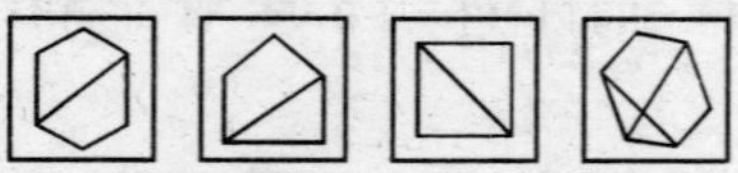

(*a*) (*b*) (*c*) (*d*)

6. प्रश्न आकृतियां

उत्तर आकृतियां

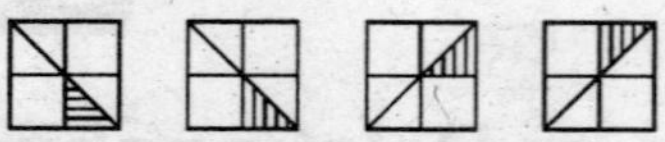

(*a*) (*b*) (*c*) (*d*)

7. प्रश्न आकृतियां

उत्तर आकृतियां

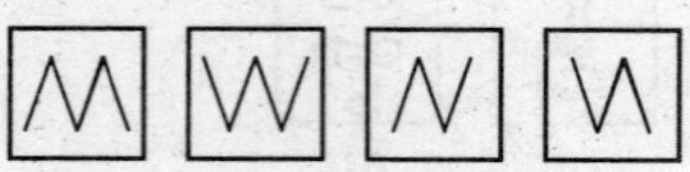

(*a*) (*b*) (*c*) (*d*)

8. प्रश्न आकृतियां

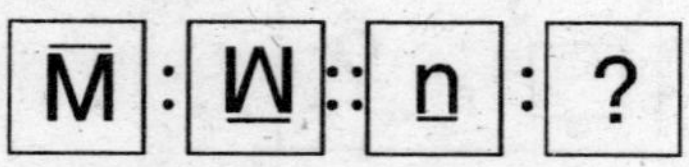

उत्तर आकृतियां

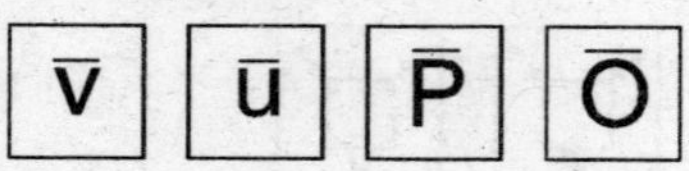

(*a*) (*b*) (*c*) (*d*)

9. प्रश्न आकृतियां

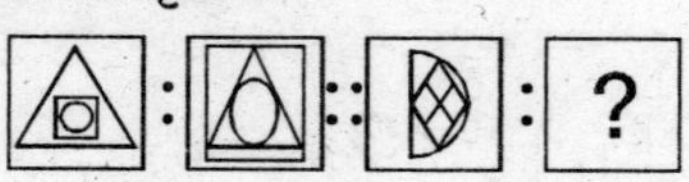

उत्तर आकृतियां

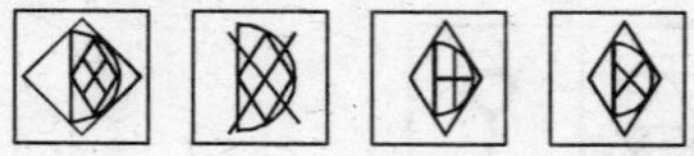

(*a*) (*b*) (*c*) (*d*)

10. प्रश्न आकृतियां

उत्तर आकृतियां

(*a*) (*b*) (*c*) (*d*)

उत्तरमाला

1	2	3	4	5
(*b*)	(*b*)	(*a*)	(*a*)	(*a*)
6	**7**	**8**	**9**	**10**
(*c*)	(*a*)	(*b*)	(*d*)	(*c*)

व्याख्यात्मक उत्तर

2. दूसरी आकृति में ऊपर के दो अवयव अपना स्थान बदल कर एक दूसरे के स्थान पर आ जाते हैं और वृत्त के भीतर का छायांकित भाग छायारहित हो जाता है।

3. पहली आकृति से दूसरी आकृति में एक ऊर्ध्वाधरतः रेखा कम हो जाती है और आकृति को निर्मित करने वाली रेखाओं की संख्या में एक की वृद्धि होती है।

4. पहली आकृति को वामावर्त 90° के कोण से घुमाने पर दूसरी आकृति प्राप्त होती है।

5. पहली आकृति से दूसरी आकृति में आकृति को निर्मित करने वाली रेखाओं की संख्या में एक की वृद्धि होती है।

6. पहली आकृति से दूसरी आकृति में विकर्णी रेखा 90° के कोण से घूम जाती है और रेखाखण्ड क्षैतिजतया सम्मुख खण्ड में चले जाते हैं।

7. पहली आकृति का डिजाइन दूसरी आकृति में दोगुना हो जाता है।

8. पहली आकृति का डिजाइन दूसरी आकृति में ऊर्ध्वाधरतः उलट जाता है।

9. बीच के और सबसे भीतरी अवयव के आकार में वृद्धि होती है और सबसे बाहरी अवयव छोटा होकर दो बढ़े हुए अवयवों के बीच में आ जाता है।

10. पहली आकृति से दूसरी आकृति में ऊपरी बाईं ओर का अवयव 90° के कोण से घूम जाता है और ऊपरी दाईं ओर का अवयव ऊर्ध्वाधरतः उलट जाता है। ऊर्ध्वाधर डिजाइन का ऊपरी भाग ऊर्ध्वाधरतः उलट जाता है और अलग हो जाता है, बीच का हिस्सा छोटा/बड़ा हो जाता है और 90° के कोण से घूम जाता है तथा निचला हिस्सा ऊर्ध्वाधरतः उलट जाता है। उपर्युक्त सभी परिवर्तनों के अतिरिक्त एक आकृति से दूसरी आकृति में छायांकित भाग छाया रहित हो जाता है और छाया रहित भाग छायांकित हो जाता है।

17

विजातीय का चयन (Odd-One Out)

अभाषिक वर्गीकरण संबंधी तर्कबुद्धि परीक्षण विषयक प्रश्नों में आकृतियों का एक समूह दिया जाता है तथा अभ्यर्थियों से यह अपेक्षा की जाती है कि वे दी गई आकृतियों को उनके विशिष्ट गुणों या विशेषताओं के आधार पर अलग-अलग समूहों या वर्गों में वर्गीकृत करें। आकृतियों या मदों को उनकी बनावट, आकार, प्रतिरूप, संरचना, प्रकार, क्रम, रूप-रंग, कोटि, शैली, संघटक अवयवों और अन्य प्रकार की विशेषताओं में समानता के आधार पर समूहों या वर्गों में वर्गीकृत करना होता है और तत्पश्चात् उस समूह से भिन्न अर्थात् विजातीय आकृति की पहचान करनी होती है।

अभ्यास

निर्देश: *नीचे के प्रत्येक प्रश्न में एक आकृति को छोड़कर अन्य सभी आकृतियाँ किसी-न-किसी रूप में आपस में संबंधित हैं और इस कारण वे एक समूह बनाती हैं। प्रत्येक प्रश्न में उस एक भिन्न आकृति का चयन करें जो अन्यों से संबंधित नहीं है अर्थात् जो भिन्न अथवा विजातीय है।*

1.

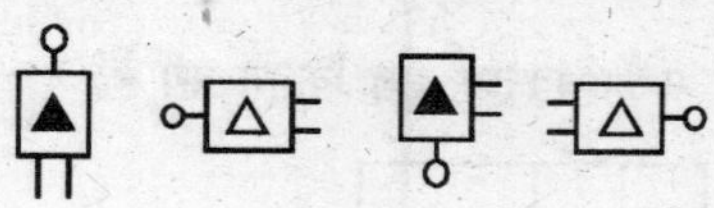

(a) (b) (c) (d)

2.

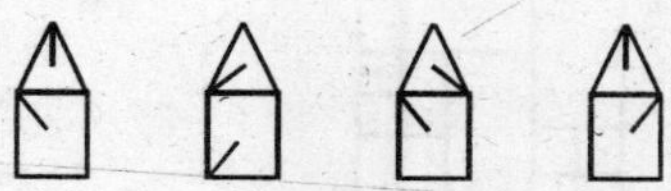

(a) (b) (c) (d)

3.

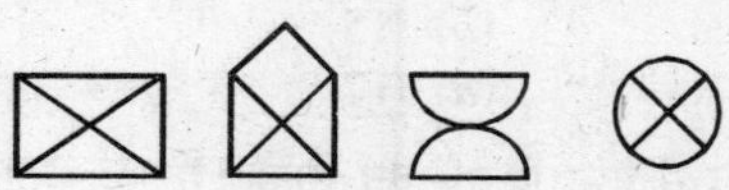

(a) (b) (c) (d)

4.

(a) (b) (c) (d)

5.

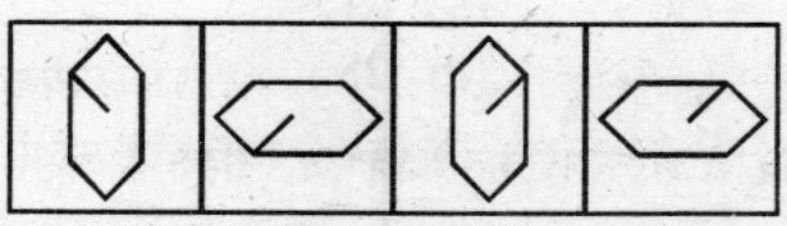

(a) (b) (c) (d)

6.

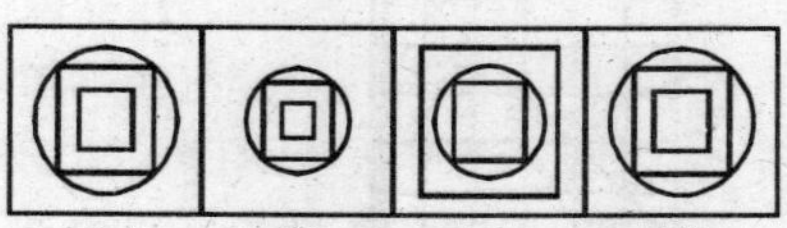

(a) (b) (c) (d)

7.

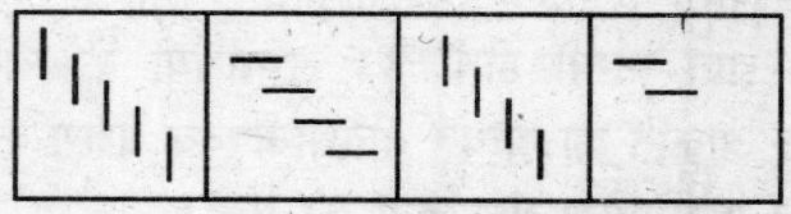

(a) (b) (c) (d)

8.

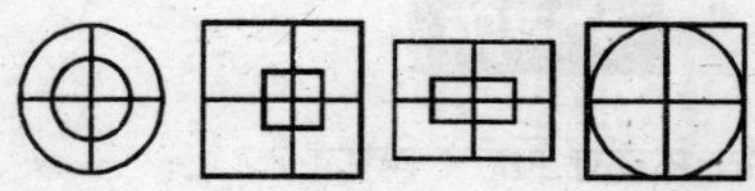

(a) (b) (c) (d)

9.

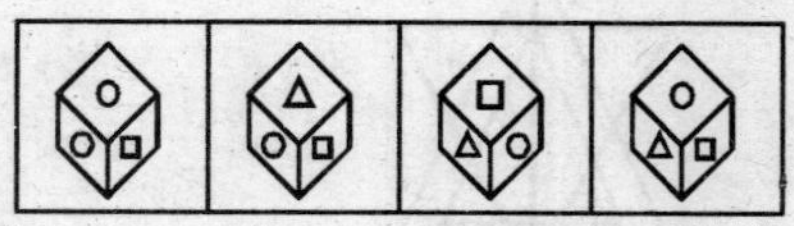

(a) (b) (c) (d)

10.

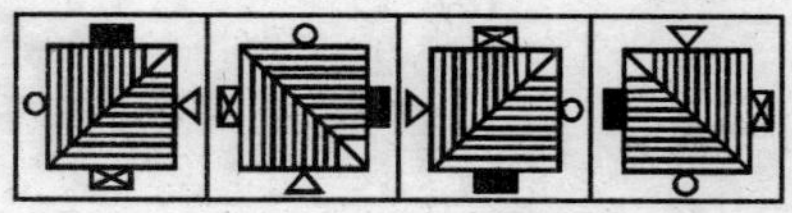

(a) (b) (c) (d)

उत्तरमाला

1	2	3	4	5
(c)	(c)	(c)	(d)	(c)
6	**7**	**8**	**9**	**10**
(c)	(a)	(d)	(a)	(c)

व्याख्यात्मक उत्तर

1. अन्य सभी आकृतियों में वृत्त युक्त रेखा और दो रेखाखंड वर्ग की सम्मुख भुजाओं पर अवस्थित हैं।

3. शेष सभी आकृतियाँ चार भागों में विभक्त हैं।

6. शेष सभी आकृतियों में बीच का और मध्यस्थ अवयव एक से हैं।

7. केवल इसी आकृति में रेखाखंडों की संख्या विषम है।

8. केवल इसी आकृति में दो अलग-अलग आकृतियाँ हैं जो दो समान भागों में विभाजित हैं।

9. केवल इसी आकृति में दो सदृश अवयव (वृत्त) निहित हैं।

10. शेष सभी आकृतियों को घुमाकर एक-दूसरी आकृतियाँ प्राप्त की जा सकती हैं।

●●●

18

आरेखों पर आधारित प्रश्न (Diagrammatic Puzzles)

इस प्रकार के प्रश्नों में किसी दी गई जटिल आकृति में निहित ज्यामितीय आकृतियों की संख्या ज्ञात करनी होती है। अभ्यर्थियों के लिए यह अनिवार्य है कि वे प्रश्न आकृति का अत्यंत सावधानीपूर्वक प्रेक्षण करें और तत्पश्चात् उसमें निहित ज्यामितीय आकृतियों को गिनें।

अभ्यास

1. नीचे दी गई आकृति में कुल कितने त्रिभुज हैं?

(*a*) 24 (*b*) 27
(*c*) 25 (*d*) 26

2. इस आकृति में कुल कितने त्रिभुज हैं?

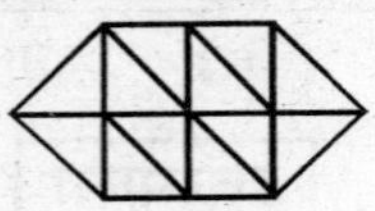

(*a*) 16 (*b*) 17
(*c*) 18 (*d*) 19

3. इस आकृति में कुल कितने वर्ग छिपे हैं?

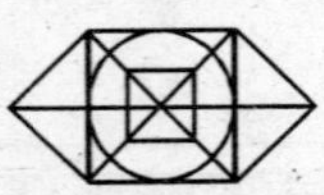

(*a*) 7 (*b*) 8
(*c*) 9 (*d*) 10

4. इस आकृति में निहित त्रिभुजों की संख्या कितनी है?

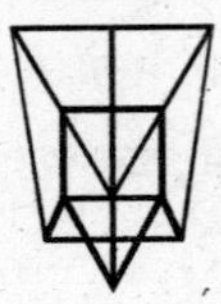

(*a*) 19 (*b*) 16
(*c*) 21 (*d*) 15

5. इस आकृति में वृत्तों की कुल कितनी संख्या है?

(*a*) 6 (*b*) 5
(*c*) 2 (*d*) 3

6. नीचे की आकृति में कुल कितने त्रिभुज निहित हैं?

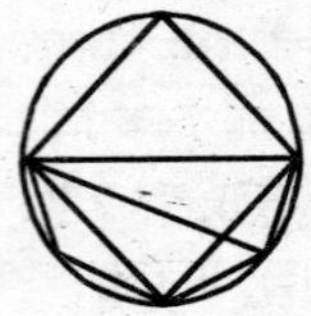

(*a*) 7 (*b*) 8
(*c*) 9 (*d*) 10

7. नीचे की आकृति में कुल कितने वर्ग हैं?

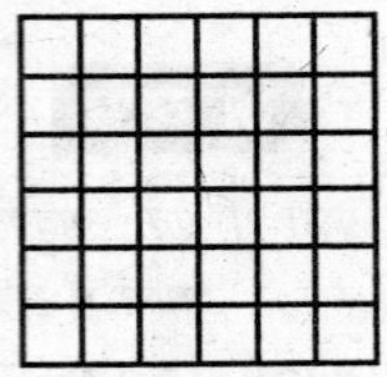

(*a*) 36 (*b*) 60
(*c*) 77 (*d*) 91

8. नीचे दी गई आकृति में अधिकतम कुल कितने वर्ग हैं?

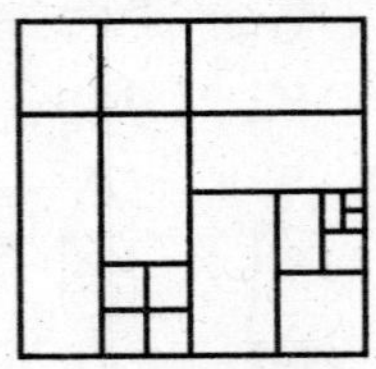

(*a*) 14 (*b*) 15
(*c*) 16 (*d*) 17

9. नीचे दी गई आकृति में कुल कितने वृत निहित हैं?

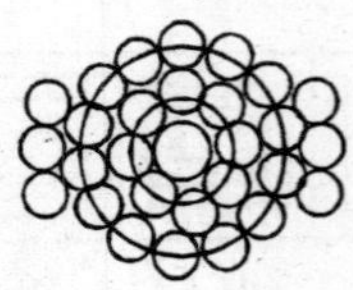

(*a*) 29 (*b*) 31
(*c*) 30 (*d*) 28

10. नीचे दी गई आकृति में कुल कितने त्रिभुज निहित हैं?

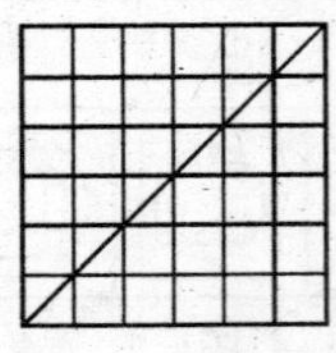

(*a*) 42 (*b*) 41
(*c*) 40 (*d*) 39

11. नीचे दी गई आकृति में कुल कितने त्रिभुज निहित हैं?

(*a*) 18 (*b*) 16
(*c*) 20 (*d*) 22

12. नीचे दी गई आकृति में निहित कुल आयतों की संख्या बताइए।

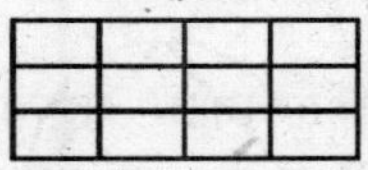

(*a*) 60 (*b*) 56
(*c*) 37 (*d*) 20

13. नीचे दी गई आकृति में निहित समांतर चतुर्भुजों की कुल संख्या ज्ञात करें।

(*a*) 35 (*b*) 36
(*c*) 37 (*d*) 38

14. नीचे दी गई आकृति में निहित त्रिभुजों की कुल संख्या बताइए ?

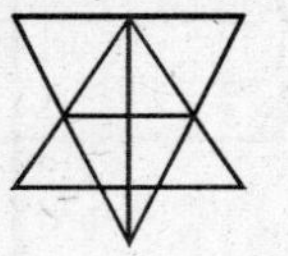

(*a*) 19 (*b*) 21
(*c*) 20 (*d*) 22

15. नीचे दी गई आकृति में कुल कितने षड्भुज निहित हैं ?

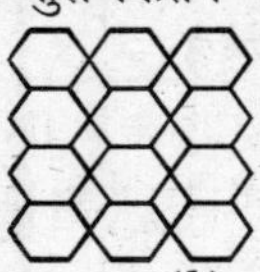

(*a*) 13 (*b*) 14
(*c*) 15 (*d*) 16

उत्तरमाला

1	2	3	4	5
(*b*)	(*a*)	(*d*)	(*b*)	(*a*)
6	**7**	**8**	**9**	**10**
(*b*)	(*d*)	(*a*)	(*b*)	(*a*)
11	**12**	**13**	**14**	**15**
(*c*)	(*a*)	(*b*)	(*b*)	(*c*)

व्याख्यात्मक उत्तर

2.

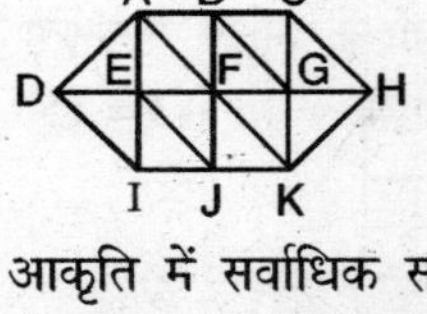

आकृति में सर्वाधिक सरलतापूर्वक दृष्टिगोचर होनेवाले त्रिभुज हैं: ADE, DEI, AEF, ABF, EIJ, EFJ, BFG, BCG, FJK, FGK, CGH और GHK, अर्थात् 12 त्रिभुज।

समद्विभाजित त्रिभुज हैं: ADI और CHK अर्थात् 2 त्रिभुज।

AIK और ACK अन्य त्रिभुज हैं, अर्थात 2 त्रिभुज।

अतः आकृति में निहित त्रिभुजों की कुल संख्या
= 12 + 2 + 2 = 16

3.

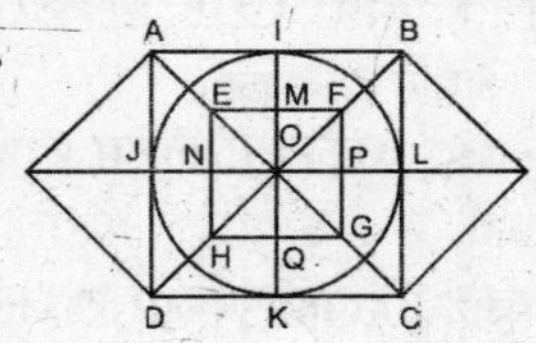

आकृति में निहित मुख्य वर्ग हैं : ABCD और EFGH, अर्थात् 2 वर्ग।

सरलतम बाह्य वर्ग हैं। AIOJ, IBLO, JOKD, और OLCK, अर्थात् 4 वर्ग।

सरलतम आंतरिक वर्ग हैं: EMON, NOQH, MFPO और OPGQ, अर्थात् 4 वर्ग।

आकृति में अन्य कोई वर्ग निहित नहीं हैं।

अतः उपर्युक्त आकृति में निहित वर्गों की कुल संख्या
= 2 + 4 + 4 = 10

5.

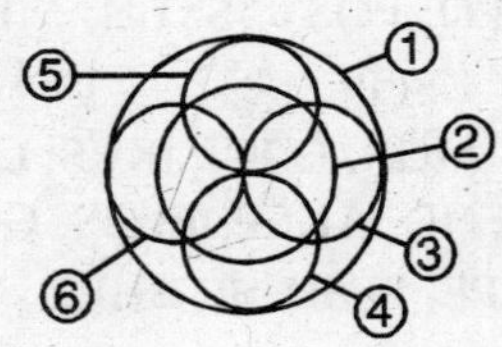

आकृति में दो मुख्य वृत्त हैं और चार छोटे वृत्त हैं और ये सभी एक-दूसरे को प्रतिच्छेदित कर रहे हैं।

∴ आकृति में निहित कुल वृत्त
= 2 + 4 = 6.

6. आकृति में निहित सरलतम त्रिभुज हैं: ABC, BDE, BEG, BGC, CGF और GFE, अर्थात् 6 त्रिभुज

समद्विभाजित त्रिभुज हैं: BCE और CEF, अर्थात् 2 त्रिभुज।

अतः आकृति में निहित त्रिभुजों की कुल संख्या
= 6 + 2 = 8.

9.

आकृति में 3 संकेंद्रिक वृत्त हैं, बीच के वृत्त की परिधि पर 8 छोटे वृत्त हैं, बाहरी वृत्त की परिधि पर 14 छोटे वृत्त हैं तथा सबसे बाहरी संकेंद्रिक वृत्त से बाहर उसकी दोनों ओर तीन-तीन वृत्त अर्थात् कुल 6 वृत्त हैं।

अतः वृत्तों की कुल संख्या
= 3 + 8 + 14 + 6 = 31.

11. 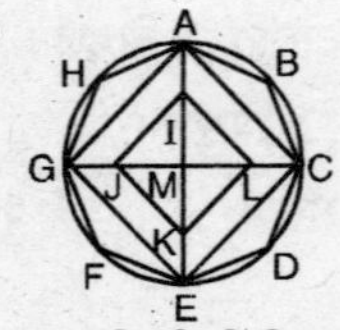

आकृति में निहित सरलतम त्रिभुज हैं: ABC, CDE, EFG, GHA, JIM, IML, MLK और JMK, अर्थात् 8 त्रिभुज।
दो भागों में विभाजित त्रिभुज हैं: JIK, IJL, IKL और JLK, अर्थात् 4 त्रिभुज।
दो भागों में विभाजित अन्य त्रिभुज हैं: AGM, AMC, GME और MCE, अर्थात् 4 त्रिभुज।
आकृति में निहित अन्य त्रिभुज हैं: AGC, AGE, ACE और GCE, अर्थात् 4 त्रिभुज।
अतः त्रिभुजों की कुल संख्या = 8 + 4 + 4 + 4 = 20

12. 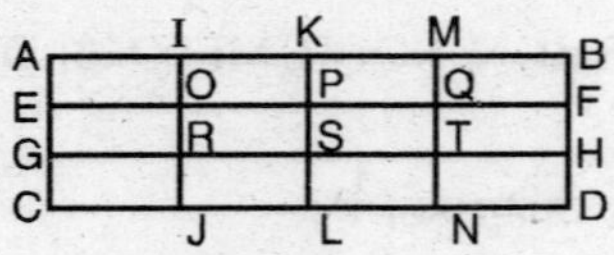

आकृति में निहित मुख्य आयत ABCD है, अर्थात् 1 आयत।
आकृति में निहित सरलतम आयत हैं: AIEO, EOGR, GRCJ, IKOP, OPRS, RSJL, KMPQ, PQST, STLN, MBQF, QFTH और THND, अर्थात् 12 आयत।
दो भागों में विभाजित आयत हैं: AIGR, EOCJ, IKRS, OPJL, KMST, PQLN, MBTH, QFND, AKEP, EPGS, GSCL, IMOQ, OQRT, RTJN, KBPF, PFSH और SHLD, अर्थात् 17 आयत।
तीन भागों में विभाजित आयत हैं: AICJ, IKJL, KMLN, MBND, AMEQ, EQGT, GTCN, IBOF, OFRH और RHJD, अर्थात् 10 आयत।
चार भागों में विभाजित आयत हैं: AKGS, EPCL, IMRT, OQJN, KBSH, PFLD, ABEF, EFGH और GHCD, अर्थात् 9 आयत।
छह भागों में विभाजित आयत हैं: AKCL, IMJN, KBLD AMGT, EQCN, IBRH और OFJD, अर्थात् 7 आयत।
आकृति में निहित अन्य आयत हैं: ABGH, EFCD, AMCN और IBJD, अर्थात् 4 आयत।
अतः इस आकृति में निहित आयतों की कुल संख्या
= 1 + 12 + 17 + 10 + 9 + 7 + 4 = 60

13. 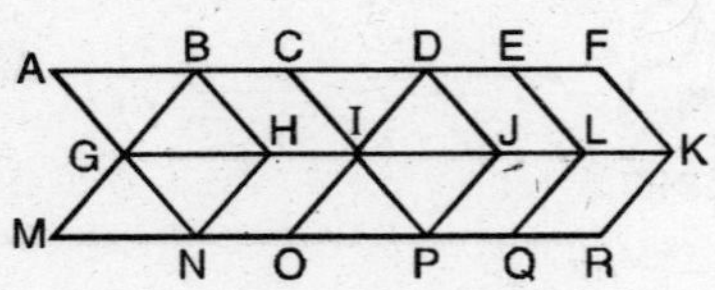

आकृति में निहित मुख्य समांतर चतुर्भुज AFGK और GKMR, है, अर्थात् 2 समांतर चतुर्भुज।
आकृति में निहित सरलतम समांतर चतुर्भुज हैं: BCHI, DEJL, EFLK, HINO, JLPQ और LKQR, अर्थात् 6 समांतर चतुर्भुज।
दो भागों में विभाजित समांतर चतुर्भुज हैं: ABGH, CDIJ, DFJK, GHMN, IJOP, JKPR, GBNH और IDPJ, अर्थात् 8 समांतर चतुर्भुज।
तीन भागों में विभाजित समांतर चतुर्भुज हैं: ACGI, BDGI, BDHJ, CEIL, GIMO, GINP, HJNP और ILOQ, अर्थात् 8 समांतर चतुर्भुज।
चार भागों में विभाजित समांतर चतुर्भुज हैं: BEHL, CFIK, HLNQ और IKOR, अर्थात् 4 समांतर चतुर्भुज।
पाँच भागों में विभाजित समांतर चतुर्भुज हैं: ADGI, BFHK, GJMP और HKNR, अर्थात् 4 समांतर चतुर्भुज।
अन्य समांतर चतुर्भुज हैं: AEGL, GLMQ, ACNP और BDMO, अर्थात् 4 समांतर चतुर्भुज।
अतः आकृति में निहित समांतर चतुर्भुजों की कुल संख्या
= 2 + 6 + 8 + 8 + 4 + 4 + 4 = 36

14. 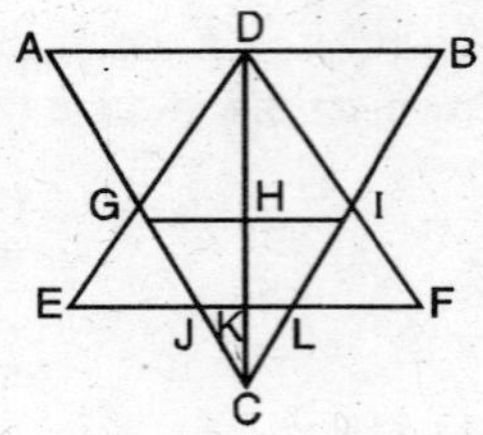

मुख्य त्रिभुज हैं: ABC और DEF, अर्थात् 2 त्रिभुज।
सरलतम त्रिभुज हैं: ADG, DGH, DHI, DBI, GEJ, JKC, KLC और ILF, अर्थात् 8 त्रिभुज।
दो भागों में विभाजित त्रिभुज हैं: DGI और JLC अर्थात् 2 त्रिभुज।
तीन भागों में विभाजित त्रिभुज हैं: DGC, DIC, DEK और DKF, अर्थात् 4 त्रिभुज।
अन्य त्रिभुज हैं: ADC, DBC, GIC, GHC और HIC, अर्थात् 5 त्रिभुज।
अतः आकृति में निहित त्रिभुजों की कुल संख्या
= 2 + 8 + 2 + 4 + 5 = 21

15. 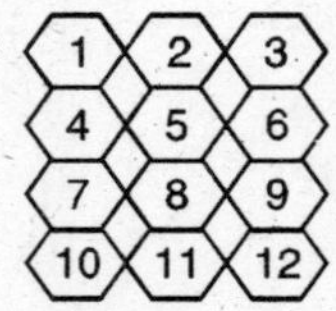

12 षड्भुज एक साथ रखे गये हैं जिनसे 3 और षड्भुज निर्मित होते हैं जिन में से पहला षड्भुज 2 और 5 संख्याकित षड्भुजों के मिलने से, दूसरा षड्भुज 5 और 8 संख्याकित षड्भुजों के मिलने से और तीसरा षड्भुज 8 और 11 संख्याकित षड्भुजों के मिलने से बनता हैं।
∴ आकृति में षड्भुजों की कुल संख्या = 12 + 3 = 15

●●●

हरियाणा

सामान्य ज्ञान एवं सचेतता

वस्तुनिष्ठ प्रश्नोत्तर

1. प्राचीन काल में हरियाणा राज्य अन्य किस नाम से जाना जाता था?
A. ब्रह्मावर्त प्रदेश B. ब्रह्मर्षि प्रदेश
C. ब्रह्मा की उत्तरवेदी D. सभी से

2. किस भरतवंशी शासक ने हरियाणा प्रदेश से अपना विजय अभियान शुरू किया था?
A. सुदास B. अर्जुन
C. भरत D. भीष्म

3. महाभारत का प्रसिद्ध युद्ध प्रदेश में किस स्थान पर लड़ा गया था?
A. पानीपत B. कुरुक्षेत्र
C. झज्जर D. बल्लभगढ़

4. मुगलकाल में इस प्रदेश में जनपदों का स्थान किसने लिया था?
A. गण संघ ने B. गण-व्यवस्था ने
C. खापों ने D. पंचायत ने

5. बौद्धकाल के किन महाजनपदों में आधुनिक हरियाणा के भाग शामिल थे?
A. कुरु और पांचाल B. कौशल और वज्जी
C. सूरसेन और अवन्ती D. अस्सक और वत्स

6. प्रदेश का कौन-सा स्थान, अग्रेयगण की राजधानी था?
A. रिवाड़ी B. सिरसा
C. हांसी D. अग्रोहा

7. महमूद गजनवी ने थानेश्वर पर कब आक्रमण किया था?
A. 1013 ई. में B. 1014 ई. में
C. 1016 ई. में D. 1017 ई. में

8. प्रदेश का थानेश्वर नामक नगर किस प्रसिद्ध राजा की राजधानी था?
A. हर्षवर्धन B. अशोक
C. चन्द्रगुप्त विक्रमादित्य D. कनिष्क

9. बारहवीं शताब्दी में किस चौहान शासक ने हरियाणा प्रदेश पर आक्रमण कर तोमरों को पराजित किया था?
A. विग्रहराज VI B. विग्रहराज II
C. अर्णोराजा D. पृथ्वीराज चौहान

10. गुलाम वंश के शासक बलबन ने हरियाणा के शक्तिशाली मेवों की शक्ति को नष्ट करने का प्रयास कब किया था?
A. 1260 ई. में B. 1265 ई. में
C. 1266 ई. में D. 1267 ई. में

11. तुगलक शासक फिरोज तुगलक ने प्रदेश में कौन-सा नगर बसाया था?
A. टोहाना B. हांसी
C. सिवानी D. फतेहाबाद

12. निम्नलिखित में से प्रदेश के किस नगर पर तैमूर ने आक्रमण किया था?
A. सिरसा B. फतेहाबाद
C. हिसार D. सभी पर

13. 1526 ई. में हरियाणा में किस स्थान पर बाबर और इब्राहीम लोदी के बीच प्रसिद्ध युद्ध हुआ था?
A. पानीपत B. कुरुक्षेत्र
C. तावडू D. जीन्द

14. प्रसिद्ध मुगल शासक अकबर के समय में रिवाड़ी का शासक कौन था?
A. तुलाराम B. कर्णसिंह
C. हेमचन्द्र (हेमू) D. फूलसिंह

15. अकबर और हेमचन्द्र (हेमू) के बीच पानीपत का प्रसिद्ध द्वितीय युद्ध कब लड़ा गया था?
A. 1550 ई. में B. 1552 ई. में
C. 1554 ई. में D. 1556 ई. में

16. मराठों और अहमदशाह अब्दाली के बीच प्रदेश में कौन-सा प्रसिद्ध युद्ध लड़ा गया था?
A. पानीपत का तृतीय युद्ध B. पानीपत का द्वितीय युद्ध
C. पानीपत का प्रथम युद्ध D. कोई नहीं

17. प्रदेश के किस स्थान को जार्ज टॉमस ने अपनी राजधानी बनाया था?
A. रानिया B. टोहाना
C. हांसी का दुर्ग D. बहरामपुर

18. 1802 ई. में जार्ज टॉमस की मृत्यु प्रदेश में किस स्थान पर हुई थी?
A. महेन्द्रगढ़ B. बहरामपुर
C. नारनौल D. बावल

19. सन् 1809-10 में समस्त हरियाणा किसके अधिकार में था?
A. मराठों के B. सतनामियों के
C. मुगलों के D. अंग्रेजों के

20. आधुनिक हरियाणा राज्य का निर्माण कब किया गया था?
A. 1 नवम्बर, 1966 B. 5 जनवरी, 1967
C. 1 नवम्बर, 1958 D. 15 अगस्त, 1947

21. प्राग्हड़प्पा, हड़प्पा, परवर्ती हड़प्पा आदि संस्कृतियों के प्रमाण हरियाणा में किस स्थान से प्राप्त हुए हैं?
A. वणावली B. सोसवाल
C. मिर्जापुर D. सभी से

22. महाभारत-काल से शताब्दियों पूर्व हुए आर्यवंशी कुरुओं ने इस प्रदेश में किस युग का प्रारम्भ किया था?

A. कृषि-युग B. ताम्र-युग
C. लोह-युग D. धातु-युग

23. भगवान श्रीकृष्ण द्वारा विश्व प्रसिद्ध गीता का उपदेश हरियाणा में किस स्थान पर दिया गया था?
A. रेवाड़ी B. पेहवा
C. कुरुक्षेत्र D. पानीपत

24. यौधेय-काल में हरियाणा प्रदेश को निम्नलिखित में से किस नाम की संज्ञा दी गई?
A. यौधेय गणराज्य B. बहुधान्यक-प्रदेश
C. मत्स्य प्रदेश D. गण-प्रदेश

25. प्रसिद्ध चीनी यात्री ह्वेनसांग ने अपनी पुस्तक में हरियाणा के किस नगर के वैभव और समृद्धि का वर्णन किया है?
A. स्थाण्वीश्वर (थानेश्वर) B. पानीपत
C. रोहतक D. अम्बाला

26. तोमर शासकों के शासनकाल में हरियाणा में व्यापार, कला व संस्कृति की उन्नति की जानकारी किस ग्रन्थ से मिलती है?
A. तहकीक-ए-हिन्द B. हर्षचरित
C. कादम्बरी D. यशस्तिलक चम्पू

27. 1526-27 में बाबर के आक्रमण के समय तावडू के परगने का शासक कौन था?
A. हसन खाँ B. मोहन सिंह मंढ़ार
C. फैजल खाँ D. जलाल खाँ

28. निम्नलिखित कथनों पर विचार कीजिए :
(*a*) नडा साहिब गुरुद्वारा अम्बाला में है।
(*b*) नडा साहिब गुरुद्वारा घग्गर नदी के तट पर है।
उपर्युक्त में से कौन-सा/से कथन सही है/हैं?
A. केवल (*b*) B. (*a*) और (*b*) दोनों
C. न तो (*a*) और न ही (*b*) D. केवल (*a*)

29. 1756-57 में हरियाणा निम्नलिखित में से किसके अधिकार क्षेत्र में रहा?
A. मुगलों के B. सिक्खों के
C. मराठों के D. सतनामियों के

30. अहमदशाह अब्दाली ने अपने देश लौटते समय हरियाणा का उत्तरी भाग (अम्बाला, जीन्द, कुरुक्षेत्र, करनाल जिला) किसको सौंप दिया?
A. मुगलों को
B. सिक्खों को
C. सरहिन्द के गवर्नर जैन खाँ को
D. दुर्रानी के गवर्नर गेन खाँ को

31. 1857 के मेरठ-विद्रोह में जिन सैनिकों ने भाग लिया था उनमें से अधिकतर हरियाणा के किस जिले से सम्बन्धित थे?
A. गुरुग्राम B. रोहतक
C. हिसार D. सभी से

32. हरियाणा का कौन वीर सेनानी मेरठ क्रान्ति के समय मेरठ का नायब कोतवाल था?
A. अब्दुस समद खान B. विक्रमसिंह
C. रावकृष्ण गोपाल D. रामेश्वर दयाल

33. नारनौल के समीप नसीबपुर नामक गांव में लड़े गये (स्वाधीनता-संग्राम के) युद्ध में अंग्रेजों ने किन तीन शक्तियों को नष्ट किया था?
A. रिवाड़ी, झज्जर और जोधपुर
B. गुड़गांव, रिवाड़ी और जोधपुर
C. जींद, जगादरी और पेहवा
D. पानीपत, झज्जर और तावडू

34. प्रथम स्वाधीनता संग्राम में बल्लभगढ़ के किस राजा ने दिल्ली में क्रान्तिकारी सेनाओं का नेतृत्व किया था?
A. राजा कर्णसिंह B. राजा नाहन सिंह
C. राजा सूरजभान D. राजा सत्यपाल

35. निम्नलिखित में से प्रदेश की किस रियासत ने 1857 की जन-क्रान्ति में अंग्रेजों को महत्त्वपूर्ण सहयोग दिया था?
A. बहादुरगढ़ B. तावडू
C. झज्जर D. जींद

36. कांग्रेस के दूसरे 1886 के कलकत्ता अधिवेशन में हरियाणा का प्रतिनिधित्व किसने किया था?
A. पं. दीनदयाल शर्मा B. लाला मुरलीधर
C. बालमुकन्द गुप्त D. सभी ने

37. लाला लाजपत राय ने हरियाणा के किस स्थान को अपना राजनीतिक और सामाजिक, कार्य-क्षेत्र बनाया था?
A. हिसार B. सोनीपत
C. गुरुग्राम D. नूह

38. सन् 1888 में इलाहाबाद में आयोजित हुए कांग्रेस के चौथे अधिवेशन में किस महत्त्वपूर्ण राष्ट्र नेता ने जिला हिसार के प्रतिनिधि के रूप में भाग लिया था?
A. लाला सुल्तान सिंह B. बलदेव सिंह
C. लाला लाजपत राय D. बैनी सिंह

39. 8 अप्रैल, 1919 के दिन गांधी जी हरियाणा में कहां से गिरफ्तार हुए थे?
A. कैथल B. पलवल
C. गुहला D. अम्बाला

40. रोहतक में पं॰ रामभजदत्त की अध्यक्षता में सम्मेलन का आयोजन कब हुआ था, जिसमें गांधीजी के असहयोग आन्दोलन को कार्यरूप देने का निर्णय लिया गया था?
A. जनवरी, 1919 में B. नवम्बर, 1919 में
C. नवम्बर, 1920 में D. सितम्बर, 1921 में

41. कांग्रेस के नागपुर में हुए वार्षिक अधिवेशन में हरियाणा प्रान्त का प्रतिनिधित्व किसने किया था?
A. सरदार बूटा सिंह B. लाला उग्रसेन
C. बाबू श्याम लाल D. पं॰ नेकीराम शर्मा

42. पंजाब प्रदेश-कांग्रेस के आदेश पर पूरे हरियाणा में स्वतंत्रता दिवस कब मनाया गया?
A. 12 जनवरी, 1932 B. 10 दिसम्बर, 1932
C. 15 अगस्त, 1935 D. 26 जनवरी, 1932

43. हरियाणा में कांग्रेस की स्वर्ण-जयन्ती कब मनाई गई थी?
A. 18 अगस्त, 1930 को B. 30 जनवरी, 1935 को
C. 28 दिसम्बर, 1935 को D. 10 दिसम्बर, 1936 को

44. आजाद हिन्द फौज से सम्बन्धित हरियाणा का वह शूरवीर कौन था, जिसने मणिपुर की भूमि पर सबसे पहले तिरंगा फहराया था?

A. मेजर प्रतापसिंह B. मेजर सूरजमल
C. दरबारा सिंह D. भजनलाल

45. हरियाणवी क्षेत्रों में यूनियनिस्ट पार्टी को लोकप्रिय बनाने के लिए चौधरी छोटूराम ने जोरदार अभियान चलाया। प्रदेश में इसे किस नाम से पुकारा जाता था?

A. 'जमींदारी लीग' B. जमींदारी प्रथा
C. हिन्दू-मुस्लिम D. कोई नहीं

46. सन् 1916 में चौधरी छोटूराम ने रोहतक में किस साप्ताहिक का संपादन शुरू किया था?

A. हिन्दू गजट B. सिख गजट
C. जाट गजट D. कोई नहीं

47. श्री फजली हुसैन के साथ मिलकर चौधरी छोटूराम ने पंजाब में यूनियनिस्ट पार्टी की स्थापना कब की थी?

A. 1919 में B. 1921 में
C. 1922 में D. 1923 में

48. पटियाला, जींद और नाभा रियासतों में राजनैतिक गतिविधियों पर अंकुश रखने के लिए संवत् 1988 विक्रमी में एक कानून लागू किया गया था, उसका नाम क्या रखा गया था?

A. हिदायत संवत B. हिजरी संवत
C. विक्रम संवत D. शक संवत

49. सन् 1938 में जींद प्रजामण्डल की नींव जींद की राजधानी संगरूर में किस प्रसिद्ध देशभक्त ने डाली थी?

A. राजेन्द्र कुमार जैन ने B. साधूराम ने
C. हंसराज रहबर ने D. नन्दकिशोर ने

50. गांधी जी पलवल में कब गिरफ्तार हुए थे?

A. 5 जनवरी, 1919 में B. 8 मई, 1920 में
C. 8 अप्रैल, 1919 में D. 17 अप्रैल, 1921 में

51. सनातन धर्म को पूरे उत्तर भारत में लोकप्रिय बनाने में महत्त्वपूर्ण योगदान देने वाले पं॰ दीनदयाल शर्मा हरियाणा में कहाँ के रहने वाले थे?

A. झज्जर B. कैथल
C. हिसार D. जीन्द

52. सन् 1892 के लाहौर अधिवेशन में हिसार का प्रतिनिधित्व किस प्रसिद्ध जन नेता ने किया था?

A. बालमुकुन्द गुप्त B. लाला मुरलीधर
C. लाला लाजपत राय D. पं॰ दीनदयाल शर्मा

53. लाला लाजपतराय और सरदार अजीतसिंह को ब्रिटिश सरकार द्वारा गिरफ्तार करके मांडले जेल में कब भेजा गया था?

A. सन् 1907 में B. सन् 1895 में
C. सन् 1902 में D. सन् 1896 में

54. महात्मा गांधी, मुहम्मद अली तथा शौकत अली के साथ रोहतक कब आये थे?

A. 10 जनवरी, 1919 को B. 8 अक्टूबर, 1920 को
C. 1 अक्टूबर, 1920 को D. 18 मार्च, 1920 को

55. अम्बाला मण्डल की डिवीजनल पोलिटिकल कान्फ्रेंस, जिसमें महात्मा गांधी अली भाइयों के साथ आये थे, भिवानी में कब हुई थी?

A. मार्च 1918 में B. जून 1920 में
C. अक्टूबर 1919 में D. अक्टूबर 1920 में

56. 1947 में भारत के स्वतन्त्र होने के पश्चात तक हरियाणा किस प्रान्त का भाग था?

A. दिल्ली B. पंजाब
C. उत्तर प्रदेश D. राजस्थान

57. 1955 में भारत सरकार द्वारा गठित राज्य पुनर्गठन आयोग ने किन दो स्थानों को हरियाणा क्षेत्र में शामिल करने की सिफारिश की थी?

A. महेन्द्रगढ़ व जीन्द B. पटियाला व हिसार
C. पानीपत व कैथल D. रोहतक व गुडगांव

58. हरियाणा राज्य की स्थापना कब हुई?

A. 10 नवम्बर, 1966 में B. 26 जनवरी, 1966 में
C. 1 नवम्बर, 1966 में D. 5 जून, 1966 में

59. हरियाणा के प्रथम राज्यपाल कौन बनाये गये?

A. श्री सत्यपाल B. श्री धर्मवीर
C. श्री देवीलाल D. श्री बंसीलाल

60. 24 मार्च, 1967 को बने हरियाणा के प्रथम गैर-कांग्रेसी मुख्यमंत्री का नाम बताइये।

A. चौधरी भजनलाल B. देवीलाल
C. बंसीलाल D. राव वीरेन्द्र सिंह

61. प्रदेश के किस प्रसिद्ध प्राचीन नगर की विस्तार से जानकारी चीनी यात्री ह्वेनसांग के वृत्तान्त से मिलती है?

A. रोहतक B. अम्बाला
C. थानेश्वर D. भिवानी

62. प्रदेश के थानेश्वर नगर की प्रसिद्धि निम्नलिखित में से किस काल में सर्वाधिक थी?

A. वर्धनकाल में B. गुप्तकाल में
C. शुंगकाल में D. मौर्यकाल में

63. 1526 ई॰ में बाबर और इब्राहिम लोदी के बीच युद्ध हरियाणा में किस स्थान पर लड़ा गया था?

A. झज्जर B. कुरुक्षेत्र
C. रोहतक D. पानीपत

64. पानीपत नगर को जिले का दर्जा कब मिला था?

A. 1 जनवरी, 1988 को B. 1 नवम्बर, 1989 को
C. 1 दिसम्बर, 1990 को D. 1 अगस्त, 1991 को

65. रेवाड़ी जिला कब बना था?

A. 10 जून, 1977 को B. 5 फरवरी, 1979 को
C. 1 नवम्बर, 1989 को D. 17 जून, 1980 को

66. हिसार नगर निम्नलिखित में से किस प्रसिद्ध शासक की जन्मभूमि है?

A. शेरशाह सूरी B. अकबर
C. मुहम्मद तुगलक D. फिरोज तुगलक

67. वर्तमान समय में किस नगर में प्रदेश का सबसे बड़ा पशुधन फार्म स्थित है?

A. नारनौल B. हिसार
C. पानीपत D. करनाल

68. सन् 1354 में किस प्रसिद्ध मध्यकालीन शासक ने हिसार की एक दुर्ग के रूप में स्थापना की थी?

A. मुहम्मद तुगलक B. बलबन
C. फिरोज तुगलक D. अलाउद्दीन खिलजी

69. प्रदेश का महेन्द्रगढ़ नामक नगर प्राचीन काल में निम्नलिखित में से किस नाम से जाना जाता था?

A. जानोवा B. कर्णपुर
C. महिपगढ़ D. कानौड

70. बल्लभगढ़ के अन्तिम राजा का नाम बताइये जो कि सन् 1857 के स्वतंत्रता संग्राम में शहीद हुआ था?

A. नाहर सिंह B. विजय सिंह
C. प्रताप सिंह D. महर सिंह

71. बल्लभगढ़ नामक नगर प्रदेश के किस जिले के अंतर्गत आता है?

A. रोहतक B. फरीदाबाद
C. गुरुग्राम D. करनाल

72. पलवल किस जिले से अलग होकर नया जिला बना है?

A. जींद B. हिसार
C. फरीदाबाद D. करनाल

73. प्रसिद्ध गुलाम शासिका रज़िया सुल्ताना की कब्र प्रदेश के किस जिले में स्थित है?

A. कैथल B. गुरुग्राम
C. अम्बाला D. फरीदाबाद

74. प्रदेश का कौन-सा नगर विश्व के मानचित्र में "धान का कटोरा" तथा "हरियाणा का पैरिस" जैसे उपमानों से जाना जाता है?

A. रोहतक B. सोनीपत
C. फरीदाबाद D. करनाल

75. 1607 ई॰ में फरीदाबाद नगर की स्थापना किसके द्वारा की गई थी?

A. फिरोजशाह B. मुबारकशाह
C. बाबा फरीद D. मनसूब अली

76. महाभारत काल में सिरसा किस नाम से जाना जाता था?

A. शिपिरा B. शैरीषकम
C. सोरीश D. सिरसा

77. गोहाना नगर प्राचीनकाल में किस नाम से जाना जाता था?

A. गवभ भवाना B. गढ़ना
C. गपत जमाना D. इनमें से कोई नहीं

78. प्राचीनकाल में बहादुरगढ़ नामक नगर किस नाम से जाना जाता था?

A. बहावलगढ़ B. शफीराबाद
C. शरफाबाद D. बलरामगढ़

79. अंग्रेजों ने बहादुरगढ़ को सिन्धिया राजा से छीन कर झज्जर के नवाब के भाई को कब जागीर के रूप में दिया था?

A. 1800 ई॰ में B. 1801 ई॰ में
C. 1805 ई॰ में D. 1803 ई॰ में

80. प्रदेश के किस नगर की स्थापना 14वीं शताब्दी में अम्बा नामक राजपूत द्वारा की गई थी?

A. झज्जर B. रोहतक
C. अम्बाला D. भिवानी

81. अब्दुररहमान खाँ, जिसने अंग्रेजों से टक्कर लेते हुए देश प्रेम के लिए अपना बलिदान दिया था, हरियाणा में किस नगर का नवाब था?

A. कुरुक्षेत्र B. झज्जर
C. फर्रुखनगर D. रेवाड़ी

82. फर्रुखनगर की स्थापना किस बिलोच शासक द्वारा की गई थी?

A. दलेल खाँ (फौजदार खाँ) B. शफूद्दीन खाँ
C. बदरखाँ D. जमालुद्दीन खाँ

83. बिलोच शासक दलेल खां (फौजदार खां) ने किस बादशाह के नाम पर फर्रुखनगर नगर बसाया था?

A. फखरुद्दीन अहमद B. फारूख अली
C. फिरोजशाह तुगलक D. फर्रुखसीयर

84. महर्षि वेदव्यास द्वारा अमर काव्य "महाभारत" की रचना हरियाणा के किस नगर में की गई थी?

A. पानीपत B. रेवाड़ी
C. कुरुक्षेत्र D. हिसार

85. शक्तिशाली वर्धन वंश का उदय हरियाणा में कहां पर हुआ था?

A. थानेसर (स्थाण्वीश्वर) B. रोहतक
C. पानीपत D. कुरुक्षेत्र

86. 1556 ई॰ में अकबर और रेवाड़ी के हेमचन्द्र (हेमू) के मध्य हरियाणा में किस स्थान पर प्रसिद्ध युद्ध हुआ था?

A. रेवाड़ी B. जीन्द
C. कुरुक्षेत्र D. पानीपत

87. 1761 ई॰ में पानीपत का तीसरा युद्ध किनके मध्य हुआ था?

A. बाबर और इब्राहिम लोदी के मध्य
B. अकबर और हेमचन्द्र (हेमू) के मध्य
C. अहमद शाह अब्दाली और मराठों के मध्य
D. अंग्रेजों और सिक्खों के मध्य

88. पानीपत नगर 31 अक्टूबर, 1989 तक हरियाणा के किस जिले के अन्तर्गत था?

A. रेवाड़ी B. अम्बाला
C. करनाल D. हिसार

89. निम्नलिखित में से प्रदेश का कौन-सा जिला 1989 से पूर्व गुरुग्राम और महेन्द्रगढ़ जिलों के अन्तर्गत था?

A. महेन्द्रगढ़ B. फरीदाबाद
C. जीन्द D. रेवाड़ी

90. जीन्द को जिले का दर्जा कब मिला?

A. 1966 में B. 1972 में
C. 1968 में D. 1975 में

91. हरियाणा का ऐसा कौन-सा जिला है जिसका जिला मुख्यालय नारनौल नगर में स्थित है?

A. हिसार B. फरीदाबाद
C. महेन्द्रगढ़ D. करनाल

92. सन् 1818 में राजा अनुरूप सिंह की विधवा ने अपने पति की स्मृति में कहाँ पर एक छतरी व पक्के तालाब का निर्माण करवाया था?
A. करनाल B. बल्लभगढ़
C. सोनीपत D. कैथल

93. पलवल को जिले का दर्जा किस वर्ष मिला?
A. 2006 में B. 2005 में
C. 2008 में D. 2007 में

94. महाभारत काल में राजा युधिष्ठिर द्वारा निम्नलिखित में से कौन-सा स्थान अपने धर्मगुरु द्रोणाचार्य को उपहार स्वरूप दिया गया था?
A. गुरुग्राम गांव B. कैथल
C. होडल D. सिरसा

95. 1857 के स्वतंत्रता संग्राम के समय गुरुग्राम के कलेक्टर का नाम क्या था?
A. हेनरी B. सर हेली
C. जान मार्शल D. श्री फोर्ड

96. 1858 ई. में हरियाणा का कौन-सा जिला पंजाब प्रान्त में सम्मिलित कर दिया गया था?
A. फरीदाबाद B. गुरुग्राम
C. हिसार D. महेन्द्रगढ़

97. फरीदाबाद हरियाणा के 12वें जिले के रूप में कब अस्तित्व में आया?
A. 15 अगस्त, 1970 को B. 15 अगस्त, 1979 को
C. 26 जनवरी, 1979 को D. 8 मार्च, 1982 को

98. बहादुरगढ़ नगर हरियाणा के किस जिले के अन्तर्गत आता है?
A. झज्जर B. करनाल
C. यमुनानगर D. फरीदाबाद

99. गोहाना नामक ऐतिहासिक कस्बा हरियाणा के किस जिले में स्थित है?
A. पानीपत B. सिरसा
C. सोनीपत D. रेवाड़ी

100. हरियाणा का 22वाँ जिला कौन-सा है?
A. लोहारू B. चरखी दादरी
C. तोशाम D. बादड़ा

101. चरखी दादरी का नाम सन् 1939 में डालमिया दादरी रखा गया, इस कस्बे का नाम पुनः चरखी दादरी कब पड़ा?
A. सन् 1940 में B. सन् 1946 में
C. सन् 1958 में D. सन् 1968 में

102. जिला भिवानी में स्थित तोशाम नामक कस्बे को उपमण्डल का दर्जा कब मिला?
A. 27 अप्रैल, 1993 को B. 10 जून, 1995 को
C. 5 मार्च, 1997 को D. 27 अप्रैल, 1998 को

103. पूर्वी हरियाणा और उत्तर प्रदेश की सीमा पर निम्न में से कौन-सी नदी बहती है?
A. गंगा नदी B. सरस्वती नदी
C. घग्घर नदी D. यमुना नदी

104. हरियाणा प्रदेश भारत के उत्तर-पश्चिम में 27° 39' से 30° 55' उत्तर अक्षांश पर स्थित है। बताइये कि वह कितने पूर्व रेखांश के बीच स्थित है?
A. 74° 28' से 77° 36' B. 65° 33' से 77° 28'
C. 50° 28' से 64° 36' D. 84° 42' से 89° 41'

105. हरियाणा के उत्तर में निम्नलिखित में से कौन-सा प्रदेश स्थित है?
A. उत्तर प्रदेश B. पंजाब
C. हिमाचल प्रदेश D. राजस्थान

106. हरियाणा के पश्चिम में निम्नलिखित में से कौन-सा प्रदेश स्थित है?
A. पंजाब B. राजस्थान
C. उत्तर प्रदेश D. हिमाचल प्रदेश

107. हरियाणा में 1 नवम्बर किस रूप में मनाया जाता है?
A. गरीबी उन्मूलन दिवस B. हरियाणा दिवस
C. हरियाणा स्वतंत्रता दिवस D. हरियाणा पर्यावरण दिवस

108. निम्नलिखित प्रदेशों में से कौन-सा प्रदेश क्षेत्रफल की दृष्टि से हरियाणा से बड़ा नहीं है?
A. मेघालय B. बिहार
C. हिमाचल प्रदेश D. पंजाब

109. हरियाणा की आबादी निम्नलिखित में से किस प्रदेश से अधिक है?
A. अरुणाचल प्रदेश B. सिक्किम
C. नगालैंड D. सभी से

110. हरियाणा का मैदानी भाग समुद्रतल से कितनी ऊँचाई पर स्थित है?
A. 700 से 900 फीट B. 750 से 880 फीट
C. 800 से 1000 फीट D. 900 से 1100 फीट

111. हरियाणा के किस भाग में शिवालिक पर्वत श्रेणियां स्थित हैं?
A. उत्तर-पश्चिमी B. उत्तरी-पूर्वी
C. दक्षिणी-पश्चिमी D. दक्षिणी-पूर्वी

112. शिवालिक की पहाड़ियों से हरियाणा प्रदेश की कौन-सी नदी निकलती है?
A. घग्घर B. मारकण्डा
C. टांगरी D. सभी

113. हरियाणा का निम्नलिखित में से कौन-सा प्राकृतिक भाग सबसे बड़ा है?
A. शिवालिक का पहाड़ी भाग
B. रेतीला भाग
C. मैदानी भाग
D. अरावली की पहाड़ियों का शुष्क मैदानी भाग

114. प्रसिद्ध वीवीपुर व नजफगढ़ नामक झीलें हरियाणा के किस प्राकृतिक क्षेत्र में स्थित हैं?
A. मैदानी क्षेत्र
B. रेतीला क्षेत्र
C. शिवालिक का पहाड़ी क्षेत्र
D. अरावली की पहाड़ियों का शुष्क मैदानी क्षेत्र

115. हरियाणा की जलवायु है :
A. महाद्वीपीय प्रकार
B. अल्पाद्र शीतोष्णीय प्रकार
C. उपोष्णीय शुष्क महाद्वीपीय प्रकार
D. अल्पाद्र उपोष्णीय प्रकार

116. हरियाणा के किस भाग में वर्षा अधिक होती है?
A. दक्षिण-पश्चिमी भाग B. उत्तरी-पूर्वी भाग
C. उत्तरी-पश्चिमी भाग D. दक्षिणी-पूर्वी भाग

117. प्रदेश के किस भाग में वर्षा कम होती है?
A. उत्तरी-पूर्वी भाग B. दक्षिणी-पूर्वी भाग
C. उत्तरी-पश्चिमी भाग D. दक्षिणी-पश्चिमी भाग

118. प्रदेश में मोरनी की पहाड़ियों पर किस प्रकार की मिट्टी पाई जाती है?
A. रेतीली मिट्टी B. भूरे रंग की मिट्टी
C. पथरीली मिट्टी D. बलुई दोमट मिट्टी

119. हरियाणा के मैदानी भाग में अधिकांशतः किस प्रकार की मिट्टी पाई जाती है?
A. पीले भूरे रंग की उपजाऊ मिट्टी
B. पथरीली मिट्टी
C. रेतीली मिट्टी
D. बलुई दोमट मिट्टी

120. हरियाणा के निम्नलिखित में से किस जिले में लाल चैसटनट मिट्टी पाई जाती है?
A. रोहतक जिले में B. सिरसा जिले में
C. यमुनानगर जिले में D. भिवानी जिले में

121. प्रदेश की कौन-सी नदी मुलाना के समीप मारकण्डा नदी में मिलती है?
A. साहिबी नदी B. टांगरी नदी
C. कृष्णावती नदी D. दोहन नदी

122. हरियाणा की सबसे प्राचीन व प्रमुख नहर कौन-सी है?
A. गुड़गांव नहर B. भिवानी नहर
C. भाखड़ा नहर D. पश्चिमी यमुना नहर

123. प्रदेश की कौन-सी नहर जगाधरी-पोंटा सड़क पर स्थित ताजेवाला नामक स्थान से यमुना नदी से निकलती है?
A. भाखड़ा नहर B. पश्चिमी व पूर्वी यमुना नहर
C. जवाहर लाल नेहरू नहर D. कोई नहीं

124. हरियाणा की जवाहर लाल नेहरू नहर किस नहर से निकाली गई है?
A. भाखड़ा नहर से B. भिवानी नहर से
C. गुड़गांव नहर से D. यमुना नहर से

125. निम्नलिखित में से कौन-सी झील हरियाणा में स्थित है?
A. दमदमा झील B. कोटला झील
C. खलीलपुर झील D. सभी

126. प्रदेश के फरुखनगर खण्ड में निम्नलिखित में से कौन-सी झील स्थित है?
A. सुल्तानपुर झील B. दमदमा झील
C. खलीलपुर झील D. कोटला झील

127. प्रसिद्ध बड़खल झील हरियाणा के किस जिले में स्थित है?
A. गुरुग्राम B. भिवानी
C. फरीदाबाद D. रोहतक

128. हरियाणा की कौन-सी नहर दिल्ली में ओखला नामक स्थान से यमुना नदी से निकाली गई है?
A. भाखड़ा नहर B. गुड़गांव नहर
C. पूर्वी यमुना नहर D. कोई नहीं

129. भाखड़ा नहर द्वारा प्रदेश के किस जिले में सिंचाई कार्य किया जाता है?
A. सिरसा B. हिसार
C. रोहतक D. सभी में

130. 'ओटू' बांध हरियाणा में किस नदी पर है?
A. साहिबा B. टांगरी
C. घग्गर D. यमुना

131. प्रदेश में भिवानी नहर किस नहर से निकाली गई है?
A. भाखड़ा नहर से B. गुड़गांव नहर से
C. पश्चिमी यमुना नहर से D. पूर्वी यमुना नहर से

132. हरियाणा की प्रसिद्ध बड़खल झील का निर्माण कब किया गया था?
A. वर्ष 1940 में B. वर्ष 1950 में
C. वर्ष 1974 में D. वर्ष 1947 में

133. हरियाणा का कुल क्षेत्रफल कितने वर्ग कि.मी. है?
A. 38,150 वर्ग कि.मी. B. 44,212 वर्ग कि.मी.
C. 50,210 वर्ग कि.मी. D. 52,300 वर्ग कि.मी.

134. हरियाणा में जनवरी 2025 तक कुल कितने मण्डल हैं?
A. 6 B. 5
C. 4 D. 8

135. हरियाणा प्रदेश में जनवरी 2025 तक में कुल उप-मण्डल कितने हैं?
A. 60 B. 65
C. 68 D. 80

136. हरियाणा में जनवरी 2025 तक कुल कितनी तहसीलें हैं?
A. 94 B. 68
C. 70 D. 85

137. हरियाणा प्रदेश में जनवरी 2025 तक उप-तहसीलों की कुल संख्या कितनी है?
A. 30 B. 31
C. 49 D. 40

138. हरियाणा प्रदेश में जनवरी 2025 तक कुल कितने खण्ड हैं?
A. 95 B. 143
C. 115 D. 119

139. सम्पूर्ण हरियाणा में गाँव (2011 जनगणना) कितने हैं?
A. 4,390 B. 4,950
C. 5,845 D. 6,841

140. 2011 की जनगणना के अनुसार हरियाणा की कुल जनसंख्या कितनी है?
A. 2,53,51,462 B. 2,40,55,400
C. 2,25,83,912 D. 2,20,45,657

141. हरियाणा साहित्य अकादमी की पत्रिका है :
A. हरियाणा संवाद B. हरियाणा संदेश
C. हरिगंधा D. पाञ्चजन्य

142. हरियाणा के किस जिले में तेल शोधक कारखाना स्थित है?
A. रोहतक B. पानीपत
C. रेवाड़ी D. अम्बाला

143. जिला महेन्द्रगढ़ में निम्नलिखित में से कौन-सा खनिज पदार्थ अधिक मात्रा में मिलता है?
A. चूने का पत्थर B. चीनी मिट्टी
C. तांबा D. उपरोक्त सभी

144. जिला रेवाड़ी में किस स्थान पर स्लेट-पत्थर बहुत मात्रा में मिलता है?
A. कुण्ड नामक स्थान पर B. बावल नामक स्थान पर
C. कुसल नामक स्थान पर D. खोल नामक स्थान पर

145. वह कौन-सा खनिज पदार्थ है जो भारत में सिर्फ हरियाणा के गांव कलियाणा में उपलब्ध होता है?
A. स्लेट का पत्थर B. रेत
C. हिलना पत्थर D. क्वार्ट्ज

146. जिला भिवानी में किस स्थान पर 'ग्रेनाइट' नामक पत्थर मिलता है?
A. गांव निगाणाकलां B. देल्हेड़ी
C. रिवासा D. उपरोक्त सभी में

147. हरियाणा में राष्ट्रीय मधुमक्खी पालन एवं शहद मिशन (NBHM) योजना की शुरुआत किस वर्ष में हुई?
A. 2020 B. 2018
C. 2019 D. 2017

148. हरियाणा के कितने प्रतिशत भू-भाग में वन क्षेत्र हैं?
A. 2.54 प्रतिशत B. 3.65 प्रतिशत
C. 5 प्रतिशत D. 6.58 प्रतिशत

149. किस वर्ष मॉडल के रूप में हरियाणा प्रदेश में "ग्रीनिंग ऑफ हरियाणा" नाम से वृक्षारोपण की व्यापक योजना शुरू की गई थी?
A. वर्ष 1982-83 में B. वर्ष 1985-86 में
C. वर्ष 1989-90 में D. वर्ष 1994-95 में

150. हरियाणा प्रदेश के किस जिले में सबसे ज्यादा वन हैं?
A. पंचकुला B. हिसार
C. रोहतक D. जीन्द

151. प्रदेश के किस जिले में 'चौधरी देवीलाल प्राकृतिक पार्क' विकसित किया गया है?
A. भिवानी B. रोहतक
C. पानीपत D. यमुनानगर

152. रणदीप हुड्डा की ख्याति किस विधा के कारण है?
A. अभिनय B. सांग परम्परा
C. खेलकूद D. समाज सेवा

153. निम्नलिखित में से कौन-सा वृक्ष हरियाणा का राज्य वृक्ष है?
A. पवित्र अंजीर B. आम का वृक्ष
C. साल का वृक्ष D. बरगद का वृक्ष

154. हरियाणा में राष्ट्रीय खाद्य सुरक्षा योजना के तहत 'दाल-रोटी' योजना की शुरुआत किस वर्ष की गई?
A. वर्ष 2011 में B. वर्ष 2013 में
C. वर्ष 2010 में D. वर्ष 2012 में

155. जिला हिसार व करनाल में निम्नलिखित में से कौन-सा खनिज पदार्थ उपलब्ध होता है?
A. कच्चा लोहा B. अभ्रक
C. शोरा D. संगमरमर

156. जिला रोहतक में निम्नलिखित में से कौन-सा खनिज पदार्थ पाया जाता है?
A. चूना B. तांबा
C. मैंगनीज़ D. अभ्रक

157. हरियाणा के जीन्द जिले में निम्नलिखित में से कौन-से वृक्ष अधिक मात्रा में पाये जाते हैं?
A. शीशम B. कीकर
C. सफेदा D. उपरोक्त सभी

158. हरियाणा प्रदेश के कृषि विश्वविद्यालय हिसार में 'धान' पर शोधकार्य कब शुरू किया गया?
A. 1966 में B. 1970 में
C. 1974 में D. 1989 में

159. हरियाणा में सरस्वती वन्यजीव अभ्यारण्य किस जिले में स्थित है?
A. गुरुग्राम B. रेवाड़ी
C. जीन्द D. कैथल

160. हरियाणा का कौन-सा जिला खुम्बी की फसल के उत्पादन में भारत में अग्रणी है?
A. अम्बाला B. सिरसा
C. सोनीपत D. यमुनानगर

161. जिला रोहतक में निम्न में से किस चीज की खेती की जाती है?
A. गेहूँ B. ज्वार
C. गन्ना D. उपरोक्त सभी की

162. कुरुक्षेत्र में किस स्थान पर गन्ना मिल है?
A. पेहवा B. शाहबाद मारकण्डा
C. लाडवा D. बबैन

163. हरियाणा के किस जिले को बासमती चावल के उत्पादन में विश्व प्रसिद्ध होने के कारण "धान का कटोरा" नाम से जाना जाता है?
A. हिसार B. कुरुक्षेत्र
C. करनाल D. जीन्द

164. निम्नलिखित में से कौन हरियाणा के प्रमुख कपास उत्पादक जिलों में से एक नहीं है?
A. सोनीपत B. अम्बाला
C. रेवाड़ी D. सिरसा

165. हरियाणा का निम्नलिखित में से कौन-सा जिला अपनी सीमा किसी अन्य राज्य के साथ साझा नहीं करता?
A. चरखी दादरी B. गुरुग्राम
C. पलवल D. जींद

166. हरियाणा में किस फसल का उत्पादन सबसे ज्यादा होता है?
A. चावल B. गेहूँ
C. चना D. सरसों

167. हरियाणा की सबसे ऊँची पहाड़ी श्रृंखला मोरनी हिल्स अवस्थित है :
A. अम्बाला में B. जींद में
C. यमुनानगर में D. पंचकुला में

168. निम्नलिखित कथनों पर विचार कीजिए :
(*a*) सोनीपत और झज्जर की सीमा दिल्ली के साथ लगती है।
(*b*) रोहतक की सीमा दिल्ली से नहीं लगती है।
उपर्युक्त में से कौन-सा/से कथन सही है/हैं?
A. केवल (*b*) B. (*a*) और (*b*) दोनों
C. न तो (*a*) और न ही (*b*) D. केवल (*a*)

169. प्रदेश में जिला अम्बाला में नहरी सिंचाई सुविधा किस सिंचाई परियोजना के बनने से उपलब्ध हुई है?
A. नंगल उठान सिंचाई परियोजना
B. हथनी कुण्ड बैराज परियोजना
C. जवाहरलाल नेहरू सिंचाई परियोजना
D. सेवानी लिफ्ट सिंचाई परियोजना

170. हरियाणा के रेतीले भाग में सिंचाई का साधन क्या है?
A. नहरों द्वारा
B. कुओं द्वारा
C. नलकूप की सहायता से फव्वारों द्वारा
D. वर्षा द्वारा

171. पश्चिमी यमुना नहर द्वारा हरियाणा के निम्नलिखित में से किस जिले में सिंचाई की जाती है?
A. करनाल B. सोनीपत
C. रोहतक D. उपरोक्त सभी जिलों में

172. गुरुग्राम के अतिरिक्त किस जिले में "गुड़गांव नहर" द्वारा सिंचाई की जाती है?
A. पानीपत B. फरीदाबाद
C. सोनीपत D. कैथल

173. हथनी कुण्ड बैराज परियोजना हरियाणा के किस जिले से सम्बन्धित है?
A. यमुनानगर B. गुरुग्राम
C. रोहतक D. फरीदाबाद

174. महेन्द्रगढ़ जिले में कृषि की उन्नति के लिए कौन-सी सिंचाई परियोजना चलाई गई?
A. लोहारू लिफ्ट सिंचाई परियोजना
B. पश्चिमी यमुना नहर योजना
C. जे.एल.एन.उठान सिंचाई परियोजना
D. हथनी कुण्ड बैराज परियोजना

175. हरियाणा की कौन-सी नहर दिल्ली में ओखला नामक स्थान से यमुना नदी से निकाली गई है?
A. गुड़गाँव नहर B. भाखड़ा नहर
C. पूर्वी यमुना नहर D. इनमें से कोई नहीं

176. हरियाणा की किस सिंचाई योजना द्वारा स्वरूप कलौदा, खुर्ल कलां, भीखेवाला, खरडवाला नेहरा, फुलिया कलां आदि गांवों को सिंचाई सुविधा प्राप्त हुई थी?
A. झज्जर उत्थान सिंचाई योजना
B. नखाना की सिंचाई परियोजना
C. नंगल उठान सिंचाई परियोजना
D. जवाहरलाल नेहरू सिंचाई योजना

177. हरियाणा के अहरिवाल क्षेत्र में सिंचाई सुविधा के अन्तर्गत निम्न में कौन-सी सिंचाई स्कीम प्रारम्भ की गई है?
A. रेवाड़ी लिफ्ट सिंचाई स्कीम
B. हथनी-कुण्ड बैराज सिंचाई स्कीम
C. मेवात उठान सिंचाई स्कीम
D. भाखड़ा नहर सिंचाई स्कीम

178. शिवालिक विकास एजेन्सी का मुख्यालय निम्न में कहाँ पर स्थित है?
A. रोहतक में B. अम्बाला में
C. पंचकुला में D. जीन्द में

179. हरियाणा की किस नस्ल की भैंसे सारे भारत में प्रसिद्ध हैं?
A. मुर्रा B. तुरा
C. पुस्प D. चस्सा

180. हरियाणा में निम्नलिखित में से किस स्थान पर सहकारी दूध संयन्त्र खुले हुए हैं?
A. अम्बाला B. भिवानी
C. जीन्द D. उपरोक्त सभी स्थानों पर

181. निम्नलिखित कथनों पर विचार कीजिए :
(*a*) रोहतक में पुलिस आयुक्तालय स्थित है।
(*b*) सोनीपत में पुलिस आयुक्तालय स्थित है।
उपर्युक्त में से कौन-सा/से कथन सही है/हैं?
A. केवल (*b*) B. (*a*) और (*b*) दोनों
C. न तो (*a*) और न ही (*b*) D. केवल (*a*)

182. हरियाणा में नीलोखेड़ी के अतिरिक्त निम्नलिखित में से किस स्थान पर पोल्ट्री का प्रशिक्षण दिया जाता है?
A. अम्बाला B. करनाल
C. हिसार D. कैथल

183. जिला फतेहाबाद में कहाँ पर अश्व स्टेलियन केन्द्र कार्यरत है?
A. टोहाना B. रतिया
C. भूना D. कूलां

184. जिला भिवानी में सघन पशु विकास परियोजना कब आरम्भ की गई थी?
A. वर्ष 1966 में B. वर्ष 1970 में
C. वर्ष 1972 में D. वर्ष 1978 में

185. हरियाणा में सर्वाधिक जनसंख्या वाला जिला कौन-सा है?
A. महेन्द्रगढ़ B. फरीदाबाद
C. हिसार D. रोहतक

186. जिला भिवानी में पशु रोगों के निदान हेतु, जिला ग्रामीण विकास निकाय द्वारा, "पशु रोग निदान प्रयोगशाला' की स्थापना कब की गई?
A. 1978 में B. 1980 में
C. 1984 में D. 1990 में

187. निम्न में कौन हरियाणा के मुख्यमंत्री नहीं रहे?
A. बंसीलाल B. देवीलाल
C. भजनलाल D. श्रीचन्द

188. कालका तहसील किस जिले में स्थित है?
A. पंचकुला B. अम्बाला
C. कैथल D. करनाल

189. हरियाणा में पहली स्थायी लोक अदालत की स्थापना कब हुई?
A. 17 जनवरी, 1955 B. 10 मई, 2005
C. 1 नवम्बर, 1966 D. 7 अगस्त, 1998

190. 2010 में किस भाषा को हरियाणा की दूसरी राजभाषा का दर्जा दिया गया?
A. अंग्रेजी B. उर्दू
C. हरियाणवी D. पंजाबी

191. सरस्वती शुगर मिल, हरियाणा के किस जिले में स्थित है?
A. रोहतक B. पानीपत
C. यमुनानगर D. फरीदाबाद

192. यमुनानगर में यमुना गैसेस लि॰ की स्थापना कब की गई?
A. 1973 में B. 1975 में
C. 1980 में D. 1981 में

193. यमुनानगर में यमुना गैसेस लि॰ कम्पनी को गैसों के उत्पादन में अग्रणी स्थान प्राप्त करने का गौरव कब मिला?
A. वर्ष 1969 में B. वर्ष 1973 में
C. वर्ष 1972 में D. वर्ष 1975 में

194. भारत स्टॉर्च कैमिकल लि॰ की स्थापना यमुनानगर में कब हुई थी?
A. 1929 में B. 1932 में
C. 1938 में D. 1948 में

195. यमुनानगर की टिम्बर मार्किट (मण्डी) वर्ष 1947 से पूर्व किस नाम से प्रसिद्ध थी?
A. अब्दुल्लापुर मण्डी B. सादापुर मण्डी
C. यमुनानगर मण्डी D. यमुनापुर मण्डी

196. जिला सोनीपत का एटलस साइकिल उद्योग विश्व के कितने प्रमुख साइकिल निर्माण प्रतिष्ठानों में से एक है?
A. तीन B. पाँच
C. सात D. नौ

197. हरियाणा में "भिवानी टैक्सटाइल मिल" की स्थापना कब हुई थी?
A. 1930 में B. 1937 में
C. 1942 में D. 1950 में

198. गिद्ध संरक्षण एवं प्रजनन केन्द्र कहाँ पर स्थित है?
A. पिन्जौर में B. कैरू में
C. मोरनी में D. झाबुआ में

199. गुरुग्राम महानगरीय विकास प्राधिकरण की स्थापना कब की गई थी?
A. वर्ष 2014 में B. वर्ष 2015 में
C. वर्ष 2016 में D. वर्ष 2017 में

200. हरियाणा की चरखी दादरी स्थित सीमेंट फैक्टरी का निर्माण सन् 1939 में जर्मन-इंजीनियरों के सहयोग से किसके द्वारा किया गया था?
A. सेठ सिंघानिया
B. सेठ करोड़ीमल
C. सेठ रामकृष्ण डालमिया
D. सेठ रामकुमार बिड़ला

201. हरियाणा के चरखी दादरी स्थित, सीमेंट फैक्टरी के भारत सरकार के उपक्रम भारतीय सीमेंट निगम ने अपने अधिकार में कब लिया था?
A. 5 अप्रैल, 1980 को B. 23 जून, 1981 को
C. 10 जून, 1984 को D. 23 जून, 1988 को

202. निम्नलिखित में से कौन-सी फसल 'भावान्तर भरपायी योजना' के अन्तर्गत सम्मिलित नहीं है?
A. आलू B. प्याज
C. टमाटर D. गन्ना

203. हरियाणा के निम्नलिखित में से किस जिले में कैप्टिव विद्युत संयंत्र की स्थापना की गई है?
A. पानीपत में B. हिसार में
C. रोहतक में D. करनाल में

204. जिला पानीपत के बाहौली क्षेत्र में कौन-सा कारखाना स्थापित किया गया है?
A. कपड़े बनाने का कारखाना
B. कृषि यन्त्र बनाने का कारखाना
C. तेल शोधक कारखाना
D. हवाई चप्पल बनाने का कारखाना

205. हरियाणा के निम्नलिखित में से किस जिले में "अमोनिया प्लांट" स्थापित है?
A. पानीपत B. कैथल
C. गुरुग्राम D. करनाल

206. जिला महेन्द्रगढ़ का किस चीज के उत्पादन में हरियाणा राज्य में प्रथम स्थान है?
A. चावल के उत्पादन में B. बर्तनों के उत्पादन में
C. सरसों के उत्पादन में D. साइकिलों के उत्पादन में

207. हरियाणा के किस जिले की सीमा अन्य राज्यों से नहीं लगती?
A. रेवाड़ी B. रोहतक
C. अम्बाला D. फरीदाबाद

208. रेवाड़ी जिले का निम्नलिखित में से कौन-सा उद्योग भारत भर में प्रसिद्ध है?
A. तिल्ला जूती उद्योग
B. पीतल बर्तन उद्योग
C. हीरो होण्डा मोटर साइकिल फैक्टरी
D. उपरोक्त सभी

209. 'टिक्कर झील' हरियाणा के किस जिले में स्थित है?
A. रोहतक B. करनाल
C. पंचकुला D. कैथल

210. हरियाणा शब्द किस कृति में प्राप्त हुआ है?
A. पासणा हचरिउ B. महापुराण
C. A और B D. इनमें से कोई नहीं

211. लकड़ी का विकल्प तैयार करने वाला, "न्यूवुड लकड़ी उद्योग" कहाँ पर स्थापित है?
A. बरवाला उपमण्डल में B. टोहाना उपमण्डल में
C. हांसी उपमण्डल में D. सिवानी उपमण्डल में

212. निम्न में से किस स्थान पर हरियाणा सरकार द्वारा फूड पार्क स्थापित किए गए हैं?
A. नरवाना B. साहा
C. राई D. उपरोक्त सभी में

213. जिला कुरुक्षेत्र की शाहबाद सहकारी चीनी मिल की स्थापना कब की गई थी?
A. 1976-77 में B. 1984-85 में
C. 1991-92 में D. 1994-95 में

214. जिला फरीदाबाद में निम्नलिखित में से किस चीज का कारखाना स्थापित है?
A. ट्रैक्टर B. रेफ्रीजरेटर
C. रबड़ टायर D. उपरोक्त सभी

215. किस शहर को 'हरियाणा का दिल' कहा जाता है?
A. जींद B. पानीपत
C. रोहतक D. करनाल

216. मारुति कारों का निर्माण कार्य हरियाणा में कहां पर होता है?
A. गुरुग्राम B. अम्बाला
C. फरीदाबाद D. हिसार

217. दिव्यावदान में किन नगरों का उल्लेख हुआ है?
A. रोहतक B. अग्रोहा
C. A और B D. सोनीपत

218. हरियाणा सरकार द्वारा स्वतंत्रता सेनानियों को सम्मानित करने का निर्णय किस वर्ष लिया गया था?
A. वर्ष 1980 में B. वर्ष 1981 में
C. वर्ष 1985 में D. वर्ष 1997 में

219. 'खोड़िया नृत्य' हरियाणा में किस अवसर पर किया जाता है?
A. शादी के अवसर पर
B. होली के अवसर पर
C. तीज के अवसर पर
D. गोगा नवमी के अवसर पर

220. प्रदेश में परमवीर चक्र प्राप्त सैनिकों को कितनी धनराशि एकमुश्त प्रदान की जाती है?
A. 1 करोड़ रुपये B. 3 करोड़ रुपये
C. 2 करोड़ रुपये D. 5 करोड़ रुपये

221. युद्ध सेवा मैडल प्राप्त करने वाले सैनिकों को नकद राशि, वार्षिकी और भूमि के बदले नकद राशि देने की स्कीम 1988 में बंद कर दी गई थी, उसे बंसी लाल की सरकार द्वारा पुनः कब चालू किया गया?
A. अप्रैल, 1995 में B. अप्रैल 1997 में
C. अप्रैल, 1996 में D. अप्रैल, 1998 में

222. किस वेद में हरियाणा की दो प्राचीन नदियों का उल्लेख है जो आज लुप्त हैं?
A. सामवेद B. यजुर्वेद
C. अथर्ववेद D. ऋग्वेद

223. अशोक का तोपरा स्तम्भ किस जिले में प्राप्त हुआ है?
A. अम्बाला B. रोहतक
C. सोनीपत D. हिसार

224. हरियाणा में दिसम्बर, 2024 तक कितने वृद्ध नागरिकों को वृद्धावस्था सम्मान भत्ता दिया जा रहा है?
A. 12,60,090 B. 13,08,045
C. 20,85,967 D. 25,18,145

225. हरियाणा की नई खेल नीति के अनुसार ओलंपिक में स्वर्ण पदक विजेता को कितनी राशि प्रदान की जाती है?
A. ₹ 6 करोड़ B. ₹ 4 करोड़
C. ₹ 3 करोड़ D. ₹ 2 करोड़

226. प्रदेश में अस्वच्छ व्यवसाय में लगे अनुसूचित जाति के बच्चों के लिए किस स्थान पर छात्रावास है?
A. करनाल B. फरीदाबाद
C. अम्बाला D. सभी में

227. विमुक्त जाति के बच्चों के लिए प्रदेश में किस स्थान पर छात्रावास खोला गया है?
A. रोहतक B. जीन्द
C. फरीदाबाद D. गुरुग्राम

228. हरियाणा में शराबबन्दी कानून कब लागू किया गया था?
A. 1 दिसम्बर, 1991 में B. 1 जून, 1993 में
C. 1 जुलाई, 1996 में D. 1 मई, 1997 में

229. प्रदेश सरकार द्वारा शराबबन्दी कानून कब समाप्त किया गया?
A. 1 मार्च, 1996 में B. 1 मई, 1997 में
C. 1 फरवरी, 1996 में D. 1 अप्रैल, 1998 में

230. निम्नलिखित में से कौन-सी बाल विकास परियोजना हरियाणा राज्य से सम्बन्धित है?
A. समेकित बाल विकास परियोजना
B. बाल स्वास्थ्य परियोजना
C. शिशु पोषण परियोजना
D. असहाय बाल विकास परियोजना

231. हरियाणा में गरीब लड़कियों के कल्याण हेतु निम्नलिखित में से कौन-सी परियोजना चलाई जा रही है?
A. पराया धन पराई बेटी B. अपनी बेटी पराया धन
C. अपनी बेटी अपना धन D. कोई नहीं

232. हरियाणा में रैपिड मेट्रो की शुरुआत सर्वप्रथम किस शहर में हुई?
A. फरीदाबाद B. गुरुग्राम
C. पानीपत D. सोनीपत

233. हरियाणा राज्य में प्रत्येक गांव में बिजली पहुँचाने का कार्य कब पूर्ण किया गया?

A. 10 जून, 1966 को B. 25 मार्च, 1971 को
C. 15 अप्रैल, 1968 को D. 29 नवम्बर, 1970 को

234. हरियाणा में विद्युत उपभोक्ताओं की कुल संख्या दिसम्बर, 2024 तक कितनी थी?

A. 81.34 लाख B. 85 लाख
C. 90 लाख D. 95 लाख

235. अशोक के स्तम्भ लेख की लिपि कौन-सी थी?

A. फारसी B. देवनागरी
C. ब्राह्मी D. इनमें से कोई नहीं

236. इंदिरा गांधी अति ऊष्मीय शक्ति परियोजना हरियाणा के किस जिले में है?

A. सिरसा B. हिसार
C. जिंद D. झज्जर

237. हरियाणा में निम्नलिखित में से किस तरल स्थान पर आधारित 25-25 मैगावाट के बिजली संयन्त्र की स्थापना की गई है।

A. गुरुग्राम में B. फरीदाबाद में
C. करनाल में D. रोहतक में

238. हरियाणा में अपने बिजली उत्पादन संयन्त्रों से बिजली का उत्पादन वर्तमान समय में लगभग कितने मेगावाट है?

A. 1500 मेगावाट B. 1800 मेगावाट
C. 2,582.4 मेगावाट D. 3000 मेगावाट

239. किसानों की मांग पर नलकूपों की गहराई के आधार पर बिजली की कौन-सी प्रणाली पूरे प्रदेश में लागू की गई है?

A. स्टैव प्रणाली B. विद्युत नापन प्रणाली
C. टैस्ट प्रणाली D. इनमें से कोई नहीं

240. हरियाणा में निम्नलिखित में से किस स्थान पर ताप बिजलीघर स्थित है?

A. हिसार B. कैथल
C. जीन्द D. फरीदाबाद

241. प्रदेश में एन॰टी॰पी॰सी॰ द्वारा गैस पर आधारित 432 मैगावाट का पावर प्लान्ट कहाँ पर लगाया गया?

A. गुरुग्राम B. फरीदाबाद
C. पानीपत D. करनाल

242. हरियाणा में नवम्बर, 2024 तक सड़कों की कुल लम्बाई किलोमीटर में कितनी है?

A. 33,543 कि॰मी॰ B. 24,065 कि॰मी॰
C. 25,074 कि॰मी॰ D. 35,560 कि॰मी॰

243. प्रदेश में बड़े परिवहन बस डिपो की संख्या कितनी है?

A. 12 B. 13
C. 24 D. 30

244. हरियाणा का निम्नलिखित में से कौन-सा शहर राष्ट्रीय राजधानी क्षेत्र का हिस्सा नहीं है?

A. सोनीपत B. फरीदाबाद
C. हिसार D. गुरुग्राम

245. हरियाणा सरकार द्वारा यात्री-परिवहन का सम्पूर्ण राष्ट्रीयकरण कब किया गया?

A. सन् 1972 में B. सन् 1976 में
C. सन् 1980 में D. सन् 1985 में

246. हरियाणा को किस साल खुले में शौच मुक्त घोषित किया गया?

A. 2014 B. 2015
C. 2016 D. 2017

247. किस वर्ष हरियाणा विधानसभा की अधिकतम कुल संख्या 90 की गई?

A. 1977 B. 1967
C. 1971 D. 1985

248. दिल्ली से फिरोजपुर राष्ट्रीय मार्ग पर यात्रा करने पर हरियाणा का कौन-सा प्रमुख नगर पड़ता है?

A. रोहतक B. सिरसा
C. हिसार D. उपरोक्त सभी

249. हरियाणा में नवम्बर, 2024 तक राष्ट्रीय राजमार्गों की कुल लम्बाई कितने किमी है?

A. 1900 किमी B. 1200 किमी
C. 1600 किमी D. 3391 किमी

250. निम्नलिखित में से किस स्थान पर हरियाणा सिविल विमानन संस्थान का फ्लाइंग प्रशिक्षण केन्द्र स्थित है?

A. करनाल B. पिंजौर
C. A और B दोनों जगह D. इनमें से कोई नहीं

251. हरियाणा में निम्नलिखित में से कहाँ सिविल हवाई पट्टी स्थित है?

A. करनाल B. पिंजौर
C. हिसार D. उपरोक्त सभी जगह

252. कलेसर राष्ट्रीय उद्यान अवस्थित है :

A. यमुनानगर जिले में B. कुरुक्षेत्र जिले में
C. अंबाला जिले में D. पंचकुला जिले में

253. हरियाणा में भारी वाहन चालक प्रशिक्षण संस्थान निम्नलिखित में से किस स्थान पर स्थित है?

A. मुरथल B. चरखी दादरी
C. अम्बाला D. तावडू

254. हरियाणा की शिवालिक पहाड़ियों में पिंजौर-कालका के निकट किस काल के उपकरण प्राप्त हुए हैं?

A. पाषाण काल B. उत्तरवैदिक काल
C. हड़प्पा काल D. पूर्ववैदिक काल

255. मानव-जाति के जनक माने जाने वाले वैवस्त मनु को "अवन्ति सुन्दरी कथा" नामक ग्रन्थ में, किस स्थान का निवासी माना गया है?

A. पानीपत B. रोहतक
C. स्थाण्वीश्वर D. पंचकुला

256. हरियाणा के वणावली, सीसवाल, कुणाल, मिर्जापुर, दौलतपुर और भगवानपुरा नामक स्थानों के उत्खननों से किस काल की संस्कृतियों के प्रमाण मिले हैं?

A. आद्यैतिहासकालीन-प्राग्हड़प्पा
B. हड़प्पा
C. परवर्ती हड़प्पा
D. उपरोक्त सभी कालों के

257. हरियाणा में पुरातात्विक अन्वेषण, सर्वप्रथम किसने आरम्भ किया था?
A. जॉनसर B. एलेक्जेण्डर कनिंघम
C. लार्ड मुनरो D. जॉन मार्शल

258. हरियाणा में पुरातात्विक अन्वेषण का आरम्भ कब हुआ?
A. 1862 ई. में B. 1892 ई. में
C. 1900 ई. में D. 1905 ई. में

259. डॉ सूरजभान के निर्देशन में हरियाणा में किस स्थान की खुदाई से महत्त्वपूर्ण ऐतिहासिक सामग्री प्राप्त हुई है?
A. मिथाथल B. दादरी
C. ऐलनाबाद D. सफीदों

260. हरियाणा में हड़प्पा परवर्ती संस्कृति व चित्रित स्लेटी पात्र सभयताओं के लोगों के साथ-साथ रहने का सर्वप्रथम प्रमाण कहाँ मिला है?
A. नारनौल B. भगवानपुरा
C. सिरसा D. महेन्द्रगढ़

261. हरियाणा में हड़प्पा संस्कृति का एक विराट टीला जीन्द के समीप किस स्थान पर है?
A. सफीदों B. उचाना
C. नरवाना D. राखीगढ़ी

262. जगाधरी से तीन कि.मी. पूर्व की ओर चनेती में एक स्तूप के अवशेष मिले हैं, इस स्तूप की ऊँचाई 8 मीटर है। बताइये इसकी परिधि कितने मीटर है?
A. 20 मीटर B. 30 मीटर
C. 45 मीटर D. 50 मीटर

263. आमीन जिला कुरुक्षेत्र से प्राप्त दो स्तम्भ किस काल की कला को दर्शाते हैं?
A. मौर्यकाल B. वर्धनकाल
C. गुप्तकाल D. शुंगकाल

264. समुद्रगुप्त का एक परशु प्रकार का सोने का सिक्का हरियाणा में कहाँ पर मिला है?
A. कोसली B. रोहाना
C. मिथाथल D. रानिया

265. हरियाणा के किस इलाके में तीसरी शताब्दी में यौधेयों का बोलबाला था?
A. पानीपत के इलाके में B. रोहतक के इलाके में
C. हिसार के इलाके में D. अम्बाला के इलाके में

266. जगाधरी से किस शासक की सोने की मुद्रा प्राप्त हुई है?
A. कनिष्क B. कुमारगुप्त
C. पुष्यमित्रशुंग D. समुद्रगुप्त

267. हरियाणा के किस स्थान से हर्षवर्धन की तांबे की मुद्रा मिली है जिसमें थानेश्वर के पुष्पमूर्ति वंशावली का वृत्तान्त मिलता है?
A. सोनीपत B. सिरसा
C. गुरुग्राम D. कैथल

268. भारतीय पुरातत्व सर्वेक्षण के एच.एल. श्रीवास्तव द्वारा हिसार में किस स्थान पर खुदाई कार्य करवाया गया था?
A. उकलाना B. बरवाला
C. अग्रोहा D. आदमपुर

269. हरियाणा प्रदेश में वर्ष 2023-24 तक मान्यता प्राप्त प्राथमिक/पूर्व प्राथमिक स्कूलों की संख्या कितनी है?
A. 9,872 B. 10,605
C. 11,582 D. 8,780

270. प्रदेश में 2023-24 तक मान्यता प्राप्त माध्यमिक स्कूलों की संख्या कितनी है?
A. 1,215 B. 2,312
C. 5,640 D. 3,850

271. हरियाणा में 2023-24 तक उच्च/वरिष्ठ माध्यमिक विद्यालयों की संख्या कितनी है?
A. 6,460 B. 9,354
C. 5,870 D. 4,960

272. हरियाणा के किस जिले की साक्षरता दर सबसे ज्यादा है?
A. गुरुग्राम B. झज्जर
C. रोहतक D. पलवल

273. प्रदेश के किस जिले की साक्षरता दर सबसे कम है?
A. करनाल B. कैथल
C. पानीपत D. नूंह

274. हरियाणा प्रदेश में 2022-23 तक कितने अध्यापक प्रशिक्षण महाविद्यालय हैं?
A. 489 B. 400
C. 300 D. 350

275. प्रदेश में कुल साक्षर जनसंख्या कितनी है?
A. 1,66,25,728 B. 1,65,98,988
C. 78,10,882 D. 1,32,58,652

276. प्रदेश में वर्ष 2023-24 तक कितने मान्यता प्राप्त विश्वविद्यालय हैं?
A. 58 B. 40
C. 35 D. 38

277. प्रदेश में निम्नलिखित में से किस स्थान पर नवोदय विद्यालय स्थित है?
A. तितरम B. ओढ़ा
C. देवराला D. उपरोक्त सभी में

278. हरियाणा सरकार द्वारा किस वर्ष 10+2+3 शिक्षा प्रणाली लागू की गई?
A. 1980-81 में B. 1976-77 में
C. 1988-89 में D. 1985-86 में

279. "महर्षि दयानन्द विश्वविद्यालय" हरियाणा के किस नगर में स्थित है?
A. रोहतक B. हिसार
C. फरीदाबाद D. रेवाड़ी

280. "चौधरी चरणसिंह कृषि विश्वविद्यालय" प्रदेश के किस नगर में स्थित है?
A. जीन्द B. गुरुग्राम
C. हिसार D. कुरुक्षेत्र

281. हरियाणा में पंजाबी भाषा को बढ़ावा देने के उद्देश्य से पंजाबी भाषा को किस स्थान पर रखा गया है?
A. प्रथम B. द्वितीय
C. तृतीय D. चतुर्थ

282. हरियाणा में चौधरी देवीलाल विश्वविद्यालय निम्नलिखित में से किस स्थान पर स्थित है?
A. कुरुक्षेत्र B. हिसार
C. रोहतक D. सिरसा

283. हरियाणा में खेलों को बढ़ावा देने के उद्देश्य से प्रदेश सरकार द्वारा कौन-सी महत्त्वपूर्ण योजना चलाई जा रही है?
A. खेल संस्थाओं को अनुदान B. प्रशिक्षण योजना
C. खेल स्टेडियम D. उपरोक्त सभी

284. खिलाड़ियों को आधुनिक और वैज्ञानिक ढंग से प्रशिक्षण देने के लिए हरियाणा में किस स्थान पर खेल छात्रावास की स्थापना की गई है?
A. गुरुग्राम में B. रोहतक में
C. फरीदाबाद में D. पानीपत में

285. हरियाणा के सोनीपत जिले के राई नामक स्थान पर एक खेलकूद स्कूल है, उसका नाम बताइये?
A. जवाहरलाल नेहरू खेलकूद स्कूल
B. इन्दिरा गांधी खेलकूद स्कूल
C. मोतीलाल नेहरू खेलकूद स्कूल
D. राजीव गांधी खेलकूद स्कूल

286. सोनीपत जिले के राई नामक स्थान पर स्थित मोतीलाल नेहरू खेलकूद स्कूल में स्थित कमला नेहरू नामक स्कूल की स्थापना कब की गई थी?
A. वर्ष 1970 में B. वर्ष 1974 में
C. वर्ष 1982 में D. वर्ष 1986 में

287. सुश्री सोनिया लाठेर किस खेल से संबंधित हैं?
A. कुश्ती B. कबड्डी
C. एथलेटिक्स D. मुक्केबाजी

288. टोक्यो ओलंपिक 2020 में हरियाणा के किस पहलवान ने रजत पदक प्राप्त किया था?
A. बजरंग पुनिया B. विनेश फोगाट
C. रवि कुमार दहिया D. बबिता कुमारी

289. जुलाई-अगस्त 2022 में बर्मिंघम में हुए 22वें राष्ट्रमंडल खेलों में हरियाणा के खिलाड़ियों ने कितने पदक प्राप्त किए थे?
A. 24 B. 12
C. 15 D. 20

290. हरियाणा के प्रसिद्ध खिलाड़ी नीरज चोपड़ा किस खेल से संबंधित हैं?
A. जिमनास्टिक B. भाला फेंक
C. बैडमिंटन D. टेनिस

291. पेरिस ओलंपिक 2024 में कांस्य पदक जीतने वाली मनु भाकर का सम्बन्ध किस खेल से है?
A. निशानेबाजी B. कबड्डी
C. जूडो D. हैंडबाल

292. हिन्दी के प्रसिद्ध कहानीकार श्री विशम्भरनाथ कौशिक का जन्म हरियाणा में कहां पर हुआ था?
A. अम्बाला छावनी में B. सिरसा में
C. पंचकूला में D. रोहतक में

293. हरियाणा के प्रसिद्ध लेखक पं॰ नेकीराम शर्मा ने भिवानी से कौन-सा पत्र हिन्दी में प्रकाशित किया था?
A. संवाहक B. सन्देश
C. निवारण D. वाणी

294. निम्नलिखित में से भारतीय क्रिकेट का कौन-सा पूर्व खिलाड़ी हरियाणा से सम्बन्धित है?
A. कपिल देव B. सुनील गावस्कर
C. अजय जडेजा D. अजहरुद्दीन

295. सूरजकुंड क्राफ्ट मेला प्रथम बार किस वर्ष आरम्भ हुआ था?
A. 1991 B. 1961
C. 1987 D. 2001

296. पेरिस ओलंपिक 2024 में निम्न में से हरियाणा के किस खिलाड़ी ने शूटिंग में कांस्य पदक जीता?
A. रमेश अवाना B. सरबजोत सिंह
C. राजेश कुमार D. मनदीप सिंह

297. टोक्यो ओलंपिक 2020 में हरियाणा के किस खिलाड़ी ने स्वर्ण पदक जीता था?
A. बजरंग पुनिया B. बबिता कुमारी
C. जितेन्द्र कुमार D. नीरज चोपड़ा

298. निम्नलिखित में से किस प्रमुख आदिकवि को हरियाणा का माना जाता है?
A. गोस्वामी तुलसीदास B. कबीरदास
C. कवि चन्दबरदाई D. रहीम दास

299. निम्नलिखित में से हरियाणा के किस मुस्लिम संत ने हिन्दी साहित्य के विकास में महत्त्वपूर्ण योगदान दिया?
A. शेख-यू-अलीशाह कलन्दर B. सन्त सादुल्ला
C. शेख बहाउद्दीन चिश्ती D. उपरोक्त सभी ने

300. निम्नलिखित में से कौन-सा प्राचीन कवि हरियाणा से सम्बन्धित नहीं है?
A. वीरभान B. महात्मा हरिदास
C. बनारसीदास D. नरोत्तम दास

301. हरियाणा राज्य को पूर्ण राज्य का दर्जा कब मिला?
A. 1 नवम्बर, 1964 को B. 10 दिसम्बर, 1965 को
C. 1 नवम्बर, 1966 को D. 15 जून, 1968 को

302. हरियाणा की राजधानी कौन-सा नगर है?
A. चण्डीगढ़ B. रोहतक
C. करनाल D. यमुनानगर

303. राज्यपाल जिलाधीश की नियुक्ति करता है-
A. केन्द्रीय सरकार की सलाह पर
B. राज्य की मंत्रिपरिषद की सलाह पर
C. राष्ट्रपति की सलाह पर
D. प्रधानमंत्री की सलाह पर

304. वर्तमान समय में हरियाणा में कितने जिले हैं?
A. 16 B. 17
C. 18 D. 22

305. प्रसिद्ध भोंडसी आश्रम हरियाणा के किस जिले में स्थित है?
A. पानीपत B. फतेहाबाद
C. गुरुग्राम D. कैथल

306. 'नरवाना' विधान सभा क्षेत्र किस जिले में स्थित है?
A. जींद B. फरीदाबाद
C. नूंह D. गुरुग्राम

307. 'किलोई' विधान सभा क्षेत्र किस जिले में स्थित है?
A. सोनीपत B. पानीपत
C. रोहतक D. करनाल

308. हरियाणा का 22वाँ जिला कौन सा है?
A. डबवाली B. चरखी दादरी
C. होडल D. नरवाना

309. निम्न में से कौन लोकसभा क्षेत्र अनुसूचित जाति के लिए आरक्षित है?
A. अम्बाला B. भिवानी
C. फरीदाबाद D. हिसार

310. निम्न में से कौन लोकसभा क्षेत्र अनुसूचित जाति के लिए आरक्षित है?
A. सोनीपत B. महेन्द्रगढ़
C. रोहतक D. सिरसा

311. हरियाणा प्रदेश में पुरुषों द्वारा पहनी जाने वाली पगड़ी क्या कहलाती है?
A. खंडवा B. पग्गड़
C. तोडा D. पगड़ी

312. प्रदेश में राजपूती ढंग की बड़ी पगड़ी को क्या कहते हैं?
A. साफा B. टोपी
C. पाग D. दोहरा

313. हरियाणा में चार नीले तथा चार लाल धागों की बुनाई वाले खद्दर से बना बिना कली का घाघरा क्या कहलाता है?
A. धारणा B. खारा
C. थारा D. कचारा

314. हरियाणा में महिलाओं द्वारा बुजली गहना शरीर के किस भाग में पहना जाता है?
A. माथा B. पैर
C. नाक D. कान

315. प्रदेश में निम्नलिखित में से कौन-सा आभूषण मुंह और सिर पर पहना जाता है?
A. सिंगार पट्टी B. तग्गा
C. बेस्सर D. उपरोक्त सभी

316. प्रदेश में प्रचलित आभूषणों में निम्नलिखित में से कौन-सा आभूषण नाक में नहीं पहना जाता है?
A. नांथ B. पुरली
C. ढेडे D. कोक्का

317. प्रदेश में प्रचलित निम्नतिखित में से कौन-सा आभूषण हाथों में नहीं पहना जाता है?
A. पौहची B. कडूल्ला
C. पछेल्ली D. बांकड़ी

318. प्रदेश में प्रचलित शकुन-अपशकुनों में निम्नलिखित में से किसे शकुन माना जाता है?
A. पानी भरा घड़ा B. हिरण दर्शन
C. मेहतर (झाडू लिए हुए) D. उपरोक्त सभी

319. प्रदेश में प्रचलित शकुन-अपशकुनों में निम्नलिखित में से किसे अपशकुन माना जाता है?
A. खाली घड़ा B. दूब का दर्शन
C. पैर का खुजाना D. भिस्ती का जल लिए मिलना

320. प्रदेश में पारम्परिक आभूषणों में निम्नलिखित में से कौन-सा आभूषण पुरुषों द्वारा पहना जाता है?
A. गोफ B. तागड़ी
C. नाड़ा D. कड़ी

321. हरियाणा में निम्नलिखित में से किस धार्मिक स्थान पर, सूर्य ग्रहण के अवसर पर भारत भर से लाखों यात्री स्नान व धर्मानुष्ठान के लिए आते हैं?
A. गुरुग्राम B. कुरुक्षेत्र
C. जगाधरी D. इनमें से कोई नहीं

322. गुरुग्राम जिले में इस्लामपुर नामक स्थान पर भादों मास के नौवें दिन कौन-सा मेला लगता है?
A. गूगा नौमी B. नागपूजा
C. यमुना स्नान D. शिव मेला

323. गुरुग्राम में चैत्र व आषाढ़ मास में प्रत्येक सोमवार व मंगलवार को निम्नलिखित में से कौन सा प्रसिद्ध मेला लगता है?
A. बुद्धो माता का मेला B. शिवजी का मेला
C. शीतला माता का मेला D. मेला बाबा बूढ़ा

324. हरियाणा के किस जिले में रामसराय और भूतेश्वर के प्रसिद्ध मेले लगते हैं?
A. फरीदाबाद जिले में B. जीन्द जिले में
C. रोहतक जिले में D. झज्जर जिले में

325. रोहतक के अस्थल बोहर में मठ में फरवरी-मार्च के महीने में कौन-सा मेला लगता है?
A. बाबा मस्तनाथ का मेला B. कपाल मोचन का मेला
C. देवी मेला D. पाथरी माता का मेला

326. जगाधरी के समीप बिलासपुर नामक स्थान पर कार्तिक पूर्णिमा के दिन कौन-सा मेला लगता है?
A. आदि बद्री मेला B. मेला काली माई
C. कपाल मोचन का मेला D. पंचमुखी मेला

327. रोहतक जिले में लाखन माजरा नामक स्थान पर "मंजी साहब का गुरुद्वारा" स्थित है यहां पर निम्नलिखित में से कौन-सा त्यौहार मनाया जाता है?
A. मेला सत्वा तीज B. मोहोला हल्ला का त्योहार
C. बावन द्वादशी D. माणु मेला

328. जिला पानीपत के पाथरी नामक स्थान पर चैत्र व आषाढ़ मास के हर बुधवार को कौन-सा मेला लगता है?
A. माता का मेला B. शिव मेला
C. मेला देहाती D. पाथरी माता का मेला

329. जीन्द जिले के खरक रामजी नामक स्थान पर होली के दिन कौन-सा मेला लगता है?
A. माता का मेला B. नागदेवता का मेला
C. बाबा भालूनाथ का मेला D. मेला सच्चा सौदा

330. रोहतक जिले के दुबलधन माजरा नामक स्थान पर फाल्गुन सुदी द्वादशी (फरवरी- मार्च) को कौन-सा मेला लगता है?
A. मेला माता B. मेला देवी
C. मेला श्यामजी D. मेला बाबा बूढ़ा

331. जिला गुरुग्राम के खोरी नामक स्थान पर अप्रैल, मई में कौन-सा मेला लगता है?
A. शाहचोखा खोरी मेला B. शिव का मेला
C. नागपूजा मेला D. बाबा मस्तनाथ का मेला

332. जिला सोनीपत में किस स्थान पर फाल्गुन सुदी-9 (फरवरी, मार्च) में डेरा नग्न बालकनाथ का मेला लगता है?
A. बेगा (तहसील सोनीपत) B. मेहरीपुर (तहसील सोनीपत)
C. रभड़ा (तहसील गोहाना) D. चुलकाना (तहसील सोनीपत)

333. जिला सोनीपत के खुबडु नामक स्थान पर फाल्गुन की पूर्णमासी (फरवरी, मार्च) को कौन-सा मेला लगता है?
A. सतकुम्भा मेला B. मेला बाबा शमकशाह
C. मेला सांझी D. देवी मेला

334. फरीदाबाद जिले के अलावलपुर नामक स्थान पर स्थित बाबा उदासनाथ की समाधि पर मेला कब लगता है?
A. भादों सुदी नवमी को B. चैत्र बदी दूज को
C. लगते फाल्गुन बदी चौदस को D. फाल्गुन बदी अमावस्या को

335. जिला भिवानी में किस स्थान पर रक्षा बंधन के दिन बाबा खेडेवाला का मेला लगता है?
A. नौरंगाबाद B. खरक कलां
C. रिवासा D. तोशाम

336. हरियाणा प्रदेश में मंगलमय "पीलिया" लोकगीत किस अवसर पर गाया जाता है?
A. सावन के महीने पर B. पुत्र-जन्म के अवसर पर
C. विवाह के अवसर पर D. फागुन के महीने में

337. हरियाणा प्रदेश में निम्नलिखित में से किस अवसर पर लोकगीत गाये जाते हैं?
A. पुत्र जन्म के समय B. सावन के महीने में
C. पर्व-त्यौहार के अवसर पर D. उपरोक्त सभी अवसरों पर

338. प्रदेश में पुरुषों द्वारा बीनों, खंजरी, तुम्बे, बांसुरी, खड़ताल पर, चांदनी रात में खुले मैदान में निम्नलिखित में से कौन-सा नृत्य किया जाता है?
A. धमाल नृत्य B. मंजीरा नृत्य
C. लूर नृत्य D. डमरु नृत्य

339. हरियाणा के मेवात क्षेत्र में बड़े-बड़े नक्कारों, डफ और मंजीरों के साथ निम्नलिखित में से कौन-सा नृत्य प्रचलित है?
A. घोड़ा नृत्य B. धमाल नृत्य
C. मंजीरा नृत्य D. छठी नृत्य

340. हरियाणा के बागर क्षेत्र में होली के मौसम में निम्नलिखित में से कौन-सा नृत्य किया जाता है?
A. डमरु नृत्य B. मंजीरा नृत्य
C. घोड़ा नृत्य D. लूर नृत्य

341. हरियाणा में प्रचलित घोड़ा लोकनृत्य का आयोजन प्रमुख रुप से किस अवसर पर किया जाता है?
A. विवाह के अवसर पर B. फागुन माह में
C. पुत्र-जन्म के अवसर पर D. सावन माह में

342. प्रदेश में भादों के महीने की नौमी के दिन गुग्गापीर की पूजा के बाद निम्नलिखित में से कौन-सा नृत्य किया जाता है?
A. धमाल नृत्य B. छड़ी नृत्य
C. लूर नृत्य D. डमरु नृत्य

343. प्रदेश में प्रचलित लोकनृत्यों में से कौन-सा नृत्य स्त्रियों द्वारा किया जाता है?
A. तीज नृत्य B. धमाल नृत्य
C. डमरु नृत्य D. मंजीरा नृत्य

344. प्रदेश में प्रचलित लोक नृत्यों में से कौन-सा नृत्य पुरुषों द्वारा किया जाता है?
A. छठी नृत्य B. तीज का नृत्य
C. डमरु नृत्य D. खोडिया नृत्य

345. हरियाणा में प्रचलित लोकनृत्यों में से कौन-सा नृत्य स्त्री-पुरुष दोनों के द्वारा किया जाता है?
A. तीज नृत्य B. लूर नृत्य
C. खोडिया नृत्य D. फाग नृत्य

346. हरियाणा के कैथल नगर में प्रताप गेट के निकट निम्नलिखित में से कौन-सा गुरुद्वारा स्थित है?
A. गुरुद्वारा नीम साहिब B. गुरुद्वारा नौवीं पातशाही
C. रागधार गुरुद्वारा D. गुरुद्वारा छठी पातशाही

347. गुरुद्वारा मंजी साहिब हरियाणा के किस नगर में स्थित है?
A. करनाल B. पानीपत
C. कैथल D. अम्बाला

348. हरियाणा में किस स्थान को, "नवग्रह कुण्डों" के स्थित होने के कारण "छोटी काशी" भी कहा जाता है?
A. नारनौल को B. कैथल को
C. गुरुग्राम को D. कुरुक्षेत्र को

349. हरियाणा में कैथल से कुछ दूरी पर किस महापुरुष की समाधि स्थित है, जिस पर प्रत्येक वर्ष दशहरे से अगले दिन भारी मेला लगता है?
A. बाबा काली कमली वाले की B. बाबा हरिदास की
C. बाबा लदाना की D. बाबा रामदास की

350. कुरुक्षेत्र में थानेसर सिटी स्टेशन के समीप निम्नलिखित में से कौन-सा प्रसिद्ध तीर्थ स्थल है?

A. ब्रह्म सरोवर B. हटकेश्वर
C. ढोसी तीर्थ स्थल D. पूण्डरीक सरोवर

351. कुरुक्षेत्र रेलवे स्टेशन के समीप कुरुक्षेत्र-पेहवा रोड पर निम्नलिखित में से कौन-सा तीर्थ स्थल स्थित है, जिसे भगवान विष्णु का स्थाई निवास स्थल माना जाता है?

A. ब्रह्म सरोवर B. कालेश्वर तीर्थ
C. सन्निहित तीर्थ D. मारकाण्डेय तीर्थ

352. जिला कुरुक्षेत्र में किस तीर्थ स्थान पर श्रीकृष्ण ने अर्जुन को गीता का उपदेश दिया था?

A. ब्रह्म सरोवर B. कमल नाभ तीर्थ
C. प्राचीतीर्थ D. ज्योतिसर सरोवर

353. जिला कुरुक्षेत्र में स्थित ज्योतिसर सरोवर के समीप स्थित अक्षयवट के चारों ओर पक्के चबूतरे का निर्माण महाराज दरभंगा द्वारा कब करवाया गया था?

A. सन् 1924 में B. सन् 1930 में
C. सन् 1932 में D. सन् 1949 में

354. जिला कुरुक्षेत्र में स्थित ज्योतिसर सरोवर के निकट एक कृष्ण-अर्जुन रथ तथा शंकराचार्य के मन्दिर का निर्माण किसने करवाया था?

A. महाराज दरभंगा ने
B. कामकोटि पीठ के शंकराचार्य ने
C. कश्मीर के राजा ने
D. स्वामी विशुद्धानन्द महाराज ने

355. जिला कुरुक्षेत्र में स्थित प्रसिद्ध तीर्थ ज्योतिसर सरोवर की लम्बाई कितनी है?

A. 1000 फुट B. 1500 फुट
C. 2000 फुट D. 2500 फुट

356. जिला कुरुक्षेत्र में स्थित ''बाबा काली कमली वाले का डेरा' नामक धार्मिक स्थल के संस्थापक कौन थे?

A. स्वामी रामतीर्थ
B. श्री स्वामी विशुद्धानन्द महाराज
C. कामकोटि पीठ के शंकराचार्य
D. स्वामी परमानन्द महाराज

357. भक्तिकाल से सम्बन्धित गौड़ीय मठ नामक धार्मिक स्थल हरियाणा के किस जिले में स्थित है?

A. अम्बाला जिले में B. जीन्द जिले में
C. कुरुक्षेत्र जिले में D. महेन्द्रगढ़ जिले में

358. कुरुक्षेत्र जिले में वह कौन-सा धार्मिक स्थल है जहां पर बाबा लक्ष्मण गिरि महाराज द्वारा जीवित समाधि ली गई थी?

A. बाण गंगा B. प्राची तीर्थ
C. गौड़ीय मठ D. बाल्मिकि आश्रम

359. राजघाट गुरुद्वारा हरियाणा में कहाँ पर स्थित है?

A. कुरुक्षेत्र में B. यमुनानगर में
C. कैथल में D. भिवानी में

360. निम्नलिखित में से कौन-सा तीर्थस्थल हरियाणा के जिला कुरुक्षेत्र में स्थित नहीं है?

A. कालेश्वर तीर्थ B. प्राची तीर्थ
C. ढोसी तीर्थ D. कुबेर तीर्थ

361. जिला कुरुक्षेत्र के कुरुक्षेत्र विश्वविद्यालय के उत्तर-पश्चिम में एक कि.मी. की दूरी पर से कौन-सा प्राचीन तीर्थ स्थल स्थित है?

A. मारकाण्डेय तीर्थ B. नरकातारी (अनरक तीर्थ)
C. प्राची तीर्थ D. कुबेर तीर्थ

362. हरियाणा में थानेसर से 25 कि.मी. पश्चिम में कौन-सा महत्त्वपूर्ण तीर्थ स्थल स्थित है जिसको हरियाणा और उसके समीपवर्ती क्षेत्रों में वही स्थान प्राप्त है जो पूर्व में गया तीर्थ को है?

A. पेहोवा B. पंचवटी
C. सफीदों D. पाण्डू-पिण्डारा

363. जिला पलवल के होडल क्षेत्र में निम्नलिखित में से कौन-सा धार्मिक स्थल स्थित है?

A. पंचवटी B. रामराय
C. सती का स्थान D. कालेश्वर महादेव मठ

364. 'पंचवटी' नामक तीर्थस्थल किस जिले में स्थित है?

A. अम्बाला B. पंचकुला
C. कुरुक्षेत्र D. पलवल में

365. जिला जीन्द के समीप जीन्द-गोहाना मार्ग पर कौन-सा प्राचीन धर्म-स्थल है जहां पर प्रत्येक वर्ष सोमवती अमावस्या के दिन मेला लगता है?

A. पाण्डू-पिण्डारा B. सफीदों
C. हंसडैहर D. उपरोक्त में से कोई नहीं

366. थानेसर नगर से कुछ दूर स्थित स्थानेश्वर महादेव मन्दिर का निर्माण सम्राट हर्षवर्धन के किंस पूर्वज राजा द्वारा करवाया गया था?

A. पुष्यभूति B. आधित्यवर्धन
C. नरवर्धन D. प्रभाकरवर्धन

367. महमूद गजनवी अपने भारत आक्रमण के दौरान हरियाणा के निम्नलिखित में से किस प्राचीन मन्दिर की मूर्ति को अपने साथ गजनी ले गया था?

A. दुखभंजनेश्वर मन्दिर (कुरुक्षेत्र)
B. भगवान शिव मन्दिर (नारनौल)
C. सर्वेश्वर महादेव मन्दिर (कुरुक्षेत्र)
D. स्थानेश्वर महादेव मन्दिर (थानेसर)

368. हरियाणा के स्थानेश्वर मन्दिर का पुनर्निर्माण निम्नलिखित में से किसके द्वारा करवाया गया था?

A. मराठा सदाशिव राव द्वारा B. चन्द्रगुप्त विक्रमादित्य द्वारा
C. हर्षवर्धन द्वारा D. नरवर्धन द्वारा

369. देवीकूप (भद्रकाली मन्दिर) भारत के 51 शक्तिपीठों में से एक है यह मन्दिर प्रदेश में कहाँ पर स्थित है?

A. रोहतक B. कुरुक्षेत्र
C. पानीपत D. थानेसर

370. कुरुक्षेत्र में सन्निहित सरोवर के समीप निम्नलिखित में से कौन-सा मन्दिर स्थित नहीं है?
A. नारायण मन्दिर B. लक्ष्मी नारायण मन्दिर
C. दुखभंजनेश्वर मन्दिर D. बिरला मन्दिर

371. कुरुक्षेत्र का निम्नलिखित में से कौन-सा मन्दिर गिरि सम्प्रदाय के सिद्ध फकीर बाबा शिव गिरि महाराज द्वारा बनवाया गया था?
A. सर्वेश्वर महादेव मन्दिर B. नारायण मन्दिर
C. लक्ष्मी नारायण मन्दिर D. दुखभंजनेश्वर मन्दिर

372. कुरुक्षेत्र के प्रसिद्ध 'सर्वेश्वर महादेव मन्दिर' को किसने बनवाया था?
A. बाबा श्रवण नाथ ने B. बाबा शिवगिरि ने
C. बाबा तारकनाथ ने D. श्री जुगल किशोर बिरला ने

373. कुरुक्षेत्र-पेहोवा मार्ग पर स्थित बिरला मन्दिर को श्री जुगल किशोर बिरला द्वारा कब बनवाया गया था?
A. 1950 में B. 1955 में
C. 1965 में D. 1978 में

374. ग्यारह रुद्री शिव मन्दिर हरियाणा के किस नगर में स्थित है?
A. जीन्द B. पानीपत
C. हिसार D. कैथल

375. मराठा सरदार मंगल रघुनाथ जी ने पानीपत की तीसरी लड़ाई के बाद पानीपत में निम्नलिखित में से कौन-सा मन्दिर बनवाया था?
A. देवी तालाब का शिव मन्दिर B. हनुमान मन्दिर
C. देवी मन्दिर D. रुद्र मन्दिर

376. अमीन नामक गांव में निम्नलिखित में से कौन-सा प्राचीन मन्दिर स्थित है?
A. पंचवटी मन्दिर B. शिव मन्दिर
C. अदिति का मन्दिर D. दाऊ जी का मन्दिर

377. फरीदाबाद से लगभग 55 कि॰मी॰ की दूरी पर स्थित वंचारी गांव में निम्नलिखित में से कौन-सा प्राचीन मन्दिर स्थित है?
A. दाऊजी का मन्दिर B. अदिति का मन्दिर
C. पंचवटी मन्दिर D. चामुण्डा देवी का मन्दिर

378. माता शीतला देवी का प्रसिद्ध और प्राचीन मन्दिर हरियाणा में कहां पर स्थित है?
A. रेवाड़ी में B. गुरुग्राम में
C. नारनौल में D. जीन्द में

379. गुरुग्राम गांव में स्थित माता शीतला देवी का मन्दिर महाराज भरतपुर द्वारा कब बनवाया गया था?
A. सन् 1620 में B. सन् 1645 में
C. सन् 1648 में D. सन् 1650 में

380. प्राचीन शिव मन्दिर जहां पर बाबा ठण्डीपुरी की समाधि भी है प्रदेश में कहां स्थित है?
A. पूण्डरीक तीर्थ B. गुरुग्राम
C. हिसार D. रोहतक

381. पिंजोर की प्राचीन विरासत को बढ़ावा देने के लिए प्रतिवर्ष दो महोत्सव मनाए जाते हैं, एक त्योहार तो पिंजोर विरासत महोत्सव है; दूसरा महोत्सव कौन-सा है?
A. खजूर महोत्सव B. आम महोत्सव
C. नींबू महोत्सव D. संतरा महोत्सव

382. झज्जर जिले में स्थित बेरी गांव के रूढ़मल मन्दिर में स्थित शिवालय की ऊँचाई कितनी है?
A. 116 फुट B. 122 फुट
C. 132 फुट D. 140 फुट

383. झज्जर जिले के बेरी गांव के रूढ़मल मन्दिर में स्थित शिवालय का निर्माण कब करवाया गया था?
A. सन् 1842 में B. सन् 1850 में
C. सन् 1892 में D. सन् 1899 में

384. झज्जर जिले में स्थित बेरी गांव के रूढ़ीमल मन्दिर के शिवालय का पहली बार जीर्णोद्धार कब करवाया गया था?
A. सन् 1943 में B. सन् 1945 में
C. सन् 1950 में D. सन् 1953 में

385. नारनौल नगर में स्थित चामुण्डा देवी के मन्दिर का निर्माण व जीर्णोद्धार किसके द्वारा करवाया गया था?
A. राजा परीक्षत द्वारा B. राजा दिलीप द्वारा
C. राजा नूरकरण द्वारा D. पांडवों द्वारा

386. हरियाणा में चिश्ती सम्प्रदाय की स्थापना किसके द्वारा की गई थी?
A. बू अलीशाह कलंदर
B. शेख फरीद (फरीदुद्दीन शकरगंज)
C. अल्ताफ हुसैन
D. इब्राहिम अबीदुल्ला

387. चिश्ती सम्प्रदाय के प्रमुख सूफी संत बू अलीशाह कलंदर ने प्रदेश में किस स्थान को अपनी साधना का प्रमुख केन्द्र बनाया था?
A. पानीपत B. रोहतक
C. सोनीपत D. गुरुग्राम

388. सूफी संत अल्ताफ हुसैन हाली की दरगाह हरियाणा में कहां पर स्थित है?
A. झज्जर B. रेवाड़ी
C. पानीपत D. रोहतक

389. पानीपत की किस दरगाह पर श्रद्धालुओं द्वारा माथा टेकने पर ही अजमेर के ख्वाजा का उर्स पूरा होता है? ऐसी धारणा है-
A. ख्वाजा शम्सुद्दीन मख्दूम जलालुद्दीन की दरगाह
B. शेख उसमान जिंदापीर की दरगाह
C. गौस अलीशाह की दरगाह
D. बू अलीशाह कलंदर की दरगाह

390. नारनौल से करीब दस कि॰मी॰ दूर गांव धरसूं में किस प्रसिद्ध संत की दरगाह स्थित है?
A. हजरत शाह कलमुद्दीन हमज़ापीर हुसैन
B. मीर शाह (बाबा शाहखान)
C. शेख निजामुद्दीन
D. शेख जुनैद

391. फतेहाबाद में स्थित किस सूफी संत की मज़ार के प्रांगण में एक पत्थर पर बादशाह हुमायूं का अभिलेख उत्कीर्ण है?
A. मीरतकी खान B. मीर जुनैदी
C. शेख निज़ामुद्दीन D. मीरशाह (बाबा शाहखान)

392. हरियाणा के किस मकबरे को पुरातत्वीय स्थल और अवशेष अधिनियम, 1958 के अधीन राष्ट्रीय महत्त्व का स्मारक घोषित किया गया है?
A. शेख चेहली
B. बू अलीशाह कलंदर
C. शेख फरीद (फरीदुद्दीन शकरगंज)
D. पीर जमाल

393. बाबा शाह कमाल की मज़ार प्रदेश में कहां पर स्थित है?
A. गोहाना में B. फतेहाबाद में
C. कैथल में D. रोहतक में

394. प्रदेश में किस स्थान पर निम्नलिखित चार सूफी संतों (कुतुबशेख जमालुद्दीन अहमद, कुतुब मौलाना, बसोहद्दीन सूफी कुतुबद्दीन मन्नवर, कुतुब नुरुद्दीन) की मज़ार एक स्थान पर स्थित है?
A. करनाल में B. हिसार में
C. पलवल में D. हांसी में

395. शाहाबाद और अम्बाला के बीच किसकी मज़ार है, जिस पर मनोकामना पूरी होने पर घड़ी चढ़ाई जाती है?
A. पीर नागौजी B. हमज़ा पीर
C. पीर नौगज़ा D. इब्राहिम अबीदुल्ला

396. रोहतक में स्थित किस मस्जिद को, जो पहले मन्दिर था, औरंगजेब के शासनकाल में मस्जिद का रूप दिया गया था?
A. काज़ी की मस्जिद B. दीनी मस्जिद
C. लाल मस्जिद D. इनमें कोई नहीं

397. रोहतक में स्थित लाल मस्जिद को प्रसिद्ध व्यापारी हाजी आशिक अली द्वारा कब बनवाया गया था?
A. सन् 1930 में B. सन् 1931 में
C. सन् 1935 में D. सन् 1939 में

398. गुरुग्राम जिले में स्थित सराय अलावरदी गांव की मस्जिद किस शासक के काल में बनवायी गई थी?
A. बाबर B. जहाँगीर
C. शाहजहाँ D. अलाउद्दीन खिलजी

399. झज्जर जिले के गांव दुजाना में कौन-सी प्राचीन, ऐतिहासिक मस्जिद स्थित है?
A. लाल मस्जिद B. काजी की मस्जिद
C. करीम जी की मस्जिद D. जामा मस्जिद

400. रेवाड़ी की प्रसिद्ध ऐतिहासिक लाल मस्जिद किस मुगल शासक के काल में बनवाई गई थी?
A. बाबर B. हुमायूं
C. अकबर D. जहाँगीर

401. नारनौल, पानीपत, अम्बाला के अतिरिक्त सूफी संतों ने हरियाणा के किस नगर को सूफी विचारधारा का इस्लाम प्रचार केन्द्र बनाया?
A. कैथल B. थानेसर
C. करनाल D. सोनीपत

402. हरियाणा में रहकर सूफी मत का प्रचार करने वाले अधिकांश सूफी संत निम्नलिखित में से किस सम्प्रदाय के थे?
A. चिश्ती B. नक्शबंदी
C. कादरी D. उपरोक्त सभी

403. हरियाणा का ताजमहल कहा जाने वाला, प्रसिद्ध सूफी संत शेख चेहली का मकबरा किस नगर में स्थित है?
A. हिसार B. फतेहाबाद
C. थानेसर D. पानीपत

404. चरखी दादरी जिले के कलियाणा गांव में किस संत की दरगाह स्थित है, जिस पर प्रत्येक बुधवार को मेला लगता है?
A. पीर मुबारकशाह B. शेख उसमान जिंदापीर
C. शेख निज़ामुद्दीन D. मुहम्मद अफज़ल

405. मीरां साहब का मकबरा हरियाणा के किस नगर में स्थित है?
A. अम्बाला B. पानीपत
C. करनाल D. कैथल

406. भगवान कृष्ण ने अर्जुन को गीता का प्रेरणादायक संदेश हरियाणा में किस स्थान पर दिया था?
A. पानीपत B. कुरुक्षेत्र
C. होडल D. थानेश्वर

407. प्रदेश का निम्नलिखित में से कौन-सा नगर प्राचीन काल में श्रीकंठ जनपद की राजधानी था?
A. थानेश्वर B. चण्डीगढ़
C. रोहतक D. गुड़गाँव

408. यमुनानगर जिले में स्थित 'सढौरा' नामक ऐतिहासिक कस्बे में निम्नलिखित में से कौन- सा प्रसिद्ध मन्दिर है?
A. मनोकामना B. गागरवाला
C. तोरांवाला D. उपरोक्त तीनों

409. जिला यमुनानगर के किस ऐतिहासिक कस्बे में 'पीर बुद्धुशाह' का गुरुद्वारा है, जिन्होंने भागनी युद्ध में गुरु गोविन्द सिंह की सहायता की थी?
A. सढौरा B. रादौर
C. बिलासपुर D. छछरौली

410. हरियाणा के बहादुरगढ़ नामक ऐतिहासिक कस्बे का प्राचीन नाम क्या था?
A. चरखाबाद B. हसीनपुर
C. शरफाबाद D. बेतवाबाद

411. महम नामक ऐतिहासिक कस्बा प्रदेश के किस जिले में स्थित है?
A. भिवानी जिले में B. रोहतक जिले में
C. यमुनानगर जिले में D. झज्जर जिले में

412. जिला रोहतक में स्थित महम नामक कस्बे का पुनः निर्माण बनिया जाति के पेशोरा नामक व्यक्ति द्वारा कब करवाया गया था?
A. सन् 1266 में B. सन् 1295 में
C. सन् 1298 में D. सन् 1299 में

413. जिला सिरसा में स्थित ऐलनाबाद नामक कस्बा पहले किस नाम से जाना जाता था?
A. एलिसाबाद B. चाविपुर
C. कलिसाबाद D. खड़ियल

414. सिरसा जिले में स्थित 'रानियां' नामक ऐतिहासिक कस्बे का प्राचीन नाम क्या था?
A. राजबपुर B. साजूपुर
C. रजिपुर D. रतिपुर

415. जिला अम्बाला में स्थित किस कस्बे को सिरमौर (हिमाचल प्रदेश) के राजा लक्ष्मी नारायण ने बसाया था?

A. बराड़ा B. मुलाना
C. नारायणगढ़ D. रायपुर रानी

416. सोनीपत जिले में स्थित किस प्राचीन ऐतिहासिक कस्बे में की गई खुदाई से महाभारत कालीन मिट्टी के बर्तन प्राप्त हुए हैं?

A. राई B. खेड़ी गुज्जर
C. गन्कौर D. गोहाना

417. आदि बद्री नामक पौराणिक गांव किस जिले में स्थित है?

A. यमुनानगर B. भिवानी
C. सिरसा D. रेवाड़ी

418. जिला यमुनानगर में स्थित किस ऐतिहासिक गांव का सम्बन्ध महाभारत कालीन राजा शान्तनु से माना जाता है?

A. छछरौली B. आदिबद्री
C. बसन्तर D. किसी का नहीं

419. 'जननायक देवीलाल पुरस्कार' का संबंध है-

A. पशुधन विकास B. कृषि पैदावार
C. उद्योग D. शिक्षा

420. जिला करनाल के अन्तर्गत आने वाले किस स्थान को पानीपत के तीसरे युद्ध से पूर्व अहमदशाह अब्दाली ने अपने सरदारों के लिए एक शक्तिशाली केन्द्र बनाया था?

A. घरौडा B. नील्पेखेड़ी
C. असन्ध D. कुन्जपुरा

उत्तरमाला

1	**2**	**3**	**4**	**5**	**6**	**7**	**8**	**9**	**10**
D	A	B	C	A	D	B	A	C	B
11	**12**	**13**	**14**	**15**	**16**	**17**	**18**	**19**	**20**
D	D	A	C	D	A	C	B	D	A
21	**22**	**23**	**24**	**25**	**26**	**27**	**28**	**29**	**30**
D	A	C	B	A	D	D	A	C	C
31	**32**	**33**	**34**	**35**	**36**	**37**	**38**	**39**	**40**
D	C	A	B	D	D	A	C	B	C
41	**42**	**43**	**44**	**45**	**46**	**47**	**48**	**49**	**50**
D	A	C	B	A	C	D	A	C	C
51	**52**	**53**	**54**	**55**	**56**	**57**	**58**	**59**	**60**
A	C	A	B	D	B	A	C	B	D
61	**62**	**63**	**64**	**65**	**66**	**67**	**68**	**69**	**70**
C	A	D	B	C	A	B	C	D	A
71	**72**	**73**	**74**	**75**	**76**	**77**	**78**	**79**	**80**
B	C	A	D	C	B	A	C	D	C
81	**82**	**83**	**84**	**85**	**86**	**87**	**88**	**89**	**90**
B	A	D	C	A	D	C	C	D	A
91	**92**	**93**	**94**	**95**	**96**	**97**	**98**	**99**	**100**
C	B	C	A	D	B	B	A	C	B
101	**102**	**103**	**104**	**105**	**106**	**107**	**108**	**109**	**110**
C	A	D	A	C	A	B	A	D	A
111	**112**	**113**	**114**	**115**	**116**	**117**	**118**	**119**	**120**
B	D	C	A	C	B	D	C	A	C
121	**122**	**123**	**124**	**125**	**126**	**127**	**128**	**129**	**130**
B	D	B	A	D	A	C	B	D	C
131	**132**	**133**	**134**	**135**	**136**	**137**	**138**	**139**	**140**
A	D	B	A	D	A	C	B	D	A
141	**142**	**143**	**144**	**145**	**146**	**147**	**148**	**149**	**150**
C	B	D	A	C	D	A	B	C	A
151	**152**	**153**	**154**	**155**	**156**	**157**	**158**	**159**	**160**
D	A	A	B	C	A	D	B	D	C
161	**162**	**163**	**164**	**165**	**166**	**167**	**168**	**169**	**170**
D	B	C	B	A	B	D	B	A	C

171	172	173	174	175	176	177	178	179	180
D	B	A	C	A	B	A	B	A	D
181	182	183	184	185	186	187	188	189	190
A	B	A	C	B	A	D	A	D	D
191	192	193	194	195	196	197	198	199	200
C	A	D	C	A	A	B	A	D	C
201	202	203	204	205	206	207	208	209	210
B	D	A	C	A	C	B	D	C	A
211	212	213	214	215	216	217	218	219	220
B	D	B	D	A	A	C	B	A	C
221	222	223	224	225	226	227	228	229	230
B	D	A	C	A	D	B	C	D	A
231	232	233	234	235	236	237	238	239	240
C	B	D	A	C	D	A	C	A	D
241	242	243	244	245	246	247	248	249	250
B	A	C	C	A	D	A	D	D	C
251	252	253	254	255	256	257	258	259	260
D	A	A	A	C	D	B	A	A	B
261	262	263	264	265	266	267	268	269	270
D	A	D	C	B	D	A	C	A	C
271	272	273	274	275	276	277	278	279	280
B	A	D	A	B	A	D	D	A	C
281	282	283	284	285	286	287	288	289	290
B	D	D	A	C	B	D	C	A	B
291	292	293	294	295	296	297	298	299	300
A	A	B	A	C	B	D	C	D	D
301	302	303	304	305	306	307	308	309	310
C	A	B	D	C	A	C	B	A	D
311	312	313	314	315	316	317	318	319	320
A	C	B	D	D	C	D	D	A	A
321	322	323	324	325	326	327	328	329	330
B	A	C	B	A	C	B	D	C	C
331	332	333	334	335	336	337	338	339	340
A	C	B	D	A	B	D	A	C	D
341	342	343	344	345	346	347	348	349	350
A	B	A	C	D	A	C	B	C	A
351	352	353	354	355	356	357	358	359	360
C	D	A	B	A	B	C	D	A	C
361	362	363	364	365	366	367	368	369	370
B	A	C	D	A	A	D	A	B	D
371	372	373	374	375	376	377	378	379	380
C	A	B	D	A	C	A	B	D	A
381	382	383	384	385	386	387	388	389	390
B	A	C	D	C	B	A	C	D	A
391	392	393	394	395	396	397	398	399	400
D	A	C	D	C	B	D	D	B	C
401	402	403	404	405	406	407	408	409	410
B	D	C	A	C	B	A	D	A	C
411	412	413	414	415	416	417	418	419	420
B	A	D	A	C	B	A	C	B	D

❑ ❑ ❑